ZHONGGUO ZHISHICHANQUAN NIANJIAN

2015

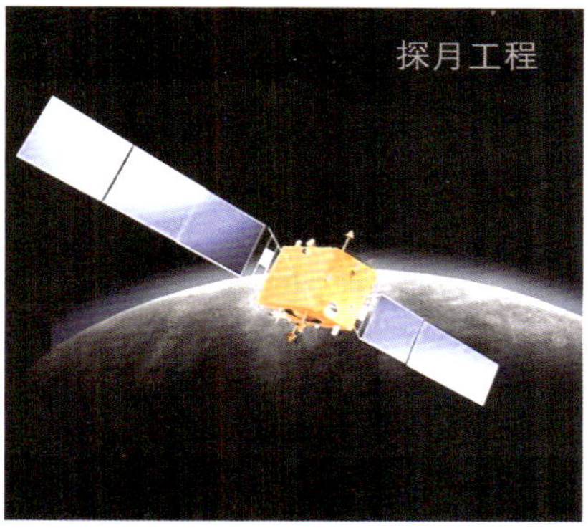

中国知识产权年鉴

主办 ● 国家知识产权局

知识产权出版社
全国百佳图书出版单位

图书在版编目(CIP)数据

中国知识产权年鉴. 2015/国家知识产权局主办. —北京:知识产权出版社,2015.11
ISBN 978-7-5130-3747-1

Ⅰ.①中… Ⅱ.①国… Ⅲ.①知识产权—中国—2015—年鉴 Ⅳ.①D923.4-54

中国版本图书馆 CIP 数据核字(2015)第 208393 号

责任编辑: 牛洁颖 崔开丽 王 岩　　**责任校对:** 董志英
文字编辑: 王 岩 李陵书　　**责任出版:** 刘译文

中国知识产权年鉴 2015

国家知识产权局 主办

出版发行: 知识产权出版社有限责任公司　　网 址: http://www.ipph.cn
社 址: 北京市海淀区马甸南村 1 号(邮编:100088)　　天猫旗舰店: http://zscqcbs.tmall.com
责编电话: 010-82000860 转 8109　　责编邮箱: nianjian772@sina.com
发行电话: 010-82000860 转 8101/8102　　发行传真: 010-82000893/82005070/82000270
印 刷: 北京科信印刷有限公司　　经 销: 各大网上书店、新华书店及相关专业书店
开 本: 787mm×1092mm 1/16　　印 张: 56
版 次: 2015 年 11 月第 1 版　　印 次: 2015 年 11 月第 1 次印刷
字 数: 1550 千字　　定 价: 240.00 元

ISBN 978-7-5130-3747-1

◆ 2014 年 2 月 25 日，最高人民法院举行特邀科学技术咨询专家聘任仪式，最高人民法院院长周强（右）为专家颁发聘书。

◆ 2014 年 4 月 25 日，国家知识产权局举行开放日活动，国家知识产权局局长申长雨出席活动并致辞。

◆ 2014 年 9 月 1 日，“纪念中华商标协会成立二十周年暨中国品牌经济高峰论坛”在北京大学光华管理学院举行，国家工商行政管理总局党组书记、局长张茅正在发言（右二）。

◆ 2014 年 4 月 21 日，国家新闻出版广电总局党组书记、副局长蒋建国（右）在北京会见美国电影协会主席、首席执行官克里斯托弗·多德一行，双方就共同关心的问题进行了坦诚交流。

◆ 2014 年 11 月 3 日，由世界法学家协会、最高人民法院共同举办的“知识产权保护的国际视野”国际研讨会在上海召开，最高人民法院副院长陶凯元（前排左五）与来自奥地利、捷克、波兰等国家的代表和中国部分高校知识产权专家合影。

◆ 2014 年 5 月 6 ～ 8 日，国家工商行政管理总局副局长刘俊臣（右二）在山东调研。

◆ 2014 年 7 月 10 日，世界知识产权组织中国办事处落户北京。

◆ 2014 年 1 月 15 日，全国知识产权局局长会议在北京召开。

◆ 2014 年 9 月 17 日，在四川省成都市举办的第五届中国国际版权博览会上，国家新闻出版广电总局副局长、国家版权局副局长阎晓宏（前左二）在四川省委常委、宣传部部长吴靖平（前左三）的陪同下，在四川展台前参观指导。

◆ 2014 年 7 月 21 日，国家知识产权局与中国人民财产保险股份有限公司知识产权保险战略合作协议签约仪式在北京举行。国家知识产权局副局长贺化（二排左四）出席签约仪式。

◆ 2014 年 5 月 5 日，国家工商行政管理总局在广东省深圳市召开全国工商系统保护青奥标志专题培训。

◆ 2014 年 3 月 20 ～ 21 日，“海峡两岸第三次植物品种权工作组会议暨测试技术研讨会”在上海召开。国家林业局植物新品种保护办公室常务副主任王伟（右三）、农业部种子管理局副局长马淑萍（右四）出席会议并发言。

◆ 2014 年 5 月 28 日，国家林业局植物新品种保护办公室常务副主任王伟（右二）接待国际植物新品种保护联盟（UPOV）副秘书长 Peter Button 先生（右三）。

◆ 2014 年 11 月，农业部科技发展中心（农业部植物新品种测试中心）组织在海南儋州农业部植物新品种测试（儋州）分中心试验基地进行实践操作。

◆ 2014 年 5 月 23 日，北京市举办“高原圣火”牡丹新品种成果竞拍。

◆ 2014 年 11 月 27 ~ 28 日，公安部经济犯罪侦查局联合欧盟 IP Key 项目组在江苏南京举办“中欧知识产权合作 IP Key 项目知识产权刑事执法培训班”。

◆ 2014 年 4 月 22 日，最高人民检察院召开保护知识产权新闻发布会，发布“2013 年检察机关知识产权司法保护情况”和“2013 年中国检察机关保护知识产权十大典型案例”。

◆ 2014 年 10 月 14 日，最高人民检察院侦查监督厅黄河厅长（右）接待来访的美国专利商标局及美国驻华大使馆知识产权官员，并向其全面介绍了近年来中国检察机关保护知识产权的情况。

◆ 2014 年 11 月 6 日，北京知识产权法院成立。北京知识产权法院第一批遴选的法官在宿迟院长带领下进行宣誓。

◆ 2014 年 12 月 12 日，由中国国家知识产权局和世界知识产权组织共同主办的第十六届中国专利奖颁奖大会在北京举行。

◆ 2014 年 12 月 15 日，浙江省知识产权局与阿里巴巴（中国）有限公司在浙江省杭州市共同签署知识产权保护合作备忘录，共同打击电子商务领域专利侵权行为，探索完善电子商务领域知识产权维权体系。

◆ 2014 年，云南省加强专利行政执法工作。图为专利行政执法人员正在现场执法。

《中国知识产权年鉴(2015)》编辑委员会名单

张建忠　（最高人民检察院侦查监督厅保护知识产权处处长）
林　新　（科学技术部政策法规司副司长）
罗　斌　（农业部农产品质量安全中心副主任）
赵志彬　（国家知识产权局办公室副主任）
胡章翠　（国家林业局植物新品种保护办公室主任）
段玉萍　（国家版权局版权管理司副司长）
姜瑞斌　（中华商标协会秘书长）
诸敏刚　（知识产权出版社有限责任公司董事长）
夏君丽　（最高人民法院知识产权审判庭审判长）
徐媛媛　（中华全国专利代理人协会秘书长）
黄　庆　（国家知识产权局保护协调司司长）
龚亚麟　（国家知识产权局规划发展司司长）
曹冬根　（中国知识产权报社社长）
曹晓滨　（中国发明协会副秘书长）
曹中强　（《中国商标报告》主编）
韩秀成　（国家知识产权局知识产权发展研究中心主任）
葛　树　（国家知识产权局专利复审委员会副主任）

年鉴编辑部名单

主　　　编： 贺　化

副　主　编： 赵志彬　王润贵

执行副主编： 沙开清　汤腊冬

责 任 编 辑： 牛洁颖　崔开丽　王　岩

特 约 编 辑：（按姓氏笔画排序）

丁智勇　（国家版权局版权管理司综合处）

龙三群　（国家林业局植物新品种保护办公室）

李芬莲　（中国知识产权研究会）

李薇薇　（最高人民检察院侦查监督厅保护知识产权处）

刘　磊　（国家知识产权局规划发展司计划统计处）

何晓丹　（农业部科技教育司转基因生物安全与知识产权处）

杨　非　（国家知识产权局办公室）

杨烨瑶　（科学技术部政策法规司法规与知识产权处）

张　博　（最高人民法院知识产权审判庭）

张芬涛　（海关总署政策法规司知识产权处）

张慧玲　（商务部条约法律司知识产权法律处）

徐一文　（国家工商行政管理总局商标局综合处）

崔哲勇　（国家知识产权局专利复审委员会）

编 辑 说 明

一、《中国知识产权年鉴》是反映我国知识产权领域工作基本状况的大型资料性工具书，2001 年 11 月创刊，每年出版一卷，2015 卷反映的是 2014 年度我国知识产权工作的情况，2015 年 11 月出版。

二、2015 版内容由“领导讲话”“特约文章”“概况”“大事记”“新闻百条”“统计资料”“评选和认定”“法律、法规、规章及司法解释”“典型案例”“学术成果”“知识产权出版物”11 部分组成。

三、“领导讲话”刊登的是 2014 年度国家领导人以及国家知识产权局、国家工商行政管理总局、国家新闻出版广电总局、商务部、最高人民法院等部门的领导，有关知识产权问题的重要讲话。

四、“特约文章”部分刊登的是知识产权领域有关领导、专家、学者，对近年发生的一些重大、热点问题，发表的观点和论述。

五、“概况”一栏，全面报道了 2014 年我国知识产权领域专利、商标、反垄断与反不正当竞争、版权、打击盗版、农林植物新品种、海关、商务方面的工作情况，司法机关保护知识产权工作情况，全国性知识产权领域社团活动情况，各地方开展知识产权工作的情况。

六、“大事记”中，记录了 2014 年我国知识产权领域专利、商标、版权、打击盗版、农林植物新品种、海关、商务以及司法保护方面的重大事件。

七、“新闻百条”栏目的内容摘自知识产权相关媒体，记载的大多是 2014 年有代表性的事件，其中大部分为首次发生的事件。

八、“统计资料”收集了 2014 年度我国知识产权领域专利、商标、版权、农林植物新品种、海关、司法保护方面的重要统计数据。

九、“评选和认定”栏目刊登了国家知识产权局第十六届中国专利及外观设计金奖项目简介，国家工商行政管理总局商标局 2014 年已注册和初步审定的地理标志商标名录、国家版权局 2014 年奖励查处侵权盗版案件有功单位及个人的决定以及农业部 2014 年农产品地理标志登记产品名单。

十、“法律、法规、规章及司法解释”栏目刊登了 2014 年公布和新修订的知识产权法律、法规、规章及司法解释。

十一、“典型案例”栏目刊登了发生在 2014 年度的知识产权民事和刑事司法案例、最高人民检察院案例、国家知识产权局专利复审和无效宣告案例、国家工商行政管理总局商标局和商标评审委员会案例、国家工商行政管理总局反垄断与反不正当竞争执法局案例、国家版权局打击侵权盗版案例、出版物市场监管案例、海关知识产权保护案例、公安机关知识产权保护案例以及知识产权系统专利行政执法案例。

十二、“学术成果”栏目刊登了国家知识产权局以及农业部2014年度关于知识产权的主要学术研究成果介绍。

十三、“知识产权出版物”栏目刊登了2014年出版的全国知识产权类杂志的目录，由中国知识产权研究会提供。

目　录

领导讲话

特约文章

概　况

大事记

新闻百条

统计资料

评选和认定

法律、法规、规章及司法解释

典型案例

学术成果

知识产权出版物

Contents

Speeches by the Leading Government Officials

Special Contributions

Surveys

Major Events and Activities

Typical Cases

Academic Research Achievement

Publications on Intellectual Property

刘奇葆同志在第二十七次全国“扫黄打非”工作电视电话会议上发表重要讲话(摘要)

(2014年1月15日)

全国“扫黄打非”工作小组组长　刘奇葆

2014年1月15日,第二十七次全国“扫黄打非”工作电视电话会议在北京召开。中共中央政治局委员、中宣部部长、全国“扫黄打非”工作小组组长刘奇葆出席会议并讲话,强调要深入学习贯彻党的十八大和十八届二中、三中全会精神,学习贯彻习近平总书记系列讲话精神,着眼培育和践行社会主义核心价值观,坚持规范管理与教育引导相结合,加强日常监管,深化专项行动,推动“扫黄打非”深入开展,巩固壮大主流思想舆论,营造良好社会文化环境。

刘奇葆指出,“扫黄打非”开展20多年来,这支队伍愈战愈勇、愈战愈强,这项工作愈抓愈实。2013年,“扫黄打非”战线坚决贯彻中央决策部署,开展了一系列专项行动,打赢了一连串攻坚战。一是“清源”专项行动措施有力。严厉打击了各类非法出版活动。二是“净网”专项行动强力推进。坚决扫除淫秽色情文化垃圾,建立违规网站“黑名单”制度,清理网络有害信息120余万条,查处违法违规网站1万余家,网上文化环境得到进一步净化。三是“秋风”专项行动震慑力强。开展非法报刊专项治理,收缴非法报刊217万份,严厉打击新闻敲诈,查处假报刊、假记者站、假记者案件217起,受到了干部、群众拥护,也树立了新闻出版行业的良好形象。四是少儿出版市场整治行动赢得社会赞誉。查处一批危害青少年身心健康的非法出版案件,有效清理校园周边出版物市场环境,收缴一批有害读物,受到学生家长、老师和社会各界的好评。整体来看,2014年“扫黄打非”工作有进展、有成果、有突破,取得了明显成效,进一步增强了做好工作的信心。各地各部门勇于担当、敢于负责、协同配合,做了大量卓有成效的工作。

刘奇葆强调,“扫黄打非”肩负着依法治理文化市场,荡涤文化污浊,保障人民群众文化权益,维护国家文化安全的重大职责。要坚决打击非法出版活动,始终保持高压态势,遏制其制作传播。要把互联网作为“扫黄打非”的主战场,健全网络信息管理机制,运用法律手段打击和遏制网上淫秽色情等有害信息,使网络空间清朗起来。要大力开展专项整治行动,严厉打击新闻敲诈和假新闻,整治少儿出版物市场,让群众真切感受到整治的效果。要切实加强知识产权保护,打击侵权盗版行为。要认真研究新情况新问题,积极探索破解工作难题的新举措新办法,牢牢掌握工作的主动权,推动“扫黄打非”不断上台阶上水平。

刘奇葆要求,“扫黄打非”工作的环境、领域、对象、方式,与过去大不一样了。做好“扫黄打非”工作,必须适应形势的发展变化,研究新技术新应用带来的新挑战,加强理念创新、手段创新、机制创新，积极探索破解工作难题的新举措新办法，努力做到魔高一尺、道高一丈，牢牢掌握工作的主动权。掌握了主动权，工作态势和工作效果就会大不一样。“扫黄打非”工作是一项系统工程，各级党委政府要加强组织领导，加强统筹协调，加强督促指导；各地区各有关部门要履职尽责，密切配合、协同作战，推动各项任务落到实处、见到实效。要加强基层基础工作，充实队伍力量，改善工作条件，帮助解决人手不足、手段缺乏、装备不够等问题，推动“扫黄打非”工作不断上台阶上水平。

深化改革　激励创新　努力开创知识产权工作新局面

——在全国知识产权局局长会议上的工作报告（摘编）

（2014 年 1 月 15 日）

国家知识产权局局长　申长雨

2013 年主要工作进展

2013 年，全国知识产权系统全面贯彻落实党的十八大精神，围绕中心，服务大局，以科学发展为主题，以服务经济发展方式转变和创新驱动发展为主线，深入推进知识产权战略实施，严格执行中央八项规定，深入开展党的群众路线教育实践活动，认真查摆整改“四风”问题，切实加强党建和党风廉政建设，全系统工作作风有了明显改进，各项工作取得显著进展。

（一）加大推进力度，知识产权战略实施进入新阶段

《国家知识产权战略纲要》5 年目标基本完成。知识产权法规政策体系日益完善，修订 14 部知识产权相关法律法规。知识产权创造能力大幅提升，知识产权数量持续快速增长，2012 年我国居民发明专利申请量跃居世界首位，《专利合作条约》国际专利申请量位居全球第四。知识产权运用能力明显增强，形成一批熟练运用知识产权制度的优势企业。知识产权保护水平进一步提高，侵权假冒多发势头得到有效遏制。知识产权建设的社会环境明显改善，全社会知识产权意识明显增强。截至 2013 年底，我国每万人口发明专利拥有量达 4.02 件，提前完成“十二五”规划目标。

知识产权战略实施工作作出新部署。召开全国知识产权战略实施工作电视电话会议，国务委员王勇出席并作重要讲话，部署下一阶段战略实施工作。开展《国家知识产权战略纲要》5 年评估。形成《全国地方知识产权战略实施评价报告》。全面启动《深化实施国家知识产权战略行动计划（2014—2020 年）》制定工作。

地方知识产权战略实施工作扎实推进。深化省部会商，与河南等省签订合作会商协议。全国有 30 个省（区、市）出台并实施地方知识产权战略，200 多个地级市（区）出台实施区域性知识产权战略政策。

（二）注重能力建设，专利质量提升工作取得新成效

专利质量不断提升。出台《关于进一步提升专利申请质量的若干意见》，加大对低质量专利申请的监控力度，严把实用新型、外观设计专利审查质量标准，引导专利申请结构不断优化。各地相继出台相关政策，有效引导创新主体更加注重专利质量。

全年发明专利申请受理量82.5万件，同比增长26.3%，占3种专利申请受理量的34.7%。PCT申请受理量2.292 4万件，同比增长15%。

审查能力进一步增强。河南、湖北审查协作中心正式开展审查工作，新成立四川、天津审查协作中心。专利审查质量提升工作达到预期目标，全年审结发明专利35.5万件，授权20.8万件。发明专利实审周期为22.2个月，实用新型和外观设计专利审查周期分别为4.3个月和3.8个月，复审、无效请求审查周期分别为13.7个月和7个月。

(三)创新运用模式，企业知识产权转化能力进一步提升

专利导航产业发展探索工作取得新进展。推动国家专利导航产业发展实验区建设，确定首批国家专利导航产业发展实验区。积极推进专利协同运用，选定一批行业协会和企业为专利协同运用试点单位和专利运营试点企业。深入开展知识产权示范园区专利转移转化工作，指导支持4个知识产权示范园区建立专利转移转化服务机制。各地积极落实专利导航工作部署，全国专利导航工作体系初步建立。

知识产权金融服务方式不断创新。深入开展知识产权质押融资、投融资服务试点，全年实现质押金额254亿元，同比增长80%。积极开展专利保险服务，全年有530家企业投保专利责任险，涉及专利1855件，保障金额达6438万元。

企业知识产权工作深入推进。全面推行实施《企业知识产权管理规范》国家标准，全国近1800家企业开展贯标，200多家知识产权咨询服务机构全面参与。开展知识产权优势企业培育工作，确定首批127家国家级知识产权示范企业和771家国家级知识产权优势企业。会同工信部实施中小企业知识产权战略推进工程，在26个省开展知识产权托管试点。

(四)优化发展环境，知识产权保护水平不断提高

专利法律法规修改工作稳步推进。专利法修订草案(送审稿)上报国务院，草案加大专利保护力度，完善了保护措施和手段。起草完成《职务发明条例草案(送审稿)》。继续推进《专利代理条例》等法律法规修改完善工作。积极开展立法后的评估工作。探索建立地方专利立法指导协调机制，开展专利促进与保护等立法的可行性研究。各地进一步加强知识产权法规建设。

知识产权执法能力进一步提升。继续推进专利侵权纠纷快速调解机制建设。推动分区域执法协作调度机制建设。知识产权执法维权“护航”专项行动深入开展。知识产权系统执法办案与知识产权保护社会满意度调查结果纳入“双打办”地方政府绩效考核指标。全国三级专利执法办案信息报送系统投入使用。全年各地办案总量1.622 7万件，同比增长79.8%，其中专利纠纷5056件，同比增长一倍。办案周期进一步缩短，执法能力和水平进一步提升。

(五)提升服务水平，知识产权服务迈上新台阶

加强知识产权服务业发展规划和政策引导。推动知识产权服务业纳入高技术服务业研究及产业化专项。修订知识产权服务业统计制度，建立知识产权服务业统计监测和信息发布机制。知识产权服务业成为各地重要工作抓手。

知识产权服务行业快速发展。知识产权服务机构培育和队伍建设力度加大。遴选知识产权分析评议服务示范创建机构26家。启动专利代理行业中长期发展规划研究制定工作。完成近2000名专利代理人实务技能培训。推动专利代理学历教育进入高校。进一步规范专利代理审批、年检和惩戒。专利代理人队伍进一步壮大，

3812人通过年度代理人考试，同比增长28.5%。新批专利代理机构97家，同比增长126%，专利代理机构总量达1000家，执业专利代理人达8950名。

公共服务水平进一步提高。加强中国专利查询系统、网上缴费系统、政府网站等服务平台建设。政府网站全年点击量23.2亿次、网页浏览量6.7亿次。国家专利数据中心核心系统“专利数据资源管理系统”上线。代办处业务进一步拓展，服务能力得到提升。地方专利信息服务中心布局进一步完善。新批14家专利信息服务中心，新增7家专利信息传播利用基地。开展专利信息利用促进与帮扶试点工作，企业专利信息利用能力得到提升。社会公众利用专利信息更加便捷。

（六）巩固事业基础，知识产权人才和文化建设稳步推进

知识产权人才工作取得显著进展。人才工作政策体系进一步完善，出台《关于加强知识产权人才体系建设的意见》《全国知识产权教育培训指导纲要》等文件。培训基地等工作列入国家自主创新能力建设规划。国家知识产权人才信息网络平台建成上线。选拔培养600多人的专家人才队伍，人才队伍结构进一步优化。探索中小微企业聚集区人才培养新模式，在广东佛山南海区设立首个国家中小微企业知识产权培训基地。在天津、成都、长沙、深圳新设4个审查员实践基地。全年面向社会培训各级各类人才50多万人次。全国专业人才达8万多人。

知识产权宣传和文化建设取得明显成效。围绕知识产权宣传周、知识产权战略实施五周年、专利周和专利奖等重要活动，在新华社、人民日报和中央电视台等中央重要媒体开展系列深度报道，在国内外产生广泛积极影响。制定实施《关于加强知识产权文化建设的若干意见》，编制《中小学知识产权教育读本》。各地方知识产权管理部门也积极开展各种形式的宣传活动，工作扎实、特点突出、成效显著。知识产权制度实施的文化环境和社会环境进一步改善。

（七）完善政策体系，知识产权管理水平整体提升

知识产权管理政策进一步完善。联合有关部门制定实施企业知识产权管理规范、知识产权促进中原经济区经济社会发展意见等一系列重要政策。开展专利制度与经济社会发展、知识产权行政管理工作定位等前瞻性和战略性问题研究。研究完善专利指标考核评价体系和知识产权统计指标体系。知识产权政策指导力度进一步加大，导向作用更加明显。各地围绕服务技术创新、推进战略性新兴产业发展等工作，结合本地实际，出台一系列知识产权政策文件。

知识产权管理能力进一步增强。2013年，各地省级财政设立知识产权专项经费共12.1亿元，同比增长34.8%。首批23个示范城市增编50余人，部分城市机构独立性提高。41个示范城市全年专利申请量和发明专利申请量均占全国的52%。各地积极完善奖励、资助、区域发展等知识产权政策，开展知识产权分析评议、行业预警等工作，运用知识产权信息支撑科学决策的作用进一步显现。

（八）深化合作交流，知识产权国际影响力显著提升

知识产权对外合作全面深化。与世界知识产权组织签署关于发展基础设施服务以支持专利审查工作共享合作协议。建立与印尼、塔吉克斯坦、格鲁吉亚、葡萄牙等国家的双边合作关系。与美、日、韩知识产权局以及欧洲专利局、欧盟内部市场协调局的业务合作更加深入。与16个国外知识产权机构签署“专利审查高速路”试点合作协议。

深入贯彻落实十八大和十八届三中全会精神，为创新驱动发展提供有力支撑

建立知识产权制度是我国改革开放的重要成果。实施知识产权制度是改革开放的重要保障，是建设和完善社会主义市场经济体制的有机组成部分。党的十八届三中全会明确提出“加强知识产权运用和保护，健全技术创新激励机制，探索建立知识产权法院”。2013 年底召开的中央经济工作会议提出“政府要做好加强知识产权保护”。这是中央对知识产权工作提出的新任务和更高要求。全国知识产权系统要充分认识、准确把握，结合新形势和工作实际，切实贯彻落实。

(一)充分认识知识产权制度在全面深化改革中的关键作用

贯彻落实十八届三中全会精神，必须充分认识有效实施知识产权制度对于全面深化改革的重要作用，增强加快完善知识产权制度、做好各项知识产权工作的责任感和紧迫感。

实施知识产权制度是发挥市场在创新资源配置中决定性作用的基础手段。依照知识产权法律清晰界定创新成果产权，保障创新者收益，构建创新投入和经济收益的良性循环机制，是实现创新资源市场化配置的关键。

创新知识产权制度是完善现代产权制度的必然要求。完善现代产权制度，就要不断完善知识产权制度，根据经济社会发展需要，合理调整利益分配机制，平衡协调各类创新主体知识产权利益关系。

加强知识产权保护是完善现代市场体系、构建公平开放透明市场规则的重要内容。完善现代市场体系，就要加快建立更加有效的知识产权保护长效机制，建立尊重和保护知识产权的诚信体系，规制滥用知识产权和不正当竞争等行为。

促进知识产权运用是国家创新体系建设的重要支撑。健全技术创新市场导向机制，必须及时有效地将创新成果转化为知识产权，构建以知识产权利益合理分享为纽带的技术创新体系，大力培育和发展知识产权交易市场，拓宽投融资渠道。

(二)深刻把握知识产权工作在全面深化改革进程中面临的新形势

从国际范围看，今后一个时期，知识产权工作面临形势依然严峻，机遇与挑战并存。从国内范围看，加强知识产权工作已成为国家经济社会发展的内在要求。一方面，知识产权工作面临更高要求。各级政府、各类企事业单位以及全社会，对加强知识产权工作，实现创新发展的需求更高、期待更加迫切。另一方面，随着知识产权战略实施的不断深入，知识产权更加紧密地融入经济、科技、文化、社会发展的方方面面，知识产权工作的社会环境显著改善，知识产权事业发展的基础更加坚实。各级知识产权管理部门把握机遇、应对挑战的能力不断增强。这些都为做好今后知识产权工作创造了有利条件。

(三)知识产权工作存在的突出问题和今后一个时期的重要任务

切实贯彻落实十八届三中全会精神，充分发挥知识产权制度作用，要求我们必须稳步推进知识产权事业健康发展；对于工作中面临的突出问题必须有清醒的认识；对于加强知识产权运用和保护、提升知识产权质量和效益等任务的长期性和艰巨性必须有充分的估计。

党的十八届三中全会为知识产权事业科学发展指明了方向。我们必须以强烈的进取意识、机遇意识、责任意识，进一步解放思想，下大力气解决这些发展中的问题。

一要深刻把握全面深化改革的总目标，全面加强知识产权制度和政策体系建设。要立足我国现阶段发展特征，深入研究影响改革发展的重大问题，以解决各类服务对象、市场主体反映强烈的突出问题为导向，兼顾不同地区和行业特点，制定各类知识产权政策，使政策更具针对性和可操作性。二要着力按照国家创新体系建设的要求，大力加强知识产权运用。破除片面追求数量和增速的观念，加快调整和改革考核评价体系，树立正确的政绩观，把解决好知识产权有效支撑经济社会发展问题作为重点，把促进区域和产业发展水平作为评价知识产权工作的根本指标。三要着力推动建立公平开放透明的市场规则，切实加强知识产权保护。要转变理念，善于运用法治的思维和方式加强知识产权保护，综合运用司法、行政、行业自律等手段，努力构建符合我国市场经济发展要求的知识产权保护体制机制。四要着力支撑和保障现代市场体系建设，积极完善知识产权服务体系。积极推动构建开放式的知识产权公共服务体系，建设一流的信息化服务平台，不断提升知识产权公共服务水平和质量。五要着眼于全面正确履行政府职能，切实提高知识产权行政管理和调控能力。要着力推动优化知识产权行政管理职能，理清政府和市场的关系，解决越位、缺位、错位问题，充分发挥市场配置资源的决定性作用和政府的宏观调控作用，构建适应改革发展新要求的知识产权管理模式。

2014 年重点工作

今年是贯彻落实党的十八届三中全会精神、全面深化改革的开局之年，是落实“十二五”发展规划的关键一年，做好知识产权工作意义十分重大。我们要把改革创新贯穿于知识产权工作各个环节，坚持稳中求进，从深化实施知识产权战略入手，着力加强知识产权运用和保护，继续加强党建和机关作风建设，努力推动知识产权工作取得新突破新进展。

（一）加强总体谋划和综合协调，服务改革发展大局

深入实施知识产权战略。制定发布《深化实施国家知识产权战略行动计划（2014—2020 年）》，明确下一步战略实施的重点任务、重要措施。以知识产权与经济社会深度融合为主线，启动“十三五”知识产权工作规划编制研究工作。以运用专利制度提升创新驱动发展能力为导向，组织实施《2014 年全国专利事业发展战略推进计划》，加强重点督办，效能督查，确保实施成效。

大力推进专利法规政策体系建设。全力推动专利法及其实施细则的修改工作，加大专利侵权行为的惩处力度。推动完成《专利代理条例》修改工作，推动《职务发明条例》制定工作。开展知识产权基本法、专利保护与促进立法的可行性研究。建立和完善地方立法协调指导机制。加强与产业、科技等政策配套衔接，更加有效发挥知识产权政策导向作用。建立知识产权纳入经济发展质量统计监测制度。推动重大经济科技活动知识产权评议工作。落实国家科技重大专项和国家科技计划知识产权管理措施。推动知识产权密集型产业发展。

（二）突出知识产权创造和运用，提升发展质量和效益

继续稳步提升专利质量。落实《关于进一步提升专利申请质量的若干意见》，引导各地方结合实际调整资助政策和考核评价指标体系，严把受理和审查质量关，进一步提升专利申请和授权质量。实施全流程分段审查周期目标管理，确保审查周期均匀合理，适应科技创新和经济发展需求。稳步推进京外审查协作中心建设，不断提升专利审查能力。

促进创新成果资本化、产业化。积极开展专利价值评估，支持知识产权金融创新服务，加强知识产权质押融资工作，培育专利保险市场，推进专利交易与产业化服务平台建设。深入实施专利导航试点工程，加强专利协同运用，探索建立有效的工作机制和运行模式，推动专利分析融入产业决策。加强战略性新兴产业知识产权集群式管理。发布国家战略性新兴产业专利发展报告。

提升市场主体知识产权运用能力。完善企业知识产权资产管理制度。引导企业实施《企业知识产权管理规范》,发布高等学校、科研院所知识产权管理规范,推动知识产权转移转化。加快培育国家级知识产权示范企业和优势企业。实施中小企业知识产权战略推进工程,开展中小企业集聚区知识产权优势培育工作。

(三)强化知识产权保护,加强市场活动监管

创新专利行政执法等保护措施。实施专利行政执法能力提升工程。推进建立相对集中的省级行政执法队伍。建立知识产权快速维权中心工作规范,推动知识产权快速维权中心建设。健全执法工作目标责任制,完善执法维权工作绩效考核指标体系。促进专利行政执法与司法衔接,推动专利确权、行政执法与司法联动。推动知识产权纠纷调解仲裁试点工作。建立知识产权保护社会信用机制。研究知识产权保护社会信用评价的基本准则,依法及时公开专利行政处罚案件信息,并纳入社会征信体系。

强化专业市场知识产权保护。加强专业市场知识产权保护,培育形成一批引领示范型专业市场。发挥商会协会参与专业市场知识产权保护的积极性。推动建立专业市场知识产权保护评价体系。探索自由贸易区转运领域知识产权监管机制,加大保护力度。

(四)完善知识产权服务体系,增强知识产权服务能力

加快专利信息公共服务体系建设。加大对区域专利信息服务中心的支持力度,指导地方加强专利信息公共服务能力建设,满足社会公众需求。支持地方特色产业专利信息服务和重点领域专利信息服务平台建设。加强专利信息传播利用基地建设,深化专利信息利用帮扶促进工作,开展专利信息助推重点产业创新发展试点。

大力培育和发展知识产权服务业。继续落实知识产权服务业发展指导意见。继续开展知识产权服务业集聚区建设和品牌机构培育工作。推动政府采购对知识产权服务的支持。引导各类机构拓宽服务范围,创新服务模式。研究制定促进专利代理行业发展指导意见,开展专利代理行业发展中长期规划的研究制定。加强专利代理行业监管。完善专利代理人资格考试制度,吸引更多高素质人才进入专利代理行业。

探索建立企业国际化发展知识产权服务体系。进一步开展“专利审查高速路”合作,拓展海外申请便利渠道。深入研究我国企业在走出去过程中遇到的知识产权问题,针对需求提供良好服务。

加强知识产权人才培养和文化建设。落实《关于加强知识产权人才体系建设的意见》,建立健全全国人才体系运行机制。完善知识产权人才专业技术评价体系,推动设立知识产权专业技术职务任职资格评定和专利工程师等职业能力认证制度。实施重点人才工程计划,评选第四批百名高层次人才。继续开展国家中小微企业培训基地建设。实施知识产权文化建设工程。深入开展中小学知识产权宣传教育试点工作。推动完善高等学校知识产权学科专业体系,大力开展知识产权网络课堂课程和远程教育。探索贴近大众的知识产权宣传新模式。

(五)提升知识产权管理水平,加快转变政府职能

加强知识产权行政管理宏观调控能力。充分发挥中央与地方两个积极性,加强知识产权发展战略、规划、政策、标准等制定和实施,探索建立相关的知识产权政策调控机制。完善发展考核评价体系，搭建各类政策平台，强化知识产权对区域创新发展的促进作用。完善重要专利政策社会公众参与制度。改革专利收费政策。设立全国知识管理标准化技术委员会，面向市场主体推行标准化知识产权管理。推进事业单位分类改革。进一步完善省部会商工作制度，推进各级各类知识产权示范和试点工作，实施国家知识产权强县工程。

进一步提高知识产权外交能力及与港澳台合作水平。继续加强多边、双边知识产权国际交流合作。扎实推动《海峡两岸知识产权保护合作协议》、与香港特区《关于专利领域的合作安排》等协议的落实，不断丰富对港澳台合作内容。支持地方深入开展知识产权交流合作。鼓励企业和其他市场主体参与国际事务。

加强党建和机关作风建设。认真贯彻落实中央关于改进工作作风，密切联系群众的规定，巩固扩大党的群众路线教育实践活动成果。建立健全惩治和预防腐败体系，大力推进反腐倡廉建设。切实加强知识产权队伍政风、行风和业务能力建设。

张茅同志在“纪念中华商标协会成立二十周年暨中国品牌经济高峰论坛”上的主旨演讲（摘要）

（2014 年 9 月 1 日）

国家工商行政管理总局局长　张　茅

2014 年 9 月 1 日，国家工商行政管理总局党组书记、局长张茅出席在北京大学举行的“纪念中华商标协会成立二十周年暨中国品牌经济高峰论坛”并作主旨演讲。张茅指出，要努力为品牌经济的发展创造良好的市场环境，让品牌竞争助力创新驱动发展战略，提升品牌助推发展之力。

张茅在演讲中指出，商标、品牌是市场经济发展的产物，也是市场经济发展的重要驱动力，已经成为当今经济、技术、竞争的主要形式。坚持市场化改革方向，更应当注重发挥品牌在促进竞争、激励创新、助推发展中的积极作用，努力为品牌经济的发展创造良好的市场环境。

据张茅介绍，经过多年的不懈努力，我国已基本建立起符合国际规则、具有中国特色的现代商标法律制度，成为世界上保护商标知识产权有力、有序的国家之一。从数量上看，截至 2014 年 6 月底，我国商标累计申请量达 1425.7 万件，累计注册量达 907.5 万件，有效注册量达 761.1 万件，已连续 12 年位居世界第一，成为“商标大国”。但是，虽然我国的商标战略发展呈现良好态势，但与发达国家相比，我国品牌的竞争力差距明显。因此，迫切需要提高对品牌助推发展重要性的认识。据美国波士顿咨询公司近期对 25 个国家和地区的调查结果显示，“中国制造”的廉价“王位”已受到前所未有的挑战。以我国与美国的对比为例进行分析，2004 年，我国的制造成本比美国低 14%，如今只低 5%。照此趋势发展，到 2018 年，我国的制造成本将高于美国。形势紧迫，我国需要大力加强品牌建设，应对劳动力成本优势逐步消失的影响，努力形成新的品牌竞争优势。

对于如何让品牌竞争更好地助推经济发展这一问题，张茅指出，要加强品牌建设，为实施创新驱动发展战略加油助力。品牌可以凝聚企业的创新成果，可以承载企业的商誉，通过商标注册保护品牌可以促使企业创新成果转化为现实生产力和市场竞争优势，可以创造新的市场价值。据世界知识产权组织调查显示，在经济合作与发展组织（OECD）的22个国家中，制造业和服务业的创新企业更倾向于用商标保护创新。因此，品牌建设活动可以增加消费者对创新产品的需要，帮助消费者建立对企业产品的信任，进而延伸为对企业的信任，这种消费者的信任可以有效激励企业创新。

在谈到加强品牌建设，如何正确处理好政府与企业、政府与市场的关系这一问题时，张茅指出，要充分认识品牌的主体是企业。品牌的建设要充分尊重和发挥企业的主体地位，政府可以积极引导企业加强品牌培育，但不应也不能主导企业的品牌建设。政府一方面要帮助企业提升品牌意识。使企业充分认识到，品牌可以凝聚企业在产品质量、技术创新、商业信誉、社会责任等方面的声誉，是企业产品在市场上的入门券和通行证；品牌可以促使创新成果转化成现实生产力，可以创造新的市场价值，是企业具有战略意义的资产，是企业的核心竞争力。另一方面，要引导企业在品牌建设上下工夫。商标品牌的价值在于它凝聚的声誉，植根于技术创新，同时也离不开品牌的推广。据世界知识产权组织的统计，美国、日本、欧盟等经济体的品牌推广投资占其GDP的0.6%～1.5%，而我国则不到0.4%。因此，要指导企业加大对品牌推广的投资力度，同时加大品牌推广的力度，才能真正实现中国产品向中国品牌的转变，形成品牌竞争优势。

“要充分认识品牌的竞争是市场竞争。”张茅强调，品牌的优胜劣汰是由市场规律决定的，政府不应过多地干预，代替市场和消费者选择。优势品牌的形成是市场和消费者选择的结果，“驰名商标是保护知识产权的法律概念，而不是荣誉称号”。张茅指出，实践中，有的企业把驰名商标认定当成品牌建设追求的目标，提出了争创驰名商标的口号，实际上这是错误的。有的地方政府把驰名商标的数量作为考核工作实绩的指标，这就偏离了驰名商标制度的法律本意。还有的地方热衷于由政府评比著名商标，这种做法也有违品牌建设应当遵循的市场规律。因此，要以贯彻新修订的《商标法》为契机，切实纠正在驰名商标和著名商标认识上的偏差，真正将品牌建设的重点转到提升品牌的市场竞争力上来。

张茅指出，要鼓励品牌竞争，营造安全放心的消费环境。一方面，政府要鼓励企业通过品牌竞争，尽可能向消费者传递信息，倡导消费者尊重品牌，共同营造安全放心的消费环境，进一步释放消费潜力。另一方面，要鼓励企业通过品牌竞争，自觉地维护消费者合法权益。要通过倡导市场主体自觉地维护自身商标品牌的声誉，从而保证品牌向消费者传递的信息充分、准确，切实维护消费者合法权益。除此之外，要提升消费者的品牌意识，培养他们认牌购物的消费习惯。要把品牌知识作为消费教育的重要内容，积极开展形式多样的消费教育引导、知识产权的宣传，不断提高全社会的品牌保护意识，倡导社会公众自觉地尊重企业品牌、自觉地抵制侵权假冒产品。

张茅强调，要强化市场监管，维护公平有序的品牌竞争环境。当前，我国市场秩序总体平稳，但是制假售假、仿冒品牌等现象在一些领域、一些地区还比较严重，品牌竞争的整体环境不容乐观。因此要继续强化市场监管，为品牌竞争营造公平有序的市场环境。张茅指出，强化市场监管，为品牌竞争创造良好的市场环境需从以下几个方面着手：一是要加大对商标等知识产权的保护力度；二是要认真贯彻落实《商标法》关于商标注册和使用遵循诚实信用原则、增加对商标侵权行为的处罚、加大对侵权行为的处罚力度、增加惩罚性赔偿、提高侵权法定赔偿额以及减轻权利人举证负担等规定，进一步加大商标知识产权保护力度；三是要加强反垄断和反不正当竞争执法，维护公平的竞争秩序。

张茅指出，我国市场经济发展需要新的驱动力，品牌是重要的促进力量。要尊重市场规律，更加注重发挥企业的主体作用，从而让品牌更有力地助推市场经济发展。

大数据时代的版权与文化

（2014 年 11 月 15 日）

国家新闻出版广电总局副局长　国家版权局副局长　阎晓宏

现代信息技术飞速发展，移动互联网和大数据极大地改变了人们的交流方式和文化传播方式，为版权产品和版权使用形式的创新、版权保护和管理能力的提升以及版权产业的发展创造了良好的技术条件，也带来了诸多挑战。在这样的背景下，大家以“大数据时代的文化与版权”为主题，探讨在移动互联网普遍使用的情况下，如何运用大数据技术充分发挥版权在推动文化产业发展中的重要作用，视野更加开阔，时代特征鲜明，也很有现实意义。借此平台，我讲以下三点看法。

一、文化与版权的关系

文化和版权的关系密不可分，且相互促进。我们曾有一段时间认为如果对版权的关注过多，会制约文化的发展，实际上从世界发展的历史进程来看，无序、盗版和不经授权的随意使用才会扼杀文化，而版权恰恰是激发文化创造力的法律制度保障，是助推文化发展的动力。

版权的主体是作品的创造者，版权的客体是文学、科学和艺术领域内的一切成果，诸如各类出版物、影视戏剧、音乐舞蹈、美术摄影、建筑外观雕塑、实用工艺，甚至计算机软件，可以说涵盖了文化的各个方面。版权的主客体是文化的基础。因此，如果脱离了作品的创造者、脱离了丰富多彩的文化作品，文化就会成为无源之水、无本之木，失去产业生存发展的基础。

版权制度的产生，保障了作品创作者和传播者的利益，鼓励了优秀作品的涌现，使作品通过有序传播和转让实现市场价值。表面上看，它在平衡作者和传播者两者的利益，但版权制度的最终目的是促进文化的发展，从而使公众受益。

作品是作者的智力结晶，对创作者而言，创作作品既是一种高尚的精神活动，同时也是其赖以谋生的手段。智力成果的使用应当遵循一定的市场交换原则和规则，使创作者能够得到回报，才能进行新的创作活动。版权保护制度正是一种对这种创造活动从产权角度进行激励的制度，它以激励创新、保护创造性智力成果为基本出发点，通过保护权利人的利益，激励其创作更多的优秀作品，用不断涌现的优秀作品为人类文化发展作出贡献。

版权制度赋予作者权利，允许作者让渡权利，以及对权利进行必要的限制，以此来促进作品更有序更广泛地传播。而作品的广泛传播不仅使公众更多地享有知识和文化，也推进了文化的发展和社会进步。

二、网络时代的版权保护

在我国，版权制度起步虽然晚，与发达国家相比存在不小的差距，但经过多年努力，我国的版权保护环境有了很大的改善和提高，得到了国际社会的广泛认可和好评。特别表现在互联网版权保护方面。近年来，随着互联网的迅猛发展和快速普及，互联网领域的版权问题日益突出，不仅成为国际知识产权领域关注的焦点，也是制约我国互联网产业发展和文化安全的突出问题。互联网的快速发展，既带来了挑战，也带来了很大机遇。而在十几年前，突出的问题，一是立法欠缺，二是网络侵权盗版泛滥、网络执法十分薄弱。针对这些新情况、新问题，国家版权局一方面积极推动网络版权法律体系的构建和完善，2001 年修订的《著作权法》明确了作者对其作品享有信息网络传播权，2005 年颁布的《互联网著作权行政保护办法》重点规范了网络服务运营商的版权行政责任，2006 年颁布了文化领域第一个互联网的行政法规——《信息网络传播权保护条例》，由于网络新技术发展快，现在又有修法、修订条例的紧迫需求，但从全国来看，网络版权法律、法规建设仍然是走在前面的，这为网络版权执法监管工作提供了有力的法律依据；另一个薄弱环节是网络版权执法。国家版权局是中央国家各部门中最早在网络领域开展版权执法工作的。自 2005 年开始，联合工信部（原信息产业部）、公安部（近年来又加入网信办）在网络领域组织开展打击侵权盗版专项行动——“剑网”行动，至今已连续开展了 10 年，每年都能查办一批大案要案，仅 2014 年一年查破的重点案件就开了两次新闻发布会，向社会公布了案件查处的情况，有效打击和震慑了网络侵权盗版活动，网络版权秩序明显好转。

总的来说，关于版权保护，无论在物理空间还是网络空间都应遵守同样的原则，要遵循法律的精神，要尊重知识、尊重创造，要使作品能够按照法律的要求有序传播。正是基于这一点，国家版权局这些年坚持不懈地开展了在物理环境和网络环境中打击侵权盗版的活动。现在中央对网络管理提出了更高的要求，而且认为网络是关系我们国家命运前途的一个重要领域。“剑网”行动中大批网络侵权盗版案件的查处，一方面说明我国的网络版权保护是卓有成效的，同时也说明网络侵权盗版仍然存在，网络版权保护形势依然严峻。因此，贯彻落实中央精神，依法规范网络版权秩序、净化网络空间，推进网络空间法治化，仍需不断加大对侵权盗版的打击力度。

三、移动互联网和大数据时代版权价值的实现

版权本身包含了创新、使用、管理和保护等诸多方面，多年来，随着国家知识产权和创新驱动战略的实施，作为知识产权主体部分的版权，地位和作用越来越重要，我国的版权管理和保护水平也不断提升，版权工作逐步进入一个新的阶段，这一新阶段的标志是：从注重版权保护，到版权创新、版权使用与版权保护、版权管理并重。

今天我们这样一个主题论坛更重要的是需要讨论在移动互联网和大数据时代，如何发挥版权的积极作用，如何通过充分发挥版权在文化发展中的基础性、资源性作用，来充分挖掘版权价值、推动产业的发展。在此，我有三点思考，供大家参考。

（一）关于互联网思维问题

2014 年 8 月，中央全面深化改革领导小组审议通过了《关于推动传统媒体和新兴媒体融合发展的指导意见》，这是一个重要的决定，为我们文化、出版和版权工作者在新技术新形势下开展工作指明了方向。无论是传统出版企业还是新兴互联网企业，我们都时常提到互联网思维，提到要运用互联网思维。那么什么是互联网思维？除了大家总结的“在线”“互动”“免费＋增值”这些特征以外，我个人的理解是，当互联网产生以后，互联网发展有它特定的规律，我们要认识这个规律，按照这个规律开展我们的工作。从唯物主义的观点来讲，是存在决定意识的，当事物向前发展以后，我们的思维一定要跟得上，如果没有跟上就会出现滞后，落后于事物的发展。因此，互联网思维最基本的就是实事求是，就是

按照事物规律办事。在互联网和大数据时代,我们要看到文化产品的生产和传播方式发生了根本的变化,甚至它的创作方式也发生了很大的变化。比如,盛大文学的一部文学作品,每天有上千万人在阅读,不仅在阅读,同时还在评价,并且向小说作者提出下面章节该怎样去写,该怎样去修改等很多建议。可以说,作品的创作过程、生产过程和传播过程几乎完全融为一体。而在传统出版企业里,工作流程都是分段、分环节的。做生产的就是出版社,做发行的就是新华书店或者是发行公司。互联网中文化产品的生产传播方式和传统文化生产传播方式很不一样,因此,在互联网中进行文化传播时,我们要遵循其规律,否则可能会有很多投入,但是却看不到产出,做了很多事,但是却看不到相应的效果,大家在这方面会比较困惑。简单来说,对于互联网思维,我的理解就是需要按照互联网的规律办事,只有按照客观规律办事才有可能产生好的效果。

(二)要充分认识到版权的价值

版权的价值在国际上是得到认同的,美国人最先认识到这一点,并开展调研。那么他调研什么呢?调研版权在经济和社会发展中的贡献究竟有多大。比如一部小说出来以后,在传播过程中能够产生多少价值、带动多少就业和财富增长等。随后,世界知识产权组织在几十个国家开展了研究,这个研究表明版权在后工业时代,其价值是很高的。版权不是在大量地消耗能源、资料和资源,而是依靠、依托了一些创造出来的智力成果,在传播过程中来产生很大的价值。近年来我国也在开展这方面的调研,并且得到了中央领导和社会大众的关注和好评。总体来说,认识版权的价值,就是要认识到在文化发展中,版权是基础性的、战略性的,如果脱离了文学、音乐、舞蹈、艺术、影视等作品,我们去传播什么呢?

(三)如何把分散的版权资源聚合起来

如何把优秀的版权资源从无数版权中遴选出来,这是一个很大的课题。中国是一个有13亿人口的大国,创造是非常踊跃的,数量也是非常大的,这就使得很多好的作品可能会被淹没,而很多没有价值的作品却被传播。所以,把优质的版权资源从无数的版权、无价值的版权中遴选出来,是一个非常重要的问题。另一方面,在互联网时代特别是移动互联网时代,如何把优质的版权资源整合、集约起来,而不是单打独斗,这也是我们需要思考的一个非常重要的问题。应该说大家现在对这个问题都有一些认识,我也认为在未来的3~5年里,一定会有很大的变化。现在大家能够看到,在网络视频领域,这种整合已经产生了很明显的效果,比如说优酷、爱奇艺和腾讯视频,已经有相当的资源积累,也有了相当的影响力和市场份额。与网络视频相比较,当前的网络音乐和文字领域是薄弱环节,当然也有像盛大文学这样做得很好的企业,但整体上还是处于小、散、乱的阶段。客观原因是音乐、文字领域的权利人更分散、更薄弱,但缺乏联名、集约和对等谈判则是更为重要的原因。从现状来看,现在文字和音乐同样也是最具潜力的领域,这一点我认为将很快被实践证明。

党的十八大提出唱响主旋律,三中全会、四中全会提出发挥市场的决定性作用和依法治国的总方针,我相信,在大家的共同努力下,在法制和理性的指引下,汇聚智慧、融合共赢,我们一定能够充分发挥版权的价值,推动文化的进步和发展。

在中欧新知识产权合作项目启动仪式上的致辞

（2014 年 1 月 16 日）

商务部部长助理　张向晨

尊敬的坎普诺斯局长、卡门·卡诺副团长，女士们、先生们：

大家下午好！

很高兴今天能够参加中欧新知识产权合作项目的启动仪式。首先，我谨代表商务部，感谢各位中外嘉宾的光临，感谢你们对中欧知识产权交流与合作给予的重视和支持。同时，还要特别感谢本合作项目欧方的负责部门和执行机构——欧盟委员会、欧盟驻华代表团、欧洲内部市场协调局(OHIM)，以及中欧双方各自的项目办公室，感谢你们为本次启动仪式成功举办所做的精心准备。

下面，请允许我在这里简要回顾一下中欧经贸关系和中欧知识产权合作。

近年来，在中欧双方的共同努力下，双边关系取得长足发展。双方高层领导人交往密切，战略互信增强，互利合作扩大。刚刚过去的 2013 年是中国和欧盟建立全面战略伙伴关系的 10 周年，在 11 月举行的第十六次中欧领导人会晤上，双方宣布了《中欧合作 2020 战略规划》，为未来 5～10 年的中欧合作指明了方向。

经贸合作是中欧关系的重要组成部分。欧盟是中国最大贸易伙伴，中国是欧盟第二大贸易伙伴。尽管受到欧债危机影响，双边贸易额一度出现下降，但整体来看，贸易规模仍在不断扩大。据中方统计，2013 年，中欧贸易额达 5590 亿美元，较 2012 年增长 2.1%。其中，欧盟向中国出口 2200.6 亿美元，增长 3.7%，欧盟为中国最大的进口来源地；中国向欧盟出口 3390.1 亿美元，较 2012 年增长 1.1%。

双向投资、技术合作的快速发展使双方的互利合作范围更加宽广，结构更加坚实。2013 年 1～11 月，欧盟对华直接投资为 61.7 亿美元，同比增长 21.2%；中国对欧盟直接投资 31.89 亿美元，同比增长 89.9%。技术合作方面，2013 年 1～10 月，中国自欧盟引进技术 2933 项，合同金额 115.4 亿美元，欧盟继续位居中国技术引进来源地之首，为中国产业升级和经济发展起到了重要促进作用。

综合贸易、投资、技术等各方面因素，中欧经贸合作是互补、互利、共赢的，也是双方发展的共同需要，潜力巨大。我们有理由期待，在双方的共同努力下，中欧经贸关系能够开辟更广阔的合作领域和空间。

知识产权是现代市场经济发展的重要制度保障，也一直是中欧双边经贸中的重要议题。在知识产权保护和合作方面，从长远和整体角度看，中欧双方存在广泛的共同利益，因此中方非常重视与欧方开展相关交流、对话与合作，并做了大量卓有成效的工作。实事求是地说，就中国政府对外知识产权合作机制来看，与欧方是次数最多的，每年定期举行一次对话和两次工作组会议（与美国是一年两次工作组，与瑞士、日本、俄罗斯、巴西等是最多一年一次）。不仅如此，中欧之间还有一个更大的亮点是其他国家不能比拟的，这就是双方持续地进行知识产权项目合作。

1996～2004 年，双方顺利实施了知识产权保护一期项目。2007～2011 年，圆满完成了知识产权保护二期项目。在共同努力与配合下，中欧知识产权合作项目取得了丰硕成果，得到双方一致高度好评，已经成为发达国家与发展中国家在知识产权领域开展合作的典范。

本着继往开来的目的，在中欧经贸合作进入新阶段的背景下，在2013年11月21日举行的中欧领导人会晤期间，商务部高虎城部长与欧盟贸易委员德古赫特签署了中欧新的知识产权合作协议，为双方合作开启了新的篇章。

新的合作既有继承又有发展。根据协议安排，项目实施期为36个月，双方将重点推进3个领域、16个方面的活动，涉及立法、执法、司法、双边交流、宣传推广等内容。中方主要参与政府部门达15个，还将包括行业组织、企业和园区等，更加广泛。目前，双方已就第一个年度活动安排达成一致，共有22项活动，即将进入实施阶段。希望双方参与部门共同努力、通力合作，为新的合作项目奠定一个良好开端。

在此，我也想对新的知识产权合作项目提出以下两点期望。

第一，努力兼顾中欧双方的利益。我刚才提到，中欧双方在知识产权保护上有着共同利益追求，但同时也应看到，双方在实现的条件和发展阶段及环境上还存在较大的差异。为此，我希望在项目实施的过程中，能兼顾双方的利益，充分考虑彼此的诉求；求同存异，取得一大批实质性、建设性成果。

第二，共同探索知识产权保护的新问题。当前，我们已经进入数字化时代，信息经济大潮滚滚而来，互联网、信息技术和产业均快速发展，知识产权保护在这种市场和技术环境中面临新的机遇和挑战。我希望，双方相关部门能够共同讨论和探索新形势下知识产权保护的妥善解决之道，既促进经济和产业发展，又促进知识传播共享，为世界新经济秩序和中欧人民福祉作出新的贡献。

纵观历史，创新是人类文明发展和进步的不竭动力。鼓励创新、加强知识产权保护是各国政府的共同责任。作为一个发展中国家，中国在知识产权领域取得了有目共睹的成绩。

新一届中国政府领导人高度重视知识产权保护，将科技创新摆在国家发展全局的核心位置，强调要坚持走中国特色自主创新道路、实施创新驱动发展战略。十八届三中全会审议通过的《中共中央关于全面深化改革若干重大问题的决定》中，有10余处改革目标与知识产权相关。

今后，中国政府将继续以负责任的态度积极推动知识产权保护工作，认真履行国际义务。继续深入实施《国家知识产权战略纲要》，努力提高知识产权创造、运用、保护和管理水平。营造更加公开透明的知识产权法律环境、更加高效便捷的行政环境和公平竞争的市场环境。

我衷心希望，中欧双方能够借助新的知识产权合作项目开展更加富有成效的合作，取得更多更好的成果，为推动中欧经贸关系的健康发展作出更大的贡献。

谢谢大家！

充分发挥知识产权审判职能作用 为全面深化改革和实施创新驱动发展战略 提供有力司法保障

——在全国法院知识产权审判工作座谈会上的讲话

(2014 年 7 月 3 日)

最高人民法院副院长　陶凯元

这次全国法院知识产权审判工作座谈会是在全面深化改革的新形势下召开的。特别是,中央全面深化改革领导小组第三次会议于 6 月 6 日审议通过了《关于设立知识产权法院的方案》。这对全国法院的知识产权审判工作和广大从事知识产权审判工作的法官来说是一个极大的鼓舞和鞭策。本次会议的主要任务是:深入学习贯彻党的十八大、十八届三中全会和中央政法工作会议精神,回顾总结 2013 年全国法院知识产权审判工作情况,深入分析人民法院知识产权审判工作面临的形势和任务,进一步明确当前和今后一个时期知识产权审判工作的指导思想和工作方向。

2013 年,全国各级法院紧紧围绕党和国家工作大局,全面贯彻实施创新驱动发展战略,突出工作重点,创新工作方式,加强监督指导,各项审判工作取得了新的成绩。

(1)坚持公正司法,知识产权案件审理有新进展。2013 年,全国地方法院新收和审结知识产权民事一审案件 88 583 件和 88 286 件,分别比上年增长 1.33% 和 5.29%;新收和审结知识产权民事二审案件 11 957 件和 11 553 件,分别比上年增长 24.80%和 24.33%;新收和审结知识产权行政一审案件 2886 件和 2901 件;新收和审结知识产权行政二审案件 1490 件和 1496 件,均基本与上年持平;新收和审结涉知识产权刑事一审案件 9331 件和 9212 件,分别比上年降低 28.29%和 28.00%;新收和审结涉知识产权刑事二审案件 662 件和 627 件,分别比上年增长 14.73%和 7.92%。案件基数较大的一些地方法院新收案件增长态势放缓,案件基数较小的一些中西部地区法院则呈现较快增长态势。与此同时,涉外知识产权案件增幅较大,多起案件的裁判倍受国际关注,有的案件裁判所确立的法律规则为国外所借鉴,司法在解决知识产权纠纷中的主导地位和作用更加凸显。

(2)坚持服务大局,知识产权司法公信力有新提升。各级法院自觉践行司法为民工作宗旨,不断完善司法便民利民举措。不少地方法院因地制宜开展巡回审判,成功审理了一批案情复杂的案件,取得了良好效果。各级法院加大司法公开力度,切实保障人民群众对司法工作的知情权、参与权和监督权。对于社会关注度高的案件,以"全媒体"形式对案件审理进行全景展示,不断增强司法公开的力度和广度。如由最高人民法院奚晓明副院长担任审判长的五人合议庭公开审理的奇虎公司与腾讯公司不正当竞争纠纷案,数十家新闻媒体进行了庭审直播,赢得了社会各界的高度评价。最高人民法院发布了《人民法院知识产权裁判文书上网公布暂行办法》,构建了全国法院知识产权裁判文书上网工作体系。2013 年通过网络公开各级法院生效知识产权裁判文书 16 391 份,总量已达 61 368 份。以"4・26 世界知识产权日"为契机,最高人民法院和 10 个高级法院分别发布知识产权司法保护状况白皮书、典型案例等,逐步构建起立体化、全方位的宣传模式，形成了新闻品牌效应。各级法院加强知识产权司法对外交流合作，参加知识产权国际会议数十次，接待美、欧等高层代表团近百人来访，积极宣传我国知识产权司法保护成就，不断扩大知识产权审判国际影响力。

（3）坚持调查研究，知识产权审判监督指导有新推进。最高人民法院加强司法解释的制定工作，发布《关于印发中华全国专利代理人协会推荐的专利代理人名单的通知》，规范专利代理人参与专利民事诉讼活动；发布《关于修改〈最高人民法院关于审理专利纠纷案件适用法律问题的若干规定〉的决定》，合理布局专利管辖；发布《关于商标法修改决定施行后商标案件管辖和法律适用问题的解释》，确保新商标法的正确贯彻实施。各级法院创新调研方式，及时总结经验，取得了丰硕成果。多个高院针对本辖区的审判重点难点问题进行了专题调研，有力指导下级法院的审判工作，并为最高人民法院制定司法解释和司法政策奠定了坚实的实证基础。各级法院建立健全知识产权审判管理制度，强化对审判工作重要流程和环节的跟踪监督，实行结案定期通报制度，加强均衡结案。开展案件和裁判文书"两评查"，完善评查机制，细化评查标准，及时纠正错误。

（4）坚持制度创新，知识产权审判工作机制有新突破。最高人民法院合理布局一般知识产权民事纠纷案件管辖权法院，适度从严控制专利等技术类案件的管辖法院数量，使布局更加科学合理。2013年，新增具有专利纠纷案件管辖权的中院3个、基层法院3个；新增具有垄断民事纠纷案件管辖权的中院1个；新增具有涉及驰名商标认定民事纠纷案件管辖权的中院1个；新增具有一般知识产权民事纠纷案件管辖权的基层法院19个；指定南京铁路运输法院审理一般知识产权民事纠纷案件。同时，进一步推进知识产权审判"三合一"试点工作，2013年新增2个高院、40个中院和27个基层法院开展试点。加强知识产权审判机构建设，北京市海淀区法院设立了全国首家以审理知识产权案件为主的基层法院派出法庭。进一步完善技术事实查明机制，强化对鉴定意见、专家意见的审查，不断提高技术事实认定的科学性。一些法院建立健全科技专家库，改进专家型人民陪审员参审机制，大大提升了审判质效。

（5）坚持打造过硬队伍，知识产权审判队伍建设有新成效。各级法院以党的群众路线教育实践活动为契机，狠抓知识产权审判队伍司法作风建设，按照中央八项规定和整顿"四风"的要求，认真开展批评和自我批评，切实改进会风、文风和工作作风。进一步加大学习教育培训力度，充分运用专题研讨、庭审观摩、在职培养、交流挂职等多种培训形式，不断丰富培训内容，队伍素质进一步提升。

同志们，2013年是我国知识产权审判事业扎实推进和成效显著的一年。在此，我代表最高人民法院，向辛勤奋斗在知识产权审判岗位上的全体知识产权法官和审判辅助工作人员，表示亲切的慰问和衷心的感谢！在总结成绩的同时，我们也要清醒地看到，知识产权审判工作还存在不少薄弱环节：当前我国知识产权审判水平、能力和影响力与我国日益提升的国际政治经济地位，与我国扩大对外开放、全面深化改革和实施创新发展战略，与我国快速增长的知识产权保护需求还不能完全相适应；知识产权司法保护的思想需要进一步解放，观念需要更新，保护标准需要进一步完善，保护力度需要进一步加大，司法保护体制机制需要进一步改革；知识产权保护发展不平衡的问题仍然突出。这些问题都需要我们高度重视，采取切实可行的措施，逐步加以解决，以促进我国知识产权审判全面、协调和可持续发展。

综观当前的国际国内形势，我国知识产权审判正处于重要战略机遇期，既面临重大发展机遇，又面对诸多困难和挑战。

为此，我们要善于把握机遇，勇于迎接挑战，推动知识产权审判再上新台阶。

（6）国际形势变化为知识产权审判带来新挑战。当前，世界经济形势错综复杂，科技发展日新月异，科技创新与商业模式深度融合，更富活力的全球创新环境正在形成，知识产权日益成为国家根本利益和国际竞争核心领域。发达国家谋求建立超越 TRIPs 协议的知识产权保护标准和实施机制，推行知识产权超高保护的战略意图更加明显。发展中国家面临提高知识产权保护强度的国际压力越来越大，可以回旋和选择的空间日趋狭窄。知识产权国际争端日趋深化复杂，国际知识产权诉讼日益成为跨国知识产权竞争和市场布局的工具。值得注意的是，随着我国综合国力的提高和知识产权保护状况的不断改善，国际主流声音对我国知识产权司法保护的积极评价增多，我国已经成为国际知识产权保护的重要力量，在国际知识产权体系中的话语权和影响力不断增强。同时，国内外知识产权案件的关联性增强，不同国家法院同时或者先后受理类似或者关联案件的情形时有发生。涉国际贸易因素的知识产权纠纷频发，新类型案件不断涌现，我国法院越来越频繁地被推到国际知识产权司法前沿。为此，各级法院需要立足国情，放眼世界，增强自信，以具有国际影响力的高质量裁判和不断提高的司法水平，为我国扩大对外开放、提升国际知识产权规则制定的参与度和话语权提供坚强有力的司法后盾和保障，进一步树立我国知识产权大国的良好形象。

（7）全面深化改革为知识产权审判提供新机遇。十八届三中全会《关于全面深化改革若干重大问题的决定》对全面深化改革作出了全面部署，要求“使市场在资源配置中起决定性作用和更好发挥政府作用”“健全现代产权制度”“加快完善现代市场体系”“构建开放型经济新体制”。改革创新已经成为当今中国的主旋律。知识产权是市场主体参与市场竞争的核心要素和战略性资源，完善的知识产权制度和良好的知识产权保护是健全现代产权制度和完善现代市场体系的重要内容。人民法院需要充分认识保护知识产权和保障公平竞争的重要意义，通过公平公正公开的知识产权司法推动建立统一开放、竞争有序的市场体系，为全面深化改革提供有力保障。《关于全面深化改革若干重大问题的决定》还明确提出“加强知识产权运用和保护”“探索建立知识产权法院”，并将其作为经济体制改革的重要内容，作为“深化科技体制改革”和“健全技术创新激励机制”的重要措施。这是我国在新形势下加强知识产权保护的一项重大战略决策，也是我国知识产权保护进入新阶段的重要标志。这一战略决策为知识产权审判提供了重要的发展机遇。人民法院必须抓住机遇，以开拓创新的勇气大力加强知识产权保护，改革完善知识产权审判体制机制，为深化经济体制改革提供有力支持。

（8）人民群众新期待为知识产权审判提出新要求。随着创新驱动发展成为国家重大战略，社会公众对知识产权司法保护的期待和要求越来越高。不仅要求人民法院充分保护其合法权益，而且要求司法保护要便民快捷和及时有效；不仅要求彻底解决纠纷，而且要求明晰法律标准和行为界限；不仅要求知识产权审判实体公正，而且要求程序公正和过程透明。在 2014 年年初的中央政法工作会议上，习近平总书记明确提出，政法工作要以维护社会大局稳定作为基本任务、以促进社会公平正义作为核心价值追求、以保障人民安居乐业作为根本目标，切实发挥好维护社会公平正义最后一道防线的作用。知识产权保护不仅事关国家创新发展大计，还与民生问题紧密相连。知识产权审判必须以促进社会公平正义、增进人民福祉作为价值目标，有效解决制约知识产权审判科学发展的薄弱环节，切实满足人民群众对知识产权司法保护的新需求和新期待。

2014年是贯彻党的十八届三中全会精神、落实全面深化改革任务的开局之年。习近平总书记在亚信上海峰会后考察调研经济社会发展情况时指出，要"完善知识产权运用和保护机制，让各类人才的创新智慧竞相迸发"。周强院长对知识产权审判工作高度重视，多次作出重要批示并寄予厚望。根据形势任务的发展和变化，今年及今后一个时期全国法院知识产权审判工作的总体要求是：认真贯彻党的十八大、十八届三中全会和中央政法工作会议精神，贯彻落实习近平总书记系列重要讲话精神和中央关于全面深化改革的重大部署，紧紧围绕"努力让人民群众在每一个司法案件中都感受到公平正义"这个目标，牢牢坚持司法为民、公正司法这条主线，加强知识产权审判领域改革创新，完善知识产权审判体制机制，充分发挥知识产权审判的职能作用，为全面深化改革和实施创新驱动发展战略提供有力司法保障。为此，各级法院必须解放思想，勇于创新，开拓进取，不断推动知识产权审判科学发展。下面我讲六个方面的意见，供大家讨论时参考。

一、更新观念，推动知识产权审判工作与时俱进

（一）强化创新理念

创新的时代需要创新的司法，知识产权审判必须适应和反映创新的时代精神，准确把握创新的时代脉搏和发展的时代潮流，切实增强创新理念和创新意识，用新理念提出新思路、用新举措应对新情况、用新办法解决新问题。要以强烈的创新意识和责无旁贷的历史使命感推进知识产权审判改革创新，坚决破除一切妨碍知识产权审判科学发展的思想观念和体制机制弊端，实现知识产权审判工作长足发展。

（二）强化法治理念

知识产权司法保护是法治中国的重要组成部分，是国家治理体系和治理能力现代化的重要方面。知识产权审判要强化法治理念，遵循司法规律，做到四个"注重"：注重发挥司法主导作用、注重发挥知识产权审判的导向和指引功能、注重依法独立公正行使审判权、注重保证知识产权法律体系的全面有效实施。

（三）强化市场理念

知识产权是知识经济时代最重要的市场要素之一，是市场竞争最重要的工具之一。知识产权司法保护要强化市场理念，注重知识产权的财产和市场资源属性，强调以财产属性的市场规则调整知识产权关系。要从有利于财产利用和流转、有利于市场资源优化配置、有利于提高资源利用效率的角度出发规范和调整知识产权关系，以发挥市场在资源配置中的决定性作用。

（四）强化开放理念

在经济全球化日益加深、我国改革开放向纵深发展的背景下，知识产权审判必须强化开放理念，更加注重全球视野和国际眼光，以更加开放的姿态推进知识产权保护。既要高度重视国际主流和通行做法，保持司法的前沿性和前瞻性，又要敢于和善于作出创造性的司法裁判，努力引导国际司法潮流，使知识产权审判与我国日益上升的国际地位相适应。要以战略思维和长远眼光统筹规划知识产权审判工作，处理好国际国内两个关系，实现知识产权司法保护与国际知识产权保护状况的协调和平衡，增强我国市场的竞争力和吸引力。

二、提升能力，发挥司法保护知识产权的主导作用

（一）着重强化司法审查在知识产权授权确权中的主导作用

充分发挥司法对于知识产权授权确权行政行为的司法复审职能，是司法保护知

识产权主导作用的核心和关键。要高度重视和加强知识产权授权确权案件的审理，不断提高知识产权授权确权案件审理能力和水平，有效行使对授权确权行为的司法审查权。要切实加大对知识产权授权确权行为司法审查的深度和力度，强化对事实认定和法律适用的审查，特别加强对程序合法性和实质授权条件的全面审查，促进授权确权行为规范化，推动授权确权质量和效率的提高。要细化和完善司法审查程序规则和证据规则，改进裁判方式，强化裁判指引，尽可能避免循环诉讼和程序往复，促进行政争议的实质性解决，尽快稳定权利状态。

（二）充分发挥对知识产权行政执法行为的司法监督职能

要强化对知识产权行政执法行为的司法监督，切实保障行政相对人合法权益，严格规范知识产权行政执法行为。既要强化对知识产权行政执法行为的程序审查，又要强化对执法标准的实体审查，依法纠正执法错误。要强化对知识产权行政执法实体标准的深度审查，及时明晰法律适用标准。行政执法机关对知识产权侵权行为人所作的行政处罚显失公正，导致行政处罚的结果与行为的违法性及其危害程度明显不成比例的，可以直接判决予以变更。要慎重对待在行政机关主持下当事人之间达成的调解协议，在相关法律或者司法解释对于司法确认的条件和程序予以明确之前，不宜对其进行司法确认。

（三）切实增强查明案件事实和合理分配举证责任的能力

查明客观事实是发挥司法保护主导作用的重要基础，是司法公正的基石。要大力提高证据审查认定和查明客观事实的能力，正确合理分配举证责任，避免机械适用“谁主张谁举证”原则，确保事实认定的准确性。根据民事诉讼法的一般规定和知识产权审判的特殊需求，完善诉讼程序和证据规则，切实减轻知识产权权利人的举证负担。提高证据审核认定能力，正确运用日常生活经验，妥善把握优势证据标准，及时公开心证，适时合理转移举证责任。根据民事诉讼法的诚实信用原则，大力推进诉讼诚信建设。本着凡是掌握证据的当事人均有责任提供证据以还原客观事实的理念，探索建立激励当事人积极提供其掌握的全部证据的诉讼机制。对于故意逾期举证、毁损证据、隐匿证据、抗拒证据保全、妨碍证人作证等不诚信诉讼行为，依法给予程序和实体制裁。

（四）大力提升知识产权法官的司法能力

要认真贯彻落实习近平总书记在2014年中央政法工作会议上关于政法队伍建设的指示精神，按照“政治过硬、业务过硬、责任过硬、纪律过硬、作风过硬”的要求，进一步坚定知识产权法官理想信念，严明政治纪律，提升司法能力，改进司法作风。要着力提升知识产权法官的群众工作能力，坚持司法为民，以切实维护人民权益、实现人民群众关切和期待作为价值追求和工作目标，努力让人民群众在每一个司法案件中都感受到公平正义。要着力提升知识产权法官的维护公平正义能力，坚守法治，秉公执法，从实体、程序和实效上充分体现维护社会公平正义的要求，让人民群众感到公平正义就在身边。要着力提升知识产权法官新媒体时代的社会沟通能力，善于利用现代传媒手段，积极传播知识产权司法保护的权威声音和正能量。要着力提升知识产权法官的业务能力，加强对新法律、新领域、新技术的学习培训，使广大知识产权法官准确把握知识产权司法保护的国内外发展变化趋势，不断提高研究新情况、解决新问题的能力。要着力提升知识产权法官拒腐防变能力，引导广大法官自觉遵守“五个严禁”“十个不准”等禁令铁规，确保司法廉洁。

三、加强保护，营造良好宽松的创新环境

（一）强化创新保障，促进创新活力竞相迸发

要把保障创新和发展作为知识产权保护的重要目标，充分发挥知识产权司法保护机制激发全社会创新动力、创造潜力和创业活力的独特作用，让一切创造社会财富的源泉充分涌流。要根据专利权等科技成果类知识产权的创新程度，合理确定保护范围和保护强度，实现科技成果类知识产权保护范围和强度与其创新高度和贡献程度相适应。既要避免创新和贡献程度高的知识产权所受保护不足，影响市场创新动力，又要避免创新和贡献程度较低的知识产权获得过高保护或者不具有创新性、不符合保护条件的知识产权获得保护，形成不合理的市场竞争障碍。要根据不同作品类型的特点和我国产业发展需求，合理确定独创性尺度，努力实现作品保护范围和强度与其独创性范围和尺度相适应。要妥善运用商标近似、商品类似、混淆、不正当手段等弹性因素，使商标权保护的强度与商标的显著性、知名度等相适应。要处理好知识产权的法定性与开放性关系。既要维护知识产权法定原则对基本知识产权类型的界定，又要在不抵触基本知识产权立法政策的前提下，适时慎重地补充承认新类型知识权益。对于能够纳入现有知识产权框架、具有保护需求且符合我国产业发展需要的，可按照其所属或者最相类似的权益类型给予保护。

（二）重视维护市场公平竞争，促进增强市场活力

反对垄断和不正当竞争，加快形成现代市场体系，是发挥市场在资源配置中的决定性作用的基础，也是优化创新环境的必然要求。要充分考虑建设统一开放、竞争有序的市场体系的现实需要，善用反不正当竞争法的原则条款和具体规定，规制各种花样翻新的不正当竞争行为。要妥当界定正当竞争与不正当竞争的界限，以是否有利于建立平等公平的竞争秩序、是否有利于提高消费者福利和社会公共利益作为衡量竞争行为正当性的根本标准，以是否符合公认的商业伦理作为重要表征。要以促进公平竞争、增强市场活力为目标，正确认定垄断行为，以是否对健康的竞争机制具有消极影响作为垄断行为成立的根本标准，防止把行为人的主观过错作为必要条件。要处理好技术创新与市场竞争的关系。任何技术都具有目的性和社会性，既可以成为正当竞争的手段，又可以成为不正当竞争的工具。通过技术创新形式实施的市场竞争行为并不当然具有正当性，对于网络环境下以技术创新形式出现的市场竞争行为，仍然需要从是否有利于建立平等公平的竞争秩序、提高消费者福利和社会公共利益的角度对其正当性进行评估。

（三）积极合理运用行为保全制度，及时有效保护权利人利益

行为保全制度具有迅速制止涉嫌侵权行为的制度功能。既要积极合理发挥行为保全的制度效能，依法采取知识产权行为保全措施，提高知识产权司法救济的及时性、便利性和有效性，又要准确把握保全措施的适用条件和程序，防止申请人滥用行为保全制度不正当地损害竞争对手。要强化对行为保全申请人请求保护的权益的正当性和稳定性的审查，实用新型和外观设计专利权利人申请采取行为保全时不提交专利评价报告或者检索报告，或者提交的专利评价报告或者检索报告显示其专利权存在无效理由的，原则上不宜裁定采取行为保全措施。

（四）加大损害赔偿力度，充分实现知识产权的市场价值

市场是知识产权价值的最佳判断者，知识产权的价值只有在市场中才能得到充分实现。当知识产权价值的市场实现过程因侵权行为发生阻碍,侵权损害赔偿应当充分反映和实现该知识产权的真实市场价值。人民法院要充分运用证据规则,加大释明力度,强化当事人举证,推动并引导当事人在提交证据、质证以及诉讼交锋中呈现知识产权的市场价值。要促进形成符合市场规律和满足权利保护要求的损害赔偿计算机制,使损害赔偿数额与知识产权的市场价值相契合,与知识产权对侵权行为获利的贡献率相适应。在当事人充分举证的基础上,人民法院可以探索运用市场假定法、可比价格法、行业平均法等行业或领域通用或公认的分析评估方法,提高损害赔偿计算的科学性和合理性。要强化举证妨碍制度的运用,《商标法》第63条明确规定了关于商标侵权损害赔偿的举证妨碍制度,人民法院应积极运用,切实贯彻加强商标权保护力度的精神,并可在审理其他类型知识产权案件时参考借鉴。

四、强化指导,维护知识产权审判法治统一

(一)严格执行法律与适用司法解释,切实保证法律实施

法治乃规则之治,其核心在于以法治思维,按规则办事。保障知识产权法律适用统一,增强法律适用的稳定性和可预见性,是知识产权领域法治建设的必然要求。司法的首要任务是严格依法裁判,切实保证法律实施,这是司法的内在规定性。最高人民法院要加强司法解释工作,及时明确和统一司法标准。各级法院要严格执行知识产权法律法规,正确适用司法解释,切实维护司法统一。凡是法律法规和司法解释已有明确规定的,必须严格依照法律法规和司法解释裁判案件,不能随意创新或者个案变通。

(二)高度重视司法政策和典型案例的指引作用,提高审判指导的针对性和有效性

要重视司法政策对法律适用统一的指引作用,通过及时发布司法政策,统一知识产权司法理念、裁判方法和裁量尺度,保障知识产权法律原则和精神的贯彻落实。要继续深入贯彻"加强保护、分门别类、宽严适度"的司法保护基本政策,不断丰富和完善其要求和内涵,努力实现宽严适度的目标。要重视典型案例的指引和示范作用,正确区分典型案件的事实问题与法律问题、个案因素与普遍规则,妥善把握其体现的司法导向和可以普遍适用的裁判规则,恰如其分地运用到类似案件的裁判当中。各级法院要进一步强化知识产权审判全国一盘棋观念,认真学习贯彻最高人民法院的各类司法指导性文件,借鉴参考最高人民法院发布的典型案例。对于最高人民法院已经通过司法指导性文件、司法判例等明确裁判标准和司法导向的,要切实参照执行。

(三)大力加强审判监督和案件协调,促进裁判标准统一

要有效发挥审判监督机制纠正错误、统一法律适用的功能,加大审判监督力度,依法纠正裁判错误。要严格限制发回重审,加大提级审理、指令异地法院审理的力度,防止上下级法院相互推诿。严格执行关联案件的沟通协调和报请协调指导制度,受理或处理关联案件的法院要积极主动进行沟通协调,并及时向上级法院请示报告。相关法院之间要注意相互关注和相互借鉴,充分利用各类司法公开渠道和资讯平台,及时了解其他法院的做法和动态,实现裁判结果的协调。

(四)深入开展司法调研,及时研究新问题和总结新经验

要加强司法调研的统筹协调和总体规划,抓住知识产权司法中的重点问题和疑难复杂问题,及时制订调研计划,组织力量开展研究。要充分利用知识产权审判理论研究会、理论研究基地和调研基地等平台,

发挥平台的人力聚集和辐射效应，开展专题调研、重点调研，推动提高调研质量。要建立和完善调研成果共享、利用和转化机制，及时统一和凝聚共识，推动和促成司法实际问题的解决。目前，最高人民法院正在进行专利侵权判定、行为保全等专题调研和司法解释制定工作，各级法院可同步开展相关调研，及时呈报最高人民法院，为相关司法解释的制定和完善提供素材。

五、深化改革，完善知识产权审判工作机制

（一）加快推进知识产权审判体系改革

要根据十八届三中全会的要求，加强与建立知识产权法院有关问题的研究和探索。2014年6月6日，习近平总书记主持召开中央全面深化改革领导小组第三次会议，审议通过了《关于设立知识产权法院的方案》。设立知识产权法院是司法体制改革的基础性、制度性措施。要大力推进知识产权法院设立工作，顺应知识产权案件审判规律，借鉴知识产权保护体制的国际经验，科学设计知识产权法院的建制设置、机构人员、地域分布、设置方式、管理模式等制度问题。深入研究和科学规划知识产权法院审判体制，合理确定案件管辖范围，逐步建立适合知识产权审判特殊需要的专门化程序和审理规则，确保知识产权法院探索取得预期效果。

（二）继续推进知识产权审判“三合一”改革试点

知识产权审判“三合一”改革试点是完善知识产权审判体系、落实国家知识产权战略的重要举措，其与设立知识产权法院并行不悖，互为补充。将来批准设立的知识产权法院仅为经济比较发达、案件数量较多的极少数中心城市的法院，在没有设立知识产权法院的地区，仍要继续探索推进“三合一”改革试点工作。

（三）合理规划知识产权案件管辖布局

最高人民法院将根据相关法院辖区的案件数量及增长趋势、司法保护需求、上下级法院的案件分配与工作均衡、区域布局、相关法院审判能力等因素，进一步明确知识产权案件管辖权授权标准，优化管辖布局。要从严集中布局专利等技术类民事案件的审判管辖，严格控制具有专利民事案件管辖权的中级法院和基层法院数量，原则上不再指定新的基层人民法院受理专利民事案件。要按需灵活布局驰名商标、垄断等特殊类型民事案件的审判管辖，适时指定相关案件数量较多、审判力量较强的中级人民法院受理该类案件。科学合理布局一般知识产权民事案件的审判管辖，对于辖区内具有一般知识产权民事案件管辖权的基层人民法院数量较多，地域分布较为均衡的高级人民法院，今后一段时期内原则上不再指定其辖区内的其他基层人民法院受理一般知识产权民事案件。

（四）进一步加强知识产权司法公开

加强司法公开是提升知识产权审判权威性和国际影响力的重要途径。要增强主动公开意识，把司法公开内化为每个法院、每位法官的自觉行动，以人民群众看得见的方式实现公平正义。要注重全面公开和全程公开，将司法公开贯穿于依法可以公开的审判工作全部内容和整个过程。要注重新闻宣传，加强知识产权司法与新闻媒体的良性互动。要加强组织领导，完善知识产权审判宣传工作机制，认真落实知识产权审判新闻宣传联络人制度和知识产权审判新闻宣传素材的收集、整理和报送制度，及时做好宣传工作的沟通、协调。要深入拓展知识产权审判宣传平台，有效利用传统媒体和新媒体、境外媒体和境内媒体，善于讲述知识产权保护的故事，传递我国知识产权司法保护正能量。要继续利用好“4·26知识产权宣传周”这一特色宣传品牌，进一步扩大传播力和影响力。

六、引领潮流，提高我国知识产权司法国际影响力

（一）更加注重国际视野和世界眼光

知识产权审判是当前人民法院审判工作中国际化程度最高的组成部分。知识产权保护与参与经济全球化、吸引外国投资和促进科学技术国际交流密切相关，知识产权司法必须进一步强化国际视野和世界眼光，既要关注国际潮流和发展趋势，做到心中有数，又要立足国情和符合实际，不人云亦云和亦步亦趋。要统筹协调国内和国际两个大局，善于作出既符合国家利益、又有利于促进对外开放合作的裁判。

（二）勇于引领知识产权司法国际潮流

经过30多年的实践探索和国内外各种考验的洗礼，人民法院在知识产权司法保护方面形成了自己的独特经验。我国已经成为世界知识产权案件数量第一大国，有着丰富鲜活的知识产权司法实践素材。我国知识产权审判已经初步具备引领知识产权国际司法潮流的主客观条件。我们既不要妄自菲薄，也不要盲目自大。要树立我国知识产权司法保护的道路自信、理论自信和制度自信，勇于在知识产权审判中创造和贡献中国经验、中国智慧、中国模式。

（三）积极推动知识产权国际规则的形成

要适应经济全球化加深和涉国际贸易因素知识产权案件不断增多的实际和需要，增强国家利益意识，积极探索该类案件的审理特点与规律。要坚持以我为主，对于被诉行为影响我国国家利益、与我国具有管辖连结点的案件，依法积极行使司法管辖权，切实维护我国司法主权。要强化国家利益思维，充分考虑涉国际贸易因素知识产权案件审理中国内外市场的关联性和国内外诉讼的关联性，充分考虑国际知识产权竞争和利益博弈的特殊需求，通过判令大额赔偿、及时采取行为保全措施等适时引导纠纷解决方向。对于国际上尚不存在成熟统一规则的纠纷前沿领域，可以基于我国国情、内外利益考量和案件特点，大胆探索，勇于裁判，推动国际规则的形成，努力做国际知识产权治理规则的参与者、引领者和主导者。

（四）建立健全知识产权国际交流合作长效机制

要更加积极利用国际知识产权论坛，加强与世界知识产权组织等国际组织的交流合作，充分发出中国声音，不断提升我国法院在国际知识产权舞台上的参与权、话语权和主动权。要建立健全知识产权对外交流合作工作机制，2013年最高人民法院批准设立了“中国知识产权司法保护国际交流（上海）基地”，进一步畅通了对外合作交流渠道。要充分发挥国际交流基地的作用，推动国际交流合作向深处和广度拓展。

同志们，时代赋予使命，奋斗成就梦想。新形势、新任务对知识产权审判工作提出了更高要求，知识产权审判承载着党和人民的殷切期盼，面临着更广阔美好的发展前景。让我们携手奋斗，以改革创新的精神推动知识产权审判新发展，为全面深化改革和实施创新驱动发展战略，为建设法治中国和实现中华民族伟大复兴的中国梦作出新的更大贡献！

中国版权事业的里程碑

——《视听表演北京条约》出台始末

国家新闻出版广电总局副局长、国家版权局副局长 阎晓宏

2014年4月24日16点29分，第十二届全国人民代表大会常务委员会第八次会议一致表决通过批准世界知识产权组织《视听表演北京条约》。《视听表演北京条约》是新中国成立以来第一个在中国签署的国际条约，是第一个以我国城市命名的国际条约，它的重大意义还在于《视听表演北京条约》摆脱了由美国、欧盟等发达国家制定国际规则的惯例，是一个南北平衡的国际规则，中国和发展中国家在规则中发挥了重要的作用。时任中共中央政治局委员、国务院副总理刘延东指出："要从战略的高度深化对知识产权制度的认识，随着知识产权的兴起和经济全球化的深入，知识产权日益成为经济发展的战略性资源和国际竞争的核心要素，制定知识产权保护的国际规则和标准，应当充分考虑各国国情，特别是考虑发展中国家的发展阶段、历史文化和可承受能力，知识产权问题与国家发展密切相关。"时任中共中央政治局委员、国务院副总理王岐山高度评价了条约的缔结。在2012年6月26日《视听表演北京条约》缔结之后王岐山会见了世界知识产权组织总干事弗朗西斯·高锐和有关国家的代表，高度评价了世界知识产权组织在协调各国、协调南北双方在缔结《视听表演北京条约》方面发挥的领导作用，在接见中国组委会各有关部门成员时，王岐山说："向这次会议表示祝贺，向为条约的缔结作出努力的各个部门表示祝贺和感谢，缔结北京条约是我们在外交上的一个重要成果。"

一、《视听表演北京条约》的主要内容和它所规制的范围

知识产权主要由专利、商标和版权三个部分组成。《视听表演北京条约》是版权领域的一个国际条约，版权领域的国际条约现在主要有《保护文学和艺术作品伯尔尼公约》(以下简称《伯尔尼公约》)《世界知识产权组织版权条约》《世界知识产权组织表演和录音制品条约》《保护表演者、录音制品制作者和广播组织的国际公约》(以下简称《罗马公约》)、世界贸易组织协定中《与贸易有关的知识产权协定》(TRIPs协定)等。《视听表演北京条约》主要规范的是表演领域的版权问题。在表演领域，我国《著作权法》保护的范畴主要包括两种类型的著作权，一是表演权，即著作权人依法享有的"公开表演作品，以及用各种手段公开播送作品的表演的权利"；二是表演者权，即表演者(如歌手、演员等)依法享有的许可或禁止他人使用其在表演时的形象、动作、声音等一系列表演活动的权利，包括对其表演进行现场直播、录制、制作音像制品发行，以及通过信息网络进行传播的权

利，比如作家老舍对其作品《骆驼祥子》享有许可该作品搬上话剧舞台的表演权，而演员张丰毅则因在《骆驼祥子》中扮演祥子这个角色，而享有许可他人从表演现场直播和公开传送其现场表演的表演者权。

《视听表演北京条约》是基于国际社会对表演者和表演者权利的重视，对表演者的声音和形象给予全面保护的新的国际规范，主要针对录制在“视听录制品”中的表演，为表演者规定了广泛的权利，包括表明身份权、禁止歪曲权、复制权、发行权和信息网络传播权；以及缔约方可视具体情况规定的出租权、广播和以其他方式进行传播的权利。

二、《视听表演北京条约》产生的由来与相关背景

1961年，世界上第一部保护邻接权的国际公约——《罗马公约》首次对作品的表演者提供了保护，第7条赋予表演者禁止他人未经许可对其表演进行现场直播、录制其尚未被录制的表演和复制其表演的录制品等一系列专有活动。当时，对表演进行摄录主要是为了拍摄电影，由于担心保护电影演员的表演者权会妨碍对影视作品的后续利用并影响影视产业的发展，《罗马公约》将表演者权主要限定在对表演者声音的保护范围。然而，从20世纪七八十年代以来，随着现代传播技术的快速发展，以及摄影录制设备的普及，对表演的摄录变得简单易行，在影视产业外也产生了大量的视听录制品，对视听录制品的利用方式也日益丰富。但是，遗憾的是在此之后出台的TRIPs协定（我国2001年加入）和《世界知识产权组织表演和录音制品条约》（我国2006年加入）两个重要的与版权直接相关的国际公约中，都没有规制以视频形式录制表演的行为，也不保护视听录制品中的表演者。因此，许多国家迫切要求尽快通过一个新的国际条约，以便在世界范围内对利用“视听表演”的行为加以规制。为了给视听表演者提供充分的国际保护，1993～2012年，世界知识产权组织为缔结条约整整用了20年的时间，曾于1996年和2000年两次召开外交会议，但是，由于一些重要国家在表演者权利的规制上存在着比较大的差距而未能成功缔结条约。一般而言，国际条约主要是美国、欧盟等发达国家来主导制定的，但是，视听表演的国际条约的分歧主要来自发达国家，这个分歧主要来自两个方面：一个是美国和欧盟之间对表演者权利的规制有重大的立场差距，美国因其电影产业和唱片业的发达，更为注重制片人和唱片制作者的权利，担心过分保护表演者会影响电影产业的发展，而欧盟则认为应该予以表演者全面的保护，包括声音、动作和形象；另一个原因是关于表演者的界定，以往的表演者，一般根据《伯尔尼公约》界定为文学和艺术作品的表演者，对民间文艺表达的表演者没有予以考虑。一般而言，民间文艺的表演者主要是文化历史悠久但生产力相对不发达的国家、民族和部落，比如澳大利亚的土著民族，中国的一些少数民族和舞蹈、民歌、宗教仪式等。

虽然世界知识产权组织两次外交会议都没能够缔结条约，但是经过近20年的讨论、磋商，分歧和摩擦逐渐在减少，世界知识产权组织通过不懈的努力，终于使美国和欧盟在这个问题上的认识基本趋于一致，发达国家和发展中国家南北中间的分歧也逐渐缩小，在这样的背景下，世界知识产权组织决定召开第三次视听表演外交会议。

三、我国承办外交会议的分析与研判

2011年6月，世界知识产权组织版权与相关权委员会第22次会议中，各方经反复磋商，认为保护视听表演条约的法律草案已较为成熟，有望于2012年年底前举行第三次世界知识产权组织视听表演外交会议正式缔结。对此，世界知识产权组织副

总干事王彬颖女士向中国国家版权局表示，如果中国愿意考虑承办外交会议，她愿意推动总干事尽全力促成此事。王彬颖女士是20世纪80年代国家工商总局派驻世界知识产权组织的官员，也是目前在世界知识产权组织中国官员中职位最高的，历任世界知识产权组织合作促进发展亚洲和太平洋局等部门的负责人，总干事办公室主任、助理总干事，是目前世界知识产权组织中除总干事外职位最高的。就王彬颖的提议，国家版权局组织各方面专家和外交部、商务部、国家工商总局、国家知识产权局、全国人大法工委、国务院法制办等多个部门进行了分析和研判，总体结论是我国承办视听表演第三次外交会议利大于弊。

国家版权局、外交部、北京市政府和驻日内瓦代表团分析研判认为有利的因素主要有以下几点。

第一，我国在推动创新型国家建设，知识产权作为国家的发展战略纳入党和国家的重要议事日程，推动智力成果的使用是我们转变经济结构的一个重要方式，在这个重要背景下，在中国召开这次会议，有利于扩大我国知识产权的国际影响，有利于推动创新型国家建设。

第二，从视听表演国际条约规制的内容来看，表演者在视听录制品中的权利得到中国的承认和保障，有利于激发表演者的创造热情，有利于表演作品的创作和传播，从而推动文化产业的发展。

第三，视听表演国际条约把民间文学艺术表达的表演者纳入了保护范畴，对于拥有5000年优秀文明历史的我国而言，有利于促进我国传统民间表演艺术的挖掘、推广我国传统的表演艺术，也有利于推动中国优秀传统文化“走出去”。

第四，从目前我国已经加入的国际条约和我国现行的著作权法律来看，和视听表演国际条约的门槛基本一致，也就是说我国的著作权法从原则上已经达到了视听表演国际条约所保护的水平。

第五，如果我国能够成功申办这次外交会议，我们可选择北京或上海等重要城市来承办，按照惯例，条约缔结时就可以以北京或上海的名称来命名，非常有利于提升申办城市的国际影响力以及国际化城市的水平。按照惯例，条约缔结后，可以与《伯尔尼公约》《马德里协定》《新加坡条约》等国际条约齐名，对提升我国版权话语权非常重要。

不利的因素主要有以下几点。

第一，我国视听产品出口量现在小于进口量，这样就有可能出现外国文化产品出口量大于中国文化产品出口量的实际情况。经过对这个问题的分析，我们认为我国可以利用拟缔结的《视听表演北京条约》第11条第3款对我国现行法律法规中尚未规定的《视听表演北京条约》第11条第1款和第2款中关于“广播和向公众传播的权利”予以保留。

第二，此次外交会议，预计将有185个国家和一批国际组织参加，是一个特大型的国际会议，接待、会务各方面要求很高，而且，最大的问题是花费了很大的财力、人力，也可能存在不能缔结条约的风险。经过多方面的沟通和分析，我们认为从当时的基础情况来看缔结该条约的可能性是很大的，但是也应做好两手准备。分析认为，即使不能缔结条约，在中国召开这次知识产权的国际会议也还是利大于弊。中国经过几十年的发展，成就令世人瞩目，虽然我们在这些年有了很大的进步和成绩，但是，缺乏国际话语权，批评、指责的意见很多，这些批评、指责大多来自于美国、欧盟、日本等几个发达国家，召开这次国际会议，可以使各个国家的政府代表到中国来感受中国的发展变化，感受中国在知识产权方面的进步，同时，我们也毋庸回避我们在知识产权方面的差距和存在的问题。这次会议如果在中国举办，就是一个重要的国际平台，利用这个平台，加强国际交流和合作，发挥我国在知识产权领域的积极作用也是非常必要的。在城市选择上，北京和上海这两个城市是最具备举办这次外交会议条件的，而且，北京和上海都表达出这样的诉求，经多方考虑，最终选择北京作为承办城市。

四、成功缔结《视听表演北京条约》

关于外交会议的筹备情况，经过国家版权局、外交部、北京市政府、我国驻日内瓦代表团等部门多次研究论证，国家版权局和北京市政府联名向国务院递交了申请由中国北京承办世界知识产权组织视听表演第三次外交会议的请示并获批准。2011年9月，世界知识产权组织成员国大会表决通过由中国北京承办这次外交会议。为了减少缔结条约的分歧和阻力，防止一些别有用心的国际组织利用这次外交会议做文章，以至于影响条约缔结，并在与世界知识产权组织具体承办相关事宜的协议谈判中争取主动权，我们提出了不过分强调条约缔结问题，只承诺承办外交会议的原则。

从世界知识产权组织成员国大会通过由中国承办此次外交会议到第三次外交会议正式召开的时间一共不到9个月，筹备工作任务繁多而艰巨。为了保证这次外交会议的成功，国家版权局、外交部和北京市政府请示并经国务院批准成立了强有力的组委会，主任由时任国务院副总理王岐山亲自担任，组委会副主任由原新闻出版总署、国家版权局局长柳斌杰，国务院副秘书长毕井泉和时任北京市市长郭金龙担任，组委会成员由中宣部、外交部、公安部、安全部、财政部、商务部、文化部、海关总署、工商总局、原广电总局、知识产权局、旅游局和国务院新闻办组成。王岐山副总理两次主持召开组委会会议，听取外交会议筹备工作进展情况，明确了各部门的分工。国家版权局和北京市政府作为此次外交会议的主要承办方，拟定了总体方案，并确定了各部门的工作职责。国家版权局负责统筹协调外交会议的各项筹备工作，负责与组委会各个成员单位的沟通协调、制定和落实外交会议的重大活动方案、参与制定外交会议的总体工作方案和各个分方案，负责相关经费预算的编制和申请工作，负责与世界知识产权组织就这次外交会议的筹备和组织工作进行沟通、联系、协调和谈判（主要是确定主办方和承办方双方的职责以及双方经费的承担，签署合作协议），中国既是承办方，又是成员国一方。国家版权局还负责组织专家对条约内容进行研究，组织中国代表团参加会议，参与条约的磋商，负责相关的材料以及翻译和新闻稿件审核工作。北京市政府负责统筹协调外交会议的各项筹备工作，负责制定和落实外交会议总体工作方案和各个分方案，参与制定和落实外交会议重大活动方案，负责组委会办公室工作，申请和落实北京市财政经费，负责整个外交会议的会务工作，包括礼宾接待、酒店住宿、餐饮、医疗卫生保障、沟通、会场周边环境治理以及代表注册会议设施保障、记者接待和管理，负责落实配套活动，包括专门为这次外交会议所举办的“中国国际版权博览会”和一场大型的文艺演出活动。中宣部负责审定宣传报道方案，落实外交会议的宣传工作，协调组织境内外媒体的采访和新闻报道工作，以及舆论引导工作。外交部负责外交会议的重大外事工作，以及相关的外事政策、礼宾接待的指导、参与重大外事活动的协调与安排、参与条约的磋商、审核批准中国参会代表的资格和证书、指导驻外使馆做好来华参会人员的签证和审发工作。相关负责部门还有公安部、安全部、财政部、商务部、文化部等15个部门。

截至2012年4月，共有142个国家和地区及38个国际组织报名参加这次会议，会议代表总人数近千人，会议正式代表700多人。从一般大型国际会议来看，一般至少需要2年的筹备时间，这次从批准到召开仅有不到9个月的时间，筹备会议工作难度非常大。很多具体的事项和世界知识产权组织需要沟通协调,达成一致,除了时间紧以外,会议的要求很高,难度很大,有些情况是我们事先没有预料到的。比如会期问题,中方从简洁高效角度提出建议会议控制在3～5天内,但是世界知识产权组织提出10～15天,并举例说明在维也纳召开的工业产权外交会议开了1个月。一个国际会议为什么开这么久?这和世界知识产权组织的体制机制有关,不是一般的国际论坛表态式的宣誓,而是要缔结一个国际条约,从程序到内容都要充分地表达成员国的意见,出现任何瑕疵都会影响会议的进程,在签订国际条约的外交会议上,遇到问题休会磋商是经常性的,因此,世界知识产权组织认为3～5天是肯定不行的。为此,经过反复磋商,会期最后确定为7天。再如会议应具备的软、硬件条件,确定开会以后我们才了解到无论是北京还是上海,没有一个宾馆、饭店具备召开这样大型国际会议的技术条件,主要是多种语言的同时翻译。世界知识产权组织召开本次外交会议,确定了英、俄、法、西、中五种语言同时翻译,700多名正式代表,无论坐在主席台上,还是台下,均能同时听到不同语言的翻译。当时,承办会议的主场地——中国大饭店预订在召开会议的前一天装台,北京市提出会场布置至少需要3天时间。就这个问题,在和中国大饭店的廖晓淇董事长磋商时,廖晓淇董事长讲:“我们开的所有会议都没有你们这样的装台时间,即使是总书记和总理来,我们也是当天晚上装台第二天就行了,你要相信我们中国大饭店的效率。”为什么仅装台就要3天时间呢?北京市侯玉兰副秘书长、冯俊科局长和王野霏副局长带组委会的同志看了以后才了解到这样的翻译和会场要求在我们国家从来也没有举行过。第一,几十个译员坐在会场后端,要求和主席台是平行的,主席台上的每一位发言者都需要听得到声音、看得到口形。第二,会议要求坐在台下的700多名代表都能够同时听到不同语言的发言。为此,北京市专门从深圳一家公司购买了电缆设备及相关器材,大型货车装了60多辆。装台过程中,廖晓淇董事长到现场看后说:“这样的会议中国大饭店还是第一次,在中国也是第一次。”

在国务院和组委会强有力的领导下,中国代表团为《视听表演北京条约》的缔结发挥了重大作用,中国代表团按照国务院的要求在会议期间积极参加了会议所有的活动,同世界知识产权组织和各国代表团广泛接触交流,充分发挥了东道主的优势。中国代表团团长柳斌杰在这次外交会议开幕的当天被大会推选为会议主席,作为会议主席,柳斌杰对会议讨论中出现的关于会员资格、法律条款等纠纷问题进行了引导和合理把握,在会下,通过和世界知识产权组织总干事、副总干事、助理总干事的讨论和磋商,妥善解决了出现的各类问题,保证了会议的顺利进行。会议代表称赞柳斌杰主席热情、灵活以及出色的外交水准。中国代表团副团长刘振民利用其时任驻日内瓦代表团大使的身份,积极与参会的各个相关成员国驻日内瓦使团的官员沟通,发挥了积极的协调推动作用。由于《视听表演北京条约》签署涉及国内、国际诸多问题,各个代表团都非常重视。为了做好东道国,王岐山副总理在会议召开之前会见了世界知识产权组织的主要官员和各国代表团的主要成员,刘延东副总理出席开幕式并代表中国政府致辞,时任北京市市委书记刘淇会见世界知识产权组织的主要官员并2次出席外交会议的重要活动,时任北京市市长郭金龙高度重视这次外交会议,先后6次参加会议期间的重要活动。北京市以北京市版权局为主,和相关部门紧密协作,为会议提供了一流的服务和保障。2012年6月24日19时32分,《视听表演北京条约》获得一致通过,会场响起长时间的热烈掌声,许多代表团表示《视听表演北京条约》是世界知识产权保护的一个重要的里程碑,中国代表团为《视听表演北京条约》的签署发挥了重要的作用。世界知识产权组织总干事弗朗西斯·高锐认为,《视听表演北京条约》的缔结充分体现了本次外交会议的开放性和建设性,而这就是开放中国的精神。

五、批准《视听表演北京条约》及下一步工作

截至2014年4月,包括我国在内的72个世界知识产权组织成员国签署了《视听表演北京条约》,其中,中国、叙利亚和博茨瓦纳3个国家批准了《视听表演北京条约》,全国人大科教文卫委员会、全国人大法制工作委员会和国务院法制办对这次《视听表演北京条约》提交全国人大审议再次做了周密的论证。在全国人大常委会审议《视听表演北京条约(草案)》时,许多代表提出为什么缔结以后还要批准《视听表演北京条约》?为什么现在加上中国在内也只有3个国家批准条约?有关工作人员做了认真的解释。第一,按照国际公约的规则,缔结条约和批准条约是两个程序,获得政府授权就可以作为条约的缔结国,现在已有72个国家缔结了《视听表演北京条约》,这一点是代表们没有异议的。关于只有两个国家批准《视听表演北京条约》,因为《视听表演北京条约》缔结以后,根据世界知识产权组织的规则,必须有30个国家以上批准或加入以后《视听表演北京条约》才能正式生效,《视听表演北京条约》是在我们国家缔结的,我们对此应该有积极推进的态度,如果我们自己都不加入,世界知识产权组织在推动别的国家加入时会遇到很多困难。第二,从世界知识产权组织缔结的其他国际条约来看,条约缔结以后到条约批准生效一般需要有6~10年的时间,比如1996年世界知识产权组织签署的《世界知识产权组织表演和录音制品条约》是2005年生效的,用了8年时间,我国是在2007年才加入的。全国人大批准《视听表演北京条约》后,我们将和世界知识产权组织一同推动《视听表演北京条约》的早日生效。

根据全国人大常委会已经批准的《视听表演北京条约》,我们将做好以下三个方面工作。第一,《视听表演北京条约》规定的一些内容,涉及我国现行著作权法律的修改。对此,我们将利用《著作权法》第三次修订的时机做好相关工作。第二,积极做好履行《视听表演北京条约》的宣传解释工作,做好社会公众特别是表演者权利保护的知识普及工作,让权利人、从业者以及影视、演出等有关行业理解、掌握、运用好《视听表演北京条约》。第三,积极开展有关的专项活动,积极推动相关著作权集体管理组织和行业协会的建立和发展,为表演者提供全面的保护和服务。

贯彻落实新商标法　服务改革发展大局

国家工商行政管理总局商标局局长　许瑞表

1982年商标法颁布以来,我国的商标法律制度日臻完善,商标注册、运用、保护和管理水平显著提升。特别是2008年国家知识产权战略实施以来,商标事业实现了跨越式发展,商标申请量以三年翻一番的速度迅猛增长,2009~2013年5年的商标申请量超过了前28年商标申请量的总和。截至2013年底,我国累计商标注册申请量为1324.13万件,累计商标注册量为865.24万件,商标有效注册量为723.79万件，位居世界第一。

随着商标事业的蓬勃发展，商标在经济社会发展中的作用日益凸显，现行商标法已经不适应实践发展的需要。为适应新形势的要求，2003年，国家工商总局受国务院委托，启动了商标法第三次修改工作。与前两次修法相比，此次商标法修改更加注重立足我国经济社会发展需要，在与我国参加的国际条约保持一致的前提下，从方便申请人，规制不正当竞争行为，加强商标专用权保护等方面，调整完善了商标注册管理制度。对于充分发挥商标制度在保护和激励创新中的作用，推动创新驱动发展战略实施和加快经济发展方式转变，推进政府职能转变，建设法治政府和服务型政府具有重大而深远的意义。

2013年8月30日，《关于修改〈中华人民共和国商标法〉的决定》经十二届全国人大常委会第四次会议审议通过后，国家工商总局高度重视，专门成立新商标法宣传贯彻工作领导小组，组织召开全系统贯彻落实新商标法视频会议，并下发通知全面部署；国家工商总局张茅局长在《人民日报》发表了关于新商标法实施的署名文章。商标局按照国家工商总局统一部署，认真做好新商标法宣传贯彻工作。一是积极开展法制宣传。与新华社、中央电视台等中央主要媒体合作，及时对新商标法通过及修改的重点内容进行宣传报道，并在国家工商总局网站、中国商标网等开展专题宣传。2014年上半年，与总局媒体合作，举办了新商标法实施知识竞赛和有奖征文活动，在全社会营造知法、懂法、用法的良好氛围。二是认真组织学习培训。积极举办全系统新商标法及新商标法实施条例培训班，派员赴多地进行新商标法培训授课，启动《新商标法理解与适用》的编写工作，提升全系统商标执法工作水平。三是修改配套法规规章。积极配合国务院法制办，做好《商标法实施条例》的修改工作；及时修改《驰名商标认定和保护规定》，并面向社会征求意见；研究制定《声音商标受理和审查标准》等制度标准。四是规范新旧法律衔接。制定下发《国家工商总局关于执行修改后的〈中华人民共和国商标法〉有关问题的通知》，明确商标注册、监管执法等各项工作适用新商标法的时间节点，以及对驰名商标违法宣传、使用行为处罚中的具体问题。

2014年5月1日，新商标法即将正式施行。作为商标注册和管理的法定职能部门，商标局将以新商标法实施为契机，紧密围绕工商行政管理改革发展大局，积极推进职能转变，推动商标注册和管理工作不断迈上新台阶。

一、积极推进商标注册便利化，提升商标公共服务水平

商标注册关系到企业和社会公众的切身利益，为申请人提供方便快捷的商标注册服务是工商部门的重要使命。为此，新商标法进一步完善了商标注册审查制度。一是明确规定了严格的商标审查时限。将商标审查时限规定为9个月，进一步满足了社会公众及时取得商标专用权的需求，开创了世界商标立法先例，得到世界知识产权组织和其他国家的高度赞赏。二是重新构架了商标异议制度。限制商标异议主体，简化异议程序，规定商标局经审查决定准予注册的，直接发给注册证，既有效缩短了注册周期，又有利于防范"恶意异议"。三是规定了一系列方便申请人的举措。包括扩大商标注册的客体，将声音商标纳入到可申请注册的范围；开放了电子申请；增加了"一标多类"的申请方式等，进一步简化了申请手续，节省了申请人经济成本和时间成本。另外，规定了审查意见沟通程序，为申请人提供了对商标申请进行说明或修正的渠道，充分保护了申请人的合法权益。

商标注册审查周期是近年来社会公众比较关注的问题。由于申请量的快速增

长，2008年前商标审查周期曾一度达到36个月，商标局采取多种措施提高审查效能，不断缩短商标注册审查周期，2013年，在商标申请量已经临近两百万大关的形势下，将审查周期保持在10个月以内。但在申请量持续大幅增长，审查难度不断增加的严峻形势下，确保9个月的法定审查时限仍然是一项艰巨的任务。商标局将继续按照国家工商总局统一部署，进一步采取措施，确保法定审限要求，将各项便民举措落到实处。一是按照国家工商总局工作部署，加强建设商标审查工作机制。建立健全审查质量监管、业务指导及协调保障机制，在确保审查质量的前提下，不断提高工作效率；同时，着眼商标事业长远发展需求，积极研究构建商标审查审理工作长效机制。二是及时调整商标审查审理流程及工作规程，确保一标多类、申请分割、审查意见书等新增业务顺利开展。为适应新商标法关于“一标多类”申请的要求，商标局早在2011年起就打破原有按部门分类别审查的模式，逐步推进全类别审查工作，至2012年上半年，所有审查员就已经都具备了全类别审查能力；及时修改更新各类业务的申请书式、申请指南，并于新法实施前对外发布。三是加强信息化建设，为提高审查审理效能提供技术支撑。按照新商标法要求，不断完善各类业务的设计需求，推进商标注册与管理自动化三期系统如期上线运行；组织开展商品编码指定工作，规范商品数据库，推进开发商标审查智能辅助检索系统，进一步提升审查智能化水平。

二、创新推进商标战略工作思路，引导企业合法有效地运用商标

商标的价值体现在使用之中，企业是商标有效运用的主体，应该根据自身生产经营实际，将自主品牌培育与企业发展战略有机结合，通过不断地宣传使用商标，将企业的产品质量、服务口碑、信誉、商业地位等要素汇聚在商标中，实现商标价值的增值。新商标法对商标注册、使用中的不正当竞争行为进行了规制，为企业商标运用创造了良好的法治环境。一是厘清了驰名商标保护制度，同时明确禁止生产者、经营者将“驰名商标”字样用于商品、商品包装或者容器上，或者用于广告宣传、展览以及其他商业活动中，有利于鼓励公平竞争，引导企业在尊重市场规则的前提下充分发挥品牌培育的主体作用，不断提升品牌的核心竞争力。二是增加了诚实信用原则，明确禁止了商标抢注行为和“将他人商标用作企业字号”的不正当竞争行为。三是界定了商标使用的概念，规定了商标未使用可以作为被控侵权人不承担赔偿责任的抗辩理由，允许在先使用并有一定影响的商标在原有范围内继续使用，加强了对商标使用的引导和保护，有利于促进商标的有效使用，提高商标利用率，不断增强企业创新活力。

商标局在推进商标战略实施工作中，将更加注重发挥企业运用和培育品牌的主体作用，更加注重发挥行政指导的作用，更加注重促进商标的有效运用和依法保护。一是创新行政指导方式。积极推广典型经验，充分发挥品牌指导站作为工商部门服务经济发展和服务企业商标发展的平台和载体作用；通过综合性的政策措施，引导、支持、促进企业提升商标意识，提高商标运用能力和品牌培育能力，将自主品牌做大做强。二是依法加大对商标注册、使用中恶意抢注、“傍名牌”等不正当竞争行为的打击力度。规范商标使用行为，为企业运用培育自主品牌营造良好发展环境。三是按照新商标法要求，切实做好驰名商标认定和管理工作。从制度层面推进驰名商标认定工作的常态化；加强宣传培训，引导企业正确认识、规范使用驰名商标；指导各地在监管执法中，加强对驰名商标使用行为的管理，对于违反《商标法》规定进行驰名商标宣传的行为，既要依法严肃查处，又要防止一哄而起、多头处罚。四是进一步做

好农产品商标和地理标志注册保护工作。落实中编办《关于完善地理标志保护管理体制机制的意见》，推进建立地理标志工作部际联席协调机制；加强宣传培训，指导地方充分运用商标富农机制，助推农村经济发展。五是继续加强马德里商标国际注册工作。保持马德里商标申请量稳步增长；健全企业海外商标维权机制，创造我国企业参与国际经济合作竞争新优势；加大对涉外商标的保护力度，进一步改善投资环境。

三、继续加强监管执法，努力营造公平竞争的市场环境

近年来，全国工商行政管理机关不断加强市场监管，积极开展打击侵权假冒专项行动，取得了良好成效。2013 年共立案查处侵权假冒案件 8.31 万件、占行政执法机关查处案件总数的 30%、涉案金额 11.21 亿元，捣毁制假售假窝点 1786 个，依法向司法机关移送涉嫌犯罪案件 477 件、涉案金额 2.8 亿元，同时狠抓一批大案要案，有效震慑了违法犯罪分子。但当前市场上侵权假冒现象仍然存在，一些地区和领域还比较严重。为此，新商标法从立法层面加大了注册商标专用权的保护力度。一是增加应承担法律责任的侵犯注册商标专用权行为的种类，明确规定故意为侵权提供便利条件，帮助他人实施侵犯商标专用权行为的，属于侵犯注册商标专用权行为。二是加大对商标侵权行为的行政处罚力度。新商标法根据非法经营额的不同，提高了商标侵权行为罚款的数额。另外，增加了对商标侵权行为的法定从重处罚情节，并根据涉案金额进一步规范了行政处罚的标准。三是增加惩罚性赔偿规定，提高侵权赔偿额；减轻商标权利人举证责任，加大了商标专用权司法保护力度。四是增加了商标代理人的法定责任，加强了对商标代理机构的行政管理。

商标局将按照新商标法的规定，加强对地方商标执法的规范和指导，将打击侵权假冒工作继续推向深入。一是不断加大商标专用权保护力度。突出重点，继续保持对商标侵权行为的高压打击态势；加强商标行政执法区域、部门协作，重点查办跨区域、大规模、社会公众反映强烈的商标侵权案件；创新市场监管和行政执法理念，变拉网式巡查为重点抽查，综合运用行政、经济、法律、自律等手段，努力构建符合市场经济健康发展要求的监管体制机制。二是继续推进打击侵权假冒长效机制建设。继续做好《国家工商总局、公安部、最高人民检察院关于工商行政执法与刑事司法衔接配合工作若干问题的意见》的贯彻落实工作，组织各地工商机关会同公安机关联合开展执法行动，查处一批大案、要案；强化与其他行政机关的协同监管，实现信息互通，不断增强监管执法的合力与实效；积极参与建设全国打击侵权假冒工作行政执法与刑事司法衔接工作信息共享平台，推动与公安、商务、海关等部门之间商标执法数据和案件信息的外联应用，进一步提升商标监管执法效能和保护水平。三是积极推进依法公开侵权假冒案件行政处罚信息工作。创新监管理念，以案件信息公开为突破口，提高执法公信力，提高执法水平和效力，加大对商标侵权行为的惩戒力度；按照国务院《关于依法公开制售假冒伪劣商品和侵犯知识产权行政处罚案件信息的意见（试行）》和国家工商总局实施办法要求，指导各地工商机关认真做好侵权假冒行政处罚案件信息依法公开工作。四是进一步完善信用监管，以工商登记制度改革为契机，充分发挥工商部门执法信息数据资源的优势，把在打击侵权假冒过程中形成的监管信息作为市场主体信用记录的重要组成部分，运用企业信用信息公示平台，完善信用约束机制，达到失信者一处受限，处处受限，实现高效能监管。五是依法加强商标代理监管，建立完善商标代理机构信用信息公示制度，运用信息公示、信息共享、信用约束等手段，构建商标代理机构信用管理体系，严厉打击商标代理行业违法行为，提高商标代理服务水平，切实维护公平竞争的市场秩序。

2014年：着力提升版权治理能力

国家版权局版权管理司司长　于慈珂

《中共中央关于全面深化改革若干重大问题的决定》明确要求，加快建设创新型国家和社会主义文化强国，切实转变政府职能，加强知识产权运用和保护。为贯彻落实该决定的精神，在新的一年里我们将进一步做好版权工作，从治理观念、治理水平和治理效能三个方面来着力提升版权治理能力，为推进国家治理体系和治理能力现代化作出积极贡献。

一、把握规律、深化认识，提升版权治理观念

作为国家治理体系的一方主体，版权行政部门从版权创造、运用、保护和管理四大环节，履行政府职能、发挥市场作用、推进社会建设。建立并提升版权治理观念，就要深化对这些版权规律的认识。版权规律可以从根本实际、主要属性、工作特点三个层面来认识。

首先，在版权根本实际层面，主要是指正确研判、把握版权客观情况，找准做好工作的立足点和出发点。《中共中央关于全面深化改革若干重大问题的决定》明确指出："全面深化改革，必须立足于我国长期处于社会主义初级阶段这个最大实际，坚持发展仍是解决我国所有问题的关键这个重大战略判断。"初级阶段和坚持发展这两个基本结论就是版权的根本实际，就是我们观察版权、做好工作的立足点和出发点。虽然近年来我国版权工作取得了巨大成绩，但目前我国版权保护水平不高，社会公众版权意识总体水平较低，保护版权、尊重创作的社会环境和氛围尚未形成，版权产业发展水平尚低，因此，提高版权保护水平、以坚持发展的决心和措施积极推进版权产业发展，是今后一个时期版权工作的基本面和主旋律。

其次，在版权主要属性层面，主要是指版权的创意、文化和财产三大属性。保护版权就是保护创作、鼓励创新，这对建设创新型国家具有根本意义。版权作品大部分属于文学艺术范畴，是文化的主要形式和载体，版权因此成为建设文化强国、增强文化软实力的关键因素和基础资源。版权中的复制权、发行权等财产权利可以给权利人带来物质财富，可以对应、支撑出版发行、广播影视等产业，这种财产和产业属性就是发展版权产业的内在根据，也是"让一切创造社会财富的源泉充分涌流"的重要体现。

再次，在版权工作特点层面，版权具有专业化、社会化、国际化三大特点。由于版权工作专业化，要求版权工作者必须具备版权专业素质。版权主体泛化、客体众多、对象不确定，从事版权工作必须整合全社会的版权资源，建立完善版权社会化服务体系和社会化治理体系。在经济全球化时代，版权在理论、规则和组织等方面凸显国际多边化，国内国际版权问题相互纠缠交织，要求版权工作者以全球视野、世界胸怀和系统策略，来应对国际挑战、化解国际难题。

二、改善方法、优化机制，提升版权治理水平

版权工作的社会化特点与国家治理体

系、治理能力现代化有着内在亲和力，这就要求着力提升版权治理水平，必须在改善方法、优化机制上下功夫。

版权工作方法有很多，应当取长补短、综合运用。我们运用较多的是法律方法、行政方法，对运用经济和技术方法比较陌生。从版权的财产、产业属性以及与科技紧密相关考虑，需要更好地学习运用经济和技术方法。基于版权属性和工作特点，还要探索运用具有更多灵活性和包容性的政策方法。这里主要检视版权行政方法与技术方法。

首先，关于行政方法。在侵权盗版比较严重的情况下，刚性方法必须发挥作用。但是按照国家治理现代化和版权工作特点的要求，还需要探索运用引导、协调、劝诫等柔性方法，使得刚柔相得益彰。在2014年，一是加紧出台《版权行政执法监管指导意见》，在规定决定、处理等刚性方法的同时，确立一些调解、约谈、劝诫等柔性手段；二是在视频版权主动监管工作中更多地实行指导和服务，引入公示、约谈机制。

其次，关于技术方法。版权与技术有天然的联系，提升版权治理水平，在互联网条件下，技术方法和机制越来越重要。网络版权问题比重越来越大，查处网络侵权盗版违法行为，通过网络提供版权公共服务，这些问题都得通过网络技术来解决。在2014年，一是要恢复国家版权监管服务平台一期，积极推进平台二期建设；二是要充分整合运用社会网络技术资源，弥补当前网络技术手段的不足和缺憾。

三、加强工作、改进措施，提升版权治理效能

根据国务院对国家新闻出版广电总局的新“三定”，版权管理任务加重、职责加强；国家新闻出版广电总局内部新“三定”对版权司重定职责、增加人员，这是提升版权治理能力的新契机。2014年，我们将以治理能力建设为重点，进一步加强工作、改进措施，抓住关键环节，突出治理效能。

（1）在版权保护方面，加大工作力度、加强保护程度。根据《中共中央关于全面深化改革若干重大问题的决定》“加强版权保护”的要求，重点抓好网络版权保护、突出大案要案查处，推进软件正版化长效机制建设。

一是根据全国“双打”部署，协调有关部门有序推进打击侵权盗版工作；二是联合有关部门开展第十次“剑网”行动，针对网络侵权盗版行为进行专项治理，突出查处大要案和新型网络侵权盗版行为；三是完善网络版权主动监管工作，扩大主动监管范围，建立长效工作机制；四是开展计算机预装正版操作系统软件专项检查，研究制定“政府机关使用正版软件管理办法实施意见”，以国有企业、金融机构为重点推进企业使用正版软件，建立健全软件正版化工作长效机制。

（2）在版权社会服务方面，改进工作措施，提高服务水平。根据《中共中央关于全面深化改革若干重大问题的决定》“加强和优化公共服务”的要求，重点抓好作品版权登记，推进集体管理、权利认证和纠纷调解。

一是理顺管理关系，完善工作机制，更加重视登记质量，推动各项版权登记工作向纵深开展；二是改善对版权集体管理机构的监管，依法规范其行为、支持其活动，健全集体管理体制；三是开展版权争议调解机制建设，加强对版权认证机构、国际版权组织在华代表处的管理与服务，充分发挥其社会化支撑作用。

（3）在版权产业发展方面，抓好基础工作、推进规划指导。根据《中共中央关于全面深化改革若干重大问题的决定》“政府要加强发展战略、规划、政策、标准等制定和实施”的要求，重点抓好规划落实、交易机构建设，突出示范带动作用。

一是落实《版权工作“十二五”规划》，建设区域性国家版权交易机构，发挥其在

版权交易、评估等方面的市场服务和带动作用；二是继续有计划开展版权示范工作，评选一批版权示范城市、示范单位、示范园区，发挥其对版权产业发展的推动和引导作用；三是支持办好中国国际版权博览会，开展版权产业经济贡献调研，推进版权资产管理研究，形成以点带面的工作格局。

（4）在版权国际应对方面，加强合作交流、提高应对能力。根据《中共中央关于全面深化改革若干重大问题的决定》“加强国际传播能力和对外话语体系建设”的要求，重点抓好版权多边交流应对工作，突出与世界知识产权组织（WIPO）的合作，推进《视听表演北京条约》生效。

一是加强与世界知识产权组织的交流与合作，积极参加版权国际条约的磋商、谈判，办好国际版权论坛，提升国际话语权；二是推动加入《视听表演北京条约》《马拉喀什条约》有关工作，促进《视听表演北京条约》尽快生效，发挥该条约对我国的积极作用；三是以中美、中欧双边版权合作为重点，妥善处理重要版权双边关系，积极应对世界贸易组织、亚太经合组织等多边版权事务，增强版权国际影响力。

积极打造我国知识产权司法保护的“升级版”

——经济全球化、新科技革命和创新驱动发展战略下的新思考

最高人民法院审判委员会委员　孔祥俊*

知识产权司法保护与国际国内形势密切相关，必须审时度势反映和适应国际国内形势的新需求。党的十八届三中全会制定了全面深化改革的总体方案，开启了全面深化改革的新征程。我们正在打造中国经济的“升级版”，与当前经济全球化及科技和产业革命的新趋向、国内改革开放和转型升级的新形势相适应，我国正在进行新一轮的知识产权法律修订，尤其是十八届三中全会决定提出了“加强知识产权运用和保护”、“探索建立知识产权法院”的明确要求，这些都标志着我国知识产权保护面临着全面“升级”，亟须全面打造“升级版”。为适应新形势新任务的新要求，知识产权司法保护必须有新的理念、思路和举措，不断以理念和理论创新推动实践创新，使司法保护更具时代性、方向性和生机活力。本文对此加以探讨。

一、当前知识产权保护的阶段性特征与总体要求

知识产权司法保护的决策和“升级”首先要有大局意识。“不谋全局者，不足谋一域。”要高度重视对国内外宏观形势和任务要求的准确判断，坚持从国际国内大局出发考虑问题，首先要有战略思维和长远眼光，增强保护工作的系统性、协调性和前瞻性，注重以宏观方向指引和调适微观的法律适用。其次，要有强烈的问题意识，以重大问题为导向，抓住关键问题深入研究思考，着力解决当前面临的一系列突出矛盾和现实问题。再次，要有强烈的机遇意识。当前国内外环境和创新驱动发展为知识产权保护带来前所未有的机遇和挑战，十八届三中全会决定明确将“加强知识产权运用和保护”和“探索建立知识产权法院”作为深化科技体制改革、加快完善现代市场体系的重要举措，要抓住机遇乘势而上，要

---

* 孔祥俊，最高人民法院审判委员会委员，曾任最高人民法院行政审判庭副庭长，知识产权庭副庭长和庭长，第一巡回法庭党组副书记、副庭长。

有更大的勇气和智慧、更有力的措施和办法加以推进。再其次，要有强烈的创新意识。知识产权以推动和保护创新为己任，要强化创新意识，以创新的思维和方式保护创新，当前尤其要坚持解放思想和更新观念，勇于冲破一些不合时宜的思想观念的束缚，跳出一些旧的习惯性条条框框的限制，找准突破的方向和着力点，拿出创造性的举措来。

当前我国改革开放和发展具有鲜明的阶段性特征，既有较多机遇又面临重大挑战，处于错综复杂的特殊矛盾期。我国已经和平崛起，已走到国际舞台中心❶，正在跻身世界一流国家、塑造大国形象，但又不能急躁冒进，需要在韬光养晦中潜心发展，充分抓住战略机遇期，有目标、有方向和矢志不移地加快自身发展；我国已经成为世界制造大国、国际贸易大国和经济大国，成为世界第二大经济体，但还不是经济强国；我国的国家形象仍存在自我认知与他国认知的较大差距，西方发达国家对我国的看法仍有落伍的观念、固执的偏见和恐惧心理，我国对自己的看法也经常摇摆于自信与不安、谨慎与自大之间❷。我国国内发展不平衡、不协调和不可持续问题仍然突出，既有跻身世界尖端前沿和比较发达先进的科技经济领域和地区，又有经济、科技和文化相对落后的大量领域和区域，科技创新能力不强；我国已坚定不移地走社会主义市场经济道路和确立改革开放目标，已进入调结构、转方式和全面深化改革的深水区，需要增强改革的系统性、整体性和协调性，但仍需要摸着石头过河，在试错中前行。这些矛盾性特征在知识产权保护中都有相应的体现和反映。与此相适应，我国知识产权及其保护既取得巨大成绩，也面临较多问题和挑战。我国已成为知识产权大国，专利、商标等知识产权数量已跃居全球第一，但知识产权质量严重参差不齐；我国已拥有越来越多的关键核心技术和专利，但专利转化率较低、效益较差，“垃圾专利”较多，为科技经济发展埋下了隐患；我国已拥有较多自主品牌，但全球知名品牌仍然严重匮乏❸，假冒侵权现象较为严重，品牌创立的法律环境仍须改善；盗版侵权现象严重，妨碍了文化发展繁荣和文化产业发展。我国《国家知识产权战略纲要》对于执法体制等进行了超脱性和富有前瞻性的战略设计，但有待于实践检验、充实和深入落实，实施中也可能受到部门利益等因素的干扰。改革开放以来我国陆续制定了主要的知识产权法律，于“入世”前后进行了大幅修订，目前又进入新一轮法律修订阶段，涉及如何把握修订方向和保护力度、知识产权制度向何处走的顶层设计问题，尤其是如何处理全球化与国内需求的关系问题。在我国经济社会生活中，对于知识产权保护的态度也有不同认识，在究竟是加强还是弱化保护、国际接轨多一些还是国情特色多一些等问题上仍有较大争论。这种背景和种种问题表明，无论是制度设计还是制度实施，我国知识产权保护均处于重要的转折关头。这些重大的、方向性的问题需要我们及时给予正确回答。

当前国内外形势及知识产权本身的复杂情况，决定了现阶段知识产权保护在理念、制度和具体实施上的复杂性和多面性。

---

❶ “中国来到世界舞台中心，是世界大变化、中国大发展带来的结果。过去几年世界的变化，特别是金融危机，大大加快了我们来到世界舞台中心的进程。”参见吴建民：《大外交需摆脱弱国心态》，载《环球时报》2013 年 11 月 20 日。

❷ 参见杜雁芸：《美国政府对中国国家形象的认知》，时事出版社 2013 年版，第 3 页。

❸ 与国际一流跨国公司相比，中央企业还缺乏全球叫得响的知名品牌。2013 年央企有 45 家进入世界 500 强，但在国际权威品牌评估机构“英特品牌”公布的榜单中，还无一家中央企业入围“全球最佳品牌 100 强”。“缺少全球叫得响的知名品牌，是中央企业最突出、最严重的短板。没有一流品牌，就不可能真正成为世界一流企业。”“目前，全球 80％的市场已被 20％的著名品牌垄断，没有品牌的企业，只能成为卖苦力的工厂。”参见黄淑和：《缺少知名品牌是央企“短板”》，载《经济日报》2013 年 10 月 16 日。

从政策和方法的角度看，我国知识产权保护既要注重刚性，坚持强化保护不动摇，又要注重弹性和政策，实现保护与创新发展的良性互动；既要注重局部和重点，有针对性和动态性地解决保护中的突出问题，又要注重全局和全面，增强战略思维和宏观设计；既要注重目标和方向，又要注重实现过程和途径；既要注重紧迫性和搞好重点突破，又要把握好时机和注重渐进性；既要注重国际共通性，又要注重国情和特色。从总体目标和方向上看，我国需要打造的知识产权保护“升级版”，就是在现有知识产权体系的基础上对于我国知识产权保护制度进行再设计，形成与新一轮经济全球化以及国内转型升级和创新发展相适应、先进和符合国际主流的知识产权规则体系、执行体系、理论体系和社会环境，尤其要把理念和制度落实为现实秩序。知识产权司法保护必须与此相适应，使保护机制更加完善、司法理念更加先进、司法政策更加系统全面科学、司法态度更加开放融合以及法律执行更加准确有效，成为我国知识产权保护“升级版”的重要参与者、推动者和贡献者，发挥特殊的职能作用，作出独特的贡献。以下几个方面是打造司法保护“升级版”需要特别强调的问题。

二、司法保护应具有更加开放的姿态

18世纪中叶以来，我国先后与工业革命、世界现代化浪潮、科技和产业变革的发展机遇失之交臂。直至1978年以来，才以改革开放的姿态逐渐追随经济全球化和新科技革命的步伐，开始大踏步地追赶。邓小平同志曾反复强调：“现在的世界是开放的世界”；要“使更多的人知道世界是什么面貌”；“关起门来，故步自封，夜郎自大，是发达不起来的”；“重要的是，切不要把中国搞成一个封闭性的国家”；“改革开放是决定中国命运的一招”。[1] 而今我们又迎来新一轮经济全球化以及新的科技和产业革命的浪潮，进一步扩大开放更是当今改革发展和参与全球化的显著特征。习近平同志最近指出：“中国越发展，就越开放，中国开放的大门不可能关闭。”[2]“改革开放只有进行时、没有完成时。”[3]十八届三中全会公报指出，改革开放“是当代中国最鲜明的特色，是决定当代中国命运的关键选择，是党和人民事业大踏步赶上时代的重要法宝”。在全面深化改革开放的时代背景下，我们必须以更具改革开放的姿态开展“升级版”的知识产权司法保护，尤其要在解放思想和更新观念上下功夫，不断以观念创新和理论创新推动实践创新，积极推动我国知识产权保护的更加现代化。

（一）新形势新任务要求司法保护更具开放性

可以断言，我国当今知识产权立法必然是在继续强化与国际规则接轨的基础上，实现接轨与国内需求的深度融合。我们还行走在从“赶上时代”到“走在前列”的路上。改革开放必然要求接受国际和主流的规则。改革开放前期，伴随我国的主动对外开放和对内改革，西方发达国家以有关贸易和知识产权保护的国际规则冲开了我国市场的大门，我国逐步步入确立市场经济体制、深化改革、扩大开放和融入全球化的现代化轨道，在接受和适应中创造了高速增长和迅速步入现代化国家行列的发展奇迹。30多年来，我国经济贸易得到长足发展，已成为世界经济贸易大国，培育了坚强的实力、国力和自信，正在走向强国之路。在成为强国之后，我们还会在深度融合的基础上创造新的世界性概念和世界秩

---

[1] 《邓小平文选》第2卷，人民出版社1994年版，第132页、第306页、第367页。

[2] 习近平：《三中全会将提出综合性改革方案》，载《北京青年报》2013年11月3日。

[3] 习近平：《关于〈中共中央关于全面深化改革若干重大问题的决定〉的说明》。

序，但当前仍需要在接轨和融合上狠下功夫。[1]

我国改革开放进程始终伴随着国际“倒逼”现象，持续的外在压力源源不断地转化为内在变革的动力。被“逼”恰恰使我们深深受益。如李岚清同志回顾改革开放进程时所说：“我们在具体工作中深深体会到，我们内部的许多改革措施是被对外开放促出来甚至逼出来、榨出来的，也有许多是在对外开放中学到的。同时改革又为对外开放创造了条件，促进了对外开放。”[2]“倒逼”之下确立的我国知识产权制度体系，既成为我国改革开放进程的重要组成部分，又始终参与和推进了改革开放。它满足了我国改革开放的需求，保障了这一时期我国参与经济全球化和创新发展的需要，积极促进了我国知识产权制度的现代化，使我国步入知识产权保护的现代国家行列，实现的是“双赢”，符合我国全局、长远和根本利益。我国知识产权司法保护同样也是这一历程的重要组成部分。[3]

21世纪以来，更加自主和自觉地设计和实施知识产权制度，已是我国知识产权保护的明显特色。例如，2008年国家制定《国家知识产权战略纲要》，对于知识产权制度进行了自主、全面和系统的战略规划。近期以来新一轮知识产权法律的修订，更加体现和强调自主修改，更多强调不是因为外部压力，而是为了适应国内创新和发展的需求、解决知识产权保护中的突出问题。但是，在强调自主性和适应国内需求的同时，仍不能忽视向国际标准靠拢，尤其是仍应高度重视研究和借鉴发达国家的知识产权保护经验。这更是国际形势和国内发展的必然要求。

首先，经济全球化的继续深化要求更高标准的知识产权保护。“当今世界，经济全球化深入发展的总趋势没有改变。”[4]从国际形势看，当前全球化进一步加深，货物和市场要素的流通更加自由化，资源在全球范围内的配置更加重要，各国经济深度融合，WTO体系已不完全符合新一轮经济全球化的要求，区域经济一体化正在成为与全球化并行的世界经济发展趋势，欧美都在组建自己的区域集团，建立自贸区也已成为我国国家战略。[5] 新一轮经济全球化必然要求包括知识产权在内的国际贸易规则的相应调整，尤其是，美国正在推进TPP（跨太平洋伙伴关系协定）、TTIP（跨大西洋贸易与投资伙伴关系协定）谈判，试

---

[1] “越来越多的中国人认为，要想成为真正的世界强国，中国必须有自己的软实力理论，还要对世界现在的运行方式和它理想的运行方式有自己的认识。中国坚决不能只‘进口’西方理论，再简单融入‘中国特色’了。正如一位重要的思想家说过，中国要实现其世界强国的合法地位，‘就必须创造新的世界概念和世界秩序’。”［美］迈克尔·巴尔：《中国软实力：谁在害怕中国》，石竹芳译，中信出版社2013年版，第107页。

[2] 李岚清：《突围——国门初开的日子》，中央文献出版社2008年版，第168页。

[3] 司法实践对此早有清醒的认识，如1998年7月最高人民法院发布的《关于部分法院知识产权审判工作座谈会纪要》指出：“知识产权审判工作是国家改革开放政策具体实施的一个重要方面。”

[4] 汪洋：《构建开放型经济新体制》，载《〈中共中央关于全面深化改革若干重大问题的决定〉辅导读本》，人民出版社2013年版，第39页。

[5] 目前世界上几乎所有经济体都加入了不止一个自由贸易协定（FTA）。据WTO统计，截至2013年1月15日，向WTO通报的各类区域贸易协定共546个，其中241个正在实施。参见张小瑜：《全球自贸区快速发展》，载《环球时报》2013年11月1日。有人认为，在美国试图以TPP和TTIP推进区域经济一体化和架空全球贸易体系，以及世界贸易组织多哈回合谈判失败等情况下，中国需要以更大努力和耐心维护和推进全球贸易体系。当前确立世界贸易组织新规则的谈判举步维艰，而区域经济一体化方兴未艾，且更多由双边向多成员发展，协定内容日趋丰富和标准越来越高，这在很大程度上说明当今全球贸易体系已不能完全适合经济全球化的需要，世贸规则需要“升级”，区域经济一体化恰恰首开世贸规则“升级”之先河，在有关方面各个击破，在此基础上不排除再造新的全球贸易体系。这可能是开始了“否定”与“否定之否定”的过程。

图构建新的全球贸易布局[1]，包括主导制定更高标准的知识产权规则，构建新的世界专利商标等知识产权体系，甚至有人试图以此牵制尚未加入 TPP 谈判的中国。美国在很大程度上仍具有制定国际贸易规则的主导权。如李光耀所说："今后二三十年，美国仍将是唯一的超级大国"；"今天及今后几十年，国际社会的游戏规则仍将由美国制定。"[2]美国推动的新一轮经贸谈判将谋求更全面和更高水准的知识产权保护。对此我们需要密切关注和未雨绸缪，必要时要积极参与。

其次，积极参与全球经济治理要求高水准的国内知识产权保护。我国是对外开放和加入世贸组织的最大受益国。我国已成为重要的全球制造业中心和制造大国，有极具国际吸引力的巨大国内市场。我国已于 2009 年成为世界第一大出口国和第二大进口国、世界第二大投资流入国[3]；2012 年外贸总额首次超过美国，成为世界贸易规模最大的国家。我国 GDP 已居全球第二，成为经济大国。我国外贸结构正在发生重大变化[4]，正在由"在中国制造"转向"由中国制造"、由"中国制造"转向"中国创造"，正在由经济大国向经济强国发展，我国在心态和行动上正在由非主流大国心态向主流大国心态、由地区大国向全球大国转变[5]，要建成一个"行为文明、积极参与国际事务、更具世界特色、更加国际化和外向型"的现代化国家[6]。习近平同志最近指出："随着中国的发展，中国将承担更多的国际责任，更积极参与国际事务及国际体系改革。"[7]伴随国力的持续增强和国际地位的迅速提高，我国正在积极提升价值链、参与全球治理、主导话语权和扩大全球经济影响力[8]，"要以更加积极、自信、负责的姿态，参与国际体系变革和国际规则制定，参与全球性问题治理，增强我国在国际经贸规则和标准制定中的话语权"；"规则和标准的竞争是最高层次的竞争。我国加入

[1] "区域经济合作蓬勃发展，各类自由贸易协定大量涌现，成为经济全球化的重要动力。"TPP 和 TTIP 等"超大自由贸易区正在孕育，将对经济全球化的走向产生深远影响。"见汪洋：《构建开放型经济新体制》，载《〈中共中央关于全面深化改革若干重大问题的决定〉辅导读本》，人民出版社 2013 年版，第 39 页。

[2] 李光耀：《李光耀论中国与世界》，蒋宗强译，中信出版社 2013 年版，第 24 页。

[3] "目前，我国经济总量居世界第二位，成为第一大出口国、第二大进口国、第二大吸收外资国、第三大对外投资国、第一大外汇储备国。"参见汪洋：《构建开放型经济新体制》，载《〈中共中央关于全面深化改革若干重大问题的决定〉辅导读本》，人民出版社 2013 年版，第 40 页。

[4] 例如，2013 年前三个季度我国外贸实现整体好转。外贸继续增长；外贸依存度持续回落；随着我国加工贸易转型升级，开始从以往的加工装备为主的低附加值环节向研发设计、创立品牌等产业链的高端环节延伸，逐步实现从委托来料加工为主向自营进料加工为主运作方式的转变，出口的产品结构优化升级；国内地区间的外贸布局正在优化；随着加快推进自贸区建设和大力开拓新兴市场，贸易伙伴更加多元化。上海自贸区的建设也将对我国外贸有重大拉动作用。参见《前三季度外贸实现整体好转》，载《经济日报》2013 年 10 月 13 日，第 8 版。

[5] 如李光耀所说："今天，中国是世界上发展速度最快的发展中国家，其速度在 50 年前是无法想象的，这是一个无人预料到的巨大转变……中国人的预期和抱负已经提升。每一位中国人都渴望一个强大、富裕的中国，一个与美国、欧洲国家和日本同样繁荣昌盛并同样具有科技竞争力的中国。这种重新唤醒的使命感是一股极其强大的力量。"李光耀：《李光耀论中国与世界》，蒋宗强译，中信出版社 2013 年版，第 4 页。

[6] 如李光耀所说："中国有可能变成一个盲目排外、奉行沙文主义的力量，会因西方试图放缓或阻止其发展而仇恨、敌视西方，也有可能变成一个行为文明、积极参与国际事务、更具世界特色、更加国际化和外向型的国家，亚太地区的和平与安全将取决于中国朝哪个方向演变。"李光耀：《李光耀论中国与世界》，蒋宗强译，中信出版社 2013 年版，第 56 页。后者必然是中国的选项。

[7] 习近平：《三中全会将提综合性改革方案》，载《北京青年报》2013 年 11 月 3 日。

[8] "随着综合国力提升，我国在国际经济治理体系中的话语权和影响力不断增强，各方在重大国际和地区问题上更加关注中国的立场，更加注重对我国的借重与合作。同时，我国被加速推向国际事务前台，一些发达国家在全球经济再平衡、应对气候变化、人民币汇率、知识产权保护、市场开放等方面对我国的要求越来越高，一些发展中国家对我国的期待也越来越多。"参见汪洋：《构建开放型经济新体制》，载《〈中共中央关于全面深化改革若干重大问题的决定〉辅导读本》，人民出版社 2013 年版，第 41 页。

了世界贸易组织，进入了重大经贸问题谈判的核心圈，在全球经济治理中发挥着越来越重要的作用”。[1] 只有主动接受和推行主流的知识产权规则，才能在参与全球化中居于高端和前沿，为参与全球治理提供强有力的国内经验支撑和微观基础，树立良好的国际经贸形象，在参与全球化中能够挺直腰杆和具有底气。[2] 我们不但要吸收主流规则，还要在吸收的基础上创造现代知识产权经验，为国际社会提供知识产权公共产品，增强我国制度软实力。要充分认识到，包括知识产权规则在内的贸易规则，不同于民族性、政治性色彩浓厚的其他法律规则，是现代市场规则，并具有天然的跨国界性，这是借鉴吸收的重要基础。

再次，实施创新驱动发展战略要求全方位、高标准的知识产权保护。我国国内正在进行转方式促发展，进入攻坚克难的改革深水区，创新驱动已成为重要国家战略。习近平总书记最近指出，实施创新驱动发展战略决定着中华民族前途命运，要把创新驱动发展作为面向未来的一项重大战略实施好。过去 200 年间，西方发达国家经历了工业化、城镇化、农业现代化、信息化的“串联式”顺序发展，我国不可能按部就班和循序渐进地重复这样的发展过程，而必须从“串联式”到“并联式”发展，在由大国走向强国中既后发追赶，又有后发优势和可以“弯道超车”，常规性与跨越式发展同时展开。新一轮科技革命和产业变革正在孕育兴起，我国也站在这一变革的起点上，机不可失，时不再来，决不能再丧失历史机遇。知识产权保护在创新驱动发展中的作用更加重要。“知识产权是市场经济下创新体系的核心。”[3]例如，国外有人在美国能否保持对华创新优势的评论中认为，“美国仍然从保护和支持技术创新的法律体系中获得巨大优势”；中国近期在创新能力上不太可能超越美国的一个重要原因是，“中国还没有建立坚实可靠的知识产权法律体系”，“在权利不确定不稳定的情况下，就连国内制造商可能也缺乏劲头”。[4] 我国国内已孕育和萌生了越来越多的创新需求。例如，靠模仿难有持续的竞争力、通过技术创新提升竞争力和增强议价能力以及转型升级的前提是掌握核心技术，“从模仿到引领”提升利润空间，已成为我国外贸企业的共识；从贴牌到自主、强化品牌和叫响“中国品牌”，已成为外贸企业的实力增强后的必然选择，也是外贸环境变化的倒逼使然。[5] 可见，实施创新驱动战略需要高水准的知识产权保护，这是一项重要的制度环境。

总之，当前我国国力大增，又处于改革开放的新起点，在符合我国发展需求和承受能力的前提下，我国应以更大的勇气和更高的要求吸收借鉴知识产权通行规则，并积极创造世界性经验。我国新一轮的知识产权制度设计必须与促进转型升级和创新驱动发展相适应，必须与积极参与经济全球化、引进国外投资和深化经济技术交流相适应，使我国主导和基本的知识产权规则更加符合国际通行标准。与此相适应，我国知识产权司法保护必须解放思想、

---

[1] 汪洋：《构建开放型经济新体制》，载《〈中共中央关于全面深化改革若干重大问题的决定〉辅导读本》，人民出版社 2013 年版，第 49 页。

[2] 我国需要和正在积极参与全球经济治理，正在由国际规则的被动接受者转向全球经济治理的积极参与者，但全球经贸规则仍然由西方主导。国内变革的滞后会制约我国参与全球经济治理的能力，我国为全球提供公共产品的能力和水平有限。我们需要通过国际化和法治化，为参与全球经济治理提供国内基础。

[3] [美]约瑟夫·斯蒂格利茨：《新发展模式》，载王梦奎主编：《迈向新增长方式的中国》，社会科学文献出版社 2007 年版，第 26 页。

[4] 参见《美对华创新优势将持续下去》，原载日本《外交学者》杂志网站 2013 年 10 月 30 日文章，见《参考消息》2013 年 11 月 1 日。

[5] 参见《中国外贸谋升级》，载《人民日报（美洲刊）》2013 年 11 月 1 日。

转变观念和开拓创新，具有更加开放的姿态。

（二）司法保护要强化四种意识

根据当前国际国内形势，当前“升级版”的知识产权司法保护尤其要强调以下四种意识：

1. 强化大国意识

今天的中国已经走向亚太和全球的经济舞台。我国知识产权司法保护要与我国的经济贸易大国地位相适应，与具有全球影响力的巨大国内市场和日益增强的国际影响力相适应，与我国谋求深度参与全球治理和提升国际地位的要求相适应，切实增强大国意识和树立大国风范。我国的保护实践已经丰富多彩，在诸多领域处于前沿高端，一举一动都可能受国际关注和产生国际影响，要自觉树立负责任的大国形象；我国有大国的国家利益，需要发出大国的声音和谋求话语权，以大国的姿态交流和对话❶；重大的国际场合已不允许中国缺席，中国缺席对于别人是遗憾，对于自己是丧失机会。我们要切实增强全球视野和国际眼光，既高度重视国际主流和通行做法，保持司法的前沿性和前瞻性，又要敢于创造和贡献中国的经验，敢为天下先，逐步发挥引领作用。我国已有比较先进的法律体系，这是司法保护能够具有先进性的法律保障。我国有前沿尖端技术，有高端产业，有鲜活的知识产权保护实践和丰富多彩的实践素材，我们在一些知识产权保护领域事实上已能够处于国际前沿尖端，具有产生世界性影响的潜力。尤其应当充分认识到，一流的技术和一流的产业必须有与其相适应的一流司法；一流的大国和一流的市场，也必然要求一流的司法。例如，我国北京、上海、浙江、广东等地法院裁判了一些在国际上都属于前沿尖端问题的知识产权案件，受到国际关注。广东法院不久前裁判的涉及行业标准的基础专利使用许可垄断纠纷案❷，为国际上尚且为数不多的同类案件树立一个新典型，很有开拓创新意义，引起欧美发达国家广泛讨论和关注，甚至影响了有关国家的相关司法实践，为世界范围内类似案件的裁判贡献了中国经验。

由于我国当前存在的经济发展与知识产权保护的特殊矛盾，知识产权保护难免时常陷于自信与不安、谨慎与自大、指责与反驳之类的矛盾之中，强化大国意识很重要，也一定要培养和增强理论自信和制度自信，多一些自主和理性而少一些盲从和盲目，多一些从容和成熟而少一些冲动和稚嫩，不能自大和自负，不去刻意地标新立异。尤其是不能否认制度“倒逼”的积极意义，但在较长时期的“倒逼”和指责的国际氛围之下，我国知识产权保护在有些方面自觉或不自觉地有自卑意识、弱国心态或“道德劣势心理”❸，还有人对于过去的侵权和保护状况心存负罪感或原罪意识，甚至沉溺其中而不能自拔，对此要给予警惕和

---

❶ “这些年来，在中国的学界和媒体上，经常谈到软实力和话语权的问题。软实力也好，话语权也好，绝不是卡拉OK自娱自乐，也绝不是自己说有就有的。你讲的话，你提出的主张，世界上多数人觉得有道理，有吸引力，受到欢迎，这样才有软实力，才有话语权。如果你的言行，你的主张，人家讨厌、反感、厌恶，那就谈不上什么软实力了，也没有什么话语权了。干得越多，讲得越多越糟糕。”参见吴建民：《大外交需摆脱弱国心态》，载《环球时报》2013年11月20日。

❷ 华为公司与美国IDC公司滥用市场地位垄断纠纷案，参见林劲标：《跨越太平洋的较量——广东高院审结华为公司与美国IDC公司滥用市场地位纠纷》，载《人民法院报》2013年版10月29日。

❸ “中国是一个大国，但我们长期是一个弱国。长期弱国的状态使我们形成一种弱国心态和惯性思维。弱国心态最大的特点就是缺乏自信。不自信，对于别人的评论就十分介意。不自信，总怕人家瞧不起，总愿意对人家说我这个好、那个好，生怕人家看不到。这种心态和惯性思维，与来到世界舞台中心的大国地位是不相称的。弱国心态会自觉不自觉地影响我们的言行。克服弱国心态，需要时间，更需要自觉。”参见吴建民：《大外交需摆脱弱国心态》，载《环球时报》2013年11月20日。

注意克服。[1] 知识产权保护毕竟具有很强的历史性、发展性和政策性[2]，不能把保护问题抽象化，不能脱离历史和具体情形，对于一些假冒盗版、恶意抢注等现象予以笼统指责，要历史地和具体地分析，要从法律规范的层面上精确分析。对于历史上形成的知识产权权利状态，不能理想化地或者秋后算账式地否定，不能简单以今天的法律标准衡量和随意改变改革开放以来历史形成的权利格局，不能以泛道德化的标准替代现实的法律标准，不能以道德指责代替法律判断，不能想当然地把外国或外国权利人置于道德高地而“自觉地”把本国或本国权利人置于道德低地，以至于混淆历史与现实、道德判断与法律判断等界限，把本属不违法侵权的行为判断为违法侵权，如把商标法上的违法“抢注”范围扩大化，把本不构成侵权的商标“贴牌”行为认定为侵权等。[3]

2. 强化接轨意识

当今世界已是全球化的时代。“当代全球化的影响如此广泛深入，动力如此强大无比，以至于任何国家都已经无法趋利避害、有所选择。全球化是我们一生中所经历的最大经济变化，不管你喜欢不喜欢。”[4]改革开放以来，我国始终是经济全球化的重要推动者和积极参与者。邓小平同志指出：“我们最大的经验就是不要脱离世界。”[5]亦如郑必坚先生所说：“中国的发展离不开世界，现在如此，今后仍然离不开。从邓小平到现在的新一代领导人，一直是这样观察把握的。中国不会关上开放的大门。中国越发展，也将越开放，与世界各国的共同利益也越大。最近设立的上海自贸区就是中国进一步对外开放的重要标志。”[6]无论是国际还是国内，知识产权保护的一个普遍的显著特征是始终与国际贸易和经济全球化相伴随。19 世纪末叶开始，随着主要发达国家完成工业化，开始了强调输出技术、文化产品和品牌的发展战略转移，1883 年《保护工业产权巴黎公约》和 1886 年《保护文学艺术作品伯尔尼公约》等具有国际奠基性意义的知识产权公约应运而生，此后随着经济全球化的不断深化而不断修订。这些条约塑造了各国知识产权的国内基本立法。世界贸易组织的建立标志着经济全球化进入一个全面系统的新高度和新阶段，而知识产权条约（如《TRIPS 协定》）直接被纳入其中。随着以全球贸易体系与区域经济一体化并存、自由贸易区勃兴为重要标志的新一轮经济全球化的展开，知识产权保护标准继续被推高。我国知识产权保护自始都是在参与经济全球化中与国际接轨，且至今“我国作为现行国际经贸规则适应者、遵循者的角色

---

[1] 韩国教授赵东一在讲述东亚文化时指出：“欧洲文明圈发掘出所有遗产，并且精雕细琢，赋予其价值，而后推向世界，并以此自豪。而东亚非但没有这样做，反而不断地抛弃自己的遗产。究其原因，这是自卑意识或者说失败意识在作怪。认为欧洲文明圈是整个世界，是世界中心，而我们只是远离中心的微不足道的存在，现在我们应当抛弃这种错误的思想了。世界的中心并不是永远固定的，历史发展的主体也在不断交替。”参见赵东一：《东亚文明论》，李丽秋译，社会科学文献出版社 2013 年版，第 163 页。知识产权文化上也有类似情形，如仍有自卑意识或失败意识作怪，影响了制度自信和保护自信。

[2] 例如，“中国等许多发展中国家都认为这些规则偏袒西方国家。贸易就是一个很好的例子：西方是通过关税保护和补贴等措施发展起来的，但是现在却‘踢开这架梯子’，打造一个国际贸易体系，将贸易自由化政策、投资政策和严格的专利法强加在发展中国家身上——而过去这些发达国家处在和中国现在一样的处境时却不用遵守这些条条框框”。[美]迈克尔·巴尔：《中国软实力：谁在害怕中国》，石竹芳译，中信出版社 2013 年版，第 113～114 页。

[3] 笔者对于知识产权保护中的“道德劣势心理”现象进行过较多的分析。参见孔祥俊：《知识产权法律适用的基本问题》，中国法制出版社 2013 年版，第 312～320 页。

[4] [美]罗伯特·夏皮罗（美国原商务部副部长）：《下一轮全球趋势》，刘纯毅译，中信出版社 2009 年版，第 97 页。

[5] 《邓小平文选》第 2 卷，人民出版社 1994 年版，第 290 页。

[6] 参见郑必坚、基辛格等：《世界热议中国——寻找共同繁荣之路》，中信出版社 2013 年版，第 VI－VII 页。

没有根本改变”[1]，因而在经济全球化更加深化的背景下，无疑要继续强化接轨意识，加强与国际接轨，“积极对接国际先进理念和通行规则”[2]。

知识产权规则不同于政治性和民族性较强的法律规则，它更多地属于重要的经贸规则和现代市场规则，无论是立法还是司法，都有充分的接轨和借鉴余地。借鉴和接轨有利于使我们的司法保护为国际认可和认同，有利于彰显我国保护成就，培育我国参与国际经济治理的话语基础和增强国际话语权。知识产权司法不能闭目塞听和故步自封，不能关起门来搞保护，而必须放眼世界和兼收并蓄，注重研究和借鉴吸收主流国家的司法经验，以丰富我国司法实践。我国知识产权法律与国际的高度接轨属性，是司法接轨的法律基础；各国在经济、科技和文化发展中面临的知识产权问题具有大量的趋同性，我们与国外司法有广泛的共同话语，有较多共同或类似的思路，这是司法接轨的实践基础；在新一轮经济全球化和科技革命中，各国经济联系和世界贸易投资链条更加紧密，使得司法接轨更具必要性。

当然，接轨问题比较复杂，不能简单看待和处理。首先，所谓的主流规则乃是国际上比较公认的先进规则。美国在国际规则的制定上有很大的主导性和话语权，且通常将其国内实践推向国际，但主流规则并不必然是美国规则和做法。美国有最为发达的知识产权保护体系和比较成熟的知识产权制度，美国在国际上推动的知识产权规则经常以其国内规则为蓝本。可资借鉴的美国知识产权规则确实很多，我们也应该花大力气着重研究美国知识产权制度，但一定注意甄别，不能囫囵吞枣式地接受，盲目地认定美国的规则都是好的和先进的。“在世界知识产权协议(《TRIPS 协定》)影响下，很多国家正在采用美国式的知识产权保护制度，但这种制度不仅难以适应美国的情况，对发展中国家来说更不适用，特别是美国自己都还在适应阶段。”[3] 美国在国际上推行的一些制度，在其国内也未必做到。美国在主导国际规则制定的同时，也在不断调适自己的制度，有时也吸收其他国家的通行做法，如在专利法修改时将“先发明”制度改为国际通行的“先申请”制度。[4] 除美国外，对于其他发达经济体的知识产权保护也应给予应有关注。其次，除条约的刚性约束外，可以借鉴其他先进的主流规则，但在操作细节和具体实现上也要注意差异，不必亦步亦趋，要根据我国国情和实际进行保护，不做绝对的或者简单化的中外对比和衡量。例如，我国侵害知识产权的赔偿数额日益提高，但提高必然有一个渐进过程，不宜简单与美国相应的赔偿数额相对比，而既应考虑国际趋势和国外情况的复杂性，又要考虑我国的情况。

3. 强化国家利益意识

新一轮的知识产权接轨是在我国实力和国力大增基础上的接轨，不同于改革开放初期的被动性“倒逼”接轨，而更具自主性、自觉性和选择性，是接轨与适应国内需

---

[1] 参见汪洋：《构建开放型经济新体制》，载《〈中共中央关于全面深化改革若干重大问题的决定〉辅导读本》，人民出版社 2013 年版，第 49 页。

[2] 参见汪洋：《构建开放型经济新体制》，载《〈中共中央关于全面深化改革若干重大问题的决定〉辅导读本》，人民出版社 2013 年版，第 48 页。

[3] [美]约瑟夫·斯蒂格利茨：《新发展模式》，载王梦奎主编：《迈向新增长方式的中国》，社会科学文献出版社 2007 年版，第 27 页。

[4] 当然，有的学者也指出：“美国在《美国发明法案》之前已经大规模地采用了某种形式上的先申请制度，所以关于《美国发明法案》是否真如许多美国专利学者和律师所说对美国的优先权制度作了重大改变，还有待进一步讨论。”但是，无论如何，该法案确实首次正式确立了这样一项制度。参见竹中俊子主编：《专利法律与理论——当代研究指南》，彭哲等译，知识产权出版社 2013 年版，第 5 页。

求的深度融合，归根结底要使知识产权保护更符合我国创新发展需求和国家利益。

在知识产权保护中，国家利益是最高的衡量标准。我国知识产权制度一定要符合我国国情和具有促进国家发展的导向，时刻注意维护国家利益。“每个国家必须有一个能够适应自身实际的知识产权制度。这个制度必须调整成本和效益之间的平衡，而具体的方法则在发达国家和发展中国家之间存在着巨大的差异。”“发展中国家所面临的一个主要问题是缩短与发达国家之间存在的知识差距。而如果知识产权制度设计不当，就会使得缩短差距的目标更难以实现。”[1]这些说法很有道理。尽管知识产权国际化程度高，但国内制度的空间仍然很大，司法要注重国家利益取向，切实运用好有利的制度空间，最大限度地为促进我国创新和发展提供条件和创造机遇。例如，我国奉行的“分门别类、宽严适度”的知识产权司法政策，就是积极运用制度空间促进我国创新发展的重要体现。

当然，在当今全球化和全球治理中，绝对国家利益观念已不符合全球治理的现实，国家利益已经相对化，合作共赢已是重要的全球治理理念和全球化时代特点。[2]我们强调的国家利益是合作共赢基础上的相对和比较的国家利益，不能把国家利益绝对化和狭隘化，不能将其作为盲目自大和排外的借口。在知识产权保护中，要妥善处理眼前利益与长远利益、具体利益与根本利益、让渡利益与换取利益的关系，认清国内需求与对外交往的有机联系，注重实现“两害相权取其轻”、“两利相权取其重”的相对和比较国家利益。

4. 强化适度保护意识

适度保护的内涵是丰富的，具有多面性、多色调而非单一性、单色调。它首先要求加强保护，这是知识产权保护的基本导向和定位。它同时要求保护强度与创新和发展的阶段性需求相适应，不能人为地“拔高”或者“滞后”，注意维护权利与公共利益的平衡。

在知识产权保护中，要注意处理好全球化与国情和中国特色的关系。经济全球化并非知识产权规则的完全一体化。“当前，市场已经或接近实现全球化，但是，世界仍然围绕主权国家运行，各国政府拥有设立市场条款的权力，不管是国内市场还是国际市场，都要受其影响。我们将会看到，有些时候，不管是大国还是小国，都能相当成功地抵制全球化核心所在的市场力量，尽管他们自己往往要为此付出相当巨大的代价。”[3]为尽量减少代价，我们应当积极参与全球化，对于一些纯粹贸易性和符合现代市场规律的知识产权规则，应当尽可能遵循全球化标准。但是，我们也不追求不切实际、损害我国创新发展的抽象的和“虚高”的知识产权保护。我国知识产权保护必须注重内在符合我国创新发展的阶段性需求，但与全球化关系不大、我国独具特色的知识产权保护领域。对于我国特殊的创新发展需求和特色保护领域，仍然根据我国国情和实际进行处理，不能盲目和不加区别地随意加贴全球化标签，不与国外进行简单化和表面化的对比。

就创新发展的阶段性特征而言，知识产权保护政策要有足够的弹性，要适应前述我国经济发展和知识产权特殊矛盾期的

---

[1] [美]约瑟夫·斯蒂格利茨：《新发展模式》，载王梦奎主编：《迈向新增长方式的中国》，社会科学文献出版社2007年版，第27页。

[2] 有的学者甚至说：“经济全球化往往造成经济的‘去国家化’，传统意义上的经济主权已经变得没有意义。”“经济全球化意味着共享一些正式和非正式的制度、规则和标准，没有它，国际经济与金融活动的协调就会非常困难，自私的民族国家可能会给其他国家带来经济灾难。”参见郑永年：《通往大国之路》，东方出版社2012年版，第110～111页。

[3] [美]罗伯特·夏皮罗（美国原商务部副部长）：《下一轮全球趋势》，刘纯毅译，中信出版社2009年版，第146页。

复杂性，统筹兼顾各种创新和发展的需求，既加强保护前沿尖端，又兼顾创新发展的渐进性和层次性，在总体方向上有利于促进科技赶超、创建自主品牌、促进文化艺术繁荣以及竞争的公平性，在具体保护上能够分门别类和宽严适度，照顾多层次需求和满足多样化的需要。例如，我们既加大专利权保护，又加强对于权利状况的审查和适当限制等同侵权适用；既加大品牌保护力度和营造宽松的品牌发展空间，又允许特殊情况下的善意共存和包容性增长；既加强著作权保护，又兼顾产业发展空间及科技和商业模式创新；既适当发挥反不正当竞争的附加保护功能，又适当限制其发挥作用的空间和范围。这些司法政策都充分考虑了我国发展的阶段性需求。

就特色而言，对于一些民族性和国情色彩浓厚的领域，或者一些特殊的中国式问题，需要坚持独具一格的中国式处理，不盲目与其他国家保持一致或寻求国际标准。我国有特殊的历史、文化和国情，也支撑着特色产业和特殊利益需求，必然产生特殊的知识产权保护问题，对于这些问题必须从我国国情和实际出发，按照我国的方式解决。这些问题并不涉及履行条约义务及其他国际保护问题，而仅仅是如何适用我国法律以及用我国法律解决我国自身的一些特殊问题。由于这些问题的特殊性，国外的类似做法要慎重借鉴，一定要看到貌似背后的实质性差异，不宜以简单类比现象和结论的方式囫囵吞枣式借鉴国外做法，或者否定我们的做法；确因本质上的差异不能借鉴的，理直气壮和敢为天下先地做出我们自己的决策或裁决。比较法固然有益和重要，但一定首先要与我国实际相结合，不能脱离实际进行比较和借鉴。

例如，前一时期涉及中文字库的著作权保护问题引起了热烈讨论。就字库中的单个汉字能否具有可版权性，争论尤为激烈。不少人举出国外不保护此类字体的例子，主张我国也不应该给予保护，且主张给予保护还会影响文化传播等。但是，我国汉字具有独特性，承载着厚重的文化和艺术，并依托着相应的产业，与西方文字差别很大，对于中文字库中的单个字体能否保护，一定要从我国实际出发，同时考虑产业政策等因素。这种以中国式思维处理中国特殊问题的方式，是必要的。存在决定意识，也决定着我们的保护态度。保护方向和政策确定了，具体法律标准问题就会迎刃而解。

再如，对“贴牌加工”涉及的商标侵权问题一直存在争论。从商标法上说，由于“贴牌”的产品不进入中国市场流通，在中国市场上不具有识别商品来源的作用，因而“贴牌”行为不属于商标法意义上的商标使用。从政策上讲，我国是制造业大国和加工贸易大国，“贴牌加工”是我国制造业和加工贸易的重要组成部分。如果将与国内注册商标相同近似的“贴牌”商标认定为商标侵权，不利于我国企业承接加工贸易业务。认定“贴牌”行为构成商标侵权，也是部分加工制造业转入其他一些国家的原因之一。因此，不认定“贴牌”行为构成侵权，有利于为我国加工制造业的发展营造宽松的环境，符合加工制造业层次不一、发展需求多样化和转型升级需要过程的实际，也与当今加工制造业“碎片化”以及世界经济呈现大生产和全球化的需求相适应。[1] 至于有人说认定“贴牌”行为不侵权，国外会指责我国为“造假地”，这种担心在很大程度上是前些年我国饱受侵权指责之下形成的“道德劣势心理”使然。这种指责并无道理，因为商标权具有地域

---

[1] 当今全球经济发展的主要特点是生产流程的碎片化和生产活动的国际化，形成了一个“无国界生产系统”，即通常所说的全球价值链。

性，在中国实施的"贴牌"行为不可能侵犯国外的商标权，又何谈"造假"呢？倘若因出口到目的国而侵害目的国的商标权，那也是在目的国的进口或销售行为构成侵权，与在中国的"贴牌"制造行为无法律上的关联性，目的国既可以由其海关将这些产品阻挡在国门之外，或者认定其在目的国的市场流通行为构成侵权，但无论如何均没有理由将在中国的"贴牌"行为定性为"造假"。

可见，我们需要借鉴国外有益经验，但其他国家的做法不符合我国实际时，无须也不应人云亦云。该创新的时候就要创新，也需要走自己的路。别人没有走过的路我们照样可以走，不能因为别人没有走过就不敢理直气壮和没有底气，要有发展自信和法理自信。当然，创新性保护一定要符合我国实际，有利于我国技术创新、商业模式创新以及促进经济社会和文化的繁荣。这才是衡量我国能否创新性适用法律的根本标准。

三、司法保护要更加注重促进知识产权质量与价值的提高

十八届三中全会通过的《中共中央关于全面深化改革若干重大问题的决定》指出，"使市场在资源配置中起决定性作用"。这是一项重大的理论论断和理论创新。知识产权保护与知识产权的实际质量和市场价值相协调和相适应，是发挥市场配置资源决定性作用的重要体现。知识产权是重要的创新资源和市场资源，如果它们之间的关系相互背离和相互扭曲，必然导致与知识产权与创新相关的市场资源配置的严重扭曲，阻碍有关创新的市场关系的健康发展。当前我国专利等知识产权数量"虚高"、质量较低和市场价值不高的现象较为突出，影响了知识产权的实际效用，进而影响了人们对于知识产权重要性的认识和预期，也降低了知识产权在经济生活中的实际重要性。质量与市场价值本来是应该匹配的，质量不高的知识产权不应该也不可能有较高的市场价值，否则会使知识产权制度扭曲。但是，较高质量的知识产权不能获得应有的市场价值，同样会使知识产权的重要性不能彰显。因此，知识产权保护既要积极促进知识产权质量的提高，又要使具有较高质量的知识产权获得积极的市场评价。这一目标的实现涉及多个环节，而司法要竭尽其能，确保这些目标的实现。提升知识产权的质量和提高其市场价值，应当是"升级版"司法保护的一项重要目标。

（一）加强授权确权司法审查的导向性

有效行使专利、商标等授权确权行为的司法审查权，净化权利环境和提高权利质量，是司法积极影响知识产权授权质量的重要切入点。司法通过充分行使审查权，确保授予的权利真正符合授权条件，不符合条件的不予授权或被宣告无效。首先，由于授权确权行政行为决定的是，是否授予或者宣告民事权利无效，法院在事实认定和法律适用上应有充分和全面的审查权，应当切实增强司法审查的深度广度。其次，要重点加强司法对于行政授权确权标准的完善和引导。司法要更加注重对于审查标准的总结和把握，有效行使对于审查标准的最终决定权，并通过司法解释和司法政策等方式推动审查标准的完善，促进授权确权水平和质量的提高。司法对于授权确权标准的实际影响力和最终决定权，行使对"标准"的主导权，是发挥司法主导作用的重要内容。例如，美国联邦法院尤其是联邦巡回上诉法院审理的专利案件绝对数量并不大，通常每年不到 3000 件，而美国专利商标局授权专利数量非常庞大，但在确定专利法律标准和完善专利法律制度上，联邦法院却具有举足轻重的地位和作用。如美国学者所说，美国专利商标局从技术和细节方面推动专利法的有效运转，而联邦巡回上诉法院则是"专利法原

则政策的掌舵者”(patent law's principle policy driver)。[1]“美国进入审查指南的连续申请制度,以及其他大部分重要的专利审查制度,都是在司法诉讼中,律师、工程师、法官们长期互动的结果,是司法理性的结晶。《专利审查指南》不过是把这些散落在海量判例中的司法理性总结成了审查规则。”[2]这种状态也是我们迟早要达到的。我国全面开展知识产权授权确权的司法审查还只有十余年的短暂历史,司法与行政的互动关系还是初步的,司法审查的深度广度还不够,今后应增强影响和引导制度建构的自觉性和主动性,通过司法与行政的良性互动实现更理性和更科学的制度运行。

(二)不保护不适格的知识产权

知识产权民事保护要注意与授权状况相协调,要注意“倒逼”授权确权质量的提高。对于因授权缺陷导致的不具有可保护性的权利,不应当给予民事保护。例如,因授权缺陷导致的权利范围不明、无法通过解释澄清的专利,或者明显不符合授权条件的专利,因无法保护而不给予民事保护;虽经注册但不具有可商标性的商标,或者以违法手段获取注册的商标,不应给予民事保护。不保护不适格的民事权利,乃是因为这些权利无从和无法保护。审查知识产权是否适格,但不直接宣告权利无效,乃是民事司法的应有之义,不存在逾越权力的问题。

(三)实现司法“定价”与市场定价的良性循环

能够在诉讼中进行检验的专利等知识产权,往往都具有较高的质量和市场价值。如果对于这些权利保护不充分,尤其是赔偿不到位和禁令不力,就会使权利的市场价值不能彰显,或者纵容行为人通过侵权而不是通过获得许可的方式进行使用。因此,加大保护力度对于知识产权获得应有价值至关重要。

就损害赔偿而言,确定赔偿数额本质上是由司法对于知识产权进行“定价”,这种定价经常参照现实的市场价值(如市场利益或者许可费的损失),而定价的高低反过来又会影响权利的市场价值(包括影响将来的许可费等市场定价),对于权利的市场价值具有逆向导向作用。司法定价与市场价值良性的关系应当是,司法确定赔偿时应当认真研究市场价值,尽可能准确反映市场价值,而司法“定价”反过来又能够正确引导市场定价,使市场定价与权利本来的市场价值相符合。只有形成如此良性循环的定价关系,才会使司法与市场良性互动。例如,美国专利等知识产权诉讼很活跃,由此提高了权利的市场价值,市场价值引导司法赔偿,而司法赔偿反过来又推动市场定价。一些企业甚至通过诉讼方式确定赔偿额,为将来许可他人使用确定可资参照的费率标准。[3] 诉讼与市场的良性互动关系使美国成为“全球最活跃最有价值的专利市场”[4]。

而且,考虑到知识产权的无体财产属

---

[1] Craig Allen Nard: "The Law of Patents"(second edition), Preface to the second edition, Wolters Kluwer (2011).

[2] 《为什么美国专利最值钱》,见中国知识产权研究会:《知识产权竞争动态》2012年7月10日第12期,第16页。

[3] 美国联邦巡回上诉法院首席法官瑞德(Rader)曾于2013年10月中旬在中国人民大学知识产权学院召开的一次座谈会上介绍了这些情况。

[4] 有论者指出:“中国的科技人才资源总量目前居世界第一,国际科技论文数量居世界第二,发明专利申请量也居世界第三,但就是这样一个具有世界影响力的科技大国,却无力在国际专利市场掀起一点点风浪。很显然,中国智慧没有得到应该有的价值。”“中国的专利申请量虽然位居世界第三,但绝大多数为国内专利。特别在美国这个全球最活跃最有价值的专利市场上,中国每年却只有不到2%的申请量,即便是这仅有的2%,绝大多数也只是一些通过普通中介申请的没有太多价值的专利。”参见陈杰:《中国智慧也应明码标价》,载《科技日报》2013年10月23日。

性及其价值的不确定性，考虑到知识产权损害赔偿的举证困难，赔偿数额的司法“定价”往往具有双重性，即确定性与导向性。前者体现的是事实和证据因素，如根据实际损失、利润损失或许可费等确定损失数额，需要相应的证据证明；后者体现的是导向或调适因素，是对于赔偿与知识产权价值关系的总体把握和导向，引导赔偿与市场价值相适应和相促进，它是在事实和证据的基础上的价值平衡和市场提升，源于事实因素而高于事实因素。事实因素在所有民事侵权损害赔偿中都有体现，而导向和调适因素则体现了知识产权的特色，体现了它与有体财产损害赔偿不同的理念和方法。提升知识产权的市场价值，必须重视导向和调适因素，通过调适和导向，使知识产权价值和损害赔偿能够达到足以激励创新的程度和预期。倡导和实现导向因素，需要转变观念和凝聚共识，确立与知识产权制度相适应的价值观和损害赔偿观，构建具有无体财产特色的损害赔偿体系。同时，为防止知识产权价值与其质量相脱节，防止助推价值虚高而导致保护“异化”，要注重构建加强保护的良好前提和基础，特别要重视对于权利状况的审查，并且使保护强度与权利的可保护价值相适应，不保护无法保护的知识产权，也不给予超出其创造性程度的额外保护。

我国损害赔偿数额总体偏低，不利于彰显权利的价值，不能很好地形成司法与市场的良性互动。笔者曾在中国知识产权法学研究会2013年年会的主旨发言中提出要将司法定价与市场定价密切挂钩，“如果被侵害的知识产权不能得到充分赔偿，知识产权就将成为廉价品。我们要通过提高司法赔偿额，来引导知识产权市场价值的提高。而知识产权市场价值的提高，反过来又将推动司法定价的进一步提升”。❶当前我国立法和司法实践均已注意到这一问题，如在法定定额赔偿之外的实际损失赔偿中强调裁量性的酌情赔偿，既基于实际损失的证据，又考量无法证明的损失的可能性，据此酌定一个数额，尽可能克服事实和证据因素的局限性，引入导向因素，达到适当提高赔偿数额的目的。这一问题仍需在理论上提升认识，在司法中具体落实和解决。司法实践已提出加大赔偿力度的目标方向，并采取了一些具体措施，但仍有较多的问题需要解决。尤其是要深入研究和把握知识产权的市场价值，确定恰当的司法定价基础，并注重导向因素，在司法定价上凝聚更多共识，在此基础上形成符合市场规律和满足权利保护要求的定价机制，再通过司法定价影响市场定价。

四、司法保护要更加注意彰显法治形象

“升级版”的中国经济必须是法治经济，知识产权保护是法治经济的重要环节。依法保护是知识产权保护的立足点，知识产权保护必须强化法治思维和法治方式，强化法治治理和弱化政策治理。“法律的权威和地位是衡量一个国家、一个社会文明进步的重要标准。”❷这句话同样适用于知识产权保护。只有高度法治化的知识产权保护，才能够更好地与国际对话和为国际社会所接受，才能实现可持续发展。尤其是法治形象是重要的现代国家形象，国家形象则是重要的国家软实力。“国家形象对一国发展和安全的影响比以往任何时候都更大、更快、更直接。国家形象不仅关涉国际关系行为体的可持续发展，也决定其在国际体系中的话语权。”“一国对另一国的形象认知，影响本国对他国的政策取向。”如提出《北京共识》的美国学者雷默所说：“中国目前最大的‘战略威胁’之一，在

❶ 参见《专家建议法院判赔与市场价值挂钩》，载《法制日报》2013年11月8日。

❷ 何毅亭：《学习习近平总书记重要讲话》，人民出版社2013年版，第51页。

于其'国家形象'。中国目前最重大的战略挑战,都与其'国家形象'相关。"[1]加强知识产权法治对于树立和维护良好的国家形象意义重大。

(一)通过司法保护增强国际认同

在西方国家,法院是法律帝国的首都,法官是法律帝国的王侯。司法是法治的重要体现和象征。在这种思维定式之下,司法在知识产权保护中的地位和作用,也被西方国家作为衡量知识产权法治程度和保护程度的重要标尺。据说我国一位知识产权行政部门的主管领导在美国演讲,在回答听众关于中国行政机关如何对待司法判决确定的法律标准时指出,中国非判例法国家,司法标准对其不具有拘束力,行政授权仍遵循自己的标准,不必顾及判决的不同态度。这种回答当时即引起骚动,导致国外听众的不解和困惑。我想这是因为,行政遵从司法确立的授权确权标准是法治的要求,反映和维护的是一种法律秩序,也是法治国家的通例,而与是否采取判例制度基本无涉。行政无须遵从司法标准的回答,势必会引起国外同行对于我国知识产权法治的误解,不利于彰显我国知识产权法治形象和维护良好的国家形象。《国家知识产权战略纲要》提出发挥司法保护知识产权的主导作用,显然是在考虑知识产权保护的本质要求和各国行之有效的普遍做法的基础上做出的战略选择,其重要目的也是为了彰显法治,将知识产权保护纳入法治轨道。因此,司法发挥保护知识产权的主导作用,有利于彰显我国知识产权法治形象,有利于我国知识产权保护为国际主流社会理解、认同,有利于我国知识产权保护跻身国际主流,增强国内外对于我国保护知识产权的信心。

而且,在一些国际共通性较强的经贸领域,过于强调本国的特色,常常不利于为国际社会所认同。例如,在我国申请复关和加入关贸总协定过程中,从1986年到1992年对于我国经济体制进行了6年的审查(通常时间为1~2个月),障碍是我国当时尚未接受"市场经济"的提法,当时中国谈判代表团想尽办法描述我国经贸体制,介绍什么是计划调节与市场调节相结合的商品经济体制,最后还是不得不补充说明是以市场调节为主、以计划调节为辅等。在外国人眼里要么是市场经济,要么则相反,对于我国的那些解释是无法理解和接受的。直至1992年邓小平南巡谈话提出社会主义可以搞市场经济,1992年9月党的十四大提出建立社会主义市场经济的改革目标,同年10月中国在日内瓦关贸总协定大会上宣布中国搞市场经济,才使入世谈判中对于中国经济贸易体制的审查问题迎刃而解。[2] 同样,在知识产权保护成为国际贸易和国家关系重要话题的情况下,以尽可能与国际接轨的法治制度保护知识产权,有利于国际认同和增强国际话语权。

例如,为加强知识产权保护和统一法律标准,当前国际上的普遍做法是以建立知识产权专门法院为代表的体制变革。如在20世纪80年代前后,美国面临日本科技赶超和经济竞争,为解决国内创新能力不足的问题,在知识产权制度方面发起了一场变革,主要是修订专利法和建立主要负责知识产权司法的联邦巡回上诉法院,尤其试图通过专门法院加强专利审查和专利保护,统一专利司法标准。此举无疑推动了美国知识产权制度的重大革命。近年来知识产权保护广受关注,日本、韩国、俄罗斯等国纷纷通过建立知识产权专门法

---

[1] 参见杜雁芸:《美国政府对中国国家形象的认知》,时事出版社2013年版,第2~3页。

[2] 正如龙永图所说:"中国入世谈判的最大决策应该是邓小平同志做出的,是小平同志的功劳。中国能够入世是因为有了邓小平同志在理论上的重大突破,才使得我们应用到谈判中,否则中国不能成为关贸总协定的成员。"参见赵亿宁:《中国入世大角力——新型超级大国的拐点》,浙江人民出版社2013年版,第14~15页。

院、强化知识产权司法等方式进行应对。这些国际趋势性做法值得我们认真关注。我国《国家知识产权战略纲要》提出了探索建立知识产权专门法院的构想，十八届三中全会决定更是明确提出"探索建立知识产权法院"，这恰恰是合乎国际潮流的。加强知识产权保护的途径不应该是单一的，但以建立专门法院的方式加强保护则更加符合法治要求和国际趋势，易于被国际认可，有利于展示我国保护知识产权的形象，增强我国参与全球化的话语权。建立知识产权法院将成为我国知识产权保护进入新阶段和新层次的重要标志。

（二）处理好法律治理与政策治理的关系

打造知识产权保护"升级版"，需要更加强化法治治理，弱化或改善运动式专项整治等政策性治理。例如，由于我国知识产权制度建立时间短，知识产权侵权在有些领域和地区较为严重，加之我国有特殊的执法体制和习惯做法，时常开展阶段性的专项整治等执法活动。在一段时期内和特殊历史条件下，这种措施对于持续不断地宣示保护决心、提升保护水平、强化保护意识和应对一时的国外压力，具有一定的必要性。但是，这类活动毕竟具有浓厚的政策治理色彩，会淡化和削弱常规机制的作用，减少人们对于常规机制的信赖，也可能助长侵权行为人的侵权投机心理，国外权利人对此也常常是"喜忧"参半和疑虑重重，长此以往不利于彰显法治和维护法治形象。因此，这种政策性治理应当弱化和逐步消除。我国已建立较为完善的司法和行政执法体系，要充分发挥其常规职能作用，尽力维护其高效权威性，多做些"培根""固本"的工作；要时刻注意法律执行的长效性和稳定性，尽可能不去搞"头痛医头脚痛医脚"的运动式治理，避免使法律的执行受到随意化和情绪化的干扰，避免为一时一事改变甚至损害法律的长效执行；国家的责任是为救济和保护提供畅通和良好的制度渠道，即使执行体制有问题，也应该尽可能通过加以完善来解决。

（三）高度重视司法的法治导向作用

司法是法治的重要化身和代表，《国家知识产权战略纲要》要求切实加强司法体系建设，发挥司法保护主导作用，这是重视法治的重要体现。正如有的企业界人士所提出的："政府不要所有的事情都去兜底，因为就算你找美国政府让它行政保护，也是不行的，它就是司法保护和有限的行政保护，法院的司法程序，国际贸易委员会的程序，就这两个程序，权利人去主张权利就好了，你找政府没有用，最后也解决不了。专项行动这种形式，是一种短期的行为，并不是可持续的长期的行为，作为一个国家的法律或者可持续的司法制度，它应该是一个稳定的环境，所以我们觉得，更重要的是在于加强真正的执法，在立法层面构筑知识产权竞争力，而不是头痛医头脚痛医脚，这样永远会被人家牵着鼻子走。美国也会有假货，美国不会说搞个政府专项行动去打假货，权利人有权利就去国际贸易委员会主张，去法院主张就可以了。"[1]这些见解是很深刻的。我国目前已形成重大和疑难知识产权争议更倾向于寻求司法裁决的趋向，似乎初步形成了司法保护与行政保护的这种自然分工，而且随着科技创新和市场竞争日趋活跃，新情况新问题层出不穷，试探法律边界或者希望法院明晰法律标准的知识产权案件越来越多，司法裁判明辨是非以及确立和统一标准的作用更加凸显，也成为发挥主导作用的重要方面。这就要求司法更加注重积极发挥这些作用，尤其要妥善处理好调判关系，更加重视

---

[1] "宋柳平在上海市知识产权局第七次专家咨询会上的发言"，载上海市知识产权发展研究中心主办：《知识产权专家评论》第12期，2011年9月16日。

当判则判。

（四）增强法律执行的可预见性、稳定性和连续性

法治的内涵是丰富的。如：“遵从法律的可预见性、连续性和统一性”；“所有司法裁判均须通过公开的程序作出，而且要言之有理，忠诚于法律。”❶可预见性、连续性和统一性是法治的基本要求。“任何法律制度都高度珍视法律的稳定性和连续性。”❷我国虽非判例法国家，但强调裁判的连续一致性和同案同判，强调判例的指导和示范作用，强调行政授权确权标准遵从司法裁判，就是出于维护法律的可预见性、连续性和统一性的要求。在知识产权保护中，执法的可预见性、连续性和统一性以及公开、透明、说理等，对于营造创新和发展的良好环境至关重要。无论是司法还是行政执法，对此均应高度重视。司法在维护这些价值上具有天然的优势和更高的期待，尤其要率先垂范。司法在保护知识产权中的主导地位，实际上就是为了彰显法治的主导地位。司法更要重视维护法律的安定性和确定性，强调程序保障和过程透明，重视遵循法律适用的先例，为利益攸关方提供稳定和可期待的预期，尽量避免受反复无常的困扰。这是良好的法律环境、投资环境、创新环境和市场环境的重要标志与象征。

（五）加强平等保护

升级版的知识产权法治要更加重视对于各类权利人的一视同仁和平等保护，营造良好的贸易投资环境，决不搞厚此薄彼和差别待遇，不搞贸易保护主义和地方保护。

探索知产审判新模式　担纲司法改革先行者

——北京知识产权法院成立一年依法履职初见成效

北京知识产权法院

2014年11月6日，根据十八届三中全会关于“探索建立知识产权法院”的要求和全国人大常委会《关于在北京、上海、广州设立知识产权法院的决定》，北京知识产权法院作为全国首家知识产权审判专业机构正式成立。成立一年以来，北京知识产权法院锐意进取、大胆探索，审判工作有序开展，改革探索深入推进，展示了中国知识产权司法保护的新形象，为推动实施国家创新驱动发展战略起到了有力的服务和保障作用，同时探索出一条新的专业法院发展道路，实现了良好开局。

北京知识产权法院设置正式编制机构8个，分别是立案庭、审判第一庭、审判第二庭、审判第三庭、审判监督庭、技术调查室、司法警察支队和综合办公室（简称综合办），并成立了一个审判人员自治组织——审判研究与管理办公室（简称研管办）。现有45名法官（含院长1名、副院长1名、副院长兼政治部主任1名、庭长5名），其中有全国审判业务专家2名，北京市审判业务专家5名。司法辅助人员分为法官助理、技术调查官、书记员和司法警察四类，其中法官助理和技术调查官是改革后的新生事物。

根据全国人大常委会及最高法院相关

❶ 《美国联邦司法发展战略》，蒋惠岭、黄斌编译，载《人民法院报》2012年9月14日。

❷ ［美］理查德·波斯纳：《法官如何思考》，苏力译，北京大学出版社2009年版，第189页。

规定，北京知识产权法院主要受理专利、植物新品种、集成电路布图设计、技术秘密、计算机软件等技术类一审民事案件，集中受理辖区内涉及驰名商标认定和垄断纠纷案件，集中受理涉及全国的专利和商标等知识产权授权确权一审行政案件，以及北京知识产权法院辖区内的非技术类二审知识产权案件，并对辖区基层法院生效案件行使审判监督权。一年来该院共收案7918件，其中一审案件6699件，二审案件1204件，申诉案件15件；民事案件2045件，行政案件5873件，呈现出一审案件多、行政案件多、涉外案件多的特点。结案3250件，其中一审案件2275件，二审案件975件；民事案件1200件，行政案件2050件。

知识产权审判工作方面。审判质效显著提升。在审判压力持续增大的情况下，第一批遴选的18名一线主审法官人均收案400件，结案159件，法官人均结案有了大幅提升。**对侵权制裁力度不断加大。**通过完善财产保全、证据保全和行为保全等程序措施，合理分配举证责任、提高侵权赔偿数额等各种措施，加大对侵权行为的制裁力度。**司法审查职能充分发挥。**建院至今，北京知识产权法院专属管辖的专利与商标授权确权行政案件收案5873件，结案2050件，在审结的179件专利、1871件商标行政案件中，判决撤销专利复审委员会作出决定的案件11件，撤销商标评审委员会作出裁决的案件269件，撤销率分别为8.4%和16%，充分发挥并注重强化司法审查在知识产权授权确权中的重要作用，促进授权确权行为规范化。

司法改革探索方面。最高人民法院在北京知识产权法院建立知识产权案例指导研究(北京)基地，探索中国特色知识产权案例指导制度。充分发挥典型案例对后案事实上的约束作用，鼓励当事人监督法官遵循和尊重在先裁判，保持司法的稳定与衡平。鼓励法官创新法学理论和裁判方法，创设有引领作用的判决。**实现院、庭长办案常态化、制度化。**实行“院长开庭周”，集中开庭审案，主要审理重大、疑难、复杂案件。建院至今，一位院长、两位副院长共受理案件201件、审结案件98件，四位庭长共受理案件505件、审结案件286件，院、庭长审结的案件占全院结案数量的11.8%。**改革审委会职能和决策方式，切实发挥审委会的司法审判职能。**限定审委会的职能范围，以书面方式作出审委会决定，尝试决定内容及理由在裁判文书中公开。审委会下设四个专业法官会议，作为前置咨询和过滤机构，增强决策科学性和专业性。2015年9月，在一起涉及对国家工商行政管理总局商标局作出的一份规范性文件进行合法性审查的行政案件中，该院在全国率先探索由审判委员会全体委员直接公开开庭审理案件。**建立技术调查室，解决事实查明难题。**针对北京知识产权法院受理涉技术类案件数量多、涉技术领域广泛、审理难度大的特点，在已有的专家咨询、专家陪审、技术鉴定等制度的基础上，建立了技术调查室，探索实践技术调查官制度。设置在编型、聘用型、交流型和兼职型四种类型技术调查官，并完善技术调查官工作机制。**推进繁简分流，改革文书体例。**针对各类案件特点，探索“省略式”“引用式”“引证式”文书样式进行繁简分流。在涉及“药物金刚藤微丸案”中，尝试在判决书正文之前增加“判决摘要”部分，在“情侣图形案”中，创造性地将合议庭少数意见记载在裁判文书中，加强裁判文书说理，充分公开合议庭的裁判过程。**率先成立了全国首家知识产权法院志愿者服务队。**将以青年学生为主体的大学生志愿者引入到诉讼服务、审判事务工作中，将以专家学者为主体的专家志愿者引入到审判研究与指导工作中，形成专业化志愿服务长效机制，为改革提供了可行样本。

经过一年来的实践与探索，北京知识产权法院积累了诸多可复制推广的经验与做法。

科学谋划北京知识产权法院建设发展。明确了努力探索知识产权司法保护中国经验和中国模式以及为全面司法改革提供可复制、可推广的经验和模式的“两大使命”。提出了努力实现国际一流审判水平、国际一流审判团队、国际一流研究水平、国际一流公正廉洁形象“四个国际一流”的工作目标。实现了以夯实法治基础和枢纽作为建院理念；以输出令人信服和有指引意义的高水平裁判为办案理念；以尊重法官自觉自律自治为带队理念“三大理念”的转变。

积极探索体现改革要求的新型法院发展模式。按照司法改革要求，北京知识产权法院除业务庭和司法辅助部门外，仅设立一个综合办公室，负责全院所有综合事务，实现了“机构设置扁平化”；人员高度精简，在法官员额制的基础上，以法官为核心，组成了“1名法官+1名助理+1名书记员”的相对固定的审判团队，实现了“人员管理分类化”；废除汇报制，院庭长原则上不再听取个案汇报，合议庭可自行选择向院庭长、法官专业会议、调研小组等进行咨询，裁判结果以合议庭多数意见为准，实现了“司法审判去行政化”；根据审判实践需要，内设审判研究与管理办公室，建立了四个调研小组和法官专业委员会等作为审判人员的自治组织，自治完成除各类调研宣传、学术会议、交流培训等各项审判事务性工作，实现了“审判与管理自治化”；与北大、人大、清华、法大等高校法学院共建合作，吸收优秀学者参与课题研究，先后与北京市律师协会、商标评审委员会、专利复审委员会等开展交流研讨，实现了“法院建设民主化”。

成立一年以来，北京知识产权法院审理了多起疑难、复杂、具有影响力的案件。在海视旅游卫视公司与爱美德公司等侵犯著作权纠纷案中，对定额赔偿和酌定赔偿进行了明确区分，确认一审法院判决200万元的损害赔偿数额不属于对定额赔偿的突破，加大损害赔偿力度，充分实现了知识产权的市场价值。此外，还对一审法院关于该案当事人伪造证据分别处罚100万元、10万元和1万元的决定予以维持，有效惩戒了不诚信诉讼的当事人。在央视国际公司与北京豆果公司侵害作品信息网络传播权纠纷中，对证据材料的采信，涉案行为系在线播放还是链接服务等法律问题进行了详尽论述，对中央电视台热播的纪录片《舌尖上的中国》第二季的信息网络传播权给予了充分保护。在奥多比公司、欧特克公司诉东方风行公司侵害计算机软件著作权纠纷案中，在查明当事人申请满足证据保全适用条件的情况下，积极通过证据保全措施，对两被保全人办公场所内近300台计算机相关软件使用信息进行了证据保全，保障了权利人的合法权益。

全国知识产权工作概况

专利工作

一、综述

2014年，是知识产权事业迎来新的发展机遇的一年。党的十八届四中全会提出，要加强重点领域立法，完善激励创新的产权制度、知识产权保护制度和促进科技成果转化的体制机制。知识产权正成为创新驱动发展的关键支撑和全面推进依法治国的重要内容。

一年来，在党中央、国务院的正确领导和关心支持下，全国知识产权系统全面贯彻党的十八大、十八届三中、四中全会精神，深入学习习近平总书记系列重要讲话精神，认真落实国务院一系列决策部署，以全面深化改革、支撑创新驱动发展战略实施为主题，以推动知识产权与经济深度融合为主线，以加强知识产权保护和运用为着力点，确立了“建设知识产权强国”的新目标，各项工作取得了新进展。

(一)知识产权深度融入国家发展战略

制定《深入实施国家知识产权战略行动计划(2014—2020年)》，并经国务院常务会议审议通过，由国务院办公厅转发。年度知识产权战略和专利战略推进计划基本完成。印发《关于知识产权支持小微企业发展的若干意见》。积极参与国家创新驱动发展战略的顶层设计。会同有关部门制定《关于深入实施知识产权战略，促进中原经济区经济社会发展的若干意见》《关于大力推进体制机制创新 扎实做好科技金融服务的意见》。

(二)专利法规和政策体系进一步完善

圆满完成全国人大专利法执法检查相关工作，着力推进执法检查报告和审议意见中一些关键问题的解决。努力推动《专利法》的修改和“职务发明条例”的制定。修订《专利审查指南》等规章。积极开展知识产权强国建设和中国特色知识产权制度理论与实践研究，初步提出建设知识产权强国的路径和措施。

(三)专利数量和质量协调发展

按照“数量布局，质量取胜”的思路和工作理念，不断提升专利审查质量和效率，专利量上有增加，质上有提升，结构得到优化。全年共受理发明专利、实用新型、外观设计申请236.1万件。其中，发明专利92.8万件，同比增长12.5%，实用新型86.8万件，外观设计56.5万件。受理PCT国际专利申请2.6万件，同比增长14.2%。审结发明专利、实用新型、外观设计申请189万件，同比增长16.4%。其中，发明专利审查结案 43.1 万件，同比增长 22.9%。

(四)专利转化运用效益突出

在北京市启动全国知识产权运营公共服务平台建设，在西安市、珠海市建设特色试点平台。全面推进知识产权质押融资工作，全年专利权质押金额达 489 亿元，较上年增长 92.5%，惠及中小微企业 1955 家。专利保险取得新突破，全面实现专利执行保险、侵犯专利权责任保险、知识产权综合责任保险、知识产权质押融资保险业务运营，全国 798 家创新型中小微企业投保专利保险，保障金额 1.34 亿元。

(五)知识产权保护力度不断加大

提出司法和行政保护"两条途径、相融互补、有机衔接"新理念。出台《专利侵权判定和假冒专利行为认定指南(试行)》。进一步扩大全国"12330"知识产权维权热线的覆盖面。实施专利行政执法能力提升工程。开展电子商务领域专利执法维权专项行动。全年专利行政执法办案总量 2.45 万件，同比增长 50.9%。专利保护社会满意度进一步提升。

(六)知识产权管理和服务水平持续提升

启动中新广州知识城国家知识产权保护和运用综合改革试点。批准知识产权试点示范城市 28 个，试点示范园区 16 个，国家专利运营试点企业 35 家。组建全国知识管理标准化技术委员会，积极推行《企业知识产权管理规范》国家标准。开通专利数据服务试验系统，国家知识产权局成为世界第一个免费提供本国和外国专利基础数据的知识产权机构。出台《关于促进专利代理行业发展的若干意见》，改进专利代理人资格考试制度，4777 人通过 2014 年度资格考试，执业专利代理人已达10 442人，专利代理机构达 1088 家。

(七)知识产权对外合作交流全面深化

协调推动了世界知识产权组织中国办事处挂牌成立。加强知识产权各领域合作，新签订多边、双边合作协议 29 项，正在实施的国际合作协议达 142 项。妥善处理港澳台知识产权合作事务。组织举办面向发展中国家的培训班 9 次，启动中美欧日韩五局以及与英国、冰岛、瑞典、以色列的专利审查高速路试点。

(八)干部人才队伍建设切实加强

制定出台《关于加强专利审查队伍建设的若干意见》，提出审查员队伍建设要"招录好、培训好、使用好、管理好、发展好、稳定好"的"六好"要求。新遴选全国知识产权领军人才 127 名，高层次人才 120 名。目前，国家知识产权局在编在册干部职工 12 913 人。

2014 年，知识产权文化环境进一步优化，全民知识产权意识进一步提升，知识产权强国建设、战略实施、"4·26 知识产权宣传周"等主题宣传活动产生广泛积极影响。党建和机关文化建设进一步加强，全系统呈现团结和谐、人心思进的良好局面。党风廉政建设和反腐败工作进一步深入，党的群众路线教育实践活动各项部署扎实落实，作风建设成果转化为知识产权事业发展的新动力。

二、法律事务

(一)法制建设

配合国务院法制办开展《中华人民共和国专利法修订草案》审议准备工作，组织开展专题调研和配套项目研究。启动全面修改准备工作，设立 11 个大专题开展研究。

配合全国人大常委会专利法执法检查组对辽、浙、粤、陕、皖等地专利法实施情况进行检查。协调 21 个部委对执法检查报告提出的问题、建议以及审议意见提出改进措施。

就《职务发明条例(草案)》征求各方意见,重点调研中西部地区中小企业。就草案与法制办进行沟通,补充支撑材料,再次征求有关部门和法院系统意见。

对《国家知识产权局规章制定程序的规定》《专利行政执法办法》《专利代理惩戒规则(试行)》等规范性文件进行评估。修改《专利审查指南》,将图形用户界面纳入外观设计保护范围。起草完成《专利费用减缴办法(修订草案)》《集成电路布图设计撤销审查办法(草案)》,修订《用于专利程序的微生物保藏办法》。

继续深入探索和完善地方专利立法指导协调机制,对中西部地区立法工作予以重点指导。维护更新地方立法信息资料库,加强地方专利立法联络员队伍建设。

2014年12月4日,在我国首个宪法日召开国家知识产权局法制宣传教育工作总结大会,举办宪法讲座。

(二)专利代理行业管理

全面启动《专利代理行业中长期发展规划(2016～2025年)》制定工作,组织开展专题研究和调研,形成规划框架初稿。起草《专利代理服务质量规范》国家标准初稿。

出台《关于促进专利代理行业发展的若干意见》。在北京市继续开展行业发展促进工程,在10个省份开展促进行业加快发展试点工作,着力解决专利代理服务供需矛盾。完成4000名执业代理人培训计划。

配合国务院审改办开展行政审批清整工作,将专利代理机构设立审批由前置改为后置,简化审批手续和流程。取消专利代理机构年检,设立年度报告公示制度。

发布《关于规范退休党政领导干部在专利代理机构执业等相关事宜的通知》,规范退休党政领导干部在专利代理机构执业、申请设立专利代理机构等行为。

2014年全年新批准设立专利代理机构119家,总数达到1098家。2014年专利代理人资格考试共有27 542人报名,同比增长26.99%,报名人数和增长率均创历史新高。港、澳、台地区共有368人报名。通过考试人数共计4777人,同比增长25.3%。截至2014年年底,具有专利代理人资格的人数达到22 097人,其中10 524名为执业专利代理人。

(三)行政复议

2014年共受理行政复议案件113件,以国家知识产权局名义应诉的一审行政诉讼案件14件。

三、战略推进和保护管理

(一)战略推进

1. 国家知识产权战略工作

国务院办公厅转发了国家知识产权局牵头组织28个联席会议成员单位共同制定的《深入实施国家知识产权战略行动计划(2014～2020年)》,明确了下一阶段重点任务。组织联席会议成员单位制定发布了《2014年国家知识产权战略实施推进计划》。会同教育部、科技部、工信部、国资委、国家工商总局、版权局和中科院等部门制定印发了《关于深入实施国家知识产权战略 加强和改善知识产权管理的若干意见》。

深入开展知识产权强国建设研究。组建包括社科院、清华大学、中南财经大学、同济大学、外交学院、发改委产业所、商务部贸研院、国家知识产权局知识产权发展研究中心等8个单位构成的研究队伍,完成《知识产权强国建设——战略环境、目标路径和任务举措》总报告。

发布《2013年全国知识产权发展状况报告》,反映了中国专利、商标、版权等各类知识产权发展状况和工作成效。积极做好专利执法检查协调配合工作,参与起草专利法执法检查报告及审议意见的报告。加强战略实施研究基地管理,优化《信息速递》管理机制，建立选题审核机制和质量全流程控制机制，重点反映战略实施情况及重要的研究成果和动态。

2. 行业知识产权战略

确定6个“精品评议项目”、6个“制度机制建设项目”和11个“能力提升项目”试点。推动科技重大专项中开展知识产权分析评议工作。遴选出第二批知识产权分析评议服务示范创建机构33家，指导全国知识产权分析评议服务机构联盟提升分析评议服务能力。制定印发《知识产权分析评议工作指南》，与中国标准化研究院联合开展知识产权分析评议标准制定工作。编写出版《评议护航——经济科技活动知识产权分析评议案例启示录》。

初步完成产业国际化发展知识产权信息网，可提供一站式服务信息服务；编写完成9本“走向海外”系列知识产权实务指引。

编制完成《战略性新兴产业知识产权集群管理指南》（初稿）。在科技、产业和文化等多个方面联系多个部委共同开展相关的知识产权工作。将评议、产业国际化和集群管理工作与“知识产权走基层　服务经济万里行”活动紧密结合，提供了定制式、一站式、面对面的高效服务。

3. 区域知识产权战略

编制《2014年全国地方知识产权战略实施工作要点及各地方战略实施要点汇编》。会同国家工商总局、版权局完成了《全国地方知识产权战略实施评价报告》。编制出版《全国地方知识产权战略实施推进工作指导手册》。支持江苏省开展知识产权强省建设试点；召开全国地方知识产权战略实施会议。

在7个省和2个地级市开展区域知识产权资源分析项目。制定形成《区域专利资源分析实务手册》（试用版）。初步形成《深入实施区域知识产权战略工程，加强知识产权区域布局工作初步设想》《区域专利资源布局试点项目工作方案》。

会同教育部、科技部、农业部、文化部、国家工商总局和版权局等部门制定印发《关于深入实施知识产权战略，促进中原经济区经济社会发展的若干意见》。联合发改委、科技部、工信部、国家工商总局、版权局等部委研究形成《关于实施知识产权战略，促进东北老工业基地振兴的若干意见》（征求意见稿）。联合财政部、科技部印发《关于开展深化中央级事业单位科技成果使用、处置和收益管理改革试点相关工作的通知》。

4. 全国专利事业发展战略推进

认真组织实施《2014年全国专利事业发展战略推进计划》各项任务。进一步优化“研究体系”“执行体系”“监控体系”三大工作体系，形成国家和地方上下联动合力推进工作体系。发布《2013年全国专利实力状况报告》。

围绕“专利制度创新”“专利制度运行保障体系建设”和“专利支撑经济社会发展”三大主体任务，稳步推进各项工作任务，专利工作与产业、区域、科技、贸易等经济中心工作得到进一步融合。

组织召开落实《关于进一步提升专利申请质量的若干意见》启动会，制定11项具体措施。编制完成《全国各省级专利资助、奖励政策评估报告》，北京、广东、黑龙江、江西、贵州等省市对资助、奖励政策进行了调整；完善专利代理诚信信息平台，建立完成专利申请诚信档案，建立完善对专利申请数量和质量等重要指标的监控机制；开展专利信息促进与帮扶工作，完善常态化专利代理人知识更新培训制度，完成面授培训44期，共4962人次，远程教育15期，共8900人次。

（二）政策研究

进一步规范软课题管理，建立“黑名单”制度，实现公开招标项目的统一发布、统一申报、统一编号管理。加强课题研究，围绕“推进知识产权强国建设”“中国特色知识产权制度建设”“知识产权运用”“知识产权与创新驱动发展关系研究”等，积极组织开展研究工作，形成一批具有较高参考价值的研究成果，“软件盗版率年度调查”“知识产权基本法框架体系研究”等成果受到广泛关注。全年完成软科学研究项目立项 39 项，完成项目结题 31 项。

修订《政务信息工作评比表彰办法》，制定《政务信息报送工作计划》，建立国家知识产权局局内信息报送采用情况月通报制度。全年编发《知识产权局信息》61 期、《知识产权局简报》16 期、《知识产权工作动态》25 期，被中办、国办采用信息 21 篇次。

（三）保护管理

1. 知识产权保护相关工作

印发《关于培育知识产权保护规范化市场的通知》，梳理形成《全国知识产权保护重点专业市场名录》，制定《知识产权保护规范化市场培育指南》，在全国选定 65 家专业市场作为第一批国家级知识产权保护规范化培育市场。指导有关省市制定培育方案和工作计划，推动培育工作深入开展。

对相关调查数据进行分析研读，形成《2013 年度知识产权保护社会满意度调查报告》和《2013 年度专利保护满意度调查报告》。制定专门的《地方满意度评价指标体系》，进一步修改完善调查问卷，调整调查方式，顺利完成 2014 年度知识产权保护社会满意度调查工作。

选择上海、江苏、江西等省（市）开展知识产权调解工作试点。试点省（市）加强与当地司法厅（局）的沟通联系，个别地方尝试在维权援助中心的基础上挂牌成立知识产权人民调解委员会；一定数量的行业协会、社会团体或企业尝试开展知识产权非诉纠纷解决实践，组建了 160 人的调解员队伍，成功调解知识产权纠纷案件近 150 件。

会同工商、版权、海关、公安等相关部门共同编写《2013 年中国知识产权保护状况》白皮书（中英文版）。

2. 知识产权执法

2014 年，专利行政执法办案总量突破 2 万件，达到 24 479 件，同比增长 50.9%。其中，办理专利纠纷案件 8220 件，同比增长 62.6%；查处假冒专利案件 16 259 件，同比增长 45.5%。

印发《电子商务领域专利执法维权专项行动工作方案》，推进电子商务领域及“护航”专利执法维权专项行动。实施专利行政执法能力提升工程。推动建立相对集中的省市级行政执法队伍。执法目标责任制和绩效考核指标体系进一步完善。推动建立专利侵权判定咨询机制、专利纠纷快速调解机制及区域专利行政执法办案协作调度机制。健全专利保护重点联系机制。运行并完善专利行政执法案件报送系统，调试专利纠纷网上办案系统。

全国知识产权维权援助工作体系已经初步形成。“12330”维权热线覆盖面进一步扩大，维权援助中心与快速维权中心建设不断加强。试运行知识产权维权援助举报投诉系统。

3. 知识产权管理

（1）知识产权合作会商、试点示范工作。与天津市人民政府建立新一轮合作会商制度，与广东省人民政府召开年度合作会商会议，与中国国际贸易促进委员会建立战略合作关系。截至 2014 年年底，已与 15 个省（区、市）人民政府及 5 家中央单位建立知识产权合作会商机制。印发《国家知识产权试点、示范城市（城区）评定和管理办法》和《2014 年国家知识产权示范城市年度工作计划》，新批准示范城市 12 个、试点城市 16 个；新批准示范县（区）14 个、试点县（区）64 个，不断完善支撑地方经济发展的线上布局。确定国家知识产权示范园区 6 家、试点园区 10 家。通过建立信息统计上报制度，加强对试点示范园区知识产权工作的跟踪管理。

（2）推动开展综合改革试点工作。组织召开知识产权促进京津冀协同发展工作启动会，有序开展京津冀三地需求调研及实施路径研究，组织开展基础性研究，形成专题分析报告。在中新广州知识城启动建设国家知识产权运用和保护综合改革试验区，探索深化知识产权运用和保护改革路径，破除制约创新驱动发展的体制机制障碍，为建设知识产权强国探索有益经验。

（3）企业知识产权工作。协调科技部、工信部、商务部、国资委等部委研究共同推动实施《企业知识产权管理规范》。指导地方知识产权局出台各项政策措施鼓励和支持企业“贯标”，全国29个省份新增“贯标”企业3200多家，参与服务机构370多家，培训人数2万人。指导注册成立国内首个知识产权管理体系认证公司，166家企业通过认证审核。组织实施《知识产权管理规范试点企业认证工作方案》，指导先期“贯标”试点地区做好“贯标”试点企业认证转换工作，逐步推动知识产权认证的国际化发展。筹建全国知识管理标准委员会，完成国际标准化组织ISO/TC 279的国内对口联系工作。会同教育部和中科院开展高校和科研院所知识产权管理标准工作，在中科院、江苏、重庆、陕西组织开展试点工作。

印发《关于知识产权支持小微企业发展的若干意见》，在天津市、浙江省全面深入开展中小企业托管工作，指导建立首个知识产权托管平台。联合工信部印发《关于开展中小企业知识产权战略推进工程总结验收工作的通知》。开展与国际贸易促进委员会合作，推动知识产权支撑企业“走出去”有关工作，组织举办全国知识产权示范企业知识产权高级主管人员培训班。举办以“聚焦企业需求，服务创新发展”为主题的第八届中国专利周。

（4）专利运用及产业化。深入实施专利导航试点工程，在8个实验区启动专利导航规划项目，指导各实验区完成产业专利导航分析，并研究制订具体落实专利导航成果的工作方案；制定专利导航平台建设指南、重点产业专利联盟建设指南、专利导航项目指导案例等，完善专利导航业务指导体系；推动建立知识产权运营公共服务平台、运营机构和运营基金。

会同中国人民银行等有关部门联合印发《关于大力推进体制机制创新 扎实做好科技金融服务的意见》。与中国人民财产保险股份有限公司签订知识产权保险战略合作协议。组织13个省份的知识产权局开展知识产权质押融资和专利保险工作，开展知识产权质押质物处置机制研究，推进知识产权质押融资保险业务试点，推动专利保险险种和运营模式多样化，实现侵犯专利权责任保险业务落地，完成海外展会侵权责任保险产品开发备案工作。2014年，全国专利权质押金额为489亿元人民币，较2013年增长92.5%，惠及1955家中小微企业，较2013年增长30.7%；全国有798家企业投保专利保险，共提供保障金额1.34亿元，其中专利执行险投保企业772家，较2013年增长45.7%，共提供风险保障1.2亿元，较2013年增长83.7%。

开展专利价值分析应用试点工作，支持和促进中国科学院、中国农科院等21家单位开展专利分级分类管理及促进转移转化工作。在全国13个地区推动开展高校专利分级分类动态管理工作。启动专利价值分析指标体系国家标准化工作。专利价值分析培训专业人员约800人。

与世界知识产权组织共同完成第十六届中国专利奖评选工作，评出金奖25项，优秀奖472项。据不完全统计，自专利实施之日起至2013年年底，25个金奖项目新增销售额1534亿元，新增利润203亿元。

会同国务院有关部门、地方省政府共同举办10个与知识产权相关的展会，在展会上设立专利技术展示交易馆和知识产权服务专区。

四、专利申请与审查

（一）专利申请与授权

2014年，我国专利申请受理量236.1

万件，与2013年度基本持平。在我国经济运行总体稳定的大环境下，围绕知识产权强国建设目标，我国知识产权创造取得新进展，我国发明专利申请受理量呈现平稳增长的良好态势，国内专利申请和授权结构明显优化，企业知识产权创造主体地位持续稳固。每万人口发明专利拥有量达到4.9件。

1. 专利申请

最新统计显示，2014年国家知识产权局共受理发明专利申请92.8万件，同比增长12.5%。其中，受理国内发明专利申请80.1万件，占总量的86.3%，同比增长13.6%；受理国外发明专利申请12.7万件，占总量的13.7%，同比增长5.7%。

受理的国内发明专利申请中，职务申请64.8万件，占80.9%，同比增长13.5%，非职务申请15.3万件，占19.1%，同比增长14.4%。受理的国内职务发明专利申请中，企业申请48.5万件，占74.8%，同比增长13.6%；高校申请11.2万件，占17.3%，同比增长13.7%；科研机构申请3.9万件，占6.0%，同比增长8.3%；机关团体申请1.2万件，占1.9%，同比增长23.5%。

2014年，国家知识产权局共受理实用新型专利申请86.8万件，同比下降2.7%；受理外观设计专利申请56.5万件，同比下降14.4%。

表1 2014年国内发明专利申请受理量居前十位的企业

排名	申请人名称	申请量(件)
1	国家电网公司	10 091
2	华为技术有限公司	4119
3	中国石油化工股份有限公司	4073
4	中兴通讯股份有限公司	3270
5	联想(北京)有限公司	2260
6	京东方科技集团股份有限公司	2183
7	腾讯科技(深圳)有限公司	1770
8	中芯国际集成电路制造(上海)有限公司	1524
9	中国石油天然气股份有限公司	1390
10	北京奇虎科技有限公司	1358

表2 2014年国外发明专利申请受理量居前十位的企业

排名	国别	申请人名称	申请量(件)
1	德国	罗伯特·博世有限公司	1726
2	美国	高通股份有限公司	1665
3	美国	英特尔公司	1627
4	韩国	三星电子株式会社	1553
5	日本	索尼公司	1498
6	日本	丰田自动车株式会社	1389
7	开曼群岛	阿里巴巴集团控股有限公司	1299
8	美国	国际商业机器公司	1260
9	日本	三菱电机株式会社	1194
10	日本	佳能株式会社	1158

表3 2014年国内发明专利申请受理量居前十位的高校

排名	申请人名称	申请量(件)
1	浙江大学	2667
2	东南大学	2201
3	哈尔滨工业大学	2091
4	清华大学	1856
5	华南理工大学	1695
6	上海交通大学	1691
7	广西大学	1654
8	北京工业大学	1650
9	天津大学	1517
10	江南大学	1496

表 4　2014 年国内发明专利申请受理量居前十位的科研机构

排名	申请人名称	申请量(件)
1	中国科学院大连化学物理研究所	824
2	中国科学院长春光学精密机械与物理研究所	495
3	中国科学院微电子研究所	414
4	中国科学院半导体研究所	373
5	财团法人工业技术研究院	329
6	中国科学院合肥物质科学研究院	326
7	中国科学院宁波材料技术与工程研究所	325
8	中国科学院过程工程研究所	305
8	中国科学院深圳先进技术研究院	305
10	中国科学院化学研究所	292

2. 发明专利申请的地区和国别分布

2014 年国内发明专利申请受理量居前十位的省市依次是江苏、北京、山东、广东、浙江、安徽、上海、四川、陕西和天津。

表 5　2014 年发明专利申请受理量居前十位的省(区、市)

排名	申请人省、区、市	申请量(件)
1	江苏	146 660
2	北京	78 129
3	山东	77 298
4	广东	75 147
5	浙江	52 406
6	安徽	49 960
7	上海	39 133
8	四川	29 926
9	陕西	24 399
10	天津	23 391

2014 年国外在华发明专利申请受理量排在前十位的国家依次是日本、美国、德国、韩国、法国、瑞士、荷兰、英国、瑞典和意大利。

表 6　2014 年发明专利申请受理量居前十位的国家

排名	申请人国家	申请量(件)
1	日本	40 460
2	美国	33 963
3	德国	13 597
4	韩国	11 528
5	法国	4575
6	瑞士	3338
7	荷兰	2924
8	英国	2050
9	瑞典	2020
10	意大利	1361

3. 专利授权

2014 年,国家知识产权局授权发明专利 23.3 万件,同比增长 12.3%。其中国内发明专利授权 16.3 万件,占总量的 70%;国外发明专利授权 7 万件,占总量的 30%。国内发明专利授权中,职务发明 14.6 万件,占 89.6%,非职务发明 1.7 万件,占 10.4%。

国内职务发明专利授权中,企业专利 9.2 万件,占 63%;高校专利 3.8 万件,占 26%;科研机构专利 1.4 万件,占 9.6%;机关团体专利 0.2 万件,占 1.4%。

2014 年,国家知识产权局共授权实用新型专利 70.8 万件,同比增长 2.2%;授权外观设计专利 36.2 万件,同比下降 12.3%。

表 7　2014 年国内发明专利授权量居前十位的企业

排名	专利权人名称	授权量(件)
1	华为技术有限公司	2409
2	中兴通讯股份有限公司	2218
3	中国石油化工股份有限公司	1913
4	鸿富锦精密工业(深圳)有限公司	524
5	海洋王照明科技股份有限公司	516

续表

排名	专利权人名称	授权量(件)
6	京东方科技集团股份有限公司	484
7	中国石油天然气股份有限公司	476
8	国家电网公司	408
9	深圳市华星光电技术有限公司	352
10	友达光电股份有限公司	343

表8　2014年国外发明专利授权量居前十位的企业

排名	国家和地区	专利权人名称	授权量(件)
1	日本	松下电器产业株式会社	1192
2	美国	高通股份有限公司	1044
3	日本	丰田自动车株式会社	996
4	日本	佳能株式会社	927
5	日本	三菱电机株式会社	745
6	日本	夏普株式会社	737
7	荷兰	皇家飞利浦电子股份有限公司	731
8	韩国	LG电子株式会社	684
9	韩国	三星电子株式会社	652
10	美国	通用电气公司	599

表9　2014年国内发明专利授权量居前十位的高校

排名	专利权人名称	授权量(件)
1	浙江大学	1413
2	清华大学	1008
3	哈尔滨工业大学	835
4	上海交通大学	825
5	北京航空航天大学	738
6	东南大学	732
7	华南理工大学	648
8	西安交通大学	584
9	天津大学	577
10	山东大学	516

表10　2014年国内发明专利授权量居前十位的科研机构

排名	专利权人名称	授权量(件)
1	中国电信科学技术研究院	474
2	中国电力科学研究院	394
3	财团法人工业技术研究院	272
4	中国科学院微电子研究所	247
5	中国科学院过程工程研究所	234
6	中国科学院大连化学物理研究所	202
7	中国科学院化学研究所	190
8	中国科学院长春应用化学研究所	164
9	中国科学院金属研究所	160
10	中国科学院宁波材料技术与工程研究所	158

表11　2014年发明专利授权量居前十位的省、自治区、直辖市

排名	专利权人省、区、市	授权量(件)
1	北京	23 237
2	广东	22 276
3	江苏	19 671
4	浙江	13 372
5	上海	11 614
6	山东	10 538
7	四川	5682
8	安徽	5184
9	陕西	4885
10	湖北	4855

4. 专利拥有量

截至2014年年底，经国家知识产权局授权并维持有效的发明专利为119.6万件，同比增长15.7%。其中，国内70.8万件，占总量的59.2%，同比增长20.8%；国外48.8万件，占总量的40.8%，同比增长9.0%。截至2014年年底，我国每万人口发明专利拥有量(不含港澳台地区)达到4.9件。

(二)专利审查

2014年,审查结案量持续增长,审查质量进一步提升,审结高效、周期稳定,审查能力进一步增强。

1. 审查结案量

三种专利结案量持续增长,共审结189万件,同比增长16%,其中发明专利结案43.1万件。发出发明专利第一次审查意见通知书53.5万件。

2. 审查质量

2014年专利审查质量社会满意度为81.9,连续5年处于满意区间。累计处理公众投诉近900件。

为提升专利审查质量和效率,2014年持续完善并发挥审查质量保障体系和业务指导体系的功能和作用,加强"道德、法律、技能"三项支撑的能力建设,确保优质高效的专利审查,促进专利数量和质量协调发展。

加强对实用新型专利和外观设计专利申请质量的引导,依法把好受理和审查的质量关。

加强审查业务指导体系建设,由国家知识产权局专利局和专利复审委员会以及各审查协作中心资深审查员组成国家知识产权局审查业务指导组,通过解决疑难问题、开展案例宣讲等方式,加强局级层面业务指导。

3. 审查周期

在专利申请量保持增长的情况下,三种专利的审查周期稳中有降,发明专利实审审查周期为21.8个月,较2013年进一步缩短;实用新型专利审查周期为3.5个月;外观设计专利审查周期为3.7个月。

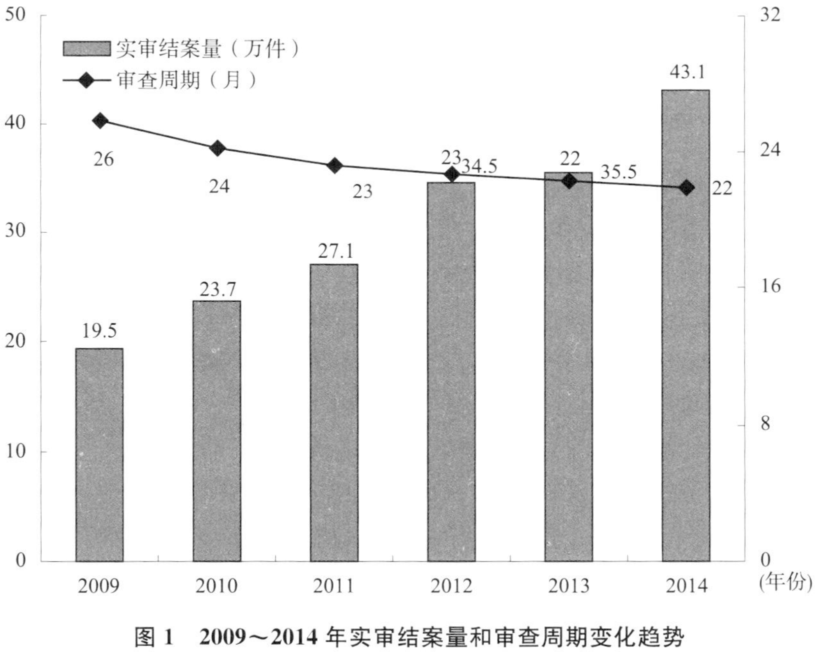

图1　2009~2014年实审结案量和审查周期变化趋势

4. 审查能力

截至2014年年底,国家知识产权局专利局发明专利实质审查人员1855人,实用新型专利和外观设计专利审查人员244人,初审及流程管理人员279人。北京、江苏、广东、河南、湖北、天津、四川七个专利审查协作中心实质审查人员共计6602人。专利复审委员会从事审查业务人员254人。

(三)PCT国际申请

国家知识产权局作为《专利合作条约》(以下简称PCT)受理局,2014年共受理国际申请26 169件,同比增长14.2%。自1994年起累计受理国际申请132 565件。

国家知识产权局作为国际检索单位，2014 年共完成国际检索报告 2.56 万件，同比增长 26%。自 1994 年起累计完成 PCT 国际检索报告 11.8 万件。

国家知识产权局作为国际初审单位，2014 年完成国际初步审查报告 344 件，自 1994 年起累计完成国际初步审查报告 7037 件。

2014 年，共收到进入中国国家阶段的国际申请 80 601 件，同比增长 9.5%，其中发明专利申请 79 612 件，实用新型专利申请 989 件。自 1994 年起累计收到进入中国国家阶段的国际申请 765 414 件。

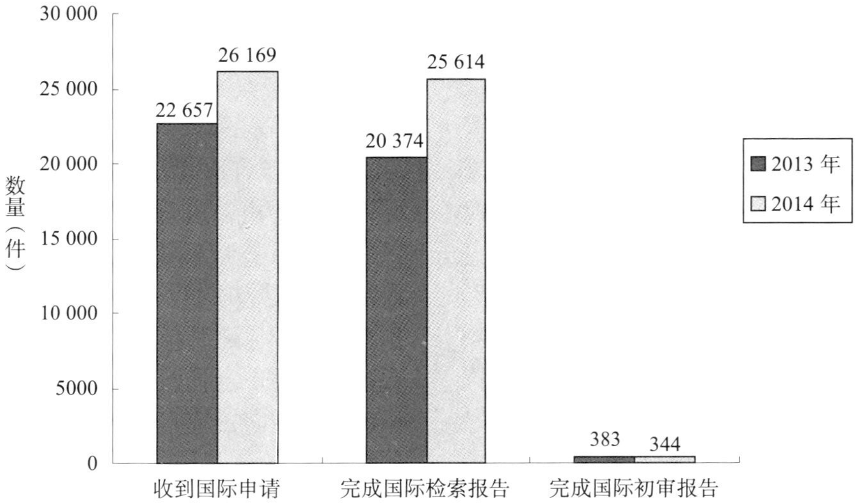

图 2　2013～2014 年 PCT 国际申请、国际检索和国际初步审查数量

（四）集成电路布图设计登记申请

2014 年，国家知识产权局收到集成电路布图设计登记申请 1838 件，予以公告并发出证书 1553 件。自 2001 年 10 月 1 日《集成电路布图设计保护条例》实施以来，共收到集成电路布图设计登记申请 11 117 件，予以登记公告并发出证书共计 10 089 件。

（五）复审与专利权无效宣告

1. 受理复审请求与结案

2014 年专利复审委员会受理复审请求 24 452 件，比 2013 年增加 5623 件，同比增长 29.9%。在 2014 年受理的复审请求中，涉及对驳回发明专利申请决定不服的复审请求 21 564 件，占当年受理总量的 88.2%；涉及对驳回实用新型专利申请决定不服的复审请求 2491 件，占当年受理总量的 10.2%；涉及对驳回外观设计专利申请决定不服的复审请求 397 件，占当年受理总量的 1.6%。

2014 年复审请求结案共 20 393 件，其中涉及发明专利申请 18 853 件，涉及实用新型专利申请 1240 件，涉及外观设计专利申请 300 件。

自 1985 年以来，专利复审委员会共受理复审请求 117 504 件。截至 2014 年年底，复审请求结案 90 855 件。

2. 受理专利权无效宣告请求与结案

2014 年专利复审委员会受理无效宣告请求 3422 件，比 2013 年增加 492 件，同比增长 16.8%。在 2014 年受理的无效宣告请求中，涉及发明专利权无效宣告请求为 747 件，占当年总量的 21.8%；涉及实用新型专利权的无效宣告请求为 1525 件，占当年总量的 44.6%；涉及外观设计专利权无效宣告请求为 1150 件，占当年总量的 33.6%。

2014年无效宣告请求结案共2742件，其中涉及发明专利652件，涉及实用新型专利1192件，涉及外观设计专利898件。

自1985年以来，专利复审委员会共受理无效宣告请求37 787件，截至2014年年底，无效宣告请求结案33 885件。

3. 专利行政诉讼

2014年，当事人向北京市一中院起诉和向北京市高院上诉的案件总计985件，其中针对复审审查决定起诉和上诉的207件；对无效宣告请求审查决定起诉和上诉的778件。

2014年，北京市一中院对由专利复审委员会作出的各类决定审理结案609件，其中涉及复审决定的123件，涉及无效宣告请求审查决定的486件。

2014年，北京市高院对由专利复审委员会作出的各类决定审理结案448件，其中涉及复审决定的82件，涉及无效宣告请求审查决定的366件。

2014年，最高人民法院申诉案件立案61件，提审结案46件。

4. 集成电路布图设计撤销案件审理

自2001年10月1日《集成电路布图设计保护条例》颁布施行以来，专利复审委员会累计受理13件集成电路布图设计撤销案。截至2014年年底，审结5件。

5. 巡回审理庭的建设和使用

截至2013年年底，专利复审委员会已在广东、河南、山东、新疆、四川等9个省区建设了10个巡回审理庭。2014年，在福建省第八巡回审理庭建设了全网管理平台，实现了各审理庭的资源共享和互联互通。

6. 复审和无效请求电子请求率

当事人通过复审和无效宣告电子请求系统提交复审无效请求的比率不断提高。据统计，2014年全国复审电子请求率为46.89%，无效电子请求率为17.08%。该系统方便了当事人，有效缩短了立案周期。

五、信息化和文献

（一）信息化

2014年，电子审批（E）系统实施配套项目23个，完成了专利事务服务系统建设，为社会公众提供在线服务，对专利代理管理系统进行升级改造，全面提升了审查业务支撑能力和社会公众服务能力。专利检索与服务（S）系统持续完善检索功能，丰富检索资源，优化系统性能，改进用户体验，提高检索效率。中国PCT申请国际阶段审查和流程管理（CEPCT）系统正式上线运行，实现了PCT国际阶段申请的受理、国际检索和初步审查业务的无纸化审查。

在保证重要业务系统稳定运行的基础上，根据业务发展需要，开展了EPOQUE、案源配送、在线业务指导平台、便捷审查、人才资源管理等多个业务系统的建设和完善工作，为进一步完善专利审查业务指导体系和审查质量保障体系提供技术保障。

加强信息安全制度建设，构建安全防护和监控体系，对主要核心业务系统进行安全改造，对52个重要业务系统的运行状况进行重点监控，保障各业务系统的安全稳定运行。

完成专利审查协作江苏中心永久办公环境建设，完成其他京外专利审查协作中心过渡期信息化基础建设，启动专利审查协作中心统一招聘平台的建设；陆续投入使用的远程会审系统、视频会议系统、IP电话系统和在线业务指导平台，为审查员业务沟通及导师带教工作提供支持。

推进中国专利受理及初步审查系统、实用新型智能辅助审查系统、智能辅助检索系统、中国外观设计智能检索系统（D系统）三期的建设工作，进一步完善外观设计专利智能审查系统、中国专利审查智库系统，优化专利审查工作模式。

持续推进全国专利信息公共服务体系建设，优化国家专利数据中心数据申请流程，为区域和地方专利信息服务中心持续提供数据支持；南京区域中心通过专家验收并正式挂牌运营；制定《地方专利信息服务中心管理暂行办法》，加强和规范对地方专利信息服务中心的管理。

完善公共服务信息化系统，包括：面向公众提供专利检索服务的专利检索与服务系统优化和无锡外观设计检索系统建设、面向维权援助的东莞（家具）等3个知识产权快速维权援助系统建设、面向公众提供便捷服务的政府网站升级改造和公众咨询服务呼叫系统。

积极推进专利基础数据资源的开放工作，建设并开通用于开展专利基础数据提供服务的专利数据服务试验系统，向社会公众免费提供最新的国内外专利基础数据。

开展信息化领域交流与合作。进一步扩展国际数据交换，完成与21个国家、地区或组织的数据交换工作，正式开展中美优先权电子交换，配合筹备双边、多边工作组会和局长系列会议，开展海牙体系相关业务需求梳理和试验系统开发测试工作。不断丰富对我国港澳台地区的合作内容，扎实推进《海峡两岸知识产权保护合作协议》，实施海峡两岸专利数据交换合作、探讨海峡两岸优先权电子交换事宜，推进与我国香港、澳门地区专利数据交换合作。加大云专利审查试验系统推广力度并启动正式系统建设，截至2014年年底，已有22个机构参与测试，13个机构试用，3个机构成为正式用户。

（二）文献

1. 文献资源

2014年共配置各类文献资源108种，其中专利资源13种，非专利资源95种，资源覆盖了与审查业务相关的主要技术与学科领域，为审查及相关研究、专利信息公共服务等工作提供了基础保障；继续保持与38个国家、地区或组织专利文献双边交换关系，向7个PCT国际检索与初审单位提供中国专利文献。与EPO建立了文献传递合作途径，双方互相提供对方所需的PCT检索报告中引用的非专利文献，开创与国外知识产权局间的非专利文献交换新渠道。

截至2014年年底，国家知识产权局累计拥有450余种专利文献资源，其中著录文摘63种，全文图像124种，全文文本31种，辅助检索189种，自主加工专利数据几十种。著录文摘覆盖102个国家（地区）或组织，全文图像覆盖101个国家（地区）或组织，全文文本覆盖31个国家（地区）或组织。目前，中国专利文献总量超过1200万件。

2. 文献管理

积极开展资源结构分析，依据五局共同文献项目中的欧美日韩四局专利文献权威文档，完成局收录的欧美日韩图像全文光盘资源的比对核查工作和25国全文文本资源的分析；初步构建形成专利文献与信息标准体系的框架；中国专利权威文档已在局官方网页（中英文）公开发布，实现局权威文档数据正式对外开放。

3. 文献服务

建立以文献提取与咨询、数据库使用培训与管理、数据库运行维护与保障、专利分类培训与协调等为主要内容的审查文献服务体系。成立文献咨询专家团队，开通由专人负责的值班热线电话，搭建“文献资源使用咨询服务平台”，组织各类非专利数据库培训18次，培训850余人次。

逐步完善以公益讲座、委托检索、文献咨询、文献提供等为主要内容的专利文献信息公共服务体系。全年接待读者2000余人次，接待团体参观46批1200余人次。举办公益讲座32期，累计培训社会公众1200余人次；根据社会公众需求和反馈，开通了公益讲座网络课堂，培训人数达600余人次。

4. 文献分类与研究

成功推动国家知识产权局 IPC 修订 C462 项目提案获得 WIPO 通过，并促使另外两项修订提案成为五局阶段 F 项目。与欧洲专利局协商确定《中欧优先权文件分类号电子交换谅解备忘录》文本内容。完成向 EPO 提供第一批 CPC 43 个领域，8.9 万件新公开中国发明专利申请的 CPC 分类工作。与日本特许厅签订《中日分类合作行动计划》。与韩国知识产权局就拓展分类合作达成一致意向。

5. 文献出版物

全年出版发明、实用新型和外观设计专利公报文献共 207.19 万件，其中发明公布 777 336 件，发明授权 229 711 件，实用新型 700 577 件，外观设计 364 283 件。编辑刊发《专利文献研究》6 期，《专利文献研究增刊》4 期。编译刊发《国外知识产权资讯》28 期，《国外知识产权资讯专刊》9 期。

6. 专利信息传播与利用

积极推动《企业专利信息利用工作指南》和《专利文献信息服务指南》对企业专利信息利用的规范指导。在 12 个基地开展专利信息利用促进支撑项目，实现 29 家重点促进单位的新增培育，形成了企业一服务机构联动、企业一政府一服务机构三方联动等多种专利信息工作模式。

面向青海、宁夏、贵州、甘肃、云南、广西、西藏、新疆西部 8 省区开展了专利信息利用帮扶活动。组织评选出第三批全国专利信息领军人才 20 名，专利信息师资人才 80 名。开展面向东北、华中、西北、中南、沿海等地区不同层次的专利信息技能巡回培训班 11 期，培训学员 1000 余人。

六、宣传、人才培养和学术活动

(一)宣传

2014 年，宣传工作紧密围绕国家经济社会发展大局，以宣传国家知识产权战略实施为主线，以增强全社会知识产权意识为目标，探索改进宣传工作的方式方法，全面展示中国知识产权事业的发展成就。

为配合《专利法》新一轮的修改，2014 年 5～7 月，组织中央主要媒体围绕“加强专利行政执法”集中开展了宣传报道活动，重点采访基层一线特别是企业的典型案例，经济日报整版，人民网、中国科技网开设专栏进行了专题报道。2014 年，还先后对全国局长会、2013 年发明专利授权排行、世界知识产权组织成立中国办事处等 10 余项重要活动开展了专项报道。

2014 年 4 月，联合中宣部等 24 个部门在全国范围内开展“4·26 知识产权宣传周”活动，期间，组委会各成员单位单独或者多部门联合开展活动 50 余项次。全国各地宣传周活动同步启动，形成国家、省、地、县四级联动、全国一盘棋宣传局面。国家知识产权局通过网络举行启动仪式，召开新闻发布会，举办开放日等主题鲜明、形式多样的宣传活动，引起社会各界广泛关注。据统计，“4·26 知识产权宣传周”期间参与报道的电台、电视台、报社、网站等新闻媒体达 367 家，自主播发消息 965 条，网络转发总量数百万次。

继续联合人民网建设“知识产权频道”，并进行升级改版，联合中国日报出版《知识产权周刊》，联合中国知识产权报出版《知识产权双语周刊》，编辑出版电子刊物《每周知识产权舆情》；与新浪微博合作开展知识产权公益广告片征集活动。自主举办新闻发布会 6 场，组织新闻通气会 1 次。

编制完成《中小学知识产权教育读本》，编制出版普及读物《图解知识产权 ABC》；重点推动广东省、陕西省中小学校开展知识产权普及教育工作，支持山东省、黑龙江省推进知识产权文化建设，分别出台省域加强知识产权文化建设的若干意见或行动方案；征集制作了一批公益广告、海报等宣传品，支撑知识产权文化建设工作开展。

(二)人才培养

1. 全国知识产权人才工作

大力落实知识产权人才“十二五”规划,建设知识产权人才体系。目前,全国知识产权专业人才队伍已有8万余人,知识产权从业人员已达30多万人。

创新全国知识产权人才工作政策。制定印发了《关于加强国家知识产权培训基地工作的意见》《全国知识产权人才库与人才信息网络平台管理办法》《全国知识产权教育培训分类指导大纲》等政策文件。

继续贯彻落实《国家中长期人才发展规划纲要(2010~2020年)》,推动制定出台知识产权保护政策。制定出台《2014年全国知识产权人才工作要点》《关于进一步提升专利申请质量的若干意见》等8项政策文件。推进专业技术人才知识更新工程,培养高层次、急需紧缺和骨干专业技术人才,完成面授培训班30余期,培训人员4000余人次。

实施“百千万知识产权人才工程”,推进高层次人才引领计划。开展第二批全国知识产权领军人才和第四批百名高层次人才培养人选评选工作,从全国选拔出127名全国知识产权领军人才和120名百名高层次人才培养人选。全国逐步形成由领军人才、百名高层次人才、千名骨干人才和万名专业人才4个层级构成的知识产权人才体系。加强高层次人才培训,选派包括地方知识产权局高层次人才在内的22人赴德国马普创新与竞争研究所参加培训。

加强培训基地建设工作,批复辽宁省和江西省2家国家知识产权培训基地。批复温州知识产权学院和苏州工业园区2家中小微企业知识产权培训基地。目前,国家知识产权培训基地共计24家,指导各省级知识产权局设立省级培训基地50余家。

实施知识产权人才信息化工程。完善国家知识产权人才库和人才信息网络平台。整合专家咨询委员会、知识产权专家库、领军人才库、百名高层次人才库,形成初具规模的知识产权人才库。共有专家和各类人才近千余人,其中咨询委员会30人,专家库346人,领军人才208人,百名高层次人才403人。在人才信息网络平台发布400余条人才相关信息。积极推动全国各地人才信息化工程,目前已有重庆、陕西等10余个省市开展了省级人才库建设。

实施知识产权行政管理和执法人才培养计划、企业事业单位知识产权人才能力提升计划、知识产权服务业人才支撑计划及高水平知识产权师资人才推进计划等。培训执法人才1000多人。开展企业事业单位知识产权培训,5000人参加。对4000名执业代理人进行培训。推动建设“全国知识产权师资信息平台”,建立高水平师资人才备选库,目前入库教师700人。

联合工信部和江苏省政府共建了南京理工大学知识产权学院。联合同济大学开设“卓越专利代理人”法律硕士项目,培养高层次、复合型专利代理实用人才。探索以市场需求为导向培养高校知识产权人才新模式,举办高校研究生暑期学校、国际大学生冬令营等活动,吸引更多非知识产权专业毕业生从事知识产权工作。实施校企对接工程,举办3阶段培训共769人,培养企业急需的实务人才。组织编写出版教材3种。

全国共举办各级各类培训班6000余期,培训人次达60多万。全国知识产权人才培训重点加强了党政领导干部、知识产权服务业人才、企事业单位知识产权人才、高层次人才和实务型人才培训。举办全国知识产权局局长高级研修班和全国知识产权专家高级研讨班,就知识产权强国建设等内容进行研讨。选派64人赴美日欧等国家及地区进行中长期学习进修。

中国知识产权培训中心共举办面授培训118期,培训人员9583人次。远程教育培训规模突破31万人次,同比增长66%;新设分站50个,比2013年增加29个,总数达到111个，其中高校分站的数量为42个。开发远程教学课程34门，其中为校企对接工程项目开发配套远程教学课程8门，知识产权公开课项目共制作课程15门，录制代理人考前培训相关课程11门，总计课程时长134.5课时。

2. 干部教育培训挂职工作

制定《国家知识产权局干部教育培训规划》。选派国家知识产权局25名司局级领导干部参加中央党校、国家行政学院、中国浦东干部学院、延安干部学院、井冈山干部学院等培训平台的调训班次学习，选派15名司局级干部参加选学。同时，组织全体司局级干部参加中国网络干部学院的在线学习。组织全局820多名处级以上干部参加学习贯彻习近平总书记系列讲话精神集中轮训班。举办处级领导干部任职培训班、能力建设培训班等，培训208人次。加强优秀青年后备干部培养，举办青年管理骨干能力培训班和提升班，培训265人次。

选派57人到局外挂职，包括：地方知识产权局和专利代办处挂职10人；国防专利局挂职20人；专利导航产业发展实验区挂职8人；湖南省桑植县和河北省崇礼县扶贫支教10人；中组部第十四批博士团挂职2人，等等。

选派64人在局内挂职交流，选派204人挂职借调到各专利审查协作中心工作。开展挂职借调人员交流培训班等培训，培训110余人次。

3. 局内人才培养工作

落实知识产权人才“十二五”规划，实施专利审查人才能力提升计划。发布《局人才培养指南实施行动计划（2014—2016年）》。开展局内人员参评全国知识产权领军人才工作，共有17人入选第二批全国知识产权领军人才。举办“民族团结与国家安全”等领军人才培养对象专题培训班。组织开展清华、北大高培系列集中研修班。完成第二批高培对象79人结业考核。选拔第三批骨干人才培养对象302人。做好专利代理人培训教师管理及培训工作，为广东省、国防专利局等省市单位选派专利代理人实务技能培训教师56人次，为台湾地区、贵州省等地推荐专利代理人资格考试考前培训教师157人次，增补专利代理人实务技能培训教师50名。选拔72名局级涉外培训教师，通过培训、教研和涉外教学等工作进行培养和锻炼。首次举办以培训为主题的中欧培训研讨会，组织审查员参加欧洲专利学院EPOQUE系统在线培训。引智办全年共组织实施9个引智出国培训项目。选派4名审查员参加日本特许厅举办的五局审查员互派培训课程。开展与英国、芬兰等国家的审查员互派培训。

组织开展新审查员培训核心课程的修订和开发、联合专利分类体系（CPC）培训课程开发等相关教研工作，共开发新课程17门，修订课程46门，撰写教案50余万字、修订教案85万字，并从教研成果宣讲、效果评估和成果共享等方面加强了对全局业务培训的统筹和管理。

在新入职人员培训中首次加入法律基础知识系列课程。举办审查业务面授培训班13期，共培训1008人次。举办“专利审查与国家发展”等在线培训班，全年在线培训近5万人次。统筹开展全局CPC培训，构建课程体系，分级实施培训，开发分领域案例，为CPC在国家知识产权局的全面实施奠定了坚实基础。审核出版《驳回、前置、审查复审后继续审查培训教程》等教材。组织各类外语培训，全年共有400余人参加。

完善审查员专业技术能力培训体系。已在全国建成10家审查员实践基地，共派出调研团组和实践团组142个809人次。完成人才资源管理系统开发上线工作。局内推广使用国家知识产权局培训综合管理系统（SIPOLeMS系统），推进SIPOLeMS系统2期建设。

4. 涉外培训工作

新开发《中医药知识产权保护》等2门

涉外培训课程。共举办中国一东盟培训班、南亚知识产权培训班等9个面向发展中国家的培训班,亚洲、非洲、拉美和海湾地区的近30个国家的150名知识产权官员参加。为海湾阿拉伯国家合作委员会(GCC)专利局和沙特工业产权局分别举办审查培训班,并选派两名审查业务专家赴GCC提供为期4周的培训。

(三)学术活动

组织完成2014年度13项专项课题、40项一般课题、10项"青春求索"青年研究专项课题、10项专利分析普及推广项目的立项和结题评审工作,课题涉及审查标准研究、智能审查研究和35个关键技术专利分析等。

全年共编辑出版10期《学术观察》、12期《审查业务通讯》《产业专利分析报告》系列丛书第17~28册。

举办6期"中国专利学术论坛"、15场技术说明会。在京外专利审查协作中心举办3期专利技术综述撰写实务操作培训班。在知识产权示范城市举办44场专利分析方法培训班。

围绕学术委员会成立10周年,评选优秀研究集体、优秀研究人员和优秀主题征文,并编辑优秀成果集及征文集,制作10年学术成果视频及总结册,召开学术研究工作总结会。

七、港澳台交流活动

(一)与香港、澳门地区的交流

2014年,国家知识产权局积极开展与港澳地区的知识产权交流,合作内容更加丰富,层次不断提升,成效更加显著。

积极推动与香港知识产权署签署的《关于专利领域的合作安排》及与澳门经济局签署的《知识产权领域协议》相关合作内容的落实。通过高层互访、业务交流和举办会议等多种形式,促进内地与港澳地区的知识产权交流。

2014年3月,申长雨局长会见来访的香港商务及经济发展局局长苏锦梁一行。8月,申长雨局长会见香港知识产权署新任署长梁家丽一行。9月,贺化副局长率团赴香港特区参加内地与香港、澳门特别行政区知识产权研讨会。2014年9月,甘绍宁副局长会见澳门经济局知识产权厅厅长郑晓敏一行。

2014年6月,派业务交流团赴香港特区了解香港专利制度调整相关工作的最新进展。12月,派员赴香港特区参加第四届亚洲知识产权营商论坛。

2014年,继续为澳门经济局提供专利实质审查协助。

(二)与台湾地区的交流

继续积极稳妥推进《海峡两岸知识产权保护合作协议》的落实,进一步推动两岸知识产权交流,加深两岸在知识产权创造、运用、保护和管理等方面的理解与合作,切实维护两岸同胞的知识产权合法权益。

2014年5月,首次派审查员赴"台湾智慧财产局"进行审查业务交流。8月,派讲师赴台为台湾地区居民开展专利代理人资格考试强化培训。10月,何志敏副局长率团赴台参加第七届两岸专利论坛并参访调研相关机构。12月,在北京召开第五次两岸专利工作组会议。

八、国际合作

2014年,国家知识产权局积极参与知识产权国际事务,继续深化与WIPO、各国各地区知识产权机构的友好合作,不断拓展新的合作伙伴关系。全年新签订29项各类多双边合作协议,知识产权国际合作工作成果丰硕。

(一)涉外知识产权统筹协调

国家知识产权局积极统筹协调,在外交部、国家工商总局、版权局和北京市政府等部门的大力支持下,WIPO中国办事处于2014年7月顺利揭幕并启用。

2014年9月，申长雨局长率中国政府代表团出席WIPO第五十四届成员国大会。3月，贺化副局长率团参加WIPO协调委员会第六十九届会议。5月，何志敏副局长率团参加WIPO第五十三届特别成员国大会。

牵头组织协调有关部门参加WIPO框架下的各类会议，包括专利法常设委员会（SCP），计划和预算委员会（PBC），发展与知识产权委员会（CDIP），商标、工业品外观设计和地理标志法律常设委员会（SCT），知识产权与遗传资源、传统知识和民间文学艺术政府间委员会（IGC）等会议。

牵头组织协调有关部门参加国际植物新品种保护联盟（UPOV）相关会议，配合国内相关部委参加世界贸易组织（WTO）、亚太经济合作组织（APEC）、联合国生物多样性公约组织（CBD）有关会议。继续保持与国际保护知识产权协会（AIPPI）、国际知识产权律师联合会（FICPI）、国际许可贸易工作者协会（LESI）等组织的交流。

（二）参加机制性对话和磋商谈判

积极参加中美战略与经济对话，中美创新对话，中美商贸联委会，中欧知识产权对话和工作组会议，中瑞、中俄知识产权工作组会议，中英经济财金对话政策成果磋商，中意政府间委员会等机制性会议和磋商谈判。

积极参加区域全面经济伙伴关系协定以及中澳、中韩、中日韩自贸协定的谈判工作。

（三）与世界知识产权组织的合作

2014年，我国首次向WIPO捐款。国家知识产权局与WIPO签署合作框架协议和《2014～2015双年度工作计划》。WIPO总干事、副总干事多次访华，我国与WIPO关系进一步深入发展。

继续与WIPO开展短期专家互访和长期人员交流。在华联合举办PCT高级巡回研讨会、外观设计巡回研讨会。就知识产权与社会经济发展关系的联合研究顺利完成。共同主办“中国专利奖”颁奖大会。参与日内瓦国际发明展览会、上海国际技术进出口交易会、上海知识产权国际论坛、昆山国际发明展览会。

稳步推进我国加入WIPO《工业品外观设计国际注册海牙协定》的各项相关工作，完成海牙体系电子申请中文界面开发调试等工作。国家知识产权局成为伊朗PCT国际专利申请的国际检索和初步审查单位。

（四）五局合作

中美欧日韩五局合作稳步推进，有效提高了审查工作的效率和质量。此外，就五局工作与产业界建立高效沟通机制，以更好地为产业界和知识产权用户提供服务。

2014年，国家知识产权局参加或主办了11个五局合作相关会议。其中，申长雨局长于6月率团参加了中美欧日韩五局合作第七次局长会议及第三届五局局长与产业界会议。五局局长就加强专利信息共享与传播达成共识，我国以及美、日、欧、韩各国或地区的公众可以免费或以边际成本费用获取五局专利基础数据信息。我国产业界代表应邀参与了上述五局局长系列会议。

（五）区域合作

1. 中日韩三局合作

2014年11月，申长雨局长出席在韩国举行的第十四次中日韩三局局长政策对话会议以及第二届中日韩三国知识产权保护研讨会，与日、韩两局局长签署会谈纪要，就进一步加强三局知识产权合作达成共识并确定由中国国家知识产权局负责三边知识产权合作网站升级项目。三局在专利审查、自动化、外观设计、复审以及人员培训领域的合作不断深入发展，为更好地服务三国用户奠定了良好基础。

2. 金砖国家知识产权合作

2014年9月，在出席WIPO成员国大会期间，国家知识产权局申长雨局长参加了第三届金砖国家知识产权局局长会议，继续积极推进金砖国家知识产权合作路线图的落实和相关合作项目的开展。

3. 中国一东盟知识产权合作

2014年6月，第五届中国一东盟知识产权局局长会审议通过“中国—东盟2014～2015合作工作计划”。国家知识产权局派专家组赴马来西亚、泰国交流传统医药数据库建设和管理方面的经验。举办2014年中国一东盟知识产权培训班，东盟十国和东盟秘书处共20名官员参加。

4. 中、蒙、俄合作

2014年9月，国家知识产权局何志敏副局长率团出席第二届中蒙俄知识产权联合研讨会。

(六)双边合作

1. 与欧洲专利局(EPO)的合作

2014年双方继续开展高层交流、联合举办研讨会、人员培训等合作活动，保持并巩固了传统友谊和良好合作关系，进一步增进了双方理解和互信。

2014年9月，国家知识产权局申长雨局长首次访问EPO慕尼黑总部，与EPO局长巴迪斯戴利举行工作会谈。2014年11月，申长雨局长赴比利时参加中欧两局局长会并签署2015年度两局合作工作计划。何志敏副局长在北京会见EPO主管质量和运营的卡萨多副局长。

2. 与欧洲内部市场协调局(OHIM)的合作

2014年1月，申长雨局长在北京会见来访的OHIM局长安东尼奥·坎普诺斯，就两局合作和共同关心的国际知识产权问题交换了意见。

3. 与欧盟的合作

分别在中国、欧洲召开欧共体外观设计制度巡回研讨会和中国专利制度巡回研讨会，使中欧用户更好地了解对方的知识产权制度。

2014年4月，欧盟内部市场和服务总司知识产权司司长一行来访。

4. 与欧洲国家的交流与合作

2014年，通过在宏观管理、立法执法、人员培训、审查业务、自动化等领域的务实合作，国家知识产权局进一步加强了与欧洲各国知识产权合作伙伴的友好合作关系。

与德国、英国、法国、奥地利、瑞士、丹麦等国家的知识产权机构开展了高层交流。申长雨局长出席了中德局长会、中英局长会、中法专利混合委员会第27次会议等。何志敏副局长出席中国瑞士局长会、欧洲工业产权保护国际会议、中国一维斯格拉德集团知识产权研讨会等。

新开拓与捷克和斯洛伐克等国家的双边合作关系，恢复与匈牙利知识产权局的合作关系。与英国、德国、法国、瑞士、冰岛、瑞典等签署14项双边合作协议、工作计划或会谈纪要。

与英国知识产权局在北京共同举办第二届中英知识产权研讨会。与瑞士联邦知识产权局合作举办首届中国瑞士产业界圆桌会，与俄罗斯联邦知识产权局合作举办中俄知识产权研讨会，与法国工业产权局合作举办首届“中法团队合作创新奖”相关活动。

5. 与美洲和大洋洲国家的交流与合作

与美国专利商标局继续在专利审查、信息化、专利审查高速路和知识产权宣传教育等领域开展合作。2014年6月，申长雨局长会见美国专利商标局代理局长米歇尔·李，并签署优先权交换谅解备忘录。此外，两局还在知识产权恶意诉讼、医药专利数据补充、图形用户界面的专利保护和专利数据统计分析等领域深入开展交流。

廖涛副局长率团访问智利工业产权局与新西兰知识产权局，签署了中智两局数据交换协议和中新两局框架性合作安排。与墨西哥无限期延长 PPH 试点项目。

6. 与亚洲和非洲国家的交流与合作

与韩国、新加坡、柬埔寨、伊朗、以色列、摩洛哥、朝鲜、哈萨克斯坦等国知识产权主管部门开展高层交流。申长雨局长出席第 20 次中韩局长会并签署会议纪要。何志敏副局长出席首次中日副局长会，并签署会议纪要。2014 年，还分别与泰国、柬埔寨、埃塞俄比亚、蒙古等国知识产权主管部门签署合作工作计划。

国家知识产权局杨铁军副局长率团访问 GCC 专利局、沙特专利局和卡塔尔知识产权局，并与 GCC 专利局和卡塔尔知识产权局分别签署会谈纪要。

(七)审查业务合作

完成与德国、墨西哥、奥地利、韩国 PPH 试点延长的磋商工作，以及与英国、冰岛、瑞典、以色列 PPH 合作试点启动的磋商工作。与瑞典、冰岛签署 PPH 试点谅解备忘录，派员赴德国、丹麦参加 PPH 用户研讨会。已启动 18 项双边 PPH 试点以及中美日欧韩五局 PPH 项目，PPH 对外合作网络已初具规模。此外，还积极参与 PPH 规则制定，牵头的“共同的 PPH 请求表”项目在“复边 PPH”平台和五局合作(WG3)平台上获得各局支持，包括国家知识产权局在内的多个局于 2015 年 1 月启用该表。

与日、韩、英、芬、德、奥等国专利局的审查员开展了交流项目，搭建审查员之间就审查业务规则和检索与审查实践深入交流的平台。派遣审查专家赴 EPO、OHIM 等机构参加交流研讨；派遣审查专家赴芬兰、法国和德国参加中国专利制度巡回研讨会并发言；接待 EPO 审查员来访并举办中欧审查业务研讨会。

(八)与知识产权业界和机构的交流

国家知识产权局领导会见了美国药品及制造商协会(PhARMA)主席胡格恩、美中贸易全国委员会会长傅强恩、美国知识产权法律协会会长韦恩·索邦、IBM 副总裁马克·林斯、美国知识产权人协会主席菲利普·约翰逊、原美国联邦巡回上诉法院首席大法官雷德、马歇尔法学院李汪引兰教授、欧盟中国商会主席等。

接待韩国三星电子、日本索尼公司、日本佳能公司、日本日产公司以及日本知识产权协会、中国美国商会、美中贸易全国委员会、美国全球生物技术工业组织董事会、美国国会议员助手团、巴西代理人协会、圣玛丽大学和苹果公司等国外协会、高校和企业的来访。

(国家知识产权局办公室供稿)

集成电路布图设计登记申请

2014 年，国家知识产权局收到集成电路布图设计登记申请 1838 件，予以公告并发出证书 1553 件。自 2001 年 10 月 1 日《集成电路布图设计保护条例》实施以来，共收到集成电路布图设计登记申请 11 117 件，予以登记公告并发出证书共计 10 089件。

(国家知识产权局办公室供稿)

商标工作

2014年，全国各级工商行政管理和市场监管部门广大商标干部认真贯彻落实党的十八大和十八届三中、四中全会精神，按照国家工商总局党组决策部署，以新商标法实施为契机，锐意进取，开拓创新，推进商标事业改革发展再上新台阶。

一、商标注册便利化水平不断提升

2014年，随着我国经济的转型升级，商事制度改革带来市场主体自主创新活力不断增强，商标注册申请量继续保持快速增长态势，首次突破200万件大关，达228.5万件，同比增长21.5%，再创历史新高，连续13年位居世界第一。国家工商总局商标局、商标评审委员会积极应对商标申请量快速增长、三期系统上线和商标审查审理法定期限等多重压力，迎难而上，力克时艰，采取多项应急措施，提高商标注册审查效能，加班加点完成审查任务。全年共完成商标审查242.6万件，审查能力首次突破200万件大关，同比增长70.3%；商标平均审查周期控制在法定9个月期限以内。全年审结商标评审案件共11.6万件，其中审结驳回复审案件8.6万件，审结复杂案件3万件。

二、商标法治化水平不断提高

2014年5月1日，新修订的《商标法》和《商标法实施条例》同步施行。全国各级工商行政管理和市场监管部门按照国家工商总局统一部署，切实做好商标法治宣传培训工作，推进新商标法顺利实施。国家工商总局局长张茅接受了新华社专访，国家工商总局召开新商标法实施新闻发布会，在人民网强国论坛举办了两期在线访谈，回应社会关切并回答记者提问。国家工商总局还举办了《商标法实施条例》暨第二届夏季青年奥林匹克运动会标志保护培训班。制定下发了《国家工商总局关于执行修改后的〈中华人民共和国商标法〉有关问题的通知》，确保了新旧商标法的顺利过渡衔接。各地工商行政管理和市场监管部门结合“4·26知识产权宣传周”，积极组织开展新商标法的系列宣传培训活动，提升全社会商标法律意识。

三、商标专用权保护不断强化

全国各级工商行政管理和市场监管部门按照国家工商总局统一部署，着力加强商标行政执法，深入开展打击侵权假冒工作，持续保持打击侵权假冒违法行为的高压态势。2014年全系统共查处侵权假冒案件6.75万件，案值9.98亿元；依法向司法机关移送涉嫌犯罪案件355件，涉案金额4.8亿元。制定《工商总局关于依法公开制售假冒伪劣商品和侵犯知识产权行政处罚案件信息的意见(试行)》，组织各地做好案件信息的依法公开工作。加快推进建设商标行政执法信息共享平台，积极参与全国打击侵权假冒工作行政执法与刑事司法衔接工作信息共享平台建设，进一步做好商标行政执法与刑事司法衔接配合工作。

四、商标有效运用能力不断增强

全国各级工商行政管理和市场监管部门积极推进商标战略实施，以提升商标运用能力为目标，切实加强商标工作指导和服务。一是扎实做好地理标志和农产品商标的注册审查工作，加强对地理标志和农产品商标注册保护工作的指导、宣传和培训，引导农户和涉农企业增强商标品牌意识。截至2014年年底，累计注册农产品商标达168.9万件，累计注册和初步审定地理标志商标2697件，其中外国在我国注册和初步审定的地理标志商标达到82件。二是积极开展马德里商标国际注册宣传与培训工作，加大对国内企业进行商标国际注册的指导力度，大力支持国内企业商标海外维权。2014年，国内申请人提交马德里商标国际注册申请2140件(一标多类)，位居马德里体系第七，累计达1.86万件；外国申请人指定我国的马德里商标国际注册申请20 309件，继续位居马德里体系第一，累计达20.89万件。三是积极引导和支持企业运用商标权质权融资，全年共办理商标质权登记申请758件，质押商标8721件，帮助企业融资519亿元，同比增长29%。四是深入开展"商标与经济发展关系"课题研究，着力提升商标理论研究的前瞻性、政策性和实用性。举办了知识产权前沿问题研究高级研修班，加强政策研究和数据综合分析，推动研究成果的转化和运用。

五、商标公共服务水平不断提高

国家工商总局通过加强软硬件建设，严明工作纪律，规范工作流程，不断优化商标注册大厅、商标局驻中关村办事处窗口服务，提升商标对外咨询服务水平。2014年，商标注册大厅和商标局驻中关村办事处共受理各类申请17.5万余件，接待咨询8.8万余人次。切实加强中国商标网建设，按照新《商标法》要求，启用新版商标注册网上申请系统，及时更新商标注册申请指南。2014年商标注册网上申请达138.4万件，占同期申请总量的60.6%。全年共组织专人答复咨询电话9.45万次，同比增长41.63%，回复网站公众留言4184件，同比增长82.73%。

此外，商标代理管理、商标国际及与港澳台交流和合作、商标队伍建设等各项工作也取得新的进步，为推动商标事业改革发展提供了重要支持。

（国家工商行政管理总局商标局供稿）

反垄断与反不正当竞争工作

2014年，国家工商总局和地方各级工商行政管理机关以十八届三中全会精神为指导，认真贯彻落实全国工商行政管理工作会议的部署和要求，围绕保护知识产权这一中心，充分发挥《反不正当竞争法》在保护知识产权方面的作用，以打击侵犯知识产权不正当竞争行为为重点，加大工作力度，查处了一批侵犯他人知识产权的不正当竞争案件，组织了一批保护知识产权方面的宣传教育活动。经过一年的努力，全国涉及侵犯知识产权的不正当竞争现象大幅减少，尊重知识产权的理念深入人心。2014年，工商系统保护知识产权方面的工作情况如下。

一、基本情况

2014年，在国家工商总局和地方各级工商机关的共同努力下，侵犯知识产权的不正当竞争行为得到了有效控制，据不完全统计，全年查处侵犯知识产权不正当竞争案件8670件，案值1.5亿元，没收金额683万元，罚款金额7045万元，其中"傍名牌"不正当竞争案件8612件，案值1.29亿元，没收金额540万元，罚款金额6839万元，包含假冒他人注册商标案件6109件，案值7476万元，没收金额259万元，罚款金额4670万元；仿冒知名商品特有名称、包装、装潢案件1820件，案值3304万元，没收金额154万元，罚款金额1347万元；冒用他人的企业名称或姓名案件683件，案值2134万元，没收金额127万元，罚款金额820万元。侵犯商业秘密案件58件，案值2128万元，没收金额143万元，罚款金额206万元。

二、积极部署开展行动

国家工商总局反垄断与反不正当竞争执法局于2014年5月19日印发了《关于集中整治不正当竞争突出问题的通知》，其中要求对侵犯知识产权不正当竞争行为易发高发的互联网、汽车及配件销售维修、家具建材装修装饰等领域展开集中专项执法行动。各地工商机关根据该通知要求积极开展行动，对各种侵犯知识产权的行为进行了集中整治。在此次专项执法行动中，国家工商总局反垄断与反不正当竞争执法局做了大量的检查、指导和督导工作，帮助地方工商机关处理疑难案件，保证了行动的顺利完成。各地工商管理机关积极展开专项执法行动，局领导亲自带队，成立领导小组办公室；充分利用“12315”热线、“12315”微博等方式扩大线索来源，严厉查处各类涉及商标的不正当竞争行为；利用媒体广泛宣传《反不正当竞争法》等法律法规，公布行动情况并依法及时曝光案件信息。各地工商机关还将该通知的精神与地方具体情况相结合，采取了多种多样的措施，确保了整治行动的目标落实到位。湖北省工商机关将专项执法行动与当地“砺剑”行动、打击侵权假冒专项行动等工作结合起来，采取“谁处罚、谁录入”的信息录入公示方法，及时曝光违法市场主体相关信息，做到“一处违法、处处受限”，有效震慑了违法人员，赢得了社会赞许。四川省工商机关根据该通知的精神制订了《集中整治不正当竞争突出问题实施方案》，成立三个督察组分片区对各市州、县区工商机关进行督导，强化工作力度，确保案件查处到位，在工作中主动靠前服务，切实解决企业维权诉求，在宣传中采取“以案说法”的方式，提高了普法效果。吉林省工商机关召开了由公平交易处组织、其他业务处室参加的研讨会，明确了整治目标、重点、步骤和方法，在执法办案中注重与公安、食药、商务等部门协作，并加强工商系统内部的配合及联动，确保案件查处到位，在宣传时注重对群众的引导，树立了工商部门的执法权威和有为形象。福建省工商机关以“八闽红盾出击”行动作为此次专项执法行动的载体，集中力量查办大案要案，并将多个计划展开的行动糅合进此次执法行动中，福建省泉州市工商局组织了“互联网商务检测和电子数据取证”培训班，提高了办案人员查办网上商标侵权案件的水平。广东省工商机关通过在全省各级工商机关中建立联络人制度并在省局内网上建立“反不正当竞争集中整治”专用文件夹，确保内部工作的及时沟通、有效反馈，采取建立月通报制度和积极推广先进经验的方式来加强工作督导和业务指导，以保证侵犯知识产权不正当竞争案件能够持续深入受到查处，广东省工商局通过建立“网络市场监管综合信息平台”，积极扩大案源并及时查处，采用记者招待会的方式依法及时发布相关信息，引起了社会的强烈反响。广西壮族自治区工商机关结合“3·15国际消费者权益日”维权活动等方式，积极向群众普及“仿冒”等不正当竞争行为的危害，并广泛发动群众对该类行为进行举报，在执法行动中采取标本兼治的原则，实现了对“仿冒”等侵犯知识产权不正当竞争案件的长期高质量高效打击。贵州省工商机关积极部署执法行动，贵州省工商局召开了集中整治专项会议，作出了周密部署并提出了明确要求，各市州工商局召开党组会对集中整治具体措施进行研究，同时积极向各级党委、政府进行汇报以争取支持，贵州省铜仁市工商局采取“听、看、访、查”的方式对热点问题展开检查。黑龙江省工商机关从全省工商系统抽调业务骨干组建了人才库，并从其他单位邀请专家成立顾问团，为深入推进执法行动提供智力支持，召开新案源推广会并组织新闻专家讲授案源搜集方法，努力拓宽案源来源，激活案件挂牌督办制度，确保公正执法。甘肃省工商机关充分发挥行政执法网络体系的作用，梳理投诉举报，认真处理案件，充分利用个体例会等媒介宣传执法行动的重要意义。宁夏工商机关各级部门精心组织，使行动有组织、有监督、有效果，建立了整治不正当竞争突出问题专用台账，严把信息采集关，充分利用个体、私营企业例会开展广泛宣传，对存在涉及商标的不正当竞争行的企业信用进行分类监管、重点监控并予以曝光，对于已查处的案件做到“回头看”，防止死灰复燃。山东省工商机关行动领导小组多次召开调度会议听取汇报并部署工作，举办培训班拓宽办案思路，围绕重点狠抓办案，确保“查办一起案件，规范一个行业”，山东省青岛市工商局敢于攻坚克难，着力查处群众和企业关心的案件。天津市工商机关创新办案机制，召开疑难案件研讨会，积极培养人才加强队伍执法能力，着力加强对于侵犯知识产权不正当竞争行为的查处力度。

经过国家工商总局和地方各级工商机关的共同努力，此次专项执法行动取得了巨大成功，全国范围内侵犯知识产权不正当竞争行为大大减少，全社会尊重知识产权的氛围更加浓厚。

三、着力加强队伍建设

国家工商总局反垄断与反不正当竞争执法局举办了反垄断与反不正当竞争执法培训班。通过培训，加深了参加人员对于知识产权意义的理解，提高了他们对于保护知识产权重要意义的认识，增强了其查处侵犯知识产权不正当竞争案件的能力，拓展了其舆论宣传工作的思路，为工作水平的进一步提升打下了良好的基础。

四、强化案件查办工作

工商系统在工作中进一步加大案件查办力度，切实维护了公平竞争的市场秩序，有力地保护了合法经营者和消费者的利益。

在保护商业秘密方面，安徽省宣城市工商局查处了创仁公司盗取冠中公司生产技术案。江苏省无锡市江阴市工商局查处了爱尔姆公司勾结天田公司员工盗取天田公司生产技术、业务文件案；查处了富吉公司利用其员工曾在精亚公司工作的条件盗取精亚公司生产技术案；锡山区工商局查处了福利家公司利用法定代表人曾在福田公司工作的条件窃取福田公司客户信息、业务文件案；南京市工商局查处了新力公司向中材公司派遣技术间谍盗取中材公司生产技术案；高淳区工商局查办了陶礼公司创办人利用其曾在高淳公司工作的条件盗取客户信息、销售方法案；苏州工业园区工商局查处了德汉萨公司利用其创始人曾在卡德康公司工作的条件窃取卡德康公司客户信息，业务文件案。四川省成都市金牛区工商局查处了锐戈公司创办人利用其曾在微迪公司工作的条件盗取微迪公司产品技术、客户信息案。浙江省瑞安市工商局查处了裕强公司创办人利用其曾在华威公司工作的条件窃取华威公司生产技术案。

在打击仿冒方面，四川省达州市工商局查办了销售宁波奇帅公司受国外注册的“上海西门子公司”委托生产的带有与西门子中国公司无关的宁波贸易保税区群鹏公司持有的应为“SiMBMC”但实际被使用为“SIMBMC”的商标仿冒西门子洗衣机案；云南省曲靖市工商局查处曲靖市麒麟区慧通通讯器材经营部在未经授权的情况下在经营场所门头、门店擅自使用“苹果”商标案；广东省佛山市工商局查处的佛山市南海华健公司将产品名称定为“椰树下大”的仿冒知名商标“椰树”及知名商品“椰树吓火”案；浙江省松滋市工商局查处的浙江现代公司在未通过相关审批的情况下使用“中国驰名商标”字样案；上海市闵行区工商局查处的美玛贸易公司在未经授权的情况下使用我国台湾地区 MCM 润滑油注册商标及外包装案。

通过对这些案件的查处，使全国工商系统对侵犯知识产权不正当竞争行为有了更深刻的认识，进而在案件办理上取得了新的突破，为后续工作打下了良好的基础。

五、扩大涉外交流合作

国家工商总局反垄断与反不正当竞争执法局参与了 APEC 成员有关商业秘密保护和执法法律框架调查问卷、中欧知识产权组项目、中美知识产权组项目、中瑞自贸协定知识产权章节谈判、中韩自贸协定知识产权章节谈判、中澳自贸协定知识产权章节谈判。通过涉外交流合作，学习了国外的先进经验，拓展了工作思路。

六、进一步推进《反不正当竞争法》修订工作

为使《反不正当竞争法》更好地发挥其在反侵犯知识产权不正当竞争行为方面的作用，确定了修订的 8 个子课题，采取高校研究机构与地方工商部门两者结合的课题组性质，兼顾理论与时间两个方面，国家工商总局在课题研究过程中加强课题组之间的信息沟通，推进课题研究进展，目前所有课题组都完成课题子报告，修法课题研究总体进展顺利。

（国家工商行政管理总局反垄断与反不正当竞争执法局供稿）

版权工作

2014 年国家版权局按照中央统一部署，创新方法、提高效能，突出网络版权执法和大案要案查办，认真履行了工作职责，全面完成了工作任务。

一、版权执法监管开创新局面

（一）打击侵权盗版行为

一是认真落实“双打”专项治理工作任务。按照国务院关于打击侵犯知识产权和制售假冒伪劣商品专项行动的工作部署，国家版权局把日常监管与“双打”专项行动相结合，标本兼治，整体推进。全年各地版权行政执法部门共查办案件 532 件，其中行政处理 510 件，罚款 3391 万元，移送司法机关追究刑事责任 80 件，捣毁盗版窝点 188 个。二是继续开展互联网侵权盗版专项治理。自 2014 年 6 月开始，联合国家互联网信息办公室、工业和信息化部、公安部启动了第十次打击网络侵权盗版“剑网 2014”专项行动。针对网络文学、音乐、影视、游戏、动漫、软件等重点领域以及图书、音像制品、电子出版物、网络出版物等重点产品，严厉打击各种侵权盗版行为。专项行动期间，全国各地版权行政执法部门共查处案件 440 起，移送司法机关 66 起，罚款人民币 352 万余元，关闭网站 750 家，网络侵权盗版高发势头得到遏制。三是加大侵权盗版案件督办力度。为推动“剑网 2014”专项行动深入开展，国家版权局会同国家互联网信息办公室、工业和信息化部及公安部，于 2014 年 8 月对北京、天津、河北等 12 个地区进行了督查，并与全国“扫黄打非”办、公安部、最高人民法院和最高人民检察院等联合挂牌督办了安徽“DY161 电影网”侵犯著作权案等 33 起重大案件，有力促进版权行政执法工作。四是严查“射手网”等以“网络字幕组”名目存在的典型网站，一批类似网站慑于压力自行关闭。五是加大案件查办情况宣传力度。先后通报三批“剑网 2014”专项行动中典型案件的查处情况，在全社会引起强烈反响，营造了打击盗版、维护正版的良好舆论氛围，有效震慑了侵权盗版分子。

（二）强化版权重点监管

一是组建版权重点监管工作小组，利用国家版权监管平台，启动对重点影视作品的版权预警保护，公布了三批重点预警作品，逐步建立科学、规范的工作制度、程

序和措施。二是继续推进国家版权监管平台升级改造及二期工程建设工作。完成平台一期恢复运行及升级改造工作，平台二期经过研究制定需求、公开招投标、确定承建单位等程序，已经进入开发阶段。通过监管平台建设，以技术手段，加强版权执法监管及社会服务。三是规范网络版权转载。相继组织召开报刊社、重点互联网站版权座谈会，组织191家各类网站签署“守正创新，拒绝盗版、净化网络环境”联合倡议。指导各地积极探索“规范网络转载”管理手段，通过组织网站开展自查自纠、引导报刊社与大型商业网站开展版权合作、加强对网络转载的版权监管等方式，推动完善网络转载许可付酬机制，形成“先授权、后传播”的合法网络版权传播秩序。

(三)健全执法工作体系

一是加强执法队伍建设。2014年，国家版权局对2013年度查处侵权盗版案件的215家有功单位、179名有功个人给予奖励，奖励金额达600余万元，有效激励了版权相关执法部门及人员的办案积极性。共举办4期版权执法培训班，对31个省(区、市)各级版权执法部门350名同志进行培训，提高了基层版权执法人员的版权执法能力。二是加强案件信息公开。根据国务院及全国双打办工作部署，下发了《新闻出版(版权)行政执法部门依法公开制售假冒伪劣商品和侵犯知识产权行政处罚案件信息的实施细则(试行)》及《关于进一步做好版权行政处罚案件信息公开与信息报送工作的通知》，对全国版权行政处罚案件的信息公开和数据报送工作提出详细、具体要求。全年各地版权执法部门共公开版权案件信息332件。

二、软件正版化工作取得新进展

(一)完善长效机制，全面巩固政府机关软件正版化工作成果

推进政府机关和中央企业三级以上企业全部实现软件正版化，展示了中国政府保护知识产权的良好形象。出台《关于贯彻落实〈政府机关使用正版软件管理办法〉的实施意见》，对《政府机关使用正版软件管理办法》的相关要求进行细化，指导各地区、各部门完善软件正版化工作相关制度，推进长效机制建设。建成中央和省级各单位软件正版化责任人数据库，将正版化工作成果巩固情况与具体责任人挂钩，推进各单位进一步落实责任到人。其中，中央级数据库含129个中央和国家机关单位软件正版化工作责任人信息，省级数据库含有全国2327个省级单位软件正版化工作责任人信息。开展两轮政府机关软件正版化检查。3月组织15个检查组，对31个省(区、市)的市县级政府机关软件正版化工作进行全面检查，并公布检查情况。11月组织12个检查组，对12个省(区、市)的省市县级三级机关和24家中央和国家机关软件正版化工作进行了检查。充分发挥推进使用正版软件工作部际联席会议协调职能，通过改进软件正版化审计、软件采购、资产管理和督促检查等措施，巩固软件正版化工作成果，推进长效机制建设。

(二)加强协调指导，扎实推进企业软件正版化工作

印发了《关于做好企业软件正版化信息报送工作的通知》，建立了企业软件正版化信息报送制度。会同国资委组建联合工作组，共同研究制定中央企业软件正版化工作指南，对12家中央企业进行督查。完善新闻出版行业企业软件正版化工作信息化平台，提高了新闻出版行业企业软件正版化信息报送工作效率。推进新闻出版行业企业集团所属二级企业基本实现软件正版化。

(三)广泛培训宣传，积极营造使用正版软件良好氛围

举办2期政府机关软件正版化工作培

训班。128家中央和国家机关共189人，31个省（区、市）政府办公厅、版权、工信、财政等部门共204人参加培训，提高了相关软件正版化工作人员的业务水平。举办1期新闻出版行业、1期勘察设计行业、3期金融行业及国资委管理国有企业软件正版化工作培训班。同时，向社会公布了国务院通报的软件正版化上半年检查情况，人民日报、新华社、中央电视台等进行了报道。制作“软件正版化在中国”专刊，编制《中国的软件正版化工作进程》白皮书，将在审核通过后发布。

三、版权产业发展迈上新台阶

（一）第五届中国国际版权博览会成功举办

2014年9月，在成都举办的第五届中国国际版权博览会取得圆满成功。博览会共举行了国际版权论坛、中国版权产业与金融创新高峰论坛、中国数字版权高峰论坛暨交易会等12项重要主题活动及影视剧本、纪录片交易洽谈会等100余项配套活动，现场达成17个重大版权项目签约，涉及音乐、出版、科技（软件）、影视、艺术设计、金融及版权服务等多个领域，交易金额超过20亿元人民币，取得了良好的社会反响和国际影响力，有力促进了版权产业发展。

（二）全国版权示范建设工作成效显著

召开“全国版权社会服务工作交流会”，交流版权示范建设工作经验。经考察、评选，国家版权局授予厦门“全国版权示范城市”称号，北京出版集团有限责任公司等18家单位“全国版权示范单位”称号，山东鸿儒文化集团有限公司等4家园区（基地）“全国版权示范园区（基地）”称号；同意设立广州越秀区、上海自贸区“国家版权贸易基地”；西安、成都设立“国家版权交易中心”，促成版权贸易平台常态化，带动区域版权产业发展。

（三）版权产业相关研究工作不断深入

2014年，国家版权局继续开展版权产业对国民经济贡献调研并对外公布了2011年度和2012年度相关数据。调查显示，2011年我国版权产业行业增加值为31 528.98亿元人民币，占全国GDP的6.67%，比2010年增加5158.72亿元人民币，增长率为19.56%。2012年我国版权产业行业增加值为35 674.15亿元人民币，占全国GDP的6.87%，比2008年总量增加了16 105.75亿元人民币，平均年增速达16.20%。调查不仅从纵向、横向分析了我国版权产业的发展情况，还首次从新闻出版行业角度进行了专项研究。

四、版权社会服务得到新提升

（一）著作权登记工作有序进行

2014年2月，国家版权局上报《2013年著作权登记量首破百万》的专报，引起中央领导高度重视和社会各界广泛关注。为落实中央领导同志批示精神，国家版权局组织6家中央媒体对著作权登记工作集中开展宣传报道。召开“全国版权社会服务工作交流会”，交流各地著作权登记成功经验。下发《关于规范著作权合同备案申请表及证书的通知》，对有关登记事项进一步规范，有力促进著作权登记工作开展。2014年，我国著作权登记继续保持平稳增长态势，总量达1 211 313件，比2013年增加了201 656件，增长19.97%。其中，作品登记992 034件，计算机软件著作权登记218 783件，分别较2013年同期增长17.39%和33.12%；著作权质权登记496件，涉及主债务金额262 543.1万元。

（二）行业监管更加规范

一是加强对6家在我国常驻涉外著作权认证机构的监管。通过建立通气会制度、规范审批备案事项等，对其加强日常管理。二是加强对5家著作权集体管理组织的管理与服务，帮助其处理换届筹备及审核、年检、解决争议等方面的工作。三是清理涉外著作权认证及合同登记工作，进一步规范监管指导意见。重点梳理了1995年以来有关法律依据，召开相关省级版权管理部门及图书、音像出版单位座谈会，并与国家外汇管理局等部门沟通，为制定对涉外著作权认证及合同登记工作的规范性意见做必要准备。

（三）版权公共宣传广泛开展

按照创新方式、务求实效的方针，对版权工作广泛进行宣传。“4·26知识产权宣传周”和“第五届中国国际版权博览会”期间，除协调中央主要新闻媒体和各地版权相关部门共同参与外，充分利用平面、广电、网络、户外媒介等多种形式进行全方位覆盖，以热点、亮点、新鲜点各有侧重的报道内容进行多维度宣传。在日常宣传中，以召开新闻发布会，组织媒体联合采访、人民网高端访谈、新浪微访谈，拍摄版权公益广告宣传片，设计版权宣传海报、制作官网宣传专区、开通国家版权局官方微信和官方微博（目前官方微博已发消息100多条，粉丝近43万），举办“版权相关热点问题媒体研修班”等形式，全面展示我国版权保护及产业发展的重大进展和工作成就，极大提升了版权工作的社会影响力和感召力。其中国家版权局官方网站的“剑网2014”专项行动及“版权宣传周”专栏被国家有关部门评为“2014政府网站信息公开精品栏目奖”。

五、版权国际事务取得新进步

（一）积极参与国际版权事务

2014年，积极参与世界贸易组织（WTO）、世界知识产权组织（WIPO）、亚太经合组织（APEC）等对华版权事务。完成WTO第五次对华贸易政策审议工作，完成并向WIPO递交批准《视听表演北京条约》的政府声明，参与《世界知识产权组织保护广播组织条约》《有关图书馆、档案馆和教育机构限制和例外国际文书》《保护民间文艺条约》等国际条约的磋商，不断加强版权对外话语体系建设。

（二）妥善处理版权涉外关系

在中美商贸联委会（JCCT）以及中美战略经济对话（SED）工作项下，积极做好中美版权应对工作，并着重做好中美商贸联委会项下知识产权工作组、第24届中美商贸联委会后续工作以及第25届中美商贸联委会的相关应对工作。参与中欧第12次知识产权对话和第13次知识产权工作组的相关工作。参与中澳、中韩、中日韩、东盟10+6自贸协定谈判及中俄、中巴知识产权工作组会议。与阿尔及利亚国家版权局签署《中阿版权交流合作备忘录》，首次建立与阿拉伯国家及非洲国家版权双边关系。与韩国文化体育观光部联合制作版权广告宣传片，同时在双方电视台和网络上播放，取得良好效果。不断扩大两岸版权交流合作，落实《海峡两岸知识产权保护合作协议》，成功举办第七届海峡两岸著作权保护研讨会暨两岸版权主管部门工作组会议。与香港海关就打击网络侵权盗版开展交流合作。与国际标准化组织（ISO）合作，推动成功查办“上海王某等利用互联网销售侵权盗版ISO标准案”，得到国际标准化组织的高度赞赏。

（三）开展国际版权课题研究

依托国家版权局国际版权研究基地，有针对性地开展研究工作，取得较好效果。组织编写《国际版权动态》，介绍国际版权发展信息；针对美国301报告、美国《数字经济中的版权政策、创造与创新》绿皮书等报告进行分析；完成对美国及欧盟与知识产权有关的贸易与外资准入壁垒调查报告；参与研究制定中韩和中澳自贸协定谈判对案。

2014年，国家版权局版权执法监管效

果明显，版权产业蓬勃发展，社会服务不断增强，民众版权意识日益提高，版权国际交流不断拓展，版权工作呈现良好发展态势。

（国家版权局版权管理司供稿）

打击盗版工作

2014 年，在党中央正确领导和全国“扫黄打非”工作小组直接指挥下，各地普遍开展了“清源 2014”“固边 2014”“净网 2014”“秋风 2014”专项行动，推进“护城河工程”“南岭工程”“天山工程”“珠峰工程”和“长白山工程”建设。2014 年，全国共收缴各类非法出版物 1600 余万件，查处各类案件 8300 余起，关闭非法和传播有害信息网站、栏目 1 万余个，有效遏制了各种非法出版物及有害信息的传播，为进一步优化青少年成长文化环境、规范文化市场秩序，为“两个巩固”、服务党和国家工作大局，作出积极贡献。

一、2014 年打击盗版工作主要成效

（一）“清源 2014”专项行动实现新突破

各地各部门在查处非法出版物的“清源”行动中，不间断对出版物市场、印刷复制企业、运输物流渠道、互联网网站进行彻底清查，立案查办、挂牌督办、公开曝光了一批重点案件，出版物市场面貌明显改观。

（二）“固边 2014”专项行动取得新进展

组织开展“固边 2014”专项行动，有效打击“三股势力”“藏独”反动出版物及宣传品。(1)发挥“天山工程”作用，部署新疆将打击宗教类非法出版物作为重点，结合反恐开展专项行动。(2)发挥“珠峰工程”作用，先后组织各相关成员省份及北京市、广东省开展清理整治涉藏非法出版物专项行动。

（三）“净网 2014”专项行动赢得新成效

2014 年 4 月中旬至 11 月，组织开展“净网 2014”专项行动，坚持治标治本一起抓、网上网下一起查、“老虎”“苍蝇”一起打，网站面貌、社会舆论为之一变。一是全面进行网络清查，删除 300 余万条涉黄信息。及时将专项行动推向微博、微信、微视、微电影等“微领域”，全国共清理关闭相关账号 300 多万个。二是全国共查办各类案件 1000 多起，全国“扫黄打非”办公室直接指挥、挂牌督办查处重点案件 36 起。依法吊销新浪网《互联网出版许可证》《信息网络传播视听节目许可证》，并处 508 万元罚款。依法吊销深圳快播公司《增值电信业务经营许可证》，并将其负责人王欣从境外押解回国审讯。三是着力从源头上进行治理，完善互联网站、域名、IP 地址实名管理制度，加大对未注册、未备案网站的清理力度；健全移动智能终端应用软件管理措施；推动电信和网络企业完善信息安全管理制度和信息安全技术手段。四是网下与网上相结合，全国共收缴淫秽色情出版物 55 万件，查办淫秽色情出版物案件 800 余起，其中广东省广州市“8·11”特大淫秽及非法光盘案查获淫秽光盘 17 万张。

（四）“秋风 2014”专项行动实现新改观

在 2014 年 1～3 月开展打击假媒体假记者站假记者专项行动基础上，自 3 月下旬至 12 月，组织开展“秋风 2014”专项行动，按照刘奇葆同志“坚决打，坚持打”的要求，着力查办案件，着力打击内外勾结，有效遏制“三假”活动。一是全国共收缴非法报刊 180 余万份，关闭非法报刊社、编辑部、记者站、网站 3000 余家。二是全国共查办“三假”案件 212 起，全国“扫黄打非”办公室单独或联合公安部挂牌督办重点案件 17 起。其中，北京联合山西等地查处了国家信访局门前假记者敲诈勒索案，打掉

高保国、李凌两个犯罪团伙。河南洛阳对假冒记者实施敲诈勒索的“谢振理团伙”“吴昊团伙”共22名犯罪嫌疑人进行查处，查实其敲诈勒索40余次，涉案金额200余万元。三是采取“双移送”措施，加强对幕后策划和正规媒体人员与“三假”内外勾连的打击，查处了北京《为您服务报》、山西《忻州日报》真假记者联合敲诈等案件。

在开展上述专项行动的同时，深入整治侵权盗版行为和非法少儿出版物。全国共收缴侵权盗版出版物和非法少儿出版物1200余万件，查办侵权盗版出版物和非法少儿出版物案件2600多起，其中北京“7·1”特大侵权盗版团伙案抓获涉案人员87人，查获涉嫌非法图书120余万册、码洋近5000万元；广东省广州市“8·22”特大非法及淫秽音像制品案收缴非法音像制品123万张。

二、2014年打击盗版工作主要做法

(一)问题导向，务求实效

认真分析形势，坚持将事关党和国家大局、人民群众最关心的问题作为导向，确定行动目标，在深入持续上下功夫，务求取得实实在在的效果。每开展一个专项行动，从安排部署到通报线索和目录，从市场清查到查办案件，从督办案件到舆论曝光，从暗访督查到反馈通报，环环相扣，不达目标不罢休。全国“扫黄打非”办公室组织暗访6次，会同中央有关部门先后对各地专项行动开展情况进行3次督查，对发现的700余个问题全部督促整改到位。

(二)重点突破，推动全局

每个专项行动都确定突破口，如在“净网”专项行动中，抓住问题严重的大型商业网站新浪、快播、百度、腾讯、迅雷等作为“老虎”惩处，产生了强烈的震动和震慑作用。在“秋风”专项行动中，抓住北京的“国家信访局门前假记者敲诈勒索案”，深挖彻究，反复曝光，为各省区市推进打击“三假”工作作出示范。

(三)加强协调，形成合力

“扫黄打非”的有关重点工作形成众志成城的局面，各成员部门各负其责、齐抓共管。在查处新浪、快播等网站的关键阶段，全国和相关省份“扫黄打非”办公室积极协调有关部门，建立每日例会制度，协商、解决了很多法律和执行问题，确保了查处工作顺利推进。

(四)宣传造势，发动群众

全国“扫黄打非”办公室围绕专项行动部署、重点工作推进、案件查办和曝光，边做边说，多次召开媒体通报会，发布新闻通稿53篇。很多重点案件一查处就公开曝光，将查处对象和我们的工作都放在了媒体的监督下。据不完全统计，人民日报、新华社、光明日报、中央电视台等中央和地方主要新闻单位发表“扫黄打非”新闻稿件1600余篇，网络媒体转发新闻报道近170万条，真正起到了动员社会、营造氛围、发动群众、群防群治的作用，仅全国“扫黄打非”办公室举报中心受理的网上淫秽色情信息举报线索就达8万多条。

（全国“扫黄打非”工作小组办公室供稿）

农业植物新品种保护工作

2014年，农业部认真贯彻中央一号文件精神，按照《2014年国家知识产权战略实施推进计划》工作要求，深入落实《国家知识产权战略纲要》《农业知识产权战略纲要》

《国务院办公厅关于深化种业体制改革提高创新能力的意见》,在全社会的关心支持下,植物新品种保护各项工作取得明显成效。

一、植物新品种权申请量和授权量大幅增加

2014 年度,农业植物新品种权申请初审、测试和授权速度与质量稳步提升,申请量与授权量大幅增加。初审时间缩短 1/3。植物品种权申请量为 1772 件,同比增长 30%以上,再创历史新高,年度申请量在国际植物新品种保护联盟各成员中位居第 2 位。新品种权授权量为 827 件,同比增长 30%以上。已累计受理新品种权申请 13 483 件、授权 4845 件。完成了 1049 份 DUS 测试报告的审核提交,完成 40 个果树新品种 DUS 测试现场考察。配合品种授权和维权需要,组织安排 1600 份样品的转基因成分检测和 9000 份样品的 DNA 指纹图谱检测工作。

二、植物新品种测试技术支撑能力提升

2014 年度先后实施的《主要农作物品种审定办法》和《国家级水稻玉米品种审定绿色通道试验指南》,将 DUS 测试作为审定品种的必备条件。农业部植物新品种测试中心制定了《DUS 测试委托办法》,开始接受社会委托开展审定品种及绿色通道品种 DUS 测试工作。公益性农业行业科研专项"DUS 测试品种、信息 DNA 测试技术研究"通过验收,其中的重要成果是制定了 94 项农业行业标准,既为扩大保护名录提供了技术支撑,又为 DUS 测试、品种权纠纷司法鉴定、品种管理等领域提供了快速有效的鉴定手段;同时建成农业植物已知品种数据库,填补了国内空白。

三、植物新品种保护宣传培训范围扩大

2014 年 11 月 5 日,第二十一届中国杨凌农高会期间,举行了农作物新品种专题展和植物新品种信息发布活动,展示龙头企业和优秀品种,发布最新农业植物新品种信息,共 500 多人参加此次发布活动。在北京、黑龙江、甘肃、福建、四川和海南等地举办了多期植物新品种保护和 DUS 测试培训班,种子管理、科研教学、种子企业、DUS 测试分中心等 300 余家单位的 600 多人参加了培训。

四、启动植物新品种测试体系二期建设工作

按照种子工程"十三五"建设总体安排,编制了《国家农业植物新品种测试体系建设初步方案(2015～2020 年)》;拟改(扩)建原有植物新品种测试中心和 14 个分中心,新建一批测试分中心和无性繁殖植物已知品种活体材料保存圃,挂牌建立一批专业测试站。项目建成后,将形成覆盖全部一级综合农业生态区、涵盖我国大部分二级农业生态区、辐射全国的 DUS 测试体系,年测试能力将由现在的 1100 个左右提升至 7000 个以上,DUS 测试的机械化、自动化、信息化和智能化水平将大幅提升,可以满足我国植物新品种保护、品种审定及司法维权需求。

(农业部科技教育司供稿)

农产品地理标志工作

一、制度建设

严格审核把关,进一步提高登记准入门槛,坚持和完善分行业、分专业的独立评审方式和申报单位汇报答辩制度,全面提高登记评审工作质量。起草并印发了《农

产品地理标志登记审查若干问题的说明》，文件对产品受理、地域范围交叉、特殊区域名称、品种问题、名称或主体变更、品质鉴定等重点问题进行了细化，确保各项工作依法开展、有章可循。

二、产品登记

各级农业部门依据农产品地理标志审查程序，规范做好农产品地理标志登记审查工作。截至2014年年底，新公告颁证农产品地理标志213个，全国累计公告颁证产品1588个。开展农产品地理标志资源普查，经专家审定，形成《全国地域特色农产品普查备案名录》，收录资源6839个，为科学开展农产品地理标志登记工作奠定了基础。

三、证后监管

开展农产品地理标志监测工作，对山西、陕西、湖北等6省（区）30个获证产品120个样品进行了跟踪监测，全面验证获证产品质量安全和品质保持情况。根据国务院“双打”工作总体部署，每月汇总全国各地农产品地理标志知识产权保护情况，打击侵权和制售假冒伪劣行为。

四、公共宣传

“4·26世界知识产权日”期间，在《农民日报》刊登农产品地理标志知识产权专版，全面宣传推介我国农产品地理标志工作。在《农民日报》上就农产品地理标志示范创建、产品管控应急研究及示范等工作进行了主题报道。支持北京、四川等地开展“延怀河谷葡萄”“地理标志蜀中行”等宣传活动。推进农产品地理标志品牌评价推荐工作，提高农产品地理标志社会认知度和品牌影响力，相关结果已在中央电视台《对话》栏目发布。

五、开展培训

规范做好农产品地理标志核查员管理工作，在兰州、成都举办了2期全国农产品地理标志核查员暨品牌建设培训班，协助黑龙江、新疆、浙江、宁夏、山西等地开展本地区、本行业农产品地理标志核查员培训，培训近千人次。

（农业部科技教育司供稿）

林业植物新品种保护工作

一、林业植物新品种保护法规与政策

2014年8月1日，国家林业局印发《林业植物新品种保护行政执法办法》，对各级林业行政主管部门的执法范围和权限、侵犯林业植物新品种权的行为及处罚标准作出了明确规定，健全了行政执法行为规范，增强了林业植物新品种保护执法的严肃性和权威性。组织修订了《植物新品种保护条例实施细则》（林业部分），研究制定了《林业植物新品种权申请审查规则》和《林业植物新品种测试管理规定》，进一步规范了林业植物新品种保护行政执法和审批工作，促进了林业知识产权事业发展。

二、林业植物新品种权审查和授权

以加快品种权受理、审查为突破口，林业授权植物新品种数量快速增加。2014年国家林业局植物新品种保护办公室共受理国内外植物新品种权申请254件，授予植物新品种权169件。2014年全年共完成4批168个新品种权申请的初步审查，组织对115个申请品种进行了特异性、一致性和稳定性（DUS）专家现场审查，并对97个申请文件进行了补正；转化田间测试16个品种，收到32个田间测试报告。参与承办海峡两岸第三次植物新品种保护工作组会议暨测试技术研讨会，加强了两岸品种权保护机构间的技术交流与合作。截至2014年年底，已受理国内外植物新品种申请1515件，授予植物新品种权827件。

三、林业授权植物新品种转化应用

授权植物新品种转化应用是展示新品种生产潜力、发挥新品种效益的重要途径。2014年国家林业局科技发展中心（植物新品种保护办公室）组织申报授权新品种区域试验与转化项目20个，为授权新品种区试和转化应用提供了储备，目的是鼓励林业品种创新，促进林业植物新品种推广和转化应用，提升授权新品种在林业产业中的贡献率。组织开展了“松韵”和“华桉1号”2个授权新品种转化应用试点，旨在推动我国新品种选育—生产—应用的整体发展。完成了林业授权植物新品种转化应用政策研究，提出了授权植物新品种转化应用的政策建议，为促进植物新品种转化应用提供政策支持。国家发布了植物新品种权转让公告4批，共涉及9个授权植物新品种，分别是银杏新品种“优雅”和“甜心”，桉树新品种“普桉1号”和“普桉2号”，樟树新品种“龙脑1号”，刺槐新品种“黄金刺槐”，桃花新品种“红伞寿星桃”和“红宝石寿星桃”，紫薇新品种“红云紫薇”，这表明林业授权新品种的市场潜力越来越大。

四、林业植物新品种权行政执法

按照国务院的统一部署，2014年6～11月国家林业局组织开展了打击侵犯林业植物新品种权专项行动，制订了行动方案，召开了启动部署会，设立了举报电话，强化宣传，加大了植物新品种保护执法力度，有效遏制了侵权、假冒植物新品种违法行为，规范植物新品种交易市场，保护了品种权人合法权益，激励创新，促进植物新品种培育，推动了植物新品种保护事业健康发展。在北京召开了林业植物新品种保护及行政执法工作座谈会，各地代表交流了林业植物新品种保护及行政执法工作情况和经验。在陕西省、河北省、山东省开展了林业植物新品种权行政执法试点工作，构建了月季和牡丹DNA指纹数据库，旨在为植物新品种权的行政执法取证提供技术支撑。

五、林业植物新品种测试体系建设

加强了一个植物新品种测试中心、三个分中心、两个分子实验室和五个专业测试站的条件能力建设。组织召开植物新品种测试工作会议，组织专家开展了12项林业植物新品种测试指南的编制，发布了栾树属、桦木属等6项林业植物新品种DUS测试指南行业标准。按照品种权审查进度，及时下达品种测试任务，组织并指导测试机构开展测试工作。2014年完成测试并提交了近40份品种测试报告。截至2014年年底，开展了83项林业植物新品种测试指南的编制工作，完成了杏属、槐属、蔷薇属、桉属、枸杞属等33项测试指南的编制，分别以国家标准或行业标准发布，提高了授权质量和审查测试能力。

六、林业植物新品种国际履约与合作交流

国家林业局认真履行《国际植物新品种保护公约》（UPOV），参加了UPOV技术委员会第50次会议、理事会第31次特别会议、顾问委员会第87次会议、行政和法律委员会第69次会议、行政和法律委员会第70次会议、顾问委员会第88次会议、理事会第48次常规会议、行政和法律委员会咨询组第9次会议，会前精心准备对案，积极提出意见和建议，履行了成员国责任。参加了在摩洛哥举办的UPOV果树技术工作组第45届会议，在肯尼亚举办的UPOV林木和观赏植物技术工作组会议第47届会议。完成了UPOV丁香属测试指南编制，承担UPOV核桃属测试指南编制任务。

（国家林业局植物新品种保护办公室供稿）

海关知识产权工作

2014年中国海关深入学习贯彻党的十八届三中、四中全会精神和习近平总书记系列重要讲话精神，按照海关总署党组的决策部署，以全面深化改革和全面推进法治建设为中心，积极开展知识产权海关保护工作，严厉打击进出口环节侵犯知识产权违法活动，有力地维护了公平有序的对外贸易秩序。

一、2014年海关扣留侵权嫌疑货物情况

2014年中国海关共采取知识产权保护措施2.7万余次，查扣进出口侵权嫌疑货物近2.4万批，涉及商品近9200万件，较2013年同比（以下同）分别增长14.03%、16.59%和21.09%。

2014年中国海关查扣的侵权嫌疑货物呈现以下特点。

（一）以海关依职权主动查扣为主

海关主动扣留的侵权嫌疑货物2.3万批，涉及商品9000余万件，分别占全年扣留批次和商品数量的99.9%和98%（参见表1）。

表1　2014年海关采取知识产权保护措施

批次单位：批　　商品数量单位：件/双

	中止货物通关	扣留侵权嫌疑货物
批　次	27 008	23 860
商品数量	196 494 991	91 965 548

（二）以侵犯商标专用权为主

海关扣留的侵权嫌疑货物涉及商标专用权、著作权和与著作权有关的权利、专利权等多种类型，其中涉及商标权的货物达8900余万件，占扣留商品总数的96.9%（参见表2）。

表2　2014年海关扣留货物涉及的知识产权类型

商品数量单位：件/双

知识产权类型	商品数量	占比
合计	91 965 548	
商标专用权	89 075 040	96.86%
著作权	1 100 857	1.20%
专利权	1 786 551	1.94%
奥林匹克标志专有权	3100	0.01%

（三）集中在出口环节

海关在出口环节扣留侵权嫌疑货物逾2.3万批，占全年扣留批次的96.5%，同比增长16.33%；涉及商品9100余万件，占全年扣留商品数量的99.6%，同比增长21.24%（参见表3）。

表3　2014年海关扣留货物的进出口流向

批次单位：批　　商品数量单位：件/双

进出口类型	批次	占比	商品数量	占比
合计	23 860		91 965 548	
进口	842	3.53%	439 933	0.48%
出口	23 019	96.48%	91 525 615	99.52%

（四）以消费类商品为主

海关扣留的侵权嫌疑货物主要是烟草制品、轻工产品、化妆护理产品、服装、五金机械、鞋类等商品。与2013年相比，医疗器械、烟草、珠宝首饰、化妆护理用品、存储介质等商品有较大幅度增长；五金机械、药品、帽类、通讯设备、玩具、食品饮料、箱包等商品则下降幅度较大（参见表4）。

表 4 2014 年海关扣留货物的商品类别统计

批次单位:批 商品数量单位:件/双

商品类别	商品数量	占比
烟草	40 493 850	44.03%
其他	22 648 898	24.63%
食品饮料	485 305	0.53%
其他轻工产品	10 019 557	10.89%
五金机械	2 383 334	2.59%
化妆、个人护理用品	7 632 429	8.30%
服装	2 939 996	3.20%
鞋类	1 226 648	1.33%
汽车、摩托车	636 862	0.69%
其他机电产品	1 361 271	1.48%
帽类	178 532	0.19%
箱包及皮革制品	375 282	0.41%
通讯设备	371 278	0.40%
手表	154 987	0.17%
玩具游戏	254 236	0.28%
药品	307 500	0.33%
存储介质	367 375	0.40%
运动器具	103 752	0.11%
珠宝首饰	21 539	0.02%
医疗器械	2917	0.00%

(五)邮递和海运是查获侵权货物的主渠道

海关在进出境邮递渠道共查扣侵权嫌疑货物近 2 万批,约占全年扣留批次的 80.2%,同比增长 33%。在海运渠道查扣侵权嫌疑商品近 8900 万件,约占全年扣留商品数量的 96.3%(参见表 5)。

(六)侵权贸易地域范围更趋多元化

海关扣留的侵权嫌疑货物涉及 153 个国家和地区。侵权贸易的地域范围更加广泛和多元化,其中输往中东、非洲和南美地区国家的侵权商品数量增长明显。

二、2014 年海关保护知识产权措施

(一)确定监管重点,加大执法力度

2014 年中国海关根据进出口环节侵权违法活动的特点,积极主动地开展执法活动(参见表 6)。在全国 42 个直属海关关区中,33 个有查获侵权嫌疑货物的记录(参见表 7)。

表 5 2014 年海关扣留货物的运输方式

批次单位:批 商品数量单位:件/双

	邮递	快件	海运	航空	汽车	铁路	其他
批次	19 134	1239	2130	561	295	21	484
占比	80.19%	5.19%	8.93%	2.35%	1.24%	0.09%	2.03%
商品数量	123 956	358 155	88 598 125	1 625 622	1 048 180	31 391	180 119
占比	0.13%	0.39%	96.34%	1.77%	1.14%	0.03%	0.20%

表 6 2014 年海关知识产权执法模式

批次单位:批 商品数量单位:件/双

执法模式	批次	占比	商品数量	占比
依职权扣留	23 817	99.82%	90 331 038	98.22%
依申请扣留	43	0.18%	1 634 510	1.78%

表 7 2014 年口岸海关扣留货物情况

批次单位:批 商品数量单位:件/双 案值单位:元

关区	批次	关区	商品数量	关区	案值
南京	7860	深圳	42 244 659	深圳	83 545 744
杭州	4373	杭州	15 276 280	上海	45 759 987
北京	3189	上海	12 514 580	宁波	42 593 068
深圳	3066	宁波	9 055 697	杭州	29 209 663
天津	1006	江门	4 058 772	拱北	14 983 887
上海	987	天津	2 298 183	厦门	14 277 581
青岛	908	厦门	1 569 689	天津	9 820 320
厦门	764	广州	1 518 977	广州	9 231 897
宁波	334	黄埔	1 039 673	昆明	6 964 661
广州	318	福州	636 718	重庆	5 600 124
拱北	192	昆明	531 069	青岛	5 305 686
福州	180	汕头	387 510	黄埔	5 113 059
黄埔	141	青岛	275 711	江门	4 110 688
昆明	110	拱北	259 859	福州	3 162 505
南宁	101	南京	88 819	北京	2 445 963
大连	61	北京	80 427	南京	1 364 610
哈尔滨	49	乌鲁木齐	34 988	乌鲁木齐	1 353 304
乌鲁木齐	43	南宁	30 080	南宁	1 115 712
汕头	42	长春	21 272	汕头	983 858
拉萨	38	拉萨	13 415	湛江	579 302
江门	23	武汉	7168	武汉	314 681
呼和浩特	13	湛江	5624	大连	304 891
重庆	13	大连	5181	哈尔滨	268 210
武汉	12	重庆	3374	拉萨	229 280
长春	8	哈尔滨	2671	长春	180 758
郑州	7	呼和浩特	2051	呼和浩特	75 100
沈阳	5	满洲里	1604	满洲里	74 800
满洲里	4	济南	608	济南	19 711
济南	4	西安	410	沈阳	18 770
湛江	3	沈阳	305	郑州	16 290
西安	3	郑州	140	西安	12 010
海口	2	石家庄	28	石家庄	2800
石家庄	1	海口	6	海口	1030

针对电子商务发展迅猛，一些不法分子采取互联网下单，通过邮递、快件渠道跨境运输侵权商品增势明显的情况，各地海关都有针对性地加大了对邮递环节出口侵权货物的查缉力度。例如南京海关 2014 年共查获出口侵权货物 7860 批，占全国海关查获总批次的 33%。

在海运环节，口岸海关加大了对输非、输美和输欧航线的重点监控，仅深圳、杭州、上海、宁波四个关区 2014 年就扣留侵权嫌疑货物近 2000 万件，约占全国海关扣留总数的 1/4，发挥了打击侵权主力军的作用。

海关还将危害消费者健康和安全的假冒药品、食品、汽车摩托车配件列为知识产权执法的重点商品，加大了查缉力度。

(二)运用风险手段，提高执法效能

2014 年中国海关通过整合案件信息、侵权商品参数信息、权利人举报信息、国内其他执法机关通报信息及境外海关反馈的查获侵权信息，加大风险分析和布控，完善侵权企业黑名单制度，提高了查缉侵权的针对性和有效性。通过开展风险分析和布控，共查扣侵权商品 5900 余万件，占全年依职权扣留商品数量的 66%。通过开展风险分析，上海海关、深圳海关、广州海关分别查获侵权案件 206 起、136 起、55 起，拱北海关查获出口侵犯珠海格力电器“TOSOT”商标专用权空调 1201 台，案值人民币 210 万元。

(三)组织专项行动，集中打击假冒侵权

海关总署按照国务院的统一部署，组织开展了保护知识产权专项执法行动。

(1)自 2014 年 6 月 1 日起，组织开展了为期半年的邮递快件渠道知识产权保护重点执法，加大对“化整为零”“蚂蚁搬家”式进出口侵权商品的打击力度。据统计，行动期间中国海关在邮递快件渠道查获侵权货物 8757 批，涉及商品近 22.2 万件。

(2)2014 年世界杯足球赛前夕，组织开展了为期 4 个月的“保护 2014 年世界杯足球赛知识产权的专项执法行动”(简称绿茵行动)。行动期间，中国海关共查扣侵权足球、服装、鞋帽等货物 1500 余批，涉及商品 150 余万件。国际足联专门致函表示感谢。

(四)推进案件信息公开，提高执法透明度

海关总署在国务院作出向社会公开打击侵权和制售假冒伪劣商品行政处罚案件的决定后，第一时间制定公布了《海关依法公开进出口侵犯知识产权货物行政处罚案件信息的实施办法(试行)》，各地海关迅速进行部署和落实，在门户网站设立案件信息公开专栏。据统计，2014 年中国海关公开知识产权行政处罚案件 1105 件。《人民日报》以上海海关为例专门介绍了国务院推行案件信息公开的相关工作。

(五)运用科技手段，提升服务和执法水平

2014 年中国海关在运用科技手段在提高知识产权服务水平和执法水平方面进行了卓有成效的探索和实践。自 2015 年 3 月 1 日起，海关总署启用海关知识产权备案系统。社会公众可通过该系统在线办理知识产权海关保护备案的全部手续，这是我国第一个实现全程无纸化作业的知识产权政府服务平台，进一步降低了权利人维权成本。该系统从 2014 年 3 月 1 日运行至 12 月 31 日，海关在线受理备案申请 5546 件，同比增长 20%。2014 年海关受理知识产权保护备案申请 7727 件，同比增长 10%。

(六)推动区域执法协作，形成打击侵权合力

2014 年海关总署在加强全国海关执法统一性建设的同时，大力推进各区域内海关之间知识产权保护执法协作，取得明显成效。

(1)长江经济带执法协作。上海、南京、杭州、宁波、合肥五个海关率先建立了交换共享案件信息、统一开展风险分析、联合组织执法培训、重大疑难案件研讨和协办等制度。

(2)京津冀区域执法统一性建设。北京、天津、石家庄三个海关根据京津冀区域通关一体化方案，建立了知识产权执法联系配合机制，统一案件管辖、侵权认定标准和行政处罚幅度等。

(3)浙江省内海关统一执法。杭州和宁波海关针对当地侵权小商品跨关区出口比较集中的情况，联合制定了《侵权案件货物价值认定原则及标准》《侵权案件行政处罚罚款幅度参考标准》《关于近似商标认定的指导意见》《规范侵犯知识产权举报的若干意见》，组织开展了打击侵权小商品出口集中行动。

(七)推动“两法衔接”，深化与公安机关的协作

2014 年海关总署根据《公安部、海关总署关于加强知识产权执法协作的暂行规定》，继续推动海关行政执法与刑事司法的衔接，加大对各关向公安机关移送涉嫌犯罪案件的督办力度。各地海关认真按照海关总署的要求，积极开展与当地公安机关的执法协作。上海海关还与上海市公安局签署了《加强知识产权保护协作备忘录》，进一步完善联合打假机制。2014 年各地海关共向当地公安机关通报涉知识产权犯罪案件线索 200 余起，其中一些社会危害性较大的案件已经由公安机关立案侦查。

(1)上海海关与上海市公安局签署了《加强知识产权保护协作备忘录》。2014 年向公安机关通报案件线索近 40 起，其中一起向英国邮递出口假冒“Ray. Ban”和“CHANEL”商标标识案，涉案金额 3000 余万元，后经中英两国警方联合行动，抓获 4 名犯罪嫌疑人，成功侦破了一起以英国籍人为首的特大跨境售假案。

(2)青岛海关全年向公安机关通报重大侵权案件线索 5 起，其中某公司出口 14 170个侵犯“2014FIFA 世界杯官方标志”棒球帽案(价值近 36 万美元)已由法院作出刑事判决。

(3)深圳海关向公安机关通报案件线索 30 起，涉案货物逾 4000 万件，案值逾 2800 万元，其中 6 宗重大假烟案件正在由公安机关进行侦办。

(八)开展与权利人的合作，扩展执法信息来源

2014 年中国海关继续采取多种方式加强与知识产权权利人的合作，争取海关执法资源的最大化。主要集中在以下几个方面。

(1)鼓励企业主动收集侵权货物进出口信息并积极向海关举报。广州海关根据权利人举报实施风险布控 6 次；黄埔海关根据权利人举报实施风险布控 57 次，查获装载侵权货物的集装箱 27 个。

(2)邀请知识产权权利人为海关关员举办鉴别侵权商品培训。上海、宁波、福州、南京、青岛等地海关多次邀请中国外商投资企业协会优质品牌保护委员会会员公司代表与海关关员进行鉴别侵权商品交流和座谈，提高了海关关员知识产权保护水平，同时让企业了解到海关执法的难点和需求，增强了其主动配合海关执法的自觉性。

(九)保护自主品牌，支持企业“走出去”

为贯彻落实国家关于鼓励创新和扩大出口的方针，2014 年各地海关按照海关总署的要求，进一步加强了对自主知识产权的保护。

(1)加大缉查侵犯国内自主知识产权进出口货物的力度。2014 年中国海关共查获涉嫌侵犯自主知识产权的进出口货物

514 批，扣留侵权嫌疑商品近 1200 万件，价值 7400 余万元。其中，上海海关查获侵犯国内企业知识产权案件近 60 起，扣留侵权商品 353 万件，案值近 1600 万元。中国企业在 2014 年受海关保护的知识产权权利人来源中居于前列。

（2）建立自主知识产权企业对口联系和帮扶机制。各地海关针对国内企业普遍缺少知识产权保护法律知识的情况，将本关区知名品牌生产和出口产品行业龙头企业确定为重点对口联系对象，主动上门服务，帮助企业提高维权意识和能力。例如，上海海关在查获一批出口侵犯苏州日宝公司“RIBAO TECHNOLOGY”商标专用权的点钞机，了解到该商标在美国被抢注后，积极开展相关工作，协助该公司成功收回被抢注商标，为其开拓海外市场扫除了障碍。

（3）加强与企业及行业协会的合作。海关在加强执法的同时，还注重会同侵权高发产品的行业组织开展对侵权行为的源头治理，引导和规范行业内企业健康发展。例如，拱北海关先后与中山市纺织服装行业协会、中山市石岐商会、中山市照明电器行业协会建立了合作关系；天津海关与中国五矿化工进出口商会建立了共同打击侵犯企业自主知识产权违法行为联系配合机制。

（十）深化跨境合作，维护国际贸易安全

认识到侵权贸易是一个全球性问题，打击侵权商品的跨境运输需要各个国家和地区执法机关的密切合作。中国海关在 2014 年继续开展与其他国家或者地区海关在知识产权执法方面的合作并不断扩大合作的领域。

（1）海关总署和欧盟委员会签署了《中欧海关 2014～2017 年知识产权合作行动计划》，召开了第一次工作组会议，制定了 2015 年实施行动计划的路线图。

（2）海关总署与美国移民海关执法局于 2014 年 1 月联合开展了保护美国橄榄球职业联赛有关商标的联合执法行动。

（3）海关总署与俄罗斯海关署联合召开了中俄海关合作分委会知识产权工作组会议，进一步完善了知识产权案件信息交换机制和权利人合作的机制。

（4）中国海关参加了欧盟反瞒骗办公室组织的 Replica 国际执法行动；海关总署尝试与英国、法国和中国香港海关对侵权货物的跨境运输进行接力式监控并取得成功。

（5）海关总署与中国香港海关建立打击假冒葡萄酒跨境运输的合作机制。

（十一）积极开展社会宣传，增强公众法律意识

2014 年中国海关继续坚持“一手抓执法，一手抓宣传”，在不断加大打击力度，提升执法威慑力的同时，注重通过宣传教育，提升全社会的知识产权保护意识，引导公众树立“尊重知识产权”和“守法便利”的理念。

（1）集中宣传。2014 年海关总署和各地海关利用“4·26 知识产权宣传周”和“8·8 海关法制宣传日”，集中开展了多种形式的知识产权海关保护宣传。在“4·26 知识产权宣传周”前夕，海关总署发布《2013 年中国海关保护知识产权状况》白皮书，公布“2013 年中国海关保护知识产权十佳案例”，海关领导与网民进行在线访谈。深圳海关在我国首个“12·4 宪法日”期间，借助新闻媒体向公众介绍知识产权海关保护对鼓励创新和企业转型的重要作用；天津、广州、拱北等海关组织公开销毁侵权商品，宣传侵权假冒对社会公众的危害；南京、杭州、厦门、深圳、黄埔等海关在“绿茵行动”期间，通过新闻媒体，以案说法，教育企业自觉守法经营和尊重知识产权。

（2）日常宣传。海关注重在日常执法中运用各类媒体开展针对进出口企业、加工贸易企业、报关企业和进出境旅客等相关公众开展知识产权保护宣传教育，包括：借助海关政务微博和微信平台，宣传知识产权海关保护法律政策、执法动态和典型案例；通过海关“12360”服务平台，普及海关知识产权保护常识、解答热点疑难问题、接受社会各界意见与建议；与媒体建立常态化联络机制，及时曝光典型案例，与湖南卫视“天天向上”栏目合作进行宣传。

（海关总署政策法规司供稿）

商务知识产权工作

知识产权已经成为鼓励产业创新、推动经济转型升级的重要动力，是影响国际经贸关系的重要因素之一。为深入贯彻落实十八届四中全会对全面推进依法治国作出的部署，实施国家知识产权战略，2014年，商务部继续加强多边、双边知识产权对话与交流，不断完善知识产权海外维权机制，全力开展打击侵犯知识产权和制售假冒伪劣商品工作，积极配合推进落实软件正版化，为促进我国对外经贸关系健康发展营造良好氛围。

一、积极开展知识产权多双边对话与磋商，参与国际规则制定，推进知识产权国际交流与合作

商务部牵头组织举办了2014年4月和9月中美知识产权工作组会议。双方就知识产权立法、执法及司法进展、美国“恶名市场报告”、商业秘密、中美知识产权合作、技术本地化、避免滥用知识产权等重点、热点问题深入交换了意见。

2014年6月和12月，中欧知识产权对话第九次会议和第十四、十五次工作组会议顺利召开。双方就如何提升对话和工作组工作交换了意见，并对恶意注册、专利申请、网络盗版、中欧知识产权合作、地理标志等议题展开了广泛交流。

2014年7月，中俄知识产权工作组第七次会议在俄罗斯召开。双方就知识产权立法、执法、司法情况以及知识产权合作进行了交流，中方还介绍了打击侵权假冒工作的成果及总体安排。

2014年3月，中瑞知识产权工作组第七次会议和业界交流圆桌会议在北京召开。双方政府代表就药品专利保护期限补偿、药品上市审批程序、网络环境下的执法、专利侵权案件的诉前禁令、植物新品种保护制度、地理标志，以及知识产权国际事务等多项议题深入交换了意见，达成了多项共识。业界代表就商标、执法等问题进行了探讨。

商务部通过工作组机制，牵头相关部门与相关国家和地区开展定期对话，就各自及共同关注的问题进行讨论、交换意见，为增进知识产权领域的交流与合作提供了良好的沟通平台。

2014年3月和6月，商务部牵头国内相关部门与欧盟继续进行中欧地理标志双边合作协定第九轮及第十轮谈判，并对有关地理标志产品进行了核查。双方对《中欧地理标志双边合作协定》文本主要问题达成一致，并将积极推动地理标志产品清单的拟定工作。

2014年，亚太经合组织（APEC）会议在北京举办。商务部继续牵头组织参加了亚太经合组织知识产权专家组第38次和第39次会议。会议就专家组已有项目进展进行通报，就创新技术与知识产权运用和保护、数字环境中的知识产权保护、地理标志保护、商业秘密保护等议题进行了介绍和交流。中方作为东道主，简要介绍了2014年亚太经合组织的相关事宜，并本着交流与合作的态度，就新《商标法》等进行了主动介绍，对有关议题充分表达自身观点，积极推动于我国有利的议题。

商务部还牵头充分利用世界贸易组织知识产权理事会例会等国际场合阐述中方立场和关注，维护我国在知识产权领域的相关利益。

在自贸区知识产权章节谈判方面，商务部于2014年牵头完成了中韩自贸区知识产权章节的实质性谈判。同时，商务部继续牵头积极开展中日韩、中澳、区域全面经济伙伴关系（RCEP）等多个自贸区的知识产权章节谈判，并在金砖国家内积极推动知识产权方面的倡议。

为不断增进海外对中国知识产权制度的了解，宣传中国在知识产权保护方面取得的成效，营造和促进知识产权国际合作的良好氛围，商务部继续在海外举办知识产权交流活动。2014年已是连续第4年赴美开展中国知识产权海外交流活动。通过交流活动，有利于增进互信了解，加强在知识产权领域深化合作，共同推动技术的创新与发展，维持健康发展的双边经贸环境。

商务部努力推动实施知识产权国际合作项目。2014年，为履行《中美知识产权合作框架协议》，中美知识产权立法交流项目在美国执行，交流活动为期两周，活动安排丰富、密集、饱满，双方进行了多方面的深入交流，内容涵盖双方知识产权法律法规和部门规章、司法解释的制定和执行、知识产权新问题法律解决等议题。中国—欧盟新知识产权合作项目启动仪式于2014年1月16日在北京举行，中欧双方相关部门嘉宾及代表参加了启动仪式。中欧双方积极推动落实新的知识产权合作，开展了包括有关商业秘密执法、刑事执法、实用新型、商标审查、异议及撤销、地理标志、海关合作、数据库项目、立法修改、网络版权执法、集体权利管理、共同体商标、外观设计、专利体系、知识产权保护体系圆桌会议等在内的多项活动。

二、完善企业知识产权海外维权援助机制建设，加强对企业涉外知识产权保护的指导

商务部继续完善企业知识产权海外维权援助机制，加强预警和维权援助信息平台建设。通过中国保护知识产权网及时全面地发布知识产权最新动态，针对不同群体发布电子期刊，为企业及时提供知识产权保护指导与预警服务。2014年3月、2014年9月分别在德国汉诺威消费电子、信息及通信博览会（CeBIT）和德国柏林电子消费品展览会（IFA）上继续设立知识产权服务站，聘请当地律师作为专家免费为中国参展企业提供法律咨询与协调服务，获得中国参展企业的好评。

为帮助企业更好地防范海外投资的知识产权风险，及时妥善地解决知识产权纠纷，2014年2月，商务部发布《境外企业知识产权指南》，并请各地商务主管部门加强对该指南的宣传，指导我国企业增强知识产权保护意识，了解并遵守东道国知识产权政策法规，加强知识产权风险和纠纷应对工作。商务部同时还参与协调了一些重大涉外知识产权案件的妥善处理。

三、持续推进打击侵权假冒工作，部署开展专项行动，强化刑事打击和司法保护，加强法规和制度建设，加大宣传教育

2014年2月，全国打击侵犯知识产权和制售假冒伪劣商品工作领导小组部署各成员单位对2013年度地方工作开展绩效考核，并将量化考核结果提交中央有关部门。

2014年，全国打击侵犯知识产权和制售假冒伪劣商品工作领导小组部署各成员单位在重点领域开展专项行动，打击网络侵权假冒，专项整治农村和城乡结合部，打击制售假劣车用燃油。领导小组办公室会同有关单位，积极推动各地加快行政执法与刑事司法信息共享平台建设，组织各地全链条打击犯罪行为，建立侵权假冒行政

处罚案件信息公开制度，加快推进信用体系建设，发布实施侵权假冒商品分类处理指南，出台跨地区跨部门重大案件协调督办规则，加强日常宣传、重点领域宣传及基层宣传，建立企业联系点制度，面向企业做好服务。

四、推进企业正版化工作，积极对外宣传软件正版化成果，配合推进使用软件正版化工作部际联席会议开展督查工作

商务部继续通过外商投资协会和中国对外贸易协会等行业协会鼓励并引导协会企业使用正版软件；在中美商贸联委会(JCCT)、中美战略经济对话(S&ED)、亚太经合组织、世界贸易组织等多双边会议，中美、中欧、中瑞、中俄知识产权工作组，以及知识产权海外交流等渠道，积极宣传介绍我国企业软件正版化推进工作进展情况和取得的成效。2014 年 3 月，根据国务院部署和推进使用正版软件工作部际联席会议工作要求，商务部带领督查组赴上海、浙江两地共计 24 个市县级机关单位进行检查；2014 年 11 月，商务部带领检查组在财政部、全国妇联、北京市政府开展软件正版化检查工作，主要针对上半年检查中发现的问题，了解整改情况，重点检查各地、各单位长效机制的建设。根据检查情况向部际联席会议办公室反馈了意见，并听取了被检查单位的意见与建议。

（商务部条法司供稿）

公安机关保护知识产权工作

2014 年，公安部按照国务院部署要求，组织全国公安机关认真履行职能，严打假冒伪劣犯罪，推动长效机制建设，各项工作取得阶段性成效。

一、突出打击主业，始终保持高压严打

在连续 3 年专项行动的基础上，公安部继续将打击侵犯知识产权和制售假冒伪劣犯罪放在当前各项工作的突出位置。2014 年年初即下发专门通知，明确全年打假领域工作要点，组织全国公安机关狠抓集群战役和大案侦办，持续掀起打击破案强大声势，推动各地不断完善常态化条件下的打防工作格局，努力实现专项行动常态化、常态打击专项化。同时，针对当前利用互联网实施假冒伪劣犯罪泛滥蔓延的突出态势，结合全国领导小组开展网上打假工作部署，主动谋划、提前部署，于 6 月 20 日制订下发《全国公安机关网上打假行动方案》，组织全国公安机关开展为期半年的网上打假行动，对互联网假冒伪劣犯罪展开全覆盖、毁灭性围剿打击，并以此带动打假整体工作。据统计，2014 年，全国公安机关共破获侵犯知识产权和制售伪劣商品犯罪案件 2.8 万起，抓获犯罪嫌疑人 3.2 万名，涉案总价值 177.8 亿元。

二、强化战役攻坚，持续掀起打击高潮

指导各地继续完善集群战役和情报导侦工作机制措施，努力在实战中打造“统一指挥、情报主导、合成作战、高效打击”的打击犯罪新模式，实现打击知识产权犯罪从现场查抄向侦查深挖、从个案查处向全程打击的深远变革，彻底铲除生产源头和产供销链条，断绝其死灰复燃能力。2014 年，共认定全国发起的集群战役 426 起，形成持续打击高潮。2014 年 6 月，浙江、湖北、河南、广东、福建、云南等地公安机关成功开展“903”行动收网战役，联合对非法拼装烟机这一假烟犯罪源头环节进行集中清剿，破案 15 起，抓获犯罪嫌疑人 72 名，涉案价值 4000 万余元，烟机缴获量系历年打击假烟犯罪之最。2014 年 9 月，山东、广东、广西、福建、吉林等地公安机关围绕“视觉 Vision 运动空间”网上销售假冒品牌运动服装案成功发起集群战役收网行动，捣毁制假售假窝点 13 处，抓获犯罪嫌疑人 26 人，缴获假冒“NIKE”“adidas”等品牌的运动服装、鞋 5.6 万余件(双)，涉案价值 1.3 亿元，彻底摧毁一个涉及全国 12 省 17 市以及哥伦比亚、越南、波兰、非洲等国家和地区的特大制售假冒运动品牌鞋服犯罪网络。

三、密切部门协作，推动形成打假合力

积极推动行政执法与刑事司法“并行运作”向“融汇运行”转变。一是会同海关、烟草、质检、版权等部门，研究细化重点领域案件移送标准、政策法律会商、联合督办机制等，推动印发《走私烟草专卖品重大案件督办实施办法》，着力提升协作效能和打击精度。二是会同版权局、工信部等部门联合开展“剑网 2014”专项行动，严打网络侵权盗版违法犯罪活动，共破获侵犯著作权的刑事案件 508 起。三是指导各地公安机关主动加强与各行政执法部门的沟通交流，省市两级公安机关全面建立“两法衔接”配合机制。2014 年，各级行政执法部门共向公安机关移送各类涉嫌假冒伪劣犯罪案件 4715 起，占公安机关立案总数的 16%。

四、坚持搭建结合，筑牢长远工作根基

坚持“打建结合，以打促建”，引导各地全面夯实打假工作基础。一是会同阿里巴巴集团探索建立电商数据协查快速通道、网络侵权线索研判查处等工作机制，正式出台《关于印发阿里巴巴电商平台数据查询和线索查办规定的通知》。利用上述合作机制，已协助各地查询阿里巴巴相关数据 462 批次，涉及账户 6833 个，协助发起集群战役上百起，实战成效显著。二是部署各地以“假冒伪劣商品溯源系统”建设为契机，主动联系本地重点企业，凝聚打假社会力量，构建警企协作长效机制。三是指导各地结合近年来的专项打击行动，探索破解重点领域专业、疑难案件的立案条件、侦查方法、取证规格、法律适用等难题，强化执法规范化建设。

五、大力教育宣传，营造良好外部氛围

结合“3·15 消费者权益保护日”“4·26 知识产权宣传周”“5·15 防范和打击经济犯罪宣传日”等重要节点，组织各地公安机关开展形式多样的宣传活动，剖析典型案例，讲解法律常识，征集案件线索，争取社会各界广泛参与。2014 年 1 月和 11 月，先后两次会同全国打击侵权假冒领导小组办公室在国务院新闻办举行专题新闻发布会，向国内外媒体介绍中国公安机关打击侵犯知识产权犯罪进展情况及打击成效。2014 年 9 月，邀请中国美国商会、中国欧盟商会、中国外商投资企业协会优质品牌保护委员会等协会组织和 40 余家外商企业代表，在北京召开“打击侵犯知识产权犯罪工作情况通报会”。同时，坚持以国际合作促对外宣传，会同欧盟和国际刑警组织五次联合举办“打击假冒伪劣犯罪培训班”，会同国际刑警组织以及有关境外执法部门开展打击假药犯罪联合执法行动，以务实合作的风格和巨大战果赢得国际社会赞许。2014 年 4 月 23 日，公安部经侦局获美国商会评选“知识产权捍卫者奖”，成为首获此奖的美境外执法部门。2014 年 9 月，鉴于在地区联合执法行动中的突出战绩，国际刑警组织授予公安部经侦局“最佳地区案例奖”。

（公安部经济犯罪侦查局供稿）

知识产权民事司法保护工作

2014 年，人民法院全面贯彻落实党的十八大和十八届三中、四中全会精神，紧紧围绕“让人民群众在每一个司法案件中感受到公平正义”的目标，牢牢坚持司法为民、公正司法工作主线，坚持依法履行司法保护知识产权职责，推进司法改革、深化司法公开、加强司法宣传、强化审判指导，不断提升知识产权司法公信力和国际影响力，为建设创新型国家、社会主义文化强国和全面建成小康社会提供有力保障。

一、加强司法审判，切实发挥司法保护知识产权主导作用

人民法院积极履行司法审判职责，提高知识产权案件审判质量与效率，切实维护知识产权权利人的合法权益。

（一）充分发挥民事审判职能，加大对权利人的保护力度

2014 年，全国地方人民法院共新收和审结知识产权民事一审案件 95 522 件和 94 501 件，同比分别上升 7.83% 和 7.04%，一审结案率为 87.76%。其中，新收专利案件 9648 件，同比上升 4.93%；商标案件 21 362 件，同比下降 8.21%；著作权案件 59 493 件，同比上升 15.86%；技术合同案件 1071 件，同比上升 12.86%；不正当竞争案件 1422 件（其中垄断民事案件 86 件），同比上升 9.22%；其他知识产权案件 2526 件，同比上升 0.48%。全年共审结涉外知识产权民事一审案件 1716 件，同比上升 0.11%；审结涉港澳台知识产权民事一审案件 426 件，同比下降 11.8%。全国地方人民法院共新收和审结知识产权民事二审案件 13 760 件和 13 708 件，同比分别上升 15.08% 和 18.65%。全国地方人民法院共新收和审结知识产权民事再审案件 80 件和 94 件，同比分别上升 6.67% 和下降 2.08%。

2014 年，最高人民法院新收和审结知识产权民事案件 336 件和 339 件（含旧存），其中新收申请再审案件 268 件，审结 271 件。

（二）充分发挥行政审判职能，支持和监督行政机关依法行政

2014 年，全国地方人民法院共新收和审结知识产权行政一审案件 9918 件和 4887 件，同比分别上升 243.66% 和 68.46%。其中，新收专利案件 539 件，同比下降 22.67%；商标案件 9305 件，同比上升 330.59%；著作权案件 12 件，同比上升 300%；其他案件 62 件，同比上升 148%。审结案件中，涉外、涉港澳台案件大幅上升，共计 2237 件，占知识产权行政一审结案的 45.77%。其中，涉外案件 1927 件，涉港案件 150 件，涉澳案件 5 件，涉台案件 155 件。在审结的一审行政案件中，判决维持具体行政行为的 3422 件，判决撤销的 841 件。全国地方人民法院新收知识产权行政二审案件 2435 件，审结 2118 件，同比分别上升 63.42% 和 41.58%；其中，维持原裁判 1877 件，改判 181 件，发回重审 2 件，撤诉 45 件，驳回 2 件，其他结案方式 11 件。

最高人民法院新收和审结知识产权行政案件 145 件和 151 件。在审结的 131 件行政申请再审案件中，驳回 108 件，占 82.44%；提审 15 件，占 11.45%；和解撤诉 4 件，占 3.05%；指令再审 3 件，占 2.29%；以其他方式结案 1 件。在审结的 17 件行政再审案件中，改判 15 件，占 88.24%；维持 1 件，占 5.88%；以其他方式结案 1 件。

(三)充分发挥刑事审判职能,加强打击侵犯知识产权犯罪力度

2014年,全国地方人民法院共审结涉及知识产权的刑事一审案件10 803件,同比上升17.27%;审结涉及知识产权的刑事二审案件521件。判决发生法律效力13 904人,其中有罪判决13 903人。在审结案件中,以侵犯知识产权罪判处案件4180件,生效判决人数6959人;以生产、销售伪劣商品罪(涉及侵犯知识产权)判处案件3154件,生效判决人数4474人;以非法经营罪(涉及侵犯知识产权)判处案件1308件,生效判决人数2210人;以其他罪名判处的涉及侵犯知识产权的案件166件,生效判决人数261人。在以侵犯知识产权罪判处的案件中,以假冒注册商标罪判处案件1592件,生效判决人数3003人;以销售假冒注册商标商品罪判处案件1529件,生效判决人数2410人;以非法制造、销售非法制造的注册商标标识罪判处案件324件,生效判决人数617人;以侵犯著作权罪判处案件697件,生效判决人数850人;以销售侵权复制品罪判处案件9件,生效判决人数20人;以侵犯商业秘密罪判处案件29件,生效判决人数59人。

二、加强司法改革,切实提高知识产权司法公信力

人民法院深入贯彻落实国家知识产权战略,积极推动知识产权领域改革创新,不断优化知识产权审判体制和工作机制,提高司法公信力。

(一)成立知识产权法院

设立知识产权法院是贯彻落实党的十八届三中、四中全会决定的重要举措,也是加强知识产权司法保护,优化科技创新法治环境最具主导性的环节。为做好这项工作,最高人民法院进行了大量的前期调研和论证,起草并发布了《最高人民法院关于北京、上海、广州知识产权法院案件管辖的规定》《最高人民法院关于知识产权法院案件管辖等有关问题的通知》《关于知识产权法院技术调查官参与诉讼活动若干问题的暂行规定》等文件,为知识产权法院的顺利设立和有效运行提供了有力的法律和政策保障。

(二)继续积极稳妥推进"三合一"改革试点工作

为加强顶层设计和总体规划,最高人民法院于2014年4月专门召开了知识产权审判"三合一"改革试点工作座谈会,在总结经验的基础上,提出了"三合一"改革试点工作迈上新台阶的目标。

(三)进一步优化知识产权案件管辖布局

适应日益增长的知识产权司法需求,进一步扩大具有一般知识产权案件管辖权的基层法院数量,同时根据知识产权法院的设立,及时调整具有部分专利案件管辖权的基层法院。截至2014年年底,全国具有专利、植物新品种、集成电路布图设计和涉及驰名商标认定的民事纠纷案件管辖权的中级人民法院分别为87个、46个、46个和45个;具有一般知识产权案件管辖权的基层人民法院达到164个,具有实用新型和外观设计专利纠纷案件管辖权的基层人民法院为6个。

(四)进一步推进建立科学技术专家咨询机制

为准确查明技术事实,提高技术类案件的审判质效,提高司法公信力,最高人民法院继续加强与中国科学技术协会的合作,于2014年2月共同召开了"加强知识产权司法保护、推进科学技术创新发展座谈会暨特邀科学技术专家聘任仪式",新聘请10名两院院士作为最高人民法院的特邀科学技术咨询专家,进一步增强了技术咨询专家为技术类案件提供技术支持的力度。

三、加强司法公开，切实实践司法为民

人民法院坚持以公开促公正，积极回应人民群众日益增长的司法需求，不断加大司法宣传力度，提升知识产权司法保护水平，切实实践司法为民。

（一）积极主动接受人大监督

最高人民法院按照全国人大常委会执法检查组的要求，于2014年4月向全国人大常委会汇报了贯彻实施《专利法》的情况，并于2014年6月听取了十二届全国人大常委会第九次会议对专利执法检查报告的审议情况，积极回应人民群众对知识产权司法保护工作的新期待。

（二）加强裁判文书公开和庭审公开力度

积极推进知识产权裁判文书上网工作，上网发布全部裁判文书，且发布的时间与纸质文书的送达时间基本同步，进一步提高裁判文书的公布范围和效率。在庭审公开上，进一步创新工作方法，首次举办了最高人民法院面向外国驻华使节的专题开放日活动，知识产权审判庭于当日公开开庭审理了浙江健龙卫浴公司与（德国）高仪股份公司侵害外观设计专利权纠纷案，法国、德国、澳大利亚、瑞士等16个驻华使馆派出的25位外交使节参加了旁听，最高人民法院周强院长会见了参加专题开放活动的驻华使节并进行互动交流，赢得了外国驻华使节和媒体的广泛赞誉，产生了良好的社会反响。

（三）加强司法宣传和交流

积极开展"4·26知识产权宣传周"活动，通过发布《中国法院知识产权司法保护状况（2013年）》《2013年中国法院十大知识产权案件、十大创新性知识产权案件和50件典型知识产权案例》《最高人民法院知识产权案件年度报告（2013）》、公开发行《中国知识产权司法保护年鉴（2013）》等方式，大力宣传知识产权司法保护工作，增进社会各界和人民群众对知识产权司法保护工作的理解和认同。最高人民法院积极派员参加中欧知识产权对话、工作组会议、自由贸易区知识产权章节谈判、中瑞知识产权工作组会议、中美知识产权工作组会议等各类对外工作会议并为中方代表团提供相关书面意见。接待日本、美国、欧盟、英国等高层代表团近百人来访，积极回应外方关切，澄清有关误解，大力宣传我国知识产权保护成就，塑造良好的国际形象。最高人民法院与世界法学家协会共同举办了"知识产权保护的国际视野"国际研讨会，与华盛顿大学联合举办了"知识产权司法保护国际研讨会"。

四、加强司法指导，切实推进统一知识产权司法保护标准

人民法院积极跟进知识产权审判工作中存在的新情况和新问题，坚持不懈地加强审判调研和指导力度，促进统一知识产权司法裁判标准。

（一）召开全国法院知识产权审判工作座谈会

最高人民法院于2014年7月召开了全国法院知识产权审判工作座谈会，从当前知识产权审判为全面深化改革和实施创新驱动发展战略提供有力司法保障的根本目标出发，在更新观念、提升能力、加强保护、强化指导、深化改革、引领潮流六个方面对进一步加强知识产权司法保护工作提出了新的要求和全面具体的部署。

（二）加强司法解释工作

起草并发布了《最高人民法院关于审理商标案件有关管辖和法律适用范围问题的解释》，对《最高人民法院关于审理专利纠纷案件适用法律问题的若干规定》进行修改后重新予以发布。此外，围绕专利、商标授权确权和侵权纠纷、审理知识产权与

竞争纠纷行为保全案件的法律适用问题起草了5个司法解释，并进行了多方面的调研论证和征求意见工作。

（三）加强司法调研工作

最高人民法院和地方各级人民法院依托江苏省苏州市中院等10个知识产权司法保护调研基地和北京大学、中国人民大学等6个知识产权司法保护理论研究基地，开展了以涉外定牌加工商标法律问题、信息网络传播权司法保护问题、互联网领域竞争问题、商业秘密、“三网融合”知识产权法律问题等为专题的调研活动，及时研究和解决审判实践中的热点和难点问题，为依法裁判这类案件提供智力支持。此外，开展了首届全国知识产权优秀调研成果评选活动，增强各级法院开展调研工作的积极性。

（四）加强案例指导工作

发布《2013年中国法院十大知识产权案件、十大创新性知识产权案件和50件典型知识产权案例》《最高人民法院知识产权案件年度报告（2013）》，明确知识产权司法的具体原则和标准，增强业务指导的灵活性和针对性。同时，开展了第三届全国知识产权优秀裁判文书评选活动，打造精品案件。

（五）加强司法培训工作

最高人民法院以国家法官学院知识产权培训课程为载体，开展对全国法院知识产权法官的业务培训，培训法官近300人。

（最高人民法院知识产权审判庭供稿）

知识产权刑事司法保护工作

2014年，全国各级人民法院牢牢把握司法为民、公正司法工作主线，忠实履行宪法和法律赋予的审判职责，依法公正高效审理各类知识产权刑事案件，加大对科技和技术创新的保护力度，切实维护知识产权权利人的合法权益、维护市场有序竞争，发挥刑事审判制裁和预防侵犯知识产权犯罪的职能。

一、严格依法办案，突出打击重点，强化保护职能

2014年，地方各级人民法院以执法办案为第一要务，在知识产权刑事审判工作中，严格依法办案，确保案件质量，贯彻宽严相济的刑事政策，突出打击重点，并注重通过准确适用财产刑、没收侵犯知识产权的犯罪所得、销毁作案工具及赃物等方式，剥夺犯罪分子再次犯罪的能力和条件。全国法院新收涉知识产权刑事一审案件11 088件，同比增长18.83%。其中侵犯知识产权罪案件5242件，同比上升4.4%；生产、销售伪劣商品罪案件中涉及侵犯知识产权的3966件，同比上升61.55%；非法经营罪案件中涉及侵犯知识产权的案件1697件，同比上升0.65%；以其他罪名判处的涉及知识产权的案件183件，同比上升8.28%。

全国法院共审结涉知识产权刑事一审案件10 803件，同比上升17.27%，其中生效判决人数13 904人，同比上升3.58%；有罪判决人数13 734人，同比上升3.54%，结案率97.43%，同比下降1.3%。在审结的案件中，以侵犯知识产权罪判决的案件5103件，生效判决人数6959人，同比分别上升2.95%和1.35%；以生产、销售伪劣商品罪（涉及侵犯知识产权）判处的案件3856件，生效判决人数4474人，同比分别上升61.34%和30.44%；以非法经营罪（涉及侵犯知识产权）判处的案件1663件，生效判决人数2210人，同比分别下降

2.86%和23.32%；以其他罪名判处的涉及侵犯知识产权的案件181件，生效判决人数261人，同比分别上升18.3%和6.1%。在以侵犯知识产权罪判决的案件中，以假冒注册商标罪判决的案件2031件，生效判决人数3003人；以销售假冒注册商标的商品罪判决的案件1903件，生效判决人数2410人；以非法制造、销售非法制造的注册商标标识罪判决的案件397件，生效判决人数617人；以假冒专利罪判决的案件1件；以侵犯著作权罪判决的案件722件，生效判决人数850人；以销售侵权复制品罪判决的案件12件，生效判决人数20人；以侵犯商业秘密罪判决的案件37件，生效判决人数59人。

二、建立、完善专项工作机制，优化审判资源配置

最高人民法院建立了全国法院审理知识产权刑事案件联络员机制，在“上传下达”、协调个案、落实专项活动方面发挥了积极作用，同时还在扩展该机制在协调各级法院上报新类型案件信息、汇集审判实践中疑难问题、交流工作经验、做好跨省区案件信息交流等方面的职能，探索建立知识产权刑事案件审判专项工作机制。地方各级人民法院通过深入推进、完善“三合一”试点工作，建立专项工作小组、合议庭、完善知识产权刑事案件信息报送、挂牌督办制等方式不断健全知识产权刑事案件审判机制、优化知识产权审判资源配置，确保了执法标准统一和审判工作效率。

三、加强调研、指导，统一法律适用

2014年，最高人民法院和地方各级法院高度重视知识产权刑事调研工作。最高人民法院刑一庭全年组织开展了知识产权刑事案件审判工作总体情况调研，以及商业秘密犯罪、侵犯商标权犯罪、通过互联网销售侵权商品情况等专项调研。有的地方法院及时对本地区类型化的侵犯知识产权案件进行调研，明确处理原则和意见，统一裁判标准，取得了较好的效果；有的地方法院针对审判实践中热点、难点、重点开展应用性专题研究，举办知识产权刑事审判业务讲座、培训，进一步提升了审判人员的业务能力。

四、加强与相关部门的沟通协作，建立知识产权保护协作机制

各级法院普遍注重与公安、检察机关在打击知识产权刑事司法程序中的配合，不同形式、程度地建立了立案侦查、审查起诉、提起公诉和审理等司法程序之间的衔接协作机制，及时共同研究解决工作中的刑事司法保护问题，统一认识和尺度。注重与工商、版权、专利等行政主管部门在行政执法程序上的衔接，实现刑事司法保护与行政保护的优势互补和良性互动。

五、继续推进司法公开，加强知识产权法制宣传

地方各级法院继续大力推进裁判文书网上公开工作，通过公开审理，对有重大影响的案件由新闻媒体进行庭审直播等多种方式，不断增强司法透明度，有的法院还积极邀请人大代表、政协委员、特邀审判监督员、技术专家、人民陪审员等旁听开庭，听取各界对法院知识产权审判工作的意见和建议，取得了良好的效果。

地方各级法院还普遍以案件审判为依托，通过集中宣判、召开新闻发布会、公布典型案例等方式，积极宣传国家保护知识产权的政策和法律法规，有力地震慑了犯罪，提高全社会的知识产权保护意识和防范意识，积极营造良好的保护知识产权的法治环境、市场环境和社会环境。

（最高人民法院刑一庭供稿）

检察机关保护知识产权工作

2014年，全国检察机关深入学习党的十八届三中、四中全会和《中共中央关于全面推进依法治国若干重大问题的决定》精神，认真贯彻落实中央的决策部署，加强对知识产权的司法保护，依法履行各项检察职能，在打击侵犯知识产权和制售假冒伪劣商品犯罪、加强对行政执法机关移送涉嫌犯罪案件和公安机关刑事立案的监督、推动行政执法与刑事司法衔接机制建立和完善等方面均取得显著成效。

一、充分履行批捕、起诉职能，依法惩治侵犯知识产权和制售假冒伪劣产品犯罪

2014年，全国各级检察机关通过提前介入、引导取证，对进入批捕、起诉环节的案件依法快捕快诉等方式，继续依法惩治侵犯知识产权和制售假冒伪劣商品犯罪。

2014年，全国检察机关共批捕涉知识产权犯罪2924件4859人，案件数同比下降5.6%，人数上升1.4%，起诉5156件8834人，同比分别上升3.6%和7.3%；共批捕生产销售伪劣商品罪6217件9051人，案件数同比上升5.6%，人数下降3.6%，起诉13 244件20 104人，同比分别上升了48.8%和37.1%。

另外，最高人民检察院起草并与最高人民法院联合制定的《关于办理危害药品安全刑事案件若干问题的解释》于2014年11月18日颁布，明确了生产、销售假药、劣药等危害药品安全涉嫌犯罪的行为在实体上的认定标准，严密了法网，消除了认识分歧，有利于打击药品领域的制假售假和侵犯知识产权犯罪行为。

二、进一步发挥诉讼监督职能，强化对行政执法机关移送涉嫌犯罪案件的监督、对公安机关依法立案的监督以及民事行政监督

检察机关以打击制售假冒伪劣商品和侵犯知识产权犯罪为重点，深入开展对行政执法机关移送涉嫌犯罪案件和公安机关依法立案的监督，防止和纠正有案不移、有案不立和以罚代刑。2014年，全国检察机关建议行政执法机关移送涉嫌破坏社会主义市场经济秩序犯罪案件3545件4361人，公安机关立案3228件4029人，其中相当一部分为侵权假冒犯罪案件。全国检察机关共监督公安机关立案生产、销售伪劣商品涉嫌犯罪案件832件1072人，监督公安机关立案侵犯知识产权涉嫌犯罪案件99件151人。

同时加强对涉知识产权民事和行政案件的法律监督。2014年，全国检察机关办理了一批涉知识产权民事和行政案件，最高人民检察院审查办理了彭某、张某专利权属纠纷案，太原药业有限公司商标权、不正当竞争纠纷案和王某申请监督著作权权属、侵权纠纷案等。

最高人民检察院还积极参与对“两法衔接”工作的监督考核，2014年2～3月，派员参与打击侵权假冒绩效现场考核组，赴浙江、上海进行评分，并配合全国“双打办”考核检察系统的打击侵权假冒工作。

三、在全国检察机关部署开展以打击食品药品领域的侵权假冒案件作为重点之一的专项立案监督活动

该专项立案监督活动为期8个月，2014年3～10月，全国检察机关在食品药品领域共监督负有监管职责的行政执法机关移送涉嫌犯罪1758件2103人，监督公

安机关对危害食品药品安全涉嫌犯罪案件立案1112件1415人。为充分发挥检察机关的职能作用，与公安机关形成合力，2014年5月，最高人民检察院对89起假劣食品、药品、农资案件予以挂牌督办。

四、严肃查办侵犯知识产权和制售假冒伪劣行为背后的职务犯罪

受地方和部门保护主义影响，有的地方因局部经济利益驱动而放任乃至袒护、包庇侵犯知识产权和制售假冒伪劣违法犯罪行为，有的负有监管职责的行政执法人员和负有查办职责的侦查人员徇私舞弊、失职渎职，充当“保护伞”。为此，检察机关进一步深化“查办和预防发生在群众身边、损害群众利益的职务犯罪专项工作”，深挖此类犯罪背后的职务犯罪，严厉打击“保护伞”。2014年，全国检察机关决定逮捕放纵制售伪劣商品犯罪行为的犯罪嫌疑人3人，提起公诉16人；决定逮捕涉嫌徇私舞弊不移交刑事案件的犯罪嫌疑人19人，提起公诉91人；决定逮捕帮助犯罪分子逃避处罚的犯罪嫌疑人86人，提起公诉165人。其中，涉及侵权假冒领域的占相当比例。

五、推动“两法衔接”信息共享平台建设

最高人民检察院积极推动各地“两法衔接”信息共享平台的建设和有效运行。2014年年初，广东和福建两省检察院牵头负责的“两法衔接”信息平台正式启动并运行，最高人民检察院派员给予充分肯定。在湖北省检察院的积极推动下，2014年，湖北省政府在已建成的全省三级信息平台的基础上，将“两法衔接”平台建设纳入该省2012～2015年电子政务内网建设规划，并将“两法衔接”工作纳入目标考核项目。河北省在2014年10月底前已有1103家省、市、县三级打击侵犯知识产权和制售假冒伪劣商品工作成员单位接入全省“两法衔接”信息共享平台，录入行政处罚案件1896件，涉案金额1640余万元。2014年下半年随着四川省“两法衔接”信息平台的建成，截至2014年12月，检察机关牵头建设的10个省级“两法衔接”信息平台中，已有8个建成。

2014年4月，在“最高人民检察院关于贯彻落实中办国办《关于深化司法体制和社会体制改革的意见》及其贯彻实施分工方案”中，最高人民检察院参加办理食药监领域的“两法衔接”工作；最高人民检察院还将“完善行政执法和刑事司法衔接机制”写入了《最高人民检察院关于深化检察改革的意见（2013—2017）工作规划》。2014年11月，按照中办、国办对中央有关部门贯彻实施党的十八届四中全会《中共中央关于全国推进依法治国若干重大问题的决定》重要举措的分工方案，最高人民检察院作为牵头单位之一，贯彻实施有关行政执法和刑事司法衔接的重要举措。该项工作已经涵盖并将进一步促进打击制售假冒伪劣商品和侵犯知识产权领域的“两法衔接”工作。

六、加强案例指导和业务培训，切实提高检察机关知识产权执法水平

2014年4月，最高人民检察院下发“2013年中国检察机关保护知识产权十大典型案例”，积极发挥典型案例的示范效应和指导作用，为全国检察机关正确适用法律提供指引。2014年7月举办了全国检察机关办理知识产权案件业务培训班，各省级检察院和部分地市级检察院业务骨干共计近百人得到培训，切实提高了执法水平和办案能力，推动了检察机关知识产权刑事保护工作的深入开展。

七、深化检务公开，开展打击侵权假冒宣传工作

检察机关不断深化检务公开，拓展公开的深度和广度。2014年8月29日，最高人民检察院下发《人民检察院案件信息公开工作规定(试行)》,要求各地检察院通过多种方式向相关人员提供案件程序性信息查询服务,向社会公开重要案件信息和法律文书,以及办理其他案件信息公开工作。最高人民检察院依托国家电子政务网络建立统一的人民检察院案件信息公开系统,各级人民检察院在该系统办理案件信息公开的有关工作。2014 年 10 月 1 日人民检察院案件信息公开网正式上线运行。制售假冒伪劣商品刑事案件和侵犯知识产权刑事案件的有关信息亦可通过该网络查询得知。

大力宣传打击侵权假冒工作。2014 年 2 月 27 日,最高人民检察院召开新闻发布会,介绍全国检察机关 2013 年开展“危害民生刑事犯罪专项立案监督活动”的简要情况,部署 2014 年全国检察机关“破坏环境资源和危害食品药品安全犯罪专项立案监督活动”。2014 年 3 月 10 日,最高人民检察院胡泽君常务副检察长就“破坏环境资源和危害食品药品安全犯罪专项立案监督活动”接受人民网专访,强调全国检察机关将通过开展危害食品药品安全犯罪专项立案监督活动,进一步加强对危害食品药品安全犯罪的打击力度,推动该领域行政执法与刑事司法衔接长效机制建设。2014 年 4 月,最高人民检察院积极参与“4·26 知识产权宣传周”活动,在《检察日报》、正义网等开设专栏,并在机关重点位置、门口张贴宣传海报,并召开新闻发布会,发布“2013 年检察机关知识产权司法保护情况”和“2013 年中国检察机关保护知识产权十大典型案例”。2014 年 5 月,最高人民检察院派员参加优质品牌保护委员会“知识产权保护最佳案例与行政执法和刑事司法衔接典型案例”发布会并发表演讲。

八、积极开展同知识产权国际组织和有关国家的合作与交流

2014 年 3~4 月,最高人民检察院派员参加中瑞第七次知识产权工作组会议和中美知识产权工作组司局级会议,就相关议题发表意见。5 月,参加跨国公司知识产权保护座谈会。7 月,派员赴欧盟参加“关于防止与协调知识产权犯罪”的执法考察,派员赴俄罗斯参加中俄知识产权工作组第七次会议。9 月,参加“中美知识产权立法及司法交流”活动和“中美知识产权海外交流”活动。此外,最高人民检察院还接待了来访的美国专利商标局及大使馆知识产权官员等,向国际社会客观介绍了中国检察机关在保护知识产权方面所做的工作,不断提升中国知识产权司法保护的国际形象。

(最高人民检察院侦查监督厅供稿)

全国知识产权社团工作

中国知识产权研究会(第六届)

名誉理事长 路甬祥 任建新 姜 颖
理 事 长 田力普
常务副理事长 甘绍宁
副 理 事 长 于慈珂 马 浩 孔祥俊 王玉庆 王宏祥 王 涛 刘春田 吕国强 许瑞表 何训班 吴汉东 宋晓明 张 平 张雪峰 张 辉 张 勤 李成钢 李明德 李顺德 单晓光 周渝波 孟庆丰 林 新 贺志辉 徐志武 真才基 郭庆存 高 峰 黄 峰 曾祥夌
秘 书 长 张云才
副 秘 书 长 马秀山 李亚莉 李 剑 段玉萍 焦 刚

2014年，在国家知识产权局党组和分管局领导的领导下，中国知识产权研究会在理事会建设、学术研究、企业服务、会员发展、期刊编辑、司法鉴定、机构建设、国际合作等方面均取得显著成效。其中重要工作进展情况有以下方面。

一、加强理事会建设

一是召开中国知识产权研究会第六届届中理事大会，会议总结回顾了过去两年的工作，并对今后的任务和工作思路进行了部署；增补和调整了部分成员；宣布正式成立研究会分支机构——网络知识产权委员会。二是注重发挥理事在国际性、全国性知识产权活动中的影响力和作用，积极推荐理事参加英国《知识产权管理》杂志(MIP)关于全球知识产权界50位最具影响力人物评选活动，推荐理事竞选全国知识产权领军人才和高层次人才。三是紧跟移动互联网普及的形势，建立了理事会成员微信交流平台，加强了广大理事之间的沟通联系。

二、发挥学术顾问委员会的学术引领作用

一是举行“中国专利法颁布30周年座谈会”，回顾中国专利法从起草、修改到不断健全完善的历程以及中国专利制度的发展历史，并对中国知识产权法律制度的未来建设进行展望，产生了良好社会效果。二是在《知识产权》杂志上开辟“高层论坛”专栏，组织学术顾问委员针对知识产权热点问题发表文章，引导学术界、理论界对相关问题进行深入研讨，得到各界好评。

三、深化学术理论研究

一是夯实基础研究，继续承担审业部委托的“各行业专利技术发展趋势”等三大课题，由于2014年课题立项紧扣当前热点问题，且研究质量高，组织监管力度强，受到国家知识产权局领导的高度关注和好评。二是组织完成了国家知识产权局规划司委托的19项宏观政策性课题的更新工作，并召开国外知识产权环境研究报告发布会，产生良好社会效果。三是与国家知识产权局人才办、河北省知识产权局联合开展河北省重点企业专利战略研究工作，强化了社团组织为企业和国家经济社会发展服务的职能。

四、大力开展知识产权服务

一是针对电子商务迅猛发展、电商平台知识产权侵权问题日益凸显的新特点，理事长田力普带队到阿里巴巴集团、小米公司和大唐电信集团进行调研，并在此基础上，成立中国知识产权研究会分支机构——网络知识产权委员会。二是针对我国经济社会发展和广大企业需求，努力提升知识产权服务能力，为企业提供强有力的支持和服务。

五、进一步夯实会员队伍建设

一是会员工作进一步制度化、规范化，会员数量稳步上升，团体会员达到464家，个人会员达到59人，而且持续入会势头强劲。二是紧密配合知识产权最新形势，2014年全年为会员提供知识产权实务培训19期，培训人员超过3600人次，受到会员一致好评。三是会员队伍素质显著提高，在知识产权各领域中发挥了带头作用。如中国贸促会专利商标事务所、中国专利代理(香港)有限公司等25家会员单位被评为星级专利代理机构。

六、发挥“一刊”“两讯”“一网”的智库作用

一是办好“一刊”。2014年全年按时、保质、保量出刊《知识产权》杂志12期，同时加强杂志理事会建设，召开杂志理事会编委会座谈会，并就知识产权与反不正当竞争进行专题研讨，在杂志出版工作中发挥了核心作用。二是继续办好“两讯”。

《知识产权竞争动态》和《中国知识产权研究会通讯》在反映国内外知识产权形势、我国知识产权方针政策、法律法规建设、企业创新业绩、诉争信息以及知识产权热点问题等方面有较强时效性。三是借助网站和微信公众平台，及时发布最新知识产权信息。利用现代化的网络技术，加强知识产权宣传。

七、不断提高咨询鉴定工作水平

一是咨询鉴定案件数量稳定增长，2014年完成委托咨询鉴定项目达40余件。二是办案质量明显提高，多次得到委托方和公检法部门好评，在业内知名度和影响力明显提升。三是加强鉴定队伍的组织建设和业务能力建设，扩大了专家队伍，提高了咨询鉴定能力和整体工作水平。

八、巩固拓展国际交流合作

一是选派中国知识产权研究会理事赴韩国出席中日韩知识产权国际研讨会并作专题演讲，有力促进了中日韩非政府组织合作。二是接待美国知识产权法律协会(AIPLA)来访，精心组织AIPLA代表团访问北京、天津、西安三地13家知识产权部门和单位，得到AIPLA的高度赞誉，发挥了中国知识产权研究会在行业内协调各方、联系左右的职能优势。三是深化与英国《知识产权管理》杂志(MIP)的合作，与MIP在北京、上海联合举办国际知识产权研讨会。2014年11月，研究会代表团赴英专程访问了该杂志总部，对深化今后的合作进行了探讨。

(中国知识产权研究会)

中国专利保护协会

会　长　王景川

副会长　(按姓氏笔画排名)

干　勇　王　宇　王明文
王振凯　王雄姿　冯　军
龙传红　田洪福　许开华
朱　兵　刘喜鹊　张夕勇
邱则有　张　劼　宋柳平
李　勇　李　彬　张雪红
肖　彪　陈　晗　肖鲁青
郑永锋　郑泰强　侯玉奇
赵　杰　郭小明　贾　林
郭凯天　郭建军　柴洪峰
顾莉萍　黄　丹　康克军
梁丽丽　喻子达　董友梅
董伟良　傅　彤　裴振江
戴厚良

秘书长　肖鲁青(兼)

2014年，中国专利保护协会认真贯彻党的十八大、十八届三中、四中全会精神及国家知识产权局领导的指示精神，在加快经济发展方式转变、产业转型升级、实施创新驱动发展战略、深入推进知识产权战略的形势下，以创新服务、促进发展为主要目标，以加强会员发展、创新服务、提高能力、完善管理等为工作重点，组织开展各项会员企业活动，较好完成全年工作任务，积极发挥了社团组织的职责和作用。

一、组织企业深入参与法制建设

积极配合政府有关部门，组织会员和企事业单位广泛、深入参与专利法、职务发明条例、PCT制度等专利法律法规的立法修法和完善工作，举办各类法律调研活动近20次，聘请企业专家40多人，企业参与人数400多人次，比较广泛地反映了企事业单位的法律诉求，为政府提供了大量参考意见和建议。

二、搭建企业交流服务平台

中国专利保护协会成立了会员和企业国际事务工作组、法律事务工作组和互联网行业工作组等专业活动平台，举办“2014中国企业知识产权战略论坛”，开展企业对外知识产权交流合作、行业知识产权研讨等活动，得到会员及企业的响应和支持。

三、积极开展企业培训研讨活动

2014年全年共举办及参与举办各类企业知识产权实务及人才培训、研讨项目18期，企业参加人员1200多人次，为企业决策者和知识产权专业人员提供了学习提高和交流的研讨平台。

四、拓展企业对外交流合作

2014年，中国专利保护协会较好完成组织产业界代表参加在韩国举办的第三届五局合作产业界会议。与欧洲专利局首次举办“专利质量伙伴会议”，为国内企业提供了与世界主要国家知识产权机构沟通交流的渠道，深化了中国专利保护协会与相关国家知识产权组织的交流与合作。

五、积极为企业提供专业服务

与有关部门合作，为企业开展技术领域专利布局分析咨询服务；与服务机构合作，为国内相关产业专利维权提供咨询和支持；为企业提供方案，组织培训研讨活动；积极筹备开展知识产权管理体系认证工作并取得阶段性成果，首批145家企业获得审核认证证书。

六、积极承接政府委托事项

组织实施专利行政执法、企业知识产权人才、知识产权侵权赔偿典型案例等调研工作，提供推荐企业专利奖评选项目、企业领军和高层次人才人选等服务，受到企业的欢迎和肯定，为政府提供了服务。

七、加强自身建设和发展

研究制定中国专利保护协会发展规划，加强企业调研工作，改进协会网站，建立会员微信平台，开展与地方保护协会的交流，健全内部管理制度，组建青年工作组等，促进业务、制度、队伍和文化等各方面建设。

（中国专利保护协会）

中华全国专利代理人协会

名誉会长　高卢麟　马连元
会　　长　杨　梧
副 会 长　林柏楠　马　浩　王宏祥　姜建成　李　勇（港专）　任　虹　陈　浩　胡　杰　吴大建
顾　　问　戈　泊　乔德喜　须一平　李建蓉
秘 书 长　徐媛媛
副秘书长　王　芸　寿　宏

2014年，中华全国专利代理人协会在国家知识产权局党组的正确领导下，在全体员工的全力配合下，紧密围绕中心工作，充分发挥对专利代理行业的领导、引导、指导和服务的职能，以促进行业发展为重点，以加强自身建设为保障，各项工作稳步扎实推进，顺利完成了全年各项任务。

一、重要工作进展情况

2014年国家知识产权局党组提出了“建设知识产权强国”的宏伟目标，强调要紧紧围绕以改革促发展这条主线，牢牢把握“壮大人才队伍，提升服务能力，规范行业发展”三个重点，深化改革、创新思路，全面推进专利代理行业又好又快发展。中华全国专利代理人协会围绕这三个重点，以加强制度建设和做好行业服务为支撑，通过加强行业宣传和对外交流合作扩大中华全国专利代理人协会影响力，促进行业发展，努力发挥专利代理行业在建设知识产权强国中的重要作用。

（一）壮大人才队伍

努力扩大队伍数量，举办了4期面向偏远地区的考前培训班（兰州、成都、哈尔滨、长沙），根据代理人的业务需求调整了上岗培训授课内容。截至2014年12月底，当年的实习备案的人数达到 3105 人，比 2013 年同期增加了 23.9%。截至 2014 年 12 月底，我国专利代理机构共 1098 家，执业专利代理人共 10 513 人，分别比 2013 年同期增加了 9%、17%。

（二）提升服务能力

（1）加大培训交流工作力度。通过宣传等手段，积极促进专利代理人执业培训系列教程的使用，制定标准化课件，培养师资队伍。开展多层次的培训交流活动，扩大培训的受众面（向企业及代理人助理开放），结合行业发展需要，开展高端增值业务培训，全年共举办各类培训及交流研讨活动 43 次，培训人数 4900 余人次。同时，丰富远程培训内容，涵盖审代、初审流程、诉讼、管理经验等，全年共 8900 余人次参加了远程培训，与 2013 年全年网培人数相比增长了 543%。此外，配合开展能力促进培训 30 期，培训人数 2000 人，配合开展实务技能培训 28 期，培训人数 3980 人。

（2）加强行业人才队伍建设。探索高层次人才培养模式，举办领军人才领导力培训、高层次人才系列讲座，在各类活动中注重发挥领军人才和高层次人才作用。加强教师队伍的培养及类型细化，外请专家进行授课技巧以及课件制作技能的培训。组建中华全国专利代理人协会高端业务服务团队，承接专利评议项目，引领专利代理人努力拓展高端业务服务能力。

（三）规范行业发展

加强行业自律，促进诚信体系建设。加强中华全国专利代理人协会的行业监督职能，做好投诉查处工作，全年共受理投诉案件 14 起，按规定对违纪行为进行了严肃处理，已作出处分决定的 5 起。加强对专利代理机构规范化建设的指导，就专利代理机构内部管理问题举办专题交流活动。加强专利代理行业行风建设，开展了以“诚信宣传、规范执业”为主题的专项整顿活动，努力倡导会员形成诚实信用的理念。

二、2014 年度工作目标完成情况

（一）全面落实国家知识产权局党组各项工作部署，做好整改落实工作

（1）坚决贯彻国家知识产权局党组各项工作部署。强化政治纪律，认真贯彻落实国家知识产权局党组各项工作部署以及局领导的各项重要批示精神，以实际行动确保把各项工作部署落到实处，确保把重点工作任务落实到位。

（2）扎实开展群众路线整改活动。中华全国专利代理人协会认真按照中央和国家知识产权局党委的部署要求，根据国家知识产权局党组下发的整改方案中涉及中华全国专利代理人协会的任务，结合 2013 年民主生活会上提出的整改任务，制定了整改方案和任务时间表，认真开展了整改落实、建章立制工作，共制定整改任务 17 项。截至目前，17 项整改任务已经全部实施，按照时间节点完成了规定内容。

（二）做好行业各项工作，服务于专利事业发展大局

（1）加强制度建设和做好行业服务。一方面，深入学习国家知识产权局领导关于建设知识产权强国的重要讲话，分析我国专利代理行业现状与主要知识产权强国之间存在的差距，思考建设知识产权强国对专利代理行业发展的要求。积极参与专利代理行业发展中长期规划研究工作、《专利法》部分修改内容的论证研究工作。修订章程，研究非执业会员入会条件及管理办法。推动新修订的《专利代理服务指导标准》在行业内的贯彻实施，促进专利代理行业的制度化、规范化建设。另一方面，做好行业服务。经与最高人民法院协商，在第一批诉讼代理人的基础上，开展了第二批诉讼代理人的集中申报工作，共增加 263 人，使诉讼代理人数达到 1178 人；继续关注“营改增”政策对专利代理机构带来的影响，举办培训班帮助专利代理机构适应营改增政策变化；完成专利代理职业责任保险新方案的制定工作，推动保险方案的实施，截至2014年12月底，全国共215家代理机构的3203名代理人办理了投保手续；做好中小专利代理机构EAC升级改版、推广工作，并配套做好后续跟踪服务，配合国家知识产权局相关部门推广CEPCT电子申请系统，为广大中小专利代理机构提高信息化管理水平做好服务。

（2）加强行业宣传和对外交流合作。一方面，加大行业宣传力度，提升行业社会认知度。丰富中华全国专利代理人协会中文网站内容，提高网站宣传效能；扩大《中国专利代理》的发行范围（向法院、企业、科研院所进行发放，共248家），推动杂志成为正式出版物，为行业宣传发挥重要作用。另一方面，深化对外交流，提升行业国际影响力。组团参加了世界知识产权组织PCT第七次工作组会议、成员国大会第54次系列会议，发挥非政府组织优势，配合国家知识产权局作好国际规则变化的预研及应对工作。全年共接待德国专利律师协会等组织的来访6次，接待外宾43人次，积极协助国家知识产权局相关部门开展外事活动并组织专利代理人参会或发言4次，组团出访了法国、英国专利代理人协会，宣传了我国的知识产权制度，扩大了行业的国际影响力。

（三）加强秘书处内部建设，提高综合能力

（1）完善规章制度。秘书处进一步加强内部建设，建章立制，确保各项工作规范化，新制定了6项、修订了3项，印制了《中华全国专利代理人协会秘书处规章制度汇编》；规范了员工劳动合同的管理，制定了《代理人协会员工聘用合同》《培训合同》《离职说明》。加强财务管理工作，实行财务预决算制度。改革工资制度，经过调研、制定方案、征求意见等环节，于2014年10月出台了工资制度和员工绩效工资考核办法。

（2）加强党建工作。进一步加强思想建设，通过集中学习、个人自学等方式，提高党员干部的政治理论水平和党性认识。开展谈心活动，秘书处领导班子之间、班子成员与秘书处员工之间分别开展了谈心活动，与员工沟通思想、深入交流，增加了向心力以及凝聚力。召开群众征求意见会，听取全体员工对领导班子的意见，加大群众监督力度，增强党组织的凝聚力。于2014年12月29日召开民主生活会，深刻剖析思想根源，深入开展批评和自我批评，切实改进工作作风。目前中华全国专利代理人协会共23人，党员10人，占43%，入党积极分子4人。

（3）提升行政效能。加强中华全国专利代理人协会网站的安全防护措施，正式运行电子OA系统，规范秘书处内部公文审批流程，实现公文审批全流程电子化。做好中规公司筹备期各项工作，开展人员招聘、办公用房装修等。

（中华全国专利代理人协会）

中华商标协会

会　　　　长　刘　凡
副会长兼秘书长　姜瑞斌
副　秘　书　长　肖　芸　汪　泽
　　　　　　　　　张国鹏

2014年，在国家工商总局党组的坚强领导下，在国家工商总局各司局、有关地方工商局、地方工商协会和广大会员的大力支持下，中华商标协会认真贯彻落实党的十八大和十八届三中、四中全会精神，深入开展党的群众路线教育实践活动，严格执行党的“八项规定”，紧紧围绕国家工商总局中心工作，立足协会实际，按照“一项调研、两项活动、三项建设”的年度任务，团结协作，改革创新，依法办会，各项工作取得显著成绩，为落实总局张茅局长建设“朝阳协会”打下了坚实的基础。

一、突出重点，全力做好品牌建设工作

推进品牌建设是国家工商总局领导部署给协会的一项重点工作，是全面贯彻党的十八大、十八届三中、四中全会精神，推动我国发展品牌经济，利用品牌实现经济转型升级的迫切需要，是深入推进国家商标战略实施，推动我国由商标大国向商标强国转变的客观要求。

2014 年年初，协会成立品牌建设调研工作领导小组，先后对国内外 40 余家品牌研究机构进行了广泛调研，掌握了国内外权威品牌排行榜的详细信息，在此基础上，制定了《品牌建设调研工作方案》。根据该方案，协会多次召开品牌调研专家会，邀请多位品牌建设调研专家就品牌研究院的设立方式、品牌评价数学模型和指标体系的构建及品牌排行发布、品牌发展报告的撰写等相关议题进行了深入讨论。

9 月 1 日，中华商标协会与北京大学光华管理学院在北大联合主办了“纪念中华商标协会成立二十周年暨中国品牌经济高峰论坛”。国家工商总局局长张茅在论坛上作了题为“品牌竞争与市场经济”的主题演讲，著名经济学家厉以宁教授等专家学者和企业家围绕品牌建设与经济发展等问题发表了各自的见解，世界知识产权组织总干事高锐发来了视频演讲，引起了社会各界的广泛关注，为品牌建设调研工作的进一步推进奠定了基础。此次论坛由国家工商总局副局长刘俊臣主持。本次会议堪称我国商标品牌界有史以来规格最高的盛会，新华社等 12 家中央媒体对论坛进行了报道，中央电视台新闻频道播出了长达 2 分多钟的专题报道，300 多家传统及网络媒体转发了相关新闻，形成新闻热点，引起了社会各界的广泛关注。

二、创新模式，成功举办中国国际商标·品牌节

由中华商标协会主办的 2014 中国国际商标·品牌节，2014 年 11 月 8～10 日在江苏省苏州市举办。第 11 届全国人大常委会副委员长周铁农、国家工商总局副局长刘俊臣、中华商标协会会长刘凡、世界知识产权组织品牌与外观设计部门马德里注册局资深顾问陶俊英、国家相关部委领导以及部分国家和地区的商标主管部门官员、国内外著名知识产权专家学者、企业家、商标代理人等相关人士近千人出席了商标节开幕式及年会论坛等相关活动。

本届商标节以“助推民族品牌建设，促进商标国际交流”为主题，呈现四方面的突出亮点。一是人气旺，商标节参与程度高。本届商标节吸引了商标领域各界人士踊跃参与，报名注册人员有 800 余人，各类参会代表超千人。中华品牌博览会参展企业多、人气高涨，成交额屡创新高。二是内容实，商标年会议题针对性强。创新招展模式，告别依赖行政力量组展的老路，通过市场化运作招展，取得成功突破；以展促销，以销促展，开创商标节展览新纪元。围绕新《商标法》和最新的商标热点焦点问题，精心设置商标年会议题，每场论坛都座无虚席，互动热烈，受到参会者的一致好评。三是形式新，主题活动丰富多彩。举办了 2014 中国国际商标·品牌节颁奖典礼；在展馆显著位置展示会员企业形象和品牌文化；举行了 2015 中国国际商标·品牌节举办城市授旗仪式，最终确定海南省海口市为 2015 中国国际商标·品牌节举办城市。四是国际化，外事活动接连不断。安排了多场次、多层次的外事会见活动。在与知识产权领域其他重要活动时间冲突的情况下，2014 年注册参会的外宾仍超过往届注册人数。通过商标节的举办，进一步扩大了协会与国际组织、国外政府部门、民间机构的沟通与交流，极大地提升了协会的国际知名度和影响力。

三、多措并举，倾心为会员提供服务

中华商标协会强化服务理念，创新服

务方式，丰富服务内容。在充分走访、调研的基础上，制定了《关于加强会员队伍建设的若干意见》，将协会宗旨概括为“服务商标战略，助推民族品牌”，将服务会员的主要内容明确为“四免、三优、两帮、一推动”等十项内容。一是推出了免费向会员赠阅《中华商标》杂志、《中国商标年鉴》和协会的《会员通讯》，允许会员免费注册参加协会组织的商标知识培训班、讲座和座谈会，优惠注册参加中国国际商标·品牌节等一系列力度空前的服务措施。二是通过邀请驰著名商标和地理标志企业、与地方商标协会和相关合作单位联合等8种途径，扩大会员覆盖面。三是推出加强组织领导、宣传报道和实行奖励等5个重要举措。

四、积极履职，大力宣传新《商标法》

按照国家工商总局关于宣传贯彻新《商标法》的工作方案要求，中华商标协会组织了一系列活动。2014中国商标年会以“推进新《商标法》实施，提高民族品牌竞争力”为主题，围绕宣传新《商标法》设置了丰富的议题，引起了与会者的极大兴趣，累计参会人数高达5000人次。分别在上海、南京、广州、深圳、北京举办了5期新《商标法》培训班，来自全国企业和商标代理机构的代表共1200多人参加了培训。充分利用中华商标协会官方网站、微博、微信、《中华商标》杂志等媒体平台，开设专栏，展开讨论，宣传新《商标法》。

中华商标协会与国家工商总局商标局和商标评审委员会共同编辑出版2014年《中国商标年鉴》，记录了2013年我国商标工作的总体情况和国家工商总局的商标大事，宣传了各省、自治区和直辖市实施商标战略所取得的成绩。

五、发挥优势，加强国际和地区交流

充分发挥中华商标协会民间社团组织的优势，搭建商标交流平台，积极开展国内外及海峡两岸企业、组织机构间的交流与合作。

2014年5月9～15日，应国际商标协会(INTA)邀请，组织代表团参加了国际商标协会第136届年会及相关活动，与国际商标协会进行了双边会谈，就加强合作达成了共识。

2014年7月17日，由中华商标协会与海峡两岸商务协调会共同主办的“2014海峡两岸商标研讨会”在呼和浩特市举办。来自台湾海峡两岸商务协调会代表团、大陆相关部门、业界专家和学者，以及来自海峡两岸的企业、商标代理机构和地方商标协会的代表近200人参加了此次研讨会。

2014年9月23～26日，应欧洲商标所有人协会(Marques)邀请，中华商标协会副秘书长肖芸出席了在丹麦哥本哈根举办的欧洲商标所有人协会第28届年会。肖芸副秘书长作为演讲嘉宾从修改背景、目标、特点和重点内容四个方面介绍了《商标法》修改的相关情况，并与参会代表就相关话题进行了互动交流。

2014年10月12～18日，应台湾海峡两岸商务协调会的邀请，中华商标协会副秘书长张国鹏带团参加了“两岸商标保护与监管宣介活动”。代表团与台湾“智慧财产局”相关部门、台湾地区40余家企业进行了商标实务交流，促进了两岸商标界、经贸界的对话交流。

2014年10月20～24日，应韩国特许厅的邀请，中华商标协会代表赴韩国进行了知识产权交流活动。访问了韩国特许厅、关税厅、特许法院等知识产权政府和司法机构，并考察了部分韩国知名企业。

2014年11月24～26日，应世界知识产权组织邀请，中华商标协会秘书长姜瑞斌赴瑞士日内瓦参加了世界知识产权组织商标、工业品外观设计和地理标志法律常设委员会(SCT)第32届会议。

六、注重建设，提高协会自身综合素质

党的十八届四中全会提出“全面推进

依法治国”的方针，协会工作也必须有章可循，有法可依。中华商标协会结合实际制定了《中华商标协会加强自身建设的若干意见》，其主要内容有以下几个方面：一是大力加强规章制度建设。二是大力加强学习型协会建设。三是大力加强协会文化建设。通过一年的实践，“三项建设”取得了良好的成效，自身综合素质得到了全面提高，为今后的发展夯实了基础。

（中华商标协会）

中国版权协会（第五届）

名誉理事长	柳斌杰		
顾问名单	沈仁干	王文章	陈建功
	钱小芊	郭寿康	苏士澍
理事长	阎晓宏		
常务副理事长	王国庆		
副理事长	郭义强	于慈珂	刘正荣
	邹建华	王野霏	刘晓霞
	张胜友	刘春田	吴汉东
	王　涛	殷忠民	石　村
	陈一丹	邱文友	童之磊
	万　捷	葛　珂	张鸿成
	赫思佳	王六一	
秘书长	孙　悦		
副秘书长	翟丽凤	刘双阳	张有立
	殷秩松		

中国版权协会第五届理事会自 2013 年 1 月换届以来，在国家新闻出版广电总局（国家版权局）、民政部等有关部门的关心和指导下，在中国版权协会阎晓宏理事长的直接领导下，通过全体理事和会员的共同努力，认真贯彻落实中央精神，紧紧围绕协会服务大局、服务会员的宗旨，积极开展维护会员权益的各项活动，不断加强协会自身建设，提高协会的服务水平和能力，较好地履行了中国版权协会章程赋予的各项职责。

一、积极贯彻中央精神，落实依法维权的各项部署

为贯彻国务院 2014 年打击侵犯知识产权的工作部署和国家版权局等联合开展的治理侵权盗版“剑网”专项行动的工作方案，中国版权协会积极落实中央要求，以“规范网络转载”为主题，召开了“网络媒体作品使用版权问题”座谈会，来自新闻网站、报刊社、司法、学术、行政管理等版权相关各界代表 60 多人参会，话题从个案开始，延伸至对整个行业现状的探讨，与会同仁达成依法维权、严格律己、创新内容、合作共赢的共识。规范使用媒体作品，以净化网络环境。中国版权协会联合中国报业协会向业界发起《积极维护报业版权 营造健康传播环境》的倡议，全国 600 多家媒体积极签字响应。目前，传统报业新媒体版权联盟也正在积极筹建中。这些活动贯彻落实了中央精神，极大地提高了业界依法维护版权的自觉性和主动性。

二、举办 2014 年度中国版权年会论坛和推荐活动

中国版权协会年会论坛和年度推荐活动，已经成为具有广泛社会影响，备受业界瞩目的品牌。2014 年 11 月 15 日，国家新闻出版广电总局副局长、国家版权局副局长阎晓宏同志为大会致辞，他精辟地概括了本届年会论坛的主旨和背景，并就我国版权在新时期国家建设发展中的地位和作用做了深刻及富于远见的阐述。国务院互联网信息办公室副主任彭波同志也发表了致辞。应邀出席演讲的嘉宾雷军、古永锵、万捷、邱文友、金建杭、龚宇以及柳建尧，他们作为时代发展的领军精英，围绕大数据时代下的文化和版权发展，理念上的颠覆、跨界、融合和战略创新的思维和成就，必将给业界带来更广泛的社会影响和深刻的启迪。中国版权协会 2014 年度评选推荐活动，自 2014 年 7 月启动以来，经过广泛征求意见，严格的资格审查、初评、终评、公示

等系列程序，最终评选出了2位中国版权事业终生成就者、11位中国版权事业卓越成就者和43家中国版权最具影响力企业。协会旨在通过此项活动，弘扬版权界开拓创新精神和卓越的奋斗成就，进一步推动我国版权事业的进步和发展。

三、加强版权培训，提高版权管理与版权保护水平

做好会员培训是中国版权协会服务会员的一项重要工作。为进一步提高中国版权协会各会员单位版权管理水平与版权保护水平，中国版权协会2014年先后举办了中国版权高级研修班及中国版权普及培训班两期版权培训班（其中一期免费，一期只收取住宿费）。培训围绕版权事业和版权产业的热点、难点问题，结合版权工作实际，为会员单位解疑释惑，开拓思路，丰富视野。会员参与十分踊跃，全国各地的版权会员单位近300余人参加了本次培训。培训反响热烈，受到业界好评。

培训特别邀请了全国人大常委、全国人大教科文卫委员会主任委员柳斌杰，国家新闻出版广电总局副局长、国家版权局副局长阎晓宏，国家新闻出版广电总局版权管理司司长于慈珂，财政部文资办主任王家新，中国出版集团公司总裁谭跃，奇虎360公司总裁齐向东，著名音乐人、导演、制作人、词曲创作者宋柯，上海市新闻出版局副局长祝君波，中央电视台总编辑室副主任石村，凤凰出版传媒集团董事长陈海燕，搜狐视频首席运营官邓晔等著名专家授课，围绕当前的版权现状与面临的问题、收藏的文化性与投资性、互联网企业跨界融合中的版权问题、版权管理实践、出版的本质与未来、版权的价值和运用等热点、难点问题进行了精彩的演讲与授课。

同时受国家版权局委托，2014年中国版权协会还承办了中央和地方两期政府机关软件正版化工作培训班，有近500人参加培训。

四、做好海峡两岸的版权交流，促进两岸版权发展

2014年8月，由中国版权协会和海峡两岸商务协调会共同举办的第七次海峡两岸版权保护研讨会在宁夏回族自治区银川市举行。来自国家新闻出版广电总局（国家版权局）、国务院台湾事务办公室、宁夏回族自治区政府、中国版权保护中心、宁夏回族自治区新闻出版广电局、台湾著作权保护协会，以及百度、阿里巴巴、腾讯、慈济、诚品书店等两岸版权企业、版权专家学者100多人参加了本次研讨会。

国家新闻出版广电总局副局长、国家版权局副局长阎晓宏、宁夏回族自治区政府副主席姚爱兴、海峡两岸商务协调会副会长、台湾著作权保护协会创会会长廖治德、台湾"智慧财产局"局长王美花等出席并致辞。

研讨会上，商务发展基金会智慧财产委员会副主任委员、台湾著作权保护协会理事长廖伟铭，台湾慈济基金会发言人何日生，台湾诚品公司副董事长吴旻洁等台湾代表，以及百度公司法人代表梁志祥，中央电视台总编室副主任石村，上海书刊发行行业协会会长哈九如等，围绕两岸著作权产业发展和保护分别发表了演讲。海峡两岸版权交流已建立了良好的机制，研讨涉及的内容日益广泛、深入、务实，受到两岸业界的高度认可。

五、积极广泛与会员单位交流，开拓服务会员方式

积极主动与会员单位广泛交流，是中国版权协会开展工作的基础。2014年，协会努力加强与会员单位的联系，积极进行沟通，研究行业发展变化的情况，深入了解会员企业版权运营及保护中的难点和需求，协会秘书处坚持开展会员企业走访活动。先后走访了青岛橡胶谷、枣庄版权贸易基地、奇虎360等会员企业，听取对协会

工作的意见和建议，增强了协会与会员企业的交流。为提高中国版权协会的服务能力，获得高校学术资源的支持，2014 年 5 月，协会与北京印刷学院达成了多项合作协议。为帮助版权企业解决版权纠纷的疑难问题，搭建了会员之间学习交流和合作的“版权沙龙”平台。与腾讯公司在北京大学法学院举办了首期“版权沙龙”，法官与企业法务部门同仁的交流，取得了较好的效果。2014 年 6 月中国版权协会主办谢云、苏士澍、杨再春书法《臻·妙》联展。本次联展的 3 位作者均为出版前辈、书法界名家。这次《臻·妙》联展，不仅呈现了 3 位书法前辈的作品，更拓展了中国版权协会的服务领域，进一步提升了协会的文化影响力。2014 年 6 月 18～21 日，由中国版权协会、福州市政府和福建省新闻出版广电局（福建省版权局）共同主办的第三届中国·福州海峡版权（创意）产业精品博览交易会（以下简称海峡版博会）。本届海峡版博会，有 110 多家企业参展，共展出 1700 余件作品，其中包含众多国家级和省级大师精品力作。海峡版博会全面展示了海峡两岸版权交易及保护成果，深化了创意及版权产业多元化交流，促进了版权（创意）产品服务交易，为海峡两岸版权产业多元化发展打造良好的产业服务平台，有助于促进海峡两岸版权及相关产业的共同发展。

六、加强协会内部建设，不断提高为会员服务的水平

2014 年中国版权协会第五届理事会，认真贯彻党和国家知识产权方针、政策，紧紧围绕国家新闻出版广电总局工作重心，竭力服务会员，积极履行协会章程，热心开展各项工作。中国版权协会秘书处作为日常办事机构做了大量工作。一是规范协会管理，加强内部制度建设。2014 年，进一步建立和完善协会工作的各项制度；完善协会会费的收缴和使用管理制度；建立协会内部工作流程，健全会员交流、沟通的有效机制，提高为会员服务的质量。如建立健全了财务管理制度人事制度行政管理制度及文件管理制度等，并严格按照制度开展工作。同时，协会积极吸纳相关协会好的工作方法，并广泛征求、听取会员单位的意见，改进工作方法，真正落实为会员服务的宗旨。二是做好会员信息交流，加强中国版权协会网站建设。协会上线了中国版权协会官方网站以及官方微信公众平台。努力丰富协会信息，及时将协会工作及行业信息刊发在网上，方便会员单位及时了解协会的工作情况和行业的相关的政策信息。三是积极努力发展新会员。协会会员结构、范围不断扩大，2014 年，又有 13 家企业申请入会。目前，协会会员已达 458 个。

（中国版权协会）

中国音乐著作权协会

主　　席　赵季平
副 主 席　陈晓光　屈景明　雷　蕾
终身名誉主席　王立平
名誉主席　傅庚辰　谷建芬　阎　肃
常务理事　（排名不分先后）
王世光　刘文金　刘春田
那日松　宋小明　张丕基
张亚东　李海鹰　柯肇雷
唐建平　徐沛东

一、会员发展

2014 年中国音乐著作权协会会员发展数为 399，其中词作者 150 人、曲作者 231 人、继承人 16 人、出版公司 1 家，其他 1 人。截至目前协会会员总数 7700 人。

二、许可业务

（一）广播权许可业务

2014 年，中国音乐著作权协会广播权工作进入第 5 个年头。依据《广播电台电视台播放录音制品支付报酬暂行办法》的

相关规定，广电行业现有付酬标准至2015年开始应有所增长。根据中国音乐著作权协会5年来广播权工作的实际情况，可以得出结论，2014年是广播权工作承上启下的一年。本年度，协会广播权许可共完成四项重点工作。(1)完成与已签约台的续签工作。(2)推进与中国广播电视协会广播版权委员会(以下简称广播版权委员会)成员台新一轮签约工作。(3)与广播、电视版权委员会协商成员台使用费增长。(4)启动对侵权台的诉讼工作。

(二)现场表演许可业务

2014年中国音乐著作权协会表演权部就现场表演许可工作进一步落实收费标准调整工作，巩固上一阶段已取得的成效，同时加强内部管理，不断完善演出项目的许可合作模式。

(1)继2013年表演权部针对实际操作中收费标准过低的问题进行统一调整并取得初步成效后，2014年继续认真落实收费标准的调整政策，确保各地许可工作的有序开展，以便更好地保障权利人的基本利益。

(2)为实现许可工作制度化、规范化，表演权部不断加强内部管理工作，建立健全各项规章制度；建立内部审核机制，加强许可业务的监督和审核，有效防范授权风险。

(3)表演权部不断完善巡回演出、长期演出等演出项目的整体合作许可模式，不仅有利于提高工作效率，降低工作成本，更为演出项目的运营提供专业、便捷的版权服务，以及有力的法律保障，同时也增加了中国音乐著作权协会许可区域的覆盖范围，为许可业务的拓展起到一定的积极作用。

(4)针对现场表演维权存在演出信息缺失的问题，中国音乐著作权协会向浙江等多个地方的演出主管部门书面建议通过其官方网络平台公示经其审批备案的演出信息，这样有效解决了演出信息公示问题，为权利人维权降低了难度。

(三)机械表演许可业务

2014年中国音乐著作权协会机械表演权许可工作体现出两个方面的特点。

(1)版权大环境向好趋势明显，越来越多的使用者认识到背景音乐版权问题的重要性以及解决的必要性，虽然对价格仍有微词，但在充分沟通的情况下，接受程度较之前相对容易。

(2)服务公司(提供音乐编排、选曲服务的公司)介入较多，对市场操作影响较大。一些公司向音乐使用者不负责任地宣传自己的权利概念，声称拥有所谓的音乐版权(实则无权或是假借其他权利误导使用者)，并以压低价格、承诺包揽一切版权责任等手段，诱使使用者不再向中国音乐著作权协会付费取得授权，转而与其签订包含版权内容的音乐服务或产品协议，从中受益。而客观上，使用者并未因此解决版权问题，依然存在很大的法律风险。受此影响，有许多使用者拒绝与中国音乐著作权协会签约，甚至一些多年签约的使用者也不再续约。为改变这一乱象，中国音乐著作权协会投入大量人力物力开展相关工作，解释说明，取证诉讼，不懈争取，虽有所转变，但成本巨大，市场仍处于“拉锯”状态。

(四)数字网络许可业务

2014年，在数字音乐方面，国内大的有影响力的音乐使用企业继续通过联合并购，整合音乐产业的上下游生产要素，增强话语权和自身的竞争力。由此音乐产业行业呈现出强者恒强、赢者通吃的市场局面。针对这样的市场局面，中国音乐著作权协会新媒体业务部延续以往开拓创新的发展思路，认真总结经验，努力收集产业信息，结合自身的资源优势，根据市场变化，相继与在音乐产业有话语权的大公司展开艰苦的谈判并最终达成了战略合作关系，同时也兼顾了与中小知名音乐企业的合作，代表众多分散的音乐著作权人一举扭转了在市场中处于被动、弱势地位的局面，为广大且相关权利难以行使的权利人争取到了相对平等公平的市场地位，同时也解决了国内主要音乐使用企业需要大量合法使用音乐的难题。

2014 年，新媒体业务部陆续完成了与百度战略合作延续、与腾讯音乐达成整体战略合作、中国联通音乐平台整体词曲清算合作、中国移动音乐基地关于境外词曲版权的整体清算合作；同时对其他知名音乐企业“酷狗”“天籁 K 歌”等也达成了战略合作。

(五)复制权许可业务

(1)传统音像、图书市场业务较 2013 年略有增长。

(2)自《教科书法定许可使用作品支付报酬办法》颁布实施以来，中国音乐著作权协会复制权业务部做了大量的市场调研工作，在日常的工作中不断搜集整理国家规划教材出版单位信息，建立国家规划教材出版单位清单，为全面落实教科书付酬办法做足准备。

三、版税分配

2014 年，协会分配部共完成 4 期共 11 次分配。

第一期：2014 年 4 月 9 日，完成 M132(2013 年下半年复制权使用费分配)、P121(2012 年现场表演使用费分配)、I121(2012 年互联网使用费分配)的使用费分配工作。

第二期：2014 年 8 月 18 日，完成 P122(2012 年背景音乐使用费分配)、K121(2012 年卡拉 OK 使用费分配)、2012 年机械表演权使用费分配。

第三期：2014 年 12 月 25 日，完成 M141(2014 年上半年复制权分配)、B131(2013 年百度等互联网音乐使用费分配)、O131(2013 年海外许可使用费分配)和 P123(2012 年中央电视台音乐使用费分配)的使用费分配工作。

第四期：2014 年 12 月，启动 P124(2010～2012 年地方电视台和广播电台分配)。因各地方台使用资料整理困难，该分配要到 2015 年 2 月完成汇款。

四、法律事务

2014 年，中国音乐著作权协会法务部直接承办民事诉讼 12 件，诉讼支出 14 万余元，索赔和追回著作权使用费 1335 万余元，待执行款 4 万余元；发律师函且未进行诉讼的案件共 8 件，追回著作权使用费 6 万元；待立案案件 8 件，支出 1 万余元。中国音乐著作权协会法务部指导外地律师事务所代理的诉讼 28 件，诉讼支出 12 万余元，追回著作权使用费 19 万余元，待执行款 30 万余元；为配合地办工作发函且未进行诉讼的案件共计 30 件，支出 8000 余元，追回著作权使用费 15 万余元；地办待立案案件 38 件，支出 11 万余元。

五、资料储备

截至 2014 年年底，DIVA 中文音乐作品数据库作品数目达到 610 万余首，CASH(香港音乐著作权协会)登记作品为 5 214 000 余首，MACP(马来西亚音乐著作权协会)作品 356 000 余首，MUST(台湾音乐著作权协会)作品 194 000 余首，协会登记作品为 346 000 余首，其中原创作品 287 000 余首，影视作品 47 000 余首，改编作品 6000 余首，填词作品 4000 余首。申请 ISWC 作品为 114 000 余首。

六、其他工作

(一)海外签约

2014 年，中国音乐著作权协会与罗马尼亚 UCMR－ADA 音乐著作权协会以及保加利亚 MUSICAUTOR 音乐著作权协会就表演权及复制权签订了相互代表协议，与马来西亚 MACP 音乐著作权协会继

1995 年就表演权签订相互代表协议后，于2014 年再次就复制权签订相互代表协议。与巴西 SOCINPRO 音乐著作权协会就表演权签订了单方代表协议，即中国音乐著作权协会代表对方在中国大陆范围内行使相关音乐作品的表演权许可授权业务。截至 2014 年年底，中国音乐著作权协会已与 62 个国家和地区的 60 余家音乐著作权集体管理组织建立了权利相互代表关系。

（二）处理海外签约协会咨询、投诉及联系海外授权许可业务

2014 年，中国音乐著作权协会共接到海外签约协会就各项代表权利投诉 100 余起，就此协会积极联系相关部门协调处理，尽最大努力保障海外权利人作品在我国的著作权权益。应部分影视广告制作方要求，就相关音乐作品的影音合成、改编等权利积极联系海外相关权利人，为我国影视、广告行业使用海外音乐作品建立顺畅的授权联系渠道，降低其违法使用海外音乐的概率。

（三）协助国际作者和作曲者协会联合会亚太区总部开幕仪式的组织协调工作

2014 年 1 月 15 日，国际作者和作曲者协会联合会（CISAC）宣布其亚太区总部迁至北京并随即开始运转，中国音乐著作权协会协助国际作者和作曲者协会联合会亚太区总部共同承担起其开幕仪式活动的组织协调工作。

（四）第五届中国国际版权博览会

2014 年 9 月 17～19 日，第五届国际版权博览会在成都举行。中国音乐著作权协会作为中国大陆地区唯一的音乐作品著作权集体管理组织参展，并荣获该届博览会优秀组织奖。

（五）2014（北京）首届音乐产业高端论坛

2014 年 11 月 6 日，“2014（北京）首届音乐产业高端论坛”在中国传媒大学国际交流中心开幕，在论坛专题讨论中，音乐版权保护问题成为关注热点。中国音乐著作权协会受邀参加此次论坛并派代表发言，在整体介绍协会工作情况的基础上，对现场观众的热情提问也作了解答，增进了现场观众对协会工作的了解。

（六）中欧版权集体管理研讨会

2014 年 11 月 26～27 日，欧盟和中国国家版权局在北京联合举办中欧版权集体管理研讨会，共同分享中欧著作权集体管理的经验，探讨新技术条件下著作权集体管理的实现途径、制度建设、权利管理、国际合作等问题。中国音乐著作权协会派员出席此次研讨会并作主题发言。

（七）讲座培训

2014 年 7 月，中国音乐著作权协会会员部、信息宣传部工作人员在中央音乐学院为在校学生及 2014 年北京国际作曲大师班的学员举办了一场名为“如何维护音乐创作者的合法权益”的专题讲座。通过讲座，使得广大师生对协会和集体管理组织的认识更加直观和深刻，更加了解如何保护自己的著作权益。

（八）南京青奥会签约

2014 年 7 月，南京青奥会组委会与中国音乐著作权协会举行了《南京青奥会音乐作品使用合作备忘录》签署仪式。

（中国音乐著作权协会）

中国音像与数字出版协会

理　事　长　孙寿山
第一副理事长　张毅君
副 理 事 长　张拥军　朱启会
常务副理事长　王　炬
副 理 事 长　（以下按姓氏笔画排序）
王　岳　毛凤昆　朱　光
朱　泓　刘晓松　池宇峰
杨　祥　宋　柯　张宛沙

林佑钦 林 鹏 周建潮 胡 奎 郝振省 敖 然 费玉珍 蒋勇青 韩宝昌 童之磊 赖秀薇 臧志君 臧彦彬 戴和忠

秘 书 长 王 炬(兼)

副秘书长 王 强 朱 禾 王 勤 汪京京

一、第四届第一次理事会上提出的六项任期目标在2014年的落实情况

(1)设立和逐步完善数字出版领域中的专业工作委员会。(2)以各工作委员会为基础,协商解决各专业中带有共性的、可以共同遵守的问题,制定行业技术标准,制定行业自律规范,制定能保证协会自身合法权益不受侵犯、企业利益不受损失的规则。(3)开创数字出版领域里的专业论坛,提供行业协商对话和研讨共同关心的问题的平台和机会。(4)协助政府主管部门开展业务数据统计、分析和数据共享的职能,成为政府在行业管理上的得力助手。这项工作在传统领域已经开展,已完成的有《2014中国音乐产业发展报告》《中国音乐产业市场调研报告》《2014年中国游戏产业报告》《2014年中国移动游戏行业白皮书》《关于中国音像行业开展司法维权所遇困境的专题报告》,数字出版领域暂时还没展开。(5)有组织有计划地参加国际事务,参加国际展览展示,积极推进我国的数字产品、数字品牌走出去、走向国际市场的工作,积极开展与国际同行的交流与合作。(6)强化行业组织的自身建设,积极寻求政府主管部门的支持和帮助,成为主管部门信得过、可以依靠的购买服务的提供者,积极稳妥地完成各项政府委托项目。

二、2014年工作计划十项要点的落实情况

(一)建章立制和内设机构调整

三个制度建设文件《议事规则及审批程序》《内设机构设置方案》《财务管理的补充规定》已经通过,《工作委员会工作条例》正在制定中。内设机构的调整已经完成,现在秘书处整合之后设有:办公室、会员部、国际交流部,新设立的信息咨询部已经开展工作,技术与标准部和一个专家委员会尚没有开展工作。此外,接受政府委托项目两个,组建了MPR注册中心和ISLI国际标准申办组。注册中心负责MPR国家标准的普及和应用技术以及产品的推广;国际标准申办组开展ISLI国际标准申办进展顺利。

(二)分支机构的整合与设立

2014年以前,中国音像与数字出版协会有8个工作委员会(唱片工作委员会、光盘工作委员会、教育音像工作委员会、音视频工作委员会、反盗版工作委员会、数字音像工作委员会、制作发行工作委员会、有声读物工作委员会),2014年这几个工作委员会基本都进入换届年,教育音像工委于2014年3月完成换届选举,已经正式启动换届程序的还有唱片工委、光盘工委和音视频专委。

2014年另一个重点是在新业务领域建立分支机构,国家新闻出版广电总局批准中国音像与数字出版协会在11个领域设立新的工作委员会,2014年1月批准设立的音乐产业促进工作委员会和游戏出版工作委员会已完成组建并开展了有效工作。音乐产业促进委员会2014年参与主办了音乐产业基地2014年年会,与中国传媒大学联合编撰了《中国音乐产业发展报告》并举办了中国音乐产业高端论坛;游戏出版工作委员会成功举办了在游戏产业享有重大影响的2014年中国国际数码互动娱乐展览会(China Joy)、2014年度中国游戏产业年会,发布了《2014年中国游戏产业报告》和《2014年中国移动游戏行业白皮书》。

2014年12月,国家新闻出版广电总局

还批准中国音像与数字出版协会在数字出版领域筹建9个工作委员会，即专业数字出版工作委员会、大众数字出版工作委员会、数字教育出版专业工作委员会、电子出版工作委员会、数字传媒工作委员会、数字阅读工作委员会、技术标准工作委员会、科学研究工作委员会、教学研究工作委员会。

这9个工作委员会是按照数字出版领域媒体技术和功能的类别设计，基本反映了数字出版各领域会员的需求，不仅为2015年以及今后开展工作做好了组织上的准备，也为新兴的数字出版领域科学分类、分类管理、同类企业的汇聚交流和进行行业支撑确定了基础。

（三）继续关注《著作权法》的修订

国家版权局于2012年启动了《著作权法》的修订工作，在公开征求意见的过程中，中国音像与数字出版协会唱片工作委员会为维护会员及唱片公司的权益开展了一系列卓有成效的工作，收到很好的效果，也得到了国家版权局和有关部门的好评。2014年修法程序推进到国务院法制办阶段，中国音像与数字出版协会唱片工作委员会主动进行了沟通，实时提供相关权利人的诉求。

（四）积极支持国家音乐产业基地的建设

由国家新闻出版广电总局主导建设的国家音乐产业基地，在2013年完成了第4个成都基地创建，基本形成北东南西的全方位布局。2014年中国音像与数字出版协会主要完成了两件工作，一是组建音乐产业促进工作委员会，受托协调各基地的工作和发展；二是由音乐产生促进工作委员会协助筹备2014年11月下旬在上海举行的音乐产业基地年度工作会议以及高端论坛，2014年12月的音乐产业大会。同时，音乐产生促进工作委员会联手中国传媒大学，编纂并发布了我国首部《中国音乐产业发展报告》。

（五）开展数字出版方面的业务

受国家新闻出版广电总局数字出版司的委托，完成了2014年中央文化企业数字化转型升级项目系列标准中的《项目管理指南》的制定工作。在业务主管部门的指导下，联合相关的二级工作委员会举办了2014年“悦读中国梦”“中国新媒体峰会”“科技与出版融合高端论坛”3个高端论坛和数字化转型升级、数字出版业跨界融合、数字资产管理等9个专题业务研讨会。

（六）国际交流

2014年1月，受国家新闻出版广电总局委托第6次组团参加在每年法国戛纳举办的国际音乐产业博览会（MIDEM），以国家展台的形式展示我国最新的音乐产业发展情况。2014年11月，应邀参加在美国洛杉矶举办的国际音频工程师协会（AES）大会，与该协会高层会谈交流并获得该协会的授权，管理有关国际音频工程师协会标准在我国的使用和规范。数字出版方面，先后与法国巴黎第八大学、日本电子书协会以及我国台湾电子书协会积极开展交流业务，并就新媒体重点联合实验室建设、电子书国际标准、电子书产品研发有关业务交流等事项达成合作意向。

（七）继续做好政府委托的项目

在有关主管部门的领导下，MPR团队卓有成效开展工作，将MPR应用从点读笔的概念中解放出来，秘书处前牵头联络了有条件的会员单位与MPR技术支持团队对接，将MPR的应用扩大到视频（播放器显示）的关联应用上。目标是将MPR关联技术最广泛地应用到电影电视剧制成品和数字音乐产品的出版传播上。ISLI国际标准申办工作进展比较顺利，目前国际标准化组织已经批准我国作为ISLI国际标准注册机构，接下来中国音像与数字出版协会将与国际信息内容产业协会共同牵头，筹建 ISLI 国际注册中心。

（八）开展专业技能培训

完成了 2014 年中央文化企业数字化转型升级项目系列标准中的《项目管理指南》专项培训。经批准 2014 年分别在北京、湖北举办了《项目管理指南》培训班和出版业数字化转型升级专题培训班，完成了 356 人次的培训工作。

（九）编撰行业报告（白皮书）

这项工作在传统领域已经开展，完成的有音乐产业促进工作委员会的《2014 年中国音乐产业发展报告》、唱片工作委员会的《中国音乐产业市场调研报告》、反盗版工作委员会的《关于中国音像行业开展司法维权所遇困境的专题报告》、游戏出版工作委员会的《2014 年中国游戏产业报告》和《2014 年中国移动游戏行业白皮书》。

（中国音像与数字出版协会）

中国发明协会

理事长	朱丽兰
常务副理事长	邢胜才
副理事长	（按姓氏笔画为序） 蔡镭 王子纯 王永民 王瑞生 包起帆 刘彭芝 张泽 李维德 汪金德 沈福昌 邹远东 徐士龙 鹿大汉 贺军科 曹凤国
秘书长	鹿大汉
副秘书长	曹晓滨 刘玉兰 陈泉涌

2014 年，中国发明协会在科技部和国家知识产权局的支持与领导下，在增强社会创新和知识产权意识、宣传发明创业人才、展示交流发明创新成果、为发明人服务和加强协会自身建设等方面，做了大量工作。

一、全社会创新创业形势

国家简政放权，出台了许多扶持新创企业、科技型小微企业的政策，使我国出现了“大众创业、万众创新”的新局面；中国发明协会理事作为协会的管理层，在发明创新工作中走在前面，起到积极的带头作用。地方发明协会作为发明协会工作的重要部分，推动了各地发明创新事业的发展。

二、打造协会品牌活动，构筑发明创新交流展示平台

（一）“中国发明家论坛”暨“发明创业奖”颁奖典礼

第八届“中国发明家论坛”暨第八届“发明创业奖”颁奖典礼在科技部、国家知识产权局、中华全国总工会、中国科协的支持下，会议取得圆满成功，得到所有与会者的好评。

1. 第八届“发明创业奖·人物奖”评选活动

第八届“发明创业奖·人物奖”评选活动共表彰 95 名发明家，他们拥有先进核心技术，产业化较好，有经济社会效益。中国发明协会在全国政协礼堂隆重举办了颁奖典礼，邀请了全国人大常委会原副委员长路甬祥，原科技部部长、中国发明协会理事长朱丽兰，中国科协副主席、书记处书记张勤，国家知识产权局副局长廖涛，国务院参事、科技部原副部长刘燕华出席典礼，并为“发明创业奖”获得者颁奖。

为大力宣传获奖人的创新创业成果、中国发明协会和“发明创业奖”，特编辑出版《第八届“发明创新奖·人物奖”创新绽放》画册，通过图文并茂的形式宣传每位获奖者及其取得的创新创业成果。画册制作精美，成为颁奖典礼上一份厚重的礼物。

2. 第八届发明家论坛

论坛为中国发明协会创建了一个交流思想、提高能力、深化实践、谋求合作的平台。为进一步推动全国群众性科技创新活动，提高企业自主创新能力，加快产业结构调整，增强知识产权保护意识，促进科技成果转化；为引导和帮助发明人充分理解和掌握国家对科技创新的政策，借助金融资本和新商业模式，实现发明创业的梦想，此次论坛设立了6个分论坛，针对目前我国发明人在创新创业发明创造中遇到的问题，邀请专家分别就创新创业、国家政策解读、科技与金融结合、创新方法教育、创客以及创新与知识产权保护等方面进行深入研讨，与参会者充分交流沟通。同时在论坛期间举办项目对接洽谈会，让那些最新的发明项目找到市场，让投资人找到值得投资的项目。

（二）第八届国际发明展

经科技部批准的第八届国际发明展，由中国发明协会主办，江苏省发明协会、昆山市科学技术局、昆山市知识产权局承办，于2014年11月19～22日在昆山市成功举行。

此次展会参展范围广，来自韩国、瑞典、俄罗斯、匈牙利、菲律宾、波兰、泰国、中国（含港澳台地区）等近40个国家和地区的184名嘉宾近3000个发明项目涉及工业、农业、节能环保、新能源、现代服务业等领域在本届展会进行了集中展示。此次展会首次设立了创客展区，来自美国、德国、法国、巴西、中国等国家的创客展示了他们的作品，成为本届展会的一大亮点。

展会还举办了经国家科技奖励工作办公室批准的“发明创业奖·项目奖”评选活动，以及世界知识产权组织和其他国内外有关机构设立的专项奖评选。本届展会共评出“发明创业奖·项目奖”金奖453个、银奖581个、铜奖702个，同时评出8个类别的51个专项奖和29个优秀展团奖。

1. 中国发明协会与亚太技术转移中心（APCTT）磋商会

出席本次磋商会的有：亚太经社会贸易投资司司长拉维博士，亚太技术转移中心负责人威廉姆森先生，亚太技术转移中心委员，以及科技部火炬中心、昆山市政府、地方发明协会、企业代表等50余人。磋商会上，泉州节能技术研究院、上海港湾基础建设（集团）有限公司、武汉九生堂公司等企业就合作事宜与亚太技术转移中心进行了磋商。

2. 中国发明协会与瑞典发明协会技术转移洽谈会

参加本次洽谈会的有瑞典、丹麦、冰岛的来宾及国内地方发明协会、国有企业人员50余人。来自不同行业的10个中瑞优秀项目在洽谈会进行了相互交流。

3. 发明方法的培训

首次在国际发明展期间对发明人开展发明方法的培训，国际TRIZ协会主席谢尔盖博士为国内外参展商，以及企业、科研院所、高校的发明人授课。

4. 国际青少年科技创新交流会

展会期间还举办了国际青少年科技创新交流会。来自菲律宾、泰国、韩国、巴西、埃及、德国等国的20余位师生与昆山参展的师生共50余人参加。交流会采取先组织外宾参观昆山市青少年展位，而后召开双方座谈会的形式进行。

此外，展会期间还举办了发明者协会国际联合会（IFIA）全会、亚太技术转移中心（APCTT）会议、外宾招待会、创客论坛、知识产权论坛、项目发布对接会等活动。

三、加大宣传工作力度，提升协会社会影响力

中国发明协会以品牌活动为着力点和突破口，针对不同发明创新群体，采取多种形式，广泛开展知识产权与创新宣传普及活动，使知识产权与创新理念深入人心，成为发明人的意识认同和行为指导。(1)完成网站改版工作，增加英文版网站内容。网站新版建设围绕创新与发明工作开展，重点做好知识产权政策信息和服务信息的传播工作，丰富了网站内容，及时更新网站信息。(2)拓宽对外宣传渠道，加强展会宣传力度。为努力打造三大品牌活动宣传工作，中国发明协会充分拓宽对外宣传渠道，与中央电视台、《科技日报》《中国知识产权报》等媒体合作，创新宣传形式和内容。

四、开展青少年创新竞赛及创新培训活动

中国发明协会把提高青少年创新创业能力作为贯彻国家"提高自主创新能力，建设创新型国家"战略重要途径，切实抓紧抓好。

(一)青少年创新竞赛活动

2014 年中国发明协会分别在广州、济南、南京与太原主办了第十届宋庆龄少年儿童发明奖评选、第十二届中小学信息技术创新与实践活动、第九届全国高职高专"发明杯"大学生创新创业大赛及第七届全国中小学生劳技教育创新作品邀请赛，共有来自全国的 8200 余人 11 136 个项目参加初评与终评。

(二)青少年创新培训工作

中国发明协会与创新方法研究分会共举办了 10 期青少年关于创新能力与知识产权意识培养的科普宣讲与专题培训活动。针对青少年的特点，为充分调动学习兴趣，精心设计培训课程，为确保学习效果，严格挑选培训老师，在普及知识产权知识、提高知识产权意识方面起到了积极的推动作用。

五、努力开创民间科技创新外事工作新局面

(一)加大组团参加世界各国国际发明展的力度

为进一步展示我国在自主创新及发明方面的成果，中国发明协会加大了组团参加世界各国大型国际发明展的力度，2014 年 7 次出国参展，共组织了 113 项发明成果参加第 113 届巴黎国际发明展、第 66 届纽伦堡国际发明展、伊朗第 4 届"发明者、启动者和创新者国际发明展览"、第 7 届韩国国际女子发明展、2014 泰国"发明者日"展览和 2014 克罗地亚国际发明创新展，取得了 46 金 26 银 18 铜的好成绩。

(二)加强与国际组织的合作

2014 年在与国际组织的合作中，除继续与世界知识产权组织的合作关系，增加了与亚太经社会的合作。

1. 与世界知识产权组织的合作

自 1985 年 10 月起世界知识产权组织在中国发明协会举办的发明展上设立"最佳发明奖""青年发明奖""妇女发明奖"3 个专项奖。2014 年协会克服种种困难使世界知识产权组织在展会上设奖得以继续。目前，中国发明协会举办的中国国际发明展览会已列入国家知识产权局与世界知识产权组织的合作协议，成为世界知识产权组织的主要设奖支持项目。

2. 与联合国亚太经社会(ESCAP)的合作

为扩大国际合作，2014 年 2 月中国发明协会派人访问了亚太经社会。亚太经社会新任执行秘书(联合国副秘书长兼任)建议双方先从与亚太技术转让中心(APCTT)的合作开始。亚太技术转让中心将原定在斯里兰卡召开的技术委员会会议改为在中国昆山举办，以表明其合作的积极态度。

(三)加强与世界各国发明组织的合作

中国发明协会与世界上近 40 个国家

的发明组织建立了合作关系，2014 年来往密切的有瑞典、泰国、尼日利亚等国家。此外还与德国议会建立了联系。

（四）参加发明者协会国际联合会（IFIA）主席换届竞选

利用发明者协会国际联合会这一平台宣传我国发明创新成果及我发明人的创新风采，是中国发明协会的愿望。为此，推荐中国科协副主席、书记处书记张勤同志为候选人参与 2014 年发明者协会国际联合会主席换届竞选并报经外交部、中央组织部批准。

六、加强发明创新的研究、发明人培训及国家科技奖励的推荐工作

（一）发明创新的软课题研究工作

中国发明协会加大与主管单位业务部门之间的联络，主动承接 4 个不同方向的发明创新软课题研究，包括：国家知识产权局知识产权发展研究中心关于《中小学生创造力培养与知识产权普及教育研究》课题，国家知识产权局条法司关于《职务发明人权益保护制度专题调研及论证》课题，国家知识产权局专利管理司关于《促进非职务发明专利转化服务试点工作》课题及中国科协学会学术部关于《中国科协所属学会有序承接政府转移职能试点项目》课题。软课题的完成，使中国发明协会了解了目前我国中小学生创造力培养的现状，研究了职务发明人权益保护的问题，探索了非职务发明人的专利转化的实施，总结了国家科技奖推荐工作的经验与方法。

（二）发明创新的培训工作

2014 年在国家知识产权局与人社部的大力支持下，中国发明协会举办了一系列知识产权与创新培训。分别在南京、北京、连云港、上海、泉州、宁波、芜湖等地举办了 10 期培训班，共有 1092 人参加。通过培训，学员拓展了创新思维，掌握了知识产权与发明方法的知识，对企业专利管理战略、企业知识产权管理规范、国家科技计划解读及申报、企业技术创新如何发展等问题，有了深入了解。

（三）高端科技奖励的推荐工作

1. 国家科学技术奖推荐

为充分发挥工人农民在创新型国家建设中的作用，中国发明协会 2014 年继续做好国家科技奖励中工人农民技术创新推荐、技术发明奖推荐等工作，协会认真细致地工作，所推荐项目均通过形式审查与网评，在国家奖励办网上公示，最后未获奖。

2. 欧洲发明奖推荐

中国发明协会受国家知识产权局国际司委托组织拥有欧洲专利的我国发明人申报“欧洲发明奖”。中国发明协会通过多种渠道宣传并联系在国内有实力且已获得欧洲发明专利的单位参加申报工作。共征集 15 个优秀发明项目并按要求将材料报送欧洲专利局欧洲发明奖主办小组。

七、加强内部建设工作

（一）加强内部规章制度建设

严格规范的内部制度是做好各项工作的前提和保障，是中国发明协会发展的有力保障。中国发明协会始终将制度建设放在协会大局工作中，一方面将内部制度整理、汇编成册，另一方面根据工作发展，与时俱进制定新的内部规章制度，提高协会的管理水平、工作效率与工作质量。

（二）实施协会人才培养部门指南

根据《中国发明协会人才培养部门指南》，中国发明协会制定了 2014 年员工培养计划与中国发明协会人才培养实施方案，围绕知识产权服务业工作，结合协会机构特点和实际工作，通过在线学习、项目锻炼、面授课程以及交流研讨方式进行学习培训，2014 年计划实施完成率为 26.4%，

实际实施完成率为40.5%。

（中国发明协会）

国际保护知识产权协会(AIPPI)中国分会第七届理事会

会　　长　田力普

副 会 长　于　平　阎晓宏　李玉光　孔祥俊　许瑞表　马　浩　李　勇　杨　梧

秘 书 长　李　毅

副秘书长　宋建华　何训班

2014年国际保护知识产权协会(AIPPI)中国分会积极开展了以下活动。

一、积极协调和联系协会和国家知识产权局会见

2014年3月18日，AIPPI会长约翰·博克诺维奇先生以及秘书长斯蒂芬·佛莱彻姆先生拜会了国家知识产权局，受到国家知识产权局何志敏副局长的亲切会见。会长和秘书长向国家知识产权局领导介绍了国际保护知识产权协会的近况和未来的发展计划。博克诺维奇会长对国家知识产权局多年来给予的支持表示感谢，同时希望双方建立更为紧密的合作关系。何志敏副局长向客人们介绍了国家知识产权局最新的发展状况，特别是遍布全国的几个审查中心的建设情况和所承担的审查任务。AIPPI中国分会马浩副会长和李毅秘书长陪同参加了会见。

二、与瑞士分会联合举办“国际保护知识产权协会瑞士日”专业论坛

2014年4月29日，“国际保护知识产权协会(AIPPI)瑞士日”活动在瑞士苏黎世举行。作为本次活动的重要组成部分，AIPPI中国分会与瑞士分会联合举办了专业论坛，北京万慧达知识产权代理有限公司高级合伙人黄晖受邀代表AIPPI中国分会参加论坛，并以“中国新商标法”为主题做了演讲。黄晖博士的解说得到了与会瑞士知识产权律师的热烈欢迎。

三、接待美国国际保护知识产权协会代表团并举行联合研讨会

2014年6月9日，AIPPI中国分会在北京接待了美国AIPLA代表团，并与代表团举行了一场联合研讨会。AIPLA代表团一行17人是应中国知识产权研究会的邀请，来北京和西安进行一年一度的两协会交流活动。由于AIPPI美国分会附属于AIPLA，因此此次率团来访的AIPLA主席韦恩·索班先生同时也是AIPPI美国分会的主席，这也是索班先生继2013年11月率领AIPPI美国分会代表团与AIPPI中国分会在杭州举办联合研讨会活动之后，再次率领AIPLA代表团与AIPPI中国分会举办活动。这次的活动两协会分别指派了两位演讲人介绍中美两国知识产权立法和实践的最新发展，AIPPI中国分会指派贸促会专利商标事务所的赵玲介绍了新修改的中国商标法，和金杜律师事务所的竺农范介绍中国最高人民法院近期的几个知识产权案例。美国方面介绍了AIPLA基本情况，和美国专利商标局的双方复审程序。

四、第十二届国际保护知识产权协会中日韩三国分会交流会

2014年6月13～15日，第十二届AIPPI中日韩三国分会交流会在韩国首尔市召开，来自中国、日本、韩国的知识产权执业者和学者以及AIPPI副秘书长和韩国知识产权局的官员共计130余位代表参加了会议，这是自2000年首次AIPPI中日韩三国交流会以来，参加人数最多的一次交流会，其中韩国分会参加人数达65人，中国分会有46人报名参加。

6月13日晚，AIPPI韩国分会按照会议传统，在会议酒店室外为来自中日韩三

国的参会者们安排了一个烧烤欢迎招待会。6月14日会议由韩国分会秘书长主持，AIPPI副秘书长劳伦特·特里班先生和韩国知识产权局知识产权上诉委员会首席审查官发表主题演讲，分别介绍了正在筹划中的欧洲统一专利和统一专利法院制度，以及韩国专利无效制度。之后举行了三国交流会开幕式。

2014年的三国分会交流会仍然是三个专题。第一个专题还是传统的介绍各自国家知识产权制度的最新发展，中国分会指派中咨律师事务所的陈学民代表中国分会演讲，陈学民演讲的内容是介绍刚刚生效的中国新修改的《商标法》的主要内容。第二个专题也是当年的AIPPI专题研究Q238，即“二次医药用途或者适应症权利要求”，来自三国的演讲人分别介绍中日韩三国的法律规定和审查及执法实践。代表中国分会演讲的是贸促会专利商标事务所的罗菊华。第三个专题“知识产权许可合同以及在公司破产清算时许可合同的处理”，该专题同时也是2014年AIPPI的专题研究Q241，代表中国分会演讲的是永新知识产权代理有限公司的邵伟先生。

五、2014国际保护知识产权协会中国分会青年知识产权研讨会

2014年8月1～2日，AIPPI中国分会在北京怀柔成功举办了2014年AIPPI中国分会青年知识产权研讨会，来自北京和上海的20家知识产权代理事务所的AIPPI中国分会会员，以及部分非会员，共计近100位专利/商标代理人参加了此次研讨会。这次研讨会的一个突出的特点，就是全程完全采用国际知识产权研讨会的通行语言——英语进行演讲和讨论，不提供中英文翻译。本次研讨会共划分了10个时段，由10位主持人组织了30位演讲人，在两个半天的时间里，就目前国际上专利、商标、版权、技术许可等多个方面的知识产权热点问题展开密集演讲和讨论。虽然这是中国分会组织的一个完全由本分会会员参与的研讨会，但却是首次全程采用英文的一个研讨会。组织这样一个研讨会，是为推进国家知识产权战略的贯彻实施，为中国知识产权事业培养高层次国际化人才。

六、参加2014年国际保护知识产权协会世界知识产权大会

2014年9月14～17日，2014年AIPPI世界知识产权大会在加拿大多伦多市召开，来自世界各国和地区的超过1600名会员参加了本次大会，其中97人来自中国大陆地区，中国分会前副会长马浩作为代理会长，参加了会长理事会。另外中国分会还指定了9位会员作为代表参加了执委会。执委会通过了以下专题报告的决议。

Q238－二次医药用途或者适应症权利要求；

Q239－马德里系统下的基础商标要求；

Q240－著作权法中的权利穷竭问题；

Q241－公司破产解散对许可合同执行的影响；

Q228－专利的先用权问题。

2014年的专题报告分别由贸促会专利商标事务所的杨国旭、罗菊华和于巧玲，中国商标专利事务所的熊钢，万慧达知识产权代理有限公司的朱志刚和永新知识产权代理有限公司的邵伟和钱开耘代表中国分会撰写完成。另外邵伟还受邀在多伦多大会期间担任Q241工作委员会共同主席。

本次大会邀请了欧共体内部市场协调局副局长和欧洲专利局局长做主旨发言，分别介绍了外观设计国际保护海牙协定和专利法统一。

本届大会之后，国际保护知识产权协会两位事务局主要领导卸任，其中秘书长斯蒂芬·佛莱彻姆为事务局工作了8年，而总报告人特里·卡拉梅更是为事务局工作了13年。另外在2014年9月17日举行的本届大会的第二次执委会上，国际保护知识产权协会中国分会前副会长马浩当选为国际保护知识产权协会副会长，他是首位进入国际保护知识产权协会事务局的中国籍会员。事务局是国际保护知识产权协会执行机构，设有会长、副会长、秘书长、副秘书长、总报告人、副总报告人和总司库等，负责组织和管理国际保护知识产权协会的各项活动。马浩的当选也表明，中国知识产权事业的发展和进步得到了国际社会的关注和认可，中国在世界知识产权界的地位有了极大的提升。

（国际保护知识产权协会中国分会）

《中国知识产权年鉴》编撰部门相关信息一览表

部门名称	主要或分管领导	联络机构	负责人	联系人	联系电话	电子信箱	地　址
国家知识产权局	申长雨	办公室	赵志彬	沙开清	010－62085202	shakaiqing@sipo. gov. cn	北京市海淀区西土城路6号
国家工商行政管理总局	刘俊臣	商标局	许瑞表	庄培基	010－63219616	xuyiwen@saic. gov. cn	北京市西城区茶马南街1号
	孙鸿志	反垄断与反不正当竞争执法局	任爱荣	杜长红	010－88650527	duchanghong@saic. gov. cn	北京市西城区三里河东路8号
国家版权局	阎晓宏	版权管理司	于慈珂	丁智勇	010－83138111	copyrightncac@sina. cn	北京市西城区宣武门外大街40号
全国“扫黄打非”工作小组办公室	蒋建国	全国“扫黄打非”工作小组办公室	周慧琳	汪　强	010－83138733	xinxichu@shdf. gov. cn	北京市西城区宣武门外大街40号
农业部	张桃林	科技教育司	石燕泉	何艺兵	010－59193073	cq@agri. gov. cn	北京市朝阳区农展南里11号
国家林业局	孙扎根	科技发展中心	胡章翠	龙三群	010－84238710	longsanqun@forestry. gov. cn	北京市东城区和平里东街18号
海关总署	邹志武	政策法规司	陈旭东	张芬涛	010－65195362	ipr@customs. gov. cn	北京市东城区建国门内大街6号
商务部	张向晨	条约法律司	李成钢	纪文华	010－85093116	ipr@mofcom. gov. cn	北京市东城区东长安街2号
公安部	刘金国	经济犯罪侦查局	孟庆丰	张菲菲	010－66263698	18611140287@163. com	北京市东城区东长安街14号
最高人民法院	陶凯元	知识产权审判庭	宋晓明	夏君丽	010－67556787	spcipr@163. com	北京市东城区东交民巷27号
最高人民检察院	朱孝清	侦查监督厅	刘慧玲	李薇薇	010－65209636	lww707@126. com	北京市东城区北河沿大街147号

地方知识产权工作概况

北京市

专利工作

2014年,北京市知识产权综合实力继续排名全国首位。其中,体现区域自主创新能力的"每万人发明专利拥有量"北京市已达48.1件,指标全国最高;发明专利申请占专利申请总量的近六成,结构全国最优;发明专利授权量超过2万件,数量全国最多;13家企事业单位年度专利申请量超过千件,知识产权优势企业集群规模全国最大。

一、成功承办两件国家层面大事,首都知识产权发展打开新局面

一是圆满完成世界知识产权组织中国办事处落户服务工作。2014年7月10日,办事处正式启用。借助办事处这个平台,北京市与世界知识产权组织加强了相关领域的合作,知识产权工作国际化水平不断提高。

二是成功争取全国知识产权运营公共服务平台落户北京。国家知识产权局和财政部已批复同意该平台落户北京。该平台建成后,将成为亚太地区乃至全球有影响力的知识产权交易平台和载体。

二、知识产权融入经济建设主战场突出"三个着力",首都知识产权战略实现新发展

一是着力增强知识产权工作的统筹力和影响力。提升北京市知识产权办公会议规格,由主管副市长担任召集人,增强了全市知识产权工作的统筹力。北京市知识产权局成为全市科技教育体制改革专项小组副组长单位,知识产权在深化改革工作中的影响力有效提升。

二是着力服务中关村示范区提升创新能力。联合中关村管委会实施知识产权推进计划,中关村企业年度专利申请量首次突破4万件。中关村企业所获中国专利金奖数量占到全国的1/5强,质量、效益全国领先。深入开展专利导航等7个国家级试点工作,多个成功经验已向外输出。中关村知识产权要素一条街建设取得突破进展,出台了优惠政策,首批20家机构已进驻。

三是着力推动知识产权与区域经济融合发展。夯实区县工作基础,指导各区县围绕中心工作实施区域知识产权发展战略。助推战略性新兴产业发展,指导建立13个细分产业知识产权联盟。服务文化创意产业发展,争取国家知识产权局支持设立了中国北京朝阳(设计服务业)知识产权快速维权中心。与北京市农委合作在通州区建立国际种业品种权交易创新基地。

三、积极抓好知识产权创造、运用、保护和文化建设"四个环节",首都知识产权事业迈上新台阶

一是知识产权创造水平不断提升。以新修订的《北京市专利资助金管理办法》为杠杆,从政策层面引导专利申请从重数量向数量与质量并重转变。加快推进企事业

单位创新能力建设，目前全市已有专利试点示范单位4100余家，拥有有效发明专利的企业近6000家。专利申请量和授权量继续保持两位数的增长势头，知识产权创造实力位列全国首位。

二是知识产权运用能力不断增强。成立深化改革专项工作组，研究制定促进专利转化运用政策。推动成立国内第一支专利运营和技术转移基金。扶持社会资本参与知识产权运营，北京市已涌现出10余家专业机构。推进知识产权金融创新，全年专利质押贷款金额接近40亿元。

三是知识产权保护环境不断完善。新修订的《北京市专利保护和促进条例》正式施行。发布首都知识产权保护状况白皮书。加快推动区县行政委托执法工作，开展打击侵权假冒专项行动，受理专利侵权案件和查处假冒专利案件的数量同比增长128%。加大电子商务领域专利侵权案件监控力度，将京东商城列为试点单位。根据京津冀一体化发展的需要，建立华北地区专利行政执法协作机制。加大企业海外知识产权维权援助力度，帮助一企业成功应对美国“337调查”。

四是知识产权文化建设不断深化。探索构建立体化知识产权人才培养体系，与清华大学等6所高校联合培养实务人才。建立各类教育基地10余个，开展培训活动100余次，累计为企业培训近万人。以“4·26世界知识产权日”和第八届中国专利周为契机进行重点宣传，利用新媒体和传统媒介强化日常宣传，社会公众知识产权意识普遍提高。

（北京市知识产权局）

商标工作

北京市工商局创新工作理念，采取有力举措，以新《商标法》颁布实施为契机，强化监管执法，提升服务水平，大力推进商标战略实施，深入开展“双打”和各项整治，监管与服务取得了新的进展。

2014年4月29日，召开“贯彻落实新《商标法》推动北京商标品牌发展大会”。北京市副市长程红、国家工商总局商标局局长许瑞表等出席会议，北京市有关部门负责人，各区县政府主管领导，驰著名商标企业代表，工商系统代表，以及中央及市属主流媒体记者等450人参加了会议。会上明确了北京市实施商标战略的总体要求，提出培育“北京服务”“北京创造”品牌，树立首都品牌形象的工作目标。

北京市工商局作为牵头单位，与市科委、市商务委、市经信委、市农委、中关村管委会、市文资办、市知识产权局等成员单位联合签署合作协议，从建立信息交换机制、统筹支持企业发展、加强商标专用权保护三个方面为北京市企业实施商标战略提供全方位、多领域、立体化的政策支持。

为进一步贯彻落实新《商标法》，为品牌经济发展营造良好的社会环境和法律环境。北京市工商局多次组织召开驰名商标企业座谈会，充分利用“4·26知识产权宣传周”，通过报纸、电视、期刊、网络等多种媒体，采取多种形式开展新商标法的宣讲工作。在全市范围内开展了宣传新《商标法》系列活动，得到了广泛支持和社会认同。同时，研究新商标法实施中出现的新问题，适时出台指导意见。

以各类市场为重点整治业态，以小家电、儿童玩具、汽车配件、建材、电子产品等危害人身及财产安全的假冒伪劣商品为重点整治商品，制定颁布了《保护知识产权打击假冒伪劣专项整治行动方案》《北京市工商局互联网领域侵犯知识产权和制售假冒伪劣商品专项整治方案》，严厉打击利用互联网销售假冒国际知名品牌商品的行为。2014年8月1日至10月21日围绕互联网领域侵犯知识产权和制售假冒伪劣商品，集中开展了专项整治行动。2014年，全市共办结侵犯知识产权、制售假冒伪劣商品案件898件，罚款1000.4万元，捣毁了5

个侵犯知识产权、制售假冒伪劣商品的窝点，移送司法机关案件 4 起。2014 年已公开侵犯知识产权和制售假冒伪劣商品的案件 299 件。

2014 年，全市商标申请量 191 152 件，注册量 91 252 件，累计有效注册量 545 713 件。

（北京市工商行政管理局）

版权工作

2014 年，北京市版权局认真贯彻落实市委、市政府关于 2014 年版权工作的指示要求，紧紧围绕服务首都经济建设大局，有效宣传普及《著作权法》，扎实推进软件正版化，切实加强版权保护力度，大力促进版权相关产业发展，积极推动版权输出“走出去”，圆满完成了各项工作任务。2014 年，北京地区作品自愿登记数量为 510 843 项，比 2013 年增长了 19.16%，连续 12 年位列全国第一。版权引进 8792 项，其中软件 31 项，电子出版物 61 项，图书 8700 项（含期刊 145 项），位列全国第一。版权输出数据尚未统计完毕。软件著作权登记量为 47 825 项，比 2013 年增长了 14.66%，占全国总登记量的 21.89%，位列全国第一。

一、版权宣传工作

2014 年 4 月 26 日，北京市版权局和首都版权产业联盟共同主办了“2014 年北京知识产权宣传周主题活动暨第四届北京音乐版权保护与产业发展论坛”。200 多名知名音乐人和唱片公司、音乐网站代表共商版权保护，呼吁共同保护版权、鼓励创新，并就如何完善“中国正版音乐曲库交易平台”，共同推动正版曲库交易与合理分配进行了交流。

利用《视听表演北京条约》签订 2 周年的契机，北京市版权局组织召开了多期贯彻落实《视听表演北京条约》的研讨会，邀请有关专家以及版权管理相关同志探讨《视听表演北京条约》批准后的版权保护问题；举办“《视听表演北京条约》签订 2 周年纪念活动暨视听表演版权保护高峰论坛”，文艺机构代表、行业专家及演艺人士代表，围绕条约的宣传贯彻落实和版权之都建设做了精彩的主题演讲；积极与主流媒体机构合作，在几大纸质媒体开辟外交大会宣传专版专栏，刊发专题文章；联合新浪网利用北京市版权局官方微博，开展与外交大会、《视听表演北京条约》和版权保护有关的知识问答；开展地面推介活动，制作展板、印制主题宣传单页和主题购物袋发放给市民和活动参与者，宣传《视听表演北京条约》和版权相关知识等。

二、软件正版化工作

2014 年是北京市软件正版化工作的关键一年，按照国务院的统一要求，北京市在全面完成北京市各级国家机关软件正版化工作的基础上为实现各级国家机关软件正版化的制度化、常态化，继续深入推进市属国有三级以上企业和新闻出版行业所属二级企业使用正版软件工作，充分发挥联席会议牵头单位组织协调作用，创新工作举措、积极有效部署、切实采取措施、确保各项工作圆满完成。

（一）国家机关软件正版化工作

1. 开展严格自查，坚决完成整改

北京市使用正版软件工作联席会议办公室从 2014 年 8 月起，组成了若干检查考核组，赴部分市级单位、区县对有关单位正版化工作情况进行了检查。检查组采取了听取汇报，查阅相关文件，核对采购合同、软件授权许可协议等资料，以现场随机抽查计算机软件安装情况的方式进行了严格细致的检查。检查结束后，联席会议办公室将结合检查情况和各单位上报的相关正版化工作资料进行统一考核，并于 2014 年年底前向全市通报软件正版化工作检查考核结果，对完成情况好的单位，联席会议进行总结表彰，对未完成或完成情况差的单位予以通报。

2. 拟定管理制度，建立长效机制

针对国务院检查组提出的长效机制建设问题，北京市迅速行动，结合北京的实际情况，参照国务院办公厅《政府机关使用正版软件管理办法》，正在制定具有较强针对性、操作性的《北京市国家机关使用正版软件管理办法》。此外，北京市还专门制定了《北京市国家机关软件正版化考核工作方案》，确定对各级国家机关软件正版化工作第一责任人的履责、工作责任分解及实际履责、软件正版化经费保障情况以及对相关软件采购资金和资产管理的审计情况、建立软件资产管理制度、开展日常监督情况等内容进行重点检查考核，为实现正版化工作的常态化、制度化打下了坚实的基础。

3. 加强宣传培训，提高正版化意识

为提高各级国家机关工作人员使用正版软件的自觉性，北京市作出了积极努力。一是将国务院办公厅《政府机关使用正版软件管理办法》的主要内容印制成正版化宣传海报，并切实做好相应的宣传工作。共发放宣传海报 2000 张，宣传标贴 150 000份。二是多次组织正版化知识培训。2014 年北京市共组织由市级机关和各区县政府软件正版化和信息化有关负责人参加的正版化相关培训四场，参加培训人员 1000 余人次。三是委托首都版权联盟建立软件正版化微信公共账号，向各机关和企事业单位推送包括正版化工作知识、相关法律法规、软件使用技巧和常识等内容，强化宣传效果。

(二)企业正版化工作

2014 年 5 月，北京市召开了 2014 年推进市属国有企业使用正版软件工作动员部署会，全面扎实推进年市属国有企业软件正版化工作。在各企业集团总部完成对所属企业的检查验收工作后，北京市使用正版软件工作联席会议办公室组织 10 个检查组，分别由联席会议成员单位相关负责人及区县正版化主责单位相关负责人带队，采取抽查的方式，对列入 2014 年计划内的 180 家市属国有企业软件正版化工作按 30%的比率进行实地检查验收。

三、版权保护工作

北京市版权局通过各种手段有效加强监督监测，切实抓好大案要案，不断增强版权保护的力度和实效。

(一)继续实施版权护航工程

(1)协助国家版权局实施网络主动监管任务，继续推动《信息网络传播权保护指导意见》的贯彻、实施。对大型、综合性网站的版权使用情况进行跟踪监测，主动监管。结合主动监管工作，进一步推行《版权声明试行办法》。版权声明公示制度在明晰版权归属、预防版权纠纷方面发挥了越来越明显的作用。

(2)促进北京版权调解中心的进一步完善，重点围绕计算机软件和音乐视频作品的著作权保护，提升版权服务能力，积极开展调解工作。2014 年，北京版权调解中心共受理著作权纠纷调解案件 26 起，涉及金额 1338.63 万元。经过沟通、走访及设立调解庭进行当面调解，其中 13 起案件已经结案，结案金额 218.17 万元。

(3)对被举报、投诉的网站进行定向监测，整体评估。适时约谈违规企业，指导其制定整改方案并督促落实，使社会影响较大的网站的版权状况明显改观，网络版权秩序持续好转。

(4)坚持与广电、通信部门的快速反应机制。对有侵权行为同时未经许可从事视听服务或未经登记的非法网站实施快速清理，进一步净化网络版权环境。积极支持、配合国家版权局和北京市司法机关办理侵犯著作权刑事案件，为公安、司法机关顺利办理侵犯著作权刑事案件提供有力支持。

(5)积极推进版权工作站建设，在重点领域和企业建立11个版权工作站，完成版权服务培训，指导版权工作站结合各单位特点，积极开展版权宣传、咨询、登记和保护工作。

(6)为加强源头治理，有效打击侵权盗版，继续深入推动“清源行动”。该行动系版权行政主管部门发起，相关行业协会积极参与，有关企业积极响应并具体落实，对经版权行政机关认定属于“专门或主要从事侵权盗版活动的网站”采取停止广告投放业务、停止结算已经产生的广告收入等措施。对于违规继续为“盗版网站”提供广告投放业务的企业，由版权行政管理部门或相关行业协会采取约谈、公开谴责等方式予以警示，对经警示无效的企业，由版权行政管理部门依照相关法律规定提请有关执法部门追究其共同侵权的法律责任。

(7)成功办结百度、快播侵犯著作权行政处罚案。按照国家版权局的统一部署和北京市版权局领导的要求，积极参与百度、快播侵犯著作权案的查处工作，并在规定期限内顺利办结案件。

(二)开展版权科技维权工程，建立网络版权技术联盟

(1)推动升级现有网络版权信息监控系统功能，开发视频、音频监控系统，形成文字、视频、音频三位一体的网络版权监控平台，实现对信息网络版权信息全天候的搜索、分类、统计、提取功能。

(2)推动、扶持建立网络版权技术联盟。开发指纹、水印、DNA等自动识别技术、阻断反复上传重复链接技术、防伪技术和自动统计报警技术等。

(三)组织开展打击盗版专项行动，维护网络版权传播秩序

(1)重点对21家重点网站音乐、视频、文字作品的传播和版权使用情况进行实时监测，规范网络转载。对百度影音、今日头条等重点网站约谈整改，发现侵权问题及时监管，并按程序移交司法机关处理，维护著作权人合法权益。

(2)净化网络版权环境，按照国家版权局的统一部署和北京市版权局领导的要求，组织开展“剑网2014”行动，积极参与北京市打击假冒伪劣和侵权盗版专项行动。配合相关部门积极推动侵犯著作权案的查处工作。

(北京市版权局　赵晓鹏)

司法工作

2014年北京市法院知识产权审判工作在最高人民法院的监督指导下，坚持司法为民、公正司法，努力实现“让人民群众在每一个司法案件中都感受到公平正义”。面对各类知识产权案件大幅度增长、新情况新问题层出不穷、调研督导任务繁重等挑战，全市法院充分发挥知识产权审判职能，努力拼搏，在各个方面取得了新的成绩，主要体现在以下几个方面。

一、坚持办案第一要务，公正高效完成审判任务

北京市三级法院2014年共新收一审知识产权民事案件11 232件，同比增长15.99%；审结10 930件(含上年旧存，下同)，同比增长15.51%。其中，新收专利案件562件，商标案件1006件，著作权案件8953件，技术合同案件184件，不正当竞争案件183件，其他案件344件。北京市高、中级法院共新收二审知识产权民事案件1312件，审结1269件。

北京市一中院和北京知识产权法院2014年共新收一审知识产权授权确权行政案件9738件，同比增长250.29%，其中专利案件548件，商标案件9190件；审结4728件，同比增长68.92%。北京市高院共新收二审知识产权授权确权行政案件2391件，同比增长65.93%，其中专利案件

411件，商标案件1980件；审结2080件，同比增长43.75%。

全市法院2014年共新收知识产权犯罪一审案件共计203件285人；审结侵犯知识产权犯罪案件231件（一审案件203件，二审案件28件）。在审结的一审案件中，侵犯著作权罪77件115人，销售侵权复制品罪1件1人，销售假冒注册商标的商品罪77件105人，假冒注册商标罪40件55人，非法制造、销售非法制造的注册商标标识罪6件7人，侵犯商业秘密罪2件2人，以判决方式结案202件，检察机关撤诉1件。

二、贯彻中央决策部署，大力推进司法体制改革

北京市高院将“开展设立知识产权法院的调研准备工作”列为2014年北京市高院重点工作，完成多篇专题调研报告；周密制定知识产权法院设立的具体方案，同时，为最高人民法院制定案件管辖、技术调查官等方面的司法解释建言献策。2014年11月6日，北京知识产权法院作为全国首家知识产权专门法院正式成立并履职。

根据《关于深化审判权运行机制改革的指导意见》《北京法院审判权运行机制试点工作总体方案》规定，北京市高院知识产权审判庭成为合议制改革试点单位之一。北京市高院知识产权审判庭2014年8月组建了两个改革试点合议庭，每个合议庭由一名审判长、两名合议庭法官、三名法官助理和三名书记员组成。经过近半年的试点，两个合议庭运行顺畅，审结案件400余件，法官平均结案数为其他合议庭法官结案数的近2倍。特别是，充分落实了审判长为主导的合议庭整体负责制，明确了法官、法官助理和书记员职责以及院长、庭长的管理监督权；在全市首次安排法官助理在法庭落座列席庭审，在全国首次为法官助理在裁判文书中署名。

三、丰富督导调研形式，适应知识产权保护新常态

北京市高院采取了一系列有针对性的督导措施，取得了显著效果。一是下发了《关于商标授权确权行政案件的审理指南》，明确了相关案件审判中的若干疑难问题，促进了裁判标准统一，并为最高人民法院的相关司法解释提供了重要参考；二是公开发表“2013年知识产权审判新发展”，使审级监督职能得到充分发挥；三是将“制定网络知识产权案件审理工作规范”作为全年的一项重点工作，形成了5个方面共75条的《有关网络知识产权案件的审理指南》初稿，全文约1.3万字；四是分两个阶段召开“北京市法院第六届知识产权精品案件研讨会”；五是落实司法公开各项部署，在庭审公开、文书公开等方面走在前列，并发布年度十大案例和十大创新性案例，召开新闻发布会发布《北京市法院专利、商标授权确权行政案件审判状况》（白皮书）；六是重视总结和公开审判工作成果，与中国法制出版社协商设立“北京市高级人民法院知识产权审判实务书系”；全年公开出版《北京市高级人民法院知识产权疑难案例要览》第一辑和第二辑、《北京市高级人民法院〈专利侵权判定指南〉理解与适用》《商标授权确权的司法审查》《知识产权司法保护与审判指导》5部专著。

在调研方面，北京市高院开展“综艺节目著作权案件中的相关问题”年度重点调研课题。北京市一中院知识产权审判二庭5项课题同步推进，形成了“以调研促审判”的良好局面。北京市二中院创新调研方式，与北京知识产权法研究会、北京政法职业学院共同开展“商品交易市场开办主体的法律责任研究”专题调研。北京市三中院完成了诉前禁令的专项调研课题，举办了“知识产权诉前行为保全制度高端研讨会”，相关调研成果在中文核心期刊《知识产权》上发表。

全市三级法院不断完善和探索加强知

识产权司法保护新举措，积极适应经济发展新常态下知识产权保护的新要求。北京市高院全面深化与行政机关、行业协会的委托调解机制；继续推进全市法院知识产权法官志愿服务活动。北京市一中院借助“姜颖法官知识产权法律服务团队”，积极延伸司法职能，努力做好法律服务和知识产权司法宣传工作。大兴区法院主动延伸司法职能，服务辖区经济发展，向酒仙网等涉案企业发送司法建议，获得良好反响。作为国内首家以审理知识产权案件为主的派出法庭，海淀区法院中关村法庭积极开展“听走送”活动，有力推动了中关村产业园区的知识产权保护。

四、大力加强人才培养，努力建设专家型法官队伍

深入学习贯彻党的十八大和十八届三中、四中全会精神，坚定理想信念；不断深化教育实践活动整改工作，将整治“六难三案”问题的各项要求落在实处；始终坚持审判工作和廉政建设两手抓、两手硬，维护了全市知识产权审判队伍的清正廉明形象。全年举办了两次脱产培训班，将实训制培训进一步深化。

北京市法院始终重视知识产权专家型法官培养，一批专家型法官展现出首都知识产权法官的良好形象。宋鱼水、林子英、陈锦川 3 位法官先后被最高人民法院授予“全国审判业务专家”称号。与此同时，一大批年轻的知识产权法官迅速成长起来。

（北京市高级人民法院知识产权审判庭）

检察工作

2014 年，北京市检察机关紧紧围绕首都经济社会建设中心工作，整合执法司法资源，提高打击侵犯知识产权和制售假冒伪劣商品违法犯罪的力度，为首都经济社会又好又快发展营造良好的社会环境和法治环境。

一、依法办理侵权假冒犯罪案件

（一）办案基本情况

2014 年，北京市检察机关共批准逮捕侵犯知识产权和制售假冒伪劣商品犯罪案件 355 件 443 人，起诉 1030 件 1221 人。

（二）案件主要特点

（1）以共同犯罪为主，犯罪主体呈地域性集中、组织关系呈家族性集中的特点。（2）重点罪名高度集中，制售假冒伪劣商品犯罪案件集中于生产销售假药犯罪，侵犯知识产权犯罪案件中销售假冒注册商标的商品犯罪案件最为集中。（3）下游犯罪占比例较大，制假的源头多在京外，在京查获的多为末端销售环节。（4）宣传、销售渠道由实体销售向电话营销、网络销售转移，利用现代物流方式进行售假现象突出。（5）侵犯知识产权犯罪对象多为国内外知名品牌，部分犯罪造成国际影响。

二、严格履行检察职能，保持刑事司法打击高压态势

积极参与国务院组织的打击各类假冒伪劣违法犯罪行动，及时派员介入侦查、引导取证，加强与相关部门的沟通协调。对重大、有影响的案件，北京市检察院侦查监督部门、公诉部门及时督办，确定专人跟踪指导，保证案件质量。充分发挥监督职能，发现行政执法机关、公安机关和人民法院存在有案不移、有案不立、有罪不究、以罚代刑、重罪轻判的情况，及时予以监督纠正，及时移送涉嫌职务犯罪人员。

三、加强检察能力建设，着力提升监督水平

全市检察机关开展多项业务知识培训，提升检察人员执法办案水平。各级检察院普遍建立了与公安机关的专项工作联系，加大侦查取证引导力度。强化检察机关内部各部门协调配合，做好捕诉衔接等

工作。北京市检察院二分院探索知识产权保护新途径，开展“中国驰名商标认定与保护的法律制度”专题调研，吸收市人大常委会专项工作调研小组参与专家咨询论证，深化监督成效。

四、大力推进“两法衔接”工作，深化体制机制建设

全市检察机关积极推动“两法衔接联席会议”与“行政执法机构联席会议”的衔接，建立健全打击侵权假冒领域行政执法与刑事司法衔接机制，主动会同行政执法机关完善工作程序，着力推进信息共享平台建设。

五、加强宣传引导

积极向新闻媒体推荐、提供检察工作中的典型事例、先进经验。对社会关注的重大敏感问题，会同宣传部门制定宣传预案，做好舆论引导工作。

（最高人民检察院侦查监督厅供稿）

天津市

专利工作

2014年，天津市知识产权局主动融入全市经济社会发展大局，深入实施知识产权战略，各项工作取得新进展。

一、天津市委市政府高度重视知识产权工作

充分发挥全市知识产权战略领导小组办公室作用，组织完成全市知识产权战略实施阶段性评估和《天津市知识产权战略实施推进计划(2014—2016)》，得到国家知识产权局的充分肯定。继续发布《2013年天津市知识产权发展状况白皮书》，全面展示天津市知识产权工作成效。启动知识产权“十三五”规划研究工作，完成《天津市知识产权“十三五”规划编制工作方案》，知识产权规划再次进入全市重点专项。起草《加强重大经济活动知识产权评议工作的意见》，推进知识产权与重大项目有机结合，提高重大项目投资安全。全市发明专利拥有量达到1.47万件，提前完成“十二五”目标。对《专利法》《天津市专利促进与保护条例》进行执法检查后，天津市人大常委会充分肯定知识产权工作为促进科技进步、推动经济社会发展发挥了重要作用。

二、注重提升企业知识产权管理综合水平

开展科技型中小企业专利“消零”行动，全年推动2483家中小企业实现专利申请“零突破”。累计推动1478家科技领军企业、科技小巨人企业开展专利试点示范工作，其中62家市级示范企业成为市政府认定的科技领军企业，26家企业成为国家级示范和优势单位，市区两级专利试点示范单位发明专利拥有量占全市比重达61.7%。52家企业实施《企业知识产权管理规范》国家标准。天士力等4家企业拥有专利超过500件，金锚集团等72家企业拥有专利超百件，全市拥有专利的企业达到8190家。

三、注重提升企业的知识产权运用能力

累计培育专利运用类试点113家，其中9家企业成长为小巨人企业。推动全市建立8家专利流转储备中心。累计推动8个市级工业园区开展专利试点，促进园区企业专利产品销售收入增长50%以上。天津药物研究院、滨海国际知识产权交易所国家专利运营试点工作顺利。大力推进专利权质押和投融资，与相关部门共同制定《关于进一步加强专利权质押贷款工作的意见》《关于开展专利保险工作的指导意见》等政策措施，完善专利权质押风险控制机制。全年贷款总额达15.73亿元。

四、注重加强专利行政执法力度

全年出动专利行政执法人员429人次、检查商业场所207个(次)、检查商品近22.1万件，立案查处各类专利案件318件。首次参与广交会专利执法维权活动，进驻国际设计周等31个大型展会。加强与上海等九省市专利行政执法协作，移送执法案件52件。积极推进自贸区知识产权保护研究。启动电商知识产权保护工作，累计检查电商平台以及销售商近200家，查处假冒专利案件20余件。加强“12330”服务热线建设，接待各类有效举报、投诉、咨询1780件。蝉联全国知识产权保护社会满意度调查第一名。

五、推进国家知识产权局与天津市政府建立新一轮合作会商机制

促成国家知识产权局和天津市政府开展新一轮知识产权部市合作会商工作，共同实施“十百千万”知识产权驱动工程，支撑天津现代制造业中心建设；培育发展知识产权运营市场，促进天津北方金融创新运营中心建设；打造滨海新区知识产权保护高地，服务天津国际航运中心建设；强化天津知识产权工作基础，促进京津冀协同发展。目前，天津市知识产权局已制定《关于落实部市合作会商工作的通知》，对各项任务进行分解，明确责任处室，推动制定落实方案和工作计划。《专利华北运营中心建设方案》已制定完成。

六、注重加快知识产权服务能力建设步伐

知识产权服务平台更新国内外专利数据451万件，提供国内外专利文献的下载打印服务6万次，累计为企业提供37万多条专利信息。全市专利代理服务机构达到20家，天津市知识产权服务中心等4家单位成为全国首批知识产权服务品牌机构。30个评估、金融和知识产权服务机构成立知识产权投融资服务联盟。专利审查协作天津中心在天津建设取得阶段性进展。

（天津市知识产权局）

商标工作

天津市市场和质量监管委员会以民营企业、科技型企业为重点，引导、帮助企业注册、运用商标，深入落实“政府主导、企业主体、工商主力、社会合力”四方联动机制，全面推进商标战略的深入实施。

为贯彻新《商标法》，规范驰名商标企业经营、宣传等行为，引导企业合法运用、保护驰名商标的权利，2014年年初组织召开了全市驰名商标企业工作会，全市驰名商标企业代表、商标监管科(处)长140余人参会。会上，就新《商标法》关于驰名商标企业经营、宣传行为的新规定进行解读。向参会的驰名商标企业免费赠阅了《企业商标实用指南》一书。组成商标注册管理讲师团先后深入到全市各区县开展新《商标法》专题讲座18场，参训人员2160人次，分别就商标的基本知识、商标对经济发展的作用、发挥工商职能促进区域经济发展和执法办案相关问题等方面，对全市工商干部和部分企业进行详细生动的讲解。

根据国务院加强行政处罚案件信息公开工作的要求，积极制定相关工作方案；成立了“双打”案件信息公开工作领导小组；建立了《行政执法案件信息公开平台》，在外网上建立了《行政执法与刑事司法案件衔接信息共享录入平台》，并同时公开案件录入信息，使此项工作纳入了程序化、制度化轨道。

2014年，全市商标申请量25 195件，注册量 16 324 件，累计有效注册量 91 133 件。

（天津市工商行政管理局）

版权工作

2014 年，天津市版权局在市委、市政府的领导下，在国家版权局的指导下，全面积极推进天津市的版权工作，版权管理主要取得了以下方面的工作成果。

一、软件正版化工作

进一步巩固天津市政府机关软件正版化工作成果，落实完成了新闻出版行业企业和勘察设计企业软件正版化检查整改工作，建立完善了政府机关软件正版化长效管理机制，确保天津市推进使用正版软件工作长效、健康、有序开展。

（一）市、区县两级政府机关软件正版化工作

1. 健全机构，完善制度

建立健全天津市推进使用正版软件工作联席会议制度，进一步明确联席会议各成员单位职责，建立了协调配合、齐抓共管的长效管理机制。为巩固天津市政府机关软件正版化工作成果，天津市推进使用正版软件工作联席会议办公室修订并完善了《天津市政府机关使用正版软件管理办法》，并印发市级 50 个政府部门和 16 个区县政府机关，实现了市、区县两级政府机关软件正版化工作常态化、长效化管理。

2. 查遗补缺，强化管理

按照国务院办公厅有关文件要求，天津市及时起草并印发了《天津市审计局关于加强政府机关使用正版软件审计监督工作的通知》，进一步强化政府机关审计监督职能，要求全市审计机关在每年对本级政府机关开展预算执行审计等项目时，要重点做好对软件采购资金管理使用和软件资产管理情况的审计工作，相关审计结果纳入审计报告。

3. 督导检查，巩固成果

按照年度工作计划，市政府机关使用正版软件工作检查组成员单位团结协作、密切配合，对市、区县两级政府机关使用正版软件的情况开展了 3 次专项检查，在被检查的 10 个市级政府部门、10 个区县的 20 个政府部门的 98 台计算机中，均安装使用了正版软件。

2014 年，市、区县两级政府机关采购操作系统软件 2642 套、办公软件 2831 套、杀毒软件 1006 套，采购金额 522.55 万元。

截至 2014 年年底，天津市市、区县两级政府机关共有正版操作系统软件 25 865 套、办公软件 21 556 套、杀毒软件 10 449 套。天津市政府机关已实现软件正版化。

（二）党委、人大、政协等机关软件正版化检查整改工作

及时印发《天津市审计局关于加强政府机关使用正版软件审计监督工作的通知》，对在党委、人大、政协等机关开展软件正版化工作进行具体安排部署。

党委、人大、政协等机关安排专人负责落实软件正版化工作，及时完成了正版软件自查摸底，确保底数清、情况明。

截至 2014 年年底，天津市委办公厅、市人大办公厅、市政协办公厅共采购操作系统软件 619 套、办公软件 512 套、杀毒软件 123 套，投入采购资金 174 万元，完成了软件正版化检查整改工作。

（三）企业软件正版化工作

1. 扎实推进新闻出版行业二级企业软件正版化工作

天津日报集团和天津出版传媒集团所属 14 家二级企业，在完成使用正版软件情况自查摸底后，共采购操作系统软件 224 套、办公软件 63 套，投入采购资金 23.6 万元。

2. 扎实推进勘察设计企业软件正版化工作

确定 15 家勘察设计单位为第一批软

件正版化检查整改企业。截至 2014 年年底,15 家企业均上报自查统计表,1 家企业实现了软件正版化,8 家企业上报了拟采购正版软件数量,6 家企业采购资金正在申请中。

二、开展“剑网 2014”专项行动

2014 年 6 月,按照国家新闻出版广电总局要求,结合天津市实际,天津市版权局、市公安局、市通信局、市网信办、市文化市场行政执法总队人员联合成立“天津市打击网络侵权盗版‘剑网 2014’专项行动协调小组”。2014 年 7 月,五部门联合签发了《天津市开展打击网络侵权盗版“剑网 2014”专项行动实施方案》。针对“剑网 2014”专项行动中保护数字版权、规范网络转载、严惩侵权盗版的重点任务,天津市版权局通过加强引导、制度规范、重点监控的方法,进一步加强天津市网络版权执法监管工作,依据国家版权局文件要求,起草了《天津市加强互联网传播作品版权监管工作办法》。经过梳理,天津市版权局筛选出具有一定规模及影响力的、涉及影音下载和论坛的 43 家网站为日常监管网站,并建立了通讯录,同时,对各网站负责人提出了具体要求。

不定期对 43 家网站的主页进行点击浏览,查看有无提供热播影视、歌曲在线观看和下载内容,对存在此内容的网站,要求其提供作品授权证明。

及时将《天津市加强互联网传播作品版权监管工作办法》《天津市开展打击网络侵权盗版“剑网 2014”专项行动实施方案》和“国家版权局公布第二批重点预警作品名单”寄送 43 家网站,并要求各网站立即进行自查自纠和整改。

为加强网站版权监管,规范天津市网络作品合法传播行为,2014 年 10 月和 12 月,天津市版权局分别两次联合市公安局、市通信局、市文化市场行政执法总队及市网信办,共同组成联合检查组,对天津市北方网等 8 家网站开展版权执法检查。经检查,8 家网站均不存在网络侵权疑点。

三、版权示范单位、示范园区(基地)的调研和评选工作

按照《关于印发〈全国版权示范城市、示范单位和示范园区(基地)管理办法〉的通知》精神,为创建全国版权示范单位、示范园区(基地),天津市版权局开展全市创建版权保护工作示范单位或示范园区活动。

2014 年上半年,天津市版权局对 16 个区县版权保护情况进行了调查摸底,经初步评选,推荐了滨海新区中新生态城出版基地、天津福丰达影视科技投资发展有限公司、天津画国人动漫创意有限公司,天津市版权局对 3 家单位的版权资源拥有情况、自主版权保护情况及正版软件使用情况等方面进行了深入了解,并起草调研报告。

2014 年下半年,天津市版权局启动天津市版权示范区县、示范单位和示范园区(基地)评定工作。按照国家版权局要求,结合天津市实际情况,制定了《天津市版权示范区县、示范单位和示范园区(基地)管理办法》,于 2014 年年底完成天津市版权示范区县、示范单位和示范园区(基地)的评定工作。

四、“2014 年度‘经典中国国际出版工程’资助项目”的组织申报工作

按照国家版权局要求,起草并转发《关于申报 2014 年度“经典中国国际出版工程”资助项目的通知》的通知,组织全市出版单位开展 2014 年度“经典中国国际出版工程”资助项目的申报工作,完成天津市 4 家出版社的 14 个品种的申报工作。

2014 年 6 月,国家版权局公布了 2014 年“经典中国国际出版工程”资助项目名单,新蕾出版社的《动物小说名家系列 · 白象家族》等 4 种图书入选。

五、开展多种形式宣传活动，营造版权保护氛围

(一)开展“4·26知识产权宣传周”活动

(1)版权处积极组织开展版权宣传活动。为做好“4·26知识产权宣传周”活动，4月26日，版权处在天津市版权局的网站、天津市版权协会网站、16个区县网站上同时发布国家版权局网站上的宣传短片；参与起草《2013年天津市知识产权发展状况白皮书》，并参加市政府召开的新闻发布会。联合市知识产权局深入社区开展知识产权宣传咨询活动。活动期间，接受天津人民广播电台经济频道记者等新闻媒体的专题采访，发放了宣传材料，得到了社区居委会和居民的欢迎。

(2)协调、推动天津市16个区县做好“4·26知识产权宣传周”活动。起草《关于做好2014年全国知识产权宣传周版权宣传活动的通知》，并下发16个区县。各区县版权局在4月21～27日均开展了宣传咨询活动，悬挂宣传布标，讲解如何识别盗版，发放宣传资料7000余份，接受群众咨询1200余人次。在此期间，各区县还组织召开培训会、使用正版软件宣传会等形式多样的宣传活动，在全市范围内形成了宣传著作权法的高潮。

(3)按照国家版权局统一部署，及时对天津市完成16个区县政府机关软件正版化工作成果进行新闻发布，天津日报等17家报刊、网站媒体进行了报道或转载。市、区县版权管理部门充分利用“4·26世界知识产权日”，分别组织开展了版权宣传活动，同时，将推进政府机关软件正版化工作作为重要内容，在社会上进行广泛宣传，提高社会公众的版权保护意识。

(二)开展打击网络侵权盗版“剑网2014”专项行动宣传

2014年6月，天津市版权局在开展打击网络侵权盗版“剑网2014”专项行动后，利用天津市版权局网站和天津市版权局“津门书香”微博对“剑网2014”专项行动及加强天津市网络版权监管工作进行了宣传。

为加强日常网站监管，天津市版权局与网站负责人建立有效联系，及时将文件寄送到网站，通过宣传引导，强化网站自我管理能力，防止侵权问题发生。

六、做好版权管理工作，促进版权产业发展

2014年天津市版权局完成电子出版物和计算机软件著作权认证32件、著作权作品登记87件、审核涉外图书出版合同531件。每月按时完成作品登记统计上报工作，在详细解答版权业务咨询的同时做好版权宣传工作，共接待版权咨询200余人次。

(天津市版权局　张　倩)

司法工作

2014年，天津市各法院知识产权审判进一步加大知识产权司法保护力度，努力让人民群众在每一个司法案件中都感受到公平正义，为社会法治建设贡献力量。

一、案件审结基本情况

2014年，天津市各法院新收民事知识产权案件1347件，结案1291件。其中，一审新收970件，结案915件。二审收案377件，结案376件。

(1)出现了一批新类型案件。2014年出现了网络平台下的商标侵权案件，虚假宣传案件，商誉诋毁案件，特许经营合同纠纷案件，职务发明创造发明人、设计人奖励、报酬纠纷案件等一批新类型案件，表明新技术的运用和商业模式的创新较为活跃，同时也带来了新的法律争议。(2)案件批量诉讼数量多，审理过程及裁判结果趋同化倾向明显。如果诉讼标的和侵权行为

相同，审理过程也基本一样的情况下，个案的处理结果会对同一原告的其他案件形成强烈的参照效应，一调全调，一判皆判，审理过程及裁判结果的趋同化倾向明显。(3)涉案的国内外知名品牌众多。(4)知识产权合同案件增幅明显。特别是特许经营合同纠纷。(5)不正当竞争纠纷、商标权纠纷的诉讼结果对相关当事人的市场竞争、市场份额的影响越发明显。

二、开展重点工作

(1)天津市高院召开知识产权司法保护新闻发布会。在“4·26 知识产权宣传周”活动期间，发布了 2013 年天津市各法院知识产权司法保护状况、十大典型案例、五篇优秀裁判文书。

(2)精心打造精品案例，提高天津市各法院知识产权审判影响力。“中青旅”“小拇指”两个案例入选最高人民法院第七批指导性案例；1 篇裁判文书获得最高人民法院第三届全国知识产权优秀裁判文书一等奖。

(3)进一步完善技术事实查明机制，不断探索专业技术人员辅助审判的途径，逐步提高技术事实认定的科学性。

(4)认真推进标准化建设。修改和完善《知识产权民事审判工作流程管理手册》，制定《知识产权民事案件庭审标准和裁判文书制作标准》。

(5)加强对外观设计专利侵权案件的审判研究。《关于侵害外观设计专利权纠纷案件的审判指南》已报审判委员会讨论通过，将下发全市知识产权审判庭。

(6)积极推进知识产权审判公开，开展知识产权案件庭审观摩活动，邀请新闻记者和法学院师生旁听庭审。

(7)利用新媒体加大宣传力度。天津市二中院推出《2014 年知识产权保护记录》，精选出一批典型性高、判例作用大的案件，在天津市高院微博、微信平台上进行宣传。

三、加强业务指导和调研工作

(1)制定和印发《2014 年天津法院知识产权审判工作要点》，召开全市知识产权审判系统庭长工作会议。

(2)对上一年度知识产权审判情况、民事申请再审案件和近 3 年知识产权再审案件的审判情况进行分析，分别撰写了分析报告。

(3)围绕知识产权审判重点问题，开展审判实务调研，完成了全市法院中调调研课题“关于知识产权侵权损害赔偿问题研究”，该课题已顺利通过验收。

(4)完成了“加大知识产权保护，加大司法惩罚力度，降低维权成本”的调研，提出加大知识产权司法保护的具体措施。

(5)及时研究下级法院请示的适用法律疑难问题，统一协调重点案件的审理。

四、知识产权审判服务经济社会发展

(1)积极履行天津市知识产权战略小组成员各项职责。一是制定并实施天津市各法院知识产权战略推进计划(2014～2016)，切实保障知识产权战略的贯彻落实；二是进一步落实与知识产权保护行政机关的工作协作机制，为滨海新区工商行政执法人员开展商标专题培训；三是与天津市知识产权局进行研究发挥知识产权司法和行政保护双轨制优势的举措。

(2)加强与行业协会之间的联系与指导。2014 年 10 月与天津市娱乐业协会开展座谈，就音乐 MV 作品的授权及收费标准等卡拉 OK 经营者关心的法律问题作出解答。

五、从严要求，提高队伍综合素质

(1)切实提高做群众工作的能力。坚持审判工作服务大局，服务群众。(2)着力提升司法能力。一是加强专业学习。组织学习讨论最高人民法院关于专利侵权判定、行为保全等司法解释征求意见稿，提出修改意见并报送最高人民法院。二是及时掌握最新审判动态。学习和贯彻最高人民法院组织的知识产权审判“三合一”改革试点工作座谈会等会议精神。三是加强培训。组织全市法院并派员参加全国法院知识产权审判实务培训班、全国中青年干部培训班。(3)加强综合业务能力建设。全庭发表各种案例评论、裁判文书及理论研究等24篇。

（天津市高级人民法院知识产权审判庭）

检察工作

2014年，天津市检察机关在保护知识产权方面，取得了以下几个方面的成绩。

一、依法严厉打击侵犯知识产权刑事犯罪

2014年，天津市各级检察机关依法对侵犯知识产权案件及时履行批捕、起诉检察职能，加大对侵权假冒类案件刑事打击力度，全年共批准逮捕侵犯知识产权类犯罪案件23件34人，提起公诉侵犯知识产权类犯罪案件64件108人。在案件的审查办理中，依法严格审核案件事实与证据，准确提出立案监督与侦查活动监督事项，针对案发企业在经营管理上或行政执法部门在监管过程中存在的问题及时提出检察建议，达到了办理案件法律效果与社会效果的统一。

二、建立健全知识产权保护机制

全市各级检察机关建立了办理侵犯知识产权案件统计月报制度，规范填报、及时汇总案件查办数据。建立办理知识产权案件专业化队伍，逐步建立完善办案专门机构。天津市检察院与天津市检察院第一分院、第二分院都建立了专门办案小组，并加强对基层检察院的办案指导工作。建立知识产权刑事法律保护理论研究、相关法律业务培训、案件咨询和指导机制，定期开展研讨、培训活动，深入调查研究热点、难点问题，切实解决实践中知识产权刑事司法保护的疑难问题。积极开展涉及知识产权的民事检察、行政检察、监所检察工作司法调研。天津市检察院对2013年以来全市涉及食品药品安全、知识产权保护等方面民事与行政检察工作情况进行了专项调研，形成了调研成果；还针对监狱服刑人员以非法手段获取专利技术并以此为据进行减刑、假释申请的非法行为进行司法调研，取得了初步成效。

三、继续大力开展“两法衔接”工作

天津市各级检察机关按照全市统一规划，配合牵头部门，顺利完成了市级信息共享平台的建设任务；各区县检察机关积极行动，抓紧建立健全与区属公安、监察、行政执法等机关的联席会议、案件咨询和移送、重大案件情况通报等制度，有力地规范和促进了各区打击侵权假冒工作。继续完善与工商、食品药监部门“两法衔接”工作机制，检察机关借助该工作机制办理假药案件共计批捕8件10人，起诉11件16人，取得良好的办案效果。与天津市工商联会签文件，召开检察机关服务民营经济发展座谈会，切实服务和保障民营经济健康发展。

四、加大知识产权宣传与培训力度

组织开展行政执法与刑事司法衔接信息共享平台培训工作，建立专人负责制。部分区县检察院邀请知识产权领域专家学者为辖区内企业讲授保护知识产权专题，全方位履行检察职能。2014年天津市检察院成功抗诉的“天津肉联厂与宋晓曼著作权纠纷民事抗诉案”，因其较大的社会影响和典型意义，被最高人民检察院评选为“2013年度中国检察机关保护知识产权十大典型案例”。

（最高人民检察院侦查监督厅供稿）

河北省

专利工作

2014年，在国家知识产权局的大力指导下，河北省知识产权局按照省委、省政府的工作部署，充分发挥知识产权制度重要作用，扎实推进各项工作，为河北经济转型和绿色崛起提供了强有力的知识产权支撑和服务。

一、专利申请、授权量稳步增长

全省年专利申请30 000件，比2013年增长8.6%，其中发明专利申请8332件、实用新型专利申请16 693件、外观设计专利申请4975件，分别增长13.7%、5.8%和10.3%。专利授权20 132件，比2013年增长10.7%。为促进专利申请授权数量和质量的提高，2014年对专利资助范围、资助种类和额度、资助审批手续等方面作了进一步调整和完善，资助范围更广，资助重点更突出，全年资助专利申请、授权项目13 948件，资助金额1320万元，较2013年翻了一番。

二、专利权质押贷款实现新突破

河北省科技、知识产权、财政、金融等相关部门联合出台了《河北省专利权质押贷款管理办法》，建立推进专利权质押贷款的联动工作机制。印发《2014年全省专利权质押贷款工作安排意见》，开展融资需求专项调查，进一步加强银企对接，深入推进全省专利权质押贷款工作。2014年，河北省专利权质押融资扩展到石家庄、邯郸等8个设区市，石家庄高新区、鹿泉等3个县（区）以及13家银行业金融机构，24家企业质押106项专利权，获得银行贷款4.525亿元。

三、专利保险工作破冰起航

按照国家知识产权局的相关部署，制定了《河北省专利保险试点工作方案》，设立专项资金对专利保险予以补助，鼓励、引导企业运用保险风险管理手段分担技术创新风险，降低研发、经营和融资成本。邯郸市成为全国专利保险试点城市，形成了“企业、园区、县区一揽子整体投保”的邯郸模式。2014年，河北省专利投保企业达19家，投保专利117件，累计获得风险保障103.5万元。

四、继续推行企业知识产权管理国家标准

印发了《河北省2014年企业知识产权管理标准推行工作实施方案》，确定30家试点企业和10家咨询服务机构，开展河北省第三批企业知识产权管理标准推行工作。30家贯标试点企业全部通过审核验收，有效提升了企业知识产权管理水平，增强了企业核心竞争力。目前，华北制药等26家首批贯标企业已通过国家认证，河北省通过认证企业数占全国通过认证企业的1/16。

五、深入实施知识产权优势企业培育工程

一是依托国家知识产权局人才办、中国知识产权研究会与河北省建立的三方合作平台，针对河北省战略性新兴产业实施专利战略引导计划，帮助重点企业进行专利信息检索分析，在5个关键技术领域形成了50余万字的专利战略研究报告。二是继续开展专利提升行动，派遣知识产权特派员深入省级以上开发区（园区）企业进行“一对一”帮扶，全年共消除“零专利”企

业521家，申请专利1096件。三是联合省发改委、工信厅等十部门在全省范围内继续开展2014年度专利奖评选工作，38个专利获奖项目自实施以来累计新增销售额666.19亿元，新增利润64.24亿元，节约支出318.8亿元。

六、进一步优化知识产权保护环境

一是深入开展知识产权执法"护航"及电子商务领域专利行政执法维权专项行动，严厉打击专利侵权行为。全省查处假冒专利案件134件，调处专利侵权纠纷案件213件，执法办案量较2013年增长36.8%。二是全面启动专业市场知识产权保护工作。研究制定了实施方案，在全省范围内确定16家专业市场，积极推进知识产权保护工作，进一步优化了河北省知识产权保护环境。保定白沟和道国际箱包交易中心等3家专业市场列为国家级知识产权保护规范化培育市场。三是加快专利代理业发展，促进专利代理市场规范。起草了《关于促进我省专利代理行业发展的意见》，加强对专利代理行业的政策扶持。严格按照《专利代理条例》规定，对无证代理进行清查，促进专利代理机构健康发展。四是加强专利行政执法队伍建设，沧州、廊坊等市成立了专利行政执法支队，元氏县成立了河北省第一家县级专利执法大队。五是充分发挥知识产权维权援助与举报投诉中心作用，针对石药集团欧意药业有限公司等20余项维权援助申请进行援助，开辟了知识产权保护新途径。

七、大力加强知识产权宣传培训

"4·26知识产权宣传周"期间，组织各设区市在全省范围内开展了大型广场宣传、主题讲座等64项知识产权宣传活动，在《中国知识产权报》《河北日报》等多家媒体刊登专版，宣传报道河北省知识产权重点工作和知识产权保护新闻事件。以"聚焦企业需求、服务创新发展"为主题，举办第八届中国专利周河北地区活动60项。针对专利执法、企业管理、技术研发、专利代理等各类人员举办知识产权培训10余期，培训人员近千名。成功举办了河北省第五届大学生工业设计创新大赛，共征集参赛作品800件，在河北省高校营造了自主创新和保护知识产权浓厚氛围。

八、知识产权服务能力快速提升

依托石家庄专利代办处服务平台，积极构建专利申请和保护绿色通道。2014年共受理专利申请25 348件，办理专利申请加快审查124项，专利实施许可合同备案167件，专利登记簿副本503件，专利权质押登记10件。在石家庄首次设立了全国专利代理人资格考试考点，全省通过资格考试人数达75人，较2013年增长97.4%。全省新增专利代理机构（含分支机构）6家，专利中介服务机构进一步壮大。

九、知识产权战略实施取得新进展

经河北省政府批准，正式成立了由26个部门和单位负责人组成的河北省知识产权战略实施工作领导小组，领导小组办公室设在河北省知识产权局，搭建了统筹协调知识产权战略实施工作的平台。研究起草了《关于加强知识产权保护与运用工作的意见（初稿）》，在征求意见后形成了《意见（送审稿）》。积极与北京、天津两地知识产权局沟通协调，在执法协作等方面达成一致意见，京津冀知识产权协作取得新进展。

（河北省知识产权局）

商标工作

河北省工商局围绕"增量、提质、促亮点"的工作思路，创新工作理念，采取有力措施，提升服务水平，强化监管执法，加强商标品牌建设，大力推进了商标战略的实施。

认真做好新商标法宣传贯彻落实工作，组织全省工商系统及驰著名商标企业参加新商标法及商标监管行政执法培训，召开全省商标广告工作会，在会上向各驰名商标企业、各市商标协会发放了《河北省工商行政管理局商标工作建议书》，重点针对新商标法对驰名商标企业的宣传限制进行了提示和引导。举办了市、县工商部门和地理标志工作重点县（市、区）主管县长及有关行业协会、企业负责人等200余人参加的全省地理标志培训，强化理论基础知识，推动全省地理标志保护工作有序开展。

各市广泛扩大宣传面，形成全社会从上至下“重商标、创品牌”的浓厚氛围。承德市在电视台对新《商标法》新修订的主要内容以知识问答的形式，进行了详细解读和宣传；石家庄市举办了以著名商标企业、农民专业合作社和系统商标管理人员为对象的商标战略培训班；衡水市组织召开了10场“增强商标意识，助推企业发展”的巡回专题讲座；张家口市借助“3·15消费者权益保护日”和“4·26世界知识产权日”等活动，发放宣传资料4500余份，大力宣传新修订的《商标法》。

制定了《河北省工商行政管理局2014年打击侵犯知识产权和制售假冒伪劣商品工作实施方案》，以产品制售集中地、商品集散地为重点整治地区，以侵犯驰名商标、著名商标、涉外商标和地理标志商标专用权等为重点，分阶段有重点地开展“双打”专项整治行动，严肃查处跨区域、大规模、社会影响恶劣的商标侵权违法行为。

2014年，全省商标申请量55 460件，注册量30 710件，累计有效注册量191 929件。

（河北省工商行政管理局）

版权工作

2014年，河北省各级版权行政部门在省委、省政府的领导下，在国家版权局的指导下，进一步巩固政府机关软件正版化工作成果，严厉打击侵权盗版行为，积极打造河北版权产业名片，不断提高版权服务意识，取得了显著成效。

一、政府机关和企业软件正版化工作

2014年，河北省各级政府将软件正版化工作纳入制度化、常态化管理，继续巩固政府机关软件正版化工作成果。

一是继续加强组织领导。在全国清理整顿各种议事协调机构背景下，各级政府站在讲政治的高度，继续保留了软件正版化工作组织机构。在推动全省软件正版化工作过程中，河北省省长张庆伟、副省长杨汭和姜德果多次作出批示，指导开展工作。

二是强化部门协作。河北省版权局制定并印发了《河北省2014年推进使用正版软件工作实施方案》《河北省贯彻落实〈政府机关使用正版软件管理办法实施意见〉的任务分解方案》，明确了各地、各部门的职责和任务。石家庄、廊坊等市版权部门与财政、采购部门联合建立了软件采购制度和安全性标准等方面的协商机制。

三是开展督导检查。2014年2月中旬，全国“双打”办考核组对河北省2013年度工作进行了考核，除查看软件正版化工作资料外，还对河北省工商局、石家庄市食药监局和保定市博野县政府机关软件正版化工作进行了实地检查，对河北省的工作给予充分肯定。2014年3月上旬，河北省版权局组织10个督导组对各设区市政府进行了全面检查。2014年3月下旬，由国家版权局副司长王志成带队的国务院第十三检查组，对河北省市县政府机关软件正版化工作情况进行了检查。检查组实地检查了秦皇岛市、廊坊市和海港区、文安县政府和部分机关，之后听取了全省软件正版化工作情况汇报。检查组的反馈意见从河北省委、省政府高度重视，市县政府坚决落实省政府部署等方面给予了高度评价；同

时，就岗位责任、情况报告、台账等方面发现的问题提出了整改建议。针对此次检查发现的问题，河北省版权局专门下发通知，要求各地区、各单位开展整改工作。从2014年10月下旬开始，省版权局再次组成检查组，对全省35个市县政府的105个机关、525台计算机进行了督导检查。2014年，市县政府共计完成700余次督导，检查了6800余家单位。

四是深入推进企业软件正版化工作。2014年，按照国家版权局提出的所有大型新闻出版行业企业所属二级企业务必完成软件正版化工作的要求，省版权局积极与省内3家新闻出版行业企业沟通，并多次以文件、电话、现场检查等方式进行督导。2014年12月，又专门组织人员对41家二级企业的完成情况进行了检查验收，所有企业全部达标。

二、打击侵犯知识产权和打击网络侵权盗版“剑网2014”专项行动

全省各级版权部门立足本职岗位，认真开展打击侵犯知识产权和制售假冒伪劣商品工作和打击网络侵权盗版“剑网2014”专项行动。

一是及时制订工作计划。河北省版权局及时协调有关部门，联合转发了国家版权局等四部门《关于开展打击网络侵权盗版“剑网2014”专项行动的通知》，先后制发《2014年打击侵犯知识产权和制售假冒伪劣商品工作计划》《河北省开展打击网络侵权盗版“剑网2014”专项行动方案》。

二是成立了领导机构。为加强统一领导和协调联动，专门成立了河北省打击网络侵权盗版专项治理“剑网行动”工作领导小组。

三是开展“两法衔接”平台和案件信息公开栏目接入工作。河北省版权局积极与省“双打”办、省政府进行联系，在建立案件信息公开栏目及数据库的基础上，按时完成了与省政府政务外网的连接，并接入省打击侵权假冒领域“两法衔接”信息共享平台。

四是主动监管网站和检查市场。各地版权部门主动监管本地经营性网站和出版物市场，召开专题会议，制订行动方案。石家庄市版权局通过媒体发布信息，公布举报电话和邮箱，鼓励全社会举报互联网及手机媒体等各类网络侵权盗版活动。保定市实行24小时轮流值班制度，全天候严密监控网上动态。沧州市对辖区内的较大网站建立责任人制度，签订《禁止网络侵权盗版行为责任书》。唐山、秦皇岛、邢台、张家口、邯郸等市版权局分别对辖区内的网站进行了重点监管。据统计，2014年，各级版权行政及执法部门共出动检查人员6.5万人次，检查出版物市场、印刷复制企业3.2万家次，收缴侵权盗版出版物14万册，查办网上侵权盗版案件38起，处理涉嫌侵权盗版违规网站30个，关闭及注销备案网站16家，列入黑名单24家。

三、组织省内优秀版权企事业单位和相关人员参加国际版权博览会

2014年9月中旬，第五届中国国际版权博览会在成都举办，经过3个月的紧张筹备，河北省版权局成功组织了省内版权企事业单位、版权从业人员和版权行政单位参加展会。展会期间，5项版权项目完成签约，总金额达1.29亿元。河北影视集团选送的《周恩来的四个昼夜》（电影）、秦皇岛市姜艳华选送的《长城万里图》（剪纸）荣获展会“金慧奖”最佳创意作品奖，河北省版权局荣获展会“金慧奖”最佳组织奖。

四、版权活动宣传报道工作

2014年，各级版权部门充分利用当地的新闻媒体，及时发布信息，介绍工作成果，扩大社会宣传的影响力。

一是重点宣传软件正版化工作成果。2014年2月28日，河北电视台通过卫星频道，在《河北新闻联播》节目中播出了《2013

年河北省顺利完成市县两级政府机关软件正版化工作》的新闻稿件，对外公布了全省市县两级政府机关提前完成软件正版化工作的成果。2014 年 3 月底，河北省版权局借国务院检查组检查之机，邀请省内主流媒体开展跟踪报道，《河北日报》、《燕赵都市报》、《河北青年报》等媒体纷纷发布消息，及时跟进宣传。

二是强化“4·26 知识产权宣传周”宣传。为配合国家《软件正版化在中国(2014)》专刊出版，2014 年 4 月下旬，河北省版权局起草了《河北省推进使用正版软件工作成效及措施》，通过文字、数据、图片等内容全面反映了河北省近年来推进使用正版软件的工作成果。“4·26 知识产权宣传周”期间，邯郸、承德、张家口、保定等市版权部门组织人员走上广场，宣传《著作权法》，发放各种宣传材料 2 万余份，接受群众咨询 400 余次；河北电台、河北电视台以及《河北日报》、长城网等省内主要媒体连续播放、刊登版权知识公益广告，并对侵权盗版有关案件进行了报道。

三是推荐宣传了查办案件的先进单位和个人。2014 年 6 月 9 日，《国家版权局关于奖励 2013 年度查处侵权盗版案件有功单位及有功个人的决定》印发，河北省推荐的单位和个人全部获得奖励。

五、版权知识和执法能力培训工作

2014 年，全省各地继续加大培训力度，市县政府先后组织软件正版化、版权执法等方面培训 180 余次，参训人员达 1.6 万余人次。各地通过培训教育，在提高公众版权保护意识的同时，也提高了各级版权部门的服务意识和业务水平。2014 年 3 月上旬，省版权局就省工商联在省政协十一届二次会议上提出的《关于将正版软件纳入协议采购目录的建议》提出了会办意见。6 月 3～5 日，按照国家版权局《关于举办国家版权监管平台应用专题培训的通知》要求，河北省版权局选派人员参加了版权监管平台应用专题业务培训。8 月下旬，国家版权局在成都召开新闻出版行业企业软件正版化工作培训班，河北省版权局派出人员带领 3 家出版行业企业的软件正版化工作相关负责人参加了培训。9 月 4～5 日，河北省版权局组织基层版权执法人员赴长沙参加“剑网 2014”版权执法专题培训班。10 月中旬，由推进使用正版软件工作部际联席会议办公室举办的 2014 年政府机关软件正版化工作培训会在京举行。在河北省版权局协调下，省政府办公厅、省财政厅、省工业和信息化厅、省机关事务管理局均派人参加了会议。2014 年，河北省版权局为出版社登记外国及港澳台地区图书出版合同 117 件，为社会公众登记美术、文字和音乐等作品 237 件。

（河北省版权局　李冬群）

司法工作

2014 年，河北省各法院知识产权审判部门大力加强知识产权司法保护，为全面深化改革、创新驱动发展提供了有力司法保障。

一、以审判质效为核心，抓好执法办案第一要务

（1）依法审理大量知识产权民事案件。2014 年，全省各中院共受理一审知识产权民事案件 1272 件，审结 793 件（其中，涉及专利权 273 件、商标权 294 件、著作权 129 件、不正当竞争纠纷 13 件、植物新品种纠纷 12 件、技术合同纠纷 5 件，其他 67 件）；河北省高院共受理知识产权民事案件 119 件，审结 115 件（其中，涉及专利权 52 件、商标权 30 件、著作权 14 件、技术合同纠纷 5 件、不正当竞争和侵害商业秘密纠纷 6 件、特许经营纠纷 3 件、植物新品种纠纷 1 件、商业诋毁案件 1 件、其他案件 3 件）。

（2）积极推进案件精品战略。2014 年，全省法院严把案件事实关、法律适用

关、司法政策关，进一步提高审判质效，公正审理了多起重大、疑难、复杂知识产权案件，赢得了社会各界的广泛认可。

（3）创新工作机制，提升审判质效。为提高审判质效，河北省高院知识产权审判庭坚持每周业务学习制度；对重大疑难案件，庭领导参加合议庭进行审理，对疑难问题多方面探讨、扩大合议；发回重审及改判案件主动与原审法院沟通，交换意见；充分发挥专家咨询、司法鉴定作用，河北省高院聘请15名知识产权审判技术咨询专家，重新设立了咨询专家库，研究制定了《特聘知识产权审判技术咨询专家管理办法》。

（4）抓好调研指导，提高全省知识产权审判水平。2014年，先后完成《关于加大知识产权司法保护力度》《植物新品种案件审理情况》《知识产权审理疑难问题的调研》等调研报告。为加强对下指导，河北省各法院严格实行重大敏感案件报告制度，对社会影响较大的关联案件，积极加强协调，统一裁判标准。河北省高院知识产权审判庭先后两次到知识产权案件相对集中的石家庄市中院，加大对该院的监督指导力度。

二、注重司法公开工作，自觉接受社会监督

全省法院知识产权审判庭认真贯彻落实最高人民法院的要求，强力推行审判公开工作，主动接受社会各界监督。2014年，河北省高院知识产权审判庭全年新收案件审判流程公开率、6月1日后公开开庭案件庭审网络直播率、全年应上网裁判文书上网率，达到了三个100%。

（1）积极推行审判流程公开。河北省高院2014年新受理的知识产权案件全部按要求将审判流程进行了公开，当事人随时可通过互联网查询自己案件的审判流程情况。

（2）强力推进庭审公开。2014年4月23日，河北法院网对河北省高院审理的一起知识产权案件率先进行了庭审网络直播。自2014年6月1日起，河北省高院受理的不服一审判决上诉案件，除1件因涉及商业秘密不公开审理外，其他依法公开审理的所有案件，按要求全部在互联网上进行了直播。

（3）推进裁判文书深度公开。河北省高院先后下发《关于知识产权裁判文书上网工作有关事项的通知》和《关于知识产权裁判文书上网工作情况的通报》；在全省法院知识产权审判业务培训班上，河北省高院知识产权审判庭再次对知识产权裁判文书上网工作提出明确要求。截至2014年12月31日，全省法院共上网公布知识产权裁判文书1534篇，其中2014年10月31日至12月31日，上网公布503篇。

三、充分利用各种平台，不断延伸审判职能作用

（1）利用“4·26知识产权宣传周”等多种平台，加强知识产权司法保护宣传，提升全民知识产权保护意识。2014年4月26日，全省法院积极组织参加一年一度的“保护知识产权广场宣传咨询活动”。为扩大宣传效果，河北省高院还积极向新闻媒体推选典型案例。通过省电台“阳光热线”节目宣传知识产权司法保护。

（2）通过与企业间座谈、授课，建立沟通平台，提升企业创新能力。河北省高院知识产权审判庭为河北省知识产权局“专利执法能力提升培训班”和石家庄冀铁公司进行知识产权培训授课，服务经济社会发展大局。

（3）利用行政部门平台，创新调解方式，做到案结事了。

四、加强知识产权审判队伍建设，全面提升司法能力

（1）加强政治思想建设，狠抓廉洁自律教育。进一步加强知识产权法官理想信念教育，严明政治纪律，提升司法能力，改进司法作风；加强全省知识产权法官反腐倡廉教育，切实增强廉洁自律意识，确保司法廉洁。

(2)积极参加有关会议，进一步开阔审判视野。2014年，河北省高院知识产权审判庭参加全国法院知识产权审判工作座谈会、“知识产权保护的国际视野”国际研讨会、北京市法院知识产权精品案件交流会、第三届“知识产权、标准与反垄断法”国际研讨会等有关会议。

(3)加强学习培训，自觉提升业务能力。全省法院积极派员参加国家法官学院举办的知识产权审判培训班。培训结合“京津冀”协同发展，突出向知识产权审判前沿地区学习，对知识产权法官如何创新审判理念、丰富审判思维、拓宽审判思路、明确审判重点、优化审判方法具有较强的指导作用。

（河北省高级人民法院知识产权审判庭）

检察工作

2014年，河北省检察机关在保护知识产权方面取得了成绩。

一、充分履行检察职能，依法惩处侵权假冒犯罪

2014年，全省检察机关共批准逮捕涉嫌侵犯知识产权犯罪案件53件95人，提起公诉158件281人；批准逮捕涉嫌生产销售伪劣商品犯罪案件321件427人，提起公诉462件746人。各级检察机关侦查监督、公诉部门坚持依法提前介入，对重大、有影响的侵犯知识产权和制售假冒伪劣商品犯罪案件，适时介入侦查、引导取证；把好事实关、证据关、程序关和适用法律关，不枉不纵、不错不漏，提高打击实效，为促进改革发展和建设法制化营商环境、维护全省市场经济秩序稳定和社会和谐提供了有力的司法保障。

二、突出打击重点，深入推进专项整治工作

全省各级检察机关根据全省区域产业分布和商品流通领域中侵犯知识产权、制售假冒伪劣商品呈现出的犯罪案件高发、侵害领域广泛、涉案地区增多、作案方式隐蔽等特点，突出重点、集中行动、拉网检查、打防结合、务求实效，遏制规模性侵犯知识产权行为，大力净化市场环境。紧紧依托有关专项活动，突出打击工作重点，积极配合协助有关部门集中开展重点商品、重点区域、重点领域打假治劣专项行动，切实保障民生，服务科学发展。严厉打击农村和城乡接合部经营主体、区域性重点商品集散地、大型专业市场、农村集市贸易等制假售假行为；开展农资打假，整治假冒伪劣农资坑农害农问题；严厉打击乡村、城乡接合部药店和基层医疗机构购入、销售、使用假药行为；严厉打击利用互联网和网络交易平台发布虚假违法广告和利用网络交易平台销售假冒伪劣商品行为，严厉打击互联网侵权犯罪行为。对消费者投诉集中的商品开展生产流通环节专项整治，深化文化市场整治，加强注册商标权保护，突出整治阻碍创新发展的专利侵权行为，做好各项知识产权保护工作。

三、强化法律监督，形成打击侵权假冒犯罪强大合力

充分发挥法律监督职能，对涉嫌犯罪的案件不依法移送或者有案不立、有罪不究、以罚代刑、重罪轻判的，依法予以监督纠正。积极走访工商、海关、农业、文化、新闻出版、知识产权、食品药品监督等有关行政执法机关，通过联席会议、情况通报、查阅行政执法案件台账和案卷等方式，摸排一批涉嫌犯罪的案件线索，督促行政执法机关向公安机关移送。加强对国家工作人员为侵犯知识产权犯罪活动充当“保护伞”和徇私舞弊不移交刑事案件、帮助犯罪分子逃避处罚等职务犯罪行为的监督，严肃查办相关执法人员、司法人员贪污贿赂、滥用职权、玩忽职守、徇私舞弊等职务犯罪行为，促进公正廉洁执法。

四、推动"两法衔接",严格规范行政执法

深入推进行政执法与刑事司法衔接工作,积极推动"网上衔接、信息共享"机制建设。2014 年 7 月底,河北省检察院成立"两法衔接"办公室,加强基础设施、制度、工作人员素质能力建设,注重工作协调,强化对下指导,取得了明显成效。设区市、县两级检察院加强了组织机构建设,强化了人员保障,工作投入逐步加大,工作机制逐步完善,为规范工作的开展,不少区市、县级检察院探索建立了一些工作机制,包括平台运行管理制度、联席会议制度、咨询会商制度、协作配合制度等。10 个设区市院和定州市检察院、辛集市检察院都接入了全省信息共享平台,市级联网率 100%;132 个县检察院接入全省平台,联网率 75%。沧州市基层检察院全部接入平台,保定市、张家口市、邢台市、衡水市、廊坊市基层检察院接入比率较高。

五、认真搞好宣传引导,努力营造良好工作氛围

全省各级检察机关结合工作实际,因地制宜组织干警通过电视、广播、网络、发放宣传材料等方式广泛开展打击侵犯知识产权和制售假冒伪劣商品工作宣传教育,大力宣传国家保护知识产权的政策和法律、法规,在群众中普及知识产权保护知识,提高全社会保护知识产权的意识。据不完全统计,2014 年全年,全省各级检察机关组织举行大型宣传活动 396 次,发放宣传材料 75 万余套(份),接待群众法律咨询 16 200 余次,受理案件线索 1791 件。

(最高人民检察院侦查监督厅供稿)

山西省

专利工作

2014 年以来,在国家知识产权局的大力支持和指导下,在山西省委、省政府的领导下,山西省以实施国家知识产权战略为先导,加强知识产权工作,抢抓发展机遇,积极努力开展各项工作,全省知识产权事业稳健发展,为全省可持续发展提供了有力的支撑。

一、政策体系建设不断完善,管理制度不断加强

2014 年,组织成立了《山西省专利实施和保护条例》修订起草小组。11 月 28 日,山西省第十二届人大常委会第十六次会议表决通过《山西省专利实施和保护条例》,该条例将于 2015 年 1 月 1 日起正式施行。该条例内容涵盖专利创造、运用、保护、管理和服务等方面,将诸多行之有效的政策措施上升为法规,是山西省完善地方专利立法、贯彻实施《国家知识产权战略纲要》的重大举措。山西省知识产权议事协调机构调整为山西省知识产权战略实施工作领导小组,领导小组组长由张复明副省长担任,领导小组办公室设在山西省知识产权局,成员单位有 33 个。

二、专利申请质量不断提高,创新能力显著提升

山西省委、省政府将每万人有效发明专利拥有量纳入全省目标责任制考核,分值等同 GDP。山西省知识产权局制定出台了 7 项措施加强有效发明专利拥有量,举办了专利目标责任考核培训班,开发了"山西省有效发明专利目标考核系统",对各市有效发明专利进行目标任务考核,实现全省有效发明专利的统计分析和对比。

2014 年，山西省有效发明专利达到 6284 件，每万人有效发明专利拥有量为 1.9 件，同比增长 19.7%，各市均完成 2014 年年初目标责任制预定目标数。太原市 2014 年有效发明专利为 4030 件，每万人有效发明专利拥有量达到 11 件，是国家平均水平两倍以上。

三、质押融资工作逐步开展，推广实施效果明显

为破解科技型中小企业融资难瓶颈，山西省知识产权局筛选山西省近 3 年来专利授权 5 件以上企业 500 余家，设计融资需求调查问卷、宣传专利权质押政策、征求企业意见。初步建立了“山西省企业专利权融资需求数据库”并实施动态跟踪。多次与山西省技术产权交易中心、太原高新区中小企业融资担保有限公司等机构座谈，举办“企业专利质押融资研讨会”。国家知识产权局太原代办处获得国家知识产权局许可。

四、行政执法工作开展有力，保护能力逐步增强

深入开展知识产权执法维权“护航”专项行动，对重点企业、重点行业开通快速维权绿色通道，更加快速、高效地维护企业合法权益。充分发挥知识产权维权援助平台作用，制定了《山西省知识产权维权援助中心专利违法行为举报奖励办法（试行）》。积极推进电子商务领域专利执法维权工作，起草并下发《山西省打击互联网领域专利侵权假冒商品工作方案》，在全省范围内集中开展互联网领域侵权假冒专项治理行动。

五、企业“贯标”工作开展顺利，试点示范扎实开展

采取多种形式，认真组织推行《企业知识产权管理规范》（2013 年国家标准）工作，企业和专利事务所以及专利管理部门200 余人参加了省级培训，60 余家企业申请参与此项工作，2014 年文本验收中 23 家通过审查。积极实施试点示范和知识产权强县工程，朔州市朔城区列入国家知识产权强县工程试点县（区）行列。目前山西省已累计有 6 个县（区）入选国家级知识产权强县工程试点县（区）。

六、服务体系建设不断增强，服务水平逐步提高

通过积极组织、协调和引导，推动成立了山西省首家知识产权服务联盟，由省内 20 多家知识产权相关机构组成。积极引导、协调，促进山西省专利代理机构发展，2014 年推动成立 2 家专利代理分支机构。大力加强专利代理队伍建设，组织开展了 5 期有针对性的培训班，极大地提升了山西省专利代理人的执业水平。目前全省拥有专利代理人资格的人员已达 170 余人。

七、人才培养工程稳步推进，文化建设逐步加强

积极利用“4·26 知识产权宣传周”、专利周等重大活动开展各种形式的宣传活动。开展了知识产权创新报道现场采访、三晋行专家下乡宣讲、网络专栏宣传、“专利护航”专项行动联合执法、国家知识产权培训（山西）基地宣传等“我的创新梦”系列宣传活动。积极实施高层人才培养计划，建立了专利专家信息库。全面落实《关于加强知识产权人才体系建设的意见》，并依托国家知识产权培训（山西）基地先后举办了各类人才培养活动，举办了多期人才培训班，参加培训人员达到 5000 余人。全省各级单位组织培训人员达 3 万余人。

（山西省知识产权局）

商标工作

山西省工商局以深化改革为统领，以全力服务转型综改试验区建设为目标，以

贯彻新修订的商标法及其实施条例为契机，解放思想，创新思路，进一步实施商标战略，深入推进“品牌兴省”。

山西省政府“双打”工作会议召开后，山西省工商局组织召开了全省工商系统商标发展与保护工作会议，按照新商标法的要求，对2014年开展打击商标侵权和制售假冒伪劣工作进行了专项安排部署，要求各级工商机关结合当地实际，深入开展“五个一批”专项执法行动，即查处一批违法犯罪案件，曝光一批典型案例，取缔一批批发销售窝点，打击一批违法企业和违法犯罪分子，整治一批问题比较突出的区域。通过开展“五个一批”专项治理行动，进一步增强企业诚信守法意识，提高消费者识假辨假的能力，进一步形成自觉抵制假冒伪劣商品、保护商标知识产权的社会氛围；山西省工商局制定下发了《2014年工商系统打击侵权和假冒伪劣工作方案》《山西省工商行政管理局保护第二届夏季青年奥林匹克运动会标志专项行动方案》《山西省工商行政管理局依法公开假冒伪劣商品和侵犯知识产权行政处罚案件信息实施细则》等指导性文件，筹建了山西省工商局行政处罚案件信息公开平台。2014年，全省工商系统共出动执法人员18 806人次，检查经营主体26 867户次，检查批发零售市场、集贸市场等2136个次，立案查处案件473件，已结案440件，罚没款205.06万元；向公安机关移送案件6件，案值162.1万元；查处涉外商标案件8件，驰名商标案件187件。

引导企业加强商标管理和运用，建立健全商标管理机构，完善商标管理制度，不断创新自主品牌，有效提升商标附加值和产品市场占有率。引导支持优势企业利用商标许可、出质、出资，发挥无形资产的融资功能，提升品牌的市场化程度。引导支持涉农企业、经营者运用农产品商标和地理标志增产增收，把资源优势转化为品牌优势和市场竞争优势，推进农业结构战略性调整。

2014年，全省商标申请量16 852件，注册量10 146件，累计有效注册量61 269件。

（山西省工商行政管理局）

版权工作

2014年，山西省版权局按照省委、省政府和国家版权局的总体部署，不断拓展版权宣传范围，全面加强依法行政意识，扎实开展打击侵权盗版和软件正版化等重点工作，努力为版权产业的健康发展和著作权人的合法权益保驾护航，取得了阶段性的工作成果。

一、版权行政执法和市场监管工作

版权管理与执法工作是全省打击侵犯知识产权和制售假冒伪劣商品工作的重要内容。山西省版权局将打击侵权盗版作为全年工作的第一要务，坚决保持对侵权盗版不法分子和违法行为的高压态势。

（一）注重对全省打击侵权盗版工作的统一指导

山西省版权局根据国家版权局和省“双打”领导组的安排，认真组织开展了全省新闻出版系统“双打”工作，听取各市版权局关于版权行政监管、网络侵权盗版专项治理“剑网”行动、政府机关使用正版软件工作等方面的情况汇报，征求各市关于版权管理工作的意见和建议，并提出了将版权执法工作的重点转移到查处互联网侵权盗版案件和做好政府机关使用正版软件长效管理机制建设工作上。

（二）注重传统出版物市场的整顿规范

突出重点时段集中清理整治工作，开展了全省“两会”“两节”期间出版物市场和暑期出版物市场专项治理行动；关注未成年人成长环境，全省在不同时段开展了“少儿出版物市场整治行动”“打击非法及盗版教材教辅专项行动”“校园周边出版物市场专项整治”三大集中行动；加强图书报刊音像市场、交通枢纽、集市景区、数码电脑城等重点部位的监管。全年全省共出动检查人员 9.8 万余人次，取缔各类违规出版物经营单位 732 家，查缴侵权盗版出版物297 109件。

（三）注重网络侵权盗版的专项治理

为加强网络环境下的版权行政执法和监管工作，严厉打击各类网络侵权盗版违法行为，山西省版权局协调省公安厅、省通信管理局等部门共同开展了为期半年的打击网络侵权盗版专项治理“剑网”行动。山西省突出加强对重点网站的主动监管和排查工作，全省各市共主动监管网站 200 余个，其中包括省级重点监管网站 6 个。重点查办了“游视网”涉嫌侵犯音乐作品著作权案，该案件为国家版权局挂牌督办的网络侵权案件。

（四）注重涉刑案件的衔接配合工作

根据《关于在打击侵犯著作权违法犯罪工作中加强衔接配合的暂行规定》精神，山西省版权局组织专业技术人员对运城东方驾驶学院盗版教材案涉案图书进行了认真鉴定，指导长治县文化市场行政综合执法大队对查处的侵权盗版案件进行调查取证，为案件的依法处理提供了准确有力的证据。

（五）注重“双打”行政处罚案件信息公开工作

山西省版权局组织召开了“双打”行政处罚案件信息公开工作会议，印发了《关于制售假冒伪劣商品和侵犯知识产权行政处罚案件信息公开的实施办法》，于 2014 年 6 月 1 日起正式实施。

（六）注重将查办案件与宣传教育有机结合

公众良好的版权意识是版权秩序不断改善的基础。山西省版权局在 2014 年“4·26 知识产权宣传周”期间，紧紧围绕“保护·运用·发展”的宣传主题，组织全省各级新闻出版部门大范围、多角度、创新性地开展版权宣传活动。

（1）播放版权公益广告宣传片。在知识产权宣传周期间，太原综合广播、老年广播滚动广播版权知识 77 次，太原法治频道、影视频道等每天滚动播放版权公益广告宣传片 140 次，受众数量初步估计达到了 300 万人。此外，还利用点击率较高的网站，大力宣传版权法律法规和知识，播放“版权公益广告宣传片”。（2）4 月 24 日，山西省版权局、山西省“扫黄打非”工作领导小组办公室组织全省 11 个市同时举行了侵权盗版及非法出版物集中销毁活动和知识产权街头集中宣传活动，共销毁各类侵权盗版及非法出版物 36 万余件，发放各类宣传资料约 8 万余份。（3）组织版权宣传进校园活动。太原市版权局向全市 100 所中、小学校发放版权宣传资料和海报。大同市组织学生参观以保护知识产权、拒绝侵权盗版为内容的展板，发放了 2000 余份知识产权宣传单。此外，其他市也开展了丰富多彩的版权知识进校园活动，发放版权知识问答等通俗易懂的宣传资料。（4）组织版权宣传进企业活动。山西省在太原市各大影院和四大电脑城显著位置张贴版权宣传海报，对卖场内的经营人员进行版权法律宣传教育，发动消费者对销售盗版制品和侵权行为的商家进行监督和举报，为软件正版化工作的开展营造良好的社会环境。（5）组织版权宣传进机关活动。山西省部分市、县在机关单位墙面、电梯口张贴版权宣传海报，发放《政府机关使用正版软件管理办法》《计算机软件保护条例》，在各级政府机关中宣传版权法律法规知识。

二、软件正版化工作

（一）加强政府机关使用正版软件工作长效机制建设

1. 加强组织领导

对山西省推进使用正版软件工作领导

小组进行调整。通过山西省政府办公厅下发了《关于全面做好政府机关使用正版软件工作的通知》，督促各市县、各相关部门按照《政府机关使用正版软件管理办法》的规定，围绕工作协调、经费保障、软件采购等重要环节，全面加强使用正版软件工作长效机制建设。

2. 集中自查整改

组织各市和省直各部门全面开展软件使用情况自查整改工作，重点检查软件采购情况、软件采购经费纳入政府采购预算、软件安装使用情况等的落实情况以及和信息化工作结合情况等方面的内容。针对自查中发现的问题，开展整改。通过自查整改，全省政府机关使用正版软件工作质量得到明显提高。

3. 严格督促检查

山西省推进使用正版软件工作领导小组下发了《关于对全省各级政府机关使用正版软件工作进行检查的通知》，由山西省版权局、商务厅、经信委、国资委、审计厅组成 6 个检查组，对全省 35 个省级政府机关、11 个市的 22 个市级政府机关和 11 个县的 22 个县级政府机关进行了检查。

4. 重视培训教育

山西省版权局于 2014 年 10 月 28 日组织各市政府和省直各部门召开了山西省政府机关使用正版软件工作专题培训会议。会议下发了《政府机关使用正版软件工作文件汇编》，要求各市、各部门按照要求加紧建章立制，确保工作制度化、常态化、规范化运行。

5. 扩大社会影响

2014 年 3 月，山西省新闻出版广电(版权)局邀请 20 余家省内主流媒体，组织召开了“山西省市、县级政府机关使用正版软件工作新闻发布会”，介绍市、县级政府机关使用正版软件检查整改工作的完成情况、长效管理机制的建立情况。

2014 年 4 月和 11 月，国务院“双打”工作领导组、国务院推进使用正版软件部际联席会议督查组对山西省政府机关软件正版化工作进行了 3 次检查，均对全省政府机关软件正版化工作给予充分肯定。

(二)继续开展新闻出版行业企业软件正版化工作

新闻出版行业软件正版化工作对于全省软件正版化工作具有较强的示范带动作用。山西省版权局将新闻出版行业二级企业作为全年企业软件正版化的工作重点，在 29 家二级企业开展软件正版化工作。山西省版权局于 6 月组织召开了全省新闻出版行业企业软件正版化工作推进会议并作出了针对性部署。截至 2014 年年底，目标推进企业已基本完成了软件正版化工作，工作整体进展情况良好。

三、版权公共服务工作

在版权公共服务体系建设中，山西省版权局特别注意加强作品版权登记工作，努力为广大著作权人提供可靠、便捷的版权保护服务，为版权贸易的不断拓展保驾护航。完成作品版权登记 541 件，全年数量同比 2013 年翻一番。全年完成版权贸易合同备案 46 件。

(山西省版权局　郝子谋)

司法工作

2014 年，山西省各级人民法院知识产权审判庭以提高司法质效、提升司法公信力、加大司法保护力度为重点，牢牢抓住执法办案第一要务，依法妥善审理了各类知识产权案件，知识产权司法保护工作取得一定成效。

一、全省法院受理知识产权案件的基本情况

(一)知识产权案件受理数量趋于平稳

2014 年，全省法院共受理各类知识产权案件 290 件，审结 282 件，审结率为

97.2%。其中受理专利权类案件57件，商标权类案件121件，著作权类案件94件，其他类型知识产权案件18件。全年共调撤结案140件，调撤率为49.6%。全年共受理知识产权刑事案件396件。

(二)案件类型仍以传统知识产权案件为主

著作权、商标权、专利权、技术合同纠纷仍占知识产权案件总数的95%以上。在著作权类案件中，阶段性地集中呈现为以侵犯网络域名著作权、网吧涉侵犯影视作品著作权、量贩式歌厅涉侵犯卡拉OK作品著作权等情形。其中量贩式歌厅涉侵犯卡拉OK作品著作权案件的受理数由2013年的200件下降至2014年的72件。

(三)知识产权案件审理质量不断提高

山西省各法院受理的知识产权案件类型虽然单一，但全省法院十分注重培养知识产权法官的专业理论素养，在全省法院优秀裁判文书评选活动中，选送的知识产权案件裁判文书均获奖。知识产权案件的调解率已连续5年超过普通民商事案件的调解率，全年审结生效的知识产权案件也没有一件向最高人民法院进行申诉。

(四)知识产权司法保护水平不断增强

山西省高院知识产权审判庭与山西财经大学法学院合作完成了《山西知识产权民事案件审理的调研报告》，为提高全省知识产权司法保护提供了很好的参考建议。

二、全省法院在知识产权案件审判中的主要做法

(1)加强保护是知识产权司法保护的主要矛盾、基本定位和政策取向，同时注意分门别类、利益平衡和宽严适度。

(2)注重防止权利滥用。结合审判实际，认真研究总结其表现形式和规制办法。

(3)大胆、审慎使用诉前临时措施。知识产权侵权纠纷，往往呈现出侵权行为的持续性和侵权证据的易灭失等特点。为加强对知识产权的保护力度，法律规定了诉前停止侵权、诉前证据保全等法律措施。对这些措施，应当大胆使用，用足用全，同时应当严格把握适用的法律条件。

(4)注重发挥专家在解决知识产权纠纷中的作用。山西省建立了知识产权专家咨询委员会制度。对审判人员现有知识积累无法把握的知识产权事实方面的问题，通过专家证人、专家辅助人、技术咨询等方式说明相关技术问题，澄清相关案件事实，促使审判人员形成心证，以准确认定案件事实。

(5)加大调解力度，和谐司法、息诉止纷。调解案件，既注重全案的调解，又注意创新调解模式，形成具有山西省特色的知识产权诉讼调解模式。

(6)善于运用司法建议，延伸知识产权审判工作，扩大审判社会效果。

三、积极应对山西省系统性、塌方式腐败所造成的负面影响，确保在知识产权审判领域不出问题

山西省高院知识产权审判庭号召全省知识产权审判法官深刻领会习近平总书记系列重要讲话所体现的为民情怀、反映的历史担当、阐发的科学方法。积极探索推进以审判为中心的诉讼制度改革，通过法庭审判的程序公正实现案件裁判的实体公正，使司法权在法律程序规范的范围内有序运作，确保全省受理的知识产权案件均得到公平公正的审理。

（山西省高级人民法院知识产权审判庭）

检察工作

2014年，山西省检察机关打击侵犯知识产权犯罪取得了较好的成绩。

一、立足检察职能，严厉打击侵权假冒犯罪

2014年，全省检察机关批准逮捕涉嫌生产、销售伪劣商品罪59件73人，移送起诉168件223人；批准逮捕侵犯知识产权犯罪24件27人，移送起诉47件72人。

二、积极拓宽线索发现渠道

积极主动作为，重视从新闻媒体报道等途径发现线索，拓宽案源渠道。2014年山西省太原市检察院根据媒体报道的市食品药品监督管理局行政处罚数量，发现并监督公安机关立案张某、赵某等涉嫌销售假药案12件，严厉打击了侵权假冒违法犯罪行为。

三、扎实认真开展专项立案监督活动

山西省检察机关以最高人民检察院统一部署的“破坏环境资源和危害食品药品安全犯罪”专项立案监督活动为契机，成立专项检查组，走访食品药品监督管理局等行政执法机关和公安机关，排查并监督立案多起侵犯知识产权和制售假冒伪劣商品的犯罪行为，将专项打击常态化。同时，联合相关行政执法机关开展检查行动，形成打击合力。

四、完善“两法衔接”机制

全省各级检察机关进一步完善“两法衔接”工作机制，构建打击侵犯知识产权犯罪和制售假冒伪劣商品犯罪行为的长效机制。如山西省浑源县检察院通过与行政执法机关建立案件档案移送制度、定期沟通机制，明确各部门职责，加强综合治理，实现行政执法与刑事司法的合理对接。

（最高人民检察院侦查监督厅供稿）

内蒙古自治区

专利工作

2014年，内蒙古自治区知识产权工作，围绕2014年确定的工作目标和工作重点，深入实施知识产权战略和创新驱动发展战略，全面提升知识产权创造、运用、保护和管理能力。

一、完善法规政策

在上年立法调研的基础上，2014年积极对《内蒙古自治区专利促进和保护条例》（草案）的框架体系和内容继续做进一步的修改与完善。目前，该条例已经列入自治区人大“五年立法规划”。

二、不断提升自主知识产权数量和质量

为提升发明专利的数量和质量，2014年继续实施发明专利资助计划。及时转发《国家知识产权局关于进一步提升专利申请质量的若干意见》，积极调整修订资助奖励政策，加大激励发明专利申请资助力度。2014年资助793项，资助金额199.9万元。目前，自治区累计资助发明专利4500多项，资助金额近800万元。

三、推动专利运用

2014年继续实施专利转化扶持政策，推动专利运用促进计划，提高自主知识产权对经济增长的贡献率。2014年扶持专利转化项目32项，下拨专利转化专项经费680多万元。目前，累计扶持专利转化项目162多项，下拨专利转化专项经费近2680多万元。

四、深化试点示范，推进企业知识产权能力建设

在国家知识产权局支持下，争取申报培育国家知识产权优势企业。大力开展城市、园区、企事业单位知识产权试点示范工作，积极准备申报国家示范园区。积极推进实施企业知识产权管理标准体系建设，建立《企业知识产权管理规范》认证体系，积极组织服务机构参与试点企业开展企业贯标工作。现已确定10家企业开展实施工作。

五、专利行政执法进一步得到加强

继续实施“知识产权执法体系建设工程”。依照国家知识产权局专利行政执法培训方案和委托合同的要求，对自治区及有关盟市的专利行政执法人员进行轮训，提高执法人员的业务能力。充分发挥“12330”维权援助中心的作用。进一步贯彻落实国家知识产权局《关于加强专利行政执法工作的决定》，完善举办投诉奖励与维权援助机制，加强执法装备建设。加大对各盟市专利执法工作的指导、督查和考核力度，推进能力执法和规范执法。2014年全区组织开展执法检查64次，出动执法人员702人次，检查大型商场、药店192家，检查带有专利标记的各类商品514 823件，处理专利侵权和查处假冒专利314件。

六、实施知识产权托管工程，提升托管服务质量

2014年继续大力培育和发展知识产权中介服务机构能力建设。积极利用国家知识产权局和自治区知识产权托管工程计划专项经费，依托中介服务机构为企业提供全方位的服务，最终形成知识产权多领域各种服务业的全区覆盖。截至2014年，共签约入托企业260家，同时，编制印发了《内蒙古自治区企业知识产权托管工作手册》。入托企业知识产权保护意识明显提高，创造、运用能力明显增强。

七、加强知识产权人才培养和宣传培训工作

2014年全面落实国家知识产权局《关于加强知识产权人才体系建设的意见》，继续加大知识产权人才培养工作的投入，依托内蒙古自治区工业大学，继续开办“知识产权方向本科双学位班”，培养一支业务能力强、服务水平高的企事业单位和知识产权中介服务人才队伍。继续加大知识产权培训工作力度，内蒙古自治区知识产权局不仅在知识产权管理、执法，专利代理和专利电子申请等方面开展形式多样的知识产权培训，还为企业培养了一批熟悉和掌握企业知识产权管理、研发和经营人员。2014年共计培训各类知识产权人员2000多人。积极组织开展2014年“4·26知识产权宣传周”，及时制订活动计划，深入各盟市和企事业单位开展知识产权宣传培训活动。积极组织“2014·第八届中国专利周内蒙古地区活动”。

八、知识产权信息服务能力得到增强

依托国家知识产权局专利信息资源优势，全面推进专利信息服务体系和专利信息传播利用与信息化建设。构建布局合理、技术先进、功能完备、共享高效的公共信息服务体系。建设区、市（区域）、重点行业（企事业单位）三级专利信息网络服务体系，为企事业提供信息资源专利数据库、检索和分析软件以及人员培训等服务。及时扩充其他知识产权信息源，向社会提供知识产权信息跟踪、查询和咨询服务。2014年举办专利信息人员培训班3期，培训800余人。

九、机构建设得到加强

国家知识产权局专利局呼和浩特代办处成立以来，根据国家知识产权局设立代办处的各项要求，2014年完成了办公基本条件建设、工作人员招聘、工作人员上岗业

务培训等工作，同时利用展会等为社会公众宣传普及专利代办业务，不断加强专利代办业务和服务能力的学习，努力提高业务素质和服务水平。

（内蒙古自治区知识产权局）

商标工作

内蒙古自治区工商局坚持服务指导与监督管理并重，切实做好商标发展和保护工作，扎实推进商标品牌战略实施，严厉查处各类商标侵权假冒违法行为，各项工作取得新的成效。

内蒙古自治区工商局2014年8月初在国家工商总局行政学院举办了“全区工商系统商标监管执法培训班”，系统235名工商干部参加了培训。包头、呼伦贝尔、兴安盟、赤峰、锡林郭勒盟、巴彦淖尔、鄂尔多斯等盟市工商局组织先后举办了商标法培训班。及时编写了《商标法》《商标法实施条例》《驰名商标认定和保护规定》《南京青奥会手册》等知识解读和《全区工商系统商标侵权典型案例》在内网上发布，供基层执法人员学习。

组织各盟市编写2013年度商标发展报告，编制内蒙古自治区工商局年度发展报告。深入开展调研，形成《内蒙古农畜产品产业品牌化与地理标志（商标）管理运用的现状与前景》调研报告及《自治区工商局关于加快锡林郭勒盟羊肉产业实施商标品牌战略的建议函》，为运用商标品牌推进区域经济发展献计献策。

制定下发了《全区工商系统打击侵犯知识产权和制售假冒伪劣商品工作指导意见》，形成了一级抓一级、层层抓落实的分工体系和责任体系。印发了《2014年全区工商系统打击侵犯知识产权和制售假冒伪劣商品重点工作安排及任务分工》，明确了工作目标和重点任务。对一些重大疑难案件实行内蒙古自治区工商局督办，加强对各盟市专项活动的指导、调度、督促和考核。组织开展了保护注册商标专用权、“红盾护农”、儿童用品质量专项整治等一系列专项行动。2014年全区工商系统共查处侵权假冒案件464件，案值316.634万元；其中查处侵犯商标权案件135件、案值164.51万元。

2014年，全区商标申请量17 609件，注册量9788件，累计有效注册量64 702件。

（内蒙古自治区工商行政管理局）

版权工作

2014年，内蒙古自治区版权工作坚持以邓小平理论和“三个代表”重要思想为指导，坚持科学发展观，贯彻落实党的十八大精神和自治区“8337”发展思路，紧紧围绕大局，以营造良好版权环境、推动版权相关产业繁荣发展为目标，加强版权行政执法，大力推进政府机关软件正版化工作，坚持不懈地开展版权法律知识宣传教育，各项工作取得了成效。

一、打击侵权盗版工作

落实国家版权局、自治区打击侵犯知识产权和制售假冒伪劣商品工作领导小组有关重点工作安排，部署、开展全区新闻出版、版权领域的“双打”专项工作。部署开展2014年度打击网络侵权盗版“剑网2014”专项行动，承办国家版权局移交有关案件，切实加大版权保护工作力度。2014年，全区版权行政案件立案33件，办结29件，移送司法机关2件。

二、政府机关软件正版化工作

2014年，国务院两次派检查组对内蒙古自治区政府机关软件正版化工作进行检查，全区软件正版化工作得到了检查组的充分肯定。2014年，按照国务院、内蒙古自治区的工作部署，由自治区版权局牵头，抽调自治区推进使用正版软件工作联席会议成员单位工作人员，两次组成8个检查组，赴全区各盟市、旗县区及自治区有关单位开展政府机关软件正版化工作督促检查。实地抽查自治区、盟市、旗县三级政府机关192个，检查计算机779台，查阅相关工作资料2000余份。协调自治区主席巴特尔对自治区政府机关软件正版化工作做专题批示1次，副主席刘新乐、副秘书长许宏智批示多次。协调自治区政府组织召开软件正版化专题工作会议1次，以自治区政府办公厅名义印发全区软件正版化工作情况通报1次。2014年，全区企业软件正版化工作也取得明显成效，完成了新闻出版行业二级企业软件正版化整改任务。同时，为建立健全内蒙古自治区政府机关软件正版化工作的长效机制，自治区版权局负责起草了《关于贯彻落实〈政府机关使用正版软件管理办法〉的实施意见》，并以自治区人民政府名义下发全区各级政府机关。

三、版权公共服务工作

2014年，组织全区新闻出版行业企业参加了第21届北京国际图书博览会、第五届中国国际版权博览会，为版权产业发展提供渠道服务，促进全区版权贸易。积极开展作品登记和合同备案工作，2014年，全区办理作品登记114件。

四、版权执法培训工作

2014年国家版权局在浙江绍兴举办全国版权执法培训班，自治区版权局积极与国家版权局沟通协调，增加全区46名盟市和旗县区版权行政执法一线工作人员参加此次培训，并同期举办了自治区2014年版权行政管理执法培训班。通过参加培训拓宽了全区基层版权行政执法人员的工作视野，提升了基层版权执法队伍的执法能力和业务水平。

五、版权保护和打击侵权盗版宣传工作

2014年，内蒙古自治区从加大版权保护，打击侵权盗版，提高作品保护意识和推动版权公共服务平台建设等方面进行全面宣传，不断提高全社会知识产权保护意识。“4·26世界知识产权日”前夕，由自治区版权局牵头，在自治区版权保护协会及部分媒体配合下，实施完成了“4·26知识产权宣传周”活动，《内蒙古法制报》于4月25日头版刊发了《我区销毁侵权盗版及非法出版物48.3万件》《创新驱动发展软件正版化先行》及知识产权保护专题文章《从作品到经济效益 版权登记不可小视》；北方新报4月26日刊登了《侵犯知识产权案件数量激增 我区加大打击力度》《我区要建立常态性版权贸易平台》的采访文章；《内蒙古晨报》于4月26日刊登了《加强版权保护 重点推进作品登记》的采访文章。通过集中宣传营造了良好的版权保护秩序和社会氛围。

六、参与评选表彰活动

组织全区有关单位参加国家版权局2014年度查处侵权盗版有功单位、个人评选表彰活动，赤峰市文化市场综合执法局获全国先进示范单位二等奖，自治区版权局版权管理处郭锦云、赤峰市文化市场综合执法局宋歌获全国先进个人二等奖。

七、版权行政管理及执法领域改革工作

按照《全区深化新闻出版广播影视体制改革实施方案》中的任务分工，制定了《加强知识产权运行和保护，健全技术创新激励机制》和《关于打击网络侵权盗版，规范网络版权使用秩序》的改革实施方案。通过改革不断完善内蒙古自治区版权创造、保护、运用和管理体制，加大版权执法和版权保护工作力度，规范网络版权使用秩序，推动全区网络转载等使用作品依法依规付费。

（内蒙古自治区版权局）

司法工作

2014年，内蒙古自治区高、中两级法院知识产权审判庭紧紧围绕“让人民群众在每一个司法案件中都感受到公平正义”的目标，狠抓执法办案第一要务，坚持能动司法、阳光司法，以改革创新和求真务实的工作作风，持续提升知识产权审判业绩，圆满完成各项工作任务。

一、坚持公正司法，案件审理绩效高

2014年内蒙古自治区共受理知识产权案件529件，其中知识产权民事一审案件391件，知识产权民事二审案件88件，知识产权刑事一审案件45件，知识产权刑事二审案件5件，共结案435件，结案率为82.23%。

在工作任务翻倍有余的情况下，内蒙古自治区高院案件审理绩效高主要得益于：(1)强化案件精品意识，加强审判管理。(2)强化合议庭负责制，规范文书签发。(3)狠抓审限制度的落实。(4)全庭同志发扬团结协作、任劳任怨的精神。

二、坚持服务大局，提升知识产权审判影响力

按照内蒙古自治区高院党组服务全区“8337”发展思路总要求，坚持能动司法，密切与相关部门联系，切实提高服务保障工作的针对性和有效性。(1)召开知识产权司法保护座谈会。通过举办这些座谈会，进一步加强了法院与行政机关、企业的联系，受到社会各界广泛好评。(2)高度重视司法建议工作，努力增强规范性、实效性。

三、坚持为民司法，切实转变作风，从“坐堂问案”到“就地审案”“实地宣传”

(1)进一步抓好全区“千名法官下基层活动”。2014年，内蒙古自治区高院知识产权审判庭为落实党的群众路线教育活动成果，进一步转变作风，坚持采取便利当事人诉讼举措。

(2)指导全区法院知识产权审判庭开展“送法进企业”活动，回应企业知识产权司法需求。

(3)开展“送法进商场”活动，从源头防范知识产权诉讼案件发生。内蒙古自治区高院与呼和浩特市中院创新工作方式，共同到侵权行为易发地内蒙古国际商贸城，就知识产权司法保护进行宣传。

四、坚持围绕审判开展对下指导与调研，成果转化重在指导实践

(1)加强对下指导，提升全区知识产权案件裁判水平。主要工作有：下发指导性文件、典型案例；扎实开展对下评查和对内评查的“两评查”；严控发改案件，发改率低。

(2)围绕审判工作开展调研。积极开展“三合一”试点工作调研，形成《关于知识产权审判“三合一”试点工作的调研报告》。

五、坚持推进阳光司法，回应人民群众司法公开的新要求，提升知识产权审判司法公信力

(1)开展庭审入校园、公开宣判活动，尝试通过新闻媒体推进审判公开。通过媒体向社会公开发布《2013年度内蒙古自治区高级人民法院知识产权案件年度报告》。

(2)全区法院知识产权审判庭联合行动，着力做好正面宣传工作，营造全区知识产权司法保护良好舆论氛围。

(3)落实人大代表、政协委员联络工作机制。回应人大代表关注，同时邀请人大代表、政协委员和公众旁听知识产权案件的庭审。

(4)按照要求，实现全区符合条件的知识产权案件裁判文书全部上网，列各类案件之首。

六、加强队伍建设，全面提升法官综合素质

（1）加强队伍自身建设，提高法官政治素质和业务素养。（2）加强廉政建设，深入开展警示教育活动，充分运用正反两方面典型和各种行之有效的方式，坚持不懈地抓好示范教育。严格遵守五个严禁规定，增强反腐倡廉的自觉性。

（内蒙古自治区高级人民法院知识产权审判庭）

检察工作

2014 年，内蒙古自治区检察机关在保护知识产权方面取得了以下成绩。

一、依法履行批捕、起诉职能，严厉打击侵权假冒犯罪

内蒙古自治区检察机关将侵权假冒违法犯罪作为打击重点，依法履行监督职能，加大对侵权假冒特别是侵害民生、民利案件的打击力度，为全区市场经济秩序健康发展，服务大局、保障民生提供有力的司法保障。2014 年，全区检察机关共审查批准逮捕侵权假冒案件 43 件 63 人，提起公诉 214 件 415 人。

二、加强法律监督职能发挥

内蒙古自治区各级检察机关注重发挥立案监督的职能作用，着重加强侵权假冒案件立案监督、行政执法与刑事司法的衔接工作，成功监督立案多起侵权假冒案件。如呼和浩特市检察院工作中发现销售卷烟信息，经呼和浩特市烟草专卖局初步调查，该团伙从南方购进大量假冒卷烟后，以呼和浩特市为中心向鄂尔多斯市、乌兰察布市等地大肆销售，该案涉案金额较大。检察机关启动监督程序，不仅监督行政执法机关移送线索，而且对接受行政执法机关移送线索后公安机关未及时立案的情况进行监督，成功监督公安机关立案侦查。内蒙古自治区赤峰市巴林右旗人民检察院在工作中发现王某涉嫌生产、销售伪劣产品，成功监督公安机关立案侦查，取得了很好的社会效果和法律效果。

三、积极开展法制宣传教育，引导群众提高维权意识

各地结合工作实际，采取多种形式开展普法宣传，引导群众尊重知识产权和抵制假冒伪劣商品，鼓励群众举报身边发现的侵权假冒违法行为。利用“3·15 消费者权益保护日”“举报宣传周”等活动深入基层、深入农村宣传，培养树立尊重知识产权的意识。

（最高人民检察院侦查监督厅供稿）

辽宁省

专利工作

一年来，在国家知识产权局的大力支持和正确指导下，辽宁省知识产权工作取得了较大成绩。2014 年，辽宁省有效发明专利 18 417 件，比 2013 年增长 14.4%，每万人发明专利拥有量达到 4.2 件，全国排名第八位。2014 年辽宁省专利申请总量 37 860 件，专利授权 19 525 件，其中，发明专利申请为 18 417 件，发明专利授权 3975 件。PCT 国际专利申请 190 件。

一、知识产权战略实施工作

（1）积极推进《辽宁省专利条例》的贯彻实施。召开了辽宁省政府知识产权办公会议联络员会议，研究制定了《2014 年全省知识产权战略实施工作要点及任务分解》,完成了《辽宁省知识产权战略实施评估报告(2009～2013)》。《辽宁省专利条例》于2014年3月1日起开始实施,辽宁省知识产权局对该条例进行了解读,利用省政府网站向社会各界进行公开。

(2)加强组织协调,共同推进全省知识产权战略的实施。组织实施知识产权战略示范工程,开展沈阳经济区专利战略分析研究,开展通用航空和特种钢材产业知识产权战略研究,推进重点区域知识产权战略实施。鞍山海城西柳服装城被列为"第一批国家级知识产权保护规范化培育市场"。

二、知识产权执法保护与维权工作

(1)组织开展全省专利行政执法"利剑护航"专项行动。全年举行4次专利行政执法"利剑护航"专项行动,开展2次展会执法维权行动。全省查办专利行政执法案件256件。

(2)推进全省知识产权维权援助工作。针对钢铁深加工、镁质材料、装备制造和激光产业,开展知识产权维权援助现场咨询办公活动。在3所大学建立了知识产权维权援助工作站,建立了辽宁省专利侵权判定咨询机构。举办辽宁省知识产权行政执法人员培训班,全年累计培训400余人次。

三、推动企事业单位知识产权工作情况

(1)成功举办2014年中国国际专利技术与产品交易会。国家知识产权局局长申长雨、中国贸促会副会长卢鹏起、省政府副省长贺旻等领导出席会议。展会参观洽谈4万余人次,成交项目800余个,实现交易额33.8亿元。(2)继续开展专利技术转化促进工作。全年共确定扶持优秀专利技术转化项目49项,扶持资金2450万元。对获得第十五届中国专利奖的辽宁省21个优秀专利项目给予450万元的奖励。(3)继续鼓励发明专利申请。对全省3757项发明专利申请给予943.2万元的资金补助。辽宁省151项涉外专利申请获得国家75.5万元的资助资金。(4)16个优秀专利项目获得第十六届中国专利奖,其中一项获得专利金奖。(5)继续开展专利清零工作。2014年年底,当年专利清零企业624家,比2013年增加了233家。(6)推进专利质押融资和保险工作。全年专利质押融资登记22项,19.013亿元,涉及质押专利63件。(7)推进企业知识产权贯标工作。培育6家贯标服务机构。

四、知识产权宣传、培训、信息利用与服务工作

(1)知识产权宣传和培训。召开2013年辽宁省知识产权保护状况新闻发布会,《辽宁日报》刊登了两篇综合文章,宣传辽宁省知识产权工作。《辽宁日报》上连续6天专版刊登2013年度授权发明专利3830件,宣传辽宁省授权发明专利相关情况。设立了国家知识产权培训(辽宁)基地。(2)知识产权服务业。组织开展全国专利代理人资格考试工作,组织举办了为期24天的全国专利代理人资格考试考前培训班,120余名学员参加了封闭式培训。开展全国第二批知识产权服务品牌机构推荐工作,辽宁省2家专利代理公司入选第二批全国知识产权服务品牌机构培育单位名单。(3)专利信息传播与利用。组织开发了特种钢材和通用航空产业专题专利数据库,目前,已建成数控机床等21个专利数据库,为辽宁省创新驱动发展提供有力支撑。

(辽宁省知识产权局)

商标工作

辽宁省工商局以贯彻实施新商标法为主线,继续扎实深入实施商标战略,大力支持品牌建设,有效引导商标注册和运用,加

强商标管理和保护，各项工作稳步推进。

举办了全省工商系统贯彻落实新《商标法》视频讲座，辽宁省工商局机关全体干部、各市、县（区）局领导及机关业务相关执法部门全体干部、工商所长参加了培训。在全省工商系统开展贯彻实施新商标法宣传活动。2014年4月21～25日，在辽宁日报上开设“新《商标法》宣传月活动专栏”，专版宣传全省各级工商机关近年来实施商标战略的丰硕成果以及贯彻新《商标法》主要措施。2014年9月23～24日，成功举办由国家工商总局与中欧知识产权合作项目组共同主办，辽宁省工商局承办的中欧商标体系与保护学习研讨班。

全省各地认真贯彻《辽宁省商标专用权质押贷款暂行办法》和《关于进一步推进我省商标专用权质押贷款工作的意见》，积极宣传引导银行和企业对接，并主动帮助企业办理质权登记，有效推动了商标专用权质押贷款工作开展。2014年，累计帮助企业融资0.8亿元。积极落实商标国际注册补贴政策，引导企业开展商标国际注册，全年新增马德里国际注册申请8件，总量达到375件。

2014年，辽宁省工商系统共立案查处商标侵权和假冒伪劣案件1099件，办结案件760件，案值975.7万元，罚没金额810.34万元。其中查处侵犯商标权案件338件。办结案件247件，案值40C.1万元，罚没金额229.13万元。

2014年，全省商标申请量37 088件，注册量24 591件，累计有效注册量151 170件。

（辽宁省工商行政管理局）

版权工作

2014年辽宁省版权局在省委、省政府的领导下，在国家版权局指导下，积极推进辽宁省版权工作，取得了良好成效。2014年版权登记数量达10 348件，在图书版权贸易中，版权引进达238件，版权输出达241件。

一、版权执法与市场监管工作

（一）深入开展“双打”专项整治行动

按照国务院和省政府的统一部署，2014年6月初辽宁省版权局在全省新闻出版广播影视和版权领域部署开展打击侵犯知识产权和制售假冒商品专项行动。组织开展印刷复制监管专项行动、强化出版物市场监管、加大对侵权盗版刑事打击力度、巩固政府机关软件正版化工作成果等集中整治行动。

辽宁省版权局认真组织开展督促检查，组织协调有关处室，结合分管领域的业务工作，开展全面的督导检查。2014年4月中旬，辽宁省版权局组成6个检查验收小组对各市县社区书屋建设及“双打”工作进行了全面督查，7月，结合印刷企业年检工作赴各市开展印刷企业检查，从源头对盗版、盗印予以整治。结合净网行动，对各市县展开整治工作情况进行督导检查。在2014年8月省“双打”办举办的全省打击侵权假冒业务培训班上，辽宁省版权局围绕推进软件正版化、落实政府机关软件正版化长效机制建设作了专题发言。

据统计，在专项行动期间，全省共组织各类检查25批次，检查书报刊音像电子出版物市场和集中经营场所、印刷复制企业合计5700余家。

（二）认真开展“剑网2014”专项行动

根据国家版权局的统一部署，辽宁省版权局会同省通信管理局、省公安厅、省互联网宣传管理局于2014年6～10月开展第十次打击网络侵权盗版“剑网2014”专项治理行动，制定并印发了辽宁省实施方案。

切实加大版权执法力度，积极查办网络侵权盗版案件。2014年3月，根据福建省版权局转来的案件线索，辽宁省版权局会同省通信管理局展开调查，查明基本案情，4月22日，依法对侵权人周某作出责令停止侵权行为，罚款2.5万元的行政处罚。

在专项行动期间，沈阳市查办了艾米数字影院盗播案、国美电器使用盗版软件案，大连市查办了大连创星模具侵犯著作权案等案值和社会影响较大的案件6起，全省关闭非法网站15个，主动监管门户网站57个，罚款45.4万元。

二、版权宣传培训工作

（一）开展“4·26知识产权宣传周”系列活动

“4·26知识产权宣传周”期间，辽宁省版权局与省知识产权局、省工商局联合举行了2013年度辽宁省知识产权保护状况新闻发布会，国内23家媒体陆续对辽宁省开展软件正版化工作予以报道。

4月24日，辽宁省版权局与省“扫黄打非”办举行了“辽宁省2014年侵权盗版及非法出版物集中销毁活动”，共销毁各类盗版品90万件。多家媒体对活动进行了集中报道。

在宣传周期间，辽宁卫视在每晚黄金时段《北方剧场》，以及《上午剧场》《下午剧场》滚动字幕持续播出版权保护公益宣传语。东北新闻网、辽报集团北国网、沈报集团沈阳网开设“4·26世界知识产权日”专栏，及时报道活动相关内容，同时，在网站首页视频窗口链接国家版权局统一制作的版权保护宣传片、宣传海报。

4月26日当天，通过中国移动、中国联通、中国电信三大运营商向手机用户集中发布10万条公益版权宣传短信，全面提升了版权宣传的社会影响力。

（二）加强与媒体合作，扩大版权社会影响

通过媒体及时报道辽宁省设立版权工作站、重点行业企业软件正版化检查、部署“剑网”行动等专项工作，有力地扩大了版权保护的社会影响力。

三、政府机关和企业软件正版化工作

（一）全面巩固政府机关软件正版化工作成果

2014年3月和11月，国务院推进使用正版软件工作部际联席会议检查组两次对辽宁省市县级政府机关软件正版化工作进行检查。检查组对辽宁省扎实有效推进政府机关软件正版化工作的成果予以充分肯定。主要工作有以下几个方面。一是2014年3月11日，辽宁省政府新闻办主持召开了新闻发布会，全面介绍了全省市县级政府机关软件正版化检查整改工作情况。二是组织协调省直7个单位成立4个检查组，于3月15～19日对全省14个市及部分县区政府机关软件正版化工作完成情况进行实地检查验收。三是为不断拓展软件正版化工作的覆盖面，辽宁省版权局及时调整充实了辽宁省政府使用正版软件工作领导小组成员单位。在原有的基础上，增加了省教育厅、省住房和城乡建设厅、省服务业委员会、省工商局、省政府机关事务管理局等5个新成员单位。四是由辽宁省版权局牵头，组织有关成员单位制定了《辽宁省2014年推进使用正版软件工作实施方案》。经省政府同意后，印发各市实施。五是建立省、市、县三级政府机关软件正版化责任制度。根据国务院和省政府的要求，辽宁省版权局建立了省直包括党委、人大、政协、党派、群团、检法在内的103家省直机关826个市直机关、100个县（市、区）政府在内的辽宁省政府机关软件正版化工作责任体系。至此，辽宁省版权局已建立了省、市、县三级政府机关各单位软件正版化责任人联系手册。六是组织开展培训。从2014年年初开始，组织召开了3期省级政府机关（包括省级参照公务员管理单位）软件正版化培训会议，省直187家单位的206名负责软件正版化与信息化的负责人参加了培训。七是印发指导性文件和工作手册。2014年8月13日，辽宁省版权局、省财政厅、省经济和信息化委员会、省政府机关事务管理局四部门联合制定并印发了《关于进一步加强政府机关软件正版化工作长效机制建设的指导意见》。为指导各市县开展政府机关软件正版化自查整改工

作，协调省审计厅认真落实国务院检查组提出的整改要求，省审计厅高度重视，制定下发了《关于加强软件正版化审计工作的通知》，对全省市县级政府机关软件正版化审计工作作出安排。2014 年 8 月，省版权局集中给各市正版化工作领导小组办公室发放了 1200 余册国务院推进使用正版软件工作联席会议办公室编印的《软件正版化工作文件汇编》《政府机关软件正版化工作手册》。八是重点开展有针对性的检查整改工作。这一工作是辽宁省 2014 年下半年软件正版化工作的重点。2014 年 8 月，国务院办公厅印发了《国务院办公厅关于市县级政府机关软件正版化工作检查情况的通报》，通报了辽宁省存在的主要问题。对此，省政府领导高度重视，省长李希、副省长贺旻作出重要批示。在省使用正版软件工作领导小组的组织协调下，各部门迅速行动，密切配合，狠抓落实。全省各市直各机关及所属县区迅速部署开展自查整改工作。

为进一步落实考核与责任追究制度，经与省政府绩效管理工作领导小组办公室沟通，在全省严格控制各种考核项目的大背景下，同意将政府机关使用正版软件工作纳入 2015 年省政府对各市政府绩效考核内容。

(二)稳步推进企业软件正版化

2014 年年初，辽宁省使用正版软件工作领导小组办公室印发《辽宁省 2014 年推进使用正版软件工作实施方案》，根据方案，省版权局举办了 6 期企业软件正版化培训班，重点行业的 367 家企业 600 余名主管领导和信息化部门负责人参加了培训。

为全面做好新闻出版行业企业软件正版化工作，辽宁省版权局通过组织召开全省新闻出版行业企业软件正版化工作推进会，对省内建设设计、新闻出版等重点行业软件正版化工作进行督促检查，组织省内新闻传媒集团企业参加国家版权局举办的专门培训等工作。

四、版权公共服务

(一)全面启动省内《著作权法》保护作品基础数据摸底普查工作

研究制定了辽宁省版权保护作品摸底普查实施方案。根据方案，沟通协调省民政厅、省住房和城乡建设厅、省文化厅、省文联、省作家协会等部门，总计完成八大类别作品及作者等基础数据的统计汇总工作。

(二)版权工作站覆盖范围进一步拓展

版权工作站建设是辽宁省在全国率先提出的一项版权公共服务制度。2014 年，辽宁省版权局选择在沈阳莎梦文化发展有限公司等几家单位设立版权工作站，进一步扩大了辽宁省版权局的社会影响力。2014 年 2 月 27 日出刊的《经济日报》以题为《著作权登记——做创意产业“后盾”》对辽宁省莎梦文化发展有限公司通过版权登记，开展维权诉讼的成功经验作了报道。6 月，组织专家赴新设立的版权工作站开展上门普法宣传，解答各企业经营发展中的版权问题，厘清合理使用与侵犯版权的法律关系。

(三)推动版权贸易稳步增长

根据国家新闻出版广电总局的部署，辽宁省版权局组织 12 家出版单位，携 1700 种“走出去”系列精品图书参加第二十一届北京国际图书博览会，积极协助各出版单位作好布展、协调保障等工作，在为期 5 天的展会上共达成版权合作意向近 200 项。

(辽宁省版权局　李安庆)

司法工作

2014 年辽宁省各法院努力提高知识产权审判工作水平，不断加大知识产权司法保护力度，为推动辽宁科技创新进步，保障经济发展繁荣作出了积极贡献。

一、知识产权案件的审理情况

2014年辽宁省受理知识产权一审民事案件993件，审结936件，结案率为94.3%，调撤561件，调撤率为59.9%。受理二审民事案例151件，审结150件，结案率为99.3%，调撤39件，调撤率为26%。受理行政一审案件9件，审结8件。受理刑事一审案件199件，审结190件。

二、知识产权案件的基本特点

辽宁省知识产权案件呈现如下特点。(1)知识产权民事案件区域性集中日趋鲜明。目前，辽宁省知识产权案件主要集中于沈阳、大连，两地区两级法院受理知识产权原审民事案件数占辽宁省总受理案件数89.1%。(2)知名企业集中维权的系列案件占较大比重。2014年辽宁省共受理此类案件322件，占知识产权一审民事案件32.4%。(3)知识产权案件数量下降明显。民事案件比2013年减少588件，下降率为35.3%；刑事案件减少121件，下降率为37.8%。

三、主要经验和做法

全省法院在审判人员少、工作任务重的情况下，能够克服困难，不断进取，圆满地完成了审判任务。

(1)加强学习，提升知识产权审判的能力和水平。全省法院利用多种方式着重加强知识产权法官的业务学习与培训。一是以召开专门知识产权审判会议为契机，以会代训，统一思想，提高认识。二是邀请高水平法官、学者授课。选送知识产权法官参加培训班、研讨会。三是创办内部交流刊物《辽宁知识产权审判》。四是采取“走出去、请进来”的方式，与多所高等院校开展合作交流。五是法院内部建立横向和纵向常态化交流机制。

(2)遵循法律与政策同一性，发挥知识产权审判示范和规范作用。全省法院注意运用“加强保护、分门别类、宽严适度”的知识产权司法保护原则，妥善处理各种矛盾和纠纷。一是在确立了审理维护信息网络传播权案件的审判标准兼顾双方利益。二是在审理国际知名品牌维权诉讼中，坚持平等保护原则，强化被诉企业尊重知识产权意识。三是严格依照法定程序，正确采取证据保全措施，及时固定侵权证据。四是各级法院能够正确运用举证责任分配原则认定事实。

(3)拓宽调解途径，引导市场主体进入良性竞争轨道。全省法院不断完善调解机制，创新调解方式，建立贯彻整个诉讼过程的调解机制，取得良好社会效果和法律效果。一是辽宁省高院统一调解尺度，采取在相关市场集中送达、集中调解的方式进行审理。二是通过技术专家参与，帮助法官正确认定案件事实，有的放矢地对当事人开展调解工作。三是法院能够注重平等保护，公平司法，促使案件调解解决。

(4)加大公开审判力度，提升司法透明度。一是全省法院注重庭审公开的示范效应，积极推行网络和微博直播庭审。大胆尝试知识产权巡回法庭进商场、入校园开庭审理案件。二是全省法院认真执行裁判文书上网工作。三是主动邀请人大代表等旁听典型案件的庭审。

(5)加强知识产权保护延伸服务，完善国有企业知识产权保护机制。全省法院与辽宁省重点国企建立沟通渠道，提供知识产权疑难问题咨询服务，选派知识产权法官讲授典型维权案例。

(6)完善知识产权审判机制，推进知识产权司法改革。2013年年底确定沈阳市沈河区法院为辽宁省第二个审理一般知识产权民事案件的基层法院。辽宁省高院对辽宁省实施知识产权案件“三合一审判”机制的可行性进行调研，已完成相关案件数据汇总分析工作。

四、辽宁省进一步开展知识产权审判工作的具体举措

(1)创新理念,深刻认识新形势下知识产权司法保护的重要意义和主导作用。具体工作中需要树立创新发展理念、市场竞争理念、依法审判理念以及司法服务理念。

(2)提升能力,以审判质效践行司法为民,加强公正司法。主要需要做好四方面工作:一是正确认识和理解加强保护和营造创新发展空间的关系。二是强化司法保护的法治思维和法治方式。三是创新学习方法带动知识产权审判水平的提高。四是创新工作模式推动知识产权审判工作的新突破。

(3)规范行为,全面强化知识产权审判队伍建设。推动辽宁省各法院司法行为和队伍建设规范化和制度化过程中,需要规范行使审判权、规范司法公开、强化审判指导和调查研究、加强队伍建设,积极推动知识产权审判体制科学发展。

(辽宁省高级人民法院知识产权审判庭)

检察工作

2014年,辽宁省检察机关在保护知识产权方面取得了以下成绩。

一、切实履行检察职责,严厉打击侵权假冒犯罪

辽宁省各级检察机关持续加大对侵犯知识产权和制售假冒伪劣商品犯罪的打击力度,依法及时批捕、起诉严重侵犯知识产权和制售假冒伪劣商品犯罪的案件。对于有重大影响的案件,及时予以督办。2014年,全省检察机关共批准逮捕侵犯知识产权和制售假冒伪劣商品案件226件409人,提起公诉的侵犯知识产权和制售假冒伪劣商品案件711件1266人。

二、认真开展专项立案监督活动

辽宁省检察机关认真落实最高人民检察院开展破坏环境资源和危害食品药品安全犯罪专项立案监督活动的工作部署,迅速行动、细化措施、加强领导、狠抓落实,专项监督活动取得了明显成效。全省检察机关共查阅近几年来行政执法机关行政处罚案卷4200余件次,督促行政执法机关移送涉嫌犯罪案件20件26人,监督公安机关立案29件32人,批准逮捕12件12人,提起公诉16件21人,有罪判决7件9人,移送职务犯罪线索4件4人。

三、积极探索建立和完善知识产权保护工作的长效机制

辽宁省检察机关在打击侵犯知识产权和制售假冒伪劣商品工作中,积极探索推动行政执法与刑事司法机关衔接机制,大力推动"两法衔接"信息共享平台建设。2014年6月,辽宁省打击侵权假冒领域行政执法与刑事司法信息共享平台建成。2014年8月,辽宁省打击侵权假冒领域行政执法和刑事司法信息共享平台正式开通运行。该平台覆盖全省三级检察机关、公安机关和行政执法机关,实现了各部门的互联、互通、互动和检察机关的全程、时时监控。辽宁省检察院参与起草了《辽宁省打击侵权假冒领域行政执法与刑事司法衔接工作联席办公会议制度》《辽宁省打击侵权假冒两法衔接平台管理办法》等一系列工作制度,并与辽宁省打击侵犯知识产权和制售假冒伪劣商品工作领导小组会签文件,对信息共享平台的运行、管理提出具体的要求,增强了可操作性和规范性,将检察机关的监督职能贯穿于案件办理工作的始终。

四、积极开展法制宣传教育活动

全省检察机关积极开展法制宣传教育活动,增强广大人民群众对检察机关侦查监督职能的认识,增强广大人民群众对知识产权保护和打击制假售假的重视。2014年,共开展各类与打击侵犯知识产权和制售假冒伪劣商品有关的法制宣传教育100余次，设立宣传点50余处，还通过电视、广播、网络、报纸、宣传单等多种形式进行宣传，提高人民群众参与、检举侵犯知识产权和制售假冒伪劣商品的热情，通过广泛的宣传，近一年来共获取案件线索30余条。

（最高人民检察院侦查监督厅供稿）

吉林省

专利工作

2014年吉林省知识产权工作认真落实全国知识产权局局长会议和吉林省委十届四次全会、全省经济工作会议重大决策及部署，扎实推进，取得重要进展，为加快创新型吉林建设，实现吉林全面振兴提供知识产权支撑。

一、加强宣传培训，营造知识产权氛围

以“4·26知识产权宣传周”、中国专利周等为契机，开展了专利服务进企业、专利技术展示推介交易及网上联展、知识产权公益日、户外宣传、专利申请促进年、知识产权托管对接等活动，制作了“中国专利周活动在吉林”专题网站，组建了吉林省专利信息服务中心辽源分中心。针对企事业单位领导、中介服务人员、专利行政管理系统工作人员等开展了现场培训。

二、明确发展目标，进一步推进实施专利战略工作

制定并实施了《2014年吉林省专利事业发展战略推进工作组织实施方案》。2014年6月，国家知识产权局对吉林省专利事业发展战略推进工作进行了中期检查和调度，并形成《2014年吉林省专利事业发展战略推进计划》中期检查报告。

三、推动试点、示范城市及县（区）知识产权工作，为促进区域经济发展提供支撑

按照国家知识产权局要求，组织完成了对吉林省国家知识产权示范培育城市、试点城市及知识产权强县工程建设试点、示范县（区）的年度工作考核。组织通化市、德惠市、舒兰市、延吉市申报国家知识产权示范城市工作。

四、以专利项目实施为牵引，为经济发展提供动力

对2013年度立项的18个专利项目进行了中期检查。完成了2011年专利转化项目的结题工作。完成了2014年40个专利转化项目任务书的签订，资助资金700万元。制定了2015年专利转化项目指南及指南说明。建设并启用了“长吉图区域中韩专利技术展示交易平台”。组织精选发明专利项目参加第八届国际发明展览会，获5项金奖。围绕“聚焦企业需求、服务创新发展”主题，组织利用专利技术展示交易平台等开展专利展示交易、专利技术网上联展等。作为“国家专利导航产业发展生物医药实验区”，2014年4月24日，长春高新区举行了专利导航规划项目启动会。

五、加强专利保护工作，提高专利执法能力

推动《吉林省专利条例》立法工作，按照吉林省政府法制办要求，组织人员对《吉林省专利条例（征求意见稿）》进行修改。制定并印发了《吉林省专利行政执法案件信息公开工作制度》《吉林省专利行政处罚自由裁量权适用办法》。制定并印发了《2014年全省专利行政执法工作要点》，部

署了以打击侵犯知识产权和制售假冒伪劣商品为重点的2014年专利行政执法工作，开展“专利护航”专项行动。组成执法督导小组赴各市（州）开展专利行政执法案件督导工作。举办了专利行政执法案件报送系统及专利行政执法案例评析研讨培训班。2014年，吉林省共受理专利行政执法案件26件，其中专利侵权纠纷案件13件，查处假冒专利案件13件。

六、强化企业创新主体意识，指导、支持和帮助企事业单位开展知识产权工作

加强专利推进项目工作，完成了2013年29个专利推进项目中期检查。完成了2014年20个专利推进项目任务书签订工作，资助资金300万元。开展了2015年专利推进项目的征集、评审和立项工作。有步骤、有重点地推动企业“贯标”工作，委托知识产权中介服务机构具体指导企业“贯标”并为每家企业培养1～2名内审员。延吉百货大楼股份有限公司等3家企业被国家知识产权局确定为第一批国家级知识产权保护规范化市场培育对象。在第十六届中国专利奖和外观设计奖的评选中，吉林省知识产权局推荐的6件发明专利获优秀奖，1件外观设计专利获外观设计金奖。吉林省知识产权局与都邦保险公司合作启动专利保险试点工作，目前已有25个专利项目投保签约。

七、建立激励机制，提高专利总量和质量

组织开展了首届“吉林省专利奖”评选活动，共有50个获“吉林省专利奖”专利项目，吉林省政府对每个获奖专利项目补助专利转化资金6万元。确定专利补贴项目675个，补贴资金200万元。2014年吉林省共申请专利11 933件，比2013年增长10.99%，其中：发明5288件，比2013年增长16.25%，实用新型5658件，比2013年增长10.06%，外观设计987件，比2013年减少6.97%。获授权专利6696件，比2013年增长7.67%，其中：发明1434件，比2013年下降4.14%，实用新型4533件，比2013年增长15.82%，外观设计729件，比2013年下降9.89%。每万人口发明专利拥有量2.29件，比2013年增长11.17%。

八、加强能力建设，专利服务水平进一步提高

组织开展专利代理机构业务能力促进工作。组织专利代理机构人员参加培训、研讨等，通过2013年全国专利代理人资格考试人员10人（总参考人员103人），组织109人参加2014年全国专利代理人资格考试。中国科学院长春应用化学科技总公司成功入选第二批全国知识产权服务品牌机构。2014年，吉林省专利代办机构共受理专利申请8201件，比2013年减少1.22%，电子申请率达到99.99%，办理专利实施许可备案61件；出具专利登记簿副本204件；办理专利电子申请用户注册254户。

（吉林省知识产权局）

商标工作

吉林省工商局顺应全面深化改革新形势，贯彻落实新商标法，指导全省工商系统以强化行政指导和商标专用权保护为重心，充分发挥职能作用，积极推动商标战略深入实施。

印发《关于开展全省商标知识宣传周活动的通知》，全省工商系统采取多种方式面向社会各界集中宣传解读新商标法。2014年4月26日，在长春欧亚卖场举办现场宣传活动，召开了流通环节商标专用权保护座谈会。通化、松原、白城、公主岭市工商局联合当地广播电台、电视台、报社开展持续性宣传。据统计，宣传周活动期间，全省系统共出动车辆241台次，工商干部1000余人次，设立咨询服务台170个，接待群众咨询近万人次，散发宣传册（单）9.2

万份。2014 年 8 月 25～26 日，吉林省工商局举办由市(州)、县(市、区)工商局商标工作分管领导、机构负责人参加的全省系统商标业务知识培训班，开展新法集中学习培训。各市、州工商局和 2 个省直管县工商局面向基层一线执法人员分批开展新商标法培训 16 期，参训人员 3000 余人。吉林交通广播电台分别举办“网络商标知识有奖问答”和“全民商标品牌有奖竞猜”活动，宣传商标法律知识，提升省内企业品牌知名度。

全省系统按照“发掘一批、帮扶一批、注册一批”的思路，积极推进具有地域特色地理标志产品申请商标注册工作。2014 年全省新增地理标志注册商标 6 件，总数达到 41 件，比上年末增长 17%。编制《出口企业商标国际注册相关信息备案登记表》。2014 年共指导企业申请办理马德里商标国际注册 13 件，申请逐一国家注册 21 件。

下发《关于深入企业落实“驰名商标”字样清理工作的通知》，要求全省工商系统深入辖区驰名商标企业，发送《清理“驰名商标”字样提示单》。印发《全省工商系统清理使用“驰名商标”字样专项检查行动方案》，指导全省各级工商机关分步骤开展自查、检查、抽查，规范企业商标使用行为。全省各地工商机关对本地驰名商标企业进行法规讲解和指导，保障了全省 100 多家驰名商标企业没有因违反此项规定受处罚的情况发生。

吉林省工商局两次召开“双打”工作领导小组成员工作会议，制定上半年和下半年《“双打”工作方案》，开展了农资打假百日行动、网络交易行为监管专项行动、流通领域商品质量抽检专项行动、打击“傍名牌”和制售假冒伪劣商品专项执法行动。认真落实“双打”行政执法案件信息公开规定，全年公开案件信息 62 件。2014 年全省工商系统查处各类商标违法案件 283 件，案值 281.97 万元，罚没款 307.79 万元。其中查处侵犯商标权案件 258 件，案值 250.01 万元，罚没款 283.85 万元。

2014 年，全省商标申请量 18 813 件，注册量 10 252 件，累计有效注册量 70 672 件。

（吉林省工商行政管理局）

版权工作

2014 年，在吉林省委、省政府和国家版权局的领导下，全省各级版权管理部门认真学习贯彻党的十八届三中、四中全会和中共吉林省委十届三次全会精神，紧紧围绕加强服务，推动版权产业发展这一主线，指导全省各级版权行政管理部门规范行政执法，开创了崭新的工作局面。

一、政府机关软件正版化工作

（一）高度重视，迅速研究部署落实整改措施

根据推进使用正版软件工作部际联席会议《关于印发 2013 年推进使用正版软件工作总结和 2014 年推进使用正版软件工作计划的通知》要求，研究制订了《2014 年吉林省推进使用正版软件工作实施方案》，要求各相关单位遵照执行，对 2014 年开展软件正版化工作进行了全面部署。

（二）严格督导检查，确保整改到位

一是深入开展自查整改工作。根据省推进使用正版软件工作领导小组的要求，全省各市(州)、县(市)政府、省直各有关机关单位都深入开展自查整改工作。积极解决政府机关单位软件安装使用不规范的问题，删除未经授权或超授权范围安装的办公软件；对擅自改装预装操作系统软件的予以恢复还原；对自查中发现重复采购的操作系统，为杜绝软件资产浪费，重新进行了分配使用。

二是强化督导检查。吉林省推进使用正版软件领导小组组织各有关成员单位抽调人员深入各地开展督导检查，督促各项整改措施的落实。2014 年 6～7 月，省推进

使用正版软件领导小组在对长春、吉林两地进行重点督导检查的同时，组织相关人员随机对通化市、四平市、辽源市等地部分政府机关单位的软件正版化工作进行实地抽查。各市(州)、县(市)政府在深入开展自查整改的同时，对工作落实不到位的部门和单位的有关责任人进行诫勉谈话。

(三)完善相关制度，形成长效工作机制

一是督促建立软件资产管理制度。吉林省推进使用正版软件领导小组及时印发了《软件资产管理制度》及《软件正版化工作考核及责任追究制度》范本，指导和督促各地参照范本，结合实际制定本部门的软件资产管理制度，并建立规范、完善的台账，登记备案。同时要求各级版权管理部门对本地区统一采购的软件建立整体台账。

二是完善软件采购管理制度。2014年7月，吉林省版权局与省财政厅联合下发通知，要求各级财政部门进一步完善软件采购管理制度，加强资金预算管理。

三是严格落实软件正版化专项审计工作。将使用正版软件情况作为重要内容纳入年度审计项目之中，结合预算执行审计、经济责任审计等工作，重点监督本级政府及各部门正版软件采购预算安排情况、软件采购资金管理使用和软件资产管理情况。2014年9月，省审计厅下发《关于加强软件正版化审计工作的通知》。

四是健全软件正版化督促检查和责任追究制度。明确了各级政府及各级版权行政部门对使用正版软件工作的日常监督、检查和指导的责任，全面落实各地区、各部门软件正版化第一责任人制度。指导各地、各有关部门建立软件正版化工作考核和责任追究制度，对整改工作落实不力的市县政府及相关部门在全省予以通报批评，对相关责任人进行诫勉谈话。

(四)加强培训工作，开展业务指导

为推进此项工作的开展，做好下一步政府机关软件正版化工作，2014年11月，吉林省版权局举办软件正版化工作专门培训，对各市县开展政府机关软件正版化工作进行了业务培训和工作指导。

二、企业软件正版化工作

2014年，吉林省版权局下发了《关于贯彻落实国家新闻出版广电总局〔2013〕274号文件进一步推进新闻出版行业企业软件正版化工作的通知》，吉林出版集团股份有限责任公司等四家新闻出版行业企业按照国家新闻出版广电总局和吉林省版权局文件的要求，积极推动集团(总部)所属二级企业的软件正版化整改工作。吉林省推进使用正版软件工作领导小组督促指导各相关企业按要求制订了工作方案和软件采购计划，并对企业开展软件正版化进行培训和指导。

截至2014年年底，吉林省共有39家出版行业二级企业完成了软件正版化采购、安装任务，并相应地建立起软件资产管理制度，成为全国仅有的几个全面完成出版行业集团总部及其所属二级企业软件正版化工作的地区之一。与此同时，吉林省版权局平衡推进勘察设计、动漫行业企业使用正版软件工作，采取整体推进与个案查处督导相结合的方式，指导和督促相关企业单位落实国家有关软件正版化工作要求。全省有20多家勘察设计及动漫企业开展了专业软件的正版化整改。2014年9～10月，吉林省版权局与吉林省银监局联合对吉林省内各地方银企的软件正版化工作进行检查。

三、版权行政执法和社会监管工作

2014年吉林省再次将打击侵权盗版活动列入省打击侵犯知识产权和制售假冒伪劣商品工作的重点工作及绩效目标体系

中，主要开展了以下几项工作。

（一）及时指导和督促各地开展行政执法工作

为深入贯彻落实国务院关于2014年打击侵权假冒工作的部署，及时转发了国家版权局《2014年全国新闻出版（版权）打击侵权假冒工作安排》，同时按照省“双打”办的工作要求，以开展“双打”工作为抓手，对全省各级版权管理机关开展的版权行政执法工作进行统一的调度和领导。2014年年初对开展版权行政保护进行了统一部署和安排。

（二）强化市场监管，组织全省各级版权机关开展版权执法工作

通过对各地版权管理部门的信息汇总和工作调度，及时掌握各地版权行政执法情况和案件调查情况，对于疑难案件进行工作指导，对某些重点案件进行督办。全省各级版权执法部门开展了打击盗版音像制品、盗版教材教辅等专项集中行动。截至2014年10月底，全省各级版权执法部门共出动执法人员600余人次，检查各类生产经营场所3200余家，清理整顿各类贩卖盗版图书、音像制品的游商摊点230个，没收盗版音像制品5000余盘，盗版CAD等设计软件500余套，盗版教辅材料3200余册，盗版图书1200余本，共立案查处侵权盗版案件73起，行政处罚罚款金额超过40万元。

（三）开展打击网络侵权盗版“剑网2014”专项行动

按照《打击互联网领域侵犯知识产权和制售假冒伪劣商品工作方案》及国家版权局关于开展打击网络侵权盗版“剑网2014”专项行动的部署，吉林省版权局起草制定了《吉林省2014年打击网络侵权盗版专项治理“剑网”行动工作方案》，对吉林全省各地开展“剑网”行动进行了全面的工作部署。各级版权管理部门积极与相关管理部门沟通，选择确定本地重点音视频网站作为主动监管对象，督促网站开展自查自纠，加强对重点监管网站报送材料的监督和审核，对网站上传的内容等进行不定期检查，对发现的违法行为要及时纠正，依法查处。

“剑网”行动开展以来，全省各地对重点网站、连锁网吧等重点领域和场所及网络运营接入服务等重点环节进行日常监管和执法检查，对国家版权局转交办的网络侵权案件进行了调查处理。省内几个职能部门发挥了有效的网络监管作用。梅河口市版权局立案查处了“身临其境动感影院”未经许可网络播放电影作品行为，对其作出行政处罚。“就爱网”案和凤天影视网案都具有典型示范意义和教育意义。

四、版权宣传工作

根据国家版权局《关于做好2014年全国知识产权宣传周版权宣传活动的通知》精神，省版权局制定了宣传工作方案，在“4·26知识产权日宣传周”期间组织全省各级版权机关开展了系列宣传活动。一是集中开展了版权作品自愿登记的服务工作。省版权局在全国知识产权宣传周期间，为广大著作权人集中免费办理作品自愿登记，共登记作品60多件。二是开展打击侵权盗版专项治理行动。对本辖区内的图书、音像电子出版物市场及中小学校教材教辅复制、发行单位进行全面、集中的执法检查。三是组织对省内部分未经授权使用他人作品的卡拉OK经营单位以及经营性使用盗版软件较为严重的勘察设计企业进行集中执法检查。四是利用媒体集中开展《著作权法》宣传。在全国知识产权宣传周期间，吉林日报等媒体集中报道了版权管理部门开展的各项活动。

五、版权示范园区建设工作

吉林省版权局继续对通化关东文化产

品交易市场和白山江源区松花石文化产业创意园区版权示范园区的创建工作进行培育。在创建过程中，两个园区分别开展了制度建设、版权系列宣传活动及版权作品自愿登记等项工作，有力地宣传了《著作权法》，提升了园区内企业的版权意识，建立了版权调解中心、版权作品自愿登记工作站等设施，制定了相应的版权管理制度，在版权保护和推动版权产业发展方面作出了积极的努力。两个园区的管理部门定期培训，提供相应咨询服务，每年的作品登记数量均超过300件。同时，园区在产业规模、园区面积、区内企业数量及产业聚集度均基本达到了标准。吉林省版权局多次派人实地考核指导，经审核，批准两个园区为省级版权示范园区，成为吉林省首批获得此称号的单位。

（吉林省版权局　田庆权）

司法工作

吉林省高院知识产权审判工作在继续加强审判工作专业化的同时，主动服务吉林省地方经济社会发展，努力实现“让人民群众在每一个司法案件中都感受到公平正义”。

一、基本情况

2014年，吉林省各级法院共受理各类知识产权案件458件，审结442件，结案率达96.5%，其中二审案件结案率达100%。吉林省2014年知识产权审判工作的突出特点是商标权案件大幅上升，共计179件，占比达40%，增幅近10%，而著作权案件数量仅为204件，较前一年度下降达28%。

在全部审结案件中，包括一审案件364件，二审案件78件，上诉率达21.4%，较前一年度有所提升。一审案件调撤率为31%，与前一年度基本持平，二审案件调撤率为41%，增幅较大(详见表1)。

表1　吉林省法院2014年审结知识产权案件明细表

案件/法院	专利权	商标权	著作权	其他	合计
长春中院	42	39	110	0	191
吉林中院	0	87	26	0	113
延边中院	0	1	8	0	9
四平中院	0	3	2	0	5
通化中院	0	7	4	1	12
白城中院	0	2	16	0	18
辽源中院	0	4	4	0	8
松原中院	0	2	2	0	4
白山中院	0	0	4	0	4
一审合计	42	145	176	1	364
省院二审	16	34	28	0	78
全省合计	58	179	204	1	442

二、主要经验

(1)主动做好调解撤诉工作。2014年，知识产权诉讼主要以“三环锁”商标权诉讼、中国音像著作权集体管理协会KTV歌曲维权诉讼、中粮集团“中华”“长城”商标权诉讼、长影频道播放电影侵权诉讼为主。吉林省高院知识产权审判庭主动把脉，主动释法明理，积极做好当事人的息诉服判工作。最终调解撤诉36件，调解撤诉率为46.2%。

(2)充分发挥知识产权的社会功能。吉林省高院知识产权审判庭特别注重知识产权在国家战略中的核心作用和经济地位，并依法维护权利人的合法权益和保护知识产权的经济作用发挥。

(3)尊重知识产权诉讼规律。吉林省高院知识产权审判庭充分尊重知识产权的诉讼规律，尊重知识产权的审判理念。对于新型复杂，重大疑难案件组织精干力量，重点审理，对于集中维权、牵扯众多的案件，采用迅速及时的审理方式，快速调解、快速结案。

(4)加强知识产权审判调研指导工作。其一,“4·26世界知识产权日”新闻发布会。撰写《吉林省法院知识产权司法保护状况(2013)》;召开新闻发布会,总结2013年知识产权审判情况,发布8个吉林省各法院知识产权审判典型案例。其二,中医药知识产权保护调研。调研成果《关于中医药知识产权保护的体会与建议》《修正药业的知识产权保护实践问题》《中医药权利内容浅析》三篇实践论文在中医药知识产权保护研讨会上进行了交流。其三,参加会议交流。2014年全年,主要参加了最高人民法院组织召开的北方地区知识产权部分法院座谈会、中南财经政法大学组织的全国知识产权研究会、中央财经大学组织的互联网金融法律保护研讨会、中医药保护协会组织的中医药保护条例北京研讨会。其四,吉林省高院知识产权审判庭重点审理了元奶奶包饭、喜昶进口商标侵权案,通过上述两个新型疑难案件的审理,以案指导的方式指导下级法院对知识产权案件的审理。其五,针对长影集团电影频道公司集中被诉案件,有针对性地走访长影集团,与长影集团共同讨论影视作品的知识产权保护。其六,吉林省高院知识产权审判庭积极调研起草《关于知识产权案件侵权赔偿数额自由裁量参考因素的指导意见》,将法官的考量因素具体化,使法定赔偿具有可操作性,规范法官的自由裁量权。

(吉林省高级人民法院知识产权审判庭)

检察工作

2014年,吉林省检察机关在保护知识产权方面取得了以下成绩。

一、严厉打击侵权假冒违法犯罪

2014年,全省检察机关共批准逮捕侵犯知识产权和制售假冒伪劣商品案件44件77人,起诉16件20人;监督行政执法机关移送涉嫌侵犯知识产权和制售假冒伪劣商品案件8件8人,监督公安机关立案侦查涉嫌侵犯知识产权和制售假冒伪劣商品案件46件46人,民事行政检察部门提起知识产权抗诉2件2人,查办侵权假冒领域的职务犯罪4件4人。通过履行批捕起诉、法律监督职能,切实维护了市场秩序与社会和谐稳定。此外,还挂牌督办了最高人民检察院交办的四平赵某等人生产、销售病死猪案等4件危害食品药品安全犯罪案件。

二、高度重视打击侵权假冒犯罪工作

吉林省检察院认真贯彻落实全国、全省打击侵权假冒工作会议精神,深刻认识打击侵权假冒工作对维护社会稳定,保障经济社会发展大局的重要意义,把打击侵权假冒工作作为2014年检察机关工作重点进行部署。在2014年年初的全省检察长工作会议上,专门传达要求全省各级检察机关要积极参与整顿和规范市场经济秩序,加强行政执法和刑事司法衔接,从严惩治侵犯知识产权和制售假冒伪劣商品等严重经济犯罪。

三、积极推进“两法衔接”工作机制建设

为强化打击侵权假冒工作力度,加强打击侵权假冒立案监督,深入推进行政执法与刑事司法衔接信息共享平台建设,吉林省检察院举办了全省检察机关侦查监督处(科)长培训班,邀请吉林省打击侵权假冒工作领导小组办公室、安徽易商数码科技有限公司负责同志到现场对信息共享平台操作和使用进行了讲解和指导。同时,为规范全省检察机关查询打击侵权假冒信息共享平台终端工作,充分发挥打击侵权假冒信息共享平台在深化立案监督,查处侵权假冒背后的职务犯罪效能,吉林省检察院由侦查监督一处牵头,经广泛征求吉林省检察院各内设机构的意见,以吉林省检察院网络安全和信息化领导小组的名义

制定了《吉林省检察机关打击侵权假冒信息共享平台查询终端管理办法》，推进信息查询规范化。

四、认真开展专项立案监督活动

按照最高人民检察院部署，全省检察机关于2014年4～10月，开展了破坏环境资源和危害食品药品安全犯罪专项立案监督活动。在专项立案监督活动中，吉林省检察院积极争取吉林省食品药品安全委员会的支持，与吉林省公安厅、国土资源局、环保局、林业厅、食药监局、工商局、长春海关等食药安委成员单位联合下发文件，共同开展专项立案监督活动，取得明显成效。活动中共监督公安机关立案侦查涉嫌破坏环境资源和危害食品药品安全犯罪案件113件201人，监督行政执法机关移送涉嫌破坏环境资源和危害食品药品安全犯罪案件12件22人，移送职务犯罪线索11件19人。吉林省延边州检察院"一把手"高度重视，分管检察长靠前指挥，侦查监督部门敢于碰硬，监督成效显著。《检察日报》也曾头版头条刊发了吉林省检察机关开展专项立案监督工作经验。

（最高人民检察院侦查监督厅供稿）

黑龙江省

专利工作

2014年，黑龙江省知识产权局系统按照黑龙江省委、省政府实施"五大规划"和发展"十大重点产业"的决策部署，以实施知识产权战略为主线，继续推进知识产权"四大工程"，着力提高专利创造、运用、保护和管理等各项工作效率，知识产权事业发展取得新成绩。

一、知识产权战略实施

知识产权在黑龙江省经济社会发展全局中的地位日益提升。黑龙江省委、省政府明确了加快经济发展新常态下知识产权事业发展的方向；省委领导强调发挥知识产权支撑和引领作用，加强冰灯等特色产业知识产权保护；全省首次市（地）领导干部知识产权专题培训班在北京中国知识产权培训中心成功举办。省、市、县知识产权管理体系逐步加强，在新一轮省政府议事协调机构清理过程中，省知识产权战略制定和实施工作领导小组继续保留，使战略实施工作继续在高层面推进；全省已有10个市建立知识产权统筹协调机制。

二、知识产权创造

强化企业专利创造主体地位，深入开展专利优势企业创建工程，2014年度确定了42家专利优势企业。2014年，全省有19家企业专利申请超50件、60家企业专利申请超100件。2014年，黑龙江省高校、科研院所有效发明专利拥有量6023件，占全省有效发明专利总量的61.40%。2014年共有1050家企业获得普惠奖励。共有2853件高校、科研院所及个人专利申请获得资助。2014年，全省申请专利总计31 856件。其中，发明专利13 468件，占42.28%，同比增长30.28%；实用新型14 557件，占45.70%；外观设计3831件，占12.03%。

全省每万人口发明专利拥有量达到2.56件，同比增长15.52%，提前两年实现黑龙江省"十二五"规划目标，提前一年实现黑龙江省建设科技强省目标。

三、知识产权运用

举办了"科技成果招商转化暨专利金

桥——（林下经济协同创新）服务对接会”。组织优秀专利项目参加第二届中国（上海）国际技术进出口交易会、第九届中国国际专利技术与产品交易会、第二十一届中国杨凌农业高新科技成果博览会等国内大型展会。黑龙江省专利技术交易中心储备项目3万余个。专利技术交易服务联盟成员单位达到80余家，并开通了微信公共服务平台。全省受理专利实施许可合同备案577件，备案金额3884万元，同比增长超过100%。结合贯彻落实国家知识产权局重大经济科技活动知识产权评议试点任务，与省发改委、省工信委协调落实评议项目，增强了知识产权风险防控能力。专利质押融资工作稳步开展。与省工信委、哈尔滨银行等有关部门建立协作机制，积极推进黑龙江省《关于促进中小企业知识产权质押融资工作的指导意见》的贯彻落实。会同省科技厅组织了专利质押融资担保培训和企业与金融、投资机构对接服务活动，鼓励专利权益人在企业注册、增资过程中，以专利等无形资产投资入股。全省完成专利权质押登记27件，登记金额31 705万元。

四、知识产权保护

加大专利行政执法工作力度。执法督导检查覆盖全省13个市（地），全省知识产权局系统共出动196人次，检查商业场所57个，涉及专利商品15 006件；共查处各类专利违法案件366件。做好首届“中俄博览会”（第25届“哈洽会”）知识产权保护工作，保障了展会经济健康发展。

加大知识产权维权援助工作力度。建成大庆、牡丹江和伊春3个市级维权援助分中心并投入运行。联合黑龙江省律师协会知识产权委员会及志愿者服务队开展了“12330”电话宣传活动，维权援助工作的影响力和辐射力进一步提升。

五、知识产权管理

提高知识产权服务业发展水平。出台《黑龙江省知识产权服务能力培育推进计划》。全省专利代理机构和分支机构达到21家。经过两年培育，哈尔滨市松花江专利商标事务所被国家知识产权局授牌为首批知识产权服务品牌机构。注重加强专利代理机构业务培训，已连续4次承办全国专利代理人资格考试和考前培训，全省有298人获得专利代理人资格，执业专利代理人95名。

提高知识产权公共服务水平。哈尔滨代办处业务服务范围增加至16项，共受理专利申请24 499件，同比增长27.64%。黑龙江省6项专利获得第十六届中国专利奖优秀奖。

六、知识产权宣传培训

开展“4·26知识产权宣传周”、中国专利周两个重要节点的大型专题宣传活动。《中国知识产权报》登载了对胡亚枫副省长的专访文章《知识产权助力创新前行》；黑龙江省知识产权局局长常城两次做客黑龙江省政府门户网站。同时，《黑龙江日报》专版，东北网及黑龙江省政府门户网站的专题，国家知识产权局黑龙江子站专题等媒体的报道均有效烘托了黑龙江省知识产权文化氛围。加大知识产权培训和人才培养力度，建成知识产权远程教育黑龙江平台和哈尔滨、鸡西等7家分站，积极推广远程教育培训，全省注册人数超过1300人。全年共培训各类人员5000余人次。

（黑龙江省知识产权局）

商标工作

黑龙江省工商局牢固树立服务全省实施“五大规划”战略和推动十大重点产业发展的目标，进一步提升商标注册、使用、保护和管理水平，强化商标监管职能，狠抓各项工作落实。

以新《商标法》实施为契机，将普及商标法作为培育和发展商标、助推市场主体经济发展壮大的重要手段，下发了《全省工商系统新〈商标法〉宣传活动方案》，在全省范围掀起宣传新《商标法》高潮。在省级主要媒体上开辟了新《商标法》专访、专栏。在“4·26世界知识产权日”及知识产权宣传周期间，面向社会广泛开展了新《商标法》宣传活动。组织开展了黑龙江省知识产权新闻发布会，对黑龙江省近年来商标工作有关情况进行新闻发布。组织开展了新《商标法》专业培训，对全省各市县区商标科（处）负责人及省局相关处室工作人员176人进行培训。并就新《商标法》及《商标法实施条例》、第二届青奥会知识产权保护、商标监管疑难问题、网络商品交易监管四方面问题进行了座谈。根据中欧知识产权保护项目工作计划安排，国家工商总局与中欧知识产权项目组织在黑龙江省共同举办欧共体商标体系巡回研讨会，全省工商系统和企业及商标代理机构代表、律师共92人参会。

黑龙江省工商局会同黑龙江省农委联合开展了保护绿色食品商标专用权专项行动。2014年全省共查处侵权假冒案件88件，案值99.567万元，罚没金额54.488万元。其中查处侵犯商标专用权案件44件，案值19.694万元，罚没金额27.71万元。

2014年，全省商标申请量23 672件，注册量12 861件，累计有效注册量94 475件。

（黑龙江省工商行政管理局）

版权工作

2014年，黑龙江省版权局在省委、省政府的领导和国家版权局的指导下，全面积极推进黑龙江省的版权工作，取得较为明显的成效。

一、软件正版化工作

按照国务院办公厅《研究推进软件正版化有关工作的会议纪要》和《关于市县级政府机关软件正版化工作检查情况的通报》《关于我省2014年推进使用正版软件工作实施方案的函》文件精神的工作要求，大力开展软件正版化专项检查整改和培训等工作。

（一）政府机关正版化工作

（1）组织培训。2014年6月25日至7月30日，按照黑龙江省政府制定的推进使用正版软件工作实施方案要求，组织开展了16期软件正版化工作培训。

（2）督促检查。2014年2月，由黑龙江省推进使用正版软件工作联席会议各成员单位负责同志带队、技术专家和工作人员参加，组成了5个软件正版化工作专项督查组，对于全省13家市、县（区）级政府机关软件正版化工作进行了实地检查，并下发《关于对全省市县级政府机关软件正版化工作检查情况的通报》。

（3）长效机制。黑龙江省建立了软件资产管理制度、主要负责人和计算机信息安全技术人员责任制度；建立计算机资产编号、软件资产编号与使用人信息三统一的台账管理模式等长效机制。

（二）企业软件正版化工作

黑龙江省国资委将黑龙江铁路集团总部，黑龙江外贸集团总部，黑龙江联合产权交易所，黑龙江建设集团所属10家公司纳入软件正版化工作范围中。黑龙江省国资委领导加大了对试点企业的宣传和培训力度，保证正版化工作持续进行。2014年，10家试点企业的软件正版化工作在积极有效的推进中，财务、业务系统等专业软件已完成正版化，部分操作系统和办公软件也实现了正版化。

黑龙江省银监局选定龙江银行为软件正版化试点企业，并及时下发文件，认真督促龙江银行开展软件正版化应用整改工作。龙江银行自2014年年初开始，就对软件正版化工作进行了全面自查。目前，龙江银行投入软件正版化预算资金为3950

万元，维护投入费用为 291 万元。

黑龙江省版权局对黑龙江出版集团、黑龙江日报报业集团、哈尔滨日报报业集团及其所属二级企业软件正版化工作任务进行全面推进。国家新闻出版广电总局于 8 月在成都举办了“新闻出版行业企业软件正版化工作培训班”，组织企业的相关负责同志参加了此次培训。

二、以打击侵权盗版为主题的专项行动

(一)打击网络侵权盗版“剑网”行动

黑龙江省版权局与省网信办、省通信管理局、省公安厅结合黑龙江省“打击侵犯知识产权和制售假冒伪劣商品专项行动”要求，部署开展 2014 年黑龙江省打击网络侵权盗版专项治理“剑网”行动。一是协调配合、各司其职。4 家单位建立了密切的工作协调机制和重大信息互通共享机制，明确了各自职责。二是主动监管和自查自纠相结合。要求各地、各部门摸清网站数量，从严规范网络接入服务设立标准，各网络服务行业开展自查自检、切实提高从业水平。并且，把大型网站及专门从事传播图书、电影、音乐、软件、游戏等内容的网站、大型网络公司、网吧作为监管重点，严厉打击非法传播文学、影视、音乐等作品的侵权行为。三是专项治理检查。全省各级版权管理单位联合有关部门加大了对互联网网站、网络销售平台、移动智能终端应用软件商店等平台的监管，共清查频道数量 8 个，清查栏目数量 1080 个，清查新闻数量 87 415 条，取得了阶段性成果。同时，侦办了逐鹿中原网络游戏私服侵权案、第一教育网侵犯著作权违法网站案等多起网络侵权案件。这些案件影响大，特别具有典型性，被国家版权局列为督办案件。

(二)打击侵犯知识产权和制售假冒伪劣商品专项行动

根据《黑龙江省关于进一步做好打击侵犯知识产权和制售假冒伪劣商品工作实施方案的通知》要求，组织开展打击侵犯知识产权和制售假冒伪劣商品专项行动。

一是加强领导。由专项行动领导小组办公室(版权管理处)具体负责组织协调、部署专项行动，督促检查工作进展，督办重大案件。二是加强市场监管。专项行动开展以来，黑龙江省版权局指导各市版权部门对所在地重点区域、重点市场每周一检。查缴侵权盗版音像制品 27 990 件，侵权盗版图书 16 090 册(件)，盗版电子出版物 3675 件(个)，盗版教材教辅读物 28 353 件(册)，合计 76 108 件。

由黑龙江省版权局牵头组织查处的有关案件，获得了国家版权局奖励，省版权局版权管理处被评为 2014 年度查处侵权盗版案件有功单位。

(三)主要成效

一是加大网站的主动监管力度。不定期对全省纳入主动监管的互联网企业和网站进行检查。在版权局网站上刊登举报电话，广泛发动群众，征集办案线索，建立了周报、月报制度。

二是加强联动，提升行政执法力度。各市地行政执法部门联合各地工信、网信、公安部门及电信公司，掌握网站详细信息，对侵权行为进行严查。

三是加强宣传，营造氛围。各地加大网络版权法律宣传教育力度，充分利用电视台、报纸、网站及政务微博等媒体开展宣传。哈尔滨市在多种媒体上对查办的网络侵权盗版案件进行曝光，对违法分子起到教育警示作用；在哈尔滨电视台生活频道、都市资讯频道对哈尔滨市打击网络侵权盗版“剑网 2014”专项进行宣传；大庆市在主要出版物经营管理单位悬挂“打击侵权盗版、严查假冒制售商品”“坚决打击侵权盗版行为、2014 剑网在行动、依法保护知识产权”等宣传条幅进行宣传；黑河市通过多种手段，积极开展普法教育、警示教育；双

鸭山市公布了24小时举报电话“12318”，发现问题及时处理。各地结合本市特点，多方位、多渠道、多层次、多角度地进行宣传教育。

三、版权纠纷调解工作

为维护权利人权益，积极调解各类著作权侵权纠纷。黑龙江省版权局先后调解欧特克公司起诉黑龙江省牡丹江、绥化、鹤岗等市多家建筑设计部门涉嫌侵权行为。鉴定出版物80余种。

四、版权宣传工作

结合“4·26知识产权宣传周”活动，黑龙江省版权局下发了《关于开展黑龙江省2014年知识产权宣传周活动的通知》，并印制了《著作权法》《计算机软件保护条例》《信息网络传播权保护条例》向社会免费发放。同时，设立版权咨询电话，解答群众及各出版单位相关问题。通过参加“行风热线”、召开软件正版化新闻发布会、接受省内新闻媒体的采访等方式，开展宣传活动，阐明打击侵权盗版的重要意义，帮助群众提高保护知识产权意识。在省“扫黄打非”办组织销毁大会期间，向社会散发“拒绝盗版，从我做起”绿书签。

（黑龙江省版权局　闫　石）

司法工作

2014年，黑龙江省法院系统在最高人民法院的正确指导下，全面贯彻落实最高人民法院关于加强知识产权司法保护工作的各项要求和部署，有力地推动知识产权审判的各项工作取得新的进展。

一、围绕提高审判质效，精心抓好执法办案

2014年，黑龙江省两级法院新收知识产权案件数量较往年有所下降，全年共受理各类知识产权民事案件216件（含旧存15件），同比2013年的380件下降43.2%；结案177件，同比2013年的363件下降51.2%；结案率达到了81.9%，低于2013年95.5%的结案率13.6个百分点。全年两级法院共受理各类型知识产权民事一审案件193件，其中新收179件，新收案件与上年同期的342件相比下降47.7%；审结155件，结案率80.3%，低于上年的95.3%。共调解和经调解撤诉89件，调撤率为57.4%。在新收一审案件中，权属侵权纠纷案件156件，占知识产权民事案件收案总数的80.8%，合同纠纷案件10件、不正当竞争纠纷案件13件。在案件类型上，著作权纠纷案件、商标权纠纷案件、专利纠纷案件分别为56件、55件和50件，分别占收案总数的29%、28.5%和25.9%，其余为不正当竞争纠纷案件和技术合同纠纷案件。黑龙江省高院知识产权审判庭共受理各类型知识产权民事二审案件22件，其中新收21件（著作权纠纷2件、商标权纠纷5件、专利权纠纷10件、其他4件），同比去年新收的30件下降30%，审结22件，结案率为100%，审结案件中共调解和经调解撤诉3件，调撤率为13.6%。

2014年，全省法院共审结生效假冒注册商标、销售假冒注册商标的商品、非法制造、销售非法制造的注册商标标识、侵犯著作权等侵犯知识产权犯罪案件57件101人，其中3年以上5年以下有期徒刑1人，3年以下有期徒刑9人，缓刑72人，单处罚金17人，并处罚金79人。

全省法院依法妥善审理各类知识产权案件，积极采取各种有效措施。（1）以明确职责为基础。积极推进审判责任制。强化庭前合议和庭后及时合议。切实落实合议庭职权，明确法官联席会议意见仅供合议庭参考，除审判委员会讨论案件外，文书全部由审判长签发。（2）以信息化管理手段为促进。充分利用数字法院业务应用系统，切实加强案件流程管理监管，除公告和中止案件外，知识产权二审案件平均审限

63.2天，结案效率较好。(3)以坚持“三评查”活动为载体。深入开展庭审、文书评查，集中组织2次公开庭审观摩，并对上半年审结的全部案件的文书进行评查。(4)以改进工作作风保障。从当事人的角度思考，重新审视庭审传唤、送达等问题，研究修订了地址确认书、上网告知书、开庭传票等诉讼文书，有效地便捷了当事人诉讼。

二、围绕发挥审判职能，积极推进司法公开

(1)重点抓好“4·26世界知识产权日”的宣传工作。发布了2013年度全省知识产权司法保护十大典型案例，并有1件入选“2013年中国法院50件典型知识产权案例”。积极向各新闻媒体提供十大典型案例素材。

(2)扎实开展法官“五进”活动。与黑龙江大学联办第三届黑龙江知识产权司法保护论坛。以典型案例公开庭审为切入点，与黑龙江大学法学院的师生座谈交流了司法实践中的热点、难点问题。密切关注黑龙江省企业知识产权司法保护状况，对省内知名企业在知识产权司法保护方面所遇到的困难和问题积极提出解决建议。

(3)充分利用司法公开信息平台。坚持及时按规定录入审判信息及结案上网文书。黑龙江省高院知识产权审判庭组织召开黑龙江省知识产权律师座谈会，推进黑龙江省知识产权法官与专业律师的良性互动，推动黑龙江省知识产权审判工作的创新发展。

三、围绕裁判尺度，切实强化调研指导

在抓好案件审理的同时，黑龙江省高院知识产权审判庭一直将强化调研指导工作摆在重要位置，采取有效措施积极加以推进：(1)积极组织开展庭内调研。(2)深入做好专家库的扩充完善。(3)认真做好其他专项调研。(4)继续编印审判指导专刊。

四、围绕提高司法能力，切实抓好队伍建设

(1)拓展学习平台，丰富学习内容。坚持举办知识产权审判庭的法官讲坛，并定期组织开展讲座。建立了知识产权审判庭微信圈，及时便捷发布最新的学习资料和司法政策、精神等相关信息。在常规学习的基础上，有侧重地组织开展了庭审、文书观摩评查活动，并集中座谈交流经验，有效地提高了同志们的实践技能。

(2)定向培养，整体提高。根据个人实际情况，研究确定了各自重点学习研究专业领域。

(黑龙江省高级人民法院知识产权审判庭)

检察工作

2014年，黑龙江省检察机关在保护知识产权方面取得了以下成绩。

一、依法履行监督职责，严厉打击侵权假冒犯罪

黑龙江省检察机关紧紧围绕服务经济发展方式转变和经济结构调整，充分发挥检察机关的诉讼职能，依法从快批捕起诉。2014年，全省检察机关共批准逮捕涉嫌侵犯知识产权刑事犯罪案件25件38人，提起公诉73件127人；批准逮捕涉嫌生产销售伪劣商品犯罪58件90人，提起公诉217件344人。

二、扎实开展立案监督活动

为充分发挥检察监督职能，防止对侵犯知识产权和制售假冒伪劣商品犯罪降格处理、以罚代刑，结合黑龙江省打击侵权假冒工作统一部署，全省检察机关在2014年3～10月开展了为期8个月的破坏环境资源和危害食品药品安全犯罪专项立案监督活动，共监督行政执法机关移送涉嫌侵权假冒犯罪案件14件14人，监督公安机关

立案侦查案件 4 件 5 人。

三、突出打击重点，在重点领域开展渎职犯罪专项工作

全省检察机关以开展查办和预防发生在群众身边、损害群众利益职务犯罪专项工作为载体，有效运用侦查一体化办案机制，采取"省院主导、三级联办、专案清理、案件复制"的方式，集中开展了查处病害猪无害化处理监管领域渎职犯罪专项清理工作，共立案滥用职权、玩忽职守、贪污贿赂、诈骗等案件 76 人，为国家挽回经济损失 1600 余万元。

四、加强沟通联系，建立健全"两法衔接"工作机制

各地检察机关采取多种方式主动与行政执法机关保持经常性工作联系，及时了解和掌握行政违法案件的查处情况。黑龙江省牡丹江市检察院与市内 31 家行政执法单位建立了市区两级联网的"两法衔接"信息共享平台，实现市县两级院信息全覆盖。专项立案监督活动期间共录入行政执法案件 2997 件，监督行政机关移送涉嫌刑事犯罪案件 35 件，做到了"建之能用，用有成效"。全省另有 9 个基层检察院也搭建了覆盖区县范围的信息共享平台。同时，加强与相关行政执法机关在执法调查、固定证据、线索反馈等方面的合作，与公安机关在类案证据标准、依法提前介入方面展开沟通合作，有力保证了办案质量。

五、加强宣传力度，拓宽知识产权司法保护的传播渠道

各地切实采取多种措施，加大宣传力度，营造良好的舆论环境和工作氛围。有的检察院依托检察联络室，深入农场、社区，开展举报宣传工作，加强对群众的普法宣传，唤醒他们的法制意识、参与意识。有的检察院结合"举报宣传周"活动，通过派发宣传手册、制作展板、检察官现场接待等方式，向群众介绍贴近生活的现实案例，介绍检察机关的监督的职能、作用以及群众维权方式、途径等内容，引导群众积极举报。

（最高人民检察院侦查监督厅供稿）

上 海 市

专利工作

2014 年，上海市知识产权工作注重以建设知识产权强国为契机，以推进上海建设亚太地区知识产权中心城市为目标，以支撑上海创新驱动发展、促进上海建设具有全球影响力的科技创新中心为主线，聚焦知识产权保护和运用，积极实践探索知识产权工作的改革与创新。

一、提升专利创造的数量与质量

2014 年，上海市专利申请量为 81 664 件，发明、实用新型、外观设计专利申请量占申请总量的比例为 48∶41∶11；专利授权量为 50 488 件；PCT 国际专利申请量为 1038 件。至 2014 年年底，上海市有效发明专利拥有量为 56 515 件，上海市每万人口发明专利拥有量达到 23.7 件（按照常住人口 2380 万计算），居全国第二位。

二、探索知识产权工作体制机制创新

2014 年 9 月 26 日，上海自贸试验区管委会成立了知识产权局，履行自贸区内专利权、商标权、版权"三合一"的行政管理和综合执法职能，并设立了知识产权执法队伍。上海自贸区初步建立了区域知识产权行政保护联动机制。11 月 16 日，浦东新区

政府新组建了履行区域内专利权、商标权、版权“三合一”行政管理和综合执法职能的知识产权局，建立了统一的知识产权执法队伍。浦东新区知识产权工作形成了“发展统一规划、事务统一管理、执法统一行动”的行政管理模式。

三、培育发展知识产权市场主体

一是推进企事业单位、科技园区知识产权工作。全年认定上海市专利工作试点、示范单位共147家；认定上海市知识产权试点、示范园区各4个；认定上海市知识产权优势企业20家。在2014年第十六届中国专利奖评选活动中，上海市18个专利项目分别获得专利金奖、专利优秀奖。二是推进战略性新兴产业知识产权工作。在上海海立（集团）股份有限公司等3家企业开展了专利战略制定项目，在上海联影医疗科技有限公司等3家企业开展了专利数据库建设项目。三是推进张江国家自主创新示范区知识产权工作。落实了9个分园区知识产权服务平台建设试点项目和2个专利联盟建设试点项目。指导漕河泾新兴技术开发区、紫竹高新技术产业开发区申报并获批国家知识产权试点园区。四是推进国家《企业知识产权管理规范》“贯标”工作。推动企业申请“贯标”认证，分别组织举办了国家知识产权示范企业、优势企业参加的“贯标”工作实务培训和300余家企业参加的“贯标”工作内审员培训。五是推进知识产权领域军地融合发展。与国防知识产权局建立了常态化的信息沟通机制，推动军工企业比较集中的浦东新区和徐汇区、闵行区落实了国防专利资助政策。

四、增强知识产权服务能级

一是加强专利信息传播与利用服务。上海市知识产权（专利信息）公共服务平台全年访问量129 235人次。完成了上海市研发公共服务平台知识产权服务系统建设项目，实现了上海市研发、知识产权信息公共服务平台之间的对接融合和优势互补。二是开展重大经济科技活动知识产权评议工作。上海汉光知识产权数据科技有限公司等4家单位申报成为国家知识产权局2014年知识产权分析评议服务示范创建机构。三是促进知识产权服务业发展。2014年全市共有专利代理机构95家和专利代理人758名，分别比2013年增加5家和20名；圆满完成了2014年全国专利代理人资格考试上海考点考务工作，上海考点合格人数617人；全市5家知识产权服务机构入选“全国知识产权服务品牌机构”，2家知识产权服务机构成为第二批全国知识产权服务品牌机构培育单位。四是推进漕河泾新兴技术开发区建设“国家知识产权服务业集聚发展试验区”。在试验区内构建知识产权服务产业链，汇聚从事知识产权代理、法律、评估、运营、投融资等服务的中介机构132家。五是培育专利运营企业。上海盛知华知识产权服务有限公司、上海硅知识产权交易中心有限公司、上海新净信知识产权服务股份有限公司成为第二批国家专利运营试点企业。

五、促进专利技术成果运用

一是举办专利项目推介活动。在第二届“上交会”现场设立了“专利技术与产品交易馆”，有135家企业的988项专利技术与产品参展。二是开展专利质押融资工作。全年11个城区共完成77家企业和3个自然人的202件专利质押登记，实现专利质押贷款金额8.64亿元。三是加强知识产权金融创新。在奉贤区、杨浦区启动上海市专利保险试点工作，两区全年共有21家企业的210件专利进行了投保。

六、加强知识产权人才培养

一是加大优秀人才选拔力度。二是加强专利管理工程师培养。三是完善“专利工作者”培训机制。四是开展各类专题培训。五是加强国家知识产权局上海张江专利审查员基地建设。

七、营造知识产权文化环境

在全市范围组织举办了以“保护·运用·发展”为主题的“4·26 知识产权宣传周”活动，发布了《2013 年上海知识产权白皮书》，公布了“2013 年上海知识产权十大典型案件”；举办了以“技术贸易实践中的知识产权运用与保护”为主题的第二届“上交会”知识产权专业论坛。

八、加大知识产权保护力度

一是加强专利行政执法。全年采取跨区域联合执法方式开展了 34 次专利行政执法检查活动。二是做好专利案件审理。全年立案受理各类专利案件 145 件，与 2013 年同比增长 20.8%，结案 142 件。三是推进专业市场知识产权保护工作。上海市第一医药商店等 3 家商业单位完成了国家知识产权局组织开展的专业市场知识产权保护试点工作，并通过了考核验收；上海奥特莱斯品牌直销广场有限公司等 7 家商业单位成为首批国家级知识产权保护规范化培育市场。四是强化展会知识产权保护。全年先后派出专利行政执法人员 94 人次以及专利代理人 174 人次入驻中国华东进出口商品交易会等 31 个大型国际展览会，现场共受理专利侵权纠纷投诉 241 件。五是开展知识产权维权服务。完成知识产权司法鉴定 14 件；接受创意设计登记备案 83 件。六是实施电子商务领域专利执法维权专项行动。七是推进商业系统“销售真牌真品，保护知识产权”承诺活动。八是启动知识产权纠纷人民调解试点工作。

（上海市知识产权局）

商标工作

上海工商系统认真贯彻党中央十八届三中全会、四中全会精神，按照新《商标法》要求，依法行政，积极履职，圆满完成各项工作任务，切实营造了良好的商标保护环境。

上海市工商局积极开展商标法律知识宣传，召开了贯彻实施新商标法座谈会，以“4·26 知识产权宣传周”活动为契机，加强社会宣传，向全社会披露了商标侵权假冒典型十大案件。黄浦、静安、虹口等分局通过走访社区、企业，提高企业和社区居民的商标保护意识，营造良好的商标保护环境。

认真指导基层在商标执法办案中准确把握新商标法要求、正确适用相关法律规定，出台了有关新老商标法过渡期间法律适用的相关规定；面向全市工商系统干部开展主题为“从新商标法和国际公约看商标的注册和保护”的商标法律培训讲座；派员下基层为分局执法干部授课宣讲新《商标法》。

在全市组织开展了十二项专项整治工作。在“2014 年知识产权宣传周”和“亚洲相互协作与信任措施会议峰会”期间，全市还开展了为期三个月的集中执法行动，加大了对服饰和小商品市场、装潢建材市场、商标标识印制和仓储运输单位等侵权易发风险点的整治力度，查处了一批商标假冒侵权大要案件。

走访新兴电商、旅游、航运港口等 47 家行业重点企业，为企业实施商标战略出谋划策并详细解答企业商标运作使用中的疑难困惑。运用自主品牌建设专项资金，支持一批重点领域、重点行业的企业开展自主品牌建设，支持一批有特色、有水平的商标公共服务平台建设。

2014 年，全市商标申请量 137 615 件，注册量 76 482 件，累计有效注册量 431 987 件。

（上海市工商行政管理局）

版权工作

2014 年，上海版权工作紧密围绕和服

务全局中心工作，突出重点，强化实效，进一步加大版权保护力度，强化版权公共服务，营造良好的版权产业发展环境，各项工作任务取得新进展。

一、推进政府机关与企业使用正版软件工作

（一）根据中央部署，组织开展政府机关软件正版化自查和督查工作

继国家第一检查组2014年3月对闵行、静安两区检查之后，4月10日至4月30日，上海市使用正版软件工作领导小组办公室牵头协调市使用正版软件工作领导小组相关成员单位，组建了5个检查组。分别对上海市3个市级政府机关（市交通委、市卫生局、市博物馆）、15个区（县）（闵行、静安除外）及乡镇街道政府机关的101家单位使用正版软件工作进行了现场检查。

针对检查中发现的问题，上海市使用正版软件工作领导小组要求各区（县）政府认真及时进行整改，并将整改情况书面报送市使用正版软件工作领导小组办公室。

（二）认真落实，建立政府机关软件正版化工作责任人制度

推进上海市17个区县全部主要领导签署了《上海市政府机关软件正版化工作责任书》，所有领导小组成员单位签署了《上海市政府机关软件正版化工作承诺书》，建立了主要领导负责、分管领导牵头具体落实、各相关业务部门参加的专项工作小组。

（三）统筹部署，针对问题加强培训

2014年3月召开了各区县使用正版软件工作会议，印发了《2014年上海市软件正版化工作要求》，明确布置了全市软件正版化工作的任务和目标。编写了《上海市政府机关软件正版化工作手册》，向全市各级政府机关印发。2014年7月22日，在上海图书馆举行了"上海市各区（县）政府机关软件正版化工作培训"。同时《关于贯彻落实〈政府机关使用正版软件管理办法〉的实施意见》已印发执行。

二、版权主动监管与执法协调指导工作

根据工作方案，上海市版权局完成本年度市政府机关软件正版化以及网络侵权盗版专项治理工作。

2014年7月11日，上海市版权局召开全市动员部署大会，将7项重点任务分解到各个成员手中，确保职责明确。（1）根据"两法衔接"机制，进一步提高办案的数量与质量。上海市版权局牵头协调市相关司法部门，完成国家版权局2起重点督办案件的查处工作。（2）成立互联网版权公共检测平台。上海市版权局充分借助互联网技术手段建立网络版权公共监测平台，定期发布网络版权侵权盗版态势分析报告。（3）推进完善网络版权许可付酬机制。2014年8月，上海市版权局引导上海市主要报刊社与大型商业网站开展版权合作，逐步建立使用作品依法依规许可付费使用的合作双赢机制。

2014年上海市版权局在推进网络版权自律工作中主要突出以下几点：一是体现服务。主要以成员单位为核心，通过市版权协会、版权服务中心等机构为会员优先提供作品登记、合同备案、版权纠纷调解等服务。二是立足长效。主要通过挖掘梳理网络版权管理先进方法，积极引导帮助会员实现版权全生命周期长效管理。三是突出机制建设。主要通过制定《上海互联网企业版权自律公约联盟工作条例》等，确保自律工作日常化、常态化。截至2014年6月，又有5家上海知名互联网企业自愿加入互联网企业版权自律公约，上海互联网版权自律公约成员单位数量已扩充至22家。

根据国家版权局与上海市版权局部

署,重点推进“版权纠纷调解机制研究”“个人视听网站侵权对策研究”两大课题调研工作。

三、版权行政审批职能及其他工作

截至2014年,上海市版权局共完成各类行政审批工作1101件,其中,境外图书出版合同登记1074件,复制境外音像制品著作权授权合同登记127件,出版和复制境外电子出版物、计算机软件、电子媒体非卖品著作权授权合同登记95件,境外计算机软件著作权许可使用合同登记3件,进口图书在沪印制备案4件。

四、版权公共服务工作

(1)积极开拓工作思路,登记数量再次跨越式增长。上海作品版权登记自2012年实行“零收费”,解决登记瓶颈以来,数量一直持续增长。2014年,上海市版权局在上年度登记8万件的基础上,再次实现跨越式增长,截至12月31日,已达到187 857件。

(2)进一步加强诉仲调合作,不断提高调解服务质量。上海市版权局加强与法院、仲裁委的对接,逐步完善版权调解、诉讼、仲裁三者的有效衔接,2014年,共收到调解申请201件,结案总数164件,结案率为82%。

(3)以软件登记资助为抓手,积极推动上海市软件产业发展。在《上海市计算机软件著作权登记资助实施细则(试行)》的基础上,正式发布《上海市计算机软件著作权登记资助实施细则》,从制度上对软件登记资助工作予以保障。截至12月31日,共收到有效申请12 151件,涉及资助款项800余万,惠及全市1000余家企业及个人。

(4)充分发挥版权工作站积极性,不断提高服务水平。不断提高版权服务工作站覆盖面,在松江仓城影视文化产业园设立上海市第12家工作站,为整个松江版权产业提供服务。

(5)理顺体制机制,版权协会工作迈入正规。上海市版权协会组织编写《版权经典案例评析》,收录了50个上海法院审判的版权经典案例。以“版权专家走进企业”为主题,每季度举办一场讲座,通过开展学术交流和主题研讨活动推进会员版权管理工作。积极组织推荐会员参加相关评选活动,上海少年儿童出版社等单位获“中国版权最具影响力企业奖”。

五、版权产业服务工作

(1)组织开展示范评比工作。修订《上海版权示范单位和示范园区(基地)认定办法》,开展第三批“上海版权示范单位、示范园区(基地)”评选工作。指导上海版权示范单位、示范园区(基地)申报全国版权示范单位,盛大网络和上海广播电视台、上海东方传媒集团有限公司获评。

(2)继续加大版权“走出去”资金扶持力度。启动2014年版权“走出去”扶持资金评选工作,对版权已“走出去”的优秀图书项目、已与境外出版单位签订出版合同但还未出版的优秀图书项目以及已有输出意向正在翻译中的优秀图书项目等三类“走出去”项目予以扶持。

(3)以资金申报为契机,积极引导产业发展。充分发挥版权服务工作站的作用,发动版权企业积极申报市文创资金和新闻出版专项资金。新闻出版专项资金已完成评选,共有4家单位的9个项目入选。

(4)组团参加版博会,集中展示上海版权新发展。以“版权创新,扬帆上海”为参展主题,组织13家有代表性的版权企业参加第五届中国国际版权博览会。集中展示上海版权特色产业园区及版权龙头企业,上海版权“走出去”成果,传统文化衍生品的版权开发,新兴版权产业的新技术、新产品、新成果等。

(5)结合自贸区建设,成立国家版权贸易基地(上海)。结合上海版权产业发展现状和上海自贸区现有版权工作基础,在自贸区内设立国家版权贸易基地（上海）。支持国家版权贸易基地（上海）举办专业的文化授权交易会，促进上海版权贸易向集约化和规模化发展。

六、版权调查研究工作

完成《上海版权产业报告（2011）》《上海版权产业报告（2012）》的撰写，并在“4·26世界知识产权日”期间发布。启动《上海版权产业报告（2013）》的数据收集工作，并对自贸区成立1周年来的版权产业有关数据进行分析。

七、版权宣传培训工作

（1）开展2013年度上海版权保护十大典型案件评选活动。（2）继续开展软件正版化专题培训。2014年，已累计对上海市市县两级政府机关、近200家各类企业进行了软件正版化专题培训。（3）2014年“剑网”行动期间，聘请版权理论与实务界专家，举办互联网版权执法专题培训，切实提高版权执法人员的业务能力。（4）借力名人的号召力和说服力，请《梁祝》小提琴协奏曲作者何占豪代言，制作版权公益宣传片《艺术无价，版权有价》，在多场合、多种媒体上播放。（5）配合国家版权局，做好2014年“版权相关热点问题媒体采访考察团”在沪考察采访工作，组织20余家媒体深入上海版权相关单位采风。（6）针对上海市出版行业，积极开展版权国际培训工作，召开“国际版权贸易管理高级研修班”。共有来自全国出版社、期刊社、网络公司、文化传播公司等95家单位的180余名版权专业人员参加培训。

（上海市版权局　王　骞）

司法工作

2014年，上海市各级法院知识产权审判庭不断创新审判体制机制，努力加大知识产权司法保护力度，进一步提升上海法院知识产权司法保护的权威性与影响力，各项工作取得新成效。

一、狠抓执法办案第一要务，审判工作再上台阶

（1）收结案数增幅明显，审判质效稳步提高。2014年全市法院受理各类知识产权案件7800多件、审结7600件，同比增加约17%和21%。同期结案率为97.34%，同比增加2.62%；一审服判息诉率为92.05%，同比增加2.36%。

（2）精品案件成果丰硕，司法权威进一步增强。全市法院共有1件案件入选2014年评选的“2013年中国法院知识产权司法保护十大案件”、2件案件入选“十大创新性案件”；2件案件入选2014年《最高人民法院公报》；1件案件入选最高人民法院6月公布的五大典型案例；1件案件入选2014年人民法院十大民事案件。在最高人民法院公布的第三届全国知识产权优秀裁判文书和首届全国知识产权优秀调研成果的评选结果中，上海法院共有9篇裁判文书以及4篇调研成果分获一、二、三等奖，占获奖总数的13%。

二、精心开展“二十周年”系列纪念活动，司法影响力进一步增强

上海市高院精心组织开展“上海高中院知产庭成立20周年”系列纪念活动。（1）召开高、中院知识产权审判庭成立20周年纪念活动座谈会。（2）召开新闻发布会。会上，上海市高院发布《2013年上海法院知识产权审判白皮书》和“2013年上海法院知识产权司法保护十大案件”。（3）制作20周年专题宣传片。（4）出版案例汇编书籍。（5）召开“涉自贸区知产司法保护问题研讨会”。

三、加强对外交流平台建设，对外交流成果丰硕

（1）成立“中国法院知识产权司法保护

国际交流(上海)基地”。(2)分别于2014年5月和11月成功举办“知识产权司法保护国际研讨会”和“知识产权保护的国际视野”两次重大国际研讨会。(3)成功接待国际知识产权组织总干事一行。世界知识产权组织总干事弗朗西斯·高锐、副总干事王彬颖、亚太地区局局长安德鲁·迈克尔·昂等一行5人,专程访问上海高院。(4)成功接待外国政府、使领馆、国际组织和跨国企业来宾10余批次。

四、积极参加知识产权法院和三中院的组建工作,有效推进知识产权司法保护体制机制建设

(1)积极参与上海市知识产权法院和上海市三中院组建。上海市高院知识产权审判庭起草了《上海市高级人民法院关于上海知识产权法院成立后案件管辖调整过渡有关问题的规定》,统计了一中院、二中院拟转移至知识产权法院存案的审理情况,并圆满完成了上海知识产权法院英文网页的制作任务。

(2)上海市三级法院全面实施知识产权“三合一”综合审判机制。上海市高院发布了《关于上海市高级人民法院知识产权审判庭审理知识产权民事、行政和刑事案件的规定》《上海市高级人民法院关于一审知识产权案件管辖的规定》等相关业务文件。

五、推进知识产权司法保护网络平台建设,司法公开成效显著

截至2014年年底,上海市各法院知识产权司法保护网共上传裁判文书1535篇,中英文信息与案例91篇,庭审直播84次,经典案例73篇,媒体聚焦46篇,图片新闻55篇,学术研究20篇。

六、审判调研指导进一步加强,破解难题水平明显提高

对涉及权利要求解释、等同原则适用、现有技术抗辩、超范围进口正牌商品并转售行为、企业字号与商标冲突、商品商标与服务商标的权利边界与侵权判断、法定赔偿金额适用、不构成商业秘密的经营信息的法律保护、演绎作品著作权人对外征集作品创意行为定性、奥运会开幕式节目的知识产权属性、二审程序中申请撤诉的处理,以及知识产权刑事案件证据标准与缓刑适用等问题的疑难案件,高、中院及时进行指导、会商、协调,确保该类案件的审判质量。高、中院还通过召开年中会议、到基层法院调研等形式,加强对类案、关联案件的指导协调,确保执法尺度与裁判标准统一。通过党组课题以及报批课题以及编发案例和调研参考的方式加大指导力度。

七、创新业务培训形式,培训效果有新提升

上海市高院举办为期一周的全市法院知识产权法官集中业务培训。知名专家学者,如刘春田教授,以及资深法官,还有来自腾讯、巴斯夫、强生等世界知名公司的多位法务高管分别为培训班授课。除全市法院近120名知识产权法官、书记员参加培训外,还有多名知名跨国公司法务专员受邀一同参加培训,以促进法官与业界之间的交流探讨。

(上海市高级人民法院知识产权审判庭)

检察工作

2014年,上海市检察机关在保护知识产权方面取得了以下成绩。

一、立足检察职能,加大打击侵权假冒犯罪的力度

2014年,全市检察机关在办理侵犯知识产权和制售假冒伪劣商品案件过程中,凡是符合批捕、起诉条件的,在法定期限内批准逮捕、提起公诉;从严掌握不捕、不诉条件,切实维护市场秩序,保障改善民生安全，维护社会和谐稳定。2014年以来，共批准逮捕涉嫌侵犯知识产权犯罪案件159件229人，提起公诉362件565人。同时，挂牌督办了最高人民检察院和五部委共同督办的上海市杨浦区检察院办理的何某等三人侵犯著作权犯罪案件。上海市宝山区检察院办理的王某网络销售未经授权的国际标准案，案件宣判后国家标准化管理委员会向上海市检察二分院侦监处和宝山区检察院公诉科赠送了锦旗。

二、积极开展立案监督工作

各级检察机关积极走访工商、海关、农业、文化、新闻出版、知识产权、食品药品监督等有关行政执法机关，通过联席会议、情况通报、查阅行政执法案件台账和案卷等方式，摸排一批涉嫌犯罪的案件线索，督促行政执法机关向公安机关移送。对该立案而不立案的，及时启动立案监督程序，并强化跟踪监督工作，确保案件及时捕、诉、判，防止案件流失。2014年立案监督涉嫌侵权假冒案件5件5人，监督、建议行政执法机关移送涉嫌侵权假冒案件108件，行政执法机关均移送公安机关，移送率达100%。建议移送案件中起诉至法院均作有罪判决。

三、加强沟通协调，形成打击侵权假冒犯罪合力

（1）上海市检察院与上海市高院共同研商规范侵犯知识产权犯罪案件的证据标准、对于符合《刑事诉讼法》第208条规定的案件，建议适用简易程序，提高庭审效率，缩减庭审时间，节约司法资源。（2）通过与工商、质检、新闻出版、知识产权等行政执法部门建立联系会议制度等有效措施，通过召开研讨会、座谈会，开展专题研讨、案例剖析等形式，加强相互间在信息沟通、案件互送、调查取证等方面的密切配合，形成工作合力。（3）促进完善“两法衔接”工作格局。推动原有的由区商务委牵头的工作机制改变为由区法制办牵头的格局，吸收区科委积极参与研究“两法衔接”信息共享平台与“三个实有”信息管理系统的对接问题，改进行政执法机关办案信息录入工作。（4）加强侵犯知识产权和制售假冒伪劣商品犯罪理论和实务知识的培训力度。（5）进一步研究细化涉嫌犯罪案件标准。与上海市公安局共同协商，规范了侵犯知识产权犯罪案件物品的扣押、鉴定程序。

四、加强对知识产权权利人的保护

上海市检察院金融处与中国外商投资企业协会优质品牌保护委员会签署了“加强知识产权保护合作备忘录”。在签署的合作备忘录中，上海市检察机关通过向优质品牌保护委员会有关会员企业及时送达《被害人诉讼权利义务告知书》，明确优质品牌保护委员会会员依据上海市检察院《办案流程查询平台工作规定（试行）》申请查询办案流程，以充分保护知识产权权利人的知情权、参与权、诉讼权等合法权益；双方共同探索、推动知识产权权利人统一保护平台的建立。双方就建立定期业务交流、信息共享、工作通报、宣传协作和交流研讨等多项内容达成合作机制，旨在进一步拓宽合作领域、提升合作层次，共同推进知识产权的司法保护和权利人知识产权自我保护。

五、加大宣传力度，营造良好氛围

上海市检察机关以集中公诉为载体，有效加快了一批涉案金额高、专业性强、社会影响大的案件的办理节奏，打击成效较为显著，在社会上产生了很好的效果。如在“3·15消费者权益保护日”前夕以及“4·26知识产权宣传周”两次组织对侵犯知识产权和制售伪劣商品犯罪案件集中公诉，共将63件142人诉至法院，总案值逾人民币2.8亿元。

（最高人民检察院侦查监督厅供稿）

江苏省

专利工作

2014年，江苏省知识产权局系统在党的十八届三中、四中全会精神的指引下，紧紧围绕江苏省委、省政府的决策部署，认真贯彻全国知识产权局长工作会议精神，改革创新，转型发展，务实工作，全省知识产权工作呈现良好发展态势。

一、知识产权战略实施稳步推进

部省合作创建实施知识产权战略示范省工作进一步深化；江苏省知识产权战略纲要2014年行动计划71项重点任务基本完成；加快建设知识产权强省提上重要议程，知识产权强省建设规划列入省委、省政府年度重点任务。区域知识产权战略实施深入推进，省市共建实施知识产权战略示范市达到7个。

二、知识产权创造能力进一步提升

调整省级专利资助政策，突出专利质量和价值导向。召开高价值专利培育工作研讨会，寻找提升专利质量新途径。2014年，全省专利申请421 907件、授权200 032件，企业专利申请260 501件、授权131 966件，发明专利申请146 660件，5项指标保持全国第一。全省发明专利授权19 671件、PCT专利申请1610件、万人发明专利拥有量达到10.24件，同比增幅分别达17.16％、35.75％、30.61％，专利质量进一步提升。在第十六届中国专利奖评选中，江苏省获金奖3项、优秀奖50项。

三、企业知识产权工作取得新突破

完善“贯标”推广、培训、咨询服务和绩效评价体系，评选116家省级“贯标”示范先进单位，组织1054家省标合格企业向国标认证过渡，推动623家企业参加国标示范创建。调整江苏省企业知识产权战略推进计划组织方式，开创性地开展服务机构招标推介工作，遴选20家行业龙头企业并给予每家100万元重点支持，组织60家企业承担战略推进计划一般项目。推进企业专利保险工作，镇江市专利保险试点城市建设稳步推进。苏州市签出国内首单全球知识产权综合责任险。苏州、南通、镇江等市率先探索知识产权密集型企业培育工作。

四、知识产权资本化取得重大进展

江苏省专利实施计划首次增设专利运营类项目，遴选支持10家专利运营机构开展专利运营。委托新加坡国立大学苏州研究院举办首期专利运营培训班，组织知识产权服务机构学习国际专利运营的成熟做法和先进经验。争取国家知识产权局的支持，江苏汇智知识产权服务有限公司等3家单位被列为国家第二批专利运营试点企业。推动知识产权与金融资本相结合，苏州质押融资贷款发放超4亿元，无锡达3.5亿元，镇江达2.29亿元。

五、知识产权保护环境进一步优化

专利行政执法体系更加完善，江苏省知识产权局成立专利行政执法总队，泰州市、无锡市成立知识产权执法支队（大队），执法支队总数达到7个。连云港、宿迁等五市启动专利行政执法巡回审理庭建设，全省巡回审理庭达10个。全省立案处理各类专利纠纷案件626件，结案642件，查处假冒专利案件3055件。圆满完成南京青奥会知识产权保护工作，探索开展电商领域执法维权行动和“知识产权服务走进企业”公益活动，“正版正货”承诺推进计划向商贸街区、专业市场和行业协会延伸。

六、知识产权服务体系建设取得新进展

国家知识产权局专利审查协作江苏中心建设稳步推进，二期工程基本完成。江苏省专利信息服务中心等4家机构入选首批“全国知识产权品牌服务机构”。镇江市被国家知识产权局和工信部列为“企业知识产权托管工程”试点城市。《江苏专利代理服务质量管理规范》被立项上升为国家标准。全省新增专利代理机构5家、分支机构39家，知识产权服务业主营收入达到10亿元。

七、区域试点示范工作取得新成效

江苏省国家知识产权区域试点示范工作保持全国前列，常州、江阴、张家港、丹阳四城市被评为第三批国家知识产权示范城市，总数居全国首位。省级知识产权试点示范工作深入开展，11个县(市、区)参与省级试点示范创建，12个县(市、区)通过示范期满考核验收。园区知识产权试点示范工作扎实推进。

八、知识产权宣传培训不断深化

南京理工大学知识产权学院一期建设项目顺利启动，2000万元财政拨款落实到位。国家中小微企业知识产权培训(苏州)基地、苏州大学知识产权研究院、江南大学知识产权法研究中心相继成立，全省知识产权培训基地达到13家。全年共培训知识产权工程师近3000人，培训企业总裁及知识产权总监800名，培训执业专利代理人500余名。全国专利代理人资格考试考前培训参训人员双科通过率达61.27%。

(江苏省知识产权局)

商标工作

江苏省工商局注重以改革创新和理念转型完善商标战略实施机制，坚持服务发展与强化监管和商标专用权保护并重的理念，以学习贯彻新修订的商标法及其实施条例为契机，坚持发挥企业商标战略实施主体和政府、部门商标战略责任主体“双主体”作用，全方位推动品牌创新，加快全省经济转型升级步伐。

借助媒体资源，通过专题专版、开展商标战略宣传万里行活动等方式宣传商标战略和新商标法。专题召开纪念第14个“世界知识产权日”暨贯彻落实新《商标法》工作新闻发布会，发布《2013年度江苏省商标发展与保护状况》白皮书；邀请相关企业、行业协会、代理组织就如何贯彻落实新商标法进行座谈。加强新《商标法》培训工作，组织全省各直属局分管局长、商标处、公平交易局、12315中心和县级局监管科，分别举办了新《商标法》、《商标法实施条例》和青奥会标志保护培训，会同省法院联合开展了商标疑难案件研讨。南京、扬州、镇江、泰州等地均举办了面向基层商标执法人员的新商标法及实施条例业务培训。常州局组织34场次培训，培训商标监管干部600余人次。

专题召开了全省工商系统“护航品牌”工作会议，印发了《省工商局关于深化“护航品牌”专项活动的通知》，在全系统部署深化“护航品牌”专项活动，推动工作向国有企业和地理标志商标行业协会延伸。

注重整合社会力量，着力构建商标战略综合服务体系。进一步发挥和利用省商标战略实施工作领导小组成员单位的职能和资源，支持围绕苏南现代化建设示范区、沿海开发、苏北发展等区域发展战略，完善政策扶持体系。与世界知识产权组织合作开展商标国际注册与保护专题培训。在无锡市和苏州市各开展了一期商标国际注册

与保护专题培训，两市重点出口企业、商标代理组织和基层工商干部300余人参加。完善商标代理服务体系建设，指导省商标协会推动商标代理机构开展“诚实经营、诚心服务、诚信立业”活动，组织24家商标代理机构向全行业发出“商标代理行业自律倡议书”，发布《江苏省商标代理自律公约》。

以“双打”为重点，着力提升商标保护效能，推进商标综合监管转型，充分发挥“双打”办的牵头作用，开展调查研究，印发了《关于进一步加强商标专用权保护工作的意见》，制订了进一步加强商标专用权保护的12条措施。

2014年，全省商标申请量122 817件，注册量79 943件，累计有效注册量516 356件。

（江苏省工商行政管理局）

版权工作

2014年江苏省版权局在省委、省政府的领导下，在国家版权局的指导下，深入贯彻落实党的十八大和十八届三中、四中全会精神，各项重要工作有序推进，取得了较好的工作实效。

一、版权工作领导机制建设与版权工作战略规划工作

（一）完善版权工作领导机制，召开全省版权工作座谈会

江苏省使用正版软件工作领导小组改名为江苏省版权工作领导小组，并首次以省政府名义召开了全省版权工作座谈会，省版权工作领导小组成员及各市分管副市长及版权局长参加了会议，副省长曹卫星从优化版权服务、发展版权产业、强化版权执法、推进软件正版化和加强版权宣传等五个方面部署了下一阶段的版权工作，并要求各地各部门要在健全工作机制、完善政策体系和强化队伍建设三个方面提供坚持保障。

（二）出台版权工作战略规划

江苏省版权局着手组织制定版权战略，并委托南京师范大学法学院进行课题研究，撰写了《江苏版权战略实施纲要的研究报告》，并对《知识产权强省建设规划方案初步征求意见稿》提出了修改意见。

二、软件正版化与打击网络侵权盗版工作

（一）进一步巩固政府机关软件正版化工作成果

江苏省版权局以省版权工作领导小组名义向各市和省级机关转发了推进使用正版软件工作部际联席会议《关于贯彻落实〈政府机关使用正版软件管理办法〉的实施意见》，下发《国务院办公厅关于进一步做好市县级政府机关使用软件正版化工作的通知》，并按照国家版权局的要求，落实了省市县三级政府机关软件正版化工作责任人制度。联合省财政厅、省机关事务管理局拟出台政府机关在新购置计算机硬件时同步购买办公软件的指导意见。

（二）市县级政府机关软件正版化工作顺利通过国家检查组考核

2014年3月，推进使用正版软件工作部际联席会议第四检查组对江苏省的市县级政府机关软件正版化工作进行了检查后，检查组指出，从检查的情况来看，江苏省的工作很到位。

（三）基本完成新闻出版行业企业软件正版化工作

江苏省版权局通过多种手段，顺利完成了对全省新闻出版印刷行业企业软件正版化的验收工作，全省包括各市委机关报在内112家新闻出版和印刷企业完成正版化整改工作，共采购各类正版操作系统和办公软件5000余套，采购金额达911万元。

(四)加强对全省版权执法工作的指导和督办

江苏省版权局组织开展打击网络侵权盗版“剑网2014”专项行动。江苏省版权局与省公安厅、省网信办、省通信管理局等制定了打击网络侵权盗版“剑网2014”专项行动的工作方案，赴徐州、常州、扬州等地进行督查，全省各地对重点网站进行主动监管，大力搜集线索，查办大案要案，有效震慑了侵权盗版违法犯罪分子，深刻警示互联网版权产业从业人员。在国家版权局通报的“剑网”行动3批共30起大案要案中，江苏查处的就有6起。

2014年全省共立案侵权盗版案件59起，办结38起，并调解了2起侵权案件，对国家版权局移交的18件案件转移函，件件有回复。其中山东菏泽“建工之家”网站侵犯软件著作权案，由扬州市版权执法部门和山东菏泽市跨省联合办案，在收到国家版权局案件转移函之后不到2个月就迅速侦破并办结案件，并为跨区域打击侵权盗版积累了经验。在国家版权局评选的2013年全国打击侵权盗版十大案件中，江苏查办的扬州“动漫屋”网站侵犯动漫作品著作权案和南京“6·4”销售侵权盗版光盘案两起案件入选；在国家版权局表彰的2013年度全国打击侵权盗版执法有功集体和有功个人名单中，江苏共有16家单位被评为有功集体，47名个人被表彰为有功个人；在2015年1月国家版权局等四部门通报的2014年“剑网”行动十大案件中，江苏省查办的“建工之家”网侵犯软件著作权案和“高清影视下载网”侵犯影视著作权案两起案件入选。

(五)通过典型案件评选扩大版权保护宣传力度

江苏省版权局评选并公布了江苏省2013年度打击侵权盗版十大案件。配合国家版权局2012年度有功单位和有功个人评选活动，审核上报江苏省申报材料。并在全年组织的各类版权宣传活动中对这些典型案件进行公示和宣传。

三、版权宣传与版权示范创建工作

(一)创新开展版权宣传，提高社会公众的版权认知度

一是正式发布《江苏省版权产业的经济贡献(2012)》报告，分析了江苏省版权产业在行业增加值、就业人数和对外贸易三个方面对国民经济的贡献。二是在江苏书展期间举办了江苏版权产业成果展，共有来自各行业的59家版权相关企业参展，成交额达到27.7万元。三是策划编撰了中小学知识产权教育系列丛书《知识产权零距离》，并在高邮市举行的“版权保护中小学校园行”的启动仪式和首站活动中举行了新书首发仪式、赠书、版权保护签名等活动。四是在全省各地电视台和公共区域滚动播放国家版权局制作的版权保护宣传片。

(二)以版权示范创建工作为抓手，积极推进各市著作权作品登记、软件正版化和版权保护工作

按照《江苏省版权示范城市、示范单位和示范园区(基地)创建和管理办法》，2014年在南京、淮安、张家港等地验收了一批企业和园区，批准了淮安市为省版权示范城市，南京新城科技园、淮安科技园为省版权示范园区，江苏国泰新点软件有限公司等3家企业为省版权示范单位。2014年8月，国家版权局正式批准苏州国际科技园为全国版权保护示范园区，3家单位为全国版权示范单位。

四、版权公共服务工作

(一)顺利实施一般作品免费登记，作品登记量实现较大幅度增长

江苏省自2013年10月开始对全省一般作品实行免费登记。江苏省政府明确全省2014年作品登记任务为4万件，江苏省版权局为解决各地版权作品登记人员和经费不足的问题，与省财政厅共同发文，要求各地方财政做好经费保障。对登记量较大地区的一线作品登记人员进行轮训，从而大大提高了受理效率，江苏省版权局版权处和具体负责作品登记的版权保护中心工作人员深入全省各地，就如何提高作品登记效率听取意见和建议，并巡回进行作品登记工作培训辅导，2014年全年共完成一般作品登记53 010件，超额完成省政府下达任务的33%，比上年增长63.2%。2014年10月，因及时高效地完成了2014年首届江苏文化创意设计大赛参赛作品的著作权登记工作，江苏省版权局被省文化改革发展领导小组和江苏文化创意设计大赛组委会授予组织促进奖。

（二）积极助推版权相关企业“走出去”

江苏省版权局积极组织省内18家出版企业，携1804种图书、期刊、数字产品参加了第21届北京国际图书博览会。在此次展会上，江苏的版权交易数量再创历史新高，其中共向非华语国家输出版权87种，华语国家10种，引进版权97种。并组织徐州、苏州、连云港等5个市20余家版权相关企业参加第五届中国国际版权博览会。

（江苏省版权局　万进萍）

司法工作

2014年，江苏省各法院积极履行审判职能，充分发挥司法保护知识产权、规范市场竞争秩序的主导作用，通过司法裁判为知识产权战略和创新驱动发展战略实施提供有力保障。

一、依法审理各类知识产权案件，进一步发挥知识产权审判职能作用

（1）依法审理大量知识产权案件。2014年，全省法院共受理知识产权民事案件7733件，其中新收一审案件6613件，同比减少14.97%；共审结6308件，同比减少15.72%。新收一审案件中，商标权纠纷案件2794件，占42.3%；著作权纠纷案件2509件，占37.9%；专利权纠纷案件821件，占12.4%；知识产权合同类案件328件，占5%；植物新品种等其他类型案件328件，占5%；不正当竞争纠纷案件161件，占2.4%。

（2）明确和统一疑难复杂案件的裁判尺度。全省法院先后审结一批具有典型意义的疑难复杂案件，强化司法裁判的规则治理与引领作用。通过个案裁判，明确各类知识产权的权利边界，体现促进知识产权战略和创新战略实施，加大知识产权保护力度、打击侵权、促进知识产权创造、运用和保护的价值引领作用。

（3）进一步加大知识产权司法保护力度。

（4）有效推进知识产权审判精品战略。2014年，江苏省高院审理的2个案件分别入选2013年中国法院知识产权司法保护十大案件和中国法院知识产权司法保护十大创新性案件，另有3件案例入选50个典型案例。在第三届全国知识产权优秀裁判文书和首届全国知识产权优秀调研成果评选活动中，江苏省各法院共有11篇裁判文书、5篇调研成果获奖。

（5）切实加强司法调研。江苏省高院完成《关于商标案件审判实践中有关问题的调研报告》及最高人民法院交办专题调研工作，启动并开展《知识产权刑事司法保护问题研究——兼与民事司法保护的比较研究》调研。无锡市中院撰写了《涉互联网知产纠纷案件增长迅猛》。

（6）进一步密切与相关部门的司法保护协作。

二、继续稳步推进知识产权审判“三合一”改革试点工作

全省法院共受理知识产权“三合一”改

革试点刑事案件364件，其中新收一审案件328件，审结328件；共受理知识产权“三合一”改革试点行政案件33件，审结27件。

坚持“突出重点，区别对待，宽严相济”的刑事司法政策，在注重发挥知识产权刑事打击威慑性作用的同时，坚持罪刑法定原则和刑法谦抑性原则的适用，慎重把握入罪标准，体现知识产权司法保护的层次性。明晰行政案件司法审查标准，督促行政机关依法行政。

三、深化司法改革，完善知识产权审判工作机制

（1）积极探索法院内部审判权运行机制改革。制定知识产权庭审判权运行机制改革试点方案，大力推进以审判长为中心的审判团队运行和管理模式，庭长、副庭长直接编入审判团队重点审理一审和疑难复杂案件，充分发挥审判长审判经验丰富的作用；除提交审判委员会讨论决定的案件外，其他案件由合议庭讨论定案，审判质量和效率有进一步提升。

（2）总结推广专家证人参与知识产权诉讼的方式。全省法院注重从审判工作机制层面探索解决技术事实查明的有效方式。注重择优招录具有理工科专业背景的法官。目前全省有管辖权法院具有机械、化学、计算机、无线电通讯等领域技术背景的知识产权法官达19位；继续深化与国家知识产权局专利复审委员会互派人员的双向交流工作机制。继续推进专家证人特别是法庭专家证人参与技术案件审判的探索与实践。

（3）进一步合理配置知识产权管辖法院资源。2014年新增泰州医药高新区法院管辖部分知识产权一审案件，进一步扩大南京铁路法院知识产权案件管辖范围。

四、进一步推动司法公开，扩大知识产权司法保护影响力

（1）进一步落实“阳光司法”，不断增强司法保护的透明度。全省法院认真落实公开开庭、庭审网络直播、裁判文书上网等“阳光司法”措施。共上网知识产权生效裁判文书9632件。

（2）加大宣传力度，传递知识产权司法保护正能量。江苏省高院连续3年发布《江苏法院知识产权案件年度报告》，连续6次向社会发布江苏省法院知识产权司法保护蓝皮书，发布全省知识产权十大民事、刑事、行政典型案例，及时公布新类型案件裁判尺度。“4·26世界知识产权日”期间，全省法院共召开8场新闻发布会，走访江苏省内知名企业听取意见，发放各类宣传材料，开展法制讲座、组织培训等活动，培训人数达500余人。南京市中院举办了主题为“知识产权审判开放日”的系列活动。苏州市中院参加由苏州市知识产权局和版权局主办的“电影——全球挚爱”2014年“4·26世界知识产权日”广场活动。镇江市中院针对集体商标的司法保护问题，与市眼镜协会、醋业协会进行深入交流，对“丹阳眼镜”“镇江香醋”两个集体注册商标的司法保护提出建设性的意见。在2014年12月4日，江苏省高院配合“国家宪法日”集中宣传活动。

（3）积极采用微博、微信等新媒体形式宣传，打造司法公开的新平台，打造公开、高效、专业的司法形象。

（江苏省高级人民法院知识产权审判庭）

检察工作

2014年，江苏省检察机关在保护知识产权方面取得了以下成绩。

一、依法履行刑事检察职能，严厉打击侵权假冒犯罪

全省检察机关紧紧围绕服务经济发展方式转变和经济结构调整，充分发挥检察机关的批捕起诉职能。2014年共批捕涉嫌侵犯知识产权犯罪77件97人，提起公诉316

件590人;批捕生产、销售伪劣商品犯罪案件238件427人,提起公诉646件1183人。

二、突出打击犯罪重点,在重点领域组织开展专项行动

一是全力保障平安青奥。江苏省检察院专门作出部署,扎实推进保障青奥会的环苏环宁"护城河"工程。南京市建邺区检察院的青奥检察官办公室,综合运用民事、行政和刑事法律手段,切实强化青奥品牌保护。加强与有关部门商洽,开展对青奥知识产权在国际市场上的司法保护,保障相关企业合法权益,维护青奥会秩序,树立良好的国际形象。

二是认真开展破坏环境资源和危害食品、药品安全犯罪专项立案监督活动。专项行动开展期间,全省检察机关共监督行政执法机关移送案件160件237人,监督公安机关立案54件70人,批准逮捕77件161人,提起公诉81件157人,已判决49件79人,移送职务犯罪线索6件8人,取得了较好成效。

三、加大打击力度,坚决查办重点领域职务犯罪

全省检察机关将侦查监督职责与查办职务犯罪相结合,深挖刑事犯罪案件背后的职务犯罪线索,促进公正廉洁执法。检察机关侦查部门深入查办发生在群众身边、损害群众利益的职务犯罪案件,共查办涉及民生领域职务犯罪1205件1425人,受到江苏省委主要领导的批示肯定。连云港市检察院、东海县检察院在办理连云港康润食品配料有限公司特大地沟油案件时,提前介入引导侦查,排查并发现案件背后的刘某、陈某渎职犯罪行为,及时移送反渎部门查处,后两人被法院以玩忽职守罪判刑。

四、建立健全"两法衔接"机制,加快信息共享平台建设

2014年,江苏省检察院联合江苏省法制办先后两次召开全省"两法衔接"工作联席会、推进会;江苏省委办公厅、省政府办公厅转发了《江苏省行政执法与刑事司法衔接工作实施办法》,明确了工作机制和保障措施;江苏省"两法衔接"工作联席会议办公室先后召开省级"两法衔接"工作座谈会、全省工作研讨会,推进"两法衔接"工作。南京铁路检察院分别与高淳区烟草专卖局、栖霞区文化旅游局签订了烟草类知识产权刑事案件、文化类知识产权刑事案件协作办理规范性文件,双方就涉及知识产权刑事案件的信息通报、联席会议、办案指导等工作达成一致意见,明确双方衔接合作的内容。在信息共享平台建设方面,全省检察机关经过积极筹措,也取得很大的进展。截至2014年年底,全省检察机关已建平台(含接入政务网平台模式)92家,各市级检察院均已建成信息共享平台,其中徐州、镇江、常州、淮安实现或部分实现了市县(区)两级的互联互通。截至2014年11月底,全省通过"两法衔接"工作平台查询线索11 777件,发现涉嫌犯罪线索156件,监督移送刑事立案27件。

五、加强办案专业化建设,提升知识产权司法保护能力

一是建立相关案件专门办理机制。江苏省检察院公诉一处、民行处分别成立了知识产权研究小组和知识产权案件办理小组,专门办理和研究该类案件。各市都着力于整合办案力量,组成知识产权案件办案组,坚持专人审查、集体研究、共同决定,确保案件质量和诉讼效率。二是建立专家咨询机制。针对知识产权案件专业性强、知识性强、查处难、认定难的特点,请专家进检察,到高校访专家等方法,解决办案难题。三是建立打击侵犯知识产权案件和假冒伪劣商品案件跟踪指导督办制度。2014年全省检察机关共挂牌督办制售伪劣食品、伪劣药品、环境保护案件二批16件。

六、加强宣传教育工作，形成打击侵权假冒犯罪的合力

全省检察机关结合执法办案开展知识产权保护的宣传，开展了对驻区企业知识产权法制宣传、开通了“12309”知识产权维权热线、积极参与“3·15消费者权益日”等活动，拓展知识产权法律服务新途径。雨花台区检察院的“一站式”服务中心平台和知识产权罪案预防教育基地，鼓楼区检察院的“三四五六”知识产权保护模式，秦淮区检察院的老字号知识产权保护等知识产权保护创新机制建设，玄武区检察院的知识产权保护站等知识产权司法保护工作都卓有成效。

（最高人民检察院侦查监督厅供稿）

浙 江 省

专利工作

2014年，浙江省知识产权局系统认真贯彻实施创新驱动发展战略和知识产权战略，大力提升专利质量，不断完善专利法规政策，突出运用和保护能力提升，专利工作由数量规模型向质量效益型转变并取得明显成效。2014年，全省专利申请总量为26.14万件，授权总量18.85万件，分别较2013年下降11.08%和6.82%。其中，发明专利申请、授权量分别为52 405件和13 372件，同比增长22.60%和20.05%。

一、完善专利法规政策

加快推进《浙江省专利保护条例》修订工作，先后赴广东、陕西、宁夏、甘肃等地开展调研。形成了《浙江省专利条例（草案）》。(2)制定出台《浙江省电子商务领域专利保护工作指导意见（试行）》，为规范电子商务领域专利保护提供样本。(3)推动省级事业单位科技成果处置权、收益权改革。开展了高校职务发明成果转化专题调研，推动有关部门出台了《关于省级事业单位科技成果处置权收益权改革有关问题的通知》。

二、稳步推进专利运用支撑体系建设

(1)专利权质押、保险工作取得新进展。2014年，全省专利权质押融资登记239件，金额7.69亿元，实际放贷3.79亿元。启动实施全省专利保险试点工作，全省已有6个县（市、区）启动试点。(2)专利导航工作稳步推进。开展专利导航试点工作，杭州高新区积极建设国家专利导航物联网产业发展实验区，东阳磁性材料行业协会全方位开展国家专利协同运用试点工作，浙江海正药业股份有限公司与浙江正泰电器股份有限公司成为国家专利运营试点单位。(3)知识产权托管深入探索。启动开展国家知识产权局中小微企业知识产权托管试点工作，选择托管工作基础较好的湖州南浔、嘉兴嘉善重点推动，深入探索知识产权托管工作体系、组织架构和管理经验，稳妥推动试点工作。

三、加快专利行政执法体系建设

2014年，全省知识产权局系统共立案查处各类专利违法案件3506起，同比增长373.78%。温州、杭州、宁波、嘉兴等市专利侵权案件执法办案量均超过500起。(1)专项行动成效显著。一是在全系统率先开展电子商务领域专利保护专项行动。进驻阿里巴巴园区开展网络专利侵权投诉执法办案，调处的电子商务领域专利侵权纠纷案件2518起。二是开展打击假冒专利专项整治行动。针对商场、超市等流通领域，整合市、县（市、区）执法力量，联合开展查处假冒专利行为行动，查处假冒专利案件120起。(2)部门协作继续加强。重点推进与浙江省高院联合开展专利民事纠纷诉调对接工作，共办理诉调对接案件800余起，走在全国前列。联合浙江省高院召开了全省专利民事纠纷诉调对接工作座谈会，进一步推进专利保护中的行政与司法衔接。(3)知识产权维权援助体系加快完善。中国杭州(制笔)知识产权快速维权援助中心正式挂牌运营。新认定了丽水市、温州高新区、绍兴高新区等6家省级中心。

四、专利助推经济转型

(1)区域试点示范规模不断扩大。瑞安市被批准为国家知识产权试点城市，全省累计14个市进入国家知识产权试点示范城市序列。宁波市鄞州区等5个县区被评定为国家知识产权强县工程试点示范单位，全省累计7个县区进入国家知识产权强县工程示范系列。温州高新技术产业开发区、金华市经济开发区被列入国家知识产权试点园区。(2)企业试点示范力度持续加大。完成省级专利示范企业认定120家。全面启动高新技术企业国家企业知识产权管理标准试点工作。(3)知识产权评议试点有序推进。顺利完成年度重大经济科技活动知识产权评议国家试点项目总结考核，成为全国首批3个重大经济科技活动国家试点推广地区之一。

五、提高知识产权服务支撑能力

(1)专利代理机构稳步发展。3家单位入选全国第二批知识产权服务品牌培育单位，3家首批知识产权服务品牌培育单位全部通过考核验收。2014年，全省新增专利代理机构5家，新增分支机构18家，全省累计专利代理机构总数达到53家，分支机构65家。(2)知识产权人才体系建设有序推进。国家中小微企业知识产权培训(温州)基地获批，为加强浙江中小微企业知识产权人才队伍建设提供支撑。组织开展2014年知识产权高层次人才赴美培训。推进浙台两地知识产权交流合作，组织召开了浙台知识产权研讨会。

(浙江省知识产权局)

商标工作

2014年，浙江省商标条线认真做好对新《商标法》和省政府《关于深入实施商标品牌战略的意见》的贯彻工作，全面推进商标品牌战略实施。

浙江省工商局结合第14个“世界知识产权日”，联合《浙江市场导报》，开辟宣传新《商标法》专栏，做好对新法特别是驰名商标制度的宣传引导工作；并会同省商标协会、义乌中国小商品城举办“义乌购”杯新商标法知识竞赛活动。湖州、宁波分别通过开展新《商标法》知识竞赛和编发《宁波市知名企业产品与商标鉴别手册》等形式，提升全社会的商标法律意识。组织召开了全省工商系统商标干部培训班。杭州等地也都相继开展了新法的培训工作。省商标协会通过给全省驰名商标企业逐一发函的形式，宣传和落实新商标法。省工商局要求对企业做好政策宣传和行政指导工作。

浙江省出台了《关于深入实施商标品牌战略的意见》。浙江省工商局下发了实施意见，同时就品牌指导站建设、产业集群商标品牌建设和商标品牌战略示范创建三方面工作分项发文。通过开展工作调研、数据分析和2014年全省品牌基地认定等工作，进一步发挥基层品牌服务平台在培育商标品牌中的积极作用。在全省范围内组织开展了四场商标国际(马德里)注册千家外贸企业巡回培训，培训由世界知识产权组织副总干事长王彬颖亲自带队，七位专家共同授课。

做好“双打”重点工作的部署，特别是部署开展第二届夏季青年奥林匹克运动会标志专项行动和对“青蛙王子及图”注册商标专用权的专项保护。开展“驰名商标”字样使用情况专项执法检查。湖州市局、衢州市局均下发《关于开展“驰名商标”字样使用情况专项执法检查的通知》，台州市、金华市也重点部署开展专项执法工作，各地同时严把户外广告审批关，严禁在新审批的户外广告中出现“驰名商标”的字样。

2014年，全省商标申请量196 993件，注册量133 874件，累计有效注册量965 127件。

（浙江省工商行政管理局）

版权工作

2014年，浙江省版权局认真履行版权保护工作职责，进一步推进政府机关和企业软件正版化工作，积极组织开展打击侵犯知识产权和制售假冒伪劣商品等专项行动，着力打击损害公共利益的侵权盗版行为，开展丰富多彩的版权宣传培训活动，努力促进版权产业发展，取得了良好成效。

一、版权宣传工作

在第14个“4·26世界知识产权日”来临之际，浙江省版权局起草下发了《关于组织开展2014年知识产权宣传周活动的通知》，对活动时间、主题、宣传内容作了统一部署，活动结束后，又向国家版权局上报了《关于开展2014年全国知识产权宣传周版权宣传活动情况的报告》。

在部署好各地宣传活动的同时，浙江省版权局与浙江工商大学联合举办了浙江省第二届“知识产权杯”创意设计大赛。2014年4月26日上午在浙江工商大学举行了颁奖典礼及“4·26知识产权宣传周”宣传活动启动仪式，浙江日报等多家媒体进行了报道。

此外，还集中推出了系列宣传活动：一是参加了2013年长三角地区知识产权发展与保护状况新闻发布会；二是用精练的文字、翔实的数据、生动的图片在推进使用正版软件工作部际联席会议办公室编写的“软件正版化在中国（2014）”专刊中集中展示浙江省软件正版化成果；三是播放版权保护公益宣传片，浙江电视台钱江都市频道、经济生活频道、教育科技频道从2014年4月23～26日排播了公益宣传片“版权保护”，长度45秒，白天时段排播2次，晚间时段排播1次。四是在杭州市公交K290、K401车体上发布公益广告，宣传保护正版、打击盗版的理念。

二、打击侵权盗版和加强市场监管工作

（一）打击侵犯知识产权和制售假冒伪劣商品绩效考核工作

从2012年起，各省的打击侵犯知识产权和制售假冒伪劣商品工作（以下简称“双打”工作）纳入综合治理考核范围，2014年2月5～6日，全国“双打”工作领导小组办公室对浙江省的“双打”工作进行考核，浙江省版权局牵头的打击侵犯著作权行为工作、政府机关软件正版化工作纳入考核范围。经过考核，全国考核组给出满分12分。

（二）打击网络侵权盗版“剑网2014”专项行动

浙江省版权局、省公安厅、省通信管理局、省互联网信息办公室联合下发了《浙江省打击网络侵权盗版“剑网2014”专项行动实施方案》。“剑网2014”专项行动从2014年6月开始，于2014年11月结束，重点任务是保护数字版权、规范网络转载、支持依法维权、严惩侵权盗版。

（三）2013年度全国查处侵权盗版案件有功单位及个人推荐工作

根据国家版权局通知要求，浙江省版权局推荐的2013年度全国打击侵权盗版重大案件及查处侵权盗版案件有功单位及个人名单多项入选。

三、政府机关和企业软件正版化工作

(一)中央检查组检查政府机关软件正版化工作情况

2014年4月2～4日,由商务部条法司副司长杨国华等5位同志组成的检查组,对浙江省金华市、绍兴市政府机关软件正版化工作进行了实地检查,听取了金华、绍兴两市的政府机关软件正版化工作情况汇报。2014年4月4日,检查组在杭州听取了浙江省政府机关软件正版化工作情况汇报,浙江省政府副秘书长李云林和浙江省使用正版软件工作领导小组办公室主任、浙江省版权局副局长单烈代表省政府向检查组汇报了浙江省政府机关及党群系统软件正版化工作情况。

(二)软件正版化工作成为常态性工作

浙江省制订了《2014年浙江省软件正版化工作方案》,对全年软件正版化工作作出了总体部署。2014年9月9日收到《国务院办公厅关于市县级政府机关软件正版化工作检查情况的通报》后,浙江省副省长郑继伟、浙江省政府副秘书长、办公厅主任王晓峰分别作出批示,要求各单位强化软件正版化整改责任,采取有效措施,切实纠正软件正版化工作中存在的问题,防止类似问题的发生。

浙江省做了以下工作:一是及时调整充实浙江省使用正版软件工作领导小组成员,新增了浙江省审计厅、浙江省工商局、浙江省法制办为领导小组成员单位。二是召开了领导小组成员会议,明确了各成员单位工作职责,完善了工作机制,同时,针对国务院通报中指出的问题,共同研究,制订切实可行的整改计划。三是下发通知,要求各市按照中央检查组检查模式,认真开展自查。四是对个别市县开展现场检查。2014年9月22～24日,由浙江省版权局、省财政厅、省审计厅、省经信委等单位组成联合检查组对杭州、宁波部分政府机关软件正版化工作进行了实地检查,对检查出的问题进行了现场反馈,并提出了明确的整改要求。五是对国务院通报指出的金华市、绍兴市政府机关及相关部门存在的软件正版化问题,专程到现场召开整改任务部署会,要求对检查出的问题认真研究、逐条整改,对暂时无法整改到位的要制订整改计划、明确整改措施、限期整改到位。

根据上级关于推进软件正版化工作的部署,2014年10月30日,浙江省版权局在杭州召开了全省软件正版化工作会议。会上,通报了国务院办公厅关于浙江省市县级政府机关软件正版化工作检查情况及存在的问题,部署下一步的工作,要求各地进一步建立健全长效管理机制,巩固软件正版化工作成果,根据中央检查组的检查模式,开展自查,防止反弹。

在做好政府机关软件正版化工作的同时,还要继续抓好企业软件正版化工作,2014年的工作重点是抓好7家新闻出版企业集团130家二级单位的软件正版化工作。

四、版权对外交流和合作工作

浙江省版权局和省商务厅、省委宣传部、省文化厅等4家单位共同确定2013～2014年度浙江省文化出口重点企业和重点项目,有7家省级新闻出版单位被确定为文化出口重点企业,5家省级新闻出版单位的7个项目被确定为文化出口重点项目。同时,还举办了新加坡、南非浙版精品图书版权贸易展,2014年6月11日在新加坡友联书局展出,2014年6月15日在南非华文图书馆展出;在新加坡国家图书馆、新加坡南洋理工大学孔子学院、南非华文图书馆新设了海外“百柜工程”——悦读浙江专柜。中国驻新加坡大使馆教育处官员、中国贸易促进会驻新加坡首席代表、新加坡国际企业发展局中国司副司长、人民日报海外网新加坡频道编辑、中国驻约翰内

斯堡总领事馆领事等出席了相关海外“百柜工程”——悦读浙江启动仪式，《人民日报》等媒体做了专门报道。

2014年9月17～19日，浙江省版权局组团参加了第五届中国国际版权博览会，浙江省绍兴中国轻纺城、杭州市版权局、杭州龙象广告公司等单位展示了自己的特色产品。

五、版权公共服务工作

2014年，浙江省共登记各类一般作品15 025件，计算机软件15 168件，核准登记出版境外图书合同344件，办理涉外图书、音像制品、电子出版物制作合同登记1026件，计算机软件著作权合同备案182件。

（浙江省版权局　严庆荣）

司法工作

2014年，浙江省各法院在最高人民法院民三庭的指导下，认真学习贯彻十八届三中、四中全会精神和习近平总书记系列重要讲话精神，紧紧围绕司法为民、公正司法这条主线，知识产权审判工作取得新成绩。

一、坚持公正司法，案件审理有新进展

2014年，浙江省各法院进一步发挥知识产权审判职能，加大保护力度、促进自主创新。全省法院全年共新收知识产权民事案件13 796件，同比上升31.04%，其中著作权案件9712件，同比上升53.5%；商标权案件2275件，同比下降17.45%；专利权案件1450件，同比上升24.46%；其他知识产权案件359件，同比上升26.85%。2014年共新收二审案件1141件，同比上升11.43%，审结1133件，其中维持728件，改判53件，调撤352件。刑事方面，2014年全省法院共受理一审侵犯知识产权罪的刑事案件635件，审结635件，生效判决人数883人，同比分别下降58.74%，58.82%和56.46%。在审结案件中，假冒注册商标罪117件，生效判决人数191人；销售假冒注册商标的商品罪112件，生效判决人数204人；非法制造、销售非法制造的注册商标标识罪65件，生效判决人数121人；侵犯著作权罪案件339件，生效判决人数366人；侵犯商业秘密案件2件，生效判决人数1人。行政方面，2014年共受理一审涉知识产权行政案件7件，审结2件，与去年同期基本持平。2014年浙江省各法院依法公正审结了一批具有较大社会影响的知识产权民事案件，如东阳市上蒋火腿厂诉浙江雪舫工贸有限公司侵害商标权纠纷上诉案，杭州广汇企业管理咨询有限公司诉杭州近湖物业管理有限公司不正当竞争纠纷上诉案。

二、坚持司法公开，司法公信力有新提升

浙江省各法院一直重视知识产权裁判文书上网工作。截至2014年12月31日，浙江省各法院共在中国知识产权裁判文书网公布裁判文书17 541篇，占全国法院上网文书总量的18.31%；2014年10月31日至12月31日期间，浙江省各级法院新增裁判文书5283篇，占全国同期新增文书总量的33.01%。

2014年4月，召开浙江法院知识产权审判工作会议，来自外国政府驻华机构代表和境内外新闻媒体50余名记者应邀参加。在“4·26知识产权宣传周”期间，公开开庭审理并当庭宣判卡地亚国际有限公司诉浙江贝乐卫浴科技有限公司侵害商标权纠纷上诉案，同时首次通过官方微博“@之江天平”进行全程直播。开通浙江法院网（www.zjcourt.cn）“知识产权保护”专栏。杭州市中院于2014年8月邀请全国人大代表宗庆后担任一起同步网络图文直播的外观设计专利权纠纷案件的人民陪审员。宁波市中院在全省率先推行当事人庭前诚信诉讼宣誓制度，引导诉讼参与人诚

信诉讼。金华市中院首次发布了知识产权司法保护白皮书，得到了社会各界的肯定。

三、坚持调查研究，业务指导有新推进

2014年年初，浙江省高院知识产权审判庭前往杭州市中院、宁波市中院就试点筹建知识产权专门法院的相关事宜进行调研，听取两个中院的情况汇报。2014年4月，收集整理全省法院提出的知识产权审判疑难问题，编发《知识产权审判疑难问题解答（一）》正式下发。2014年8月，对2013年下半年全省中院上报一、二审生效裁判文书的情况进行了通报，同时对上述裁判文书及所有浙江省高院知识产权审判庭二审审理的案件质量进行了通报，指出案件审理及裁判文书中存在的问题。2014年9月，评查小组对金华市中院、金华市婺城区法院2012～2014年6月审结并生效的450余件知识产权案件进行评查，并逐案反馈了评查结果。温州市中院制定了《关于为网络经济发展提供司法保障的会议纪要》，保障网络经济的健康发展。

浙江省高院知识产权审判庭将《关于老字号知识产权保护的调研》作为2014年全省法院重点课题开展调研，最终形成调研报告。浙江省高院知识产权审判庭《关于知识产权民事诉讼中的证据保全》获得最高人民法院的充分肯定。5月，正式下发《关于知识产权民事诉讼证据保全的纪要》，为全省法院的知识产权证据保全工作提供了全面的操作规程。

四、坚持制度创新，工作机制有新突破

2014年，指定杭州市萧山区法院、杭州市余杭区法院、东阳市法院管辖一审一般涉外知识产权民事纠纷案件，指定萧山区法院、温州市瓯海区法院、乐清市法院适用简易程序审理部分知识产权民事纠纷案件。杭州市中院在中国杭州（制笔）知识产权快速维权援助中心内，积极筹建设立（分水）巡回审判庭。

继续推动专利民事案件诉调对接机制的建立和发展。2014年11月，与浙江省知识产权局联合举办"全省专利民事纠纷诉调对接工作座谈会"。截至2014年7月，全省共有11家法院与当地专利行政管理部门建立了专利民事纠纷诉调对接机制，共有187件专利案件通过这一机制进行委托调解，约占同期一审专利案件受理总量的10%，其中成功调处152件，调撤率达81.28%。同时充分发挥20位审判技术专家的作用。2014年共咨询技术专家13人次，有效解决了案件中的技术难题。

五、坚持清正廉洁，队伍建设有新成效

浙江省高院知识产权审判庭认真学习党的十八大精神，尤其是十八届四中全会关于依法治国的重要论断，引导全庭人员坚定理想信念，牢固树立社会主义法治理念。在司法能力方面，充分运用专题培训、专题研讨等形式，不断加大学习力度，提高队伍素质。浙江省高院知识产权审判庭继续与法官学院合作，将新进人员与审判业务骨干分为两期培训。

（浙江省高级人民法院知识产权审判庭）

检察工作

2014年，浙江省检察机关在保护知识产权方面取得了以下成绩。

一、加大对侵权假冒犯罪案件批捕、起诉力度

2014年，全省检察机关共批准逮捕假冒伪劣商品刑事案件417件714人，提起公诉665件1338人；批准逮捕侵犯知识产权刑事案件101件140人，提起公诉558件952人。2014年假冒伪劣商品犯罪案件突出反映在危害食品药品安全领域。该批案件呈现出涉案人员众多、涉案地域范围广、社会关注程度高等特点。如央视3·15晚会曝光的杭州广琪公司销售过期食品案

件，检察机关依法迅速办理，引导侦查取证，对上述案件的依法及时办理，有力地维护了社会稳定，保障了食品药品安全。

二、注重发挥诉讼监督职能，依法查办职务犯罪

全省各级检察机关结合打击危害食品药品安全犯罪专项立案监督活动，将危害食品药品安全和侵犯知识产权犯罪作为“双打”工作的主要内容。浙江省检察院将知识产权检察工作列为2014年三项检察工作之一，制定下发了《浙江省人民检察院推进知识产权检察工作实施意见》。全省各级检察机关共立案监督侵权假冒案件23件31人，其中侵权知识产权犯罪案件5件6人，制售假冒伪劣商品犯罪案件18件25人。同时，坚决查处侵权假冒案件中的监管失职渎职犯罪行为。

三、开展业务指导和办案督导工作

浙江省检察院、衢州市检察院等专门成立了侵犯知识产权案件办案专业指导组，加强对下级院办理案件的业务指导。及时对浙江省部分案发地区进行调研，与各地进行沟通交流，提出了指导意见。各地通过公检法联席会议的方式，就案件法律适用、证明标准进行讨论分析。浙江省检察院对最高人民检察院督办两起生产、销售有毒有害食品案进行跟踪督办，目前两起案件法院均已作出有罪判决。浙江省检察院还对10起危害食品安全和侵犯知识产权案件进行了挂牌督办，均取得较好效果。

四、完善长效机制，推动“两法衔接”工作深入开展

各地检察机关在加大个案打击力度的同时，着力推动行政执法与刑事司法有效衔接。如对于在办案中遇到的法律适用等具体问题，各地检察机关积极与相关部门沟通，明确标准，统一思想认识。浙江省检察院多次积极派员参与浙江省食品安全委员会办公室、省委政法委食品安全调研、督查等活动，多次与浙江省高院、公安厅、食品安全委员会办公室等部门共同研究相关案件的处理、专家意见如何操作等问题，与相关部门共同会签出台了《关于建立打击食品违法犯罪协作机制的意见》。地方检察机关也积极行动，推动完善行政执法与刑事司法衔接机制。

（最高人民检察院侦查监督厅供稿）

安 徽 省

专利工作

2014年，安徽省以提高专利事业发展的质量和效益为中心，坚持稳中求进的工作总基调，稳增长、提质量、促运用、强保护、严管理、重服务，在提高申请质量、强化企业主体、促进专利运用、加强行政执法、创新管理方法等方面取得新的进展。

一、专利创造量质同步提升

2014年，全省共申请专利99 160件，居全国第六位；其中申请发明专利49 960件，同比增长43.3%。发明专利申请占比达到50.4%，专利申请结构不断优化。共获授权专利48 380件，居全国第七位。截至2014年年底，安徽省拥有有效发明专利15 939件，每万人口有效发明专利拥有量2.7件，同比增长37.8%。

二、专利运用创新取得进展

一是突出企业主体地位。开展千家工业企业发明专利申请消零行动，2014 年，企业专利申请量、授权量分别占全省的 69.6%和 75.5%，企业发明专利申请量、授权量分别占全省的 67.6%和 63.1%。选择 53 家企业开展“贯标”试点工作，有 43 家企业已通过省级认证。二是突出专利技术的质量、效益与产业化。设立安徽省专利奖，组织实施核心专利产业化计划项目，开展专利权质押融资工作。共评出省专利金奖、优秀奖 100 余项，连续 2 届获中国专利金奖 3 项，优秀奖 19 项。确定 183 个项目实施专利产业化计划，资助资金近千万元。专利权质押融资累计突破 21 亿元。三是突出专利信息利用。建立重大经济科技活动知识产权评议和专利分析预警机制，已组织完成知识产权评议项目 7 项。配合安徽省省委组织部开展“创新创业领军人才特殊支持计划”中的知识产权评议工作，已评议 230 余人次。

三、专利保护水平不断提高

实施专利行政执法能力提升工程，加强执法机构和队伍建设，健全执法目标责任制，落实执法激励措施。积极组织开展“双打”等专项执法行动。2014 年，全省共立案处理专利案件 361 件，其中调处专利纠纷 138 件，查处假冒专利 223 件。为提高办案质量，督办检查 100 件重点执法案件。组织编制《专利行政执法工作手册》，开发专利执法移动服务系统——“专利掌中宝”。建立企业海外维权援助机制，为安徽省重点企业应对海外专利诉讼提供优质、专业的法律服务和智力支持。

四、专利管理水平整体提升

安徽省现有合肥、芜湖 2 个国家知识产权示范城市、铜陵等 7 个国家知识产权示范创建市，合肥等 10 个省级知识产权示范市、县（区）。通过知识产权强县工程推动县级机构建设，全省现有肥西县等 3 个国家知识产权强县工程示范县，芜湖县等 3 批共 26 个国家知识产权强县工程试点县（区）。合肥高新区为国家知识产权示范创建园区，芜湖经济技术开发区为国家知识产权试点园区。全省 105 个县（市、区）中已有 85 个设立了知识产权管理机构，占 81%。

五、专利服务能力不断增强

一是加强专利代理队伍的培养和管理。举办考前培训班，目前安徽省取得专利代理人资格人数达到 426 人，执业专利代理人 125 人。省内专利代理机构达到 21 家，引进省外专利代理机构设置分支机构 10 家。二是加强省专利信息服务中心和专利传播与利用基地建设。深入开展专利统计与分析工作；举办企业专利信息利用培训班，开发和推广专业数据库和检索工具。三是加强人才队伍建设。建立了 3000 人的企业专利联络员队伍。2009 年开展专利工程师职称评审以来，安徽省已有 400 多人取得任职资格。

六、专利人才与文化建设取得成效

安徽省不断创新宣传方式，丰富宣传形式与内容，充分利用“4·26 知识产权宣传周”、中国专利周等各种平台加大专利工作宣传，普及专利知识与“12330”知识产权维权援助热线。会同安徽省科技厅、安徽省经信委在安徽日报用半版篇幅发布“安徽省发明专利百强企业”榜单，进一步提升专利工作的社会影响力。通过组织开展大学生专利创新大赛、职工发明创新大赛和专利知识大奖赛等活动，普及专利知识，提高全民创新热情。

（安徽省知识产权局）

商标工作

安徽省工商局以实施商标品牌战略为

主线，继续全面推进商标注册、运用、保护和管理工作，全面提前1～2年完成了"十二五"全省商标发展目标计划。

全省工商系统认真开展新商标法培训，营造良好的法律实施环境。安徽省工商局组织了新商标法、新商标法实施条例培训班，市县工商系统共450余人参加培训，省商标协会组织企业商标管理人员400余人参加培训。各市县工商局也相继举行各种形式的培训活动，全省已累计培训系统内工作人员1万余人次，培训企业相关人员6200余人次。2014年11月，以国家工商总局在安徽省组织召开商标评审工作研讨会为契机，再次组织了全省商标监管系统工作人员和商标代理机构的业务培训，收效良好。

深入开展打击侵犯知识产权和制售假冒伪劣商品活动，有力维护了市场秩序。全省共立案查处侵犯商标知识产权和制售假冒伪劣商品的案件7955件，案值4494万元，罚没款4405万元。认真组织协调行政执法与司法案件信息衔接，以及依法公开"双打"案件信息工作。安徽省工商局专门召开了推进"双打"行政处罚案件信息公开工作视频会，就"双打"行政处罚案件信息公开工作作出全面部署。目前，全省所有市县共公布案件1758件。

2014年，全省商标申请量47 243件，注册量29 568件，累计有效注册量149 904件。

（安徽省工商行政管理局）

版权工作

2014年，安徽省各级版权部门深入贯彻落实十八大、十八届三中全会和四中全会精神，紧密围绕版权中心工作和目标任务，推动各项工作，取得了积极成果。

一、版权执法监管工作

（一）案件查处工作

2014年安徽省版权局查处了包括涉及微软软件产品的"999宝藏网"侵权案、美国电影协会投诉的DY161侵权案、香港海关移转的动漫作品网络侵权案等一批在全国有重大影响力的案件，共查处网络案件6起，侵权出版物及音像制品案件7起，其中1起案件获国家五部委挂牌督办，4起案件获国家版权局挂牌，3起案件入列国家版权局"剑网2014"专项行动公布案件，"999宝藏网"侵犯著作权案入列全国"剑网2014"专项行动十大典型案件。《法制日报》等对安徽省版权案件查处工作进行了相关报道。

在案件查处中，安徽省版权局加强了与公安经侦部门、网安部门以及省市检察院沟通，重大案件提请检察部门提前介入，存疑案件共同研析，确保"两法衔接"及时到位，杜绝出现"以罚代刑、有案不移"。同时，利用技术手段提升执法效能。安徽省版权局指导支持开发的安徽省数字版权保护平台于2014年7月9日上线试运行。该平台是一个面向移动互联网的专业化版权保护平台，为全省各地版权执法部门提供专有数据服务，有效提升了执法效能。

（二）网络监管工作

安徽省版权局会同省通信管理局确定省内64家点击量较大的视频、音频和网络游戏网站名单，关闭和注销了近20家明显违规或已有变动的网站，其余的按备案登记地分配至各市版权部门进行主动监管。

同时，根据国家版权局要求，首次启动网络版权转载监管工作。安徽省版权局与安徽省网宣办进行沟通磋商，最终确定安徽省版权局直接监管中安在线、合肥在线两家主流新闻网站，指导其发布版权声明，以期在全省起到引领示范作用。协商安徽省网宣办将规范网络转载写入部门文件下发，增强了此项工作的推进力度。

2014年，安徽省共有11家单位和18名个人分别获得全国查处侵权盗版案件有功单位、有功个人荣誉称号。

二、软件正版化工作

2014 年安徽省软件正版化工作主要有两个方面：一是着力巩固政府机关软件正版化工作成果，努力实现全面覆盖。二是分步骤、有重点地推进企业使用正版软件工作。

在政府机关软件正版化方面，国务院联合检查组于 2014 年 3 月 27～29 日对安徽省市县政府机关软件正版化工作开展了检查验收工作。检查组查阅台账、听取汇报并随机抽查了合肥市和马鞍山市及当涂县、蜀山区所属 12 个政府机关单位 73 台电脑软件安装使用情况。检查组高度评价安徽省推进软件正版化工作。在此基础上，针对尚存覆盖不全、留有死角和存在疏漏等问题，安徽省组织开展“回头看”工作。2014 年，合肥市所辖部分县级政府开展了补缺补差工作，增购了各类正版软件 1 万多套，采购资金 1100 多万元。国税和地税部门分别筹措了 1000 万元正版软件采购资金，有序进行整改；气象部门认真开展了自查工作，摸清家底，正在积极筹措资金进行整改；海关系统完全实现了整改工作。

在企业使用正版软件工作方面，安徽省版权局依托省软件正版化联席会议制度，分行业分别会同商务厅、证监局、国资委、银监局等部门，开展软件正版化的部署、培训、督查等系列工作，逐步建立企业单位基本信息数据库。至 2014 年年底，共有 150 多家企业进行了整改，通过了检查验收。

三、版权服务工作

（一）版权作品登记量大幅提升

创新登记模式，从过去的坐等上门到主动服务、重点服务。安徽省版权局会同省版权交易中心，与合肥市高新区管委会针对高新企业联合开展版权集中登记和版权保护宣传专题活动；在重点宣传时期发布版权免费登记公告；遴选版权产业企业——马鞍山洪滨丝画有限公司提供一对一服务；与安徽省文联召开文联系统作品版权登记座谈会，引导创作者对其作品进行版权登记；指导合肥著作权登记保护中心开通网络登记渠道，开展作品登记网络直通车服务。2014 年，全省版权作品登记量达 1300 件，较 2013 年增长 160%，继续保持了良好的增长态势。

（二）版权示范创建有序推进

2014 年安徽矽索信息科技有限公司获“全国版权保护示范单位”称号。引导培育马鞍山洪滨丝画等 3 家单位创建安徽省版权保护示范单位，逐步扩大版权示范单位在安徽省的覆盖面。

（三）版权贸易保持领先

参加第 21 届北京国际图书博览会，指导出版单位积极开展版权贸易洽谈，汇总版权输出数据。2014 年，安徽省出版单位共签订版权输出合同 399 项，同比增长 39.5%，占全国各省（市、区）版权输出总量的 15.3%，实现“七连冠”。

四、版权宣传工作

2014 年，安徽省版权局采用网络媒体、平面媒体相结合的形式，多角度、多渠道地做好宣传工作。一是发布全省 2012～2013 年度侵权盗版十大典型案件，涉及出版物、影视作品、游戏、音乐、音像制品、网络等多个领域。二是通过中国新闻出版报等各类媒体宣传版权案件查处、数字平台建设、作品登记等各项工作，扩大工作影响力。三是积极传播国家版权局制作的版权公益广告视频和版权宣传海报，在安徽省新闻出版局（省版权局）等网站同时播放视频，展出宣传图片；在安徽省版权局大楼的 LED 屏幕上循环播放版权宣传视频；在新安晚报头版发布版权宣传海报，并组织各市局在本单位网站上播放宣传视频。与国家版权局形成上下联动的宣传声势。四是 2014 年 4 月 26 日，安徽省版权局、省版权交易中心通过移动公司发送版权保护宣传短语，覆盖全省新闻出版系统管理部门、印刷、发行、报纸期刊、出版（含数字出版）、动漫、软件等行业企业共计超万人次。五是协调指导安徽省版权教育基地开展系列宣传活动，举办了“知识产权走进校园”培训讲座、首届研究生知识产权演讲比赛，知识产权博士论坛、版权有奖问答、版权现场咨询等系列活动。

（安徽省版权局　季　梅）

司法工作

2014 年，全省法院围绕“努力让人民群众在每一个司法案件中都感受到公平正义”目标，不断探索适应省情、凸显特色的知识产权司法保护之路。

一、坚持公正司法，审判职能作用进一步发挥

2014 年，全省法院共新收知识产权民事一审案件 1421 件，较上年同比下降 4.4%；审结 1355 件（含旧存），较上年同比下降 9.2%。新收知识产权民事二审案件 97 件，同比下降 24.2%。

在案件数量保持平稳势头的同时，审理工作呈现一些新的特点：(1)诉讼系争利益“技术含金量”上升，导致案件审理中事实查明、适用法律难度上升。(2)互联网领域逐渐成为知识产权纠纷高发区和知识产权司法保护的重要“战场”。涉及网络取证、传播或者销售行为的侵权案件大幅增加。一些案件产生了较大的社会影响。(3)侵权纠纷向市场竞争领域扩展的现象更加突出。(4)商标权、著作权纠纷等“老案由”案件中新情况时有发生。如商标侵权案件中出现的民事司法程序与行政处罚程序的交叉、商品通用名称的认定、产品名称非商标性使用的侵权判断等问题，著作权侵权案件中涉及的技术中立原则的使用、时事新闻中独创性成分的界定问题等。

在审判工作中，坚持了以下做法。(1)多管齐下，降低维权成本。(2)因案制宜，提高侵权代价。(3)着眼全局，寻求平衡利益。(4)当判则判，正确处理调判关系。

二、坚持阳光司法，司法公信力进一步提高

（一）自觉接受监督，以监督促司法行为规范

(1)自觉接受人大监督。依靠人大监督，改进审判工作。(2)认真接受民主监督。结合“双千、三百”活动，安徽省高院邀请省政协领导、民盟安徽省领导及民盟省委机关干部和部分基层盟员旁听知识产权案件庭审并听取其意见建议，不断加强和改进审判工作。(3)高度重视监督联络工作，主动真诚加强与代表、委员的联络沟通。一年来，安徽省高院共向门户网站和机关局域网的代表、委员联络平台、短信平台报送知识产权类工作信息 18 篇。合肥市高新区法院召开加强知识产权司法保护座谈会。

（二）深化司法公开，以公开促审判质量提升

以裁判文书上网工作为抓手推进“三大平台”建设，以公开倒逼规范、确保公正。一年来，全省法院实现符合上网要求的知识产权裁判文书全部上网。多种载体丰富庭审公开形式，微博直播成为案件审理新配置。以内部挖潜为手段拓展司法公开广度与深度。在追求公开形式多样、传播渠道畅通的同时，更加注重深入挖掘、充分运用自身资源，讲深讲透司法公开“故事”。

（三）积极能动服务，以服务促审判职能延伸

全省法院结合知识产权审判工作实际，寻找经济社会发展规律与知识产权司法规律的最佳契合点，努力提升司法服务的针对性、实效性，营造知识产权保护的社

会氛围，提升知识产权保护社会意识。

(四)推动多方协作，不断加强保护合力

加强同司法、行政执法机关的沟通与交流，凝聚知识产权保护合力，积极推进知识产权立体保护格局构建。

三、坚持调查研究，监督指导成效进一步凸显

(一)合理规划知识产权案件管辖布局

芜湖市中院自 2014 年 1 月 1 日起受理专利纠纷案件。在新的管辖格局基础上，安徽省高院起草了安徽省知识产权案件集中管辖方案。

(二)继续推进“三合一”试点

继续探索推进“三合一”改革试点工作，完善知识产权审判体系。(1)理顺案件管辖机制。(2)进一步巩固三审合一定期交流机制。(3)实施量刑规范化改革，增强量刑公开透明。

(三)深入开展审判业务调研活动

坚持问题导向，结合审判业务实践及安徽地方特色开展专题调研，在提升自身理论水平的同时也为最高人民法院对下指导提供实证参考。就一些知识产权审判方面的问题形成调研成果，并就最高人民法院《关于审理侵犯专利权纠纷案件应用法律若干问题的解释(二)(征求意见稿)》《知识产权行为保全司法解释草案》等广泛征集意见，提出修改建议，上报最高人民法院。安徽省高院根据前期调研成果先后在全国法院“创新驱动与知识产权司法保护研讨会”、全国法院知识产权审判工作座谈会上作大会交流发言。

四、坚持机制创新，审判管理水平进一步提升

(一)优化审判管理流程

针对案多人少矛盾日益凸显，因商业化维权引发的系列案件类案事实、证据方面形似度高的情况，全省法院以质效并进为目标优化审判管理流程，节约有限审判资源。

(二)深入推进精品战略

全省法院将精品战略作为系统工程，以案件审判为中心构建一整套精品培育机制，多管齐下、持续推进。2014 年，安徽省高院审理的 1 起案件入选最高人民法院发布的“中国知识产权司法保护十大案件”，蚌埠市禹会区法院审理的 1 起案件入选“年度中国法院 50 件典型知识产权案例”。

(三)提高信息化应用水平

夯实信息化基础，加强全程跟踪监管。善用信息化资源，助力态势分析。发挥科技法庭优势，突出庭审中心地位。

五、坚持打造过硬队伍，审判队伍建设进一步加强

安徽省各级法院对照“三严三实”的要求开展纪律作风教育整顿活动，加强法院的作风建设。通过“法官讲坛”制度以及与当地高校共同开展调研等活动加强能力建设。同时创新廉政建设举措。安徽省高院还在坚持廉政责任制、主审法官祖籍地和出生地回避制等行之有效的廉政措施的同时，自 2014 年 2 月起，将每个月的第一个周五确定为“廉政教育日”。

(安徽省高级人民法院知识产权审判庭)

检察工作

2014 年，安徽省检察机关在保护知识产权方面取得了以下成绩。

一、充分发挥职能，严厉打击侵权假冒犯罪

一是依法从严从快批捕起诉。2014 年全省检察机关共批准逮捕涉嫌侵权假冒犯罪案件 137 件 218 人，起诉 335 件 614

人。成功办理了蚌埠市多人销售未经检验的巴西进口牛肉案、滁州市“999宝藏网”网络侵犯著作权案等一批社会关注度较高的重大案件。二是全面强化刑事诉讼监督。严格履行立案监督、侦查活动监督、刑事抗诉等职责，确保侵权假冒犯罪行为受到应有刑事处罚。共监督公安机关立案侦查侵权假冒案件31件40人，纠正漏捕17人，纠正漏诉32人，提出刑事抗诉3件7人。三是严肃查办职务犯罪。深挖严查侵权假冒行为背后职务犯罪，坚决打击侵权假冒行为“保护伞”，促进行政执法机关依法严格履行市场监管职责。例如宿州市埇桥区检察院依法查办了该区畜牧水产局动物检疫站原站长丁某滥用职权将查扣的病死猪低价出卖的案件。四是切实强化办案督导，加强对重大、复杂、疑难案件的跟踪指导，确保了重点案件得到依法快速办理。

二、紧扣民生热点，扎实深入开展专项整治行动

围绕保障和改善民生，扎实开展专项整治行动，集中力量解决民生领域重点侵权假冒问题。积极参与开展安徽省打击侵权假冒工作领导小组部署的“净化市场，保障安全消费”专项行动以及成品油市场专项整治活动，取得积极成效。根据最高人民检察院统一部署，深入开展了破坏环境资源和危害食品药品安全犯罪专项立案监督活动。活动期间，全省检察机关着力强化与公安机关、行政执法机关的协调配合，深入排查线索，主动拓展案源，共监督行政执法机关移送涉嫌危害食品药品安全犯罪案件69件91人，监督公安机关立案侦查危害食品药品安全犯罪93件125人。

三、积极推进“两法衔接”，着力增强打击侵权假冒合力

一是积极推动完善“两法衔接”工作机制。安徽省检察院起草了《安徽省打击侵权假冒领域行政执法与刑事司法衔接工作实施办法（试行）》并已印发实施。各地检察机关主动加强同质量监督、食品药品监督等行政执法机关的沟通协调，通过联合会签文件等方式，不断完善打击侵权假冒领域两法衔接的机制和程序。例如亳州市检察院针对当地药材产业较为发达、药品领域制假售假违法犯罪问题较为突出的现状，联合亳州市公安局、市食品药品监督局会签了《关于加强药品行政执法与刑事司法衔接机制建设的若干意见》。二是积极推进打击侵权假冒领域“两法衔接”信息共享平台建设。2014年9月在安徽省检察院与安徽省“双打”办等部门的推动下，覆盖公安、检察以及工商、质监、食药监等13个部门的省、市、县三级平台已正式建成运行。安徽省检察院牵头起草了安徽省打击侵权假冒领域“两法衔接”机制以及“两法衔接”信息共享平台运行管理办法并已印发实施。通过打击侵权领域“两法衔接”机制的落实和信息共享平台的运行，2014年全省检察机关共监督行政执法机关向公安机关移送涉嫌犯罪案件367件448人。

四、主动延伸职能，积极助力知识产权保护

各级检察机关针对办案中发现的知识产权保护方面存在的问题，主动向有关单位发出检察建议，促进其增强知识产权保护意识，完善知识产权保护制度，预防和避免侵犯知识产权行为发生。积极利用综治宣传月、“12·4全国法制宣传日”、举报宣传周、“4·26世界知识产权日”等时机，通过设点集中宣传以及电视、网络、微博、微信等渠道广泛开展知识产权宣传，取得了良好的宣传效果。

（最高人民检察院侦查监督厅供稿）

福 建 省

专利工作

一、知识产权法规政策体系进一步完善

《福建省专利促进与保护条例》于2014年1月1日正式实施，并出台了《福建省专利保险试点工作指导意见》《2014年福建省促进高校科研单位专利转移运用试点方案》等法规和政策，对促进知识产权创造、运用、保护，起到了良好的作用。

二、专利申请授权量进一步增长

加快实施专利提升行动计划，有效推动了全省专利增量提质。2014年全省专利申请58 075件，其中发明专利申请12 529件，同比增长26.8%；专利授权37 857件，其中发明专利授权3426件，同比增长16.5%；PCT专利申请338件。截至2014年年底，福建省每万人口发明专利拥有量3.46件，提前一年半完成福建省“十二五”科技发展规划2.9件的目标。有16件专利荣获第十六届中国专利奖，获奖数量为历年最多。

三、专利转化运用成效进一步显现

围绕福建省政府产业龙头促进计划工作部署，新评定100家省知识产权优势企业，安排1225万元经费实施一批专利产业化项目。扎实推进企业专利权质押融资工作，安排专项资金382.8万元对17家企业予以专利权质押贷款贴息，全省98家企业质押293件专利，获金融机构专利权质押授信额度14亿元、同比增长150%，有力地促进了一批专利成果转化运用。搭建专利对接服务平台，筛选46件高技术含量专利在“6·18”第十二届中国·海峡项目成果交易会展出对接。实行省外专家网上评审。

四、专利执法维权工作力度进一步加大

圆满完成福建省人大专利“一法一例”执法检查相关工作。与江苏等地建立了跨省区执法维权协作机制。开展专利保险试点工作，为99家产业龙头企业的532件核心发明专利投保专利执行险，保额达1826.4万元。加大执法办案和维权援助、举报投诉工作力度，制定专利执法维权“专利护航”专项行动工作方案，组织开展电子商务领域专利执法维权等专项行动。强化“6·18”第十二届中国·海峡项目成果交易会、“9·8”中国国际投资贸易洽谈会等展会专利执法保护服务工作。2014年，全省知识产权局系统专利行政执法办案量达951件，办理维权援助与举报投诉案件258件。分别比2013年增长81%和30%。

五、知识产权管理和服务水平进一步提高

加强知识产权试点示范工作，龙岩市入选国家知识产权试点城市，福州市鼓楼区、龙岩市武平县和莆田市荔城区入选国家知识产权强县工程试点县（区）。积极开展专利导航试点工作，福州技术市场入选第二批国家专利运营试点企业。推行企业知识产权管理规范，福建星网视易信息系统有限公司等144家企业新列入“贯标”试点。积极构建知识产权服务体系。新批准设立专利代理分支机构10家。组织开展知识产权服务品牌机构培育工作，泉州市文华专利代理有限公司入选国家第二批培育对象，福建省知识产权信息公共服务中心入选知识产权分析评议服务示范创建机构。

六、闽台知识产权交流合作进一步深化

共建国家知识产权局专利局专利审查协作北京中心福建分中心合作协议签约仪式于2014年11月25日在福州举行，国家专利审查协作中心正式落户福建。继续做好台湾同胞参加全国专利人资格考试有关服务工作，2014年共有313名台湾地区居民在福州考点报名，236人参加考试，其中81人成绩合格通过考试。从2014年6月开始，依托海西专利受理服务中心，受理台湾申请人提交的非PCT专利申请、收缴专利费用等业务，共受理台湾申请人递交的电子申请8253件。

七、全社会尊重知识产权的氛围进一步形成

加大宣传培训力度，将企业人员作为培训重点，全年共有19 636人次参加各类知识产权面授培训。联合省委组织部在同济大学举办知识产权高级研修班，对高级管理人员进行培训。编制发布《2013年福建省知识产权发展与保护状况》白皮书，推进中小学知识产权普及教育工作，充分利用福建省知识产权日、全国知识产权宣传周等重要活动日以及“6·18”第十二届中国·海峡项目成果交易会等重大活动，加大宣传力度，营造创造和保护知识产权的良好氛围。

（福建省知识产权局）

商标工作

福建省工商系统以实施新《商标法》为契机，进一步厘清工作思路，以强化监管促进发展为工作主线，以加强商标有效运用和保护为工作重点，提升服务水平，强化监管执法，继续全面深入推进商标战略深入实施。

在全省范围内开展以“宣传贯彻新商标法，加强商标运用与保护”为主题的“4·26知识产权宣传月”活动，运用各种媒介大力宣传新商标法，开展形式多样、内容丰富的宣传活动；充分利用“4·26知识产权宣传活动”和红盾网上在线解答，帮助社会公众加强对商标法的认知和理解，强化企业、商标代理机构的守法意识、责任意识。福州市提出了在“三坊七巷”历史文化街区设立商标馆的构想。泉州市商标馆推出了“探寻商标背后的新旧‘海丝’”等系列主题活动。组织举办以各市、县（区）商标监管人员为主要对象的新商标法培训班。

各地工商局以贯彻落实新商标法为重要抓手，通过行政指导及时掌握工作热点、难点和重点，加强与沟通企业的联系，重点突出对商标使用和管理的指导，通过向企业发放商标注册建议书、商标规范使用提示书、商标违规使用警示书、海关备案提示书、商标维权联系卡、驰著名商标跟踪服务卡等，开展分类指导和跟踪服务。各地根据工作部署，因地制宜拓宽商标指导站试点。福建省工商局组织各地工商局开展“地理标志商标与区域经济发展”专题调研，做好“首届十佳地理标志商标”审查、考核、评选及表彰工作。

结合福建省“双打”形势，加大行政执法力度。下发了《福建省工商局关于开展“八闽红盾出击”——打击商标侵权和制售假冒伪劣商品专项整治行动的通知》，开展为期2个月的专项行动。2014年7月，下发了《福建省工商局关于转发全国“双打”办打击互联网领域侵犯知识产权和制售假冒伪劣商品工作方案的通知》，开展整治工作，查处了一批网络购物领域商标侵权和销售假冒伪劣商品的案件。福建省工商局结合本省工商系统实际情况，提出国家工商总局《关于依法公开制售假冒伪劣商品和侵犯知识产权行政处罚案件信息的意见》的具体贯彻措施。运用信息化手段，在现有的案管系统增加了案件信息公开流程，实现了整个案件信息公开过程的无纸化、自动化和标准化。截至2014年年底，

全省工商系统已主动公开6月1日以来办结的双打案件信息1160条，案件信息公开比例达到100%。

2014年，全省商标申请量101 530件，注册量73 181件，累计有效注册量431 206件。

（福建省工商行政管理局）

版权工作

2014年，福建省版权工作认真贯彻实施版权发展战略，继续推进版权产业发展，努力提高版权监管水平，进一步完善版权机构队伍建设，为促进福建省科学发展、跨越发展作出应有贡献。

一、版权公共服务工作

2014年，福建省共核准登记各类作品24 917多件，同比增长18.4%，作品登记数量提前一年完成"十二五"规划确定的目标任务，并继续保持在全国前列；建立网上作品登记平台，试行开展网上作品登记，实现作品登记从线下到线上的重大突破，进一步方便作品登记申请人。审核登记出版境外图书合同48件。制定《福建省版权示范单位、示范园区（基地）申报评定办法》并颁布实施。厦门创建全国版权示范城市工作通过国家考核验收，2014年8月，国家版权局发文授予厦门市"全国版权示范城市"称号，9月在全国版权社会服务工作交流会上，国家版权局副局长阎晓宏向厦门市副市长国荣桂颁发"全国版权示范城市"牌匾，厦门成为全国第七个、福建省第一个获此荣誉的城市。

二、版权交易服务工作

2014年6月18～21日，第三届海峡版权（创意）产业精品博览交易会在福州成功举办。本届"版博会"展馆面积9000平方米，110多家企业参展，展出海峡两岸各类版权创意精品1700多件。同时举行海峡两岸版权保护与产业发展座谈会、版权精品评奖、版权精品拍卖、原唱音乐表演、鉴宝、现场作品登记、动漫真人秀表演等配套活动。积极推进国家海峡版权交易中心筹备组建工作，明确了交易中心组建方式、投资主体、注资金额、经营场所、业务范围等。

三、软件正版化工作

2014年上半年，福建省版权局牵头会同省财政厅、省审计厅、省机关管理局、省数字办完成对市县级政府机关基本实现软件正版化的检查验收，同时组织省级各机关单位和市县级政府针对一些普遍性问题进行自查整改，并从经费保障、资产管理、审计监督、检查督促、责任追究等方面加强软件正版化长效机制建设，建立健全相关制度，推动机关使用正版软件制度化、常态化。福建省省长苏树林对软件正版化工作作出重要批示，福建省政府批准成立了由15个部门组成的福建省推进使用正版软件工作厅际联席会议，联席会议召开了第一次全体成员会议，进一步推进软件正版化工作。国务院办公厅分别于上半年和下半年两次派出检查组莅临福建省检查，均对福建省着力推进政府机关软件正版化并取得显著成效给予充分肯定。同时，积极推进企业软件正版化工作，制订工作方案，确定年度目标，开展业务培训，组织省国资委、省证监局等部门开展新闻出版系统、国资委系统集团企业和二级公司以及福州、泉州上市公司软件正版化工作，并基本完成年度工作任务。

四、版权监管工作

开展打击网络侵权盗版专项治理"剑网"行动，开展打击侵犯知识产权和制售假冒伪劣商品专项行动（以下简称"双打"工作），硕果累累，成效显著。组织、指导各地查缴各类侵权盗版制品18万多件，对70多家省内重点网站进行主动监管，查办厦门"4·23"通过信息网络擅自向公众提供他人软件案、泉州"8·19"通过网络平台销售盗版制品案等10多起侵权盗版案件，支持并帮助厦门吉比特网络技术公司、海峡书局等遭遇网络盗版企业进行维权。同时，接受公安机关申请，对16起侵犯著作权犯罪案件涉及的盗版制品18 000种34 000多件进行认定，成功调解一起版权侵权纠纷案件。著作权行政投诉受理案件查处率、结案率均达100%，大规模侵权行为得到有效遏制。2014年5月，福建省版权局版权处被国家版权局评为全国查处侵权盗版案件有功单位。

五、版权宣传教育工作

以"2·21福建省知识产权日""4·26世界知识产权日"等为时间节点，以海峡"版博会"、"剑网"行动、软件正版化等工作为重点内容，先后召开三次新闻发布会，在电视媒体、网络平台和有关展会滚动播放版权宣传片，向有关企业和社会各界发送1000多条版权宣传短信，协助福建省委党校两次开展版权知识现场教学，多次在福建日报等报纸集中报道版权重点工作，举办相关企业版权业务培训等，积极宣传版权法律知识和版权保护工作，营造良好的版权保护氛围。《版权保护促进中国德化陶瓷产业发展的研究》调研报告原则通过国家版权局组织的专家审定会，递交给世界知识产权组织。

2014年，福建版权工作取得一些成绩和经验，但还存在一些问题：一是版权执法体系还较薄弱。全省大部分县市具有版权管理职能，但是有职能没编制，有编制没人员，有人员没经费的"空档运行"现象仍然存在，进一步完善基层机构和队伍建设的任务依然很艰巨。二是各地版权行政管理部门主动贯彻实施知识产权战略、服务经济建设和文化繁荣的意识还须进一步提高，版权执法手段与执法方式有待创新，执法的主动性和有效性有待提高，侵权盗版在一定程度上还影响版权产业的发展。

（福建省版权局　郑开辟）

司法工作

2014年，福建省各法院深入贯彻落实党的十八大、十八届三中、四中全会和习近平总书记系列重要讲话精神，充分发挥知识产权审判职能作用，为推进福建科学发展跨越发展、建设机制活、产业优、百姓富、生态美的新福建提供了有力的司法保障。

一、忠实履行审判职责，加大知识产权司法保护力度

（一）案件审理情况

2014年，全省法院共新收和审结知识产权民事一审案件2635件和2399件。其中，新收和审结专利案件484件和444件，商标案件968件和896件，著作权案件743件和688件，技术合同案件20件和14件，不正当竞争案件220件和206件，其他知识产权案件200件和151件；新收和审结知识产权民事二审案件399件和385件；新收和审结知识产权行政案件12件和10件；新收和审结涉知识产权刑事一审案件740件和659件；新收和审结涉知识产权刑事二审案件83件和72件。

（二）注重审理精品案件

2014年4月，福建省高院审理的陈锡奎与晋江市凯达石材机械有限公司侵害实用新型专利权纠纷上诉案入选最高人民法院评选的2013年中国法院50件典型知识产权案例。厦门市中院审理的王某等生产、销售伪劣产品罪案系公安部督办的特大跨国生产销售假烟案，该案开创了依靠国际刑事司法协作打击假烟违法犯罪的先河，也入选最高人民法院50件典型知识产权案例。

（三）案件审理的新特点

与2013年相比，福建省知识产权案件审理呈现出以下新特点：(1)特许经营合同

纠纷案件增多。针对此类纠纷，福建省法院认真研究总结调研，统一裁判尺度。(2)涉外知识产权案件显著增多。涉外案件很多需要进行涉外送达或公告送达，审理周期较长，审理难度较大。(3)药品类商业维权纠纷增多。

二、创新司法便民措施，不断提高司法保护公信力

全省法院创新和完善多样性司法服务机制，回应群众实际需求，助推企业创新发展，精心塑造司法品牌。(1)法律服务抓长效。一些中院的措施为高新技术企业提供法律咨询、纠纷化解、司法确认等全方位的知识产权司法延伸服务，建立起“有机制、有平台、有人员”的“三有”知识产权司法服务长效机制。(2)法律服务进家门。一些法院积极利用与街道、村居委会共建的“法律驿站”这一联动机制平台，为辖区民众提供知识产权普法宣传和纠纷解决服务。(3)法律服务下基层。认真落实最高人民法院《关于大力推广巡回审判方便人民群众诉讼的意见》要求，一些法院因地制宜开展巡回审判，成功审理了一批知识产权案件，方便当事人诉讼，取得了良好效果。(4)法律服务靠前移。一些法院针对案件审理过程中发现的问题，积极通过提供司法建议等方式有效发挥知识产权审判的辐射作用。

三、加强业务监督指导，提升知识产权司法保护水平

福建省高院继续加强对下级法院审判工作的业务指导，提升全省法院知识产权审判工作水平。(1)通过会议加强指寻。2014 年 8 月召开了全省法院知识产权审判座谈会。会议对案件审判、机制完善、调研工作、司法宣传和队伍建设等方面，尤其对专利、商标、著作权等纠纷案件审理应注意的一些理论与实践问题进行了明确，统一了司法标准。(2)通过案件审判加强指导。强化审判监督，通过改判或发回重审的方式引导下级法院正确处理有关纠纷案件，确保全省法院知识产权审判的公正和统一。(3)通过调研加强指导。通过参加最高人民法院以及各高校举办的各类知识产权主题研讨会，不断丰富和发展知识产权审判理论，分析、解决知识产权审判实践中的热点、难点问题。

四、创新审判工作机制，打造知识产权司法品牌

全省法院强化知识产权司法品牌建设，不断推动审判机构和机制的完善，为知识产权审判工作提供坚强的组织和制度保障。全省法院共打造四项知识产权审判司法品牌：(1)知识产权“三合一”审判机制。(2)知识产权审判技术咨询专家制度。(3)知识产权诉调对接机制。2013 年，福建省高院与福建省知识产权局联合制定了知识产权纠纷诉调对接工作意见。在此基础上，厦门市中院、福州市中院也分别与厦门市知识产权局、福州市知识产权局建立诉调对接机制。(4)建立专家陪审员制度。泉州市中院主动推进专家陪审员制度，先后制定了《关于专家陪审员参与知识产权案件的实施方案》《关于专家陪审员参与知识产权案件审判操作规范》等相关配套文件。2013 年以来，该庭共邀请专家陪审员 155 人次参与 144 件知识产权案件的审理工作。

五、建设高素质过硬队伍，为公正司法提供人才保障

全省法院紧紧围绕福建省高院马新岚院长提出的做“信念坚定、执法为民、敢于担当、清正廉洁”的法官的要求，大力推进队伍建设。(1)抓政治教育，树立理念。(2)抓业务学习，提升能力。(3)抓作风转变，提升形象。(4)抓廉政建设，严守底线。

(福建省高级人民法院知识产权审判庭)

检察工作

2014年,福建省检察机关在保护知识产权方面取得了成绩。

一、突出重点,依法严厉打击侵权假冒犯罪

按照最高人民检察院和福建省政府打击侵犯知识产权和制售假冒伪劣商品工作领导小组的工作部署,全省检察机关充分发挥检察职能作用,聚焦群众反映强烈、媒体曝光率高的民生领域,进一步突出重点,持续加大对侵权假冒犯罪的打击力度。全年共批准逮捕侵权假冒犯罪案件168件329人,提起公诉705件1139人。并对最高人民检察院督办的10件侵权假冒案件进行挂牌督办,及时跟踪指导,通报办理进展情况,确保办案质量,以点带面,拓展办案效果,形成严打声势。

二、加强组织领导,全面部署打击侵权假冒犯罪

福建省检察院从福建省实际出发,及时制订检察机关2014年打击侵权假冒专项工作计划,切实加强对全省检察机关打击侵权假冒工作的领导和指导。按照国务院打击侵权假冒工作领导小组每个季度对打击侵权假冒重点工作的安排,着力在抓落实、抓成效上下功夫,推动工作有序推进。认真安排落实了每一季度的重点工作,在惩治预防侵权假冒领域渎职犯罪、专项立案监督活动、"两法衔接"工作等方面均取得了较好成效。

三、认真开展专项监督活动

全省各级检察机关通过主动走访、配合行政执法机关对辖区内制售假劣药品的高发区域、生产销售不合格食品的作坊进行拉网式排查,摸排线索。充分发挥牵头单位作用,坚持联席会议、联合督导、提前介入、案件咨询、个案协调、跟踪监督等制度,加强与各成员单位的协作配合,统一执法标准,增强打击合力。2014年1~11月,全省检察机关共监督公安机关立案涉嫌侵权假冒犯罪案件19件,监督行政执法机关移送涉嫌侵权假冒犯罪案件74件,建议行政执法机关移送案件、监督公安机关立案案件均被判决有罪。

四、打防并举,严肃查办侵权假冒领域职务犯罪案件

全省各级检察机关采取各种措施积极预防和严肃查办侵权假冒领域职务犯罪。侦监、公诉、反贪、渎检等部门加强工作配合,及时发现和移送相关职务犯罪线索并积极查处。2014年,全省共查办危害食品安全领域职务犯罪案件6人,其中涉嫌受贿罪1人,涉嫌滥用职权罪3人,涉嫌动植物检疫徇私舞弊罪2人。通过采取与监管部门联合发文的形式,共同推动侵权假冒领域职务犯罪预防工作深入开展。

五、继续完善行政执法与刑事司法衔接机制

积极推动行政执法与刑事司法衔接信息共享平台规范有效运行。福建省覆盖省、市、县三级的信息共享平台2014年4月已正式启动。福建省检察院会同福建省政府法制办、福建省经济信息中心组织了全省三级行政执法机关、司法机关3054名平台管理人员的培训。截至2014年12月25日,全省"双打"领域成员单位接入信息共享平台368家,录入案件信息2660件,充分利用平台有效开展了工作。目前,福建省信息共享平台与中央平台已实现对接。同时,全省各级检察机关积极推动制定"两法衔接"的规范性文件,健全工作机制。《福建省行政执法与刑事司法衔接信息共享平台管理办法》已经在加紧制定中;福州市政府、漳州市检察院等地方均出台了相应的规范性文件、会议纪要等。

六、加强宣传，积极参加侵权假冒领域社会综合治理

全省各级检察机关结合执法办案，全面调查分析食药领域犯罪发案特点和规律，积极运用预防调查、检察建议等措施，向有关部门提出对策建议，对工作中发现的制度不健全问题，协助发案单位及其主管部门健全管理制度。同时，通过广泛宣传，提升社会公众参与度。在2014年福建省“4·26知识产权宣传周”活动中，福建省检察院在检察日报专版刊登了福建省检察机关保护知识产权的工作经验。

（最高人民检察院侦查监督厅供稿）

江西省

专利工作

2014年，江西省知识产权局在江西省委省政府、国家知识产权局的领导下，江西省知识产权局以“力争两年倍增，加大两个专项，长抓四大体系，强攻十百千万”为基调，实施好申请授权“两年倍增”工程、入园强企“十百千万”工程、打假护航“执法提升”工程、开放创新“纵横协同”工程、专利信息“产业导航”工程、市场中介“服务跟进”工程等六大工程，全面深化改革，不断开拓创新。

2014年全省知识产权工作实现了七个跨越。

（一）专利申请授权取得新突破

2014年全省共申请受理专利25 594件，同比增长51.1%；授权专利13 831件，同比增长38.7%。

2014年，发明专利申请4688件，占申请总量的18.3%，同比增长19.3%。每万人发明专利拥有量也从2013年年末的0.75件提升至0.91件。

（二）中国专利金奖实现零的突破

南昌市欧菲光显示技术有限公司的发明专利“图形化的柔性透明导电薄膜及其制法”荣获第十六届中国专利金奖，这是江西省首次获得中国专利金奖。江西省同时获中国专利优秀奖3项、中国外观设计优秀奖1项。江西省知识产权局获得优秀组织奖。

（三）90%以上的县成立了知识产权局

截至2014年年底，全省100个县（区）中，共有91个县（区）成立知识产权局，其中76个为近两年新成立的。4个国家级园区成立了知识产权局。

（四）5家企业和9个园区专利申请过千件

2014年，全省共培育出5个专利申请过千件的企业；9个专利申请过千件的园区；专利申请过百件的高新技术企业38家。3483家中小微企业实现专利申请零突破。

（五）专利行政执法案件连续两年实现60%以上增长

随着“2014全省专利行政执法提升年”活动的深入开展，2014年，全省共调处专利侵权纠纷案件86件、查处假冒专利案件290件，总量达376件，继2013年同比增长62%的基础上，同比再次增长68.6%，

（六）新增3个国家级平台

2014年，江西省获批依托华东交通大学建立国家知识产权培训（江西）基地，江西省陶瓷知识产权信息中心获首批“全国

知识产权服务品牌机构”称号，南昌市预获国家知识产权示范城市。加上以前的国家专利技术（江西）展示交易中心、中国陶瓷知识产权（景德镇）信息中心，江西省国家级知识产权平台达到 5 个。

（七）电子申请率首次突破 80%并实现零差错

2014 年，江西省代办业务共受理专利申请 26 232 件，收费合计 1381 万元，同比分别增长 43.4%和 30.2%；电子申请率逐月提高至 87.46%，全年受理、收费等保持了零差错率。

（江西省知识产权局）

商标工作

江西省商标监督管理系统着力推动商标战略重心向商标有效运用和依法保护转变，向注重发挥示范、创新和服务作用转变。

全省商标监督管理系统将贯彻落实新商标法作为当前的首要任务，下发《江西省工商局关于做好新〈商标法〉实施过渡期商标工作的通知》《关于做好当前商标监管工作的几点意见》，提出了贯彻落实新商标法的具体意见。利用“3·15 国际消费者权益日”“4·26 世界知识产权日”大力宣传新商标法。举办了全省商标监督管理系统新《商标法》专题培训班。

结合群众路线教育实践活动，扎实开展“服务万家企业，培育万件商标”工作，主动为企业提供零距离服务。充分发挥农业大省的优势，将建设具有地方特色区域的农产品品牌战略作为江西省发挥比较优势，缩小发展差距的突破口。

按照“整体推进、突出重点、打防结合、务求实效”的总体要求，巩固“双打”成果，保持高压态势。深入开展第二届夏季青年奥林匹克运动会标志和“青蛙王子及图”注册商标专用权的保护工作以及“赣南脐橙”证明商标专项保护行动。认真落实《工商总局关于依法公开制售假冒伪劣商品和侵犯知识产权行政处罚案件信息的意见（试行）》，推动行政处罚案件的信息公开。继续推进商标保护长效机制建设，提升商标监管与执法保护效能和水平。依托泛珠三角地区、华东六省一市商标协作平台，协助企业跨区域维权，建立健全“两法衔接”工作机制，通过“两法衔接”系统移送司法机关案件 4 件。

2014 年，全省商标申请量31 637件，注册量 19 013 件，累计有效注册量 104 915 件。

（江西省工商行政管理局）

版权工作

2014 年，江西省各级版权部门深入贯彻党的十八大和十八届三中、四中全会精神，紧紧围绕全国版权工作和江西省委、省政府中心工作和战略部署，积极服务江西经济社会发展，取得了较好成效。

一、版权行政执法工作

（一）“剑网 2014”专项行动成果显著

全省各级版权部门紧紧围绕开展打击侵犯知识产权和制售假冒伪劣商品专项行动和“剑网 2014”专项行动。全省各级版权部门共立案查处各类侵犯著作权案件 27 起，作出行政处罚 21 起，依法移送司法机关 2 起，司法机关已判处有期徒刑 1 人，另已采取刑事强制措施 4 人，提请地方人大撤销涉案嫌疑人人大代表资格 1 人。

（二）依法打击社会危害性大的侵权盗版大案要案

全省各级版权部门以查办大案要案为突破口，依法严厉打击社会危害性大的侵权盗版案件。例如，江西省版权局，南昌市版权局、南昌市公安局联合查处的南昌张某某网络侵权案，会同公安部门破获利用“淘宝网”大量销售盗版中小学辅导系列用书案，依法追究涉案人刑事责任；在国家版权局的直接指导和大力支持下，对国家五部门联合挂牌督办的“9·9”侵犯陶瓷著作权案成立专案领导小组和专案组，推动案件依法进入司法程序；组织、指导上饶市版权局通过深挖举报线索，查处了“8·11”网络侵权案，对利用网络向多个省份销售侵权盗版的严重违法活动进行了有效打击。

(三)推动侵权盗版行政处罚案件信息公开常态化

全省各级版权部门依法依规，利用网络、广播、电视等多种平台，全面加大行政执法和刑事打击力度，曝光了一批典型案件。

二、软件正版化工作

(一)建立政府机关软件正版化工作长效管理机制

2014年10月29日，江西省政府办公厅印发了《江西省贯彻落实〈政府机关使用正版软件管理办法〉的实施意见》，从软件正版化工作责任、软件采购、安装使用、资产管理、审计监督和督促检查等六个方面作出了明确规定，江西成为全国率先制定和出台实施意见的省份。

(二)提前完成新闻出版企业软件正版化检查整改

积极组织开展江西省新闻出版企业软件正版化，通过召开工作会议，举办全省新闻出版企业软件正版化专题培训，开展专项督促检查等有效措施，加快推进全省新闻出版重点企业集团所属的108家企业完成检查整改和集中采购，并提前2个月完成检查整改任务。

(三)积极推动市县政府机关软件正版化工作

江西省版权局与省委宣传部(省政府新闻办)于2月28日上午共同举办新闻发布会，发布江西省完成市县级机关软件正版化检查整改工作信息，并答记者问。省内外30余家新闻媒体进行了集中报道。

三、版权宣传教育工作

(一)积极参加“3·15国际消费者权益日”宣传活动

2014年3月15日，江西省版权局积极参加省委宣传部、省打击侵权假冒工作领导小组办公室举办的“3·15国际消费者权益日”暨江西省打击侵犯知识产权和制售假冒伪劣商品专项行动宣传活动，制作了“打击盗版、人人有责”“版权保护就在我身边”等签名册，在现场接受群众咨询，并向广大市民发放版权保护宣传资料。

(二)组织开展“4·26世界知识产权日”主题宣传和“绿书签行动”

从4月20日开始，江西省全面启动“尊重知识、拒绝盗版、鼓励创新、拥抱梦想”的“4·26世界知识产权日”主题宣传活动。江西省版权局联合江西广播电视台，精心策划、制作版权保护公益宣传片，在江西卫视黄金时段连续播出11天，并组织11个设区市版权局在当地的电视台集中播放。各地版权部门也开展了形式多样的系列宣传活动。景德镇市版权局组织开展版权宣传“进学校、进社区、进街道”，通过发放宣传资料、制作公益广告宣传画册和板块、公布咨询举报电话、现场答疑解惑等方式，对版权保护进行宣传。九江市版权局充分利用“4·22”非法出版物集中销毁、“4·26世界知识产权日”等时机，以发放知识手册、组织法规讲解和扩大媒体宣传为平台。宣传期间，还组织各设区市在当地选择有代表性的1～2所中小学校，组织开展“加入绿书签行动”签名活动，发放绿书签及反盗版宣传资料。南昌、九江、宜春、抚州、上饶、吉安、赣州等市积极组织书店、音像店、影剧院、网吧等文化场所张贴“绿书签行动2014”宣传海报，广泛开展“绿书签”宣传。

（三）开展版权法制宣传，积极公开版权执法典型案例

江西省版权局利用网络、广播、电视等多种媒体手段，开展打击侵权工作“立体化”社会宣传。2014 年 12 月 4 日国家首个宪法宣传日期间，除在江西省版权局政务网站制作“12·4 版权法制宣传”专题外，还在江西卫视“新闻联播”栏目组织播出了版权保护宣传节目，在江西日报、江西广播电视台等重要媒体公布了一批打击侵权盗版典型案例。

四、版权公共服务工作

(1)江西省于 2014 年完成了版权公共服务平台方案设计和项目招标，计划于 2015 年 4 月正式上线。(2)与景德镇陶瓷学院展开战略合作。2014 年 10 月 20 日，江西省版权局与景德镇陶瓷学院正式签署战略合作框架协议。同日，挂牌成立了景德镇陶瓷学院版权服务工作站，景德镇陶瓷学院陶瓷艺术设计版权交易平台上线。(3)版权示范工作取得新成就。2014 年，江西省新增“全国版权示范单位”1 个、“江西省版权示范单位”4 个。截至 2014 年年底，全省国家级版权示范单位(基地)增至 2 个，省级版权示范单位增至 11 个。(4)作品自愿登记数量大幅跃升。江西省版权局采取作品登记情况季度通报制度以及在各设区市设立版权服务站、主动上门零距离服务等举措，作品登记数量呈现加速增长的态势，创历史新高。其中，一般作品登记数量 1680 件，较上年增长 161.3%，抚州、赣州等原先没有开展作品登记的设区市实现了零的突破；计算机软件著作权登记数量 1990 件，较上年增长 112.15%。

五、特色版权产业发展情况

（一）江西特色版权产品参展和企业参评享誉盛名

江西省组织景德镇陶瓷和上饶石雕、玉雕、金丝楠板画等具有浓郁地方特色的版权作品参展第五届中国国际版权博览会，实现“2014 中国‘CICE 金慧奖’”各奖项满堂红，其中，江西省版权局荣获最佳组织奖、二十一世纪出版社荣获“最佳名企奖”、景德镇和上饶选送的《山乡春浓》《丝绸之路》等 8 件艺术作品荣获“最佳作品奖”。在第七届中国版权年会评选中，江西省版权局荣获“2014 年度中国版权年会优秀组织奖”，江西省景德镇法蓝瓷实业有限公司、江西含珠实业有限公司等两家企业被评为“2014 年中国版权最具影响力企业”。

（二）版权输出实现突破

2014 年，江西省积极推进版权对外交流合作，输出图书版权 338 种，较 2013 年的 210 种增长 60.95%。图书版权“走出去”格局正在发生变化，成为省内多家主流媒体的聚焦点。10 月 19 日，江西日报头版以“打造江西‘好声音’”为题刊登了江西省版权局积极加快“走出去”步伐，推动江西省版权贸易发展相关工作情况；同日江西卫视“新闻联播”和江西人民广播电台“全省新闻联播”也报道了江西省赣版图书“走出去”工作情况。特别是二十一世纪出版社推出的《熊猫的故事》一书，在第 21 届北京国际图书博览会上精彩亮相，得到多个国家的关注，中央电视台“新闻联播”节目对此作了专门报道。

（江西省版权局　钟　娜）

司法工作

2014 年，江西省各法院知识产权审判庭积极探索加大知识产权司法保护力度的具体方式，不断完善知识产权审判体制机制，充分发挥知识产权司法保护作用，为全省经济建设、平安建设、法制建设提供了有力司法保障，各项工作取得了新成效。

一、依法履职，突出加强知识产权司法保护主导作用

2014年，全省法院系统共受理一、二审知识产权民事案件412件，审结365件，结案率达88.6%。在新收案件中，著作权纠纷124件，商标权纠纷208件，专利权纠纷71件，技术合同纠纷3件，其他知识产权纠纷6件，继续实现了知识产权案件"零申诉、零上访"的目标。2014年全省法院知识产权审判工作呈现出如下特点和亮点。

（1）新收"首例"案件、涉外案件和系列案件较多。首例专利代理合同纠纷案件、首例涉商品条码不正当竞争纠纷案件、最大标的额知识产权纠纷案件（6800万元）等新收"首例"案件多。江西省高院知识产权审判庭2014年新收涉外案件占全年新收案件的1/6以上，涉及KTV经营场所、音像制品销售商等文化传播个体的系列案件占1/3以上。

（2）案件社会关注度与影响力较大。全省法院2014年依法高质量审结了一批涉知名企业案件，覆盖电器、服装、日化、医药、娱乐及餐饮等多个行业。

（3）调解撤诉率较高。2014年全省法院审结的一、二审案件中，调解撤诉211件，调撤率为51.2%。其中，抚州中院、九江中院案件调撤率分别为80%和64%。多地法院审理的系列案件在合议庭法官的努力下一揽子调解，并自动履行庭外和解协议。

（4）工作方式方法较新。我们用创新的方法推进知识产权案件审理，在庭审中建立直观的涉案产品诉讼对比图，将文字难以描述的特征图形化，使案件事实变得一目了然。当前各类规模性、群体性商业维权诉讼日益增多，涉及的程序和赔偿标准等法律适用问题原则性有余、操作性不足。江西省高院知识产权审判庭改变过去就案办案、按数量赔偿的思维方式，将侵权产品数量作为赔偿参考，结合维权合理开支、侵权情节、经营规模及地域等因素进行综合合理裁判，依法突出惩处重复、恶意侵权行为，取得了良好的法律效果和社会效果。

（5）案件办理质效较好。各地法院始终高度重视裁判文书质量，严格裁判文书制作、审核、审批流程，力争每一份裁判文书都实现事理明晰、法理透彻、文理通达的"三理"目标。

二、拓展职能，能动服务经济社会发展大局

（1）大力宣传，强化司法保护延伸服务。全省各地法院知识产权庭以"4·26知识产权宣传周"活动为契机，深入企业走访，将知识产权司法保护关口前移，提高企业的知识产权创造、运用、保护和管理的能力。

（2）司法为民，改进便民利民诉讼措施。全省法院始终坚持人民司法为人民，以保障当事人权益为出发点，积极采取为民、利民、便民的各项措施，增强当事人诉讼参与能力，不断完善司法便民利民措施。

（3）积极主动，融入知识产权全省大局。为深入贯彻省委省政府《法治江西建设规划纲要（2014～2020年）》重大战略部署，全省法院自觉接受各界监督，积极主动开展工作，充分发挥了服务全省经济社会发展的重要作用。

（4）多元联合，完善司法纠纷的化解机制。针对知识产权案件类型多样、专业性强、涉及面广、管理部门多的特点，各地法院加强与行政执法部门、行业协会的协调与沟通，以主动搭建工作桥梁的方式资源共享，增强共识、增进共为。

三、深化改革，着力完善知识产权审判工作机制

（1）继续推进知识产权审判"三合一"改革试点。江西省高院知识产权审判庭为完成江西省高院的"知识产权案件集中管理探索”重点工作，多次赴景德镇开展座谈调研，精心部署知识产权案件“三合一”试点工作实施方案。景德镇市中院于2014年7月下发专门通知，要求全市两级法院立案部门严格按照相关管辖规定做好案件的立案审查、分案和移送等工作，并于2014年8月对全市两级法院落实知识产权“三合一”相关案件管辖情况进行检查，杜绝合而不审的情况发生。

(2)稳妥有序贯彻司法改革创新精神。江西省高院知识产权审判庭对现有知识产权案件审理情况进行总结，并就改革创新管辖和审理方式进行科学论证，向最高人民法院申报了《探索跨行政区划法院集中管辖知识产权案件 深入推进知识产权案件“三合一”审判改革》的汇报材料，努力探索江西特色知识产权司法保护模式。景德镇市中院根据江西省高院探索试行集中管辖的要求，迅速拟定《关于开展知识产权行政诉讼案件集中管辖工作的实施办法(试行)》，现已进展至报请审判委员会批准阶段。

(3)细化完善技术事实查明机制。细化技术实施查明机制的操作程序，不断提高技术事实认定的科学性，以建立适应知识产权审判工作需要的诉讼机制。九江市中院明确技术专业人士参与案件审理的具体方式和程序。主要方式有出具专家咨询意见书、专家出庭解答专业问题等。下一步拟通过选任部分专业人士担任人民陪审员参与查明案件技术事实。

四、夯实基础，切实加强知识产权审判队伍建设

(1)坚持理论与专业学习培训。(2)常抓廉洁作风建设。全省各级法院严格执法办案，践行群众路线，强调清廉为民，遵守中央“八项规定”。(3)实现审判研学双向互动。江西省法院按期完成最高人民法院的调研任务，并对知识产权审判领域内的热点和焦点问题积极展开调研。

(江西省高级人民法院知识产权审判庭)

检察工作

2014年，江西省检察机关在保护知识产权方面取得了以下成绩。

一、立足职能，打击侵权假冒犯罪

江西省检察机关认真贯彻落实国务院和最高人民检察院要求，充分发挥检察职能作用，与有关部门密切配合，积极开展打击侵犯知识产权和制售假冒伪劣商品等严重危害民生的刑事犯罪。2014年全年共批准逮捕涉嫌生产、销售假冒伪劣商品犯罪案件69件95人，提起公诉150件264人；批准逮捕涉嫌侵犯知识产权犯罪案件25件47人，提起公诉78件123人，有力地打击了侵犯知识产权和制售假冒伪劣商品犯罪活动，净化了市场环境，较好地维护了当地的社会经济秩序，保护了知识产权拥有人的合法权益。

二、加快推动“两法衔接”工作

2014年4月初，江西省检察院、江西省公安厅主要领导联名建议请江西省政府相关部门牵头组织研究并协调解决“两法衔接”工作中的问题，加快推进信息平台建设和应用，尽快实现“两法衔接”网络信息全覆盖和互联互通。江西省政府主要领导高度重视并安排人员组织召开协调会，确定由江西省政府法制办牵头负责“两法衔接”，积极推动“两法衔接”信息共享平台建设和运用。2014年9月底，《江西省推进行政执法与刑事司法衔接工作实施方案》经江西省政府同意印发省直各部门执行。2015年2月，《江西省行政执法与刑事司法衔接工作办法》印发施行，全省范围内的“两法衔接”机制建设已基本到位，如赣州瑞金市检察院与公安、工商等部门建立的办案协作机制。目前，江西省“两法衔接”信息共享大平台建设准备在2013年年底建成并运行的打击侵犯知识产权和制售假

冒伪劣商品信息共享平台的基础上增容扩建。

三、扎实开展专项立案监督活动

对开展破坏环境资源和危害食品药品安全犯罪专项立案监督活动和打击侵犯知识产权和制售假冒伪劣商品工作中发现的涉嫌犯罪案件线索，检察机关充分发挥法律监督职能，及时向行政执法机关提出移送公安机关立案侦查的建议，依法监督并纠正有案不移、以罚代刑的问题。活动中，全省检察机关共监督行政执法机关移送涉嫌犯罪案件 67 件 101 人，监督公安机关立案 35 件 60 人，批准逮捕 21 件 35 人，提起公诉 29 件 42 人，法院作出有罪判决 21 件 26 人，其中判处 10 年以上有期徒刑的 1 件 1 人，移送职务犯罪线索 3 件 9 人，取得明显成效。

四、发挥舆论宣传的保障作用，营造良好氛围

全省检察机关将开展专项立案监督活动和打击侵犯知识产权和制售假冒伪劣商品工作的宣传作为当前一个时期检察新闻宣传工作的重心，组织宣传小组进企业、进社区、进乡镇，大力宣传开展两项监督工作的重要意义，宣传检察机关认真履行审查逮捕以及诉讼监督职责，依法打击侵犯知识产权和制售假冒伪劣商品犯罪、破坏环境资源和危害食品药品安全犯罪工作取得的进展、具体措施和突出成果。通过广泛深入宣传，提高了广大人民群众的自觉保护知识产权法律意识和维护自身合法权利意识，为积极推进打击侵权假冒和专项立案监督工作营造良好的舆论氛围。

（最高人民检察院侦查监督厅供稿）

山 东 省

专利工作

2014 年，山东省知识产权局系统紧紧围绕山东省委、省政府中心工作，着力加强知识产权运用和保护，各项工作取得显著进展。全省发明专利申请 77 298 件，同比增长 14.3%；发明专利授权 10 538 件，同比增长 18.2%；万人发明专利拥有量 3.59 件，完成国家“十二五”规划确定达到的 3.3 件目标。全省办理专利权质押登记 152 件，质押额度达到 95.37 亿元，居全国第一，占全国总量的 19.5%。执法办案总数达到 2542 件，占全国总数的 10.4%。获第十六届中国专利奖金奖 1 项，优秀奖 44 项，创历史新高。

一、知识产权战略实施工作扎实推进

制定了知识产权战略实施年度工作要点。开展了山东知识产权战略实施 5 年评估。积极推动成立了“山东半岛蓝色经济区”“省会城市群经济圈”“西部经济隆起带”3 个知识产权战略联盟。制定了专利战略推进计划组织实施方案。

二、知识产权运用能力显著增强

（1）专利导航产业发展探索工作取得积极进展。建设了 6 个区域综合服务类平台、8 个行业专题专利信息服务平台和 5 个知识产权展示交易服务平台。积极做好 3 家专利运营试点企业工作，开展电梯产业专利导航试点，开展传统产业中汽车轮胎及橡胶、造纸行业的专利分析。（2）重大经济科技活动知识产权分析评议工作深入开展。对 9 个国家级战略性新兴产业知识产权集群管理试点进行了中期验收。完成了 2013 年重大经济科技活动知识产权分析评议试点项目。（3）知识产权金融服务取得突

破。出台《山东省科技型小微企业知识产权质押融资暂行办法》。组织科技型小微企业知识产权质押融资合作协议的签约仪式。积极构建企业知识产权质押融资信息库。

三、知识产权保护水平显著提升

(1)法规政策修订工作稳步推进。开展《山东省专利纠纷处理办法》的修订工作。配合山东省人大开展了“一法一条例”执法检查,开展《山东省专利条例》实施一周年评估工作。(2)专利行政执法能力进一步提升。组织举办了2期上岗人员培训班、3期业务提高班。组织开展了知识产权执法维权“护航”专项行动和市场流通领域知识产权执法维权专项整治行动。(3)专业市场知识产权保护取得显著成效。培育了7家知识产权保护规范化市场。出台了在电子商务领域开展专利执法维权专项行动的实施意见。在鲁台经贸洽谈会、文博会等10多个大型展会开展知识产权维权援助和咨询服务。(4)知识产权保护联盟建设取得新进展。建设了济南医药保健品和临沂木业2个专利保护专业市场。探索建立了石油机械、石墨烯、能源化工3个行业知识产权保护联盟。建立了黄河三角洲高效生态经济区、山东半岛蓝色经济区知识产权保护联盟。与省外执法协作7次,省内执法协作40余次。

四、知识产权服务能力不断提高

(1)激励小微企业创新发展的措施不断加大。支持小微企业知识产权创造,针对小微企业获得授权的首件发明专利给予资助。(2)企业知识产权工作深入推进。遴选了410家企业参与实施《企业知识产权管理规范》国家标准工作试点。全省28家企业通过现场认证审核程序,21家企业获得首批标准认证证书。(3)知识产权系统机构建设进一步加强。获批设立国家知识产权局专利局济南代办处青岛分理处,山东成为全国第三个拥有2家专利代办机构的省份。(4)知识产权试点示范进一步深入。6个示范城市在专利权质押融资登记、实施许可备案等方面获得国家知识产权局绿色通道。新增国家级知识产权试点城市2个,国家知识产权强县工程示范县2个。(5)知识产权服务行业加快发展。承办全国专利代理管理工作会议。制定出台了《加快专利代理服务业发展的意见》和实施方案。全省专利代理机构和分支机构总数达到80家,实现了17个市全覆盖。出台政策鼓励在校生考取专利代理人资格,举办了5期全国专利代理人资格考试考前培训班。

五、知识产权发展环境显著优化

(1)知识产权宣传和文化建设取得显著进展。制定了《关于加强知识产权文化建设的意见》。举办了全国知识产权宣传周和中国专利周系列宣传活动。发布了《2013年知识产权发展状况》白皮书。2014年以来,在山东卫视和《大众日报》等省内重要媒体开展系列报道次数创历年最高。(2)知识产权人才培养取得明显成效。统筹安排全省知识产权培训计划,制订年度培训计划,重点开展了企业“贯标”、专利信息利用,专利代理人等培训工作。新批准建设了2家省级知识产权培训基地。

(山东省知识产权局)

商标工作

山东省工商局以贯彻落实新商标法为重点,健全完善商标战略实施机制和商标保护长效机制,全面提升商标注册、运用、保护和管理水平,各项工作取得新进展。

联合山东省法学会、山东省律师协会组织开展全省新《商标法》专题研讨活动,将研讨论文整理汇编成《商标与品牌》(增刊),印发全省工商系统及有关部门。组织开展2014年知识产权宣传周活动,加强与新闻媒体合作,开展新商标法解读和宣传;

通过《山东省情》发布全省地理标志商标名录。结合“4·26 世界知识产权日”宣传活动，青岛市工商局举办“商标走进百姓生活”为主题的系列宣传活动，济南市工商局召开驰名商标企业座谈会，潍坊、济宁、聊城等地也开展了内容丰富的宣传活动。山东省工商局举行了全省商标法规视频培训，共计 3000 多人参加培训。

加强商标建设发展规划、调研。与山东省宏观经济研究院等合作开展山东省品牌发展战略研究，编制《山东省商标建设发展规划》。根据山东省委农工办《关于农产品质量安全和品牌建设调研方案》，开展调研，形成了《关于发挥工商行政管理职能促进全省农产品品牌建设的调研报告》。

积极推进马德里商标国际注册工作的国际合作机制顺畅运转。2014 年 5 月 15～17 日，世界知识产权组织（WIPO）副总干事王彬颖到山东访问，先后考察青岛、烟台的马德里商标国际注册工作。

贯彻落实《关于加强集体、证明商标工作促进区域品牌和产业集群发展的意见》，截至 2014 年年底，全省已拥有地理标志商标 394 件。

组织全省工商系统开展打击侵犯知识产权和制售假冒伪劣商品专项行动。全省出动执法人员 15 万多人次，检查经营主体 80 多万户，检查各类市场 4.3 万个（次），整治重点区域 8355 处，捣毁制假售假窝点 99 个，受理和处理消费者申诉和举报 11 591 件，为消费者挽回经济损失 631.47 万元。共立案查处侵权和制售假冒伪劣商品案 3115 件，罚没款 2370 多万元，移送司法机关案件 13 起。全省开展商标印制专项整治，共检查商标印制业户 994 户，规范证照 456 户，督导健全完善管理制度 551 户，立案查处 52 起，结案 23 起，罚款 10.7 万元，从源头上遏制了商标侵权行为。

2014 年，全省商标申请量 107 620 件，注册量 64 841 件，累计有效注册量 393 880 件。

（山东省工商行政管理局）

版权工作

2014 年，根据国家版权局的工作部署，山东省版权局结合工作实际，周密部署安排，在全省积极开展版权工作，收到显著成效。

一、打击侵权盗版专项行动

（一）领导高度重视，周密安排部署

山东省版权局党组对开展打击侵犯知识产权和制售假冒伪劣商品专项行动高度重视，多次召开专题会议进行安排部署。山东省版权局成立了打击侵犯知识产权和制售假冒伪劣商品专项行动领导小组，专门负责专项行动的组织协调；从相关处室抽调人员组成专项行动领导小组办公室，办公室设在版权管理处，负责专项行动的具体工作。全省 17 个市的版权执法部门也成立了专项行动领导小组及其办公室，结合本市实际制定了具体实施方案，召开专门会议，对专项行动作出安排部署。

（二）开展专项行动，建立长效机制

山东省版权局将开展集中整治行动作为重点任务，坚持专项整治行动与日常管理相结合，既抓集中检查治理，又抓长效防范机制建设。

一是继续加大对印刷复制企业的源头治理。山东省和各市版权执法部门继续会同“扫黄打非”、公安、工商等部门，开展打击违规非法印刷集中行动。对印刷工具书和教材教辅等各类出版物、包装装潢印刷品及商标标识标签的企业和复制光盘及计算机软件的企业进行专项检查，严厉查处非法印刷复制和出售标识标签等印刷品的行为。专项行动期间共检查印刷复制企业 17 121 次，查处案件 266 起，收缴非法印刷品 2290 册，罚款 42 万余元。

二是开展图书、软件、音像制品市场集中检查整治行动。先后在全省组织开展

"清源""净网""秋风""固边"四大系列专项行动。全省共出动执法检查人员15万余人次,检查经营出版物店档摊点4.1万多个次,查处侵权盗版案件220起,收缴各类盗版出版物90余万件。

三是继续开展打击网络侵权盗版专项治理"剑网"行动。2014年6月24日山东省版权局、省互联网信息办公室、省通信管理局、省公安厅联合下发了《关于转发国家版权局、国家互联网信息办公室、工业和信息化部、公安部〈关于开展打击网络侵权盗版"剑网2014"专项行动的通知〉的通知》,确定从6月底至11月底分4个阶段在全省开展打击网络侵权盗版"剑网2014"专项行动。山东省版权局、省互联网信息办公室、省通信管理局、省公安厅四部门成立山东省"剑网2014"工作领导小组。全省共查处网络侵权盗版案件47起,其中已刑事移交的4起,关闭侵权网站30家,并列入黑名单管理。

四是在广播电影电视领域持续整治虚假医疗医药和购物广告,加大力度打击非法视听节目网站。2014年,省新闻出版广电局(版权局)先后对省级台和市级台播放的虚假医药医疗广告进行了清理,对违规严重的广告责令停播。多家电视台、电台先后停播了"补肺丸""清血八味片""CC焕颜祛斑精油""北京黎明医院""麦迪格塑型组合"等广告。先后对发现的省级电视台有关频道播放的118条违规购物广告责令限期整改到位,118条违规购物广告及时停播或经修改后再播放。切实加大对非法视听网站查处力度。截至2014年年底,全省共查处传播政治有害等违规视听节目网站40家,封堵违规视听节目5万余条。

(三)加大宣传力度,营造舆论氛围

为推动专项行动的顺利开展,山东省及各市版权局采取多种形式,扩大宣传,广造舆论,努力营造有利于专项行动的良好氛围。

一是制定了《山东省新闻出版广电(版权)行政执法部门依法公开制售假冒伪劣商品和侵犯知识产权行政处罚案件信息的实施细则》,按照该细则要求,全省共公开侵权盗版案件信息244件。

二是组织全省17个市开展侵权盗版及非法出版物集中销毁活动,活动期间共销毁侵权盗版及非法出版物164万件;济南、青岛、淄博、泰安、德州等市选择多所中小学校、影剧院、出版物经营单位、大型图书销售市场、大型广场和社区,开展绿书签宣传推广及优惠购书活动,张贴版权宣传海报。在山东卫视新闻联播等媒体播报、刊发公开曝光了10起侵权盗版典型案件。

三是山东省及各市版权局充分利用"阳光政务""行风在线""民生在线""网络在线问政"等相关访谈活动,宣传专项行动的重大意义,受理举报,解答咨询,揭露盗版制品的严重危害,曝光侵权盗版典型案件。

四是山东省版权局编发各种信息简报150余条,及时通报各市开展专项行动的进展情况和重点案件查处情况。

二、软件正版化工作

2014年,全省党政机关新购正版软件18 785套,投入资金926.6万元;全省298家企业完成软件正版化检查整改任务,采购正版软件2112套,采购金额340多万元。

(1)加强法规建设。

山东省政府办公厅于2014年12月11日印发《山东省政府机关使用正版软件管理办法》。该办法对全省软件正版化工作的工作责任、经费保障、使用管理、审计、督导检查、年度报告等方面提出了明确要求。

(2)加强督导检查。

山东省版权局将软件正版化督导检查和打击使用盗版软件行为作为推进软件正

版化工作的重要手段。在2012年完成全省党政机关软件正版化检查整改工作的基础上，对省、市、县（区）党政机关软件正版化工作进行核查。同时加大对企业使用盗版软件的查处力度，坚决依法查处使用盗版软件情节严重且拒不整改的违法企业，增强企业依法经营、使用正版软件的自觉性和主动性。2014年5月，山东省版权局下发了《关于对开展软件正版化工作情况进行检查的通知》，5～11月对全省党政机关及企业软件正版化工作情况进行检查。截至2014年年底，山东省版权局共组织软件正版化检查12次，实地检查省、市、县三级党政机关部门81个、企业46家，检查电脑600多台。各市共组织软件正版化检查660多次，检查党政机关部门1251个，检查企业782家，查处使用盗版软件案件153起。

（3）做好培训工作。

山东省积极开展软件正版化培训工作，讲解《著作权法》《计算机软件保护条例》《政府机关使用正版软件管理办法》等法律法规，提高政府机关各部门及企业人员对使用正版软件工作的认识，增强使用正版软件的积极性和主动性。2014年，全省共组织党政机关软件正版化培训32次，参训单位946个，参训人数2600多人；组织企业软件正版化培训33次，参训企业1116家。

（4）加大宣传力度。

2014年，在国家和省内主要媒体上刊登版权保护及软件正版化工作稿件30多篇，编发软件正版信息15期，广泛宣传软件正版化工作的意义和重点任务，及时通报山东省开展软件正版化工作进展情况以及取得的重要成果。继续在全省开展“版权示范单位”和“版权保护示范单位”评选活动。

三、版权产业服务工作

一是在全国首次召开版权创意产业经验交流会，为推进版权产业发展打下基础。2014年4月11日，山东省版权创意产业经验交流会召开，本次会议是全国版权创意产业发展首次经验交流会。会议指出要充分利用各种社会力量抓版权宣传、抓版权服务、抓版权创意，形成齐抓共管的良好环境；要善于动脑，勤于思考，多做调研工作，抓好典型示范，多措并举促进版权创意产业又好又快发展。会议内容形成纪要发有关版权管理单位和版权企业。

二是积极培育国家级版权示范单位、园区（基地）。国家版权局公布22家国家级版权保护示范单位、园区（基地），其中山东省6家单位园区（基地）榜上有名；临沂市列入国家版权局申办版权示范城市名单。

三是开展版权创意产业调研。山东省版权局认真考察总结“红霖现象”，具体指导红霖公司成立企业版权办公室，逐步建立起一套完整的版权保护和打击侵权盗版体系。该公司登记的原创作品逐年增加，2014年达到5000余件，红霖公司获国家级版权示范单位称号。

四是提升版权工作层次，建立版权科研教学示范基地。经考察论证，公布烟台大学为山东省首个版权科研教学示范基地，并与其共建“知识产权文化与山东半岛蓝色经济区发展”协同创新中心。

四、版权公共服务体系建设

一是抓创新，召开全省版权社会服务工作会议。邀请国家新闻出版广电总局（国家版权局）版权管理司司长于慈珂作辅导报告。会议形成纪要印发各市和有关版权单位，在国家版权局门户网站上刊登题为《山东省以数字版权登记为抓手，促进版权社会服务工作》的宣传文章。

二是抓载体，服务基层，服务群众，完善数字版权登记资料库，实现方便快捷的网络在线登记和审核流程。2014年，山东省作品登记数量达4万多份，版权贸易合同登记351份，山东省软件登记数量2700多件，再次领先其他兄弟省市。

三是抓活动，组织参加第五届中国国际版权博览会。积极筹备第二届中国青岛·东北亚版权创意精品展示交易会。

四是抓宣传，通过多种形式广泛宣传著作权法律知识；通过多种媒体，播出版权公益广告宣传片；邀请中央媒体版权采访团再次来山东省采访报道。《人民日报》等中央主流媒体和部分网站刊发山东省版权管理和企业在版权的创造、保护、管理、运用方面的经验做法稿件50多篇。

（山东省版权局　高　睿）

司法工作

2014年以来，山东省各法院紧紧围绕党和国家工作大局，坚持司法为民、公正司法，知识产权审判各项工作都取得了新成绩。

一、发挥审判职能作用，抓好执法办案第一要务

（一）审判质效不断提升

2014年，知识产权案件数量恢复增长态势，山东省各级法院共新收知识产权民事一审案件5047件，审结5079件，同比分别增长7.8%和14%，结案率达到100%。新收案件中，著作权纠纷和专利纠纷同比分别增长30%和21%，商标纠纷同比下降4.5%。已结案件中，调撤结案3776件，调撤率达到74.3%，同比增长1.6个百分点。上诉案件360件，发改案件19件，上诉率和上诉发改率分别为7%和5.2%，继续呈现“调撤率高、结案率高、存案率低、上访率低”两高两低的特点，办案质效持续保持较高水平。

（二）司法主导地位有效发挥

山东省各法院积极发挥审判职能作用，通过正确审理新类型案件和疑难复杂案件，明晰法律标准，划定行为界限。其中四起案件先后入选《最高人民法院公报》、最高法院典型案例（第七批）、中国法院知识产权司法保护十大创新性案件和50件典型案例。

（三）裁判文书制作水平稳步提高

2014年，山东省各法院继续落实“双精工程”的要求，不断提高裁判文书质量，使裁判文书成为体现裁判过程，展现裁判依据，接受社会监督的载体。在第三届全国知识产权优秀裁判文书评比中，山东省有1篇文书获得一等奖，3篇文书获得三等奖。

二、拓展能动司法途径，服务经济社会发展大局

（一）能动司法服务大局

山东省各法院自觉把知识产权审判工作置于经济社会发展的大局中谋划。

（二）司法建议效果凸显

2014年，山东省各法院在狠抓执法办案第一要务的同时，紧紧围绕经济社会发展大局，及时向相关部门和企业提出解决问题的意见和建议，效果凸显。

三、加强审判监督指导，维护知识产权法治统一

（一）调查研究成果显著

2014年，山东省各法院密切关注知识产权司法保护领域出现的新情况、新问题，不断加强调查和理论研究，成果显著。山东省高院撰写的调研报告《加强商业秘密保护维护市场竞争秩序》获得首届全国知识产权优秀调研成果二等奖。济南市中院承担济南市重点软科学项目调研任务；淄博市中院承担省法院重点调研课题中唯一一个知识产权课题，并完成调研报告《涉文化领域知识产权司法保护状况》。

（二）监督指导统一认识

山东省高院通过发布《知识产权审判要情》、召开审判业务座谈会、组织法官培训、举办专题论坛等形式，统一裁判尺度；通过撰写二审发改分析、公布典型案例等形式，明确知识产权司法导向和标准；通过关联案件及时调度和大要案及时汇报等形式，保证涉及行业重大利益、核心自主知识产权保护等问题得到妥善解决。山东省高院起草了《商业秘密案件审理指南》，就商业秘密案件的司法标准进行了细化、规范；开展了“商标与不正当竞争疑难问题”等专题研讨，并积极参加最高人民法院组织的一系列疑难问题研讨会，及时掌握相关问题的最新发展动向和解决渠道。

四、加大司法公开力度，提升知识产权司法公信

（一）司法公开彰显司法公信

山东省各法院不断加大司法公开力度，依托司法公开三大平台建设，做好裁判文书上网、案件信息公开和庭审网络直播工作。

（二）司法宣传提升司法认同

2014 年，山东省各法院继续强化司法宣传工作，提高社会公众的知识产权司法保护意识及对知识产权司法保护的认同度。山东省各法院以“4·26 世界知识产权日”为契机，召开新闻发布会，发布知识产权司法保护状况白皮书、典型案例等，逐步构建起立体化、全方位的宣传模式。此外，山东省各法院还注重利用多种方式宣传山东省法院知识产权司法保护的新成就。

（三）司法交流展现司法自信

山东省各法院积极参加最高人民法院及相关部门组织的各项研讨活动。山东省高院知识产权审判庭积极参加最高人民法院组织的“反垄断民事诉讼研讨会”“创新驱动与知识产权司法保护研讨会”“知识产权保护的国际视野研讨会”等活动；济南市中院代表济南法院在中国法学会第九届“环渤海区域法治论坛”上交流发言。

五、推进制度改革创新，完善司法保护体制机制

山东省各法院积极探索知识产权审判领域的体制与机制创新，确保知识产权整体效能的有效发挥。（1）积极推进知识产权民事、行政和刑事案件审判“三合一”试点工作。（2）完善技术事实查明机制，进一步细化司法鉴定、专家辅助人、专家咨询等技术事实查明机制的操作程序，为有效解决知识产权案件中技术事实认定难的问题开辟了一条新的途径。（3）与各相关部门构建知识产权立体保护网络。（4）探索建立便民诉讼机制。青岛市中院在中德生态园设立省内首家知识产权巡回法庭；泰安市中院建立知识产权电话预约邮寄立案制度和案件集中开庭制度。

六、重视审判队伍建设，提高知识产权司法能力

全省各级法院狠抓知识产权审判队伍司法作风建设，按照中央八项规定和整顿“四风”的要求，认真开展批评和自我批评，切实改进会风、文风和工作作风。强化知识产权法官廉政建设，紧密结合知识产权审判工作的特点和实际，不断加强和完善监督制约制度。通过在职学习、教育培训、专题研讨、庭审观摩、外出考察等形式，提升法官业务素质和司法技能，增强知识产权法官的处理案件能力、化解矛盾能力和服务大局能力。

（山东省高级人民法院知识产权审判庭）

检察工作

2014 年，山东省检察机关在保护知识产权方面取得了以下成绩。

一、严肃查办侵权假冒案件，发挥检察职能作用

2014年，全省检察机关认真落实最高人民检察院工作部署和打击侵权假冒工作计划，充分发挥检察职能作用，始终保持对侵权假冒犯罪“严打”力度。全年共批准逮捕制售假冒伪劣商品犯罪案件353件506人，提起公诉730件1433人；批准逮捕侵犯知识产权犯罪案件89件118人，提起公诉286件526人；建议行政执法机关移送涉嫌侵权假冒犯罪案件40件52人，移送后公安机关已立案32件39人。移送涉嫌职务犯罪线索4件8人。

二、紧密结合专项立案监督活动

全省检察机关高度重视打击侵权假冒工作，紧密结合2014年开展的“破坏环境资源和危害食品药品安全犯罪专项立案监督活动”，始终把打击侵权假冒犯罪作为维护人民群众切身利益的大事来抓。山东省检察院2014年年初就制定下发工作要点，指导全省检察机关开展打击侵权假冒工作；各地市结合本地实际抓好落实，并积极向党委、人大汇报，争取支持。山东省检察院、山东省高院和山东省公安厅多次召开座谈会，对办理危害食品安全刑事案件中出现的新情况、新问题进行了研讨，达成了共识，并形成《办理危害食品安全刑事案件座谈会议纪要》会签下发，指导全省办案工作。同时加强案件督办，确保重点案件诉讼进度与办案质量。2014年，先后对13起危害食品药品安全犯罪案件有毒有害食品犯罪案件和1起“假疫苗”案件进行了挂牌督办，取得了较好效果。

三、大力推进两法衔接工作

山东省检察机关积极加强与公安、工商、质检、食品药品监督及公安机关、法院等有关部门的联系配合。山东省检察院于2014年3月会同山东省高院、山东省公安厅、山东省商务厅、山东省食品药品监督管理局等机关和部门专门召开联席会议，就打击侵权假冒工作中协调配合、形成工作合力达成共识。2014年年中还分别在潍坊、德州召开推进会，督导各地打击侵权假冒工作。各市级检察院通过派驻检察室，特别是通过处于城乡接合部的派驻检察室，走访行政执法机关、公安派出所，通过进乡村、农户、企业、社区、学校以及对行政执法卷宗进行抽查和阅卷、建立信息共享平台等形式，积极拓宽监督渠道，发现监督线索。及时督促建议移交涉嫌犯罪线索。如即墨市检察院在走访行政执法机关过程中，监督工商机关移送邱某涉嫌销售非法制造的注册商标标识罪案件；禹城市检察院在网络上发现“沃尔玛”超市销售“假驴肉”案信息后，监督公安机关对王某、刘某等人涉嫌生产销售伪劣产品罪立案查处，均取得了良好的社会效果。

四、依法严厉打击侵权假冒领域的职务犯罪

全省检察机关将开展侵权假冒专项活动与最高人民检察院部署的查办和预防发生在群众身边、损害群众利益职务犯罪专项工作相结合，以食品药品安全、假劣农资等领域严重危害民生的犯罪为监督重点，深挖隐藏在有案不移、有案不立、以罚代刑、徇私舞弊等案件背后的职务犯罪。如济宁市兖州区检察院率先在全市办理一起涉嫌食品监管渎职案件。

五、加强宣传报道，营造良好舆论氛围

全省各级检察机关组织检察干部积极参加法律宣传、咨询活动，特别是每年“4·26世界知识产权日”“3·15消费者权益日”“12·4法律宣传日”，广泛宣传知识产权保护的知识及有关法律、法规，帮助群众认清犯罪行为的危害，鼓励举报，努力营造全社会参与打击侵犯知识产权和制售假冒伪劣商品犯罪的浓厚氛围。加强与新闻

媒体的联系，及时宣传报道检察机关开展打击侵权假冒专项行动的重要部署、阶段成果、典型案件和经验做法，营造良好的舆论氛围。山东省还有两起案件被最高人民检察院评选为中国检察机关保护知识产权十大典型案例。

（最高人民检察院侦查监督厅供稿）

河南省

专利工作

2014年，在国家知识产权局的大力支持下，在河南省委、省政府的正确领导下，河南省知识产权局以局省知识产权合作会商为契机，扎实推进知识产权战略实施。

一、知识产权合作会商工作有序开展，知识产权政策环境进一步加强

河南省知识产权局先后出台《落实国家知识产权局等七部委〈关于深入实施知识产权战略，促进中原经济区经济社会发展的若干意见〉2014～2015年工作计划》《贯彻落实〈省政府关于加快实施知识产权战略的意见〉的任务分工方案》推动设立河南省专利奖，起草《河南省专利奖励办法（草稿）》并上报省政府。

二、知识产权重点项目建设有效推进，知识产权与经济、科技、贸易、文化的结合日益紧密

重点推进国家知识产权局在河南省布局的重点知识产权项目，审协河南中心过渡期办公用房、职工宿舍全部到位，永久业务用房开始施工。国家专利导航产业发展实验区建设全面启动，制定了《专利导航郑州超硬材料产业创新发展规划》，支持郑州建设超硬材料专题专利数据库。国家知识产权创意产业试点园区建设初见成效，投资近2亿元的起步区建设已完成。国家知识产权服务业集聚发展试验区建设稳步推进。

三、知识产权优势逐步提升，区域、产业和企业的核心竞争力不断增强

深入实施知识产权优势培育工程，确定15家企业、6个区域为第九批知识产权优势培育企业和区域，温县为传统知识传承创新试验区；3家企业获批国家知识产权示范企业，35家企业获批国家知识产权优势企业。建设专利质押融资网络服务平台，20家企业实现融资4.3亿元。圆满完成18个产业集聚区70%的规模以上工业企业消除“零”专利、4个产业集聚区60%的规模以上工业企业消除“零”发明专利的产业集聚区知识产权专项行动工作目标。实施产业集聚区专利信息传播利用能力提升工程，建设全领域数据库服务平台。推行企业知识产权管理规范标准试点，确定50家第二批“贯标”试点企业。

四、知识产权保护力度持续加大，有利于扩大开放的知识产权软环境不断优化

深入开展知识产权执法维权“护航”专项行动，出动执法人员710人次，受理侵权假冒案件634件。成功处理多起电子商务领域专利侵权案件。建立华中地区执法协作调度中心。3家市场获批首批国家级知识产权保护规范化培育市场。全省知识产权维权援助中心分中心和工作站扩展至20家，全年接受咨询和举报投诉2900余次，受理举报投诉案件190余件。与中国保监会河南监管局联合出台《河南省关于开展专利保险试点工作的实施意见》，与中国人保财险河南分公司签署《河南省推进专利

保险试点工作战略合作协议》,5 件专利成功参保。

五、知识产权服务能力不断提升,知识产权人才集聚发展效应日益显现

实施河南省知识产权服务业发展促进计划,河南省成功获批第二批国家专利代理行业发展试点省;在河南财经政法大学建设河南省知识产权服务业政策研究基地。修改资助政策,重点对授权后发明专利进行资助。制定《河南省专利代理行业服务标准(试行)》;建立河南省专利代理机构负责人联席会议制度,两家服务机构获批国家第一批知识产权服务品牌机构。联合河南省科技厅等部门开展第四批知识产权高层次人才申报和培养。联合教育厅认定全省首批 20 所中小学知识产权普及教育实验基地。与瑞士专利商标局和冰岛专利局签署知识产权培训合作备忘录。连续 7 年联合河南省委组织部和中国知识产权培训中心举办县处级领导干部知识产权战略研修班。

(河南省知识产权局)

商标工作

河南省认真贯彻党的十八大和十八届三中全会精神,全面贯彻落实《河南省人民政府关于实施商标战略的意见》,全力推动商标战略的实施,商标各项工作取得了新的进展。

2014 年 3 月 20 日,河南省工商局、河南电视台联合举办了“大河印记——河南省推进商标战略行动暨‘品牌河南’活动”启动仪式。2014 年 2 月 25～28 日,河南省工商局举办了全省工商系统实施商标战略和商标监管业务专题培训,共 220 人参加。

为了进一步加强流通领域商品质量监管,严厉打击非法假冒伪劣商品违法行为,河南省工商局于 2014 年 4 月 28 日至 6 月底组织全省工商系统统一开展了集中整治行动,以化肥、农药、钢材、水泥等为重点领域,严肃查处假冒伪劣等违法行为,共清查市场主体近 6 万户,开展商品质量抽查 6311 批次,开展行政指导 43 039 户次,查处各类违法案件 13 684 件,结案 11 152 件,涉案金额 6847.83 万元,罚没入库 5055.58 万元,在市级以上媒体发布信息 1185 条。

2014 年 10 月 17 日,召开以“深化工商体制改革,加强商标区域协作”为主题的第十五届淮海经济区商标保护协作会议。会议发表了《淮海经济区商标保护协作宣言》,提出以“公平、公正、诚信、互助”为准则,以“强化区域协作,保护商标权益”为基础,号召各成员单位通过四个“强化”,进一步加强商标权益保护,巩固发展区域协作,努力营造全社会关注商标、培育商标、保护商标的浓厚氛围。

2014 年,全省商标申请量 73 789 件,注册量 40 853 件,累计有效注册量 218 631 件。

(河南省工商行政管理局)

版权工作

2014 年,河南省版权局按照国家版权局的工作部署,紧紧围绕打击侵权盗版,规范市场秩序;强化普法宣传,优化法制环境;注重队伍建设,提高执法水平;提升公共服务水平,强化服务意识;加强组织协调,强力推进政府机关软件正版化等主要工作,突出工作重点,狠抓工作落实,各项任务基本完成。

一、软件正版化工作

一是完成全国打击侵犯知识产权和制售假冒伪劣商品(以下简称“双打”)工作领导小组绩效考核组对河南开展打击侵权假冒工作绩效考核。2014 年 2 月 25 日,全国“双打”工作领导小组绩效考核组到河南,听取了河南“双打”工作情况汇报,并现场抽查了河南省机关软件使用情况。考核组

对河南省版权局开展“双打”工作，尤其是牵头全省政府机关软件正版化工作所取得的成绩给予充分肯定，对河南省机关软件使用情况表示满意。

二是组织对市县级政府机关软件正版化工作情况进行检查验收。2013 年 11 月底全省市县级政府机关提前完成了软件正版化检查整改工作。2013 年 12 月至 2014 年 3 月，在河南省版权局领导带领下，河南省先后 3 次组成检查组对市县级政府机关软件正版化工作进行全面检查验收，同时也为国家检查组检查验收做好准备工作。

三是协助省政府新闻办召开河南省市县级政府机关软件正版化检查整改工作新闻发布会。2014 年 2 月 28 日，省政府新闻办召开河南省市县级政府机关软件正版化检查整改工作新闻发布会，向社会发布河南省市县级政府机关软件正版化检查整改工作有关情况，这次新闻发布会为河南省政府机关软件正版化检查整改工作画上了圆满的句号。

四是认真做好迎接国家推进使用正版软件部际联席会议检查组对河南省市县级政府机关软件正版化工作的检查验收。2014 年 3 月 25～28 日，国家检查组对河南省市县级政府机关软件正版化检查整改工作进行检查验收。自 2010 年以来，河南省按照《国务院办公厅关于进一步做好政府机关使用正版软件工作的通知》精神和国家推进使用正版软件工作部际联席会议的统一部署，积极推进省、市、县三级政府机关软件正版化工作。经过全力组织、协调，2013 年 11 月，河南省提前全面完成了 18 个省辖市和 158 个县级政府机关以及同级党委、人大、政协、法检两院、群团组织等机关的软件正版化检查整改工作。

五是认真落实《国务院办公厅关于市县级政府机关软件正版化工作检查情况的通报》精神。接到该通报后，省政府高度重视，副省长张广智批示抓紧贯彻落实该通报精神，认真做好自查整改工作。河南省版权局立即将该通报转发各省辖市、省直管县（市），部署开展全省市县级政府机关软件正版化自查整改工作。并于 10 月 9～20 日，由省版权局组成政府机关软件正版化工作自查整改督导检查组，分赴安阳、濮阳、鹤壁、新乡、焦作、鹿邑等市、县进行督促检查。共抽查了 6 个市，24 个市、县级机关单位。从检查情况看，市、县级政府对此项工作重视，正版软件覆盖到市、县以及乡镇机关，机关干部逐渐适应国产办公软件的使用习惯，安装使用情况普遍良好。

二、版权行政监管执法工作

一是举办了全省版权执法培训班。按照国家版权局、国家互联网信息办公室、工业和信息化部、公安部四部门《关于开展打击网络侵权盗版“剑网 2014”专项行动的通知》要求，6 月 26～27 日，河南省开展了版权行政执法培训，全省 18 个省辖市文广新局、文化市场综合执法支队、10 个省直管县文广新局和文化执法大队共 130 余名执法干部参加了培训。培训班邀请了国家版权局版权管理司副司长段玉萍、华东政法大学教授王迁、公安部经济犯罪侦查局吕伟、北京市版权局版权保护处处长赵红仕等专家学者进行授课。课程围绕版权的基本原理、版权行政执法的依据和执法程序、互联网环境下的版权行政执法、版权行政执法与刑事司法衔接等方面内容展开。专家们以案说法，贴合现实工作，对河南省基层版权行政执法工作有较强的指导作用，解决了执法工作中遇到的一些难题，受到学员们的好评，培训收到了预期的效果。

二是组织开展全省 2013 年度侵权盗版案件有功单位及个人推荐工作。在此次评选中，全省共有 17 个单位和个人被评为 2013 年度全国查处侵权盗版案件有功单位、有功个人。

三是认真组织开展“剑网 2014”专项行动，加强网络版权执法监管工作。转发了国家版权局、国家互联网信息办公室、工业和信息化部、公安部等四部门《关于开展打击网络侵权盗版"剑网2014"专项行动的通知》，要求各地加强对重点网站进行全面清理检查，发动群众投诉举报；加大对侵权盗版案件的查处力度，立足于侦破大案要案，建立快速处理机制，完善长效工作机制。根据国家版权局《关于移转"剑网2014"专项行动案件的函》，对涉嫌侵权的"GO电影""求歌名网""安卓思"3家网站进行了查处。按照"剑网2014"专项行动工作部署安排，河南省版权局确定了河南省具有代表性的河南映象网、中原网、商都网、大河网等大型网站为主动监管网站，并于7月8日召开了河南省"剑网2014"专项行动主动监管网站会议，要求各主动监管网站开展自查自纠活动，查找侵权盗版问题。"剑网"行动期间，全省共关闭违法违规网站13个，收缴一批涉案盗版计算机软件。

四是坚持开展"双打"工作和出版物日常监管。全省各级版权行政管理部门把打击侵权假冒工作作为一项重要工作常抓不懈，确保打击侵权假冒工作各项任务落到实处。同时，加强对出版物市场的监管执法，突出教材教辅、音像制品、计算机软件、网络侵权等重点领域的有效监管，坚持日常监管和专项治理相结合，进一步强化与公安、工商、通信、"扫黄打非"、文化市场综合执法等相关部门的联合执法，严厉打击各类侵权盗版行为。截至2014年12月，全省共收缴侵权盗版出版物300多万册，取缔关闭盗印出版物印刷企业12家，查处行政案件460余起，移送司法机关处理4起11人。

三、版权普法宣传工作

按照国家版权局《关于做好2014年全国知识产权宣传周版权宣传活动的通知》文件要求，河南省下发通知要求各省辖市版权局做好知识产权宣传周宣传活动。4月25日，河南省版权局在郑州市文博广场举办"4·26知识产权宣传周"活动。活动通过展板展示、现场讲解、发放宣传资料等多种形式，充分展示了河南省软件正版化工作取得的成就和"双打"专项行动的成果，并现场接受群众关于版权登记、侵权盗版投诉等方面的咨询，共发放《版权登记指南》《著作权行政投诉指南》《著作权法律法规选编》等图书300余册，受到群众的好评。

四、作品著作权登记和版权贸易合同审核登记工作

继续开展作品著作权自愿登记工作，进一步规范郑州、洛阳两个登记服务站版权登记的工作程序，缩短受理周期，提高服务质量。认真做好版权贸易合同审核登记，为社会公众提供良好的公共服务。截至2014年11月底，共受理各类作品著作权登记823余件，审核登记出版单位从国外、境外引进版权贸易合同306件。

（河南省版权局　焦艳娜）

司法工作

2014年，河南省各法院以提高审判质量为着力点，以工作创新为突破口，充分发挥知识产权审判的职能作用，不断加强知识产权审判领域改革创新，知识产权审判工作取得了较好工作成绩。

一、狠抓审判"第一要务"，坚持公正司法，高质高效审结了一大批知识产权纠纷案件

2014年，全省法院受理知识产权案件数量呈现快速增长态势，全年共受理一、二审案件3966件，比2013年增长47%；审结3252件，比2013年度增长69%。

（一）强化案件审判管理，切实树立精品意识

河南省各法院在知识产权审判中，着重强化案件流程细节管理，坚决防止和克

服可能影响司法公正和制约司法能力的现象，力争把每一起案件都办成精品。郑州市中院一审、河南省高院二审办结的宗某等人假冒注册商标案在2014年4月被最高人民法院评为"中国法院十大知识产权案件"；河南省高院办理的河南杜康酒业公司与汝阳县杜康村酒泉酒业公司等侵害商标权纠纷案被最高人民法院评为"中国法院50件典型知识产权案例"。最高人民法院起草的《关于审理侵犯专利权纠纷案件应用法律若干问题的解释（二）》以及《关于知识产权和竞争纠纷行为保全程序适用法律问题的解释（第五稿）》都采纳了河南省高院提出的意见。

（二）加大公开审判力度，以过程公开促结果公正

全省法院全力贯彻以公开促公正的司法理念，利用河南省各法院庭审网络直播平台和裁判文书上网平台，主动接受社会各界的监督。网络庭审直播的范围和庭审网络直播的频率均有大幅度提升。河南省高院审结的"海底捞"商标侵权案在"4·26世界知识产权日"被央视循环播出。

（三）加大案件调解力度，力争实现案结事了

河南省高院在案件审判过程中，查明案件事实的基础上，主动为当事人提供协调解决问题的方法和建议，有效化解矛盾纠纷。特别是对涉案当事人众多、社会关注度较高、有可能影响地方社会稳定、经济发展的案件，不遗余力、发动方方面面的关系，促成案件调解、撤诉结案。2014年，全省法院审结的知识产权纠纷案件以调解、撤诉方式结案高达30%以上。

（四）做好同类型案件的协调调研，统一裁判尺度，做到同案同判

近年来，知识产权系列小关联案件大幅度增加。这些案件分布范围广、波及面宽，各地法院对事实认定、责任划分、赔偿金额认识不一、处理各异。河南省高院知识产权审判庭及时采取相应措施，加强业务研讨，强化对类似关联案件的业务指导，统一案件调解和裁判标准。2014年以来，河南省各法院先后对知识产权案件中游戏软件、卡拉OK侵权歌曲的侵权赔偿标准进行了统一。

二、持续推进改革创新，进一步优化知识产权审判体制机制

（一）强力推进改革创新，完善、落实新型合议庭各项工作制度

全省法院认真探索、积极试行新型合议庭工作机制，各地法院分别组建审判团队，不断完善案件审判管理各项制度。

（二）知识产权"三审合一"试点工作稳步推进

作为全国五个试点高院之一，河南省高院知识产权审判庭多次召开座谈会，邀请从事刑事审判的同志和郑州市中院、洛阳市中院的同志，探讨知识产权刑事犯罪疑难问题；多次与河南省检察院和公安厅进行协调，完善"三审合一"制度设计，初步形成了知识产权刑事犯罪量刑规范化意见和知识产权刑事案件审理规范，力争走出河南特色之路。

三、利用"三大平台"，不断扩大知识产权审判工作影响力

（一）发挥巡回审判平台功能，坚持对知识产权纠纷案件实行巡回审判

一年来，河南省高院坚持把马锡五审判方式融入现代司法实践之中，成功化解了一系列"高精尖"知识产权纠纷，创造了河南省知识产权审判新经验。全省法院积极到高校、企业园区、纠纷发生地开展巡回审判。

（二）发挥"豫法阳光"三微一体平台功能

甄选贴近群众生活、社会关注度高的

典型案件，运用“微博、微信、微视频一体平台”对庭审进行直播，有效进行法制宣传和法官形象展示。全年在该平台发布庭审4次。“河南名吃”、新乡“牛忠喜烧饼”服务商标与商品商标纠纷案庭审在“三微一体”平台发布后，网民互动非常活跃。采用“三微一体”直播平台审结的矿泉水知名企业“百岁山”商标侵权案。

（河南省高级人民法院知识产权审判庭）

检察工作

2014年，河南省检察机关在保护知识产权方面取得了以下成绩。

一、依法严厉打击侵权假冒刑事犯罪

河南省检察机关高度重视知识产权犯罪，全省检察机关积极行动，在打击侵权假冒领域取得了一定的效果，批捕并起诉了一批侵权假冒犯罪分子。2014年以来，共批准逮捕涉嫌生产销售伪劣商品犯罪案件722件898人，提起公诉3306件4120人；共批准逮捕涉嫌侵犯知识产权类犯罪案件72件97人，提起公诉191件345人。

二、切实履行法律监督职能，积极开展专项立案监督活动

多地检察机关通过主动上门走访、调研等方式，加强与工商、药监、质检等行政执法机关的沟通协调，对排查出的侵权假冒案件线索和监督立案案件，建立专人负责制度，并建立跟踪监督机制。同时，河南省检察院与河南省高院、河南省政府食品安全委员会办公室等10家单位共同签订了《关于依法办理危害食品安全刑事案件的若干意见》，并联合召开打击危害食品安全犯罪新闻发布会，为立案查处危害食品安全类犯罪加大了力度，凝聚了共识，切实保障了群众餐桌上的安全。同时，结合最高人民检察院的部署的破坏环境资源和危害食品药品安全专项立案监督活动，采用检查督导与挂牌督办相结合的方式，推动专项活动深入发展并取得实效。活动期间，全省检察机关共监督行政执法机关移送涉嫌犯罪案件652件735人，监督公安机关立案469件545人，批准逮捕221件251人，提起公诉369件408人，有罪判决167件193人，移送职务犯罪线索52件72人。

三、完善行政执法与刑事司法相衔接的长效机制

在省级层面出台两法衔接工作办法的基础之上，河南省大部分地区结合本地的工作实际，以双打专项活动和破坏环境资源和危害食品药品安全犯罪专项监督活动为契机，结合专项监督活动中发现的行政执法机关在执法和管理中存在的突出问题，加强调研、沟通、协调，对规范移送案件程序、制度化解决“两法衔接”工作中的有关难题起了积极作用，并极大地推动了“两法衔接”机制的完善。

四、加快推动全省“两法衔接”信息共享平台的对接

在河南省打击侵权假冒办公室、河南省检察院的牵头推动下，目前已完成了省级信息平台建设工作。驻马店、鹤壁、焦作等7个地市级平台已与省直平台实现有效对接。其他大部分地市也已经完成本级信息平台的建设并投入使用，有的已经实现了市县、区的联网和数据交换。为加快全省“两法衔接”信息平台体系建设，2014年9月，河南省打击侵权假冒办公室与河南省检察院联合发文《关于加强打击侵权假冒领域行政执法与刑事司法衔接信息共享平台建设工作的通知》，明确了信息平台的重要意义及建设目标，督促尚未建立信息平台的地方及时建立、已经建立的及时完善，加快实现省级平台与下级平台的对接。

（最高人民检察院侦查监督厅供稿）

湖北省

专利工作

2014年,湖北省知识产权局系统认清新形势、立足新起点、再上新举措,紧紧围绕发挥知识产权工作在促进转方式、调结构,不断提升经济发展质量中的重要支撑、服务作用,以“强基础、重产业、抓服务”为年度重点任务,坚持改革创新,充分整合各种资源,全省知识产权事业发展呈现良好局面。

一、强基础,全面优化知识产权工作体系

(一)坚持创新,优化知识产权政策体系

经湖北省知识产权局协调推动,2014年4月18日,湖北省政府正式印发《加强专利创造运用保护暂行办法》(以下简称“专利八条”)。6月10日,湖北省知识产权局联合省发改委等八部门出台“专利八条”实施细则。“专利八条”及其实施细则将知识产权融入经济发展的主战场,就引导、加强专利创造运用保护提出了一系列重要措施。全省各地各单位大力贯彻落实,武汉市人大通过《武汉市知识产权促进和保护条例》,襄阳、咸宁、荆门等地出台含金量高的知识产权工作政策,通过部门互动、省市联动,形成了较强工作合力。

(二)克难奋进,优化知识产权工作体系

利用事业单位分类改革契机,湖北省编办批复湖北省知识产权局下属事业单位省专利发展服务中心为公益一类事业单位,并与专利代办处合署办公,新增全额拨款事业编制20名。湖北省知识产权局以此为契机,争取湖北省编办对优化湖北省知识产权局工作职能和内设机构调整给予支持。湖北省知识产权局还完善市州知识产权工作评价体系,聚力推动知识产权事业发展。为更好发挥审查协作湖北中心服务地方的职能作用,湖北省知识产权局、武汉市知识产权局积极牵线搭桥,推动审查协作湖北中心先后与5个市、区政府以及多个重点园区、企业建立战略合作关系,支撑地方重点产业发展。

(三)加强统筹,优化知识产权投入体系

为提高财政资金使用效率,湖北省知识产权局加强改革创新、加大统筹力度,设立企业知识产权推进计划等八大计划,更多资金向企业、产业倾斜。经争取,在湖北省政府严控2015年部门经费预算的情况下,湖北省专利发展与引导专项资金增长近50%。荆门市新增设立专利发展专项资金,武汉、襄阳等地也较大幅度地增加了知识产权工作投入。据不完全统计,湖北省省、市两级财政2015年度专利工作投入新增额度近5000万元,总体增幅达到40%。

二、重产业,有效发挥知识产权工作在促进产业转型升级中的作用

2014年以来,全省知识产权局系统坚持将各种资源向企业倾斜,加快专利运用与保护,努力发挥知识产权工作在推动经济发展中的重要作用。

(一)聚集资源,服务产业发展

一方面,明确企业主体地位,将各种资源向企业倾斜,在200多家企业启动知识产权示范企业工程建设,推进企业贯彻《企业知识产权管理规范》工作,分层次引导企业做好知识产权工作。另一方面,全面加强产学研联系机制,协同推动产业发展。2014年以来,先后深入多个产业园区、高校、科研机构以及企业调研,推动建立知识

产权联系机制，将知识产权工作有机嵌入创新链、产业链，推动知识产权战略的实施。同时，服务重点产业发展。武汉、宜昌、荆门等地也通过企业知识产权示范工程建设等工作，服务本地产业发展。

(二)发挥优势，加快专利运用

结合湖北省科教资源优势，多途径提升高校知识产权工作意识，激发高校专利创造热情，加快高校专利转化实施。依托“湖北省高校科技成果转化竞价交易会”平台，以竞价方式推动专利技术的交易。依托高校资源优势，分专业启动湖北省知识产权与技术转移中心建设，整合产、学、研以及中介服务机构力量，加快专利技术的转化实施。湖北省知识产权局还对荣获中国专利金奖的项目给予50万元重奖，进一步激发各类市场主体知识产权创造、运用的积极性。武汉理工大学、中国地质大学(武汉)等高校以加快专利转化为方向，修订专利激励制度，激发研发人员创造、运用专利积极性。黄石市政府新设技术发明奖，激励专利创造运用。

(三)创新方式，护航产业发展

结合产业发展特点及需求，在加强顶层设计、积极推动专利地方性法规建设的同时，与园区、有关产业协会紧密合作，建立3家专利维权工作站。同时，扎实开展知识产权执法护航行动，通过优秀执法案例评选等工作提升执法人员业务素质，督导各地加大执法办案力度，2014年前11个月，全省专利行政执法办案量同比增长37%。2014年，湖北省政府分管领导还在湖北省政协有关知识产权保护工作的专题调研报告上批示要求进一步加大知识产权保护工作力度。

三、抓服务，切实提高知识产权工作实效

2014年以来，湖北省知识产权局坚持市场化导向，紧密结合社会、产业发展需求，不断提高知识产权服务意识和服务水平，切实增强工作实效。一是开展知识产权综合服务大平台建设。该平台总体规划已通过专家评审，将最终打造成一个集政务服务、知识产权交易、中介服务、创新创业等于一体的知识产权服务网络聚集区。二是有针对性地做好知识产权服务工作。通过对企业、产业园区、高校、科研机构等深入调研，了解各单位知识产权工作需求，在此基础上开展有针对性的培训、专利代理、统计服务等工作。结合湖北省知识产权中介服务机构相较薄弱的现状，坚持内强省内专利代理机构，外引实力强的中介服务机构进驻湖北省，扩大专利代理服务覆盖面，提高服务工作层次。三是加强人才建设。借助审查协作湖北中心人才力量，加强知识产权人才培训，建设一支多层次、贴近市场需求的知识产权人才队伍。湖北省知识产权局还首次编印年度知识产权报告，翔实介绍全省年度知识产权工作情况。承担国家知识产权局组织的“知识产权走基层 服务经济万里行”活动。武汉、宜昌、十堰等地不断提高服务工作主动性和针对性，服务工作实效不断增强。武汉市东湖高新区大力建设现代服务业聚集区，结合重点产业、企业发展需求，重点发展知识产权服务业。

(湖北省知识产权局)

商标工作

2014年，湖北省商标监管系统深入推进商标战略实施，强化商标监管执法，取得新成绩。

健全品牌强省联席会议办公室工作机制，明确了湖北省推进品牌强省联席会议组成人员和联络员，制发了《关于印发省品牌强省联席会议成员单位2014年度工作计划摘要的通知》。研究拟定全省品牌强省建设工作目标，与湖北省农业厅联合，确定宜都市为全省首个农产品品牌示范基地，召开了全省农产品品牌示范基地建设现场会。

研究部署2014年度打击侵犯知识产权和制售假冒伪劣产品专项行动工作；收集汇编一批商标侵权典型案例，指导系统执法办案；走访驰名商标企业22家，妥善处理了新《商标法》施行后驰名商标企业遇到的实际问题。落实商标代理机构监管职责，对辖区内在工商部门登记并在国家工商总局备案、在从事各类商标事宜办理的104家商标代理机构进行了清理和信用等级评价，经实地考核，最终确定21家得分在85分以上的商标代理机构为信用等级A级。

采取视频讲座、专题学习等多种方式，组织开展省、市、县三级新商标法的学习、宣传和培训。

2014年，全省商标申请量46 054件，注册量25 851件，累计有效注册量154 420件。

（湖北省工商行政管理局）

版权工作

2014年，湖北省版权管理工作在省委、省政府的领导和各级同行的支持下，认真贯彻落实全国、全省两级新闻出版广电工作会议精神，按照年初工作部署，较好地完成了全年工作任务。

一、版权行政执法管理工作

按照国家版权局和湖北省打击侵犯知识产权和制售假冒伪劣商品（以下简称“双打”）工作领导小组的统一部署，以全国性的“双打”“剑网”专项行动为抓手，严厉打击侵权盗版行为，取得明显成效。

（1）执法办案力度大。

全年全省各级版权行政执法部门累计查处各类侵权盗版案件26起，检查出版物市场、店铺摊点、印刷复制企业4万多家次，收缴各类侵权盗版物41万多件。以“双打”“剑网”等专项行动为抓手，与公安、互联网信息办公室和通信管理局等部门建立联合办案工作机制，先后查处了《知音漫客》杂志被侵权系列案、卢言习侵犯著作权案和房县“欢乐幻想神域”游戏私服案等重点侵权盗版案件；此外，武汉“2·13”案、仙桃“3·5”案等5起影响较大的侵权案件已移送公安机关立案侦办。

（2）教育培训全覆盖。

建立健全了国家局、省局、市州局三级培训机制，2014年先后组织3批版权行政执法人员参加国家轮训。10月下旬，湖北省局组织举办全省版权行政执法干部培训，17个市州版权局版权科长、文化综合执法队长及局属二级版权单位工作人员共计120多人参训。同时，积极指导市州版权行政执法培训工作。

（3）立功受奖创新高。

在国家版权局组织的2013～2014年度查处侵权盗版案件有功单位和有功个人评选活动中，湖北省有9个单位、18名个人获奖，受奖数量和质量再创历史新高。

二、软件正版化整改工作

2014年3月19日，在省政府办公厅的指导下，湖北省版权局组织召开了省使用正版软件工作领导小组成员单位联席会议，各市、州分管市（州）长、新闻出版局长、省领导小组成员单位负责人出席会议，专题研究部署2014年全省软件正版化工作任务，制定推进使用正版软件工作计划和督查实施方案。

2014年，湖北省先后两次接受国务院和国家版权局督查。2014年4月初，迎接国务院督查组软件正版化检查验收，武汉市、孝感市及其下属12个市、区、县、局（办）代表全省市、县两级政府机关接受检查。11月中旬，又接受国家版权局组织的新闻出版行业企业软件正版化督查，总体情况良好，受到督查组的好评，在国务院督查情况通报中没有明显问题，在全国综合排名从2013年的第十八位提升到第十三位。湖北省版权局还按计划组织领导小组成员单位分片对市州进行了全面督查。同时,重点抓了新闻出版行业企业二级单位软件正版化工作的督导。

建立了软件正版化信息平台,实施全时全程跟踪指导。2014 年 11 月,专门举办省直机关软件正版化工作信息员培训班。并组织省内优秀软件厂商进行产品推介,为软件产品国产化做好准备。

三、版权产业发展情况

湖北省版权产业仍处于初创起步阶段,面临的现实困难和问题较多。对此,湖北省版权局注意充分发挥华中国家版权交易中心的品牌效应,推动版权交易中心工作取得实质性进展。

(一)基础平台搭建成型

一是建成管理平台。继湖北省版权服务中心和省版权保护中心批转为全额拨款事业单位正式列入财政编制后,由省版权服务中心、中国南山集团和华中科技大学出版社合作投资成立的华中国家版权交易中心有限公司已经登记注册,公司董事会正式开始挂牌运营,全权负责版权交易中心市场运营管理。

二是建成物理平台。湖北省版权服务中心于 2014 年 5 月从中南财大老校区搬出,版权保护中心工作人员 7 月进入沙湖区办公,股份公司正式进驻办公。版权交易中心产业园区落户武汉东湖开发区已经得到省领导的正式批示,近期正在与东湖开发区管委会协商产业园区具体落点。

三是建成网络平台。版权交易中心网络交易平台一期工程于 2014 年 10 月中旬正式上线运转。网络交易平台经资产评估公司正式认定作价 1000 万元,作为资本金参股交易中心股份公司。

(二)交易业务开始启动

截至 2014 年年底,交易中心与省内知名作家、艺术家、专家教授及版权产业单位签订版权代理协议或达成版权合作意向近 200 起,涉及版权作品超过 5000 件;为金山等软件公司权利人提供近百份版权交易合同备案及鉴证服务,金额超过 1000 万元。同时,为省内出版社与境外出版单位和权利人达成的 600 余起图书音像版权贸易提供了合同登记服务,涉及码洋近 8000 万元。还积极参与了省直机关及市、州、县政府正版软件招标采购工作,直接做成 2 笔正版软件交易业务,交易金额 50 余万元。

(三)对外交流合作紧密

2014 年 9 月 17～19 日,湖北省版权局组织省内 24 家版权单位首次参加第五届国际版权博览会,首次登场亮相便荣获中国国际版权博览会金慧奖"最佳组织奖"。11 月上旬交易中心有限公司刚刚登记注册,并备受业内企业关注和青睐,苏州千知艺术品公司、香港长江文化产业集团主动要求建立合作关系,签订了投资协议,分别在武汉和苏州成立了文化艺术品交易中心有限公司。11 月 18 日,华中国家版权交易中心与西部国家版权交易中心在西安签订了战略合作框架协议,共同打造国家级版权交易服务平台,引领拉动中西部地区版权产业及整个文化产业跨越式和跨域式发展。

四、版权公共服务工作

充分利用专项行动、专题教育、重大展场、重点展会等重要时机和场所,组织开展版权公益服务活动,实施版权普法教育,增强全民版权保护意识。

(一)加强版权法规知识宣传

湖北省版权局通过"4·26 世界知识产权保护日""4·26 知识产权宣传周"、联系电视台播放专题宣传片、侵权盗版典型案件新闻发布会、版权博览会、影视博览会、"4·26 公开销毁日"和"绿书签"等活动，在大学校园、城市社区、商业步行街等公共场所开展版权法律法规知识宣传。

(二)建立版权公共服务体系

湖北省版权局妥善处理了省版权保护协会的一系列历史遗留问题，版权保护协会换届大会在2014年年底前顺利召开。加大了版权登记服务工作力度，2014年湖北省共办理作品自愿登记1602件，外国图书合同登记351份，著作权合同备案登记46份，较2013年同期有了明显增加。武汉市版权局率先建立版权免费登记服务机制。

(三)热情提供群众咨询服务

2014年，湖北省版权局先后协调处理群众侵权投诉案26起；接受司法机关委托鉴定，出具《出版物鉴定书》24份，鉴定回复函11份，涉及非法出版物113种；先后对外发委托鉴定函32份，涉及出版物106种。共受理侵权复制品认定申请35份，出具《侵权复制品认定书》28份，认定侵权复制品8639种、累计177 849张。

(四)认真组织版权产业调研

湖北省版权局先后赴上海、杭州、南通、西安等版权产业发达地区考察调研，与兄弟单位、行业企业交流版权产业发展问题。邀请专家对湖北省版权产业发展现状进行调研论证，拟制了版权产业发展"十三五"规划草案。

(湖北省版权局　张　威)

司法工作

2014年，在最高人民法院的指导下，湖北省各法院以司法为民、公正司法为主线，充分发挥知识产权审判职能作用，着力服务国家创新驱动发展战略，较好完成了各项工作任务。

一、狠抓执法办案，发挥司法保护主导作用

(一)案件数量大幅上升

全省法院充分发挥民事审判保护知识产权主渠道作用，知识产权民事案件数量大幅上升。2014年，全省法院新收知识产权民事一审案件7767件，同比2013年的5967件上升30.2%，结案7694件；新收知识产权民事二审案件982件，同比2013年的427件上升129.0%，结案970件。与此同时，全省法院积极发挥知识产权刑事审判的惩治和震慑功能，加大对知识产权犯罪行为的惩处力度，新收知识产权的刑事一审案件182件，结案173件。

(二)审判质量不断提高

湖北省各法院坚持引导法官树立精品意识，着力打造精品案件，加强裁判文书说理。2014年4月，在最高人民法院开展的"中国法院知识产权司法保护50件典型案例"评选中，湖北省各法院审理的3件案件入选。2014年7月，在最高人民法院开展的"第三届全国知识产权优秀裁判文书评选活动"中，湖北省各法院撰写的2篇裁判文书获得二等奖，5篇裁判文书获得三等奖。

(三)创新矛盾化解方式

在知识产权案件审理中，湖北省各法院始终把握"调判结合，调解优先"原则，对案件当事人加强调解疏导，注重创新调解方式，采取领导亲自带头调、关联案件一并调、敏感案件重点调、上下联动合力调等方式，积极化解社会矛盾纠纷，连续5年实现了知识产权案件的零信访。2014年，湖北省知识产权民事一审案件的调解、撤诉率为68.0%；知识产权民事二审案件的调解、撤诉率达75.8%。

(四)行为保全作用增强

根据2013年《民事诉讼法》，湖北省各

法院通过诉前、诉中行为保全(禁令)措施，依法保护知识产权人的权利，及时制止侵权和不正当竞争行为的扩大。2014年，湖北省高院发出禁令裁定6份，为知识产权权利人提供了及时有效的救济渠道，在我国知识产权审判领域及相关业界均产生巨大影响。

二、推进司法公开，以司法公开倒逼司法公正

(一)裁判文书及时公开

全省法院知识产权审判庭积极开展“生效文书同步上网”的司法公开活动，及时公开生效裁判文书。2014年，全省法院在中国裁判文书网上公开发布知识产权裁判文书4487份。

(二)典型案件公开开庭

湖北省高院选择行政相对人起诉宜昌市知识产权局的典型知识产权行政案件公开开庭，并邀请湖北省知识产权局和部分地方知识产权局行政执法人员旁听案件开庭；武汉市、随州市等中院邀请人大代表、政协委员、党代表和社会各界人士观摩典型案件庭审。

(三)合办司法公开栏目

全省法院积极为报刊媒体提供知识产权案件开庭时间表，邀请记者旁听案件的公开开庭审理，为记者报道案件案情提供方便。

三、创新审判机制，促进知识产权审判新发展

(一)建立知识产权审判咨询专家库，完善知识产权技术事实查明机制

湖北为解决知识产权案件中技术事实查明问题，湖北省高院院长办公会经研究决定建立知识产权审判咨询专家库。目前，湖北省高院已经起草了材料，正积极与湖北省科学技术协会联系协调，建立全省法院知识产权审判咨询专家库，以期为知识产权案件审判提供更加有力的保障。

(二)积极推进知识产权审判“三合一”试点工作

目前，湖北省知识产权“三合一”审判工作机制改革的试点范围已经扩大到武汉市中院、宜昌市中院、襄阳市中院、随州市中院和武汉市江岸区法院。为总结“三合一”试点经验，提高“三合一”审判质效，湖北省高院多次到武汉市中院、随州市中院等法院调研指导“三合一”工作，促进“三合一”试点的稳步推进。

(三)探索建立司法保护与行政执法对接机制

为加强知识产权司法保护工作，提高知识产权行政执法效率，加快国家知识产权示范城市建设，武汉市中院与武汉市文化新闻出版广电局、武汉市工商行政管理局、武汉市知识产权局联合出台《关于建立武汉市知识产权司法保护与行政执法对接机制的意见》。

四、开展特色服务，助推创新驱动发展

(一)引导创新发展，发布白皮书和典型案例

湖北省高院加大知识产权司法保护宣传力度，注重发挥典型案例的规范引导作用。2014年“4·26知识产权宣传周”期间，专门召开湖北省法院知识产权司法保护状况新闻发布会，首次发布了《湖北法院知识产权司法保护状况》白皮书。此外，还公布了“湖北法院知识产权司法保护10大典型案例”。武汉市、随州市等中院积极发布本辖区的知识产权司法保护状况白皮书和典型案例，取得了良好的社会效果。

(二)加强横向协作，服务经济发展方式转变

为加强知识产权司法机关、行政执法

机关与市场主体之间的交流和沟通，完善知识产权审判和行政管理工作，促进湖北省经济发展方式转变，2014年1月，湖北省高院和湖北省科学技术厅、湖北省知识产权局联合召开了“知识产权促进经济发展方式转变”研讨会。

（三）服务企业发展，开展“知识产权法官进企业”活动

汉江市中院向企业讲授音像著作权保护法律知识，并对企业进行有关音像著作权侵权诉讼指导；黄冈市、孝感市等中院走访享有自主知识产权的企业；随州市中院举办知识产权司法保护工作座谈会，邀请政府职能部门代表以及重点企业代表参加座谈；宜昌市中院延续在“4·26世界知识产权日”举办知识产权司法保护论坛的传统，召开企业知识产权保护座谈会。

五、加强队伍建设，提升知识产权司法能力

（一）开展“五个一”队伍建设活动，提升知识产权司法能力

湖北省高院倡导全省知识产权审判庭开展每周进行一次业务学习、每人每季度读一本专业书、每人每半年写一篇文章，每人每年写一篇精品文书、每人每年办一个精品案件的“五个一”活动。

（二）积极开展调查研究，指导审判实践

湖北省高院知识产权审判庭结合知识产权审判工作中集体管理组织和普通被许可人代替权利人诉讼维权的突出问题，完成了《关于知识产权诉讼担当问题的调研报告》，全省法院在《人民司法》等刊物上发表文章20余篇。

（三）注重青年法官的培养，加强对外交流与培训

湖北省各法院十分注重青年法官的培养，大力支持青年法官参加国家法官学院培训、参加中南财经政法大学“知识产权南湖论坛”研讨会等活动。

（四）推进专家陪审员制度，提升专业事实查明能力

十堰市等中院积极实施人民陪审员的“倍增计划”，选任更多具有专业背景的人民陪审员参加知识产权审判，有效地弥补了知识产权法官在专业技术知识方面的缺陷，提升了知识产权案件专业事实的查明能力。

（湖北省高级人民法院知识产权审判庭）

检察工作

2014年，湖北省检察机关在保护知识产权方面取得了以下成绩。

一、认真履行检察职能，严厉查办侵权假冒案件

2014年，湖北省检察机关认真履行工作职能，严厉打击侵犯知识产权和制售假冒伪劣商品的违法犯罪行为，对涉嫌侵犯知识产权犯罪共批准逮捕67件99人，提起公诉131件217人，监督立案74件。建议行政执法机关向司法机关移送涉嫌侵犯知识产权及制售假冒伪劣商品犯罪案件174件185人，公安机关立案侦查157件160人。

二、开展知识产权领域专项行动，助力科技创新

2014年，湖北省检察机关积极贯彻落实中央、省委省政府、最高人民检察院关于加强知识产权保护、打击侵犯知识产权违法犯罪等一系列部署，以积极开展专项活动为抓手，强化法律监督，保护合法知识产权主体的权益、维护科技人员创新创业合法权益、促进高校科技成果在鄂顺利转化、激励科技人才为社会创造财富提供法律保障，维护发展环境。为此，湖北省检察机关开展了打击侵犯知识产权违法犯罪、促进科技成果转化专项活动。严肃查办国家工作人员在知识产权的审批、授权、保护等环节和高校科技成果转化过程中的职务犯罪行为。加大对涉及侵犯知识产权案件的立案活动、侦查活动、审判活动的法律监督力度，强化对高新科技、战略新兴产业等领域的司法保护。有力打击了一批侵犯知识产权、阻碍科技成果转化的违法犯罪活动，取得了良好的法律效果和社会效果。例如武汉市检察院成功办理的刘某、宁某兴二人制售假冒名牌电缆案，两名被告人分别被判处有期徒刑 10 年和 11 年 6 个月，有力打击震慑了电缆制假售假违法犯罪分子，保障了公民的人身、财产安全。

三、进一步加快“两法衔接”信息共享平台建设，建立健全工作机制

在 2013 年“两法衔接”信息共享平台建设成效的基础上，2014 年 9 月，湖北省政府召开“推进行政执法与刑事司法衔接工作会议”，对推进“两法衔接”信息平台和工作机制建设进行了全面部署。目前，全省已全面建立省、市、县信息平台并实现三级联通，三级信息平台全年共接入行政执法单位 2009 家，上传案件 6186 件，移送案件 136 件，与相关行政执法机关联网试运行情况良好。同时，在湖北省检察院的推动下，进一步完善“两法衔接”机制建设。湖北省检察院与湖北省高院、湖北省公安厅、湖北省人社厅、湖北省环保厅等部门联合会签了有关工作文件。地方各级检察机关也认真履行牵头职责，注重“两法衔接”机制建设。充分发挥绩效考核在“两法衔接”工作的引导督促作用。2013 年年底，经过湖北省检察院积极争取，省直机关“两法衔接”工作已经纳入湖北省政府目标责任制效能建设年度目标考核，将工作考核分值由 5 分增至 10 分。随州、汉江等地也积极争取当地政府支持，将“两法衔接”工作纳入依法行政工作考核项目中。实践证明，通过考评指挥棒引导，相关行政执法机关对“两法衔接”工作的重视程度得以提高。

（最高人民检察院侦查监督厅供稿）

湖南省

专利工业

2014 年，湖南省深入贯彻落实党的十八大及十八届三中、四中全会精神，以促进“三量齐升”、推进“四化两型”为目标，大力推进知识产权战略实施，严厉打击侵犯知识产权和制售假冒伪劣商品违法行为，全省知识产权创造、运用、保护、管理和服务水平进一步提升，知识产权工作长效机制不断巩固，知识产权保护氛围日益浓厚，为创新驱动发展提供了坚实保障。

一、战略推进有新成果

湖南省政府办公厅下发《关于进一步加强知识产权保护工作的通知》，为湖南省提高知识产权效能提供了政策保障。湖南省知识产权协调领导小组开展了战略实施 5 周年评估工作，出台《湖南省文化产业知识产权战略实施意见》，支持成立了文化产业知识产权联盟。湖南省科技厅、湖南省工商行政管理局、湖南省知识产权局联合出台了《关于支持以专利使用权出资登记注册公司的若干规定（试行）》，对推进湖南省技术成果转化、推动结构调整和升级起到了积极作用。湖南省国资委与湖南省知识产权局联合制定了《关于进一步加强省属监管企业知识产权工作的意见》，推动监管企业把专利、商标、版权等知识产权指标纳入企业岗位管理和业绩考核范畴。

二、专利量质有新提升

2014年，湖南省专利申请量44 194件，专利授权量26 637件，均稳步增长，发明专利申请量和授权量分别同比增长21.24%和15.14%。截至2014年年底，全省每万人口发明专利拥有量达2.53件，比2013年底增长19.46%。

三、长株潭自主创新能力显著增强

截至2014年年底，长株潭每万人口发明专利拥有量达10件，是全国每万人口发明专利拥有量的2.05倍。长沙市有效发明专利拥有量达11 281件，株洲市技术转移促进中心跻身“国家专利运营试点企业”行列；继长沙市、株洲市之后，湘潭市被认定为国家知识产权示范城市，为长株潭国家自主创新示范区的获批和建设提供了有力的知识产权支撑。

四、打击侵权假冒工作有新进展

李友志副省长在全国打击侵权假冒工作领导小组第七次全体会议上就湖南省工作做了典型发言。一年来，全省行政执法机关共立侵权假冒案件12 913起，涉案金额近1.5亿元；移送司法机关案件83件，涉案金额2760万元；捣毁窝点73个。积极推进湖南省侵权假冒行政处罚案件信息公开工作，及时、规范公开各类行政处罚案件信息累计1036条。

五、执法保护有新成效

湖南省专利行政执法工作居于全国前列。2014年，全省专利行政执法部门立案办理专利行政执法案件2815件，同比增长11.2%。继续深入推进专利纠纷行政调解协议司法确认工作，全年共有11起案件进入司法确认程序，8件完成确认。

六、转化运用有新亮点

在第十六届中国专利奖评选中，湖南省获得2个金奖、12个优秀奖、4个外观设计优秀奖，总数达到18个，创历史新高。评选出2014年度在转化运用上有示范效应的湖南专利奖51个。湖南省本级支持产业化项目22个，通过2013年度验收的5个项目累计新增销售收入1.86亿元，利税达4700多万元。继续在工业领域实施“百项专利转化推进计划”，2014年转化项目预计可实现新增销售收入62亿元。积极推进专利转让许可和专利质押融资工作，全年专利实施许可合同备案174项，专利技术许可交易金额2650多万元，专利质押融资近4亿元。

（湖南省知识产权局）

商标工作

2014年湖南省各级工商部门深入实施商标战略，取得了明显成效。

湖南省工商局下发《关于大力推动商标注册，促进商标品牌发展的通知》。各地工商部门加大对企业商标注册的具体指导，建立健全了重点品牌梯次培育制度，多次走访重点联系企业晟通科技，帮助企业进入2014中国品牌500强；新认定驰名商标13件，驰名商标总数达332件。重新修订下发《湖南省著名商标认定工作规则》，推动国家级园区商标品牌指导中心的组建，14个国家级园区的商标品牌指导中心全部挂牌成立。

以新商标法及其实施条例实施为契机，集中开展了面向工商系统和广大企业的新《商标法》宣传培训活动。“4·26世界知识产权日”期间，利用省政府新闻办召开的知识产权状况新闻发布会，介绍新《商标法》和全省商标发展状况；在湖南日报宣传新《商标法》及全省工商系统推进商标战略成效，曝光典型案例；举办全省工商系统新《商标法》的视频培训，并派员为各地举办的新《商标法》培训班授课。

强化商标监管执法，下发《2014年全

省工商系统打击商标侵权专项行动工作方案》和《关于认真做好 2014 年打击侵犯知识产权和制售假冒伪劣商品工作的意见》。深入开展案件查办工作，加大商标案件的督办力度。

2014 年，全省商标申请量 51 147 件，注册量 29 364 件，累计有效注册量 161 705 件。

（湖南省工商行政管理局）

版权工作

2014 年，湖南省版权局进一步加强社会服务职能，积极巩固软件正版化工作成果，加大版权行政执法和监管力度，认真贯彻落实 2014 年年初工作计划的各项任务，取得了积极的工作成果。

一、版权相关产业服务工作

（一）积极推进各项产业扶持政策的制定

湖南省版权局承担了运用版权手段促进文化产业发展的战略研究工作，通过对湖南省主要版权企业的调研，提出了设立版权扶持专项资金，探索构建综合性的版权要素市场，加强版权登记、评估、质押等版权市场机制建设等若干措施服务文化产业发展。上述建议被《湖南省文化产业知识产权战略实施意见》《湖南省人民政府办公厅关于加快文化创意产业发展的意见》等系列政策文件完全采纳。

（二）大力推进版权登记工作

继续支持长沙市开展版权登记代办，进一步简化审核流程，缩短办理时限，优化登记程序，满足权利人对登记时效性的要求。湖南省版权局筹划实施了版权网上登记建设项目，委托了一家专业公司开发作品网上登记软件，架设服务器开通了“湖南省版权登记服务网”，并进行了域名注册和网站备案。网上登记平台现已安装调试完毕，进入测试运行阶段。在省市版权登记机关的共同努力下，2014 年共完成版权登记 1845 项，同比增长 58%。

（三）深入开展版权示范单位创建和评优活动

湖南省版权局把创建全国版权示范园区、企业作为提升湖南版权工作整体水平的有效手段，多次赴长沙天心区创意产业园以及中广天择、鼎瀚文化等 6 家企业进行实地指导。加大湖南优秀版权企业的推介力度，推荐中广天择参评 2014 年中国版权最具影响力企业并入选。

（四）全力指导企业开展版权资产清理和登记

湖南省版权局指导帮助芒果 TV 网络平台对电视节目、视频素材和剧本等版权资产进行清理，开通绿色通道为其进行批量版权登记。帮助蓝猫动漫、天舟科教等企业办理版权变更登记，明晰版权流转程序，确认权利主体。指导天闻印务、益阳天格印务等印刷企业办理海外承印版权登记，开拓印度、韩国等海外市场。据统计，2014 年前 11 个月，共为企业办理海外承印版权审核备案 46 项，同比增长 25%；办理版权引进合同审核登记 245 项。

二、软件正版化长效机制建设

2014 年年初，制订印发了《2014 年推进使用正版软件工作实施方案》，明确工作重点是巩固政府正版化成果，加强长效工作机制建设，推动新闻出版行业企业实施正版软件采购。

（一）认真组织检查验收

2014 年 8 月，湖南省版权局协调省政府办公厅组织财政、商务、经济与信息化、机关事务等 6 个部门，对市州县区政府正版化情况进行了正版化检查验收，实地查看了 84 个市、县级政府机关的 504 台计算机，进行了全面的检查，详细掌握各级政府机关安装使用正版软件的情况。检查结束后，报请省政府办公厅印发了《国务院办公厅关于市县级政府机关软件正版化工作情况的通报》，对未达到正版化要求的计算机进行逐台通报，对工作存在问题市县政府进行点名批评，同时要求各地、各单位对照通报的问题，全面组织一次软件清理，切实查找问题并整改落实。

（二）加大力度推进长效机制建设

湖南省版权局继续推进使用正版软件涉及众多职能部门的工作。2014 年 10 月，组织财政、审计、商务和机关事务等职能部门赴北京参加全国软件正版化工作培训。为全面贯彻落实国务院《政府机关使用正版软件管理办法》，结合湖南实际，报请省政府办公厅印发了《关于进一步加强政府机关软件正版化工作的通知》。明确加强审计监督，将软件正版化列为对政府机关的常规审计项目，对各单位软件采购资金管理使用和软件管理使用情况实施经常性监督。根据省里要求和当地实际，各市州逐步建立完善了相关的配套制度，长沙市出台了政府机关软件资产管理制度；岳阳市制定了软件正版化审计方案，张家界市将正版化工作列入当地党委综合治理考核指标；株洲、衡阳、益阳等地发文将正版化纳入当地信息化建设工作体系，巩固了软件正版化成果。

（三）加快推进新闻出版行业企业软件正版化

2014 年主要加快推进大型新闻出版集团所属二级企业的软件正版化。8 月，湖南省版权局组织湖南日报、长沙晚报出版集团等新闻出版企业相关负责人赴成都参加国家版权局举办的企业正版化培训班。9 月 17 日，召集中南传媒所属的各出版社、潇湘晨报社、天闻印务等新闻出版企业召开了软件正版化工作座谈会。同时，指导各新闻出版企业通过新闻出版广电总局正版化工作平台实施集中采购，确保以最优惠的价格采购正版软件，降低企业的正版化成本。据统计，2014 年 25 家列入正版化计划的企业共投入资金 86.47 万元，采购正版软件 340 套。

2014 年以来，全国“双打”办、国务院软件正版化部际联席会议先后派出检查组，分别对部分省直单位和长沙、益阳、岳阳等地市县政府软件正版化的工作进行了抽查验收。全国“双打”办考核组对软件正版化项目考核评分为满分。

三、版权执法监管工作

（一）加强市场巡查和日常监管

2014 年，全省版权部门共出动检查人员 6.3 万余人次，检查版权市场、店档摊点 2.7 万多个次，查缴盗版图书 23.1 万多件，盗版音像制品 11.4 万多件，坚决遏制侵权盗版高发的势头。

（二）组织开展打击“双打”专项整治行动

湖南省版权局协调工商、新闻出版、“扫黄打非”等部门组织开展网络购物、印刷复制业和出版物市场等领域的专项检查治理，指导市州版权执法部门查处了长沙华众时代公司非法预装软件、衡阳博旺书店销售盗版图书等侵权盗版案件。加大版权纠纷调处力度，对甲骨文公司与湖南某高校、永州零陵卷烟厂等 5 家企业、江苏盐城高校教师与湖南某教育网站的网络版权纠纷进行了调解。

（三）部署开展打击网络侵权盗版“剑网 2014”专项行动

湖南省版权局联合网络宣传、公安和通信等部门成立工作领导小组，制定了行动方案，召开各市州版权执法部门相关负责人、省内主要网站负责人参加的专题工作会议。突出本次专项整治“加强数字版权保护”和“加大案件查处力度”的两个重点，组织 69 家新闻网站、音频视频网站、网络销售平台开展版权自查自纠，卸载未经许可传播的作品。立案查处网络案件16起，关闭侵权盗版网站6个。

（四）加大对侵权盗版行为的刑事打击力度

湖南省版权局承办了国家版权局、公安部挂牌重点督办案件的前期调查取证工作，查实了侵权网站开办人的关键信息，目前该案仍在刑事侦查过程中。组织查处长沙市邹某、李某通过淘宝网店制作出售盗版图书案、永州谭某销售盗版软件光盘案等案值较大、情节严重的案件。

2014年湖南省查处侵权盗版案件成效显著，组织查办的案件中有2起分别被国家版权局评为全国年度十大案件和“剑网2014”专项行动十大案件。有9家执法单位和15名执法人员分别被国家版权局评为全国有功单位和有功个人，省版权局版权处由于指导督办案成绩突出被国家版权局指定为有功单位。

四、版权宣传教育工作

（一）加强社会宣传

湖南省版权局以“4·26世界知识产权日”为重点开展宣传活动，制定印发了《2014年知识产权周湖南版权宣传活动方案》，组织各地版权局、版权保护协会及各著作权集体管理组织结合实际组织开展版权宣传活动。协调湖南电视台卫视频道、经视和24个市县电视台，播出了以版权保护为主题的宣传短片。会同“扫黄打非”工作部门开展了“拒绝盗版，共筑未来，绿书签行动2014”签名活动。

（二）加强媒体宣传

2014年3月7日，湖南省版权局以湖南省政府新闻办的名义举办了软件正版化工作新闻发布会。4月24日，省版权局会同省知识产权局组织召开了2013年湖南省知识产权保护状况新闻发布会，介绍了2013年湖南省推进版权保护、打击侵权盗版工作情况。新闻发布会还公布了“湖南省打击侵权盗版典型案件”。

（三）加强版权业务培训

针对网络执法技术性强的特点，2014年6月底举办了全省版权执法培训班。2014年9月3～4日，协助国家版权局在长沙举办了版权执法专题培训班。

（湖南省版权局　宋　亮）

司法工作

2014年，湖南省各法院紧紧围绕经济社会发展大局，全面提升知识产权审判水平，各项工作取得新的进步。

一、公正审理各类案件，充分发挥司法保护知识产权主导作用

2014年，全省法院坚持以执法办案为第一要务，充分发挥知识产权民事、刑事和行政审判职能，司法保护知识产权主导作用进一步发挥，全省法院共受理知识产权案件2156件，审结1721件，结案率为79.82%，同比增长1.25个百分点。充分发挥民事审判保护知识产权的主渠道作用，案件数量大幅增长，受理知识产权民事案件1989件，案件数比上年增长530件，其中：一审案件1862件，同比增长35.81%；二审案件119件，同比增长40%。受理的知识产权民事一审案件中，商标纠纷案件1242件，占66.7 %；专利纠纷案件231件，占12.4%；著作权纠纷案件301件，占16.17%；其他案件88件，占4.73%。积极发挥知识产权刑事审判的惩治和震慑功能，严厉打击知识产权犯罪行为，受理知识产权刑事案件115件，与2013年同比增长35.29%。依法履行对知识产权行政行为的审查职能，保护知识产权行政相对人的合法权益，规范知识产权行政管理秩序，受理知识产权行政案件52件，与2013年同期相比增长10.64%。

在审判质效方面，注重做好“四个坚持”：(1)坚持把握案件质量这一核心，确保依法公正审理案件。与2013年同期相比，全省法院知识产权案件上诉率从7.37%降至7.14%，保持低位运行且有下降趋势；二审案件发回改判率从9.88%降至9.35%。保持了较低的案件申请再审率，没有发现知识产权信访案件。(2)坚持能动司法，确保知识产权司法保护的良好效果。注重从经济社会发展大局出发，把握案件的导向和示范作用。(3)坚持做好调解和释法答疑工作，确保案结事了。全省法院全年调解和撤诉知识产权案件930件，调撤率达46.76%，高于普通民事案件同期水平。全省法院坚持做好调解和释法答疑工作，协调相关政府部门、行业协会，先后成功调解了多起案件。(4)坚持打造精品案件，确保以点带面提升审判质效。全省法院坚持推进知识产权审判精品战略，把打造知识产权精品案件作为提升知识产权审判质效的重要抓手。引导法官发现精品案件，发掘案件亮点；配强合议庭成员，组织对精品案件的集中讨论。

二、坚持加强保护的司法政策，切实加大知识产权司法保护力度

(1)依法合理分配举证责任，适当降低权利人的举证难度，灵活运用举证转移、证据妨害推定，切实解决知识产权审判举证难的问题。(2)继续加强对证据保全措施的探索与适用，适当减轻权利人的举证负担，保障权利人及时获得司法救济。对原告提供了初步证据，但关键证据确难获得的案件，根据原告的申请，及时采取证据保全措施。(3)坚持加大赔偿力度。充分参考行业利润率等商业惯例，优先认定侵权获利或损失；合理运用证据规则，充分采信被告自认等证据认定销售额；充分考虑个案因素，区分小商小贩和大型市场批发商、区分药品食品等关系人体健康的商品与普通商品，判处不同的赔偿数额；引导被告积极应诉和给付赔偿，结合被告应诉与不应诉的情况，确定不同的赔偿数额。(4)坚持打击侵权源头，积极使用《商标法》关于惩罚性赔偿的规定，对于恶意侵权、重复侵权的行为适用惩罚性判赔，增强损害赔偿的威慑性。

三、深入调研指导，着力提升知识产权司法保护水平

(一)深入开展调查研究

(1)开展关联案、系列案专题调研。对全省苏泊尔、美的、六神等与人们日常生活密切相关的产品的商标侵权系列案进行全面调研。(2)开展重点课题调研。湖南省高院完成湖南省知识产权软科学研究重点课题《知识产权审判“三合一”研究》结题工作；长沙市中院承担了最高人民法院发起的“涉外定牌加工的商标侵权问题研究”和由长沙市政府发起的“关于近五年来长沙知识产权诉讼状况及发展趋势的研究”；郴州市中院深入郴州出口加工区、郴州高新技术产业园区开展“知识产权司法保护及园区司法服务专项调研活动”。(3)开展专项工作调研。结合湖南省人大专利执法检查工作，对全省法院近5年来的专利审判工作进行了专项调研，并向湖南省人大常委会进行了专题汇报。

(二)深入开展业务指导

(1)召开全省法院知识产权审判工作座谈会。(2)召开全省部分知识产权审判庭庭长专题座谈会。(3)编辑《知识产权、涉外审判动态》业务指导专刊2期，编写相关指导案例，对审判业务中存在的普遍性问题进行指导。(4)深入开展实地指导，湖南省高院就知识产权审判的具体问题到中基层法院以审判业务座谈、庭审观摩等方式进行指导。

四、推进机制创新，着力破解知识产权审判工作难题

(1)进一步完善知识产权审判管辖格

局，报最高人民法院审批，新增岳阳市岳阳楼区法院受理一审普通知识产权案件。(2)深入推进"三合一"改革试点工作。组织"三合一"试点法院定期进行总结梳理工作；组织没有开展"三合一"试点工作的法院，探索开展试点工作。(3)不断健全沟通协调机制。进一步完善知识产权纠纷诉与非诉相衔接的纠纷解决机制，继续深入推进国家级长沙经济技术开发区ADR中心建设。截至2014年年底，该中心已成功调解案件90余件。长沙市岳麓区法院稳妥推进专利纠纷行政调解协议司法确认试点工作，2014年确认专利纠纷行政调解案件8件。(4)着力破解送达难。积极探索弥合知识产权案件中的被告多为个体工商户且流动性大这一现实情形与我国相关法律规定的差距，切实解决知识产权案件送达难的问题。长沙市中院制定了《关于民事诉讼送达的操作规程》。(5)拓展调解方式。长沙市岳麓区法院研究制定了《知识产权及涉外案件远程调解暂行操作规范》，利用"skype"网络即时语音沟通工具进行网上调解。长沙市天心区法院在著作权纠纷系列案审理中采用视频等方式进行调解。

五、坚持司法公开，着力提升知识产权司法保护公信力

(1)坚持推进庭审公开常态化。全省法院知识产权案件开庭率达100%，湖南省高院二审知识产权案件全部开庭。对于具有较大社会影响的典型案例，还通过新闻媒体对庭审过程进行"全景式"公开。(2)院长带头办案，并进行庭审网络视频直播，增加案件审理的示范效应。充分运用湖南省各法院庭审直播网、湖南省各法院官方微博等司法公开平台开展典型案件的庭审直播。(3)坚持推进裁判文书公开常态化。顺应加强人民法院信息化建设的大趋势，运用好数字法院系统，进一步推进知识产权裁判文书上网规范化，全省法院知识产权裁判文书上网率达100%。(4)深入开展"4·26世界知识产权日"宣传活动。(5)坚持推进司法宣传常态化。推进全省各级法院联动，不断完善知识产权和涉外商事审判宣传工作机制，加强知识产权审判与新闻媒体的融合互动，为知识产权审判营造和谐健康的法治环境。

六、狠抓队伍建设，着力打造高素质的知识产权审判队伍

全省法院不断加强知识产权审判队伍的正规化、专业化、职业化建设，队伍整体素质进一步提升。(1)高度重视知识产权审判队伍的专业化和稳定性。(2)注重法官素质培养。长沙市中院将严格的数据化管理和细致的人文关怀相结合，探索形成了一套行之有效的人才培养、激励和考核机制。(3)着力打造学习型知识产权审判庭。全省各法院都较好地坚持了学习制度，加大了培训力度，知识产权审判队伍拒腐防变能力和公正司法能力不断提升。

（湖南省高级人民法院知识产权审判庭）

检察工作

2014年，湖南省检察机关在保护知识产权方面取得了以下成绩。

一、认真履行检察职能，依法严厉打击侵权假冒犯罪

当前，侵犯知识产权、制售假冒伪劣商品行为仍呈现出犯罪案件高发、侵害领域广泛、涉案地区增多、作案方式隐蔽等特点。全省各级检察机关始终保持打击的高压态势，依法及时批捕、起诉侵犯知识产权和制售假冒伪劣商品刑事犯罪案件。全省检察机关共批准逮捕侵犯知识产权和制售假冒伪劣商品犯罪案件193件374人，起诉313件655人。

二、结合"两法衔接"工作，推进打击侵权假冒工作长效机制建设

根据"双打"工作分工，湖南省检察院积极推进行政执法与刑事司法衔接信息共享平台建设。加强向湖南省委、省政府相关领导的汇报，取得理解与支持；多次与湖南省财政厅、湖南省电子政务中心等部门协调沟通。目前湖南省财政已同意将平台建设资金列入 2015 年年度财政预算，平台建设项目已进入招投标阶段，取得了重大进展。全省各级检察机关在日常工作中注重与相关单位的协作配合，针对食品药品安全、涉农惠农、环境资源等涉及民生民利的重点领域和重点问题，加强与相关单位的衔接，形成了相互协调、相互促进的工作局面，积极推进破坏环境资源和危害食品安全犯罪专项立案监督活动、农资打假、打击侵犯知识产权和制售假冒伪劣商品行为等专项工作，维护社会主义市场经济秩序，保障人民群众切身利益。同时通过关注媒体报道、网络舆情、走访行政执法机关以及受理群众举报等各种渠道加强与人民群众、行政执法机关和公安机关的联系，主动挖掘扩大监督线索来源，依法严厉打击侵权假冒犯罪。

三、延伸检察职能，促进社会综合治理

全省各级检察机关结合办案加强调查研究，通过对类案和典型个案的剖析，掌握侵权假冒犯罪的特点和规律，积极向当地党委、政府和相关企业提出消除隐患、预防犯罪和建章立制的检察建议，促进企业管理和社会治理创新。例如邵阳市检察机关在办理生产销售"病死猪"窝案中，发现当地对冻库、病死猪理赔和处理等方面监管不严，导致病死猪肉的收购、屠宰、储存及销售行为极易得逞，遂及时向相关部门发出检察建议，促使商务、农业、畜牧、工商、保险等部门切实履行职责，针对肉品收购、屠宰、加工、运输、储存、销售等环节加强监管，切实防止病死畜禽进入市场，保障食品质量安全。

四、大力宣传，营造打击侵权假冒良好氛围

全省各级检察机关在"公平正义在侦监"主题宣传活动中，将检察机关在打击侵权假冒方面发挥的作用、取得的成绩、典型案例和先进经验等作为重要内容进行宣传，提高社会公众对打击假冒伪劣特别是知识产权保护重要性的认识，营造打击侵权假冒的良好氛围。同时，湖南省检察院对各地在打击侵权假冒工作中取得的成效和好的经验做法，及时以工作简报的形式在全省推广，以便各级检察机关学习借鉴，提高对侵犯知识产权犯罪和制售假冒伪劣产品犯罪行为的打击处理能力。

（最高人民检察院侦查监督厅供稿）

广 东 省

专利工作

2014 年，广东省专利申请量 278 351 件，其中发明专利申请量 75 148 件。专利授权量 179 953 件，其中发明专利授权量 22 276 件。累计有效发明专利量 111 878 件，占全国 16.86%。PCT 国际专利申请量 13 332 件，占全国 55.53%。第十六届中国专利奖获奖数量再创新高，共获得金奖 4 项、外观设计金奖 2 项、优秀奖 64 项、外观设计优秀奖 13 项。根据《2014 年中国知识产权发展状况报告》和《2014 年全国专利实力状况报告》，广东知识产权综合发展指数、专利综合实力指数等重要指标均位居全国首位。

一、知识产权强省建设深入开展

在全国率先提出打造“知识产权强国建设先行地”的新目标。推动知识产权纳入《珠三角科技创新一体化行动计划(2014～2020年)》等重要文件。印发《2014年实施广东省知识产权战略纲要工作方案》。提前完成《珠江三角洲规划纲要》年度指标。新增佛山市、中山市为国家知识产权示范城市,茂名市为国家知识产权试点城市,佛山市南海区为国家知识产权强县工程示范县(区),汕头市澄海区等6个县(区)为强县工程试点县(区)。

二、贯彻落实聚焦产业、服务企业的总要求

贯彻《企业知识产权管理规范》国家标准,组织编写全国第一部“贯标”工作指导专著《GB/T 29490—2013〈企业知识产权管理规范〉理解及知识产权管理体系审核指南》。佛山市南海区国家知识产权投融资综合试验区和佛山市顺德区国家知识产权投融资服务试点顺利通过验收,2014年两试验区企业质押融资额达25.84亿元。建成战略性新兴产业专利数据库7个、省重点产业专利数据库17个、地方特色产业数据库6个,开放给企业自由使用。开启省技术性贸易壁垒专利分析预警服务试点,探索专利分析与应对技术贸易壁垒有效结合的工作机制。开展重大经济活动知识产权审查评议,构建审查评议机制和开展项目审查评议试点。培育认定中国彩电知识产权产业联盟等3家联盟为广东省专利联盟示范单位,全省专利联盟达25家。

三、促进全省专利数质量双提升

研究制定《进一步提升全省专利申请数量质量的意见》,推动将专利申请及管理纳入重大科技及经贸专项评定及考核内容。修改完善专利申请资助办法,指导各地市进一步调整和完善专利申请资助制度。完善制度遏制非正常专利申请,强化专利受理前期监管。颁布实施《广东省专利奖励办法》,将广东专利奖层次由部门奖上升为省政府奖,首次以政府规章形式规范专利奖励工作。

四、增创营商环境新优势

深入开展打击侵权假冒工作。印发《2014年全省打击侵权假冒工作要点》和《广东省侵权假冒行政处罚案件信息公开监管办法》。开展全省打击侵权假冒工作督查,确保完成年度工作任务。在全省开展专利行政执法“护航”行动和电子商务领域执法专项行动。进驻广交会等多个展会开展专利保护工作。中国东莞(家具)知识产权快速维权援助中心正式运行。

五、大力发展知识产权服务业

印发《广东创建知识产权服务业发展示范省规划(2013～2020年)》年度贯彻实施工作方案。推荐深圳市福田区和佛山市获批成为国家知识产权服务业集聚发展试验区。推进中新(广州)知识城知识产权保护和服务综合改革试点。组织开展百所千企知识产权服务对接活动。截至2014年年底,全省专利代理机构和分支机构分别达到143家和138家,专利代理人1171人。开展企业信息定制推送服务,建立省(中心)、市、镇、企业4级服务推送工作渠道。

六、提升全民知识产权意识

支持国家知识产权培训(广东)基地和国家中小微企业知识产权培训(南海)基地建设。指导汕头大学等4家省级知识产权培训基地设立省知识产权远程教育平台分站。有序推进省知识产权专业技术资格评审工作。制定全省“4·26知识产权宣传周”活动方案并积极落实。大力推进粤港

澳台及泛珠合作。搭建国际知识产权培训研讨平台，举办中新知识城知识产权高端论坛、欧洲知识产权制度巡回研讨等交流活动10余次。

（广东省知识产权局）

商标工作

2014年，广东省实施商标品牌战略，重点工作为“双打”行动、新《商标法》宣传培训与商标服务等。

广东省工商系统贯彻新商标法，加大注册商标专用权保护力度。深入开展“双打”专项行动，开展专项治理，公布“双打”案件信息，全年共查处各类商标违法案件6171件，案值9764万元，移送涉嫌商标犯罪案件137件；及时规范辖区内驰名商标企业的商标使用行为；做好保护第二届夏季青年奥林匹克运动会标志、中国国际中小企业博览会和广交会驻场执法等展会商标保护工作；积极推动注册保护地理标志商标工作。

以“贯彻落实新商标法，营造公平有序的市场环境”为主题组织开展新《商标法》系列宣传培训工作。一方面开展丰富多彩的宣传活动。另一方面举办富有成效的培训活动。

探索商标公共服务方式，推动职能转型升级。积极推动在广州中新知识城设立商标注册派出机构；建立行业协会与商标代理机构合作试点，引导4家商标代理机构与一些行业协会建立合作伙伴关系；开展专项调研，参与完成了《广东省文化创意和设计服务与相关产业融合发展行动计划》，完成了《广东知识产权年鉴》《广东年鉴》《广东农业全书》商标知识产权部分的编撰，完成了《地理标志商标与区域经济发展专题调查表》统计，进行了《广东“十三五”品牌发展战略研究》课题研究，开展了维护加强全省统一的商标监管执法调研活动。

积极开展对外交流合作，营造内和外顺的商标发展环境。一方面推进粤港澳商标合作，派员参加粤澳知识产权工作小组会议、粤港保护知识产权小组会议，确定与澳门海关建立联络员制度、完善粤港商标执法及案件协作处理机制、宣传研讨新《商标法》、开展品牌国际化建设等项目，核查香港海关通报的涉嫌侵权的广东企业，形成两地商标保护合力。另一方面加强商标国际交流，接访了奥地利驻广州总领事馆、美国专利商标局广州办公室、瑞士历峰集团、中国欧盟商会、日本贸易振兴机构广州代表处代表，以及美国众议院司法委主席古德莱特一行，与美方在广州联合举办了“商标注册管理研讨会”，促进了对外交流。

2014年，全省商标申请量406 393件，注册量223 470件，累计有效注册量1 314 188件。

（广东省工商行政管理局）

版权工作

广东省版权局以“保护版权，发展经济”“兴版权产业，建文化强省”为抓手，在推动经济发展与社会进步中取得显著成效。

一、开展软件正版化工作

2014年广东省推进使用正版软件工作联席会议办公室编制《2014年度全省推进企业使用正版软件工作重点督办名录》，确定165个企业为2014年重点督办单位，先后派出5个批次督查组，各地级以上市共派出36个督查组，分别检查全省86个县（县级市、区），215个政府机关单位，共1854台计算机；同时，派出两个检查小组分别对16家新闻出版行业的二级企业进行全面检查，共检查二级企业48家，计算机460台；截至2014年年底，全省新闻出版广电版权行业企业所属二级企业全面完成软件正版化。在国家版权局检查组重点抽查中，广东省按时保质保量完成新闻出版行业软件正版化任务，受到上级好评。

二、推进“版权兴业”工程

2014年广东省广州市越秀区获“国家版权贸易基地”称号；东莞松山湖高新技术产业开发区被国家版权局授予“全国版权示范园区（基地）”称号；雅昌文化公司、广东咏声公司、东莞市和丰公司、广东雅威公司和揭阳市百分公司等5个单位被授予“广东省版权兴业示范基地”称号，至此广东省版权兴业示范基地达到76个。

三、参评最具价值版权产品

2014年广东省新增广东咏声公司美术作品“《逗逗迪迪》动画片系列形象”、东莞市功夫龙影视传媒有限公司美术作品“《功夫龙》人物形象系列”、东莞市和丰公司“《马可波罗东游记》系列人物形象、道具、摄影和剧本版权作品”、深圳第七大道公司网游产品《神曲》、深圳市方块动漫画公司电视动画片《甜心格格》、广东飞轮公司“漂移少年”主角战车FC029“飞炫号”产品设计图、珠海金山办公软件公司“金山WPS Office 2013专业版办公软件”、珠海金山网络游戏公司“金山剑侠情缘网络版叁之安史之乱游戏软件”、广东南玉工艺总公司大型玉雕“一帆风顺”、佛山市锦麟公司美术作品“米娅系列动漫”等10个作品为广东省最具价值版权作品。截至2014年年底，广东省共有34个“最具价值版权产品”。

四、开展作品著作权自愿登记

2014年，全省版权登记量为15 782件，同比增长约11.2%；版权合同备案为185件。全省作品登记代办机构增至26家，广东省版权登记系统平台已建好。

五、设立版权服务工作站

第六届中国国际影视动漫版权保护和贸易博览会于2014年8月21～25日在东莞市举行。广东省版权局和东莞市版权局继续在“漫博会”上设立版权服务工作站，期间共受理并完成登记程序的参展作品著作权免费登记320宗，并在“漫博会”现场核发《作品登记证书》198个；工作站共接受版权业务咨询160多人次；共派发版权保护笔记本、著作权保护宣传鼠标垫、版权保护宣传笔、版权知识宣传书签4万多本（件）。

六、促进版权交流

2014年3月24～26日，广东省版权局率广州漫友文化公司等15家单位的代表一行20人赴港以影视动漫为主题进行版权管理与知识产权贸易交流活动，参观了香港电视广播公司、香港海关、香港电影资料馆并与香港版权业界进行交流。4月10～12日，广东省版权局与香港海关、香港知识产权署携手举办2014粤港两地中学生版权知识和版权保护的交流活动，组织了海珠区版权局、海珠区教育局、广州市第五中学、广州市绿翠现代实验学校师生代表共22人的交流团赴港进行交流。7月25日，派员参加粤港保护知识产权合作专责小组第十三次会议暨新闻发布会。9月11日，派员参加2014年内地与我国香港、澳门特别行政区知识产权研讨会。

（广东省版权局　张同英　沈　欣）

司法工作

2014年，广东省各法院知识产权审判工作着力克服长期制约知识产权保护力度和司法能力提高的瓶颈问题，进一步提升知识产权司法水平和司法公信，为广东省实现“三个定位、两个率先”提供了有力的司法服务和司法保障。

一、审结一大批知识产权案件，特别是影响重大和疑难复杂案件，知识产权审判职能进一步有效发挥

2014年全省法院收案比2013年略有

下降，新收知识产权民事一审、二审、再审案件 29 407 件，同比减少 1.45%。审结一审案件 24 662 件，同比减少 0.63%，调撤 12 537 件，调撤率为 50.84%；审结二审案件 5519 件，同比增长 15.97%，二审发改 139 件，发改率为 2.52%。广东省高院知识产权审判庭受理的案件继续高速增长，新收知识产权二审民事案件 1250 件，同比增长 29.53%，加上一审、申诉审查及旧存案件，2014 年收案总数为 1548 件。审结案件 1243 件，同比多办结 364 件，增长率为 41.41%；人均办结 62.74 件，同比上升 16.55%。二审调撤案件 402 件，调撤率为 35.26%，同比下降 2.67%；发改案件 33 件，发改率为 2.89%，同比上升 0.57%。

坚持打造"精品案件"理念，依法审结一批类型新颖、疑难复杂和社会关注度高的典型案件，审理效果较好。2014 年，全省法院有 1 件案件入选最高人民法院公布的中国法院知识产权司法保护十大案件，3 件案件入选中国法院知识产权司法保护十大创新和 50 件典型知识产权案例。全省法院 5 宗案件的裁判文书、6 项调研成果分别在第三届全国知识产权优秀裁判文书评选和首届全国知识产权优秀调研成果评选活动中获奖。

二、坚持理论和体制机制创新，知识产权司法保护的整体效能进一步提高

深入推进"探索完善司法证据制度破解知识产权侵权损害赔偿难"试点。2014 年，在对前期试点工作进行阶段性总结的基础上，试点工作迈向深入推进的第二阶段。广东省高院知识产权审判庭加强对各试点法院综合运用证据披露、举证妨碍、优势证据、专家辅助人等证据制度和规则的指导，审结了一批具有典型意义的案件，在查明赔偿数额方面取得较好经验。广州市、佛山市中院在充分分析酌定因素具体情况及其对确定赔偿数额所起的作用的基础上适用法定赔偿原则。

结合全面开展知识产权民事、行政和刑事案件审判"三合一"改革试点工作，继续完善知识产权案件管辖布局。新增珠海市香洲区、惠州市惠城区和肇庆市端州区 3 个法院管辖一般知识产权案件，至此广东省有一般知识产权案件管辖权基层法院数量增加至 33 个。

依照最高人民法院和广东省高院深化体制改革部署，积极探索推动设立知识产权法院工作。在最高人民法院制定知识产权法院管辖案件相关司法解释过程中，针对广州知识产权法院跨区域管辖部分类型案件等实际情况，提出 12 条意见。制定《关于广州知识产权法院成立前后案件管辖过渡安排有关问题的通知》。

深入开展审判理论和实务研究，提升知识产权审判水平。广东省高院知识产权庭针对审判所涉专利授权等问题形成了《关于广东法院 2009～2013 年专利审判情况的调研材料》。为应对新商标法实施后出现的新情况和疑难问题，形成了《关于审理商标民事纠纷案件适用法律问题的调研报告》。为了解决当前广东省审理涉卡拉OK 场所侵害音像著作权案件中存在的突出问题，形成了《关于审理涉卡拉 OK 场所侵害音像著作权案件的调研报告》。针对微软等相关跨国公司起诉的侵害计算机软件著作权纠纷案件等进行分析，形成《关于我省法院审理涉微软公司软件著作权侵权案件的情况汇报》。对反垄断审判中新的法律适用问题进行研究，形成《积极探索破解新难题 努力推动反垄断审判新发展》。

此外，积极参与最高人民法院开展有关专利案件审判、知识产权和竞争纠纷行为保全、"三合一"改革工作、"三网融合"知识产权法律问题和知识产权"商业维权"等调研活动，组织审判力量对广东省专利案件审判领域进行经验总结和理论探索，形成《广东省侵害外观设计专利权纠纷案件审理相关情况的汇报》。针对《最高人民法院关于审理侵犯专利权纠纷案件应用法律

若干问题的解释（二）》三稿提出了意见和建议。

三、深化司法公开和司法宣传，彰显司法保护的权威和公正

全省法院注重提高二审案件公开开庭率和扩大重大敏感案件的公开透明度。广东省高院二审案件公开开庭率达到100%，扩大庭审公开程度。采取了下发通报对各市法院知识产权裁判文书上网公开情况进行排名、借助信息化手段建立明细台账制度以及针对重点地区单独跟踪督导等措施。

2014年“4·26知识产权宣传周”期间，广东省高院首次承办全国法院知识产权宣传周活动媒体见面会和新闻通气会，主办中央媒体“知识产权司法保护广东行”活动。

四、依法加强审判监督指导，统一裁判尺度和提升审判水平

运用审判情况分析通报、分类指导和沟通协调三项工作机制，依法加强审判监督指导。每季度对全省各项审判数据进行统计分析并印发《全省知识产权审判工作统计分析情况的通报》。召开“全省知识产权审判工作视频会议”。形成了《专利案件审判基本情况和典型案例分析》，监督指导下级法院有效克服审判工作的薄弱环节。组织专利复审委员会审查员赴具有专利案件管辖权的中院巡回授课。

五、结合“党的群众路线教育实践活动”，加强队伍作风建设和能力培养，打造公正廉洁、专业高效的知识产权审判队伍

在作风建设和廉政建设中将用制度管人的要求，落实到审判管理流程各个环节和审判工作各个方面。进一步查摆和整改审判工作中存在的“四风”和“六难三案”等问题，注重边学边查、边查边改，认真分析各项工作存在的薄弱环节。注意在审判中发挥法官团队作用以及审判业务骨干的传帮带作用，积极开展各种形式的业务学习，积极开展国内、国际交流，推动引入中国互联网协会辅助解决纠纷机制，与该协会签订广东省各法院委托调解涉及互联网纠纷案件协议，加快构建和完善多元化的纠纷解决机制。

（广东省高级人民法院知识产权审判庭）

检察工作

2014年，广东省检察机关在保护知识产权方面取得了以下成绩。

一、发挥检察职能，严厉打击侵权假冒犯罪

广东省各级检察机关充分发挥检察职能，严厉打击侵权假冒领域的犯罪行为。在办理案件中，能坚持政治效果、法律效果、社会效果相统一，针对重大案件提前介入，参与公安机关的阅卷、现场勘查、案情讨论等侦查工作，及时对公安机关取证方向提出意见，对办案中发现的问题，向有关部门提出检察建议，协助有关部门堵塞漏洞，建立长效的管理机制，取得了较好的效果。2014年，全省检察机关批准逮捕生产、销售伪劣商品罪案件2260件2959人，提起公诉2593件3154人；批准逮捕侵犯知识产权罪案件1706件3092人，提起公诉1527件2674人。

二、大力推进行政执法与刑事司法衔接工作

2013年12月广东省直行政执法与刑事司法衔接信息共享平台进入正式运行阶段，广东省检察院与广东省直25个成员单位实现了网上信息互通。2014年4月，在广东省检察院的推动下，广东省委政法委组成8个工作组对广东省直成员单位、各地市信息共享平台建设进行检查，同时要求省直20个成员单位如广东省工商局、质监局、烟草专卖局等草拟管辖的行政处罚和移送涉嫌犯罪案件的标准，并与广东省检察院、广东省公安厅联签下发到各地，规范基层执法。经过广东省检察院与广东省“双打办”共同研究，决定建设广东省“双打”信息共享平台，并将广东省“双打”信息共享平台纳入广东省“两法衔接”平台建设二期工程，作为平台升级的一个子项目进行设计开发。该平台计划在2014年年底完成建设并与全省及中央平台互联互通。

三、扎实开展破坏环境资源和危害食品药品安全犯罪专项立案监督活动

根据最高人民检察院的统一部署，广东省检察机关开展了为期8个月的专项监督活动。通过将“两法衔接”工作与专项监督活动相结合，不仅完善了广东省“两法衔接”工作机制，而且取得了预期的监督效果。针对以往此类专项监督活动由检察机关一家开展、有关行政执法机关配合度不高的问题，广东省检察院通过省“两法衔接”工作机制，与广东省公安厅、环保厅、国土厅、农业厅、水利厅、林业厅、食药监管局联合下发了专项监督工作方案，各级检察院也与当地相关部门联合制订了实施方案，明确了工作要求，界定了工作职责，确定了工作措施等，形成了工作合力。检察机关通过多种形式对行政处罚案件进行梳理核实，从中排查出有案不移、有案不立、以罚代刑的线索。广东省检察院挂牌督办了潮州博大食品有限公司制售含有“三聚氰胺”食品案、惠州姚月胜等制售病死猪肉案、广州黄佳泽等制售假劣药品案、潮州陈亦鹏等制售假药案、茂名学生集体中毒等案件，取得了很好的社会效果和法律效果。

四、增设机构，加强打击知识产权领域违法犯罪的专业化建设

广东省检察院于2015年年初批准民事行政检察处增设知识产权监督科，组建办理知识产权民事、行政类案件的专业化机构和专业化队伍。该举措将有利于应对当前广东省多发频发的知识产权犯罪案件，有利于培养一支专业化、高水平的队伍。

（最高人民检察院侦查监督厅供稿）

广西壮族自治区

专利工作

2014年，广西壮族自治区知识产权工作突出“增量提质、融资交易、护航维权、健体搭台、育才贯标”，深入实施知识产权战略，推动全民发明创造活动深入开展。

一、主要成绩

（1）全民发明创造工作再上新台阶。2014年，广西每万人口发明专利拥有量增长率、发明专利授权量增长率位居全国首位，每万人口发明专利拥有量是“十一五”期末的4.1倍。广西专利综合实力指数由2011年全国第二十七位升至第二十一位。（2）知识产权对产业支撑作用进一步凸显。支持了一批专利技术成果转化运用，有5项专利获得第十六届中国专利奖，累计新增销售额超100亿元，创利税25亿元。南宁市、柳州市高新区成为国家知识产权试点园区。6个县列为国家知识产权强县工程试点县(区)。桂林市获国家知识产权试点示范城市工作先进集体。（3）知识产权服务能力显著增强。新获得专利代理人资格106人，同比增长约60%；专利代理机构发展至26家，承担了广西发明创造70%以上的代理业务。156人被确认为首批广西“十百千知识产权（专利）人才”。在5个重点产业开展了专利预警分析、专利导航等工作。19 家企业的 80 件专利质押融资 1.53 亿元。(4)知识产权保护工作进一步加强。全区共查处假冒专利案件 254 件，比 2013 年增长 418%，办结专利纠纷案件 12 件，比 2013 年增长 100%。

二、主要措施

(1)加强统筹协调，推进知识产权战略深入实施。召开全区科技工作暨知识产权工作会议。完成广西实施知识产权战略阶段性总结评价。落实自治区本级知识产权(专利)经费 8430 万元。编制《2014 年全国专利事业发展战略推进计划(广西实施方案)》。

(2)深入实施发明专利倍增计划，推动发明专利申请数量和质量同步提高。将发明专利受理量和每万人口发明专利拥有量纳入政府年度绩效考评指标，加大质量考核权重。修改完善《广西壮族自治区专利申请资助和奖励暂行办法》，促进发明专利授权、拥有与申请同步增长。开展专利申请质量监测试点工作。

(3)继续开展企业、市县知识产权试点示范，提升知识产权工作水平。认定贯标服务机构 8 家，服务贯标企业 40 家。认定国家知识产权优势企业 9 家，知识产权优势培育企业 35 家。新增自治区知识产权工作示范县 8 个、试点县 13 个；支持申报国家级知识产权示范园区。79 个县(市、区)设立知识产权局，占全区县(市、区)总数的 71.8%。

(4)深入开展“护航”专项行动，提高专利执法维权绩效。组织 14 个市开展文化用品、机械、家电和建材等领域的专利专项检查。每个市均开展 2 次以上专项执法检查，查处假冒专利案件均达 15 件以上。在中国—东盟博览会等展会上开展专利行政执法检查。与广东、海南两省首次开展跨地区的查处联合行动。

(5)引导专利转化交易，推进专利商用化和产业化。安排 2100 万元经费，支持企业核心专利技术应用推广。举办第四届广西发明展，共有 300 多家企业、756 项目参展，交易总额 2.01 亿元。加强广西(桂林)知识产权交易中心、广西(南宁)知识产权交易中心建设，专利权、专利申请权转让 560 件，比 2013 年增长 112%；专利实施许可合同备案 113 件，许可合同金额 510 多万元。引进 26 件区外优秀发明专利并产业化，新增产值近 8 亿元。

(6)加强专利信息传播与利用，提高知识产权信息服务水平。完成航空用大规格高性能铝合金和朗姆酒专利预警风险分析项目，组织开展汽车与发动机产业和铝产业专利导航及应用示范研究，开展纯电动小型客车和木薯产业专利信息分析应用示范项目，为广西特色产业发展提供技术支撑。组织实施“广西专利信息利用帮扶项目”。

(7)加强人才体系建设和宣传工作，营造知识产权文化氛围。组织完成首批广西“十百千知识产权(专利)人才”选拔，建立广西知识产权人才库。印发《广西知识产权培训基地管理办法》，建设 4 个广西知识产权培训基地。举办 22 场培训班，培训人数逾 3000 人次。认定 20 个广西中小学生发明创造示范单位。结合广西发明展等活动开展多种形式的宣传。

(广西壮族自治区知识产权局)

商标工作

2014 年，广西壮族自治区工商系统积极推进商标战略实施，严厉打击侵权假冒行为，较好地完成了各项工作任务。

开展“商标兴桂”活动，稳步推进商标战略。以培育帮扶地理证明标志为抓手，开展“商标富农”工作，制定下发《关于加强地理标志商标培育和使用管理的通知》，要求各级工商部门在辖区内选择 2～3 个有发展潜力、具有地方特色的农产品地理标志作为培育和发展的重点，引导帮助申请注册原产地证明商标或集体商标，并进一步加大执法力度，保护好农产品地理标志；组织人员到百色、巴马进行地理标志商标调研。2014 年 9 月在南宁组织召开 2014 年世界知识产权组织有效利用马德里商标国际注册体系巡回研讨会。定期走访联系帮扶企业，帮助解决实际困难。

加强行政执法，严厉打击假冒商标和侵权行为。以保护注册商标专用权为核心，以商品批发零售市场为重点，加大对商标专用权的保护力度。各市工商系统先后开展了“蓝带”“第二届夏季青年奥林匹克运动会标志”“青蛙王子及图”等商标专项整治行动。截至 2014 年 12 月底，共查处商标侵权假冒案件 1429 件，罚没金额 423.21 万元。

以新《商标法》实施为契机，广泛开展商标知识宣传。积极引导新闻媒介开展公益宣传，刊登、播出商标服务公益广告 570 条(次)；围绕知识产权保护开展宣传咨询服务活动 371 场次，向群众发放宣传资料 10.1 万份；广泛深入宣传新《商标法》，汇编印制了 12 000 份《商标知识宣传手册》下发市县工商局和基层工商所。同时，引导生产者、经营者按照新《商标法》规范使用商标。

2014 年，全区商标申请量 18 828 件，注册量 11 882 件，累计有效注册量 68 258 件。

(广西壮族自治区工商行政管理局)

版权工作

2014 年，广西壮族自治区版权局认真贯彻执行国家版权局和自治区人民政府有关工作部署，积极履行工作职责，持续深入组织开展打击侵犯知识产权和制售假冒伪劣商品工作，继续推进和巩固使用正版软件工作，建立健全软件正版化长效管理机制，持续做好版权培训、教育、宣传、版权工作调研和版权公共服务等工作。

一、打击侵权盗版工作

(一)强化部署，积极行动，持续深入开展“双打”工作

国家和自治区 2014 年有关继续开展打击侵犯知识产权和制售假冒伪劣商品专项行动(以下简称“双打”专项行动)的通知要求下达后，自治区版权局积极研究部署开展专项行动。一是自治区版权局下发了《关于继续深入开展打击侵犯知识产权和制售假冒伪劣商品通知》，并将“双打”专项行动列入了 2014 年绩效考核范围，认真组织实施。二是组织召开全区专门会议，对全区“双打”工作进行部署。三是会同公安、通信管理等有关部门，发文部署，集中力量开展第十次打击网络侵权盗版的“剑网”行动。四是分别与公安厅、网信办、工信委等部门建立健全了联动工作机制。

(二)加强源头监管、市场监管

一是联合印刷处等部门加强对印刷复制企业的教育宣传，确保从源头上有效防止和堵塞漏洞。二是加大对图书、音像制品的市场监管。加强对全区各市所在城区、所辖市县的图书、软件、音像制品零售企业、出租门店、光盘复制企业等音像市场的日常监管和巡查工作，重点开展了对电脑城、音像城、图书批发集散和主要区域市场检查。

(三)继续深入开展“剑网”行动

在“剑网”行动期间，全区各级版权部门与公安、通信管理、网络运营商等部门紧密配合，充分发挥各自优势，强化主动监管和适时监控，采取主动深入重点网站现场查看等措施，加强对全区网站的监管。加强重点视听网站的监管。对全区 10 家持证视听网站和 12 家备案网站进行摸底检查，截至 2014 年 12 月初，广西电视网因网络转载未授权影视剧被起诉外，其他网站均未发现有违规侵犯知识产权行为。

（四）认真做好版权案件查办工作

广西壮族自治区版权局认真抓好国家版权局所移转案件的查办工作，并督办全区各市侵权盗版案件查办工作。2014年全区共查处著作权案件39起，其中列入统计表34起，刑事案件12起（已判决11起），行政案件22起，有效维护了权利人的合法权益和社会公共利益。

二、软件正版化工作

2014年3月，根据国家版权局《关于做好市县级政府机关软件正版化检查整改验收和宣传等工作的通知》要求和广西壮族自治区人民政府的批示，广西版权局认真贯彻自治区推进使用正版软件工作厅际联席会议领导小组的要求，规范管理，落实责任制度，在完成机关正版化（包括党委、政府、人大、政协、法院、检察院、民主党派和人民团体等机关）的检查整改工作基础上，全区各市、县（市、区）在机构改革的同时保留了各级人民政府使用正版软件工作领导小组及其办公室；各级政府正版化领导小组的组长都由当地政府分管主要领导担任。自治区还对应国家推进使用正版软件工作部际联席会议制度，建立了由全区13个相关政府部门组成的自治区推进使用正版软件工作厅际联席会议制度。真正做到在各级政府有机构办事、有领导主事、有人员做事，在政府主导下将推进正版化工作全面落到了实处。为明确“联络图”，广西壮族自治区版权局汇总了《省级机关负责信息化工作部门及其负责人信息表》报送至国家推进使用正版软件工作部际联席会议办公室。2014年3月24～27日，受国家推进使用正版软件工作部际联席会议委派，国家软件正版化工作第11检查组到自治区检查市县政府机关使用正版软件检查整改工作完成情况。国家检查组先后深入桂林市和南宁市，实地检查了桂林市政府办、财政局、商务局，南宁市政府办、统计局、法制办等6家市级机关和阳朔县政府办、组织部、商务局，青秀区文体局、统计局、审计局等6家县区级机关。查阅了大量的相关资料，现场随机抽查了72台计算机，并听取了自治区政府副秘书长吴建新对全区推进使用正版软件工作的情况汇报。经过全面深入、认真细致的工作检查之后，国家检查组在充分肯定自治区推进使用正版软件工作成绩的同时，提出了巩固长效管理机制宝贵的意见和建议。2014年4月、11月，自治区政府使用正版软件工作领导小组办公室组织全区开展督查行动，到全区机关以及各市、县（市、区）进行正版化督导检查工作，始终保持强力推进工作的积极态势，对软件正版化工作长效机制建设常抓不懈。

三、版权宣传教育与社会公共服务工作

2014年，在“4·26知识产权宣传周”期间，自治区版权局专门下发通知，要求各市组织主流媒体举办新闻媒体通报会，主要通报推进各级机关和企业全面完成使用正版软件检查整改情况。4月24日，自治区版权局在南宁市举办了新闻媒体通报会，组织中央和自治区20多家媒体发布了2013年自治区打击侵权盗版总体情况，推进全区机关和企业使用正版软件工作总体情况以及版权培训、教育、宣传和公共服务的相关情况。全区14个市版权部门也先后在“4·26知识产权宣传周”期间举办了新闻媒体通报会。据不完全统计，中央、自治区和地方新闻媒体发稿100多篇（件）。全区广播电台、电视台和相关互联网播放了《版权知识宣传》系列动画片。此外，积极做好版权登记和涉外版权合同备案工作，全年登记版权作品173件，备案涉外版权登记合同318件。

四、“两法衔接”与著作权案件查处工作

在查处著作权案件中，广西壮族自治

区版权局严格按照国务院有关“两法衔接”的规定，够条件一起移送一起，做到规范化、常态化。同时，加强同公安机关的协调配合，强化联合执法，形成快速反应机制。在重点案件中注重向上级部门请示汇报争取法律支持，上下形成合力。例如在同公安、检察机关协作中，注重加强法律方面的互动交流，从不同的专业角度共同分析研究案情，开展讨论，推动案件的查办工作。

（广西壮族自治区版权局　杨训国）

司法工作

2014 年，广西壮族自治区各级法院充分发挥知识产权审判职能作用，审判质量效率进一步提升、司法宣传不断加强、指导基层工作扎实推进、各项工作全面发展。

一、审判质效大幅提高

2014 年，全区法院共受理知识产权案件 1372 件，同比上升 1.48%，审结 1120 件，同比下降 1.49%，其中受理一审案件 1122 件，审结 903 件，受理二审案件 247 件，审结 215 件。全区法院民事知识产权一审调撤率达到 62.02%。

（一）知识产权二审案件收结案创历史新高

2014 年，知识产权审判庭共受理各类案件 182 件（旧存 21 件，新收 161 件），审结 160 件，结案率 87.85%，比上年提高 0.45%。其中新收知识产权二审案件 146 件，比上年增长 124.62%，审结 140 件，比上年增长 122.22%。新收申请再审民事知识产权案件 2 件，民事审判监督案件 2 件，其他民事再审 1 件，与 5 个中院组成合议庭审理涉诉信访评查案件 11 件。

（二）人均结案跨越式增长，审判质效大幅提高

2014 年，广西壮族自治区高院知识产权审判庭在法官人数比上年少 1 人而二审案件是上年两倍多的情况下，结案率比上年还提高了 0.45%，调撤结案 43 件，比上年的 17 件提高了 152.94%。审结的知识产权案件中，没有涉诉信访案件。

（三）妥善化解对民族文化传承、地方特色产业和娱乐行业发展有重大影响纠纷案件

涉及 KTV 系列著作权纠纷案、在广西壮族自治区有重大影响的瑶医药学著作权纠纷案、具有民族特色被最高人民法院评为全国 50 件知识产权典型案例的“桂林豆腐乳花桥商标纠纷案”，涉及自治区“桂林三宝”这一地方特色产业的发展，二审判决对商标的权利公示及商标与商号冲突等问题总结出具有指导意义的裁判规则，对地方特色产业的发展起到良好的规范和保护作用。

（四）调研成果显著

坚持精品审判意识，在妥善解决纠纷的同时，注重总结案件审理中具有普遍意义的裁决规则，并在理论上加以研究完善形成研究成果。广西壮族自治区的调研成果《广西法院知识产权司法保护状况》在最高人民法院《全国法院知识产权年鉴》上发表，《关于特许经营合同案件审理的调研报告》被最高人民法院采用并将集结公开出版，《法制化推进党的制度建设，提高执行力》调研报告获得广西壮族自治区高院机关党建优秀调研成果奖，此外还完成了《关于加强司法保护力度、降低知识产权维权成本的调研报告》《广西法院五年来商标案件有关法律适用情况的报告》等专题研究报告。

（五）宣传工作进一步加强

注重加强知识产权司法保护宣传力度，“4·26 世界知识产权日”期间开展集中宣传活动，公布 2013 年广西知识产权案件十大案例，在中国裁判文书网站上发布

知识产权案件裁判文书。

（六）加强与区直知识产权管理部门的协调

积极参加区直知识产权管理部门的会议，结合法院工作实际，介绍知识产权司法保护的经验、做法和建议。派同志参加广西著名商标评选、自治区知识产权办公会议、为律协知识产权专业委上课等。

（七）专家陪审制度帮助知识产权案件事实调查

为解决知识产权审判中的专业和技术难题，全区各级法院知识产权庭积极探索建立技术专家事实查明机制，包括专家型人民陪审员、专家证人、专家咨询等制度。

（八）创新对基层指导的方式方法

举办全区法院知识产权审判业务培训班。为了进一步提高全区法院知识产权审判业务水平，2014 年 6 月广西壮族自治区高院知识产权审判庭在广西法官学院举办了知识产权审判业务培训班。

二、党建工作不断加强

加强党建工作，以党建带队建促审判，在人少案多矛盾突出的情况下，实现了收案、结案、人均办案数超常发展的良好势头。

（一）加强政治理论学习

广西壮族自治区高院知识产权审判庭认真学习习近平总书记系列讲话精神，认真学习十八届三中、四中全会精神，明晰了党中央关于司法改革的总体思路、部署，按照党中央的要求，扎实开展司法改革。

（二）认真开展“司法作风建设年”活动

按照广西壮族自治区高院党组的统一部署，认真开展教育活动，强化规章制度刚性执行，切实改进司法作风。

（三）开展特色党建活动

坚持庭领导谈心制度，庭领导与每位干警交流工作中的问题，共同研究全庭工作，注重发挥党员的特长，带动干警进步。

（广西壮族自治区高级人民法院
知识产权审判庭）

检察工作

2014 年，广西壮族自治区检察机关在保护知识产权方面取得了以下成绩。

一、充分发挥职能作用，保持打击侵权假冒犯罪力度

2014 年，广西壮族自治区检察机关保持了对侵犯知识产权和制售假冒伪劣商品犯罪的打击力度，对于公安机关提请批准逮捕、移送审查起诉的相关案件，在注重证据审查、准确把握批捕起诉条件的同时，坚决依法及时批捕、起诉了一批侵犯知识产权和制售假冒伪劣商品犯罪案件。2014 年，共批准逮捕侵犯知识产权犯罪案 28 件 31 人，提起公诉 47 件 70 人；批准逮捕制售假冒伪劣商品犯罪 111 件 198 人，提起公诉 178 件 314 人。检察机关通过切实发挥职能作用，有力打击和震慑了侵犯知识产权和制售假冒伪劣商品犯罪活动。

二、大力推进“两法衔接”信息共享平台建设

广西壮族自治区自 2010 年起着手建立“两法衔接”的信息共享平台；广西壮族自治区打击侵犯知识产权和制售假冒伪劣商品工作领导小组办公室在 2013 年借鉴外地工作经验和做法，商请财政部门拨付专款解决“两法衔接”机制信息平台建设的相关费用问题；2014 年 6 月信息共享平台正式建成启用。广西壮族自治区打击侵犯知识产权和制售假冒伪劣商品专项行动领导小组办公室在 2014 年 10 月印发了《广西打击侵权假冒领域行政执法与刑事司法衔接信息共享平台运行管理办法》，明确了信息共享的范围、录入时限、责任追究等内容。目前，已经建立打击侵权假冒领域行政执法与刑事司法衔接信息共享三级联网平台。广西壮族自治区各级检察机关派出专门人员参加培训，为执法动态交流和业务研讨提供了便捷的平台，有效提升了查处侵犯知识产权和制售假冒伪劣商品领域的违法犯罪的工作效率，为强化检察机关法律监督、促进行政执法机关依法行政提供了坚实的保障。

三、借力专项立案监督活动，打击侵权假冒犯罪分子

广西壮族自治区检察机关按照最高人民检察院的工作部署，开展了为期 8 个月的“破坏环境资源和危害食品药品安全犯罪专项立案监督活动”，监督行政执法机关移送生产销售伪劣产品犯罪案件 4 件 4 人，监督公安机关立案 14 件 40 人，稳准狠地打击了侵犯知识产权和制售假冒伪劣商品犯罪分子。

四、加强协调配合，研究长效机制，促进社会综合治理

广西壮族自治区检察机关积极开展调查研究，形成了《广西壮族自治区开展行政执法与刑事司法衔接工作情况的现状及对策》的调查报告，为领导科学决策提供参考。同时，广西壮族自治区各级检察机关结合办案实际，加强调查研究，积极向当地党委、政府和相关企业提出强化管理、消除隐患、预防犯罪和建章立制的检察建议，促进企业管理和社会管理创新，与公安机关、监察机关以及其他行政执法机关就联席会议、情况通报、备案审查、案卷查阅等加强沟通，达成共识，研究建立开展打击侵犯知识产权和制售假冒伪劣商品犯罪长效机制。

（最高人民检察院侦查监督厅供稿）

海南省

专利工作

2014 年，在国家知识产权局的指导和帮助下，海南省知识产权局认真贯彻党的十八届三中、四中全会精神，围绕知识产权中心工作和知识产权战略纲要实施，落实工作任务，使海南省知识产权创造、运用、保护、管理取得新成效，获得新发展，为海南省经济社会科技文化发展作出了新贡献。

2014 年，海南省加大知识产权工作投入力度，全年用于知识产权事业的各类资金共 1015 万元，1060 项知识产权各类项目以资助、补助及奖励。至 2014 年 10 月底，海南省专利申请量 1885 件，同比增长 6.6%；专利授权量 1363 件，同比增长 16.7%；有效发明专利达到 1748 件，万人有效发明专利拥有量为 1.97 件，同比增长 18.8%。专利质量大大提高，2014 年度荣获第十六届中国专利奖专利金奖 1 项、优秀奖 3 项。6 项专利获得金融机构质押融资 1.365 亿元人民币。全省 146 家高新技术企业的 83.8%的专利实现产业化，预计实现工业总产值 350 亿元。

一、大力推进知识产权战略

经海南省政府批准建立了海南省知识产权战略实施工作联席会议制度，明确海南省知识产权局牵头，海南省工商、版权、工信、质监、公安等政府职能部门参加，加强知识产权相关部门的协同作用，有力促进了知识产权战略实施工作的组织领导、指导协调和督查落实。2014 年年初召开第一次联席会议，对海南省知识产权战略纲要发布3年来的实施情况进行总结，研究制定了2014年度海南省知识产权战略实施工作计划。专利周期间，联席会议制度成员单位配合海南省知识产权局开展了“知识产权雷霆联合执法活动”，严厉打击了知识产权侵权行为，创新了行政执法工作，扩大了影响。

二、大力推进专利事业发展战略推进计划实施

海南省知识产权局制定和实施了“2014年海南省专利事业发展战略推进工作组织实施方案”，推动海南省多方面工作积极开展。在落实17项具体任务中，完成了12项必选项、3项选做项、1项指定项，共34项具体工作。

三、大力推进专利行政执法

组织联合执法队，每周三定期在海口市开展专利行政执法专项行动，检查大型商场、药店、卫浴洁具市场销售的专利产品，掌握一批假冒专利产品线索，与广东、广西两省区知识产权局联合开展统一执法行动。依法调处了多起专利侵权纠纷案件。同时，积极推进泛珠三角区域合作交流，与广东、广西两省区签署“协作方案”，赴广州市、南宁市协助广东省、广西壮族自治区在广交会、第11届中国—东盟博览会等开展专利行政执法活动。

四、大力推进知识产权培育

一是积极推进企业知识产权培育工作。对知识产权贯标企业、优势企业和示范企业等企业的培育进行分类指导，指导海南省2家国家级示范企业、8家国家级优势企业、9家省级优势企业培育，2014年新增培育“贯标”企业21家和优势企业15家。二是稳步推进知识产权试点园区建设。指导海口国家高新区开展国家知识产权试点园区建设工作。三是开展企业专利“消零”试点工作。在海口国家高新区开展企业专利消零试点工作，计划2年期专利消零试点工作，完成30家企业专利消零任务，已落实了第一批15家企业参加消零试点。

五、大力推进知识人才体系建设，为知识产权创造保护运用和管理提供智力资源

建立健全知识产权人才体制机制，形成省、市、县三级人才工作体系和政府职能部门、科研院所、企业紧密相连的人才工作格局。目前，海南省知识产权人才库包含120余名各领域专家信息，成为海南省项目立项、验收、培训等重点专家和师资的智力资源。推荐12名候选人参加国家知识产权局知识产权领军人才和高层次人才评选，推荐19名候选人参加中国专利奖评审专家评选。多家单位和个人荣获国家知识产权局人才工作先进单位和个人表彰。

六、大力推进知识产权培训

围绕知识产权创造运用保护管理服务的能力水平提高，开展了一系列培训活动，参加人数达2000人。一是集中培训。组织了“欧共体外观设计巡回研讨会”等4个培训班，培训人数达600人。二是专题讲座。组织了“专利权的保护及介绍”等专题讲座。三是组织开展工作研讨会、座谈会、调研会多期，参加人数达300人。四是组织开展知识产权“一站式”培训服务，对企业开展全员培训，有26家知识产权企业申请参加培训，人数达到600余人。

七、大力推进专利信息服务

一是培育知识产权服务品牌。海南经济特区产权交易中心被列为2014年国家知识产权服务品牌机构培育单位。引进广东、北京等知识产权服务机构在海南省设立分支机构开展服务。二是联合海南省科协为省内100家企业免费安装了《专利数据检索系统》(1998～2010版)，并进行使

用系统专题培训和指导。三是开展国内交流学习。组织海南省知识产权管理部门、企业、服务机构人员参加中国国际专利技术与产品交易会，到广东省考察学习。

八、大力推进知识产权政务服务

组织召开全省科技与知识产权工作会议、海南省知识产权战略实施工作联席会议，专利战略推进计划启动会议等。在季度、半年、全年等重要时间节点，及时召开工作分析会、汇报会等，开展督办检查，及时推动工作任务落实。加强知识产权宣传，在国家、海南省主流媒体刊发信息共22篇，在省政府、厅网站刊发信息45篇。拍摄《知识产权之光》专题宣传片，印发《前进中的海南知识产权事业》宣传册，全面系统地介绍了海南省知识产权政策、发展现状和前景。

九、大力推进调查研究和改进工作作风

不断巩固党的群众路线教育实践活动成果，改进工作作风，开展海南省知识产权专项资金管理、企业专利消零试点、提高专利申请质量等专题调研。

（海南省知识产权局）

商标工作

2014年海南省工商系统努力推进商标战略发展，着重加强行政指导、商标保护、教育培训，取得显著成绩。

发挥行政指导作用，深入开展商标注册引导工作。积极发动和引导市场主体申请注册商标。组织全系统对辖区内农产品商标状况进行调查摸底，有针对性地提升全省农产品品牌的知名度。下工夫开展特色农业产业的分类指导，对无注册商标的积极帮助其设计商标，引导其申请注册商标，对已有注册商标的，指导其正确使用和灵活运用商标，提高市场占有率，对于已具备条件的企业，引导其申请著（驰）名商标或地理标志商标。通过积极努力，全省培育地理标志商标有了突破性进展。

组织开展专项行动，严厉打击商标侵权假冒行为。开展了全省商标侵权专项整治行动、保护第二届夏季青年奥林匹克运动会标志、保护“青蛙王子及图”注册商标专用权、打击互联网领域侵犯知识产权和制售假冒伪劣商品工作4次专项整治行动，共查处商标侵权案件413宗，罚没款143万元，有效维护了良好的市场秩序。

以新《商标法》实施为契机，大力开展宣传与培训。利用“3·15消费者权益保护日”“4·26知识产权宣传周”等时机，积极开展新《商标法》宣传活动，利用媒体轮播《商标法》宣传广告，在主要街道、广场、购物点等悬挂商标战略宣传标语、摆放广告牌，向群众发放新《商标法》学习资料，设置咨询台，主动向群众讲解商标真伪鉴别方法，接受企业和消费者现场咨询。外请专家授课，以视频方式举办新《商标法》学习培训班；自选业务骨干进行授课，以面对面方式举办新《商标法》及商标监管业务培训班。全省工商系统相关人员以及部分驰名、著名商标企业代表、商标代理机构工作人员参加培训。

2014年，全省商标申请量10 510件，注册量4946件，累计有效注册量31 662件。

（海南省工商行政管理局）

版权工作

2014年，海南省版权工作坚持以党的十八大和十八届三中、四中全会精神为指导，遵循依法治国的治国理念，为海南经济社会建设作出贡献。

一、软件正版化工作

2014年，根据国务院关于推进使用正版软件工作要求和国家推进使用正版软件工作部际联席会议工作计划，海南省进一

步巩固政府机关使用正版软件工作成果，落实软件正版化相关制度，逐步形成软件正版化长效机制，继续推进企业软件正版化工作，完成新闻出版行业企业软件正版化工作任务。

（一）切实加强和巩固政府机关软件正版化工作成果

贯彻落实推进使用正版软件部级联席会议和国家版权局版权工作要求，制发《海南省2014年推进使用正版软件工作计划实施方案》。组织开展软件正版化检查，进一步巩固海南省政府机关软件正版化成果。国家推进使用正版软件部级联席会议分别于3月和11月派检查组对海南省政府机关软件正版化工作情况进行了检查，省内自行组织检查2次。拟定《海南省政府机关使用正版软件工作考核细则》，计划于2015年实施。

（二）按期完成省内大型出版行业企业软件正版化整改任务

按照国家推进使用正版软件工作部际联席会议的要求，完成海南报业集团、海南凤凰新华书店公司等省内两家大型新闻出版企业的28家二级企业软件正版化工作，采购操作系统、办公软件130套，采购金额达19.246万元。

二、版权保护工作

（一）开展“剑网2014”专项行动

2014年6月20日，按照《关于开展打击网络侵权盗版“剑网2014”专项行动的通知》要求，海南省文化广电出版体育厅厅长、省版权局局长朱寒松批示，要求分管副厅长杨浩强负责主抓专项行动的落实。海南省版权局迅速联合省公安厅、省通信管理局、省互联网信息办公室等部门召开了打击网络侵权盗版专项行动工作会议，成立了海南省“剑网2014”专项治理行动领导小组，制定了《海南省2014年打击网络侵权盗版专项治理“剑网行动”工作计划》。省版权局版权处负责协调、联络开展专项行动，省公安厅治安总队、省通信管理局互联网管理处、省互联网信息监管处等分别明确了各自的职责分工，启动海南省2014年打击网络侵权盗版专项治理“剑网”行动，同时在海南日报等省内主要媒体上发布了海南省开展“剑网2014”行动消息，并公布了网络侵权盗版的举报方式。

专项治理行动期间，海南省版权局开展了以南海网等省内大型网络企业为主的网络侵权盗版自查自纠活动，加强对主动监管网站和重点监测网站的网上监察，并组织“剑网2014”行动小组成员开展查处工作。查处了南海网举报琼海在线等5家网站非法转载新闻报道一案；根据国家版权局移转的“霸图中文网”涉嫌网络侵权盗版线索开展了调查，并将结果及时反馈给国家版权局。

（二）进行计算机预装盗版软件市场整治

为加强计算机预装盗版软件源头治理，海南省版权局分别于2014年上半年和下半年组织开展了计算机预装盗版软件市场整治。整治期间，各市县文体（版权）部门联合工信、工商、税务等部门对辖区内计算机销售场所进行了检查，共出动检查人员500多人次，检查计算机销售商铺112家次，对存在预装盗版软件的13家商户提出了整改要求，并记录在册。

（三）开展盗版制品集中销毁和“绿书签活动”

4月24日，海南省“扫黄打非”领导小组办公室组织各成员单位举行与全国统一时间的“2014年全国侵权盗版及非法出版物集中销毁海南分会场活动”，此次活动销毁侵权出版及非法出版物26万多件。活动现场还开展了现场签名和发放绿书签活动，表达对“打击侵权盗版、支持正版，保护知识产权”的坚定决心。

（四）打击侵权假冒专项治理行动

根据《国务院办公厅关于开展打击侵犯知识产权和制售假冒伪劣商品专项治理行动通知》和海南省“双打”办工作要求，结合全省文化市场监管工作实际，全省各级文化市场执法机构在互联网文化、出版、印刷、图书发行、音像制品发行等领域进行了专项或者不定期的执法检查工作。2014年，在打击制售假冒伪劣商品和侵犯知识产权行政执法检查及案件查处工作中，全省共出动检查人次 11 991 人次，检查经营单位 8019 家次，立案调查 6 件，移送案件 4 件，罚款 115 000 元。其中，对互联网文化出动检查人数 94 人次，检查经营单位 89 家次；对互联网视听节目服务单位出动检查人数 69 人次，检查经营单位 182 家次，责令改正 11 家次；对音像（电子）出版物经营单位出动检查人数 6334 人次，检查经营单位 4169 家次，责令改正 53 家次，查处销售非法音像制品摊点 33 个，收缴非法音像制品 125 036 张；对书报刊经营单位出动检查人数 5494 人次，检查经营单位 3567 家次，责令改正 29 家次，查处销售非法图书摊点 2 个，收缴非法图书 692 册。

（五）查处侵权盗版案件有功单位及个人表彰

组织 2013 年度查处侵权盗版案件有功单位和个人表彰的初评和推荐工作，最终确定推荐 4 个集体参评有功单位、5 名个人参评有功个人。

三、版权宣传培训工作

一是开展 2014 年“4·26 知识产权宣传周”活动，联合海南省知识产权局、海南省工商局、海南省公安厅等单位举办知识产权宣传周广场宣传活动。

二是组织政府机关使用正版软件培训班，70 多家省直机关和 19 个市县分别派信息主管人员参加了培训；三亚市、海口市分别组织开展了全市政府机关软件正版化培训，各市直机关代表参加培训。

三是为提升企业及相关工作人员保护版权的自觉意识，海南省版权局与行业主管部门联合对所属行业企业的分管领导及信息部门工作人员进行了企业软件正版化知识培训，举办培训班 3 期，参加培训企业 32 家，参培人员 78 人。

四、版权公共服务工作

组团参加 2014 年 8 月在成都举行的第五届中国国际版权博览会，海南省版权局版权处和海口市、三亚市版权局相关负责人一行 7 人分别参加了国际版权论坛、观摩了版权博览会展览。2014 年，海南省继续做好作品自愿登记工作，全年受理作品自愿登记申请 98 件，发放作品自愿登记证 88 份；受理全省出版单位涉外图书出版合同登记申请 196 件，备案登记合同 186 件。

（海南省版权局　曾伯林）

司法工作

2014 年海南省高院致力于“智慧岛”的建设，稳步推进知识产权审判“三合一”试点工作，充分发挥知识产权司法保护主导作用，圆满完成全年工作任务。

一、切实抓好执法办案第一要务

2014 年，海南法院共受理涉及知识产权案件 287 件，按类型分，其中民事类 245 件，占 85.4%；刑事类 40 件，占 14%，受刑事追究人员 57 人；行政类 2 件，占 0.7%。按审级分，一审 258 件，占 90.0%，二审 29 件，占 10%。收案数量比 2013 年增加 18 件，数量增幅虽不大，但案件类型有较大变化，尤其是实行知识产权审判“三合一”以来，刑事和行政案件的数量增长较快。二审案件中，诉讼案件 21 件，请示案件 8 件，发回重审 1 件，改判 4 件。

法院	民事案件		刑事案件		行政案件	
省高院	21	8.6%	8	20%	0	0
一中院	24	9.8%	4	10%	1	50%
二中院	10	4.1%	11	27.5%	0	0
海口中院	166	68%	13	32.5%	1	50%
三亚中院	24	9.8%	4	10%	0	0
总计	245	100%	40	100%	2	100%

(一)以均衡结案促审判质效

积极落实均衡结案及审限管理,所有案件均在审限内审结,在实现效率的同时也实现了办案质量、社会效果的有机统一。此外,严格执行已结案件裁判文书上网制度,裁判文书上网率达到100%。

(二)妥善处理审判与调解的关系,调解优先、调判结合

近两年来,随着网吧系列案逐渐统一裁判尺度,树立行业规范,大批量网吧侵权案件的数量下降。

(三)锻造精品案例,发挥示范效应

海南省高院改判的2起案件入选最高人民法院"2013年中国法院50件典型知识产权案例"。随着海南省司法改革工作的推进及工作安排,海南省高院积极准备发布海南法院类案指导知识产权卷,以典型案例发挥示范效应,统一裁判尺度。

二、扩大司法宣传,提升司法公信

(一)召开知识产权司法保护新闻发布会

2014年4月21日在海南省高院召开了知识产权司法保护新闻发布会,及时向社会公布知识产权审判"三合一"试点情况及知识产权保护相关措施。

(二)发布知识产权保护白皮书

2014年4月21日,海南省高院发布了《2013年海南法院知识产权司法保护状况(白皮书)》和《2013年海南法院知识产权十大典型案例》。

(三)组织知识产权"三合一"庭审观摩

2014年2月20日,经海南省高院知识产权审判庭组织,在海口市中院召开了知识产权"三合一"刑事庭审观摩,社会各界人士旁听了庭审,海南省高院新闻宣传处对庭审全程进行了直播。2014年11月11日,在海南省高院知识产权审判庭组织下,各院知识产权审判庭法官在文昌法院观摩知识产权"三合一"开展以来海南省一中院知识产权审判庭第一例行政案件庭审。

(四)召开第二次"三合一"座谈会

2014年4月21日,海南省高院第二次邀请海南省检察院、海南省公安厅、海南省司法厅、海南省商务厅、海南省知识产权局、各试点法院等单位召开了"2014年知识产权三合一试点工作座谈会"。

(五)与广大网民、听众直接互动交流

2014年4月26日,在海南省高院张家慧副院长的带领下,知识产权审判法官走进海南省广播电台,就知识产权保护相关情况及知识产权"三合一"试点情况与广大听众、网民进行了在线互动交流活动。

(六)参加海南省电视台访谈类节目,扩大司法宣传

海南省高院知识产权审判庭法官在参加2014博鳌论坛百姓代表选拔期间,参加海南省电视台"海平面"等访谈节目,对知识产权与普通公民日常生活的交集与联系做了详细介绍。

三、推进改革试点,创新审判方式

海南省"三合一"改革试点已被海南省委省政府列为"2014年重点改革工作"。自2013年7月1日起,全省知识产权刑事、民事、行政一审案件已统一由各试点中院知识产权审判庭负责集中审理，对一审裁判上诉的二审案件由海南省高院知识产权审判庭负责集中审理。

四、转化审判成果，开展学术调研

海南省高院积极发挥司法能动作用，针对案件审理中发现的问题，及时进行审判调研。简报《商标审判中存在的问题》被海南省委办公厅采用；调研课题《海南知识产权审判实践与探索》已准备出版成书；调研课题《海南农产品网上交易问题研究》，现已进入资料汇总阶段。为统一司法裁判尺度，应对海南省司法改革带来的挑战，即将出版的《海南法院类案指导知识产权卷》按民事案由编排收录了本省典型案例。

五、试点工作稳步推进，"三合一"初见成效

随着知识产权审判"三合一"试点工作的有序进行，知识产权刑事、行政案件的审理程序、裁判标准的明晰等方面取得了明显成效。(1)在著作权刑事案件的审理过程中，海南省高院收到海南省人民检察院《关于办理侵犯著作权刑事案件适用法律的意见(代拟稿)》。(2)海南省高院通过审理一批销售假烟的案件，对销售伪劣产品罪、销售假冒注册商标的商品罪、非法经营罪想象竞合时从一重罪的处理、非法经营数额的确定、罚金的计算依据、未销售部分货值的计算等均予以明晰，树立裁判规范，统一司法尺度。

六、落实四中全会精神，积极落实司法改革要求

海南省高院在政治学习、队伍建设、业务培训、廉政建设等方面都狠抓落实。(1)认真学习贯彻党的十八大及十八届三中、四中全会精神，社会主义核心价值观及社会主义法治理念等内容，积极参加公务员选学课程，不断提高政治素养。(2)坚持完善队伍建设。以传帮带的方式培训年轻法官尽快熟悉业务，并减少知识产权审判庭的人员流动，保持业务学习的深度与广度。不断加强业务指导，落实对口包点业务指导工作。(3)积极参加最高人民法院、国家法官学院组织的各类业务培训。注重落实将审判心得转化为调研成果。(4)狠抓廉政建设，廉洁自律，不断增强反腐倡廉的自觉性，大力开展廉政警示教育活动和廉政文化建设，培养德才兼备的法官队伍，确保知识产权司法的公正和廉洁。

(海南省高级人民法院知识产权审判庭)

检察工作

2014 年，海南省检察机关在保护知识产权方面取得了以下成绩。

一、切实履行检察职能，依法打击侵权假冒犯罪

2014 年，海南省检察机关共依法批准逮捕侵犯知识产权和制售假冒伪劣商品案件 23 件 30 人，审查起诉该类犯罪案件 40 件 69 人，监督行政执法机关移送该类犯罪案件 6 件 6 人，监督公安机关立案该类犯罪案件 17 件 19 人。

二、推进"两法衔接"机制建设，拓宽案源渠道

2014 年 9 月，海南省商务厅正式启用"两法衔接"信息系统平台，全省食品药品监督管理局、烟草局等 13 个行政执法机关均按要求录入侵权假冒行政执法案件，全省各级院侦监部门设专人借助信息共享平台全程、动态监督执法情况，从中获取监督线索。海南省检察院还主动走访海南省国土厅、海南省食品药品监督管理局、海南省农业厅、海南省质量监督局等 8 个单位，对行政执法案件进行了审查，派员为海南省农业厅干部讲解行政执法与刑事司法衔接课题。各级检察院均设立了信息联络员，

负责与有关部门的沟通联系，确保工作取得实效。

三、主动作为，提高侵权假冒案件办理质量

海南省检察机关积极、主动走访行政执法机关，审查发现侵权假冒犯罪案件线索。例如陵水县检察院通过排查案件线索，并成功监督公安机关立案3件毒豆芽案件，法院均作有罪判决。在监督公安机关立案侦查的同时，注重提前介入，引导侦查取证工作，推动公安机关全面客观完善证据，促使案件快速侦办。例如海口市检察院院适时介入新闻媒体曝光的“烧碱加污水泡出的黑鸡爪”、海口富教村废弃小学系病死猪私宰点等案，对案件定性、证据收集提出意见，为后续批捕起诉打好证据基础。

四、延伸检察职能，促进社会的综合治理

海南省检察机关注重剖析侵权假冒案件背后的社会原因，通过提出检察建议发挥职能作用，促进相关领域的监管规范化。同时通过新闻媒体加大报道和普法宣传力度，引导公众增强防范意识。海口市检察院、儋州市检察院、陵水县检察院针对食品药品安全环节暴露出的市场检验机制不健全、食品安全监管不到位等问题提出检察建议，并得到行政执法机关的有效回应和落实。海南省检察院利用官方网站、微博、《海南日报》等媒介主动发布检察机关开展专项监督活动的动态信息10余篇，取得了很好的社会效果。《检察日报》也刊登了《海南：为“舌尖上的安全”加上牢固保险》一文，为海南省检察机关打击侵权假冒犯罪活动助力宣传。

（最高人民检察院侦查监督厅供稿）

重庆市

专利工作

2014年，重庆市深入实施知识产权战略，着力推动创新驱动发展，知识产权事业发展持续向好。一是专利申请稳步回升。全年专利申请受理量55 298件，同比增长12.77%，其中，发明专利申请受理量19 419件，同比增长54.58%；企业专利申请受理量40 039件，同比增长45.13%。二是专利质量明显提高。发明专利申请受理量占比达到35.12%，同比增长9.5%；企业专利申请受理量占比达到72.41%，同比增长28%，创历史最高水平。有效发明专利突破万件大关，达到10 010件。每万人口发明专利拥有量达到3.4件，同比增长16.44%。三是专利效益稳步提升。规模以上工业企业专利产品产值达到2556亿元，占全市工业总产值的13.65%。

一、深化知识产权市场化改革，突破创新驱动发展的体制障碍

推动知识产权与资本市场深度融合。36家企业运用678件专利质押融资3.31亿元。52家企业利用知识产权出资入股4.54亿元。成立重庆帕特克劳知识产权服务公司（专利云公司），形成公共服务和市场化经营相结合的运营管理模式，累计培训专利工作人员1000多人次，为18个技术领域320家企业提供了专利信息服务。

二、进一步加强对知识产权运用，支撑企业创新和产业转型升级

支持64家企业开展专利投资并购和海外布局，14家企业在19个国家和地区布局了62件专利，实现产品出口销售额近5亿美元。组织50家企业开展国家知识产权管理规范化试点，培育知识产权试点示

范企业714家。9个专利产业化项目获得第16届中国专利优秀奖，获奖项目新增销售额77.6亿元、出口额22.8亿元。

三、切实强化知识产权保护，打造内陆开放高地建设良好环境

立案查处侵权假冒案件3500余件，破获侵权制假犯罪案件655件、涉案金额4.33亿元。建成“两法衔接”信息共享平台，公开打击侵权假冒案件信息。启动重大合资合作项目的知识产权风险防范预警工作2项。开展5家首批国家级专业市场知识产权保护规范化培育试点工作，组织23家大型专业市场举办“保护知识产权、销售正版正货承诺”活动。

四、全面提升知识产权服务水平，提高市场配置创新资源效率

全市知识产权服务机构达到90家，从业人员达到1200人，年收入达到1.2亿元。整合73个国家(地区组织)8000多万专利数据资源，建成特色产业专利信息应用示范基地2个、重点产业主导产品专题专利数据库5个。专利电子申请率达到97.51%，代理机构电子申请率达到100%。

五、加强区县和园区知识产权工作，助推五大功能区建设

38个区县(自治县)完善专利资助政策，25个区县制定年度专利战略推进计划，10个区县设立专利产业化奖或专利技术转化项目。开县成为国家知识产权强县工程试点县，巴南区、璧山区成为国家知识产权试点城区。江北、九龙坡、南岸成为创建国家知识产权示范城区。国家级知识产权试点园区达到2个，市级知识产权试点园区达到28个，市级知识产权示范园区达到8个。

六、推进高校院所知识产权工作，提高专利成果市场转化率

印发《重庆市高校知识产权管理规范试点方案》，启动5所高校试点工作，开展了317项专利的分级评估和分类管理国家试点。支持建成的协同创新知识产权研究中心为重庆大学成功申报国家2011协同创新中心奠定坚实基础。重庆邮电大学组建专利创意孵化中心和专业运营平台，成功策划27项专利用于企业知识产权布局。

七、加强文化建设和人才培养，增强知识产权事业发展后劲

召开重庆市知识产权保护状况白皮书新闻发布会。组织各类知识产权新闻专题采访63次、编辑出版《重庆知识产权》6期、印制各类宣传资料6万余份。新培养知识产权维权人员等紧缺人才108名，培训企业知识产权工作人员超过20 000人次。建成重庆市知识产权人才库和信息网络平台，入库人才达到125名。

(重庆市知识产权局)

商标工作

2014年重庆市工商和市场监管部门以新《商标法》实施为契机，深入实施商标战略，加大商标保护力度，各项工作取得明显成效。

一、优化发展环境，商标战略发展更加深化

出台《关于进一步贯彻落实重庆市商标发展奖励补助办法有关问题的通知》，确保商标奖励政府引导作用的发挥更加科学、高效，并积极协调市政府兑现商标奖励资金2470万；认真贯彻落实《重庆市著名商标认定和保护条例》，确保著名商标认定质量；严格实行驰名商标、地理标志申报备案推荐制度，促进商标工作重心从重数量向重质量转变；继续深入开展扶持微企商标发展行动，共扶持微型企业商标注册5221件，同比增长93%。

二、学习贯彻新《商标法》，商标宣传培训扎实开展

召开全市商标工作暨新《商标法》专题培训会议，举办“全市工商系统商标监管与发展电视电话培训会”，组织参加由国家工商总局商标局主办、中国工商报社承办的新《商标法》知识竞赛活动，利用“4·26世界知识产权日”开展以新《商标法》为主题的系列宣传活动，在市政府知识产权保护状况新闻发布会上就新《商标法》问题回答记者提问，通过发放宣传资料、开展咨询活动、加强媒体报道、举办培训会议等多种形式普及新《商标法》知识，进一步提高了全社会商标意识。

三、结合功能区建设，商标品牌培育再结硕果

支持都市功能区划定位，积极培育现代服务业、先进制造业、化工业等领域商标品牌；支持渝东北、渝东南地区功能区划定位，稳步推进农林业、中药产业等领域地理标志发展；将著名商标认定与全市五大功能区建设相结合，扎实开展2014年重庆市著名商标认定续展工作。新增驰名商标28件，增量实现历史突破，驰名商标总量达110件，继续位居西部第二位。新增地理标志28件，地理标志总量达187件。

四、充分发挥职能，商标监管保护成效显著

全面启动商标代理机构专项整治行动，组织开展对商标代理机构的全面核查工作，探索建立商标代理机构信用分类监管制度；深入开展商标行政指导，针对新《商标法》禁止驰名商标商业宣传修订条款以及国家工商总局相关要求，深入企业开展政策宣传和行政提示，引导企业自查自纠，主动完成相关包装、广告的修改工作，规范商标管理使用行为；继续深入开展打击侵犯知识产权和制售假冒伪劣商品工作，以驰著名商标、地理标志、涉外商标为重点，严厉打击商标侵权行为，共查处各类商标违法案件301件，案值617.67万元，罚没金额821.05万元。

2014年，全市商标申请量46 001件，注册量33 960件，累计有效注册量148 152件。

（重庆市工商行政管理局）

版权工作

2014年，重庆市版权工作认真贯彻落实国家版权局的工作部署，较好地完成了各项目标任务，有力地促进了全市文化和科技事业和产业的发展。

一、软件正版化工作

（一）加强区县政府机关软件正版化常态化管理

重庆市版权局协调市政府出台《关于进一步加强政府机关软件正版化自查整改工作的通知》和《关于贯彻〈政府机关使用正版软件管理办法〉的实施意见》，召开市推进软件正版化委办局联席会议成员单位会议，研究部署对区县政府机关软件正版化检查工作。从15个部门抽调人员组成5个检查组，分赴15个区县进行抽查。深入多个区县，指导和培训区县政府加强软件资产管理、建立健全软件正版化长效机制。同时重点检查软件正版化工作第一责任人的责任落实情况和上半年检查发现问题的整改情况和长效机制建设情况，敦促各区县（自治县）政府、各部门按照国务院和市政府要求建立软件正版化工作机构，确定责任领导和责任处室（科室）、责任人。将软件纳入本单位资产管理体系，建立软件资产管理制度和台账。加强考核和责任追究，建立机关计算机软件责任追究制度，对责任不落实、工作进展缓慢地进行约谈和通报。完善计算机办公设备程序，采取切实有效措施，确保新购计算机产品预装正版操作系统软件。各单位申报计算机办公设备采购计划时，均须附有配套使用正版

软件的解决方案。协调市经信委印发《关于公布2014年重庆市正版软件推荐目录的通知》,协调市审计局印发审计工作方案,确保不出现违规购买和使用未列入政府采购目录的操作系统,并要求各区县、各部门在推进使用正版软件工作中,注重与本单位信息安全及信息化工作相结合,审计部门必须对本级政府机关软件正版化情况进行审计监督。

国家"双打"办、国家推进使用正版软件工作部际联席会议检查组先后3次对重庆市5个区县和3个市级部门推进使用正版软件工作进行检查,随机检查了132台计算机,听取了工作情况汇报,查阅了相关文件、工作记录、合同文本、软件授权协议、软件资产管理台账等相关材料,得到检查组的充分肯定。从动员部署、自查整改、采购安装、检查核实、督导推动到建章立制,分阶段、突出重点抓落实;敦促相关单位与责任人签订整改目标责任书,明确落实责任,将软件正版化工作延伸到镇街,建立各机关软件正版化工作责任人数据库,建立软件资产管理机制;在推动软件正版化方面具有典型示范效应。以场地授权的方式进行国产软件的采购,降低了正版化成本;同步推进序列外机关软件正版化工作,在全国力度较大。

针对检查中发现的资产管理、安装使用中存在的问题,明确责任人和完成时限。责成渝北区、璧山区等区县政府对存在的重复采购操作系统、突击安装办公软件、未建立软件正版化工作考核与责任追究制度等问题进行集中清理和整改,切实解决"重购轻管"的问题。

(二)积极推进企业软件正版化工作

会同重庆市企业联合会、重庆大学软件学院、重庆市促进国产软件产业化发展中心共同举办了2014年重庆企联第三次联络员工作会议,近100家企业代表出席了会议。

(三)扎实推进政府以外机关软件正版化工作

召开全市政府序列外其他机关(单位)软件正版化工作电视电话会议,制定工作方案,加强组织协调,开展业务培训,大力推进市和区县(自治县)两级党委、人大、政协、法院、检察院、人民团体、民主党派等部门使用正版软件工作。

通过召开全市软件正版化培训会等形式,从多方面进行宣讲,对市级各部门、各区县(自治县)机关干部职工进行软件正版化工作实务培训。深入30多个区县进行指导培训,共举行30余场软件正版化工作实务培训,1000余人参训。

(四)继续推进高校软件正版化工作

会同市教委对重庆邮电大学等7所高校进行实地调研,宣传和培训高校软件正版化工作的政策、步骤及要求,结合高校的实际情况进行指导。推动重庆大学、西南大学等6所高校完成2014年度的软件正版化工作。

二、打击侵权盗版日常监管工作

与重庆市高院和重庆市公安局打假总队建立会商和案件协调机制,共同打击各类侵权盗版行为。重庆市何代映制售盗版图书案专案组等9个单位及个人被国家版权局评为2013年度查处侵权盗版有功集体和个人。积极配合相关部门加强对网站使用作品的监管。2014年7月,协同重庆市公安局打假总队等部门对"锐读书城网"侵犯著作权案进行调查。该案涉案侵权作品万余部,点击量400余万次,累计广告收入近百万元,位列国家版权局印发《关于"剑网2014"专项行动第二批网络侵权盗版案件查办情况的通报》,同时被纳入公安部2014年扫黄扫赌等第二批部督案件,获得国家版权局专项办案经费6万元。

三、版权公共服务工作

(一)优化作品登记

严格登记审查,努力优化登记流程,缩短办证周期,全市作品登记的质量和效率双双提升,全年共办理作品著作权登记36 288件,同比增长2.6%,创历史新高,不少知名权利人前来登记,如知名组合TF-BOYS为其歌曲《Heart》《梦想起航》办理了作品登记,为《川江颂》《青春Rap之姐妹花》"陶然大包""课堂内外logo"等众多设计类、文艺类优秀作品办理版权登记。同时,创新计算机软件著作权登记服务模式,办理计算机软件著作权登记368件。为西南大学、重钢集团、林同棪公司等多家单位提供计算机软件著作权登记综合服务。为文化单位办理图书版权贸易合同备案登记308件。

(二)改进服务机制

结合版权服务职能,前往版权相关企事业单位,根据他们对版权保护的实际需求,提供作品登记、打盗维权、版权交易和教育培训"四个上门"服务。全年共走访企事业单位79家,开展现场版权服务100余次,派出工作人员200余人次。

(三)提升平台功能

积极探索云计算下数字版权保护新途径。依托市政府"云端计划",努力将版权云端服务平台打造成集版权服务与版权保护相结合的"云",向版权人"端"提供便捷、高效、低廉、合法的版权保护服务,借助云计算平台的强大处理能力和存储能力,以创新服务形式保护数字版权。获得政府对"数字版权保全系统"80万元的财政项目资金支持。项目建成后,将与现有的"版权登记""版权交易"平台进行对接,打造集版权保全、版权登记、版权展示、版权交易、侵权举报于一体的版权保护云公共服务平台。权利人可通过对数字作品内容和时间进行固定,从而确认版权权属,并以生成特征值方式对侵权证据进行固定保全,对侵权证据与原作品进行校验。版权人创作完成作品后进行登记时,登记时间将以保全时间为准。纠纷产生后,版权人可以在线自行保全侵权证据并可进行校验。

四、版权产业发展工作

(1)狠抓版权兴业。前往渝北区龙兴镇民国影视基地、重庆广告产业园、重庆云环公司,培训版权保护、版权登记的相关知识,对108老教授画廊的相关作品进行梳理、网上申报。将版权保护和服务触角前移,依托綦江版画等11家版权服务工作站,超前性、个性化地开展作品登记、展示、交易、维权、培训等服务。协助重庆市热岛公司与重庆文化产业融资担保公司对"热岛大型横版即时格斗网页游戏软件"重新办理质权登记。参加猪八戒公司关于"大众定制化创意设计众包服务云系统研发与应用"研讨会。协助重庆市版权保护中心与猪八戒公司签署《产学研战略合作协议》,成立中国首个威客创意网络版权保护中心,创立中国威客创意版权保护合作机制。

(2)指导版权相关行业加强版权自律。在重庆市版权局、文化市场行政执法总队的倡导和支持下,中国音像著作权集体管理协会、天合文化集团、重庆天合公司联合各VOD商家在渝成立"重庆VOD版权自律联盟"。签署了行业版权保护自律公约,发出版权保护倡议书。严格实行曲库经合法授权方可使用及双授权制度,要求VOD企业必须得到中国音像集体管理协会许可,一场所一授权,严格遵守KTV场所不付费不得发放曲库的自律公约,从源头上杜绝VOD厂商侵权。

(3)协助建设西部国际版权总部基地。促成市版权局与北京国际版权交易中心和协信地产(中国)有限公司在北京签署"中国西部(重庆)国际版权总部基地"项目合作框架协议。

(4)开展版权保护产值统计。指导和协助市版权保护中心开展对作品版权保护产值的统计，截至2014年11月底，重庆市版权保护产值达到40.2亿元，这标志着版权产业正在成为重庆市国民经济和文化产业发展的一大亮点，其中不乏一系列产业价值较高的代表作品。此举有利于准确掌握本市版权作品的经济价值，科学评估版权产业对全市经济的贡献。

此外，按照《中共重庆市委办公厅关于印发〈2014年重庆市全面深化改革重点任务分解〉的通知》第89项规定："将知识产权纳入全市经济社会发展统计体系"，以及中共重庆市委全面深化改革领导小组、科教体制改革专项小组《关于印发2014年科技体制和教育领域综合改革重点任务分解的通知》第25项重点任务明确："将知识产权纳入全市经济社会发展统计体系"，第31项规定，"研究确定《规模以上工业企业知识产权统计报表制度》，将专利、商标、著作权、集成电路布图设计等知识产权创造、运用、保护情况作为主要统计内容"的要求，进一步完善规模以上工业企业知识产权统计指标体系，制定建立了《规模以上工业企业知识产权统计指标体系》，首次将著作权纳入《规模以上工业企业知识产权统计报表制度》，并最终纳入《重庆统计年鉴》。

五、版权宣传工作

在"4·26知识产权宣传周"期间，重庆市版权局参加重庆市政府新闻办举行的新闻发布会，接受《重庆日报》、重庆电视台等媒体的采访。做客华龙会客厅，就"版权保护下的纸媒网媒之战"等话题与广大网友进行交流。会同重庆市"扫黄打非"办举行重庆市2014年非法出版物集中销毁暨版权保护宣传活动。深入重庆市各地以案说法，向广大师生和权利人宣讲版权专业知识，提高勘察设计、服装、陶器等行业的版权保护水平。全年共举办版权培训10余次，100余家企事业单位700余人参训。

（重庆市版权局）

司法工作

2014年，重庆市法院共受理知识产权与涉外商事案件2733件（其中旧存261件、新收2472件），与上年（2013年2271件）相比，增长20.34%；2014年审结2411件，与上年（2013年1969件）相比，增长22.45%；2014年结案率达88.22%，与上年结案率（2013年86.70%）相比，同比上升1.52%；2014年未结案件322件，与2013年未结数（2013年302件）相比，同比增加6.62%。新收知识产权案件中，著作权纠纷占87.36%，商标权纠纷占5.46%，专利权纠纷占4.34%，技术合同和其他纠纷占2.84%。除了审理知识产权案件之外，全市法院在知识产权司法保护工作方面具有如下特点。

一、坚持制度创新，知识产权审判工作机制有新突破

（一）积极探索知识产权审判新模式

2014年2月，重庆市两江新区知识产权法庭挂牌成立，这是重庆市法院"以创新的方式保护创新"的具体实践，也是服务重庆市两江新区发展、深化司法改革的具体举措。2014年11月底，经最高人民法院批准，两江新区知识产权法庭获准受理部分专利案件，率先成为中西部地区唯一可以审理部分专利纠纷的基层法庭。两江新区知识产权法庭成立以来，共受理各类知识产权案件1213件，其中民事案件1208件，行政案件2件、刑事案件3件。无改判或发回重审，无涉诉上访。同时，两江新区知识产权法庭通过延伸审判职能，服务重庆市及两江新区发展，不断完善便民措施，提升司法公开水平，"重庆知识产权审判窗口"的目标初步突显。

（二）积极延伸知识产权司法服务职能

2014年8月，重庆市五中院与重庆市知识产权局签订了《专利纠纷诉调对接机制协议》，试行专利案件委托行政调解工作。11月，重庆市高院与重庆市司法局、重庆市公证协会共同召开公证保全实务问题座谈会，就知识产权纠纷案件中公证证据存在的问题进行交流研讨，并就如何提高公证证据的公信力提出工作建议。重庆市一中院提出《关于切实提高政府机关著作权保护意识的司法建议》。

二、坚持调查研究，审判监督指导工作有新推进

（一）落实审判运行态势定期分析

重庆市高院坚持半年一次对三级法院知识产权和涉外商事审判工作开展情况进行分析研究，完成了《知识产权、涉外商事审判条线半年运行态势分析》报告。

（二）促进审判指导规范运行

（1）逐步取消个案请示。除大要案外，逐步形成了下级法院从个案中提炼法律问题书面咨询，上级法院进行书面答复的模式，2014年共完成3期《市高院民三庭法律适用咨询与答复》。（2）召开审判工作座谈会，及时出台“知识产权问题与解答”，加强类型案件指导。（3）充分发挥典型案例的示范及引领功能。2014年“4·26世界知识产权日”发布典型案例10件；下半年又发布典型案例4件，重在对类型化案件提供裁判指引。

（三）高效开展专题调研

（1）举办三级法院法官联席会议。2014年共召开4次法官联席会议，讨论当前审判实务的疑难问题。（2）按最高人民法院要求，积极开展相关调研并上报。2014年先后完成了《专利法司法解释的意见及建议》《重庆涉外商事审判情况报告》《当前知识产权审判疑难问题调研》等。（3）积极开展课题调研。2014年完成了全市法院重点调研课题《知识产权权利冲突问题研究》。

三、开阔视野，知识产权专委会工作有新起色

作为专委会具体工作机构，重庆市高院知识产权审判庭大力开展审判理论研讨活动，积极探索拓展研讨活动合作领域。

（一）加强院校合作，搭建“知识产权法官大讲坛”

在最高人民法院的指导下，以专委会名义与西南政法大学共同开辟“知识产权法官大讲坛”。此论坛已经连续举办7期，约17位全国资深知识产权法官，专家教授参加讲坛。

（二）组织召开新《商标法》研讨会

2014年6月，知识产权专委会与西南政法大学联合主办新《商标法》研讨会。会议围绕“商标侵权行为判定”“涉外贴牌加工商标侵权问题”“商标侵权抗辩事由”“商标侵权民事责任”“帮助型商标侵权的具体适用”等议题从宏观到微观，从理论到实践展开了深入研讨，共开展5场专题研讨及开放式讨论，发言报告总计37个。

（三）继续扩大《中国知识产权审判理论研究》影响力

《中国知识产权审判理论研究》是专委会会刊。2014年，重庆市高院知识产权审判庭继续做好《中国知识产权审判理论研究》（第五辑）的征稿、编辑工作，最终收录论文64篇，共计75余万字。

四、积极推动司法公开，提升司法公信力

（1）进行主题宣传。以“4·26世界知识产权日”为契机，向社会发布了《2013年

重庆法院知识产权司法保护状况》白皮书，公布了十大典型案例。(2)鼓励发挥新媒体在司法公开中的作用。重庆市五中院在审理备受关注的“王老吉诉加多宝虚假宣传案”时，首次对庭审进行微博直播，整个直播近6个小时；两江新区知识产权法庭全年共开展3次微博直播。同时两江新区知识产权法庭还实现了全部庭审同步录音录像，所有案件流程信息及生效裁判文书均及时上网。(3)积极开展庭审进校园、进街镇活动。

（重庆市高级人民法院知识产权审判庭）

检察工作

2014年，重庆市检察机关在保护知识产权方面取得了以下成绩。

一、依法严厉查办侵权假冒案件

重庆市检察院党组高度重视“双打”工作，重庆市检察院侦监、公诉部门在2014年年初制定工作要点时，均将“双打”工作纳入要点予以部署，督促、指导各级院认真办理涉及侵犯知识产权和制售假冒伪劣商品犯罪案件以及相关职务犯罪案件的审查批捕、审查起诉和支持公诉工作，并督促落实“双打”工作数据和信息报送制度，及时掌握信息，有力确保了“双打”工作的持续深入开展。2014年，全市检察机关共批准逮捕侵犯知识产权以及制售假冒伪劣商品犯罪96件130人，起诉190件312人。

二、加大对危害食品药品安全犯罪打击力度

重庆市检察机关认真履行检察职能，狠抓办案质量，进一步加大对食品、药品领域的制假售假犯罪的打击力度，切实维护群众生命健康安全。2014年，全市检察机关共批捕食品药品犯罪70件83人，占制假售假案件总数的88.61%和83%，起诉135件206人，占制假售假案件总数的92.47%和91.96%。例如忠县检察院依法对进入检察环节的公安部挂牌督办案件犯罪嫌疑人批准逮捕，有力震慑了危害食品药品安全犯罪的潜在犯罪分子。重庆市检察机关开展“破坏环境资源和危害食品药品安全犯罪专项立案监督活动”后，注重加强与行政执法机关的协作配合，严厉打击犯罪，促进依法行政。

三、加强“两法衔接”工作，推动信息共享平台顺利运行

2014年，重庆市检察院配合有关单位制定《信息共享平台管理暂行办法》，并经重庆市政府办公厅转发全市有关单位执行，对确保信息平台建成后有效发挥预期职能起到了重要作用。重庆市检察院还配合重庆市“双打”办组织各级检察机关及行政执法机关开展信息共享平台录入的规范培训工作。为解决“两法衔接”中咨询渠道不畅通、程序不规范等问题，重庆市检察院于2014年8月牵头组织重庆市农委等14家行政机关会签《关于建立行政执法与刑事司法衔接案件咨询制度的意见》，明确了行政执法机关刑事与司法机关之间加强衔接案件咨询的范围、程序、方式等，形成打击犯罪的合力。

四、加大宣传力度，营造抵制侵权假冒的良好氛围

重庆市检察机关高度重视宣传报道的引领、教育作用，在办案的同时加大宣传力度。充分利用“3·15消费者权益日”“检察开放日”“4·26世界知识产权日”等时间节点，推出检察机关“双打”工作报道。2014年，云阳县检察院监督移送的重庆某公司销售侵犯注册商标的商品案被最高人民检察院评为2013年度保护知识产权十大案例，并在中央级媒体上广泛宣传。

（最高人民检察院侦查监督厅供稿）

四川省

专利工作

2014年，四川省知识产权工作继续以实施知识产权战略和专利战略两个年度推进计划为主线，以提升四川省知识产权创造、运用、保护、管理、服务水平为目标，以全面深化改革、加强政策和机制建设为重点，全面推进知识产权战略深入实施。《2014年四川省知识产权战略纲要实施推进计划》102项重点工作和《2014年四川省专利战略推进计划》九大专项30项重点工作全面完成，《四川省知识产权战略纲要》五年阶段性目标全面实现，四川省各项知识产权工作均位居全国前列，为全省实施创新驱动发展战略作出了积极贡献。

一、推动知识产权融入四川省全面深化改革各项政策

进一步发挥四川省各级知识产权工作领导小组统筹协调作用，积极参与四川省深化科技创新体制专项改革工作组各项工作，组织开展《四川省知识产权战略纲要》实施5年中期评估和《四川省专利保护条例》实施3年自查评估，配合四川省人大完成全国人大常委会委托开展的《专利法》贯彻实施情况检查。知识产权与四川省经济社会发展的融合进一步加深。

二、进一步加强对专利创造运用的激励引导

会同省级部门研究制定《加强职务发明人合法权益保护促进知识产权运用的实施意见》，参与中国人民银行成都分行等六部门制定《关于大力推进体制机制创新扎实做好科技金融服务的实施意见》，制发《关于进一步提升全省专利申请质量的实施意见》，完成省专利申请资助资金申报系统开发，启动省专利实施与促进专项资金申报系统建设，做好省专利奖评审奖励工作，加强四川省专利质押融资、专利保险、专利价值评估服务，举办中国（绵阳）科博会全国非职务发明专利展促进专利技术供需对接。召开第一届四川省专利奖颁奖大会，完成第二届省专利奖评选。

三、进一步加强知识产权执法维权长效机制建设

制发《关于加强知识产权保护和行政执法工作的指导意见》，进一步完善专利执法办案规范、重点专业市场定期执法检查制度和大型展会驻会保护制度，牵头负责中国西部国际博览会、中国（绵阳）科技城国际科技博览会等大型展会知识产权保护工作。组织成都万贯五金机电市场等开展全国重点专业市场知识产权保护规范化培育工作，在成都、德阳、绵阳等重点市州深入开展“无侵权假冒专利示范商场”活动。四川省知识产权（专利）执法维权网络平台在覆盖21个市州的基础上进一步扩大覆盖面，向国家知识产权强县工程试点示范县（区）、扩权强县试点县延伸。以服务“万企出国门、川货全国行”为重点，深入推进“护航”行动，全面开展四川省电子商务领域专利执法维权专项行动，四川省知识产权保护环境进一步优化。

四、进一步提升知识产权服务和管理水平

专利审查协作四川中心建设和运行同步加快推进。会同省级相关部门开展知识产权服务业调查，研究制定《加快培育和发展知识产权服务业的实施意见》。成都高新区积极申报国家知识产权服务聚集发展

试验区，四川省获批全国知识产权服务品牌服务机构 2 家、新入选培育单位 4 家。进一步加强专利代办处和四川省专利信息传播利用"一中心，两基地"建设，完成四川省重点企业专利数据库建设 15 家，提升公共服务水平。以市州机构改革为契机，促进市州级知识产权管理机构建设，全省 21 个市州中有 18 个成立科学技术和知识产权局。进一步加强培训基地建设，新设立电子科技大学、四川理工学院省级知识产权教育培训基地，全省建成国家级知识产权培训基地 1 个、省级培训基地 6 个，新设立四川省知识产权远程教育分站 6 个、全省达到 10 个，举办全省新任局长培训班、专利执法培训班，提升全省知识产权执法管理能力。

五、进一步聚焦企业、产业、区域知识产权竞争力提升

首批 26 家重点骨干企业完成企业"贯标"培育，并进一步开展专利价值指标体系分析运用工作。启动首批 11 个省级知识产权示范百亿园区和第四批 18 个省级知识产权试点园区工作。绵阳高新区新获批国家知识产权试点园区，四川省国家级知识产权试点示范园区达到 3 家。自贡硬面材料产业、广汉石油天然气钻采设备产业专利联盟深入推进，新组建攀枝花钒钛产业、眉山东坡泡菜产业专利联盟。攀枝花市获批国家知识产权示范城市、全省示范城市达到 2 个。大邑县、宜宾县获批国家知识产权强县工程示范县，新获批国家知识产权强县工程试点县（区）6 个，全省示范县（区）达到 5 个、试点县（区）运到 25 个，为全面推进多点多极支撑发展战略发挥了积极作用。

（四川省知识产权局）

商标工作

2014 年四川省商标工作按照"抓宣传、建制度、强指导、突保护"的工作思路，深入推进商标战略实施向纵深发展。

加强商标战略推进。制订 2014 年商标战略实施推进计划，实现商标战略实施覆盖到示范基地、县（乡镇），确定了四川省商标战略实施示范基地（园区）13 个、示范县（市、区）27 个作为示范培育对象，形成商标战略示范体系，纵深推进县域经济发展。继续深入开展商标战略进园区工作，及时更新调整商标战略进园区企业名单，并在 2/3 园区内部署开展了商标战略进园区工作，规范商标战略指导站（点）建设模式，积极推广先进工作经验。

加强服务指导。进一步推进"个十百千"工程，全省商标系统不断完善更新商标品牌培育梯队数据库。大力实施"商标兴农"工程，围绕县域经济发展要求注册农产品商标，以"一村一品""一品一标"为抓手，夯实特色品牌农业基础，强化涉农商标保护；以地理标志商标注册为抓手，推动地标品牌农业展现特色产业优势。运行"政府指导、工商搭桥、银企对接、合作共赢"工作机制，服务品牌四川，商标质押融资额增长 36%。

加强商标专用权保护。明确了以抓好假冒伪劣和侵权行政处罚案件信息公开工作、加强新《商标法》宣传培训工作、规范商标代理行为等为重点，狠抓侵权假冒工作，查处了侵犯"哈哥""五粮液"等一批驰名商标权案件；组织开展保护第二届夏季青年奥林匹克运动会标志和"青蛙王子及图"注册商标专用权专项行动。2014 年全年共查处各类商标违法案件 1534 件，案值 1468 万元。

加强宣传工作。召开四川省 2013 年度驰名商标授牌大会，借助华西都市报、四川经济日报展示驰名商标企业品牌形象。2014 年"4·26 知识产权宣传周"期间，借助华西都市报社，根据消费者网络投票，评选出了"消费者最喜爱的 100 件商标"。

2014 年，全省商标申请量 73 864 件，注册量 46 523 件，累计有效注册量 259 281 件。

（四川省工商行政管理局）

版权工作

2014 年，四川省版权局认真贯彻落实《四川省知识产权战略纲要》，紧紧围绕年度版权工作部署，版权工作取得新成效。

一、著作权法宣传普及工作

一是组织参加"4·26 知识产权宣传周"活动。充分利用新闻媒体宣传、提供咨询服务、发放宣传资料、处理群众投诉等多种形式，开展著作权法律法规宣传普及工作。

二是开展著作权行政处罚行政权力公开运行平台建设版权板块清理工作，落实国家版权局法律法规条例修订工作部署，组织相关单位开展修订《著作权法》等法律法规征求意见活动。牵头组织省、市两级版权执法相关部门，开展联合执法检查活动，重点检查省、市图书批发市场，加强计算机软件市场检查，打击非法预装计算机软件行为。

召开新闻发布会，向省内主要媒体公开发布四川省 2013 年版权保护典型案例，宣传全省版权行政部门打击侵权盗版工作成果。公开发布《2013 年四川省知识产权保护状况》。

二、版权执法监管工作

（一）深入推进著作权行政执法工作

联合省公安厅、省通管局、省网信办，组织开展了为期 6 个月的第十次打击网络侵权盗版"剑网 2014"专项治理行动。对重点视听网站、网络销售平台等侵权盗版行为开展专项治理，及时上报案件信息。开展重点网站版权主动监管工作，获取了 170 余家门户网站的 IP 地址和相关信息资料，主动将其纳入监管范围。有效查办一批网络侵权盗版大案要案，积极查办国家版权局移转网络侵权案件 5 起。

（二）依法查办督办案件

全省各级版权行政管理部门，组织开展了一系列打击侵犯著作权行为的专项行动，查处了一批有影响力的案件。国家版权局将四川冕宁"12·26"侵犯著作权案列为年度督办案件，在凉山州文化市综合执法支队、凉山州冕宁县公安局、凉山州冕宁县法院的共同努力下，本案已经顺利结案。

（三）按时报送执法案件信息

各级版权执法部门深入开展打击侵权假冒工作，畅通信息报送渠道，按时向国家版权局和省政府打击侵权假冒工作领导小组办公室报送打击侵权盗版工作信息统计表格。重点围绕版权执法基本程序、网络侵权案件联合查办机制等重点培训内容，组织开展著作权行政执法工作培训，相继开展 2 期著作权行政执法人员业务培训，参训人员达 310 余人次。

（四）组织开展侵权盗版及非法出版物集中销毁活动与"绿书签活动"

2014 年 4 月 24 日，四川省版权局会同省"扫黄打非"工作领导小组办公室，在成都设立主会场、市（州）设立分会场，集中销毁侵权盗版及非法图书、报刊、音像制品、电子出版物、计算机软件 117 万件，在成都主会场销毁 61 万件。

（五）加强出版物市场和印刷复制企业日常监管

健全日常监管机制，开展印刷复制企业大检查，完善台账管理，实行风险管理；加大对印刷复制企业的源头监管，认真落实属地管理原则，重点对辖区内印刷复制企业、复印门店进行专项检查、清查和排查。各级版权部门，联合文化、城管、工商等部门，在重点时段对重点区域进行高密度检查。全年共检查出版物批销市场、物流企业和印刷复制企业、复打印门店 1.53 万个次，出动检查人员 1.28 万人次，行政执法立案 96 个，行政处罚、行政调解案件 58 个，移送司法机关案件 38 个；捣毁、取缔非法音像制品、图书、印刷、软件等非法批销窝点、地摊游商 782 个，收缴盗版、淫秽音像制品和盗版图书、软件 198.79 万余盘（册、张）。

（六）主动公开案件信息

制定《四川省新闻出版广电局新闻出版（版权）行政执法部门依法公开制售假冒伪劣商品和侵犯知识产权行政处罚案件信息的实施细则（试行）》，下发各市（州）版权局和局机关各相关处室贯彻执行。四川省版权局、各市（州）、县（市）区版权局明确案件信息公开网站，对适用《著作权法》第 48 条、《印刷业管理条例》第 38 条第（3）项、第 39 条第（3）项、第 40 条第（4）项的规定并按照一般程序查办的制售假冒伪劣商品和侵犯著作权行政处罚案件信息，全部按程序主动公开。

三、版权公共服务体系建设工作

四川省版权局认真履行承办单位职责，积极组织筹备第五届中国国际版权博览会（以下简称版博会）。省版权局组织四川省 16 个市州、12 家文化创意企业和版权产业机构积极参加本届版博会，四川省版权局等 5 家单位被评为“金慧奖”组织奖，四川省有线广播电视网络有限公司等 6 家单位被评为“金慧奖”名企奖。本届版博会展期共达成艺术品版权交易、版权金融合作等 17 个项目，总金额达 23 亿元。积极推动版权贸易工作，完成年度版权贸易合同登记工作 217 项，其中，引进 165 项，图书输出 52 项。2014 年，四川省作品登记范围和登记数量、质量实现较大突破，实现各类作品登记 2003 件，计算机软件版权登记达 3000 余件。积极举办版权贸易工作培训。正式建立成都国际版权交易中心，进一步增强版权产业发展的聚集效应。

四、软件正版化工作长效机制建设工作

（1）积极开展工作“回头看”。全省各级政府机关，在巩固前期工作成果基础上，积极开展工作“回头看”，及时查漏补缺，确保全面覆盖、长期正版。2014 年，全省各级政府机关补充采购正版软件 16 548 套，实施采购资金 1 451.66 万元。与此同时，完成新闻出版行业五大集团 21 家二级企业软件正版化工作。四川省各受检部门和单位软件正版化工作全部通过国家检查验收。

（2）建立软件正版化工作领导小组。四川省政府推进使用正版软件工作领导小组加强对全省软件正版化工作的组织领导，各市（州）、县（市）区推进使用正版软件工作领导小组负责推进所辖地区软件正版化工作；各级领导小组办公室设在版权行政管理部门，负责软件正版化的日常工作。

（3）建立经费保障制度。各级政府部门认真开展软件使用情况自查，梳理汇总年度软件采购需求，编制软件采购计划，将软件采购经费编入政府采购预算。各级财政部门将软件采购经费纳入本级财政预算。

（4）建立软件采购制度。各地、各部门规范软件采购合同文本，对拟采购软件的版本、兼容性和安全性等技术标准，软件的使用方式和使用年限等授权模式，软件的升级和技术支持等售后服务提出明确要求。建立完善采购计算机办公设备程序，确保采购的计算机产品预装正版操作系统软件。

（5）建立软件资产管理制度。各级政府部门制定切实可行的软件资产管理具体办法，建立健全软件资产考核评议制度，加强非定制类商业软件配置计划管理，将软件纳入本单位资产管理体系，建立软件资产台账。

(6)建立考核与责任追究制度。各地、各部门明确软件正版化工作牵头部门和具体负责人,建立软件正版化工作责任制度,认真落实第一责任人制度,部署年度软件正版化工作。各地、各部门把软件正版化工作纳入年度目标任务考核体系。

(7)建立审计制度并按规定开展审计工作。各级审计机关积极采取"单独立项与结合其他审计项目并行开展"工作模式,对本级政府机关软件正版化情况进行重点检查,加强对软件采购资金管理使用和软件资产管理情况的审计监督。建立健全审计整改跟踪机制。

(8)开展软件正版化督查。各级领导小组把软件正版化工作纳入政府工作督查的重要内容,建立政府机关软件正版化年度检查机制。

(9)将软件正版化工作与信息化工作有效结合。各地、各部门部署信息安全和信息化建设工作时明确提出软件正版化工作要求。

(10)提交年度工作报告。各级政府认真开展年度工作总结,落实年度报告制度。

(11)公开发布市县级政府机关完成软件正版化检查整改任务情况。四川省政府推进使用正版软件工作领导小组办公室积极会同省政府新闻办公室召开新闻发布会,及时向社会公开发布市、县级政府机关完成软件正版化检查整改任务情况。组织领导小组成员单位开展对全省县(市)区政府机关软件正版化工作督查,开展全省政府机关软件正版化工作培训,全省各级政府软件正版化工作部门 180 余人参加培训。

(四川省版权局　王志坚)

司法工作

2014 年四川省知识产权司法保护工作取得了新进展,为四川省创新驱动发展战略的实施和经济社会发展提供了强有力的司法保障。

一、加大知识产权保护力度,进一步强化司法保护知识产权的主导作用

四川省各法院依法公正高效审理各类知识产权案件,突出加强知识产权的司法保护导向。2014 年,四川省各法院共受理各类知识产权案件 3843 件,较 2013 年受理的 3109 件增加 734 件;审结 3544 件,较 2013 年审结的 2956 件增加 588 件;结案率为 92.2%。其中受理民事知识产权案件 3688 件,审结 3411 件,结案率为 92.49%;受理知识产权刑事案件 151 件,审结 129 件,结案率为 85.43%;受理知识产权行政案件 4 件,审结 4 件,结案率为 100%。四川省法院审理了一系列社会影响大、关注度高的知识产权案件,有力维护了知识产权人的合法权益,最大限度地保护创新、激励创新和引领创新,激发各类创新主体的创新热情。

二、积极探索知识产权审判机制改革,有序推进全省知识产权审判"三合一"改革试点工作

四川省三级法院知识产权审判"三合一"改革试点工作于 2014 年第二季度全面启动。四川省高院开展了如下工作:(1)制定和颁布《关于在全省法院开展知识产权审判"三合一"试点工作的指导意见》和《关于在全省法院开展知识产权审判"三合一"试点工作的实施方案》。(2)成立由院领导和相关业务庭(室)领导参加的试点工作领导小组,领导和协调全省法院试点工作,做好与省级各相关知识产权司法、行政执法部门的沟通协调,并指导试点中、基层法院成立了相应的试点工作领导协调机构。(3)确定成都市中院、德阳市中院、宜宾市中院三个中级法院和成都市锦江区法院、泸州市江阳区法院两个基层法院作为试点工作联系点法院。(4)下发《关于落实知识产权大要案件及相关工作信息报送制度的

通知》，要求各级法院做好知识产权大要案及相关工作信息报送工作。

三、充分发挥技术专家作用，不断提高法官在查明技术事实方面的能力和水平

四川省各法院充分发挥技术专家在技术咨询、技术调查等方面的作用。(1)提高陪审率。将具有专业技术特长和一定法律知识的专业人士选聘为人民陪审员，与法官共同组成合议庭。(2)充分发挥专家证人的作用。严格按照四川省高院出台的《关于知识产权案件专家证人出庭作证的规定(试行)》的要求对专家证人进行了全面规范，在知识产权审判工作中充分运用专家证人帮助查明案件技术事实。(3)建立完善技术专家咨询制度。

四、加强知识产权法官的专业化、职业化建设，有效提升知识产权法官的司法能力和综合素质

四川省高院与四川法官学院联合举办全省法院知识产权审判业务培训班。四川省高院知识产权审判法官及全省负责知识产权案件审理工作的中、基层法院相关院、庭领导及骨干法官共计260多人参加了培训。努力打造和培养一批知识结构合理、化解矛盾纠纷综合能力强、适应知识产权审判专业化需求的高端人才，为四川省“三合一”试点工作的规范有序推进打下坚实基础。

五、加强知识产权文化宣传，努力营造激励自主创新的司法环境

四川省法院开展了一系列富有成效的宣传活动，积极培育四川省“尊重知识、崇尚创新、诚信守法”的知识产权文化。(1)召开知识产权司法保护新闻发布会，发布《2013年四川法院知识产权司法保护状况白皮书》和《2013年四川法院知识产权司法保护十大典型案例》。(2)公开开庭审理一批知识产权案件。(3)展示知识产权法官的良好形象。四川省高院协调《人民法院报》，以整版篇幅刊登成都市高新区法院知识产权审判法官张媛媛的先进事迹。整个宣传周期间，各级媒体共刊发宣传稿件158篇，转载量达540次。

(四川省高级人民法院知识产权审判庭)

检察工作

2014年，四川省检察机关在保护知识产权方面取得了以下成绩。

一、依法履行职责，严厉打击侵权假冒犯罪

四川省检察机关依法认真履行批捕、起诉职责，依法严厉打击生产销售伪劣商品和侵犯知识产权的犯罪。2014年，全省检察机关共批准逮捕178件327人，起诉334件629人。有力保障了人民群众生命和财产安全，切实维护了市场经济秩序和社会治安秩序。

二、借力“两法衔接”工作，开展专项监督活动，形成打击犯罪合力

四川省检察机关主动作为，建立健全与行政执法机关、公安机关之间的联席会议、线索移送、案件咨询等衔接工作相关制度，并监督行政执法机关移送涉嫌犯罪案件，监督公安机关对行政执法机关移送的涉嫌犯罪案件及时立案侦查，加快建设全省三级“两法衔接”平台建设。2014年，四川省检察院会同四川省政府法制办、四川省公安厅等部门，在全省部署开展为期8个月的破坏环境资源和危害食品药品安全专项立案监督活动。通过积极走访公安机关和行政执法机关、查询行政处罚案件台账，监督行政执法机关依法移送、公安机关及时依法立案侦查涉嫌犯罪案件。为强化活动开展成效，省检察院、省政府法制办、省公安厅、省环保厅、省林业厅、四川省食品药品监督管理局组成7个联合督导检查组，赴全省19个市、州督导检查专项监督

活动开展情况。督查组共走访行政执法机关和公安机关、森林公安机关 48 家，查阅行政处罚案件台账 1254 件，抽查案卷 271 卷。四川省检察院对督查中发现的 12 件重大、复杂、典型的破坏环境资源和危害食品药品安全犯罪案件进行了挂牌督办。

三、严肃查办和积极预防职务犯罪，促进公正廉洁执法

四川省检察机关依法严肃查办国家工作人员充当侵权假冒犯罪活动“保护伞”、徇私舞弊不移交刑事案件、帮助犯罪分子逃避处罚等职务犯罪，以及相关行政管理和执法部门、司法机关人员在侵权假冒领域受贿、滥用职权、玩忽职守等职务犯罪，促进公正廉洁执法。同时，进一步加强职务犯罪预防工作，积极运用个案预防、警示教育、预防调查、检察建议等方法，帮助相关行政管理和执法部门从源头上遏制和减少职务犯罪，促进依法行政、严格执法。2014 年，全省共立案侦查食品药品监管部门职务犯罪 18 人。

四、加大培训力度，提高执法办案能力

四川省检察机关加大对检察机关干部侵犯知识产权和制售假冒伪劣商品犯罪理论和实务知识的培训力度。四川省检察院选派业务骨干参加最高人民检察院举办的知识产权工作培训班，不断提高办理此类案件的业务能力。同时，全省检察机关还通过派员为行政执法人员进行培训的方式，提高行政执法人员规范执法的能力。

（最高人民检察院侦查监督厅供稿）

贵州省

专利工作

2014 年，贵州省知识产权局认真贯彻党的十八届三中、四中全会和 11 月 5 日国务院常务会议精神，落实贵州省委省政府和国家知识产权局工作部署，在健全制度、完善机制、提质增效等方面狠下功夫，推进贵州知识产权事业健康发展。

一、健全制度

(1)完善法律制度。推进《贵州省专利条例》立法进程。会同贵州省委改革办联合成立课题组，调研起草《省人民政府关于实施创新驱动发展战略加强全省专利工作的意见(草案)》。(2)完善知识产权评议制度。对 2006 年贵州省在全国率先制定的《贵州省重大经济活动知识产权特别审查机制(试行)》进行修改。(3)完善专利奖励制度。修改《专利奖评奖办法》并组织评选，评出专利金奖 3 个、优秀奖 15 个；推荐 7 个项目参加第十六届中国专利奖评选全部获优秀奖，为贵州省最多一届。(4)完善职称评审制度。推进专利指标纳入职称评审体系，实现发明专利作为学术成果等同于论文。

二、完善机制

(1)完善实施知识产权战略考核评价机制。推进贵州省政府与各市州政府签订《实施知识产权战略责任书》并进行考核。(2)强化实施知识产权战略部门联动机制。完善专利转化运营机制。注册成立贵州省知识产权与科技成果运营中心，与贵州技术产权交易所、中国技术产权交易所贵阳工作站共同组建贵州省知识产权交易平台，成果对接会签约 28 个项目，涉及专利 52 件。举办首届专利技术拍卖活动。落实专利质押贷款项目贴息补助 167.4 万元，获支持贷款 1.445 亿元。

三、提质增效

修改《专利申请资助办法》，突出发明专利政策导向。2014 年，全省专利申请量 22 471 件，首次突破 2 万件大关，同比增长 29.1%；专利授权量达到 10 107 件，同比增长 27.7%。其中，发明专利申请 8203 件，同比增长 105.7%；发明专利授权 1047 件，同比增长 34.9%，每万人口有效发明专利拥有量为 1.2 件，同比增长了 27.7%。

四、促进运用

(1)实施知识产权优势企业培育工程。安排资金近千万元，培育了 40 家新一批省级知识产权优势企业；修改完善《知识产权优势企业认定评价标准》，认定第三批 29 家省级知识产权优势企业。(2)实施中小企业知识产权帮扶计划。安排资金 320 万元，优选 120 家企业实施中小企业知识产权战略推进工程。组织开展《企业知识产权管理规范》贯标工作，确定 30 家企业为第二批贯标试点单位。(3)实施专利转化运用项目。支持 10 个项目开展专利转化运用项目，引导企业投入资金 7768 万元。

五、加强保护

组织开展执法维权“护航”、电子商务领域和农村与城乡结合部市场假冒伪劣专项整治行动，成立了省专利执法总队，指导全省 9 个市州中的 7 个建立独立的执法机构。启动贵州省首家知识产权司法鉴定机构筹建工作，指导企业开展专利侵权预警分析。全年共处理专利侵权案件 37 件，查处假冒专利案件 735 件，比 2013 年分别增长 362.5%和 107.0%。

六、提升服务

构建专利信息利用省市县服务体系，将贵州省专利信息服务中心并入贵州省科技情报所，建成 9 个市州专利信息服务分中心、72 个服务站和 6 个直管服务站，为 1000 家以上单位开展专利信息服务。围绕贵州省页岩气、新型煤化工、中药杜仲产业等特色优势产业，完成专利分析报告，组织开展新能源电动汽车、碳纳米材料等专利战略研究。制定《促进知识产权服务辅导机构发展补助管理办法》，对认定的服务辅导机构每家补助 30 万元。全年新增知识产权代理机构 2 家，引进 2 家来黔设立分支机构，28 人获专利代理人资格。

（贵州省知识产权局）

商标工作

2014 年，贵州省坚持服务指导与监督管理并重，严厉查处各类商标侵权假冒违法行为，大力实施商标战略。

深化商标战略实施。制定《2014 年度实施商标战略推进计划》，总揽商标战略发展。制定《2014 年度实施商标战略推进县域经济发展工作计划》，不断提高县域经济比重。制定了《弘扬中华优秀传统文化规划》，积极发展文化服务业商标。

强化“商标富农”工作。立足本省山地特色和资源优势，充分挖掘特色农副土特产品地理标志商标注册资源，培育发展一批具有地域、产业特色和集生产、加工、销售、服务于一体的农业产业化龙头企业，大力推广“公司(农村专业合作社)＋商标＋农户”的生产经营模式，发挥农产品和地理标志商标在促进现代农业发展中的重要作用。

扎实开展打击侵犯知识产权和打击制售假冒伪劣商品等知识产权专项行动。开展著名商标及标识使用情况的检查；开展“驰名商标”使用情况的专项检查；开展“赖茅”商标专用权保护行动；组织开展了青奥会标志保护专项整治工作和保护“中国黄金及图”和“火焰山及图”注册商标专用权的执法行动。

2014 年，全省商标申请量 19 000 件，注册量 14 307 件，累计有效注册量 54 270 件。

（贵州省工商行政管理局）

版权工作

2014年贵州省版权局按照国家版权局的工作部署，围绕贵州省实施知识产权战略目标考核的要求，以服务贵州经济和文化建设发展为出发点，认真开展版权行政管理和执法工作。

一、软件正版化工作

贵州省版权局稳步推进省及市、县两级政府机关软件正版化检查整改工作。认真贯彻落实国务院办公厅《政府机关使用正版软件管理办法》，巩固政府机关软件正版化工作成果，对政府机关软件正版化工作进行常态化管理，指导、督促建立健全软件正版化工作长效管理机制，推动软件资产管理、经费预算、审计监督、年度检查报告、考核和责任追究等制度的落实。全省市（州）和区（县、市）政府机关制定了软件资产管理办法，部分市、县人民政府把软件正版化工作纳入政府目标绩效考核。2014年4月1～3日，国家推进使用正版软件工作部际联席会议督查组对贵州省市、县两级人民政府软件正版化工作进行督查，督查组到贵阳市、安顺市、修文县和平坝县进行了实地检查。

进一步推进企业软件正版化，倡导社会各类企业使用正版软件，贵州省国资委下属企业、上市公司和银监局管辖的金融企业全面实现了软件正版化。在推进企业使用正版软件工作中，注重引导企业把软件正版化工作和提高企业信息化管理水平相结合，推动软件正版化和提升企业市场竞争软实力相结合，凸显企业软件正版化工作价值。推动新闻出版二级企业软件正版化工作。2014年11月19～21日，国家版权局对贵州省新闻出版行业企业软件正版化工作情况进行督查，督查组采用听取汇报、查阅相关资料和实地抽检的方式，检查了贵州日报报业集团和贵州出版集团分别下属6个二级企业软件正版化工作情况。

二、版权保护工作

2014年，《贵州省版权行政处罚案件信息公开实施细则》颁布，该细则旨在推进和规范贵州省版权行政处罚案件信息公开工作。

贵州省积极开展打击网络侵权盗版“剑网2014”专项行动。根据国家版权局、国家互联网信息办公室、工业和信息化部、公安部等四部门《关于开展打击网络侵权盗版“剑网2014”专项行动的通知》精神，贵州省版权局联合省互联网信息办公室等四家单位，联合下发了《关于开展贵州省打击网络侵权盗版“剑网2014”专项行动的通知》，同时，成立了贵州省打击网络侵权盗版“剑网2014”专项行动领导小组。全省各地及各有关部门按照通知要求贯彻落实。贵州省版权局、省互联网信息办公室、省通信管理局、省公安厅快速建立了联动机制，将“剑网2014”专项行动的具体工作落实到处（室）、落实到人，确保开展查处行动时能实现快速联动。全省各地对辖区涉及著作权的网站和论坛进行排查，组织网站开展自查自纠。全省未发现有网络侵权盗版行为存在。

三、版权公共服务管理和宣传工作

贵州省版权局努力提升版权公共服务水平，2014年共办理作品自愿登记120件，完成作品登记数据库录入上报工作。参加贵州省“非物质文化遗产”保护发展规划中“版权保护”内容的制定和修改。积极开展版权保护宣传，副局长胡德怀带队上线贵州广播电视台“阳光946”党风政风行风热线，就版权保护相关问题与听众进行交流，节目播出后得到省人大代表和听众的好评。

（贵州省版权局　徐　梅）

司法工作

2014年，贵州省各法院充分发挥司法保护知识产权的主导作用，突出工作重点，完善知识产权审判体制机制，为深入改革和实施创新驱动发展战略提供有力的司法保障。

一、依法履行审判职能，充分发挥司法保护知识产权主导作用

2014年，贵州省各法院坚持以执法办案为第一要务，依法履行审判职能，充分发挥司法保护知识产权主导作用。受知识产权关联案件受理数量同比下降影响，贵州省各法院全年共受理知识产权各类案件422件（含旧存17件），审结397件，同比分别下降30.13%和8.3%。其中，受理知识产权民事一、二审案件328件，刑事一、二审案件93件，行政一审案件1件。在受理的知识产权民事案件中，著作权纠纷116件，占35.37%；商标权纠纷118件，占35.98%；专利权纠纷75件，占22.87%；技术合同纠纷10件，其他知识产权案件9件。在已审结的知识产权民事案件中，判决175件、调撤120件，调撤率为39.09%。

（一）精益求精提高审判质效

全省法院坚持"以事实为依据、以法律为准绳"的审判原则和实体法与程序法并重的法治理念，公正高效地审理各类知识产权案件。2014年全省法院审结的所有案件中没有一件因处理不当引发重大网络舆情及群体性、极端性、突发性事件。

（二）加强审判监督管理

全省法院充分利用法院网上办公系统，加强审判管理信息化、规范化、制度化建设，严格案件审判流程管理，强化审判质效分析。通过建立长期未结案件督办机制，杜绝产生超审限案件、长期未结案件，力争实现全年均衡结案。2014年全省法院审结的所有案件均在审限内审结。

（三）加强诉讼调解工作

结合审判工作特点，全省法院积极探索上下级法院、法院与行政机关、法院与行业协会之间联动的调解方式，注意调解的成效。

（四）加强审判业务指导

贵州省高院不断加强对知识产权案件的审判指导，统一裁判标准，提高审判水平。（1）举办全省知识产权审判工作座谈会，邀请贵州省高院和各中院审理知识产权案件的分管领导、庭长、业务骨干座谈交流当前全省知识产权审判工作的基本情况及存在的问题和困难。（2）加强对全省知识产权审判动态的分析与总结。跟踪分析下级案件的审判动态，提出指导意见。

二、坚持服务经济社会发展大局，延伸知识产权审判职能

（一）加强专题调研，助推重点产业发展

2014年贵州省高院联合最高人民法院白酒知识产权司法保护调研基地和遵义市中院申报了"白酒知识产权法律保护"的全省法院重点课题，并对贵州省白酒知识产权保护开展专项研究。最终完成调研报告《白酒知识产权保护与实践——白酒企业知识产权保护指引》。

（二）加强司法服务，促进企业发展

为进一步加强知识产权司法服务功能，促进企业发展，贵州省多地法院先后组织人员到贵州茅台酒股份有限公司、贵州董酒股份有限公司、贵阳时代沃顿科技有限公司等企业进行走访调研，深入了解企业创新发展过程中知识产权司法保护现状及需求。

（三）积极参加专项整治活动

通过依法审理侵犯知识产权、制售假

冒伪劣商品等各类案件，打击违法犯罪，规范市场主体行为，充分发挥知识产权司法裁判的社会引导作用，为全省经济发展提供有力的司法保障。

三、坚持司法公开，树立知识产权审判良好形象

（一）加强司法公开力度

全省法院不断加大知识产权司法公开力度，充分落实好裁判文书上网、审判流程公开等工作。具体表现为：全面推行生效裁判文书互联网发布制度；除法定不公开审理的案件外，所有知识产权案件一律公开开庭审理；主动邀请人大代表和政协委员旁听庭审，自觉接受人大监督和政协民主监督；积极推动案件庭审微博直播。

（二）举办知识产权宣传月活动

在“4·26 知识产权宣传月”期间，全省法院围绕“保护、运用、发展”的主题开展了一系列形式多样的活动。包括邀请人大代表、政协委员观摩庭审，听取代表和委员们的意见建议，开展微博直播庭审、召开新闻发布会发布全省知识产权保护典型案例等。

四、推进审判改革，完善知识产权审判工作机制

（一）继续深化知识产权案件“三审合一”试点工作

经最高人民法院批准，贵阳市中院和遵义市中院从 2013 年 1 月起正式开展集中审理知识产权刑事、民事和行政“三审合一”试点工作。为继续推动试点工作顺利开展，2014 年，贵州省高院多次组织干警到试点法院进行走访调研。

（二）建立和完善与其他机关沟通协调机制

贵州省高院以知识产权“三审合一”试点工作的开展为契机，积极加强与贵州省相关部门的协调配合与信息共享。2014 年，贵州省法院多次组织干警前往贵州省工商局、省检察院、省商标局等部门进行座谈，进一步优化了知识产权保护体系，推动形成知识产权保护合力。

五、加强队伍建设，全面提升队伍素质

（一）开展教育实践活动，提升廉洁自律理念

全省法院通过组织干警参观群众路线展、定期召开民主生活会、签订个人党风廉政建设责任书等形式，认真贯彻落实中央的八项规定，强化党风廉政建设，增强全庭干警拒腐防变的意识，努力维护好审判法官司法公正、清正廉洁的良好形象。

（二）举办业务知识培训，提升审判业务能力

贵州省高院在白酒知识产权调研基地——遵义市中院举办全省知识产权审判业务培训班，来自全省 9 个中级人民法院的 50 多名知识产权审判法官参加培训。

（三）狠抓理论调研工作，提升业务科研能力

2014 年贵州省高院知识产权审判庭干警在一系列具有较高影响力的国家级学术期刊上发表论文、案例 10 余篇，极大地提升了全省法院知识产权审判理论的研究的科研水平，同时也为开展好知识产权审判工作打下了基础。

（贵州省高级人民法院知识产权审判庭）

检察工作

2014 年，贵州省检察机关在保护知识产权方面取得了以下成绩。

一、立足检察职能，依法打击侵权假冒犯罪

贵州省检察机关高度重视打击侵犯知

识产权和制售假冒伪劣商品工作，分管领导亲自靠前指挥，贵州省检察院侦查监督处将打击侵权假冒犯罪工作作为35项对外联络衔接工作的重中之重来抓，明确专人负责。全省各级检察机关充分发挥检察机关打击犯罪的职能，严惩侵权假冒犯罪分子，依法做到快捕快诉，给犯罪分子强有力的威慑力。2014年，贵州省检察机关批准逮捕侵犯知识产权、制售假冒伪劣商品犯罪案件52件91人，提起公诉91件171人。

二、扎实开展专项立案监督活动

按照最高人民检察院统一部署，贵州省检察院印发了开展为期8个月的专项立案监督活动，各州市检察机关结合本地区特点均制定了本地区专项活动实施方案，成立了领导小组，明确专人负责。专项立案监督活动期间，全省三级检察院通过走访公安、环保、林业、食品药品监督管理等单位，查阅行政执法台账，摸排有案不移、有案不立、以罚代刑线索，共监督行政执法机关移送案件线索4件4人，监督公安机关立案55件70人，批捕10件14人，提起公诉17件24人，法院目前已判决生效8件10人，发出检察建议3份。

三、加强协作配合，健全“两法衔接”工作机制建设

工作中，贵州省各级检察机关强化与相关部门协作配合，合力对重点地区、重点部位，有针对性地开展专项整治。贵州省检察机关以开展“破坏环境资源和危害食品药品安全犯罪专项立案监督活动”为契机，积极走访贵州省林业厅、贵州省公安厅等单位，形成打击破坏环境资源和危害食品药品安全犯罪的共识，进一步建立完善“两法衔接”工作机制，分别与林业、公安等部门会签了多份规范性文件，对定期通报、联席会商、督办移送等“两法衔接”的方式和程序作了明确规定，进一步发挥“两法衔接”机制功能。全省各级检察院也积极行动，如黔西南州检察院正会同州公安局、州食品药品监督管理局联合制定《关于加强食品药品监管行政执法与刑事司法衔接配合若干问题的意见》。目前，全省各级检察机关已与法院、公安、工商、烟草等单位建立了良好的“两法衔接”机制，定期召开联席会，及时通报打击侵权假冒犯罪工作情况，商讨解决在打击侵权假冒违法犯罪工作中存在的问题和困难，建立合力打击侵权假冒违法犯罪工作机制，为社会主义市场经济秩序健康发展提供有力保障。

四、充分调研，解决打击侵权假冒违法犯罪中的疑难问题

2014年6月，贵州省烟草专卖局、贵州省高院、贵州省人民检察院、贵州省公安厅采取实地调研和书面调研相结合方式，组成联合调研组分赴贵阳、遵义、黔南3个市、州开展调研工作，就涉烟刑事案件办理中法律适用、部门协作和证据固定转化等方面的基本情况进行交流，深入解析当前涉烟执法工作中“两法衔接”存在的突出问题，积极探讨解决措施，形成了调研报告，初步完成了调研计划，对全省卷烟打假工作存在的共性和疑难复杂问题制定指导性文件以规范全省卷烟打假工作。

（最高人民检察院侦查监督厅供稿）

云南省

专利工作

2014年云南省知识产权工作主要取得如下成效。

一、深入实施创新驱动发展战略，提升全省专利创造能力

2014年全省专利申请量为13 343件，同比增长15.91%，其中发明专利申请量为4732件，同比增长19.46%；2014年全省专利授权量为8124件，同比增长19.40%；全省发明专利拥有量为6102件，增长18.26%；万人发明专利拥有量为1.3件，比2013年增长17.12%。

二、以企业为主体，推动知识产权运用

（1）实施专利转化项目计划。2014年，云南省知识产权局与云南省科技厅联合，先后遴选29个专利项目予以扶持，安排专利转化资金410万元，带动项目总投资17 478.8万元。全省专利技术转移进一步活跃。据统计，2014年全省278项专利许可实施，许可合同金额3340万元。

（2）加快培育知识产权优势企业。一是云南省4家企业列为国家级知识产权示范企业，9家企业列为国家级知识产权优势企业。二是云南恩典科技产业发展有限公司等6家企业被认定为第四批云南省知识产权优势企业。截至2014年年底，全省认定知识产权优势企业达30家。30家知识产权优势企业2014年共申请专利1674件，其中发明专利申请681件；获得专利授权1066件，其中发明专利授权227件；转化实施专利973件。三是组织30家企业完成国家标准《企业知识产权管理规范》推行试点工作。四是各州、市知识产权局坚持抓企业知识产权工作，重点帮扶企业有300多家，其中昆明市开展企业知识产权试点、示范达151家。2014年，有3家企业的4件专利获得第十六届中国专利奖优秀奖。

（3）推进知识产权质押融资。加强有关工作协调，形成知识产权、科技、金融及评估机构工作联动机制。依托国家专利技术（昆明）展示交易中心，开展知识产权质押融资服务。据统计，2014年全省质押专利145件，贷款金额达6.57亿元。

三、创新工作机制，强化知识产权保护和维权援助

（1）组织开展集中整治。云南省、州、县三级知识产权部门联动，重点在曲靖、楚雄、昭通、保山和德宏等5个州市及10余家企业开展现场督导、培训和咨询服务，在当地中心城市专业市场、大型超市组织开展联合执法4场次，检查商品1000余件，立案15件。2014年，全省办理专利案件143件，同比增长43%。部署电子商务领域内打击专利侵权假冒行为专项行动，明确目标和任务，依法处理电子商务领域专利侵权纠纷，查处假冒专利行为。

（2）加强知识产权维权援助。进一步加强中国（云南）知识产权维权援助中心建设。依托云南省软件技术开发研究中心、云南海归创业园，公司分别设立2个工作站，拓展知识产权维权援助服务网点。广泛宣传“12330”维权援助与举报投诉公益电话，建立维权志愿者队伍，发放维权援助宣传资料3000份。规范维权服务流程，全年接听咨询电话和接待来访人员600多人次，受理维权援助申请案22件，其中移交省外3件。以第2届中国—南亚博览会暨第22届中国昆明进出口商品交易会为重

点，云南省知识产权局和昆明市知识产权局联合进驻展会，开展专利行政执法和维权服务。

四、积极面向基层，深化知识产权普及和人才培养

围绕“保护、运用、发展”活动主题，通过各种形式，与全国同步开展“4·26知识产权宣传周”活动，在全省营造了知识产权保护舆论氛围。全省各级知识产权局上下联动，加强《云南省专利促进与保护条例》的宣讲，深化知识产权法律法规和实务技能的普及。据不完全统计，2014年全省知识产权普及和培训人数达3500人次以上，云南省知识产权局发放《专利申请与保护指南》6000册。

以2014年全国专利代理人资格考试在昆明设立考点为契机，组织云南省300多人报名考试，有52人通过考试，创历史新高。支持昆明理工大学“云南省知识产权人才培养基地”建设，目前在读知识产权专业研究生达44人。2014年，云南省1人被列为第二批全国知识产权领军人才培养，1人被列为第四批百名知识产权高层次人才培养。

五、加强服务窗口建设，深化知识产权信息服务

（1）深入开展“群众满意服务窗口”建设活动。进一步优化国家知识产权局专利局昆明代办处各项服务。云南省专利电子申请率达95.28%，继续保持全国第一。受理专利申请10 468件，占全省专利申请量的78.45%；受理国外申请保密审查113件，专利许可合同备案109件，专利质押登记11件。开通绿色通道，支持重大科技项目专利加快审查。

（2）推动专利信息分析和利用。开展重点产业专利分析和预警，完成“钛带卷加工产业”“蓝藻治理领域”专利信息分析。组织有关单位完成“基于专利情报分析的云南天然药物产业技术创新研究”等课题。引导服务机构与企业对接，为北方夜视科技集团有限公司等企业重要新产品研发提供了专利分析服务。举办了专利信息利用专题培训，编印和发放《专利信息分析与利用指南》1000册。

六、加强统筹协调，深入推进知识产权战略实施

（1）推动重点区域知识产权加快发展。2014年，经国家知识产权局组织评审，昆明市五华区列入国家知识产权强县工程示范县（区），昆明市官渡区和昆明市西山区列入国家知识产权强县工程试点县（区）。根据云南省知识产权强县试点工作实施方案，昆明市盘龙区、呈贡区和西双版纳州景洪市、楚雄州禄丰县、保山市隆阳区确定为第二批知识产权强县试点的县（市、区）。

（2）认真落实专利事业发展推进计划。按照国家知识产权局印发的《2014年全国专利事业发展战略推进计划》要求，制订云南省落实方案，完成了有关专利法规政策、专利质量保障体系建设、专利行政执法体系建设、专利信息公共服务体系建设、专利人才体系建设等10项具体工作任务，促进了云南省专利事业持续发展。

（云南省知识产权局）

商标工作

2014年，云南省工商系统加强商标品牌培育，强化商标行政保护，加大商标宣传培训，全面推进云南商标战略实施，取得显著成效。

继续将商标战略实施工作纳入全省工商系统年度重点工作考核指标体系，制定《云南省商标战略工作目标考核办法》，通过目标考核，确保了年度商标战略任务目标全面完成。

深入推进“一所一标”“一所多标”，运用“三书一卡”等加强商标注册申请的指导服务。稳步推进商标品牌梯次培育工作。努力推进高原特色农业品牌建设，召开全省地理标志商标研讨培训班，出台《云南省工商局关于加强地理标志商标工作助推高原特色农业发展的指导意见》。针对省重点产业、重点企业在商标异议、商标争议等案件中遇到的困难和问题，通过业务指导咨询和请示汇报、沟通协调，切实协助企业维护品牌权益。

继续深入开展“双打”行动，围绕重点区域、重点商品、重点行业开展专项执法，以食品、药品、农资等商品为重点，加大对中国驰名商标、云南省著名商标、涉外商标的保护力度。2014 年全年共立案查处侵权假冒案件 929 件，案值 629.33 万元，罚没金额 550.34 万元。探索商标代理市场监管模式，出台并实施《云南省商标代理机构信用分类监管办法(试行)》。

下发《云南省工商系统商标服务能手练兵竞赛活动实施方案》，在全系统开展业务培训和岗位练兵活动，从县级工商局层层选拔“商标服务能手”，组织开展“省级商标服务能手”竞赛。

2014 年，全省商标申请量 33 099 件，注册量 20 059 件，累计有效注册量 106 240 件。

(云南省工商行政管理局)

版权工作

2014 年，在云南省委、省政府的领导下，在国家版权局的指导下，云南省版权局认真贯彻落实国家知识产权战略纲要，大力推进软件正版化工作，积极开展版权保护培训和宣传，严厉打击侵权盗版行为，强化社会服务意识，采取多种形式加强版权保护，取得了显著成效。

一、软件正版化工作

(一)政府机关软件正版化完成情况通过国家检查组的验收检查

全国软件正版化工作第十四检查组于 2014 年 4 月 2～4 日对云南省市县级政府机关软件正版化检查情况进行检查，检查组对云南省昆明市、玉溪市的市县级别软件正版化工作进行了现场检查。听取了云南省、玉溪市、昆明市、呈贡区、通海县的工作汇报，查阅了省市县相关文件、工作记录、合同文本、软件授权协议、软件资产台账等相关材料，检查组给予云南省州市县级政府机关软件正版化工作好评。

(二)建立云南省推进使用正版软件工作联席会议制度

为进一步健全完善云南省推进使用正版软件工作机制，根据国务院办公厅印发的《关于政府机关使用正版软件管理办法的通知》的精神，2014 年 11 月云南省政府下发关于同意建立云南省推进使用正版软件工作联席会议制度的批复，《云南省推进使用正版软件工作联席会议制度》的建立进一步加强了对全省软件正版化工作的领导。

(三)出台《云南省人民政府办公厅关于政府机关使用正版软件的实施意见》

为认真贯彻落实国务院办公厅印发的《政府机关使用正版软件管理办法》，云南省政府办公厅于 2014 年 11 月 7 日出台了《云南省人民政府办公厅关于政府机关使用正版软件的实施意见》，该意见进一步明确政府机关计算机通用软件的使用和管理的职责、经费保障、工作机制，并把软件正版化工作纳入各级政府年度考核、审计，将软件正版化经费纳入各级财政预算等有效措施，持续抓好政府机关使用正版软件的工作。

(四)举办云南省州市县政府机关软件正版化工作培训会

为巩固政府机关软件正版化工作，2014 年 11 月 5～7 日云南省州市县政府机关软件正版化工作培训会在玉溪市举行。

培训班以建立完善软件正版化长效机制，巩固政府机关软件正版化成果为主题，对来自全省16个州市及玉溪市所辖县区的新闻出版（版权）、工信、财政、商务、审计、机关事务管理等推进使用正版软件工作机制成员单位相关部门负责同志进行了专门培训。

（五）企业软件正版化

全面完成2014年51家目标企业软件正版化工作任务。同时，根据国家版权局要求，如期完成云南出版集团所属13家二级企业、云南日报集团所属15家二级企业的软件正版化工作，并于11月下旬通过国家检查组的督促检查。

二、版权宣传培训工作

全省版权系统上下联动，通过多形式多渠道积极开展“4·26知识产权宣传周”的版权保护宣传活动。全省共开展各类版权宣传35场次，发放宣传品15万余份，接受版权咨询15 000余人次。加大版权培训力度，共开展各类版权培训23场，共对近5000人次进行了培训。在全省各界基本形成了“尊重版权、崇尚创新、诚信守法”的良好氛围，宣传工作取得实效。

三、版权执法监管工作

认真开展打击网络侵权盗版“剑网2014”专项行动工作。云南省版权局拟定《云南省打击网络侵权盗版“剑网2014”专项行动的通知》，与省公安厅、省通信管理局、省广播电视局、省互联网信息办公室四家单位联合下发，并确定了云南网等23家网站作为此次专项行动重点监管网站，不间断实施监管。召开网络侵权盗版专项治理工作会议，与昆明地区的15家网站负责人及其工作人员进行了座谈，动员网站业主开展自律，用实际行动抵制侵权盗版行为的发生。专项行动开展以来，通过国家版权局和云南省公布的举报邮箱，云南省版权局共接受网络侵权举报2次，涉及侵权网站9个。2014年，全省共出动检查人员109 912人次，查处侵权盗版出版物案件55起，收缴侵权盗版物品189 608件，有效净化了版权市场环境。

四、版权公共服务工作

2014年，云南省版权工作人员多次到省内相关单位开展作品免费登记上门服务工作。全年共登记作品238件，完成图书引进合同的备案登记120件，完成企业软件正版化信息统计51份。依托云南省著作权保护协会，完成软件代办登记8件。依照《昆明市计算机软件著作权登记资助暂行办法》，2014年共有211件计算机软件登记获得资助，资助金额15万余元。

（云南省版权局　马云虹）

司法工作

2014年云南省全省法院共审结知识产权民事案件1028件，比上年上升3%。其中著作权纠纷371件、商标权纠纷261件、专利权纠纷350件、技术合同纠纷17件、植物新品种纠纷3件、其他知识产权纠纷26件。

2014年，云南省知识产权审判工作有以下亮点。

一、依法妥善审理知识产权纠纷

2014年，云南省各级法院审结的知识产权案件涉及知识产权侵权判定标准、权利冲突、技术秘密保护、网络环境下的知识产权保护等诸多新问题和疑难问题，审理难度加大，成功审结一批社会影响大、法律适用难的疑难案件和新类型案件。这些案件的成功审结，推动了云南省的知识产权保护工作，树立了云南省各法院保护知识产权、激励自主创新的良好形象。

在严肃执法的同时，兼顾案件处理的社会效果，强化诉讼调解。对已经受理的案件，在每个诉讼环节，都坚持调解手段的运用，力求案结事了。2014 年，一审调撤率为 42.69%，二审调撤率为 17.98%。

二、增强审判公开性和透明度

(1)云南省高院陆续将全省各级人民法院审结的知识产权案件裁判文书发布在中国知识产权裁判网上，加大了知识产权裁判文书上网工作。

(2)在 2014 年“4·26 知识产权宣传周”期间，云南省高院组织开展了形式多样的宣传活动。主要有：4 月 21 日上午，通报 2013 年云南省法院系统知识产权司法保护工作情况，并发布 2013 年云南省知识产权司法保护典型案例。4 月 23 日上午，在第三数字法庭公开审理一起外观设计专利纠纷案件，并发放《知识产权保护指引》等宣传资料。4 月 25 日上午，与红河州中院、红河州文化体育局在蒙自市南湖广场联合开展以“尊重知识产权、维护市场秩序、构建和谐社会”为主题的知识产权法制宣传活动。

三、加强审判调研和审判指导

(一)加强对著作权侵权案件审理问题的调研

为解决著作权侵权纠纷案件审理中遇到的问题，云南省高院重点对 2010 年以来全省法院著作权纠纷案件的审理情况进行了调研，并形成专题调研报告。

(二)加强知识产权审判的业务指导

云南省高院 2014 年向全省法院下发了《云南省高级人民法院 2010～2013 年知识产权改判和发回重审案件情况通报》。

(三)举办法官沙龙活动

为全省法院的知识产权审判法官搭建一个交流平台，立足审判实际，就共同面临的、亟待解决的问题进行研讨。

四、加强知识产权审判队伍建设

2014 年，云南省高院知识产权审判庭结合新修改的《商标法》《著作权法实施条例》《信息网络传播权保护条例》等法律法规的实施，举办了一期知识产权审判培训班，全面提高全省知识产权审判法官的业务素质。

五、建立专利纠纷诉调衔接机制

2014 年下半年，昆明市中院受理了 500 多件同一专利权人诉不同被告侵犯专利权的批量案件。云南省高院主动与云南省知识产权局相关部门联络，商谈建立专利纠纷司法审判与行政调处衔接机制。

六、落实司法为民措施

2013 年，云南省各级法院坚持“公正司法、一心为民”的指导方针，强化司法为民举措，增强司法行为亲和力。在具体措施上，云南省各法院通过编制知识产权年度工作计划、坚持公开审判制度、推行当事人权利义务告知制度、实行诉讼风险提示制度、探索当事人举证指导制度、规范公民代理知识产权诉讼行为、强化审限意识和效率意识、增强裁判文书的说理性等有效方法，落实司法为民措施。与此同时，积极推行判后释疑工作，力争做到辨法析理，胜败皆明。

(云南省高级人民法院知识产权审判庭)

检察工作

2014 年，云南省检察机关在保护知识产权方面取得了以下成绩。

一、严格依法查办侵权假冒案件

2014 年，云南省检察机关共批准逮捕侵犯知识产权案件批捕 37 件 53 人，起诉 61 件 117 人。批准逮捕生产销售伪劣商品案件批捕 26 件 36 人，起诉 47 件 159 人；

依法抗诉侵犯知识产权案件 2 件 3 人，均获改判。全省各级检察机关紧紧围绕办案这一中心，依法监督行政执法机关移送一批、监督公安机关立案一批案件，有力地打击了侵犯知识产权和制售假冒伪劣商品犯罪蔓延势头。如昆明市西山区检察院根据群众反映，认真排查昆明市质量技术监督局西山分局受理的案件线索，监督移送了宁某、李某、朱某涉嫌生产、销售有毒有害食品等 3 起案件，并监督公安机关立案侦查。镇雄县检察院监督镇雄县食品药品监督管理局移送了一批假冒"国窖 1573"白酒案件，涉案价值达 70 余万元。全省检察机关通过依法办理一批群众反映强烈的案件，有力回应了群众期盼，切实服务民生。云南法制报专门采访并报道了云南省检察院专项监督危害食品药品安全犯罪的工作情况。

二、稳步推进"两法衔接"工作

2014 年，云南省检察机关多元化、深层次的推进该项工作，取得了较好的效果。一是积极开展调研，撰写调研课题。云南省检察院组织业务骨干在全省书面调研基础上，专门赶赴 6 个州市级院和 13 个县市院开展重点调研，形成《云南省两法衔接工作情况报告》等多份调研报告，做到了对全省"两法衔接"工作数字清，情况明、问题准。2014 年，云南省检察院还专门确定了重点调研课题《行政执法与刑事衔接机制的完善》，荣获云南省检察院调研课题二等奖。二是健全工作长效机制。云南省检察院侦监处积极与云南省公安厅、云南省质量技术监督局沟通，会签了《关于打击经济犯罪案件协作工作规定》，对联席会议的召开、案件移送、办案协作、案件督办、情报信息共享作出了明确的规定，规范了危害食品药品安全犯罪案件的查处行为。2014 年，全省检察机关建议行政执法机关移送侵权假冒犯罪案件线索后，公安机关立案侦查 118 件。

三、严查侵权假冒背后的职务犯罪案件

云南省检察机关依照最高人民检察院"查办发生在群众身边、损害群众利益职务犯罪专项工作"和"严肃查办危害民生民利渎职侵权犯罪"的部署要求，严查侵权假冒背后的职务犯罪案件。2014 年，全省检察机关共立案侦查食品监管渎职案 2 件 2 人，徇私舞弊不移交刑事案件案 1 件 1 人，动植物检验徇私舞弊案 4 件 4 人，放纵制售伪劣商品犯罪行为 4 件 4 人。昆明市"牛奶河"案件中监管失职的公职人员李某玩忽职守一案，该案成功入选 2014 年最高人民检察院侦监厅和渎检厅公布的 15 件典型案例之一。

四、全方位参与全省打击侵权假冒工作

全省检察机关一方面主动作为，充分发挥检察职能；另一方面积极参与配合全省打击侵权假冒的相关工作。一是向全国打击侵权假冒工作领导小组办公室报告 2014 年度的有关工作及自评情况。二是按照国务院办公厅及最高人民检察院相关要求，明确将打击侵权假冒"两法衔接"工作列入 2014 年全省检察机关绩效考评项目。三是组织实施并实现省级信息平台与中央信息平台对接互联工作。四是继续加强"两法衔接"信息共享平台建设。

（最高人民检察院侦查监督厅供稿）

西藏自治区

专利工作

2014年，西藏自治区知识产权局在国家知识产权局和西藏自治区科技厅的领导支持下，通过加强宏观管理、完善政策环境、提高服务水平、培育人才队伍等措施，各项工作取得了新进展。

一、知识产权协调管理水平提升

将工作重心前移，狠抓专利的提量增质，认真落实《国家知识产权局关于进一步提升专利申请质量的若干意见》，与中国专利保护协会合作对《西藏自治区专利申请资助和奖励办法（暂行）》进行修改，经多次征求专家和各方意见后形成《西藏自治区专利资助办法（送审稿）》。向国家知识产权局协调实施了西藏2014年专利信息利用帮扶项目。协调信息所和中科院成都分院信息情报中心合作并组织向科技厅申报了《西藏专利信息服务平台》项目并获批。

二、知识产权服务能力明显增强

一是开展企业服务工作。邀请国家知识产权局专利局专利文献部领导带队的专家组一行赴西藏月王公司等调研并指导企业专利信息利用工作；高效率地做好了专利申请费用减缓审批工作；组织推荐西藏月王公司的“青稞红曲及其制备方法”、西藏珠峰冰川水资源开发公司的“高原排气盖”、西藏坎巴嘎布公司的“包装袋（坎巴嘎布单片湿巾）”等参加第十六届中国专利奖评选。二是开展信息服务工作。与信息所信息中心合作面向全区企业开展专利检索和信息服务；组织向国家知识产权局申报并获批“西藏太阳能光伏产业专利战略研究”项目；向自治区科技厅申报《西藏高新技术企业传统藏药知识产权保护现状及对策研究》项目并获批。三是开展资助奖励评审工作。会同自治区财政厅、自治区高院、自治区科技厅计财处等完成了2013年度专利资助和奖励评审与经费发放工作，全年度符合专利资助和奖励的专利件数共100件，经费445 835元。

三、知识产权宣传培训纵深发展

2014年“4·26知识产权宣传周”宣传经费投入10万元，其中首次拨付各地市8.5万元。宣传周采取播放知识产权系列讲座、邀请法律专家接受群众咨询、出动科普大篷车设置《知识产权保护知识图解》宣传板、播放知识产权类光盘等方式。在《西藏科技报》上刊登藏汉双语知识产权保护宣传资料15 000多份，发放到县、乡、村全覆盖，发放专利法律法规宣传册（藏汉双语）100份给各地市。西藏自治区知识产权局负责人在西藏人民广播电台做自治区知识产权专题访谈，并组织知识产权优势企业就企业知识产权保护和运用进行挖掘报道等宣传，激发全区知识产权创造运用热情。与国家知识产权局、四川省知识产权局等合作开展培训，组织选派自治区8家高新企业和科技型中小企业专利管理人员到成都参加专利信息利用培训；邀请国家知识产权局专利局专利文献部专家进藏开展专利信息利用培训；邀请成都天嘉专利事务所专家进藏开展企业专利实务培训；派人参加全国专利行政执法培训班、全国知识产权系统党建培训班等，通过借力培训、搭台培训的方式不断提升自治区运用知识产权的能力，全年累计培训知识产权人才300人次。

（西藏自治区知识产权局）

商标工作

2014年西藏自治区工商系统扎实推进商标战略实施，积极开展打击侵犯知识产权和假冒伪劣商品专项行动的同时，以推进、培育著名商标、驰名商标、地理标志商标为重点，积极服务地方经济发展。

注重深化发展。各地工商监管部门争取当地党委政府支持，纷纷制定大力实施商标战略的意见和实施商标战略中长期发展规划，推动成立实施商标战略领导小组，协调组织召开特色农产品地理标志商标申报工作协调会议。

注重服务指导。积极开展中国驰名商标申报工作和西藏自治区著名商标认定工作；向区内各驰名商标企业送达了《关于贯彻新修订商标法有关规定的通知》；开展新《商标法》执法检查。积极协助拉萨市政府询问国家工商总局商标局申请注册“拉萨净土”相关事宜。

注重宣传教育。组织了6家具有西藏地域特色和发展前景的驰、著名商标企业参加中国国际商标·品牌节。以视频会议的形式，举办全区新《商标法》暨地理标志商标培训班。

注重监管执法。开展打击侵犯知识产权和制售假冒伪劣商品专项行动，与西藏自治区公安厅经侦总队联合打假溯源，初步建立了驰名商标产品保护司法协作机制，将驰名商标企业重点产品纳入公安部的打假溯源工作首批重点产品数据库。2014年共查处侵权假冒案件140件，案值51.54万元，罚没金额53.05万元。

2014年，全区商标申请量1824件，注册量906件，累计有效注册量4548件。

（西藏自治区工商行政管理局）

版权工作

2014年以来，在西藏自治区党委政府的正确领导下，在国家新闻出版广电总局的有力指导下，西藏自治区新闻出版广电局（版权局）紧紧围绕自治区党委政府中心工作，以贯彻区党委八届五次全委会精神为主线，以软件正版化、作品登记、专项行动、版权交易为抓手，发挥版权在社会主义先进文化建设中的基础性、资源性和战略性作用，积极推动新闻出版大繁荣大发展。

一、积极主动开展“双打”行动

（一）加强市场监管，依法查处侵权盗版行为

2014年2月起在西藏自治区内积极开展新闻出版系统打击侵犯知识产权和制售假冒伪劣商品专项行动，加强市场监管，依法查处侵权盗版行为。截至2014年11月，全区共收缴各类非法出版物5.9万余件，其中“藏独”反动出版物及宣传品5214件、淫秽色情出版物3579件、盗版出版物4万余件，删除网络有害信息4.6万余条，查处案件64起，从源头上打击了印刷复制领域的侵权盗版活动，有效地净化了出版物市场环境。

（二）周密安排部署，积极开展打击网络侵权盗版专项治理“剑网行动”

2014年5月起，根据国务院2014年打击侵犯知识产权和制售假冒伪劣商品工作的部署，以及《关于开展打击网络侵权盗版“剑网2014”专项行动的通知》精神，制订《西藏自治区关于开展打击网络侵权盗版“剑网2014”专项行动的工作方案》，召开协调会，成立打击网络侵权盗版专项治理领导小组，在全区开展打击网络侵权盗版“剑网2014”专项行动，加强对区内音视频、文学网站、动漫游戏网站及电子商务网站的版权主动监管，严厉打击未经著作权人许可非法上传、传播他人作品及通过电子商务平台兜售盗版音像、软件产品等违法犯罪活动。同时，对西藏新闻网、中国西藏网等12家网站进行主动监管，动态监控。通

过监管，有效净化了网络环境。

二、全面推进软件正版化工作

（一）制定工作方案

认真贯彻国家推进使用正版软件工作部际联席会议相关文件精神，结合自治区实际，2014 年 3 月制订了《2014 年全区推进使用正版软件工作计划》和《2014 年全区推进使用正版软件工作督查方案》，进一步明确工作目标和任务。

（二）下发督查通知

根据国家推进使用正版软件工作部际联席会议《关于开展对市县级政府机关软件正版化工作情况进行检查的通知》要求，2014 年 4 月自治区推进使用正版软件工作厅际联席会议下发了《关于开展对市县级政府机关软件正版化工作情况进行检查的通知》。要求各地市、县开展自查工作，迎接国家推进使用正版软件工作部际联席会议督查组的检查。

（三）积极开展督查

2014 年 4 月 9～15 日，由国家版权局、财政部、工信部等 3 个部门组成的国家推进使用正版软件工作部际联席会议第十三检查组在自治区相关负责同志的陪同下，对自治区林芝、昌都两地区的地县级政府机关软件正版化工作进行了检查。该两个地区的正版化工作得到了检查组的充分肯定。

（四）建立健全机制

认真贯彻执行《国务院办公厅关于代表性政府机关使用正版软件管理办法的通知》精神，自 2014 年 5 月起开始筹备从软件正版化工作的经费保障、软件采购、日常监督、资产管理、审计监督、与信息化工作相结合、年度报告等方面建立健全软件正版化长效机制建设。

（五）巩固工作成果

2014 年 7 月，开始针对自治区经济基础薄弱，各地市、县经费不足的实际，在办公经费紧张的情况下，先后向包括拉萨、林芝、山南等地区在内的 7 个地市拨付软件正版化工作专项经费 30 余万元，有力地巩固了全区软件正版化工作成果。

三、认真开展著作权法宣传工作

（一）主动开展知识产权日主题宣传活动

紧扣“4・23 世界读书日”“4・26 知识产权日”时间节点，开展“绿书签行动”系列宣传活动。一是刊登公益广告。分别于 2014 年 4 月 19～20 日在《西藏日报》《拉萨晚报》《西藏商报》等主流媒体上刊登公益广告，积极主动宣传“绿书签行动 2014”活动。二是设计制作藏汉双语宣传资料。结合西藏实际情况，在国家版权局、全国“扫黄打非”工作领导小组办公室统一配置 500 张海报、10 000 个绿书签的基础上，重新加印了莽汉双语宣传海报 1000 张和绿书签 10 000 个。三是开展“绿书签行动”进校园和文化场所活动。号召全社会签名加入“绿书签行动”，通过学校、书店、电影院、音像店等机构和场所开展绿书签优惠购书和看电影活动。

“绿书签行动 2014”系列宣传活动，全区累计销毁各类侵权盗版出版物 15 万余件。发放宣传资料近 20 000 余册/张，其中，宣传海报 2500 张，绿书签 20 000 张，保护知识产权法律法规宣传折页 5000 余册。

（二）积极参与法治宣传教育活动

紧密结合法制宣传节点，积极参与和加大知识产权法律法规的宣传。同时，根据自治区综治委的安排，分别在 3 月 15 日、4 月 26 日等重要时段，紧扣自治区维稳工作大局，先后组织 30 多人次集中开展 4 次大规模的街头法制宣传教育活动，发放宣传材料 3000 余份（本）。

四、履职尽责做好日常工作

(一)积极参与依法行政工作相关的活动

2014年,积极参与关于《关于西藏自治区规范性文件制定和备案规定(修订草案)征求意见的函》、《关于西藏自治区企业国有资产监督管理条例(征求意见稿)》、关于《西藏自治区专利资助办法(征求意见稿)》等自治区相关单位的法律法规制定工作。

(二)主动参加国家新闻出版广电总局组织的学习培训

主动参加国家新闻出版广电总局组织的学习培训,先后派送人员参加10余个班次的著作权法等方面知识的培训,巩固和提高业务知识水平和能力,及时汇报培训情况,并结合自治区实际,提出自治区开展版权法制工作对策建议。

(三)牵头负责行政许可审批工作

2014年7月,根据国务院《关于取消和下放一批行政审批项目的决定》和自治区审改办《关于做好国务院取消和下放行政审批事项承接工作的函》等文件精神,积极清理和调整两项新闻出版系统行政审批项目。同时,积极参与国家新闻出版广电总局举办的2014年全国新闻出版行政审批改革工作培训,主动学习兄弟省市的先进经验和做法,为下一步更好地开展自治区新闻出版行政审批工作打下坚实基础。

(四)适时启动全区著作权作品登记工作

一是在2014年1~4月,为尽早启动全区著作权作品登记工作,选派两名工作人员赴北京市新闻出版局进行著作权作品登记工作培训,熟悉著作权作品登记工作的主要流程,学习主要工作经验和做法,积极梳理和完善自治区著作权作品登记系统,为启动全区作品登记工作做好前期准备工作。二是做好工作汇报,提出合理建议。培训结束后,版权处结合西藏的工作实际,从人员配置、域名申请、专用签章申请、办公场所、网站管理等方面先后两次向局党组提交报告,就开展好全区的菱权作品登记工作提出意见和建议。三是制定规章制度。认真梳理北京市新闻出版局著作权作品登记规章制度,结合自治区实际,先后制定了《著作权作品登记人员岗位职责》《著作权作品登记档案保管制度》等相关制度和规定。

(西藏自治区版权局　周详祎)

司法工作

2014年,在西藏自治区高院狠抓审判工作,维护公平正义,提升能力素质。

一、参加政治理论学习的情况

认真贯彻落实党的路线、方针、政策和中央新时期西藏工作指导思想,按照西藏自治区党委的决策部署,立场坚定、旗帜鲜明地反对分裂、维护稳定,做到服务大局不动摇,落实司法为民不放松。在始终坚持按时完成机关党委安排的学习任务以外,还自行安排了学习任务,要求每位干警认真做好每次的学习笔记和心得体会。与此同时,抓好对《工作目标管理责任书》的落实,切实做到有令必行、有禁必止。严格遵守中央"八项规定",自治区党委"约法十章""九项要求",最高人民法院"六项措施""十个不准"等铁规和禁令,管好自己和家属子女。

二、案件审理情况

2013年10月至2014年10月期间,西藏自治区知识产权审判庭没有新收知识产权民事案件。

在上述期间,7个地(市)中院中只有拉萨市中院受理了两件知识产权民事案件。

三、调研情况

为了加强对各地(市)中院的知识产权案件审判指导工作,认真总结工作经验,对审判实践中出现的新情况、新问题进行有针对性和指导性的调查研究。西藏自治区知识产权审判庭于2014年8月对日喀则、阿里、那曲三个地区中院就藏高法(2013)189号通知的落实情况进行了实地了解,并着重对阿里、那曲两个未设立知识产权审判庭的中院再次强调设立知识产权审判庭的重要性,同时传达了2014年7月在武汉召开的全国法院知识产权审判工作座谈会的会议精神。

四、裁判文书上网情况

2014年拉萨市中院知识产权审判庭有一份生效裁判文书按规定应上网,知识产权审判庭已让其上报了纸质的生效裁判文书和电子版,现已审查完毕,已交由西藏自治区高院审委办予以上网公布。

五、其他工作开展情况

(一)按时完成了最高人民法院下达的各项任务

(1)参加了最高人民法院知识产权庭下达的要求协助进行题为"加大知识产权司法保护力度,降低知识产权维权成本提高知识产权侵权代价"的重点调研课题的调研工作,形成了包括:西藏自治区两级人民法院知识产权审判庭人员的组成情况、全区法院案件受理情况、西藏自治区在提高知识产权司法保护的现状,对于加大惩罚力度、降低维权成本的主要做法和思路等方面的调研报告。

(2)对下发最高人民法院知识产权庭关于知识产权裁判文书上网工作情况的通报。此期间,只有5件案件为终审案件,但均以调解方式结案,按规定调解书不用上网。

(二)积极参加培训及学习

2014年年初在广西召开了"ICT反垄断法会议",7月在武汉召开了全国法院知识产权审判工作会议,9月在北京进行全国知识产权培训学习。

(三)积极宣传知识产权司法保护情况

在2014年借助"4·26知识产权宣传周",通过《西藏法制报》《西藏日报》、西藏新闻网等几家主流媒体,大力宣传了西藏自治区高院知识产权审判庭在知识产权审判工作方面取得的成效以及下一步工作的重点是着力推进知识产权司法保护力度。

(西藏自治区高级人民法院
知识产权审判庭)

检察工作

2014年,西藏自治区检察机关在保护知识产权方面取得了以下成绩。

一、认真开展专项行动,加大打击侵权假冒案件力度

西藏自治区检察院党组高度重视打击侵犯知识产权和制售假冒伪劣商品专项行动,周密部署,精心组织,将开展专项行动作为全区检察机关的重点工作。在开展专项行动中,组织调研组赴食品药品监管局、商务厅等行政执法机关进行走访调研,通过召开座谈会,查阅行政处罚案件卷宗等形式开展工作,摸排线索,了解掌握了近年来侵权假冒案件的基本情况。2014年,西藏自治区检察机关依法批准逮捕侵犯知识产权案件4件5人,涉嫌生产伪劣商品案批捕2件2人。

二、建立健全打击侵权假冒犯罪"两法衔接"工作的长效机制

西藏自治区检察院按照《西藏自治区打击侵权假冒工作联席会议制度》的有关

规定，与西藏自治区商务厅、西藏自治区公安厅、西藏自治区高院、西藏自治区农业厅、西藏自治区林业厅、西藏自治区食品药品监督管理局等单位定期召开联席会议，通报专项工作情况，并就加强打击假冒侵权领域的工作衔接等问题研究制定对策。全区检察机关进一步将开展行政执法机关移送涉嫌犯罪案件专项行动监督活动与打击侵犯知识产权和制售假冒伪劣商品专项行动有机结合起来，适时对相关行政执法单位进行走访与调查，重点掌握行政处罚或涉嫌犯罪尚未移送侦查机关的案件情况。同时，鉴于侵权假冒案件的专业性，为确保案件质量、提高办案效率，侦监部门与相关行政执法机关进一步加强协作，建立相互咨询制度。双方可就侵权假冒案件涉及的专业问题、刑事案件立案追诉标准、证据的固定保全等法律问题相互探讨协商。

三、加强检察队伍建设

为加强西藏自治区检察机关侦查监督干部在知识产权等领域的专业知识和办案能力，确保其熟悉各类案件的刑事追诉标准、明确罪与非罪的界限，西藏自治区检察院采取交流参观、以案代训、座谈研讨等多种形式提升检察干部专业素质，为高质量地办理侵犯假冒案件奠定了坚实基础。

（最高人民检察院侦查监督厅供稿）

陕西省

专利工作

2014年陕西省深入实施知识产权战略，推进创新型省份建设，重点落实以下几项主要工作。

一、以部署、督查、研究推进知识产权战略实施

为落实国务院会议精神，2014年6月4日陕西省组织召开全省知识产权战略推进工作电视电话会议，主管副省长部署了今后一段时间全省的知识产权战略实施工作。陕西省知识产权局联合相关部门开展对各市区、有关各部门知识产权战略执行情况督导、检查，发布《2014年陕西省知识产权保护状况》，推动全省知识产权工作。参与国家“一带一路”建设，陕西省知识产权局先后组织开展《中亚五国知识产权保护现状及合作对策研究》《共建丝绸之路经济带与中国企业的知识产权战略决策研究》等，为丝绸之路经济带建设提供知识产权问题咨询。

二、积极建设知识产权运营平台

按照陕西省委省政府“启动建设陕西知识产权运营平台”的要求，陕西省知识产权局整合相关资源，建立专利运营团队，在深入调研、科学论证的基础上，探索运营平台建设思路，推进专利运营工作。开通专利运营电子商务平台，与西安交通大学等5所高校签订专利收储协议，与一批企业及中介机构达成专利运营合作协议，加强了高校和企业的专利运营合作，取得了较好的成效。

三、积极推进知识产权与金融结合

加强与陕西省银监局、中小企业局合作，加强对市区工作指导，发挥中介机构、行业协会作用，举办知识产权质押融资对接会，建立知识产权质押融资机制。支持西安市构建“政策补偿、风险共担、扁平服务、创新处置”知识产权融资服务体系，开展一站式服务，拓宽科技型中小企业融资渠道。全省知识产权质押融资金额达到20亿元，同比增长67%，其中专利质押融资

12 亿元，质押合同备案数居全国第三位。积极开展专利保险试点工作，对 80 多件专利进行投保。

四、开展重大经济活动知识产权评议，加强知识产权保护

修订《陕西省重大经济活动知识产权评议操作指南》，开展企业上市、海外专利布局等知识产权评议，完成 6 项评议工作。

联合陕西省知识产权工作协调领导小组成员开展电子商务领域知识产权保护专项行动，规范全省电子商务市场交易秩序。开展西洽会、杨凌农高会等重点展会知识产权执法。全年共办理专利行政案件 464 件，同比增长 18%。加强专利行政执法协作，促成西北五省签订《西北地区专利行政执法协作调度中心工作协议》，设立“西北地区专利侵权判定咨询中心”，为专利行政案件出具侵权判定意见。

（陕西省知识产权局）

商标工作

2014 年陕西省商标监管工作突出打击商标侵权假冒、保护企业和消费者合法权益，大力推进商标战略实施，强化职能、优化服务、创新举措，保证了各项工作的顺利开展。

精心筹划商标工作。2014 年年初召开新《商标法》宣讲暨进一步推进商标战略工作会议，会上安排《商标法》解读和《中国制造与中国企业商标战略》专题讲座。

依托当地优势地理资源，确定重点培育对象，有针对性地对当地有资格的社会团体、行业协会或企业等符合国家规定的单位进行引导，并组织和帮助其进行申请注册地理标志证明商标；认真做好陕西省著名商标认定和中国驰名商标推荐工作；积极引导和帮助企业开展商标质押贷款工作；组织参加中国国际商标·品牌节。

继续保持打击侵权和假冒伪劣的高压态势。陕西省定期开展专项整治。以涉外商标、驰名商标和商标印制企业为重点，组织拉网式摸底排查，及时发现违法线索；与公安、法院、检察院、知识产权等部门密切配合，协作执法，形成监管合力；与企业加强联系，联合打假。

积极做好商标知识和新《商标法》宣传培训工作。充分发挥“商标知识讲师团”作用，对系统内干部和入驻企业举办商标知识法规培训；通过内部培训和对外宣传，积极做好新《商标法》培训宣传工作；发布《2013 年陕西省知识产权保护状况》；联合新闻媒体开展以“驰名中国、陕西力量”为主题大型巡礼系列宣传报道。

2014 年，全省商标申请量 38 903 件，注册量 28 496 件，累计有效注册量 130 237 件。

（陕西省工商行政管理局）

版权工作

2014 年，陕西省版权局认真履行版权保护工作职责，进一步推进企业软件正版化工作，开展丰富多彩的版权宣传培训行动，促进版权产业发展，版权工作又上一个台阶。

一、版权宣传培训工作

一是组织开展 2014 年“4·26 知识产权宣传周”活动。印发了《关于开展 2014 年知识产权宣传周活动的通知》，部署以版权为主要内容的知识产权宣传工作。组织开展了“绿书签行动 2014”系列宣传活动；投入 6 万元经费补贴，组织西安图书大厦、嘉汇汉唐书城、万邦书城在“绿书签行动 2014”活动期间，开展 65 折优惠售书活动，以优质优惠的正版出版物抵制侵权盗版。参与举办陕西省知识产权保护状况新闻发布会。联合举办“电影——全球挚爱”高峰论坛暨《9 号女神》点映活动。以“电影版权保护及运营:陕西省的探索与实践”为主题，深入阐述了影视业发展面临的版权问题，以及陕西省在影视版权保护及运营方面的实践探索。有关学者针对“电影版权理论推进”“陕西影视人才培养”作了专题讲座。中国新闻出版报等20余家媒体对此项论坛活动进行了专题报道。二是开展出版、影视制作单位版权专题讲座。陕西省版权局分别到陕西太白文艺出版社等进行编辑出版版权专题讲座，在全省影视制片人培训班上做影视版权与侵权防范专题讲座。三是联合省工商局、省知识产权局等部门首次共同举办了企业知识产权运用与保护专题培训班。陕西省版权局版权处派员就版权制度及版权保护实务进行了专题讲授，全省知识产权优势培育企业、驰（著）名商标企业、版权企业等140余家企业的知识产权管理人员参加了培训。四是组织电视媒体进行版权专题宣传。协调西安电视台针对图书侵权盗版问题，制作并播出了专题报道。五是利用新媒体进行版权宣传扩大影响。利用中国新闻出版报等纸质媒体以及省政府网站、省版权局网站和新浪微博等新媒体报道版权相关工作，发布工作信息21件，在《人民日报》等媒体累计报道950余篇次。

二、版权公共服务工作

一是积极开展专题研究，撰写了《推进作品登记、保障陕西省文化产业健康发展》的调研报告。探索拓展作品版权登记和版权合同备案的范围和方式，推动作品自愿登记和版权合同备案工作。截至2014年12月底，共实现作品登记1002件，比2013年增长48%；版权合同审核备案也达到349件，比2013年增长20%，均创历史新高。省版权局组织全省出版单位参加第二十一届北京国际图书博览会，共达成图书版权输出意向13种(5套25册)，引进图书版权意向27种(5套30册)。

二是指导西安电视剧版权交易中心等版权贸易中介机构开展版权贸易活动，规范版权贸易行为。西部电视剧版权交易中心被国家版权局授予2013年度全国版权示范单位称号。2014年7月18日，国家版权局正式批复同意陕西省设立“西部国家版权交易中心”，该中心的成立成为陕西2014年文化产业十大亮点之一。10月23日，国家新闻出版广播电影电视总局副局长童刚、陕西省副省长白阿莹一同出席了西部国家版权交易中心揭牌仪式。该中心成立后，即与国家海峡版权交易中心、华中国家版权交易中心、陕西新华出版传媒集团、陕西动漫产业平台签订了战略合作协议。同时，西部国家版权交易中心分别与中国建设银行、招商银行、成都银行达成战略授信协议，累计授信总额达30亿元。

三、打击侵权盗版工作

陕西省版权局积极开展了“剑网2014”专项行动和“打击侵犯知识产权和制售假冒商品”专项行动。组织西部网等26个省内网站进行了版权侵权自查整改。依法查处和指导督办了朱永旺销售侵权复制品案、李智APE无损音乐网侵权案等11起多种类型版权侵权案件，陕西省4个单位和7名个人荣获2013年度全国查处侵权盗版案件有功奖项。

四、软件正版化工作

2014年的工作重点主要是对全省政府机关软件正版化整改工作开展“回头望”，加强督导检查和整改提高，进一步巩固政府机关软件正版化工作成果，同时加快推进企业软件正版化工作。

（一）软件正版化工作取得良好效果

(1)政府机关软件正版化迈向新常态。各级政府机关认真开展软件正版化自查整改工作“回头望”，健全工作机制，明确工作责任，保障采购资金落实，规范软件采购、安装使用和资产管理，完善长效机制。2014年，全省政府机关共采购操作系统和办公软件6416套，采购金额415.26万元。

（2）企业软件正版化取得新进展。2014年，全省共有236家企业列入年度完成软件正版化工作目标，其中186家企业完成软件正版化整改；陕西省国资委监管的28家省级国有企业2014年新采购操作系统、办公系统和杀毒软件1.2万套，采购金额1587万元；软件升级维护支出382万元；截至2013年12月底，全省累计330企业通过检查验收完成软件正版化工作。全省新闻出版行业集团公司所属二级企业和其他图书出版单位53家企业，如期完成了软件正版化工作整改任务。

（二）软件正版化工作措施

（1）突出重点，做好安排部署。2014年年初，省政府印发了《陕西省2014年推进使用正版软件工作实施方案》，并召开专题会议。

（2）强化督查，巩固工作成果。2014年5月下旬，省政府办公厅印发督导检查通知，抽调省版权局、省工业和信息化厅、省商务厅等部门组成5个检查组，对全省市县级政府机关软件正版化整改工作进行督导检查。共抽查市、县级政府机关78个，涉及计算机349台，较为全面地掌握了全省软件正版化工作进展情况。

（3）针对问题，狠抓整改落实。《国务院办公厅关于市县政府机关软件正版化工作检查情况的通报》下发后，副省长白阿莹专门主持召开整改会议。2014年9月初，省政府办公厅印发通报，将国务院办公厅通报中涉及陕西省的问题和省检查组掌握的情况一并列出详细清单进行通报，要求限期抓好整改落实。陕西省版权局还下发紧急通知，责成西安、商洛两市拿出切实可行的整改措施。西安市和商洛市对国务院通报中指出的问题，立即进行整改。按照省政府"举一反三"的工作要求，在各地、各部门如期完成自查整改工作的基础上，2014年11月，陕西省版权局组织力量对部分省直机关，特别是软件正版化工作职能部门的软件正版化工作进行检查和指导，推进省级机关软件正版化工作向规范化、常态化转变。

（4）夯实责任，健全长效机制。进一步明确了由省政府分管副省长总牵头，省政府分管副秘书长负责，省版权局、省财政厅、省审计厅、省工业和信息化厅等15个部门共同参与推进软件正版化工作的机制，加强组织领导和统筹协调。省版权局邀请市县推进软件正版化工作部门的负责同志召开座谈会。同时，各市、县、区也逐步建立和完善了相关制度，各市（区）和大部分县印发了软件资产管理规定。

（5）部门协作，共同加快推动。陕西省版权局积极推动建立省级机关单位软件正版化责任人制度，督促各地、各部门落实软件正版化工作年度报告制度。省财政厅印发了《关于进一步加强政府机关正版软件政府采购和资产管理工作的通知》。省财政厅还在政府采购培训会上专题讲解正版软件采购和资产管理，对规范软件采购和加强政府机关软件资产管理起到了很好的推动作用。省审计厅印发了《关于加强政府机关使用正版软件审计监督工作的通知》，明确了政府机关使用正版软件审计监督内容。

（6）加强培训，提高工作水平。省版权局于2014年10月下旬举办了全省政府机关软件正版化工作专题培训班。2014年全省共举办政府机关软件正版化培训班57次，参训单位2336家，参训总人数5648人次；举办企业软件正版化培训班166次，参训企业291家（次），参训人员5420人（次）。

（陕西省版权局　沙庆超　王新民）

司法工作

2014年，陕西省各法院着力开展知识产权审判工作，并取得了较为明显的成效。

一、工作成效

(一)案件数量略有下降,审判任务圆满完成

2014 年 1～12 月,全省各级法院共受理知识产权与竞争民事纠纷一审案件 720 件(含旧存 133 件),比上年有所上升。其中知识产权合同纠纷 63 件,知识产权权属、侵权纠纷 631 件,不正当竞争纠纷 18 件,侵害商业秘密纠纷 8 件,已审结案件 489 件。受理知识产权与竞争民事纠纷二审案件 105 件,比上年大幅度上升。其中知识产权合同纠纷 10 件,知识产权权属、侵权纠纷 82 件,不正当竞争纠纷 13 件,已审结案件 91 件。

(二)调研工作不断深入,取得较为明显的成效

陕西省各级法院不断加大对新类型知识产权案件调查与研究。针对知识产权审判工作的特点,一方面要求审判人员学习相关知识并借鉴兄弟法院经验,另一方面对于既无法律明确规定又无先例可循的案件,在实践的基础上大胆进行有益的探索。为了适应审判工作需要,省法院采取多种措施,鼓励全省知识产权审判人员结合工作实践撰写调研文章,多次派员参加最高人民法院举办的知识产权审判工作座谈会。2014 年,《三秦审判》(第六期)刊登《论信息网络传播权保护条例第 22 条的司法适用》一文、《中国知识产权审判研究》(第四辑)刊登《同一题材文字作品的侵权认定》一文。此外,完成 4 篇参阅案例,50 篇工作信息在省法院内网、外网发表,并精心制作第 7 期、第 11 期宣传专栏。

另外,西安市中院注重调研和案例编写,统一裁判标准。在《人民法院报》《人民司法》《知识产权审判指导》《中国知识产权报》等国家级报刊发文 20 余篇。

二、工作亮点

陕西省高院积极推进审判机制创新,提高知识产权司法保护水平。重点抓了两个方面。

(一)严肃执法,开展带案指导,审判质量不断提高

2013 年,陕西省高院知识产权审判庭紧紧围绕"公正与效率"主题,加大保护知识产权力度,结合陕西省知识产权案件审判现状,牢固树立精品意识。2014 年 5 月,与宝鸡市中院、西安市中院召开带案指导座谈会,及时统一破产案件、KTV 侵犯音像著作权案件、大型商场小商户销售假冒伪劣产品等案件的认定标准。

(二)实现网上办案,努力提高审判效率

2014 年,陕西省高院知识产权审判庭全体法官均能严格执行案件流程管理的相关规定,熟练掌握网上办公办案流程,基本实现了全庭网上办案,实现了结案与报送文书同步的良性循环。

(三)注重实效,实现法律效果和社会效果的统一

结合我国知识产权战略,建设创新型国家的政策,陕西省高院知识产权审判庭在审判中,注重法律效果与社会效果的统一。2014 年 4 月 26 日,陕西省高院利用"4·26 世界知识产权日",对四起典型案例进行集中公开宣判。邀请人大代表、政协委员、大学生及群众代表旁听,并通过网络进行了全程现场直播,主管副院长曹建国随后对旁听人员提问进行了解答。2014 年 6 月,陕西省高院知识产权审判庭接待了美国知识产权法律协会代表团,并进行了座谈。

西安市中院成功组织召开"4·26 世界知识产权日"新闻发布会。发布了知识产权司法保护状况及十大民事案件,完成了全国人大到陕西检查司法专利保护工作汇报。

(陕西省高级人民法院知识产权审判庭)

检察工作

2014年，陕西省检察机关在保护知识产权方面取得了以下成绩。

一、依法打击侵权假冒犯罪

2014年，陕西省各级检察机关认真开展打击侵犯知识产权和制售假冒伪劣商品犯罪活动，共批捕侵犯知识产权案件35件53人，起诉50件95人。批捕生产销售伪劣商品罪129件201人，起诉207件345人。通过加强对知识产权的刑事保护工作，加大对制售假冒伪劣商品犯罪打击力度，有力地净化了市场环境，维护了人民群众的合法权益。

二、建立健全"两法衔接"机制，推进信息共享平台建设

陕西省检察院推动宝鸡市率先在全省建成覆盖市县两级341个行政执法单位的"两法衔接"信息共享平台，实现了宝鸡市行政执法机关、公安机关、检察机关之间执法、司法信息互联互通，强化了检察机关对行政执法机关移送涉嫌犯罪案件和对公安机关刑事立案的法律监督。截至目前，宝鸡市检察机关共录入行政及治安处罚案件1005件，监督行政执法机关向公安机关移送刑事案件51件，公安机关已立案30件，取得了良好的社会效果。2014年10月11日，陕西省检察院在宝鸡市召开了全省检察机关"两法衔接"工作推进会，推广了宝鸡市"两法衔接"的经验，程紫平副检察长在会上对全省检察机关完善"两法衔接"机制和推进信息共享平台工作进行了部署。目前，榆林、安康、咸阳等多个市正在全力推进此项工作。

三、加大宣传力度，营造良好氛围

全省各级检察机关采取广播电台、上街宣传、标语横幅等形式广泛深入宣传，营造浓厚氛围，调动人民群众参与法律监督的热情，争取社会各界对该项工作的支持。2014年6月，在全国第十六个"举报宣传周"期间，陕西省检察院组织全省检察机关把打击侵犯知识产权犯罪作为一项重点内容在宣传周进行了宣传，认真宣传检察机关职责，对侵犯知识产权所涉及犯罪的表现形式和社会危害以及犯罪的特点进行了宣讲，引导人民群众知法守法，积极受理群众提供的线索。为便于群众举报，将此次打击活动中所涉及的相关罪名制成宣传册，共发放宣传材料160 000余份，受理群众咨询3200人次。

（最高人民检察院侦查监督厅供稿）

甘肃省

专利工作

2014年，在甘肃省委省政府的正确领导下，在国家知识产权局的大力支持下，甘肃省知识产权工作围绕全省经济社会发展中心，按照"激励创造、有效运用、依法保护、科学管理"的方针，进一步促进知识产权融入经济发展主战场，推动全省知识产权工作又好又快发展。

一、知识产权战略纲要深入推进

一是制订了《2014年甘肃省知识产权战略实施推进计划》及实施方案并组织实施。二是联合六部门出台《甘肃省中小微企业专利权质押融资办法》，促进了中小微

企业和高新技术企业专利权的运用。三是推进市州知识产权战略实施工作，先后有9个市州出台了战略实施意见，推动了战略实施向纵深发展。

二、知识产权创造能力快速提升

2014年，甘肃省专利申请受理量12 020件，同比增长9.5%。授权5097件，同比增长7.6%。PCT国际专利申请受理18件，比2013年增加1件。2014年，全省有效发明专利3252件，同比增长19.82%，万人口发明专利拥有量1.262件，居全国第二十二位。

三、知识产权运用成效显著

一是开展知识产权优势企业培育工作。共培育国家级知识产权优势企业27家，省级62家，试点园区3家，试点城市3个，知识产权托管试点城市1个，知识产权强县工程试点8个。二是加大资金投入力度，计划安排800万专项资金，并首次将知识产权计划列入省级科技计划。组织申报2014～2015年度项目232项。三是开展专利预警分析，对白银有色金属公司的铜加工技术和兰州生物制品医药企业专利进行预警分析，发挥重点行业专利运用引领作用。四是积极做好专利权的转让、许可、质押服务工作，完成专利许可实施备案70件，质押登记3件。

四、知识产权保护能力进一步加强

一是与甘肃省打假办、工商局、公安厅等单位联合，加大对各类市场假冒专利商品的查处。二是进行展会知识产权保护，在第二十届“兰洽会”期间，现场设立知识产权维权援助与举报投诉工作服务站，开展法律咨询和假冒专利查处工作。三是加强中国（甘肃）知识产权维权援助中心建设，发挥“12330”维权援助功能，2014年接听维权援助电话400余次，移送投诉案件50余起。截至2014年10月底，累计出动执法人员1000余人（次），检查各类市场150余个，商品10万余件，处理各类专利案件226起，其中侵权案件35起。

五、知识产权服务水平进一步提高

一是积极拓展知识产权代理、法律、信息、商用化、咨询和培训六大服务领域。二是更新并向14个市州延伸了专利信息服务平台。三是积极采取措施扩大专利代理人考试覆盖面，2014年全国专利代理人考试兰州考点报名通过人数比2013年增长47.62%，甘肃省报名通过人数较2013年增长74.19%。

六、知识产权助推战略性新兴产业发展

一是作为全省战略性新兴产业发展总体攻坚战实施方案的成员单位，组织推进甘肃战略性新兴产业知识产权工作。二是鼓励战略性新兴产业参与知识产权质押融资工作。三是引导有实力企业积极申请国际专利。

（甘肃省知识产权局）

商标工作

2014年甘肃省工商和市场监管部门进一步解放思想，拓展视野，突出增量提质，优化服务指导，推进全省商标工作持续稳定发展。

深入推进“商标兴省”战略实施。2014年年初印发《2014年全省商标监管服务工作要点》，要求积极探索推动商标监管服务“五个支撑体系”建设，建立省、市（州）、县（区）、所四级分别以驰名、著名、知名、注册商标培育保护为主的分层分类监管服务工作机制，增加注册商标数量、提高商标品牌质量，积极支持帮助甘肃特色商标注册、创牌和保护工作。

继续加强商标服务指导工作。各级调研摸底辖区内富有甘肃特色商标的使用、

注册、保护等情况；开展甘肃省著名商标续展认定工作，严格按照到实地、看实绩、查实情的“三实”进行考查；定期回访驰、著名商标企业；针对本省部分企业带有“驰名商标”字样商品被拒、下架等情况，依法依规为企业出具证明函，为企业减少损失近千万元；组织十多家企业参加第六届中国国际商标·品牌节及2014中国商标年会。

进一步强化“商标富农”工作。深化“商标富农”机制在双联工作中的运用，积极鼓励和引导广大农民特别是农村合作经济组织、农业产业化重点龙头企业申请注册商品商标、服务商标。抓好地理标志证明商标的培育申报工作，指导企业运用“公司＋商标＋农户＋基地”的生产经营模式。2014年向商标局申请地理标志证明商标9件。

加大商标专用权保护力度。以驰名商标、涉外商标、地理标志商标为重点，严厉打击侵犯注册商标专用权行为，先后跨省市协调保护“条山”“大禹”等中国驰名商标和“雪顿”“滨河九粮液”等著名商标专用权；开展了“双打”工作信息上报和案件信息公开工作；加强对商标代理机构的监管服务；积极做好“绚丽甘肃”等标识保护工作；安排并开展了对“第二届青奥会”专有标志标识的宣传和保护工作。

组织举办多种形式的商标法宣传培训。以实施新《商标法》为契机，组织全省100多名商标监管人员到国家工商总局行政学院学习培训，外请专家开展《新商标法框架下的商标执法办案实务》视频专题讲座。加强对新《商标法》及相关法律法规政策、全省商标发展状况的宣传。

2014年，全省商标申请量8600件，注册量4224件，累计有效注册量27 576件。

（甘肃省工商行政管理局）

版权工作

2014年，甘肃省版权局按照国家和省委、省政府的部署，深入实施《国家知识产权战略纲要》，有组织地开展各类版权的宣传活动和知识产权专项行动，均取得明显成效。

一、政府机关软件正版化工作

（一）机构设置完备，组织领导有力

甘肃省成立了使用正版软件工作领导小组，各级政府也相应成立了各自的工作机构。在软件正版化推进的过程中，各级领导小组发挥了非常重要的组织领导和协调督促作用。2014年，甘肃省领导小组组织了两次全省范围的实地督查；先后5次到个别市州进行检查。2014年3月，省领导小组召集14个市州主管副市长及15个成员单位召开了全省市州软件正版化工作会议，主管副省长主持并讲话。

（二）加强制度建设，建立长效机制

甘肃省逐步建立了行之有效的管理制度，主要包括联络员制度、属地管理制度、信息通报制度、正版软件采购审核管理制度、软件正版化工作年度考核制度、正版软件审计制度等。

甘肃省版权局把建立健全软件资产管理制度作为推进政府机关使用正版软件工作的重中之重，常抓不懈。甘肃省版权局积极协调省财政厅、省审计厅、省公共资源交易局、省电子政务办等有关部门进行研究，逐步探索建立了行之有效的软件资产管理制度。甘肃省财政厅依据《财政部关于进一步规范和加强政府机关软件资产管理的意见》，专门下发文件要求省级机关和各市州将软件资产纳入资产管理体系探索建立了软件资产管理、经费保障、集中采购等制度，并将操作系统、办公软件等纳入政府集中采购目录，在具体采购中要求供应商对所投产品必须预装正版软件。省审计厅将政府机关使用正版软件审计列入审计内容，相关审计结果纳入审计报告，在日常审计中，各级审计机关对省市县三级部门

单位使用正版软件情况进行了审计。省公共资源交易局制定了《正版软件政府集中采购管理办法》。甘肃省电子政务办制订了《甘肃省政府机关软件正版化工作与信息化工作相结合实施方案》。

（三）加强督导检查，确保工作成效

一是甘肃省督查效果明显。2014 年 1 月，甘肃省使用正版软件工作领导小组 15 个成员单位组成 7 个督查组，对甘肃省 12 个市州、24 个县区的 108 个政府机关的 648 台计算机的软件正版化情况进行了抽查验收。随后向经检查组验收认为正版工作不同程度存在问题的 5 个市州发出了督办函，并多次电话督办落实。

2014 年 3 月，甘肃省使用正版软件工作领导小组 15 个成员单位再次组成了 9 个检查组。此次检查内容主要为：国家要求的软件长效管理制度的建设、正版软件的安装使用和覆盖率。

二是国家检查圆满合格。国家“双打”检查工作方面，甘肃省将政府机关软件正版化工作纳入省“双打”工作体系。2014 年 2 月，国家“双打”工作督查组对甘肃省政府机关软件正版化工作进行了检查验收。国家“双打”督查组检查验收后对甘肃省市县政府软件正版化工作评价为满分。国家软件正版化检查工作方面，2014 年 4 月初，国家推进使用正版软件工作部际联席会议又组成专项检查组，对包括甘肃省市县级政府机关软件正版化完成情况进行了实地抽查验收。国家检查组对甘肃省软件正版化工作予以了充分肯定，检查验收合格。

（四）及时通报情况，狠抓整改落实

2014 年 3 月 20 日，甘肃省召开政府机关软件正版化工作总结推进会议暨新闻发布会。会议专门邀请了《中国新闻出版报》等主流媒体参加会议，对会议内容进行全面报道。会议向社会公开发布了甘肃省完成市县级政府机关软件正版化工作的情况。

按照国家对软件正版化工作的部署，甘肃省版权局先后向全省起草下发了《关于进一步推进软件正版化工作的通知》《关于对市县政府机关软件正版化工作检查情况的通报》，摘要转发了国务院通报的部分内容，并要求对本地区、本部门的软件正版化情况普遍进行一次全面自查。特别是通报中点出问题的兰州市、定西市要重点整改存在的问题。

（五）认真总结上报、争取不断进步

甘肃省领导小组的督查结束后，甘肃省版权局将督查情况进行汇总并向省政府分管领导专题汇报；国家专项检查结束后，甘肃省版权局将检查情况及时向省政府进行了报告。2014 年年底，甘肃省版权局向省“双打”办和国家版权局分别报送了 2014 年度软件正版化工作总结。

2014 年 1 月，国务院副总理汪洋在《甘肃省人民政府办公厅〈关于县级政府机关软件正版化工作推进情况的函〉》上批示：“甘肃的做法值得借鉴。”2014 年 8 月，国务院《关于市县级政府机关软件正版化工作检查情况的通报》中，全国只有 4 个省没有被通报，甘肃省就是其中之一。

（六）加大资金补助，支持地方工作

2014 年年初，甘肃省版权局提出了对市、州软件正版化工作的以奖代补方案，并以软件正版化专项资金使用计划的方式上报省财政厅。经省财政审定，以软件正版化专项补助方式拨付给甘肃省 58 个贫困县和个别市州，拨付标准平均每个县 10 万元，部分县区 20 万元，拨付资金总额 770 万元。

二、党群系统软件正版化工作

2014 年，甘肃省版权局计划开展党群系统软件正版化工作。从 4 月起，甘肃省版权局先后向省政府办公厅、省委办公厅就开展甘肃省党群系统软件正版化工作进行请示，并征求收集到省人大、省政协、省高院、省高检等16家单位的成员名单，拟组成甘肃省省级党委等机关使用正版软件工作领导小组。省委办公厅发表意见，此项工作仍由甘肃省使用正版软件领导小组组织进行，对于省委的建议甘肃省版权局已转达省政府办公厅，并同时上报了《关于在省级党委等机关开展软件正版化工作的请示》和《甘肃省党委等机关软件正版化工作实施方案》。

三、企业软件正版化工作

2014年甘肃省企业软件正版化工作以发挥成员单位职能作用为主，领导小组协助为辅，形成工作合力的方式展开。甘肃省版权局起草印发了《2014年甘肃省推进使用正版软件工作安排》，首次明确组织推进有关企业软件正版化工作由有关成员单位分工负责，明确了由主管部门负责帮助所属企业制定好正版化工作计划，负责督导落实所属企业软件正版化工作的职责。为深入了解首批60家企业的软件正版化工作进展情况，2014年8月，甘肃省版权局对甘肃农垦等12家企业进行了软件正版化抽查，逐步形成“行业监管”和“领导小组辅助”的良性互动。

甘肃省版权局积极部署，督促甘肃省新闻出版行业读者集团、报业集团、发行集团等对所属二级企业的正版软件使用情况进行自查整改。大力督促协调甘肃省飞天出版传媒集团等单位信息化工作相关负责人参加国家版权局专门举办的新闻出版行业企业软件正版化工作培训班。

四、打击网络侵权盗版“剑网行动”

甘肃省版权局采取日常监管与专项治理相结合、行政部门与司法部门密切合作的工作模式，常年保持打击侵权盗版的高压态势，始终把软件、网络等作为监管和执法的重点领域。2014年，甘肃省版权局继续开展了为期半年的网络侵权盗版专项治理活动。专项行动中，全省各级版权行政部门以网络文学、音乐、影视、游戏、动漫、软件等为重点领域，以图书、音像制品、电子出版物、网络出版物等为重点产品，以查破办结一批大案要案为重点目标，确定一批网络侵权盗版重点案件，集中力量，快速查办。同时对本地区所有网站、网络交易平台等进行全面仔细的调查摸底，确定主动监管对象，进行定期巡查，特别是加强了对在本地区有影响力的各类提供视频内容、搜索链接、存储空间服务的视频网站和各类电子商务交易平台的监管力度，对非法储存、链接、传播作品的网站依法进行清理。

“剑网2014”专项行动将打击部分网站未经授权大量转载传统媒体作品，将严重侵害权利人合法权益的侵权行为纳入重点任务之中。甘肃省版权局将甘肃百通公司投诉“56.com”网站涉嫌盗播行为的案件，作为“剑网2014”专项行动网络侵权盗版的重点案件，上报国家版权局，国家版权局将此案移转至侵权主体所在地广东省版权局严肃查处。现此案已达成赔偿协议。

五、日常监管和案件查处工作

（一）积极开展专项行动，维护印刷市场秩序

一是组织开展了“印刷复制发行监管”“查处非法印制邪教宣传品”“印刷环节专项整治”“发行环节专项整治”四个专项行动，检查印刷发行企业485家，处理违规企业25家。二是建立了甘肃省诚信“红黑榜”企业定期发布制度，向社会公布了印刷发行“红榜”企业11家，“黑榜”企业4家。三是组成五个督导检查组对各市州出版物市场、印刷企业等重点内容，深入区（县）一级进行督导检查。共检查了14个市州所在地及20多个区（县），对书报刊批发市场、报刊亭、书店、交通枢纽、集（夜）市、广告公司等100余处出版物市场进行了明察

暗访，抽查了45家印刷企业和复印店。

（二）出版行业监管得到有效加强

一是开展2014年“出版物质量专项年”活动。深化少儿出版物市场整治专项行动，查处少儿出版物存在的内容低俗、质量低劣、价格虚高问题。二是修订出版物奖评选办法。根据《出版管理条例》和《中国出版政府奖〈音像制品、电子出版物和网络出版物〉评奖办法》，参与省政府办公厅修订了《甘肃省优秀图书、音像制品、电子出版物奖评奖办法》，该办法共15条，为今后评奖工作提供了确切依据。

（三）创新方法办理案件

2014年，甘肃省版权局将著作权案件查处与“扫黄打非”工作相结合，相继开展了“剑网”“净网”“清源”“秋风”“固边”等8个专项整治行动，联合公安机关暗访、摸排，查办大案、要案，把治理游商、清门店、查市场与印刷复制企业的整顿工作有机地结合在一起，最大限度地净化出版物市场。全年共查获各类案件30余起，其中，进入司法程序19起，现已全部审理结案。

六、版权服务工作

（1）为鼓励甘肃省作品的创作和使用，甘肃省加大了作品登记工作宣传力度，提高登记工作效率。截至2014年年底，共受理著作权作品登记180件。与此同时，甘肃省版权局注意强化诸如版权纠纷调解、作品登记、版权贸易合同的指导、版权咨询等工作。

（2）甘肃省版权局注意抓好版权法律宣传，以“双打”“剑网”行动和“4·26知识产权宣传周”为平台，创新形式，深入宣传知识产权、版权保护的措施和成效。在推进政府机关使用正版软件工作中，充分利用广播、报刊、会议、培训、督查等形式开展宣传活动。

（3）为迎接“4·26世界知识产权日”，结合在全国范围内启动以“拒绝盗版，共筑未来”为主题的“绿书签行动”系列宣传活动，按照全国“扫黄打非”工作小组决定，2014年4月24日在全国31个省（区、市）统一开展侵权盗版及非法出版物集中销毁活动，甘肃省版权局在兰州组织了甘肃分会场活动仪式，进行了集中销毁活动。共集中销毁非法出版物80万册，其中盗版图书60万册、侵权盗版光盘20万张，展示了“扫黄打非”打击侵权盗版的重要成果。

（甘肃省版权局　夏　玲）

司法工作

2014年，甘肃省各级法院牢牢抓住司法为民、公正司法的工作主线，切实履行执法办案第一要务，不断提升司法公信力，各项工作取得了新进展。

一、全省法院知识产权案件审理情况

2014年全省各级法院共受理知识产权案件194件，其中一审案件172件，二审案件22件。专利权纠纷25件，占12.9%；著作权纠纷17件，占8.7%；商标权纠纷39件，占20.1%；植物新品种权纠纷83件，占42.8%；其他30件，占15.5%。截至2014年12月底共审结175件，未结19件，结案率90.2%。2014年甘肃省审理的知识产权案件新特点是植物新品种权侵权赔偿纠纷、植物新品种商业秘密纠纷、植物新品种追偿权纠纷、不正当竞争纠纷等知识产权案件收案数大幅度上升。

二、主要做法

（一）大力抓好执法办案工作，依法公正高效稳妥审理案件

1. 妥善审理大要案

2014年，甘肃省成功审理了多起在全省有较大影响的知识产权一、二审案件，其中农户诉讼追偿种子款类型案件就有10余件。甘肃省高院审理的敦煌种业先锋良种有限公司与酒泉通盈种苗有限公司植物新品种追偿权上诉一案，入选“2014 年甘肃法院十大案例”，在甘肃省产生了积极的影响，对今后此类案件审理具有标杆意义。

2. 优化纠纷解决模式

兰州市中院积极探索适合知识产权诉讼特点的审判方式。树立审判程序的优先意识，严格审限规定；注重保护当事人的商业秘密，督促双方当事人及其诉讼代理人签署《保密承诺书》；充分重视裁判文书的规范化和说理透彻性。

(二)强化能动司法，不断延伸审判职能

1. 法院干警深入基层，让司法更加贴近民生

进一步落实甘肃省高院党组会议有关院机关双联工作的安排部署，甘肃省高院知识产权审判庭全体干警切实落实干部轮流驻村蹲点制度，认真履行“政策法律宣传员、矛盾纠纷化解员、双联行动联络员”的职责，不仅依靠“从法进乡村”宣传法律政策，而且充分继承和运用“马锡五”审判方式，将群众间的矛盾化解在萌芽状态。

2. 庭审现场进高校，实现理论与实践的有机结合

甘肃省各级法院采取庭审进高校、师生进法庭和法官入课堂等方式让法律走进千家万户，促使普法零距离。

3. 树立法律权威，力争司法宣传形成合力

全省各级法院非常重视知识产权司法宣传工作，采取多种方式协调与其他部门之间的关系，让社会了解司法、了解法院，监督和评判司法公正，遏制知识产权违法犯罪。2014 年甘肃省高院评选出“2013 年甘肃法院知识产权司法保护十大典型案例”，在“4·26 知识产权宣传周”上召开了新闻发布会，对十大典型案例进行了发布。

(三)总结审判经验，加强调查研究

植物新品种案件是甘肃省知识产权案件的特色和亮点，此类案件同比 2013 年收案数上升了 15.3%。目前，甘肃省兰州市中院、酒泉市中院、张掖市中院和武威市中院根据最高人民法院的授权享有植物新品种权案件管辖权。

2014 年针对植物新品种案件的特点和审理难点问题，甘肃省高院知识产权审判庭不断加强学习与交流，积极推广一些法院对这类案件的取证方法，规范取证程序和赔偿标准，促进了甘肃省制种产业健康有序地发展，完成了《植物新品种权案件审判中遇到的问题及建议——从甘肃法院近年来审理案件的角度分析》的调研报告。

(四)加大公开力度，提升司法公信

(1)及时将甘肃省审理的全部案件生效的知识产权裁判文书在中国法院网甘肃频道、甘肃法院网门户网站、中国知识产权裁判文书网进行刊登。(2)针对知识产权审判专业性强的特点，结合审判实际，甘肃省高院知识产权审判庭及时编辑印发了《甘肃知识产权审判》，对专门问题进行应对性研究，为全省知识产权审判人员创造了学习和交流的平台。(3)结合“法院开放日”和“国家宪法日”，甘肃省高院知识产权审判庭邀请人大代表、政协委员和各界群众观摩庭审。

(五)多措并举加强党风廉政建设，不断完善监督机制

各级法院知识产权审判庭认真学习了中央和甘肃省委反腐倡廉会议精神，能够结合“忠诚、为民、公正、廉洁”核心价值观教育活动，深入开展理想信念教育、党风党纪教育、职业道德教育、司法廉洁教育；结合第二批党的群众路线教育实践活动，认真执行《八项规定》《双十条规定》，深入查找和解决司法作风方面的突出问题；每人签订了《法院干警廉洁自律承诺书》，邀请专职廉政监督员参加案件合议，并定期向甘肃省高院汇报党风廉政建设落实情况。

(甘肃省高级人民法院知识产权审判庭)

检察工作

2014年，甘肃省检察机关在保护知识产权方面取得了以下成绩。

一、充分发挥检察职能，严惩侵权假冒领域犯罪行为

2014年以来，甘肃省检察机关以最高人民检察院部署的破坏环境资源和危害食品药品安全犯罪专项立案监督活动为着力点，紧紧围绕保障民生、维护稳定的总体要求，始终保持打击侵犯知识产权和制售假冒伪劣商品犯罪的高压态势，共批准逮捕涉嫌侵犯知识产权案件14件28人，涉嫌生产销售伪劣商品案件38件63人；审查起诉涉嫌侵犯知识产权案件34件54人，涉嫌生产销售伪劣商品案件192件291人；深挖侵权假冒案件背后的职务犯罪线索5件5人，为经济社会发展提供了有力的司法保障。

二、健全"两法衔接"机制，推进信息共享平台建设

甘肃省"两法衔接"信息共享平台应用软件测试完成后，2014年重点做好了行政执法机关对接工作、软件安装及人员培训等工作。目前，工商、税务、农牧、林业、文化、质监等14家单位已纳入平台运行范围；甘肃省检察院对市、县两级检察院相关人员已系统培训，省、市、县三级信息共享平台安装工作基本就绪，部分地区已与商务、质量监督、食品药品监督、工商、烟草等重点行业协商接通政务专网，完成单位信息加载工作，预计在2015年年初实现"信息共享平台"全面试运行。

三、加大宣传力度

甘肃省检察机关充分运用联席会议、举办法制讲座等形式，深入开展法制宣传，弘扬法治文化，注重发挥法治的规制、评价、引导、教育作用，依托执法办案，促进国家机关及其工作人员带头形成学法、守法、用法的良好氛围，促进行政执法人员运用法治思维和法治方式深化改革、助推发展、化解矛盾、维护稳定。兰州市检察院针对兰州市工商局在联系会议上提出的立案标准不易把握等问题，安排专人对工商部门常见的几种犯罪的立案标准、构成要件，以及相关法律、法规进行了细致的讲解，有效地提升了工商执法人员区分罪与非罪的能力，为活动的开展奠定了坚实基础；酒泉市检察院编印了《行政执法刑事司法文件资料汇编》及相关司法解释，分送各单位主管领导和一线执法人员手中，促使执法人员熟悉掌握刑事立案标准，提高移送案件线索意识；庆阳、张掖、平凉等地积极开展"检察开放日"活动，通过设点宣传，为群众提供法律咨询、发放资料，展出检察宣传挂图、展板，对提升群众维权意识和司法保护意识发挥了积极作用。

（最高人民检察院侦查监督厅供稿）

青海省

专利工作

2014年是"十二五"规划攻坚之年，在国家知识产权局及各级领导的关心和支持下，通过全体同志的共同努力，青海省知识产权局圆满完成了2014年度各项工作任务。

一、专利转化助推新发展

专利转化应用推动产业发展，青海省

企业核心竞争力进一步提高。为促进专利技术产业化，充分发挥专利技术在青海省经济转型升级中的支撑作用，青海省知识产权局加大对企业转化实施专利技术的资助力度。截至目前，共资助专利13项资金33万元，引导企业自主投入6051万元，资助资金与企业自主投入的比例达到1∶183；实现产值23 865万元，利税2655万元。政府投入与企业产值、利税的比例达到1∶723∶80，实现了"小投入，大产出"。

二、质押融资结出新硕果

为进一步推动专利质押融资工作，解决企业融资难题，青海省知识产权局积极推动银行与企业进行对接。截至目前，分别向交通银行青海分行和招商银行西宁分行推介了30家拥有自主知识产权（专利）的企业。同时，加强了与金融超市、建设银行青海分行等金融、服务机构的联系沟通，并针对企业需求指导开展专利质押融资工作，青海中力电气电子科技有限公司、青海绿草地新能源科技有限公司成功实现专利质押融资，融资总金额达到3500万元，其中专利方面质押2550万元，创历史新纪录。

三、队伍建设取得新成效

为加强青海省专利人才队伍建设，青海省知识产权局深入园区、高校、科研院所、企业、中介服务机构等，有针对性地开展知识产权专题讲座和培训，举办企业专利申请与挖掘、专利信息人才、党政领导干部知识产权培训、电子申请推广、专利代理人考前培训等培训班8期，培训700余人次。通过培训不仅为企业和相关单位培养了知识产权管理人才，也推动了全省知识产权管理人才队伍建设。

四、专利意识得到新提升

积极开展知识产权执法维权专项行动，不断加大专利行政执法力度和水平。青海省知识产权局以西宁市为重点，以查处与人民群众生活密切相关的食品、药品、特色产品、商业流通领域为突破口，通过定期重点检查和不定期随机检查相结合的方式，积极开展专利行政执法活动。截至目前，共开展专利专项检查5次，涉及商品570余种；受理专利侵权案件5起，审结5起。同时，会同工商、公安、版权、质检、商务等多部门，开展知识产权联合执法。通过专利执法检查，营造了保护知识产权的浓厚氛围，提高了知识产权保护意识，净化了市场。

以"4·26知识产权宣传周""五月科技活动周"为平台，认真组织、精心策划，积极做好知识产权宣传活动，进一步提高公众的知识产权意识，营造良好的知识产权社会氛围。宣传周期间《青海日报》对青海省专利工作进行了持续报道，青海省知识产权局还深入园区、湟中、乐都等地，有针对性地开展知识产权宣传和培训，发放各种宣传资料1500余份（册），全社会的知识产权意识得到进一步提升。

五、服务水平迈上新台阶

在工作中青海省知识产权局主动服务于基层、服务于企业，同时，广大干部、职工积极动脑筋、想办法，创新工作思路，变被动工作为主动服务。针对青海省知识产权管理、专利检索、专利分析和评估人才缺乏，专利代理人员老化，知识更新不够、能力不足等问题，青海省知识产权局不断加大工作力度，积极加强和国家知识产权局和广东、北京等地方知识产权局的联系，以不断提升青海省的专利服务水平。2014年10月22日国家知识产权局专利西宁市代办处的正式挂牌运营，使青海省的专利服务水平迈上了一个新台阶。

（青海省知识产权局）

商标工作

2014年，青海省商标工作力求创新，坚持商标培育和保护两手抓，商标工作取得显著成效。

深化商标战略实施措施多样。根据《青海省品牌建设发展专项资金管理办法》,实施了2014年青海省品牌建设专项资金使用项目,重点支持项目12个,并对省商务厅、省质监局规范使用品牌建设专项资金进行了指导;认真贯彻落实《青海省进一步推进农畜产品商标和地理标志品牌战略实施意见》。召开青海省推进地理标志证明商标运作现场会;强化对重点商标注册的服务和"一对一"贴近服务,农畜产品商标和地理标志、文化旅游商标注册有较大发展。

保护商标专用权成效显著。印发了《关于进一步做好青海省打击侵犯知识产权和制售假冒伪劣商品工作的意见》。组织全系统开展了对全省酒类市场的专项整治执法检查行动。进一步加强了与公安部门保护知识产权的工作协作,建立了《青海省打击商贸领域经济犯罪协作机制》,印发了《青海省工商系统依法公开制售假冒伪劣商品和侵犯知识产权行政处罚案件信息工作实施细则(试行)》。2014年全年共查处商标侵权案件177件,案值65万元,捣毁窝点7处。

商标品牌宣传教育取得实效。青海省工商局向系统发放2000册新《商标法》单行本和《商标法释义》;通过视频形式举办培训班;召集全省驰名商标企业负责人进行新《商标法》专题培训;组织专人深入部分驰名商标企业进行行政指导;在《西海都市报》组织新《商标法》知识竞赛,开设"商标伴我同行——新商标法知识专栏";在南京成功举办"大美青海,特色品牌——青海品牌商品南京推介会"。期间,开展了"商标提升价值、品牌驱动发展"活动,组织22家协会和农牧企业负责人,赴江苏实地观摩学习商标品牌富农的先进经验。

2014年,全省商标申请量3480件,注册量2094件,累计有效注册量10 829件。

(青海省工商行政管理局)

版权工作

2014年,青海省版权局在省委、省政府的领导下,按照国家版权局的工作部署和要求,围绕法制建设、版权管理和推进全省政府机关软件正版化等工作,圆满完成了各项工作任务,为推动全省文化新闻出版事业发展繁荣创造了良好的法治环境。

一、版权宣传教育工作

根据国家版权局《关于做好2014年全国知识产权宣传周版权宣传活动的通知》的要求,大力开展宣传工作。

(1)开展版权宣传咨询活动。

4月24日,开展了版权宣传咨询活动,悬挂"保护版权,尊重创作,守望我们的精神家园"横幅标语1条、展出展板10块、散发宣传资料500余份,集中展示了青海省实施知识产权战略以来取得的显著成效,积极营造以"尊重知识、崇尚创新、诚信守法"为核心的知识产权文化建设氛围。

(2)充分利用电视媒体进行宣传。

活动期间,青海省版权局积极协调省广播电视台,充分利用青海经济生活频道、青海都市生活频道对国家版权局制作的版权公益广告宣传片,进行了广泛宣传。

(3)加强执法人员培训。

2014年3月举办了全省文化新闻出版行政执法人员培训班,来自全省市(州)县文化新闻出版执法岗位的110名执法人员参加了培训。组织5人参加由国家版权局举办的2014版权执法第三期培训班。2014年11月分别举办了全省文化市场综合执法人员培训班和"扫黄打非"业务骨干培训班。全年共计460余人次参加了执法培训。

二、软件正版化工作

按照国家版权局印发的《2014年推进使用正版软件工作计划》精神,结合实际部署开展了政府机关和企业软件正版化督查工作，启动了以国有大中型企业和金融机构为重点的企业软件正版化推进工作。

(一)加大软件正版化督查力度

2014年，青海省版权局把督促检查作为落实职责、推进工作的重要手段，进一步加大了对软件正版化工作的督查力度，部署开展了政府和企业软件正版化督查，强力推进软件正版化工作。

一是制定工作方案。印发《青海省2014年推进使用正版软件工作实施方案》。二是组织开展集中督查。对湟源县、化隆县、祁连县政府、果洛州政府及玛沁县、达日县、班玛县政府及部门推进正版软件工作进行了实地集中督查。三是进行重点督查。针对湟源县、化隆县在责任制落实、经费保障、软件采购、更换安装方面工作滞后的实际，通过实地督查、电话督促、召开督办会、约见相关市县负责人等措施，有效地推动了软件正版化工作的落实。四是配合完成国务院软件正版化督查组对青海省的两次督查。

(二)全面自查认真落实整改

为落实国务院通报和青海省政府转办通知的精神，及时向黄南州和海南州政府印发了《关于政府机关软件正版化工作检查情况的通报》，对两州政府机关使用正版软件督查中发现的重点问题给予通报，并就开展集中自查和整改作出部署。黄南州和海南州政府，针对软件正版化工作中存在的不足和差距，认真完成了自查和整改。同时，根据部际联席会议办公室2014年地方政府机关软件正版化工作培训会议精神和要求，2014年11月，部署开展了为期1个月的市(州)县政府机关软件正版化检查整改“回头看”工作。

(三)稳步推进企业软件正版化工作

全面部署开展了省属国有大中型企业、省金融机构推进使用正版软件工作，要求于2014年12月底完成整改摸查工作，于2015年6月底前全面完成各企业软件正版化检查整改工作。2014年7月，对省属大中型企业牵头单位省国资委、省银监局、省保监局、省证监局推进企业软件正版化工作进行了实地督查。并部署开展了企业软件正版化检查整改统计上报工作。截至2014年12月底，各牵头单位已全部完成整改摸查工作。同时，2014年还积极督促指导了新闻出版行业软件正版化的检查整改推进工作，截至2014年12月底，已全面完成15家二级企业软件正版化的采购工作。

三、版权市场监管工作

(一)打击侵犯知识产权和制售假冒伪劣商品专项行动

2014年，青海省版权局制订了《青海省文化和新闻出版厅2014年开展打击侵犯知识产权和制售假冒伪劣商品工作实施方案》。并采取有效措施，加大了对文化市场的监管力度。根据西宁市文广局《关于申请鉴定陈晓春涉嫌非法销售盗版音像制品的报告》和西宁市城东区科技文体旅游局《关于申请鉴定马菊花涉嫌非法销售盗版音像制品的报告》《关于申请鉴定张斌涉嫌非法销售盗版音像制品的报告》，对涉嫌侵权盗版的705张音像制品(光盘)样品进行了鉴定，并出具了鉴定意见书。2014年，全省共出动检查执法人员2.8万人次，检查出版物市场、文化娱乐经营单位2.1万家(次)、印刷复制经营单位2800家次；查缴各类非法出版物及宣传品5.8万件，其中涉藏、涉疆、“法轮功”组织非法宣传品和政治性非法出版物及宣传品等2198件、侵权盗版出版物5.3万件、淫秽色情出版物1539件、非法报纸期刊1244件；删除网络有害信息7958余条，取缔游商摊点283处。

(二)打击网络侵权盗版“剑网 2014”专项行动

制定下发《青海省开展打击网络侵权盗版“剑网 2014”专项行动工作计划》。截至 2014 年 12 月底,全省未发生一起网络版权侵权案件,专项行动取得了明显的成效。

(三)销毁侵权盗版及非法出版物活动

2014 年 4 月 24 日,青海省“扫黄打非”领导小组、省版权局、西宁市“扫黄打非”领导小组在西宁举行了侵权盗版及非法出版物集中销毁活动,同时启动了青海省 2014 年“绿书签行动”系列宣传活动。此次活动,省、市“扫黄打非”部门集中销毁侵权盗版及非法出版物 4.3 万件。期间,全省各市州、县也开展了集中销毁活动。据不完全统计,全省集中销毁侵权盗版及其他各类非法出版物共计 11.8 万件。省“扫黄打非”领导小组各成员单位负责同志,省版权局机关处室和下属单位工作人员,西宁市“扫黄打非”领导小组及四区三县文化市场管理执法人员、出版物经营单位代表等 150 余人参加了现场宣传系列活动。

四、著作权作品登记工作

2014 年全年登记著作权作品共 31 件。

(青海省版权局 付成久)

司法工作

2014 年,青海省高院知识产权审判庭以科学发展观为指导,紧紧围绕公平正义目标,司法为民,忠实履行了宪法和法律赋予的职责,依法独立公正行使了审判权。

一、案件审理情况

2014 年,青海省两级法院受理一审知识产权案件 17 件,除 1 件正在审理外,其余 16 件已审理结案,其中有 7 件以判决方式解决,有 9 件以调解方式解决。涉及专利侵权案件 9 件,占当年总收案的 53%,专利权转让及技术服务合同纠纷 4 件,占当年总收案的 23%,商标侵权案件 3 件,占当年总收案的 18%,著作权侵权案件 1 件,占当年总收案的 6%。青海省高院知识产权审判庭受理知识产权二审案件 3 件,包括专利及技术转让各 1 件,外观设计专利权侵权案件 1 件。与 2013 年同期相比,2014 年知识产权收案数量下降 17%。分析其原因,青海省辖区知识产权案件呈现如下特点:(1)案件数量增减幅度不明显,法院收案已趋于稳定。(2)外地企业或者权利人起诉本地企业或侵权人的案件减少。(3)发生的关联案件降低,以往集中起诉驰名商标侵权、网络著作权侵权案件的现象已不多见。(4)本地企业及专利权人依法保护知识产权的意识持续增强,逐渐从被动应诉转变为积极保护知识产权,依法维权的主动性提高。从近几年案件审理情况看,西部内陆地区经历了对知识产权从不重视到重视,从重视到自觉保护的良性发展过程。(5)人民法院强化对知识产权的保护力度,加重了制止侵权的措施,提高了侵权赔偿的数额。与发达地区知识产权保护相比,青海省发生的知识产权案件典型性不强,侵权判定较为容易,争议对抗性相对较弱,因此,一审案件调解率高,上诉率较低。

二、关于信息深度应用工作

按照同步录入要求,青海省高院知识产权审判庭积极与技术处、审管办协调沟通,已基本掌握信息录入、电子档案制作的操作要求。目前,青海省高院知识产权审判庭案件的信息录入及电子档案已全部验收通过,纸质档案已按要求归档。今后,将严格依照审管办的工作制度,强化网上办案流程,落实工作措施,确保信息录入准确,电子档案制作规范。

三、司法调研及其他中心工作

根据工作安排，青海省高院知识产权审判庭已完成年初确定的工作调研、学术论文及司法统计分析工作；完成案例编写工作；参与青海省知识产权局组织的“4·26世界知识产权日”集中宣传、法律咨询活动；积极参与法官培训工作，承担了部分授课任务。

四、执行廉洁自律规定和遵守工作纪律情况

按照部门领导一岗双责的要求，庭长率先垂范，带头落实反腐倡廉的各项规定，从源头上杜绝了人情案、关系案和金钱案的发生。在办案中坚持以法律为尺度，以公心处理问题为衡量标准，不搞特权，不谋私利，自觉抵制影响廉洁办案的各种不利因素，并要求全庭同志对照反腐倡廉规定，对司法环节中的廉政风险点进行防控，确保司法廉洁，不踩红线。一年来，青海省高院知识产权审判庭在办理案件中，能够公平对待当事人和代理律师。通过落实廉政风险防控机制，廉洁自律意识进一步加强，取得较好的成效。

（青海省高级人民法院知识产权审判庭）

检察工作

2014年，青海省检察机关在保护知识产权方面取得了以下成绩。

一、切实发挥检察职能，依法查办侵犯知识产权案件

2014年，青海省各级检察机关共依法批准逮捕侵犯知识产权类案和制售假冒伪劣商品类案18件34人，提起公诉29件55人，起诉案件均作有罪判决。在办案中主动提前介入，引导侦查取证，使案件质量大大提高，取得工作实效。通过上述案件的办理，极大地震慑了侵犯知识产权和制售假冒伪劣商品犯罪分子，为保护知识产权、维护全省人民的生产、生活安全发挥了积极作用。

二、加强组织领导，积极开展专项活动

2014年，青海省各级检察机关积极投入“打击侵犯知识产权和制售假冒伪劣商品专项行动”中，积极配合有关部门，稳步推进工作。成立了打击侵犯知识产权和制售假冒伪劣商品专项行动领导小组，各州、市检察院也相继成立了以分管副检察长任组长，相关内设机构负责人为成员的领导小组。各地拓宽思路，采取有力措施，主动出击，有计划、分步骤地稳步推进“专项行动”，监督效果明显。在专项活动中，共监督公安机关立案涉嫌侵权假冒案件6件次，监督公安机关不应当立案涉嫌侵权假冒案件2件次，监督行政机关移送3件次，督导办理最高人民检察院督办案件1件1人，开展业务培训1次。

三、进一步完善“两法衔接”机制

全省各级检察院在上年“两法衔接”工作成效的基础上，进一步推进与公安机关、行政执法机关信息共享、联网查询、案件移送、案件协查等衔接机制，加快行政执法与刑事司法衔接工作信息共享平台建设，其中青海省商务厅已着手建立省级共享平台，努力推进“两法衔接”工作迈上新的台阶。

四、加大宣传力度

全省各级检察院结合2014年开展的“破坏环境资源和危害食品药品安全专项立案监督活动”，充分运用各种媒体、报刊、网络，开展形式多样的打击侵犯知识产权和制售假冒伪劣商品专项行动宣传活动，及时报道开展情况和典型案例，震慑违法犯罪行为，积极营造打击侵犯知识产权和制售假冒伪劣商品良性氛围。海东市检察院召开由青海省电视台、法治中国等10家

新闻媒体以及海东市环保局、工商局等9家行政执法机关负责人参加的新闻发布会，另外还通过专题电视讲话、制作公益宣传广告、开展专题培训讲座等多种形式开展宣传，多方位扩大受众，取得明显效果。

（最高人民检察院侦查监督厅供稿）

宁夏回族自治区

专利工作

2014年，以贯彻落实全国知识产权战略实施工作电视电话会议精神为主线，宁夏回族自治区积极开展企业知识产权试点示范，实施企业专利专员制度，重视专利技术引进推介，加强专利行政执法，积极推动建立重大专项知识产权专题数据库和知识产权信息共享平台，加强专利实务人才培养，推进知识产权战略实施，知识产权创造、运用、保护、管理和服务水平明显提高，有效支撑宁夏经济发展方式转变，为创新驱动发展保驾护航。

一、积极落实相关政策措施，专利结构进一步优化

采取专利奖励资助政策引领、专利代理人才服务跟进等措施，促使财政专利资助政策落实，进一步提高了专利质量。2014年全区发明专利申请2182件，比2013年增长21.8%，占全部专利申请的62%，授权发明专利243件，比2013年增长32.1%，有效发明专利790件，增幅31%，每万人口发明专利拥有量1.22件，PCT申请10件。

二、开展知识产权试点示范，企业知识产权综合能力和水平得到提升

认定35家自治区知识产权试点单位、10家自治区知识产权示范单位，通过选优培优、积累典型经验，推动试点示范单位在运用知识产权制度提高核心竞争力上取得实效。实施企业专利专员制度，认定247名企业专利专员，加强对企业专利工作的服务力度，建立管理部门与企业的联系机制，为企业培养专利管理和运用人才。共享集团、电力公司等5家企业的5件专利荣获第十六届中国专利优秀奖，成为宁夏专利技术运用的典范。

三、加强专利技术引进和推介，促进专利技术实施转化

调研自治区内企业需求和国内优秀专利项目，针对吴忠市清真产业、中卫市云计算基地和石嘴山市煤化工企业存在技术创新能力弱的实际情况，为企业和科研单位牵线搭桥，促使双方签署框架合作协议。举办为期一周的2014年宁夏专利技术推介会暨中国专利周宁夏地区活动，组织各种推介活动，促成专利技术交易。引进区外知识产权品牌服务机构为企业提供优质服务。与有实力的专利技术服务公司合作，引进区外优秀实用的专利技术，将宁夏优秀专利推介到区外，引导宁夏资源依赖性高、能耗高、结构不合理的重点优势产业引进市场前景好、效益高的专利技术，为宁夏经济社会发展提供动力。

四、加强专利行政执法，建设宁夏“两优”投资发展环境

区市知识产权局联合开展知识产权执法维权“护航”专项行动，会同商务局、文广局、工商局、药监局等部门组成联合执法工作组，对全区商业流通企业和专业市场专利商品进行登记、检索、确认，对商业企业进行规范化管理。全年知识产权系统共出动执法人员546人次，检查商业场所138

次，检查商品8062件，登记专利商品954件，会同各市知识产权局等联合执法86次，调处专利侵权纠纷案件6件，查处假冒专利案件25件。

五、促进专利文献信息利用，提升企业专利信息运用能力

深入中色东方集团、共享集团等企业开展一对一的专利信息利用帮扶活动。根据企业对专利文献信息服务及专题专利数据库建设的迫切需求，开展重大专项知识产权专题数据库和知识产权信息共享平台建设可行性研究工作，形成可行性研究报告。

六、加强知识产权人才培养，提高知识产权管理、运用、保护和服务能力

举办各类培训班10期，培训各类专利实务人员近3000人次。组织知识产权巡回宣讲进高校进企业活动，在高校和企业举办"知识产权申请与保护实务"等培训班。邀请国家知识产权局审查员来宁夏回族自治区，举办专利复审及无效宣告等培训班。重视全国专利代理人考试工作，2014年有55人参加考试，11人取得全国专利代理人资格，10人取得地方专利代理人资格。

（宁夏回族自治区知识产权局）

商标工作

2014年，宁夏回族自治区工商和市场监管部门深入实施商标战略，大力开展打击侵犯知识产权和制售假冒伪劣商品专项行动，全面推进商标管理工作。

以"规范基础工作，深化行政指导，强化能力建设，提升工作水平"为目标，全面推进商标战略实施。

宁夏回族自治区工商局于2014年5月29日召集各市、县、区工商局、驰名商标企业代表，大型商场和连锁超市负责人80多人召开专题座谈会，统一认识，坚决贯彻执行新法，抓落实见实效。

扎实开展打击侵犯知识产权和制售假冒伪劣商品工作，以打击重点地区、重点领域和重点商品侵权假冒行为为重点，开展专项行动，2014年共查处各类侵犯商标专用权案件137起，办结125件，案值72.28万元，罚没金额50.89万元。

组织开展形式多样的新商标法宣传活动，运用报纸、广播、电视、网络等多种媒体形式，宣传商标热点问题，在网上公布新商标法和商标法实施条例100题，在《宁夏日报》举办了"《新商标法》知识竞赛"。对新《商标法》关于对驰名商标禁止做商业宣传的规定，及时告知企业，引导其正确理解。

2014年，全区商标申请量4698件，注册量2506件，累计有效注册量15 693件。

（宁夏回族自治区工商行政管理局）

版权工作

2014年，宁夏回族自治区版权局在自治区党委、政府和国家版权局的领导下，深入贯彻落实党的十八大、十八届三中全会和四中全会精神，着力提高版权公共服务水平，积极开展版权工作，着力规范出版物市场秩序，不断加强队伍建设，确保版权工作顺利开展。

一、软件正版化工作

2014年，在做好企业软件正版化工作的基础上，宁夏回族自治区狠抓全区政府机关软件正版化工作的检查整改，要求全区各市（县、区）政府机关全面开展使用正版软件自查工作，按照《政府机关使用正版软件管理办法》的要求，进一步落实工作责任，完善工作机制，保障所需资金，加强资产管理，强化考核和责任追究，确保政府机关软件正版化工作的成果。

根据全区各市（县、区）政府机关自查和整改完成情况，宁夏回族自治区推进使用正版软件工作联席会议办公室组织开展了全区政府机关软件正版化检查整改工作，要求各单位高度重视，统一思想，落实第一责任人的责任，建立健全软件使用管理制度，加强软件资产的管理，对本单位所有计算机进行一次排查，对盗版办公软件立即予以卸载，确保整改落实到位。2014年11月18日至12月8日，由自治区版权局牵头，抽调自治区财政厅、审计厅、经信委、自治区政府机关事务管理局等相关单位人员分成两个检查组，对全区政府机关软件正版化工作进行了检查。此次检查先后抽查了自治区直属机关25个厅局的150台计算机，59个市、县(区)级政府机关354台计算机。

根据检查情况，宁夏回族自治区拟在落实工作责任、严格软件资产管理、保障所需资金、加强监督检查、做好培训和宣传等方面加大力度，进一步做好使用正版软件工作。宁夏回族自治区通过建立软件正版化信息管理系统，加强了对全区政府机关使用正版软件的管控，进一步加强和完善了政府机关软件正版化工作。

二、软件正版化培训工作

2014年，宁夏回族自治区版权局、宁夏回族自治区新闻出版广电局及各市积极组织人员参加培训，共举办12场培训班，参培单位达到800多个，参训人员近千人。

三、版权保护工作

2014年4月24日，宁夏回族自治区版权局在光明广场举行集中销毁侵权盗版及非法出版物活动。此次自治区集中销毁的侵权盗版制品及非法出版物6万余件，其中盗版及非法图书2万余册，盗版及非法音像制品4万余盘。不仅有效净化了文化市场，维护了广大人民群众的文化权益，也为推进文化市场健康有序发展，构建社会主义和谐社会营造了良好的思想文化环境。

自治区版权局开展以“拒绝盗版，共筑未来”为主题的“绿书签行动”。4月22日开始，银川市、吴忠市、石嘴山市、中卫市、固原市新闻出版局、文化市场执法队在属地5所中小学、5家影剧院、10家书(音像)店、2个大型广场和社区张贴“绿书签行动2014”宣传海报，向学生和群众派发绿书签，组织“加入绿书签行动”签名活动。4月22～26日，组织5家大型书店，开展为期一周的绿书签优惠购书活动，读者凭绿书签享受购书优惠。

四、打击侵权盗版专项行动

根据国务院2014年打击侵犯知识产权和制售假冒伪劣商品工作部署和国家版权局、国家互联网信息办公室、工业和信息化部、公安部《关于开展打击网络侵权盗版“剑网2014”专项行动的通知》要求，宁夏回族自治区版权局联合相关部门制定下发了宁夏回族自治区《关于在全区开展打击网络侵权盗版“剑网2014”专项行动的通知》，对专项行动进行了周密的部署，明确了各部门的相关责任，提出了具体的要求。此次专项行动重点是对提供作品、表演、录音制品等内容的网站，围绕网络文学、音乐、影视、游戏、动漫、软件等重点领域以及图书、音像制品、电子出版物、网络出版物等重点产品，对各自接入的网站进行全面清理，遏制网络环境下侵权盗版违法行为，进一步促进自治区互联网产业繁荣发展。

为保证打击网络侵权盗版“剑网2014”专项行动的顺利进行，在要求各市组织本辖区的互联网企业自查自纠的同时，自治区版权局组织有关单位和部门对各部门、各单位专项治理工作开展情况进行了督导检查。同时，对自治区重点互联网站、网络销售平台等进行着重检查。

“剑网2014”专项行动中，宁夏全区共出动检查人员1168人次，检查全区备案网站主题5897个，关闭未备案网站255家。对登载政治类有害信息的中国历史网、软侠软件网、手拉手快讯网3家注销了备案并予以关闭。将已关闭的上述三家网站及5E影视等网站列入黑名单。清理空壳网站和空壳主题1696个,发现非法链接935条,拦截涉及政治、维稳等不良有害信息150万条。

(宁夏回族自治区版权局 王高阳)

司法工作

2014年,按照宁夏回族自治区高院确定的"113339"工作思路,以"2014年全区法院工作要点"为抓手,狠抓各项工作的落实。在全区法院干警的共同努力下,不断提高民事审判工作质量和效率,较好地完成了各项工作任务。

一、抓学习,不断加强队伍建设,筑牢审判基础

(一)加强知识产权法官的思想政治、司法作风与司法廉政建设,进一步促进司法公正

(1)始终重视思想政治建设。采取个人自学、集中学习、干警自觉做好学习笔记、撰写学习心得等多种形式深入学习习近平总书记系列讲话以及其他会议的重要精神。同时,把"崇法厚德 致公为民 凝心聚力 务实卓越"的宁夏回族自治区法院精神牢固树立在每位干警的心中,努力建设一支信念坚定、执法为民、敢于担当、清正廉洁的审判队伍。(2)始终重视加强司法作风建设。坚决贯彻落实中共中央关于改进工作作风、密切联系群众的八项规定精神和最高人民法院印发《关于进一步改进司法作风的六项措施》,进一步改进司法作风。(3)始终重视加强司法廉政建设。深入开展司法廉洁教育,认真查找廉政风险点,严格落实党风廉政建设责任制等各项反腐倡廉制度,通过廉政监察员、法官任职回避、防止内部人员干扰办案、防止利益冲突等制度,不断强化对司法权运行的内部监督。

(二)加强业务学习,努力提高审判能力和水平

不断加强业务知识学习,重点学习了全国法院知识产权审判工作会议精神,并结合学习了《最高人民法院知识产权司法解释理解与适用》《著作权案例评析》等新颁布的法律法规、司法解释和典型案例,不断增强学习主动性、时效性,为做好当前民事审判工作打下基础。

二、抓审判,妥善处理各类纠纷,为社会和谐保驾护航

宁夏回族自治区的干警进一步树立大局意识,注重裁判的政治效果、社会效果、法律效果的有机统一,妥善处理好各类纠纷,有效化解社会矛盾。

(一)案件审理工作情况

2014年,宁夏回族自治区法院受理各类民事一审知识产权案件93件,二审知识产权案件10件,共计103件。其中,审结79件,结案率76.7%。其中专利案件20件,结案20件;商标案件25件,结案16件;著作权案件34件,结案27件;技术合同案件17件,结案9件,其他知识产权纠纷案件7件,结案7件。

(二)审判态势分析

从上述数据分析,宁夏回族自治区法院知识产权案件具有以下特点。

(1)案件类型较为传统。受理的案件均为传统的专利权纠纷、商标权纠纷、著作权纠纷等常见案件。

(2)案件数量呈上升趋势。2014年,宁夏法院受理的各类民事一、二审知识产权案件数量比2013年增加了26件,同比上升了33.77%。

(3)五市法院案件分布不平衡。一个地区经济、科技和文化的发展程度决定着知识产权案件数量的多少。宁夏回族自治

区首府银川市的经济较为活跃，受理的知识产权案件最多。2014 年，在宁夏回族自治区法院受理的各类民事一审知识产权案件中，银川市中院受理 79 件，占全部受理案件的 84.95％，石嘴山市中院受理 3 件，固原地区受理 4 件，中卫地区受理 7 件。

（4）诉讼标的金额不大，且法院确定的赔偿额与当事人诉求的标的额相差很大。

（三）主要工作措施

（1）准确把握当前形势下知识产权司法政策和执法理念。准确把握各类案件的司法原则和司法政策，强化审判人员的现代司法理念，牢固树立服务大局意识。切实贯彻执行“加强保护、分门别类、宽严适度”的知识产权司法保护基本政策。统筹兼顾地处理好知识产权保护与利用的关系，正确处理依法保护和适度保护的关系，把处理知识产权案件置于经济发展大局中去考虑。

（2）加强审判管理，强化业务知识，坚持推进精品战略。积极发挥知识产权审判职能作用，积极应对知识产权案件新形势、新特点，认真总结各类案件的疑点、难点和审理经验，审理具有典型意义的知识产权案件。

（3）坚持调解优先，调判结合，妥善化解矛盾纠纷。深入探索调解新机制和新方式，采取了促进调解、以合作双赢为目标引导调解、以标准化办案为基点强化调解等多种新的调解方式。2014 年，宁夏回族自治区高院知识产权审判庭审理的调解、撤诉案件共 14 件，调撤率达 36.84％。

（4）拓宽审判监督指导途径，提高案件质量，促进裁判尺度的统一。2014 年，进一步加强了案件的审判监督和业务指导工作，统一司法标准，提高审判水平，案件发改率与 2013 年同期相比有明显下降。一是召开知识产权审判工作会议。二是深入调查研究加强指导。针对宁夏回族自治区知识产权司法保护出现的新问题、新情况及应对措施进行调研，形成了《2011～2013 年宁夏法院知识产权司法保护状况》调研报告。三是始终高度重视典型案例在知识产权审判中的示范指引作用，认真做好案例指导工作。四是抓住重点案件加强协调指导。五是建立发改案件座谈制度。

三、抓规范化建设，促各项工作新提高

（一）加强涉文化类知识产权保护，依法促进文化体制创新

（1）充分利用著作权保护手段保护民间文学艺术作品。积极探索民间文艺保存人与后续创作人之间合理分享利益的机制。（2）加强对宁夏回族自治区遗传资源、传统知识、传统工艺、回族医药等非物质文化遗产的保护，推动传统资源转化为现实的生产力和市场竞争力。（3）为了加强知识产权司法保护，促进文化体制发展与创新，在加强知识产权审判的基础上，宁夏回族自治区高院知识产权审判庭起草的《关于充分发挥知识产权审判职能作用为宁夏民族文化强区建设提供司法保障的实施意见》已贯彻执行。

（二）注重调研宣传

（1）于 2014 年 4 月 25 日召开了宁夏回族自治区法院知识产权司法保护状况新闻发布会，首次向社会公布了宁夏回族自治区法院知识产权司法保护状况白皮书和宁夏回族自治区法院十大知识产权司法保护案例，回顾了近 3 年来宁夏回族自治区知识产权司法保护工作情况，介绍了宁夏回族自治区法院知识产权审判工作成效。（2）积极开展“4·26 世界知识产权日”宣传活动。为提高公众的知识产权保护意识，强化公众的知识产权观念，“4·26 世界知识产权日”宁夏回族自治区高院知识产权审判庭与宁夏知识产权局等多家单位联合开展知识产权法律宣传和法律咨询活动。

（三）深化司法公开，提升司法公信力，积极接受社会各界监督

（1）全面落实公开审判原则，对于依法能够公开的案件全部实行公开开庭审理；对一些有影响的案件，在开庭审理时，允许新闻媒体进行公开报道；对每一起开庭审理的案件，都做到同步录音录像，并实现了庭审现场网上同步直播。（2）高度重视裁判文书上网工作，将所有依法可以公开的生效知识产权裁判文书全部上传，主动接受社会各界的监督。

（宁夏回族自治区高级人民法院知识产权审判庭）

检察工作

2014年，宁夏回族自治区检察机关在保护知识产权方面取得了以下成绩。

一、依法严厉打击侵权假冒犯罪

2014年，宁夏回族自治区各级检察机关共批准逮捕侵犯知识产权和生产、销售假冒伪劣商品犯罪审查逮捕案件10件14人，起诉19件29人；监督行政执法机关移送涉嫌犯罪案件线索32件37人，公安机关立案24件29人。

二、健全工作制度，优化工作流程

宁夏回族自治区检察机关充分发挥法律监督职能，及时督办重大、有影响的知识产权犯罪案件。针对侵犯知识产权犯罪行为的方式、特点，提出防范、遏制的建议，依法打击侵犯知识产权的犯罪活动。实行定案、定人、定时间、包片负责、包案件质量的“三定两包”方案，建立了由侦查监督、公诉部门分片负责和案件质量负责制；通过“预警和通报”制度，对每位干警正在办理的每件案件实行挂牌式“倒计时”监督，对到期日办结的批捕案件和延长审查期限的起诉案件进行“黄牌警告”和“事后通报”，确保办案效率；通过“四审四查”制度，确保案件质量。全区检察机关加强与行政执法部门、公安机关的协作配合，主动提前介入，及时指派侦监和公诉部门的办案骨干提前介入侦查取证活动，提出收集、固定、完善证据的意见和建议，把案件存在的疑点、重点、难点问题解决在提请批捕、移送起诉之前。

三、健全完善“两法衔接”工作机制

为不断完善“两法衔接”工作机制，切实解决影响“两法”有效衔接的突出问题，宁夏回族自治区检察院在前期“两法衔接”工作取得较好成效的基础上，针对宁夏回族自治区“两法衔接”信息共享平台的操作使用组织了专门培训。先对平台系统管理员、技术人员、负责人以及宁夏回族自治区级40余家行政执法单位管理员进行了培训；随后又组织对市、县级院及本级行政单位进行了培训。自治区公安厅也专门下发了《全区公安机关认真开展行政执法与刑事司法衔接工作的通知》，各级检察机关与本级公安机关实现了网上对接、信息共享，为更好地开展“两法衔接”工作起到了积极的推动作用。目前，全区检察机关与各级行政单位共554家签订了工作机制协议，其中已实现对接416家，录入行政执法案件9308件；各级检察机关通过专项检查、重点抽查及信息平台监督，建议行政执法机关移送涉嫌犯罪案件45件50人、公安机关立案27件32人，同比增长500%。

四、加强宣传，营造良好氛围

为更好地开展工作，与有关部门协作，采取多种形式，加大宣传力度，有针对性地开展富有特色的知识产权保护宣传工作。深度挖掘宣传素材，通过宁夏电视台、宁夏广播网、互联网、宁夏日报、银川晚报、法治新报等媒体多角度报道知识产权保护宣传，树立知识产权保护的理念，增强保护知识产权的法律意识，了解知识产权保护的措施。自专项行动开展以来，宁夏回族自

治区检察院会同相关部门联合举行“4·26知识产权宣传周”活动、知识产权知识讲座、上街设点宣传、制作宣传栏、有奖知识问卷问答等灵活多样、喜闻乐见的形式进行宣传。全区各基层检察院充分利用“4·26世界知识产权日”活动，在本地区设立分会场，组织各相关单位积极参加，通过摆放展板、发放宣传材料、悬挂横幅标语，开展咨询服务，大力宣传知识产权，与宁夏回族自治区及各市新闻媒体以及有关部门合作，集中力量、创新方式、广泛开展保护知识产权宣传教育活动。

（最高人民检察院侦查监督厅供稿）

新疆维吾尔自治区

专利工作

2014年，在新疆维吾尔自治区党委、自治区人民政府的正确领导及国家知识产权局的指导支持下，自治区知识产权局认真贯彻《自治区党委、自治区人民政府关于实施创新驱动发展战略加快创新型新疆建设的意见》，紧紧围绕加快经济发展方式转变和创新型新疆建设的主线，深入贯彻实施《新疆维吾尔自治区知识产权战略纲要》和《新疆维吾尔自治区专利促进与保护条例》，积极营造良好的知识产权发展环境。

一、知识产权战略实施工作进入新阶段

新疆维吾尔自治区知识产权局制定并实施《2014年新疆维吾尔自治区知识产权战略实施推进计划》。2014年年初，自治区知识产权战略实施领导小组办公室对各地州市开展了战略实施绩效评价工作。评价结果充分显示，各地州市的知识产权战略宏观部署基本完成，实施主体及其推进工作体系，目标任务等明确具体，全区知识产权战略实施工作进入全面推进、不断深入的新阶段。

二、积极促进知识产权创造和运用，大力提升全社会创新能力

积极推行《企业知识产权管理规范》，引导企业提高知识产权管理水平。共确定22家企业作为“贯标”试点企业，中介服务机构已进驻企业，引导和帮助其建立科学、规范的知识产权管理制度。成功推荐克拉玛依市、奎屯市、吐鲁番市为国家级知识产权示范培育城市。高新技术开发区、经济技术开发区分别通过国家级试点园区的验收。起草《关于开展重大经济科技活动知识产权评议工作的意见》，已报至自治区政府。全区全年专利申请10 210件，同比增长24.1%。其中，发明专利2360件，占总申请量的23.1%，同比增长13.4%。截至2014年年底，自治区每万人口发明专利拥有量达1.05件。

三、加大知识产权执法保护力度，知识产权保护水平进一步提高

全面实施“专利行政执法能力提升工程”和知识产权执法维权“护航”专项行动。在石河子市、吐鲁番地区、巴音郭楞蒙古自治州、昌吉回族州知识产权局设立专利行政执法巡回审理庭。建立中国(新疆)知识产权维权援助中心专利侵权判定咨询专家库，制定维权援助中心专利侵权判定咨询工作办法，完善专利侵权判定咨询机制。制定《自治区专利侵权纠纷快速调处工作办法》。建立执法办案信息公开与报送制度。乌鲁木齐市华凌综合市场被列入国家规范化市场培育项目。全年全区知识产权局系统共受理各类专利案件310件，结案289件。出动执法人员1850人次，检查商

业场所1467次，检查商品31万件，与其他部门协作执法79次。

四、加大知识产权宣传力度，知识产权文化建设取得新进展

以“4·26知识产权宣传周”和“中国专利周”为契机，面向社会各界进行知识产权宣传，弘扬知识产权文化。积极协调各新闻单位和政府部门的信息平台，以全方位的知识产权宣传为抓手，大力推进知识产权文化建设。

五、加快建立知识产权人才评价体系，加强知识产权人才队伍建设

充分发挥国家知识产权培训（新疆）基地的作用，充分利用区内外各种培训资源，积极开展人才培养和培训工作。继续与国家知识产权局、自治区党委组织部合作开展县处级党政领导干部知识产权专题培训，与教育部门联合在中小学开展知识产权教育试点，与人事部门联合在全区专业技术人员继续教育中开展知识产权专题培训。

（新疆维吾尔自治区知识产权局）

商标工作

2014年新疆维吾尔自治区工商和市场监管部门积极拓展工作思路，大胆创新工作举措，努力提升服务水平，进一步推进商标监管执法和商标战略实施两大工作进程，不断推动商标工作取得新成效。

稳步推动商标战略实施。继续发挥各地商标战略工作领导小组办公室职能作用；进一步完善重点培育商标储备库和地理标志资源库，制定了2014年重点培育商标目录；认真做好第十一届新疆著名商标评审认定工作；积极搭建银企对接平台，引导企业运用商标权质押融资；支持企业实施商标“走出去”战略。

不断加强商标行政指导工作。深入基层进一步做好商标监管和服务指导工作；在库尔勒市组织召开了南疆地区地理标志商标工作座谈会；积极做好商标信息服务工作，编制发布了《2013年度新疆商标发展报告》；加强日常咨询和“一刊一网”服务。

有效推进商标监管长效机制。组织召开了全区商标授权经营制度经验交流现场会；制定印发《新疆维吾尔自治区工商系统重大商标案件预警及应急处理机制》并狠抓落实；积极指导基层工商所、辖区街道办事处（社区）、乡镇团场联合开展商标品牌指导站建设，目前全区共有指导站210个；继续推进“四书两账一卡”商标行政指导制度的落实。

努力强化商标专用权保护。开展保护“金城及图形”“金城5号”注册商标专用权专项整治工作；积极发挥与相关等部门的联合机制作用；严格依程序办理复杂案件；认真开展第四届“中国亚欧博览会”和“南京青奥会”期间商标专项保护行动；加大侵权假冒案件的曝光力度；建立系统内商标信息通报制度。2014年全年共立案4657件，办结4425件，罚没款3608.66万元，捣毁窝点29个，移送司法机关案件4件。

深入开展商标宣传培训工作。举办了全疆新《商标法》培训班；派员赴各地区进行商标法专题培训；借助“3·15消费者权益日”“4·26世界知识产权日”等宣传节点，全面普及商标法律知识；充分利用主流媒体报道新疆维吾尔自治区新《商标法》宣传贯彻落实情况，积极组织各地、州、市工商局参加国家工商总局商标局主办的新《商标法》有奖知识竞赛。

2014年，全区商标申请量17 051件，注册量11 760件，累计有效注册量64 230件。

（新疆维吾尔自治区工商行政管理局）

版权工作

2014年，新疆维吾尔自治区版权局深入学习贯彻落实党的十八大、十八届三中全会和四中全会精神，版权工作在服务大局中求繁荣，在学习实践中求创新，在深化改革中求发展，取得了显著的成就，为自治区的改革、发展、稳定作出了积极的贡献。

一、软件正版化工作

2014 年，在国家版权局的指导下，在自治区党委、人民政府的支持和领导下，自治区软件正版化领导小组成员单位密切配合，以推进建立政府机关软件正版化长效机制为重点，以开展政府机关软件正版化考核为抓手，印发《新疆维吾尔自治区政府机关使用正版软件工作考核评价细则及考核标准》，强化监督检查，加大教育培训的覆盖面，加强对国有企业和地方性金融行业、建筑设计行业软件正版化的督办，推出企业采购正版软件奖励补贴措施，软件正版化工作取得了较好成效。重点开展了以下几个方面工作。

一是召开了地县两级政府完成软件正版化新闻发布会，介绍软件正版化工作进展及下一步重点。二是迎接国务院软件正版化检查组，对受检地州进行指导，配合检查组检查两个地市 12 家单位，检查组认为新疆软件正版化工作扎实有效，值得称赞。三是积极贯彻落实国务院办公厅《政府机关使用正版软件管理办法》，强化考核和责任，落实自治区近 150 家单位的负责人信息，编制自治区软件正版化考核评价细则并印发全区，通过考核，树立了版权部门的权威，促进了事业单位及国有企业的软件正版化工作，在全国起到了良好的示范作用。2014 年 10 月，在全国政府机关软件正版化培训会议上，国家版权局将自治区开展的软件正版化考核评价工作作为推进长效机制建设的示范，在大会进行了经验交流。四是对 80 家企业下发了软件正版化整改函，督促其完成软件正版化，并对 20 余家企业进行电话督办，现场检查 11 家企业，全年共有 38 家企业完成了软件正版化，正版软件采购金额 920 万元，兑现奖补资金 92 万元。五是举办全区政府机关软件正版化培训班、国有企业软件正版化培训班、新疆地方性金融行业软件正版化培训班，共有 110 多个政府机关及所属事业单位、大专院校 180 人、43 家本地金融机构 70 多人，43 家国有企业 62 人参加培训。

二、版权执法和宣传服务工作

近年来，自治区版权行政部门按照国家和自治区党委、人民政府的部署，加强执法，严格监管，连续多年开展出版物市场集中检查整治行动，开展打击网络侵权盗版专项治理“剑网行动”。2014 年，重点开展了以下几个方面工作。

一是指导乌鲁木齐市新闻出版局对一起涉嫌侵权的工艺品案件进行了现场执法，扣押涉嫌侵权工艺品 288 件；移交 4 家 KTV 侵权投诉，做出行政处罚，同时侵权人向音集协缴纳版权费 40 万元。二是协调新疆建设兵团新闻出版局，对一起涉嫌侵犯医院管理系统软件的案件进行调查，赴农六师 4 个团场进行取证，并将证据提交鉴定机构鉴定。三是组织各地州新闻出版单位开展 2013 年度有功集体和个人推荐工作，经国家版权局评审，自治区两个集体获得有功集体三等奖，一个专案组获得有功个人三等奖。四是登记作品 1200 多件，比上年同期增长 50%。五是应电信企业的要求，分别赴中国电信新丝路网站和中国电信民文业务部开展《著作权法》与《信息网络传播权保护条例》的宣传，培训人数 70 人。六是做好迎接国务院考核组对自治区“双打”工作的考核工作，自治区版权局承担的两项任务分值 12 分，得到了满分。七是积极参加消费维权活动，现场宣传著作权法和新闻出版法律法规。八是协调新疆相关出版社授权乌鲁木齐广播电台维语台播送各社出版的图书。九是注重版权侵权案件的信息公开，按时向自治区“双打”办报送案件信息。十是开展“4·26 知识产权宣传周”活动，指导地州，报送典型案件3起，其中一起作为全区典型案例在媒体曝光；与乌鲁木齐市新闻出版局合作，对自治区出版物批发市场人员以及印刷从业者开展著作权法宣传，共110人参加培训。十一是根据国家版权局通知精神，迅速成立了由自治区版权局、公安厅、通信管理局、互联网办公室共同组成的自治区“剑网”行动领导小组，制订了新疆维吾尔自治区实施“剑网”行动的工作方案并印发全疆。同时，通过新疆日报、新疆经济报、天山网、亚心网等媒体公布了举报电话及举报奖励办法。加强对网站的主动监管，将区内天山网、亚心网、56567网作为主动监管对象。主动收集案源，将办案重点放在自治区大量存在的民文网站的侵权盗版问题上。

三、版权登记工作

自治区版权局将著作权登记作为版权社会化服务的重点工作，全区著作权登记工作规范化、标准化、信息化的水平不断提升。2014年，全区共登记各类作品1200多件，同比增长50%；登记备案出版外国图书授权合同41件。

同时，自治区版权管理部门做好服务工作，为出版社编写教辅图书是否涉及侵权问题，积极帮助寻找法律依据，解除困扰；针对翻译出版外国图书存在未经授权的问题，及时给予指导，发出《各出版社在翻译出版境外作品时应注意的版权问题》的函件，指导出版社使用作品的行为；积极在印刷、发行、出版社编辑人员、创作者群体中宣传普及《著作权法》，为不同行业举办版权培训班或讲座7个，培训1200多人次。

（新疆维吾尔自治区版权局　施晓娟）

司法工作

2014年，新疆维吾尔自治区法院知识产权审判庭依法独立公正审理各类知识产权纠纷案件，圆满地完成了以审判为中心的各项工作。

一、案件审理情况

（一）充分发挥民事审判在保护知识产权中的主渠道作用

2014年全区法院新受理知识产权民事案件506件，其中一审案件466件，占新受理案件的92.1%，二审案件40件，占新受理案件的7.9%；2013年的旧存知识产权民事案件31件，其中一审案件26件，二审案件5件；新受理知识产权民事案件中专利纠纷案件34件、商标纠纷案件281件、著作权纠纷案件131件、技术合同纠纷案件9件、植物新品种纠纷案件1件、其他知识产权纠纷案件10件。

全年共受理知识产权民事案件537件（新收506件加旧存案件31件），审结511件，结案率95.16%；其中，一审结案466件，一审结案率94.7%；二审结案45件，二审结案率100%。

（二）刑事审判在打击侵犯知识产权犯罪中的作用进一步加强

2014年全年新收刑事知识产权案件68件，旧存4件，共受理知识产权刑事案件72件，审结66件，处以刑罚93人，其中生产销售伪劣产品罪受理10件18人、结5件9人；生产销售假药罪1件1人；非法经营罪17件21人，侵犯知识产权罪旧存3件4人，收45件71人，结45件63人，其中假冒注册商标罪结13件21人，销售假冒注册商标的商品罪结26件33人；非法制造、销售非法制造的注册商标标识罪结2件5人；侵犯著作权罪结4件4人，其他知识产权犯罪1件1人。

（三）依法履行知识产权行政审判对行政行为的司法监督职责

2014年全年新收行政知识产权案件5件，旧存1件，共审理知识产权行政案件6

件，审结 5 件，其中维持行政机关具体行政行为 3 件，支付赔偿金 1 件，其他裁定处理 1 件。以上均为一审案件。

二、特色和亮点

（一）以办精品案、做到案结事了人和为目标，诉讼调解工作再上新台阶

各级法院知识产权审判庭坚持将调解贯穿于案件审理的各个环节，不断总结调解经验、创新调解模式，探索调解方法，新疆维吾尔自治区高院在有效使用并不断推广“合议庭整体联运调解法”的基础上，大胆尝试了互利共赢调解法、附条件撤诉调解法、广泛联动一揽子调解法、趁热打铁、冷却择机等调解方式，克服了案件程序、当事人法律知识及诉讼经验等多方面的障碍，既公正处理了纠纷又合法维护了各方权益。2014 年知识产权案件上升较快的乌鲁木齐市中院和昌吉州中院知识产权审判庭大力开展将案件化解在庭外的审理方式，创新知识产权案件立案审查模式，加大庭前调解力度，一半以上的案件在庭前或当庭即达成和解或调解协议。昌吉州中院知识产权审判庭开展巡回庭审活动，开庭审理的商标侵权案件，当庭调解率达 90%以上；其中当庭履行率达 95%以上。

全疆法院知识产权案件调解及撤诉结案 436 件，调撤率 76.22%，其中一审调解及撤诉结案 398 件，调撤率 75.95%，二审调解及撤案结案 38 件，调撤率 79.16%。自治区高院、乌鲁木齐市中院、昌吉州中院三个知识产权案件较集中的法院调撤率分别达到 62.5%、58%、59%。

（二）知识产权宣传工作内容丰富、形式多样

（1）通过案件审理向案件当事人尤其是被控侵权人并通过他们的亲身经历向社会宣传知识产权法律知识。（2）撰写信息报道、以案说法、编写典型案例通过传统媒体及网络媒体宣传知识产权知识及知识产权保护情况。（3）充分发挥“4·26 世界知识产权日”宣传周活动，以庭审观摩、新闻发布会、挂横标、发放宣传材料等方式开展宣传活动，宣传法律、增进全社会对人民法院知识产权司法保护工作的了解和认可度。

（三）调研和对下指导工作

1. 调研工作

自治区高院知识产权审判庭在充分总结审判实践中存在的较普遍问题的基础上，形成多篇调研文章及案例分析。

2. 对下指导

平时审理案件时，发现下级人民法院存在的问题及时加以指出，并通过开座谈会，个案讨论、电话、内部函等形式具体指导。还通过授课培养等形式开展对下指导。

（四）其他特色工作

（1）伊犁州分院以知识产权审判庭人员为主要组成人员成立了新疆维吾尔自治区高院伊犁哈萨克自治州分院霍尔果斯特殊经济技术开发区法官巡回工作站。

（2）乌鲁木齐市中院充分发挥陪审员的特色及作用。在案件审理、合议、判决等环节，征求、听取陪审员意见，采取技术问题与非技术问题分离审理的方式，提高了此类案件的审判质量。

（3）自治区高院加强与政府部门的联系，建立横向沟通渠道。调研、答疑活动以互动、探讨的方式进行，达到了预期的目的。

（4）昌吉州中院积极探索与工商系统的联动机制，在各基层工商局设立商标侵权案件巡回法庭，取得了良好的社会效果和法律效果。

（5）乌鲁木齐市中院充分发挥“知识产权二审合一”审判模式的优势，将知识产权民事、行政案件统一由知识产权民事审判庭审理，刑事案件依然由刑事审判庭审理，但要求有知识产权民事法官参与审理、案件讨论。

(6)创新知识产权案件立案审查机制。乌鲁木齐市中院从2005年起,知识产权案件的审查立案由知识产权审判庭负责,实施几年来,优势明显。

(7)在审判工作中重视宣传,延伸审判的社会效果。

(8)各院高度重视裁判文书质量,严格文书制作,增强裁判文书的公信力。

(新疆维吾尔自治区高级人民法院知识产权审判庭)

检察工作

2014年,新疆维吾尔自治区检察机关认真履行法律监督职责,依法严厉打击侵犯知识产权和制售假冒伪劣商品的犯罪,建立健全行政执法与刑事司法衔接工作机制,在知识产权保护工作方面取得了一定成绩。

一、依法严厉打击侵犯知识产权犯罪

2014年,新疆维吾尔自治区检察机关立足检察职能,对全疆多发频发的侵犯知识产权和制售假冒伪劣商品犯罪加大了打击力度,全年批准逮捕侵犯知识产权和制售假冒伪劣商品刑事案件30件42人,起诉83件146人。针对地区案件不平衡、罪名集中、轻缓刑较多等案件特点,积极开展调查研究,为下一步精准打击、有效预防侵犯知识产权犯罪奠定基础。

二、加大宣传力度,营造知识产权保护的良好氛围

新疆检察机关加大普法宣传力度,结合办案实际,制定宣传计划,着力宣传全疆检察机关在加强知识产权保护和打击制售假冒伪劣商品犯罪的措施和成效,利用典型案例搞好警示作用,营造知识产权保护的良好氛围。

三、大力发挥检察机关的法律监督职能

新疆检察机关加强对公安机关及其他行政执法机关的监督,与新疆食品药品监督管理局、质量技术监督局、工商局、烟草局、知识产权局等执法单位达成了共识,建立了咨询机制。行政执法机关对于在查处案件过程中遇到的行为人是否涉嫌犯罪、犯罪标准以及证据等问题可及时向检察机关咨询,同时,检察机关进一步明确了拒不移交刑事案件的法律后果,防止行政执法机关以罚代刑。

四、进一步规范行政执法与刑事司法衔接工作

新疆检察机关在办理侵犯知识产权和制售假冒伪劣商品犯罪案件中,加强与相关部门协调配合,特别是与公安机关、监察机关、经贸委员会等共同举办的联合行动,不仅增强相互了解,而且有力促进了行政执法与刑事司法相衔接。同时,通过与公安、监察、经贸、知识产权部门的联系和沟通,各职责单位进一步统一了思想,提高了认识,明确了做好行政执法与刑事司法有效衔接工作既是新形势下促进行政执法部门依法行政,严格执法的现实需要,也是严厉打击经济犯罪,整顿和规范社会主义市场经济秩序的现实需要。下一步,将积极采取走访交流、召开联席会议等具体措施,努力完善行政执法与刑事司法相衔接机制,形成打击侵犯知识产权和制售假冒伪劣商品犯罪案件的合力。

(最高人民检察院侦查监督厅供稿)

新疆生产建设兵团

知识产权工作

2014年,新疆生产建设兵团知识产权局认真落实国家、兵团的部署,聚焦企业需求,以深入推进知识产权战略实施工作为主线,以促进知识产权的创造、运用、管理和保护为重点,创造性地开展各项工作,为创新型兵团建设和创新驱动发展战略的实施提供了有力支撑。

一、兵团专利申请数量快速增长,质量稳步提高

加强专利质量保障体系建设,突出专利资助政策对专利质量的导向,加大对发明专利的资助力度,实现了专利申请量和授权量快速增长的目标。"一种优质酵母菌及其奶啤饮料的制备""全废渣低温急剧煅烧高标号水泥熟料方法"两项发明专利被授予中国专利奖优秀奖。

二、知识产权管理和保护能力进一步提升

(1)加强顶层设计,深入推进知识产权战略实施工作。组织制订了《兵团知识产权局2014年专利事业发展战略推进工作组织实施方案》。为加强对兵团企业专利战略推进工作指导,制订了《兵团知识产权托管工作方案》《2014兵团企业知识产权管理标准推行工作实施方案》。组织完成了《专利制度对促进兵团产业发展的研究》课题和《新疆兵团"十三五"知识产权事业发展战略研究》课题。

(2)围绕兵团经济发展需求,知识产权宣传和人才培养工作创佳绩。以"4·26知识产权宣传周"中国专利周、亚博会等为契机,加强新兴媒体宣传,创新、务实地组织开展了丰富多彩的宣传活动。如召开2014年兵团"4·26知识产权宣传周"新闻发布会,举办兵团知识产权网络有奖答题活动等。聚焦企业需求,加强知识产权人才培训。完成了《新疆生产建设兵团知识产权人才培养工作现状及今后工作思路》的调研报告。先后与中国知识产权培训中心、国家知识产权局电学发明部、文献部等联合举办了5期知识产权专题培训班,培训人员249人。

(3)专利执法维权能力建设进一步加强。一是优化执法环境,加强专利执法能力建设。制订了《2014年兵团专利执法维权"护航"专项行动工作方案》《兵团电子商务领域专利执法维权专项行动工作计划》等,举办了专利行政执法培训班。二是兵地、兵师联合开展专利执法活动10次,各有关师市开展专利行政执法10多次,出动执法人员100多人次。三是探索建立专利行政执法信息公开制度,制定了《兵团专利行政执法案件信息公开管理办法》。

(4)知识产权公共服务能力进一步提升。组织兵团知识产权信息中心与企业开展信息帮扶工作,完善知识产权公共服务平台建设,开展专利信息服务,积极实施《兵团专利信息利用帮扶项目》,建立两项专题数据库。推进知识产权中介服务机构发展。调查兵团知识产权服务业状况,举办专利代理机构业务能力促进培训班,加强专利代理人知识更新;积极邀请区外代理机构在兵团建立办事处或分公司,促进兵团代理机构竞争;以培训、调研等方式搭建知识产权服务机构与企业交流合作平台。

三、知识产权运用能力进一步增强

制订《2014兵团企业知识产权管理标

准推行工作实施方案》，遴选了10家企业开展企业知识产权管理规范“贯标”工作。推动知识产权试点示范工作，组织石河子市申报国家知识产权示范城市。石河子市被评为2013年度国家知识产权试点示范城市工作先进集体，1人被评为国家知识产权试点示范城市工作先进个人。联合兵团教育局共推知识产权教育试点示范工作，确定六所学校为兵团第二批中小学知识产权教育试点单位。

（新疆生产建设兵团知识产权局）

司法工作

2014年，新疆生产建设兵团法院系统坚持司法为民、公正司法工作主线，充分发挥审判职能作用，积极深化知识产权司法体制改革，加强知识产权审判队伍建设，切实履行知识产权司法保护职责，不断提高知识产权案件审判质量和效率。

一、充分发挥知识产权审判职能，积极有效化解社会矛盾

2014年兵团法院系统受理知识产权案件33件，其中一审受理32件，包含著作权4件，商标权6件，专利权14件，技术合同3件，其他知识产权案件5件；二审受理专利权1件，结案率100%。在办理案件中，各级法院通过邀请新闻界、知识产权局、群众代表、在校学生旁听审判等各种方式，提高司法公信力，扩大知识产权保护的影响力，很好地延伸了司法审判的社会教育职能。

加强审判流程管理，严格审限管理，均衡结案，提高审限内结案率。不断提高裁判文书写作水平。

二、延伸审判职能，积极配合行政机关营造激励自主创新的良好司法环境

在2014年开展的“4·26知识产权宣传周”活动中，兵团法院系统以审判为中心，积极和兵团知识产权局联系，开展知识产权审判“保护、运用、发展”年度主题活动。活动期间，通过发放知识产权知识问答卷、发放法律书籍、提供法律咨询等方式，展出具有知识产权内容的展板，涉及兵团知识产权战略的制定、知识产权宣传及试点示范、行政执法、司法保护等方面内容。重点介绍了兵团专利、商标（品牌）、版权工作典型单位、典型人物和典型事迹，展示了兵团知识产权工作取得的成就。

另外，兵团法院系统组织法官深入企业开展“送法上门”服务活动，了解企业对知识产权司法保护的需求，宣传知识产权法律制度与司法政策，帮助企业解决在知识产权保护等方面遇到的法律问题，增强知识产权自我保护能力，支持和引导企业实施各项知识产权保护战略，了解企业对知识产权司法保护的诉求，提出司法保护对策。兵团第八师中院紧紧围绕“知识产权助推经济转型”主题，开展了形式多样的知识产权宣传活动，连续4年被评为“师市开展知识产权工作先进集体”。

三、加强审判监督，进一步完善审判机制

兵团分院知识产权审判庭始终注重对知识产权审判工作的监督和指导，积极创新对下监督和指导途径，努力统一辖区内的知识产权审判司法理念、法律适用和裁判尺度，努力提高兵团三级法院知识产权审判质效。兵团法院通过合理配置司法资源，不断健全专业审判组织，审判力量得到充实，审判专业化水平进一步提升。

按照最高人民法院的具体要求，积极开展调研，探索知识产权“二合一”审判模式、案件管辖范围等。进一步加强与有关部门的沟通协调，开展对外交流与合作，做好裁判文书上网公布工作。

四、着力开展调研，提升知识产权司法保护的能力

针对审判实践中的热点、难点问题，结合审判实际的需要，开展专项调研工作，例如：先后深入兵团八师、十二师中院座谈讨论征求意见，并通过在有关杂志上发表调研文章等形式，取得调研成果，用调研成果指导审判实践，有效统一裁判尺度；注重知识产权审判的理论学习研讨和裁判文书的制作水平，增强了知识产权司法保障能力。为提高知识产权的审判能力和水平，2014年着重将专家智慧引入知识产权审判工作问题进行调研；针对知识产权方面新修改法律、新出台司法解释较多的情形，组织大家结合审判实践，有针对性地学习讨论。

（新疆维吾尔自治区高级人民法院生产建设兵团分院）

检察工作

2014年，新疆生产建设兵团检察机关以最高人民检察院开展的专项行动为依托，加大与公安机关和相关行政执法机关的工作联系力度，认真履行检察职能，合力推进打击侵权假冒工作的开展。

一、立足检察职能，依法严厉打击侵犯知识产权犯罪

2014年新疆生产建设兵团检察机关充分发挥检察适时介入、引导侦查、审查逮捕、指控犯罪、法律监督的职能作用，使一批侵权假冒犯罪分子得到依法惩治。共办理审查逮捕案件9件14人，办理审查起诉案件8件16人。

二、依托专项行动，突出侵权假冒违法犯罪打击重点

新疆生产建设兵团检察机关依托最高人民检察院统一部署的“破坏环境资源和危害食品药品安全犯罪专项立案监督活动”、打击整治非法生产销售和使用“伪基站”违法犯罪活动专项行动，成立领导小组，制定工作方案，明确将打击侵权假冒违法犯罪作为工作重点之一，收集、摸排侵权假冒类案件线索百余件次，拓宽了打击路径。

三、加强行政执法与刑事司法衔接工作

新疆生产建设兵团检察院和各师分院专门下发工作方案，建立健全行政执法与刑事司法衔接机制，加强“两法衔接”工作。新疆生产建设兵团检察机关以联席会议和案件交流为主要桥梁，加大与当地行政执法机关的交流和配合，开展了多种形式的行刑监督活动，构建起合力打击侵权假冒违法犯罪的平台。各师检察机关采取大走访形式，对本辖区内近几年销售农资、食品药品等情况开展监督，前往相关行政执法单位调取案卷、查阅台账、接待咨询等，摸排发现了一些有价值的线索。四师检察机关办理了5件涉及注册商标的犯罪案件。六师检察机关引导侦查并审查起诉了一起生产销售假药案，两名犯罪嫌疑人被依法判处有期徒刑以上刑罚，起到了很好的社会效果和法律效果。

（最高人民检察院侦查监督厅供稿）

香港特区

知识产权工作

一、行政架构

香港知识产权署负责香港特别行政区辖下的商标、专利和外观设计的注册、版权特许机构注册和准司法聆讯工作，并就保护知识产权的政策和法例提供意见，以及向香港特区政府提供知识产权方面的民事法律意见。此外，香港知识产权署还负责提高公众对知识产权的认识和尊重，促进和推广知识产权贸易在香港的发展。

二、保护知识产权

香港有健全的保护知识产权制度，通过周全的法例、简便易用的注册系统、严厉的执法行动和富有创意的公众教育计划，在保护知识产权的工作上取得卓越成绩，建立了良好声誉。

(一)注册

知识产权署致力为公众提供高质素和迅捷的注册服务。该署提供多项电子服务，使商标、专利和外观设计的注册及管理更有效率和更具成本效益。有关的注册记录册以电子格式存储，公众可以通过互联网(http://ipsearch.ipd.gov.hk)随时免费查阅中英兼备的资料。此外，电子提交系统亦为知识产权拥有人及代理人提供既安全稳妥又简便易用的环境，让他们随时提交申请(https://iponline.ipd.gov.hk)。

知识产权拥有人或其代理人亦可使用该署的互动服务，直接更改一些载于注册记录册上有关其注册及申请的详情，系统会即时更新储存在注册处的相关记录。香港特区知识产权署的电子服务，特别是电子提交服务，广受用户欢迎。2014 年，以电子方式提交商标、专利和外观设计注册申请的比率分别为 56%、73%及 69%。与 2013 年相比，分别增加 1%、8%及 3%。

(二)商标

2014 年，商标注册处接获 40 063 件注册申请。2014 年，获注册 34 251 件，较 2013 年增加 8.9%。提出注册申请的国家和地区共有 119 个。

截至 2014 年年底，注册记录册上共有 342 696 件注册商标。

(三)专利

根据香港现行《专利条例》，以中国国家知识产权局、英国专利局或欧洲专利局(适用于指定英国的专利)所批予的专利为基础的专利申请，可获批予标准专利。该条例也就短期专利的批予作出规定，经过香港特区知识产权署对申请作形式上审查的程序后，有关的短期专利便可注册。2014 年，专利注册处接获 12 542 件标准专利申请和 587 件短期专利申请，共批出 5932 件标准专利和 522 项短期专利，与 2013 年相比，分别减少 9.6%和 2.9%。

为落实设立“原授专利”制度及优化短期专利制度的政策决定，政府正草拟立法建议以修订《专利条例》，并希望在 2015 年上半年提交立法会审议。

(四)注册外观设计

2014 年，外观设计注册处共接获 2453 件申请，要求为 4477 项外观设计注册。2014 年年内，获准注册的外观设计共有 4300 项，较 2013 年减少 9.8%。

(五)版权

根据《版权条例》，文学作品、戏剧、音

乐作品、艺术作品、已发表版本的排印编排、声音记录、影片、广播、有线传播节目，以及表演者的表演，不论其版权拥有人属何居籍，均可获得保护。依循国际惯例，条例并无规定版权拥有人必须注册其版权。

政府在2013年咨询公众，探讨在香港特区的版权制度下，应如何因应现今的情况看待戏仿作品，以期在保护版权和言论自由之间取得平衡。政府仔细研究了收到的意见后，于2014年6月18日向香港特别行政区立法会提交《2014年版权(修订)条例草案》，更新香港特区的版权制度，确保制度与时并进，紧贴科技和海外的发展。当前，该条例草案正在香港特别行政区立法会的法案委员会进行审议。

三、公众教育

2014年，9个商会共951个零售商参加了香港特区知识产权署举办的“正版正货承诺”计划，涉及6727个销售点。香港特区知识产权署于年内探访了72所学校的15 367名学生，并于104所学校举办互动剧场，共有30 521名学生参与。香港特区知识产权署还通过研讨会和展览，推广知识产权贸易的价值及保护知识产权的重要性。

四、知识产权贸易

由商务及经济发展局局长领导的知识产权贸易工作小组完成讨论策略框架中每个策略范畴的特定政策和支援措施，以推广香港特区成为区内知识产权贸易中心，并计划在2015年年初向政府提交附带建议的报告供考虑和跟进。策略框架共涵盖四个范畴：加强知识产权保护制度；支援知识产权的创造和使用；促进知识产权中介服务和提升人力资源；以及致力推广、教育和对外合作。

五、与内地有关部门合作

香港特区知识产权署在国家、地区和省级层面与内地有关部门紧密合作，向商界及公众推广知识产权保护及管理的重要性和知识产权贸易。在粤港保护知识产权合作专责小组及与国家知识产权局的合作框架下，通过不同的合作项目推广知识产权保护及管理的重要性和知识产权贸易的概念，并在《内地与香港关于建立更紧密经贸关系的安排》补充协议十的框架下，继续积极推动区内知识产权贸易的发展。

为落实在香港特区实施“原授专利”制度，香港特区知识产权署与国家知识产权局在香港特区签订《关于专利领域的合作安排》，根据此合作安排，国家知识产权局将向香港特区知识产权署在专利实质审查及人员培训方面提供技术协助及支持。

六、参与国际组织活动

作为中国代表团成员，香港特区知识产权署参与各类国际论坛，包括世界贸易组织辖下与贸易有关的知识产权理事会及世界知识产权组织的讨论、活动和会议。香港特区知识产权署还出席多个国际及地区性的知识产权研讨会和会议，包括在宁波及北京举行的亚太经合组织知识产权专家小组第38次及第39次会议。

（国家知识产权局港澳台办公室）

（注：根据香港特别行政区知识产权署提供资料整理）

澳门特区

知识产权工作

一、法律事务

澳门特别行政区知识产权相关法律制度主要包括《著作权及有关权利之制度》和《工业产权法律制度》。

自2012年澳门特区政府修改《著作权及有关权利之制度》后，为进一步加强对工业产权专用权的保护，适应工业产权立法发展的要求，澳门经济局正在开展《工业产权法律制度》的修订工作。

此次《工业产权法律制度》修订主要涉及优化程序、提高效率，缩短申请注册周期，为申请人提供便利，加大对工业产权的保护力度，与国际工业产权法及条约衔接，以及适应当前经济发展需要等几个方面。

二、工业产权申请与授权

(一)商标申请与注册

2014年澳门特区的商标申请量继续紧随2013年的增长势头，创下历史新高，全年共受理12 287件申请，比2013年上升21.85%。在各类工业产权申请总量中，商标申请量一如既往位居首位，占申请总量的95.92%。其中，产品商标的申请量为7987件，服务商标的申请量为4300件，与2013年相比，申请量分别上升15.45%和35.82%。2014年获准注册的商标共12 764件。

2014年，来自中国内地的商标申请量位于全年申请总量的首位，其次是美国、中国澳门、中国香港、日本、英属维尔京群岛、法国、瑞士、开曼群岛和英国，上述10个国家或地区的申请量共占2014年全年申请量的81.16%。

截至2014年12月31日，商标注册的累计申请总量为109 707件，其中产品商标77 951件，服务商标31 756件，分别占申请总量的71.05%和28.95%。

(二)专利申请与授权

1. 发明专利申请与授权

(1)在澳门特区提交的发明专利申请与授权。

2014年全年发明专利的申请共有106件，较2013年大幅增加76.67%，2014年获得授权的发明专利共16件。

2014年，在澳门特区提出发明专利申请的国家或地区共有15个，包括美国、中国、英国、澳大利亚、德国、日本、英属维尔京群岛、卢森堡、新加坡、捷克共和国、加拿大和瑞士等，其中来自美国的申请量最多，占全年申请量的53.77%。

2014年送往国家知识产权局作实质审查的发明专利申请共79件，较2013年上升58%。

截至2014年12月31日，发明专利的累计申请总量为1356件。

(2)内地发明专利延伸至澳门特区生效的申请与审批。

2014年申请延伸至澳门特区生效的内地发明专利共有310件，较2013年减少10.92%。此外，2014年获准延伸至澳门特区生效的内地发明专利共254件。

2014年，内地发明专利延伸至澳门特区生效的申请来自29个国家或地区，包括美国、日本、中国、瑞士、英国、德国、瑞典等，其中排在前三位的分别为美国、日本及中国，申请量分别占全年申请量的35.48%、14.19%及9.68%。

截至2014年12月31日，内地发明专利延伸至澳门特区的累计申请总量为1624件。

2. 实用专利申请与授权

2014年全年实用专利的申请共有28件，较2013年增加33.33%。此外，2014年获授权的实用专利共1件。申请分别来自中国、西班牙、英属维尔京群岛和泰国等。

截至2014年12月31日，实用专利的累计申请量达168件。

（三）设计/新型申请与授权

2014年全年设计/新型的申请共有132件，较2013年下降6.38%。2014年获授权的设计/新型共117件。

2014年，提出设计/新型申请的国家或地区共有19个，排在前五位的是瑞士、法国、意大利、中国澳门及中国内地，来自这5个国家或地区的申请占全年申请量的67.42%。

截至2014年12月31日，设计/新型的累计申请总量为1306件。

三、行政服务

为提升公共行政服务的整体质量，2014年，澳门特区经济局进一步精简内部工作业务流程，减少流程环节，缩短处理时间，进一步提升服务效率和效能。

（一）继续推进并完善“服务承诺计划”

澳门特区经济局自推行“服务承诺计划”以来，不断检查现行服务承诺项目的执行效果，以便为公众提供更优质的公共服务。2014年，11项知识产权服务项目服务质量指标全部达标，实际执行率均达到或高于目标比率的要求。

为掌握服务对象的意见，澳门特区经济局推行了收集服务对象意见的机制。2014年2月1日至8月11日期间，就包括知识产权服务在内的42项对外及对内服务进行年度满意度调查，并通过收集公众对服务的评价，检查服务质量，以提高施政的科学性。

（二）继续优化电子档案管理

为推进信息化建设，进一步优化工业产权注册申请档案的信息管理，澳门特区经济局积极推进电子档案管理工作。截至目前，已通过扫描方式把所有工业产权文本档案转为电子档案，使得查询更加高效便捷，大大提高了工作效率。

2014年，澳门特区经济局进一步整合人工管理和信息技术管理手段，提升工业产权注册申请流程各个环节的档案管理水平，并进一步提高电子档案质量，最大限度发挥电子档案的作用，为工业产权注册申请工作提供更好的服务。

四、电子化建设

配合澳门特区政府电子政务发展，提升公共行政服务质量，2014年，澳门特区经济局继续通过电子化建设，积极推动内部业务和工业产权各项对外服务的电子化工作。

（一）推出“商标注册申请电子服务”

自2009年年底推出“商标注册申请网上填表与提交备案”服务后，为进一步满足不同层次电子申请用户的需求，提供更便捷的商标注册申请提交途径，澳门特区经济局于2014年11月4日推出了“商标注册申请电子服务”。

“商标注册申请电子服务”采用由澳门邮政eSignTrust注册署发出的“合格电子签名（QES）证书”进行电子签署，并整合了在线申请、在线支付、自动收件确认、自动发送通知、自动采集申请数据等功能。

（二）继续推广“商标注册申请网上填表与提交备案”服务

自2009年推出“商标注册申请网上填表与提交备案”服务以来，澳门特区经济局根据用户意见，不断完善相关电子系统，使用户操作更加方便快捷。

2014年,通过"商标注册申请网上填表与提交备案"系统提交的商标申请为6857件,占总申请量的55.81%,同比增长14.7%。

(三)优化工业产权资讯系统

为优化工业产权注册申请内部流程,提高效率,澳门特区经济局不断完善工业产权资讯系统,将各类工业产权从申请受理到资料监控管理等内部流程全部整合至同一资讯系统运行,为相关工作的开展提供了技术保障。

五、合作与交流

(一)与国家知识产权局的合作与交流

1. 专利保护工作的合作

自2003年1月24日签署《国家知识产权局与澳门特区经济局关于在知识产权领域合作的协议》以来,在国家知识产权局的积极支持和技术援助下,澳门特区的专利保护工作取得一定进展。自协议生效起至2014年12月31日止,澳门特区寄送至国家知识产权局做实质审查的发明专利申请共计832件,实用专利申请共计99件。

截至2014年12月31日,澳门特区经济局共收到1624件内地发明专利要求延伸至澳门特区生效的申请,其中已获准在澳门生效的达1335件,占申请总量的82.2%。

2. 数据和文献合作

2014年,澳门特区经济局继续与国家知识产权局开展数据和文献合作,定期向国家知识产权局寄送有关澳门特区的各类专利数据和文献资料,以便及时跟踪相关信息动态,为国家知识产权局信息化业务发展提供参考。

3. 人员交流

2014年9月24~25日,澳门特区经济局派员至国家知识产权局进行业务交流。就专利合作方面的日常工作进行了交流,并就国家知识产权局为澳门特区药物专利检索提供协助的可行性进行了商讨。

4. 澳门特区的"全国专利代理人资格考试"报名工作

2014年的全国专利代理人资格考试于11月1~2日在包括广州在内的23个城市同时举行,澳门特区经济局协助一名符合报考资格的人员办理了有关报考手续,并顺利完成报名材料的查验工作。

5. 举办内地与香港特区、澳门特区知识产权研讨会

2014年9月11日,由国家知识产权局、香港特区知识产权署和澳门特区经济局共同举办、香港特区知识产权署承办的"2014年内地与香港、澳门特别行政区知识产权研讨会"于香港会议展览中心举行。

"内地与香港、澳门特别行政区知识产权研讨会"自2000年举办以来,已成为内地与香港特区、澳门特区知识产权界开展交流和加强沟通的重要平台,对提升内地与香港特区、澳门特区知识产权创造、运用、保护和管理水平发挥了积极的推动作用。

(二)与国家工商行政管理总局的合作与交流

2014年11月8~10日,澳门特区经济局派员出席了由国家工商总局直接领导的中华商标协会在江苏省苏州市举办的2014中国商标年会。并参加了以"推进新《商标法》实施,提高民族品牌竞争力"为主题的年会主论坛,以及商标典型案例评析、互联网时代中国品牌保护与发展、世界知识产权组织马德里商标国际注册、商标保护实务等4个分论坛。

(三)与泛珠三角区域知识产权机构的合作与交流

为促进泛珠三角区域知识产权合作与交流,2014年10月22~24日,广东省知识产权局、香港特区知识产权署和澳门特区经济局联合举办了"第十届泛珠三角区域

知识产权合作联席会议暨专题交流活动”。

澳门特区经济局先后派员出席了在广东省中山市举办的联席会议及在香港特区进行的专题交流活动，随后全体代表到访澳门特区，参加在澳门特区举行的专题交流活动。

自2004年泛珠三角区域知识产权合作机制确立以来，在泛珠内地各省（区）和香港特区、澳门特区知识产权部门的积极推动下，泛珠区域知识产权合作环境不断优化，合作领域不断拓展、合作力度不断加强，合作成果不断扩大，对促进区域经济发展发挥了积极作用。

（四）粤澳合作与交流

2014年6月27日，粤澳知识产权工作小组第二次会议在广州市举行，粤澳知识产权工作小组成员出席了会议。

会后，澳门特区代表一行顺访了广东省知识产权研究与发展中心司法鉴定所，并进行了会谈。

粤澳知识产权工作小组于2012年5月10日在广州市召开第一次会议后成立，旨在加强粤澳两地在知识产权领域的交流和合作。小组由粤澳双方知识产权管理及保护部门组成，粤方成员包括广东省知识产权局、广东省工商行政管理局、广东省新闻出版广电局、广东省公安厅、海关总署广东分署；澳方成员包括澳门特区经济局、澳门特区海关。

（国家知识产权局港澳台办公室）

（注：根据澳门特区经济局提供资料整理）

台湾地区

知识产权工作

一、专利事务

（一）统计数据

2014年台湾地区“智慧财产局”发明专利初审案请求实质审查的共计41 168件，较2013年减少5.1%；而发明专利初审结案70 206件，较2013年增长4.2%。由于请求实质审查件数在近2年连续下降，同时审查能力有所提升，发明专利初审案的待办案件量逐年递减，2014年已降至100 041件。由发明专利初审案结案状态显示，2014年核准44 359件、核驳23 811件及其他2036件，各占63.2%、33.9%和2.9%。2014年核准件数及百分比均增加。2014年发明专利初审案共发出67 675件审查意见通知书，较2013年69 641件减少2.8%。其中发出第二次（含以上）审查意见通知书件数5262件，较2013年4683件增长12.4%。此外，2013年1月1日起施行“最后通知”制度，2013年发明专利初审案发出审查意见最后通知书55件，2014年则为73件。发明专利初审案的处理周期近4年有逐渐下降的趋势。2014年12月平均首次通知周期与平均审结周期分别为21.2个月和29.7个月，各较2013年缩短7.3个月和8.4个月。

2014年台湾地区新型专利申请案为23 488件，较2013年减少6.1%，结案件数为24 479件，申请与结案数量大致平衡。2014年新型专利平均审结周期为3.1个月，较2013年3.7个月缩短0.6个月。新型技术报告核发件数2012～2014年分别为2574、2678、2109件，平均完成周期逐年缩短，分别为12.1个月、10.7个月、9.9个月，3年来缩短2.2个月。

设计专利初审案结案状态表显示，2010～2014年平均核准、核驳及其他件数各占87.4%、9.2%及3.4%，虽然自2013

年起已开放部分设计、图像设计、成组设计及衍生设计等保护客体，但准驳的比例大致维持一致。2014 年设计专利申请案平均审结周期为 9.3 个月，较 2013 年小幅上升 0.3 个月，近 3 年的平均审结周期均维持在 9 个月左右。

(二)审查人力现况

目前专利各级审查人员 353 人、约聘专利审查委员 35 人、5 年任期制审查人员 170 人，共计 558 人，另有 104 名研发替代役人员协助专利前案检索业务。

(三)修订法制及相关配套措施

1.“专利法”

台湾地区自 2013 年 1 月 1 日施行“专利法”新法后，为进一步确保专利权人权益并平衡公益，于 2013 年 5 月又将“一案两请”改采“权利接续”制、导入惩罚性损害赔偿、明确规定新型专利权人未提示新型专利技术报告不得进行警告等；2014 年 1 月再增订边境保护措施条文，明确规定申请查扣程序、应废止查扣的情形及损害赔偿等规定，于 2014 年 3 月 24 日施行。

2.“专利法规”

(1)“海关查扣侵害专利权物实施办法”。由于申请查扣涉及海关繁杂的具体执行程序，因此“专利法”明确规定相关实施内容授权“经济部”会同“财政部”商定。与“专利法”于 2014 年 3 月 24 日同步施行的“海关查扣侵害专利权物实施办法”，重点为明确有关申请查扣、废止查扣、检视查扣物、保证金或担保的缴纳、提供、返还的程序、应备文件和其他应遵行事项。

(2)“专利法施行细则”。配合“专利法”修订施行，2014 年 11 月 6 日修订发布相关条文，明确规定优惠期时间计算的始末点，增订“专利法”第 32 条“一案两请”相关配套规定，及申请人对主张台湾地区优先权先申请案缴纳书证费的处理方式等，以理清“专利法”规定的相关事项，以便实务运作。

(3)“专利规费收费办法”。2014 年 11 月 6 日修订发布相关条文，配合“专利法”第 32 条“一案两请”改为“权利接续”制，明确规定以此为由提起举发采全案收费，并增订申请分割案的申请书发明名称、申请人姓名或名称、发明人姓名及摘要附有英译者减免申请费等。

(4)“发明创作奖助办法”。为配合台湾地区整体预算编列和运用，使相关奖助规定更具弹性，并考量台湾地区整体施政重点，精简奖项和数量，于 2014 年 3 月 6 日修订发布相关条文，并追溯自 1 月 1 日起施行。

(5)研拟放宽专利优惠期制度。搜集美国、欧洲、日本等国家和地区法制和使用者意见，及 WIPO、AIPPI 等国际调和推动成果等相关资料，并检验查看台湾地区主张优惠期案件申请状况，完成“优惠期制度研究报告”。

于 2014 年 8 月 11 日召开公众咨询会议，就优惠期的时间、声明或应符合规定的程序、公开状态及第三人独立发明的公开对优惠期的影响等交换意见，其中以开放公开状态一项较具共识，对于修订“专利法”的具体内容则建议应审慎考量制度目的及权益平衡。

二、商标事务

2014 年受理的商标注册申请案，以案件计有 75 933 件，以类别计有 97 776 类，分别较 2013 年增长 2.6%和 3%。

2014 年受理的商标注册申请案件为历年最高，为有效控制待办案件数量，督促审查部门积极处理，并通过每月统计与定期检查方式，掌握商标注册申请案件结案量与处理进度，使得审查绩效较往年有所进步。

2014 年商标注册申请案受理 75 933 件，较 2013 年增长 2.6%；办结 77 032 件，则增长 3.7%。待办案件为 48 554 件，有效控制在 50 000 件以内，低于过去 2 年。

若以类别计，商标注册申请案 97 776 类，较 2013 年增长 3.0%；办结 98 649 类，较 2013 年增长 3.2%，截至 2014 年 12 月，待办案件为 69 690 类，仍维持与 2013 年相同的规模。

在商标注册申请案屡创新高的情形下，致力于提升商标案件审查效率，2014 年商标注册申请案的平均首次通知周期和平均审结周期已分别降至 5.7 个月和 7.8 个月。

三、著作权事务

受理申请设立著作权集体管理团体 2 件，制版权登记 1 件，音乐著作强制授权 1 件，权利人不明申请 70 件，电子核验著作权授权文件 33 227 件。

四、两岸交流与合作

（一）继续积极稳步落实《海峡两岸知识产权保护合作协议》

进一步推动两岸知识产权领域合作，以知识产权交流促进两岸经济发展。大陆审查员来台进行审查业务交流、组织召开第五次两岸专利工作组会议，总结《海峡两岸知识产权保护合作协议》框架下专利领域各合作项目的执行情况，共同商讨下一步工作。

2014 年，共有 81 名台湾地区考生通过考试并取得专利代理人资格。

（二）继续深入开展民间交流

在《海峡两岸知识产权保护合作协议》框架下，两岸专利主管部门分别以中华全国专利代理人协会和台湾工业总会名义，继续共同举办“大陆专利代理人考试培训班”和“两岸专利论坛”，以加深双方的相互了解和交流。

（国家知识产权局港澳台办公室）

（注：资料来源于台湾地区“智慧财产局”年度报告）

国家知识产权局

1.《国家标准涉及专利的管理规定(暂行)》实施。1月1日,《国家标准涉及专利的管理规定(暂行)》施行。

2. 印发《关于深入实施知识产权战略,促进中原经济区经济社会发展的若干问题》。1月2日,联合教育部、科技部、农业部、文化部、国家工商行政管理总局、国家版权局印发《关于深入实施知识产权战略,促进中原经济区经济社会发展的若干意见》。

3. 五局专利审查高速路试点正式启动。1月6日,五局(IP5)专利审查高速路(PPH)试点正式启动。

4. 联合出台《关于大力推进体制机制创新扎实做好科技金融服务的意见》。1月7日,联合中国人民银行、科技部、证监会、保监会出台《关于大力推进体制机制创新 扎实做好科技金融服务的意见》。

5. 全国知识产权局局长会议召开。1月15日,全国知识产权局局长会议在北京召开。

6. 国家知识产权战略实施工作部际联席会议第十次联络员全体会议。2月19日,国家知识产权战略实施工作部际联席会议第十次联络员全体会议在京召开。

7. 发布2013年发明专利授权及有关情况。2月20日,发布2013年发明专利授权及有关情况。

8. 印发《关于促进专利代理行业发展的若干意见》。2月28日,印发《关于促进专利代理行业发展的若干意见》。

9. 李克强总理提出加强知识产权保护和运用。3月5日,李克强总理在十二届全国人大二次会议上作政府工作报告,提出要加强知识产权保护和运用。

10. 发布《国家知识产权局关于修改〈专利审查指南〉的决定》。3月12日,发布《国家知识产权局关于修改〈专利审查指南〉的决定》,将包括图形用户界面的产品外观设计纳入外观设计专利保护的范围,2014年5月1日起施行。

11. 专利法颁布30周年座谈会。3月25日,《专利法》颁布30周年座谈会在北京举行。

12. 中国PCT申请国际阶段审查和流程管理(CEPCT)系统上线运行。3月31日,中国PCT申请国际阶段审查和流程管理(CEPCT)系统上线运行。

13. 全国人大常委会专利法执法检查组第一次全体会议召开。4月2日,全国人大常委会专利法执法检查组第一次全体会议在北京召开,启动专利法执法检查。

14. 国家知识产权战略实施工作部际联席会议第四次全体会议召开。4月3日,国家知识产权战略实施工作部际联席会议第四次全体会议在北京召开,国务委员王勇出席会议并讲话。

15. 与广东省政府第二轮知识产权高层次

战略合作2014年度工作会议。4月10日，与广东省政府第二轮知识产权高层次战略合作2014年度工作会议在广州举行。

16. 召开教育实践活动整改工作座谈会，同日启动全国知识产权宣传周活动。4月21日，召开教育实践活动整改工作座谈会。同日，联合中宣部等部门启动“4·26知识产权宣传周”活动。

17. 发布《2013年中国知识产权发展状况》及其白皮书。4月23日，联合国家工商行政管理总局、国家版权局发布2013年中国知识产权发展状况。《2013年中国知识产权保护状况》白皮书同日发布。

18. 举办第九次开放日活动。4月25日，举办第九次开放日活动。《2013年全国专利实力状况报告》发布。

19. 第五届“知识产权进高校”活动启动仪式。5月22日，第五届“知识产权进高校”活动启动仪式在东南大学举行。

20.“知识产权走基层 服务经济万里行”大型公益活动启动仪式。5月27日，“知识产权走基层 服务经济万里行”大型公益活动启动仪式在武汉举行。

21. 中美欧日韩第七次五局局长会议。6月4～6日，中美欧日韩第七次五局局长会议在韩国召开。

22. 国务院出台《关于促进市场公平竞争维护市场正常秩序的若干意见》。6月4日，国务院出台《关于促进市场公平竞争维护市场正常秩序的若干意见》，提出在强化市场行为监管方面，国家知识产权局等部门按职责分工负责依法保护各类知识产权，鼓励技术创新，打击侵权假冒行为。

23. 陈竺做专利法执法检查报告。6月23日，十二届全国人大常委会第九次会议在北京开幕。全国人大常委会副委员长陈竺做专利法执法检查报告。

24. 国务院印发《社会信用体系建设规划纲要(2014—2020年)》。6月27日，国务院印发由国家知识产权局等35个部门共同参与制定的《社会信用体系建设规划纲要(2014—2020年)》，明确提出了建设知识产权信用体系的规划和目标。

25. 第五届中国—东盟知识产权局局长会。6月30日，第五届中国—东盟知识产权局局长会召开。

26. 全国知识产权规划发展工作会议。7月1日，全国知识产权规划发展工作会议在合肥召开。

27. 中英、中冰、中瑞专利审查高速路试点启动。7月1日，中英、中冰、中瑞专利审查高速路试点启动。

28. 与中国国际贸易促进委员会签署战略合作议定书。7月4日，与中国国际贸易促进委员会签署战略合作议定书。

29. 世界知识产权组织总干事高锐一行访问国家知识产权局。7月9日，世界知识产权组织总干事高锐一行访问国家知识产权局。

30. 知识产权促进京津冀协同发展工作启动。7月9日，知识产权促进京津冀协同发展工作启动。

31. 世界知识产权组织在北京设立中国办事处。7月10日，世界知识产权组织在北京设立中国办事处。

32. 印发《关于深入实施国家知识产权战略 加强和改进知识产权管理的若干意见》。7月15日，联合教育部、科技部、工信部、国资委、国家工商行政管理总局、国家版权局、中科院印发《关于深入实施国家知识产权战略 加强和改进知识产权管理的若干意见》。

33. 国家知识产权局学术委员会成立十周年总结会召开。7月15日，国家知识产权局学术委员会成立十周年总结会召开。

34. 发布国外知识产权环境研究报告。7月18日，发布国外知识产权环境研究报告。

35. 与中国人民财产保险股份有限公司签署知识产权保险战略合作协议。7月21日，与中国人民财产保险股份有限公司签署知识产权保险战略合作协议。

36. 全国知识产权外事工作会议召开。7月22日，全国知识产权外事工作会议召开。

37. 全国知识产权系统执法工作座谈会召开。8月19日，全国知识产权系统执法工作座谈会在北京召开。

38.《全国人民代表大会常务委员会关于在北京、上海、广州设立知识产权法院的决定》通过。8月31日，第十二届全国人大常委会第十次会议通过《全国人民代表大会常务委员会关于在北京、上海、广州设立知识产权法院的决定》。

39. 第二届中英知识产权研讨会召开。9月1日，第二届中英知识产权研讨会在北京举办。

40. 全国人大常委会专利法执法检查报告落实工作会议召开。9月9日，全国人大常委会专利法执法检查报告落实工作会议在北京召开。

41. 2014年中国专利信息年会召开。9月11日，2014年中国专利信息年会在北京开幕。

42. 国家知识产权专家咨询委员会高级研讨班开班。9月16日，国家知识产权专家咨询委员会高级研讨班在北京开班。

43. 中欧两局第八次局长会议召开。9月19日，中欧两局第八次局长会议在德国慕尼黑召开。

44. 出席世界知识产权组织成员国大会第54届系列会议。9月22日，我国政府代表团出席世界知识产权组织成员国大会第五十四届系列会议。国家知识产权局与世界知识产权组织签署合作框架协议。期间举办第三届金砖国家知识产权局局长会议。

45. 发布《关于开展深化中央级事业单位科技成果使用、处置和收益管理改革试点的通知》。9月26日，联合财政部、科技部发布了《关于开展深化中央级事业单位科技成果使用、处置和收益管理改革试点的通知》。

46. 印发《关于知识产权支持小微企业发展的若干意见》。10月8日，印发《关于知识产权支持小微企业发展的若干意见》。同日，中美开通优先权文件电子交换服务。

47. 国务院出台《关于加快科技服务业发展的若干意见》。10月9日，国务院出台《关于加快科技服务业发展的若干意见》，要求重点发展知识产权等专业科技服务和综合科技服务。

48. 与天津市政府签署新一轮合作会商议定书。10月13日，与天津市政府签署新一轮合作会商议定书。

49. 中俄共同发表中俄总理第十九次定期会晤联合公报。10月14日，中国和俄罗斯共同发表中俄总理第十九次定期会晤联合公报，双方商定扩大在知识产权保护领域的合作。

50. 首届中美欧日韩五局质量管理会议。10月14日，首届中美欧日韩五局质量管理会议在北京召开。

51. 第七届两岸专利论坛举办。10月14日，第七届两岸专利论坛在台北举办。

52. 审议通过《中共中央关于全面推进依法治国若干重大问题的决定》。10月20～23日，十八届四中全会在北京举行，审议通过《中共中央关于全面推进依法治国若干重大问题的决定》，提出要加强重点领域立法，完善激励创新的产权制度、知识产权保护制度和促进科技成果转化的体制机制。

53. 签署《中华人民共和国政府与新加坡共和国政府知识产权领域合作谅解备忘录》。10月27日，签署《中华人民共和国政府与新加坡共和国政府知识产权领域合作谅解备忘录》，国务院副总理张高丽出席签字仪式。

54. 国务院办公厅发布意见支持国家级经济开发区创建知识产权试点示范园区。10月30日，国务院办公厅发布意见支持国家级经济开发区创建知识产权试点示范园区。

55. 国务院常务会议研究部署加强知识产权保护和运用。11月5日，国务院常务会议研究部署加强知识产权保护和运用。

56. 第14次中日韩知识产权局局长政策对话会议召开。11月10日，第14次中日韩知识产权局局长政策对话会议在韩国首尔召开。

57. 中欧知识产权局局长会议召开。11月12日，中欧知识产权局局长会议在比利时布鲁塞尔召开。

58. 举办第八届中国专利周活动。11月17～24日，举办第八届中国专利周活动。

59. 首批企业通过“贯标”审核认证。11月18日，首批145家企业通过“贯标”审核认证。

60. 全国知识产权人才工作会议召开。11月19日，全国知识产权人才工作会议在北京召开。

61. 全国打击侵权假冒工作领导小组第七次全体会议召开。11月25日，全国打击侵权假冒工作领导小组第七次全体会议在北京召开。

62. 全国地方知识产权战略实施工作会议在福州召开。11月25日，全国地方知识产权战略实施工作会议在福州召开。

63. 开通专利数据服务试验系统，五局专利信息资源免费。12月10日，开通专利数据服务试验系统，免费开放中美欧日韩五局专利信息资源。

64. 国务院办公厅转发《深入实施国家知识产权战略行动计划（2014－2020年）》。12月10日，国务院办公厅转发《深入实施国家知识产权战略行动计划（2014－2020年）》，首次提出努力建设知识产权强国。

65. 举办第十六届中国专利奖颁奖大会。12月12日，举办第十六届中国专利奖颁奖大会。

66. 评选产生第二批全国知识产权领军人才和第四批全国“百千万知识产权人才工程”百名高层次人才培养人选。12月31日，第二批全国知识产权领军人才127人和第四批全国“百千万知识产权人才工程”百名高层次人才培养人选120人评选产生。

（国家知识产权局办公室供稿）

国家工商行政管理总局商标局

1. 张茅会见米歇尔·巴尼耶一行。1月7日，国家工商总局局长张茅会见了来访的欧盟委员会内部市场和服务委员米歇尔·巴尼耶一行，双方就中国商标法修改情况进行了交流。商标局局长许瑞表、商评委主任何训班陪同会见。

2. 健全完善商标审查机制会议。1月9日，国家工商总局召开健全完善商标审查机制会议。国家工商总局副局长刘玉亭、刘俊臣共同主持会议。国家工商总局办公厅、法规司、人事司、商标局、商评委、通达商标服务中心负责人参加会议。

3. 刘俊臣会见坎皮诺斯先生。1月17日，国家工商总局副局长刘俊臣会见了来访的欧洲内部市场协调局局长坎皮诺斯先生，并代表国家工商总局签署双方2014～2015年度实施计划。商标局局长许瑞表陪同会见。

4. 全国打击侵权假冒工作领导小组第四次全体会议在京召开。2月14日，全国打击侵权假冒工作领导小组第四次全体会议在北京召开。国务院副总理、全国打击侵权假冒工作领导小组组长汪洋主持会议。会议总结了2013年全国打击侵权假冒工作，研究部署2014年工作。国家工商总局副局长、国家工商总局打击侵权假冒工作领导小组组长刘俊臣出席会议。

5. 张茅接待郭台铭一行。2月20日，国家工商总局局长张茅接待富士康科技集团总裁郭台铭一行，双方就共同关心的话题进行了交流。

6. 刘俊臣会见墨西哥工业产权局局长一行。2月20日，国家工商总局副局长刘俊臣会见了来访的墨西哥工业产权局局长米盖尔·安赫尔·马尔盖因先生一行。

7. 张茅等旁听"Fairmont Tower"一案的庭审。3月4日，国家工商总局局长张茅、中纪委驻国家工商总局纪检组组长何昕、国家工商总局副局长刘俊臣赴北京市第一中级人民法院旁听了"Fairmont Tower"商标异议复审行政纠纷案件审理。商标局局长许瑞表和商评委主任何训班陪同旁听。

8. 国家工商总局打击侵权假冒工作领导小组第三次全体会议召开。3月19日，国家工商总局打击侵权假冒工作领导小组第三次全体会议召开，传达学习了国务院"双打"领导小组第四次全体会议精神，研究2014年工商系统打击侵犯知识产权和制售假冒伪劣商品工作。国家工商总局副局长、国家工商总局打击侵权假冒工作领导小组组长刘俊臣主持会议，商标局局长、总局打击侵权假冒工作领导小组办公室主任许瑞表出席会议。

9. 刘俊臣到北京市工商局等地调研。3月21日，国家工商总局副局长刘俊臣到北京市工商局、海淀区工商分局和商标局驻中关村国家自主创新示范区办事处调研。商标局、商评委、商标协会、通达商标服务中心、北京市工商局主要负责同志陪同调研。

10. 研究部署《工商总局关于完善商标审查机制、提高审查工作效率的意见》。4月16日，国家工商总局副局长刘玉亭、刘俊臣共同主持召开会议，研究部署贯彻落实《工商总局关于完善商标审查机制、提高审查工作效率的意见》有关工作。

11. 2013年中国知识产权发展状况新闻发布会召开。4月22日，国家知识产权局、国家工商总局、国家版权局在北京召开2013年中国知识产权发展状况新闻发布会，国家工商总局副局长刘俊臣出席发布会并回答了记者提问。

12. 张茅会见韩国驻华大使权世宁。4月22日，国家工商总局局长张茅会见了韩国驻华大使权世宁先生。双方就知识产权保护等事宜进行了交流。商标局局长许瑞表陪同会见。

13. 新《商标法》实施新闻发布会举办。4月25日，国家工商总局举办新《商标法》实施新闻发布会，国家工商总局副局长刘俊臣、商标局局长许瑞表、商评委主任何训班出席发布会并回答了记者提问。

14. 全国打击侵权假冒工作领导小组第五次会议召开。4月29日，全国打击侵权假冒工作领导小组第五次全体会议在京召开。国务院副总理、全国打击侵权假冒工作领导小组组长汪洋主持会议。会议研究部署了第三季度打击侵权假冒重点工作和打击互联网侵权假冒工作。国家工商总局副局长、总局打击侵权假冒工作领导小组组长刘俊臣出席会议。

15. 刘俊臣赴山东省调研。5 月 6～8 日，国家工商总局副局长刘俊臣赴山东省就商标战略实施和地理标志工作开展调研。

16. 刘俊臣与王彬颖举行会谈。5 月 14 日，国家工商总局副局长刘俊臣在北京与世界知识产权组织副总干事王彬颖女士举行会谈。王彬颖通报了世界知识产权组织与香港特区政府关于马德里适港问题的交流情况，就 2015 年双方合作举办国际活动的可行性进行探讨。

17. 刘俊臣赴新加坡和印度尼西亚访问。6 月 5～11 日，国家工商总局副局长刘俊臣率团赴新加坡和印度尼西亚，分别访问了新加坡知识产权局、世界知识产权组织驻新加坡办事处、印度尼西亚国家消费者保护局和东盟秘书处。

18. 张茅会见王彬颖一行。6 月 10 日，国家工商总局局长张茅会见了来访的世界知识产权组织副总干事王彬颖女士一行，双方就进一步加强沟通，共同推进各项合作事宜进行了交流。商标局局长许瑞表、商评委主任何训班陪同会见。

19. 张茅率团访问比利时等国知识产权局。6 月 16～22 日，国家工商总局局长张茅率团访问比利时、冰岛、荷兰及欧盟总部，与欧盟农业和农村事务委员达掔安·乔罗什就中欧地理标志协定谈判中的具体问题进行交流，并与比荷卢知识产权局举行了马德里商标国际注册体系适用专题研讨会。商标局局长许瑞表陪同出访。

20. 刘俊臣会见墨西哥经济部对外贸易部副部长。6 月 25 日，国家工商总局副局长刘俊臣会见墨西哥经济部对外贸易副部长弗朗西科·罗森维克先生。

21. 张茅会见中国美国商会总裁。7 月 3 日，国家工商总局局长张茅会见中国美国商会总裁杜骁勇先生一行，双方就该会 2014 年发布的《美国企业在中国》白皮书和商标法修改、实施情况等内容进行交流。商评委主任何训班陪同会见。

22. 商标注册与管理自动化三期系统工作专题会召开。7 月 8 日，国家工商总局副局长马正其、刘俊臣共同主持召开商标注册与管理自动化三期系统工作专题会。商标局局长许瑞表和信息中心主任王予集等有关单位负责人参加会议。

23. 刘俊臣会见韩国特许厅厅长。7 月 8 日，国家工商总局副局长刘俊臣在国家工商总局会见了韩国特许厅厅长金荣敏先生一行，双方就加强互利合作、促进中韩商标品牌事业发展进行了交流。

24. 张茅会见高锐一行。7 月 11 日，国家工商总局局长张茅在北京会见了世界知识产权组织总干事弗朗西斯·高锐先生一行。商标局局长许瑞表参加会见。

25. 张茅、刘俊臣会见神州数码公司董事长。7 月 11 日，国家工商总局局长张茅、副局长刘俊臣在国家工商总局会见了神州数码公司董事局主席郭为，研究商标注册与管理自动化三期系统有关工作。商标局局长许瑞表参加会见。

26. 2014 年海峡两岸商标研讨会召开。7 月15～18 日，2014 年海峡两岸商标研讨会在内蒙古呼和浩特市召开。国家工商总局副局长刘俊臣出席研讨会并讲话。

27. 张茅等听取商标局等的工作汇报。8 月1 日，国家工商总局局长张茅，副局长马正其、刘俊臣赴商标大楼视察并听取了商标局、商标评审委员会、信息中心和商标审查协作中心的工作汇报，研究解决商标审查积压问题。

28. 刘俊臣会见香港知识产权署署长。8 月20 日，国家工商总局副局长刘俊臣在北京会见了香港知识产权署署长梁家丽女士一行。

29. 全国打击侵权假冒工作领导小组第六次全体会议召开。8 月 26 日，全国打击侵权假冒工作领导小组第六次全体会议在北京召开。国务院副总理、全国打击侵权假冒工作领导小组组长汪洋主持会议并讲话。国家工商总局副局长、总局打击侵权假冒工作领导小组组长刘俊臣出席会议。

30.“纪念中华商标协会成立二十周年暨中国品牌经济高峰论坛”举行。 9月1日，“纪念中华商标协会成立二十周年暨中国品牌经济高峰论坛”在北京大学光华管理学院举行。国家工商总局局长张茅出席论坛并作主旨演讲。国家工商总局副局长刘俊臣主持论坛活动。著名经济学家厉以宁教授作了主题演讲。世界知识产权组织总干事弗朗西斯·高锐作了视频演讲。商标局局长许瑞表、商评委主任何训班陪同出席。

31. 刘玉亭与非洲地区知识产权组织总干事签署备忘录。 9月8日，国家工商总局副局长刘玉亭率团访问津巴布韦、喀麦隆、南非，代表国家工商总局在津巴布韦与非洲地区知识产权组织总干事费尔南多·多斯·桑多斯签署新修订的《中华人民共和国国家工商行政管理总局和非洲地区知识产权组织合作谅解备忘录》。

32. 张茅会见欧盟新任驻华大使史伟一行。 10月30日，国家工商总局局长张茅会见了欧盟新任驻华大使暨欧盟驻华代表团团长史伟先生一行，双方就知识产权、反不正当竞争等议题进行讨论。商标局局长许瑞表陪同会见。

33. 商标经费专题研究会议召开。 11月2日，国家工商总局副局长马正其、刘俊臣共同主持召开商标经费专题研究会议。商标局局长许瑞表参加会议。

34. 2014年中国国际商标·品牌节举行。 11月8～10日，2014中国国际商标·品牌节在江苏省苏州市举行。国家工商总局副局长刘俊臣出席品牌节开幕式并深入苏州市高新区调研。商标局局长许瑞表陪同出席和调研。

35. 张茅听取上海市工商局局长汇报。 11月19日，国家工商总局局长张茅、副局长刘玉亭在北京听取了上海市工商局局长陈学军就上海浦东新区专利、商标、版权“三局合一”的情况汇报。商标局局长许瑞表出席会议。

36. 刘俊臣赴安徽省调研。 11月19～22日，国家工商总局副局长刘俊臣赴安徽省调研并出席在马鞍山市召开的商标评审工作华东、中南片区研讨会。

37. 全国打击侵权假冒工作领导小组第七次全体会议召开。 11月25日，全国打击侵权假冒工作领导小组第七次全体会议在北京召开。国务院副总理、全国打击侵权假冒工作领导小组组长汪洋主持会议。国家工商总局副局长、总局打击侵权假冒工作领导小组组长刘俊臣出席会议。

38. 张茅会见英国知识产权局局长。 11月25日，国家工商总局局长张茅在北京会见了英国知识产权局（UKIPO）局长约翰·阿尔蒂先生一行，双方就进一步加强战略层面的对话合作进行了交流。

39. 商标评审工作西南、西北片区研讨会召开。 11月27～28日，商评委在贵州省贵阳市召开商标评审工作西南、西北片区研讨会，就新《商标法》实施以来商标行政授权确权保护出现的新情况、新问题，听取对商标评审工作的意见和建议。商评委主任何训班出席会议并讲话。

40. 许瑞表会见世界知识产权组织的Hopperger先生等。 12月1日，商标局局长许瑞表会见了来访的世界知识产权组织主管新加坡条约的司长Hopperger先生和主管马德里自动化系统的司长Wilson先生，双方围绕中国加入《商标法新加坡条约》、数据库交换等事宜交换了意见。

41. 许瑞表会见法国工业产权局局长。 12月5日，商标局局长许瑞表在京会见了法国工业产权局局长伊夫·拉普耶先生

(Mr. Yves Lapierre)，双方共同主持召开第21次中法商标局长会议，就商标法律和实践最新发展情况、两局合作及共同关心的问题进行了交流。

42. 国家工商总局打击侵权假冒工作领导小组第五次全体会议召开。12月30日，国家总局打击侵权假冒工作领导小组第五次全体会议召开。国家工商总局副局长、总局打击侵权假冒工作领导小组组长刘俊臣主持会议并讲话。总局打击侵权假冒工作领导小组成员单位派员参加会议。

(国家工商行政管理总局商标局供稿)

国家版权局

1. 国际作者和作曲者协会联合会在北京设立亚太区总部。1月15日，国际作者和作曲者协会联合会(CISAC)宣布，其亚太区总部迁至北京，并随即开始运转。CISAC亚太区总部致力于协调亚洲市场著作者权益的保护和提升，并对区域内的集体管理组织给予支持。CISAC在北京设立亚太区总部的想法和过程得到了中国政府有关方面的大力支持。

2. 23部影视作品进入国家版权局年度首批预警名单。1月29日，国家版权局官方网站公布了2014年度第一批热播、热映的重点影视作品预警名单。该名单共有23个综艺节目和影视剧在列。为防止可能发生的网络视频侵权行为，国家版权局根据相关网站上报的获得作品授权的情况，要求相关网站应对名单内的作品采取保护措施。

3. "中国版权产业的经济贡献(2011年)"项目成果发布。4月18日，中国新闻出版研究院发布"中国版权产业的经济贡献(2011年)"。其数据显示，2011年中国版权产业行业增加值为31 528.98亿元人民币，占全国GDP的6.67%，比2010年增加5 158.72亿元人民币，增长率为19.56%；同时显示出中国版权产业的出口仍存在严重不平衡状态。

4. 蒋建国会见美国电影协会主席一行。4月21日，国家新闻出版广电总局党组书记、副局长蒋建国在北京会见美国电影协会主席、首席执行官克里斯托弗·多德一行，双方就共同关心的问题进行了坦诚交流。

5. "国家版权"微信公共订阅号正式上线。4月24日，国家版权局在"4·26知识产权宣传周"期间，开通了官方微信公共订阅号"国家版权"，搭建了版权公共服务、信息宣传的新平台。"国家版权"微信公共订阅号的正式上线，标志着版权工作进入了微发布时代。国家版权局借助微信公共订阅号平台，及时推送有关版权方面的最新要闻、政务信息、政策法规、执法动态、案件情况、软件正版化等权威内容。

6. 全国人大常委会批准《视听表演北京条约》。4月24日，第十二届全国人大常委会第八次会议表决通过，批准《视听表演北京条约》(以下简称《北京条约》)。

《北京条约》于2012年6月26日在北京召开的由中国政府承办的世界知识产权组织保护音像表演外交会议上成功缔结。该次外交会议是世界知识产权组织在中国举办的第一个外交会议，《北京条约》则是第一个在中国缔结，并以中国城市命名的国际知识产权保护条约。

7. 蒋建国调研中国版权保护中心。5月14日，国家新闻出版广电总局党组书记、副局长蒋建国到中国版权保护中心调研。蒋建国强调，做好版权保护工作意义重大，要充分发挥中国版权保护中心的独特作用，进一步强化版权公共服务，提高版权保护水平。

8. 阎晓宏会见商业软件联盟全球总裁艾斯比奈尔一行。5月19日上午，国家新闻出版广电总局副局长、国家版权局副局长阎晓宏会见商业软件联盟（BSA）全球总裁兼首席执行官艾斯比奈尔一行，双方就《著作权法》第三次修订、软件正版化等共同关心的话题交换了意见。

9. 国家版权监管平台应用培训班举办。6月4日，国家版权局在北京举办国家版权监管平台应用专题培训班，来自全国31个省（区、市）版权局以及北京、天津、上海、重庆文化市场行政执法总队的相关工作人员共60余人参加了培训。

10. 国务院法制办征求《著作权法》修订意见。6月6日，国务院法制办就《中华人民共和国著作权法（修订草案送审稿）》向社会公开征求意见。送审稿规定，增加著作权行政管理部门的查封扣押权，并提高罚款数额，以强化著作权的保护力度。

11. 四部门启动“剑网2014”行动。6月12日，国家版权局、国家互联网信息办公室、工业和信息化部、公安部在北京联合召开全国版权执法监管工作座谈会，正式启动第十次打击网络侵权盗版专项治理“剑网”行动。

“剑网2014”专项行动以打击网站未经授权大量转载传统媒体作品的侵权行为作为重点任务，并通过规范网络转载行为，推动传统媒体与网络媒体建立合作机制，以净化网络传播环境，保护权利人合法权益，促进互联网产业的健康发展。

12. 第三届海峡版权（创意）产业精品博览交易会举行。6月18～21日，由中国版权协会、福州市人民政府和福建省新闻出版广电（版权）局共同主办的“第三届中国·福州海峡版权（创意）产业精品博览交易会”在福州举办。国家新闻出版广电总局副局长、国家版权局副局长、中国版权协会理事长阎晓宏，福建省副省长李红参观了博览交易会场馆，并对该届版博会的会场设计和展示成果给予肯定。

13. 国家版权局通报“剑网2014”专项行动第一批网络侵权盗版案件。7月9日，国家版权局通报了“剑网2014”专项行动第一批网络侵权盗版案件查办情况。

14. 中国递交《视听表演北京条约》批准书。7月10日，中国国家新闻出版广电总局（国家版权局）局长蔡赴朝在北京向世界知识产权组织总干事弗朗西斯·高锐递交了中国政府《视听表演北京条约》批准书，中国由此成为继阿拉伯叙利亚共和国、博茨瓦纳共和国、斯洛伐克、日本之后，第五个正式批准加入《视听表演北京条约》的国家。高锐对此表示高度赞赏。

15. 李克强会见世界知识产权组织总干事高锐。2014年7月11日，国务院总理李克强在中南海紫光阁会见世界知识产权组织总干事弗朗西斯·高锐。

李克强表示，中国经济正处于在中高速增长中向中高端水平迈进的关键阶段，创新起着支撑作用。13亿中国人民蕴藏着无穷的智慧和创造力。中国政府把创新驱动放在更突出的位置，不断加大科技创新和体制创新力度，通过简政放权为企业和市场主体松绑，激发全社会创新创造活力；通过科研成果处置权收益权改革、股权激励等机制，调动科研机构和科技人员积极性，使改革与创新相互支撑、齐头并进。

16. 蒋建国会见约翰威立全球副总裁米龙一行。7月14日，国家新闻出版广电总局党组书记、副局长蒋建国在北京会见约翰威立国际出版公司全球副总裁米龙一行，双方就加强新闻出版合作进行了交流和探讨。

17.“第十届中韩著作权研讨会”召开。7月15日，由中国国家版权局和韩国文化体育观光部主办，中国环球新闻出版发展有限公司与韩国著作权委员会共同承办的"第十届中韩著作权研讨会"在韩国釜山召开。该次研讨会的主题是：探索中韩两国提高国民著作权意识及保护影视作品版权合作方案，创造经济时代版权生态系统。

18. 国家版权局公布36部重点影视作品预警名单。7月25日，国家版权局在其官网公布了2014年度第二批重点影视作品预警名单，名单中的36部作品均为热播、热映的重点影视作品。名单中公布了该36部作品的权利主体、作品类型、授权形式、授权期限，以及分销、置换情况。国家版权局要求相关网站应对名单内的作品采取保护措施。

19. 蒋建国出席"中国国际数码互动娱乐产业高峰论坛"。2014年7月30日，"中国国际数码互动娱乐产业高峰论坛"(China-Joy高峰论坛)在上海举办。国家新闻出版广电总局党组书记、副局长，国家版权局副局长蒋建国发表了演讲。蒋建国强调，国家新闻出版广电总局作为行业相关主管部门，将加大版权保护力度，坚决纠正妨碍公平竞争的行为。

20. "第七次海峡两岸版权保护研讨会"在银川举行。8月16日，"第七次海峡两岸版权保护研讨会暨两岸版权主管部门工作组交流会议"在宁夏回族自治区银川市举行。国家新闻出版广电总局副局长、国家版权局副局长阎晓宏，宁夏回族自治区副主席姚爱兴出席会议并致辞。

21. 东莞松山湖高新区获"全国版权示范园区(基地)"称号。8月21日，松山湖高新区"全国版权示范园区(基地)"揭牌仪式在广东东莞会展中心举行。国家版权局版权管理司司长于慈珂、广东省版权局副局长陈春怀等领导同志参加了揭牌仪式。

22. 国家版权局就《民间文学艺术作品著作权保护条例》征求意见。9月2日，为保护民间文学艺术作品的著作权，鼓励民间文学艺术传承和发展，国家版权局公布了《民间文学艺术作品著作权保护条例(征求意见稿)》，向公众公开征求意见。

23. "剑网2014"专项行动第二批网络侵权案公布。9月2日，国家版权局通报了"剑网2014"专项行动第二批10起网络侵权盗版案件查办情况，并号召权利人及权利人组织、社会公众继续积极参与投诉举报。

24. 文著协与英国著作权许可代理机构签署合作协议。9月2日，中国文字著作权协会与英国复制权集体管理组织——英国著作权许可代理机构(CLA)签署合作协议，开启了中文书报刊文章在海外受版权保护并收取版权使用费的先河。

25. 厦门成为中国第七个版权示范城市。9月17日，在四川省成都市举办的全国版权社会服务工作交流会上，福建省厦门市被授予"全国版权示范城市"称号，成为全国第七个、福建省首个获此荣誉的城市。另外有18家单位获得"全国版权示范单位"称号，4家园区(基地)获得"全国版权示范园区(基地)"称号。

26.《使用文字作品支付报酬办法》发布。9月23日，国家版权局与国家发展和改革委员会联合发布了《使用文字作品支付报酬办法》。引人注意的是，该办法将原创作品的基本稿酬标准，由1999年《出版文字作品报酬规定》的每千字30～100元提高到80～300元；而原创作品的版税率并未提高，依然为3%～10%。《使用文字作品支付报酬办法》于11月1日起施行。

27. 西部国家版权交易中心在陕西设立。10月23日，经国家版权局正式批准设立的西部地区唯一一家国家级版权贸易机构——西部国家版权交易中心在陕西省西安市揭牌成立。西部国家版权交易中心由陕西省版权局依托陕文投集团西安电视剧版权交易中心建设并运营。

28. 国家版权贸易基地(上海)落户自贸区。11月13日，国家版权贸易基地(上海)揭牌仪式在上海自贸区举行，这是长江三角洲区域第一家国家级版权贸易基地。当天，2014中国(上海)自由贸易试验区文化授权交易会开幕，来自法国、德国、俄罗斯、美国等多国的艺术家和授权企业携千余件授权作品进行了广泛交流。

29. 第七届中国版权年会聚焦大数据时代的文化与版权。11月15日，由中国版权协会主办的第七届中国版权年会在北京举行，该届年会主题为"大数据时代的文化与版权"。相关专家学者、权利人、企业等各界人士通过主题发言、交流探讨等形式，共同分享中国版权在互联网背景下的发展机遇。

30. 中英2015年版权合作计划初步达成。11月26日，国家新闻出版广电总局副局长、国家版权局副局长阎晓宏在北京会见英国知识产权局局长、首席行政官约翰·奥尔蒂一行。中英双方就2014年合作情况以及版权立法、执法及政策改革情况进行了回顾与沟通，并初步达成了中英2015年版权合作计划。

31. 国家版权局通报"剑网2014"专项行动第三批案件查办情况。12月16日，国家版权局向社会通报了第三批共12起网络侵权盗版案件查办情况。该次通报的12起案件均为"剑网2014"专项行动开展以来取得重大进展的典型案件。

（国家版权局版权管理司供稿）

农 业 部

1. 召开海峡两岸第三次植物新品种保护工作组会议暨测试技术研讨会。3月20～21日在上海召开研讨会，促进了海峡两岸植物新品种保护技术交流与合作。

2. 部署全国农产品地理标志工作。3月25日，农业部在湖北武汉召开全国农产品质量安全监管暨"三品一标"工作会议，全面部署了农产品地理标志工作。

3. 开展"4·26世界知识产权日"宣传活动。"4·26世界知识产权日"期间，在《农民日报》刊登农产品地理标志知识产权专版，全面宣传报道我国农产品地理标志工作。

4. 全国植物新品种测试标准化技术委员会换届。9月22日，全国植物新品种测试标准化技术委员会在北京召开换届大会并向新委员颁发了证书。

5. 成立第三届植物新品种复审委员会。10月13日，农业部第三届植物新品种复审委员会成立，开始全面履行《农业部植物新品种复审委员会审理规定》的各项职责。农业部副部长余欣荣任主任委员。

6. 举办农作物新品种专题展和植物新品种信息发布活动。11月5～9日第二十一届中国杨凌高新科技成果博览会期间，成功举办了农作物新品种专题展和植物新品种信息发布活动，展出多家龙头企业和40多个优秀品种，发布了最新的农业植物新品种信息，发放宣传资料2000余套。

7. 编制"国家农业植物新品种测试体系建设初步方案(2015～2020年)"。该方案厘清了我国农业植物新品种测试体系建设思路，为DUS测试体系做大做强奠定了坚实的基础。

8. 公益性农业行业科研专项"DUS测试品种、信息DNA测试技术研究"通过验收。专项的实施，为扩大保护名录提供了技术支撑，为DUS测试、品种权纠纷司法鉴定、品种管理等提供了快速有效的鉴定方法。

同时，建成农业植物已知品种数据库，填补了国内空白。

9. 在兰州和成都举办两期全国农产品地理标志品牌建设培训班。全国农产品地理标志品牌建设培训班分别于6月4日、10月10日在甘肃兰州和四川成都召开，对全国相关省区市农产品地理标志工作机构、证书持有人等进行了农产品地理标志知识产权保护及品牌建设工作培训。

（农业部科技教育司供稿）

国家林业局

1. 第二批林业知识产权试点单位通过验收。4月，国家林业局科技发展中心（植物新品种保护办公室）分别在南京和长沙组织召开了第二批全国林业知识产权试点单位验收会，共有27家第二批全国林业知识产权试点单位通过了考核验收。第二批林业知识产权试点工作自2011年正式启动，为期2年，至2013年年底试点到期。各试点单位以健全机构、完善制度、提高能力为重点，取得了显著成效，培育了一批知识产权管理水平高、核心竞争力强的林业企事业单位，发挥了试点单位的辐射带动作用，提高了林业行业的知识产权创造、运用、保护和管理水平。

2.《木/竹重组材技术专利分析报告》出版。4月，国家林业局知识产权研究中心编著的《木/竹重组材技术专利分析报告》由中国林业出版社出版发行。该书概述了木/竹重组材技术专利的总体情况和竞争环境，研究分析了木/竹重组材技术的总体发展趋势、国家分布、主要竞争对手、核心技术和关键技术点、技术演变、国内外技术对比等，提出了应对策略和建议，对我国木/竹重组材技术研发具有重要参考价值，主要目的是使我国木/竹重组材行业的相关企业对木/竹重组材技术的竞争环境有一个较为全面和客观的认识，为我国木/竹重组材技术专利的创造、运用、保护和管理提供必要的数据支撑和决策参考。

3. 开展"2014年全国林业知识产权宣传周"活动。国家林业局于4月21日正式启动了"全国林业知识产权宣传周"活动。宣传周期间，国家林业局科技发展中心（植物新品种保护办公室）与有关司局和单位配合，通过媒体集中报道、出版科技图书、举办培训和座谈会等活动，向公众普及和宣传林业知识产权知识，展示了林业实施知识产权战略取得的新进展、新成就。国家林业局科技发展中心开通了"2014林业知识产权宣传周"网站，以中国林业网（国家林业局政府网）、中国林业知识产权网、《中国绿色时报》等媒体为载体，采取多种形式宣传林业知识产权知识，突出了林业发明专利、植物新品种等高质量的知识产权在推进生态文明建设中的显著成效。

4.《2013中国林业知识产权年度报告》出版。4月23日由国家林业局科技发展中心、国家林业局知识产权研究中心编著的《2013中国林业知识产权年度报告》正式出版。该报告指出，截至2013年年底：林业植物新品种申请量1261件，授权量658件；林业相关专利公开量154 315件，其中发明专利73 531件；林产品地理标志560件；林业软件著作权2181项。报告全面总结了2013年林业知识产权工作的主要进展和成果，旨在通过对一年来林业知识产权工作主要进展和成果展示，让更多的人了解、关心和支持林业知识产权工作，共同推进林业知识产权的创造、运用、保护和管理，为推动现代林业科学发展提供支撑。

5."木地板专利联盟"在北京成立。4月24日，"木地板专利联盟"在北京成立。木地板专利联盟是木地板专利交流与合作平台，由从事相关业务的国内企事业单位，在自愿、互利的基础上组成。联盟由中国林业科学研究院木材工业研究所、国家林业局知识产权研究中心、全国木地板专业委员会、南京林业大学、常州地板协会，以及圣象集团、德威木业等木地板行业领头企业共 14 家单位发起，其宗旨是促进木地板专利的保护、运用和创造，搭建专利技术合作平台，推动木地板产业结构优化升级，提升我国木地板产业的核心竞争力，联盟秘书处设在中国林业科学研究院木材工业研究所。

6. 完成油茶遗传资源调查编目工作。 2014 年国家林业局完成了油茶遗传资源调查编目工作，基本查明了我国油茶遗传资源的分布状况，发现了一大批具有保护和潜在利用价值的优良遗传资源。经初步统计，本项目调查涉及油茶物种 50 余个，累计调查遗传资源 2000 余份，包括古树资源 20 余份、具丰产性资源 1200 余份（含现有审定良种资源）、大果型资源 100 余份、抗炭疽病 20 余份、高出籽率资源 100 余份、高含油率资源 330 余份、高油酸资源 40 余份、早花型资源 20 余份、晚花型资源 20 余份。同时也发现了一批树形、花性变异资源，如垂枝性树体资源、窄冠紧凑型等特异树体性状资源、重瓣花资源及花色变异资源等。

7.《中国林业植物授权新品种(2013)》出版。 为了方便生产单位和广大林农获取信息，更好地为发展生态林业、民生林业和建设美丽中国服务，国家林业局科技发展中心（植物新品种保护办公室）将 2013 年授权的 158 个林业植物新品种进行整理，编辑出版了《中国林业植物授权新品种(2013)》一书。该书的出版，在生产单位、林农和品种权人之间架起沟通的桥梁，使生产者能够获得所需的新品种，在推广和应用中取得更大的经济效益。

（国家林业局植物新品种保护办公室供稿）

海关总署

1. 与美国移民及海关执法局开展联合执法行动。 1 月 3～31 日，海关总署决定与美国移民及海关执法局开展保护美国橄榄球职业联赛相关知识产权的联合执法行动，重点为通过空运、快递和海运渠道输美的侵犯 NFL 公司在总署备案商标的商品。

2. 公告知识产权海关保护新系统将正式启动。 1 月 31 日，海关总署发布 2014 年第 9 号公告，告知社会公众知识产权海关保护系统将于 2014 年 3 月 1 日正式启用，并对新旧系统过渡期间设计的相关事宜进行公告。

3. 正式启用知识产权海关保护新系统。 3 月1 日，海关总署正式启用知识产权海关保护新系统，实现知识产权海关保护备案申请无纸化作业，申请人不但可以在线完成全部申请程序，还可以及时发现差错并更正。

4. 决定组织开展“保护 2014 年世界杯足球赛”知识产权的专项行动。 3 月 27 日至 7 月 31 日，海关总署决定组织开展“保护 2014 年世界杯足球赛”知识产权的专项执法行动（也称“绿茵行动”），行动期间全国海关加强对国际足联和足球赛赞助商在海关总署备案的商标权和著作权的保护，对出口到巴西和其他中南美国家的相关货物进行重点监控。

5. 举办中欧海关知识产权工作组会议及中欧海关与业界知识产权保护研讨会。 5 月6～9 日，海关总署在宁波海关培训基地举办中欧海关知识产权工作组会议及中欧海关与业界知识产权保护研讨会。来自欧盟税收与关税联盟总司以及欧盟18个成员国海关的代表与总署及部分相关口岸海关的代表就《中欧海关知识产权合作行动计划》的延续及执行事宜进行磋商。

6. 组织进行知识产权海关移动应用系统业务需求论证并交付开发。7月10～11日,海关总署在宁波海关组织部分海关法规处的同志进行知识产权海关保护移动应用系统业务需求论证,并于8月9日交付技术部门开发。

7. 参加中俄海关知识产权保护工作组第四次会议。7月20～24日,海关总署组团赴克拉斯诺亚尔斯克参加中俄海关知识产权保护工作组第四次会议。

8. 开展邮递、快件渠道知识产权保护执法,加强对进出口侵权商品的打击力度。8月4日,海关总署决定在下半年开展邮递、快件渠道知识产权保护执法,加强对"化整为零""蚂蚁搬家"式进出口侵权商品的打击力度,重点打击以非洲、美国、欧洲、香港、东南亚为目的国(地区)的特定种类侵权商品的进出口。

9. 启动知识产权保护系统(二期)的开发方案论证工作。8月11～20日,海关总署启动知识产权保护系统(2期)的开发方案论证工作,新系统将实现案件录入、流转、审批、确权通知、送达文书、接受权利人举报、数据查询统计等主要功能为一体。

10. 将我方直属海关联络员名单转给俄方。8月24日,海关总署通过中俄海关合作分委会渠道将中国直属海关联络员名单转俄方。

11. 决定筹办中国海关博物馆知识产权海关保护展厅。9月1日至12月31日,海关总署决定筹办中国海关博物馆知识产权海关保护展厅,对海关的知识产权保护工作予以系统展现,展厅名为"海关与知识产权"。

12. 为落实《中欧海关2014～2017年知识产权合作行动计划》,开展案件信息交换试点工作。9月19日至11月18日,海关总署为落实《中欧海关2014～2017年知识产权合作行动计划》,开展案件信息交换试点工作。

13. 发文要求各部门进一步加大行政处罚信息公开力度并规范案件信息公开格式和载体。9月23日,海关总署发文要求各部门进一步加大行政处罚信息公开的力度,规范案件信息公开格式和载体。

14. 举办《知识产权海关条例》培训班。10月13～17日,海关总署在九江海关举办《知识产权海关保护条例》培训班,重点讲解《知识产权海关保护条例》的相关条文以及在海关执法中的应用。

15. 对知识产权保护系统进行再次升级。10月24日,为解决知识产权海关保护系统中存在的部分bug及完善相关功能,海关总署对知识产权保护系统进行再次升级。

16. 派专家代表参加中欧海关知识产权风险管理专家组会议。11月26～27日,海关总署派天津、厦门和黄埔海关知识产权执法专家代表海关总署赴意大利罗马参加中欧海关知识产权风险管理专家组会议。

17. 继续开展中欧海关案件信息交换工作。12月29日,为落实《中欧海关2014～2017年知识产权合作行动计划》,中国海关继续完善中欧海关案件信息交换工作,明确案件信息交换的具体口岸海关、交换方式和交换机制,并向欧方提供了中国海关最新的联络员名单。

(海关总署政策法规司供稿)

商务部

1. 中欧新知识产权合作项目启动仪式在北京举行。1月16日,中国—欧盟新知识产权合作项目启动仪式在北京举行。来自中国商务部等10余家政府部门、欧盟委员会、欧盟驻华代表团、欧洲内部市场协调局等中外嘉宾共计百余人参加了启动仪式。商务部部长助理张向晨、欧洲内部市场协调局局长安东尼奥·坎普诺斯、欧盟驻华代表团副团长卡门·卡诺出席活动并致辞。

2. 商务部牵头参加第38次亚太经合组织知识产权专家组会议。2月17～18日,第38次亚太经合组织知识产权专家组会议在中国宁波市举行。会议由专家组主席、墨西哥知识产权局局长主持。中方代表团由商务部、农业部、海关总署、工商总局、质检总局、国家版权局和国家知识产权局派员参加。会议就专家组已有项目进展进行了通报,就创新技术与知识产权运用和保护、数字环境中的知识产权保护、地理标志保护、商业秘密保护等议题进行了介绍和交流。中方作为东道主,简要介绍了2014年亚太经合组织的相关事宜,并就新《商标法》等进行了主动介绍。

3. 商务部就美国发布"2013年度恶名市场报告"答记者问。2月18日,商务部新闻发言人就美国贸易代表办公室发布的"2013年度恶名市场报告"表示,美方在恶名市场名单中对中国相关企业的描述采用"据称"或者"据权利人指出"等模棱两可的措辞,缺乏确凿证据,也没有充分分析,是不负责任和不客观的。敦促美方应全面客观反映中国企业在知识产权保护方面所做的努力和取得的进步,并作出公正评价,避免对中方企业造成不应有的负面影响。

4. 中欧地理标志协定第九轮谈判在欧盟举行。3月3～6日,中欧地理标志协定第九轮文本谈判及实地核查工作在欧盟举行。本轮文本谈判取得积极进展。

5. 商务部继续在德国汉诺威国际信息及通信技术博览会(CeBIT)上设立"中国参展企业知识产权服务站"。3月10～14日,商务部在会上继续设立中国参展企业知识产权服务工作站,为中国参展企业提供免费的知识产权法律咨询与服务。本次展会上,中国企业所涉知识产权纠纷数量与2013年持平。

6. 中瑞知识产权工作组第六次会议在北京举行。3月25～26日中瑞知识产权工作组第七次会议在北京举行。时任商务部条法司副司长杨国华与瑞士联邦知识产权委员会副代表 Prof. Dr. Felix Addor 共同主持了此次会议。双方就药品专利保护期限补偿、药品上市审批程序、网络环境下的执法、专利侵权案件的诉前禁令、植物新品种保护制度、地理标志,以及知识产权国际事务等议题深入交换了意见,并召开了有企业代表参加的中瑞知识产权圆桌会议。

7. 2014年中美知识产权工作组司局级会议在北京召开。4月9～10日在北京召开了中美知识产权工作组司局级会议。双方就知识产权立法、执法及司法进展、美国"恶名市场报告"、商业秘密、中美知识产权合作框架协议执行项目等多项议题深入交换了意见,并就专利、版权、商标、竞争政策与知识产权、合法销售等议题进行了分组讨论,并对下一次工作组会议作出了初步安排。双方还召开了由业界代表参加的中美政府—企业知识产权圆桌会议。中方代表团包括商务部、最高人民法院、最高人民检察院、科技部、工信部、公安部、国资委、海关总署、工商总局、国家版权局、知识产权局和国家标准委。

8. 中欧知识产权工作组第十四次会议在北京召开。6月19日，中欧知识产权工作组第十四次会议在北京召开。双方就恶意注册、驰名商标、专利申请、在先使用、网络盗版和执法以及中欧知识产权合作项目等议题展开了深入讨论。

9. 中欧知识产权对话第九次会议在北京举行。6月20日，中欧知识产权对话第九次会议在北京举行，会议由商务部条法司李成钢司长和欧盟贸易总司 Rupert Schlegemilch 司长共同主持。会议就如何提升对话和工作组工作，知识产权法律体系、部分自贸区谈判、知识产权保护、地理标志和商业秘密进展展开了广泛交流。

10. 全国打击侵权假冒工作会议在北京召开。6月23日，全国打击侵权假冒工作会议在北京召开。全国打击侵犯知识产权和制售假冒伪劣商品工作领导小组副组长、商务部副部长房爱卿出席会议并讲话。

11. 中俄知识产权工作组第七次会议在圣彼得堡举行。7月2～3日，中俄知识产权工作组第七次会议在圣彼得堡举行。双方就知识产权立法、执法、打击侵权假冒工作、加强部门间合作等议题深入交换了意见。

12. 商务部牵头参加第39次亚太经合组织知识产权专家组会议。8月10～11日，第39次亚太经合组织知识产权专家组会议在北京举行。商务部、海关总署、工商总局、质检总局、国家版权局、国家知识产权局派员参团与会。

13. 商务部继续在柏林国际电子消费品展览会(IFA)上设立知识产权服务站。9月5～10日，商务部继续在柏林国际电子消费品展览会上设立中国参展企业知识产权服务工作站，为中国参展企业提供免费的知识产权法律咨询与沟通协调服务。本次展会上，中国参展企业所涉知识产权纠纷数量与2013年基本持平。

14. 2014年中美知识产权工作组司局级会议在华盛顿举行。9月10日，中美知识产权工作组司局级会议在华盛顿举行。商务部童道驰部长助理与美国专利商标局副局长 Michelle Lee 到会致开幕辞。会议由驻美使馆陈福利知识产权专员和美国专利商标局高级顾问 Mark Cohen 共同主持。

15. 第四次中国知识产权海外交流活动在美国举行。9月12日，第四次中国知识产权海外交流活动在美国举行。来自中国最高人民检察院、商务部、海关总署、工商总局、质检总局、知识产权局、版权局、全国打击侵权假冒办公室、中国驻美使馆，以及美国贸易代表办公室、专利商标局、美国驻华使馆等两国相关政府部门和企业、研究机构的代表出席了本次活动。

16. 2014年中美知识产权立法交流项目在美国执行。9月14～28日，为履行《中美知识产权合作框架协议》，中美知识产权立法交流项目在美国执行。双方进行了多方面的深入交流，内容涵盖双方知识产权法律法规和部门规章、司法解释的制定和执行、知识产权新问题法律解决等议题。

17. 中欧知识产权工作组第十五次会议在北京召开。12月3日，中欧知识产权工作组第十五次会议在北京召开。最高人民法院、公安部、海关总署、工商总局、版权局、食药监管局、知识产权局、欧盟使团及其业界代表约40余人参加了此次会议。

18. 中美商贸联委会就知识产权议题达成多项成果。12月16～18日，第二十五届中美商贸联委会在美国芝加哥举行。中美双方共达成34项成果，其中涉及知识产权方面的成果有15项。

（商务部条法司供稿）

公 安 部

1. 举办版权执法高级研修班。1月5～8日，公安部经侦局联合国家版权局版权管理司、最高人民检察院院侦监厅、最高人民法院刑二庭在国家行政学院举办版权执法高级研修班，全国版权、文化市场执法部门，以及部分省市公、检、法部门的100余名学员参加了培训。

2. 参加国务院新闻办公室的新闻发布会并介绍打假和侵犯知识产权情况。1月21日，国务院新闻办公室在国新办新闻发布厅举行新闻发布会，公安部经侦局高峰政委应邀介绍打击侵犯知识产权和制售伪劣商品犯罪成效等方面情况，并答记者问。26家国内外媒体报名参加采访，中国网等主流网站对新闻发布会实况进行了现场直播。

3. 美国商会全球知识产权中心授予公安部经侦局"2014知识产权捍卫者奖"。4月23日，基于对中国公安机关开展打击网上制售假药犯罪"云端行动"，积极保障公众健康安全等作出突出贡献的认可，美国商会全球知识产权中心授予公安部经侦局"2014知识产权捍卫者奖"，成为首获此奖的美境外执法部门。

4. 公安部组织全国公安机关开展网上打假行动。6月20日至12月，根据全国打击侵犯知识产权和制售假冒伪劣商品工作领导小组关于集中开展互联网领域侵权假冒专项治理行动的部署，公安部组织全国公安机关开展网上打假行动。行动中，全国公安机关对各类利用互联网实施的假冒伪劣犯罪发起总攻，坚决斩断假冒伪劣犯罪猖獗泛滥的中枢咽喉，并以此带动打假整体工作，实现阶段性专项行动与常态化打击的有机结合。在网上打假行动的推动下，2014年，全国公安机关共破获侵犯知识产权和制售伪劣商品犯罪案件2.8万起，抓获犯罪嫌疑人3.2万名，涉案总价值177.8亿元，保持了严打力度声势。

5. 举办"公安机关知识产权刑事保护培训班"。7月8～11日，公安部经侦局会同国际刑警组织在上海公安高等专科学校联合举办"公安机关知识产权刑事保护培训班"，来自上海、江苏、浙江等六省市公安机关经侦部门负责同志和业务骨干共100余人参加了培训。

6. 联合下发《关于印发〈走私烟草专卖品重大案件督办制度〉的通知》。7月29日，公安部会同海关总署、国家烟草专卖局联合下发《关于印发〈走私烟草专卖品重大案件督办制度〉的通知》，共同打击走私烟草专卖品违法犯罪活动。

7. 公安部经侦局召开"打击侵犯知识产权犯罪工作情况通报会"。9月19日，公安部经侦局在北京召开"打击侵犯知识产权犯罪工作情况通报会"，介绍2014年以来打击侵犯知识产权犯罪工作，通报10起侵犯知识产权犯罪典型案件情况。中国美国商会、中国欧盟商会、中国外商投资企业协会优质品牌保护委员会等协会组织和40余家外商企业代表参会。新华社、中央电视台、中央人民广播电台、中国国际广播电台、《经济日报》《法制日报》《人民公安报》、凤凰卫视等10余家媒体到会采访。

8. 国际刑警组织授予公安部经侦局"最佳地区案例奖"。9月23日，国际刑警组织在第八届国际知识产权大会上特别授予公安部经侦局"最佳地区案例奖"，以表彰中国公安机关在国际刑警组织2014年发起的打击侵权假冒犯罪"真实行动"中的突出战绩。

9. 举办"中欧知识产权合作 IP Key 项目知识产权刑事执法培训班。"11 月 27～28 日，公安部经侦局联合欧盟 IP Key 项目组在江苏省南京市成功举办"中欧知识产权合作 IP Key 项目知识产权刑事执法培训班"。来自全国 14 个省区市公安机关负责打击侵犯知识产权犯罪工作的近 100 名业务骨干参加培训。

10. 举办打击假药犯罪"风暴"行动总结会。12 月 1～5 日，公安部经侦局联合国际刑警组织打击假药犯罪工作组在广东省广州市成功举办打击假药犯罪"风暴"行动总结会。总结会期间，国际刑警组织、世界卫生组织等国际组织，以及中国、印度、马来西亚等 13 个"风暴"行动亚洲成员国警察、海关和药监部门的 50 名代表共同就打击假药犯罪展开研讨，会议取得积极效果。

（公安部经济犯罪侦查局供稿）

最高人民法院

1. 公开宣判腾讯诉奇虎不正当竞争上诉案。2 月 24 日，最高人民法院公开宣判腾讯科技（深圳）有限公司等诉北京奇虎科技有限公司不正当竞争纠纷上诉案。

2. 联合召开"加强知识产权司法保护 促进科技发展创新"座谈会。2 月 25 日，最高人民法院与中国科学技术协会联合召开"加强知识产权司法保护 促进科技发展创新"座谈会，并举行最高人民法院特邀科学技术咨询专家聘任仪式，最高人民法院院长周强，全国政协副主席、中国科学技术协会主席韩启德出席会议并讲话。

3. 公布《关于商标法修改决定施行后商标案件管辖和法律适用问题的解释》。3 月 25 日，最高人民法院公布《关于商标法修改决定施行后商标案件管辖和法律适用问题的解释》。

4. 发布 2013 年度十大典型案例。4 月 15 日，最高人民法院印发 2013 年中国法院十大知识产权案件、十大创新性知识产权案件和 50 件典型知识产权案例的通知。

5. 组织媒体开启"知识产权司法保护广东行"活动。4 月 21 日，最高人民法院组织中央媒体开展"知识产权司法保护广东行"活动。

6. 发布白皮书。4 月 21 日，最高人民法院发布《中国法院知识产权司法保护状况（2013 年）》白皮书。

7. 召开知识产权审判"三合一"改革试点工作座谈会。4 月 22 日，最高人民法院知识产权审判庭在广东省广州市召开知识产权审判"三合一"改革试点工作座谈会。最高人民法院副院长陶凯元出席并讲话。

8.《中国知识产权司法保护年鉴（2013）》出版发行。4 月，最高人民法院与最高人民检察院、公安部合作编辑的《中国知识产权司法保护年鉴（2013）》出版发行。

9. 发布《最高人民法院知识产权案件年度报告（2013）》。4 月 23 日，最高人民法院发布《最高人民法院知识产权案件年度报告（2013）》。

10. 召开"三网融合"知识产权法律问题研讨会。4 月 24 日，最高人民法院知识产权审判庭在广东省深圳市召开"三网融合"知识产权法律问题研讨会。

11. 召开全国法院知识产权审判工作座谈会。7 月 3 日，全国法院知识产权审判工作座谈会在湖北省武汉市召开，最高人民法院副院长陶凯元出席会议并讲话。

12. 全国人大通过《关于在北京、上海、广州设立知识产权法院的决定》。8月31日，第十二届全国人大常委会通过了《关于在北京、上海、广州设立知识产权法院的决定》。

13. 任命宋晓明为最高人民法院民事审判第三庭庭长。8月31日，第十二届全国人民代表大会常务委员会第十次会议通过任命宋晓明为最高人民法院民事审判第三庭庭长。

14. 陶凯元在海淀区法院调研。9月24日，最高人民法院副院长陶凯元在北京市海淀区人民法院调研知识产权司法保护情况。

15. 部分法院"加大知识产权司法保护力度"调研座谈会。9月25日，全国部分法院"加大知识产权司法保护力度"调研座谈会在辽宁省沈阳市召开。

16. 公开宣判奇虎诉腾讯滥用市场支配地位上诉案。10月16日，最高人民法院公开宣判北京奇虎科技有限公司诉腾讯科技(深圳)有限公司等滥用市场支配地位纠纷上诉案。

17. 部分法院"加大知识产权司法保护力度"调研座谈会召开。10月30日，全国部分法院"加大知识产权司法保护力度"调研座谈会在安徽省合肥市召开。最高人民法院副院长陶凯元出席会议并讲话。

18. 举办联合"知识产权保护的国际视野"国际研讨会。11月3～4日，由世界法学家协会、最高人民法院共同举办的"知识产权保护的国际视野"国际研讨会在上海召开。最高人民法院副院长陶凯元出席会议并致辞。

19. 通报《关于北京、上海、广州知识产权法院案件管辖的规定》的有关情况。11月3日，最高人民法院召开新闻发布会，通报《关于北京、上海、广州知识产权法院案件管辖的规定》的有关情况。

20. 北京知识产权法院成立。11月6日，北京知识产权法院成立。

21. 召开"全国知识产权司法保护理论研究基地座谈会暨商标授权确权司法解释征求意见会"。11月25日，最高人民法院民三庭主办，西南政法大学知识产权中心承办的"全国知识产权司法保护理论研究基地座谈会暨商标授权确权司法解释征求意见会"在重庆市召开。

22. 陶凯元在北京知识产权法院调研。12月11日，最高人民法院副院长陶凯元在北京知识产权法院调研，并与在京部分全国人大代表、最高人民法院特邀监督员和特邀科学技术咨询专家进行座谈。

23. 广州知识产权法院成立。12月16日，广州知识产权法院成立。

24. 印发《关于知识产权法院案件管辖等有关问题的通知》。12月24日，最高人民法院印发《关于知识产权法院案件管辖等有关问题的通知》。

25. 上海知识产权法院成立。12月28日，上海知识产权法院成立。

26. 印发《关于知识产权法院技术调查官参与诉讼活动若干问题的暂行规定》。12月31日，最高人民法院印发《关于知识产权法院技术调查官参与诉讼活动若干问题的暂行规定》。

（最高人民法院知识产权审判庭供稿）

最高人民检察院

1. 参加中瑞第七次知识产权工作组会议。3月25～26日，最高人民检察院侦查监督厅参加中瑞第七次知识产权工作组会议。

2. 参加中美知识产权工作组司局级会议。4月9～10日，最高人民检察院侦查监督厅参加中美知识产权工作组司局级会议。

3. 发布保护情况及十大典型案例。4月22日，最高人民检察院发布"2013年检察机关知识产权司法保护情况"和"2013年中国检察机关保护知识产权十大典型案例"。

4. 参加跨国公司知识产权保护座谈会。5月15日，最高人民检察院侦查监督厅应邀参加跨国公司知识产权保护座谈会。

5. 参加中俄知识产权工作组第七次会议。7月1～5日，最高人民检察院派员赴俄罗斯参加中俄知识产权工作组第七次会议。

6. 赴欧盟进行访问交流。7月1～10日，最高人民检察院侦查监督厅根据中国和欧盟商定的知识产权第三期合作项目的安排，组团赴欧盟进行以"刑事执法中的威慑和协作"为主题的访问交流。

7. 第七届"全国检察机关知识产权培训班暨行政执法与刑事司法衔接工作现场推进会"在大连举办。7月20～24日，最高人民检察院侦查监督厅在辽宁省大连市举办第七届"全国检察机关知识产权培训班暨行政执法与刑事司法衔接工作现场推进会"，各省级检察院和部分地市级检察院业务骨干及部分世界500强企业驻亚太(华)代表共约150人参加了培训。

8. 参加中美知识产权海外交流。9月9～14日，最高人民检察院赴美参加知识产权工作组会议及知识产权海外交流活动，进行了以"中美知识产权立法及司法交流"为主题的访问交流。

9. 接待美国专利商标局等来访。10月14日，最高人民检察院侦查监督厅黄河厅长接待来访的美国专利商标局及美国驻华大使馆知识产权官员，全面介绍了近年来中国检察机关保护知识产权的情况。

(最高人民检察院侦查监督厅供稿)

1. 申长雨会见上海市副市长赵雯

1月3日，国家知识产权局局长申长雨在北京会见了上海市副市长赵雯一行。双方就上海市近年来知识产权工作开展情况进行了交流和讨论。申长雨在会见时表示，我国知识产权事业已进入一个新的发展阶段，上海市在知识产权工作中的一系列思路，富有创意，国家知识产权局将对上海市知识产权工作予以大力支持，进一步推进我国知识产权事业的发展。

赵雯表示，上海市委、市政府一直高度重视知识产权工作，确定了到2020年把上海建设成亚太知识产权中心城市的战略目标，对高端人才集聚、知识产权资源集聚、加强知识产权保护、促进知识产权服务业发展等方面提出要求。为推进战略目标实现，上海力争发挥创新优势，在知识产权管理体制、人才培养等方面实现新的突破。

（向　利）

2. 中美欧日韩五局 PPH 试点启动

根据欧洲专利局、日本特许厅、韩国特许厅、中国国家知识产权局和美国专利商标局于2013年9月在瑞士日内瓦就启动一项全面的五局（IP5）专利审查高速路（PPH）试点达成的一致意见，2014年1月6日，五局PPH试点正式启动，为期3年，至2017年1月5日结束。

申请人可以按照《在五局专利审查高速路试点项目下向中国国家知识产权局提出PPH请求的流程》向中国国家知识产权局提出PPH请求；按照欧洲专利局、日本特许厅、韩国特许厅和美国专利商标局各自制定的要求和流程分别向上述四局提出PPH请求。

（赵　晨）

3. 2013 年我国专利权质押金额突破 250 亿元

1月，国家知识产权局发布最新统计数据显示，2013年，我国知识产权金融服务工作成效显著，专利权质押金额首次突破200亿元，达254亿元人民币，比2012年增长80%；从2008年开展知识产权质押融资试点工作以来，专利权质押金额累计达到638亿元，年均增长112%。专利保险取得新进展，2013年全国有530家企业1855件专利投保，保障金额6438万元。

自2008年起，国家知识产权局先后在29个地区开展知识产权质押融资试点、投融资服务试点工作，有力推动知识产权金融服务工作在全国广泛开展。2013年，广东、北京、浙江、湖北、天津、陕西、江苏、辽宁、山东、上海等省市专利权质押金额均超过10亿元。

（向　利）

4. 全国知识产权局局长会议在北京召开

1月15日，全国知识产权局局长会议在北京召开，国家知识产权局局长申长雨传达了国务委员王勇同志对知识产权工作的重要批示，作了题为《深化改革　激励创新　努力开创知识产权工作新局面》的工作报告。申长雨要求，全系统要深入贯彻党的十八大和十八届二中、三中全会与中央经济工作会议以及王勇国务委员重要批示精神，进一步解放思想，凝聚力量，深化改革，转变作风，更好发挥知识产权对经济社会发展的促进作用。

与会代表一致认为，王勇国务委员的重要批示充分肯定了过去一年知识产权工作取得的显著成绩，对新一年知识产权工作提出了明确要求，给了知识产权系统巨大的鼓舞，具有重要的指导意义。

申长雨在报告中回顾了 2013 年全国知识产权系统的主要工作进展，对 2014 年要着力做好的 5 项重点工作进行了部署。

（吴　辉）

5. 2013 年中国十大科技进展均拥有自主知识产权

1 月 24 日，由中国科学院、中国工程院共同评选的 2013 年中国十大科技进展新闻在北京揭晓。其中最为引人注目的是这些科技进展均拥有自主知识产权。

2013 年中国十大科技进展是：嫦娥三号月面软着陆开展科学探测；神舟十号飞船发射成功；首次在实验中发现量子反常霍尔效应；禽流感病毒研究获突破；天河二号蝉联世界超算冠军；世界上"最轻材料"研制成功；世界唯一实用化深紫外全固态激光器研制成功；实现最高分辨率单分子拉曼成像；世界最大单机容量核能发电机研制成功；世界首台拟态计算机研制成功。

在这些科技进展中，围绕"嫦娥三号"探月工程，我国 200 余家企业与科研机构参与研发工作，取得了一系列自主知识产权；在"神舟"系列飞船的研制方面，不仅有数量众多的专利，还有软件著作权，以及"神舟"和"长征"运载火箭的品牌；在实验中发现量子反常霍尔效应的研究中，在实验方法、实验设备方面取得了多件专利及软件著作权；禽流感病毒的研究同样在实验方法、实验设备等方面取得自主知识产权。这些科技进展，几乎都与自主知识产权的支撑密切相关，闪耀着自主创新的光芒。

（赵建国）

6. 北京市知识产权工作会召开

2 月 25 日，2014 年北京市知识产权工作会召开。国家知识产权局局长申长雨、北京市副市长戴均良出席会议并讲话。申长雨指出，2013 年，全国知识产权系统真抓实干，锐意进取，知识产权事业实现又好又快发展，取得了新的成就。他希望北京充分依托自身知识产权方面的独特优势，牢固树立率先发展的理念，努力推动知识产权事业走在全国前列，起到示范引领作用，成为全国知识产权领域一张亮丽的名片。

戴均良在讲话中对北京知识产权工作给予了充分肯定。针对北京下一步的知识产权工作，他提出了要认清形势，进一步增强首都知识产权工作的使命感、责任感和工作主动性；要深化改革，立足根本，着力健全"市场导向、激励奖励、转化运用、打击侵权"4 项机制；要凝聚力量，求实创新，推动首都知识产权取得新进展等要求。

（向　利）

7. 国内首个家具行业知识产权快速维权中心落户东莞

3 月 22 日，广东省知识产权局和厚街镇政府联合举行的新闻发布会上宣布，"中国东莞（家具）知识产权快速维权援助中心"在东莞市成立，标志着我国首个家具行业的知识产权快速维权援助中心正式启动，这也使得广东省成为全国唯一拥有 2 家行业知识产权快速维权援助中心的省份。

东莞市是我国家具制造的重要基地，共有家具制造企业 2 万多家，其中年产值超亿元的企业超过 100 家，形成了强大的产业集群。厚街镇更拥有"中国家具之都"的美誉。据统计，每年广东省家具出口总额中有 75% 以上在厚街镇完成接单或交易，由该镇主办的"国际名家具（东莞）展览会"已经成功举办了 31 届。

（顾奇志）

8. 申长雨在上海调研时强调深化改革创新积累成功经验

3月21日，国家知识产权局局长申长雨一行在上海进行专题工作调研。申长雨强调，上海知识产权工作要深化改革创新，积累可复制、可推广的成功经验。

调研期间，申长雨实地考察了上海市知识产权局，并听取了工作汇报。申长雨充分肯定了近年来上海市知识产权工作所取得的成绩。申长雨表示，上海要继续发挥引领示范作用，不断加强自身能力建设，在知识产权工作机制体制创新方面先行先试，带动全国知识产权工作再上新台阶。国家知识产权局将在相关工作中继续对上海给予支持、指导和帮助。（王　宇）

9. 中国专利法颁布30周年座谈会在京举行

3月25日，中国专利法颁布30周年座谈会在北京人民大会堂举行。全国人大常委会副委员长陈竺出席会议并作重要讲话。陈竺指出，要充分认识专利法在服务国家经济社会发展中的重要作用，必须将专利法的贯彻实施融合到国家创新体系建设当中，进一步发挥专利制度优势，让专利工作切实服务于建设创新型国家的内在需要，提高我国的国际竞争力。

国家知识产权局局长申长雨出席会议并发言。全国人大教科文卫委员会副主任任茂东，全国人大常委会法工委副主任郎胜，最高人民法院副院长陶凯元等出席会议。（李　群）

10. 中国国家创新指数排名升至世界第19位

3月31日，中国科学技术发展战略研究院发布了《国家创新指数报告2013》。报告显示，中国创新能力稳步上升，国家创新指数排名在全球40个主要国家中升至第19位，比2013年提高1位。

报告称，中国创新能力稳步上升主要归功于知识创造能力提高和创新环境改善。其中，知识创造分指数排名由2013年的第24位跃升至第18位。这主要源于在发明专利申请和授权等方面的出色表现。其中，万名研究人员的发明专利授权数、每亿美元经济产出的发明专利申请数具有明显优势，分别位居第3位和第2位。

（钟　华）

11.《2014年国家知识产权战略实施推进计划》发布

4月，《2014年国家知识产权战略实施推进计划》（以下简称《推进计划》）印发实施。今年的《推进计划》共确定7方面重点工作、79项具体措施。据介绍，今年国家知识产权战略实施的重点工作包括提高知识产权创造质量、提升知识产权运用效益、提高知识产权保护效果、提升知识产权管理和公共服务水平、促进知识产权国际交流、提升知识产权基础能力、提高知识产权战略组织实施水平等。

为更好地贯彻党的十八大和十八届三中全会精神，落实全国知识产权战略实施工作电视电话会议要求，推动国家知识产权战略深入有效实施，明确2014年战略实施重点任务和措施，国家知识产权战略实施工作部际联席会议各成员单位结合国家中心工作和知识产权战略实施面临的新形势，共同研究制定了今年的《推进计划》。

（丁　涛）

12. 全国人大常委会启动专利法执法检查

4月2日，全国人大常委会专利法执法检查组第一次全体会议在北京召开，专利法执法检查正式启动。检查组将分为5个小组分赴辽宁、安徽、浙江、广东、陕西5省进行检查。

此次专利法执法检查的开展，旨在动员全社会进一步提高知识产权意识，增强知识产权法制观念，督促各级政府、司法机关依法加强专利保护和管理，优化创新环

境，促进专利创造和运用。（钟　华）

13. 2014 年全国知识产权宣传周活动启动

4 月 21 日，由国家知识产权局、中共中央宣传部等 24 个部门联合主办的 2014 年全国知识产权宣传周活动在人民网启动。国家知识产权局局长申长雨代表组委会发表了视频致辞。世界知识产权组织总干事弗朗西斯·高锐发来了视频贺词。

申长雨指出，当前，我国的知识产权事业正面临着难得的发展机遇。为了把中央的决策部署贯彻好、落实好，2014 年的知识产权宣传周活动主题确定为“保护·运用·发展”。“保护”是知识产权工作的核心环节，“运用”是建立知识产权制度的根本目的，“发展”是知识产权事业的永恒主题。

国家知识产权局副局长廖涛介绍了宣传周期间的主要活动安排。（王　宇）

14. 第十七届科博会开幕

5 月 13 日，以“创新驱动，融合发展”为主题，由科技部、国家知识产权局和北京市政府等部门共同主办，北京市贸促会承办的第十七届中国北京国际科技产业博览会在全国政协礼堂开幕，并举行了主题报告会。国家知识产权局局长申长雨出席主题报告会。

从 2014 年 5 月 14 日起，科博会 5.5 万平方米的展览会、7 场专题论坛、12 场推介交易活动全面展开。2000 多家国内外高新技术企业、高校科研院所和全国高新技术产业园区、经济开发区参展，集中展示近年国家实施创新驱动战略的新成就，突出展现科技创新与经济社会发展深度融合的最新进展，推出一批重点领域和战略性新兴产业的自主创新核心技术以及科技与生活相融合的创新成果。全国 30 多个省区市的千余个科技和产业发展重点项目面向全球招商推介，寻求合作。（陈建明）

15. 第三届北京市发明专利奖颁奖大会举行

5 月 15 日，第三届北京市发明专利奖颁奖大会举行。北京市市长王安顺、国家知识产权局局长申长雨出席会议并讲话。申长雨指出，当前，我们正在积极谋划和推动知识产权强国建设。建设知识产权强国，离不开强省、强市的有力支撑，北京市在推进知识产权强市建设中，积累了许多好经验、好做法，期待在未来的知识产权强国建设中，北京市能够继续扮演重要角色，起到支撑、引领作用。

王安顺在发言中指出，当今世界，知识产权日益成为国家发展的战略性资源和国家竞争力的核心要素，北京市作为全国科技创新中心，要准确把握知识产权工作在全国科技创新中心建设中的定位，凝心聚力，开拓创新，扎实工作，更好更快地把首都知识产权工作向前推进，助推首都经济持续健康发展，提质增效升级。

在此次颁奖大会上，北汽福田的“用于发动机冷却系统的副水箱和发动机冷却系统”专利获特等奖，清华大学的“自呼吸空气的便携式电源”等 35 个项目分获一、二、三等奖。（崔静思）

16. 多项自主知识产权项目获中国工业大奖

5 月 17 日，中国工业领域最高奖项——第三届中国工业大奖在北京揭晓，多项自主知识产权项目获奖，其中包括海尔集团等 11 家企业和“蛟龙号”载人潜水器等 4 个项目获得“中国工业大奖”。

据中国工业经济联合会有关负责人介绍，此次大奖获奖企业掌握了多项核心技术和自主知识产权，助推产品产业升级换代，提升了行业整体水平和中国工业经济的国际竞争力。但我国目前大中型企业研发投入强度不足 1%，发明专利拥有量只占全球拥有量的不到 3%，一些关键技术、核心技术受制于人，要改变上述状况，必须依靠调整经济发展结构、转变发展方式，提高产品附加值，减少对能源和环境的消耗。

（钟 华）

17. 习近平在上海考察时指出完善知识产权运用和保护机制

5月23～24日，国家主席习近平出席亚信上海峰会后深入中国上海自由贸易试验区，深入企业、园区、科研基地，考察调研经济社会发展情况。习近平指出，当今世界，科技创新已经成为提高综合国力的关键支撑，成为社会生产方式和生活方式变革进步的强大引领，谁牵住了科技创新这个牛鼻子，谁走好了科技创新这步先手棋，谁就能占领先机、赢得优势。要牢牢把握科技进步大方向，瞄准世界科技前沿领域和顶尖水平，力争在基础科技领域有大的创新，在关键核心技术领域取得大的突破。要牢牢把握产业革命大趋势，围绕产业链部署创新链，把科技创新真正落到产业发展上。要牢牢把握集聚人才大举措，加强科研院所和高等院校创新条件建设，完善知识产权运用和保护机制，让各类人才的创新智慧竞相迸发。

18. 国办发文强调支持拥有知识产权的产品出口

国务院办公厅5月印发《关于支持外贸稳定增长的若干意见》，提出激发市场活力、提振外贸企业信心、促进进出口平稳增长等意见。意见强调，要稳定传统优势产品出口和支持拥有知识产权、品牌、营销网络、高技术含量、高附加值、高效益的产品出口。

意见还提出要发挥"走出去"的贸易促进作用。采取综合措施，支持企业开展重大项目国际合作和工程承包，带动中国装备、材料、产品、标准、技术、服务"走出去"；支持企业开展境外品牌、技术和生产线等并购，提高国际竞争力。

（钟 华）

19."知识产权走基层服务经济万里行"大型公益活动启动

5月27日，2014年国家知识产权局"知识产权走基层服务经济万里行"大型公益活动启动仪式在武汉举行。国家知识产权局局长申长雨和湖北省副省长郭生练出席启动仪式并讲话。申长雨指出，进一步拓展知识产权公共服务方式，提升服务层次和水平，实现知识产权公共服务与经济发展的有效对接，是知识产权主管部门当前和今后一个时期重要的工作着眼点、切入点和着力点。

申长雨表示，希望通过这次活动，指导和帮助相关产业解决一些知识产权方面的实际问题，助力相关产业的发展，助推经济转型升级；打造一个知识产权公共服务的品牌；培养一支高水平的知识产权公共服务队伍；进一步营造良好的知识产权氛围。

郭生练表示，相信在国家知识产权局的悉心指导下，在有关方面的大力支持下，在企业和服务机构的积极参与下，此次"万里行"活动一定会成为学习贯彻党的群众路线教育实践活动和促进经济发展、产业转型升级相结合的一次经典活动。

（赵建国）

20. 355家创业板上市公司专利拥有量近3万件

5月，国内首份《中国创业板上市公司专利蓝皮书（2013）》在北京发布。蓝皮书显示，自2009年我国首批创业板公司上市以来，截至2013年年底，创业板共有355家上市公司。据统计，1986～2013年，这些创业板上市公司共拥有专利近3万件（其中2013年数据有所滞后）。专利拥有量最高的企业为千山药机，其专利拥有量接近1000件。

此次发布的蓝皮书对这300余家创业板上市公司的专利拥有情况、专利来源、专利生存状况以及专利运营状况等方面进行了研究。

（谢虹霞）

21. 李克强指出保护知识产权就是保护创新

5月27日，国务院总理李克强在人民大会堂出席全球研究理事会2014年北京大会开幕式并致辞。李克强指出，科学的开放涉及知识产权保护，二者并行不悖、相互促进。保护知识产权就是保护创新。只有著作权、专利权等知识产权得到保护，科学技术发展才会有更加旺盛的生命力，创新成果才能不断涌现。

李克强指出，中国的发展需要千千万万敢于创新的个人、千千万万敢于创造的企业。我们致力于营造良好的法治环境，在开放中使知识产权得到更好保护和运用，使创新者得到应有荣誉和回报，激发更多、更大的创新。

全球研究理事会成立于2012年，由国际科学界11家权威机构共同创立，主要致力于科学论文的开放获取、科学研究质量的提高和广泛深入的国际科技合作。理事会正式代表、观察员等400多人参加了开幕式。（钟　华）

22. 全国侵权假冒处罚结果需20个工作日内公开

从6月1日起，全国县以上行政执法机关对侵权假冒违法行为作出行政处罚决定后，需主动在20个工作日内向社会公开，这标志着全国统一的侵权假冒行政处罚信息公开制度正式建立。

今年2月，国务院批转全国打击侵权假冒工作领导小组《关于依法公开制售假冒伪劣商品和侵犯知识产权行政处罚案件信息的意见（试行）》，对侵权假冒行政处罚案件信息公开作了部署，明确了信息公开的内容、时限、方式、程序及监督管理等措施。（钟　华）

23. 习近平出席2014年国际工程科技大会

6月3日，国家主席习近平出席2014年国际工程科技大会发表主旨演讲时强调，工程科技是改变世界的重要力量，发展科学技术是人类应对全球挑战、实现可持续发展的战略选择。中国把创新驱动发展战略作为国家重大战略。希望中外工程科技专家学者加强合作，共同为人类社会进步作出新的更大贡献。

习近平指出，信息技术、生物技术、新能源技术、新材料技术等交叉融合正在引发新一轮科技革命和产业变革。未来几十年，新一轮科技革命和产业变革将同人类社会发展形成历史性交汇，工程科技进步和创新将成为推动人类社会发展的重要引擎。

习近平强调，工程科技的灵魂在于开放。中国将在更大范围深化工程科技领域国际交流合作，加强政府间、半官方及民间合作，继续参加或牵头开展国际大科技合作工程，加强信息交流和人才培养，携手应对人类共同挑战，实现各国共同发展。

（钟　华）

24. 我国将培育国家级知识产权保护规范化市场

6月，国家知识产权局确定65家专业市场为第一批国家级知识产权保护规范化市场培育对象。根据安排，被批准培育市场原则上应在2年内完成培育工作。

此项工作将抓好重点领域、重点场所的知识产权保护，培育一批知识产权保护意识强、规章制度建设完善、保护能力和水平较高、管理规范化的专业市场，充分发挥其在本地区、本行业的引领示范作用，并逐步形成政府引导、商协会参与、市场主办方为主体的专业市场知识产权保护体系。

（管相杰）

25. 中美欧日韩第七次五局局长会议在韩国举行

6月4～6日，中美欧日韩第七次五局局长会议在韩国釜山召开，中国国家知识产权局局长申长雨率团出席会议。会议由韩国知识产权局局长金荣敏主持，世界知识产权组织助理总干事高木善幸以观察员身份列席会议。

会上，五局局长听取了近一年来五局合作的主要成果，批准了在五局层面加强专利信息向公众开放、五局及时性政策、召开五局质量管理会议等事项，并就全球案卷、专利协调等项目的下一步工作计划展开了充分交流。在谈及五局合作未来工作时，申长雨表示："五局合作不仅应当关注社会公众与产业界需求之间的平衡，也应当兼顾不同发展阶段、不同发展水平的用户需求。"五局局长同意五局合作的推进将继续以用户需求为导向。（胡　岸）

26. 全国打击侵权假冒工作会议召开

6 月 23 日，全国打击侵权假冒工作会议召开。会议指出，2014 年以来，各地区、各有关部门按照国务院和全国打击侵权假冒工作领导小组的决策部署，围绕侵权假冒突出问题，大力开展专项整治，积极推进长效机制建设，打击侵权假冒工作取得新的成效。

1～4 月，全国行政执法机关共查处侵权假冒违法案件 4 万余件；公安机关破获案件 3700 多件，抓获犯罪嫌疑人近 6000 人；检察机关批捕涉嫌犯罪案件 1700 余件、2700 余人；审判机关审结案件 5100 余件，生效判决 8000 多人。（丁　涛）

27. 陈竺在全国人大常委会第九次会议上作专利法执法检查报告

6 月 23 日，十二届全国人大常委会第九次会议在北京人民大会堂开幕。全国人大常委会副委员长陈竺在作专利法执法检查报告时指出，近年来，国务院有关部门、各级政府高度重视，积极采取措施，加强专利创造、运用、保护和管理，注重发挥专利制度在引导产业结构调整和升级、促进创新能力提升方面的作用，使专利法的贯彻实施取得了显著成效。

专利法执法检查是全国人大常委会今年监督工作的一个重点。2014 年 4～5 月，全国人大常委会对专利法实施情况进行了检查。此次的专利法执法检查报告显示，目前我国仍面临专利保护薄弱的问题。

（钟　华）

28. 申长雨在北京会见世界知识产权组织总干事高锐

7 月 9 日，中国国家知识产权局局长申长雨在京会见世界知识产权组织总干事弗朗西斯·高锐一行。双方就世界知识产权组织设立中国办事处等议题进行了深入的交流和探讨。

申长雨表示，世界知识产权组织设立中国办事处具有十分重要的意义，办事处将不仅方便中国各知识产权部门与世界知识产权组织的日常联络和开展合作，还有利于增进双方间的理解和扩大共识，尤其是将为中国的知识产权用户提供更为便利和优质的服务。期待中国办事处在今后的运营中能够发挥其作用，为加深和拓展双方间的友好合作关系作出新的贡献。

高锐感谢中国政府在世界知识产权组织中国办事处设立方面给予的大力支持。他表示，世界知识产权组织中国办事处的设立对于世界知识产权组织来说是一件十分重要的事情，它开启了双方合作新的篇章，具有里程碑的意义。此外，高锐对中国通过《专利合作条约》途径提交的国际专利申请方面所取得的成就表示赞赏。

双方还就中国专利最新统计数据、中国加入海牙协定的工作进程等议题交换了意见。（柳　鹏）

29. 世界知识产权组织中国办事处在北京启用

7 月 10 日，世界知识产权组织中国办事处在北京举行揭幕暨启用仪式。这是继美国、日本、新加坡、巴西之后，世界知识产权组织设立的第五个驻外办事处。世界知识产权组织总干事弗朗西斯·高锐、北京市市长王安顺、国家知识产权局局长申长雨出席揭幕仪式并致辞，还与国家工商行政管理总局局长张茅、外交部副部长王超、国家版权局副局长阎晓宏共同为世界知识产权组织中国办事处启用揭幕。

高锐在致辞中表示，世界知识产权组织中国办事处的设立，将进一步加深中国各相关知识产权部门与世界知识产权组织业已深厚的合作关系。自从 1980 年中国加入世界知识产权组织以来，短短 30 多年间，中国在知识产权事业发展方面取得了令人瞩目的成绩。

申长雨表示，世界知识产权组织中国办事处的设立，为中国与世界知识产权组织之间合作交流提供了一个新的纽带和重要平台。同时，也将为中国企业和创新者提供知识产权国际服务，帮助中国更好地参与知识产权国际合作与交流。（柳　鹏）

30. 李克强在北京会见世界知识产权组织总干事高锐

7 月 11 日，中国国务院总理李克强在北京会见了世界知识产权组织总干事弗朗西斯·高锐。李克强指出，中国政府通过健全知识产权评价标准、完善技术交易市场和服务等，更好地运用知识产权，促进科技成果向现实生产力转化，努力建设知识产权强国。

李克强表示，中国政府把创新驱动放在更突出的位置，不断加大科技创新和体制创新力度，通过简政放权为企业和市场主体松绑，激发全社会创新创造活力；通过科研成果处置权收益权改革、股权激励等机制，调动科研机构和科技人员积极性，使改革与创新相互支撑、齐头并进。

高锐感谢中国对世界知识产权组织的支持，表示中国政府高度重视创新和知识产权保护并取得显著成就，这不仅有利于中国经济转型升级，也有利于世界经济增长。世界知识产权组织愿与中方加强交流合作，共同维护多边主义，推进全球范围的创新和知识产权保护，欢迎中国在相关国际规则制定方面发挥更大的建设性作用。

（钟　华）

31. 我国首次放开专利代理等 15 项专业服务收费标准

7 月 16 日，国家发展和改革委员会发出通知，决定放开专利代理服务等 15 项专业服务收费标准，实行市场调节价。

国家发展改革委有关负责人表示，发展现代服务业是我国产业结构转型升级的重要内容。这次的专业服务收费项目价格放开后，有利于专业服务机构依据市场竞争程度、供求状况，向服务对象提供更高质量、层次多样的服务，满足不同的消费需求；有利于服务对象综合考虑服务质量、价格等因素，选择服务机构。这次放开价格的专业服务项目有专利代理服务、报关服务、自愿性产品认证等 15 项专业服务收费标准，由供需双方依据服务质量、成本和市场供求状况协商确定收费标准，政府不再直接管理价格。（赵建国）

32. 北京率先在全国搭建专利协同创造和产业化对接高端平台

7 月 21 日，北京市院士专家工作站工作会议举行，中国科协副主席冯长根，中国工程院副院长徐德龙，北京市副市长戴均良出席会议。记者从此次会议上获悉，北京市科协联合北京市知识产权局在全国首次主动将院士专家工作站建在专利试点示范企业，并合力推动知识产权专业协同支持专项，在全国率先搭建起院士与企业、知识产权专业机构专利协同创造和产业化对接高端平台。

截至目前，北京市院士专家工作站已累计达 78 个，其中，有 38 家为北京市专利试点示范企业，占建站企业总数的 48.7%，包括专利示范企业 20 家，专利试点企业 18 家。（向　利）

33. 李克强在与国家杰出青年科学基金获得者代表座谈

8月21日，中共中央政治局常委、国务院总理李克强在北京听取了国家杰出青年科学基金设立20周年人才培养和科研成果的汇报，并同历年“杰青”基金获得者代表座谈交流。李克强指出，要保护科研人员知识产权和合法权益，营造公平公正环境，使创新人才不为侵权剽窃所扰，不为不必要的审批、评比所累，专心致志搞创新、出成果。

李克强强调，要推动科技与经济社会发展更加紧密结合，为千千万万人创业提供支撑，促进创新创造创业的深度融合。要打破束缚人才的制度羁绊，让创新血液在全社会自由流动，让创造活动拥有更广阔空间。鼓励更多科技人员积极创业，用创新创造成果引领新一轮生产力解放，培育新的经济增长点，开发更多就业岗位，提供更多适应群众消费升级需要的产品和服务，更好发挥对稳增长、调结构、惠民生的重要作用。（钟 华）

34. 广东省知识产权工作会议暨专利奖励大会召开

8月28日，国家知识产权局局长申长雨和广东省省长朱小丹共同出席广东省知识产权工作会议暨广东省专利奖励大会并为获奖者颁奖。申长雨在讲话中指出，要努力建设知识产权强省，服务广东“三个定位、两个率先”的发展总目标。申长雨在讲话中简要介绍了知识产权强国建设的有关情况，充分肯定了近两年来广东在推进知识产权强省建设方面取得的成绩和经验，对建设知识产权强省提出了新的希望。

朱小丹强调，广东建设知识产权强省，要聚焦产业发展，为转型升级提供动力支持；改革激励机制，着力提升全社会知识产权创造活力；加大保护力度，努力营造公平有序竞争的市场环境；健全服务体系，全面提升知识产权管理和服务水平；强化组织领导，为推进知识产权强省建设提供有力保障。全省各地、各部门要主动做好与国家知识产权局的衔接配合，确保各项合作落实到位，取得实效，加快建设知识产权强省。（赵建国）

35. 京沪穗三地获准设立知识产权法院

8月31日，十二届全国人民代表大会常务委员会第十次会议审议通过《关于在北京、上海、广州设立知识产权法院的决定》，我国在保护知识产权的道路上再次迈出实质性步伐。

该决定指出，为推动实施创新驱动发展战略，进一步加强知识产权司法保护，切实依法保护权利人合法权益，维护社会公共利益，根据《宪法》和《人民法院组织法》，特决定在北京、上海、广州设立知识产权法院。知识产权法院管辖有关专利、植物新品种、集成电路布图设计、技术秘密等专业技术性较强的第一审知识产权民事和行政案件。知识产权法院对这些案件实行跨区域管辖。（赵建国）

36. 王勇在北京会见英国商务、创新和技能部国务大臣

9月3日，国务委员王勇在中南海紫光阁会见了英国商务、创新和技能部国务大臣内维尔·罗尔夫女男爵。王勇指出，中国政府高度重视知识产权工作，愿与英方进一步加强交流合作，更好地促进知识产权事业健康发展，让创新和知识产权更多惠及两国人民。

王勇对英方长期以来努力推进双方知识产权领域合作表示赞赏。王勇表示，一个良好的国际知识产权体系有利于世界的繁荣发展，中方愿继续在世界知识产权组织的框架下，加强与英方的合作，不断完善全球层面的知识产权体系，积极推动国际知识产权规则朝着普惠、包容方向发展。

内维尔·罗尔夫赞赏中国政府在加强知识产权工作、促进创新发展方面所取得的卓越成绩，并希望今后进一步深化与中国的友好合作关系，更好地为两国的产业界和知识产权用户服务。（赵　清）

37. 第八届夏季达沃斯论坛开讲

9月10日，国务院总理李克强在天津梅江会展中心出席世界经济论坛2014年新领军者年会（又称第八届夏季达沃斯论坛）开幕式，并发表特别致辞。李克强说，保护知识产权，就是保护发明创造的火种、维护创新者的权益。对严重侵犯知识产权的行为，要依法严惩，包括实行巨额赔偿惩罚，使违法者付出难以承受的代价，为创新助力。

致辞后，李克强还回答了关于中国创新能力建设、金融改革、中国（上海）自由贸易试验区等问题。（钟　华）

38. 2014年中国专利信息年会开幕

9月11日，以“专利运用与经济发展的融合”为主题的2014年中国专利信息年会在北京开幕。国家知识产权局局长申长雨在出席开幕式致辞时强调，要让专利信息传播利用更好地服务于经济社会发展。

申长雨指出，专利信息的传播与利用是一项涉及面广、专业性强、技术含量高的工作，需要多方的共同参与。作为国家知识产权局，将充分发挥自身优势，不断加强专利信息公共服务体系建设，完善专利信息数据库等软硬件平台，面向社会及时提供各种专利基础数据，满足社会公众日益增长的专利信息需求。作为知识产权服务机构，也应通过对专利信息数据的深度挖掘、整理和分析，面向社会提供更加专业、及时、高质量的专利信息服务。作为企业，也要进一步提升自身的专利信息利用能力，善于运用专利信息改进生产经营活动，产出更多的经济和社会效益。（赵建国）

39. 2014年中国国际专利技术与产品交易会举办

9月12日，中国国际专利技术与产品交易会暨知识产权运用与城市创新发展高层论坛在大连开幕。国家知识产权局局长申长雨、辽宁省副省长贺旻等出席。申长雨在致辞中表示，近年来，专交会的举办有力地推动了国家创新驱动发展战略和知识产权战略的实施，促进了专利技术的商品化和产业化，加快了知识产权向现实生产力的转化，促进了产业结构调整和经济转型升级。

贺旻在致辞中指出，在推进辽宁全面振兴的进程中，辽宁省委、省政府大力实施知识产权战略，着力提高知识产权创造、运用、保护、管理和服务的能力与水平，注重利用知识产权制度鼓励创新、促进振兴。2014年中国国际专利技术与产品交易会和知识产权运用与城市创新发展高层论坛的举办，必将有力推动东北及环渤海地区知识产权发展，推动专利技术与产品的交易转化，为辽宁老工业基地全面振兴注入新的生机与活力。（宋　词）

40. 申长雨率团出席世界知识产权组织成员国大会第五十四届系列会议

9月22日，世界知识产权组织（WIPO）成员国大会第五十四届系列会议在瑞士日内瓦开幕，中国国家知识产权局局长申长雨率中华人民共和国政府代表团出席会议。中国政府代表团由外交部、工商总局、新闻出版广电总局、国家知识产权局、常驻日内瓦代表团和中国香港特别行政区知识产权署共同组成。

申长雨高度评价WIPO总干事弗朗西斯·高锐所做的报告。他指出，WIPO作为联合国知识产权专门机构，始终致力于全球知识产权体系的完善与发展，取得了有目共睹的成绩。2014年以来，中国与WIPO在WIPO中国办事处启用、举办海牙协定国际研讨会和《专利合作条约》

(PCT)高级巡回研讨班、推广和宣传知识产权体系在中国的应用等方面取得了可喜的合作成果。

会议期间，申长雨还与高锐举行了会谈并签署了双边合作协议；会见了中国常驻日内瓦代表团大使吴海龙；出席了第三届金砖国家知识产权局局长会议；与10多个国家和地区组织的知识产权部门负责人举行了双边会谈，达成了多项合作共识。

（钟　彦）

41. 上海自贸区管委会知识产权局挂牌成立

9月26日，中国(上海)自由贸易试验区管理委员会知识产权局成立仪式暨知识产权管理和保护研讨会在沪举行。上海市副市长赵雯出席仪式并为“中国(上海)自由贸易试验区管理委员会知识产权局”揭牌。赵雯在讲话中指出，此次自贸区管委会知识产权局挂牌运作，标志着自贸区知识产权行政管理和保护进入新阶段，开启了上海知识产权事业的新篇章。

赵雯表示，自贸区新建知识产权局，是建立统一的知识产权行政管理和执法体制的创新之举，是深化改革、扩大开放、接轨国际惯例、强化知识产权保护迈出的重要一步。自贸区管委会知识产权局身负知识产权行政管理执法“三合一”改革先行先试的光荣使命，希望自贸区以此为契机，全面实施国家知识产权战略，抓紧、抓好“三合一”试点，率先形成示范效应，为推动上海创新驱动、转型发展，建设亚太地区知识产权中心城市作出新贡献。（王　宇）

42. 国家知识产权局出台新政支持小微企业创新发展

10月10日，国家知识产权局印发《关于知识产权支持小微企业发展的若干意见》，以知识产权公共服务的形式支持小微企业创新发展。该意见从扶持小微企业创新发展、完善小微企业知识产权服务、提高小微企业知识产权运用能力、优化小微企业知识产权发展环境4个方面，提出了支持小微企业创新成果在国内外及时获权、完善小微企业专利资助政策、扶持知识产权服务业小微企业等15条具体措施。

在国家知识产权局召开的新闻发布会上，副局长贺化介绍了该意见中的许多亮点。

（孙　迪）

43. 台湾同胞在大陆提交专利申请10年累计逾21万件

10月，第七届两岸专利论坛在台北举办。据论坛主办方提供的数据显示，2004～2013年，我国台湾同胞在大陆提交的专利申请数量累计达21.7286万件，大陆发明人在台湾地区提交的专利申请数量则为8145件。

另据统计，自2010年《海峡两岸知识产权保护合作协议》签署以来，台湾地区受理的大陆优先权主张的专利申请已超过1.1万件，大陆受理台湾地区优先权主张的专利申请则超过1.8万件。此外，自大陆2011年对台湾同胞开放全国专利代理人资格考试以来，已有121人通过考试。

（钟　华）

44. 中新签署知识产权领域合作谅解备忘录

10月26～27日，中共中央政治局常委、国务院副总理张高丽在苏州会见来华访问的新加坡副总理张志贤。

张高丽和张志贤共同出席了两国有关合作文件的签字仪式。在张高丽和张志贤的见证下，中国国家知识产权局局长申长雨和新加坡知识产权局局长陈一山分别代表中国政府与新加坡政府共同签署了《中华人民共和国政府与新加坡共和国政府知识产权领域合作谅解备忘录》。根据该谅解备忘录，中新两国将在知识产权创造、运用、保护和管理方面加强交流，促进两国知识产权机构和组织开展合作。（钟　华）

45. 国务院部署加强知识产权保护和运用助力创新创造创业升级“中国制造”

11月5日，国务院总理李克强主持召开国务院常务会议，其中部署加强知识产权保护和运用，助力创新创业、升级“中国制造”。

会议认为，进一步深入实施《国家知识产权战略纲要》，打造更好保护和运用知识产权的法治、市场和文化环境，是政府监管的责任，有助于建设创新型国家，让千千万万创新者以创造成果造福人民，实现自身价值，促进经济提质增效升级。为此，一要强化知识产权保护，鼓励创新创造。二要促进专利、版权、商标、植物新品种等的创造和运用，向社会特别是创新者免费或低成本提供知识产权基础信息。三要建立国家科技重大专项和科技计划知识产权目标评估制度，促进创新成果转移转化。四要加大财税金融支持。（钟　华）

46. 北京知识产权法院正式挂牌成立

11月6日，全国首家知识产权审判专业机构——北京知识产权法院正式挂牌成立，开始受理案件。与此同时，北京市各中院将不再受理知识产权民事和行政案件。

新成立的北京知识产权法院内设4个审判庭，集中管辖原由北京市各中院管辖的知识产权民事和行政案件。按照最高人民法院发布的司法解释，北京知识产权法院管辖的第一审案件的范围包括：专利、植物新品种、集成电路布图设计、技术秘密、计算机软件等技术类民事和行政案件；对国务院部门或者县级以上地方人民政府所作的涉及著作权、商标、不正当竞争等行政行为提起诉讼的行政案件；涉及驰名商标认定的民事案件。此外，北京知识产权法院还专属管辖第一审授权确权类行政案件。同时，北京知识产权法院还将审理当事人对北京市基层法院作出的第一审著作权、商标、技术合同、不正当竞争等知识产权民事和行政判决、裁定提起的上诉案件。

（祝文明）

47. 中欧两局局长会议召开

11月12日，中国国家知识产权局与欧洲专利局两局局长会议在比利时布鲁塞尔召开，中国国家知识产权局局长申长雨和欧洲专利局局长伯努瓦·巴迪斯戴利分别率团出席会议。

申长雨指出，2015年是中欧建交40周年，也是中国国家知识产权局与欧洲专利局正式建立合作关系30周年，希望双方在巩固既有合作的基础上，继续拓展合作领域，深化合作水平，将两局的战略合作伙伴关系提升到新的水平，为中欧双方及全球用户提供更加优质的服务。

巴迪斯戴利表示，申长雨局长年内第二次访问欧洲专利局并出席两局局长会，充分彰显了双方密切的合作关系，将有力地推动两局明年各领域合作的开展，欧方愿与中方继续携手积极推动两局战略合作深入发展，造福双方创新者和专利用户。

（赵　清）

48. 上海浦东设立集专利、商标、版权于一体的知识产权局

11月16日，国内首家集专利、商标、版权事务行政管理和综合执法职能于一体的浦东新区知识产权局成立，并将于2015年1月1日正式运行。国家知识产权局副局长何志敏，上海市委常委、浦东新区区委书记沈晓明，上海市政府副市长赵雯等领导出席成立宣布会。会上，何志敏、沈晓明共同为浦东新区知识产权局揭牌。

浦东新区知识产权局将统一负责辖区内的专利、商标、版权等知识产权事务的行政管理、行政执法和公共服务工作，实现知识产权工作“发展统一规划、事务统一管理、执法统一行动”的行政管理模式及“一个部门管理、一个窗口服务、一支队伍执法”的工作运行机制。（向　利）

49. 2014 年第八届中国专利周开幕

11 月 17 日，2014 年第八届中国专利周开幕。从 11 月 17 日开始，中国企业知识产权网的专利周的首页上，新设置了视频播报、活动方案、现场传真等板块，文字、图片、视频等形式生动活泼地向读者实时传递专利周期间各地的活动信息。同时，中国企业知识产权网还利用微信的形式，将每日最新的精彩活动向手机用户进行广泛传播。

本届中国专利周在总体组织上，简化活动形式、确保内容充实，以网络作为活动主会场，实现多地、多网、多媒介联动，注重活动内容充实，充分体现地方特色。在工作定位上，注重聚焦企业需求，解决实际问题，全面了解企业知识产权管理和服务需求，从企业实际需要出发，集聚各类知识产权服务资源，开展企业知识产权服务对接活动，切实解决企业需要的知识产权问题，为企业创新提供有针对性的高质量服务，使专利周活动深入人心，务求实效。在宣传声势上，注重强化宣传力度，充分利用新的宣传手段，扩大影响力。（赵建国）

50. 我国迎来首个国家宪法日

12 月 4 日是我国首个国家宪法日。党的十八届四中全会通过的《中共中央关于全面推进依法治国若干重大问题的决定》提出，将每年 12 月 4 日定为国家宪法日。十二届全国人大常委会第十一次会议表决通过决定，将 12 月 4 日设立为国家宪法日，国家通过多种形式开展宪法宣传教育活动。

有关专家表示，国家宪法日的设立，意味着宪法在中国政治生活中的地位进一步凸显。设立国家宪法日，在全社会普遍开展宪法宣传教育，将有助于教育引导各级组织和全体公民牢固树立宪法意识、增强宪法观念，自觉履行维护宪法尊严、保障宪法实施的职责。（钟　华）

51. 上海知识产权国际论坛成功举办

12 月 8 日，由上海市政府与世界知识产权组织共同主办的上海知识产权国际论坛开幕。上海市委书记韩正会见了前来出席论坛的国家知识产权局局长申长雨和世界知识产权组织总干事弗朗西斯·高锐。

韩正指出，没有知识产权保护，就没有创新创造。当前，上海正加快向具有全球影响力的科技创新中心进军，培养全社会的法治意识和知识产权意识是其中一项十分重要的工作，上海市将一如既往地抓好知识产权的依法保护、依法运用和依法管理。

申长雨指出，上海作为我国改革开放排头兵和科学发展先行者，在知识产权等领域起着引领、示范、带动作用。近年来，上海市明确提出，要建设具有全球影响力的科技创新中心，实现这样的目标，上海市有很好的基础和条件。国家知识产权局将加强与上海市在知识产权领域的合作，促进这一目标的早日实现。（聂　莉）

52. 第十六届中国专利奖颁奖大会在北京举行

12 月 12 日，由中国国家知识产权局和世界知识产权组织共同主办的第十六届中国专利奖颁奖大会在北京举行。国家知识产权局局长申长雨出席大会并讲话。世界知识产权组织副总干事王彬颖出席大会。申长雨在讲话中强调，创新是推动社会发展进步的力量源泉，知识产权是发展的重要资源和竞争力的核心要素，要加强知识产权运用和保护，催生更加蓬勃的创新创造创业热潮，创造更多好的专利，并让好专利产生好效益，促进经济转型升级、提质增效。

中国专利奖评选活动自 1989 年起开始举办，至今已成功举办了 16 届。第十六届中国专利奖评选出的 20 项金奖项目，自实施日起至 2013 年年底，新增销售额 1450

亿元，新增利润195亿元，新增出口额329亿元；5项外观设计金奖项目自实施日起至2013年年底，新增销售额84亿元，新增利润8亿元，新增出口额22亿元。

（李　群）

53. 广州知识产权法院挂牌成立

12月16日，广州知识产权法院召开新闻发布会，宣布正式挂牌成立。该院将从12月21日起跨行政区域受理相关知识产权案件。

根据广东省高院发布的《关于广州知识产权法院履职的公告》，广州知识产权法院将在广东省内跨行政区域管辖全省除深圳市以外的专利、植物新品种、集成电路布图设计、技术秘密、计算机软件第一审知识产权民事和行政案件以及涉及驰名商标认定的民事案件；管辖对广州市政府和广州市内各区政府所作的涉及著作权、商标、不正当竞争等行政行为提起诉讼的第一审行政案件；管辖广州市其他应由中级法院第一审的知识产权民事、行政案件以及广州市基层法院作出的第一审著作权、商标、技术合同、不正当竞争等知识产权民事和行政判决、裁定的上诉案件。（顾奇志）

54. 商务部强调中国重视知识产权保护

12月16日，针对韩国政府和一些民间组织在北京秀水市场考察后提醒韩国企业要保护知识产权一事，商务部新闻发言人回应，中国政府一贯重视知识产权保护。

该发言人表示，中国政府一贯重视知识产权保护，2008年国务院就发布了《国家知识产权战略纲要》，此后每年都制定《国家知识产权战略实施推进计划》，明确实施知识产权战略的年度措施，中国的知识产权法规政策体系日益完善，知识产权保护和运用水平也逐步提高。目前，中韩自贸协定的实质性谈判已经完成，其中知识产权章节有比较丰富的内容，涉及专利、商标、著作权等多方面内容，也包括实施和合作等内容，这充分表明中韩双方对于知识产权保护和运用的重视。（新　华）

55.《2014世界知识产权指数》报告发布

12月16日，世界知识产权组织在日内瓦发布的《2014世界知识产权指数》报告显示，全球专利年申请量2013年继续强劲增长，这主要得益于中国两位数的增长势头。在全世界近260万件专利申请中，约有1/3是中国提交的，其次是美国和日本。

世界知识产权组织总干事弗朗西斯·高锐认为，中国专利申请量的快速增长与中国经济结构的转变有直接关系。从战略上讲，中国已经开始从“中国制造”向“中国创造”转型，从制造业向知识密集型产业过渡，在这一过程中，知识产权将发挥重要作用。

从专利申请量来看，2013年，全世界共提交了约257万件专利申请，其中中国82万多件，占全球总量的32.1%；美国57万多件，占22.3%；日本约32.8万件，占12.8%。从专利申请类别来看，计算机技术比例最高，占总量的7.6%，其后是电气机械、测量、数字通信和医疗技术。从国家来看，瑞士主要提交药品领域的专利申请，俄罗斯大多数是食品化学领域的专利申请，法国和德国主要是与运输相关的专利申请，而中国、韩国、美国和英国主要集中在计算机技术领域。从商标注册申请量看，中国以188万件商标注册申请量位居全球第一，美国为48万件，欧盟为32万件。从类别上看，过去10年，与广告、商业经营和管理等有关的服务类别一直是商标注册申请量最大的类别。（柳　鹏）

56. 上海知识产权法院挂牌成立

12月28日，继北京、广州知识产权法院成立后，上海知识产权法院正式挂牌成立。至此，我国首批设立的3家知识产权法院均已挂牌成立。与北京、广州知识产权法院不同的是，上海知识产权法院与同时新成立的上海市三中院合署办公。

根据《上海市高级人民法院关于上海知识产权法院履职的公告》规定，上海知识产权法院依法管辖上海市范围内的下列案件：有关专利、植物新品种、集成电路布图设计、技术秘密、计算机软件的第一审知识产权民事和行政案件；对上海市区、县级以上政府所作的涉及著作权、商标、不正当竞争等行政行为提起诉讼的第一审知识产权行政案件；涉及驰名商标认定的第一审知识产权民事案件；第一审垄断民事案件；对上海市基层法院第一审著作权、商标、技术合同、不正当竞争等知识产权民事和行政判决、裁定提起上诉的案件；依法应当由其管辖的其他知识产权民事和行政案件。

（魏小毛）

57. 新修订的《商标法》等法律法规开始施行

2013 年 8 月 30 日第十二届全国人民代表大会常务委员会第四次会议三审通过了《关于修改〈中华人民共和国商标法〉的决定》，自 2014 年 5 月 1 日起施行。这是继我国《商标法》在 2001 年第二次修订后的又一次大规模修改。同日，修订后的《商标法实施条例》同步施行。2014 年 6 月 1 日，修订后的《商标评审规则》开始施行。2014 年 7 月 3 日，修订后的《驰名商标认定和保护规定》公布，共 21 条，自公布之日起 30 日后施行。

（鞠　闻）

58. 商标注册申请量和审查量双双突破 200 万件大关

2014 年，我国商标注册申请量继续保持快速增长态势，国家工商总局商标局共受理商标注册申请 228.54 万件，首次突破 200 万件大关，同比增长 21.47%，再创历史新高，连续 13 年位居世界第一。其中，商标注册网上申请达 138.4 万件，占同期申请总量的 60.56%。审查商标注册申请 242.64 万件，同比增长 70.32%，商标注册申请量和审查量双双突破 200 万件大关。商标注册申请平均审查周期缩短至 9 个月，确保了法定审查时限。

截至 2014 年年底，我国累计商标注册申请量达 1552.67 万件，累计商标注册量达 1002.75 万件，商标有效注册量达 839 万件，继续保持世界第一。国内申请量排名前 5 位的省区依次为广东省、浙江省、北京市、上海市、江苏省。

（鞠　闻）

59. 商标专用权行政保护工作有序推进

2014 年，全国各级工商和市场监管部门共查处商标一般违法案件 5231 件，其中涉外案件为 208 件，占商标一般违法案件总数的 3.97%；查处商标侵权假冒案件 37 219件，其中涉外案件为 9636 件，占商标侵权假冒案件总数的 25.89%。

在“双打”工作中，国家工商总局重点查处了恶意抢注商标行为，对涉嫌恶意抢注的案件开通快速审理通道，及时依法予以驳回、不予核准注册或予以撤销。商标局、商标评审委员会全年共处理涉及非法占有他人未注册商标、攀附他人已注册商标商誉的案件和恶意独占公共资源、大量或多次抢注他人商标等扰乱商标注册管理秩序的案件 2900 多件，较 2013 年有大幅增长。

（鞠　闻）

60. 商标代理步入新阶段

2014 年，我国商标代理事业发展进入新的历史阶段。截至 2014 年年底，我国商标代理机构总数为 20 991 家，其中律师事务所 8417 家，2014 年新增经工商登记的商标代理机构 2024 家，新增律师事务所 195 家。

为落实新《商标法》和《商标法实施条例》加强商标代理监管的有关规定，国家工商总局启动制定《商标代理信用信息管理暂行办法（草案）》和停止受理商标代理机构代理业务工作规程，相关工作积极、稳妥推进。

中华商标协会商标代理分会起草了《中华商标协会商标代理机构等级认定办法》《中华商标协会商标代理人水平测试办法》以及《中华商标协会推荐诉讼代理人办法》。（鞠　闻）

61. 地理标志商标惠“三农”

2014年，国家工商总局商标局认真落实中央“一号文件”，在确保审查质量的同时，通过提高审查效率和加班加点工作，确保地理标志和农产品商标确权工作顺利进行。全年注册和初步审定地理标志证明商标、集体商标507件，比2013年增长16.3%。截至2014年年底，累计注册和初步审定地理标志证明商标、集体商标2697件，比2013年增长23.2%。外国在我国注册和初步审定的地理标志商标达到81件，比2013年增长76.1%。农产品商标累计注册量达168.9万件。

按照中央编办《关于完善地理标志保护管理体制机制的意见》精神，根据与农业部和国家质检总局的协商意见，国家工商总局再次修改完善了《地理标志部际联席会议制度（草案）》和《地理标志注册联合认定和保护办法（草案）》。（鞠　闻）

62. 国际交流合作成果丰富

2014年，国家工商总局开展了一系列商标领域多边及双边交流合作项目，取得了显著成效。国家工商总局继续与世界知识产权组织保持密切的交流与合作。国家工商总局局长张茅先后会见了世界知识产权组织总干事弗朗西斯·高锐和副总干事王彬颖，派员参加了世界知识产权组织的重要工作会议。

与此同时，国家工商总局不断深化双边领域交流合作，加强了与美国、英国、瑞士、韩国、法国、泰国、丹麦、新加坡以及欧盟、非洲知识产权组织的合作与联系；继续加强与我国港澳台地区交流合作，积极派员参加2014海峡两岸商标研讨会论坛、2014年内地与香港、澳门知识产权研讨会，在《海峡两岸知识产权保护合作协议》的框架下，继续认真做好协作机制下的案件处理、优先权通报等相关工作。

（鞠　闻）

63. 商标国际注册助企业“走出去”

2014年，国家工商总局商标局积极开展马德里商标国际注册宣传与培训工作，加大对国内企业进行商标国际注册的指导力度，大力支持我国企业商标海外维权，服务企业实施“走出去”战略取得显著成效。

根据世界知识产权组织国际局的统计，2014年，我国国内申请人提交马德里商标国际注册申请2140件（一标多类），在马德里体系中排名第七，累计有效注册量达1.86万件；外国申请人指定我国的马德里商标国际注册申请20 309件（一标多类），连续10年位居马德里体系第一，累计有效注册量达20.89万件。（鞠　闻）

64.《中国商标战略年度发展报告》公布

在第十四个世界知识产权日来临之际，国家工商行政管理总局商标局、商标评审委员会联合编撰了《中国商标战略年度发展报告（2013）》。

《中国商标战略年度发展报告（2013）》共13章，以“商标战略实施”开篇，系统记述2013年度全国工商系统在商标申请和注册、商标行政执法、地理标志和农产品商标、商标评审、商标法制、商标代理、地方商标工作、国际注册与海外维权、国际及与港澳台地区交流和合作、商标宣传、商标基础性建设和信息化建设、商标队伍建设等方面取得的成就，汇总了商标领域发生的重大事件，并对各类商标数据进行了统计分析。（鞠　闻）

65. 新版《商标注册证》样式发布

5月1日，商标业务启用新版申请书式，《商标注册网上申请暂行规定》也自5

月1日起施行，新版商标注册网上申请系统同时启用。

为解决新《商标法》施行后一标多类商标申请及原版注册证无防伪和打印颜色商标产生色差等问题，商标局启动了修改《商标注册证》样式工作。2014年12月2日，商标局发布关于新版《商标注册证》样式的公告。与旧版《商标注册证》相比，新版《商标注册证》共修改了6处。新版采用了防伪技术，底色由旧版《商标注册证》浅黄色改为白色，辅以蓝色边框。 （李　春）

66. 新旧《商标法》适用衔接问题

5月1日，《最高人民法院关于商标法修改决定施行后商标案件管辖和法律适用问题的解释》开始施行。根据该解释，人民法院受理商标案件的情形由10种增加至13种，新增"确认不侵害商标专用权纠纷案件""商标代理合同纠纷案件""因申请停止侵害商标专用权损害责任案件"等情形。

12月3日，国家工商总局商标局发布《关于新商标法实施条例施行前已受理且仍需补正商标注册申请件如何处理的通知》。该通知规定，2014年5月1日新《商标法实施条例》施行前，已发商标注册申请受理通知书且仍需补正的商标注册申请件，2014年5月1日后未按期补正或补正不符合要求的，商标局根据原《商标法实施条例》，视为放弃处理，并书面通知申请人。

（鞠　闻）

67. 最高人民法院就商标授权确权司法解释公开征求意见

10月14日，最高人民法院官方网站和中国法院网公布了《最高人民法院关于审理商标授权确权行政案件若干问题的规定》（公开征求意见稿），面向社会公开征求意见和建议。此前在2010年4月20日，最高人民法院曾印发《关于审理商标授权确权行政案件若干问题的意见》。

该规定出台基于以下几个原因。一是近几年，司法实践不断发现新问题，涌现了很多典型案件。该规定是在2010年《意见》的基础上，以司法解释这种规范解释的形式，对商标授权确权案件中出现的各种问题进行总体回答。二是回应新《商标法》和《商标法实施条例》对商标审查和审理程序作出的一些新的调整。三是知识产权专门法院的设立，该规定的发布不仅会为新设立的知识产权法院提供更清晰的案件审判思路，同时也会指导商标行政管理机关掌握好授权确权的标准，减少涉诉纠纷的数量。 （垡　文）

68. 尼斯分类第十版2014文本启用

根据世界知识产权组织的要求，尼斯联盟各成员国自2014年1月1日起正式使用尼斯分类第十版2014文本。

《尼斯协定》是一个有多国参加的国际公约，于1957年6月15日在法国南部城市尼斯签订，1961年4月8日生效。我国于1994年加入了尼斯联盟。《尼斯协定》的宗旨是建立一个共同的商标注册用商品和服务国际分类体系，并保证其实施。目前，国际分类共45类，其中商品34类，服务项目11类，包含1万多个商品和服务项目，商标申请人所需填报的商品及服务一般说来都在其中。我国1988年11月1日起采用国际分类，1994年加入尼斯联盟，一直积极参与对尼斯分类的修改与完善，已将多项有中国特色的商品加入尼斯分类中。尼斯分类表定期修订，一是增加新的商品，二是将已列入分类表的商品按照新的观点进行调整，以求商品更具有内在的统一性。 （李　春）

69. 中国分类正式接入TMclass系统

TMclass是欧洲内部市场协调局开发的对商标申请中的商品和服务进行分类的在线查询工具。TMclass提供了可被加入该项目的所有国家和地区商标主管部门受理的商品服务项目名称及对应译文。如果申请人使用这些名称提交申请，就可消除因商品名称不符合要求而收到补正申请通知书的风险。

中国于2013年9月加入该项目的工作。2014年3月17日，国家工商总局商标局受理的商品服务项目正式接入TMclass系统。目前已经有36个国家和地区加入该项目。（李　春）

70. 世界知识产权组织推出图形检索服务

在5月10日于中国香港特别行政区举办的国际商标协会年会上，世界知识产权组织推出首个应用图形检索功能的免费公共知识产权数据库，用户可以通过上载图像，从世界知识产权组织的全球品牌数据库数百万图形中检索近似商标和其他品牌信息记录。

据介绍，这一全新的图形检索技术是对全球品牌数据库其他查询标准如维也纳分类码、品牌持有人名称、原属国等的补充。增加此项功能后，用户只需上载准备使用的徽记便可快速得到检索结果——从15个国家或地区以及国际组织的数据库的400多万个图像中筛选出可能近似的其他受保护图形。

全球品牌数据库是世界知识产权组织于2011年3月8日推出的一款在线搜索工具，用户可以方便地搜索数据库内的各类标识记录。该品牌数据库是目前世界上最大的免费公共商标数据库。（李　春）

71. 通达商标服务中心更名为商标审查协作中心

8月，通达商标服务中心更名为国家工商总局商标审查协作中心。

商标审查协作中心是国家工商总局直属事业单位，主要职责：一是接受商标局委托，承担除国际注册商标和商标异议审查之外的商标注册申请，商标变更、转让、续展、许可备案申请，以及没有正当理由连续3年不使用注册商标撤销申请的形式审查至初步审定公告前的实质审查工作；承担商标注册的部分程序性和服务性工作。二是接受商标评审委员会委托，承担商标评审的有关辅助性工作和服务性工作。中心根据工作需要，依据《劳动合同法》和相关规定聘用、管理辅助人员；可根据工作需要设立独立法人实体，面向社会提供与主业相关的服务，依法获得服务收益。

（鞠　闻）

72. 纪念中华商标协会成立二十周年高峰论坛举办

9月1日，纪念中华商标协会成立二十周年暨中国品牌经济高峰论坛在北京大学光华管理学院举行。国家工商总局局长张茅出席论坛并作主旨演讲。著名经济学家厉以宁教授作主题演讲，著名知识产权专家李顺德发表了《品牌经济发展的商标法制保障》的演讲。世界知识产权组织总干事高锐作视频演讲。

来自最高人民法院、公安部、海关总署、国家工商总局、国务院法制办、国家知识产权局、国家版权局的相关领导，北京大学、各地工商局、商标协会、企业、商标代理机构、新闻媒体的代表，世界知识产权组织驻中国办事处，美国、英国、韩国、日本驻华大使馆的代表以及外资企业的代表近300人参加了论坛。（栗世民）

73. 第六届中国国际商标·品牌节在苏州举办

11月8～10日，由中华商标协会主办的第六届中国国际商标·品牌节在江苏省苏州市举办。国家工商总局副局长刘俊臣出席商标·品牌节并在以“推进新《商标法》实施，提高民族品牌竞争力”为主题的主论坛上，作了《贯彻新〈商标法〉，服务品牌经济》的主旨演讲。

本届商标·品牌节的主题为“助推民族品牌建设，促进商标国际交流”。商标·

品牌节内容丰富、形式多样，除了举办2014中国商标年会外，还举办了中华品牌博览会、2014中华商标协会优秀代理机构会员评选、中华商标协会会员企业商标文化展示等主题活动。（邵甜甜）

74. 开展“商标与经济发展关系”课题研究

2014年，国家工商总局深入开展“商标与经济发展关系”课题研究。课题研究从商标的功能与作用、影响商标注册申请量的因素研究、商标运用与经济发展的典型研究与实证分析、商标保护与市场环境的实证研究、商标与创新关系的实证研究、地理标志与区域经济发展、商标密集型产业与经济发展等方面展开。

课题研究成果表明，商标总量与经济总量具有强相关性，平均拥有注册商标量与地区经济发展水平高度相关，GDP与商标申请量的相关系数为0.9813，GDP与商标注册量的相关系数为0.9209；商标申请量变动与经济的变化基本同步，GDP变化0.999个百分点，商标申请量相应变化1个百分点。地理标志商标运用效果明显，地理标志带动相关产业发展的产值带动比达到1∶5.20，就业带动比达到1∶3.34。

（鞠　闻）

75. 第十五届淮海经济区商标保护协作会议召开

10月17日，以“深化工商体制改革，加强商标区域协作”为主题的第十五届淮海经济区商标保护协作会议在河南省许昌市召开。来自苏、鲁、豫、皖四省共50市（县）的工商部门代表、企业代表和媒体代表近200人参会。

根据河南省工商局提议，会议发表了《淮海经济区商标保护协作宣言》，提出以“公平、公正、诚信、互助”为准则，以“强化区域协作，保护商标权益”为基础，号召各成员单位通过四个“强化”，进一步加强商标权益保护，巩固发展区域协作，努力营造全社会关注商标、培育商标、保护商标的浓厚氛围。（王慧霞）

76. 义乌发布全国首个县域商标综合评价指数

作为国内有效注册商标量、境内商标申请量和境内商标注册量最多的县级区域，浙江省义乌市于2014年11月发布了全国首个县域商标综合评价指数。该指数由义乌市市场监督管理局和上海交通大学知识产权研究中心联合编制发布，自2014年开始每年发布一期，是一套对义乌商标状况进行数据监测和评价的指数体系。

商标综合评价指数体系体现了义乌特色。该综合评价指数由商标注册、商标运作、商标管理、商标保护、商标发展速度5个一级指标和25个二级指标、76个三级指标构成，每个一级指标包含若干个二级指标，每个二级指标又包含若干个三级指标。

（方清源）

77. 商标评审典型案例公布

在第十五个世界知识产权日到来前夕，国家工商总局商标评审委员会在《中国工商报》“4·26”特刊上公布了20件商标评审典型案例，分别是：奇灸及图商标驳回复审案，金尖及图商标无效宣告案，宜红YIHONG及图商标无效宣告案，Open-cloud商标无效宣告案，六个核桃商标无效宣告案，丰田丰商标异议复审案，图形商标异议复审案，MAYER·BOCHMB商标异议复审案，B·M柏美商标异议复审案，BAI-LEYS商标异议复审案，UPZARAXDUDU'SKIDS商标异议复审案，GRANDIOSE商标驳回复审案，汤姆·福特TOMFUTE商标无效宣告案，图形商标无效宣告案，卤三国商标异议复审裁定案，X-static商标无效宣告案，缪缪商标无效宣告案，PPR商标异议复审案，LOXON商标撤销复审案，AO-WEISI奥维斯商标驳回复审案。（鞠　闻）

78. 北京市高院审结我国首例颜色组合商标官司

我国首例颜色组合商标民事诉讼尘埃落定:北京市高院二审判决认定,一审被告九方泰禾国际重工(青岛)公司与九方泰禾国际重工(北京)公司共同侵犯了美国迪尔公司在中国取得的第4496717号绿色+黄色颜色组合商标专用权,两被告须赔偿迪尔公司经济损失人民币40万元。

2013年年底,北京市二中院曾就此案作出一审判决,要求两被告停止侵犯迪尔公司的颜色组合商标专用权,赔偿原告经济损失人民币40万元及因诉讼支出的合理费用10万元。一审判决后,两被告不服,向北京市高院提出上诉。北京市高院依法审理后作出上述判决。（喻山澜）

79. 上海高通诉美国高通商标侵权索赔1亿元

在无线通信领域,美国Qualcomm Incorporated可谓大名鼎鼎,有“全球手机芯片霸主”之称。2014年6月,这家通信巨头却被上海一家同样名为“高通”的科技企业以商标侵权为由告到法院,并被索赔1亿元人民币。

起诉美国高通的企业是上海高通半导体有限公司。此案有两个被告:第一被告为美国高通,第二被告为其在中国的分支机构高通无线通信技术(中国)有限公司上海分公司。第一被告在其中文网站上发布大量侵权宣传内容,而工信部域名登记信息系统显示该网站的主办者是第二被告,因此第二被告承担连带责任。

此案由上海市高院受理并立案。

（李　春　邵甜甜）

80. 嘀嘀打车更名滴滴打车

5月19日,杭州妙影微公司召开嘀嘀商标权情况媒体通报会,宣称北京小桔科技公司使用“嘀”二字作为打车产品名称,侵犯其注册商标专用权,已联合浙江省宁波市科技园妙影公司向杭州市中院提起诉讼,要求小桔科技公司停止侵权行为,并赔偿人民币8000万元。而在此前的5月13日,杭州市中院已经对此立案。5月20日,小桔科技公司召开发布会,宣布旗下产品“嘀嘀打车”正式更名为“滴滴打车”。

（邵甜甜）

81. 握手言和终结特斯拉商标纠纷

8月5日,备受关注的特斯拉发动机有限公司(以下简称特斯拉公司)与广东商人占某之间的商标争夺战,出人意料地在北京市三中院的调解下以和解方式落幕。

2003年,特斯拉公司成立,总部位于美国加州硅谷,主要从事设计、制造及销售节能环保的纯电动汽车及其零部件。2006年9月6日,广东商人占某在第12类汽车等商品上申请注册TESLA商标并于2009年6月28日获准注册。特斯拉公司到中国发展后,由于在商标问题上遇到了阻碍,于2012年11月7日在北京注册公司取名拓速乐汽车销售(北京)有限公司(以下简称拓速乐公司)。

2013年3月,特斯拉公司针对第5588947号TESLA商标向商标局提出连续3年不使用撤销申请;2013年4月,特斯拉公司针对该商标向商评委提出争议申请,请求撤销该商标。

6月30日,占某针对特斯拉公司、拓速乐公司向北京市三中院提起侵犯商标权诉讼,请求法院判决特斯拉公司及拓速乐公司立即停止销售TESLA牌电动汽车,关闭展厅、服务中心、超级充电站,停止有关宣传行为,赔礼道歉并赔偿经济损失2394万元。（邵甜甜）

82. 腾讯公司无缘QQ汽车商标

9月14日,北京市高院对腾讯公司诉国家工商总局商标评审委员会商标行政纠纷一案作出终审判决,维持商标评审委员会此前作出的裁定,判令撤销腾讯公司在汽车等商品上的 QQ 注册商标。这意味着腾讯公司与奇瑞公司对 QQ 汽车商标的争夺战，在历经 11 年后终于有了结果。

2005 年 5 月 19 日，腾讯公司向国家工商总局商标局申请注册第 4665825 号 QQ 商标，专用权期限至 2018 年 3 月 6 日。2009 年 11 月 26 日，奇瑞公司针对争议商标向商标评审委员会提出撤销申请。2013 年 2 月 17 日，商评委对上述争议作出第 04282 号裁定，争议商标予以撤销。其后，腾讯公司不服第 04282 号裁定，向北京市一中院提起行政诉讼。北京市一中院对商标评审委员会作出的第 04282 号裁定予以维持。腾讯公司不服一审判决，又上诉至北京市高院。 （邵甜甜）

83. 恒大冰泉商标争夺战再掀波澜

9 月 29 日，江西恒大高新公司诉恒大集团公司商标侵权后，恒大集团于 11 月 20 日反诉恒大高新公司侵犯名誉权并索赔 8000 万元，再次将双方的纠葛抛向风口浪尖。

恒大冰泉是恒大集团旗下推出的矿泉水品牌。在 2013 年 11 月 9 日晚恒大亚冠夺冠庆典上，“恒大冰泉”的标识元素首次出现。2013 年 11 月 10 日，恒大集团在广州总部举行恒大冰泉上市发布会，正式对外宣布进军高端矿泉水市场。

就在恒大冰泉一路高歌猛进的时候，该产品的商标隐患显露出来。2014 年 10 月 13 日，恒大商标的注册人恒大高新公司发布《关于展开“恒大”商标维权行动的公告》，并于 10 月 15 日发布《关于诉恒大长白山矿泉水有限公司商标侵权案已立案的公告》。之后，双方纠纷不断。 （李 春）

84. “金丝”再缠友臣肉松饼

10 月 24 日，厦门市中院对食品行业备受关注的自然人邓某诉友臣公司商标侵权案作出一审判决——友臣公司使用“友臣金丝肉松饼”的行为不侵犯“金丝”商标专用权。就在友臣公司欣喜即将摆脱“金丝”缠绕时，邓某不服一审判决，随后向福建省高院提起上诉。

金丝肉松饼是福建省晋江市的友臣公司于 2011 年推出的一款产品。2014 年 2 月 20 日，该公司收到重庆市渝中区个体工商户邓某委托律师发来的律师函，要求该公司停止使用“金丝”商标。4 月 8 日，邓某又委托律师向厦门市一家商业有限公司发出律师函，要求其停止销售友臣牌金丝肉松饼；4 月 14 日，邓某再次委托律师向阿里巴巴及淘宝电子商务平台投诉，随后友臣公司的金丝肉松饼商品销售链接被删除。与此同时，友臣公司在湖南、河南、上海等地的经销商也遭遇类似投诉。

2014 年 5 月 4 日，友臣公司向厦门市中院提起确认商标不侵权之诉。5 月 26 日，邓某向同一法院提起针对友臣金丝肉松饼的商标侵权诉讼。7 月 18 日，厦门市中院开庭审理此案，并于 10 月 24 日作出一审判决。 （邵甜甜）

85. “双十一”商标禁令惹争议

2014 年“双十一”（11 月 11 日）前夕，阿里巴巴集团发出一封《通告函》，称其已注册“双十一”商标，经阿里巴巴集团授权，天猫商城对“双十一”商标享有专用权，受法律保护，其他任何人未经允许的使用行为都将涉嫌商标侵权，阿里巴巴方面将保留依法追究其法律责任的权利。

《通告函》一经公布，便引起广泛关注。诸多电子商务企业表示，“双十一”已经成为全民参与的网购促销节日，任何一家企业都不能垄断“双十一”。同时，商标注册应该作为防御恶性侵权之用，阿里巴巴集团不能也不应以此限制其他电子商务企业的合理使用。

至此，一场商标大战看似即将打响。然而，就在《通告函》发出几天后的 11 月 5 日，阿里巴巴集团 CEO 陆兆禧表示：“‘双十一’从来就不属于阿里巴巴，就像中国电商从来就不属于阿里巴巴一样。‘双十一’永远都是一个开放的节日。”陆兆禧此番放弃权利主张的声明迅速平息了“双十一”商标之争。（李　春）

86.“稻香村”商标案尘埃落定

12月19日，随着最高人民法院一纸行政裁定书对苏州稻香村公司再审申请的驳回，苏州稻香村公司与北京稻香村公司长达8年的“稻香村”商标纠纷尘埃落定，前者申请注册的第5485873号商标不予核准注册。

2006年7月18日，苏州稻香村公司在商标注册用商品与服务国际分类第30类的饼干、面包、糕点等商品上，申请注册第5485873号手写体“稻香村”文字商标。该商标初步审定公告后，2009年7月2日，北京稻香村公司提出异议，申请对第5485873号商标不予核准注册。随后，商标局作出裁定，北京稻香村公司所提异议理由不成立，苏州稻香村公司申请的商标得以核准注册。于是，北京稻香村公司向商标评审委员会申请复审。

2013年4月2日，商标评审委员会裁定苏州稻香村公司申请的第5485873号商标不予核准注册。苏州稻香村公司不服，将商标评审委员会起诉到北京市一中院，后又上诉至北京市高院。官司最后打到最高人民法院，最高人民法院最终驳回苏州稻香村公司的申请。（李　春）

87. 全国人大常委会批准《视听表演北京条约》

4月24日，第十二届全国人大常委会第八次会议批准了《视听表演北京条约》。《视听表演北京条约》是于2012年6月在北京召开的由中国政府承办的世界知识产权组织保护音像表演外交会议上成功缔结的，是我国积极参与国际组织有关议程和规则制定、维护国家利益的成功范例，提升了我国在保护知识产权方面的国际形象和影响力。我国批准该条约，将对该条约早日生效起到很大的推动作用。

88. 开展第十次打击网络侵权盗版专项行动

6月12日，国家版权局等四部门联合启动“剑网2014”专项行动，针对网络侵权盗版第十次亮剑。该行动确定了保护数字版权、规范网络转载、支持依法维权及严惩侵权盗版四项重点任务。专项行动期间，各地版权行政执法部门共查处案件440起，关闭网站750家。国家版权局挂牌督办了33起案件，查办了“北京一点网聚科技有限公司”违法转载文字作品案。剑网行动对于依法治理网络空间，进一步规范网络版权秩序，促进文化发展繁荣具有重要意义。

89. 第三届海峡版权(创意)产业精品博览交易会举行

6月18～21日，由中国版权协会、福州市人民政府和福建省新闻出版广电（版权）局共同主办的第三届中国·福州海峡版权（创意）产业精品博览交易会在福州举办。国家新闻出版广电总局副局长、国家版权局副局长、中国版权协会理事长阎晓宏，福建省副省长李红参观了博览交易会场馆，并对该届版博会的会场设计和展示成果给予肯定。

该届版博会展厅位于海峡国际会展中心一号馆（文化创意馆），面积约9000平方米，主要设置版权精品展示区、版权精品交易区和版权互动洽谈区等三大板块，展示区分为动漫、原创音乐、家居创意设计等十大展区。现场举办参展作品版权创意精品评选、现场版权登记、版权知识动漫展示宣传、网络媒体平台现场互动咨询等八大系列主题活动。

90. 第五届中国国际版权博览会成功举办

9月15～19日，第五届中国国际版权

博览会在成都成功举办。本届博览会分为“国际版权论坛”“产业展览”和“主题活动”三个部分，开展了100多项重要活动，现场有17个重大版权项目签约，交易金额超过20亿元人民币。本届博览会为国际版权展示、交易、合作提供了全方位的服务平台，推进了我国版权产业发展，提升了我国版权国际影响力。

91. 沈仁干、王立平荣获“中国版权终生成就者奖”

11月15日，以“大数据时代的文化与版权”为主题的“第七届中国版权年会”成功举办。国家版权局原副局长沈仁干、中国音乐著作权协会终身荣誉主席王立平荣获“中国版权终生成就者奖”。“中国版权终生成就者奖”是为表彰对我国版权制度建设和版权事业发展作出卓越贡献的版权界杰出人士而设立的国内版权界最高奖项。

92. 我国版权产业对GDP贡献达6.87%

12月24日，中国新闻出版研究院发布《2012年中国版权产业经济贡献调研结果》，结果显示：2012年，我国版权产业行业增加值逾3.56万亿元，占全国GDP的6.87%。世界知识产权组织将版权产业定义为“版权可发挥显著作用的产业”，包括核心版权产业、部分版权产业、相互依存的版权产业和非专用支持版权产业四大部分，涵盖新闻出版、广播影视、文学艺术、信息网络等众多行业，在国民经济中占有重要地位。

93. “网络字幕组”侵权盗版行为被查处

12月，经国家版权局部署，有关版权执法部门对“射手网”和“人人影视网”涉嫌未经权利人许可、通过网络传播大量影视作品和字幕作品案进行查处。两家网站先后停止了侵权行为，并自行关闭了网站。“射手网”经营方受到行政处罚。这两起案件的查处，彰显了中国政府对国内外权利人一视同仁、打击网络侵权盗版的决心和力度，也给打着“免费、分享”的旗号进行侵权盗版的网站敲响了警钟。

94. 政府机关软件正版率超过91%

2014年，推进使用正版软件工作部际联席会议对政府机关软件正版化工作进行全面检查，累计派出27个检查组，共抽查政府机关494家，计算机3044台。从抽查情况看，各级政府机关使用正版软件比例显著提高，重点抽查的操作系统、办公和杀毒三类软件的正版率均超过了91%。

95.《使用文字作品支付报酬办法》颁布

9月23日，国家版权局与国家发改委联合公布了《使用文字作品支付报酬办法》。该办法是对国家版权局1999年颁布的《出版文字作品报酬规定》的修订，适用于使用文字作品支付报酬当事人没有约定或约定不明的情形。该办法回应了作者的合理诉求，提高了使用文字作品支付报酬的标准，并对使用文字作品支付报酬的方式等问题进行了规范。

96. 琼瑶诉编剧于正抄袭案引起广泛关注

4月28日，琼瑶向北京市第三中级人民法院起诉，称其作品《梅花烙》被于正编剧的《宫锁连城》抄袭，其著作权受到了侵犯。109位国内编剧联合发表声明支持琼瑶依法维权的主张。12月25日，北京市第三中级人民法院对该案作出一审判决：涉案《宫锁连城》停播、于正在四网站公开声明道歉、于正等五被告赔偿琼瑶经济损失500万元。

97. 中欧新知识产权合作项目启动仪式在京举行

1月16日，中国—欧盟新知识产权合作项目启动仪式在京举行。来自中国商务部等十余家政府部门、欧盟委员会、欧盟驻华代表团、欧洲内部市场协调局等中外嘉宾共计百余人参加了启动仪式。

双方新的知识产权合作项目实施期为36个月，将重点推进3个领域、16个方面的合作，涉及立法、执法、司法、双边交流、宣传推广等内容。中方主要参与单位包括15个政府部门以及行业组织、企业和园区等。目前，双方已就2014年度活动安排达成一致，即将进入实施阶段。

中欧双方此前已先后合作完成了知识产权保护一期（1996～2004年）和二期（2007～2011年）项目。两期项目取得丰硕成果，得到双方一致好评。

（商务部新闻办公室）

98. 世界知识产权组织：美中两国推动国际专利申请增长创年度新纪录

联合国网站消息，世界知识产权组织最新报告称，2013年美国和中国推动国际专利申请活动创下新纪录，年度专利申请首次突破20万大关，其中商标和工业品外观设计的国际申请也创下了历史新高。

世界知识产权组织指出，过去一年，根据知识产权组织《专利合作条约》提交的申请总量达到20.53万件，比2012年增长了5.1%。其中，美国、中国和瑞典均呈现两位数增长，美国更创下了该国自2011年以来最快的增长率。美国与中国分别占《专利合作条约》申请总增量的56%和29%。

2013年，美国的专利申请总数超过5.72万件，超过了在全球金融危机前于2007年创下的54 046件申请的最高纪录。中国超越德国成了《专利合作条约》体系的第三大用户，日本是第二大用户。美国依然是该体系最活跃的用户。日本松下公司已公布的《专利合作条约》申请为2881件，取代中国的中兴通讯公司，成为2013年最大的申请人。中国华为技术有限公司和美国高通公司的同期申请量也超过2000件。

（常驻日内瓦联合国代表团经贸处）

99. 汪洋：不断提升打击侵权假冒工作水平

国务院副总理汪洋4月29日在京主持召开全国打击侵犯知识产权和制售假冒伪劣商品工作领导小组第五次全体会议。他强调，要把开展专项整治与加强制度建设结合起来，抓紧建立标本兼治的长效机制，让失信违法者寸步难行，让诚实守法者一路畅通。

汪洋指出，今年以来中国保持打击侵权假冒高压态势，重点整治了农资、药品、医疗器械、汽车配件、儿童玩具等领域的制假售假行为，查办违法犯罪案件2万多件，保障了春节市场秩序和春耕生产安全。在“3·15国际消费者权益日”“4·26知识产权日”期间，各项宣传活动有声有色，曝光了一批典型案件，教育了广大经营者。实践证明，中国政府打击侵权假冒的决心是坚定的，措施是有力的，成效是明显的。

汪洋对下一步工作提出四点要求。一是把打击互联网领域侵权假冒作为专项整治工作重点，抓好电子商务诚信建设和产品质量管理，查处一批典型案件。二是从6月1日起在全国范围内推进侵权假冒行政处罚案件信息公开，在震慑违法者的同时，促进严格规范公正文明执法。三是探索完善打击侵权假冒的体制机制，克服多头执法、权责交叉等弊端，提高行政执法效能。四是发挥中央地方两个积极性，总结推广各地好的经验和做法，发挥地方政府在打击侵权假冒工作中的主体作用。（新华网）

100. 习近平：完善知识产权运用和保护机制

5月23～24日，国家主席习近平出席亚信上海峰会后深入中国上海自由贸易试验区，深入企业、园区、科研基地，考察调研经济社会发展情况。习近平指出，当今世界，科技创新已经成为提高综合国力的关键支撑，成为社会生产方式和生活方式变革进步的强大引领，谁牵住了科技创新这个牛鼻子，谁走好了科技创新这步先手棋，谁就能占领先机、赢得优势。要牢牢把握科技进步大方向，瞄准世界科技前沿领域和顶尖水平，力争在基础科技领域有大的创新，在关键核心技术领域取得大的突破。要牢牢把握产业革命大趋势，围绕产业链部署创新链，把科技创新真正落到产业发展上。要牢牢把握集聚人才大举措，加强科研院所和高等院校创新条件建设，完善知识产权运用和保护机制，让各类人才的创新智慧竞相迸发。（新华社）

专　利

一、专利申请受理与授权状况

表 1　　国内外三种专利申请受理年度状况(1985.4～2014.12)　　(单位:件)

	年份	合计	发明	实用新型	外观设计
合计	1985～2009	5 810 195	1 932 317	2 001 940	1 875 938
	2010	1 222 286	391 177	409 836	421 273
	2011	1 633 347	526 412	585 467	521 468
	2012	2 050 649	652 777	740 290	657 582
	2013	2 377 061	825 136	892 362	659 563
	2014	2 361 243	928 177	868 511	564 555
国内	1985～2009	4 885 939	1 135 064	1 987 737	1 763 138
	2010	1 109 428	293 066	407 238	409 124
	2011	1 504 670	415 829	581 303	507 538
	2012	1 912 151	535 313	734 437	642 401
	2013	2 234 560	704 936	885 226	644 398
	2014	2 210 616	801 135	861 053	548 428
国外	1985～2009	924 256	797 253	14 203	112 800
	2010	112 858	98 111	2598	12 149
	2011	128 677	110 583	4164	13 930
	2012	138 498	117 464	5853	15 181
	2013	142 501	120 200	7136	15 165
	2014	150 627	127 042	7458	16 127

表 2　　国内三种专利申请受理量(1985.4～2014.12)　　(单位:件)

地区	总累计			2014 年		
	发明	实用新型	外观设计	发明	实用新型	外观设计
合计	3 885 343	5 456 994	4 515 027	801 135	861 053	548 428
北京	427 568	301 835	78 157	78 129	48 228	11 754
天津	117 234	173 490	62 320	23 391	35 068	4963
河北	49 194	123 158	36 051	8332	16 693	4975
山西	36 971	51 466	23 208	6107	7055	2525
内蒙古	13 051	25 896	9278	1924	3562	873

续表

地区	总累计			2014 年		
	发明	实用新型	外观设计	发明	实用新型	外观设计
辽宁	134 023	204 729	64 233	18 417	16 404	3039
吉林	36 248	56 038	14 990	5288	5658	987
黑龙江	62 141	111 229	40 953	13 468	14 557	3831
上海	281 702	263 807	20 7041	39 133	33 264	9267
江苏	638 215	664 465	1 280 057	146 660	124 980	150 267
浙江	238 411	652 918	710 253	52 406	116 011	93 018
安徽	136 700	196 369	94 671	49 960	41 889	7311
福建	59 482	143 873	118 548	12 529	25 410	20 136
江西	26 148	54 749	31 341	4688	11 596	9310
山东	294 254	501 107	204 192	77 298	69 323	11 998
河南	87 775	184 231	73 689	19 646	30 716	12 072
湖北	103 381	177 100	97 379	22 536	27 829	8685
湖南	82 865	141 559	71 608	14 474	19 248	10 472
广东	446 779	597 899	833 326	75 147	96 144	107 067
广西	56 336	48 254	18 231	22 237	7911	2150
重庆	70 144	128 117	66 180	19 418	25 114	10 766
四川	120 716	192 627	178 634	29 926	32 085	29 156
贵州	26 862	37 048	27 095	8203	7331	6933
云南	27 497	38 556	18 459	4732	6508	2103
西藏	687	511	933	92	65	91
陕西	112 495	117 186	62 622	24 399	16 067	15 769
甘肃	22 327	29 219	8713	4986	5144	1890
青海	3067	3491	2380	660	590	284
宁夏	7141	8028	3968	2183	1195	154
新疆	12 934	33 787	12 136	2360	4935	2915
海南	6600	6340	4413	969	957	490
香港	9411	10 029	24 971	909	846	1487
澳门	250	274	145	37	27	20
台湾	136 734	177 609	34 852	10 491	8643	1670
广州	74 924	97 688	112 348	14 595	15 829	15 956
长春	23 294	24 306	7821	3906	3505	435
武汉	59 704	91 251	36 883	11 871	13 783	2148
南京	110 802	76 957	75 337	28 050	16 870	11 210
杭州	86 949	137 430	99 425	14 800	21 751	12 144
西安	96 091	87 729	46 430	21 383	11 751	10 715
济南	54 122	84 191	26 233	12 539	9815	1210
沈阳	49 058	65 120	18 911	8963	5153	928

续表

地区	总累计			2014 年		
	发明	实用新型	外观设计	发明	实用新型	外观设计
成都	83 257	115 874	135 833	22 096	20 059	22 820
大连	54 046	61 727	27 846	5229	5180	806
厦门	17 155	34 183	21 467	3807	5839	3208
哈尔滨	47 262	53 301	22 059	11 629	8774	2430
深圳	240 768	175 499	145 488	31 097	30 475	20 749
青岛	103 777	73 031	42 018	39 979	12 780	2401
宁波	46 098	142 800	178 959	12 958	24 066	21 507
新疆建设兵团	1468	2405	274	375	519	39

表 3　　国外三种专利申请受理量(1985.4～2014.12)　　(单位:件)

国家和地区	总累计			2014 年		
	发明	实用新型	外观设计	发明	实用新型	外观设计
合计	1 370 653	41 412	185 352	127 042	7458	16 127
安道尔	14	1	2	1	1	0
阿联酋	59	15	159	10	6	11
阿富汗	0	0	11	0	0	0
安提瓜和巴布达	8	0	3	0	0	0
安圭拉	1	1	1	0	0	0
亚美尼亚	6	0	1	2	0	0
荷属安的列斯群岛	309	1	11	5	1	0
安哥拉	0	0	1	0	0	1
阿根廷	114	11	13	10	0	1
美属萨摩亚	0	1	0	0	1	0
奥地利	6706	204	765	944	35	83
澳大利亚	9247	424	2428	664	71	184
阿鲁巴	1	0	0	0	0	0
阿塞拜疆	5	0	0	0	0	0
波斯尼亚和黑塞哥维那	1	0	0	0	0	0
巴巴多斯	898	2	50	167	0	11
孟加拉国	2	1	4	1	1	1
比利时	6803	91	600	657	19	56
保加利亚	80	6	22	10	3	2
巴林	3	0	0	0	0	0
布隆迪	1	0	0	0	0	0
贝宁	0	0	1	0	0	0
百慕大群岛	871	120	114	99	15	20

续表

国家和地区	总累计			2014 年		
	发明	实用新型	外观设计	发明	实用新型	外观设计
文莱	39	35	23	4	2	3
玻利维亚	1	0	0	0	0	0
巴西	1260	74	448	137	9	88
巴哈马	183	18	51	15	0	4
白俄罗斯	19	3	6	0	0	0
伯利兹	26	38	11	7	9	1
加拿大	12 172	411	1412	1009	61	113
中非	0	0	2	0	0	0
瑞士	35 824	948	6344	3338	230	708
库克群岛	4	1	13	0	0	0
智利	145	5	6	24	0	1
喀麦隆	2	0	0	0	0	0
哥伦比亚	53	3	13	6	0	0
哥斯达黎加	6	0	1	0	0	0
捷克斯洛伐克	63	6	3	0	0	0
塞尔维亚和黑山	2	0	0	0	0	0
古巴	156	0	3	6	0	0
塞浦路斯	250	10	50	31	1	1
捷克	309	60	576	42	6	44
德国	133 332	3516	15 629	13 597	901	1528
丹麦	8524	210	1674	847	40	138
多米尼克	3	0	0	0	0	0
多米尼加	3	2	0	0	0	0
阿尔及利亚	5	1	0	0	0	0
厄瓜多尔	11	2	3	3	0	0
爱沙尼亚	44	3	16	9	1	7
埃及	24	5	21	0	0	0
西撒哈拉	0	1	0	0	0	0
西班牙	3933	201	1719	340	23	134
埃塞俄比亚	0	1	1	0	1	1
芬兰	13 757	331	1601	1165	69	99
斐济	1	8	1	0	0	0
福克兰群岛(马尔维纳斯群岛)	0	0	1	0	0	0
法国	49 701	1331	7704	4575	250	635
英国	26 615	752	4857	2050	95	529

续表

国家和地区	总累计			2014 年		
	发明	实用新型	外观设计	发明	实用新型	外观设计
格林纳达	1	0	0	0	0	0
格鲁吉亚	6	0	3	0	0	0
直布罗陀	24	0	1	2	0	0
希腊	233	2	41	21	0	7
危地马拉	1	0	0	0	0	0
洪都拉斯	0	0	1	0	0	0
克罗地亚	129	4	5	4	0	0
海地	0	0	1	0	0	0
匈牙利	884	11	28	32	0	0
印度尼西亚	75	25	131	4	0	4
爱尔兰	1756	57	199	210	12	22
以色列	5500	207	610	656	42	66
印度	2374	45	349	267	14	26
伊拉克	3	2	2	0	0	0
伊朗	11	3	6	0	0	0
冰岛	197	0	1	15	0	0
意大利	17 017	514	6478	1361	65	552
泽西岛	8	0	0	1	0	0
牙买加	3	0	1	1	0	0
约旦	14	6	4	0	0	0
日本	483 080	15 188	65 485	40 460	3009	4078
肯尼亚	4	0	1	0	0	0
吉尔吉斯斯坦	5	0	0	0	0	0
柬埔寨	0	0	0	0	0	0
圣基茨和尼维斯	5	1	0	0	0	0
朝鲜	22	3	0	0	1	0
韩国	111 502	2929	16 919	11 528	346	2120
科威特	14	0	2	0	0	0
开曼群岛	4438	254	635	1534	36	194
哈萨克斯坦	27	7	0	1	0	0
黎巴嫩	9	9	5	1	0	0
列支敦士登	1205	7	530	92	1	19
斯里兰卡	16	2	34	0	0	0
利比里亚	2	0	1	0	0	0
莱索托	0	1	0	0	0	0

续表

国家和地区	总累计			2014 年		
	发明	实用新型	外观设计	发明	实用新型	外观设计
立陶宛	12	1	9	6	0	4
卢森堡	1421	103	344	240	14	70
拉脱维亚	50	2	10	2	0	3
摩洛哥	11	2	8	0	0	0
摩纳哥	124	1	19	10	0	0
摩尔多瓦	4	0	2	2	0	1
马达加斯加	2	0	0	0	0	0
马绍尔群岛	10	2	0	2	1	0
马其顿	2	0	0	1	0	0
马里	30	4	1	1	0	1
缅甸	0	0	4	0	0	4
蒙古	4	1	0	0	0	0
马耳他	110	1	9	24	0	1
毛里求斯	83	33	32	1	0	2
马尔代夫	2	0	0	0	0	0
马拉维	2	0	0	0	0	0
墨西哥	353	14	199	31	2	94
马来西亚	723	149	576	87	20	58
纳米比亚	2	0	0	0	0	0
尼日尔	1	0	0	0	0	0
尼日利亚	4	3	10	1	0	3
荷兰	43 849	376	4266	2924	64	336
挪威	2983	30	326	223	15	33
尼泊尔	0	2	1	0	0	0
新西兰	1283	58	301	125	19	47
阿曼	3	0	0	0	0	0
巴拿马	274	5	32	4	0	3
秘鲁	11	2	0	0	0	0
菲律宾	51	22	31	12	3	1
巴基斯坦	11	2	9	2	0	3
波兰	412	17	148	73	5	21
波多黎各	15	1	3	3	0	0
葡萄牙	216	4	74	14	1	12
巴拉圭	1	0	1	1	0	0
卡塔尔	7	0	2	6	0	0
罗马尼亚	32	1	6	3	0	0
塞尔维亚	11	0	0	1	0	0

续表

国家和地区	总累计			2014 年		
	发明	实用新型	外观设计	发明	实用新型	外观设计
俄罗斯	1966	196	218	130	43	38
沙特阿拉伯	500	9	307	207	2	1
塞舌尔	102	30	19	17	20	9
苏丹	1	0	0	0	0	0
瑞典	22 679	386	2547	2020	55	262
新加坡	4116	361	1154	574	43	79
斯洛文尼亚	261	1	41	19	0	2
斯洛伐克	61	3	33	10	0	2
圣马力诺	14	3	2	0	0	0
塞内加尔	1	0	1	0	0	0
萨尔瓦多	2	0	0	0	0	0
叙利亚	1	1	2	0	1	0
斯威士兰	1	0	0	0	0	0
特克斯和凯科斯群岛	0	0	1	0	0	0
乍得	1	0	0	0	0	0
泰国	225	95	313	22	4	5
突尼斯	14	0	2	1	0	0
土耳其	513	67	423	84	6	66
特立尼达和多巴哥	4	0	1	0	0	0
坦桑尼亚	0	1	1	0	0	0
乌克兰	108	23	12	12	4	7
乌干达	0	0	2	0	0	0
美国	344 530	10 588	34 456	33 963	1705	3329
乌拉圭	19	3	0	0	0	0
乌兹别克斯坦	9	1	0	3	0	0
梵蒂冈	2	0	0	0	0	0
圣文森特和格林纳丁斯	7	0	0	1	0	0
委内瑞拉	50	0	9	4	0	1
英属维尔京群岛	1822	557	1334	121	37	112
越南	18	3	37	2	0	3
瓦努阿图	11	0	1	0	0	0
萨摩亚	107	91	48	9	16	8
也门	0	0	5	0	0	0
南斯拉夫	31	0	8	0	0	0
南非	1198	26	103	79	1	14
赞比亚	2	0	0	0	0	0
津巴布韦	7	0	1	0	0	0

表 4　　国内外三种专利申请授权年度状况(1985.12～2014.12)　　(单位:件)

	年份	合计	发明	实用新型	外观设计
合计	1985～2009	3 082 534	586 643	1 368 634	1 127 257
	2010	814 825	135 110	344 472	335 243
	2011	960 513	172 113	408 110	380 290
	2012	1 255 138	217 105	571 175	466 858
	2013	1 313 000	207 688	692 845	412 467
	2014	1 302 687	233 228	707 883	361 576
国内	1985～2009	2 643 852	256 367	1 357 209	1 030 276
	2010	740 620	79 767	342 256	318 597
	2011	883 861	112 347	405 086	366 428
	2012	1 163 226	143 847	566 750	452 629
	2013	1 228 413	143 535	686 208	398 670
	2014	1 209 402	162 680	699 971	346 751
国外	1985～2009	438 682	330 276	11 425	96 981
	2010	74 205	55 343	2216	16 646
	2011	76 652	59 766	3024	13 862
	2012	91 912	73 258	4425	14 229
	2013	84 587	64 153	6637	13 797
	2014	93 285	70 548	7912	14 825

表 5　　国内三种专利申请授权量(1985.12～2014.12)　　(单位:件)

地区	总累计			2014 年		
	发明	实用新型	外观设计	发明	实用新型	外观设计
合计	898 543	4 057 480	2 913 351	162 680	699 971	346 751
北京	131 465	229 326	56 485	23 237	44 071	7353
天津	22 381	98 665	23 947	3279	20 122	2950
河北	12 984	94 002	26 965	2286	14 253	3593
山西	9464	36 899	9306	1559	5569	1243
内蒙古	3340	18 770	6957	458	2908	665
辽宁	28 280	148 096	25 734	3975	13 432	2118
吉林	10 756	40 009	9306	1434	4533	729
黑龙江	15 704	78 999	26 885	2454	11 036	1922
上海	72 508	210 203	140 977	11 614	30 704	8170
江苏	88 481	484 488	743 850	19 671	100 810	79 551
浙江	66 975	512 837	555 069	13 372	99 508	75 664
安徽	18 551	146 012	59 651	5184	36 748	6448
福建	15 556	112 139	88 914	3426	21 013	13 418
江西	5672	37 813	20 165	1033	7637	5161

续表

地区	总累计			2014 年		
	发明	实用新型	外观设计	发明	实用新型	外观设计
山东	48 491	376 254	94 441	10 538	53 555	8725
河南	18 564	131 701	40 362	3493	23 539	6334
湖北	25 709	117 315	35 177	4855	19 801	3634
湖南	22 435	101 950	41 981	4160	15 967	6510
广东	127 933	473 098	605 774	22 276	83 202	74 475
广西	6875	33 771	13 539	1933	6138	1593
重庆	12 817	81 019	43 686	2321	15 885	6106
四川	27 499	136 269	124 545	5682	24 060	17 378
贵州	5220	25 165	14 668	1047	5207	3853
云南	8697	29 490	13 469	1423	5438	1263
西藏	247	374	756	50	47	49
陕西	23 891	77 835	16 826	4885	15 405	2530
甘肃	4743	19 037	4404	812	3538	747
青海	681	2374	1616	110	357	152
宁夏	1168	5983	2848	243	1048	133
新疆	3067	23 862	6412	605	3850	783
海南	2077	4355	3394	380	848	369
香港	3494	8815	23 082	466	815	1586
澳门	65	209	124	14	32	9
台湾	52 753	160 346	32 036	4405	8895	1537
广州	24 027	75 990	80 756	4597	13 557	10 044
长春	7440	18 073	4127	1136	2918	352
武汉	20 500	64 540	15 628	3874	10 871	1590
南京	27 015	54 112	27 694	5275	11 894	5741
杭州	31 563	110 032	78 876	5559	18 152	9874
西安	20 153	56 555	10 155	4379	12 101	1015
济南	12 155	64 116	8880	2610	8284	866
沈阳	11 345	45 343	10 620	1656	4196	809
成都	18 514	81 102	96 407	4021	14 612	13 302
大连	9083	42 377	6003	1363	3988	535
厦门	4881	29 057	17 671	1011	5615	2317
哈尔滨	12 202	36 394	12 385	2085	6205	994
深圳	76 839	140 385	113 479	12 032	25 425	16 244
青岛	10 488	55 271	20 839	2864	9589	1731
宁波	12 095	113 956	148 296	2832	21 627	18 827
新疆建设兵团	309	1867	177	86	405	35

表 6　国外三种专利申请授权量(1985.12～2014.12)　(单位:件)

国家和地区	总累计			2014 年		
	发明	实用新型	外观设计	发明	实用新型	外观设计
合计	653 344	35 639	170 340	70 548	7912	14 825
安道尔	5	0	2	1	0	1
阿联酋	16	11	147	3	8	18
阿富汗	0	0	10	0	0	0
安提瓜和巴布达	4	0	3	1	0	0
安圭拉	0	2	0	0	0	0
亚美尼亚	2	0	1	1	0	0
荷属安的列斯群岛	199	0	9	4	0	0
安哥拉	0	0	1	0	0	1
阿根廷	27	10	12	2	1	1
美属萨摩亚	0	1	0	0	1	0
奥地利	2975	183	694	431	54	87
澳大利亚	3915	345	2198	311	58	148
阿塞拜疆	1	0	0	0	0	0
巴巴多斯	318	4	31	82	1	2
孟加拉国	0	1	3	0	1	1
比利时	3226	73	546	388	22	35
保加利亚	24	4	22	2	1	3
巴林	1	0	0	0	0	0
贝宁	0	0	1	0	0	0
百慕大群岛	333	97	95	38	14	22
文莱	17	32	25	0	6	0
巴西	480	67	369	60	15	73
巴哈马	92	19	43	17	0	0
白俄罗斯	8	0	6	0	0	0
伯利兹	3	36	11	0	7	1
加拿大	5105	342	1243	576	40	144
中非	0	0	2	0	0	0
瑞士	17 275	809	5830	1950	245	625
库克群岛	4	1	15	0	1	0
智利	42	5	3	14	0	0
喀麦隆	1	0	0	0	0	0
哥伦比亚	20	3	12	4	0	0
哥斯达黎加	1	0	1	0	0	1
捷克斯洛伐克	23	6	3	0	0	0
古巴	90	0	2	9	0	0
塞浦路斯	100	10	48	12	4	5

续表

国家和地区	总累计			2014 年		
	发明	实用新型	外观设计	发明	实用新型	外观设计
捷克	137	63	545	14	6	50
德国	60 050	2862	14 246	7250	813	1377
丹麦	3740	174	1562	512	43	143
多米尼加	4	2	0	0	2	0
阿尔及利亚	0	1	2	0	0	2
厄瓜多尔	3	1	3	1	0	0
爱沙尼亚	11	2	12	4	0	4
埃及	5	6	21	2	0	0
西班牙	1380	168	1545	195	20	155
埃塞俄比亚	0	0	1	0	0	1
芬兰	6799	293	1499	645	77	87
斐济	0	8	1	0	0	0
福克兰群岛(马尔维纳斯群岛)	0	0	1	0	0	0
法国	24 517	981	7069	2678	263	615
加蓬	2	0	0	0	0	0
英国	11 261	646	4408	1018	105	461
格鲁吉亚	2	0	3	1	0	0
直布罗陀	16	0	1	3	0	0
希腊	92	1	36	8	0	8
洪都拉斯	0	0	1	0	0	0
克罗地亚	55	5	5	0	0	0
海地	0	0	1	0	0	0
匈牙利	354	14	25	23	0	0
印度尼西亚	27	18	122	3	0	3
爱尔兰	698	43	183	124	9	24
以色列	1754	175	522	244	31	86
印度	794	37	316	128	14	15
伊拉克	0	2	2	0	1	0
伊朗	4	3	3	2	0	0
冰岛	113	0	0	20	0	0
意大利	8465	457	5842	879	76	583
泽西岛	5	0	0	0	0	0
约旦	2	5	4	0	0	0
日本	265 051	13 331	62 446	26 501	3420	4034
肯尼亚	1	0	1	1	0	0
吉尔吉斯斯坦	3	0	0	0	0	0
圣基茨和尼维斯	1	1	0	0	1	0
朝鲜	9	3	0	0	0	0

续表

国家和地区	总累计			2014 年		
	发明	实用新型	外观设计	发明	实用新型	外观设计
韩国	51 039	2510	15 502	4627	280	1905
科威特	6	0	2	0	0	0
开曼群岛	730	226	464	180	39	49
哈萨克斯坦	13	8	0	1	0	0
黎巴嫩	2	7	4	0	0	0
列支敦士登	549	5	515	36	0	20
斯里兰卡	5	2	23	1	0	0
利比里亚	2	0	1	0	0	0
莱索托	0	1	0	0	0	0
立陶宛	2	1	8	1	1	4
卢森堡	671	82	277	108	9	61
拉脱维亚	21	3	8	3	0	1
摩洛哥	7	2	8	0	0	0
摩纳哥	59	7	19	5	0	0
摩尔多瓦	1	0	0	1	0	0
马达加斯加	2	0	0	0	0	0
马绍尔群岛	1	1	0	0	0	0
马里	2	3	0	1	0	0
缅甸	0	0	0	0	0	0
蒙古	4	2	1	1	0	0
马耳他	54	1	6	10	1	3
毛里求斯	53	28	35	5	0	1
马尔代夫	1	0	0	0	0	0
墨西哥	174	10	105	41	1	11
马来西亚	241	128	494	39	17	39
纳米比亚	1	0	0	0	0	0
尼日利亚	0	2	8	0	2	2
荷兰	20 542	315	3905	1919	72	313
挪威	1451	25	281	142	15	28
尼泊尔	0	2	1	0	0	0
新西兰	488	41	257	41	10	37
阿曼	1	0	0	0	0	0
巴拿马	224	5	32	4	0	2
秘鲁	2	2	0	1	0	0
菲律宾	14	20	25	4	3	2
巴基斯坦	1	2	6	1	2	0
波兰	133	18	128	27	5	14
波多黎各	0	1	3	0	0	0

续表

国家和地区	总累计			2014 年		
	发明	实用新型	外观设计	发明	实用新型	外观设计
葡萄牙	70	3	51	6	1	5
巴拉圭	0	0	1	0	0	0
卡塔尔	1	0	2	1	0	1
罗马尼亚	12	1	6	0	0	0
塞尔维亚	3	1	0	0	0	0
俄罗斯	681	192	182	70	39	35
沙特阿拉伯	149	8	297	23	0	4
塞舌尔	25	17	14	7	10	4
瑞典	11 557	344	2345	1155	68	271
新加坡	1480	311	1054	238	42	90
斯洛文尼亚	119	1	38	21	0	4
斯洛伐克	23	3	30	3	0	1
圣马力诺	5	3	2	0	0	0
塞内加尔	0	0	1	0	0	0
萨尔瓦多	2	0	0	1	0	0
叙利亚	1	1	2	0	1	0
斯威士兰	1	0	0	0	0	0
特克斯和凯科斯群岛	0	0	1	0	0	0
泰国	67	78	291	7	9	10
突尼斯	1	0	2	0	0	0
土耳其	196	60	365	26	9	50
特立尼达和多巴哥	3	0	1	0	0	0
坦桑尼亚	0	1	1	0	1	1
乌克兰	42	18	8	3	7	6
乌干达	0	0	2	0	0	0
美国	141 253	9179	30 315	17 401	1838	2801
乌拉圭	11	1	1	3	0	0
乌兹别克斯坦	3	1	0	0	0	0
圣文森特和格林纳丁斯	7	0	0	3	0	0
委内瑞拉	37	0	6	5	0	0
英属维尔京群岛	855	480	1206	159	49	209
越南	4	3	32	1	0	1
瓦努阿图	5	0	0	0	0	0
萨摩亚	18	87	46	1	18	12
也门	0	0	4	0	0	0
南斯拉夫	17	0	7	1	0	0
南非	535	23	92	52	3	12
津巴布韦	3	0	1	0	0	0

表 7

国内外三种专利有效状况(2014.12)

(单位:件)

	年份	合计	发明	实用新型	外观设计
合计	2010	2 216 082	564 760	857 968	793 354
	2011	2 739 906	696 939	1 120 596	922 371
	2012	3 508 561	875 385	1 501 044	1 132 132
	2013	4 195 139	1 033 908	1 936 789	1 224 442
	2014	4 642 506	1 196 497	2 291 326	1 154 683
国内	2010	1 825 403	257 893	849 454	718 056
	2011	2 303 015	351 288	1 109 958	841 769
	2012	3 005 023	473 187	1 486 839	1 044 997
	2013	3 635 929	586 493	1 917 122	1 132 314
	2014	4 032 362	708 690	2 265 224	1 058 448
国外	2010	390 679	306 867	8514	75 298
	2011	436 891	345 651	10 638	80 602
	2012	503 538	402 198	14 205	87 135
	2013	559 210	447 415	19 667	92 128
	2014	610 144	487 807	26 102	96 235

* 有效量:报告期末处于专利权维持状态的案卷数量。统计范围为:发明、实用新型、外观设计。与申请量和授权量不同,有效量是存量数据而非流量数据。

表 8

国内三种专利有效量(2014.12)

(单位:件)

地区	2014 年			
	合计	发明	实用新型	外观设计
全国总计	4 032 362	708 690	2 265 224	1 058 448
北京	274 667	103 638	143 723	27 306
天津	83 628	14 736	58 611	10 281
河北	66 529	9066	45 768	11 695
山西	29 077	6284	19 088	3705
内蒙古	13 734	2411	8375	2948
辽宁	80 089	18 417	53 582	8090
吉林	24 668	6305	15 076	3287
黑龙江	56 451	9816	34 196	12 439
上海	218 156	56 515	126 222	35 419
江苏	594 186	81 114	311 279	201 793
浙江	597 051	52 418	312 625	232 008
安徽	135 785	15 939	98 658	21 188
福建	126 232	13 057	73 303	39 872
江西	34 458	4091	19 708	10 659
山东	226 424	34 775	160 315	31 334

续表

地区	2014 年			
	合计	发明	实用新型	外观设计
河南	99 590	13 535	68 924	17 131
湖北	96 682	18 825	65 102	12 755
湖南	88 779	16 958	54 033	17 788
广东	670 131	111 878	307 088	251 165
广西	28 303	5643	17 137	5523
重庆	73 780	10 010	45 165	18 605
四川	135 209	21 209	73 088	40 912
贵州	27 965	4193	15 170	8602
云南	26 736	6102	15 805	4829
西藏	588	261	128	199
陕西	66 573	17 575	42 018	6980
甘肃	15 077	3252	9888	1937
青海	1946	456	981	509
宁夏	4221	790	2900	531
新疆	16 466	2353	11 284	2829
海南	5059	1792	2218	1049
香港	13 578	3437	3703	6438
澳门	236	56	121	59
台湾	100 308	41 783	49 942	8583
广州	99 984	18 993	46 897	34 094
长春	16 309	4618	9826	1865
武汉	58 015	15 007	36 970	6038
南京	70 672	20 755	37 119	12 798
杭州	125 554	24 048	66 907	34 599
西安	52 249	15 336	33 214	3699
济南	39 328	8611	27 071	3646
沈阳	26 021	7208	15 693	3120
成都	88 595	14 755	45 577	28 263
大连	24 479	6380	16 062	2037
厦门	33 025	4134	20 694	8197
哈尔滨	30 975	7867	17 817	5291
深圳	230 505	70 870	101 617	58 018
青岛	46 865	8506	30 388	7971
宁波	150 454	9730	72 841	67 883
新疆建设兵团	1640	288	1246	106

表 9　　国外三种专利有效量(2014.12)　　(单位:件)

国家和地区	2014 年			
	合计	发明	实用新型	外观设计
合计	610 143	487 807	26 101	96 235
安道尔	7	6	0	1
阿联酋	78	23	13	42
阿富汗	9	0	0	9
安提瓜和巴布达	8	5	0	3
安圭拉	3	1	2	0
亚美尼亚	2	1	0	1
荷属安的列斯群岛	90	89	0	1
安哥拉	1	0	0	1
阿根廷	25	20	3	2
美属萨摩亚	3	0	2	1
奥地利	2849	2244	161	444
澳大利亚	3573	2129	195	1249
阿塞拜疆	1	1	0	0
波斯尼亚和黑赛哥维那	1	1	0	0
巴巴多斯	397	348	4	45
孟加拉国	2	0	1	1
比利时	2872	2506	64	302
保加利亚	21	14	2	5
巴林	3	3	0	0
贝宁	1	0	0	1
百慕大群岛	444	297	60	87
文莱	48	17	22	9
巴西	649	341	50	258
巴哈马	106	86	3	17
伯利兹	35	5	21	9
加拿大	5101	4007	202	892
瑞士	16 747	12 681	760	3306
库克群岛	25	5	1	19
智利	37	34	2	1
喀麦隆	1	1	0	0
哥伦比亚	23	16	2	5
哥斯达黎加	1	0	0	1
古巴	72	72	0	0
塞浦路斯	84	57	5	22
捷克	480	106	42	332
德国	57 399	44 796	2481	10 122

续表

国家和地区	2014年			
	合计	发明	实用新型	外观设计
丹麦	3796	2798	105	893
多米尼加	3	1	2	0
阿尔及利亚	2	0	0	2
厄瓜多尔	5	3	0	2
爱沙尼亚	18	10	0	8
埃及	25	5	1	19
西班牙	1740	894	86	760
埃塞俄比亚	1	0	0	1
芬兰	5907	4880	262	765
法国	22 644	17 773	876	3995
英国	9554	6863	427	2264
格鲁吉亚	4	1	0	3
直布罗陀	15	14	0	1
希腊	91	60	1	30
克罗地亚	11	8	2	1
匈牙利	182	153	10	19
印度尼西亚	72	16	7	49
爱尔兰	765	682	24	59
以色列	1729	1250	162	317
印度	716	586	26	104
伊拉克	5	0	3	2
伊朗	7	3	3	1
冰岛	96	96	0	0
意大利	9414	5864	290	3260
泽西岛	3	3	0	0
约旦	1	0	1	0
日本	244 247	200 736	9960	33 551
肯尼亚	1	1	0	0
吉尔吉斯斯坦	1	1	0	0
圣基茨和尼维斯	3	2	1	0
朝鲜	4	3	1	0
韩国	48 866	38 925	1151	8790
科威特	3	2	0	1
开曼群岛	1739	1125	282	332
哈萨克斯坦	15	11	4	0
黎巴嫩	8	0	4	4
圣卢西亚	2	2	0	0

续表

国家和地区	2014 年			
	合计	发明	实用新型	外观设计
列支敦士登	524	340	1	183
斯里兰卡	2	2	0	0
立陶宛	9	2	1	6
卢森堡	1291	1001	63	227
拉脱维亚	26	18	2	6
摩洛哥	10	7	0	3
摩纳哥	41	36	0	5
摩尔多瓦	1	1	0	0
马达加斯加	2	2	0	0
马绍尔群岛	0	0	0	0
马里	4	2	2	0
蒙古	2	2	0	0
马耳他	61	57	1	3
毛里求斯	128	113	4	11
墨西哥	277	201	6	70
马来西亚	568	213	78	277
尼日利亚	7	0	2	5
荷兰	15 512	13 164	263	2085
挪威	1144	954	27	163
尼泊尔	3	0	2	1
新西兰	505	323	24	158
阿曼	0	0	0	0
巴拿马	182	156	2	24
秘鲁	3	1	2	0
菲律宾	65	48	4	13
巴基斯坦	4	1	2	1
波兰	183	85	10	88
波多黎各	3	0	1	2
葡萄牙	101	66	2	33
卡塔尔	3	1	0	2
罗马尼亚	4	3	1	0
塞尔维亚	2	2	0	0
俄罗斯	576	341	110	125
沙特阿拉伯	309	131	4	174
塞舌尔	67	35	20	12

续表

国家和地区	2014 年			
	合计	发明	实用新型	外观设计
瑞典	10 549	8798	286	1465
新加坡	2041	1318	201	522
斯洛文尼亚	100	84	1	15
斯洛伐克	34	13	2	19
圣马力诺	3	3	0	0
萨尔瓦多	2	2	0	0
叙利亚	1	0	1	0
特克斯和凯科斯群岛	1	0	0	1
泰国	166	45	28	93
突尼斯	1	1	0	0
汤加	0	0	0	0
土耳其	455	172	45	238
特立尼达和多巴哥	3	3	0	0
坦桑尼亚	2	0	1	1
乌克兰	40	18	15	7
美国	129 563	106 009	6663	16 891
乌拉圭	7	7	0	0
乌兹别克斯坦	2	1	1	0
圣文森特和格林纳丁斯	24	24	0	0
委内瑞拉	22	21	0	1
英属维尔京群岛	1857	747	346	764
越南	22	4	2	16
萨摩亚	272	166	68	38
也门	4	0	0	4
南斯拉夫	3	3	0	0
南非	457	377	18	62

表 10　　**国际申请业务进展统计表(1985.4～2014.12)**　　(单位:件)

项　　目	总累计	2014 年
收到国际申请	132 565	26 169
寄出国际申请登记本	104 781	0
收到国际申请检索本	107 781	0
寄出国际检索报告	92 757	0
收到国际初步审查要求书	6911	0
寄出国际初步审查报告	6693	0
进入中国国内阶段的国际申请(发明)	761 921	79 612
进入中国国内阶段的国际申请(实用新型)	3493	989

二、专利行政执法

表 11　　2014 年各地区管理专利工作的部门专利执法统计表　　(单位:件)

地区	类别/时间	侵权纠纷		其他纠纷		查处假冒专利案件
		立案	结案	立案	结案	结案
合计	总累计	32 714	27 247	3545	3012	50 842
	2014	7671	7640	549	548	16 259
北京	总累计	661	551	224	221	619
	2014	80	66	0	0	281
天津	总累计	230	204	35	33	878
	2014	42	41	7	7	277
河北	总累计	791	685	115	120	1215
	2014	189	212	20	25	141
山西	总累计	109	81	51	38	89
	2014	6	0	0	0	11
内蒙古	总累计	137	124	11	11	1452
	2014	8	8	0	0	369
辽宁	总累计	416	397	197	164	1317
	2014	17	15	19	18	398
吉林	总累计	257	244	58	50	230
	2014	39	79	2	2	28
黑龙江	总累计	497	449	219	195	550
	2014	63	59	42	36	261
上海	总累计	777	742	71	72	276
	2014	108	104	3	3	34
江苏	总累计	2055	1573	307	296	7462
	2014	477	484	149	158	3055
浙江	总累计	5694	5317	538	466	856
	2014	2963	3008	179	179	364
安徽	总累计	570	421	31	22	1276
	2014	136	113	2	0	223
福建	总累计	736	542	43	43	1613
	2014	113	65	4	4	834
江西	总累计	441	288	40	27	986
	2014	77	80	1	1	287
山东	总累计	2825	2296	192	183	8507
	2014	347	296	7	7	2188
河南	总累计	1883	1334	139	90	2256
	2014	243	353	9	10	826
湖北	总累计	1184	959	231	178	2081
	2014	156	128	42	37	752

续表

地区	类别/时间	侵权纠纷		其他纠纷		查处假冒专利案件
		立案	结案	立案	结案	结案
湖南	总累计	1163	922	303	273	7526
	2014	156	138	53	51	2606
广东	总累计	8102	6699	214	188	3070
	2014	1811	1796	5	6	739
广西	总累计	174	148	55	38	347
	2014	11	11	1	1	254
海南	总累计	95	87	9	8	264
	2014	4	0	0	0	32
重庆	总累计	396	358	151	43	244
	2014	147	176	0	0	83
四川	总累计	1123	991	143	118	1782
	2014	140	156	0	0	529
贵州	总累计	209	150	25	21	1855
	2014	37	31	0	0	735
云南	总累计	304	245	29	22	686
	2014	48	58	0	0	95
西藏	总累计	11	9	0	0	10
	2014	0	0	0	0	0
陕西	总累计	404	280	32	28	1499
	2014	79	31	1	0	384
甘肃	总累计	265	163	25	18	367
	2014	35	18	0	0	229
青海	总累计	30	26	9	10	65
	2014	7	6	0	0	1
宁夏	总累计	183	168	27	18	122
	2014	6	6	0	0	25
新疆	总累计	992	794	21	18	1342
	2014	126	102	3	3	218

三、中国专利金奖

表 12　　中国专利金奖分布统计表　　（单位：件）

地　区	总　计	第十六届
合计	232	20
北京	61	4
天津	5	0
河北	3	0
辽宁	10	1

续表

地　区	总　计	第十六届
吉林	2	0
黑龙江	3	0
上海	16	0
江苏	16	3
浙江	6	1
安徽	6	1
福建	2	0
江西	1	1
山东	12	1
河南	7	0
湖北	6	1
湖南	9	2
广东	32	4
广西	1	0
海南	4	1
重庆	5	0
四川	5	0
贵州	2	0
云南	3	0
陕西	12	0
甘肃	1	0
青海	1	0
宁夏	1	0

（本统计数据由国家知识产权局规划发展司提供）

商 标

一、商标申请与注册

表 1　　2014 年度商标申请与注册概况表　　（单位：件）

项目	国内	国际	马德里	合计
申请商标	2 139 973	93 284	52 101	2 285 358
续展申请	114 355	17 534	7245	139 134
异议申请	31 099	12 005	294	43 398
变更申请	138 329	28 105	5946	172 380
转让申请	105 114	11 665	3129	119 908
注销申请	5424		6064	30 233
撤销申请	18 745			
许可合同备案申请	23 128			23 128
注册商标	1 242 840	86 394	45 870	1 375 104
审定商标	1 520 729		26 233	1 546 962
核驳商标	456 221		24 329	480 550
部分核驳商标	398 871			398 871
变更注册商标	143 798		6938	150 736
转让注册商标	133 214		4986	138 200
续展注册商标	111 091		5669	116 760
注销注册商标	53 193		2885	65 575
撤销注册商标	9497			
许可合同备案办理	32 325			32 325
补发商标注册证	4689			4689

表 2　　2014 年度各省、自治区、直辖市商标申请与注册统计表　　（单位：件）

省、自治区、直辖市	申请件数	注册件数	有效注册量
北京	191 152	91 252	545 713
天津	25 195	16 324	91 133
河北	55 460	30 710	191 929
山西	16 852	10 146	61 269
内蒙古	17 609	9788	64 702
辽宁	37 088	24 591	151 170
吉林	18 813	10 252	70 672
黑龙江	23 672	12 861	94 475
上海	137 615	76 482	431 987
江苏	122 817	79 943	516 356

续表

省、自治区、直辖市	申请件数	注册件数	有效注册量
浙江	196 993	133 874	965 127
安徽	47 243	29 568	149 904
福建	101 530	73 181	431 206
江西	31 637	19 013	104 915
山东	107 620	64 841	393 880
河南	73 789	40 853	218 631
湖北	46 054	25 851	154 420
湖南	51 147	29 364	161 705
广东	406 393	223 470	1 314 188
广西	18 828	11 882	68 258
海南	10 510	4946	31 662
四川	73 864	46 523	259 281
贵州	19 000	14 307	54 270
云南	33 099	20 059	106 240
西藏	1824	906	4548
陕西	38 903	28 496	130 237
甘肃	8600	4224	27 576
青海	3480	2094	10 829
宁夏	4698	2506	15 693
新疆	17 051	11 760	64 230
重庆	46 001	33 960	148 152
香港	76 054	47 385	217 273
澳门	1202	440	3080
台湾	14 676	10 988	109 672
合计	2 076 469	1 242 840	7 364 383

注：由于不予受理件未电子化，以上各省数据的申请量不含不予受理量。

表 3　　2014 年度外国（地区）在华商标申请统计表　　（单位：件）

外国（地区）	外国（地区）申请件数	马德里申请件数	合计
阿尔及利亚	19	0	19
阿富汗	27	0	27
阿根廷	169	0	169
阿联酋	471	18	489
阿曼	7	0	7
阿塞拜疆	18	1	19
埃及	64	7	71
埃塞俄比亚	4	0	4
爱尔兰	268	243	511
爱沙尼亚	16	53	69
安道尔	2	1	3

续表

外国(地区)	外国(地区)申请件数	马德里申请件数	合计
安哥拉	9	0	9
安圭拉	136	0	136
奥地利	273	893	1166
澳大利亚	2315	1441	3756
巴巳多斯	49	16	65
巴哈马	71	16	87
巴基斯坦	37	0	37
巴拉圭	5	0	5
巴勒斯坦	1	0	1
巴林	3	0	3
巴拿马	69	28	97
巴西	483	2	485
白俄罗斯	4	93	97
百慕大群岛	126	43	169
保加利亚	21	142	163
贝宁	3	0	3
比利时	207	945	1152
冰岛	14	69	83
波多黎各	5	0	5
波兰	222	327	549
波斯尼亚和黑塞哥维那	0	1	1
玻利维亚	8	0	8
伯利兹	104	8	112
不丹	1	0	1
朝鲜	5	4	9
丹麦	691	856	1547
德国	4099	8732	12 831
多哥	1	0	1
多米尼加	18	0	18
俄罗斯	446	1567	2013
厄瓜多尔	18	0	18
法国	3874	5996	9870
菲律宾	110	13	123
斐济	2	8	10
芬兰	370	710	1080
刚果	3	0	3
哥伦比亚	90	28	118
哥斯达黎加	20	0	20

续表

外国(地区)	外国(地区)申请件数	马德里申请件数	合计
格鲁吉亚	1	3	4
古巴	1	4	5
哈萨克斯坦	18	70	88
韩国	9211	761	9972
荷兰	1359	1631	2990
荷属安的列斯群岛	10	0	10
黑山	0	5	5
洪都拉斯	1	0	1
吉尔吉斯斯坦	5	7	12
几内亚	4	0	4
加拿大	1987	48	2035
加纳	1	0	1
柬埔寨	10	0	10
捷克	70	277	347
捷克斯洛伐克	9	0	9
卡塔尔	36	2	38
开曼群岛	3667	2	3669
科特迪瓦	2	0	2
科威特	57	0	57
克罗地亚	26	25	51
肯尼亚	3	1	4
库克群岛	21	0	21
库拉索	3	30	33
库拉索岛	5	0	5
拉脱维亚	7	23	30
黎巴嫩	33	0	33
立陶宛	4	35	39
利比里亚	6	0	6
利比亚	12	0	12
列支敦士登	63	133	196
卢森堡	297	474	771
罗马尼亚	25	66	91
马达加斯加	0	13	13
马恩岛	90	0	90
马耳他	81	324	405
马来西亚	962	3	965
马里	5	0	5
马其顿	0	3	3

续表

外国(地区)	外国(地区)申请件数	马德里申请件数	合计
马绍尔群岛	126	0	126
毛里求斯	48	0	48
美国	25 008	4803	29 811
美属维尔京群岛	2	0	2
蒙古	14	4	18
孟加拉国	26	0	26
秘鲁	29	0	29
缅甸	23	0	23
摩尔多瓦	0	36	36
摩洛哥	46	77	123
摩纳哥	119	146	265
莫桑比克	4	2	6
墨西哥	349	16	365
纳米比亚	3	0	3
南非	249	0	249
尼泊尔	5	0	5
尼日利亚	41	0	41
挪威	142	363	505
葡萄牙	138	312	450
日本	11 182	2872	14 054
瑞典	609	799	1408
瑞士	1810	3965	5775
塞尔维亚	0	30	30
塞拉利昂	1	0	1
塞内加尔	2	0	2
塞浦路斯	52	200	252
塞舌尔	217	14	231
沙特阿拉伯	174	0	174
圣多美和普林西比	1	0	1
圣基茨和尼维斯	2	0	2
圣卢西亚	2	0	2
圣马力诺	16	12	28
斯里兰卡	30	0	30
斯洛伐克	9	153	162
斯洛文尼亚	9	74	83
苏丹	11	0	11
塔吉克斯坦	5	0	5
泰国	690	6	696

续表

外国(地区)	外国(地区)申请件数	马德里申请件数	合计
坦桑尼亚	11	0	11
特立尼达和多巴哥	1	0	1
突尼斯	40	2	42
土尔耳	11	0	11
土耳其	297	617	914
土库曼斯坦	5	0	5
危地马拉	13	0	13
委内瑞拉	41	0	41
文莱	33	0	33
乌干达	3	0	3
乌克兰	42	232	274
乌拉圭	38	0	38
乌兹别克斯坦	2	0	2
西班牙	1032	1270	2302
萨摩亚	120	0	120
希腊	55	89	144
新加坡	1907	503	2410
新西兰	979	364	1343
匈牙利	37	103	140
叙利亚	20	0	20
牙买加	9	0	9
亚美尼亚	2	34	36
也门	11	0	11
伊拉克	70	0	70
伊朗	170	67	237
以色列	240	179	419
意大利	2573	4224	6797
印度	421	63	484
印度尼西亚	311	6	317
英国	5654	3980	9634
英吉利海峡群岛	66	0	66
英属维尔京群岛	4095	185	4280
英属西印度群岛	104	0	104
约旦	56	0	56
越南	144	59	203
泽西岛	7	2	9
直布罗陀	4	37	41
智利	395	0	395
合计	93 284	52 101	145 385

表 4　2014 年度外国(地区)在华商标注册统计表　(单位:件)

外国(地区)	外国(地区)注册件数	马德里注册件数	合计
阿尔巴尼亚	5	0	5
阿尔及利亚	14	5	19
阿富汗	25	0	25
阿根廷	120	0	120
阿联酋	310	4	314
阿曼	2	0	2
阿塞拜疆	37	46	83
埃及	57	9	66
埃塞俄比亚	6	0	6
爱尔兰	310	107	417
爱沙尼亚	20	56	76
安道尔	3	0	3
安哥拉	6	0	6
安圭拉	144	0	144
安提瓜和巴布达	1	0	1
奥地利	288	800	1088
澳大利亚	1777	1069	2846
巴巴多斯	53	1	54
巴布亚新几内亚	9	0	9
巴哈马	139	1	140
巴基斯坦	35	0	35
巴拉圭	2	0	2
巴林	4	0	4
巴拿马	91	8	99
巴西	390	0	390
白俄罗斯	2	67	69
百慕大群岛	151	0	151
保加利亚	26	172	198
贝宁	2	0	2
比利时	437	901	1338
冰岛	7	86	93
波多黎各	7	0	7
波兰	101	236	337
玻利维亚	3	0	3
伯利兹	44	0	44
朝鲜	1	0	1
丹麦	970	665	1635
德国	4074	8092	12 166
多哥	4	0	4

续表

外国(地区)	外国(地区)注册件数	马德里注册件数	合计
多米尼加	5	11	16
俄罗斯	258	1496	1754
厄瓜多尔	34	0	34
法国	3404	5513	8917
法属波利尼西亚	1	0	1
菲律宾	61	33	94
斐济	1	18	19
芬兰	367	793	1160
刚果	3	0	3
哥伦比亚	60	24	84
哥斯达黎加	9	0	9
格鲁吉亚	3	11	14
古巴	6	1	7
哈萨克斯坦	7	124	131
韩国	5495	590	6085
荷兰	1104	1353	2457
荷属安的列斯群岛	116	0	116
吉尔吉斯斯坦	2	5	7
加拿大	1481	39	1520
加纳	1	0	1
柬埔寨	1	0	1
捷克	89	177	266
津巴布韦	2	0	2
喀麦隆	2	0	2
卡塔尔	19	0	19
开曼群岛	1952	10	1962
科特迪瓦	9	0	9
科威特	28	0	28
克罗地亚	2	67	69
肯尼亚	5	2	7
库克群岛	12	0	12
拉脱维亚	1	21	22
黎巴嫩	40	6	46
立陶宛	4	23	27
利比亚	6	0	6
列支敦士登	127	109	236
卢森堡	255	417	672
罗马尼亚	20	77	97
马恩岛	143	0	143

续表

外国(地区)	外国(地区)注册件数	马德里注册件数	合计
马耳他	39	71	110
马拉维	1	0	1
马来西亚	816	7	823
马里	1	0	1
马其顿	0	9	9
马绍尔群岛	57	0	57
毛里求斯	32	3	35
毛里塔尼亚	1	0	1
美国	23 190	4183	27 373
美属维尔京群岛	11	0	11
蒙古	11	13	24
孟加拉国	12	0	12
秘鲁	29	2	31
缅甸	18	0	18
摩尔多瓦	0	24	24
摩洛哥	13	21	34
摩纳哥	28	166	194
莫桑比克	0	2	2
墨西哥	346	13	359
南非	272	4	276
尼日利亚	20	0	20
挪威	76	312	388
葡萄牙	140	204	344
日本	16 251	2841	19 092
瑞典	598	757	1355
瑞士	1646	3594	5240
塞尔维亚	5	0	5
塞尔维亚和黑山	1	13	14
塞内加尔	4	0	4
塞浦路斯	52	347	399
塞舌尔	214	3	217
沙特阿拉伯	88	0	88
圣基茨和尼维斯	1	0	1
圣马力诺	4	14	18
斯里兰卡	17	1	18
斯洛伐克	47	181	228
斯洛文尼亚	6	85	91
苏丹	1	0	1
苏里南	1	0	1

续表

外国（地区）	外国（地区）注册件数	马德里注册件数	合计
泰国	487	6	493
坦桑尼亚	13	0	13
突尼斯	8	1	9
土尔耳	5	0	5
土耳其	210	682	892
瓦努阿图	2	0	2
危地马拉	10	0	10
委内瑞拉	44	0	44
文莱	70	0	70
乌干达	2	0	2
乌克兰	56	206	262
乌拉圭	16	0	16
乌兹别克斯坦	10	0	10
西班牙	1237	1031	2268
萨摩亚	336	0	336
希腊	86	78	164
新加坡	1642	187	1829
新西兰	871	190	1061
匈牙利	33	59	92
叙利亚	47	0	47
牙买加	10	0	10
亚美尼亚	5	11	16
也门	16	0	16
伊拉克	40	0	40
伊朗	80	0	80
以色列	209	27	236
意大利	2420	4041	6461
印度	579	9	588
印度尼西亚	57	4	61
英国	5641	3107	8748
英吉利海峡群岛	30	0	30
英属根西岛	4	0	4
英属维尔京群岛	2789	54	2843
英属西印度群岛	76	0	76
约旦	34	0	34
越南	81	42	123
泽西岛	25	3	28
直布罗陀	13	15	28
智利	239	2	241
合计	86 394	45 870	132 264

表 5　　2014 年度按类申请和注册商标统计表　　（单位：件）

类别	申请				注册			
	国内	国际	马德里	合计	国内	国际	马德里	合计
1	29 901	1660	1075	32 636	21 625	1781	971	24 377
2	14 601	614	366	15 581	9951	639	335	10 925
3	71 672	5381	2023	79 076	37 517	4289	1780	43 586
4	11 760	698	410	12 868	8166	692	327	9185
5	64 149	4312	2197	70 658	39 495	3738	1906	45 139
6	34 111	1366	978	36 455	24 711	1513	887	27 111
7	49 835	2727	1888	54 450	39 702	3233	1748	44 683
8	12 396	1001	613	14 010	9397	938	565	10 900
9	127 359	8539	5125	141 023	71 833	7937	4451	84 221
10	23 851	2075	1198	27 124	13 855	1809	1109	16 773
11	76 186	2596	1528	80 310	46 527	2557	1307	50 391
12	38 761	2150	1144	42 055	21 784	1850	980	24 614
13	2974	117	82	3173	2503	144	75	2722
14	39 822	1789	1256	42 867	20 614	1694	1094	23 402
15	5501	352	115	5968	3729	279	117	4125
16	35 710	2782	1591	40 083	23 652	2651	1491	27 794
17	14 338	814	655	15 807	11 470	998	579	13 047
18	40 119	3011	1708	44 838	31 203	3133	1648	35 984
19	34 231	591	539	35 361	23 700	807	562	25 069
20	53 660	1518	1011	56 189	31 377	1495	918	33 790
21	37 682	2057	973	40 712	24 741	1934	933	27 608
22	6609	369	224	7202	5088	333	207	5628
23	4620	151	98	4869	3929	172	92	4193
24	29 797	1279	763	31 839	21 333	1311	760	23 404
25	210 804	6268	2895	219 967	139 981	6265	2561	148 807
26	9052	490	262	9804	6903	479	262	7644
27	12 233	520	277	13 030	7009	407	261	7677
28	31 163	2234	1182	34 579	18 784	2077	987	21 848
29	86 686	2908	977	90 571	53 519	2279	828	56 626
30	119 296	3925	1307	124 528	69 943	3119	1153	74 215
31	58 626	850	433	59 909	38 492	755	409	39 656
32	43 348	2105	997	46 450	22 305	1488	794	24 587
33	49 694	3036	1232	53 962	35 806	3019	1216	40 041
34	6712	363	285	7360	3995	340	260	4595
35	182 490	5979	3459	191 928	91 814	6258	2774	100 846
36	38 055	1538	748	40 341	17 773	1268	637	19 678
37	28 598	1132	1218	30 948	19 500	1346	1023	21 869

续表

类别	申请				注册			
	国内	国际	马德里	合计	国内	国际	马德里	合计
38	24 629	1162	897	26 688	10 244	880	857	11 981
39	26 928	1156	710	28 794	15 561	918	558	17 037
40	15 955	588	653	17 196	11 082	719	555	12 356
41	66 174	3582	2139	71 895	31 615	2948	1735	36 298
42	73 669	2952	2947	79 568	31 553	2607	2581	36 741
43	88 379	2650	725	91 754	44 180	1819	612	46 611
44	29 918	1210	735	31 863	17 199	919	542	18 660
45	14 415	687	463	15 565	7680	557	423	8660
合计	2 076 469	93 284	52 101	2 221 854	1 242 840	86 394	45 870	1 375 104

注：由于不予受理件未电子化，以上数据不含不予受理量。

表 6　　1979～2014 年商标注册申请及核准注册商标统计表　　（单位：件）

年度	申请				核准注册			
	国内	国际	马德里	合计	国内	国际	马德里	合计
1979	0	0	0	0	27 459	5130	0	32 589
1980	0	0	0	26 177	15 348	1297	0	16 645
1981	0	0	0	23 004	15 707	2049	0	17 756
1982	17 000	1565	0	18 565	12 385	4672	0	17 057
1983	19 120	1687	0	20 807	4293	2278	0	6571
1984	26 487	3077	0	29 564	13 252	1518	0	14 770
1985	43 445	5798	0	49 243	19 584	2084	0	21 668
1986	45 031	5939	0	50 970	26 993	5126	0	32 119
1987	40 014	4055	0	44 069	27 687	4454	0	32 141
1988	41 683	5866	0	47 549	25 448	3604	0	29 052
1989	43 202	5209	0	48 411	31 810	4625	0	36 435
1990	50 853	4371	2048	57 272	25 966	4036	1269	31 271
1991	59 124	5885	2595	67 604	34 501	3523	2306	40 330
1992	79 837	8367	2591	90 795	42 710	4198	1180	48 088
1993	107 758	21 014	3551	132 323	42 668	3999	2059	48 726
1994	117 186	20 238	5193	142 617	47 482	7803	3016	58 301
1995	144 610	21 442	6094	172 146	59 895	12 591	19 380	91 866
1996	122 057	22 615	7132	151 804	101 178	15 843	11 407	128 428
1997	118 577	21 676	8502	148 755	188 047	24 958	10 033	223 038
1998	129 394	18 252	10 037	157 683	80 095	14 137	13 478	107 710
1999	140 620	18 883	11 212	170 715	96 139	13 896	12 366	122 401
2000	181 717	24 623	16 837	223 177	129 441	16 327	12 807	158 575
2001	229 775	23 234	17 408	270 417	167 563	19 017	16 259	202 839

续表

年度	申请				核准注册			
	国内	国际	马德里	合计	国内	国际	马德里	合计
2002	321 034	37 221	13 681	371 936	169 904	23 364	19 265	212 533
2003	405 620	33 912	12 563	452 095	206 070	21 188	15 253	242 511
2004	527 591	44 938	15 396	587 925	225 394	25 069	16 156	266 619
2005	593 382	52 166	18 469	664 017	218 731	23 792	16 009	258 532
2006	669 276	56 840	40 203	766 319	228 814	25 254	21 573	275 641
2007	604 952	59 714	43 282	707 948	215 161	19 159	29 158	263 478
2008	590 525	60 704	46 890	698 119	342 498	31 870	29 101	403 469
2009	741 763	51 966	36 748	830 477	737 228	68 471	31 944	837 643
2010	973 460	67 838	30 889	1 072 187	1 211 428	108 510	29 299	1 349 237
2011	1 273 827	95 831	47 127	1 416 785	926 330	66 074	30 294	1 022 698
2012	1 502 540	97 190	48 586	1 648 316	919 951	58 656	26 290	1 004 897
2013	1 733 361	95 177	53 008	1 881 546	909 541	59 496	27 687	996 724
2014	2 139 973	93 284	52 101	2 285 358	1 242 840	86 394	45 870	1 375 104
合计	13 834 794	1 090 577	552 143	15 526 695	8 789 541	794 462	443 459	10 027 462

二、商标评审案件

表 7 **2014 年度商标评审案件统计表**

项目	案件类型	数量(件)
评审案件申请量	驳回商标注册申请复审	77 390
	异议复审	2478
	不予注册复审	7
	撤销注册商标复审	2768
	无效宣告	5129
	合计	87 772
评审案件裁决量	驳回商标注册申请复审	85 724
	异议复审	23 298
	不予注册复审	1
	撤销注册商标复审	2033
	无效宣告	4875
	合计	115 931
参与行政诉讼	一审	7452
	二审	2015
	再审	58
	合计	9525
行政复议	申请量	287
	结案量	273

三、商标行政执法案件

表 8

2014 年全国查处商标一般违法案件统计表

项目		案件总数(件)		其中:涉外案件		案值(万元)	罚没金额(万元)	其中:立案查处(件)				收缴和销毁商标标志(件)	销毁物品(件)
		合计	其中:投诉案件	合计	其中:投诉案件			小计	其中:投诉案件	罚款10万～100万元	罚款100万元以上		
合计		5231	856	208	55	10 568	4065	2932	680	61	0	256 372	20 049
注册商标使用的管理	自行改变注册商标的	57	9	5	0	73	*	41	1	*	*	*	*
	自行改变注册商标注册人名义、地址或其他注册事项的	27	8	0	0	35	*	17	2	*	*	*	*
	自行转让注册商标的	3	0	0	0	1	*	0	*	*	*	*	*
	商品粗制滥造、以次充好、欺骗消费者的	845	172	26	18	600	624	343	79	1	0	*	*
未注册商标使用的管理	冒充注册商标的	2844	515	130	36	8802	2466	1763	477	57	0	*	*
	商品粗制滥造、以次充好、欺骗消费者的	419	27	34	0	246	235	94	12	1	0	*	*
	违反《商标法》第 6 条规定的	133	27	0	0	46	65	75	30	0	0	*	*
	违反《商标法》第 10 条规定的	56	1	0	0	61	73	30	1	0	0	*	*
违反《商标法》第 40 条第 2 款规定的		80	8	0	0	17	*	10	1	*	*	0	0
违反《商标法》第 13 条规定的		91	21	1	1	87	*	71	21	*	*	3833	6871
违反《商标印制管理办法》规定的		626	61	10	0	563	557	455	52	0	0	251 412	13 156
违法使用地理标志的		12	1	0	0	4	3	4	0	0	0	1112	0
违法使用地理标志产品专用标志的		11	1	0	0	1	0	11	1	0	0	0	0
违法使用特殊标志的		27	5	2	0	31	42	18	3	2	0	15	22

表 9

2014 年全国查处商标侵权假冒案件统计表(一)

项目		案件总数(件)		其中:涉外案件		案值(万元)	罚没金额(万元)	其中:立案查处					
		合计	其中:投诉案件	小计	其中:投诉案件			小计	其中:投诉案件	处罚程度		利用互联网实施侵权假冒案件	
										罚款10万~100万元	罚款100万元以上	案件数(件)	案值(万元)
合计		37 219	11 477	9636	3851	48 993	39 202	28 431	10 178	1148	4	416	1380
假冒商标	小计	6758	2182	2325	1056	10 930	7981	5167	2011	259	0	84	206
	未经注册商标所有人的许可,在相同商品上使用与其注册商标相同的商标的	3133	1119	1100	474	7308	3858	2405	1009	96	0	14	15
	伪造、擅自制造他人注册商标标志或者销售伪造、擅自制造的注册商标标志的	703	183	169	67	832	859	510	148	74	0	3	3
	销售明知是假冒注册商标的商品的	2922	880	1056	515	2790	3263	2252	854	89	0	67	189
商标侵权	小计	30 461	9295	7311	2795	38 064	31 222	23 264	8167	889	4	332	1174
	未经注册商标所有人的许可,在相同商品上使用与其注册商标近似的商标或在类似商品上使用与其注册商标相同或近似的商标的	5266	1377	1656	485	11 787	8032	3948	1295	245	1	33	155
	销售侵犯注册商标专用权的商品的	23 027	7464	5399	2233	21 148	20 704	17 888	6505	576	3	289	1000
	在同一种或类似商品上,将与他人注册商标相同或近似的标志作为商品名称或者商品装潢使用,误导公众的	922	157	150	45	1479	1189	529	118	15	0	4	13
	故意为侵犯他人注册商标专用权行为提供仓储、运输、邮寄、隐匿便利条件的	75	31	23	9	124	126	70	30	6	0	0	0
	未经商标注册人同意更换其注册商标并将该更换商标的商品又投入市场的	48	6	9	0	126	102	43	6	2	0	0	0
	给他人注册商标专用权造成其他损害的	321	62	28	10	418	211	166	47	2	0	2	3
	侵犯地理标志专用权的	45	11		0	223	34	26	3		0	0	0
	侵犯特殊标志所有权的	107	8	1	0	226	50	77	8	1	0	1	0
	侵犯驰名商标权益的	650	179	45	13	2533	774	517	155	42	0	3	3

表 9

2014 年全国查处商标侵权假冒案件统计表(二)

项目		没收、销毁侵权商品(件)	没收、销毁侵权商标标志(件)	没收、销毁专门用于制造侵权商品和伪造注册商标标志的工具(件)	移送司法机关					
					案件数			其中:涉外案件		
					合计	其中:投诉案件	人数	合计	其中:投诉案件	人数
合计		11 892 163	1 1881 862	43 706	*	*	*	*	*	*
假冒商标	小计	3 583 681	6 948 018	26 954	300	143	215	187	89	143
	未经注册商标所有人的许可,在相同商品上使用与其注册商标相同的商标的	2 589 898	993 247	26 667	180	106	102	113	73	61
	伪造、擅自制造他人注册商标标志或者销售伪造、擅自制造的注册商标标志的	181 916	5 863 369	158	16	5	11	9	1	7
	销售明知是假冒注册商标的商品的	811 867	91 402	129	104	32	102	65	15	75
商标侵权	小计	8 308 482	4 933 844	16 752	*	*	*	*	*	*
	未经注册商标所有人的许可,在相同商品上使用与其注册商标近似的商标或在类似商品上使用与其注册商标相同或近似的商标的	2 893 656	1 352 480	783	*	*	*	*	*	*
	销售侵犯注册商标专用权的商品的	4 941 156	2 516 372	7026	*	*	*	*	*	*
	在同一种或类似商品上,将与他人注册商标相同或近似的标志作为商品名称或者商品装潢使用,误导公众的	327 254	210 133	39	*	*	*	*	*	*
	故意为侵犯他人注册商标专用权行为提供仓储、运输、邮寄、隐匿便利条件的	23 773	144 879	29	*	*	*	*	*	*
	未经商标注册人同意更换其注册商标并将该更换商标的商品又投入市场的	9	1452	0	*	*	*	*	*	*
	给他人注册商标专用权造成其他损害的	41 165	41 931	4	*	*	*	*	*	*
	侵犯地理标志专用权的	1586	266 611	7939	*	*	*	*	*	*
	侵犯特殊标志所有权的	408	40	*	*	*	*	*	*	*
	侵犯驰名商标权益的	79 475	3 99 946	932	*	*	*	*	*	*

表 10　　2014 年全国各地区查处商标违法案件基本情况统计表

地区	一般违法				侵权假冒			
	案件总数（件）	其中：涉外案件（件）	案值（万元）	罚款金额（万元）	案件总数（件）	其中：涉外案件（件）	案值（万元）	罚款金额（万元）
合计	5231	208	10 568.13	4065.30	37 219	9636	48 993.45	39 202.21
北京	7	0	6.59	3.08	1100	402	882.54	1112.22
天津	9	0	25.90	11.10	399	8	390.55	423.55
河北	103	16	138.32	129.24	548	85	426.88	499.53
山西	67	0	31.41	32.63	476	42	173.80	211.90
内蒙古	25	0	6.08	13.93	126	1	64.87	91.68
辽宁	79	0	45.73	42.87	377	67	360.22	326.48
吉林	25	1	31.96	23.94	258	32	250.01	283.85
黑龙江	171	0	1.50	1.00	61	10	46.41	42.12
上海	69	0	1167.50	145.36	2171	1543	2794.30	1597.30
江苏	138	2	3339.68	115.17	2617	141	7847.30	4623.84
浙江	346	7	1178.50	558.96	4901	2646	7982.11	8002.89
安徽	306	0	269.93	234.95	1712	68	890.30	952.77
福建	317	24	172.76	188.98	2439	908	2749.54	2567.34
江西	44	0	77.60	29.55	264	10	400.29	218.54
山东	209	0	156.85	117.81	1055	76	1183.61	897.28
河南	431	0	839.78	231.44	2512	89	1515.96	1251.98
湖北	718	10	841.89	676.34	2627	24	6438.16	3006.15
湖南	167	0	162.21	122.38	1203	13	911.48	998.28
广东	452	73	768.29	357.79	5719	3130	8995.47	7613.96
广西	90	0	62.63	33.45	1339	34	571.14	389.76
海南	159	32	32.83	50.67	489	63	210.38	213.46
重庆	38	0	38.76	139.85	263	48	578.91	681.20
四川	313	0	379.77	291.88	1281	54	1088.68	1171.64
贵州	133	4	163.00	43.65	465	1	327.59	220.07
云南	206	0	126.60	97.08	723	10	502.73	453.26
西藏	13	0	6.64	5.88	58	0	39.11	48.41
陕西	282	35	86.15	127.64	690	71	120.38	363.80
甘肃	149	0	94.34	96.15	488	6	304.23	287.06
青海	4	0	0.02	0.05	232	10	104.63	118.33
宁夏	18	3	1.81	7.01	154	0	65.12	62.21
新疆	143	1	313.10	135.47	472	44	776.75	471.35

（本统计数据由国家工商行政管理总局商标局提供）

版 权

表 1　**2014 年全国版权合同登记情况统计表**　（单位：份）

	合计	图书	期刊	音像制品	电子出版物	软件	电影	电视节目	其他
合计	17 376	16 214	148	130	194	276	0	10	404
北京	8792	8555	145	0	61	31	0	0	0
天津	564	531	0	0	1	32	0	0	0
河北	117	116	0	0	0	1	0	0	0
山西	47	47	0	0	0	0	0	0	0
内蒙古	0	0	0	0	0	0	0	0	0
辽宁	238	233	0	0	0	5	0	0	0
吉林	152	152	0	0	0	0	0	0	0
黑龙江	90	90	0	0	0	0	0	0	0
上海	1333	1074	0	127	127	5	0	0	0
江苏	1615	1224	0	0	0	6	0	0	385
浙江	526	344	0	0	0	182	0	0	0
安徽	361	360	0	0	1	0	0	0	0
福建	51	50	0	1	0	0	0	0	0
江西	361	361	0	0	0	0	0	0	0
山东	396	396	0	0	0	0	0	0	0
河南	344	344	0	0	0	0	0	0	0
湖北	390	390	0	0	0	0	0	0	0
湖南	284	269	3	2	4	1	0	4	1
广东	213	186	0	0	0	3	0	6	18
广西	318	318	0	0	0	0	0	0	0
海南	186	186	0	0	0	0	0	0	0
重庆	281	281	0	0	0	0	0	0	0
四川	217	217	0	0	0	0	0	0	0
贵州	4	4	0	0	0	0	0	0	0
云南	120	120	0	0	0	0	0	0	0
西藏	0	0	0	0	0	0	0	0	0
陕西	349	339	0	0	0	10	0	0	0
甘肃	1	1	0	0	0	0	0	0	0
青海	0	0	0	0	0	0	0	0	0
宁夏	1	1	0	0	0	0	0	0	0
新疆	25	25	0	0	0	0	0	0	0

表 2　　2014 年全国作品自愿登记情况统计表　　（单位：件）

	合计	文字	口述	音乐	曲艺	舞蹈	杂技	美术	摄影	建筑	影视	设计图	地图	模型	其他
合计	997 350	349 885	0	6094	73	19	26	187 408	424 449	116	11 222	4116	101	59	13 782
中国版权保护中心	84 950	11 802	0	1477	1	7	1	58 032	1464	9	4916	1130	0	2	6109
北京	510 843	185 321	0	2660	0	3	0	3276	318 191	0	489	155	32	12	704
天津	87	25	0	5	2	0	0	49	0	0	2	2	0	0	2
河北	237	96	0	5	0	0	0	133	1	0	0	0	1	0	1
山西	541	24	0	22	0	1	0	28	457	0	3	2	0	0	4
内蒙古	111	23	0	5	3	1	0	65	0	0	10	1	0	0	3
辽宁	10 348	4677	0	304	53	0	0	1182	255	0	1074	12	0	0	2791
吉林	716	66	0	90	0	0	0	404	0	0	0	0	0	4	152
黑龙江	3080	2935	0	71	0	1	22	30	1	0	10	3	0	1	6
上海	187 835	120 614	0	84	0	0	0	19 351	43 171	0	3796	161	19	11	628
江苏	53 010	8670	0	181	1	1	0	30 319	12 085	0	5	1137	18	6	587
浙江	15 287	243	0	22	0	0	0	14 761	39	0	73	10	5	0	134
安徽	1292	169	0	7	0	0	0	280	0	0	26	808	0	0	2
福建	24 917	213	0	214	0	0	0	24 230	105	97	10	18	0	0	30
江西	1680	68	0	150	0	1	0	1364	57	0	2	0	8	7	23
山东	40 402	10 012	0	7	2	0	0	14 248	16 042	1	26	21	0	1	42
河南	792	239	0	8	1	0	0	424	1	0	18	36	0	0	65
湖北	2015	524	0	32	1	0	0	964	353	0	8	125	2	1	5
湖南	1842	228	0	19	2	0	0	1039	2	7	488	3	0	0	54
广东	15 782	386	0	133	0	1	0	9320	4161	2	186	421	9	14	1149
广西	173	80	0	26	1	0	3	55	0	0	0	2	0	0	6
海南	87	20	0	3	0	0	0	30	0	0	26	0	0	0	8
重庆	36 288	1719	0	390	0	0	0	5481	27 442	0	0	0	0	0	1256
四川	2023	738	0	35	0	1	0	769	433	0	36	11	0	0	0
贵州	122	13	0	1	1	0	0	105	0	0	0	0	0	0	2
云南	238	83	0	50	0	0	0	101	4	0	0	0	0	0	0
西藏	0	0	0	0	0	0	0	0	0	0	0	0	0	0	0
陕西	1002	669	0	29	5	0	0	173	105	0	15	1	2	0	3
甘肃	161	25	0	6	0	0	0	124	0	0	0	2	0	0	4
青海	31	13	0	0	0	0	0	17	1	0	0	0	0	0	0
宁夏	136	93	0	3	0	0	0	36	0	0	3	0	1	0	0
新疆	1322	97	0	55	0	2	0	1018	79	0	0	55	4	0	12

表 3 **2014 年版权输出地汇总表** (单位:种)

输出版权总数 / 版权购买者所在国家或地区名称	合计	图书	录音制品	录像制品	电子出版物	软件	电影	电视节目	其他
	10 293	8088	139	73	433	5	0	1555	0
美国	1216	734	53	66	139	5	0	219	0
英国	507	410	0	0	38	0	0	59	0
德国	408	304	0	0	46	0	0	58	0
法国	371	313	0	0	0	0	0	58	0
俄罗斯	226	177	9	0	40	0	0	0	0
加拿大	129	67	1	0	0	0	0	61	0
新加坡	416	248	12	0	36	0	0	120	0
日本	388	346	0	0	27	0	0	15	0
韩国	642	623	6	0	11	0	0	2	0
中国香港地区	437	277	34	0	1	0	0	125	0
中国澳门地区	107	13	0	0	0	0	0	94	0
中国台湾地区	2412	2284	9	0	54	0	0	65	0
其他	3034	2292	15	7	41	0	0	679	0

表 4 **2014 年全国版权输出情况统计表** (单位:种)

	合计	图书	录音制品	录像制品	电子出版物	软件	电影	电视节目	其他
合计	10 293	8088	139	73	433	5	0	1555	0
北京	4331	3782	52	7	387	5	0	98	0
天津	38	38	0	0	0	0	0	0	0
河北	68	68	0	0	0	0	0	0	0
山西	40	31	9	0	0	0	0	0	0
内蒙古	54	0	54	0	0	0	0	0	0
辽宁	211	211	0	0	0	0	0	0	0
吉林	96	96	0	0	0	0	0	0	0
黑龙江	35	35	0	0	0	0	0	0	0
上海	1658	174	0	0	27	0	0	1457	0
江苏	382	382	0	0	0	0	0	0	0
浙江	324	324	0	0	0	0	0	0	0
安徽	912	912	0	0	0	0	0	0	0
福建	377	364	0	0	13	0	0	0	0
江西	420	414	0	0	6	0	0	0	0
山东	189	189	0	0	0	0	0	0	0

续表

	合计	图书	录音制品	录像制品	电子出版物	软件	电影	电视节目	其他
河南	25	25	0	0	0	0	0	0	0
湖北	306	306	0	0	0	0	0	0	0
湖南	110	110	0	0	0	0	0	0	0
广东	271	181	24	66	0	0	0	0	0
广西	164	164	0	0	0	0	0	0	0
海南	0	0	0	0	0	0	0	0	0
重庆	74	74	0	0	0	0	0	0	0
四川	52	52	0	0	0	0	0	0	0
贵州	0	0	0	0	0	0	0	0	0
云南	9	9	0	0	0	0	0	0	0
西藏	0	0	0	0	0	0	0	0	0
陕西	32	32	0	0	0	0	0	0	0
甘肃	68	68	0	0	0	0	0	0	0
青海	0	0	0	0	0	0	0	0	0
宁夏	0	0	0	0	0	0	0	0	0
新疆	47	47	0	0	0	0	0	0	0

表 5 **2014 年版权引进地汇总表** （单位：种）

	合计	图书	录音制品	录像制品	电子出版物	软件	电影	电视节目	其他
引进版权总数 / 原版权所在国家或地区名称	16 695	15 542	208	451	120	46	8	316	4
美国	5451	4840	41	404	25	19	6	116	0
英国	2842	2655	2	37	27	5	0	115	1
德国	841	807	18	0	7	6	0	2	1
法国	779	754	0	0	6	6	1	10	2
俄罗斯	98	97	0	0	1	0	0	0	0
加拿大	165	160	0	0	1	1	0	3	0
新加坡	213	211	0	0	1	0	0	1	0
日本	1783	1736	11	7	20	2	0	7	0
韩国	1216	1160	12	3	11	1	0	29	0
中国香港地区	229	181	37	0	2	0	1	8	0
中国澳门地区	8	8	0	0	0	0	0	0	0
中国台湾地区	1270	1171	81	0	6	1	0	11	0
其他	1800	1762	6	0	13	5	0	14	0

表 6　2014 年全国版权引进情况统计表　（单位：种）

	合计	图书	录音制品	录像制品	电子出版物	软件	电影	电视节目	其他
合计	16 695	15 542	208	451	120	46	8	316	4
北京	8647	8555	0	0	61	31	0	0	0
天津	361	346	0	0	15	0	0	0	0
河北	117	116	0	0	0	1	0	0	0
山西	36	36	0	0	0	0	0	0	0
内蒙古	2	1	0	0	0	0	0	1	0
辽宁	238	233	0	0	0	5	0	0	0
吉林	144	144	0	0	0	0	0	0	0
黑龙江	146	146	0	0	0	0	0	0	0
上海	2047	1459	140	95	32	2	8	311	0
江苏	441	435	0	0	0	6	0	0	0
浙江	334	334	0	0	0	0	0	0	0
安徽	361	361	0	0	0	0	0	0	0
福建	51	50	1	0	0	0	0	0	0
江西	318	315	3	0	0	0	0	0	0
山东	396	396	0	0	0	0	0	0	0
河南	283	283	0	0	0	0	0	0	0
湖北	486	486	0	0	0	0	0	0	0
湖南	284	269	0	2	4	1	0	4	4
广东	492	74	64	354	0	0	0	0	0
广西	318	318	0	0	0	0	0	0	0
海南	171	163	0	0	8	0	0	0	0
重庆	343	343	0	0	0	0	0	0	0
四川	165	165	0	0	0	0	0	0	0
贵州	46	46	0	0	0	0	0	0	0
云南	110	110	0	0	0	0	0	0	0
西藏	0	0	0	0	0	0	0	0	0
陕西	325	325	0	0	0	0	0	0	0
甘肃	7	7	0	0	0	0	0	0	0
青海	0	0	0	0	0	0	0	0	0
宁夏	1	1	0	0	0	0	0	0	0
新疆	25	25	0	0	0	0	0	0	0

表 7

2014 年全国版权执法情况统计表

案件查处		收缴盗版品	
项目	本年度数量	项目	本年度数量(种)
行政处罚数量(件)	4728	合计	16 665 890
案件移送数量(件)	366	书刊	6 117 975
检查经营单位数量(个)	1 063 061	软件	673 163
取缔违法经营单位数量(个)	8686	音像制品	9 224 736
查获地下窝点数量(个)	482	电子出版物	333 876
罚款金额(元)	13 499 937	其他	316 140

(本统计数据由国家版权局版权管理司提供)

集成电路布图设计

表 1　　2014 年集成电路布图设计登记申请统计表　　（单位：件）

地区	申请数量
合计	1768
国内	
北京	177
天津	17
河北	4
山西	0
内蒙古	0
辽宁	26
吉林	1
黑龙江	0
上海	466
江苏	273
浙江	127
安徽	75
福建	45
江西	16
山东	6
河南	0
湖北	7
湖南	12
广东	271
广西	0
海南	0
重庆	27
四川	49
贵州	1
云南	0
西藏	0
陕西	50
甘肃	0

续表

地区	申请数量
青海	0
宁夏	0
新疆	0
香港	4
国外	
美国	113
英属维尔京群岛	1

表 2　2014 年集成电路布图设计登记发证统计表　（单位：件）

地区	发证数量
合计	1536
国内	
北京	146
天津	18
河北	4
山西	0
内蒙古	0
辽宁	5
吉林	1
黑龙江	0
上海	346
江苏	265
浙江	110
安徽	88
福建	31
江西	8
山东	6
河南	0
湖北	11
湖南	4
广东	253
广西	2
海南	0
重庆	8
四川	60
贵州	0

续表

地区	发证数量
云南	0
西藏	0
陕西	52
甘肃	0
青海	0
宁夏	0
新疆	0
香港	4
国外	
美国	113
英属维尔京群岛	1

（本统计数据由国家知识产权局规划发展司提供）

农业植物新品种

1999～2014 年品种权申请情况汇总表

表 1　　根据植物种类划分的统计表　　（单位：件）

作物种类		累计总量		同期申请	2014 年申请	2014 年授权
		申请	授权			
大田作物 申请：11 253 授权：4298	水稻	4013	1528	360	566	205
	玉米	4373	1811	419	553	262
	普通小麦	1090	408	84	123	36
	大豆	529	179	37	69	37
	甘蓝型油菜	273	108	24	15	23
	花生	163	36	29	32	9
	甘薯	63	14	11	9	4
	谷子	47	18	3	4	8
	高粱	60	18	5	12	1
	大麦属	93	28	18	11	5
	苎麻属	3	2	0	1	0
	棉属	463	139	60	35	14
	亚麻	4	1	3	0	0
	芥菜型油菜	1	0	0	0	0
	蚕豆	13	6	4	2	2
	绿豆	14	2	5	3	0
	芝麻	11	0	1	4	0
	甘蔗属	37	0	14	2	0
	小豆	3	0	2	1	0
	燕麦	0	0	0	0	0
蔬菜 申请：800 授权：200	大白菜	66	29	5	11	1
	马铃薯	96	17	6	19	0
	普通番茄	98	27	11	18	5
	黄瓜	76	27	7	7	12
	辣椒属	120	31	14	18	10
	普通西瓜	84	23	7	8	5
	普通结球甘蓝	38	10	4	6	4
	食用萝卜	11	3	1	3	0

续表

作物种类		累计总量		同期申请	2014 年申请	2014 年授权
		申请	授权			
蔬菜 申请:800 授权:200	茄子	23	8	0	5	2
	豌豆	2	0	1	0	0
	菜豆	15	1	2	3	0
	豇豆	7	0	1	0	0
	大葱	1	1	0	0	1
	西葫芦	22	1	2	6	0
	花椰菜	21	3	1	7	2
	芹菜	4	0	0	4	0
	胡萝卜	0	0	0	0	0
	白灵侧耳	3	1	0	0	1
	甜瓜	38	10	4	5	1
	草莓	43	8	3	6	4
	大蒜	5	0	0	0	0
	不结球白菜	17	0	3	8	0
	苦瓜	7	0	1	5	0
	芥菜	2	0	1	1	0
	芥蓝	0	0	0	0	0
	莴苣	1	0	0	1	0
	冬瓜	0	0	0	0	0
花卉 申请:941 授权:240	春兰	0	0	0	0	0
	菊属	230	94	23	14	53
	石竹属	113	17	12	12	3
	唐菖蒲属	3	0	0	0	0
	兰属	43	12	6	0	2
	百合属	102	33	12	6	13
	鹤望兰属	0	0	0	0	0
	补血草属	4	0	0	0	0
	非洲菊	125	35	5	9	15
	花毛茛	2	0	0	0	0
	雁来红	0	0	0	0	0
	花烛属	139	25	12	13	24
	果子蔓属	48	17	4	6	17
	莲	5	0	3	0	0
	蝴蝶兰属	99	3	40	36	3
	秋海棠属	8	4	0	3	4
	凤仙花	2	0	0	0	0
	非洲凤仙花	0	0	0	0	0

续表

作物种类		累计总量		同期申请	2014 年申请	2014 年授权
		申请	授权			
花卉 申请:941 授权:240	新几内亚凤仙花	10	0	0	0	0
	万寿菊属	8	0	0	8	0
	郁金香属	0	0	0	0	0
果树 申请:408 授权:107	梨属	61	29	1	0	13
	桃	46	17	3	1	4
	荔枝	1	1	0	0	0
	苹果属	59	15	4	3	4
	柑橘属	58	11	14	13	3
	香蕉	7	0	2	3	0
	猕猴桃属	75	21	13	17	8
	葡萄属	69	11	7	10	5
	李	16	0	1	0	0
	桑属	12	2	1	5	2
	龙眼	0	0	0	0	0
	枇杷	1	0	0	1	0
	樱桃	2	0	1	1	0
	芒果	1	0	0	1	0
牧草 申请:13 授权:0	紫花苜蓿	5	0	0	1	0
	草地早熟禾	4	0	0	0	0
	酸模属	2	0	0	0	0
	柱花草属	2	0	0	1	0
其他 申请:68 授权:0	华北八宝	0	0	0	0	0
	橡胶树	7	0	6	1	0
	茶组	49	0	5	22	0
	木薯	0	0	0	0	0
	人参	5	0	0	0	0
	三七	1	0	0	1	0
	烟草	6	0	5	1	0
合计		13 483	4845	1333	1772	827

表 2 **根据单位性质划分的统计表** (单位:件)

单位性质	总计		2013 年申请	2014 年申请
	申请	授权		
国内科研	5762	2478	495	598
国内企业	5188	1558	618	932
国内教学	991	410	66	108
国内个人	742	212	52	82

续表

单位性质	总计		2013 年申请	2014 年申请
	申请	授权		
国外科研	9	0	2	3
国外企业	732	177	98	48
国外教学	21	3	0	1
国外个人	38	7	2	0
合计	13 483	4845	1333	1772

表 3　根据地区划分的统计表　（单位：件）

	排名	地区	总计		2013 年申请	2014 年申请
			申请	授权		
国内	1	北京	1212	255	136	271
	2	河南	1023	375	70	129
	3	山东	999	417	83	98
	4	江苏	938	380	93	110
	5	四川	925	481	67	79
	6	黑龙江	797	265	72	129
	7	吉林	728	344	37	74
	8	安徽	690	127	139	127
	9	云南	598	146	79	78
	10	河北	573	238	32	51
	11	辽宁	536	308	31	32
	12	湖南	531	220	50	95
	13	浙江	370	116	64	79
	14	广东	321	83	36	66
	15	湖北	307	111	25	42
	16	福建	280	107	37	34
	17	上海	231	68	42	6
	18	广西	203	106	14	18
	19	内蒙古	203	80	15	32
	20	贵州	167	66	4	14
	21	陕西	157	62	11	15
	22	天津	147	30	16	41
	23	新疆	143	47	21	11
	24	山西	136	61	13	10
	25	重庆	131	53	15	8
	26	江西	118	52	2	18
	27	甘肃	91	20	7	17
	28	海南	47	22	10	3

续表

	排名	地区	总计		2013 年申请	2014 年申请
			申请	授权		
国内	29	宁夏	30	10	4	5
	30	青海	11	4	1	1
	31	西藏	5	0	5	0
	32	台湾	32	0	0	27
国外	1	荷兰	318	101	34	28
	2	美国	226	22	49	13
	3	韩国	86	18	1	3
	4	日本	53	26	1	3
	5	德国	29	9	0	1
	6	比利时	14	5	0	0
	7	新西兰	14	1	3	1
	8	西班牙	13	4	0	0
	9	澳大利亚	10	2	5	0
	10	意大利	10	3	0	0
	11	法国	10	0	0	3
	12	瑞士	8	0	7	0
	13	以色列	6	0	0	0
	14	英国	2	0	1	0
	15	南非	1	0	0	0
	16	希腊	1	0	0	0
	17	智利	1	0	1	0
	18	爱尔兰	1	0	0	0
合计			13 483	4845	1333	1772

表 4　　2014 年国外植物新品种申请情况明细表　　（单位：件）

申请地区	植物种类	2014 年申请
荷兰（申请 318 件）	花烛属	85
	菊属	58
	百合属	51
	果子蔓属	26
	马铃薯	26
	石竹属	20
	蝴蝶兰属	13
	非洲菊	10
	秋海棠属	8
	辣椒属	7
	茄子	6

续表

申请地区	植物种类	2014 年申请
荷兰(申请 318 件)	普通番茄	4
	普通结球甘蓝	3
	梨属	1
美国(申请 226 件)	玉米	181
	草莓	15
	葡萄属	14
	普通番茄	8
	辣椒属	5
	苹果属	3
韩国(申请 86 件)	梨属	24
	菊属	22
	苹果属	7
	葡萄属	7
	马铃薯	5
	兰属	4
	人参	4
	草莓	2
	甘薯	2
	猕猴桃属	2
	水稻	2
	桃	2
	玉米	2
	唐菖蒲属	1
日本(申请 53 件)	水稻	13
	兰属	10
	新几内亚凤仙花	10
	菊属	9
	草莓	3
	苹果属	2
	石竹属	2
	辣椒属	1
	普通番茄	1
	桃	1
	甜瓜	1
德国(申请 29 件)	玉米	16
	菊属	5
	梨属	3
	李	2

续表

申请地区	植物种类	2014 年申请
德国(申请 29 件)	水稻	2
	苹果属	1
西班牙(申请 13 件)	石竹属	7
	柑橘属	4
	草莓	2
比利时(申请 14 件)	果子蔓属	10
	苹果属	4
意大利(申请 10 件)	草莓	4
	石竹属	2
	梨属	1
	猕猴桃属	1
	苹果属	1
	葡萄属	1
新西兰(申请 14 件)	猕猴桃属	7
	苹果属	7
法国(申请 10 件)	马铃薯	5
	玉米	3
	草莓	1
	苹果属	1
以色列(申请 6 件)	非洲菊	4
	普通番茄	2
澳大利亚(申请 10 件)	苹果属	4
	柑橘属	3
	大麦属	2
	李	1
南非(申请 1 件)	柑橘属	1
英国(申请 2 件)	马铃薯	1
	苹果属	1
希腊(申请 1 件)	猕猴桃属	1
爱尔兰(申请 1 件)	马铃薯	1
瑞士(申请 8 件)	玉米	6
	普通番茄	1
	普通西瓜	1
智利(申请 1 件)	葡萄属	1
合计(件)		803

(本统计数据由农业部植物新品种保护办公室提供)

林业植物新品种

表 1　　1999～2014 年林业植物新品种申请量和授权量统计表　　（单位：件）

年度	申请			授权		
	国内申请人	国外申请人	合计	国内品种权人	国外品种权人	合计
1999	181	1	182	6	0	6
2000	7	4	11	18	5	23
2001	8	2	10	19	0	19
2002	13	4	17	1	0	1
2003	14	35	49	7	0	7
2004	17	19	36	16	0	16
2005	41	32	73	19	22	41
2006	22	29	51	8	0	8
2007	35	26	61	33	45	78
2008	57	20	77	35	5	40
2009	62	5	67	42	13	55
2010	85	4	89	26	0	26
2011	123	16	139	11	0	11
2012	196	26	222	169	0	169
2013	169	8	177	115	43	158
2014	243	11	254	150	19	169
合计	1273	242	1515	675	152	827

表 2　　1999～2014 年林业授权植物新品种中不同植物类别的授权量统计表　　（单位：件）

年份	林木	果树	观赏植物	竹	木质藤本	其他	合计
1999	6	0	0	0	0	0	6
2000	3	0	20	0	0	0	23
2001	2	2	14	0	0	1	19
2002	0	1	0	0	0	0	1
2003	6	1	0	0	0	0	7
2004	6	4	5	0	0	1	16
2005	3	1	34	0	0	3	41
2006	5	0	3	0	0	0	8
2007	7	1	70	0	0	0	78

续表

年份	林木	果树	观赏植物	竹	木质藤本	其他	合计
2008	10	6	19	1	0	4	40
2009	14	1	39	0	0	1	55
2010	10	6	10	0	0	0	26
2011	2	1	5	0	0	3	11
2012	27	20	113	0	2	7	169
2013	34	9	114	1	0	0	158
2014	24	13	121	1	0	10	169
合计	159	66	567	3	2	30	827

表 3　1999～2014 年林业授权植物新品种中不同申请国家的授权量统计表　（单位：件）

排名	国家	授权总量	2014 年授权量	主要属种
1	中国	675	150	蔷薇属、杨属、山茶属、杜鹃花属
2	德国	57	0	蔷薇属、大戟属
3	荷兰	31	4	蔷薇属、紫金牛属
4	法国	25	0	蔷薇属
5	英国	18	14	蔷薇属
6	美国	9	0	大戟属、杏
7	比利时	6	0	杜鹃花属
8	意大利	3	1	蔷薇属
9	丹麦	2	0	蔷薇属
10	新西兰	1	0	蔷薇属
合计		827	169	

表 4　1999～2014 年不同国家品种权人授权品种的属（种）授权量统计　（单位：件）

属（种）	授权总量										
	中国	比利时	丹麦	德国	法国	荷兰	美国	新西兰	意大利	英国	合计
杜鹃花属	47	6	0	0	0	0	0	0	0	0	53
蔷薇属	101	0	2	42	25	30	0	1	3	18	222
大戟属	3	0	0	15	0	0	7	0	0	0	25
紫金牛属	2	0	0	0	0	1		0	0	0	3
杏	16	0	0	0	0	0	2	0	0	0	18
杨属	93	0	0	0	0	0	0	0	0	0	93
山茶属	50	0	0	0	0	0	0	0	0	0	50
牡丹花属	32	0	0	0	0	0	0	0	0	0	32
其他	331	0	0	0	0	0	0	0	0	0	331
合计	675	6	2	57	25	31	9	1	3	18	827

表 5　1999～2014 年林业授权品种中不同植物类别品种权人的授权量统计　（单位：件）

植物类别 \ 品种权人	科研院所	高等院校	个人	企业	繁育场	其他	合计
林木	73	55	8	23	0	0	159
果树	30	17	7	9	0	3	66
木本观赏植物	58	85	92	281	32	19	567
竹	2	1	0	0	0	0	3
木质藤本	2	0	0	0	0	0	2
其他	13	3	1	13	0	0	30
合计	178	161	108	326	32	22	827

（本统计数据由国家林业局植物新品种保护办公室提供）

海关知识产权保护

表 1 2014 年海关知识产权执法基本情况统计

	中止货物通关	扣留侵权嫌疑货物
批次	27 008	23 860
商品数量(件/双)	196 494 991	91 965 548

表 2 2014 年海关扣留货物涉及的知识产权类型

知识产权类型	商品数量(件/双)	占比
合计	91 965 548	
商标专用权	89 075 040	96.86%
著作权	1 100 857	1.20%
专利权	1 786 551	1.94%
奥林匹克标志专有权	3100	0.01%

表 3 2014 年海关扣留侵权嫌疑货物流向统计

商品类别	批次	占比	商品数量(件/双)	占比
合计	23 861		91 965 548	
进口	842	3.53%	439 933	0.48%
出口	23 019	96.48%	91 525 615	99.52%

表 4 2014 年海关扣留货物的商品类别统计

商品类别	商品数量(件/双)	占比
烟草	40 493 850	44.03%
食品饮料	485 305	0.53%
其他轻工产品	10 019 557	10.89%
五金机械	2 383 334	2.59%
化妆、个人护理用品	7 632 429	8.30%
服装	2 939 996	3.20%
鞋类	1 226 648	1.33%
汽车、摩托车	636 862	0.69%
其他机电产品	1 361 271	1.48%
帽类	178 532	0.19%
箱包及皮革制品	375 282	0.41%
通信设备	371 278	0.40%
手表	154 987	0.17%

续表

商品类别	商品数量(件/双)	占比
玩具游戏	254 236	0.28%
药品	307 500	0.33%
存储介质	367 375	0.40%
运动器具	103 752	0.11%
珠宝首饰	21 539	0.02%
医疗器械	2917	0.00%
其他	22 648 898	24.63%

表 5　　2014 年海关扣留货物的运输方式统计表

	邮递	快件	海运	航空	汽车	铁路	其他
批次	19 134	1239	2130	561	295	21	484
占比	80.19%	5.19%	8.93%	2.35%	1.24%	0.09%	2.03%
商品数量(件)	123 956	358 155	88 598 125	1 625 622	1 048 180	31 391	180 119
占比	0.13%	0.39%	96.34%	1.77%	1.14%	0.03%	0.20%

表 6　　2014 年海关知识产权执法模式统计

执法模式	批次	占比	货物数量(件/双)	占比
依职权扣留	23 817	99.82%	90 331 038	98.22%
依申请扣留	43	0.18%	1 634 510	1.78%

表 7　　2014 年海关保护的知识产权权利人来源情况统计

国别(地区)	权利数	商品数量(件/双)	案值
美国	2266	13 850 107	78 962 480
法国	863	2 216 955	7 297 611
德国	711	1 992 121	21 622 243
中国	514	11 961 097	74 243 420
瑞士	491	43 031 351	22 630 365
日本	467	9 534 357	28 860 810
韩国	423	1 304 409	9 400 629
意大利	421	672 241	5 986 960
英国	237	1 126 165	9 432 963
荷兰	162	967 976	5 442 875
卢森堡	106	2 853 911	845 998
瑞典	57	159 340	1 682 725
新加坡	38	454 959	826 798
中国香港	35	693 424	6 696 197
芬兰	31	93 085	1 184 442
加拿大	22	65 613	1 088 647

续表

国别(地区)	权利数	商品数量(件/双)	案值
中国台湾	21	191 288	4 606 575
巴西	11	156 276	1 239 446
印度	11	53 628	334 847
英属维尔京群岛	11	263 241	1 350 500
澳大利亚	8	8303	80 276
匈牙利	6	3692	75 123
阿联酋	5	60 966	1 443 009
爱尔兰	5	35 130	101 961
奥地利	5	8048	68 210
比利时	5	21 121	467 555
丹麦	4	4215	22 210
泰国	4	25 464	50 800
中国澳门	3	5918	471 913
俄罗斯	2	17 500	252 500
智利	2	22 451	575 163
阿根廷	1	35 720	285 760
埃及	1	13 000	59 451
巴基斯坦	1	1504	148 715
巴拿马	1	92	460
列支敦士登	1	650	130 000
马来西亚	1	900	33 480
挪威	1	230	23 000
葡萄牙	1	140	4200
塞浦路斯	1	54	5400
沙特阿拉伯	1	5232	145 501
土耳其	1	7200	42 000
伊朗	1	1276	196 624
中非	1	102	3060

（本统计数据由海关总署政策法规司提供）

知识产权司法保护

表 1　　2014 年全国法院受理和审结各类知识产权案件统计表

项　　目	2014 年
1. 全国地方法院刑事案件	
新收一审案件(件)	11 088
审结一审案件(件)	10 803
生效判决人数(人)	13 904
给予刑事处罚(人)	13 734
侵犯知识产权犯罪(件)	5103
假冒注册商标罪	2031
销售假冒注册商标的商品罪	1903
非法制造、销售非法制造的注册商标标识罪	397
假冒专利罪	1
侵犯著作权罪	722
销售侵权复制品罪	12
侵犯商业秘密罪	37
生产、销售伪劣商品犯罪(涉及侵犯知识产权)(件)	3856
非法经营犯罪(涉及侵犯知识产权)(件)	1663
其他犯罪(涉及侵犯知识产权)(件)	181
2. 全国地方法院行政案件	
新收一审案件(件)	9918
审结一审案件(件)	4887
新收专利案件(件)	539
同比下降(%)	22.67
新收商标案件(件)	9305
同比增长(%)	330.59
新收著作权案件(件)	12
同比增长(%)	300
新收其他案件(件)	62
同比增长(%)	148
3. 全国地方法院民事案件	
新收一审案件(件)	95 522
同比增长(%)	7.83
专利案件(件)	9648
同比增长(%)	4.93

续表

项　目	2014 年
商标案件(件)	21 362
同比下降(%)	8.21
著作权案件(件)	59 493
同比增长(%)	15.86
技术合同案件(件)	1071
同比增长(%)	12.86
竞争案件(件)	1422
同比增长(%)	9.22
其中垄断民事一审案件	86
其他知识产权案件(件)	2526
同比增长(%)	0.48
审结一审案件(件)	94 501
同比增长(%)	7.04
涉外案件(件)	1716
同比增长(%)	0.11
涉港澳台案件(件)	426
同比下降(%)	11.8
新收二审案件(件)	13 760
同比增长(%)	15.08
审结二审案件(件)	13 708
同比增长(%)	18.65
新收再审案件(件)	80
同比增长(%)	6.67
审结再审案件(件)	94
同比下降(%)	2.08
4. 最高人民法院知识产权审判庭案件	
新收知识产权民事案件(件)	336
审结知识产权民事案件(件)	339(含旧存)
新收知识产权行政案件(件)	145
审结知识产权行政案件(件)	151(含旧存)

(本统计数据由最高人民法院知识产权审判庭提供)

表 2　　2014 年全国检察机关办理知识产权犯罪案件情况统计表

项　目	2014 年
全国检察机关处理批捕和起诉的知识产权案件	
批捕案件(件)	3198
同比下降(%)	2.3
批捕人数(人)	5278

续表

项　目	2014年
同比上升(%)	3.9
起诉案件(件)	5545
同比上升(%)	4.1
起诉人数(人)	9427
同比上升(%)	7.1
假冒注册商标罪	
批捕案件(件)	1278
批捕人数(人)	2395
起诉案件(件)	2026
起诉人数(人)	3726
销售假冒注册商标的商品罪	
批捕案件(件)	1078
批捕人数(人)	1633
起诉案件(件)	1973
起诉人数(人)	3328
非法制造、销售非法制造的注册商标标识罪	
批捕案件(件)	269
批捕人数(人)	457
起诉案件(件)	406
起诉人数(人)	774
假冒专利罪	
批捕案件(件)	1
批捕人数(人)	1
起诉案件(件)	1
起诉人数(人)	1
侵犯著作权罪	
批捕案件(件)	263
批捕人数(人)	322
起诉案件(件)	685
起诉人数(人)	883
销售侵权复制品罪	
批捕案件(件)	6
批捕人数(人)	6
起诉案件(件)	22
起诉人数(人)	36
侵犯商业秘密罪	
批捕案件(件)	29
批捕人数(人)	45

续表

项　目	2014 年
起诉案件(件)	43
起诉人数(人)	86
其他犯罪中含侵犯知识产权行为	
批捕案件(件)	241
批捕人数(人)	339
起诉案件(件)	344
起诉人数(人)	502
数罪中含侵犯知识产权罪	
批捕案件(件)	33
批捕人数(人)	80
起诉案件(件)	45
起诉人数(人)	91

(本统计数据由最高人民检察院侦查监督厅提供)

第十六届中国专利金奖获奖项目简介

专利名称：移位寄存器单元、显示器用栅极驱动装置及液晶显示器
专 利 号：201010181646.6
专利权人：北京京东方光电科技有限公司
发 明 人：商广良　韩承佑

本专利首次提出了采用多个时钟信号交替保持的去噪声控制电路方案，可以进一步减小去噪薄膜晶体管的偏置作用，高电平占空比一般可以降低至25%，因此，去噪薄膜晶体管的阈值电压偏移大幅度减小，可以延长GOA电路的工作寿命4倍以上。本专利大幅延长了薄膜晶体管的寿命，移位寄存器单元的稳定性得到提升，对GOA技术的应用与推广具有决定性意义。

应用本专利，可以在制作阵列基板的同时，完成栅极驱动电路的制作，从而可以省去外购驱动集成电路费用，以及压焊电路控制板的工艺过程。因此，可以大幅降低成本和提升制作效率。本专利可以将阵列基板和彩膜基板制作成相同的宽度，以前的技术方案由于要绑定驱动电路而需要将阵列基板多留出一部分面积用于压焊IC，并且可以将屏的边框做得更窄，或者在视觉上隐去，提高美观性。同时，由于省去了IC的厚度，可以将屏幕做得更薄。

在申请日后，还公开了类似领域的相关技术。例如中国专利CN102012591A（公开日为2011年4月13日，是本专利申请人的另外一件专利）公开了一种移位寄存器单元及液晶显示器栅极驱动装置，其中移位寄存器单元在晶体管电容结构的基础上，将第七薄膜晶体管的漏极、第九薄膜晶体管的栅极和漏极均与第二时钟信号输入端连接，使得第七薄膜晶体管、第八薄膜晶体管、第九薄膜晶体管和第十薄膜晶体管在移位寄存器单元输出高电平信号时器件不产生漏电流，能够减小移位寄存器单元的功耗。

与当前技术相比，本专利可以进一步减小去噪薄膜晶体管的偏置作用，高电平占空比减小1倍，因此，去噪薄膜晶体管的阈值电压偏移大幅度减小，可以延长GOA电路的工作寿命2倍以上。本专利减少了去噪薄膜晶体管的功耗，延长了薄膜晶体管的寿命，移位寄存器单元的稳定性得到提升。

本专利促进了技术进步，使得我国的GOA技术达到世界领先水平，超越了其他同类技术，包括所有的直流电源保持和单个驱动时钟信号保持方式。本专利有益于保障国家安全，打破了国外垄断，使显示产品和技术的国产化成为现实，这对于国家信息安全和国防安全具有重要意义。本专利还有益于提升产品竞争力。

专利名称：浮式钻井储油平台总段下水及旋转合拢对接方法
专 利 号：200910028988.1
专利权人：南通中远船务工程有限公司
发 明 人：项立新　庄建军　唐盛骏
张永康　钱保义　王　匀
马本勤　屠　艳

“浮式钻井储油平台总段下水及旋转合拢对接方法”属于基础型的专利，首创圆筒平台数字化模拟技术和浮态建造技术，实现“壳、舾、涂”一体化及100%无余量模块化建造的全新模式，节省了大量工装，提高了建造速度，比传统留余量建造节约总工时约1/3，比同类的国际产品建造周期提前了半年，极大降低了建造成本；首创旋转90度分体焊接合拢工艺、浮态建造的动态测量与反变形控制技术，成功解决了在没有超大型专用船台情况下浮态建造变形控制的技术难题，推广适应性强。

本发明主要有如下技术优势。本发明成功运用于世界首座圆筒型深海石油钻探平台，形成了独一无二的圆筒型系列产品，国内外尚无其他公司制造出同类的圆筒型深海石油钻探平台。与具有海洋石油钻探功能的国际先进水平装备相比：本平台具有FDSO（浮式、钻探、储油、卸载、自航、动力定位）功能、无须锚泊准确定位；作业深度（最大工作水深可达3600米）、钻井深度、甲板可变载荷和抗风浪能力这4个关键技术指标均为世界第一；功能特性和储油能力领先于国际同类产品；抗风浪能力达到抗70米/秒台风的安全水平，由于其稳定性高，平台能够在12级台风下安全地正常工作，远高于其他传统的同类产品，适合英国北海最恶劣的作业海域环境，整体技术水平居于国际领先地位。所有详细设计均具有自主知识产权，图纸均得到DNV船级社审查批准，设计使用条件满足国际公约对海工产品最严格的限定。性价比和交货期优势明显，市场竞争力强，研发的第一座平台经过36个月设计、制造完成，第二座平台缩短至30个月交货。

该参评项目的实施，打破了欧美利益集团对大型深海石油钻探平台的垄断，从而对海工行业内部重新洗牌，行业准则、标准的制定产生深远的影响，充分展现了民族企业的科技竞争实力。参评项目作为基础型专利，自2009年以来，南通中远船务工程有限公司与江苏大学进行产学研合作，共申请专利17件，构建专利联盟，增强企业竞争实力。本专利所运用并成功实施的项目产品，满足了国家深海资源开发战略的需求，对实现国家能源安全战略具有积极的作用。本专利标志着我国掌握了移动式海上基地的制造技术，有潜在重要的军事用途，提高了我国国防能力。本项目还培养了一支包括行业领军人物、专业技术人员、企业管理人员以及知识产权工作者等400多人的多层次、多学科的人才梯队。

专利名称：图形化的柔性透明导电薄膜及其制法

专 利 号：201110058431.X

专利权人：南昌欧菲光显示技术有限公司

发 明 人：崔 铮 高育龙 陈林森 周小红 李 丰 张东煜 方 慧

本发明提出一种全新的嵌入式metal mesh技术，在透明基底（一般为光学薄膜或玻璃片材）的表面涂布压印胶，再通过精密微纳米电子印刷在压印胶上压印形成图案化的微米级网格凹槽，然后利用精密涂布技术在凹槽图案中填充纳米导电材料（如纳米银浆），最后再对纳米导电材料进行固化，从而形成微米级的金属网格图案。由于金属网格达微米级，肉眼不可见，为视觉透明，并且导电材料嵌入压印胶中，对其具有保护作用，电阻可以通过凹槽深宽比控制，因此透明导电膜透光率和导电率可以独立控制，可制作透光率和导电率更高的透明光电薄膜，从而达到替代现有的ITO透明光电薄膜的目的。本发明是将纳米压印这一实验室技术进行产业化的具体方案，是纳米银金属网格透明导电膜技术的基础专利，所公开的纳米银金属网格参数的确认方案、图案化网格的产业化制造工艺以及公开的材料参数均为世界首例，解决了纳米压印技术在产业化过程中遇到的微图案转移及导电材料即时固化等一系列主要问题，实现了替代现有的ITO透明光电薄膜的目的，从而打破了日本在该领域的垄断。本技术在国内乃至世界均处于领先水平，对于保证国内企业在这一领域的领先地位具有重大意义。

根据本专利发明生产的触摸屏已经通过美国微软公司的认证，以及包括华为、惠普、联想等国内外知名触摸屏用户厂商的认证，已占据非ITO触摸屏市场的主导地位，被业内普遍认为是传统ITO透明导电膜技术的有力竞争对手。在2014年欧洲印刷电子年会上，本专利发明人荣获年会颁发的“国际印刷电子技术进步奖”。

本发明创造的实施可以完全摆脱对于日益枯竭的铟资源的依赖，解决铟资源的短缺问题，起到节省自然资源，保护稀有资源的作用。本发明无需对每一片光电薄膜实施蚀刻工艺，在资源充分利用的同时，减少了能耗及污染排放。本发明中的纳米银金属网格光电薄膜可广泛运用于消费性电子、公益事业（如太阳能）及国防事业（如电磁屏蔽），对国家利益和公共利益有重大意义。

专利名称：C4烯烃催化裂解生产丙烯的方法

专 利 号：200510028787.3

专利权人：中国石油化工股份有限公司
中国石油化工股份有限公司上海石油化工研究院

发 明 人：谢在库　滕加伟　金文清　赵国良

本专利针对传统的分子筛催化剂普遍使用黏结剂，导致有效活性中心减少、活性降低、不利于大分子扩散、稳定性差等关键技术问题，通过气固相转晶技术开发了高结晶度分子筛催化材料，创造更多的有效活性位，提高催化剂的活性；发明了复合孔分子筛合成方法，提高催化剂的丙烯选择性及抗积炭能力。

（1）首次提出高结晶度分子筛催化材料新概念，率先实现工业应用。本专利通过对气固相转晶动力学的系统研究，解决了气固相转晶结晶度低、晶体间结合力再建等关键技术问题，发明了一种高结晶度分子筛催化剂制备方法，其独特之处是催化剂实现了完全的晶化，催化剂整体都是有效组分，具有更多的有效活性中心。与常规分子筛催化剂相比，本专利催化剂的结晶度提高了30%，强酸量增加了33.9%，BET比表面提高了26.4%。SEM检测结果表明，在常规催化剂上可以明显看到无定形黏结剂的存在，而本专利的催化剂中无定形的黏结剂完全消失，催化剂整体都是完全结晶的分子筛。催化材料具有原始创新性。

（2）首创了分子筛催化剂复合孔道构建技术。发明了“气固相转晶-凝胶控制相分离”组合的多级复合孔分子筛合成方法，在催化剂的制备过程中，引入高分子模板和硅源，通过调整温度和pH酸碱度，控制溶胶、凝胶和相分离过程，创造出大孔；通过固相转晶，创造出介孔，合成了具有稳定结晶骨架、大孔-介孔-微孔复合的新型多级孔分子筛材料，提高了催化剂扩散性能。微孔提供大面积的反应区域，介孔和大孔提供了快速扩散的通道，反应物更容易与活性中心接触，产物在催化剂上的停留时间缩短，减少了副反应和结焦，催化剂稳定性大幅提高。孔分布表征结果表明，与常规分子筛催化剂相比，本专利的高结晶度分子筛催化剂的微孔孔体积增加了47.8%，介孔、大孔的孔体积分别增加了78.8%和9.4%。

（3）发明了高硅铝比分子筛绿色高效合成技术。成功合成了高硅铝比、小晶粒的ZSM-5分子筛，有效地增加了孤立铝的含量、控制了邻近铝的生成，显著提高了烯烃裂解反应中丙烯的选择性。发展了临界相区稳定合成新技术，实现了低模板剂（降低65%）、低合成母液（降低50%）的绿色高效分子筛合成技术创新。

(4)首创了烯烃裂解反应新工艺。基于高结晶度分子筛催化新材料、烯烃裂解反应机理和动力学规律,创造性地开发了烯烃裂解自循环工艺,通过调节循环量的大小实现了对系统中烯烃分压的控制,显著提高了丙烯的收率,无须外加稀释组分,技术经济性好。形成了烯烃裂解制丙烯的成套工艺技术,已经实现在工业实践中。

与国内外的同类技术相比,本专利具有以下特点:一是反应空速高,可以在重量空速 $30h^{-1}$ 的条件下运行,是国外同类技术的3倍,在同等规模的装置上,反应器的体积远小于同类工艺;二是催化剂稳定性好,在无外加稀释剂的情况下,催化剂再生周期可达20天,是国外同类技术的7倍;三是原料适应性强,炼厂、乙烯厂和MTO装置副产的 C_4/C_5 烯烃都可以被高效转化。因此,本专利的综合技术指标显著优于国内外同类工艺,达到国际领先水平。

本发明具有一定的社会效益。本发明促进了催化新材料技术的发展,提升了 C_4/C_5 轻烃资源的价值,促进了丙烯生产技术的创新,增强了甲醇制烯烃(MTO)技术的竞争力,还为建立高结晶度分子筛催化新材料的技术平台奠定了坚实的基础。

专利名称:基于拉伸流变的高分子材料塑化输运方法及设备

专 利 号:200810026054.X

专利权人:华南理工大学

发 明 人:瞿金平

本专利属于基础型专利。高分子材料加工成型的本质是外场作用下的形变过程,加工成型方法、技术及设备的理论基础是"高分子流变学"。本专利之前的传统高分子材料加工成型技术及设备是基于剪切流变的塑化输运机理,而本专利技术及设备是基于拉伸流变的塑化输运机理。新方法对于高分子材料各种加工作业是多种加工成型新技术及装备,也要重新建立基于拉伸流变的高分子材料加工成型新理论。

本专利其原创性及重要性主要体现在以下几个方面。(1)提出了基于拉伸流变的高分子材料塑化输运新方法与原理,大大提高了加工过程中传质传热效率,解决了传统高分子材料塑化加工技术由于受剪切流变束缚而导致的热机械历程长、能耗高等问题。(2)利用物料加工体积周期性变化,使物料主要受周期性拉伸应力的作用,实现了具有完全正位移特性的高效体积输运过程,解决了传统螺杆输送方式由于依靠物料外摩擦力、内摩擦力作用而导致的物料输送效率低,物料适应性差等问题。(3)瞬时变化的拉伸应力与变形强化了物料的熔融塑化过程,实现了拉伸形变起主要作用的塑化混炼过程,大幅降低了高分子材料受热或机械力作用下的降解行为,解决了传统螺杆塑化混炼方式由于受剪切形变支配而导致的塑化能力低下、高分子材料易降解、制品性能差、循环利用难等问题。(4)基于拉伸流变的短热机械历程无螺杆塑化加工技术,突破了高分子材料加工装备以螺杆为标志的发展模式,解决了受传统螺杆加工方法和理论的框架限制而导致高分子材料加工行业技术升级艰难的问题。

本专利提出的"基于拉伸流变的高分子材料塑化输运方法及设备"在国内外均属首创,市场上没有同类产品可供直接比较。相对于当前同类技术,本专利在提高效率、降低成本、节能减排、改善性能、提升品质等方面均有着显著的技术优势。

本专利的推广应用对于缓解塑料加工业导致的能源和环境压力,实现塑料加工过程的节能降耗具有极其重要的保护自然资源与生态环境的效益。本专利有利于促进聚合物复合材料的推广与发展,并相应带动汽车、建筑、包装、运输等行业相关领域的发展,产生良好的产业带动作用,具有行业示范效益。本专利的应用推广将有利于提升我国在国际机械制造学科领域以及相关学科领域的学术地位，对我国橡塑装备技术的提升具有促进作用。

专利名称：一种液压油缸及液压缓冲系统、挖掘机和混凝土泵车

专 利 号：201010235138.1

专利权人：三一重工股份有限公司

发 明 人：易小刚　刘永东　陈兵兵

本专利发明了端面贴合式密封缓冲装置，并研发出滑动变节流缓冲技术，突破了传统的柱塞式间隙节流缓冲结构，提升了缓冲装置的缓冲性能。

（1）本专利发明了端面贴合式缓冲装置。本发明专利技术的原创性首先体现在油缸缓冲功能结构的构造方式上。传统缓冲结构中，缓冲柱塞固定在活塞杆上，当活塞靠近行程终端时，柱塞插入油缸端盖上的缓冲孔，在缓冲柱塞、活塞杆、活塞、缸筒之间形成缓冲腔，通过缓冲柱塞和缓冲孔的间隙节流缓冲。而本专利的缓冲结构中，缓冲套滑动配合安装在活塞杆上，当活塞靠近行程终端时，缓冲套端面和油缸端盖的端面贴合形成密封，在缓冲套、活塞杆、活塞、缸筒之间形成缓冲腔，通过缓冲套和活塞杆的间隙节流缓冲。

（2）本专利发明了滑动变节流缓冲技术。本专利的原创性还体现在缓冲节流通道的构造和优化方面。传统缓冲结构中，缓冲节流通道为缓冲柱塞和缓冲孔的配合间隙，其缓冲性能受配合间隙长度、间隙大小等多时变参数和整体加工、装备精度的影响，优化困难。而本专利的缓冲结构中，缓冲节流通道为活塞杆与缓冲套之间设置的可变截面油槽，其缓冲性能仅与缓冲槽截面形状和尺寸相关，易于优化。

本专利以上述两个发明点技术方案为核心，研发出一种与传统油缸完全不同的新型端面贴合式缓冲油缸，为液压气动领域的基础型发明专利。本专利运用端面贴合密封方式来构建缓冲腔，通过节流槽尺寸的变化来控制优化缓冲效果，解决了高速重载工程装备动作冲击大、易损坏的共性技术难题。专利实施生产的新型缓冲油缸，解决了传统缓冲油缸加工难、缓冲性能一致性和可靠性差的关键问题。

对比传统缓冲技术，本专利具有以下优势：（1）降低了高性能缓冲液压油缸的加工精度和生产成本，提高了生产效率；（2）改善了高性能缓冲油缸的缓冲性能和使用寿命，提升了产品品质。

本专利研制出的新型高性能缓冲油缸成功应用于混凝土机械和挖掘机械，并实现国产化、产业化，成功替代进口，不仅为我国液压基础元件领域增加了一项重要自主核心技术，促进了我国基础零部件产业的发展，而且打破了国外对高性能液压件的垄断，促进了我国液压基础零部件技术的发展和创新能力提升，扫除了威胁我国工程机械产业链安全的障碍。

专利名称：木葡糖酸醋杆菌属菌株及其选育和生产细菌纤维素的方法

专 利 号：200910003956.6

专利权人：海南椰国食品有限公司

发 明 人：钟春燕

本专利涉及微生物及其发酵生产的细菌纤维素产品，具有非常重要的行业原创性和开创性特点。

本专利通过独特的低温筛选技术成功获得了能够在低温（10～15℃）条件下生产细菌纤维素的菌株，而菌株是生物发酵技术中最为关键的因素，获得相关的菌株为细菌纤维素的低温生产奠定了坚实的基础，因此本专利属于本领域的基础开创型专利。此外，细菌纤维素生产的季节性和地域性限制是本领域的关键攻坚点以及共性的难题之一，其使得细菌纤维素的生产厂家几乎全部集中在我国海南省以及周边的东南亚国家，而冬季供货时，需要消耗大量的能量和资源，同时也不利于保证产品的品质，严重制约细菌纤维素产业的发展与壮大，而本专利成功地获得了能够在低

温(10～15℃)条件下生产细菌纤维素的菌株及找到了其适宜的生产细菌纤维素的具体工艺步骤和参数,这打破了细菌纤维素生产的季节性限制,有利于扩大产能、降低成本,推动细菌纤维素行业的发展。本专利提供的菌株除了具有较强的耐寒抗冻性之外,还可以有效减少高温条件下浅盘发酵生产细菌纤维素易受杂菌污染的情况,另一方面也能够大大减少运输的能耗和污染,并减少出现食品安全问题的风险,提高产品的质量,保证广大人民群众的健康。

本专利主要有以下几个方面的技术优势:(1)本专利大大提升了生产细菌纤维素的技术水平;(2)本专利提供的菌株安全且产量高;(3)本专利提供的菌株具有在低温条件下(10～20℃)仍可以代谢生产细菌纤维素的优势。

本专利大大提高了细菌纤维素的产量和质量。本专利技术的推广运用,由于菌株的发酵稳定性良好,且可以进行分批发酵或者是连续发酵,在管理条件和设备设施齐备的工厂里,可以实现全自动控制连续发酵生产,对于工厂的内部控制管理以及产品品质的科学化管理都有着卓越的贡献。在保护自然资源与生态环境方面,本专利菌株发酵生产得到的细菌纤维素是一种天然合成的、完全无毒性的(可食用)、可自然降解的可再生资源,对于保护自然资源(如植物纤维素)具有巨大的优势。细菌纤维素还具有良好的生物亲和性、生物相容性、生物可降解性、生物适应性,且无过敏反应,故而其对于生态环境不会造成破坏。本专利生产得到的细菌纤维素产品本身即可以作为膳食纤维直接食用,也可以作为食品添加剂(如肉制品中作为代脂肪)添加在日常食用食品中,具有良好的保健作用;同时其生产过程安全无毒害,工厂工人的身体健康也可以得到保证。在提高人民物质文化水平、引领消费习惯方面,细菌纤维素已经在食品领域有了开创性的进步。除此之外,细菌纤维素在化妆品、医疗用品的应用中异军突起,即将产生一个全新的市场格局。

专利名称:一种铁基非晶合金宽带及其制造方法
专 利 号:201110293417.8
专利权人:安泰科技股份有限公司
发 明 人:周少雄　刘国栋　陈文智　丁力栋　王　建　李　泉　张志英　赵　沛

本专利开创了非晶合金超宽带材生产技术的先河,是非晶宽带生产领域的原创技术和基础性核心专利。本专利中非晶合金宽带的制造采用快速凝固技术,运用平面流高速连铸工艺,以每秒100万度的冷却速率从钢液直接凝固形成0.02～0.03毫米的非晶态连续薄带(从冶炼到收卷工艺线长度约为20米),是目前冶金行业的最短流程。与传统硅钢片的制造流程(工艺线长度约为1000～1500米)相比能耗降低80%;非晶合金带材应用于配电变压器铁芯可以使变压器的空载损耗比传统的硅钢变压器降低60%～80%,应用于高效电机时可使电机的工作效率从87%提高至95%。

本专利还具有鲜明的前沿性。在本专利的实施过程中,利用先进的数学模型对大容量中间包流场,温度场、喷嘴温度场,变形、熔潭稳定性、冷却辊传热和冷却过程等进行了一系列计算机模拟,并得出了明确的结论。利用目前国际研究前沿的第一性原理及原子团簇理论开发和验证了新的材料成分系列。另外还利用超高速摄像、红外成像等国际领先技术手段进行了试验观察和分析,对本专利的形成提供了强有力的理论支撑。

本专利解决了非晶宽带生产中存在的系列技术难题,是一个完整的技术方案,也是非晶宽带生产领域的共性技术。经过本专利的研究,本专利所提供的技术方案是一个完整的技术体系,所解决的是目前非晶宽带生产中存在的具有共性和基础性的问题。这些技术包括:关键冶金容器中的流场和温度场分布及其优化、超宽喷嘴的温度场应力场及防止变形、超宽冷却辊表面高精度及其表面光洁度一致性的保证、超长辊嘴间距及其一致性的保证、带材板形的保证及卷取温度的降低等。因此,非晶宽带的生产无法绕过本专利所提供的技术方案。

本专利由于发明了上述超宽带材专用喷嘴结构和材质、冷却辊结构和材质,超宽带材卷取温度控制,中间包钢液温度、流场和成分控制等技术,实现了超宽非晶薄带的顺利生产,带材生产效率提高了50%以上,带材的叠片系数提高至85%以上,为配电变压器等电力行业提供了不可替代的新一代软磁材料。这将大大提高变压器运行效率,使变压器的空载损耗比硅钢变压器降低70%以上,产品应用节能减排效果明显。目前,使用本专利所生产的非晶带材已经大批量在国内销售和应用。

本专利产品是重要的"双绿色"战略节能材料,满足我国节能减排的重大需求,被列入科技部新材料领域战略发展规划与工信部、发改委相关产业规划。本专利产品将为我国战略性新兴产业发展提供关键材料和基础支撑,推动产业结构调整及技术升级。本专利及相关技术有力推动了非晶节能材料战略性新兴产业发展。本发明专利及其配套技术还获得了良好的国际影响,促进了相关领域的国际合作。

专利名称:远端串扰抵消方法、装置及信号发送装置和信号处理系统

专 利 号:200610162179.6

专利权人:华为技术有限公司

发 明 人:方李明

本专利是发明人对串扰特性和现网的特征进行了长期和充分的研究后,发现采用自适应滤波的方式对联合发送信号进行串扰抵消预编码,通过接收端上报的噪声统计量相关值所间接体现的接收信号中串扰分量的影响,在发送端对滤波参数值的自适应变化时进行正确的导向,就能实现串扰抵消。解决了实际应用过程中的串扰问题,导致VDSL2的串扰抵消不具备实际使用的价值,而这正是业界串扰抵消技术一直不能推广的关键原因和共性问题。

本专利提出了通过基于串扰噪声统计反馈的自适应串扰抵消方法,不仅解决了串扰信道需已知方法的缺陷,同时解决了串扰信道慢时变和其他导致串扰变化所产生的问题。本发明专利属于基础性专利,是G.993.5标准的VDSL2必选特性Vectoring的基本原理。该标准第1版本在2010年发布,但该发明技术在2006年就已在中国申请专利,并在全球主流国家进行布局。从时间上就可看出,该发明技术在标准形成前,提前4年开始研究提出该架构型专利,形成了中国厂家领先业界4年预研并储备核心技术的先例;并在标准讨论窗口期内主动推进至ITU－T标准,并被各主流设备厂商接受,解决了VDSL2高频段远端串扰过大而严重影响线路带宽的问题,使在双绞线上开设高速带宽业务成为可能。

本专利采用自适应滤波的方式对联合发送信号进行串扰抵消预编码,不同于现有技术中需要预知所有线路的信道传输矩阵从而提前固定滤波器的滤波参数进行滤波的方式。本专利利用自适应滤波的方式对联合发送信号进行串扰抵消预编码,通过接收端上报的噪声统计量相关值所间接体现的接收信号中串扰分量的影响,在发送端对滤波参数值的自适应变化进行正确的导向,就能实现串扰抵消。相对现有技术,该发明技术先进快捷,串扰理论上可以完全被消除;采用Vectoring技术的VDSL2速率可以达到无串扰理论值的95%。因此可以在双绞线上为用户提供速率更高、业务类型更丰富的业务,使部分地区用户即使不铺设光纤利用已有的电话双绞线

路也能达到百兆宽带速率。瑞士电信2013年已商用 Vectored VDSL2 网络。

本专利采用 Vectoring 技术的 VDSL2 速率可以在电话线(双绞线)上达到百兆左右的带宽,因此可以利用广泛覆盖的电话线网络构建高速宽带,为普通的 DSL 用户提供速率更高、业务类型更丰富的业务,使部分地区的用户即使不铺设光纤利用已有的电话双绞线路也能达到百兆的宽带速率,提高了现有资源利用率,同时避免了铺设光纤带来的投资浪费及环境破坏。该发明专利在不远的将来能可预期地、大量地被欧美国家的电信运营商采用,必然给我国带来大量外汇收入。

专利名称:接入网关的选择方法、系统及网关选择执行节点

专 利 号:200710176228.6

专利权人:中国移动通信集团公司

发 明 人:刘 鸿

本专利涉及一种接入网关的选择方法、系统及网关选择执行节点,尤其是一种在移动分组域中的接入网关的选择方法、系统及网关选择节点。随着3G和4G移动网络和数据业务的发展,承载数据业务流量的移动分组域地位越来越重要,而移动分组域网络中接入网关扮演着关键的角色。越来越多的业务希望使用专用的接入网关,例如蓬勃发展的物联网专网、政企客户专网都提出了使用专用的接入网关以提高业务灵活性和通信安全性的需求,运营商为了对用户进行区分服务也希望对部分用户使用专用接入网关,出于合法监听的需要也可能希望被监听的用户流量通过专用接入网关。为了实现相关需求,在本专利之前,有如下一些技术方案:(1)在终端上进行配置,对于需要使用专用接入网关的设备,在发起承载请求时携带专门的标识,这意味着只能在特定终端上实施,且无法灵活更改。(2)限定用户号码范围,将需要使用专用接入网关的用户归于同一网络号,这意味着需要更换用户使用的号卡,并且码号利用率降低,灵活性也很差。(3)在接入网关选择设备处进行配置,这需要在所有接入网关选择设备进行配置,几乎无法用于用户漫游的场景,因为漫游网络的运营商一般不会同意进行这样的配置,另外会影响接入网关选择设备的性能且修改配置也非常麻烦。本发明专利提出了一种相对于先前技术更为先进的接入网关选择方法,使归属运营商能够通过修改用户签约数据中的信息,有效改变为用户选择的接入网关,而不需要对终端进行改动,也不需要限定用户的号码范围或者在漫游网络的接入网关选择设备进行配置。

本专利相对于同类技术的优势有以下几个方面。(1)终端无须改动,部分同类技术需要对终端进行改动,因此无法用于通用商业终端。(2)用户号码无须限定在一定范围,部分同类技术需要限定用户号码范围,因此需要对用户进行换号处理,也无法适用于金牌用户、合法监听等场景。(3)漫游地接入网关选择设备无须进行任何配置,部分同类技术需要通过与所有可能的漫游地运营商协商,在漫游地接入网关选择设备商进行配置,而且配置工作量很大,调整非常不灵活。鉴于本发明专利与同类技术相比的明显优势,3GPP 将其作为 LTE 核心网的必选功能以及 2G/3G 核心网在 Release 8 以后的必选功能进行标准化。

本专利有利于更方便地提高政企客户的安全性,增强合法监听的灵活性。

专利名称:一种产α一酮戊二酸酵母工程菌及其构建方法

专 利 号:201010578594.6

专利权人:江南大学

发 明 人:陈 坚 殷晓霞 周景文 堵国成

本专利属于代谢工程改造解脂耶氏酵母生产α一酮戊二酸的基础型专利。本专

利的技术要点在于两个方面:(1) 首次建立了完整的解脂耶氏酵母代谢工程体系;(2) 采用辅因子代谢工程手段在强化目标产物 α—酮戊二酸积累的同时,有效弱化了副产物丙酮酸的积累。

本专利针对目前解脂耶氏酵母生产α—酮戊二酸过程中存在的代谢工程操作体系不完善、中心代谢途径调控机制不明确等关键性、共性的技术难题,建立了完整的解脂耶氏酵母代谢工程操作体系,并在此基础上,经过一系列的筛选,最终确定采用以过量表达 ATP—柠檬酸裂解酶基因为核心,显著提高了 α—酮戊二酸积累,并减少了副产物丙酮酸的积累,解决了当前真核微生物积累有机酸领域存在的关键性、共性问题。

相对以目前化学合成法生产 α—酮戊二酸,以解脂耶氏酵母 WSH－Z06 为出发点菌株生产 α—酮戊二酸,具有合成线路清晰、易操控、不使用对人畜有毒害催化物质、污染小等优点。并且因为使用甘油等廉价碳源,解脂耶氏酵母生产该有机酸成本低,原料来源广;由于不使用有毒害催化物质,该产品可以在食品、化妆品和药物合成等领域应用。本专利通过同源重组敲除技术,对野生型工业生产菌株解脂耶氏酵母 WSH－Z06 进行基因敲除,并成功筛选得到一株亮氨酸营养缺陷型的解脂耶氏酵母 Δ*LEU*2 菌株。该方法成功建立了对野生型工业生产菌株解脂耶氏酵母转化方法,并且成功筛选得到一株亮氨酸营养缺陷型的解脂耶氏酵母 Δ*LEU*2 菌株,相比于原始出发菌株,该菌株不仅维持了出发菌株大量积累 α—酮戊二酸的能力,并成功破坏了原始出发菌株 *LEU*2 编码基因,需要在外源添加亮氨酸的情况下生长,为下一步对工业生产菌株解脂耶氏酵母进行代谢工程改造奠定了基础。

结合实施情况,相对于公开的技术方案,本专利解决了目前发酵法制备 α—酮戊二酸技术中最为关键的两项技术难题:产量的提升和副产物丙酮酸积累量的减少。本专利公开的解脂耶氏酵母生产 α—酮戊二酸技术以工业规模实施,产量达到 65 g/L 以上,发酵最适 pH 低至 3.0,生产过程稳定,相关参数均达到国际领先水平,生产过程具有较好的经济性,实施效果确定、可靠。工业规模的发酵法生产 α—酮戊二酸为国内首创,生成成本大幅下降、产品安全性得到较大提高,与化学合成产品相比,在食品、饲料和医药行业具有极强的竞争力。

本专利在生物技术法生产 α—酮戊二酸中取得了重要突破,为实现其工业化生产奠定了重要的工业基础,产生了显著的社会效益,主要包括:(1) 提升我国新型有机酸工业技术水平;(2) 促进我国传统有机酸行业产业升级;(3) 引领下游相关产业发展。

专利名称:新型抗癌药吉西他宾重要中间体新合成工艺

专 利 号:03151156.2

专利权人:江苏豪森药业股份有限公司

发 明 人:林国强　蒋昌盛

非小细胞肺癌目前居国内恶性肿瘤发病率首位,每年新增约 50 万人。盐酸吉西他滨由美国礼来公司于 1995 年研制上市,是一种治疗非小细胞肺癌的抗代谢类抗肿瘤新药,其有效率达 40%以上,远高于传统药物 15%的有效率。但该药物一直全球垄断且价格昂贵,因此突破技术壁垒、实现国产化是亟待解决的课题。江苏豪森药业股份有限公司运用手性合成经验,突破美国礼来公司专利,自主开发出全新合成工艺,成功解决以上难题。

该专利保护了吉西他滨关键中间体的制备工艺,该中间体是制备吉西他滨的必要步骤,目前该工艺的应用效果明显优于国内外现有技术,在产品收率、纯度及工艺复杂程度上均取得突破性成果,结合核酮糖中间体的基础性、工艺的重要性和对行业现有技术的贡献程度,该专利应属于基础型专利。

与现有技术相比，本专利的技术优势主要体现在以下几个方面：(1)研究出高立体选择性的合成技术；(2)开发了安全环保的环合及还原工艺。

本专利通过产学研合作，采用创新的研究思路和工艺，2001 年成功研制出项目产品(泽菲)，打破了美国礼来公司对盐酸吉西他滨的国际垄断。该项目产品累计销售 34.2 亿元，税收 5 亿元，为患者节约药费 32 亿元，降低了患者负担，扩大了服务人群，提高了医疗保障水平。通过工艺创新，克服了反应物料对设备的高腐蚀和对生产人员的危害。攻克了原使用价格昂贵且安全隐患大的四氢铝锂在湿度环境下易起火爆炸的难题，在降低生产危险性的同时也改善生产环境，节约成本达 300 万/年。研究出循环利用技术，对原废弃的高碘酸钠、胞嘧啶“变废为宝”，减少环境污染，达到“近零排放”，并节约成本约 1500 万/年。本专利原料药得到欧美主流市场的认可，产品制剂(泽菲)实现了制剂产品的出口，成功打破国际垄断，建立了民族品牌，经济、社会效益显著。

专利名称：一种单模业务连续性实现方法及单模业务连续性系统

专 利 号：201010133008.7

专利权人：中兴通讯股份有限公司

发 明 人：谢振华　郝振武　陶全军

本专利要解决的问题——在不影响接入网切换时延的基础上缩小通讯中断时长，并且还要合理利用现有资源，而这三者在 SRVCC 技术领域却是矛盾的。

本专利结合 IMS 网络的实际部署实施的主流方案，通过对现有 IMS 标准架构的改进，引入 ICP 和 AGW 这样的实体，并设计交互过程，使得 IMS 信令不用绕行到归属域，只需要在拜访域绕行即可，从而彻底解决了通讯中断较长这一关键、共性的技术难题，同时充分保证了整个切换完成的时长与传统网络的切换完成时长基本相同，而且对现网资源做了最大限度的合理利用，解决了 3 个相关问题间的矛盾，属于架构改进型专利。

本专利主要有以下技术优势。(1)提高效率。本专利对原有 SRVCC 切换过程做了明显的改进，使得切换过程更敏捷、快速，大大提高了 PS 域语音向 CS 域切换的成功率，满足了运营商对切换时延的苛刻要求，极大提高了切换效率。(2)降低成本。本专利通过改进原因 SRVCC 方案，使得 IMS 信令不需要绕行到归属域，大大减轻归属域 AS 的负担，可节省对归属域 AS 的投资成本，同时 IMS 网络中本已大量部署的拜访域节点，比如 P－CSCF、SBC 等都可以被改造为支持本专利的方案，不用增加新的设备支持本专利，也降低了对设备投资的成本。(3)节能减排。采用本专利的技术，切换过程中的信令交互完全在拜访地完成，减少了拜访地与归属地间的信令交互过程，使得沿途设备都不用再处理相关信令，节省了能源消耗。(4)改善性能。采用本专利的技术，可以保证切换过程对时延的苛刻要求，改善原有方案中时延较长导致的性能问题，保证切换过程中通讯中断时长小于 300ms。(5)提升品质。随着 3G/4G 等高速 PS 网络的普及，用户对体验的要求也越来越高，由于高速网络的基站覆盖面积的缩小，切换的发生频率也明显增多，原有 SRVCC 切换方案由于切换时延较长，在这样新的网络形势下，势必导致切换失败的高发，严重影响用户体验，即使切换成功，由于通讯中断时间明显加长，用户的体验也不会很好，采用本专利的技术，能够加快切换过程，提高切换成功率，减少通讯中断时间，使得用户感知不到通讯发生中断，能大大优化用户的体验，改善运营商网络的品质。(6)实施效果。中兴相关产品在多个国内运营商中都有部署，服务大量用户，同时也参与了一些国内外运营商的测试，完全通过相关测试要求，获得运营商的好评，也即将在国外运营商中商用，这些都说明采用本专利保证了相关性能的要求。

本专利的形成使电信运营商在部署IMS网络架构后保证PS域语音向CS域切换的性能、时延及成功率，使得困扰运营商的关键问题获得完满解决，进一步提升了网络品质。采用本专利后，归属网完全不用关心拜访地的切换过程，提高了管理效率，从而能为促进提高科学管理水平作出贡献。本专利也使得拜访地对切换过程完全可控，使得拜访地运维人员可以找出问题，排除故障，促进拜访地网络的服务品质提升。基于本专利开发并部署的增强型PS域语音向CS域切换技术目前已被第三代移动通信的国际标准所采纳。采用了该自主知识产权的国际标准，增强了我国电信设备在国际上的技术形象和市场竞争力，并提高了国产电信网络设备在国内外电信网的占用率。本专利促进了IMS网络的部署，保障了IMS部署后的网络服务质量。本专利有效保证了电信运营商在开通IMS网络通讯业务时，可以保证用户切换的成功率，降低故障放生概率。本专利促进了运营商部署多种接入方式下的通讯切换技术，使人们可以在不同的接入方式下顺畅地交流，保证了各种无线制式覆盖条件下的无缝通讯需求，同时降低了通讯费用。

专利名称：用于石材加工的单驱动可分度复合切削部件

专 利 号：200810013048.0

专利权人：沈阳建筑大学

发 明 人：吴玉厚　张　珂　陆　峰　蒋超霞　赵德宏　刘春时　韩　麟

本专利提供一种单驱动可分度切削工作头部件，其主要特征在于：该发明的分度功能和切削动力由同一部伺服电机驱动实现，属于机械制造领域的基础型结构功能部件。

车铣复合加工具有：缩短产品制造工艺链、减少装夹次数、提高生产效率和加工精度等显著优势，是目前国际上最先进的制造技术之一。车铣复合加工技术的出现为此类生产提供了有效解决方案，与传统工艺相比，它能够实现在一次装夹中，完成全部或大部分工艺过程，提高了加工精度和生产效率，降低了生产成本。车铣复合加工的显著优势契合多品种、中小批量的生产需求。

对于车铣复合加工和石材等硬脆材料加工，迫切需要一种既能够实现大扭矩切削加工又能够实现精确分度的功能部件。本专利使用同一部伺服电机实现了切削主轴的切削运动和切削主轴的B轴旋转分度，比传统结构节约了一部电机；安装于各类龙门式机床和车铣复合加工中心，使机床结构更加紧凑、合理；采用直驱式分度结构，通过两套机械式离合锁紧装置，具有分度精度高、结构锁紧可靠的特点。

因此本专利实现的单驱动可分度切削工作头部件具有传动效率高，分度灵活和锁紧可靠的技术优势，能够显著降低使用该系统的车铣复合加工装备的结构复杂性，降低设备成本，提高机床性能和品质，为在一次装卡中实现零件的全部或大部分工序提供可能。就目前现有技术而言，本专利实现的单驱动可分度切削工作头部件依然是非联动式分度要求下车铣复合加工切削功能部件的最理想选择。

依据本专利研制的石材单驱动可分度锯切工作头部件已经应用于HTM50200异型石材车铣复合加工中心，实现了对石材制品立式、卧式双组态五轴联动加工和车削、铣削、磨削、雕刻、锯切多工序复合加工。本专利所提供技术方案已被证明是可行的、确定的。

以本专利为关键功能部件的异型石材数控加工中心配有双工作头、双工作台，能够实现对回转体石材制品和立体雕塑制品的双姿态五轴联动数控加工；能够实现对石材制品的车削、锯切、铣削、雕刻、磨削、抛光等多工序复合加工；其产品一次成型率可以达到80%，优等品率达到65%；粉尘浓度低于0.5mg/m^3，污水循环利用率70%；对普通大理石浮雕的加工效率达到2000cm^2/h。

相关设备和加工技术的开发、应用促进了我国石材产业的技术进步和科技创新，使异型石材加工向自动化、数控化和智能化方向发展，使石材产业从业人员的整体素质得到提升，大幅度降低工人劳动强度。项目提升了我国装备制造业的整体水平和综合国力，极大地提升民族自尊心和自有品牌价值，提高了国产车铣复合加工装备的质量和档次，实现同类进口设备的部分替代，改变相关行业的进出口产品结构，增强了我国装备制造设备在国际市场上的竞争力。

专利名称：埃克替尼盐酸盐及其制备方法、晶型、药物组合物和用途

专 利 号：200980100666.1

专利权人：贝达药业股份有限公司

发 明 人：王印祥　丁列明　谭芬来　胡云雁　何　伟　韩　斌　龙　伟　刘　勇

盐酸埃克替尼为贝达药业股份有限公司的原创化合物，本专利是从未报道过的盐酸埃克替尼的新晶型，是晶型的创新，属于基础型的专利。

为了获得原创化合物，专利权人自行设计并合成了EGFR酪氨酸激酶抑制剂化学库，该结构中苯胺取代的喹唑啉为EGFR激酶抑制剂的核心结构，并冠醚环能增强EGFR激酶抑制的特异性，改善EGFR激酶抑制剂的药代动力学性质。因此，这种全新化学分子结构的EGFR激酶抑制剂在理论上具有高效的EGFR激酶抑制功能以及优越的安全性。另外，该设计成功地突破了吉非替尼及厄洛替尼专利保护的限制。首先，在分子水平用纯化的EGFR激酶筛选合成的化学库确认第一批候选化合物；其次，在细胞水平进一步筛选缩小候选化合物的范围；在此基础上，采用人癌细胞裸鼠异种移植瘤模型观察不同剂量先导化合物对肿瘤细胞的杀伤作用，最终筛选出的盐酸埃克替尼；最后，进行了晶型筛选和抗肿瘤试验得到本发明专利。

专利权人自主研究开发的盐酸埃克替尼（商品名：凯美纳）适合中国的患者群，并享有自主知识产权，具有核心专利权——化合物专利和晶型专利。盐酸埃克替尼上市前，我国没有自主研发的针对晚期非小细胞肺癌治疗的二/三线药物。

本专利解决了中国非小细胞肺癌患者长期依赖进口药，费用昂贵的问题，结束了我国没有自主知识产权小分子抗肿瘤药物的历史。另外，本专利与吉非替尼及厄洛替尼相比，具有更强的抗肿瘤活性，更低的毒副作用，更适用于中国患者群，且价格低廉。埃克替尼在疗效方面与吉非替尼相当，但是安全性明显优于吉非替尼。

专利名称：两相逆变电源系统及其综合控制方法

专 利 号：201110209751.0

专利权人：湖南大学　湖南中科电气股份有限公司

发 明 人：罗　安　陈燕东　欧阳红林　李爱武　吴传平　孙运宾　马伏军　王　晓　肖华根　楚　烺

本专利发明了一种两相逆变电源系统及其综合控制方法，形成了2个系列10种电源装备，打破了国外技术封锁和垄断，填补了国内空白，解决了国内外本领域关键性、共性技术难题，实现了特殊钢品质的飞跃，扭转了我国特殊钢大量依赖进口的局面，经济社会效益显著。本专利属于基础型的专利，原创性及重要性非常明显。

（1）在两相逆变电源系统的拓扑结构

方面，本专利首创了前级PWM整流器和后级两相正交逆变器相结合的两相电源系统拓扑，精简了系统结构，提高了电源效率。(2)针对特殊钢冶炼电磁搅拌电源中大电流快速换相的国际难题，本专利提出了后级两相大电流快速跟踪控制方法，解决了大电流输出的快速换相与精确跟踪的难题。(3)针对两相逆变电源系统的前级PWM整流器，本专利提出了直流侧电压外环和电流内环跟踪的PWM整流双环控制方法，解决了大电流快速换相引起的直流侧电压大幅波动和输入电流严重畸变的难题，实现了直流侧电压的平稳控制。(4)针对宽厚板连铸生产要求多辊同步、高密度磁场电磁搅拌的国际难题，本发明专利提出了多电源输出电流的同频同相控制技术，解决了多辊电磁搅拌力相互抵消的世界性技术难题。

与国外技术产品相比，本专利技术产品的成本价格仅为国外产品价格的25%，国外电磁搅拌电源设备为单台套300万～400万元，本技术产品为单台套80万～120万元。本发明专利电源装备还具备自身功率损耗低、硬件电路简化、电流响应速度快、可靠性高等优点，大幅提高了我国特殊钢的品质。本电源产品现在国内市场基本取代了国外ABB、ROTREC进口电源产品，占领了国内70%的市场份额，并出口印度、巴西、沙特阿拉伯等国际市场。

本专利研制的两相大功率电源装备多项性能指标优于国内外同类装备，实现了电力电子变换拓扑与控制技术在特种冶炼电源行业中的高效应用。电源装备的大规模推广应用促进了我国特殊钢冶炼产业的升级和制造业基础原材料的提升，对国民经济和国防建设战略意义重大。本专利提升了我国特殊钢的品质，满足了我国重大工程和装备对特殊钢方圆坯、宽厚板的高品质需求；降低了我国特殊钢制造企业的生产成本，提高了企业国际竞争力，带动了相关产业链的发展。节约了大量不可再生能源，减少了烟尘和污染物排放。

专利名称：一种治疗上呼吸道感染的药物及其制备方法

专 利 号：2005 1 0117119.8

专利权人：安徽济人药业有限公司

发 明 人：张军兵　汪　平　武惠斌

本专利属于基础型专利。组方源自湖南湘西民间老中医向楚贤的祖传秘方，名为“祛毒散”。主要处方由虎杖、连翘、败酱草、马鞭草、隔山消、甘草六味药组成，用于治疗伤风、白喉、腮腺炎、扁桃体炎等，疗效独特，1991年向老将该方献给湖南医科大学，湖南医科大学基础医学院、附属二医院在原处方基础上进行了加减调整，去掉了隔山消，并结合古今医学及现代药理学研究成果增加了板蓝根、柴胡、芦根三味做成医院制剂，主要用于治疗急性上呼吸道感染，取得了很好的效果，对急性咽喉炎、感冒引起的咽喉肿痛、发热等症状，在第一次服药后4～6小时即可产生明显效果。

组方主要根据中医对急性上呼吸道感染的认识及风热证之病因病机，祛风清热以祛其邪，解毒散结以改善局部肿痛；风热证邪在肺卫，肺居上焦，“治上焦如羽，非轻不举”，选药均以气味芳香、质地清轻之草本，使药能直达上焦，而无苦寒沉降之弊。

组方同时探索出一套先进的生产工艺。根据处方中药味主要有效成分的理化性质，将方中八药分为三组采用不同的方法进行提取。采用正交试验法优选了醇提、水提的最佳工艺条件。找出了最适合的提取挥发油的时间，并比较了不同情况下醇提干膏得率及大黄素的含量。还对成型工艺进行了考查，采用微粉硅胶等新型辅料，真空干燥、粉碎、装胶囊。上市后进一步证明了制备及生产工艺的各项技术指标稳定，操作方便。

本专利能改善局部组织细胞缺血、缺氧，改善微循环，对伤风、扁桃体炎、咽喉炎等上呼吸道感染所致的疾病具有显著效果，有效率达 100%，且无毒副作用，本专利的各组分均为常见中草药，成本低，降低了患者的经济负担，为患者提供了一种高效、安全的药品。

本专利与当前技术相比，具有以下优势和特点。(1)组方配伍严谨、科学，符合中医“辨证论治”的宗旨。(2)发挥多重作用，达到标本兼治的目的。本品不但能显著抗病毒、抗菌以治其本；还能有效抗炎、解热、镇痛以消除临床症状，达到既治标又治本的目的。(3)疗效好，安全性高。临床试验表明本品在各项疗效指标上均优于对照组，疗效显著。临床前动物实验(急性毒性和长期毒性)表明，本品口服安全，长期毒性未发现主要脏器的毒性变化，显示本品安全性高。(4)起效快，服用方便。本品采用现代工艺提取，装胶囊，使药物浓度高，起效迅速，且服用量小，方便。(5)能有效避免抗生素引起的各种毒副作用。抗生素的大量、长期使用会产生很多毒副作用，比如体内耐药菌株的存在、二重感染(菌群交替症)等。本产品属纯中药制剂，通过多重作用来治疗疾病，能有效避免这种情况的发生。

本专利技术含量高，具有显著的中医药特色与优势，且适合大规模工业化生产，具有较强的示范作用，同时对推动中药提取技术的跨越式发展将起到积极的作用。

本专利是具有抗病毒和抗菌双重作用的纯中药制剂，克服了一些病人大量、长期服用抗生素等药物导致的过敏、体内产生耐药菌株、二重感染(菌群交替症)及毒副作用大等缺陷，解决了医药学领域的一大难题，促进相关医药学技术的进步。本发明的实施严格按照《环境保护法》和相关的环保政策执行，做到绿色无污染生产、协调可持续发展，维护了亳州地区的良好生态环境，推动了亳州中药产业的健康可持续发展。本发明专利为临床上提供了一种疗效确切的中药新药。本发明产品疏风解毒胶囊被纳入国家医保目录(2009 年版)和国家基本药物目录(2012 年版)，并多次列入卫生部、国家中医药管理局抗流感中医诊疗方案，为防控疫情的爆发发挥了巨大作用，维护了社会的稳定。

专利名称：一种核电机组的事故监控系统及其监控方法

专 利 号：200810241509. X

专利权人：中国广东核电集团有限公司 大亚湾核电运营管理有限责任公司

发 明 人：张锦浙 周创彬 魏艳辉

本专利的技术方案包括事故工况下的状态显示装置设计，通过一个显示装置，向操纵员提供状态信息、参数信息、自动诊断结果和链接，连续、直观地提供机组信息，帮助操纵员完成反应堆和汽轮发电机组在事故情况下的控制。

该专利是核电厂操纵员采用所有数字化事故运行程序进行运行操作的基础，其他专利技术经在本专利技术及另一专利(核电机组数字化控制系统的信息处理方法、装置和 DCS 系统)的基础上进行改进，两专利均属于基础型专利。

核电厂采用 DCS 技术后，不再受传统主控硬件限制，可以采集更多的数据送往主控以供分析和判断，例如岭澳二期核电厂设计采集约 30 000 个数据点，在正常运行中，操纵员可以更为详细地掌握机组状态和分析个别异常，有利于核电厂安全运行。而在事故工况下，众多数据大幅变化，若不针对相关数据进行预先处理，操纵员将淹没在大量的数据变化中。这是采用 DCS 技术的核电厂必须解决的关键问题之一，必须分析操纵员面临各种可能的工况或任务，采用系统的方法将信息进行分类处理并直观呈现，考虑人因工程因素，做到人机的优势互补。

为了处理上述关键难题，在岭澳二期核电厂项目建设初期，运营公司投入大量人力物力进行专项研究，逐步完善设计并形成了本专利技术。本专利是在事故情况下，核电机组DCS人机接口技术的核心。本专利涉及一种核电机组的事故监控系统及其监控方法，该系统包括状态显示装置及其包括的状态监视模块、参数监视模块，以及操作链接模块。本专利的核电机组事故监控系统及方法将核电机组复杂的各类信息进行有效的分类，集中向操纵人员提供快速、准确的系统参数和设备状态，并只占用一个显示装置，充分利用了数字化的特点；通过对重要参数和重要设备状态的持续显示，避免了数字化带来的控制画面频繁切换而可能产生的控制风险。其通过合理的链接，实现不同监督画面、电子程序画面间的快速导航，保证了对机组控制的流畅性，有效地减轻了操纵人员的工作负荷，从而解决了本领域共性的技术难题。本专利在DCS技术及人机分工方面做了充分的布局及实施。

与世界上在运的数字化核电厂相比，本专利有如下优点。(1)能够使操纵员在事故工况下获得专门针对该工况设计的状态信息和操作指引，并且减少占用显示装置的数量。(2)能够缓解操纵人员的精神压力，使他们在处理复杂工况时，在不迷失大方向的前提下拥有详细的操作指引和快捷的实现手段。(3)美国西屋的ComPro系统由于近十年来未发展核电领域，而且对核级DCS核心技术存在技术壁垒，故其实用性无可对比性。韩国APR1400模拟机CBP系统及中广核集团及法国联合设计的EPR数字化程序系统尚未投入实际验证。俄罗斯VVER型机组程序系统未考虑事故下的参数筛选及分类。法国N4操作步骤画面和工艺操作画面混合在同一显示装置中显示，且通过控制工艺操作画面可控制工艺设备，因此该操作步骤及工艺操作画面显示装置的维护修改不灵活，周期长，不能满足实际运行时根据具体情况对操作步骤进行修改或调整的要求；而每次都需要修改与工艺设备直接发生作用的软件，带来不安全性。德国西门子公司的TELEPERM XP＋XS系统，未考虑提供单独针对事故下系统集成监督。事故处理需要大量切换画面，执行效率低，拖延事故程序的执行。本专利是建立在此系统基础上进行开发应用的，同时本专利技术也可应用于其他操作系统进行开发应用。

本专利是核电厂DCS的基础专利，主要涉及事故安全监控系统与方法。在研发时，充分考虑了DCS的技术特征，并深入了解事故情况下操纵员的反应特征和工作任务。充分考虑人因工程的因素，做到了人机优势互补，例如机组关键参数集中显示，保证操纵员对总体状态的理解，小范围计算机自动诊断的同时保留计算依据在保证安全基础上减轻操纵员负担，改善了劳动条件。同时，运用事故程序的修改和机组控制脱离来确保程序的及时修改。采用此专利技术，大大减少了人因失误概率，提高了核电机组事故控制效率，解决了DCS技术应用中事故控制的难题，提高了核电机组整体的安全性和经济性，从而保障了国家和公共安全。

专利名称：一种脉动旋流法铜冶炼工艺及装置

专 利 号：200910230500.3

专利权人：阳谷祥光铜业有限公司

发 明 人：周松林　刘卫东

通过工艺理论研究、计算机仿真、关键设备研制、大量工业试验等，发明人创造性地提出粒子碰撞反应机理，以此机理为基础，专利权人世界首次开发出实现超强化冶炼的本专利技术“一种脉动旋流法铜冶炼工艺及装置”(以下简称旋浮冶炼)。旋浮冶炼同闪速冶炼相比，主要有四个不同特点：“反应机理、龙卷风、脉动、喷嘴”。(1)采用粒子碰撞反应机理，确保反应充分完全。(2)采用龙卷风形式分散物料，强化气粒混合和粒子碰撞。(3)采用中央脉动氧气，强化粒子脉动碰撞。(4)采用脉动旋流喷嘴。

旋浮冶炼优点：(1)生产效率高，超强化冶炼。投料量 350 吨/小时，铜产量 50 万吨/年，比闪速生产效率提高 75%。(2)反应完全，节能环保。作业率 98%，烟尘率 4%，能耗 150 Kgce/t，硫回收率 99.2%。(3)原料适应性强。可处理各种高杂矿，克服了闪速只能处理干净矿的缺陷。(4)喷嘴结构巧妙，没有损耗件，故障率为零。(5)投资少，炉寿命长。操作简单安全。

综上所述，本专利涉及冶炼原理、工艺技术、冶金数模、计算机控制、装备制造等多个方面，属于铜冶炼领域重大原始创新。

本专利突破了闪速冶炼技术瓶颈，比闪速冶炼更高效、节能、环保，解决了铜冶炼领域低效率、高能耗、高污染等共性和关键性技术难题，实现了超强化铜冶炼。

本专利已推广应用于国内 4 家、国外 2 家大型铜冶炼企业和国内 1 家最大的黄金企业，铜总产量达 220 万吨，其中，中国铜产量 150 万吨，与国家能耗标准的先进值相比较，年可节约 28.5 万吨标煤，减少 CO_2 排放 46 万吨，对推动我国铜冶炼行业节能减排及可持续发展起到积极作用。随着在铜、镍、铅等行业的进一步推广应用，本专利发明将为中国乃至世界有色金属行业的节能减排作出更大贡献。

专利名称：DP 解码和分辨率自动调整的液晶模组测试装置

专 利 号：201220729235.0

专利权人：武汉精测电子技术股份有限公司

发 明 人：郑增强　邓标华　沈亚非　陈　凯

本专利将 DP 解码多链路并行技术及分辨率自适应技术导入液晶模组测试装置中，使得测试装置具备多类型信号接口，能自适应分辨率，支持超高分辨率信号检测，属于改进型专利。

基于本专利技术的液晶模组测试设备能同时提供 LVDS、DP、V－BY－ONE 三种信号接口，解决了单芯片(设备)同时支持多种类型模组的问题；分辨率适配模块的导入，使得测试装置能够根据液晶模组规格的不同自动调整分辨率；DP 解码高带宽，支持超高分辨率 UHD(4K×2K)以及 HSV(8K×4K)显示屏的检测，解决了高质量高刷新率视频源输入的带宽问题。本专利技术填补了国内平面显示信号多接口测试技术的空白，成功解决了超高分辨率显示检测技术的瓶颈。

本专利的技术优势有以下几个方面。(1)带有 DP 信号解码和分辨率自动调整的液晶模组测试装置，提供 DP 信号解码单元，支持集成在现场可编程逻辑阵列中，避免了专用芯片限制，可以多链路和多数据的并行处理，降低了处理时钟频率，减小干扰降低能耗。(2)带有 DP 信号解码和分辨率自动调整的液晶模组测试装置，包含的图像处理单元，能够实现视频信号的分辨率和刷新率自动调整，降低了对外部视频的要求，减少了测试不同液晶模组之间的调整时间。(3)带有 DP 信号解码和分辨率自动调整的液晶模组测试装置，包含的图像处理单元中的分辨率适配模块，能实现视频的缩放、拉伸与裁剪，兼容将来的超高分辨率液晶模组的测试，减少了设备升级，节约了成本和资源。(4)带有 DP 信号解码和分辨率自动调整的液晶模组测试装置，包含的输出编码单元多样化接口，可以让设备之间级联和转接，极大降低视频源的需求数，减少设备以及后期维护成本。(5)信号解码和分辨率自动调整的液晶模组测试装置的集成度高，通过使用现场可编程逻辑阵列，可以在单颗芯片中实现现有设计需要多个复杂专用芯片完成的功能，极大的提高集成度，节约了测试成本，操作简单，提升了测试效率和测试可靠度，提升了企业的生产效率及产品合格率。

基于本专利技术的液晶模组测试设备能同时提供 LVDS、DP、V－BY－ONE 三种信号接口，支持超高分辨率 UHD(4K×2K)以及 HSV(8K×4K)显示屏的检测，且能够根据液晶模组自动调整分辨率以自动适应不同类型的液晶模组。

本专利对于打破国外的价格垄断和技术封锁、推动我国液晶模组测试行业的技术和发展、推动产业链上下游产业的发展都有重要的社会效益。

第十六届中国外观设计金奖获奖项目简介

专利名称：具有显示功能的电子设备(jz)
专 利 号：201330104790.4
专利权人：联想(北京)有限公司
设 计 人：王立军

本专利作为联想公司重点布局的重点项目，以“多模计算”为设计理念，以独特的设计造型，简洁大方的美学效果，获得了业界广泛认可。YOGA TABLET，全球首创多种使用模式的平板电脑，并一举解决了困扰用户、影响体验的续航时间短、手持使用不方便、不能自主职称且使用模式单一这三个问题。

YOGA TABLET 的造型具有独特性。首先，独特的“卷轴”式设计。在一边设计有“卷轴”底座，有更大的空间容纳内部元件。其次，屏幕厚度不同，靠近底座的部分较厚，这样的设计使 YOGA TABLET 80%的部分比其他平板电脑更薄，而重心更靠近卷轴处。最后，其“卷轴”型底座包含可以翻开的支架。支架为隐藏式支架，支架合上时，与机身整体完美契合，不会占据更多空间，不影响用户使用体验；支架翻开时，可以提供两种不同的使用模式，增强不同场景下的用户使用体验。

YOGA TABLET 的整体设计简洁明快，卷轴与屏幕浑然天成，三种使用模式自然得体，优雅大方。YOGA TABLET 的设计重点即是追求人机交互的自由无度，满足用户最细腻的交互需求。YOGA TABLET 在握持模式(hold mode)下，方便单手握持，减轻单手握持负担。YOGA TABLET 底座根据人体工程学原理设计成卷轴形，适合单手握持，提升握持手感，提升握持牢固性以及稳定性，提供了一只手握持时操作的自由度，有效延长握持疲劳时间。YOGA TABLET 圆柱形底座可以容纳更大容量的电池，一定程度上解决了目前大屏设备耗电量大的问题，目前 YOGA TABLET 正常使用时间为 18 小时，远长于同类电子设备。针对不同使用模式，YOGA TABLET 利用软件实现了基础按键，符合用户操作习惯，同时针对不同模式进行了不同的优化。

YOGA TABLET 不是用摩擦力作为防止滑落的方式，而是利用握持的转轴来防止设备跌落，同时重心偏向手持的“卷轴”底座，使设备握持时更加稳定，为用户安全使用提供保障。同时 YOGA TABLET 采用严格的设计、生产以及测试标准，保证了设备的安全可靠。

YOGA TABLET 产品项目的成功以及产品的发布，提升了专利权人创新的良好形象，巩固了专利权人在“多模计算”领域的领先地位。YOGA TABLET 产品的推出，打破了平板电脑市场中设计大同小异的现象，受到市场的广泛的关注并深为广大用户认可，引领了用户的消费习惯。作为一款针对用户痛点而精耕细作的产品，YOGA TABLET 提高了人们的物质文化生活水平。

专利名称：着陆器
专 利 号：200830132786.8

专利权人:北京空间飞行器总体设计部
探月与航天工程中心
设 计 人:傅子敬　张　熇　杨建中
陈天智　李本正　裴照宇

着陆器外观设计是着陆器总体设计工作的重要组成部分,其设计的优劣直接影响着陆器总体性能参数、研制流程、研制费用和研制进度。着陆器的设计主要特点有以下几个方面。

(1)着陆器是我国第一个"有腿"的航天器,也是中国首次用来尝试地外天体软着陆的航天器。"四腿式"着陆机构是着陆器外观最显著的特征,每个"腿"采用"倒三角"式构形,发射时收拢,满足发射包络尺寸约束;入轨后展开,并在着陆时对横向和纵向着陆速度起到有效缓冲,保证平稳着陆。

(2)着陆器外形采用方形箱体且中心对称设计。方形箱体外形具有通用性好、承载面积大的特点,能够适应不同的载荷要求。方形箱体外形还具备开敞性好的特点,能够更好地满足起吊、翻转、运输等总装要求。另外,外形设计上采用中心对称设计,能够更好地适应"四腿式"着陆缓冲机构的安装,能够保证着陆缓冲机构在收拢和展开状态下质心不变,增加着陆稳定性。

(3)采用纵向尺寸小,横向尺寸大的外形设计。纵向尺寸小能够有效降低着陆器质心高度,降低着陆过程中由于质心高度引起翻倒的风险,横向尺寸大能够增加"四腿式"着陆机构的包络尺寸,保证较大的着陆面积,增加着陆稳定性。

(4)巡视器安装在着陆器顶部,是着陆器外观的另一显著特征。着陆器与巡视器共同组成嫦娥三号探测器,以软着陆的方式降落在月球表面,之后着陆器释放巡视器,开展月面探测。巡视器安装在着陆器顶部,利用着陆器侧面安装的转移机构把巡视器释放到月面,为巡视器的释放提供了坡度安全、可适应一定地形变化的通道,同时,巡视器安装在着陆器顶部,有利于巡视器在释放前对着陆点周围的月貌进行观测,提前规划释放路径,增加巡视器释放的安全性。

(5)顶部两侧的太阳翼采用重复展收设计,对着陆冲击时激起的月尘有一定的防护能力。发射及着陆过程,两侧太阳翼呈收拢状态,收拢时太阳翼覆盖在散热面上,能够有效保护散热面和太阳翼表面免受月尘的污染;飞行时太阳翼展开,保证最佳的太阳入射角。

(6)为展现中国设计元素,突出国旗重要性。国旗作为展示中国研制的标志性特征,布置在着陆器的－Z 侧板外表面,以银色的散热面作为背景,视觉效果突出;将国旗布置在－Z 侧板的左上部,突出国旗在着陆器上的"心脏"地位。

探月工程是我国中长期规划十六项重大专项之一,分"绕、落、回"三步来实施。"嫦娥三号"探测器是我国首个在地球以外天体表面实施软着陆的航天器,实现了探月工程二期"落"的任务目标。作为我国又一次重大航天科技实践活动,嫦娥三号引起了全世界的广泛关注。嫦娥三号的成功,牵引了我国科技创新发展,助力经济与社会持续进步,增强了我国综合实力,提高了我国的国际地位。着陆器的外观作为最直接引起观众注意的方面,对扩大宣传、增加社会效益起到了关键作用。通过发布着陆器在月球表面着陆的照片,全国人民能够切身感受到我国航天实力的提高。同时,以着陆器外观为蓝本的各种模型、邮册等大量发行,使着陆器成为中国航天又一张闪亮的名片。

专利名称:电视机(PLY1201)
专 利 号:201230649223.2
专利权人:深圳创维－RGB 电子有限公司
设 计 人:彭丽媛

创维 E900U 电视设计对造型的尺寸大小、音响与主体的比例、连接两个音响的显示横梁的长宽比例、大小均采用了黄金分割法。本专利采用7.5毫米极窄边框、15毫米超薄机身、超精密型材热弯工艺。

这款电视独特的底座设计搭配横梁显示屏功能，使产品更具独特的视觉冲击力。黑色高亮的面壳使得整个产品精致时尚，光泽有品质，更符合潮流趋势。采用独创双引擎箱体设计，位于底座的音响酷似飞机两侧的发动"引擎"，因此称它为双引擎式音箱。通过后置倒相孔让低频与反射物体形成衍反射，让低频和超低频端声音更有力量，更加震撼；再配合超薄的机身，并且兼顾了时尚和音质的双重需要。在画质方面，作为全球首款搭载全色域技术的4K电视，采用了全色域4K面板，比普通电视色域提升35%，从而达到大幅提升画质表现力的作用。有效增加了画面清晰度及画面红绿两色的显示。在音质方面搭载了全频HiFi音响底座，不仅颠覆了电视机外观，而且也实现了HiFi高保真音效，可以和发烧级音响媲美。

此款电视内置创维天赐系统，天赐系统是创维最新推出的一套基于用户体验的操作系统。创维天赐系统具备悬浮UI、多任务、跨界看、第二屏、开机快及盲操作六大特点，是继电脑、移动终端操作系统之后的第三类操作系统。

这款电视设计打破传统LED的方法，采用了模组整机一体化设计方案和新的小后壳固定方式，并使用独立音响与底座浑然一体的设计以及互动式多功能横梁的方案。本专利对可靠性、稳定性也进行了充分的分析与验证。

本专利的成功，使得专利权人再次走在了行业的前头，以其专注、专业的工业精神与互联网全面拥抱。同时也是对设计人员的专业水平的肯定，提升了企业的良好形象。本款电视正引领消费习惯。本专利正好满足了高端人士的需求，全色域高分辨率让其享受高品质画面，分体2.0环绕式音质可与专业音响媲美，同时本专利的生产也创造了更多的就业机会。

专利名称：汽车(D003)

专 利 号：201230520810.1

专利权人：中国第一汽车股份有限公司

设 计 人：钱广喜　王焕明　肖　肖

本专利外部造型设计要点介绍如下。

(1)整体造型。整体造型设计灵感来源于"雄鹰展翅"的设计语言，整体轮廓像一只展翅欲飞的雄鹰。本专利的外部造型由多重线条勾勒而成，无论从任何一个角度看过去都能体现出极强的层次感。

(2)前部造型。前格栅突破奔腾家族"六边形"基因，下边缘以"V"字形成更加锐利的"七边形"，立体感和力量感十足，与鹰眼前大灯、翼子板、前保险杠的结合浑然天成，形成富有冲击力和犀利感的雄鹰式前脸。前格栅、雾灯区以及护板处采用了大量银色装饰，着力突出其年轻和时尚的定位。前格栅总成采用银色包围+镀铬装饰的组合，凸显了LOGO的尊贵地位。前大灯总成采用了磨砂衬框和LED柳叶眉及透镜式眼球状近光灯的多层设计。前雾灯区域采用银色饰框，黑色磨砂衬底，中间嵌入镀铬前雾灯的组合设计，层次感和立体感十足。

(3)侧部造型。柳叶形侧窗宛若雄鹰有力地双翼，展翅欲飞。略带COUPE造型的车顶曲线和柳叶形车窗，体现整车侧部造型的流畅感和运动感。凌厉的双腰线设计，肌肉感和运动感十足。后视镜集成了LED侧转向灯，与车身连接处采用了黑色的塑料材质。为了突出其SUV车型所特有的户外气质，本专利车顶还配备了银色旅行架和镀铬材质门把手以及凸显运动的五辐式轮辋。

(4)后部造型。两侧侧窗和后窗装饰条以及扰流板所形成的曲线匠心独运的形成了整车设计的灵魂"X"。尾部采用了较为下溜的设计，其尾部看起来十分圆润，不像一般 SUV 车型采用较为方正的设计。尾灯外形采用了较为流行的多边形设计，右下角倒车灯采用了镀铬边框的设计，比较独特。“C”形肌肉感后雾灯区域设计也比较独特，其位于整车的下方两侧，富有立体感和层次感。下保险杆采用了与前杠相同的处理，黑色与银色相间的处理野味十足，其还采用了运动双排气管的设计。

本专利产品的推出，丰富了轿车公司产品线，填补了一汽轿车 SUV 产品系列的空白，为一汽轿车占领国内 SUV 市场提供了基础，同时为一汽轿车的自主创新车型的全系列发展奠定了基础。凭借优异的销量成绩，本专利产品不仅在 SUV 市场占领了一席之地，也奠定了其在自主品牌 SUV 领域的标杆地位。

专利名称：分体落地式空调器室内机（单贯流 B）

专 利 号：201230119818.7

专利权人：美的集团股份有限公司

设 计 人：汪海路　李　雯

本专利产品以中国天圆的传统智慧为底蕴，以圆柱体为主题造型，以封闭的圆方形为正面主题，寓意周而复始、生生不息。传统理念与设计学的双重审美，打造出圆形空调柜机外观，形成功能、外观与文化上的突破与融合。

在造型上，本专利突破原有柜机产品的造型风格，大胆革新传统空调柜机造型，破方为圆，以圆柱作为主体造型，相对传统空调柜机有效节省 30%空间。

本专利将空调挂机的贯流出风方式应用于柜机。垂直进出风道设计，出风口和进风口被设计在同一直线，距离缩短 60%，显著增加了空气在空调内的停留时间，提高了空调器的换热效率，更加节能。同时减少了空气与风道的摩擦，顺畅的风道无阻隔出风，大幅提升出风能力，有效降低空调器的噪音，使柜机产品突破性地实现低至 23 分贝的静音效果，成为行业静音标杆产品。

本专利采用竖直长出风口设计，符合人体工学。出风口面积比普通柜机大 15%，可令气流广布房间各个角落。出风口离地面比普通空调柜机更低，制热时，便于暖气流瞬间达到足底。

在材质上，本专利产品采用铝镁合金一体化全金属面板，独特的铝合金表面压丝氧化处理工艺为行业首创，防水、耐腐蚀能力等均达到行业最高标准，经久耐用，同时更利于清洁打理。

钛金色面板更符合当下流行色的趋势，淡雅含蓄的色泽，令其更易融入广大消费者的家居环境。

本专利产品的显示操控极具交互科技感，VLED 隐藏式显示方式，滑动触控式按键，更加人性化、科技化的智能触摸滑动控制人机界面，颠覆多年的按键式体验。辅以创新的无级调速技术，从 1%～100%的精确选择，手指在面板的控制区轻轻滑过，风速瞬间得以改变，改变了传统风速高、中、低三档的固有模式，无风档限制。

本专利产品给消费者带来更好的产品体验，不仅提升了专利权人的产品力和品牌形象，深度发掘出潜在市场，更重要的是促进了整个行业的转型升级，巩固了专利权人的行业领导者和革新者的形象。

国家工商行政管理总局商标局
2014年度已注册和初步审定的地理标志商标名录

序号	省份及地区	商标名称	注册人	注册号	商品
1	天津	州河鲤鱼	天津市蓟县水产技术推广站	10680222	活鱼
2	天津	大黄堡河蟹	天津市武清区大黄堡水产养殖协会	13938193	螃蟹
3	天津	大黄堡虾	天津市武清区大黄堡水产养殖协会	13938194	虾(活的)
4	天津	大黄堡鲢鱼	天津市武清区大黄堡水产养殖协会	13938195	活鱼
5	天津	大黄堡草鱼	天津市武清区大黄堡水产养殖协会	13938196	活鱼
6	天津	大黄堡鲫鱼	天津市武清区大黄堡水产养殖协会	13938197	活鱼
7	天津	大黄堡鲤鱼	天津市武清区大黄堡水产养殖协会	13938198	活鱼
8	天津	西马房打瓜	天津市武清区东马圈镇打瓜协会	13938200	西瓜
9	天津	田水铺青萝卜	天津市武清区大良镇田水铺青萝卜协会	13938201	萝卜
10	河北	涞水麻核桃	涞水县惠农麻核桃协会	11100543	麻核桃(工艺品)等
11	河北	涞源小米	涞源县优质杂粮行业协会	11823540	小米
12	河北	围场马铃薯	围场满族蒙古族自治县马铃薯产业协会	12701364	马铃薯(新鲜蔬菜)
13	山西	芮城苹果	芮城县果业发展中心	10903407	苹果
14	山西	闻喜花馍	闻喜县花馍协会	11309108	馒头
15	山西	闻喜宰相花馍	闻喜县花馍协会	11309109	馒头
16	山西	应县陶瓷	应县陶瓷行业协会	12923979	家庭用陶瓷制品
17	山西	上党连翘	屯留县民康中药材专业技术协会	11619830	连翘(中药材)
18	山西	潞州黄芩	屯留县民康中药材专业技术协会	11619831	黄芩(中药材)
19	山西	上党党参	屯留县民康中药材专业技术协会	11619832	党参(中药材)
20	山西	襄垣手工挂面	襄垣县手工挂面协会	14305806	挂面
21	内蒙古	库伦荞麦	库伦旗农业技术推广中心	12667229	荞麦(加工过的)
22	内蒙古	通辽牛肉干	通辽市牛肉干美食行业商会	13564280	牛肉干
23	内蒙古	卓资熏鸡	卓资县熏鸡协会	14661864	熏鸡
24	内蒙古	丰镇月饼	丰镇市月饼行业协会	14620924	月饼
25	内蒙古	翁牛特牛肉	翁牛特旗牛肉协会	13483528	牛肉
26	内蒙古	翁牛特大米	翁牛特旗米业协会	13483529	大米
27	内蒙古	翁牛特羊肉	翁牛特旗羊肉协会	13483530	羊肉
28	内蒙古	巴林左旗笤帚	巴林左旗十三敖包笤帚苗产业协会	14541078	笤帚
29	内蒙古	巴林左旗笤帚	巴林左旗十三敖包笤帚苗产业协会	14541079	笤帚苗(干草)

续表

序号	省份及地区	商标名称	注册人	注册号	商品
30	内蒙古	杭锦旗甘草	杭锦旗梁外甘草协会	13867873	甘草(药用甘草茎)
31	内蒙古	兴安盟大米	兴安盟大兴农业科技研究所	13322303	米
32	辽宁	建昌花梨	建昌花梨种植专业协会	11822636	梨
33	辽宁	高桥小菜	葫芦岛市特产协会	12109270	虾油腌渍的小咸菜
34	辽宁	凤城蚕蛹	凤城市蚕业协会	11946981	蚕蛹(活的)
35	辽宁	营口对虾	营口市渔业协会	12354949	虾(活的)
36	辽宁	营口柞蚕	营口市林业产业协会	12189680	蚕
37	辽宁	桓仁贝母	桓仁满族自治县中药材种植协会	14568448	贝母(中药材)
38	辽宁	桓仁天麻	桓仁满族自治县中药材种植协会	14568449	天麻(中药材)
39	辽宁	桓仁冰酒	桓仁满族自治县中药材种植协会	14568450	葡萄酒
40	辽宁	连山关刺五加	本溪满族自治县连山关镇刺五加种植协会	11571487	刺五加(中药材)
41	辽宁	清原龙胆	清原满族自治县英额门镇中药材协会	11752810	龙胆(中药材)
42	辽宁	抚顺单片黑木耳	抚顺县食用菌协会	11767272	黑木耳
43	辽宁	辽阳大米	辽阳市农副产品协会	12206894	大米
44	辽宁	辽阳山里红	辽阳市农副产品协会	12206895	山楂
45	辽宁	喀左紫砂	喀左县紫砂行业协会	11624402	紫砂饮用器皿等
46	吉林	洮南辣椒	洮南市金塔辣椒产业协会	10410228	辣椒(干蔬菜)
47	吉林	洮南辣椒	洮南市金塔辣椒产业协会	11076573	辣椒(新鲜蔬菜)
48	吉林	辉南大米	辉南县农村专业技术协会	12248362	米
49	吉林	黄松甸黑木耳	蛟河市黄松甸食(药)用菌协会	12876265	黑木耳
50	吉林	东山白蜜	吉林市蜂业协会	13396437	蜂蜜
51	吉林	公主岭大米	公主岭市粮食行业协会	13815051	大米
52	黑龙江	兰西民猪	兰西县东北民猪产业协会	9916476	猪肉
53	黑龙江	讷河玉米	讷河市农业技术推广中心	13505525	玉米
54	黑龙江	讷河玉米	讷河市农业技术推广中心	13505526	玉米(磨过的)等
55	黑龙江	讷河水稻	讷河市农业技术推广中心	13505527	未加工的稻
56	黑龙江	讷河大米	讷河市农业技术推广中心	13505528	米(大米)
57	黑龙江	虎林椴树蜜	虎林市蜂业协会	13745707	蜂蜜
58	黑龙江	友好蓝莓	友好区蓝莓协会	14098150	新鲜蓝莓
59	黑龙江	友好蓝莓	友好区蓝莓协会	14098149	蓝莓酱等
60	江苏	八卦洲芦蒿	南京市栖霞区八卦洲野菜经纪人协会	13138282	芦蒿(新鲜蔬菜)
61	江苏	洋马菊花	射阳县菊花研究会	11619176	药用菊花
62	江苏	九龙口大闸蟹	建湖县九龙口大闸蟹协会	13132651	螃蟹(活的)

续表

序号	省份及地区	商标名称	注册人	注册号	商品
63	江苏	东台陈皮酒	东台市陈皮酒经销商协会	13538719	黄酒
64	江苏	响水浅水藕	响水县浅水藕产业协会	13208667	浅水藕
65	江苏	恒北早酥梨	大丰市麋鹿早酥梨专业经济协会	12914510	梨
66	江苏	龙冈茌梨	盐城市果树良种场	12980694	梨
67	江苏	盱眙龙虾	江苏省盱眙龙虾协会	12584774	龙虾(非活)
68	江苏	淮阴红薯粉丝	淮安市淮阴区畜禽产业协会	13283845	粉丝
69	江苏	淮阴红薯粉丝	淮安市淮阴区畜禽产业协会	13283852	粉丝
70	江苏	淮阴红薯粉丝	淮安市淮阴区畜禽产业协会	13283853	粉丝
71	江苏	淮阴红薯粉丝	淮安市淮阴区畜禽产业协会	13283864	粉丝
72	江苏	淮阴黄鸡	淮安市淮阴区畜禽产业协会	13283846	鸡(非活)
73	江苏	淮阴黄鸡	淮安市淮阴区畜禽产业协会	13283847	鸡(非活)
74	江苏	淮阴黄鸡	淮安市淮阴区畜禽产业协会	13283848	鸡(非活)
75	江苏	淮阴黄鸡	淮安市淮阴区畜禽产业协会	13283851	活鸡
76	江苏	淮阴黄鸡蛋	淮安市淮阴区畜禽产业协会	13283854	鸡蛋
77	江苏	淮阴黄鸡	淮安市淮阴区畜禽产业协会	13283859	活鸡
78	江苏	淮阴西瓜	淮安市淮阴区畜禽产业协会	13283850	西瓜
79	江苏	淮阴西瓜	淮安市淮阴区畜禽产业协会	13283862	西瓜
80	江苏	淮阴西瓜	淮安市淮阴区畜禽产业协会	13283863	西瓜
81	江苏	淮阴黄瓜	淮安市淮阴区畜禽产业协会	13283855	新鲜黄瓜
82	江苏	淮阴黄瓜	淮安市淮阴区畜禽产业协会	13283856	腌制黄瓜
83	江苏	淮阴黄瓜	淮安市淮阴区畜禽产业协会	13283857	腌制黄瓜
84	江苏	淮阴黄瓜	淮安市淮阴区畜禽产业协会	13283858	新鲜黄瓜
85	江苏	淮阴大白菜	淮安市淮阴区畜禽产业协会	13283849	腌制大白菜
86	江苏	淮阴大白菜	淮安市淮阴区畜禽产业协会	13283860	新鲜大白菜
87	江苏	淮阴大白菜	淮安市淮阴区畜禽产业协会	13283861	新鲜大白菜
88	江苏	涟水荷藕	涟水县农副产品营销协会	13731257	新鲜荷藕
89	江苏	涟水荷藕	涟水县农副产品营销协会	13731258	加工过的荷藕
90	江苏	涟水萝卜干	涟水县农副产品营销协会	13731260	萝卜干
91	江苏	涟水萝卜干	涟水县农副产品营销协会	13731259	萝卜干
92	江苏	高邮湖大闸蟹	高邮市高邮湖大闸蟹行业协会	13986868	螃蟹(活的)
93	江苏	高邮湖大闸蟹	高邮市高邮湖大闸蟹行业协会	13986869	螃蟹(活的)
94	江苏	泾河西瓜	宝应县泾河镇西瓜协会	11945768	西瓜
95	江苏	界首茶干	高邮市界首茶干协会	11938605	茶干(豆腐制品)
96	江苏	沙头绿壳鸡蛋	扬州市广陵区蔬菜产业协会	11921201	鸡蛋
97	江苏	泰兴香荷芋	泰兴市泰兴香荷芋协会	13497749	新鲜芋头

续表

序号	省份及地区	商标名称	注册人	注册号	商品
98	江苏	兴化鱼圆	兴化市鱼圆行业协会	8488922	鱼圆
99	江苏	扬中秧草	南方秧草协会	11850101	秧草
100	江苏	扬中江蟹	扬中市渔业协会	11946910	螃蟹(活的)
101	江苏	扬中江虾	扬中市渔业协会	11946911	虾(活的)
102	江苏	扬中刀鱼	扬中市渔业协会	11946912	刀鱼(活的)
103	江苏	扬中河豚	扬中市渔业协会	11946913	河豚(活的)
104	江苏	大浮杨梅	无锡太湖山水城旅游度假区果农协会	11598928	杨梅
105	江苏	东山湖羊	苏州市吴中区东山镇湖羊产业协会	13825824	湖羊(活)
106	江苏	新毛芋艿	太仓市城厢镇农业技术服务站	11844432	新鲜芋艿
107	江苏	溧阳青虾	溧阳市青虾养殖协会	13517943	虾(活的)
108	江苏	赣榆虾皮	赣榆县海头镇浅海水域养殖协会	11681167	虾皮
109	江苏	如东条斑紫菜	如东县紫菜协会	11722486	紫菜
110	江苏	如东条斑紫菜	如东县紫菜协会	11946869	紫菜
111	江苏	如东文蛤	如东县文蛤行业协会	11946870	文蛤(活的)
112	江苏	如东文蛤	如东县文蛤行业协会	13026816	文蛤(活的)
113	江苏	海安河豚	海安县水产技术推广站	11759159	河豚(活鱼)
114	江苏	海安大米	海安县水产技术推广站	11759160	米
115	浙江	萧山甲鱼	杭州市萧山区农产品加工业行业协会	12846377	活甲鱼
116	浙江	富阳芦笋	富阳市芦笋产业协会	12437858	芦笋
117	浙江	三门望潮	三门县水产技术推广站	14650137	望潮(活)
118	浙江	三门跳跳鱼	三门县水产技术推广站	14650138	跳跳鱼(活)
119	浙江	胥仓雪藕	长兴县吕山乡农副产品协会	13169743	鲜藕
120	浙江	胥仓雪藕	长兴县吕山乡农副产品协会	13169744	熟藕
121	浙江	桐乡湖羊	桐乡市畜牧兽医局	13449613	湖羊(活的)
122	浙江	舟山鲳鱼	舟山市水产流通与加工行业协会	11866025	鲳鱼(非活)
123	安徽	合肥龙虾	合肥市龙虾协会	13956845	小龙虾(活的)
124	安徽	下塘烧饼	长丰县下塘烧饼餐饮协会	12377234	烧饼
125	安徽	金寨花鲢鱼	金寨县槐树湾水产养殖协会	13171525	鱼(活的)
126	安徽	金寨黄牛	金寨县黄牛养殖协会	12748505	黄牛(活的)
127	安徽	怀宁贡糕	怀宁县贡糕协会	13524050	糕点
128	安徽	太湖黄牛	太湖黄牛养殖协会	13491935	活牛
129	安徽	太湖六白猪	太湖县程岭牌安庆六白猪专业养殖协会	13491936	活猪
130	安徽	萧县葡萄	萧县生态果蔬种植协会	12313534	新鲜葡萄

续表

序号	省份及地区	商标名称	注册人	注册号	商品
131	安徽	宿州王枣子	宿州王枣子研发中心	11232352	王枣子(未加工的中药材)
132	安徽	绩溪黑猪	绩溪县养猪协会	12313911	黑猪(活动物)
133	安徽	颍上大米	颍上县稻谷深加工循环经济科技创新协会	12626103	米
134	安徽	会龙辣椒	阜南县会龙镇蔬菜协会	12869479	新鲜辣椒
135	福建	琅岐红	福州市琅岐经济区养殖协会	13631771	活青蟹
136	福建	连江鲍鱼	连江县鲍鱼行业协会	13600377	鲍鱼(活的)
137	福建	连江鲍鱼	连江县鲍鱼行业协会	13600378	鲍鱼(非活)
138	福建	青山龙眼	长乐市古槐镇青山村龙眼行业协会	13857686	新鲜龙眼
139	福建	古宅大蒜	厦门市翔安区新圩镇经济发展服务中心	12877116	大蒜(新鲜蔬菜)
140	福建	崇武鱼卷	惠安县崇武镇食品加工行业协会	14230888	鱼卷
141	福建	涂岭龙眼	泉港涂岭龙眼行业协会	13392586	龙眼
142	福建	建泽泻	建瓯市建泽泻协会	12609480	药材(泽泻)
143	福建	浦城桂花	浦城县桂花协会	13814882	鲜桂花;桂花树苗木
144	福建	浦城丹桂	浦城县桂花协会	13814883	桂花
145	福建	光泽厚朴	福建省光泽县林业科学技术推广中心	14504754	新鲜厚朴
146	福建	顺昌芦柑	顺昌县柑橘行业协会	11708379	芦柑(鲜水果)
147	福建	桐江鲈鱼	福鼎市鲈鱼养殖协会	12721807	鲈鱼(活的)
148	福建	桐江鲈鱼	福鼎市鲈鱼养殖协会	12721808	鲈鱼(非活)
149	福建	天山绿茶	宁德市蕉城区茶业协会	10643491	茶
150	福建	天山绿茶	宁德市蕉城区茶业协会	10643530	茶
151	福建	天山红	宁德市蕉城区茶业协会	11836552	茶
152	福建	连城红衣花生	连城县文亨镇红衣花生协会	13341781	新鲜花生
153	福建	连城红衣花生	连城县文亨镇红衣花生协会	13341782	加工过的花生
154	福建	上杭萝卜干	上杭县园艺产业协会	13588144	萝卜干
155	福建	永定美蕉	永定县美蕉协会	14239433	香蕉
156	福建	永定红柿	永定县红柿专业技术协会	12584748	柿子(新鲜水果)
157	福建	南靖郑店菜脯汁	南靖县名优农产品协会	13304988	菜脯汁(调味酱汁)
158	福建	平和粗鳞鱼	平和县特产协会	11448151	粗鳞鱼(非活)
159	福建	平和棕包梨	平和县特产协会	11448152	梨
160	福建	平和大溪荔枝	平和县特产协会	11448153	荔枝
161	福建	平和夫人李	平和县特产协会	11448155	李子

续表

序号	省份及地区	商标名称	注册人	注册号	商品
162	福建	平和大溪米粉	平和县特产协会	11448156	米粉
163	福建	灵通七叶胆	平和县特产协会	11448157	药茶；药用草药茶
164	福建	大梧蚝	诏安县四都镇大梧村水产养殖协会	13148116	蚝(活的牡蛎)
165	福建	诏安柿饼	诏安县太平镇水果营销协会	13858673	柿饼
166	福建	华安玉雕	华安县华安玉同业公会	11937842	玉雕
167	福建	深土三角文蛤	漳浦县深土镇农产品产业协会	13597610	文蛤(活的)
168	福建	深土皱纹盘鲍鱼	漳浦县深土镇农产品产业协会	13597611	鲍鱼(活的)
169	福建	沙西红蟳	漳浦县沙西海产品协会	11571857	蟳(活的)
170	福建	沙西血鳗	漳浦县沙西海产品协会	11571858	血鳗(活的)
171	福建	沙西泥蚶	漳浦县沙西海产品协会	11571859	蚶(活的)
172	福建	前亭珠蚶	漳浦县前亭镇农产品产业协会	11632810	蚶(活的)
173	福建	前亭沙虾	漳浦县前亭镇农产品产业协会	11632811	虾(活的)
174	福建	大南坂红肉橙	漳浦县大南坂农产品协会	12170641	新鲜橙
175	福建	漳江口大蚝	福建省云霄县水产开发中心	12980693	大蚝(活的牡蛎)
176	福建	东山鲍鱼	东山县水产技术推广站	13890624	鲍鱼(活)
177	福建	长泰砂仁	长泰县农产品流通协会	13571587	砂仁(中药药材)
178	福建	长泰天竺岩茶	长泰县农产品流通协会	13571586	茶
179	福建	桂阳萝卜	建宁县黄埠乡农业服务中心	13111566	新鲜萝卜
180	福建	明溪红豆杉	明溪县红豆杉行业协会	12821614	红豆杉
181	福建	明溪金线莲	明溪县金线莲协会	13732502	金线莲(药草)
182	福建	安贞旌鼓	永安市槐南镇新农村建设服务中心	13776367	鼓(乐器)
183	福建	沙县红边茶	沙县夏茂茶叶协会	13908849	茶
184	江西	遂川板鸭	遂川县农业产业化办公室	12514641	板鸭
185	江西	双井绿	修水县茶叶协会	11213800	茶
186	江西	彭泽鲫	江西省彭泽县彭泽鲫产业协会	13363466	活鱼
187	江西	信丰红瓜子	信丰县农产品协会	11968471	加工过的瓜子
188	江西	兴国倒蒸红薯干	兴国县农副土特产品协会	11968476	红薯干
189	山东	官道小米	莱西市官道小米协会	13932102	小米
190	山东	烟台桑叶茶	烟台市茶叶协会	14852562	茶
191	山东	蓬莱苹果	蓬莱市绿色农业协会	12355712	苹果
192	山东	博兴西红柿	博兴县保健蔬菜协会	11531727	西红柿
193	山东	宁阳桥白	宁阳县泗店镇蔬菜协会	12577765	大白菜
194	山东	彭集花生	东平县彭集街道花生产业协会	11668356	新鲜花生
195	山东	楼德煎饼	新泰市楼德镇煎饼协会	13624036	煎饼
196	山东	新泰苹果	新泰市唯特果树研究所	13507249	苹果

续表

序号	省份及地区	商标名称	注册人	注册号	商品
197	山东	新泰红毛山羊	新泰市黄山红山羊研究所	13507250	活羊
198	山东	新泰草猪	新泰市草猪养殖协会	13507251	活猪
199	山东	日照红茶	日照市岚山区农业技术服务协会	13198463	茶
200	山东	泗水粉皮	泗水县地瓜制品产业协会	13564885	粉皮
201	山东	泗水板栗	泗水县泗张镇优质农产品协会	12765801	板栗(新鲜水果)
202	山东	泗水石榴	泗水县泗张镇优质农产品协会	14337397	石榴
203	山东	两城小茴	微山县微山湖经济开发促进会	14081992	茴香子
204	山东	南四湖菱角	微山县微山湖经济开发促进会	14081989	菱角(干); 菱角米(干)
205	山东	微山湖莲藕	微山县微山湖经济开发促进会	14081990	莲藕(食用植物根)
206	山东	微山湖莲子	微山县微山湖经济开发促进会	14081991	莲子
207	山东	微山苇编	微山县微山湖经济开发促进会	14081994	苇席
208	山东	微山湖大水蛭	微山县微山湖经济开发促进会	14081988	医用水蛭
209	山东	邹城长红枣	邹城市香城镇果蔬协会	14337393	鲜枣
210	山东	香城石榴	邹城市香城镇果蔬协会石榴分会	14150035	石榴
211	山东	香城黄杏	邹城市香城镇果蔬协会黄杏分会	14150036	杏
212	山东	香城油桃	邹城市香城镇果蔬协会油桃分会	14150037	桃
213	山东	北浙兴水萝卜	邹城市久富优质农产品种植协会	13518567	萝卜(新鲜的)
214	山东	济宁百日鸡	济宁市市中区济宁百日鸡养殖协会	14337396	鸡(非活)
215	山东	济宁青山羊	济宁市畜牧站	12279569	羊(活动物)
216	山东	梁山麻鸭	梁山县优质农产品推广协会	11871589	鸭(活家禽)
217	山东	梁山蜜桃	梁山县优质农产品推广协会	13313126	桃
218	山东	梁山蚕白杏	梁山县鲁梁农畜产业协会	13377545	杏
219	山东	汪沟黄瓜	兰山区田秀才瓜菜种植协会	13326485	新鲜黄瓜
220	山东	醋庄葡萄	临沂经济技术开发区葡萄协会	14647513	鲜葡萄
221	山东	德州黑陶	德州黑陶文化产业协会	12058082	陶器
222	山东	高青黄瓜	高青县民生黄瓜协会	13642714	新鲜黄瓜
223	山东	昌邑小干鱼	昌邑市水产养殖协会	12929139	鱼(非活)
224	山东	昌邑文蛤	昌邑市水产养殖协会	12929140	蛤蜊(活的)
225	山东	昌邑草莓	昌邑市都昌街道草莓种植业协会	12929137	新鲜草莓
226	山东	昌邑老面大饽饽	昌邑市面食协会	12929138	馒头
227	山东	石堆伏梨	安丘市石堆镇桃园官庄果蔬协会	12900082	梨
228	山东	两河大蒜	安丘市官庄镇农业综合服务中心	12900083	新鲜大蒜
229	山东	石埠子樱桃	安丘市石埠子镇樱桃协会	12830008	新鲜樱桃
230	山东	石埠子草莓	安丘市石埠子镇樱桃协会	12830009	新鲜草莓
231	山东	柳山寨西瓜	临朐县柳山镇西瓜协会	12734342	西瓜

续表

序号	省份及地区	商标名称	注册人	注册号	商品
232	山东	寿光绿实杆芹菜	寿光蔬菜瓜果产业协会	13742777	芹菜(新鲜的)
233	山东	寿光香瓜	寿光蔬菜瓜果产业协会	13742778	香瓜
234	山东	一空桥山药	潍坊市寒亭区优质农副产品协会	12944747	山药(新鲜蔬菜)
235	山东	临清大尾寒羊	临清大尾寒羊养殖协会	13889567	大尾寒羊(活的)
236	山东	临清狮猫	临清狮猫品种保护与开发协会	13889568	狮猫
237	山东	阳谷鲁西黑头羊	阳谷县畜禽养殖协会	13193097	活羊
238	山东	阳谷小尾寒羊	阳谷县畜禽养殖协会	13193098	活羊
239	山东	高唐老豆腐	高唐县优质特色产品协会	12093819	豆腐制品
240	山东	高唐驴肉	高唐县优质特色产品协会	12093820	驴肉
241	山东	单县罗汉参	单县罗汉参产业协会	13518568	罗汉参(香芋)(食用植物根)
242	山东	菏泽木瓜	菏泽市木瓜协会	13435802	木瓜(药材)
243	河南	温县铁棍山药	温县四大怀药协会	14130171	山药(未加工的食用植物根)
244	河南	鄢陵蜡梅	鄢陵县民间蜡梅协会	13459421	蜡梅树(植物)
245	河南	南阳黑猪	内乡县南阳黑猪协会	11232388	猪(活的)
246	河南	内乡核桃	内乡县核桃产业协会	13067337	新鲜核桃
247	河南	唐半夏	唐河县中药材开发办公室	11638897	半夏
248	河南	唐栀子	唐河县中药材开发办公室	11638898	栀子
249	河南	清丰白灵菇	清丰县食用菌协会	9040534	白灵菇(鲜食用菌)
250	河南	孟津梨	孟津县会盟农业协会	13319809	梨
251	河南	孟津黄河鲤鱼	孟津县会盟农业协会	13348610	鲤鱼
252	河南	水沟庙大蒜	宜阳县大蒜种植协会	13942530	大蒜
253	河南	东岗核桃	林州市东岗镇农业服务中心	13395733	加工过的核桃
254	河南	东岗花椒	林州市东岗镇农业服务中心	13395734	花椒(调味品)
255	河南	卢氏绿壳鸡蛋	卢氏县卢氏鸡产业协会	11477889	蛋
256	湖北	洪山菜薹	武汉市洪山区洪山菜薹产业协会	12861108	新鲜蔬菜(菜薹)
257	湖北	黄陂泥塑	武汉市黄陂区土特产协会	13326898	泥塑工艺品
258	湖北	黄陂马蹄	武汉市黄陂区土特产协会	13326899	荸荠(新鲜蔬菜)
259	湖北	黄陂豆腐	武汉市黄陂区土特产协会	14058056	豆腐
260	湖北	塔耳柿子	武汉市黄陂区土特产协会	14060564	柿子(新鲜水果)
261	湖北	杨楼子湾麻油	湖北省食文化研究会	12314143	芝麻油
262	湖北	洪山茶	宜都市农牧生物技术研究所	13836054	茶叶
263	湖北	白溢稻	五峰白溢寨贡米产业协会	10831615	米
264	湖北	五峰烟叶	五峰烟草种植协会	13563830	烟草;烟丝
265	湖北	麋城藕	当阳市两河镇农副产品产销者协会	13320494	藕(新鲜蔬菜)

续表

序号	省份及地区	商标名称	注册人	注册号	商品
266	湖北	远安香菇	茅坪场镇食用菌产业协会	12860535	干香菇
267	湖北	远安香菇	茅坪场镇食用菌产业协会	12860536	鲜食香菇
268	湖北	远安黄茶	远安县农业技术推广中心	13827491	茶
269	湖北	孝昌太子米	孝昌县太子米产业协会	11774305	米
270	湖北	巴东五香豆腐干	巴东县豆制品行业协会	13744427	豆腐干
271	湖北	梁子湖螃蟹	鄂州市名贵淡水鱼协会	14357145	螃蟹(活的)
272	湖北	梁子湖螃蟹	鄂州市名贵淡水鱼协会	14357146	螃蟹(活的)
273	湖北	鄂州螃蟹	鄂州市名贵淡水鱼协会	14229284	螃蟹(活的)
274	湖北	茅草红菜薹	鄂州市城乡名特产品协会	13833910	红菜薹(新鲜蔬菜)
275	湖北	吴都莹籼	鄂州市城乡名特产品协会	13833911	大米
276	湖北	吴都莹籼	鄂州市城乡名特产品协会	14229282	大米
277	湖北	坝角香稻	鄂州市城乡名特产品协会	13833912	大米
278	湖北	坝角香稻	鄂州市城乡名特产品协会	14229281	大米
279	湖北	鄂城长条茄	鄂州市鄂城名优产品协会	14229285	茄子(新鲜的)
280	湖北	鄂城长条茄	鄂州市鄂城名优产品协会	14229287	茄子(新鲜的)
281	湖北	鄂城红胡萝卜	鄂州市鄂城名优产品协会	14229286	萝卜(新鲜的)
282	湖北	鄂城红胡萝卜	鄂州市鄂城名优产品协会	14229288	萝卜(新鲜的)
283	湖北	鄂州螃蟹	鄂州市鄂城名优产品协会	14229284	螃蟹(活的)
284	湖北	鄂州螃蟹	鄂州市鄂城名优产品协会	14229339	螃蟹(活的)
285	湖北	钟祥云雾茶	钟祥市茶叶协会	13988403	茶
286	湖北	钟祥葛粉	钟祥市葛产业协会	13988404	葛粉
287	湖北	房县绞股蓝	房县中药材协会	13244882	绞股蓝(中草药)
288	湖北	房县白芨	房县中药材协会	13244883	白芨(中草药)
289	湖北	房县北柴胡	房县中药材协会	13244884	北柴胡(中草药)
290	湖北	景阳桐	郧西县景阳乡油桐产业协会	13326900	油桐(树木)
291	湖北	郧阳白羽乌鸡	郧阳白羽乌鸡养殖协会	14193603	活鸡
292	湖北	郧阳白羽乌鸡	郧阳白羽乌鸡养殖协会	14193604	鸡(非活的)
293	湖北	竹溪腐乳	竹溪县蔬菜协会	13296545	腐乳
294	湖北	均州晒烟	丹江口市烟叶协会	13236620	烟叶;烟丝;烟末
295	湖北	武当榔梅	丹江口市果树学会	13231152	梅子(新鲜的榔梅)
296	湖北	丹江口翘嘴鲌	丹江口市水产协会	13231153	鱼(非活)
297	湖北	英山桔梗	英山县中药材产业发展协会	13704163	桔梗(药用植物根)
298	湖北	麻城绿壳蛋鸡	麻城市畜牧兽医学会	11121439	活鸡
299	湖北	木子店老米酒	麻城市木子店老米酒协会	12324410	米酒
300	湖北	红安大布	红安县传统手工技艺研究会	14650485	布等
301	湖北	红安花生	红安县农业技术推广中心站	14650486	新鲜花生

续表

序号	省份及地区	商标名称	注册人	注册号	商品
302	湖北	武穴酥糖	武穴市酥糖协会	12634069	酥糖
303	湖北	黄梅挑花	黄梅县黄梅挑花行业协会	14468705	绣花饰品等
304	湖北	随县葛粉	随县葛产品技术研究中心	13317079	葛粉
305	湖北	随县万和兰花	随县万和镇兰花协会	13317080	兰花
306	湖北	柏树湾金银花	随县金银花协会	11631145	金银花(植物)
307	湖北	南湖萝卜	荆州市荆州区土特产产销协会	14228831	萝卜(新鲜蔬菜)
308	湖北	松滋鸡	松滋市惠民土鸡产业发展服务中心	13660550	活鸡
309	湖北	襄麦冬	襄阳市襄城区欧庙镇襄麦冬专业经济协会	11436966	麦冬(药用植物根)
310	湖北	襄阳黑猪肉	襄阳市襄州区黑猪养殖协会	12973721	猪肉
311	湖北	襄阳黑猪	襄阳市襄州区黑猪养殖协会	12973722	猪(活的)
312	湖北	襄阳白菜	襄阳市襄城区卧龙大白菜专业技术协会	13889575	白菜
313	湖北	襄阳花红	襄阳市襄城区卧龙花红专业技术协会	13889576	苹果
314	湖北	襄阳红	保康县襄阳红茶业协会	12560461	茶
315	湖北	枣阳油茶	枣阳市油茶产业协会	14059449	食用油
316	湖北	枣阳梨	枣阳市农业经济发展协会	14059450	梨
317	湖北	宜城松花皮蛋	宜城市鸭业协会	13261856	皮蛋(松花蛋)
318	湖北	老河口大仙桃	老河口市果业协会	11436967	桃
319	湖北	黄袍山油茶	通城县油茶行业协会	13476391	油茶植物
320	湖北	杨芳酱油	通山县杨芳林乡农副产品协会	13986145	酱油
321	湖北	杨芳豆豉	通山县杨芳林乡农副产品协会	13986223	豆豉
322	湖北	通山麻饼	通山县麻饼协会	14633305	麻饼(糕点)
323	湖北	赤壁米砖茶	赤壁市茶叶协会	15279686	茶
324	湖北	赤壁青砖茶	赤壁市茶叶协会	15279687	茶
325	湖北	韦源口螃蟹	阳新县韦源口金海水产服务(区域)中心	13654479	螃蟹(活的)
326	湖南	沙坪湘绣	长沙市湘绣协会	9807676	被面(绣制品);床单和枕套(绣制品);绣花枕套;家具遮盖物(绣制品);家电遮盖物(绣制品)
327	湖南	沙坪湘绣	长沙市湘绣协会	9807677	鞋(绣制品)
328	湖南	桃江绿茶	湖南省桃江县茶业协会	14982173	茶
329	湖南	岳阳黄茶	岳阳市茶叶协会	13186642	茶

续表

序号	省份及地区	商标名称	注册人	注册号	商品
330	湖南	临湘浮标	临湘市浮标协会	13378130	钓鱼用浮子（钓鱼浮标）
331	湖南	临湘黑茶	临湘市茶叶行业协会	13859303	茶
332	湖南	湘西黑猪	湘西土家族苗族自治州畜牧工作站	14417517	活猪
333	湖南	湘西黑猪	湘西土家族苗族自治州畜牧工作站	14417518	猪肉
334	湖南	凤凰血粑鸭	凤凰县古城商会	11127268	血粑鸭
335	湖南	江永香姜	江永县蔬菜产销行业协会	13544624	新鲜生姜
336	湖南	麻阳白鹅	麻阳苗族自治县养鹅协会	13171359	活鹅
337	湖南	武冈葛根	武冈市特色产业开发办公室	14277377	葛根粉
338	湖南	邵东流泽玉竹	邵东县玉竹行业协会	13491587	玉竹（中药材）
339	湖南	耒阳烟叶	耒阳市烤烟生产管理办公室	11401885	烟草
340	湖南	攸县米粉	攸县食品行业协会	13355195	米粉
341	广东	高州荔枝	高州市荔枝协会	13477512	荔枝
342	广东	水东芥菜	电白县水东芥菜协会	10941061	芥菜
343	广西	梧州砂糖橘	梧州市水果协会	9865320	砂糖橘
344	广西	东津细米	广西贵港市港南区粮食行业协会	11531538	米
345	海南	永兴荔枝	海南省海口市秀英区永兴镇农业服务中心	13733631	荔枝
346	海南	定安黑猪	定安县畜牧兽医局	12337488	活猪
347	海南	儋州鸡	儋州市畜牧兽医局	13554422	活鸡
348	重庆	城口山地鸡	城口县畜牧技术推广站	14211170	鸡（非活的）
349	重庆	城口山地鸡	城口县畜牧技术推广站	14211169	鸡（活的）
350	重庆	城口蜂蜜	城口县畜牧技术推广站	13580165	蜂蜜
351	重庆	城口板栗	城口县林学会	13356641	新鲜栗子
352	重庆	酉阳茶油	酉阳土家族苗族自治县可大乡农业服务中心	13571873	茶油
353	重庆	丰都轿子山白菜	丰都县农产品协会	14257789	白菜（新鲜蔬菜）
354	重庆	丰都轿子山萝卜	丰都县农产品协会	14257790	萝卜（新鲜蔬菜）
355	重庆	万州猕猴桃	重庆市万州猕猴桃研究所	12145092	猕猴桃
356	重庆	万州银针	重庆万州银针茶叶研究所	12268124	茶
357	重庆	荣昌盘龙生姜	荣昌县盘龙镇农业服务中心	13949760	生姜
358	重庆	南川金佛山珙桐	重庆金佛山国家级自然保护区管理局	13377801	珙桐（植物）
359	重庆	云阳乌天麻	云阳县渝峰乌天麻种植协会	14249283	天麻（药用植物根）
360	重庆	彭水五步蛇酒	彭水苗族土家族自治县鹿角镇农业服务中心	11473948	药酒

续表

序号	省份及地区	商标名称	注册人	注册号	商品
361	重庆	彭水山地黄牛	彭水苗族土家族自治县畜牧技术推广站	11473950	黄牛
362	重庆	彭水晶丝苕粉	彭水苗族土家族自治县红薯专业技术协会	12405997	晶丝苕粉（粉丝(条)）
363	重庆	彭水黄豆	彭水苗族土家族自治县黄豆管理协会	13777862	黄豆(未加工的)
364	重庆	江津石蟆橄榄	重庆市江津区石蟆镇农业服务中心	11092777	新鲜橄榄
365	重庆	大路黄花	璧山县大路街道办事处农业服务中心	12279440	黄花菜
366	重庆	岚峰黄花	铜梁县蒲吕镇农业服务中心	12567506	干黄花(干蔬菜)
367	四川	盐源早核桃	四川省盐源县核桃产业化技术协会	11742325	核桃(坚果)
368	四川	马湖莼菜	雷波县马湖莼菜场	13472764	莼菜(新鲜蔬菜)
369	四川	彭州九尺板鸭	彭州市九尺家禽业联合会	11985541	板鸭
370	四川	广元黄茶	广元市经济作物管理站	14056995	茶
371	四川	广元纯黄茶	广元市经济作物管理站	14056996	茶
372	四川	利州辣椒	广元市利州区蔬菜办公室	14489282	辣椒(调味品)
373	四川	昭化山桐子	广元市昭化区林业科技推广服务中心	14056994	山桐子(新鲜浆果)
374	四川	昭化山桐子	广元市昭化区林业科技推广服务中心	14056993	山桐子油(食用油)
375	四川	晋贤香菇	广元市昭化区林业科技推广服务中心	14056992	香菇(干食用菌)
376	四川	德昌水牛	德昌县畜牧站	13595333	牛(活动物)
377	四川	德昌桑葚	德昌县蚕业管理办公室	12617898	桑葚
378	四川	美姑山羊	美姑县畜牧局畜牧站	11504520	山羊
379	四川	布拖燕麦	布拖县农业科技教育管理站	11768187	燕麦
380	四川	布拖乌洋芋	布拖县农业科技教育管理站	11768188	洋芋
381	四川	宁南幸福核桃	宁南县核桃专业技术协会	13632388	加工过的核桃
382	四川	宜宾早茶	宜宾市茶叶站	12949948	茶
383	四川	青峪猪	通江县巴山土猪养殖协会	13403083	猪(活动物)
384	四川	涪城蚕茧	绵阳市涪城区蚕业科学技术协会	12876750	蚕茧
385	四川	护国柚	泸州市纳溪区果技站	11830636	柚子
386	四川	小金松茸	小金县农业局经济作物管理站	13513500	鲜松茸
387	四川	汉源黄果柑	汉源安乐优质晚熟黄果柑协会	11389599	柑橘
388	四川	岳池顾县豆干	岳池县顾县林业技术推广站	12355179	豆腐制品
389	四川	雅江松茸	四川省雅江县农技站	12632799	松茸(干食用菌)

续表

序号	省份及地区	商标名称	注册人	注册号	商品
390	四川	巴塘核桃	巴塘县林业局中咱片区林业工作站	13759764	新鲜核桃
391	贵州	沿河沙子空心李	沿河土家族自治县经济作物工作站	12087191	李子(鲜水果)
392	贵州	牙舟陶	平塘县牙舟陶发展研究中心	11570194	陶器等
393	贵州	荔波蜜柚	荔波县果树蔬菜管理站	13018783	柚子
394	云南	八街食用玫瑰	安宁八街玫瑰协会	13365126	玫瑰(食用鲜花)
395	云南	富民杨梅	富民县茶桑果站	13099729	杨梅
396	云南	嵩明生菜	嵩明县生菜协会	13599603	生菜(新鲜蔬菜)
397	云南	寻甸牛干巴	寻甸兴达牛肉制品协会	13403086	牛干巴(肉干)
398	云南	撒坝猪	禄劝彝族苗族自治县畜牧兽医总站	13244731	活猪
399	云南	石林圭山山羊	石林彝族自治县畜牧兽医总站	13403089	山羊(活动物)
400	云南	建水洋葱	建水县面甸镇阎把寺果蔬协会	12194054	洋葱(新鲜蔬菜)
401	云南	元阳香蕉	元阳县正源香蕉协会	10488971	香蕉
402	云南	泸西灯盏花	泸西县灯盏花协会	13596477	灯盏花(中药材)
403	云南	景东芒果	景东彝族自治县林业局 林业技术推广服务中心	12936551	芒果
404	云南	景东紫胶	景东彝族自治县林业局 林业技术推广服务中心	10913585	紫胶(虫胶)
405	云南	广南高峰黄牛	广南县谷多高峰黄牛养殖协会	13980576	牛肉
406	云南	鲁甸青花椒	鲁甸县花椒产业商会	10320006	花椒粉
407	云南	鲁甸大麻核桃	鲁甸县林业产业服务中心	13869630	新鲜核桃
408	云南	鲁甸大麻核桃	鲁甸县林业产业服务中心	13869631	加工过的核桃
409	云南	罗平蜂蜜	罗平县特色产业协会	14227334	蜂蜜
410	云南	师宗黑山羊	师宗县饲草饲料工作站	11742323	羊肉
411	云南	师宗黑尔糯米	师宗县农业局农业技术推广中心	13365125	糯米
412	云南	姚安山药	姚安县前场果蔬协会	12884198	新鲜山药
413	云南	无量山乌骨鸡	南涧彝族自治县畜牧兽医学会	13579504	鸡(活动物)
414	云南	弥渡大蒜	弥渡县品牌协会	13733771	大蒜
415	云南	弥渡卷蹄	弥渡县品牌协会	13243832	卷蹄
416	云南	永平鹅	永平县永平白鹅养殖协会	13516230	鹅(活动物)
417	云南	独龙牛	贡山县独龙牛养殖协会	12123196	牛
418	云南	兰坪乌骨绵羊	兰坪白族普米族自治县 畜禽品种改良站	10779917	羊(活动物)
419	云南	腾冲雪鸡	腾冲县畜牧工作站	12109331	鸡肉
420	云南	腾冲雪鸡	腾冲县畜牧工作站	12109334	鸡(活家禽)
421	云南	槟榔江水牛	腾冲县畜牧工作站	12109332	牛肉
422	云南	槟榔江水牛	腾冲县畜牧工作站	12109335	水牛(活动物)

续表

序号	省份及地区	商标名称	注册人	注册号	商品
423	云南	明光小耳猪	腾冲县畜牧工作站	12109333	猪肉
424	云南	德宏香软米	德宏州农学会	11319551	大米
425	云南	德宏水牛	德宏州畜牧站	13805444	牛(非活)
426	云南	梁河葫芦丝	梁河县文化馆	10779916	葫芦丝(乐器)
427	云南	元江芒果	元江县热带水果产业发展协会	13354996	芒果
428	云南	易门豆豉	易门县农副产品协会	12972618	豆豉
429	云南	勐海茶	勐海县茶叶技术服务中心	11753395	茶
430	西藏	工布江达藏猪	西藏工布江达县畜牧兽医站	13588941	猪肉食品
431	西藏	拉孜藏刀	拉孜县藏刀民间交流协会	12331368	刀
432	西藏	帕里牦牛	西藏亚东县农牧综合服务中心	14492450	牦牛(活动物)
433	西藏	加查核桃	西藏山南地区加查县 加查达布千年核桃协会	13237601	核桃(新鲜水果)
434	陕西	紫阳毛尖	紫阳县茶业协会	12950395	茶
435	陕西	平利绞股蓝	平利县茶业局	13356607	绞股蓝茶
436	陕西	平利女娲茶	平利县茶业局	11873284	茶
437	陕西	大荔冬枣	大荔县果业局	13223243	鲜枣
438	陕西	临渭葡萄	渭南市临渭区果菜局	13777877	葡萄
439	陕西	蒲城酥梨	蒲城县果业管理局	13554405	梨
440	陕西	眉县猕猴桃	眉县果业局	11838582	猕猴桃
441	陕西	陈仓核桃	宝鸡市陈仓区新街镇 官村核桃专业协会	12037420	坚果(核桃)
442	陕西	志丹荞面	志丹县农业技术推广中心	11838583	面粉(荞麦面粉)
443	陕西	志丹羊肉	志丹县羊子开发服务站	11838584	肉(羊肉)
444	陕西	略阳杜仲	略阳县杜仲协会	13319129	杜仲
445	陕西	洋县红米	洋县朱鹮之乡粮油协会	10493122	红米
446	陕西	汉中大鲵	汉中市水生野生动物 保护与发展协会	10497893	大鲵
447	陕西	洛南核桃	洛南县核桃研究所	11782523	干核桃
448	甘肃	秦安苹果	秦安县农产品协会	8627790	苹果
449	甘肃	甘谷辣椒	甘谷县农产品流通经纪人协会	13745913	鲜辣椒
450	甘肃	甘谷辣椒	甘谷县农产品流通经纪人协会	13745914	辣椒面;干辣椒丝
451	甘肃	张掖肉牛	张掖市肉牛协会	11160093	牛肉等
452	甘肃	张掖肉牛	张掖市肉牛协会	11160094	牛
453	甘肃	山丹羊肉	山丹县羊产业开发办公室	13489740	羊肉
454	甘肃	会宁亚麻油	会宁天龙亚麻研究院	14227230	烹饪用亚麻籽油
455	青海	门源青稞	门源县青稞杂粮营销协会	12567913	青稞(大麦)

续表

序号	省份及地区	商标名称	注册人	注册号	商品
456	青海	门源蕨麻	门源县蕨麻营销协会	13732082	蕨麻(食用植物根)
457	青海	刚察青海湖牦牛	刚察县特色农畜产品营销协会	11850893	鲜、冻分割牛肉
458	青海	刚察青海湖藏羊	刚察县特色农畜产品营销协会	11850894	肉干等
459	青海	刚察黄蘑菇	刚察县特色农畜产品营销协会	11850895	干食用菌
460	青海	贵南藏绣	贵南县藏绣协会	6373431	手绣、机绣图画(刺绣)
461	青海	杂多虫草	杂多县虫草协会	13246729	冬虫夏草
462	青海	久治贝母	久治县畜牧业协会	10743661	贝母(中药药材)
463	宁夏	灵武山草羊	灵武市畜牧技术推广服务中心	7497621	羊肉
464	宁夏	灵武山草羊	灵武市畜牧技术推广服务中心	7497622	羊(活动物)
465	宁夏	西吉芹菜	西吉县马铃薯生产研究所	10040524	芹菜
466	新疆	乌恰牦牛	乌恰镇畜牧业技术服务协会	13322035	牦牛(活动物)
467	新疆	乌恰阿魏菇	乌恰县农业技术推广中心	13322036	新鲜蘑菇
468	新疆	吉木萨尔辣椒	吉木萨尔县农产品种植购销协会	11154024	辣椒(植物)
469	中国台湾	关山米	台东县关山镇公所	10072044	米
470	美国	GRAPES FROM CALIFORNIA	加州鲜食葡萄委员会	5560432	葡萄
471	意大利	CONSORZIO DELL ASTI D. O. C. G. 及图形	阿斯蒂保护协会	6553540	葡萄酒
472	意大利	GORGONZOLA	戈贡佐拉奶酪保护联盟	11293990	奶酪
473	法国	布拉伊—波尔多山坡 BLAYE—COTES DE BORDEAUX	波尔多葡萄酒行业联合委员会	10528085	葡萄酒
474	法国	弗龙萨克 FRONSAC	波尔多葡萄酒行业联合委员会	10528087	葡萄酒
475	法国	格拉夫 GRAVES	波尔多葡萄酒行业联合委员会	10528088	葡萄酒
476	法国	韦雷一格拉夫 GRAVES DE	波尔多葡萄酒行业联合委员会	10528089	葡萄酒
477	法国	卢皮亚克 LOUPIAC	波尔多葡萄酒行业联合委员会	10528094	葡萄酒
478	法国	波尔多主山坡 PREMI E RES COTES DE BORDEAUX	波尔多葡萄酒行业联合委员会	10528103	葡萄酒

续表

序号	省份及地区	商标名称	注册人	注册号	商品
479	法国	索泰尔讷 SAUTERNES	波尔多葡萄酒行业联合委员会	10528105	葡萄酒
480	法国	波尔多上伯诺日 BORDEAUX HAUT BENAUGE	波尔多葡萄酒行业联合委员会	10528107	葡萄酒
481	法国	波尔多淡红 BORDEAUX CLAIRET	波尔多葡萄酒行业联合委员会	10528108	葡萄酒
482	法国	布拉伊 BLAYE	波尔多葡萄酒行业联合委员会	10528110	葡萄酒
483	法国	巴尔萨克 BARSAC	波尔多葡萄酒行业联合委员会	10528111	葡萄酒
484	法国	波尔多甜白 BORDEAUX MOELLEUX	波尔多葡萄酒行业联合委员会	10528113	葡萄酒
485	法国	卡农—弗龙萨克 CANON FRONSAC	波尔多葡萄酒行业联合委员会	10528114	葡萄酒
486	法国	卡迪亚克—波尔多山坡 CADILLAC—COTES DE BORDEAUX	波尔多葡萄酒行业联合委员会	10528115	葡萄酒
487	法国	卡迪亚克 CADILLAC	波尔多葡萄酒行业联合委员会	10528116	葡萄酒
488	法国	布尔 BOURG	波尔多葡萄酒行业联合委员会	10528117	葡萄酒
489	法国	优级波尔多甜白 BORDEAUX SUPERIEUR BLANC	波尔多葡萄酒行业联合委员会	10528118	葡萄酒
490	法国	布拉伊山坡 COTES DE BLAYE	波尔多葡萄酒行业联合委员会	10528122	葡萄酒
491	法国	波尔多山坡—圣马盖尔 COTES DE BORDEAUX SAINT—MACAIRE	波尔多葡萄酒行业联合委员会	10528123	葡萄酒

续表

序号	省份及地区	商标名称	注册人	注册号	商品
492	法国	两海间－上伯诺日 ENTRE－DEUX－MERS HAUT－BENAUGE	波尔多葡萄酒行业联合委员会	10528125	葡萄酒
493	法国	两海间 ENTRE－DEUX－MERS	波尔多葡萄酒行业联合委员会	10528126	葡萄酒
494	法国	波尔多气泡酒 CREMANT DE BORDEAUX	波尔多葡萄酒行业联合委员会	10528127	葡萄酒
495	法国	布尔山坡 COTES DE BOURG	波尔多葡萄酒行业联合委员会	10528128	葡萄酒
496	法国	波尔多山坡 COTES DE BORDEAUX	波尔多葡萄酒行业联合委员会	10528129	葡萄酒
497	法国	圣富瓦波尔多 SAINTE－FOY BORDEAUX	波尔多葡萄酒行业联合委员会	10528130	葡萄酒
498	法国	圣克鲁瓦蒙 SAINTE－CROIX－DU－MONT	波尔多葡萄酒行业联合委员会	10528131	葡萄酒
499	法国	圣朱利安 SAINT－JULIEN	波尔多葡萄酒行业联合委员会	10528132	葡萄酒
500	法国	圣于连 SAINT－JULIEN	波尔多葡萄酒行业联合委员会	10528133	葡萄酒
501	法国	圣乔治－圣埃米利永 SAINT－GEORGES SAINT－EMILION	波尔多葡萄酒行业联合委员会	10528144	葡萄酒
502	法国	圣爱斯泰夫 SAINT－ESTEPHE	波尔多葡萄酒行业联合委员会	10528145	葡萄酒
503	西班牙	TURRON DE ALICANTE	阿利坎特省希约纳牛轧糖地理标志产品保护管理委员会	10203813	牛轧糖

续表

序号	省份及地区	商标名称	注册人	注册号	商品
504	西班牙	TURRON DE JIJONA	阿利坎特省希约纳牛轧糖地理标志产品保护管理委员会	10203814	牛轧糖
505	格鲁吉亚	MUKUZANI	格鲁吉亚国家葡萄酒局	12634712	葡萄酒
506	格鲁吉亚	TVISHI	格鲁吉亚国家葡萄酒局	12634713	葡萄酒

国家版权局关于奖励2014年度查处侵权盗版案件有功单位及有功个人的决定

各省、自治区、直辖市新闻出版广电(版权)局,北京、天津、上海、重庆市文化市场行政执法总队,中宣部、公安部、工业和信息化部、海关总署、工商总局,国家互联网信息办公室,最高人民法院、最高人民检察院,全国打击侵犯知识产权和制售假冒伪劣商品工作领导小组办公室,各相关协会、出版单位、新闻媒体:

为进一步调动版权相关执法部门查处侵权盗版案件的积极性和主动性,充分发挥查处侵权盗版案件先进典型的引导、示范作用,根据《国家版权局举报、查处侵权盗版行为奖励暂行办法》及实施细则的规定,国家版权局决定对在2014年度查处侵权盗版案件工作中做出突出贡献的北京市版权局版权管理处等225家有功单位及杨勇等183名有功个人给予奖励。

各级版权相关执法部门及广大执法人员要向查处侵权盗版案件有功单位和有功个人学习,进一步加强版权执法工作,严厉查处各类侵权盗版行为,有效维护权利人合法权益,积极推动版权相关产业健康发展,为提升我国版权保护水平做出更大贡献。

国家版权局

2015年5月20日

2014年度查处侵权盗版案件有功单位名单

一等奖

1. 最高人民检察院侦查监督厅立案监督处

2. 公安部治安管理局一处

3. 中国版权保护中心法律部

4. 北京市版权局版权管理处

5. 北京市公安局网络安全保卫总队驻区四大队

6. “思路网”侵犯著作权案专案组(北京市文化市场行政执法总队执法四队、北京市公安局海淀分局香山派出所、北京市海淀人民检察院知识产权监察处)

7. 辽宁“8·18”销售盗版教材案专案组(辽宁省鞍山市公安局食品药品犯罪侦查支队、辽宁省“扫黄打非”办公室、辽宁省鞍山市文化广电新闻出版局)

8. 辽宁省沈阳市文化市场行政执法总队直属执法一大队

9. 黑龙江省版权局版权管理处

10. 黑龙江刘某等侵犯网络游戏著作

权案专案组（黑龙江省哈尔滨市文化和新闻出版局版权处、黑龙江省哈尔滨市公安局网安支队一大队）

11.“第一教育网”侵犯著作权案专案组（黑龙江省哈尔滨市文化和新闻出版局图书报刊处、黑龙江省哈尔滨市公安局网安支队特侦大队、黑龙江省哈尔滨市南岗区人民法院刑事审判庭）

12. 上海市版权局版权管理执法处

13.“上海复旦网上书店”等网店销售盗版图书案专案组（上海市公安局经侦总队二支队、上海市杨浦区公安分局经侦、网安支队、平凉路派出所，上海市杨浦区人民检察院金融检察科）

14. 江苏省版权局版权管理处

15. 江苏赵某等侵犯网络游戏著作权案专案组（江苏省徐州市睢宁县文广新体局、江苏省徐州市睢宁县公安局网安支队）

16. 江苏省张家港市文化广电新闻出版局

17. 江苏省张家港市文化行政综合执法大队

18. 江苏省南通市崇川区文化市场稽查队

19. 江苏省扬州市文化广电新闻出版局

20. 江苏省公安厅网安总队

21.“放放电影网”侵犯著作权案专案组（江苏省徐州市版权局、江苏省徐州市公安局新城公安分局网安大队）

22.“建工之家”网侵犯著作权案专案组（江苏省扬州市文化行政综合执法支队、山东省菏泽市文化行政综合执法局）

23. 浙江省宁波市文化市场行政执法总队

24. 安徽省版权局版权管理处

25. 安徽省公安厅治安总队

26.“DY161 电影网”侵犯著作权案专案组（安徽省合肥市版权局、安徽省合肥市公安局网络安全保卫支队、安徽省合肥市公安局经济技术开发区分局）

27.“999 宝藏网”侵犯著作权案专案组（安徽省滁州市“扫黄打非”办公室、安徽省滁州市文化广电新闻出版局、安徽省滁州市全椒县文广新闻出版局、安徽省滁州市全椒县公安局）

28. 安徽孙某等盗印图书案专案组（安徽省合肥市文化市场综合执法大队、安徽省合肥市公安局治安支队）

29. 安徽省蚌埠市固镇县文化市场综合执法队

30. 福建省福州市人民检察院

31. 山东省新闻出版广电局版权管理处

32. 山东省青岛市文化市场行政执法局

33. 湖北省汉川市人民检察院公诉科

34. 湖北荆门“10·12”侵犯著作权案专案组（湖北省荆门市公安局、湖北省荆门市“扫黄打非”办公室、湖北省荆门市公安局经济犯罪侦查支队、湖北省荆门市文化市场综合执法支队、湖北省荆门市东宝区人民检察院、荆门市东宝区人民法院）

35. 湖北省武汉市江岸区人民法院知识产权审判庭

36. 湖北武汉“8·13”非法复制音像制品案件专案组（湖北省武汉市江岸区版权局、武汉市江岸区公安分局）

37. 湖南省娄底市文化市场综合执法局

38. 广东省广州市文化市场综合行政执法总队

39. 广西壮族自治区玉林市文化新闻出版广电局

40. 海南卢某某侵犯著作权案专案组（海南省海口市公安局琼山区分局经侦大队、海南省“扫黄打非”工作办公室）

41. 云南临沧“3·28”侵犯著作权案专案组（云南省临沧市临翔区公安分局治安管理大队、云南省临沧市临翔区人民检察院、云南省临沧市临翔区文化市场综合行政执法大队、云南省临沧市临翔区人民

法院刑一庭）

42. 西藏“3·06”侵犯著作权案专案组（西藏自治区山南地区乃东县人民检察院、西藏自治区山南地区乃东县人民法院）

二等奖

1. 最高人民法院刑一庭第四合议庭

2. 最高人民检察院公诉厅起诉二处

3. 公安部经济犯罪侦查局知识产权处

4. 公安部网络安全保卫局网侦行动处

5. 工业与信息化部电信管理局市场管理处

6. 国家互联网信息办公室网络新闻协调局协调处

7. 中宣部出版局出版研究处

8. 中国版权协会

9. 中国新闻出版报社出版周刊中心

10. 中国知识产权报

11. 中央电视台社会新闻部

12. 北京网络版权监测中心

13. 京版十五社反盗版联盟“第一教育网”侵犯著作权案维权组（外语教学与研究出版社有限责任公司、人民教育出版社有限公司、北京师范大学出版社（集团）有限公司）

14. 北京市公安局网络安全保卫总队四大队

15. 北京市文化市场行政执法总队执法五队

16. 天津饶某某销售盗版音像制品案专案组（天津市“扫黄打非”办公室、天津市文化市场行政执法总队执法二队、天津市版权局版权处、天津市新闻出版局印刷发行处、天津市河北区文化市场行政执法大队、天津市公安局河北分局、天津市河北区人民检察院、天津市河北区人民法院）

17. 山西省忻州市文化市场行政综合执法大队

18. 内蒙古自治区赤峰市文化市场综合执法局

19. 辽宁省版权局版权管理处

20. 辽宁省沈阳市文化市场行政执法总队直属执法二大队

21. 辽宁省大连市文化市场综合执法总队网络大队

22. 吉林省版权局版权管理处

23. 吉林省敦化市文化市场综合执法大队

24. 吉林省通化市辉南县文化市场综合执法大队

25. 黑龙江省哈尔滨市香坊区人民法院刑事审判庭

26. 黑龙江省哈尔滨市文化市场行政执法局

27. 黑龙江省打击销售盗版音像制品系列案专案组（黑龙江省哈尔滨市公安局治安支队、黑龙江省哈尔滨市公安局治安支队城管大队）

28. 上海市通信管理局互联网管理处

29. 上海王某等利用互联网销售侵权盗版 ISO 标准案专案组（上海市公安局治安总队治安行动队，上海市宝山区人民检察院公诉科，上海市杨浦区人民法院知识产权审判庭）

30.“极品勇者之塔”侵犯著作权案专案组（上海市闵行区人民检察院金融检察科，上海市闵行区人民法院民三庭）

31. 上海市浦东新区人民检察院公诉二处

32. 上海市浦东新区人民法院知识产权庭

33. 江苏省委网络安全和信息化领导小组办公室网络新闻管理处

34. 无锡税协科技有限公司、孙某侵犯著作权案专案组（江苏省南京市公安局浦口分局、江苏省南京铁路运输检察院、江苏省南京铁路运输法院）

35. 江苏郭某某销售盗版教材案专案组（江苏省南京市文化广电新闻出版局、江苏省南京市栖霞区文化旅游局）

36. 江苏省无锡市人民检察院侦查监督处

37.“若雨中文网”侵犯著作权案专案组(江苏省徐州市文化广电新闻出版局、江苏省丰县文广新体局、江苏省丰县公安局网络安全保卫大队、江苏省徐州市人民检察院公诉处)

38.“说说520网”侵犯著作权案专案组(江苏省徐州市“扫黄打非”办公室、江苏省徐州市铜山区公安局网安大队)

39.“百万读小说网”侵犯著作权案专案组(江苏省徐州市版权局版权管理处、江苏省徐州市公安局网安支队案件大队)

40. 江苏“2·25”侵犯著作权案专案组(江苏省淮安市版权局、江苏省淮安市公安局治安支队、江苏省淮安市文化行政综合执法支队、江苏省淮安市盱眙县公安局、江苏省淮安市盱眙县版权局)

41. 江苏省扬州市公安局治安支队

42. 浙江省版权局版权处

43. 浙江省宁波市江北区文化广电新闻出版局

44. 浙江省杭州市余杭区文化市场行政执法大队

45. 安徽省“扫黄打非”办公室

46. 安徽宿州“8·31”销售盗版教材教辅案专案组(安徽省宿州市“扫黄打非”办公室、安徽省宿州市文化广电新闻出版局、安徽省宿州市公安局)

47. 安徽省蚌埠市文化市场管理局

48. 福建省泉州晋江市人民法院刑事第二审判庭

49. 福建省厦门市公安局同安分局治安大队

50. 福建省厦门市思明区人民检察院侦查监督科

51. 福建省泉州市文化市场综合执法支队

52. 江西“5·14”网络销售侵权盗版图书专案组(江西省南昌市文化市场综合执法支队、江西省南昌市公安局直属分局三大队)

53. 山东省潍坊市文化市场综合执法局

54. 山东省青岛平度市文化市场行政执法局

55. 山东潍坊矫某某销售侵权复制品案专案组(山东省潍坊市潍城区文化市场综合执法局、山东省潍坊市潍城区检察院、山东省潍坊市潍城区法院,山东省潍坊市公安局潍城分局)

56. 山东省曲阜市文化市场综合执法局

57. 山东省临沂市罗庄区文化市场管理执法局

58. 河南省洛阳市文化市场综合执法支队

59. 河南省郑州市中级人民法院知识产权综合审判庭

60. 湖北省版权局版权管理处

61. 湖北省黄冈市黄梅县人民检察院公诉科

62. 湖北黄冈“5·19”侵犯著作权案专案组(湖北省黄冈市公安局网安支队、湖北省黄冈市公安局经侦支队)

63. 湖北省汉川市公安局网安大队

64. 湖北省仙桃市文化广播电视新闻出版局

65. 湖北武汉“4·21”张某某侵犯著作权案专案组(湖北省武汉市硚口区文体局、湖北省武汉市硚口区公安分局经侦大队)

66. 湖北毛某批销侵权盗版光盘案专案组(湖北省武汉市江汉区文化市场综合执法大队、湖北省武汉市江岸区人民检察院公诉科)

67. 湖南省新闻出版广电(版权)局版权管理处

68. 湖南省株洲市文化市场综合执法局

69. 湖南省长沙市宁乡县公安局治安管理大队

70. 湖南省湘西土家族苗族自治州凤凰县文化市场综合执法局

71. 湖南省湘西土家族苗族自治州凤凰县文化市场综合执法局执法三股

72. 湖南省临武县人民法院刑事庭

73. 广东省版权局版权管理处

74. 广东省广州市版权局版权处

75. 广西壮族自治区版权局版权管理处

76. 海南省文化市场行政执法总队一大队

77. 重庆市荣昌县文化委员会

78. 重庆市奉节县文化市场行政执法大队

79. 四川省成都市公安局经济犯罪侦查支队

80. 陕西省版权局版权管理处

81. 陕西省通信管理局通信保障处

三等奖

1. 公安部光盘生产源鉴定中心

2. 国家互联网信息办公室网络新闻协调局新闻处

3. 海关总署政策法规司知识产权处

4. 国家工商行政管理总局反垄断与反不正当竞争执法局反垄断法律指导处

5. 新华社国内部政文采访室

6. 打击侵权假冒工作网

7. 新浪微博

8. 人民出版社

9. 河北省版权局版权管理处

10. 河北省通信管理局通信保障处

11. 河北王某某、鲁某某侵犯著作权案专案组（河北省石家庄市文化市场行政执法大队、河北省石家庄市鹿泉区文化市场行政执法队、河北省石家庄市鹿泉区公安局上庄派出所、河北省石家庄市鹿泉区人民检察院）

12. 河北贾某某销售盗版教辅案专案组（河北省石家庄市版权局、河北省石家庄市井陉县文化市场行政执法队）

13. 河北省石家庄市赵县文化市场行政执法队

14. 河北省沧州市文化市场行政执法大队

15. 山西省版权局版权管理处

16. 山西省晋中市版权局

17. 山西朔州“10·23”销售侵权盗版音像制品案专案组（山西省朔州市文化市场行政综合执法大队、山西省朔州市公安局朔城分局治安大队）

18. 辽宁省通信管理局电信管理处

19. 辽宁省大连市金州新区文化市场执法大队

20. 辽宁省抚顺市版权局版权处

21. 沈阳汇智图书发行有限公司销售盗版出版物案专案组（辽宁省营口市版权局、辽宁省营口市文化市场综合执法大队）

22. 辽宁省阜新市文化市场综合执法大队

23. 吉林省长春市文化市场综合执法支队

24. 吉林省长春市二道区文化体育局

25. 吉林省榆树市文化市场综合执法大队

26. 吉林省白城市镇赉县文化市场综合执法大队

27. 吉林省白山市江源区文化市场综合执法大队

28. 吉林省白山市靖宇县文化市场综合执法大队

29. 吉林省公主岭市文广新局

30. 黑龙江省通信管理局通信保障处

31. 黑龙江省双鸭山市饶河县文化市场综合执法大队

32. 黑龙江省齐齐哈尔市文化市场综合执法支队

33. 黑龙江省牡丹江市文化市场综合执法支队

34. 上海海关法规处

35. 上海市互联网信息办公室网络管理处

36.“1000ys 网”侵犯著作权案专案组（上海市公安局网安总队三队，上海市静安区人民检察院金融和知识产权科，上海市普陀区人民法院知识产权审判庭）

37. 上海市文化市场行政执法总队稽查三处

38. 江苏省盐城东台市公安局网安大队

39. 江苏省镇江市版权局“巾帼调解站”

40. 江苏省泰州兴化市文化行政综合执法大队

41. 浙江省嘉兴市文化市场行政执法支队

42. 浙江省海宁市文化市场行政执法大队

43. 浙江省桐乡市文化市场行政执法大队

44. 浙江省温州市鹿城区文化市场行政执法大队

45. 浙江省温州市公安局瓯海分局新桥派出所

46. 浙江省诸暨市文化市场行政执法大队

47. 浙江省杭州市公安局西湖区分局

48. 浙江杭州“2·20”侵犯著作权案专案组（浙江省公安厅网警总队，浙江省杭州市公安局网警分局）

49. 安徽省黄山市版权局

50. 安徽省马鞍山市文化市场综合执法大队

51. 福建省版权局版权管理处

52. 福建省福州市鼓楼区人民法院知识产权庭

53. 福建省厦门市文化市场综合执法支队

54. 江西省版权局版权管理处

55. 江西省上饶市版权局

56. 江西省萍乡市安源区文化市场综合执法大队

57. 江西省九江市文化市场综合执法支队

58. 江西省抚州市文化综合执法支队

59. 山东省济南市文化市场综合行政执法局

60. 山东省淄博市文化市场执法支队

61. 山东省济宁市文化市场综合执法局

62. 山东省聊城市文化市场综合执法局

63. 山东省淄博市淄川区文化旅游和新闻出版局

64. 山东省青岛即墨市文化市场行政执法局

65. 山东省青岛市黄岛区综合行政执法局

66. 山东省青岛市崂山区文化市场行政执法局

67. 山东省德州市文化市场综合执法局“扫黄打非”工作科

68. 河南省版权局版权管理处

69. 河南省商丘市睢县文化市场综合执法大队

70. 河南省登封市文化广电新闻出版局

71. 河南省驻马店市正阳县文化市场综合执法大队

72. 河南省安阳市文化市场综合执法支队执法三大队

73. 湖北省通信管理局互联网管理处

74. 湖北省宜昌海关监管科

75. 湖北省黄冈市文化市场综合执法支队

76. 湖北省荆州市文化市场综合执法支队

77. 湖北省潜江市文化市场综合执法支队

78. 湖北省武汉市人民检察院侦查监督处

79. 湖南省长沙市长沙县公安局网络安全保卫大队

80. 湖南省株洲市文化市场综合执法

局第三执法大队

81. 湖南省怀化市文化市场综合执法局版权网络执法科

82. 广东省东莞市文化市场综合执法大队

83. 广东省广州市海珠区文化市场综合行政执法队

84. 广东省珠海市文化市场综合执法支队

85. 广西贺州“7·10”侵犯著作权案专案组（广西壮族自治区贺州市“扫黄打非”办公室、广西壮族自治区贺州市文化市场综合执法支队、广西壮族自治区贺州市公安局治安支队、广西壮族自治区贺州市昭平县“扫黄打非”办公室、广西壮族自治区贺州市昭平县公安局黄姚派出所）

86. 海南省版权局版权处

87. 重庆市文化委员会（市版权局）版权管理处

88. 重庆市九龙坡区王某等侵犯网络游戏著作权案专案组（重庆市九龙坡区文化委员会、重庆市九龙坡区公安分局科监支队）

89. 四川省版权局版权管理处

90. 四川省凉山州文化市场综合执法支队

91. 四川省泸州市文化体育新闻出版广电局

92. 杨某某等销售盗版音像制品案专案组（四川省成都市版权局、四川省成都市文化市场综合执法总队、四川省大邑县文化体育新闻出版局、四川省大邑县人民法院刑庭）

93. 四川省成都市金牛区广播电视新闻出版（版权）局

94. 四川省通信管理局电信管理处

95. 云南省版权局版权管理处

96. 陕西省西安市文化市场行政执法总队

97. 青海省版权局版权管理处

98. 宁夏回族自治区版权局版权管理处

99. 宁夏回族自治区通信管理局信息安全处

100. 新疆维吾尔自治区新闻出版广电局（版权局）版权处

101. 新疆维吾尔自治区乌鲁木齐市文化市场稽查支队

102. 新疆维吾尔自治区阿勒泰市北屯镇文化市场稽查大队

2014年度查处侵权盗版案件有功个人名单

一等奖

1. 李薇薇，最高人民检察院侦查监督厅

2. 侯若英，最高人民检察院公诉厅

3. 孙晓慧，公安部治安管理局一处

4. 张　鹏，公安部经济犯罪侦查局知识产权处

5. 赵　阳，工业和信息化部电信管理局

6. 谭　剑，全国打击侵犯知识产权和制售假冒伪劣商品办公室督察联络组

7. 刘　芊，中国版权保护中心法律部

8.“思路网”侵犯著作权案专案组个人（沈睿、秦永明、徐剑，北京市文化市场行政执法总队执法四队；耿燕兵、陈永征，北京市公安局网络安全保卫总队驻区四大队；丛海涛，北京市公安局海淀区分局出入境管理大队；邱志英、吕晓华，北京市海淀区人民检察院知识产权监察处；严肃，北京市海淀区人民法院）

9. 黑龙江刘某等侵犯网络游戏著作权案专案组个人（孟祥国、史磊、陆新凯，黑龙江省哈尔滨市公安局网安支队一大队；于洋、柳占林，黑龙江省哈尔滨市文化和新闻出版局版权处）

10. 王　骞，上海市版权局版权管理执法处

11. 杨　勇，上海市文化市场行政执法总队稽查五处

12.“射手网”侵犯著作权案专案组个人（毛新炜、丁卓，上海市文化市场行政执法总队稽查五处）

13.“上海复旦网上书店”等网店销售盗版图书案专案组个人（陈胤玖，上海市公安局技术侦察总队一支队；王小立，上海市公安局经侦总队二支队；陈蔓莉，上海市杨浦区人民法院民事审判第三庭）

14. 宋晓春，江苏省版权局版权管理处

15.“放放电影网”侵犯著作权案专案组个人（艾新建、解硕群，江苏省徐州市版权局；郭伟，江苏省徐州市公安局网安支队；张德峰，江苏省徐州市检察院公诉处）

16. 江苏张家港“3·4”侵犯著作权案专案组个人（葛显平，江苏省张家港市文化行政综合执法大队；刘斌，江苏省张家港市公安局；顾振华、李健，江苏省张家港市公安局经侦大队；李睿智，江苏省张家港市公安局网络警察大队；鞠江平，江苏省张家港市公安局治安警察大队）

17. 江苏国泰新点软件被侵犯著作权案专案组个人（陈世海、陈彩芬，江苏省张家港市文化广电新闻出版局；李明，蔡平，江苏省张家港市文化行政综合执法大队；汤建平，江苏省张家港市公安局；李凤才，江苏省张家港市公安局经侦大队；陈颂明，江苏省张家港市公安局网络警察大队；王克，江苏省张家港市公安局治安警察大队）

18.“建工之家网”侵犯著作权案专案组个人（蔡鹏，江苏省扬州文化行政综合执法支队执法监督室；陈啸，江苏省扬州文化行政综合执法支队；宋海冬，江苏省扬州文化行政综合执法支队一大队；李子杰、李健、安云亮、袁伟、侯松华，山东省菏泽市文化市场综合执法局）

19. 琚迎迎，安徽省版权局版权管理处

20. 赵栋梁，安徽省公安厅治安行动队

21.“DY161 电影网”侵犯著作权案专案组个人（陈江丽、潘山泉、夏现初，安徽省合肥市版权局；王文豪，安徽省合肥市公安局网安支队；刘晓磊，安徽省合肥市公安局经济技术开发区分局经侦大队）

22.“999 宝藏网”侵犯著作权案专案组个人（贾松，安徽省滁州市文化广电新闻出版局；陈歆，安徽省滁州市公安局治安管理支队；胡玉屏，安徽省滁州市全椒县“扫黄打非”办公室；张吉传，安徽省滁州市全椒县文化广电新闻出版局；杨邦伦，安徽省滁州市全椒县公安局网安大队；何锐，安徽省滁州市全椒县公安局治安大队）

23. 安徽孙某等盗印图书案专案组个人（秦家香，安徽省合肥市文化市场综合执法大队；张杨、苟雅静，安徽省合肥市公安局治安支队）

24. 高　睿，山东省新闻出版广电局版权管理处

25. 山东青岛“6·25”侵犯著作权专案组个人（杜荣华、谢志宏、孙晨光、孙章，山东省青岛市文化市场行政执法局）

26. 张安军，山东省泰安市文化广电新闻出版局

27. 赵永磊，山东省泰安市文化市场综合执法支队

28. 杜　珂，河南省人民检察院公诉一处

29. 湖南衡阳金天亿电脑经营部侵犯计算机软件著作权案专案组个人（刘小平、唐能平、刘意福、尹忠国、沈蓓、邓洺，湖南省衡阳市文化市场综合执法局）

30. 广东广州“3·24”网络批销盗版图书案专案组个人（江南、李渭灵、黄俊禧，广东省广州市文化市场综合行政执法总队）

31. 唐宗萌，广西壮族自治区玉林市文化新闻出版广电局

二等奖

1. 谍　颖，最高人民法院刑一庭

2. 公安部打击制售伪劣商品与盗版犯罪专项工作组个人（许成磊，公安部治安管理局打击制售伪劣商品与盗版犯罪工作处；陆剑君，公安部治安管理局九处）

3. 工业和信息化部“剑网 2014”专项工作组个人（朱乾龙、徐昊、孙悦，工业和信息化部电信管理局；尚铁力，工业和信息化部通信保障局；柳青，中国信息通信研究院；柳毅、万欣欣，国家计算机网络应急技术处理协调中心）

4. 国家互联网信息办公室“剑网 2014”专项工作组个人（秦琳，国家互联网信息办公室网络新闻协调局；柯飞宁，国家互联网信息办公室移动网络管理局；张子浩，国家互联网信息办公室网络新闻信息传播局）

5. 蒋建民，中宣部出版局出版研究处

6. 张　贺，人民日报社政文部

7. 方　圆，中国新闻出版报社版权周刊

8. 王运平，《中国出版》杂志社

9. 胡建辉，法制日报社经济新闻部

10. 北京张某某等侵犯广联达软件著作权案专案组个人（赵海楠、韩翰，北京市公安局网络安全保卫总队四大队；董立波，北京市公安局网络安全保卫总队驻区四大队；刘昭京，北京市公安局海淀分局法制处）

11. 北京“快眼看书网”侵犯著作权案专案组个人（张强、董金锁，北京市公安局网络安全保卫总队四大队；陈维，北京市公安局网络安全保卫总队驻区四大队；哈威，北京市公安局海淀分局刑侦支队）

12. 北京查处侵犯软件著作权案专案组个人（赵国明、熊伟，北京市文化市场行政执法总队执法五队；郝然，北京市文化市场行政执法总队举报中心；路雨，北京市公安局西城分局治安支队）

13. 郭锦云，内蒙古自治区新闻出版广电（版权）局版权管理处

14. 宋　歌，内蒙古自治区赤峰市文化市场综合执法局执法二科

15. 田大鹏，辽宁省版权局版权处

16. 黑龙江范某某等侵犯网络游戏著作权案专案组个人（黄晓强，黑龙江省哈尔滨市文化和新闻出版局版权处；周阜康、王伟、王锋，黑龙江省哈尔滨市公安局网安支队；张云龙，黑龙江省哈尔滨市香坊区人民法院刑事审判庭）

17. 苏　升，黑龙江省哈尔滨市香坊区人民法院刑事审判庭

18. 黑龙江打击销售盗版音像制品系列案专案组个人（刘明锁，黑龙江省哈尔滨市公安局治安支队城管大队；李春宇，黑龙江省哈尔滨市公安局治安支队城管大队；赵旭阳，黑龙江省哈尔滨市公安局治安支队城管大队）

19. 刘秀辉，黑龙江省哈尔滨市公安局网安支队特侦大队

20. 张　胤，上海市通信管理局互联网管理处

21. 林明富，上海市文化市场行政执法总队稽查三处

22. 上海查处侵犯信息网络传播权系列案专案组个人（陈启光、万赟，上海市文化市场行政执法总队稽查五处）

23. 上海王某等利用互联网销售侵权盗版 ISO 标准案专案组个人（杨诚，上海市公安局技术侦察总队二支队；胡煜，上海市治安总队行动队；杨慧，上海市人民检察院金融检察处）

24. 李　峰，江苏省公安厅网络安全保卫总队案件查处科

25.“高清影视下载网”侵犯著作权案专案组个人（刘光明、唐海宁，江苏省扬州文化行政综合执法支队）

26. 张　斌，江苏省无锡市开发区人民检察院

27. 江苏赵某等侵犯网络游戏著作权

案专案组个人(韩赛,江苏省徐州市公安局网安支队案查大队;高成富,江苏省徐州市文化广电新闻出版(版权)局)

28. 江苏张家港九洲老年专科医院有限公司侵犯著作权案专案组个人(王黎明、朱群军、魏冉、彭孟德,江苏省张家港市文化行政综合执法大队)

29. 浙江宁波"4·7"侵犯软件著作权案专案组个人(江武吉、王家麟、范盈春、丁洪新、竺兆忠,浙江省宁波市文化市场行政执法总队)

30. 浙江徐某某销售盗版音像制品案专案组个人(曹剑、杨丹、张辉、钱士骢,浙江省宁波市文化市场行政执法总队;崔凯,浙江省宁波市高新区社管局;赵云,浙江省宁波市公安局高新分局梅墟派出所)

31. 徐旭策,浙江省温州市公安局龙湾区分局永中派出所

32."音扑网"侵犯著作权案专案组个人(吴震宇、韦俊,安徽省黄山市版权局;王佳,安徽省黄山市公安局屯溪分局;程小玲,安徽省黄山市屯溪区法院)

33. 吴　琴,福建省人民检察院侦查监督处

34. 陈能贤,福建省泉州市文化市场综合执法支队直属二大队

35. 山东梁山"7·2"侵犯著作权案专案组个人(郭亚莲、刘奉军、龙鸿、宋明国、颜廷爱、柳成林,山东省济宁市文化市场综合执法局)

36. 山东致远文体店盗印图书案专案组个人(张兆鸿、孟杰、张浩、田阳,山东省济宁市任城区文化市场综合执法局)

37. 山东李某销售侵权复制品案专案组个人(唐加福、李敏绪、张晓东、王峰,山东省淄川区文化旅游和新闻出版局)

38. 徐　勇,山东省潍坊市文化市场综合执法局

39. 杨红雨,山东省泰安市文化市场综合执法支队

40. 吴连炜,山东省青岛市文化市场行政执法局

41. 马长兴,山东省即墨市文化市场行政执法局

42. 河南驻马店"5·7"销售侵权盗版出版物案专案组个人(肖宏伟,河南省驻马店市文化市场执法支队四大队;刘保民、冯磊,河南省驻马店市西平县文化市场综合执法大队;王辉,河南省驻马店市驿城区人民法院刑一庭;周天林,河南省"扫黄打非"办公室)

43. 华　兵,河南省商丘市梁园区人民法院

44. 河南李某某等侵犯著作权案专案组个人(谢娜、王莹,河南省新乡市封丘县人民检察院侦查监督科)

45. 湖北武汉打击侵权盗版刑事审判专案组个人(夏露、吴丰敏、许颖越、郑广芳,湖北省武汉市江岸区人民法院知识产权庭)

46. 湖北武汉"8·13"刘某某非法复制音像制品案专案组个人(徐燕青、潘剑,湖北省武汉市江岸区文化体育和旅游局[新闻出版(版权)局];吴丹莉,湖北省武汉市江岸区人民检察院)

47. 谭励军,湖南省株洲市文化市场综合执法局

48. 张忠富,湖南省常德市石门县文化市场综合执法局

49. 湖南凤凰KTV曲库侵犯音乐作品著作权系列案专案组个人(白奎、刘继平、张希、龙伟、麻吉庆,湖南省湘西土家族苗族自治州凤凰县文化市场综合执法局)

50. 湖南刘某等销售盗版软件案专案组个人(陈军、周锋华、文劲峰、宁海斌,湖南省郴州市临武县公安局经侦大队)

51. 杨训国,广西壮族自治区版权局版权管理处

52. 海南卢某某侵犯著作权案专案组个人(龙官云,海南省海口市公安局琼山分局经侦大队;张德光,海南省"扫黄打非"办公室;陈立夫,海南省海口市中级人民法院刑一庭;周江山,海南省公安厅经侦总队)

53. 田　源，重庆市文化市场行政执法总队执法二处

54. 云南临沧“3·28”侵犯著作权案专案组个人（胡延军，云南省“扫黄打非”办公室；詹云生，云南省新闻出版广电局版权处；李树才、施朝琴，云南省临翔区人民检察院；郭旗，云南省临沧市中级人民法院刑二庭）

三等奖

1. 张　钊，公安部网络安全保卫局

2. 罗　林，中宣部新闻局文化新闻处

3. 海关总署打击侵权假冒专项工作组个人（黄建华、李丹、王丽婷、张芬涛、解新红、任继东，海关总署政法司知识产权处）

4. 齐砚秋，国家工商行政管理总局反垄断与反不正当竞争执法局经济检查处

5. 中国互联网协会“剑网行动”专项工作组个人（杨一心、曹华平、刘昕、王佳、崔映雪、张玉芳、郭莹，中国互联网协会备案部）

6. 金　晶，经济日报社

7. 郑晓红，《中国版权》杂志社

8. 外研社打击侵权盗版维权专项工作组个人（李晶、胡琴、田然、黄姗姗、冯海姣，外语教学与研究出版社有限责任公司法律事务部）

9. 上海度深电子商务咨询服务有限公司侵犯著作权案专案组个人（杜小弘、牛拓，北京市公安局网络安全保卫总队四大队；朱波、赵鹏宇，北京市公安局网络安全保卫总队驻区四大队）

10. 天津饶云芳侵犯著作权案专案组个人（李洪军，天津市文化市场行政执法总队二队；李文卫，天津市版权局版权处；赵晓冬，天津市新闻出版局印刷发行处；崔锦鹏，天津市河北区文化市场行政执法大队；魏立新，天津市公安局河北分局；郭芮，天津市河北区人民检察院；李金柱，天津市河北区人民法院）

11. 李振忠，河北省版权局版权管理处

12. 康立广，河北省高级人民法院刑事审判第二庭

13. 彭士涛，河北省通信管理局通信保障处

14. 河北超逸音像店销售盗版音像制品案专案组个人（姚盛昌、张燚、沈阳，河北省衡水市文化市场行政执法大队）

15. 衡国柱，河北省保定市文化市场行政执法大队

16. 王彦迈，河北省辛集市文广新局综合执法大队

17. 侯广林，山西省版权局版权管理处调研员

18.“梦问道”网络侵权案专案组个人（李安庆，辽宁省版权局版权处；王奇、张文利，辽宁省通信管理局电信管理处；贾芳姝，辽宁安全分中心信息安全处）

19. 辽宁牵牛星KTV侵犯音乐作品著作权案专案组个人（张靖骎、张彦钧、陈曦、李军、孙洪权，辽宁省沈阳市文化执法总队直属执法三大队）

20. 辽宁大连一海通科技有限公司侵犯著作权案专案组个人（吴浩、孔令德、陈羽、阎寒，辽宁省大连市文化市场综合执法总队网络大队；王军，辽宁省大连市文化市场综合执总队监察大队）

21. 闵正夫，辽宁省丹东市文化市场综合执法支队

22. 文春怀，吉林省长春市二道区文化体育局

23. 贾金龙，吉林省九台市文化市场综合执法大队

24. 孟立夫，吉林省四平市文化市场综合执法支队

25. 赵新宇，吉林省公主岭文化市场综合执法大队

26. 关长安，吉林省梅河口市文广新局

27. 王志平，黑龙江省哈尔滨市文化

市场行政执法局

28. 黑龙江齐齐哈尔“4·11”侵犯著作权案专案组个人(张巍、张振旭、王宇,黑龙江省齐齐哈尔市文化市场综合执法支队;吴迪,黑龙江省齐齐哈尔市公安局国保支队)

29. 应　健,上海市互联网信息办公室网络管理处

30. 史庭栋,上海市文化市场行政执法总队稽查三处

31. 上海海关查办侵犯2014年巴西世界杯相关著作权系列专案组个人(叶建邦,上海海关法规处;黄帅、马滢滢,上海浦江海关;张宇财,上海外港海关;杨雪芬,上海洋山海关)

32. 朱旭东,上海市公安局闵行分局网安支队

33. 顾　弘,江苏省通信管理局互联网管理处

34. 江苏郭某某销售盗版教材案专案组个人(宁坤、许德富、杨宏发,江苏省南京市栖霞区文化旅游局;竺晓骏、贾嘉,江苏省南京市公安局栖霞分局刑警大队;张红伟,江苏省南京市版权局版权和出版管理处)

35. 江苏无锡市职业培训指导中心发行盗版教材案专案组个人(戴俊超、刘岩、刘延胜、林磊、魏睿,江苏省无锡市文化行政综合执法支队)

36.“说说520”网侵犯著作权案专案组个人(王善翌,江苏省徐州市公安局网安支队案件侦查队;王良群,江苏省徐州市铜山区公安局网安大队;饶本东,江苏省徐州市检察院公诉处;崔悦,江苏省徐州市中级人民法院民事审判第三庭;谢礼营,江苏省徐州市铜山区文广新体局)

37.“百万读小说网”侵犯著作权案专案组个人(张国强,江苏省徐州市公安局网安支队;王保振,江苏省徐州市铜山区公安局网安大队;周曙,江苏省徐州市中级人民法院民事审判第三庭;孟繁卿,江苏省徐州市铜山区文广新体局)

38.“若雨中文网”侵犯著作权案专案组个人(谢毅、章欢,江苏省徐州市文化广电新闻出版(版权)局;拾柳,江苏省徐州市公安局网安支队;刘宇,江苏省徐州市检察院公诉处;颜茂苏,江苏省徐州市中级人民法院民事审判第三庭;单晓、焦国庆、常善路,江苏省徐州市丰县公安局网安大队;李守专,江苏省徐州市丰县“扫黄打非”办公室)

39. 殷丽海,江苏省东台市公安局网安大队

40. 浙江宁波“5·29”制售侵权音像制品案专案组个人(应希慧、徐江枫、陈淑华,浙江省宁波市文化市场行政执法总队,丁国伟、毛晓峰,浙江省宁波市江北区文化市场行政执法大队)

41.“520音乐网”侵犯音乐作品著作权案专案组个人(张坤心、董明珠、陈雄,浙江省宁波市文化市场行政执法总队)

42. 浙江海宁市家纺产业花样版权系列侵权案专案组个人(高力、金珂星、李琴、夏蓓蕾,浙江省海宁市文化市场行政执法大队)

43. 浙江杭州“2·20”侵犯著作权案专案组个人(蔡林,浙江省公安厅网警总队;毛善椿,浙江省公安厅网警总队案件侦查支队)

44. 章超巍,浙江省台州市公安局黄岩区分局治安大队

45. 许明峰,安徽省通信管理局通信保障处

46. 安徽宿州“8·31”销售侵权复制品案专案组个人(戴安君,安徽省宿州市“扫黄打非”办公室;沈飞,安徽省宿州市文广新闻出版局;张召、张励君、李小美,安徽省宿州市公安局治安支队)

47. 安徽安德电脑市场系列侵犯著作权案专案组个人(张林、朱冬、沈勇、张志永、李淮兵、许洪岩,安徽省蚌埠市文化市场管理局;葛怀祥,安徽省蚌埠市公安局治安支队)

48. 安徽胡某等通过网络销售侵权复制品案专案组个人（杜根源、程春林，安徽省池州市版权局；宋莉斌、张曙升、章礼宝，安徽省池州市公安局经侦支队）

49. 倪　俊，安徽省马鞍山市文化市场综合执法大队

50. 张宏涛，江西省版权局版权管理处

51. 龙昀晖，江西省吉安市版权局

52. 艾华林，江西省萍乡市文化广电新闻出版（版权）局

53. 陈　军，江西省九江市文化新闻出版局新闻出版（版权）科

54. 董显祥，江西省赣州市版权局

55. 山东潍坊打击侵权盗版专案组个人（王铁、王静，山东省潍坊市文化市场综合执法局；刘成涛，山东省潍坊市坊子区文化市场综合执法局；袁金辉，山东省寿光市文化市场综合执法局）

56. 周德贵，山东省潍坊市文化市场综合执法局

57. 山东潍坊查处娱乐场所侵犯著作权专案组个人（沈键、张靖、刘保华，山东省潍坊市文化市场综合执法局；王洪阳，山东省诸城市文化市场综合执法局；云增健，山东省安丘市文化市场综合执法局）

58. 山东科威亚输送设备有限公司侵犯著作权案专案组个人（秦钊、宋刚、于立海，山东省日照市文化市场综合执法局）

59. 许崇亮，山东省日照市文化市场综合执法局

60. 山东莒县友爱医院侵犯著作权案专案组个人（董守国、荆玉涛，山东省日照市莒县文化市场综合执法局）

61. 吴明哲，山东省临沂市文化市场管理执法局

62. 张　忠，山东省济南市文化市场综合行政执法支队

63. 韩　兵，山东省威海市文化市场综合执法局

64. 荣　刚，山东省聊城市文化市场行政执法局

65. 刘光柱，山东省德州市文化市场综合执法局

66. 魏亿勇，山东省德州市文化市场综合执法局

67. 李　昌，山东省即墨市文化市场行政执法局

68. 李　建，山东省青岛市李沧区文化市场行政执法局

69. 肖炳海，山东省青岛市崂山区文化市场行政执法局

70. 高英栋，山东省平度市文化市场行政执法局

71. 韩卫东，山东省胶州市文化市场行政执法局

72. 李　峰，河南省版权局版权管理处

73. 河南正阳“8·26”发行侵权盗版出版物案专案组个人（于涛、马新国，河南省驻马店市正阳县文化市场综合执法大队）

74. 程振海，河南省安阳市文化市场综合执法支队

75. 张　威，湖北省版权局版权管理处

76. 叶　飞，湖北省通信管理局互联网管理处

77. 尹　飞，湖北省互联网信息办公室网络管理处

78. 周　婧，湖北省武汉市江岸区人民检察院公诉科

79. 湖北武汉“4·21”张某某侵犯著作权案专案组个人（王干武、李晓晖，湖北省武汉市硚口区文化体育局；张俊勇、张蜂，湖北省武汉市硚口区公安分局经侦大队；张婷，湖北省武汉市人民检察院刑事审判监督处）

80. 杨　波，湖北省恩施市文化市场综合执法大队

81. 湖南益阳打击侵犯软件著作权专案组个人（李铁阶、张靖宇、吴益、李松铭、

魏振隆，湖南省益阳市文化市场综合执法局）

82. 湖南联创电脑科技有限公司侵犯软件著作权案专案组个人（唐顺琴、伍细才、王先翔、廖振华、甘卫华，湖南省永州市蓝山县文化市场综合执法局）

83. 廖建新，湖南省衡阳市衡山县文化市场综合执法局

84. 钟科念，广西壮族自治区南宁市文化市场综合执法支队

85. 曾伯林，海南省版权局版权处

86. 左图强，重庆市文化委员会（版权局）版权管理处

87. 余　刚，重庆市奉节县文化市场行政执法大队

88. 陈国虹，四川省版权局版权管理处

89. 钱海燕，四川省通信管理局电信管理处

90. 黄大千，云南省孟连海关

91. 孙　涛，陕西省版权局版权管理处

92. 杨兴武，陕西省通信管理局通信保障处

93. 陕西浩佳教育书店发行盗版出版物案专案组个人（程原力，陕西省西安市文化市场行政执法总队一大队；樊军艳，陕西省西安市文化市场行政执法总队三大队）

94. 青海马某某销售盗版音像制品案专案组个人（王生琦，青海省西宁市城东区科技文体旅游局文化旅游市场综合执法大队；何军，青海省西宁市公安局城东分局）

95. 宁夏打击网络侵权盗版专项工作组个人（王高阳，宁夏回族自治区“扫黄打非”办公室；张世明，宁夏回族自治区版权局版权处）

96. 施晓娟，新疆维吾尔自治区版权局版权处

97. 新疆乌鲁木齐娱乐会所侵犯音乐作品著作权案专案组个人（张永健、肖朝辉、姜佳元、王宏伟，新疆维吾尔自治区乌鲁木齐市文化市场稽查支队二大队）

98. 孙彦丽，新疆维吾尔自治区阿勒泰市文化市场稽查大队

农业部 2014 年度农产品地理标志登记产品名单

序号	产品名称	所在地域	证书持有人
1	海淀玉巴达杏	北京	北京市海淀区农业科学研究所
2	河套向日葵	内蒙古	巴彦淖尔市绿色食品发展中心
3	鄂托克阿尔巴斯山羊肉	内蒙古	鄂托克旗农牧业产业化综合服务中心
4	盖州尖把梨	辽宁	盖州市果树技术研究推广中心
5	盖州桃	辽宁	盖州市果树技术研究推广中心
6	海洋岛海参	大连	长海县海洋乡渔农业服务站
7	普兰店黄蚬	大连	普兰店市水产技术推广站
8	旅顺海虾米	大连	大连市旅顺口区渔业协会
9	金州海蛎子	大连	大连金州新区渔业协会
10	勃利葡萄	黑龙江	勃利县联友葡萄种植专业合作社
11	崇明金瓜	上海	崇明县农产品质量安全学会
12	淮安蒲菜	江苏	淮安市淮安区农副产品协会

续表

序号	产品名称	所在地域	证书持有人
13	海门香芋	江苏	海门市蔬菜生产技术指导站
14	阜宁西瓜	江苏	阜宁县蔬菜协会
15	阳山水蜜桃	江苏	无锡市惠山区阳山水蜜桃桃农协会
16	泰兴元麦	江苏	泰兴市农业科学研究所
17	平阳黄汤茶	浙江	平阳县茶叶产业协会
18	里叶白莲	浙江	建德市莲子产业协会
19	金寨红茶	安徽	金寨县茶叶发展办公室
20	福安芙蓉李	福建	福安市经济作物站
21	福安刺葡萄	福建	福安市经济作物站
22	永定红柿	福建	永定县红柿专业技术协会
23	黎川香榧	江西	黎川县农业技术推广中心
24	乐安花猪	江西	乐安县农业技术推广服务中心
25	荣成蜜桃	山东	荣成市绿色食品协会
26	伟德山板栗	山东	荣成市绿色食品协会
27	临朐三山峪大山楂	山东	临朐县农民专业合作社联合会
28	山旺大樱桃	山东	临朐县山旺镇大棚果协会
29	金鸽山小米	山东	临朐县山旺镇小米协会
30	梁山黑猪	山东	梁山县大义和养猪协会
31	大家洼鳓米鱼	山东	潍坊滨海经济技术开发区渔业协会
32	固始皇姑山茶	河南	固始县兴农茶叶专业合作社
33	昭君眉豆	湖北	兴山县盛世红颜蔬菜专业合作社
34	宜都宜红茶	湖北	宜都市宜红茶协会
35	承恩贡米	湖北	谷城县茨河镇农业技术推广服务中心
36	泗流山薏苡仁	湖北	蕲春县农业技术推广中心
37	石马槽大米	湖北	当阳市庙前镇农业服务中心
38	竹山肚倍	湖北	竹山县农业技术推广中心
39	崇阳野桂花蜜	湖北	崇阳县养蜂协会
40	通山乌骨山羊	湖北	通山县乌骨山羊养殖协会
41	荆州大白刁	湖北	荆州市荆州区水产科学研究所
42	大围山梨	湖南	浏阳市果茶业协会
43	连州菜心	广东	连州市农作物技术推广站
44	炭步槟榔香芋	广东	广州市花都区炭步镇农业技术推广站
45	平南石硖龙眼	广西	平南县农业技术推广中心
46	都峤山铁皮石斛	广西	广西容县金地铁皮石斛种植专业合作社
47	东兰乌鸡	广西	东兰县畜牧管理站
48	西林麻鸭	广西	西林县畜牧技术推广站
49	恭城竹鼠	广西	恭城瑶族自治县水产畜牧兽医局畜牧与饲料站

续表

序号	产品名称	所在地域	证书持有人
50	合浦文蛤	广西	合浦县水产技术推广站
51	新都柚	四川	成都市新都区农学会
52	贡井龙都早香柚	四川	自贡市贡井区建设镇农业综合服务中心
53	云桥圆根萝卜	四川	郫县农业技术推广服务中心
54	大罗黄花	四川	巴中市巴州区经作站
55	九寨沟蜂蜜	四川	九寨沟县畜牧工作站
56	乐道子鸡	四川	泸州市纳溪区乐道子林下鸡养殖协会
57	泸西高原梨	云南	泸西县果树站
58	保山甜柿	云南	保山市经济作物技术推广工作站
59	麦地湾梨	云南	云龙县园艺工作站
60	禄劝撒坝猪	云南	禄劝彝族苗族自治县畜牧兽医总站
61	保山猪	云南	保山市动物卫生监督所
62	富源大河乌猪	云南	富源县大河乌猪产业发展协会
63	云龙矮脚鸡	云南	云龙县畜牧工作站
64	门隅佛芽·玉罗冈吉	西藏	西藏错那县农业综合服务站
65	隆子黑青稞	西藏	隆子县农业技术推广站
66	亚东鲑鱼	西藏	西藏亚东县农牧综合服务中心
67	武威酿酒葡萄	甘肃	武威市农业技术推广中心
68	嘉峪关泥沟胡萝卜	甘肃	嘉峪关市农业技术推广站
69	宕昌黄芪	甘肃	宕昌县中药材开发服务中心
70	果洛蕨麻	青海	果洛藏族自治州草原监理站
71	果洛大黄	青海	果洛藏族自治州草原监理站
72	久治牦牛	青海	久治县畜牧兽医工作站
73	刚察藏羊	青海	刚察县特色农畜产品营销会
74	刚察牦牛	青海	刚察县特色农畜产品营销会
75	六盘山黄芪	宁夏	隆德县中药材产业办公室
76	泾源黄牛肉	宁夏	泾源县畜牧技术推广服务中心
77	阜康打瓜籽	新疆	阜康市阜民打瓜协会
78	库车小白杏	新疆	库车县林业管理站
79	老龙河西瓜	新疆	昌吉市农业技术推广中心
80	延怀河谷葡萄	北京	北京市延庆县葡萄与葡萄酒协会
81	高碑店黄桃	河北	高碑店市黄桃协会
82	涉县柴胡	河北	涉县农业技术推广中心
83	呼伦湖秀丽白虾	内蒙古	呼伦贝尔市水产技术推广站
84	呼伦湖鲤鱼	内蒙古	呼伦贝尔市水产技术推广站
85	营口蚕蛹鸡蛋	辽宁	营口市种畜禽监督管理站
86	东宁苹果梨	黑龙江	东宁县果树蔬菜管理总站

续表

序号	产品名称	所在地域	证书持有人
87	枣树行玉铃铛枣	安徽	阜阳市颍泉区宁老庄镇枣树行枣业协会
88	亳菊	安徽	亳州市中药材种植协会
89	南陵圩猪	安徽	南陵县畜牧兽医局
90	顺昌海鲜菇	福建	顺昌县食用菌竹笋开发办公室
91	寿宁高山茶	福建	寿宁县茶业协会
92	七境茶	福建	罗源县茶叶协会
93	临川金银花	江西	临川区金银花合作协会
94	高安大米	江西	高安市农业技术推广中心
95	许营西瓜	山东	聊城高新技术产业开发区许营镇绿色农产品协会
96	王晋甜瓜	山东	肥城市仪阳镇农业综合服务中心
97	冠县鸭梨	山东	冠县优质农产品协会
98	泰山板栗	山东	泰安市板栗协会
99	临沂沂蒙黑猪	山东	临沂市畜牧站
100	东阿黑毛驴	山东	东阿县畜牧站
101	单县青山羊	山东	菏泽鲁西南青山羊(单县)良种繁育研究所
102	临沂大银鱼	山东	临沂市渔业协会
103	兴山脐橙	湖北	兴山县特产办公室
104	清江椪柑	湖北	长阳土家族自治县柑橘产业协会
105	东巩官米	湖北	南漳县东巩官米种植专业协会
106	武宣牛心柿	广西	武宣县农业技术推广站
107	天峨核桃	广西	天峨县无公害水果协会
108	钦州黄瓜皮	广西	钦州市黄瓜皮行业协会
109	钦州青蟹	广西	钦州市水产技术推广站
110	乐道子鸡蛋	四川	泸州市纳溪区乐道子林下鸡养殖协会
111	贵定盘江酥李	贵州	贵定县酥李协会
112	牛场辣椒	贵州	六枝特区经济作物站
113	湾子辣椒	贵州	金沙县果蔬站
114	紫云花猪	贵州	紫云县畜禽品种改良站
115	毕节可乐猪	贵州	毕节市畜牧技术推广站
116	长顺绿壳鸡蛋	贵州	长顺县畜禽品种改良站
117	红河棕榈	云南	红河县棕榈产业协会
118	腾冲红花油茶油	云南	腾冲县农业技术推广所
119	文山牛	云南	文山壮族苗族自治州畜牧技术推广工作站
120	徽县紫皮大蒜	甘肃	徽县紫皮大蒜种植协会
121	泗家水红头香椿	北京	北京市门头沟区雁翅镇泗家水村香椿协会
122	黄粱梦小米	河北	邯郸黄粱美梦谷类种植协会
123	柏各庄大米	河北	滦南县柏各庄镇农村专业技术协会

续表

序号	产品名称	所在地域	证书持有人
124	五原灯笼红香瓜	内蒙古	五原县蔬菜办公室
125	五原黄柿子	内蒙古	五原县蔬菜办公室
126	五原小麦	内蒙古	五原县农业技术推广中心
127	鄂尔多斯黄河鲤鱼	内蒙古	鄂尔多斯市水产管理站
128	鄂尔多斯黄河鲶鱼	内蒙古	鄂尔多斯市水产管理站
129	呼伦湖白鱼	内蒙古	呼伦贝尔市水产技术推广站
130	呼伦湖小白鱼	内蒙古	呼伦贝尔市水产技术推广站
131	锦州苹果	辽宁	锦州市果树工作总站
132	化石戈小米	辽宁	阜新蒙古族自治县绿色食品协会
133	辽阳大果榛子	辽宁	辽阳县榛子产业协会
134	瓦房店黄元帅苹果	大连	瓦房店市许屯镇水果储藏协会
135	庄河大米	大连	庄河市农业技术推广中心
136	林口滑子蘑	黑龙江	林口县农业技术推广中心
137	杨树小米	黑龙江	哈尔滨市阿城区金源绿色农畜产品协会
138	牡丹江油豆角	黑龙江	牡丹江市农业技术推广总站
139	穆棱黑木耳	黑龙江	穆棱市食用菌协会
140	穆棱冻蘑	黑龙江	穆棱市食用菌协会
141	五大连池大米	黑龙江	五大连池市种子管理站
142	五大连池大豆	黑龙江	五大连池市种子管理站
143	龙泉金观音	浙江	龙泉市茶叶产业协会
144	庆元灰树花	浙江	庆元县食用菌管理局
145	金华佛手	浙江	金华佛手产业协会
146	中埠番茄	安徽	巢湖市中埠镇蔬菜行业协会
147	无为螃蟹	安徽	无为县螃蟹产销协会
148	东乡白花蛇舌草	江西	东乡县白花蛇舌草行业协会
149	张庄油栗	山东	邹城市张庄镇油栗协会
150	新泰芹菜	山东	新泰市农村合作经济组织联合会
151	阳谷朝天椒	山东	阳谷县农业产业化协会
152	东阿鱼山大米	山东	东阿县鱼山大米种植协会
153	高唐栝蒌	山东	高唐县优质特色农产品协会
154	苍山大蒜	山东	兰陵县农业科学研究所
155	高庄芹菜	山东	莱芜市莱城区明利特色蔬菜种植协会
156	贾寨葡萄	山东	茌平县贾寨镇葡萄协会
157	五井山柿	山东	临朐县五井镇柿饼协会
158	莱阳五龙河鲤	山东	莱阳市渔业技术推广站
159	莱阳五龙河河蚬	山东	莱阳市渔业技术推广站
160	莱阳缢蛏	山东	莱阳市渔业技术推广站

续表

序号	产品名称	所在地域	证书持有人
161	东平湖大青虾	山东	东平县第一淡水养殖试验场
162	洪兰菠菜	青岛	平度市南村镇农业服务中心
163	新乡小麦	河南	新乡市种子管理站
164	蔡甸藜蒿	湖北	武汉市蔡甸区蔬菜科技推广站
165	双莲荸荠	湖北	当阳市王店镇农业服务中心
166	钟祥香菇	湖北	钟祥市食用菌协会
167	钟祥皮蛋	湖北	钟祥市蛋品产业协会
168	麻城辣椒	湖北	麻城市蔬菜协会
169	张湾汉江樱桃	湖北	十堰市张湾区农业技术服务中心
170	磨坪贡茶	湖北	南漳县磨坪贡茶种植专业协会
171	靖州茯苓	湖南	靖州苗族侗族自治县茯苓协会
172	城头山大米	湖南	澧县城头山村特种水稻种植协会
173	桃源鸡	湖南	桃源县畜牧兽医水产技术推广站
174	覃塘莲藕	广西	贵港市覃塘区农业技术推广中心
175	桂林桂花茶	广西	桂林市茶叶协会
176	开山白毛茶	广西	八步区农业技术推广中心
177	平乐石崖茶	广西	平乐县农业技术推广中心
178	金秀红茶	广西	金秀瑶族自治县水果茶叶技术指导站
179	垫江白柚	重庆	垫江县果品蔬菜管理站
180	太和胡萝卜	重庆	重庆市合川区蔬菜技术指导站
181	合川湖皱丝瓜	重庆	重庆市合川区蔬菜技术指导站
182	故陵椪柑	重庆	云阳县故陵镇农业服务中心
183	木里皱皮柑	四川	木里藏族自治县经济作物管理站
184	中坝草莓	四川	攀枝花市仁和区草莓协会
185	大英白柠檬	四川	大英县河边镇农业服务中心
186	汉源樱桃	四川	汉源县农技推广服务中心
187	任市板鸭	四川	开江县家禽产业协会
188	西坝生姜	四川	乐山市五通桥区农业技术推广中心
189	筠连红茶	四川	四川省筠连县农业局茶叶站
190	九龙牦牛	四川	九龙县畜牧站
191	丹巴香猪腿	四川	丹巴县动物疾病预防控制中心
192	黑水凤尾鸡	四川	黑水县畜牧兽医局畜牧工作站
193	黑水中蜂蜜	四川	黑水县畜牧兽医局畜牧工作站
194	凤冈锌硒茶	贵州	凤冈县茶叶协会
195	湄潭翠芽	贵州	贵州省湄潭县茶业协会
196	金沙贡茶	贵州	金沙县农业技术推广站
197	普洱瓢鸡	云南	普洱市畜牧工作站

续表

序号	产品名称	所在地域	证书持有人
198	滇陆猪	云南	陆良县滇陆猪研究所
199	罗平黄山羊	云南	罗平县畜禽改良工作站
200	诺邓火腿	云南	云龙县畜牧工作站
201	长安草莓	陕西	西安市长安区农业技术推广中心
202	兴平大蒜	陕西	兴平市园艺站
203	哈尔腾哈萨克羊	甘肃	阿克塞哈萨克族自治县阿勒腾乡养殖协会
204	唐古拉牦牛	青海	格尔木市畜牧兽医工作站
205	唐古拉藏羊	青海	格尔木市畜牧兽医工作站
206	湟中燕麦	青海	青海省湟中县草原站
207	祁连牦牛	青海	祁连县畜牧业协会
208	祁连藏羊	青海	祁连县畜牧业协会
209	盐池谷子	宁夏	盐池县种子管理站
210	盐池糜子	宁夏	盐池县种子管理站
211	新疆兵团六团苹果	新疆兵团	新疆生产建设兵团第一师六团
212	乌尔禾垦区白兰瓜	新疆兵团	新疆生产建设兵团第七师一三七团
213	新疆兵团四十八团红枣	新疆兵团	新疆生产建设兵团第三师四十八团

法律、法规、规章

中华人民共和国商标法实施条例(2014年修订)

(2002年8月3日中华人民共和国国务院令第358号公布,2014年4月29日中华人民共和国国务院令第651号修订)

第一章 总 则

第一条 根据《中华人民共和国商标法》(以下简称商标法),制定本条例。

第二条 本条例有关商品商标的规定,适用于服务商标。

第三条 商标持有人依照商标法第十三条规定请求驰名商标保护的,应当提交其商标构成驰名商标的证据材料。商标局、商标评审委员会应当依照商标法第十四条的规定,根据审查、处理案件的需要以及当事人提交的证据材料,对其商标驰名情况作出认定。

第四条 商标法第十六条规定的地理标志,可以依照商标法和本条例的规定,作为证明商标或者集体商标申请注册。

以地理标志作为证明商标注册的,其商品符合使用该地理标志条件的自然人、法人或者其他组织可以要求使用该证明商标,控制该证明商标的组织应当允许。以地理标志作为集体商标注册的,其商品符合使用该地理标志条件的自然人、法人或者其他组织,可以要求参加以该地理标志作为集体商标注册的团体、协会或者其他组织,该团体、协会或者其他组织应当依据其章程接纳为会员;不要求参加以该地理标志作为集体商标注册的团体、协会或者其他组织的,也可以正当使用该地理标志,该团体、协会或者其他组织无权禁止。

第五条 当事人委托商标代理机构申请商标注册或者办理其他商标事宜,应当提交代理委托书。代理委托书应当载明代理内容及权限;外国人或者外国企业的代理委托书还应当载明委托人的国籍。

外国人或者外国企业的代理委托书及与其有关的证明文件的公证、认证手续,按照对等原则办理。

申请商标注册或者转让商标,商标注册申请人或者商标转让受让人为外国人或者外国企业的,应当在申请书中指定中国境内接收人负责接收商标局、商标评审委员会后继商标业务的法律文件。商标局、商标评审委员会后继商标业务的法律文件向中国境内接收人送达。

商标法第十八条所称外国人或者外国企业,是指在中国没有经常居所或者营业所的外国人或者外国企业。

第六条 申请商标注册或者办理其他商标事宜，应当使用中文。

依照商标法和本条例规定提交的各种证件、证明文件和证据材料是外文的，应当附送中文译文；未附送的，视为未提交该证件、证明文件或者证据材料。

第七条 商标局、商标评审委员会工作人员有下列情形之一的，应当回避，当事人或者利害关系人可以要求其回避：

（一）是当事人或者当事人、代理人的近亲属的；

（二）与当事人、代理人有其他关系，可能影响公正的；

（三）与申请商标注册或者办理其他商标事宜有利害关系的。

第八条 以商标法第二十二条规定的数据电文方式提交商标注册申请等有关文件，应当按照商标局或者商标评审委员会的规定通过互联网提交。

第九条 除本条例第十八条规定的情形外，当事人向商标局或者商标评审委员会提交文件或者材料的日期，直接递交的，以递交日为准；邮寄的，以寄出的邮戳日为准；邮戳日不清晰或者没有邮戳的，以商标局或者商标评审委员会实际收到日为准，但是当事人能够提出实际邮戳日证据的除外。通过邮政企业以外的快递企业递交的，以快递企业收寄日为准；收寄日不明确的，以商标局或者商标评审委员会实际收到日为准，但是当事人能够提出实际收寄日证据的除外。以数据电文方式提交的，以进入商标局或者商标评审委员会电子系统的日期为准。

当事人向商标局或者商标评审委员会邮寄文件，应当使用给据邮件。

当事人向商标局或者商标评审委员会提交文件，以书面方式提交的，以商标局或者商标评审委员会所存档案记录为准；以数据电文方式提交的，以商标局或者商标评审委员会数据库记录为准，但是当事人确有证据证明商标局或者商标评审委员会档案、数据库记录有错误的除外。

第十条 商标局或者商标评审委员会的各种文件，可以通过邮寄、直接递交、数据电文或者其他方式送达当事人；以数据电文方式送达当事人的，应当经当事人同意。当事人委托商标代理机构的，文件送达商标代理机构视为送达当事人。

商标局或者商标评审委员会向当事人送达各种文件的日期，邮寄的，以当事人收到的邮戳日为准；邮戳日不清晰或者没有邮戳的，自文件发出之日起满15日视为送达当事人，但是当事人能够证明实际收到日的除外；直接递交的，以递交日为准；以数据电文方式送达的，自文件发出之日起满15日视为送达当事人，但是当事人能够证明文件进入其电子系统日期的除外。文件通过上述方式无法送达的，可以通过公告方式送达，自公告发布之日起满30日，该文件视为送达当事人。

第十一条 下列期间不计入商标审查、审理期限：

（一）商标局、商标评审委员会文件公告送达的期间；

（二）当事人需要补充证据或者补正文件的期间以及因当事人更换需要重新答辩的期间；

（三）同日申请提交使用证据及协商、抽签需要的期间；

（四）需要等待优先权确定的期间；

（五）审查、审理过程中，依案件申请人的请求等待在先权利案件审理结果的期间。

第十二条 除本条第二款规定的情形外，商标法和本条例规定的各种期限开始的当日不计算在期限内。期限以年或者月计算的，以期限最后一月的相应日为期限届满日；该月无相应日的，以该月最后一日为期限届满日；期限届满日是节假日的，以节假日后的第一个工作日为期限届满日。

商标法第三十九条、第四十条规定的注册商标有效期从法定日开始起算，期限最后一月相应日的前一日为期限届满日，该月无相应日的，以该月最后一日为期限届满日。

第二章 商标注册的申请

第十三条 申请商标注册，应当按照公布的商品和服务分类表填报。每一件商标注册申请应当向商标局提交《商标注册申请书》1份、商标图样1份；以颜色组合或者着色图样申请商标注册的，应当提交着色图样，并提交黑白稿1份；不指定颜色的，应当提交黑白图样。

商标图样应当清晰，便于粘贴，用光洁耐用的纸张印制或者用照片代替，长和宽应当不大于10厘米，不小于5厘米。

以三维标志申请商标注册的，应当在申请书中予以声明，说明商标的使用方式，并提交能够确定三维形状的图样，提交的商标图样应当至少包含三面视图。

以颜色组合申请商标注册的，应当在申请书中予以声明，说明商标的使用方式。

以声音标志申请商标注册的，应当在申请书中予以声明，提交符合要求的声音样本，对申请注册的声音商标进行描述，说明商标的使用方式。对声音商标进行描述，应当以五线谱或者简谱对申请用作商标的声音加以描述并附加文字说明；无法以五线谱或者简谱描述的，应当以文字加以描述；商标描述与声音样本应当一致。

申请注册集体商标、证明商标的，应当在申请书中予以声明，并提交主体资格证明文件和使用管理规则。

商标为外文或者包含外文的，应当说明含义。

第十四条 申请商标注册的，申请人应当提交其身份证明文件。商标注册申请人的名义与所提交的证明文件应当一致。

前款关于申请人提交其身份证明文件的规定适用于向商标局提出的办理变更、转让、续展、异议、撤销等其他商标事宜。

第十五条 商品或者服务项目名称应当按照商品和服务分类表中的类别号、名称填写；商品或者服务项目名称未列入商品和服务分类表的，应当附送对该商品或者服务的说明。

商标注册申请等有关文件以纸质方式提出的，应当打字或者印刷。

本条第二款规定适用于办理其他商标事宜。

第十六条 共同申请注册同一商标或者办理其他共有商标事宜的，应当在申请书中指定一个代表人；没有指定代表人的，以申请书中顺序排列的第一人为代表人。

商标局和商标评审委员会的文件应当送达代表人。

第十七条 申请人变更其名义、地址、代理人、文件接收人或者删减指定的商品的，应当向商标局办理变更手续。

申请人转让其商标注册申请的，应当向商标局办理转让手续。

第十八条 商标注册的申请日期以商标局收到申请文件的日期为准。

商标注册申请手续齐备、按照规定填写申请文件并缴纳费用的，商标局予以受理并书面通知申请人；申请手续不齐备、未按照规定填写申请文件或者未缴纳费用的，商标局不予受理，书面通知申请人并说明理由。申请手续基本齐备或者申请文件基本符合规定，但是需要补正的，商标局通知申请人予以补正，限其自收到通知之日起30日内，按照指定内容补正并交回商标局。在规定期限内补正并交回商标局的，保留申请日期；期满未补正的或者不按照要求进行补正的，商标局不予受理并书面通知申请人。

本条第二款关于受理条件的规定适用于办理其他商标事宜。

第十九条 两个或者两个以上的申请人，在同一种商品或者类似商品上，分别以相同或者近似的商标在同一天申请注册的，各申请人应当自收到商标局通知之日起30日内提交其申请注册前在先使用该商标的证据。同日使用或者均未使用的，各申请人可以自收到商标局通知之日起30日内自行协商，并将书面协议报送商标局；不愿协商或者协商不成的，商标局通知各申请人以抽签的方式确定一个申请人，驳回其他人的注册申请。商标局已经通知但申请人未参加抽签的，视为放弃申请，商标局应当书面通知未参加抽签的申请人。

第二十条 依照商标法第二十五条规定要求优先权的，申请人提交的第一次提出商标注册申请文件的副本应当经受理该申请的商标主管机关证明，并注明申请日期和申请号。

第三章 商标注册申请的审查

第二十一条 商标局对受理的商标注册申请，依照商标法及本条例的有关规定进行审查，对符合规定或者在部分指定商品上使用商标的注册申请符合规定的，予以初步审定，并予以公告；对不符合规定或者在部分指定商品上使用商标的注册申请不符合规定的，予以驳回或者驳回在部分指定商品上使用商标的注册申请，书面通知申请人并说明理由。

第二十二条 商标局对一件商标注册申请在部分指定商品上予以驳回的，申请人可以将该申请中初步审定的部分申请分割成另一件申请，分割后的申请保留原申请的申请日期。

需要分割的，申请人应当自收到商标局《商标注册申请部分驳回通知书》之日起15日内，向商标局提出分割申请。

商标局收到分割申请后，应当将原申请分割为两件，对分割出来的初步审定申请生成新的申请号，并予以公告。

第二十三条 依照商标法第二十九条规定，商标局认为对商标注册申请内容需要说明或者修正的，申请人应当自收到商标局通知之日起15日内作出说明或者修正。

第二十四条 对商标局初步审定予以公告的商标提出异议的，异议人应当向商标局提交下列商标异议材料一式两份并标明正、副本：

（一）商标异议申请书；

（二）异议人的身份证明；

（三）以违反商标法第十三条第二款和第三款、第十五条、第十六条第一款、第三十条、第三十一条、第三十二条规定为由提出异议的，异议人作为在先权利人或者利害关系人的证明。

商标异议申请书应当有明确的请求和事实依据，并附送有关证据材料。

第二十五条 商标局收到商标异议申请书后，经审查，符合受理条件的，予以受理，向申请人发出受理通知书。

第二十六条 商标异议申请有下列情形的，商标局不予受理，书面通知申请人并说明理由：

（一）未在法定期限内提出的；

（二）申请人主体资格、异议理由不符合商标法第三十三条规定的；

（三）无明确的异议理由、事实和法律依据的；

（四）同一异议人以相同的理由、事实和法律依据针对同一商标再次提出异议申请的。

第二十七条 商标局应当将商标异议材料副本及时送交被异议人，限其自收到商标异议材料副本之日起30日内答辩。被异议人不答辩的，不影响商标局作出决定。

当事人需要在提出异议申请或者答辩后补充有关证据材料的，应当在商标异议申请书或者答辩书中声明，并自提交商标异议申请书或者答辩书之日起3个月内提交；期满未提交的，视为当事人放弃补充有关证据材料。但是，在期满后生成或者当事人有其他正当理由未能在期满前提交的证据，在期满后提交的，商标局将证据交对方当事人并质证后可以采信。

第二十八条 商标法第三十五条第三款和第三十六条第一款所称不予注册决定，包括在部分指定商品上不予注册决定。

被异议商标在商标局作出准予注册决定或者不予注册决定前已经刊发注册公告的，撤销该注册公告。经审查异议不成立而准予注册的，在准予注册决定生效后重新公告。

第二十九条 商标注册申请人或者商标注册人依照商标法第三十八条规定提出更正申请的，应当向商标局提交更正申请书。符合更正条件的，商标局核准后更正相关内容；不符合更正条件的，商标局不予核准，书面通知申请人并说明理由。

已经刊发初步审定公告或者注册公告的商标经更正的，刊发更正公告。

第四章 注册商标的变更、转让、续展

第三十条 变更商标注册人名义、地址或者其他注册事项的，应当向商标局提交变更申请书。变更商标注册人名义的，还应当提交有关登记机关出具的变更证明文件。商标局核准的，发给商标注册人相应证明，并予以公告；不予核准的，应当书面通知申请人并说明理由。

变更商标注册人名义或者地址的，商标注册人应当将其全部注册商标一并变更；未一并变更的，由商标局通知其限期改正；期满未改正的，视为放弃变更申请，商标局应当书面通知申请人。

第三十一条 转让注册商标的，转让人和受让人应当向商标局提交转让注册商标申请书。转让注册商标申请手续应当由转让人和受让人共同办理。商标局核准转让注册商标申请的，发给受让人相应证明，并予以公告。

转让注册商标，商标注册人对其在同一种或者类似商品上注册的相同或者近似的商标未一并转让的，由商标局通知其限期改正；期满未改正的，视为放弃转让该注册商标的申请，商标局应当书面通知申请人。

第三十二条 注册商标专用权因转让以外的继承等其他事由发生移转的，接受该注册商标专用权的当事人应当凭有关证明文件或者法律文书到商标局办理注册商标专用权移转手续。

注册商标专用权移转的，注册商标专用权人在同一种或者类似商品上注册的相同或者近似的商标，应当一并移转；未一并移转的，由商标局通知其限期改正；期满未改正的，视为放弃该移转注册商标的申请，商标局应当书面通知申请人。

商标移转申请经核准的，予以公告。接受该注册商标专用权移转的当事人自公告之日起享有商标专用权。

第三十三条 注册商标需要续展注册的，应当向商标局提交商标续展注册申请书。商标局核准商标注册续展申请的，发给相应证明并予以公告。

第五章 商标国际注册

第三十四条 商标法第二十一条规定的商标国际注册，是指根据《商标国际注册马德里协定》（以下简称马德里协定）、《商标国际注册马德里协定有关议定书》（以下简称马德里议定书）及《商标国际注册马德里协定及该协定有关议定书的共同实施细则》的规定办理的马德里商标国际注册。

马德里商标国际注册申请包括以中国为原属国的商标国际注册申请、指定中国的领土延伸申请及其他有关的申请。

第三十五条 以中国为原属国申请商标国际注册的，应当在中国设有真实有效的营业所，或者在中国有住所，或者拥有中国国籍。

第三十六条 符合本条例第三十五条规定的申请人，其商标已在商标局获得注册的，可以根据马德里协定申请办理该商

标的国际注册。

符合本条例第三十五条规定的申请人，其商标已在商标局获得注册，或者已向商标局提出商标注册申请并被受理的，可以根据马德里议定书申请办理该商标的国际注册。

第三十七条 以中国为原属国申请商标国际注册的，应当通过商标局向世界知识产权组织国际局（以下简称国际局）申请办理。

以中国为原属国的，与马德里协定有关的商标国际注册的后期指定、放弃、注销，应当通过商标局向国际局申请办理；与马德里协定有关的商标国际注册的转让、删减、变更、续展，可以通过商标局向国际局申请办理，也可以直接向国际局申请办理。

以中国为原属国的，与马德里议定书有关的商标国际注册的后期指定、转让、删减、放弃、注销、变更、续展，可以通过商标局向国际局申请办理，也可以直接向国际局申请办理。

第三十八条 通过商标局向国际局申请商标国际注册及办理其他有关申请的，应当提交符合国际局和商标局要求的申请书和相关材料。

第三十九条 商标国际注册申请指定的商品或者服务不得超出国内基础申请或者基础注册的商品或者服务的范围。

第四十条 商标国际注册申请手续不齐备或者未按照规定填写申请书的，商标局不予受理，申请日不予保留。

申请手续基本齐备或者申请书基本符合规定，但需要补正的，申请人应当自收到补正通知书之日起 30 日内予以补正，逾期未补正的，商标局不予受理，书面通知申请人。

第四十一条 通过商标局向国际局申请商标国际注册及办理其他有关申请的，应当按照规定缴纳费用。

申请人应当自收到商标局缴费通知单之日起 15 日内，向商标局缴纳费用。期满未缴纳的，商标局不受理其申请，书面通知申请人。

第四十二条 商标局在马德里协定或者马德里议定书规定的驳回期限（以下简称驳回期限）内，依照商标法和本条例的有关规定对指定中国的领土延伸申请进行审查，作出决定，并通知国际局。商标局在驳回期限内未发出驳回或者部分驳回通知的，该领土延伸申请视为核准。

第四十三条 指定中国的领土延伸申请人，要求将三维标志、颜色组合、声音标志作为商标保护或者要求保护集体商标、证明商标的，自该商标在国际局国际注册簿登记之日起 3 个月内，应当通过依法设立的商标代理机构，向商标局提交本条例第十三条规定的相关材料。未在上述期限内提交相关材料的，商标局驳回该领土延伸申请。

第四十四条 世界知识产权组织对商标国际注册有关事项进行公告，商标局不再另行公告。

第四十五条 对指定中国的领土延伸申请，自世界知识产权组织《国际商标公告》出版的次月 1 日起 3 个月内，符合商标法第三十三条规定条件的异议人可以向商标局提出异议申请。

商标局在驳回期限内将异议申请的有关情况以驳回决定的形式通知国际局。

被异议人可以自收到国际局转发的驳回通知书之日起 30 日内进行答辩，答辩书及相关证据材料应当通过依法设立的商标代理机构向商标局提交。

第四十六条 在中国获得保护的国际注册商标，有效期自国际注册日或者后期指定日起算。在有效期届满前，注册人可以向国际局申请续展，在有效期内未申请续展的，可以给予 6 个月的宽展期。商标局收到国际局的续展通知后，依法进行审查。国际局通知未续展的，注销该国际注册商标。

第四十七条 指定中国的领土延伸申请办理转让的，受让人应当在缔约方境内有真实有效的营业所，或者在缔约方境内有住所，或者是缔约方国民。

转让人未将其在相同或者类似商品或者服务上的相同或者近似商标一并转让的，商标局通知注册人自发出通知之日起3个月内改正；期满未改正或者转让容易引起混淆或者有其他不良影响的，商标局作出该转让在中国无效的决定，并向国际局作出声明。

第四十八条 指定中国的领土延伸申请办理删减，删减后的商品或者服务不符合中国有关商品或者服务分类要求或者超出原指定商品或者服务范围的，商标局作出该删减在中国无效的决定，并向国际局作出声明。

第四十九条 依照商标法第四十九条第二款规定申请撤销国际注册商标，应当自该商标国际注册申请的驳回期限届满之日起满3年后向商标局提出申请；驳回期限届满时仍处在驳回复审或者异议相关程序的，应当自商标局或者商标评审委员会作出的准予注册决定生效之日起满3年后向商标局提出申请。

依照商标法第四十四条第一款规定申请宣告国际注册商标无效的，应当自该商标国际注册申请的驳回期限届满后向商标评审委员会提出申请；驳回期限届满时仍处在驳回复审或者异议相关程序的，应当自商标局或者商标评审委员会作出的准予注册决定生效后向商标评审委员会提出申请。

依照商标法第四十五条第一款规定申请宣告国际注册商标无效的，应当自该商标国际注册申请的驳回期限届满之日起5年内向商标评审委员会提出申请；驳回期限届满时仍处在驳回复审或者异议相关程序的，应当自商标局或者商标评审委员会作出的准予注册决定生效之日起5年内向商标评审委员会提出申请。对恶意注册的，驰名商标所有人不受5年的时间限制。

第五十条 商标法和本条例下列条款的规定不适用于办理商标国际注册相关事宜：

（一）商标法第二十八条、第三十五条第一款关于审查和审理期限的规定；

（二）本条例第二十二条、第三十条第二款；

（三）商标法第四十二条及本条例第三十一条关于商标转让由转让人和受让人共同申请并办理手续的规定。

第六章 商标评审

第五十一条 商标评审是指商标评审委员会依照商标法第三十四条、第三十五条、第四十四条、第四十五条、第五十四条的规定审理有关商标争议事宜。当事人向商标评审委员会提出商标评审申请，应当有明确的请求、事实、理由和法律依据，并提供相应证据。

商标评审委员会根据事实，依法进行评审。

第五十二条 商标评审委员会审理不服商标局驳回商标注册申请决定的复审案件，应当针对商标局的驳回决定和申请人申请复审的事实、理由、请求及评审时的事实状态进行审理。

商标评审委员会审理不服商标局驳回商标注册申请决定的复审案件，发现申请注册的商标有违反商标法第十条、第十一条、第十二条和第十六条第一款规定情形，商标局并未依据上述条款作出驳回决定的，可以依据上述条款作出驳回申请的复审决定。商标评审委员会作出复审决定前应当听取申请人的意见。

第五十三条 商标评审委员会审理不服商标局不予注册决定的复审案件，应当针对商标局的不予注册决定和申请人申请复审的事实、理由、请求及原异议人提出的意见进行审理。

商标评审委员会审理不服商标局不予注册决定的复审案件，应当通知原异议人参加并提出意见。原异议人的意见对案件审理结果有实质影响的，可以作为评审的依据；原异议人不参加或者不提出意见的，不影响案件的审理。

第五十四条 商标评审委员会审理依照商标法第四十四条、第四十五条规定请求宣告注册商标无效的案件，应当针对当事人申请和答辩的事实、理由及请求进行审理。

第五十五条 商标评审委员会审理不服商标局依照商标法第四十四条第一款规定作出宣告注册商标无效决定的复审案件，应当针对商标局的决定和申请人申请复审的事实、理由及请求进行审理。

第五十六条 商标评审委员会审理不服商标局依照商标法第四十九条规定作出撤销或者维持注册商标决定的复审案件，应当针对商标局作出撤销或者维持注册商标决定和当事人申请复审时所依据的事实、理由及请求进行审理。

第五十七条 申请商标评审，应当向商标评审委员会提交申请书，并按照对方当事人的数量提交相应份数的副本；基于商标局的决定书申请复审的，还应当同时附送商标局的决定书副本。

商标评审委员会收到申请书后，经审查，符合受理条件的，予以受理；不符合受理条件的，不予受理，书面通知申请人并说明理由；需要补正的，通知申请人自收到通知之日起 30 日内补正。经补正仍不符合规定的，商标评审委员会不予受理，书面通知申请人并说明理由；期满未补正的，视为撤回申请，商标评审委员会应当书面通知申请人。

商标评审委员会受理商标评审申请后，发现不符合受理条件的，予以驳回，书面通知申请人并说明理由。

第五十八条 商标评审委员会受理商标评审申请后应当及时将申请书副本送交对方当事人，限其自收到申请书副本之日起 30 日内答辩；期满未答辩的，不影响商标评审委员会的评审。

第五十九条 当事人需要在提出评审申请或者答辩后补充有关证据材料的，应当在申请书或者答辩书中声明，并自提交申请书或者答辩书之日起 3 个月内提交；期满未提交的，视为放弃补充有关证据材料。但是，在期满后生成或者当事人有其他正当理由未能在期满前提交的证据，在期满后提交的，商标评审委员会将证据交对方当事人并质证后可以采信。

第六十条 商标评审委员会根据当事人的请求或者实际需要，可以决定对评审申请进行口头审理。

商标评审委员会决定对评审申请进行口头审理的，应当在口头审理 15 日前书面通知当事人，告知口头审理的日期、地点和评审人员。当事人应当在通知书指定的期限内作出答复。

申请人不答复也不参加口头审理的，其评审申请视为撤回，商标评审委员会应当书面通知申请人；被申请人不答复也不参加口头审理的，商标评审委员会可以缺席评审。

第六十一条 申请人在商标评审委员会作出决定、裁定前，可以书面向商标评审委员会要求撤回申请并说明理由，商标评审委员会认为可以撤回的，评审程序终止。

第六十二条 申请人撤回商标评审申请的，不得以相同的事实和理由再次提出评审申请。商标评审委员会对商标评审申请已经作出裁定或者决定的，任何人不得以相同的事实和理由再次提出评审申请。但是，经不予注册复审程序予以核准注册后向商标评审委员会提起宣告注册商标无效的除外。

第七章 商标使用的管理

第六十三条 使用注册商标，可以在商品、商品包装、说明书或者其他附着物上标明“注册商标”或者注册标记。

注册标记包括和?。使用注册标记，应当标注在商标的右上角或者右下角。

第六十四条 《商标注册证》遗失或者破损的，应当向商标局提交补发《商标注册证》申请书。《商标注册证》遗失的，应当在《商标公告》上刊登遗失声明。破损的《商标注册证》，应当在提交补发申请时交回商标局。

商标注册人需要商标局补发商标变更、转让、续展证明，出具商标注册证明，或者商标申请人需要商标局出具优先权证明文件的，应当向商标局提交相应申请书。符合要求的，商标局发给相应证明；不符合要求的，商标局不予办理，通知申请人并告知理由。

伪造或者变造《商标注册证》或者其他商标证明文件的，依照刑法关于伪造、变造国家机关证件罪或者其他罪的规定，依法追究刑事责任。

第六十五条 有商标法第四十九条规定的注册商标成为其核定使用的商品通用名称情形的，任何单位或者个人可以向商标局申请撤销该注册商标，提交申请时应当附送证据材料。商标局受理后应当通知商标注册人，限其自收到通知之日起 2 个月内答辩；期满未答辩的，不影响商标局作出决定。

第六十六条 有商标法第四十九条规定的注册商标无正当理由连续 3 年不使用情形的，任何单位或者个人可以向商标局申请撤销该注册商标，提交申请时应当说明有关情况。商标局受理后应当通知商标注册人，限其自收到通知之日起 2 个月内提交该商标在撤销申请提出前使用的证据材料或者说明不使用的正当理由；期满未提供使用的证据材料或者证据材料无效并没有正当理由的，由商标局撤销其注册商标。

前款所称使用的证据材料，包括商标注册人使用注册商标的证据材料和商标注册人许可他人使用注册商标的证据材料。

以无正当理由连续 3 年不使用为由申请撤销注册商标的，应当自该注册商标注册公告之日起满 3 年后提出申请。

第六十七条 下列情形属于商标法第四十九条规定的正当理由：

（一）不可抗力；

（二）政府政策性限制；

（三）破产清算；

（四）其他不可归责于商标注册人的正当事由。

第六十八条 商标局、商标评审委员会撤销注册商标或者宣告注册商标无效，撤销或者宣告无效的理由仅及于部分指定商品的，对在该部分指定商品上使用的商标注册予以撤销或者宣告无效。

第六十九条 许可他人使用其注册商标的，许可人应当在许可合同有效期内向商标局备案并报送备案材料。备案材料应当说明注册商标使用许可人、被许可人、许可期限、许可使用的商品或者服务范围等事项。

第七十条 以注册商标专用权出质的，出质人与质权人应当签订书面质权合同，并共同向商标局提出质权登记申请，由商标局公告。

第七十一条 违反商标法第四十三条第二款规定的，由工商行政管理部门责令限期改正；逾期不改正的，责令停止销售，拒不停止销售的，处 10 万元以下的罚款。

第七十二条 商标持有人依照商标法第十三条规定请求驰名商标保护的，可以向工商行政管理部门提出请求。经商标局依照商标法第十四条规定认定为驰名商标的，由工商行政管理部门责令停止违反商标法第十三条规定使用商标的行为，收缴、销毁违法使用的商标标识；商标标识与商品难以分离的，一并收缴、销毁。

第七十三条 商标注册人申请注销其注册商标或者注销其商标在部分指定商品

上的注册的，应当向商标局提交商标注销申请书，并交回原《商标注册证》。

商标注册人申请注销其注册商标或者注销其商标在部分指定商品上的注册，经商标局核准注销的，该注册商标专用权或者该注册商标专用权在该部分指定商品上的效力自商标局收到其注销申请之日起终止。

第七十四条 注册商标被撤销或者依照本条例第七十三条的规定被注销的，原《商标注册证》作废，并予以公告；撤销该商标在部分指定商品上的注册的，或者商标注册人申请注销其商标在部分指定商品上的注册的，重新核发《商标注册证》，并予以公告。

第八章 注册商标专用权的保护

第七十五条 为侵犯他人商标专用权提供仓储、运输、邮寄、印制、隐匿、经营场所、网络商品交易平台等，属于商标法第五十七条第六项规定的提供便利条件。

第七十六条 在同一种商品或者类似商品上将与他人注册商标相同或者近似的标志作为商品名称或者商品装潢使用，误导公众的，属于商标法第五十七条第二项规定的侵犯注册商标专用权的行为。

第七十七条 对侵犯注册商标专用权的行为，任何人可以向工商行政管理部门投诉或者举报。

第七十八条 计算商标法第六十条规定的违法经营额，可以考虑下列因素：

（一）侵权商品的销售价格；

（二）未销售侵权商品的标价；

（三）已查清侵权商品实际销售的平均价格；

（四）被侵权商品的市场中间价格；

（五）侵权人因侵权所产生的营业收入；

（六）其他能够合理计算侵权商品价值的因素。

第七十九条 下列情形属于商标法第六十条规定的能证明该商品是自己合法取得的情形：

（一）有供货单位合法签章的供货清单和货款收据且经查证属实或者供货单位认可的；

（二）有供销双方签订的进货合同且经查证已真实履行的；

（三）有合法进货发票且发票记载事项与涉案商品对应的；

（四）其他能够证明合法取得涉案商品的情形。

第八十条 销售不知道是侵犯注册商标专用权的商品，能证明该商品是自己合法取得并说明提供者的，由工商行政管理部门责令停止销售，并将案件情况通报侵权商品提供者所在地工商行政管理部门。

第八十一条 涉案注册商标权属正在商标局、商标评审委员会审理或者人民法院诉讼中，案件结果可能影响案件定性的，属于商标法第六十二条第三款规定的商标权属存在争议。

第八十二条 在查处商标侵权案件过程中，工商行政管理部门可以要求权利人对涉案商品是否为权利人生产或者其许可生产的产品进行辨认。

第九章 商标代理

第八十三条 商标法所称商标代理，是指接受委托人的委托，以委托人的名义办理商标注册申请、商标评审或者其他商标事宜。

第八十四条 商标法所称商标代理机构，包括经工商行政管理部门登记从事商标代理业务的服务机构和从事商标代理业务的律师事务所。

商标代理机构从事商标局、商标评审委员会主管的商标事宜代理业务的，应当按照下列规定向商标局备案：

（一）交验工商行政管理部门的登记证明文件或者司法行政部门批准设立律师事务所的证明文件并留存复印件；

（二）报送商标代理机构的名称、住所、负责人、联系方式等基本信息；

（三）报送商标代理从业人员名单及联系方式。

工商行政管理部门应当建立商标代理机构信用档案。商标代理机构违反商标法或者本条例规定的，由商标局或者商标评审委员会予以公开通报，并记入其信用档案。

第八十五条 商标法所称商标代理从业人员，是指在商标代理机构中从事商标代理业务的工作人员。

商标代理从业人员不得以个人名义自行接受委托。

第八十六条 商标代理机构向商标局、商标评审委员会提交的有关申请文件，应当加盖该代理机构公章并由相关商标代理从业人员签字。

第八十七条 商标代理机构申请注册或者受让其代理服务以外的其他商标，商标局不予受理。

第八十八条 下列行为属于商标法第六十八条第一款第二项规定的以其他不正当手段扰乱商标代理市场秩序的行为：

（一）以欺诈、虚假宣传、引人误解或者商业贿赂等方式招徕业务的；

（二）隐瞒事实，提供虚假证据，或者威胁、诱导他人隐瞒事实，提供虚假证据的；

（三）在同一商标案件中接受有利益冲突的双方当事人委托的。

第八十九条 商标代理机构有商标法第六十八条规定行为的，由行为人所在地或者违法行为发生地县级以上工商行政管理部门进行查处并将查处情况通报商标局。

第九十条 商标局、商标评审委员会依照商标法第六十八条规定停止受理商标代理机构办理商标代理业务的，可以作出停止受理该商标代理机构商标代理业务6个月以上直至永久停止受理的决定。停止受理商标代理业务的期间届满，商标局、商标评审委员会应当恢复受理。

商标局、商标评审委员会作出停止受理或者恢复受理商标代理的决定应当在其网站予以公告。

第九十一条 工商行政管理部门应当加强对商标代理行业组织的监督和指导。

第十章　附　则

第九十二条 连续使用至1993年7月1日的服务商标，与他人在相同或者类似的服务上已注册的服务商标相同或者近似的，可以继续使用；但是，1993年7月1日后中断使用3年以上的，不得继续使用。

已连续使用至商标局首次受理新放开商品或者服务项目之日的商标，与他人在新放开商品或者服务项目相同或者类似的商品或者服务上已注册的商标相同或者近似的，可以继续使用；但是，首次受理之日后中断使用3年以上的，不得继续使用。

第九十三条 商标注册用商品和服务分类表，由商标局制定并公布。

申请商标注册或者办理其他商标事宜的文件格式，由商标局、商标评审委员会制定并公布。

商标评审委员会的评审规则由国务院工商行政管理部门制定并公布。

第九十四条 商标局设置《商标注册簿》，记载注册商标及有关注册事项。

第九十五条 《商标注册证》及相关证明是权利人享有注册商标专用权的凭证。《商标注册证》记载的注册事项，应当与《商标注册簿》一致；记载不一致的，除有证据证明《商标注册簿》确有错误外，以《商标注册簿》为准。

第九十六条 商标局发布《商标公

告》,刊发商标注册及其他有关事项。

《商标公告》采用纸质或者电子形式发布。

除送达公告外,公告内容自发布之日起视为社会公众已经知道或者应当知道。

第九十七条 申请商标注册或者办理其他商标事宜,应当缴纳费用。缴纳费用的项目和标准,由国务院财政部门、国务院价格主管部门分别制定。

第九十八条 本条例自2014年5月1日起施行。

使用文字作品支付报酬办法

(2014年8月21日国家版权局局务会议通过,并经国家发展和改革委员会同意,自2014年11月1日起施行)

第一条 为保护文字作品著作权人的著作权,规范使用文字作品的行为,促进文字作品的创作与传播,根据《中华人民共和国著作权法》及相关行政法规,制定本办法。

第二条 除法律、行政法规另有规定外,使用文字作品支付报酬由当事人约定;当事人没有约定或者约定不明的,适用本办法。

第三条 以纸介质出版方式使用文字作品支付报酬可以选择版税、基本稿酬加印数稿酬或者一次性付酬等方式。

版税,是指使用者以图书定价×实际销售数或者印数×版税率的方式向著作权人支付的报酬。

基本稿酬,是指使用者按作品的字数,以千字为单位向著作权人支付的报酬。

印数稿酬,是指使用者根据图书的印数,以千册为单位按基本稿酬的一定比例向著作权人支付的报酬。

一次性付酬,是指使用者根据作品的质量、篇幅、作者的知名度、影响力以及使用方式、使用范围和授权期限等因素,一次性向著作权人支付的报酬。

第四条 版税率标准和计算方法:

(一)原创作品:3%~10%

(二)演绎作品:1%~7%

采用版税方式支付报酬的,著作权人可以与使用者在合同中约定,在交付作品时或者签订合同时由使用者向著作权人预付首次实际印数或者最低保底发行数的版税。

首次出版发行数不足千册的,按千册支付版税,但在下次结算版税时对已经支付版税部分不再重复支付。

第五条 基本稿酬标准和计算方法:

(一)原创作品:每千字80~300元,注释部分参照该标准执行。

(二)演绎作品:

1. 改编:每千字20~100元

2. 汇编:每千字10~20元

3. 翻译:每千字50~200元

支付基本稿酬以千字为单位,不足千字部分按千字计算。

支付报酬的字数按实有正文计算,即以排印的版面每行字数乘以全部实有的行数计算。占行题目或者末尾排不足一行的,按一行计算。

诗词每十行按一千字计算,作品不足十行的按十行计算。

辞书类作品按双栏排版的版面折合的字数计算。

第六条 印数稿酬标准和计算方法:

每印一千册,按基本稿酬的1%支付。

不足一千册的，按一千册计算。

作品重印时只支付印数稿酬，不再支付基本稿酬。

采用基本稿酬加印数稿酬的付酬方式的，著作权人可以与使用者在合同中约定，在交付作品时由使用者支付基本稿酬的30%～50%。除非合同另有约定，作品一经使用，使用者应当在6个月内付清全部报酬。作品重印的，应在重印后6个月内付清印数稿酬。

第七条 一次性付酬的，可以参照本办法第五条规定的基本稿酬标准及其计算方法。

第八条 使用演绎作品，除合同另有约定或者原作品已进入公有领域外，使用者还应当取得原作品著作权人的许可并支付报酬。

第九条 使用者未与著作权人签订书面合同，或者签订了书面合同但未约定付酬方式和标准，与著作权人发生争议的，应当按本办法第四条、第五条规定的付酬标准的上限分别计算报酬，以较高者向著作权人支付，并不得以出版物抵作报酬。

第十条 著作权人许可使用者通过转授权方式在境外出版作品，但对支付报酬没有约定或约定不明的，使用者应当将所得报酬扣除合理成本后的70%支付给著作权人。

第十一条 报刊刊载作品只适用一次性付酬方式。

第十二条 报刊刊载未发表的作品，除合同另有约定外，应当自刊载后1个月内按每千字不低于100元的标准向著作权人支付报酬。

报刊刊载未发表的作品，不足五百字的按千字作半计算；超过五百字不足千字的按千字计算。

第十三条 报刊依照《中华人民共和国著作权法》的相关规定转载、摘编其他报刊已发表的作品，应当自报刊出版之日起2个月内，按每千字100元的付酬标准向著作权人支付报酬，不足五百字的按千字作半计算，超过五百字不足千字的按千字计算。

报刊出版者未按前款规定向著作权人支付报酬的，应当将报酬连同邮资以及转载、摘编作品的有关情况送交中国文字著作权协会代为收转。中国文字著作权协会收到相关报酬后，应当按相关规定及时向著作权人转付，并编制报酬收转记录。

报刊出版者按前款规定将相关报酬转交给中国文字著作权协会后，对著作权人不再承担支付报酬的义务。

第十四条 以纸介质出版方式之外的其他方式使用文字作品，除合同另有约定外，使用者应当参照本办法规定的付酬标准和付酬方式付酬。

在数字或者网络环境下使用文字作品，除合同另有约定外，使用者可以参照本办法规定的付酬标准和付酬方式付酬。

第十五条 教科书法定许可使用文字作品适用《教科书法定许可使用作品支付报酬办法》。

第十六条 本办法由国家版权局会同国家发展和改革委员会负责解释。

第十七条 本办法自2014年11月1日起施行。国家版权局1999年4月5日发布的《出版文字作品报酬规定》同时废止。

商标评审规则(2014年修订)

(1995年11月2日国家工商行政管理局第37号令公布 根据2002年9月17日国家工商行政管理总局令第3号第一次修订 根据2005年9月26日国家工商行政管理总局令第20号第二次修订 根据2014年5月28日国家工商行政管理总局令第65号第三次修订)

第一章 总 则

第一条 为规范商标评审程序,根据《中华人民共和国商标法》(以下简称商标法)和《中华人民共和国商标法实施条例》(以下简称实施条例),制定本规则。

第二条 根据商标法及实施条例的规定,国家工商行政管理总局商标评审委员会(以下简称商标评审委员会)负责处理下列商标评审案件:

(一)不服国家工商行政管理总局商标局(以下简称商标局)驳回商标注册申请决定,依照商标法第三十四条规定申请复审的案件;

(二)不服商标局不予注册决定,依照商标法第三十五条第三款规定申请复审的案件;

(三)对已经注册的商标,依照商标法第四十四条第一款、第四十五条第一款规定请求无效宣告的案件;

(四)不服商标局宣告注册商标无效决定,依照商标法第四十四条第二款规定申请复审的案件;

(五)不服商标局撤销或者不予撤销注册商标决定,依照商标法第五十四条规定申请复审的案件。

在商标评审程序中,前款第(一)项所指请求复审的商标统称为申请商标,第(二)项所指请求复审的商标统称为被异议商标,第(三)项所指请求无效宣告的商标统称为争议商标,第(四)、(五)项所指请求复审的商标统称为复审商标。本规则中,前述商标统称为评审商标。

第三条 当事人参加商标评审活动,可以以书面方式或者数据电文方式办理。

数据电文方式办理的具体办法由商标评审委员会另行制定。

第四条 商标评审委员会审理商标评审案件实行书面审理,但依照实施条例第六十条规定决定进行口头审理的除外。

口头审理的具体办法由商标评审委员会另行制定。

第五条 商标评审委员会根据商标法、实施条例和本规则做出的决定和裁定,应当以书面方式或者数据电文方式送达有关当事人,并说明理由。

第六条 除本规则另有规定外,商标评审委员会审理商标评审案件实行合议制度,由三名以上的单数商标评审人员组成合议组进行审理。

合议组审理案件,实行少数服从多数的原则。

第七条 当事人或者利害关系人依照实施条例第七条的规定申请商标评审人员回避的,应当以书面方式办理,并说明理由。

第八条 在商标评审期间,当事人有权依法处分自己的商标权和与商标评审有关的权利。在不损害社会公共利益、第三方权利的前提下,当事人之间可以自行或者经调解以书面方式达成和解。

对于当事人达成和解的案件,商标评审委员会可以结案,也可以做出决定或者裁定。

第九条 商标评审案件的共同申请人和共有商标的当事人办理商标评审事宜，应当依照实施条例第十六条第一款的规定确定一个代表人。

代表人参与评审的行为对其所代表的当事人发生效力，但代表人变更、放弃评审请求或者承认对方当事人评审请求的，应当有被代表的当事人书面授权。

商标评审委员会的文件应当送达代表人。

第十条 外国人或者外国企业办理商标评审事宜，在中国有经常居所或者营业所的，可以委托依法设立的商标代理机构办理，也可以直接办理；在中国没有经常居所或者营业所的，应当委托依法设立的商标代理机构办理。

第十一条 代理权限发生变更、代理关系解除或者变更代理人的，当事人应当及时书面告知商标评审委员会。

第十二条 当事人及其代理人可以申请查阅本案有关材料。

第二章 申请与受理

第十三条 申请商标评审，应当符合下列条件：

（一）申请人须有合法的主体资格；

（二）在法定期限内提出；

（三）属于商标评审委员会的评审范围；

（四）依法提交符合规定的申请书及有关材料；

（五）有明确的评审请求、事实、理由和法律依据；

（六）依法缴纳评审费用。

第十四条 申请商标评审，应当向商标评审委员会提交申请书；有被申请人的，应当按照被申请人的数量提交相应份数的副本；评审商标发生转让、移转、变更，已向商标局提出申请但是尚未核准公告的，当事人应当提供相应的证明文件；基于商标局的决定书申请复审的，还应当同时附送商标局的决定书。

第十五条 申请书应当载明下列事项：

（一）申请人的名称、通信地址、联系人和联系电话。评审申请有被申请人的，应当载明被申请人的名称和地址。委托商标代理机构办理商标评审事宜的，还应当载明商标代理机构的名称、地址、联系人和联系电话；

（二）评审商标及其申请号或者初步审定号、注册号和刊登该商标的《商标公告》的期号；

（三）明确的评审请求和所依据的事实、理由及法律依据。

第十六条 商标评审申请不符合本规则第十三条第（一）、（二）、（三）、（六）项规定条件之一的，商标评审委员会不予受理，书面通知申请人，并说明理由。

第十七条 商标评审申请不符合本规则第十三条第（四）、（五）项规定条件之一的，或者未按照实施条例和本规则规定提交有关证明文件的，或者有其他需要补正情形的，商标评审委员会应当向申请人发出补正通知，申请人应当自收到补正通知之日起三十日内补正。

经补正仍不符合规定的，商标评审委员会不予受理，书面通知申请人，并说明理由。未在规定期限内补正的，依照实施条例第五十七条规定，视为申请人撤回评审申请，商标评审委员会应当书面通知申请人。

第十八条 商标评审申请经审查符合受理条件的，商标评审委员会应当在三十日内向申请人发出《受理通知书》。

第十九条 商标评审委员会已经受理的商标评审申请，有下列情形之一的，属于不符合受理条件，应当依照实施条例第五十七条规定予以驳回：

（一）违反实施条例第六十二条规定，

申请人撤回商标评审申请后，又以相同的事实和理由再次提出评审申请的；

（二）违反实施条例第六十二条规定，对商标评审委员会已经做出的裁定或者决定，以相同的事实和理由再次提出评审申请的；

（三）其他不符合受理条件的情形。

对经不予注册复审程序予以核准注册的商标提起宣告注册商标无效的，不受前款第（二）项规定限制。

商标评审委员会驳回商标评审申请，应当书面通知申请人，并说明理由。

第二十条 当事人参加评审活动，应当按照对方当事人的数量，提交相应份数的申请书、答辩书、意见书、质证意见及证据材料副本，副本内容应当与正本内容相同。不符合前述要求且经补正仍不符合要求的，依照本规则第十七条第二款的规定，不予受理评审申请，或者视为未提交相关材料。

第二十一条 评审申请有被申请人的，商标评审委员会受理后，应当及时将申请书副本及有关证据材料送达被申请人。被申请人应当自收到申请材料之日起三十日内向商标评审委员会提交答辩书及其副本；未在规定期限内答辩的，不影响商标评审委员会的评审。

商标评审委员会审理不服商标局不予注册决定的复审案件，应当通知原异议人参加并提出意见。原异议人应当在收到申请材料之日起三十日内向商标评审委员会提交意见书及其副本；未在规定期限内提出意见的，不影响案件审理。

第二十二条 被申请人参加答辩和原异议人参加不予注册复审程序应当有合法的主体资格。

商标评审答辩书、意见书及有关证据材料应当按照规定的格式和要求填写、提供。

不符合第二款规定或者有其他需要补正情形的，商标评审委员会向被申请人或者原异议人发出补正通知，被申请人或者原异议人应当自收到补正通知之日起三十日内补正。经补正仍不符合规定或者未在法定期限内补正的，视为未答辩或者未提出意见，不影响商标评审委员会的评审。

第二十三条 当事人需要在提出评审申请或者答辩后补充有关证据材料的，应当在申请书或者答辩书中声明，并自提交申请书或者答辩书之日起三个月内一次性提交；未在申请书或者答辩书中声明或者期满未提交的，视为放弃补充证据材料。但是，在期满后生成或者当事人有其他正当理由未能在期满前提交的证据，在期满后提交的，商标评审委员会将证据交对方当事人并质证后可以采信。

对当事人在法定期限内提供的证据材料，有对方当事人的，商标评审委员会应当将该证据材料副本送达给对方当事人。当事人应当在收到证据材料副本之日起三十日内进行质证。

第二十四条 当事人应当对其提交的证据材料逐一分类编号和制作目录清单，对证据材料的来源、待证的具体事实作简要说明，并签名盖章。

商标评审委员会收到当事人提交的证据材料后，应当按目录清单核对证据材料，并由经办人员在回执上签收，注明提交日期。

第二十五条 当事人名称或者通信地址等事项发生变更的，应当及时通知商标评审委员会，并依需要提供相应的证明文件。

第二十六条 在商标评审程序中，当事人的商标发生转让、移转的，受让人或者承继人应当及时以书面方式声明承受相关主体地位，参加后续评审程序并承担相应的评审后果。

未书面声明且不影响评审案件审理的，商标评审委员会可以将受让人或者承继人列为当事人做出决定或者裁定。

第三章　审　　理

第二十七条　商标评审委员会审理商标评审案件实行合议制度。但有下列情形之一的案件，可以由商标评审人员一人独任评审：

（一）仅涉及商标法第三十条和第三十一条所指在先商标权利冲突的案件中，评审时权利冲突已消除的；

（二）被请求撤销或者无效宣告的商标已经丧失专用权的；

（三）依照本规则第三十二条规定应当予以结案的；

（四）其他可以独任评审的案件。

第二十八条　当事人或者利害关系人依照实施条例第七条和本规则第七条的规定对商标评审人员提出回避申请的，被申请回避的商标评审人员在商标评审委员会做出是否回避的决定前，应当暂停参与本案的审理工作。

商标评审委员会在做出决定、裁定后收到当事人或者利害关系人提出的回避申请的，不影响评审决定、裁定的有效性。但评审人员确实存在需要回避的情形的，商标评审委员会应当依法做出处理。

第二十九条　商标评审委员会审理商标评审案件，应当依照实施条例第五十二条、第五十三条、第五十四条、第五十五条、第五十六条的规定予以审理。

第三十条　经不予注册复审程序予以核准注册的商标，原异议人向商标评审委员会请求无效宣告的，商标评审委员会应当另行组成合议组进行审理。

第三十一条　依照商标法第三十五条第四款、第四十五条第三款和实施条例第十一条第（五）项的规定，需要等待在先权利案件审理结果的，商标评审委员会可以决定暂缓审理该商标评审案件。

第三十二条　有下列情形之一的，终止评审，予以结案：

（一）申请人死亡或者终止后没有继承人或者继承人放弃评审权利的；

（二）申请人撤回评审申请的；

（三）当事人自行或者经调解达成和解协议，可以结案的；

（四）其他应当终止评审的情形。

商标评审委员会予以结案，应当书面通知有关当事人，并说明理由。

第三十三条　合议组审理案件应当制作合议笔录，并由合议组成员签名。合议组成员有不同意见的，应当如实记入合议笔录。

经审理终结的案件，商标评审委员会依法做出决定、裁定。

第三十四条　商标评审委员会做出的决定、裁定应当载明下列内容：

（一）当事人的评审请求、争议的事实、理由和证据；

（二）决定或者裁定认定的事实、理由和适用的法律依据；

（三）决定或者裁定结论；

（四）可以供当事人选用的后续程序和时限；

（五）决定或者裁定做出的日期。

决定、裁定由合议组成员署名，加盖商标评审委员会印章。

第三十五条　对商标评审委员会做出的决定、裁定，当事人不服向人民法院起诉的，应当在向人民法院递交起诉状的同时或者至迟十五日内将该起诉状副本抄送或者另行将起诉信息书面告知商标评审委员会。

除商标评审委员会做出的准予初步审定或者予以核准注册的决定外，商标评审委员会自发出决定、裁定之日起四个月内未收到来自人民法院应诉通知或者当事人提交的起诉状副本、书面起诉通知的，该决定、裁定移送商标局执行。

商标评审委员会自收到当事人提交的起诉状副本或者书面起诉通知之日起四个月内未收到来自人民法院应诉通知的，相关决定、裁定移送商标局执行。

第三十六条 在一审行政诉讼程序中，若因商标评审决定、裁定所引证的商标已经丧失在先权利导致决定、裁定事实认定、法律适用发生变化的，在原告撤诉的情况下，商标评审委员会可以撤回原决定或者裁定，并依据新的事实，重新做出商标评审决定或者裁定。

商标评审决定、裁定送达当事人后，商标评审委员会发现存在文字错误等非实质性错误的，可以向评审当事人发送更正通知书对错误内容进行更正。

第三十七条 商标评审决定、裁定经人民法院生效判决撤销的，商标评审委员会应当重新组成合议组，及时审理，并做出重审决定、裁定。

重审程序中，商标评审委员会对当事人新提出的评审请求和法律依据不列入重审范围；对当事人补充提交的足以影响案件审理结果的证据可以予以采信，有对方当事人的，应当送达对方当事人予以质证。

第四章　证据规则

第三十八条 当事人对自己提出的评审请求所依据的事实或者反驳对方评审请求所依据的事实有责任提供证据加以证明。

证据包括书证、物证、视听资料、电子数据、证人证言、鉴定意见、当事人的陈述等。

没有证据或者证据不足以证明当事人的事实主张的，由负有举证责任的当事人承担不利后果。

一方当事人对另一方当事人陈述的案件事实明确表示承认的，另一方当事人无需举证，但商标评审委员会认为确有必要举证的除外。

当事人委托代理人参加评审的，代理人的承认视为当事人的承认。但未经特别授权的代理人对事实的承认直接导致承认对方评审请求的除外；当事人在场但对其代理人的承认不作否认表示的，视为当事人的承认。

第三十九条 下列事实，当事人无需举证证明：

（一）众所周知的事实；

（二）自然规律及定理；

（三）根据法律规定或者已知事实和日常生活经验法则，能推定出的另一事实；

（四）已为人民法院发生法律效力的裁判所确认的事实；

（五）已为仲裁机构的生效裁决所确认的事实；

（六）已为有效公证文书所证明的事实。

前款（一）、（三）、（四）、（五）、（六）项，有相反证据足以推翻的除外。

第四十条 当事人向商标评审委员会提供书证的，应当提供原件，包括原本、正本和副本。提供原件有困难的，可以提供相应的复印件、照片、节录本；提供由有关部门保管的书证原件的复制件、影印件或者抄录件的，应当注明出处，经该部门核对无异后加盖其印章。

当事人向商标评审委员会提供物证的，应当提供原物。提供原物有困难的，可以提供相应的复制件或者证明该物证的照片、录像等其他证据；原物为数量较多的种类物的，可以提供其中的一部分。

一方当事人对另一方当事人所提书证、物证的复制件、照片、录像等存在怀疑并有相应证据支持的，或者商标评审委员会认为有必要的，被质疑的当事人应当提供或者出示有关证据的原件或者经公证的复印件。

第四十一条 当事人向商标评审委员会提供的证据系在中华人民共和国领域外形成，或者在香港、澳门、台湾地区形成，对方当事人对该证据的真实性存在怀疑并有相应证据支持的，或者商标评审委员会认为必要的，应当依照有关规定办理相应的公证认证手续。

第四十二条 当事人向商标评审委员会提供外文书证或者外文说明资料，应当附有中文译文。未提交中文译文的，该外文证据视为未提交。

对方当事人对译文具体内容有异议的，应当对有异议的部分提交中文译文。必要时，可以委托双方当事人认可的单位对全文，或者所使用或者有异议的部分进行翻译。

双方当事人对委托翻译达不成协议的，商标评审委员会可以指定专业翻译单位对全文，或者所使用的或者有异议的部分进行翻译。委托翻译所需费用由双方当事人各承担50%；拒绝支付翻译费用的，视为其承认对方提交的译文。

第四十三条 对单一证据有无证明力和证明力大小可以从下列方面进行审核认定：

（一）证据是否原件、原物，复印件、复制品与原件、原物是否相符；

（二）证据与本案事实是否相关；

（三）证据的形式、来源是否符合法律规定；

（四）证据的内容是否真实；

（五）证人或者提供证据的人，与当事人有无利害关系。

第四十四条 评审人员对案件的全部证据，应当从各证据与案件事实的关联程度、各证据之间的联系等方面进行综合审查判断。

有对方当事人的，未经交换质证的证据不应当予以采信。

第四十五条 下列证据不能单独作为认定案件事实的依据：

（一）未成年人所作的与其年龄和智力状况不相适应的证言；

（二）与一方当事人有亲属关系、隶属关系或者其他密切关系的证人所作的对该当事人有利的证言，或者与一方当事人有不利关系的证人所作的对该当事人不利的证言；

（三）应当参加口头审理作证而无正当理由不参加的证人证言；

（四）难以识别是否经过修改的视听资料；

（五）无法与原件、原物核对的复制件或者复制品；

（六）经一方当事人或者他人改动，对方当事人不予认可的证据材料；

（七）其他不能单独作为认定案件事实依据的证据材料。

第四十六条 一方当事人提出的下列证据，对方当事人提出异议但没有足以反驳的相反证据的，商标评审委员会应当确认其证明力：

（一）书证原件或者与书证原件核对无误的复印件、照片、副本、节录本；

（二）物证原物或者与物证原物核对无误的复制件、照片、录像资料等；

（三）有其他证据佐证并以合法手段取得的、无疑点的视听资料或者与视听资料核对无误的复制件。

第四十七条 一方当事人委托鉴定部门做出的鉴定结论，另一方当事人没有足以反驳的相反证据和理由的，可以确认其证明力。

第四十八条 一方当事人提出的证据，另一方当事人认可或者提出的相反证据不足以反驳的，商标评审委员会可以确认其证明力。

一方当事人提出的证据，另一方当事人有异议并提出反驳证据，对方当事人对反驳证据认可的，可以确认反驳证据的证明力。

第四十九条 双方当事人对同一事实分别举出相反的证据，但都没有足够的依据否定对方证据的，商标评审委员会应当结合案件情况，判断一方提供证据的证明力是否明显大于另一方提供证据的证明力，并对证明力较大的证据予以确认。

因证据的证明力无法判断导致争议事实难以认定的，商标评审委员会应当依据举证责任分配原则做出判断。

第五十条 评审程序中，当事人在申请书、答辩书、陈述及其委托代理人的代理词中承认的对己方不利的事实和认可的证据，商标评审委员会应当予以确认，但当事人反悔并有相反证据足以推翻的除外。

第五十一条 商标评审委员会就数个证据对同一事实的证明力，可以依照下列原则认定：

（一）国家机关以及其他职能部门依职权制作的公文文书优于其他书证；

（二）鉴定结论、档案材料以及经过公证或者登记的书证优于其他书证、视听资料和证人证言；

（三）原件、原物优于复制件、复制品；

（四）法定鉴定部门的鉴定结论优于其他鉴定部门的鉴定结论；

（五）原始证据优于传来证据；

（六）其他证人证言优于与当事人有亲属关系或者其他密切关系的证人提供的对该当事人有利的证言；

（七）参加口头审理作证的证人证言优于未参加口头审理作证的证人证言；

（八）数个种类不同、内容一致的证据优于一个孤立的证据。

第五章 期间、送达

第五十二条 期间包括法定期间和商标评审委员会指定的期间。期间应当依照实施条例第十二条的规定计算。

第五十三条 当事人向商标评审委员会提交的文件或者材料的日期，直接递交的，以递交日为准；邮寄的，以寄出的邮戳日为准；邮戳日不清晰或者没有邮戳的，以商标评审委员会实际收到日为准，但是当事人能够提出实际邮戳日证据的除外。通过邮政企业以外的快递企业递交的，以快递企业收寄日为准；收寄日不明确的，以商标评审委员会实际收到日为准，但是当事人能够提出实际收寄日证据的除外。以数据电文方式提交的，以进入商标评审委员会电子系统的日期为准。

当事人向商标评审委员会邮寄文件，应当使用给据邮件。

当事人向商标评审委员会提交文件，应当在文件中标明商标申请号或者注册号、申请人名称。提交的文件内容，以书面方式提交的，以商标评审委员会所存档案记录为准；以数据电文方式提交的，以商标评审委员会数据库记录为准，但是当事人确有证据证明商标评审委员会档案、数据库记录有错误的除外。

第五十四条 商标评审委员会的各种文件，可以通过邮寄、直接递交、数据电文或者其他方式送达当事人；以数据电文方式送达当事人的，应当经当事人同意。当事人委托商标代理机构的，文件送达商标代理机构视为送达当事人。

商标评审委员会向当事人送达各种文件的日期，邮寄的，以当事人收到的邮戳日为准；邮戳日不清晰或者没有邮戳的，自文件发出之日起满十五日，视为送达当事人，但当事人能够证明实际收到日的除外；直接递交的，以递交日为准。以数据电文方式送达的，自文件发出之日满十五日，视为送达当事人；文件通过上述方式无法送达的，可以通过公告方式送达当事人，自公告发布之日起满三十日，该文件视为已经送达。

商标评审委员会向当事人邮寄送达文件被退回后通过公告送达的，后续文件均采取公告送达方式，但当事人在公告送达后明确告知通信地址的除外。

第五十五条 依照实施条例第五条第三款的规定，商标评审案件的被申请人或者原异议人是在中国没有经常居所或者营业所的外国人或者外国企业的，由该评审商标注册申请书中载明的国内接收人负责接收商标评审程序的有关法律文件；商标评审委员会将有关法律文件送达该国内接收人,视为送达当事人。

依照前款规定无法确定国内接收人的,由商标局原审程序中的或者最后一个申请办理该商标相关事宜的商标代理机构承担商标评审程序中有关法律文件的签收及转达义务;商标评审委员会将有关法律文件送达该商标代理机构。商标代理机构在有关法律文件送达之前已经与国外当事人解除商标代理关系的,应当以书面形式向商标评审委员会说明有关情况,并自收到文件之日起十日内将有关法律文件交回商标评审委员会,由商标评审委员会另行送达。

马德里国际注册商标涉及国际局转发相关书件的,应当提交相应的送达证据。未提交的,应当书面说明原因,自国际局发文之日起满十五日视为送达。

上述方式无法送达的,公告送达。

第六章　附　　则

第五十六条　从事商标评审工作的国家机关工作人员玩忽职守、滥用职权、徇私舞弊,违法办理商标评审事项,收受当事人财物,牟取不正当利益的,依法给予处分。

第五十七条　对于当事人不服商标局做出的驳回商标注册申请决定在 2014 年 5 月 1 日以前向商标评审委员会提出复审申请,商标评审委员会于 2014 年 5 月 1 日以后(含 5 月 1 日,下同)审理的案件,适用修改后的商标法。

对于当事人不服商标局做出的异议裁定在 2014 年 5 月 1 日以前向商标评审委员会提出复审申请,商标评审委员会于 2014 年 5 月 1 日以后审理的案件,当事人提出异议和复审的主体资格适用修改前的商标法,其他程序问题和实体问题适用修改后的商标法。

对于已经注册的商标,当事人在 2014 年 5 月 1 日以前向商标评审委员会提出争议和撤销复审申请,商标评审委员会于 2014 年 5 月 1 日以后审理的案件,相关程序问题适用修改后的商标法,实体问题适用修改前的商标法。

对于当事人在 2014 年 5 月 1 日以前向商标评审委员会提出申请的商标评审案件,应当自 2014 年 5 月 1 日起开始计算审理期限。

第五十八条　办理商标评审事宜的文书格式,由商标评审委员会制定并公布。

第五十九条　本规则由国家工商行政管理总局负责解释。

第六十条　本规则自 2014 年 6 月 1 日起施行。

驰名商标认定和保护规定(2014 年修订)

(2003 年 4 月 17 日国家工商行政管理总局令第 5 号发布 根据 2014 年 7 月 3 日国家工商行政管理总局令第 66 号修订)

第一条　为规范驰名商标认定工作,保护驰名商标持有人的合法权益,根据《中华人民共和国商标法》(以下简称商标法)、《中华人民共和国商标法实施条例》(以下简称实施条例),制定本规定。

第二条　驰名商标是在中国为相关公众所熟知的商标。

相关公众包括与使用商标所标示的某类商品或者服务有关的消费者,生产前述商品或者提供服务的其他经营者以及经销渠道中所涉及的销售者和相关人员等。

第三条 商标局、商标评审委员会根据当事人请求和审查、处理案件的需要，负责在商标注册审查、商标争议处理和工商行政管理部门查处商标违法案件过程中认定和保护驰名商标。

第四条 驰名商标认定遵循个案认定、被动保护的原则。

第五条 当事人依照商标法第三十三条规定向商标局提出异议，并依照商标法第十三条规定请求驰名商标保护的，可以向商标局提出驰名商标保护的书面请求并提交其商标构成驰名商标的证据材料。

第六条 当事人在商标不予注册复审案件和请求无效宣告案件中，依照商标法第十三条规定请求驰名商标保护的，可以向商标评审委员会提出驰名商标保护的书面请求并提交其商标构成驰名商标的证据材料。

第七条 涉及驰名商标保护的商标违法案件由市（地、州）级以上工商行政管理部门管辖。当事人请求工商行政管理部门查处商标违法行为，并依照商标法第十三条规定请求驰名商标保护的，可以向违法行为发生地的市（地、州）级以上工商行政管理部门进行投诉，并提出驰名商标保护的书面请求，提交证明其商标构成驰名商标的证据材料。

第八条 当事人请求驰名商标保护应当遵循诚实信用原则，并对事实及所提交的证据材料的真实性负责。

第九条 以下材料可以作为证明符合商标法第十四条第一款规定的证据材料：

（一）证明相关公众对该商标知晓程度的材料。

（二）证明该商标使用持续时间的材料，如该商标使用、注册的历史和范围的材料。该商标为未注册商标的，应当提供证明其使用持续时间不少于五年的材料。该商标为注册商标的，应当提供证明其注册时间不少于三年或者持续使用时间不少于五年的材料。

（三）证明该商标的任何宣传工作的持续时间、程度和地理范围的材料，如近三年广告宣传和促销活动的方式、地域范围、宣传媒体的种类以及广告投放量等材料。

（四）证明该商标曾在中国或者其他国家和地区作为驰名商标受保护的材料。

（五）证明该商标驰名的其他证据材料，如使用该商标的主要商品在近三年的销售收入、市场占有率、净利润、纳税额、销售区域等材料。

前款所称“三年”“五年”，是指被提出异议的商标注册申请日期、被提出无效宣告请求的商标注册申请日期之前的三年、五年，以及在查处商标违法案件中提出驰名商标保护请求日期之前的三年、五年。

第十条 当事人依照本规定第五条、第六条规定提出驰名商标保护请求的，商标局、商标评审委员会应当在商标法第三十五条、第三十七条、第四十五条规定的期限内及时作出处理。

第十一条 当事人依照本规定第七条规定请求工商行政管理部门查处商标违法行为的，工商行政管理部门应当对投诉材料予以核查，依照《工商行政管理机关行政处罚程序规定》的有关规定决定是否立案。决定立案的，工商行政管理部门应当对当事人提交的驰名商标保护请求及相关证据材料是否符合商标法第十三条、第十四条、实施条例第三条和本规定第九条规定进行初步核实和审查。经初步核查符合规定的，应当自立案之日起三十日内将驰名商标认定请示、案件材料副本一并报送上级工商行政管理部门。经审查不符合规定的，应当依照《工商行政管理机关行政处罚程序规定》的规定及时作出处理。

第十二条 省（自治区、直辖市）工商行政管理部门应当对本辖区内市（地、州）级工商行政管理部门报送的驰名商标认定相关材料是否符合商标法第十三条、第十四条、实施条例第三条和本规定第九条规定进行核实和审查。经核查符合规定的，应当自收到驰名商标认定相关材料之日起三十日内，将驰名商标认定请示、案件材料副本一并报送商标局。经审查不符合规定的，应当将有关材料退回原立案机关，由其依照《工商行政管理机关行政处罚程序规定》的规定及时作出处理。

第十三条 商标局、商标评审委员会在认定驰名商标时，应当综合考虑商标法第十四条第一款和本规定第九条所列各项因素，但不以满足全部因素为前提。

商标局、商标评审委员会在认定驰名商标时，需要地方工商行政管理部门核实有关情况的，相关地方工商行政管理部门应当予以协助。

第十四条 商标局经对省（自治区、直辖市）工商行政管理部门报送的驰名商标认定相关材料进行审查，认定构成驰名商标的，应当向报送请示的省（自治区、直辖市）工商行政管理部门作出批复。

立案的工商行政管理部门应当自商标局作出认定批复后六十日内依法予以处理，并将行政处罚决定书抄报所在省（自治区、直辖市）工商行政管理部门。省（自治区、直辖市）工商行政管理部门应当自收到抄报的行政处罚决定书之日起三十日内将案件处理情况及行政处罚决定书副本报送商标局。

第十五条 各级工商行政管理部门在商标注册和管理工作中应当加强对驰名商标的保护，维护权利人和消费者合法权益。商标违法行为涉嫌犯罪的，应当将案件及时移送司法机关。

第十六条 商标注册审查、商标争议处理和工商行政管理部门查处商标违法案件过程中，当事人依照商标法第十三条规定请求驰名商标保护时，可以提供该商标曾在我国作为驰名商标受保护的记录。

当事人请求驰名商标保护的范围与已被作为驰名商标予以保护的范围基本相同，且对方当事人对该商标驰名无异议，或者虽有异议，但异议理由和提供的证据明显不足以支持该异议的，商标局、商标评审委员会、商标违法案件立案部门可以根据该保护记录，结合相关证据，给予该商标驰名商标保护。

第十七条 在商标违法案件中，当事人通过弄虚作假或者提供虚假证据材料等不正当手段骗取驰名商标保护的，由商标局撤销对涉案商标已作出的认定，并通知报送驰名商标认定请示的省（自治区、直辖市）工商行政管理部门。

第十八条 地方工商行政管理部门违反本规定第十一条、第十二条规定未履行对驰名商标认定相关材料进行核实和审查职责，或者违反本规定第十三条第二款规定未予以协助或者未履行核实职责，或者违反本规定第十四条第二款规定逾期未对商标违法案件作出处理或者逾期未报送处理情况的，由上一级工商行政管理部门予以通报，并责令其整改。

第十九条 各级工商行政管理部门应当建立健全驰名商标认定工作监督检查制度。

第二十条 参与驰名商标认定与保护相关工作的人员，玩忽职守、滥用职权、徇私舞弊，违法办理驰名商标认定有关事项，收受当事人财物，牟取不正当利益的，依照有关规定予以处理。

第二十一条 本规定自公布之日起30日后施行。2003年4月17日国家工商行政管理总局公布的《驰名商标认定和保护规定》同时废止。

林业植物新品种保护行政执法办法

林技发〔2014〕114号

第一条 为规范林业植物新品种保护行政执法行为，根据《中华人民共和国行政处罚法》、《中华人民共和国植物新品种保护条例》、《中华人民共和国植物新品种保护条例实施细则（林业部分）》和《林业行政处罚程序规定》等相关法律法规规章，制定本办法。

第二条 林业行政主管部门查处案件时，应当以事实为依据、以法律为准绳，遵循公开、公平、公正的原则。

第三条 林业行政主管部门对以下侵犯林业植物新品种权行为实施行政执法时，适用本办法：

（一）未经品种权人许可，以商业目的生产或者销售授权品种的繁殖材料的；

（二）假冒授权品种的；

（三）销售授权品种未使用其注册登记的名称的。

第四条 本办法第三条第二项所称假冒授权品种的行为是指：

（一）使用伪造的品种权证书、品种权号；

（二）使用已经被终止或者被宣告无效品种权的品种权证书、品种权号；

（三）以非授权品种冒充授权品种；

（四）以此种授权品种冒充他种授权品种；

（五）其他足以使他人将非授权品种误认为授权品种。

第五条 省级以上人民政府林业行政主管部门管辖本办法第三条第一项所指案件，县级以上人民政府林业行政主管部门管辖本办法第三条第二、三项所指案件。

林业植物新品种保护行政执法由主要违法行为地的林业行政主管部门管辖。

国家林业局科技发展中心（植物新品种保护办公室）负责林业植物新品种保护行政执法管理工作。

第六条 林业行政主管部门应当按照《中华人民共和国政府信息公开条例》等的要求，主动公开林业植物新品种保护行政处罚案件信息，接受社会监督。

第七条 林业植物新品种保护行政执法人员应当熟练掌握植物新品种保护的相关法律、法规和规章制度，以及相应的执法程序，并持《林业行政执法证》上岗；在林业植物新品种保护行政执法过程中，应当向当事人或者有关人员出示其《林业行政执法证》。

第八条 请求省级以上人民政府林业行政主管部门查处本办法第三条第一项所指案件时，应当符合下列条件：

（一）请求人是品种权人或者利害关系人；

（二）有明确的侵权人和侵权证据；

（三）有明确的请求事项和理由；

（四）侵权案件发生地属于该行政管辖范围内。

前款所称利害关系人，包括植物新品种实施许可合同的被许可人和品种权财产权利的合法继承人等。

独占实施许可合同的被许可人可以单独提出请求；排他实施许可合同的被许可人可以和品种权人共同提出请求，也可以在品种权人不请求时，自行提出请求；普通实施许可合同的被许可人经品种权人明确授权，可以提出请求。

第九条 向省级以上人民政府林业行

政主管部门请求查处第三条第一项所指案件时，应当提交请求书以及涉案品种权的《植物新品种权证书》复印件。请求书应当包括以下内容：

（一）请求人的姓名或者名称、居住或注册地址、有效联系方式，法定代表人或者主要负责人的姓名和职务；有委托代理的，代理人的姓名和代理机构的名称、注册地址；

（二）侵权人相关信息及侵权证据；

（三）请求查处的事项和理由等。

第十条 请求人应当以纸质或法定电子文件的形式提交请求书，有关证据和证明材料可以以请求书附件的形式提交。请求书应当由请求人签名或盖章，并注明请求日期。

第十一条 省级以上人民政府林业行政主管部门在收到请求书后进行审查，对符合本办法第八条、第九条和第十条规定的，应当在7日内予以立案，并以书面形式告知请求人，同时指定两名或者两名以上案件承办人处理该案件；对不符合本办法第八条、第九条和第十条规定的，应当在7日内以书面形式告知请求人不予立案，并说明理由。

第十二条 林业行政主管部门依据职权查处本办法第三条所指案件时，立案应当符合下列条件：

（一）有违法行为发生；

（二）违法行为是应受处罚的行为；

（三）涉及品种是授权品种；

（四）除本办法第三条第三项所指案件外，涉及品种的品种权应当是有效的；

（五）违法行为发生地属于该行政管辖范围内。

第十三条 林业行政主管部门应当在发现或接受举报后进行审查，对符合本办法第十二条规定的，在7日内予以立案，同时指定两名或两名以上案件承办人负责调查和处理。

第十四条 案件承办人在现场取证时，可以根据请求人或举报人提供的涉案品种所在地点和生长状况等信息，及时取证并鉴定。

第十五条 案件承办人可以采取抽样方法取证；在证据可能灭失或者以后难以取得的情况下，经行政机关负责人批准，可以先行登记保存，填写《林业行政处罚登记保存通知单》，并在7日内做出处理决定；在此期间，当事人或者有关人员不得销毁或者转移证据。

第十六条 对于案件涉及的植物品种，可以采用田间观察检测、基因指纹图谱检测等方法进行鉴定。

第十七条 林业行政主管部门查处本办法第三条第一、二项案件，依法做出较大数额罚款的，应当告知当事人有要求举行听证的权利。当事人要求听证的，林业行政主管部门应当按《林业行政处罚听证规则》相关规定组织听证。

第十八条 省级以上人民政府林业行政主管部门查处本办法第三条第一项案件时，为维护社会公共利益，可以采取下列措施：

（一）责令侵权人立即停止对侵权品种繁殖材料的销售行为，并且不得销售尚未售出的采用侵权品种生产的繁殖材料；

（二）责令侵权人立即停止对侵权品种的生产行为，对涉及侵权的植物材料消灭活性使其不能再被用做繁殖材料；

（三）对正处于生长期或者销毁侵权植物材料将导致重大不利后果的，可以没收植物品种繁殖材料；

（四）没收违法所得；

（五）涉案货值金额5万元以上的，依据情节轻重处以货值金额1倍以上5倍以下的罚款。情节轻微者，处以1至2倍罚款；情节一般者，处以3至4倍罚款；情节较重者，处以5倍罚款；

没有货值金额或者货值金额5万元以下的，根据情节轻重，可处25万元以下的罚款。情节轻微者，处以5万元以下罚款；

情节一般者，处以5万元至15万元以下罚款；情节较重者，处以15万元至25万元以下罚款。

（六）以上规定情节轻微者是指：侵权行为是第一次发生且侵权数量或者数额较小的。

情节一般者是指：明知或已被告知侵权的；数次侵权；侵权数量或者数额较大的。

情节较重者是指：数次侵权且侵权数量或者数额巨大的；为逃避处罚提供伪证的。

第十九条 林业行政主管部门查处本办法第三条第二项案件时，应当采取下列处罚措施：

（一）责令侵权人立即停止伪造行为，销毁伪造的品种权证书或品种权号；

（二）责令侵权人立即停止侵权标注行为，消除尚未售出的产品或者其包装上的品种权标识；品种权标识难以消除的，销毁该产品或者包装；

（三）责令侵权人立即停止发放载有虚假、未经许可和误导公众品种权信息的说明书或广告等载体，销毁尚未发出的载体，并通过公告或广告等形式消除社会影响；

（四）责令侵权人立即停止销售假冒授权品种的繁殖材料，对涉及假冒授权品种的植物材料消灭活性使其不能再被用作繁殖材料；

（五）没收违法所得和植物繁殖材料；

（六）涉案货值金额5万元以上的，依据情节轻重处以货值金额1倍以上5倍以下的罚款。情节轻微者，处以1至2倍罚款；情节一般者，处以3至4倍罚款；情节较重者，处以5倍罚款；

没有货值金额或者货值金额5万元以下的，根据情节轻重，可处25万元以下的罚款。情节轻微者，处以5万元以下罚款；情节一般者，处以5万元至15万元以下处罚；情节较重者，处以15万元至25万元以下罚款。

（七）以上规定情节轻微者是指：假冒行为是第一次发生且数量或者数额较小的。

情节一般者是指：数次假冒的；假冒数量或数额较大的；假冒涉及地域较广的。

情节较重者是指：假冒数量或数额巨大的；假冒涉及地域广大的；为逃避处罚提供伪证的。

第二十条 林业行政主管部门查处本办法第三条第二项案件时，对涉嫌犯罪的案件，应当依法移送司法机关。

第二十一条 林业行政主管部门查处本办法第三条第三项案件时，应当采取下列处罚措施：

责令限期改正，可以并处罚款。情节轻微者，处以300元以下罚款；情节一般者，处以300元至600元以下罚款；情节较重者，处以600元至1000元以下罚款。

前款所称情节轻微者是指：侵权行为是第一次发生且影响范围较小的。情节一般者是指：数次发生，影响范围较大的。情节较重者是指：影响范围很大，后果较重的。

第二十二条 林业行政主管部门依据职权在查处本办法第三条第一、二项案件时，根据需要，可以封存或者扣押与案件有关的植物品种的繁殖材料，查阅、复制或者封存与案件有关的合同、账册及有关文件。

封存或者扣押时，案件承办人应当履行《行政强制法》第十八条规定的程序，并按《行政强制法》第二十四条规定制作并当场交付查封、扣押决定书和清单。查封、扣押清单一式二份，由当事人和行政机关分别保存。

第二十三条 林业行政主管部门作出行政处罚决定时，应当制作林业行政处罚决定书，并在15日以内予以公告。

第二十四条 林业行政主管部门应当自立案之日起一个月内结案；经行政负责人批准可以延长，但不得超过三个月。案情特别复杂三个月内仍不能结案的，经报上级林业行政主管部门批准，可以延长。

第二十五条 省级以上人民政府林业行政主管部门依据职权，根据当事人自愿的原则，对侵权所造成的损害赔偿可以进行调解。调解达成协议的，当事人应当履行；调解未达成协议的，品种权人或者利害关系人可以依照民事诉讼程序向人民法院提起诉讼。

上述调解过程可以邀请有关单位或者个人协助，被邀请的单位或者个人自愿协助进行调解。

第二十六条 林业行政主管部门在处理林业植物新品种权行政处罚案件过程中遇有涉及民事案件纠纷的，案件承办人应当向当事人告知其法律救济途径。

第二十七条 林业行政主管部门在结案时，将全部案件文书整理归档。地方各级林业行政主管部门应当建立林业植物新品种行政执法报告制度。

第二十八条 本办法所称以上、以下、以内，包括本数。

第二十九条 本办法由国家林业局负责解释。

第三十条 本办法自 2014 年 9 月 1 日起施行，有效期至 2019 年 8 月 31 日。

司法解释

最高人民法院关于商标法修改决定施行后商标案件管辖和法律适用问题的解释

《最高人民法院关于商标法修改决定施行后商标案件管辖和法律适用问题的解释》已于2014年2月10日由最高人民法院审判委员会第1606次会议通过，现予公布，自2014年5月1日起施行。

最高人民法院

2014年3月25日

最高人民法院关于商标法修改决定施行后商标案件管辖和法律适用问题的解释

法释〔2014〕4号

（2014年2月10日最高人民法院审判委员会第1606次会议通过）

为正确审理商标案件，根据2013年8月30日第十二届全国人民代表大会常务委员会第四次会议《关于修改〈中华人民共和国商标法〉的决定》和重新公布的《中华人民共和国商标法》《中华人民共和国民事诉讼法》和《中华人民共和国行政诉讼法》等法律的规定，就人民法院审理商标案件有关管辖和法律适用等问题，制定本解释。

第一条 人民法院受理以下商标案件：

1. 不服国务院工商行政管理部门商标评审委员会（以下简称商标评审委员会）作出的复审决定或者裁定的行政案件；

2. 不服工商行政管理部门作出的有关商标的其他具体行政行为的案件；

3. 商标权权属纠纷案件；

4. 侵害商标专用权纠纷案件；

5. 确认不侵害商标专用权纠纷案件；

6. 商标权转让合同纠纷案件；

7. 商标使用许可合同纠纷案件；

8. 商标代理合同纠纷案件；

9. 申请诉前停止侵害商标专用权案件；

10. 因申请停止侵害商标专用权损害责任案件；

11. 因商标纠纷申请诉前财产保全案件；

12. 因商标纠纷申请诉前证据保全案件；

13. 其他商标案件。

第二条 不服商标评审委员会作出的复审决定或者裁定的行政案件及国家工商行政管理总局商标局（以下简称商标局）作出的有关商标的具体行政行为案件，由北京市有关中级人民法院管辖。

第三条 第一审商标民事案件，由中级以上人民法院及最高人民法院指定的基层人民法院管辖。

涉及对驰名商标保护的民事、行政案件，由省、自治区人民政府所在地市、计划单列市、直辖市辖区中级人民法院及最高人民法院指定的其他中级人民法院管辖。

第四条 在工商行政管理部门查处侵害商标权行为过程中，当事人就相关商标提起商标权权属或者侵害商标专用权民事诉讼的，人民法院应当受理。

第五条 对于在商标法修改决定施行前提出的商标注册及续展申请，商标局于决定施行后作出对该商标申请不予受理或者不予续展的决定，当事人提起行政诉讼的，人民法院审查时适用修改后的商标法。

对于在商标法修改决定施行前提出的商标异议申请，商标局于决定施行后作出对该异议不予受理的决定，当事人提起行政诉讼的，人民法院审查时适用修改前的商标法。

第六条 对于在商标法修改决定施行前当事人就尚未核准注册的商标申请复审，商标评审委员会于决定施行后作出复审决定或者裁定，当事人提起行政诉讼的，人民法院审查时适用修改后的商标法。

对于在商标法修改决定施行前受理的商标复审申请，商标评审委员会于决定施行后作出核准注册决定，当事人提起行政诉讼的，人民法院不予受理；商标评审委员会于决定施行后作出不予核准注册决定，当事人提起行政诉讼的，人民法院审查相关诉权和主体资格问题时，适用修改前的商标法。

第七条 对于在商标法修改决定施行前已经核准注册的商标，商标评审委员会于决定施行前受理、在决定施行后作出复审决定或者裁定，当事人提起行政诉讼的，人民法院审查相关程序问题适用修改后的商标法，审查实体问题适用修改前的商标法。

第八条 对于在商标法修改决定施行前受理的相关商标案件，商标局、商标评审委员会于决定施行后作出决定或者裁定，当事人提起行政诉讼的，人民法院认定该决定或者裁定是否符合商标法有关审查时限规定时，应当从修改决定施行之日起计算该审查时限。

第九条 除本解释另行规定外，商标法修改决定施行后人民法院受理的商标民事案件，涉及该决定施行前发生的行为的，适用修改前商标法的规定；涉及该决定施行前发生，持续到该决定施行后的行为的，适用修改后商标法的规定。

最高人民法院关于北京、上海、广州知识产权法院案件管辖的规定

法释〔2014〕12 号

（2014 年 10 月 27 日最高人民法院审判委员会第 1628 次会议通过）

为进一步明确北京、上海、广州知识产权法院的案件管辖，根据《中华人民共和国民事诉讼法》《中华人民共和国行政诉讼法》《全国人民代表大会常务委员会关于在北京、上海、广州设立知识产权法院的决定》等规定，制定本规定。

第一条 知识产权法院管辖所在市辖区内的下列第一审案件：

（一）专利、植物新品种、集成电路布图设计、技术秘密、计算机软件民事和行政案件；

（二）对国务院部门或者县级以上地方人民政府所作的涉及著作权、商标、不正当竞争等行政行为提起诉讼的行政案件；

（三）涉及驰名商标认定的民事案件。

第二条 广州知识产权法院对广东省内本规定第一条第（一）项和第（三）项规定的案件实行跨区域管辖。

第三条 北京市、上海市各中级人民法院和广州市中级人民法院不再受理知识产权民事和行政案件。

广东省其他中级人民法院不再受理本规定第一条第（一）项和第（三）项规定的案件。

北京市、上海市、广东省各基层人民法院不再受理本规定第一条第（一）项和第（三）项规定的案件。

第四条 案件标的既包含本规定第一条第（一）项和第（三）项规定的内容，又包含其他内容的，按本规定第一条和第二条的规定确定管辖。

第五条 下列第一审行政案件由北京知识产权法院管辖：

（一）不服国务院部门作出的有关专利、商标、植物新品种、集成电路布图设计等知识产权的授权确权裁定或者决定的；

（二）不服国务院部门作出的有关专利、植物新品种、集成电路布图设计的强制许可决定以及强制许可使用费或者报酬的裁决的；

（三）不服国务院部门作出的涉及知识产权授权确权的其他行政行为的。

第六条 当事人对知识产权法院所在市的基层人民法院作出的第一审著作权、商标、技术合同、不正当竞争等知识产权民事和行政判决、裁定提起的上诉案件，由知识产权法院审理。

第七条 当事人对知识产权法院作出的第一审判决、裁定提起的上诉案件和依法申请上一级法院复议的案件，由知识产权法院所在地的高级人民法院知识产权审判庭审理。

第八条 知识产权法院所在省（直辖市）的基层人民法院在知识产权法院成立前已经受理但尚未审结的本规定第一条第（一）项和第（三）项规定的案件，由该基层人民法院继续审理。

除广州市中级人民法院以外，广东省其他中级人民法院在广州知识产权法院成立前已经受理但尚未审结的本规定第一条第（一）项和第（三）项规定的案件，由该中级人民法院继续审理。

最高人民法院关于知识产权法院案件管辖等有关问题的通知

法〔2014〕338 号

各省、自治区、直辖市高级人民法院，解放军军事法院，新疆维吾尔自治区高级人民法院生产建设兵团分院：

为进一步明确知识产权法院案件管辖等有关问题，依法及时受理知识产权案件，保障当事人诉讼权利，根据《中华人民共和国民事诉讼法》、《中华人民共和国行政诉讼法》、《全国人民代表大会常务委员会关于在北京、上海、广州设立知识产权法院的决定》、《最高人民法院关于北京、上海、广州知识产权法院案件管辖的规定》等规定，结合审判实际，现就有关问题通知如下：

一、知识产权法院所在市辖区内的第一审知识产权民事案件，除法律和司法解释规定应由知识产权法院管辖外，由基层人民法院管辖，不受诉讼标的额的限制。

不具有知识产权民事案件管辖权的基层人民法院辖区内前款所述案件，由所在地高级人民法院报请最高人民法院指定具有知识产权民事案件管辖权的基层人民法院跨区域管辖。

二、知识产权法院对所在市的基层人民法院管辖的重大涉外或者有重大影响的第一审知识产权案件，可以根据民事诉讼法第三十八条的规定提级审理。

知识产权法院所在市的基层人民法院对其所管辖的第一审知识产权案件，认为需要由知识产权法院审理的，可以报请知识产权法院审理。

三、知识产权法院管辖所在市辖区内的第一审垄断民事纠纷案件。

广州知识产权法院对广东省内的第一审垄断民事纠纷案件实行跨区域管辖。

四、对知识产权法院所在市的基层人民法院已经发生法律效力的知识产权民事和行政判决、裁定、调解书，当事人依法可以向该基层人民法院或者知识产权法院申请再审。

对知识产权法院已经发生法律效力的民事和行政判决、裁定、调解书，当事人依法可以向该知识产权法院或者其所在地的高级人民法院申请再审；当事人依法向知识产权法院所在地的高级人民法院申请再审的，由该高级人民法院知识产权审判庭审理。

五、利害关系人或者当事人向知识产

权法院申请证据保全、行为保全、财产保全的，知识产权法院应当依法及时受理；裁定采取相关措施的，应当立即执行。

六、知识产权法院审理的第一审案件，生效判决、裁定、调解书需要强制执行的，知识产权法院所在地的高级人民法院可指定辖区内其他中级人民法院执行。

七、本通知自 2015 年 1 月 1 日起施行。

施行中如有新情况，请及时层报最高人民法院。

2014 年 12 月 24 日

最高人民法院印发《最高人民法院关于知识产权法院技术调查官参与诉讼活动若干问题的暂行规定》的通知

各省、自治区、直辖市高级人民法院，解放军军事法院，新疆维吾尔自治区高级人民法院生产建设兵团分院：

《最高人民法院关于知识产权法院技术调查官参与诉讼活动若干问题的暂行规定》已于 2014 年 12 月 30 日由最高人民法院审判委员会第 1639 次会议通过，现印发给你们，请结合审判实际，认真贯彻执行。执行中如有新情况，请及时层报最高人民法院。

2014 年 12 月 31 日

最高人民法院关于知识产权法院技术调查官参与诉讼活动若干问题的暂行规定

为依法规范知识产权法院技术调查官参与诉讼活动，根据《中华人民共和国民事诉讼法》《中华人民共和国行政诉讼法》《全国人民代表大会常务委员会关于在北京、上海、广州设立知识产权法院的决定》以及《关于司法体制改革试点若干问题的框架意见》，结合审判实际，制定本规定。

一、知识产权法院配备技术调查官，技术调查官属于司法辅助人员。

知识产权法院设置技术调查室，负责技术调查官的日常管理。

二、知识产权法院审理有关专利、植物新品种、集成电路布图设计、技术秘密、计算机软件等专业技术性较强的民事和行政案件时，可以指派技术调查官参与诉讼活动。

三、法官根据案件审理需要，可以书面通知技术调查室指派技术调查官参与诉讼活动。

技术调查官参与诉讼活动的，应当在裁判文书首部的案件来源部分列明其身份和姓名。

四、知识产权法院确定技术调查官参与诉讼活动后，应当在三日内告知当事人。

五、当事人有权申请技术调查官回避。技术调查官的回避，参照适用民事诉讼法、行政诉讼法等有关审判人员回避的规定。

六、技术调查官根据法官的要求，就案件有关技术问题履行下列职责：

（一）通过查阅诉讼文书和证据材料，明确技术事实的争议焦点；

（二）对技术事实的调查范围、顺序、方法提出建议；

（三）参与调查取证、勘验、保全，并对其方法、步骤等提出建议；

（四）参与询问、听证、庭审活动；

（五）提出技术审查意见，列席合议庭评议；

（六）必要时，协助法官组织鉴定人、相关技术领域的专业人员提出鉴定意见、咨询意见；

（七）完成法官指派的其他相关工作。

七、技术调查官参与询问、听证、庭审活动时，经法官许可，可以就案件有关技术问题向当事人、诉讼代理人、证人、鉴定人、勘验人、有专门知识的人发问。

技术调查官的座位设在法官助理的左侧，书记员的座位设在法官助理的右侧。

八、技术调查官列席案件评议时，应当

针对案件有关技术问题提出意见，接受法官对技术问题的询问。

技术调查官对案件裁判结果不具有表决权。

技术调查官提出的意见应当记入评议笔录，并由其签名。

九、技术调查官提出的技术审查意见可以作为法官认定技术事实的参考。

十、其他人民法院审理本规定第二条所列的案件时，可以参照适用本规定。

中国法院2014年知识产权十大案例

知识产权民事案例

案例1 “360扣扣保镖”软件商业诋毁纠纷案

一、基本案情

奇虎公司针对腾讯公司的QQ软件专门开发了“360扣扣保镖”软件，在相关网站上宣传扣扣保镖软件全面保护QQ软件用户安全，并提供下载。在安装扣扣保镖软件后，该软件会自动对QQ软件进行体检，以红色字体警示用户QQ存在严重的健康问题，以绿色字体提供一键修复帮助，同时将“没有安装360安全卫士，电脑处于危险之中；升级QQ安全中心；阻止QQ扫描我的文件”列为危险项目；查杀QQ木马时，显示“如果您不安装360安全卫士，将无法使用木马查杀功能”，并以绿色功能键提供360安全卫士的安装及下载服务；经过一键修复，扣扣保镖将QQ软件的安全沟通界面替换成扣扣保镖界面。腾讯公司以上述行为构成不正当竞争为由提起诉讼。广东省高院一审认为，奇虎公司前述行为构成不正当竞争行为；其针对腾讯公司的经营，故意捏造、散布虚伪事实，损害了该公司的商业信誉和商品声誉，构成商业诋毁。遂判决奇虎公司公开赔礼道歉、消除影响，并连带赔偿经济损失及合理维权费用共计500万元。奇虎公司不服，提起上诉。最高人民法院二审认为，在市场竞争中，经营者通常可以根据市场需要和消费者需求自由选择商业模式，这是市场经济的必然要求。腾讯公司使用的免费平台与广告或增值服务相结合的商业模式是本案争议发生时互联网行业惯常的经营方式，也符合我国互联网市场发展的阶段性特征。这种商业模式并不违反反不正当竞争法的原则精神和禁止性规定，腾讯公司以此谋求商业利益的行为应受保护，他人不得以不正当方式损害其正当权益。奇虎公司前述行为破坏QQ软件及其服务的安全性、完整性，干扰了其正当经营活动，损害了其合法权益。奇虎公司前述行为的根本目的在于依附QQ软件的强大用户群，通过对QQ软件及其服务进行贬损的手段来推销、推广360安全卫士，从而增加奇虎公司的市场交易机会并获取市场竞争优势，此行为本质上属于不正当地利用他人市场成果、为自己谋取商业机会从而获取竞争优势的行为，违反了诚实信用和公平竞争原则，构成不正当竞争。最高人民法院判决驳回上诉，维持原判。

二、典型意义

本案中，最高人民法院明确了互联网市场领域中商业诋毁行为的认定规则，其根本要件是相关经营者的行为是否以误导方式对竞争对手的商业信誉或者商品声誉造成了损害。最高人民法院指出，经营者为竞争目的对他人进行商业评论或者批评，尤其要善尽谨慎注意义务；互联网的健康发展需要有序的市场环境和明确的市场竞争规则作为保障，竞争自由和创新自由必须以不侵犯他人合法权益为边界。最高人民法院在本案中明确了互联网市场领域技术创新、自由竞争和不正当竞争的关系。本案对相关互联网企业之间开展有序竞争、促进市场资源优化配置具有里程碑的意义。

案例 2 互联网领域滥用市场支配地位垄断纠纷案

一、基本案情

奇虎公司向广东省高院起诉称，腾讯公司在即时通讯软件及服务相关市场具有市场支配地位，指控腾讯公司滥用该支配地位，无正当理由限制交易和捆绑销售。请求判令腾讯公司立即停止滥用市场支配地位的垄断行为，连带赔偿奇虎公司经济损失 1.5 亿元。广东省高院一审认为，本案相关商品市场远远超出综合性即时通信服务市场，相关地域市场应为全球市场。腾讯公司在该相关市场不具有支配地位。由于奇虎公司对本案相关商品市场界定错误，其所提供的证据不足以证明腾讯公司在相关商品市场上具有垄断地位，故奇虎公司的诉讼请求缺乏事实和法律依据，不能成立。该院判决驳回奇虎公司的全部诉讼请求。奇虎公司不服，提出上诉。最高人民法院利用经济分析方法重新界定了本案相关市场范围，通过考察被诉垄断行为的实际或者可能的竞争效果，认为基于本案现有证据，不足以认定腾讯公司实施了为反垄断法所禁止的限制交易和搭售行为。故判决驳回上诉，维持原判。

二、典型意义

该案是最高人民法院审理的第一起反垄断案件。在长达 7.4 万字的判决书中，最高人民法院详细阐述了互联网领域反垄断法意义上相关市场界定标准、市场支配地位认定标准以及滥用市场支配地位行为的分析原则与方法等一系列具有重要意义的法律问题，明确了反垄断法律适用的多个重要裁判标准。在滥用行为的分析思路上，本案判决创造性地采用了“行为—竞争效果评估”的分析范式；在互联网领域，关于相关市场界定方面，判决不仅运用了国际上通行的经济分析方法，还综合运用了社会学、心理学等多学科的知识作为支撑，并深刻阐述了相关市场界定的作用及价值，澄清了相关市场界定并非必经步骤；在互联网领域经营者的市场支配力认定尤其是双边市场的影响方面，判决对双边市场对经营者市场支配力的影响进行了深入阐述，并提出了根据具体案情决定双边市场分析的起点，不需要也不存在固定的分析范式的思路。本案判决在国内外产生了广泛影响。业界和学界对该判决给予高度评价，认为判决展现了最高人民法院在明确法律标准、指引互联网产业发展方面确立了典范和标杆。有评论指出，最高人民法院的判决是“真正懂得互联网的判决”；“中国最高审判机关在判决中阐述的法律适用标准为世界范围内的互联网反垄断的裁判树立了一个标杆，将在国际上产生重要影响”。

案例 3 “宝庆”商标特许经营合同纠纷案

一、基本案情

南京宝庆首饰公司、宝庆总公司系“宝庆”系列注册商标的权利人。连锁公司、创煜公司自 2005 年开始与宝庆首饰公司、宝庆总公司签署了一系列合作协议，以特许经营的方式进行合作。在双方合作期间，“宝庆”品牌获得了巨大发展，年销售额达数十亿元，但双方后因协商合资失败而最终导致合作关系破裂。宝庆总公司、宝庆首饰公司遂以连锁公司存在多种违约行为且构成根本违约为由，发函要求解除双方的合作协议，同时在江苏多地法院提起商标侵权系列诉讼。而连锁公司、创煜公司亦诉至法院，要求确认解除协议通知无效。江苏省南京市中院就双方争议的特许经营合同纠纷案作出一审判决，确认宝庆首饰公司、宝庆总公司提出的解除涉案协议无效，并驳回连锁公司其他诉讼请求。双方均不服，提起上诉。江苏省高院在充分衡量双方发生纠纷的原因、连锁公司多种违约行为的性质及程度、连锁公司违约擅自开店的数量、双方对“宝庆”品牌的贡献等因素的基础上，合理平衡双方利益，通过判决明确界定了双方合作关系的性质以及宝庆总公司、宝庆首饰公司的权利边界和连锁公司合法经营行为的法律边界，在对一审裁判理由中所确定的连锁公司对宝庆商标合理使用范围予以纠正的基础上，维持了一审确认解除协议无效的判决。根据在特许经营合同纠纷案中所确定的裁判规则，即凡是未经许可，连锁公司擅自使用宝庆商标开店经营的，构成商标侵权，判令停止侵权、赔偿损失；凡是已经过许可的，连锁公司可以继续经营，二审法院对双方之间系列商标侵权纠纷作出相应的终审判决。

二、典型意义

对于此类以特许经营为基础的合作纠纷，特别是合作已久、品牌声誉及市场获得巨大增长、裁判结果涉及双方重大利益的案件，法院并没有采取简单的裁判方式，而是充分运用司法智慧，以利益平衡为指引，探索了一种更加理性的纠纷解决思路，即在判决不予解除合同、要求双方继续合作的同时，通过判决进一步划清双方权利义务关系的边界。一方面，确保特许人对特许经营资源特别是商标等知识产权的绝对控制，明确被特许人应当依约诚信经营，不能突破被特许人的权利范围，试图攫取特许人的知识产权利益；另一方面，对于被特许人依约诚信经营的，特许人亦应当按合同约定继续允许并正常审批，无正当理由不得拒绝许可，不得不当损害被特许人的合法权益。根据特许经营合同纠纷判决中确立的上述裁判规则，双方之间系列商标侵权纠纷亦得到妥善处理。案件裁判结果对“宝庆”品牌未产生重大市场波动，也没有造成双方市场利益的重大失衡。双方对终审判决都没有申请再审。

案例 4 “quna. com”在先注册域名不正当竞争纠纷案

一、基本案情

2005 年 5 月 9 日，庄某注册了“qunar. com”域名并创建了“去哪儿网”。北京趣拿公司于 2006 年 3 月 17 日成立后，“qunar. com”域名由庄某转让给该公司。经过多年使用，“去哪儿”“去哪儿网”“qunar. com”等服务标识成为知名服务的特有名称。广州去哪公司的前身成立于 2003 年 12 月 10 日，后于 2009 年 5 月 26 日变更为现名，经营范围与趣拿公司相近。2003 年 6 月 6 日，“quna. com”域名登记注册，后于 2009 年 5 月转让给广州去哪公司。广州去哪公司随后注册了“123quna. com”“mquna. com”域名，并使用“去哪”“去哪儿”“去哪网”“quna. com”名义对外宣传和经营。北京趣拿公司以去哪公司上述行为构成不正当竞争为由，请求判令广州去哪公司停止不正当竞争行为并赔偿损失 300 万元等。广州市中院一审认为，广州去哪公司使用“去哪”“去哪儿”“去哪网”“quna. com”服务标记的行为构成对北京趣拿公司知名服务特有名称的侵害，广州去哪公司在其企业字号中使用“去哪”字样的行为构成不正当竞争，广州去哪公司使用“quna. com”“123quna. com”“mquna. com”域名的行为构成对趣拿公司域名权益的侵害。法院遂判决广州去哪公司停止使用上述企业字号、服务标记、域名，并限期将上述域名移转给北京趣拿公司；广州去哪公司赔偿北京趣拿公司经济损失 35 万元。广州去哪公司不服一审判决提出上诉。广东省高院二审认为，广州去哪公司使用“去哪”企业字号和“去哪”标识等构成不正当竞争行为。广州去哪公司对域名“quna. com”享有合法权益，使用该域名有正当理由，根据《最高人民法院关于审理涉及计算机网络域名民事纠纷案件适用法律若干问题的解释》第 4 条的规定，不构成不正当竞争，广州去哪公司随后注册的“123quna. com”“mquna. com”域名也应当允许注册和使用。双方均享有来源合法的域名权益，需要彼此容忍、互相尊重、长期共存，一方不能因为在经营过程中知名度提升，就剥夺另一方的生存空间；另一方也不能恶意攀附知名度较高一方的商誉，以谋取不正当的商业利益。据此，广州去哪公司虽然有权继续使用“quna. com”等域名，但是也有义务在与域名相关的搜索链接及网站上加注区别性标识，以使消费者将上述域名与北京趣拿公司“去哪儿”“去哪儿网”“qunar. com”等知名服务特有名称相区分。二审法院维持了一审判决关于广州去哪公司停止使用“去哪”企业字号及“去哪”等标识的判项；撤销了广州去哪公司停止使用“quna. com”等域名并限期将上述域名移转给北京趣拿公司的判项，并把赔偿数额相应调整为 25 万元。

二、典型意义

本案区分了域名近似与商标近似判断标准的不同，以及权利冲突处理原则。广州去哪公司使用了在先注册的域名“quna. com”，北京趣拿公司经营的“去哪网”属于知名服务的特有名称，并注册了域名“qunar. com”。两个域名仅相差一个字母“r”，构成相近似的域名，但法院认为可以长期共存，依据在于：一是域名具有全球唯一性，由于域名有长度限制，全球域名注册的最大容量不超过 43 亿，如果规定近似域名不得注册，从经济学角度是没有效益的。二是域名由计算机系统识别，计算机对非常相似的域名也可以精确地区分开来，绝不会出现混淆情况。电子技术手段和感觉感官在精确性上的巨大差异是造成域名近似与商标近似判断标准不同的主要原因。

案例 5 “ATT7021AU”集成电路布图设计专有权侵权纠纷案

一、基本案情

钜泉公司完成了集成电路布图设计 ATT7021AU 的设计（以下简称钜泉布图设计），并获得布图设计登记证书。钜泉公司发现，锐能微公司未经其许可复制其布图设计并制造含有该布图设计的集成电路芯片 RN8209、RN8209G（以下简称被诉侵权芯片），且与雅创公司销售被诉侵权芯片。钜泉公司诉至法院，请求判令两被告承担侵权责任。锐能微公司和雅创公司共同辩称，被诉侵权芯片的布图设计系锐能微公司自主开发，并获得了登记证书；被诉侵权芯片的布图设计与钜泉布图设计不同；钜泉布图设计不具有独创性，属于常规设计，请求驳回钜泉公司诉讼请求。上海市一中院一审判决锐能微公司停止侵权、赔偿损失及合理费用合计 320 万元。钜泉公司、锐能微公司均不服，提起上诉。上海市高院经审理认为：第一，由于集成电路布图设计的创新空间有限，在布图设计侵权判定中对于两个布图设计构成相同或者实质性相似的认定应采用较为严格的标准，然而被诉侵权芯片的相应布图设计仍与钜泉布图设计中的“数字地轨与模拟地轨衔接的布图”和“独立升压器电路布图”构成实质性相似。第二，锐能微公司在本案中提交的证据材料不足以证明钜泉布图设计中的“数字地轨与模拟地轨衔接的布图”和“独立升压器电路布图”是常规设计。

第三，受保护的布图设计中任何具有独创性的部分均受法律保护，而不看其在整个布图设计中的大小或者所起的作用；锐能微公司对钜泉布图设计进行部分复制，既不是个人目的，亦不是单纯评价、分析、研究、教学等目的，而是为了研制新的集成电路以进行商业利用；锐能微公司认可其接触了钜泉布图设计，而非通过反向工程获得，故无论被诉侵权芯片的布图设计是否具有独创性，锐能微公司的行为均不适用《集成电路布图设计保护条例》第 23 条第（2）项的规定，已经侵犯了钜泉布图设计专有权。第四，考虑被确认侵权的两部分布图设计在被诉侵权芯片中所起的作用确非核心和主要作用且所占的布图面积确实较小，以及锐能微公司通过直接复制钜泉公司相应布图设计所节约的研发投入和缩短的研发时间，一审法院酌情判决锐能微公司赔偿钜泉公司包括合理支出在内的经济损失 320 万元，并无不当。故二审法院判决驳回上诉，维持原判。

二、典型意义

本案是一起十分典型的集成电路布图设计侵权纠纷。本案被告主张，集成电路布图设计侵权判断标准应有相似度的概念，一项集成电路布图设计在没有自身独创设计的前提下，完全抄袭他人布图设计或与他人布图设计构成实质性相似的，才构成对他人集成电路布图设计专有权的侵害。二审法院认为，根据《集成电路布图设计保护条例》的规定，未经权利人许可，复制权利人受保护的布图设计的任何具有独创性的部分，均构成侵权。该侵权判断标准强化了对集成电路布图设计创新的激励。同时，本案对于侵权判断中"实质性相似"采用严格的认定标准。本案判决意在平衡权利人与竞争者之间的利益，促进集成电路布图设计行业健康发展。

案例 6 "网易云音乐"侵犯信息网络传播权诉前禁令纠纷案

一、基本案情

腾讯公司向武汉市中院申请诉前禁令，请求：（1）责令广州网易、杭州网易公司、网易雷火公司停止通过"网易云音乐"平台（music. 163. com 及其 PC 端、移动客户端）向公众传播申请人享有专有著作权的《时间都去哪了》《爱的供养》《画心》等 623 首歌曲；（2）责令湖北联通公司停止提供"网易云音乐"畅听流量包服务；（3）责令广东欧珀公司停止在其 OPPO 品牌手机中内置"网易云音乐"行为。腾讯公司提交了证明其享有涉案音乐作品著作权及遭受侵权损害事实的证据，并提供了担保。武汉市中院认为，腾讯公司对上述 623 首音乐作品依法享有信息网络传播权，五被申请人以互联网络、移动手机"网易云音乐"畅听流量包、内置"网易云音乐"移动手机客户端等方式，向公众大量提供涉案音乐作品，该行为涉嫌侵犯腾讯公司对涉案音乐作品依法享有的信息网络传播权，且被申请人向公众提供的音乐作品数量较大，造成了腾讯公司巨大的经济损失。在网络环境下，该行为如不及时禁止，将会使广州网易公司不当利用他人权利获得的市场份额进一步快速增长，损害腾讯公司的利益，且这种损害将难以弥补，因此理应禁止各被申请人通过网络传播 623 首音乐作品涉嫌侵权部分的行为。法院遂裁定发布如下诉前禁令措施：（1）广州网易公司、杭州网易公司、网易雷火公司于裁定生效之日起立即停止通过"网易云音乐"平台向公众提供涉案 623 首音乐作品的行为；（2）湖北联通公司于裁定生效之日起立即停止向其移动手机客户提供"网易云音乐"畅听流量包中的涉案 623 首音乐作品的移动网络服务行为；（3）广东欧珀公司于裁定生效次日起 10 日内停止通过其品牌为 OPPO R830S 型号（合约机）移动手机中内置的"网易云音乐"

客户端向移动手机客户传播涉案623首音乐作品的行为。禁令发布后，湖北联通公司、广东欧珀公司立即停止了被诉行为。广州网易公司、杭州网易公司、网易雷火公司不服该禁令，申请复议，武汉市中院予以驳回。复议中，腾讯公司发现被诉行为仍在继续，书面申请对违反禁令行为予以处罚。法院作出相应的处罚措施。至复议决定书发出后，被诉行为已经按照禁令要求全面停止。

二、典型意义

近年来网络产业与音乐产业结合形成新生网络文化传播媒介，可以使音乐作品被无限传递、下载，不受限制地被反复欣赏，在方便社会公众欣赏音乐的同时，盗版网络音乐也对著作权人造成了难以弥补的损害。本案中，法院及时发布诉前禁令，并对违反禁令的行为予以处罚，为打击网络音乐盗版、规范网络音乐市场、整治网络环境提供了一种可行的保护模式，充分体现了知识产权司法保护的主导作用。

知识产权行政案件

案例7 “稻香村”商标异议复审行政纠纷案

一、基本案情

北京稻香村食品集团于1996年1月提出“稻香村”商标（以下简称引证商标）的注册申请，并于1997年5月获准注册，核定使用商品为第30类的馅饼、饺子、年糕、粽子、元宵等。经核准，该商标注册人名义变更为“北京稻香村公司”。2006年7月，苏州稻香村公司提出“稻香村及图”商标（以下简称被异议商标）的注册申请，指定使用商品为第30类的饼干、面包、糕点等。被异议商标初步审定公告后，北京稻香村公司提出异议申请。国家工商总局商标局裁定被异议商标准予注册。北京稻香村公司申请复审。商标评审委员会认为，被异议商标与引证商标属于近似商标，被异议商标指定使用的商品与引证商标核定使用的商品属于类似商品。苏州稻香村公司虽在饼干、糕点等商品上经受让在先取得由“稻香村”文字、“DXC”字母及图形外框组合而成的两个商标（以下简称在先取得商标），但该两商标与被异议商标在表现形式上差异较大，而与北京稻香村公司长期使用并有较高知名度的引证商标“稻香村”更为接近，如允许其注册，将打破业已形成的市场秩序，增加市场及相关公众混淆的可能性，因此，被异议商标与引证商标构成《商标法》第28条所指使用在类似商品上的近似商标，商标评审委员会裁定对被异议商标不予核准注册。苏州稻香村公司不服，提起行政诉讼。北京市一中院一审判决维持了商标评审委员会的裁定。苏州稻香村公司不服，提起上诉。北京市高院二审认为：北京稻香村公司的“稻香村”商标经过长期使用具有了较高的知名度，其与苏州稻香村公司在先取得商标之间已经存在能够区分的市场实际和稳定的市场秩序。被异议商标标识与其在先取得商标差异较大，反而与北京稻香村公司的引证商标非常接近，因此苏州稻香村公司申请注册被异议商标，不能认定为对其在先已受让的稻香村商标声誉的延续，而是侵入到北京稻香村公司商标的排他权范围内，打破了能够区分的市场实际和已经形成的稳定市场秩序，将导致消费者对商品来源的混淆误认，遂判决驳回上诉，维持一审判决。

二、典型意义

因历史原因，不同的企业长期使用相近似的商标，在已客观形成市场格局的情况下，如其中一方另行申请构成要素相近似的商标，在适用《商标法》第28条进行商标近似判断时，除考虑标志本身的近似程度以外，还应根据商标实际使用状况、使用历史、相关公众的认知状态、使用者的主观状态等因素，以混淆误认可能性为标准综合判定，注重维护已经形成和稳定的市场秩序，防止简单地把商标构成要素近似等同于商标近似。

案例 8 “竹家庄避风塘及图”商标争议行政纠纷案

一、基本案情

竹家庄公司于 1999 年申请注册“竹家庄避风塘及图”商标（即争议商标），国家工商总局商标局于 2000 年 7 月 28 日予以核准注册，指定使用在国际分类第 42 类“餐馆；酒吧；餐厅”等服务上。争议商标由竹子图案及汉字“竹家庄避风塘”组成。2010 年 12 月 27 日，磐石意舟公司受让争议商标。2003 年 11 月 11 日，上海避风塘公司提出针对争议商标的撤销申请，其理由主要为：(1)竹家庄公司曾于 1999 年 8 月 1 日以“避风塘”一词是“菜肴名称”为由，申请撤销第 1055861 号“避风塘 BFT”商标，经两次评审第 1055861 号商标被撤销。竹家庄公司既然认为“避风塘”不能作为商标注册，却又将“避风塘”作为争议商标的一部分申请注册，其撤销第 1055861 号商标的目的是恶意清除争议商标的注册障碍。(2)上海避风塘公司成立于 1998 年 9 月 15 日，经过努力已成为上海餐饮业的知名品牌，曾被许可使用并受让第 1055861 号“避风塘 BFT”商标。竹家庄公司撤销第 1055861 号商标并注册争议商标的目的，都是为搭上海避风塘公司的顺风车。商标评审委员会作出商评字〔2008〕第 30896 号商标争议裁定，对争议商标予以维持。上海避风塘公司不服该裁定，提起行政诉讼。北京市一中院一审判决维持第 30896 号商标争议裁定。上海避风塘公司不服一审判决，提起上诉。二审期间，上海避风塘公司向法院提交了最高人民法院〔2007〕民三监字第 21－1 号民事裁定书。北京市高院经审理认为，〔2007〕民三监字第 21－1 号民事裁定书并没有明确“避风塘”成为上海避风塘公司已经使用并具有一定影响的商标的具体时间，不足以证明争议商标的注册属于以不正当手段抢先注册上海避风塘公司已经使用并有一定影响的商标。二审判决驳回上诉，维持一审判决。上海避风塘公司不服该判决，向最高人民法院申请再审。最高人民法院提审后认为：第 1055861 号“避风塘 BFT”商标的撤销与争议商标的注册不具有关联性；上海避风塘公司在商标争议行政程序中并未提出争议商标侵害其企业名称权的主张，并且，“避风塘”一词不仅仅是上海避风塘公司的字号，还具有“躲避台风的港湾”和“一种风味料理或者菜肴烹饪方法”的含义，因此，上海避风塘公司不能以其企业名称权禁止他人在上述含义上正当使用“避风塘”一词，争议商标中的“竹家庄”文字与竹子图案更具有标识商品或服务来源的作用，故争议商标的注册、使用不会造成相关公众的混淆、误认，未侵害上海避风塘公司的企业名称权。遂判决维持二审判决，驳回上海避风塘公司的再审请求。

二、典型意义

本案涉及知识产权案件审理中如何处理好保护知识产权权利人的利益与维护社会公众利益的关系问题。本案中，撤销申请人主张争议商标的注册侵害其企业名称权，但由于撤销申请人的字号作为文字符号同时还具有为公众所普遍认知的其他含义，故撤销申请人无权禁止他人在其他含义上使用这一文字符号。并且，本案争议商标中还加入了具有显著识别特征的其他符号，进一步避免了消费者发生混淆误认的可能。本案对于界定知识产权权利人与社会公众的权利界限，防止标识性知识产权权利人利用“符号圈地”侵占公有领域具有积极意义。

案例9 “治疗乳腺增生性疾病的药物组合物及其制备方法”发明专利权无效行政纠纷案

一、基本案情

亚东制药公司是名称为“治疗乳腺增生性疾病的药物组合物及其制备方法”发明专利(以下简称本专利)的专利权人。华洋制药公司针对本专利提出无效宣告请求,其提交的证据1、证据3分别为《药典》公开的“乳块消片”的功能主治、处方以及颗粒剂的相关制法。专利复审委员会作出第15409号决定认定本专利不具有创造性,宣告其全部无效。亚东制药公司不服,提起行政诉讼。北京市一中院认为,根据证明证据1的临床有效率低于本专利的公证书,即反证4,本专利颗粒剂的总有效率为95.70%,证据1中片剂的总有效率为89.32%,本专利权利要求1具有显著的进步。遂判决撤销第15409号决定。专利复审委员会不服,提起上诉。北京市高院二审判决撤销一审判决、维持第15409号决定。亚东制药公司不服,申请再审。最高人民法院认为,在反证4没有公开总有效率的具体测定方法的情况下,无法认定反证4与本专利的总有效率是在等效等量情况下,以同一种测定方法作出的,上述对比数据不能证明本专利是否具有临床疗效上的显著进步;即便认可上述对比数据,由于本专利制备颗粒剂时省去了减压干燥步骤,对药物活性成分的影响也相应减少,本领域技术人员能够合理预期,省略减压干燥步骤将会使药物的整体有效率有所提高,专利权人并未举证证明其超出本领域技术人员的合理预期。法院遂裁定驳回亚东制药公司的再审申请。

二、典型意义

最高人民法院在本案中明确了未记载在说明书中的技术贡献不能作为要求获得专利权保护的基础,以及判断发明是否存在预料不到的技术效果时,应当综合考虑发明所述技术领域的特点,尤其是技术效果的可预见性、现有技术中存在的技术启示等因素。此外,还明确了区别技术特征的认定应当以记载在权利要求中的技术特征为基础。本案裁判对于审理药物专利授权确权行政纠纷具有重要指导意义。

知识产权刑事案件

案例10 周某等7人经营思路网侵犯著作权罪案

一、基本案情

被告人周某于2008年8月注册成立心田一品科技公司,经营思路网站。思路网站下设门户网(www.siluhd.com)、思路论坛(bbs.siluhd.com),并以HDstar论坛(www.hdstar.org)作为思路网站的内站。2009年1月至2013年4月,被告人周某雇用被告人苏某、曹某、贾某、李某等人,未经著作权人许可,以会员制方式,将他人享有著作权的大量影视、音乐等作品以种子形式上传至HDstar论坛,供2.6万余注册会员下载,在思路网站投放广告,并通过销售网站注册邀请码和VIP会员资格营利。被告人寇某于2012年5月至2013年4月,雇用被告人崔某等人,未经著作权人许可,复制他人享有著作权的电影至4000余份硬盘中,并通过淘宝网店予以销售。北京市海淀区法院一审认为,被告人周某雇用被告人苏某、曹某、李某、贾某以营利为目的,未经著作权人许可,通过信息网络传播他人作品,情节特别严重;被告人寇某雇用被告人崔某以营利为目的,未经著作权人许可,复制发行他人作品,情节特别严重,上述被告人的行为均已构成侵犯著作权罪,应予惩处。法院根据各被告人在共同犯罪中的作用和认罪态度依法予以减轻、从轻处罚或者适用缓刑，分别判处各被告人有期徒刑1～5年，并处罚金等。一审宣判后，被告人苏某、寇某提起上诉。北京市一中法院二审驳回上诉、维持原判。

二、典型意义

思路网号称"中国最大的数字高清门户网站"、国内最"顶尖"的蓝光高清网站。思路网管理层汇聚了多名IT精英，在案被告人均为大学文化程度。该网站刊载高清资讯和高清电影，表面上看是一个介绍蓝光技术的普通网站，但其链接到的"HDstar论坛"却存有大量蓝光高清格式的盗版电影和电视剧资源可供付费下载，网络上的很多盗版高清影片片源均来自思路网。通过这种方式，思路网积累了大量的注册用户，成为国内最"著名"的盗版高清电影网站。该案判决对于打击互联网环境下著作权犯罪、保护知识产权具有重要作用。

中国法院2014年十大创新性知识产权案例

案例1　专利复审委员会与白象公司、陈某外观设计专利权无效行政纠纷申请再审案

一、基本案情

陈某于2000年10月16日向国家知识产权局提出产品名称为"食品包装袋"的外观设计专利（以下简称涉案专利）申请，并于2001年5月2日被授权公告。白象公司持有的第1506193号"白象"商标（以下简称白象商标）的申请日为1997年12月12日，核准注册于2001年1月14日。2009年8月4日，白象公司针对涉案专利，以其与在先的白象商标权冲突为由，向专利复审委员会提出无效宣告请求。专利复审委员会以白象商标的核准注册日在涉案专利申请日之后，不属于合法的在先权利为由，决定维持涉案专利权有效。白象公司不服，提起行政诉讼。北京市一中院以白象商标的核准注册日早于涉案专利的授权公告日，白象商标构成在先权利为由，撤销无效决定。专利复审委员会不服，提起上诉。北京市高院以白象商标的申请日早于涉案专利的申请日，白象商标的商标申请权构成在先权利为由，二审判决驳回上诉、维持原判。专利复审委员会不服，向最高人民法院申请再审。最高人民法院审查认为，商标申请权不能作为《专利法》第23条所称的在先取得的合法权利。但是，商标申请权对于判断外观设计专利权和注册商标专用权是否构成权利冲突具有重要意义。只要商标申请日在外观设计专利申请日之前，在先申请的注册商标专用权就可以对抗申请日在后的外观设计专利权。白象商标获得注册后，涉案专利的实施客观上会与其产生权利冲突，应当依照保护在先权利的原则，认定申请日在先的白象注册商标专用权可用于对抗陈某的外观设计专利权。据此驳回专利复审委员会的再审申请。

二、创新意义

法院在本案中明确了商标申请日在解决权利冲突问题时的法律意义。法院指出，只要商标申请日在专利申请日之前，且在专利无效宣告请求提出时商标已被核准注册并仍然有效，在先申请的注册商标专用权就可以对抗在后申请的外观设计专利权，进而用于判断是否与外观设计专利权相冲突。本案对适用《专利法》第23条的规定，判断注册商标专用权是否构成合法在先权利时，须以核准注册日作为时间节点

的规则进行了一定程度的突破，对涉及权利冲突案件的审理具有一定的指引价值。

案例2 （瑞士）埃利康公司与专利复审委员会、刘某等发明专利权无效行政纠纷提审案

一、基本案情

埃利康公司系名称为“自动的机械停车场中用于机动车水平传送的托架”发明专利（以下简称涉案专利）的权利人。涉案专利有15项权利要求，其中独立权利要求1为：“在轮子（3）上自行走的托架……一个部分还具有一对装置（58），装置（58）可对称地垂直于该托架纵轴线移动并被构造用来支承、定中心、停止移动及抬升该机动车的一个轴的两个车轮，而另一部分具有一对装置（59），装置（59）可对称地垂直于该托架纵轴线移动并被构造用来支承、定中心、停止移动及抬升该机动车第二轴的两个车轮……”针对本专利，刘某、怡峰公司先后三次提出无效请求，理由之一为权利要求1～15缺少必要技术特征，不符合《专利法实施细则》第21条第2款的规定。专利复审委员会决定认定权利要求1及有关从属权利要求缺少必要技术特征并宣告其无效，但同时认定权利要求4及其从属权利要求的技术方案符合《专利法》第26条第4款的规定。埃利康公司不服，提起行政诉讼。北京市一中院、北京市高院先后驳回其诉讼请求和上诉。埃利康公司不服，向最高人民法院申请再审。最高人民法院提审认为，独立权利要求缺少必要技术特征，不符合《专利法实施细则》第21条第2款规定的，一般也不能得到说明书的支持，不符合《专利法》第26条第4款的规定。无效决定在认定权利要求缺少必要技术特征的基础上，又认定其得到了说明书的支持，适用法律错误。据此判决撤销专利复审委员会的审查决定及一审、二审判决，并责令专利复审委员会重新作出审查决定。

二、创新意义

本案对《专利法实施细则》第21条第2款关于“必要技术特征”的问题进行了较为深入和全面的阐述，特别是对于如何理解“缺乏必要技术特征”与“权利要求书是否以说明书为依据”的关系问题予以澄清，对于《专利法实施细则》第21条第2款规定的适用具有一定的指导意义。法院指出，《专利法》第26条第4款与《专利法实施细则》第21条第2款均涉及权利要求书与说明书的对应关系，但相较于《专利法实施细则》第21条第2款，《专利法》第26条第4款的适用范围更为宽泛，它既同时适用于独立权利要求和从属权利要求，也同时适用于权利要求记载的技术特征范围过宽不能得到说明书的支持，以及缺少必要技术特征从而使权利要求整体上不能得到说明书支持的情形。因此，在独立权利要求缺少必要技术特征，不符合《专利法实施细则》第21条第2款规定的情况下，一般也不能得到说明书的支持，不符合《专利法》第26条第4款的规定。

案例3 孙某与郑某侵害实用新型专利权纠纷申请再审案

一、基本案情

孙某是名称为“防粘连自动排气阀”的实用新型专利（以下简称涉案专利）的权利人。2013年6月28日，长春市宽城锅炉排气阀厂向个体工商户业主郑某发出通知函，称郑某销售的“胜益”牌全自动排气阀侵犯了其“中权”牌排气阀的专利权（专利号为ZL200320112523.2，专利权人为孙某），落款处有“长春市宽城锅炉排气阀厂打假办”印章和专利权人孙某的印章，并附有通讯地址、邮政编码、联系人及联系电话。2013 年 7 月，孙某从郑某处购买被诉侵权的“胜益”牌排气阀，并以郑某侵害其实用新型专利权为由提起诉讼。辽宁省沈阳市中院一审认为，被诉侵权产品的技术特征与涉案专利的技术方案构成等同，落入涉案专利权的保护范围。孙某向郑某邮寄的通知函中未附有专利证书和其他必要文件，不足以使郑某认识到其销售的排气阀为侵权产品。鉴于郑某作为销售者已经提供了侵权产品的合法来源，主观上并无过错，依法可免除赔偿责任。据此判决驳回孙某的诉讼请求。孙某不服，提出上诉。辽宁省高院二审判决驳回上诉、维持原判。孙某不服，向最高人民法院申请再审。最高人民法院于 2014 年 12 月 13 日裁定指令辽宁省高院再审本案。最高人民法院审查认为，判断销售者是否知道其销售的是专利侵权产品，应当结合案件事实进行综合判断。如销售者曾经销售过专利产品，或其购入被诉侵权产品的价格不合理地低于专利产品的市场价格等，均可以作为认定销售者知道其销售的是专利侵权产品的事实基础。如果上述情况均不存在，而仅仅是权利人向销售者发出过侵权警告函，则需要进一步对警告函中的具体内容予以审查。如果警告函中记载或包含有专利权（专利号、专利名称、专利权证书复印件等）和被诉侵权产品的基本情况、侵权比对结果及联系人信息等内容，在销售者也已经收到该警告函的情况下，原则上应当推定其知道销售的是专利侵权产品。

二、创新意义

为维护正常的市场经营秩序和鼓励打击侵权源头，《专利法》第 70 条对销售者的合法来源抗辩作出了规定，即在侵权产品的销售者主观上没有过错并能提供产品合法来源的情况下，可以免除赔偿责任。但司法实践中对于判断销售者是否具有主观过错，存在事实认定上的困难。侵权警告函在专利侵权纠纷中的广泛采用，为解决销售者主观过错的认定困境，提供了一种新的解决方案。本案中，法院根据权利人已经向销售者发出了记载有涉案专利和被诉侵权产品基本情况、侵权比对结果及联系方式等内容较为明确的侵权警告函，且销售者已经实际收到该警告函等事实，推定销售者知道其销售的为专利侵权产品。本案的审理，规范了权利人对销售者主观过错的证明标准，也为人民法院对销售者主观过错的认定提供了证据审查和判断的司法指引。

案例 4　苹果公司与专利复审委员会外观设计专利申请驳回复审行政纠纷上诉案

一、基本案情

2010 年 7 月 26 日，苹果公司向国家知识产权局提出名称为“便携式显示设备（带图形用户界面）”的外观设计专利申请（以下简称涉案申请）。国家知识产权局原审查部门以涉案申请系《专利审查指南》所规定的“产品通电后显示的图案”，不属于授予外观设计专利权的客体为由，对涉案申请予以驳回。苹果公司不服，向专利复审委员会提出复审请求。专利复审委员会对驳回决定予以维持。苹果公司不服，提起行政诉讼。北京市一中院认为，虽然涉案申请还包括在产品通电状态下才能显示的图形用户界面，但其仍是对便携式显示设备在产品整体外观方面所进行的设计，亦能满足外观设计专利在工业应用和美感方面的要求，可以成为我国外观设计专利权的保护客体。据此判决撤销专利复审委员会的复审决定。专利复审委员会不服，提起上诉。北京市高院二审判决驳回上诉、维持原判。

二、创新意义

本案是涉及图形用户界面这一新类型

客体能否作为外观设计专利申请对象的专利授权行政案件。法院在本案中明确了图形用户界面可以成为外观设计授权客体的法律依据，以及该类外观设计申请所需满足的条件。法院指出，虽然《专利审查指南》作出了“产品通电后显示的图案属于不授予外观设计专利权的情形”的规定，但图形用户界面能否作为外观设计专利的保护客体，仍应当以《专利法》第 2 条第 4 款的规定为法律依据。以图形用户界面提出外观设计专利申请时，为便于准确确定外观设计的内容，申请人应当在图片、照片或者简要说明中，通过恰当的方式指明哪些部分属于通电后才能显示的图案。本案为今后审理与图形用户界面有关的授权确权类专利行政案件进一步明晰了审理思路。

案例 5　正好公司与方盛公司确认不侵害专利权纠纷上诉案

一、基本案情

正好公司于 2005 年 7 月 1 日向国家知识产权局提出名称为“一种药物金刚藤微丸及其制备方法”的发明专利申请，并于 2009 年 6 月 17 日获得授权，专利号为 ZL200510080293.X。方盛公司就药品名称为“金刚藤分散片”的片剂药品向湖南省药监局提出新药申请，湖南省药监局于 2005 年 10 月 19 日对该申请予以受理。2008 年 12 月 25 日，国家食品药品监督管理局药品审评中心(以下简称审评中心)向方盛公司致函称，在该公司的“金刚藤分散片”注册过程中，正好公司向审评中心反映该申报药品涉及专利问题。审评中心通知方盛公司对此出具答复意见。2009 年 1 月 9 日，方盛公司向审评中心出具了对上述问题的答复意见，认为“金刚藤分散片”的药品注册申请未与正好公司的专利权形成冲突。方盛公司于 2011 年 9 月 13 日向正好公司致函，督促其行使诉权或者向国家食品药品监督管理局撤回异议。后正好制药公司既未提起诉讼，亦未撤回异议。方盛公司向湖南省长沙市中院提起确认不侵害专利权之诉。一审法院判决确认方盛公司的“金刚藤分散片”不侵犯正好公司的专利权。正好公司不服，提起上诉。湖南省高院二审判决驳回上诉、维持原判。

二、创新意义

权利人发出侵权警告函是确认不侵权之诉成立的行为要件之一。司法实践中，以律师函等形式体现的警告函的发送对象通常是涉嫌侵权的生产经营者本人。本案的意义在于扩展了侵权警告函的形式和对象的范围，即本案中的侵权警告是以正好公司针对方盛公司的新药申请而向国家有关部门提出的权利异议的方式体现。虽然它有别于权利人与涉嫌侵权人之间直接建立的侵权警告关系，但由于正好公司提出的该种异议已经直接影响到方盛公司的生产经营活动，从而在实质上起到直接向方盛公司发送警告函相同的作用和后果，考虑到市场经营活动中已经越来越多地出现了这种当事人借助合法形式，拖延或干扰他人正常生产经营活动的行为，从尽快稳定法律关系和恢复市场秩序的角度出发，法院在本案中对侵权警告函的形式和对象作出的灵活处理和解释，符合法律设置确认不侵权之诉的立法本义。

案例 6　上蒋火腿厂与雪舫工贸公司侵害商标权纠纷上诉案

一、基本案情

“雪舫蒋”火腿始产于明朝，系中华老字号。上蒋火腿厂系“雪舫蒋”商标的权利人。2007 年，雪舫工贸公司获得该商标的独占许可使用权，许可期限至 2028 年止。雪舫工贸公司于 2007 年、2009 年两次支付许可费各 36 万元。2011 年 11 月 2 日，上蒋火腿厂以雪舫工贸公司逾期支付许可使用费为由要求解除合同。雪舫工贸公司于次日向上蒋火腿厂汇入许可使用费 36 万元。其后，上蒋火腿厂多次在“雪舫蒋”店铺购买到了同时标注“雪舫蒋”和“吴宁府”商标的火腿。上蒋火腿厂以雪舫工贸公司侵害其“雪舫蒋”商标权为由，向浙江省金华市中院提起诉讼。一审法院认定雪舫工贸公司的行为构成商标侵权，遂判决其停止使用“雪舫蒋”商标，并赔偿经济损失 18 万元。上蒋火腿厂、雪舫工贸公司均不服一审判决，向浙江省高院提起上诉。二审法院认为，雪舫工贸公司违约情节轻微，上蒋火腿厂未履行合同附随义务，无权单方解除合同。但雪舫工贸公司在火腿商品上同时使用“吴宁府”与“雪舫蒋”商标的行为构成商标侵权。遂改判雪舫工贸公司立即停止在火腿商品上同时使用“雪舫蒋”和“吴宁府”系列商标的行为，并赔偿经济损失 15 万元。

二、创新意义

在同一商品之上同时标注被许可使用的商标和使用人自有商标的行为是否构成侵权，在商标法中并无明确的法律依据。法院在本案中从《商标法》第 52 条所规定的“其他损害”这一条文表述的开放性入手，结合商标许可使用制度的目的仍然在于保证商品来源的唯一性这一制度本义，考虑被许可商标的知名度，从雪舫工贸公司同时使用两商标的行为将导致同一商品出现两个来源这一客观后果的角度，推导出消费者将产生“雪舫蒋”和“吴宁府”商标具有商品来源关系上的同一性的认知，从而影响“雪舫蒋”商标识别功能的正常发挥，并得出构成商标侵权的结论是恰当的。此外，二审法院还特别强调了这种使用行为对商标许可使用关系结束之后的持续影响力，即它会使雪舫工贸公司自有且并无知名度的“吴宁府”商标变相获取和攀附已经具有较高市场知名度的“雪舫蒋”商标商誉。本案的审理，对于规范商标许可使用关系，以及厘清经许可使用的行为和侵权行为之间的界限，具有参考价值。

案例 7 周一品公司与小肥羊公司侵害商标权及不正当竞争纠纷上诉案

一、基本案情

小肥羊公司成立于 1999 年 9 月 13 日，其拥有第 3043421、3092512、3420327、3878260、4098504 号“小肥羊”文字或图文组合商标，均核定使用于第 43 类的饭店、餐厅（馆）等服务上，第 3043421 号商标曾于 2004 年 11 月 12 日被认定为餐厅、饭店服务上的驰名商标。周一品公司在门店招牌、服务员的胸牌及点菜单上使用了“一品小肥羊”标识；在门店指示牌使用了“周一品小肥羊”等标识；在餐具和火锅电磁炉上使用含有“小肥羊”的商业标识；同时在域名为 www.zypxfy.com 的网站上，除使用上述标识外，还注明版权所有为深圳市一品小肥羊餐饮连锁集团……一品小肥羊官方网站。该网站提供“一品小肥羊餐饮连锁”加盟登记表，并介绍“一品小肥羊”特许连锁店加盟程序。小肥羊公司以周一品公司的上述行为构成侵害商标权及不正当竞争为由，向广东省深圳市中院提起诉讼。一审法院认定，周一品公司的先用权主张不能成立，其使用的商业标识及企业名称侵犯了小肥羊公司的注册商标专用权及企业名称权，故判决周一品公司立即停止侵权行为并赔偿小肥羊公司经济损失 90 万元及合理支出 10 万元。周一品公司不服，提起上诉。广东省高院二审判决驳回上诉、维持原判。

二、创新意义

修改后的《商标法》第 59 条第 3 款增加了关于商标先用权的规定，这在一定程度上确认了在先使用的未注册商标的法律地位及相应的权益，也较好地平衡了注册商标权利人和在先使用未注册商标权利人之间的利益。本案在《商标法》修改的立法背景下，探讨了关于商标先用权的规则适用，特别是在理论和司法实践中都尚无定论的商标先用权抗辩中"原有范围"的界定问题，并在此基础上较为深入地阐释了先用权制度与注册商标制度之间的位次关系和利益平衡，为新《商标法》实施后涉及先用权抗辩案件的审理进行了积极而有益的探索。

案例8 聚合公司与浙江移动公司、融创公司侵害计算机软件著作权纠纷上诉案

一、基本案情

浙江省卫生信息中心（以下简称信息中心）代表浙江省卫生厅（以下简称卫生厅）牵头建设浙江省医院预约诊疗服务系统，该系统软件由浙江移动公司负责，由其全资子公司融创公司具体实施，融创公司委托聚合公司进行软件开发。2010年9月，聚合公司开发的系统软件上线试运行。2011年9月底，因聚合公司与浙江移动公司、融创公司的合作发生争议，聚合公司开发的软件于2011年10月9日后被停用。融创公司利用聚合公司所开发软件的部分源代码重新开发了系统软件。聚合公司以浙江移动公司、融创公司、卫生厅、信息中心未经其许可，复制、剽窃并使用涉案软件的行为，侵害其软件著作权为由，向浙江省杭州市中院提起诉讼。一审法院认为，涉案软件的著作权由聚合公司享有，但融创公司作为委托方，有权在委托创作的特定目的范围内免费使用该作品。遂判决驳回聚合公司的诉讼请求。聚合公司不服，向浙江省高院提出上诉。二审法院认为，浙江移动公司、融创公司仅能在委托创作的原有目的范围内继续使用，但不能对聚合公司享有著作权的软件作品作为技术成果加以利用。融创公司的行为构成侵权，但由于涉案软件具有公益属性，不宜停止使用。遂判决撤销一审判决，由浙江移动公司、融创公司共同赔偿聚合公司20万元。

二、创新意义

本案以软件著作权案件为视角，诠释和明晰了委托创作合同关系中委托方和受托方的权利范围。法院指出，在著作权归属于受托人的情况下，如双方未就作品的使用范围作出约定，委托人可以在委托创作的特定目的范围内免费使用软件作品。但基于软件作品的特殊性，委托人的具体使用方式应仅包括通过软件客户端正常使用软件的各项功能和基于使用环境、功能和目的的改进所进行的必要修改。但委托人不能够将软件作品作为技术成果加以利用，若委托人采取修改程序源代码的方式对软件进行重新开发利用，将直接侵害受托人的著作权。本案的审理，对于软件著作权案件中合理划分委托人与受托人的权利义务，以及明确侵权行为的认定标准具有一定的借鉴意义。

案例9 麦格昆磁天津公司诉夏某、瑞泰公司侵害技术秘密纠纷上诉案

一、基本案情

麦格昆磁公司掌握快淬法生产钕铁硼磁粉的两项关键技术——甩带轮技术和喷嘴技术，后以普通许可的方式授权麦格昆磁天津公司使用上述技术，并授权其可以自身名义起诉。瑞泰公司亦从事相同磁粉的生产和销售，张某、夏某系该公司的创立者。其中，张某曾为麦格昆磁公司和麦格昆磁天津公司的员工，掌握涉案甩带轮技术和喷嘴技术；夏某系瑞泰公司生产设备的提供者。2009年6月，麦格昆磁公司以瑞泰公司、张某侵害其商业秘密为由向公安机关报案。公安机关在侦查过程中对夏

某进行了询问，查扣了瑞泰公司的生产设备，调取了加工制造图纸，并将相应资料送交鉴定机构进行鉴定。经鉴定，麦格昆磁公司主张的相关技术信息不为公众所知悉，瑞泰公司的生产设备中的相应技术信息与麦格昆磁公司主张权利的技术信息实质相同，目前该刑事案件尚未审结。麦格昆磁天津公司根据公安机关侦查过程中形成的主要证据，以夏某、瑞泰公司侵害其技术秘密为由，向江苏省苏州市中院提起诉讼。一审法院认为，夏某、瑞泰公司的行为侵害了麦格昆磁天津公司的商业秘密，判决夏某、瑞泰公司立即停止侵权并共同赔偿麦格昆磁天津公司经济损失及合理费用共计 1150 余万元。夏某、瑞泰公司均不服，向江苏省高院提起上诉。二审法院判决驳回上诉、维持原判。

二、创新意义

本案是一起民事、刑事交叉的商业秘密侵权案件。民事、刑事交叉知识产权案件中的证据规则和证明标准的差异，一直困扰着此类案件的审理。法院在本案中对几个争议问题的处理，以及相关的审理思路，对于类似案件的审理均具有较强的借鉴意义和示范效应：对于刑事侦查阶段出现的鉴定程序瑕疵，法院采取了补充调查和质询鉴定专家的方式，克服了技术事实认定方面的障碍；对于民事侵权责任与刑事责任之间的关系，法院明确指出，由于证明标准存在差异，民事侵权司法认定并不当然能够成为刑事案件中定罪量刑的依据。

案例 10　张某侵犯著作权罪案

一、基本案情

2009 年年底，被告人张某设立 www.1000ys.cc 网站（网站名称为 1000 影视）。其后，张某未经著作权人许可，通过网站管理后台，链接至哈酷资源网获取影视作品的种子文件索引地址，通过向用户提供并强制使用 QVOD 播放软件的方式，为网站用户提供浏览观看影视作品的网络服务。为提高网站的知名度和所链接影视作品的点击量，被告人张某以设置目录、索引、内容简介、排行榜等方式向用户推荐影视作品。同时，被告人张某加入“百度广告联盟”，并获取广告收益。经鉴定，网站链接的影视作品中，有 941 部与中国、美国、韩国、日本等相关版权机构认证的具有著作权的影视作品内容相同。上海市普陀区法院经审理后认为，被告人张某以营利为目的，未经著作权人许可，发行（通过信息网络向公众传播）影视作品达 941 部，情节严重，其行为已构成侵犯著作权罪，依法判处被告人张某犯侵犯著作权罪，判处有期徒刑 1 年 3 个月，缓刑 1 年 3 个月，并处罚金人民币 3 万元；违法所得依法予以追缴；扣押在案的作案工具，依法予以没收。判决后，被告人张某未提起上诉，公诉机关未提起抗诉，判决已发生法律效力。

二、创新意义

本案中的被告人所实施的并非作品提供行为，而是网络服务提供行为。在目前的刑事司法实践中，对于此类帮助型间接侵权行为能否或有必要上升为刑事犯罪行为，即司法解释中“通过信息网络向公众传播”的行为是否包括提供网络服务的行为；如入罪，网络服务提供者应认定为正犯还是帮助犯；如系正犯，如何掌握“未经著作权人许可”等犯罪构成要件的审查标准；如何处理民事、刑事衔接的证据认定和证明标准等问题在司法实践中都尚存争议。本案围绕网络服务提供行为这种新的犯罪类型，从入罪路径、犯罪构成要件审查、证据审查标准等角度进行了较为深入的研究和探索，具有一定的创新意义。

（最高人民法院知识产权审判庭供稿）

最高人民法院知识产权刑事案例

案例 1 周某某等侵犯著作权案

一、基本案情

被告人周某某于 2008 年 8 月注册成立北京心田一品公司，经营思路网站。思路网站下设门户网（网址 www.siluhd.com）、思路论坛（网址 bbs.siluhd.com），并以 HDstar 论坛（网址 www.hdstar.org）作为思路网站的内站。2009 年 1 月至 2013 年 4 月，被告人周某某雇用被告人苏某、曹某、贾某、李某等人，未经著作权人许可，以会员制方式，将他人享有著作权的大量影视、音乐等作品以种子形式上传至 HDstar 论坛，供 2.6 万余注册会员下载，在思路网站投放广告，并通过销售网站注册邀请码和 VIP 会员资格营利。被告人寇某某于 2012 年 5 月至 2013 年 4 月，雇用被告人崔某等人，未经著作权人许可，复制他人享有著作权的电影至 4000 余份硬盘中，并通过淘宝网店予以销售。

二、法院审判

北京市海淀区法院认为，被告人周某某雇用被告人苏某、曹某、李某、贾某以营利为目的，未经著作权人许可，通过信息网络传播他人作品，情节特别严重；被告人寇某某雇用被告人崔某以营利为目的，未经著作权人许可，复制、发行他人作品，情节特别严重，上述被告人的行为均已构成侵犯著作权罪，应予惩处。依据各被告人的地位、作用及认罪态度等情况，法院依法判决：被告人周某某犯侵犯著作权罪，判处有期徒刑 1 年，罚金人民币 100 万元；被告人寇某犯侵犯著作权罪，判处有期徒刑 3 年，罚金人民币 25 万元；被告人苏某犯侵犯著作权罪，判处有期徒刑 2 年 6 个月，罚金人民币 10 万元；被告人曹某犯侵犯著作权罪，判处有期徒刑 2 年，缓刑 3 年，罚金人民币 5 万元；被告人李某犯侵犯著作权罪，判处有期徒刑 2 年，缓刑 3 年，罚金人民币 5 万元；被告人贾某犯侵犯著作权罪，判处有期徒刑 2 年，缓刑 3 年，罚金人民币 5 万元；被告人崔某犯侵犯著作权罪，判处有期徒刑 1 年，缓刑 2 年，罚金人民币 2 万元。宣判后，被告人苏某、寇某提起上诉。北京市一中院二审驳回上诉、维持原判。

三、案件评析

思路网号称“中国最大的数字高清门户网站”、国内最顶尖的蓝光高清网站。该网站刊载高清资讯和高清电影，表面上看是一个介绍蓝光技术的普通网站，但其链接到的 HDstar 论坛却存有大量蓝光高清格式的盗版电影和电视剧资源可供付费下载，网络上的很多盗版高清影片片源均来自思路网。通过这种方式，思路网积累了大量的注册用户，成为国内最著名的盗版高清电影网站。本案的作案手段非常隐蔽，采取多级页面多层级架构，将违法犯罪的页面隐藏于正当经营的页面之下，为案件侦破和审判设置障碍，这是网络侵犯著作权犯罪的新形态。首先，本案在审判方面抽丝剥茧、认真厘清了各级网络架构之间的关系。在案证据证实，思路网、思路论坛与 HDstar 论坛运营主体同一、运营方式关联，HDstar 论坛的充值通道开设在思路论坛上，因此应当将三个网站作为有机联系的一个整体考察。其次，关于 HDstar 论坛是否具有营利性的目的，根据《最高人民法院、最高人民检察院关于办理侵犯知识产权刑事案件具体应用法律若干问题的解释》第 11 条第 1 款的规定，以刊登收费广告、收取会员注册费等方式直接或者间接收取费用的情形，属于《刑法》第 217 条规定的“以营利为目的”的情形。思路网站的有偿广告彰显了被告人主观上的营利目的，因此，可以认定周某某等人是“以营利为目的”。最后，关于不营利的会员是否应计入会员人数，根据《最高人民法院、最高人民检察院、公安部关于办理侵犯知识产权刑事案件适用法律若干问题的意见》，以会员人数作为定罪量刑的标准时，并未限定注册会员的种类，会员数量反映出侵害他人著作权的影响范围，是社会危害程度的客观表现，是否是营利会员并无本质区别，因此不营利会员数亦应当计入会员人数。根据最高人民法院、最高人民检察院、公安部《关于办理侵犯知识产权刑事案件适用法律若干问题的意见》第 13 条的规定，注册会员达到 5000 人以上的，属于情节特别严重，故对周某某在 3 年以上 7 年以下量刑适当。本案判决对于打击互联网环境下著作权犯罪、保护知识产权具有重要示范作用。

案例 2 张某等侵犯著作权案

一、基本案情

2009 年年底，被告人张某设立 www.1000ys.cc 网站（网站名称为“1000 影视”）。其后，张某未经著作权人许可，通过网站管理后台，链接至哈酷资源网获取影视作品的种子文件索引地址，通过向用户提供并强制使用 QVOD 播放软件的方式，为网站用户提供浏览观看影视作品的网络服务。为提高网站的知名度和所链接影视作品的点击量，张某以设置目录、索引、内容简介、排行榜等方式向用户推荐影视作品。同时，张某加入“百度广告联盟”，并获取广告收益。经鉴定，网站链接的影视作品中，有 941 部与中国、美国、韩国、日本等相关版权机构认证的具有著作权的影视作品内容相同。

二、法院审判

上海市普陀区法院经审理后认为，被告人张某以营利为目的，未经著作权人许可，通过信息网络向公众传播影视作品达 941 部，情节严重，其行为已构成侵犯著作权罪。张某到案后能如实供述自己罪行，依法可从轻处罚。张某在被司法机关取保候审期间能遵纪守法，可适用缓刑予以考验。法院依法判决：被告人张某犯侵犯著作权罪，判处有期徒刑 1 年 3 个月，缓刑 1 年 3 个月，并处罚金人民币 3 万元；违法所得依法予以追缴；扣押在案的作案工具，依法予以没收。判决后，被告人张某未上诉，检察机关未抗诉，判决已生效。

三、案件评析

根据我国《刑法》及相关规定，以营利为目的，未经著作权人许可，发行（包含通过信息网络向公众传播）他人作品合计数量达 500 部以上的，构成侵犯著作权罪。本案中，被告人张某通过互联网论坛，采集盗版影片资源建立网站，并加入“百度广告联盟”，通过在网站上刊登收费广告获取利益，其主观上具备了营利目的。被告人张某并非直接作品提供者，其通过 www.1000ys.cc 网站管理后台，链接至哈酷资源网获取影视作品种子文件的索引地址，并通过向用户提供并强制使用 QVOD 播放软件，供 www.1000ys.cc 网站用户浏览观看影视作品，从而完成涉案影视作品在网络上的传播。其上述网络服务提供行为，可使公众在个人选定的时间和地点通过 www.1000ys.cc 网站获得作品，符合信息网络传播行为的实质性要件，属信息网络传播行为，因此符合侵犯著作权罪中“发行”（包含通过信息网络向公众传播）的行为性质。关于如何认定“未经著作权人许可”，在 P2P 技术下，最先将作品制作成种子置于互联网上的直接作品提供者确实存在分散性和不确定性，但从影视作品权利人的经营模式及授权形式(通过作品授权许可获取经济利益)来看,基于P2P技术特点,权利人不可能许可其影视作品以设置成种子的形式(即P2P技术)在互联网上免费传播,故最先将影视作品制作成种子置于互联网上的作品提供者,其"未经著作人许可"的事实成立。张某从互联网论坛获得了通过采集盗版影片资源建立网站并进行牟利的信息及操作技术,定向链接至哈酷资源网,主动采集影片资源,并以设置目录、索引、内容简介、排行榜方式向用户推荐影视作品。涉案www.1000ys.cc网站上的作品均为影视剧,哈酷资源网并非正版授权的影视视频分享网站,张某开设的是营利性影视视频分享网站,但该网站未获相关行政许可,系非法网站,其作为影视视频分享网站的经营者从未获得相关权利人的合法授权,因此,张某明知在www.1000ys.cc网站上供用户浏览观看的影视作品属于"未经著作权人许可"而进行网络传播影视作品行为。张某未经著作权人许可,通过信息网络向公众传播的影视作品达941部,已符合构成侵犯著作权罪的入罪条件。

本案被告人所实施的并非作品提供行为,而是网络服务提供行为,犯罪行为类型新颖,涉及P2P等专业性较强的网络技术。本案通过刑事制裁的方式规制涉案网络服务提供行为,体现了对权利人知识产权的保护力度。

案例3　叶某某等人侵犯商业秘密案

一、基本案情

沃顿公司生产销售反渗透膜,在行业内具有较强实力。被告人叶某某原系沃顿公司西南区销售经理,其违反保密制度,从该公司电脑系统复制客户信息、供应商资料、价格信息等涉密资料私自保存。被告人宋某违反保密制度,复制沃顿公司小线3复膜总图、小线刮膜改造总图、02刀槽图等涉密资料。被告人赵某某违反保密制度,擅自将沃顿公司PS溶液及LP/ULP-VA配制配方、工艺参数、配制作业流程等涉密文件刻录成光盘带回家中。2011年,叶某某、宋某、赵某某先后从沃顿公司辞职。

叶某某辞职前,与彭某(另案处理)商量经营反渗透膜,后二人邀约赵某某、宋某参加,四人共谋成立公司。2011年4月13日重庆嘉净源商贸公司注册成立,销售反渗透膜。2011年5月,四人成立了水处理设备加工门市部,为嘉净源公司生产反渗透膜。宋某、赵某某利用所掌握的沃顿公司的相关技术资料,制作生产反渗透膜设备并调试。2012年2月调试成功后,加工门市部开始生产反渗透膜,并以嘉净源公司名义对外销售。叶某某将沃顿公司供应商、客户信息等经营信息交给彭某,由其为嘉净源公司、加工门市部联系采购、销售等事宜。案发后,从宋某处查获电脑一台,电脑中的文件记载截至2013年3月,加工门市部生产反渗透膜179 176支。经鉴定,叶某某等人不当获利金额262余万元,给沃顿公司造成的损失数额为375万余元。

二、法院审判

贵州省贵阳市中院认为,被告人叶某某、赵某某、宋某违反与沃顿公司保密协议的约定,违反沃顿公司有关保守商业秘密的要求,使用了其所掌握的沃顿公司的商业秘密,共同实施了侵犯他人商业秘密的行为,造成商业秘密的权利人375余万元的经济损失,造成特别严重后果,其行为均已构成侵犯商业秘密罪。依据各被告人的犯罪数额、情节以及在共同犯罪中的地位、作用,法院依法判决:被告人叶某某犯侵犯商业秘密罪,判处有期徒刑4年,并处罚金人民币2万元;被告人赵某某犯侵犯商业秘密罪,判处有期徒刑3年,并处罚金人民币1万元；犯侵犯商业秘密罪，判处有期徒刑3年，并处罚金人民币1万元。宣判后，各被告人未上诉，检察机关未抗诉，判决已生效。

三、案件评析

本案共有三个焦点问题。首先，能否认定被告人叶某某、赵某某、陈某利用在沃顿公司任职的便利条件，私自复制、保存并使用的沃顿公司的有关技术信息和经营信息系商业秘密。《刑法》第219条第3款明确规定，“商业秘密，是指不为公众所知悉，能为权利人带来经济利益，具有实用性并经权利人采取保密措施的技术信息和经营信息”。根据上述规定，经鉴定，三名被告人复制、保存和使用的上述技术信息、经营信息系不为公众所知悉的信息，且沃顿公司对上述信息采取了保密措施，其中的技术信息是沃顿公司生产经营反渗透膜的关键信息，该公司生产的反渗透膜远销多个国家和地区，在国内和国际市场上均具有较强竞争力，其在经营过程中不断开发的商品供销渠道、客户名单、价格信息等经营信息帮助其建立固定客户，能够为沃顿公司带来现实的经济利益，因此，上述经营信息和技术信息均属于沃顿公司所有的商业秘密。其次，关于三被告人是否实施了侵犯商业秘密的行为。根据《刑法》第219条第1款第(1)项规定的侵犯商业秘密的行为方式为：“违反约定或者违反权利人有关保守商业秘密的要求，披露、使用或者允许他人使用其所掌握的商业秘密的。”三被告人利用在沃顿公司任职的便利，违反沃顿公司有关保密制度的规定和三人与沃顿公司签署的保密协议，私自复制、保存和使用并允许他人使用其所掌握的沃顿公司所有的商业秘密，生产、销售与沃顿公司同类的产品，向沃顿公司的原有客户销售产品，实施了侵犯沃顿公司商业秘密的行为。最后，关于三被告人的行为给沃顿公司造成的损失数额如何认定。给权利人造成损失数额的认定一向为审判侵犯商业秘密犯罪中的难点问题，本案在认定侵权行为给被害人造成的损失数额认定方面具有典型意义。其一，关于研发成本能否认定为给权利人造成的损失数额。本案中，经鉴定，赵某某、宋某擅自使用的沃顿公司的相关技术信息属于沃顿公司的专有技术，研发成本为2614万余元。但三名被告人虽然擅自使用了沃顿公司的相关商业秘密，但并未向公众或者他人披露该商业秘密，相关技术信息并未丧失秘密性，在被告人受到刑事处罚的同时，沃顿公司并没有丧失对相关技术信息的独占权，因此，研发成本不宜计入因被告人侵犯商业秘密行为给沃顿公司造成的直接经济损失的数额。其二，给权利人造成的损失数额和侵权人获利数额的选择问题。沃顿公司的商业秘密被侵犯，最直接的损失是其产品市场份额的减少导致的利润减少。本案中，三被告人共同生产、销售了17万余支反渗透膜，不当获利200余万元，但因为侵权人为抢占权利人的市场份额，势必以低于权利人的售价销售与权利人同类的产品，因此以侵权人实际获利作为认定权利人遭受损失的数额，一定程度上会低估了权利人的实际损失。鉴于此，本案以侵权人的销售数量乘以沃顿公司在正常销售价格下的利润计算作为沃顿公司因被告人等侵犯商业秘密所造成的损失，根据相关会计报告，认定沃顿公司因被告人等侵犯其商业秘密而造成损失375万余元，计算方法和认定方式合理。根据《最高人民法院、最高人民检察院关于办理侵犯知识产权刑事案件具体应用法律若干问题的解释》第7条第2款的规定，“给商业秘密的权利人造成损失数额在250万元以上的，属于刑法第219条规定的‘造成特别严重后果’，应当以侵犯商业秘密罪判处3年以上7年以下有期徒刑，并处罚金”，故对三名被告人应当在3年以上7年以下有期徒刑范围内量刑。

案例4 王某某假冒注册商标案

一、基本案情

被告人王某某与林某某、王某波(均另案处理)等人为了获得非法利益,共谋假冒东莞徐记公司的注册商标生产"徐福记"酥心糖和"阿尔卑斯"糖。2011年8月起,王某某在位于四川省大邑县蔡场镇蔡场社区4组的成都市腾泰公司内,组织工人利用"徐福记"酥心糖和"阿尔卑斯"糖的口味配方将原材料制成半成品,后组织工人在蔡场社区15组王某某家中进行包装,再将包装成成品的"徐福记"酥心糖和"阿尔卑斯"糖运至大邑县金福粮油加工厂的库房堆放,并从成品库将成品运出销售给客户。2011年12月16日,王某某被公安机关抓获,同时查获成品"徐福记"酥心糖8005箱、"阿尔卑斯"糖1901箱。经鉴定,所查获的假冒的"徐福记"酥心糖和"阿尔卑斯"糖共价值人民币988 115元。案发后,查明已销售的假冒"徐福记"酥心糖和"阿尔卑斯"糖共计价值人民币1 416 735元。

二、法院审判

四川省大邑县法院认为,被告人王某某未经商标所有人许可,在同一种商品上使用与其注册商标相同的商标,情节特别严重,其行为已触犯刑律,构成假冒注册商标罪,应当依法处罚。四川省大邑县检察院指控被告人王某某犯罪的定性和适用法律正确,予以支持。被告人王某某的辩护人辩称被告人王某某自愿认罪,如实供述犯罪事实,可从轻处罚的辩护意见与本案事实相符,予以采信。法院依法判决:被告人王某某犯假冒注册商标罪,判处有期徒刑3年2个月,并处罚金人民币100 000元。

判决生效后,四川省成都市检察院向最高人民法院提出抗诉认为:原审对被告人王某某适用的罚金刑量刑畸轻,主刑量刑亦畸轻。

再审过程中,东莞徐记公司与被告人王某某就侵害商标权纠纷签署和解协议,王某某支付东莞徐记公司赔偿款35万元,东莞徐记公司出具的谅解书,希望法院对王某某从轻处理。四川省成都市中院再审认为,根据最高人民法院、最高人民检察院《关于办理侵犯知识产权刑事案件具体应用法律若干问题的解释》第1条的规定,非法经营数额在25万元以上或者违法所得数额在15万元以上;假冒两种以上注册商标,非法经营数额在15万元以上或者违法所得数额在10万元以上的,属于《刑法》第213条规定的情节特别严重,应当以假冒注册商标罪判处3年以上7年以下有期徒刑,并处罚金。本案中,王某某虽假冒两种以上注册商标,其非法经营数额在15万元以上,应当在3年以上7年以下判处刑罚。鉴于王某某就侵害商标权主动与对方达成和解,积极支付赔偿款35万元,且获得东莞徐记公司谅解,可酌定从轻,再审对原一审法院对其判处有期徒刑3年2个月予以维持。关于抗诉的罚金刑问题。根据最高人民法院、最高人民检察院《关于办理侵犯知识产权刑事案件具体应用法律若干问题的解释(二)》第4条的规定:"对于侵犯知识产权犯罪的,人民法院应当综合考虑犯罪的违法所得、非法经营数额、给权利人造成的损失、社会危害性等情节,依法判处罚金。罚金数额一般在违法所得的一倍以上五倍以下,或者按照非法经营数额的50%以上一倍以下确定。"抗诉机关认为王某某非法经营数额为24万余元,其罚金数额应按照非法经营数额的50%以上一倍以下确定的抗诉成立,予以支持。判决被告人王某某犯假冒注册商标罪,判处有期徒刑3年2个月,并处罚金人民币103万元。

三、案件评析

被告人王某某等以营利为目的,未经注册商标所有人东莞徐记公司同意,利用"徐福记"酥心糖和"阿尔卑斯"糖的口味配方自行生产糖果，并按照“徐福记”酥心糖和“阿尔卑斯”糖的包装方式进行包装，假冒“徐福记”酥心糖和“阿尔卑斯”糖用于销售，其行为属于“在同一种商品上使用与注册商标相同的商标的行为”。王某某假冒两种以上注册商标，非法经营数额在15万元以上，根据最高人民法院、最高人民检察院《关于办理侵犯知识产权刑事案件具体应用法律若干问题的解释》第1条的规定，假冒两种以上注册商标，非法经营数额在15万元以上，属于《刑法》第213条规定的情节特别严重，应当以假冒注册商标罪判处3年以上7年以下有期徒刑，并处罚金。鉴于王某某就侵害商标权主动与对方达成和解，积极支付赔偿款35万元，且获得东莞徐记公司谅解，再审维持原一审法院对其判处有期徒刑3年2个月，量刑适当。

本案争议的焦点问题在于罚金刑是否量刑适当。对于罚金刑的量刑标准，司法解释已有明确规定。根据最高人民法院、最高人民检察院《关于办理侵犯知识产权刑事案件具体应用法律若干问题的解释（二）》第4条的规定，罚金数额一般在违法所得的1倍以上5倍以下，或者按照非法经营数额的50%以上1倍以下确定。本案中，认定被告人王某某等人非法经营数额为240余万元，原判只判处罚金10万元，罚金刑量刑畸轻。鉴于非法经营数额中，价值98万余元的侵权产品尚未实际销售，同时考虑王某某积极赔偿权利人部分损失，双方已经达成谅解的实际情况，再审法院对王某某酌情从轻处罚，判处罚金103万元适当。

（最高人民法院刑一庭供稿）

检察机关2014年度保护知识产权十大案例

案例1　段某侵犯商业秘密案

一、基本案情

2010年7月至2011年5月，被告人段某在江苏南京金刚石工具公司任职期间，违反该公司管理规定，以复制、偷拍等不正当手段，获取该公司已采取保密措施的金刚石线锯生产设备的图纸等商业秘密。2011年5月11日，段某以技术入股的形式，与他人成立南京万牙索材料公司，获取该公司40%的股份，并任总经理。该公司利用段某获取的商业秘密，先后生产并销售金刚石线锯生产设备7台，违法获利1092万余元。

二、诉讼经过

2013年6月27日，江苏省南京市江宁区检察院以段某涉嫌侵犯商业秘密罪提起公诉。2013年11月15日，南京市江宁区法院以侵犯商业秘密罪判处被告段某有期徒刑6年，罚金200万元。二审维持原判。

三、案件评析

在该案办理过程中，检察机关就案件事实、证据和法律适用听取权利人、鉴定人、辩护人、诉讼代理人意见，通过到权利单位现场走访，实地了解生产经营状况，对案件中的技术性问题形成了直观认识，为案件的顺利办理奠定了坚实基础。庭审过程中，控辩双方围绕鉴定意见这一关键证据和案件争议焦点进行了激烈辩论，检察机关及时申请鉴定人出庭作证，有力地指控了犯罪。办案检察机关还认真剖析该案，针对商业秘密司法鉴定中存在的问题和争议开展实证研究，撰写了《侵犯商业秘密案件司法鉴定的实证分析报告》，构建了规范化、制度化、合理化的审查模式，提高了办理侵犯商业秘密类案的执法水平。

该案被告被判处的刑罚接近侵犯商业

秘密罪的法定最高刑，有力地打击了侵犯知识产权犯罪，充分体现了检察机关保护知识产权的职能和作用，树立了检察机关的良好形象。

案例2 周某等7人侵犯著作权案

一、基本案情

2008年3月，被告人周某注册成立北京心田一品公司，运营思路为高清网站。该网站下设思路门户网站（www. siluhd. com）、思路论坛（bbs. siluhd. com）及HDstar论坛（www. hdstar. org）。门户网站的内容主要是高清影视资讯和影视设备及广告。思路论坛是网友交流电影信息的平台，对外免费开放注册。HDstar论坛是思路论坛的内站，非开放注册，需付费购买邀请码才能成为注册会员。

2009年1月至2013年4月，被告人周某雇佣被告人苏某、曹某、贾某、李某等人，未经著作权人许可，以会员制的方式将3万余个他人享有著作权的电影、电视、音乐等作品以种子文件的形式上传至HDstar论坛，供2.6万余注册会员下载，并通过在思路网站上投放广告收取广告费及销售注册邀请码和VIP会员资格营利。

被告人寇某因在思路高清网上销售已复制高清电影的硬盘被抓获。经查，2012年5月至2013年4月，被告人寇某雇用被告人崔某等人，未经著作权人许可，使用专业拷贝软件将他人享有著作权的2300余部影视作品复制至4000余份硬盘中，并通过淘宝网店予以销售。

二、诉讼经过

2013年8月3日，公安机关以周某、苏某、曹某、李某、贾某、寇某、崔某、羿某、严某、常某等10人涉嫌侵犯著作权罪，向北京海淀区检察院移送审查起诉。2014年2月13日，北京海淀区检察院对周某等7人提起公诉。2014年5月15日，北京海淀区法院以侵犯著作权罪分别判处7名被告人5年至1年有期徒刑不等，各并处罚金100万元至2万元不等。二审维持原判。

三、案件评析

本案又被称为全国知名高清网站“思路网”侵犯著作权案，该案技术关系之复杂、侵权手段之隐蔽、侵权形式之新颖前所未有，被媒体广泛报道为“中国版权第一案”。将种子文件上传至互联网供注册会员下载被追究刑事责任，在国内尚属首例。办案之初，为准确适用法律，检察机关充分运用行政执法和刑事司法衔接机制，与版权执法部门多次召开联席会议，从刑事司法角度提出收集证据的注意事项，确保了行政执法机关收集的证据在刑事诉讼中可以使用。在侦查阶段，检察机关围绕关键证据的取证方向和重点引导公安机关侦查，为案件的成功办理打下了坚实基础。同时，检察机关通过走访视频网站企业，了解网站传播权利人作品的技术问题；向知识产权领域专家咨询，获得专业支持，将上传种子文件供他人下载的行为认定为《刑法》规定的“复制发行”行为，以注册会员标准认定犯罪数量，攻克了技术难关和法律难关，准确地指控了犯罪。

本案发生后，社会关注度高，特别是在高清电影爱好者中引起强烈反响。检察机关始终保持法律理性、恪守检察官客观公正义务，严格贯彻宽严相济刑事政策，对情节严重的7人依法提起公诉，对情节较轻的其他3人依法作出相对不起诉决定，取得了良好的法律效果和社会效果。

案例3 同伟图文公司、何某等3人侵犯著作权案

一、基本案情

被告人何某系上海惠生图文设计制作

室经营人，在未取得著作权人许可的情况下，从网络上下载《之江新语》《摆脱贫困》《科学与爱国》《干在实处，走在前列》等电子版书籍或购书拆装，利用购买的打印机、复印机及无线胶装机等设备予以打印、复印、裁剪、装订成册，并通过他人和其本人的身份证件在淘宝网上注册的“惠生图文”“上海复旦网上书店”淘宝网店，以低于市场售价的价格进行销售。自 2013 年 1 月至案发，“惠生图文”网店共销售上述书籍 1327 本，“上海复旦网上书店”网店共销售上述书籍 3320 本，销售金额共计 8.7 万余元。

被告人杨某、蔡某分别系被告单位同伟图文公司的法定代表人和经营管理人。被告人何某将《摆脱贫困》《之江新语》等书的封面以每张 1.6 元的价格委托同伟图文公司为其印制。至案发，同伟图文公司为被告人何某制作《摆脱贫困》《之江新语》等书封面 1400 余个。

二、诉讼经过

2014 年 4 月 1 日，公安机关以何某等人涉嫌侵犯著作权罪立案侦查，5 月 20 日上海市杨浦区检察院作出批准逮捕决定，8 月 14 日，本案被提起公诉。2014 年 10 月 14 日，上海市杨浦区法院以侵犯著作权罪判处被告单位同伟图文公司罚金，分别判处被告人何某等 3 人有期徒刑 3 年 6 个月至拘役 6 个月不等，各并处罚金。此判决为生效判决。

三、案件评析

该案系最高人民检察院与国家版权局、公安部联合督办案件。在侦查阶段，检察机关即指派业务骨干提前介入，引导取证，要求公安机关不依赖口供而应注重收集激光打印机作业日志等客观证据，对准确认定印制盗版图书封面数量等案件事实起到了关键作用；在审查逮捕过程中，检察机关在厘清案件事实、准确界定共犯地位的基础上，以从重打击团伙犯罪、有效遏制侵犯著作权犯罪滋长为出发点，从严适用强制措施，对 3 名犯罪嫌疑人均批准逮捕，在相关从业人员中引起强烈反响，有效震慑了犯罪；在审查起诉过程中，检察机关发现上海同伟图文公司依法应认定为单位犯罪，但公安机关并未移送，遂引导公安机关追诉漏犯，保证了法律的正确适用。

案例 4　徐某等 6 人侵犯著作权案

一、基本案情

2007 年至 2013 年 7 月，被告人徐某在互联网开办个人网站“999 宝藏网”（www.rin9.com），案发前网站服务器所在地点为安徽易速公司全椒双线机房。“999 宝藏网”系论坛模式，设电脑综合、移动设备、宽带娱乐、文艺休闲、站务管理板块，各版块下设子版块。“999 宝藏网”以发布广告和收取网站会员注册费获利，网站有下载权限注册会员 2 万余人。为增加网站人气、提高收益，被告人徐某未经著作权人许可，通过“999 宝藏网”，鼓励、放任网站会员刘某、周某等人，发布、上传经封装的 Windows XP、Windows 7 等侵权操作系统下载帖 4000 余个，供网站会员浏览、下载。其中，被告人刘某、周某、苏某、郭某等人未经著作权人许可，自行封装微软操作系统软件，以“999 宝藏网”为平台，发布、上传经其自行封装的微软 Windows XP、Windows 7、Windows 8 等侵权操作系统下载帖，供网站会员浏览、下载，分别从第三方收取推广费用达 100 万、110 万、99 万、15 万余元。被告人丁某系“999 宝藏网”论坛管理员，在明知网站上发布的大量操作系统软件未经著作权人许可的情况下，仍对侵权软件帖进行评测、回复、加精、加亮等管理操作，违法所得 4.8 万元。

二、诉讼经过

2013 年 6 月 21 日，公安机关以徐某等

6人涉嫌侵犯著作权罪立案侦查。安徽省全椒县检察院分别于2013年9月10日、11月22日、2014年1月2日批准逮捕徐某、刘某、周某、苏某。2014年6月11日，该案被提起公诉。2014年10月9日，全椒县法院以侵犯著作权罪，分别判处6名被告人有期徒刑3年6个月至有期徒刑1年、缓刑1年不等，各并处罚金15万元至5万元不等。该判决为生效判决。

三、案件评析

该案系全国"扫黄打非"工作办公室、最高人民检察院、公安部、国家版权局联合督办的重大网络侵犯著作权案例。侵权时间跨度长达6年，网站注册会员达2万余人，非法获利达300余万元，社会关注度较高。检察机关在办案中提前介入侦查，引导公安机关明确侦查方向，及时收集固定定案的关键证据，依法及时批捕、起诉，省、市两级检察机关还多次赴办案单位现场指导，促进了案件实现快侦、快诉、快审、快结。该案的成功办理，不仅及时打击了犯罪，也彰显了我国检察机关保护知识产权的能力和决心，得到了权利人的高度赞赏。

案例5　华仕酒业公司、徐某等8人假冒注册商标案

一、基本案情

被告单位华仕酒业公司于2009年10月13日注册成立，经营"莫恺菲"系列进口瓶装葡萄酒及葡萄酒原液。公司股东为被告人徐某、梁某。徐某身为被告单位的法定代表人，自2010年下半年开始，未经商标专用权人许可，策划、安排被告单位通过购买假冒酒瓶、酒标、瓶盖、木塞和散装葡萄酒液，利用被告单位先期装配的葡萄酒灌装生产线，在山东省烟台市保税区租用的厂房内采取灌装手段，生产假冒"拉菲""奔富""木桐""龙船"等国际知名葡萄酒，并销售至北京、广州、烟台等地牟利，已销售金额共计159.5万余元。案发后，公安机关又从被告单位华仕酒业公司仓库内查获未经销售的货值23.5万余元的葡萄酒一批，经鉴定，均系假冒注册商标的产品。

在被告单位假冒注册商标的过程中，被告人梁某按照徐某的安排负责单位财务并联系销售假冒酒；被告人刘某于2011年4月到被告单位工作，任车间副主任，负责按照徐某的指示向隋某下达生产计划，并在生产好的假冒酒瓶上打码、安排送货等；被告人李某于2013年2月到被告单位工作，按照徐某的指示负责给生产车间下达生产任务、送货等；被告人隋某自2012年4月到被告单位工作，任车间主任，负责组织工人灌装生产假冒注册商标的葡萄酒；被告人翟某、李某分别自2010年7月和2013年3月到被告单位工作，负责驾车运送假冒注册商标的葡萄酒；被告人于某于2012年2月与被告单位联系物流发送业务，明知被告单位生产、销售假冒注册商标的葡萄酒，仍帮助其运输并为其提供物流发送等便利条件，从中渔利。

二、诉讼经过

该案由山东省烟台市芝罘区检察院通过与该区工商局之间建立的案情通报制度发现该案已达到刑事立案标准，遂于2013年5月8日建议芝罘区工商局将该案移送公安机关立案侦查。公安机关于2013年5月10日立案，7月9日以涉嫌假冒注册商标罪提请批准逮捕徐某、梁某、刘某、李某。烟台市芝罘区检察院于7月16日依法作出批准逮捕决定，7月25日对徐某等8人提起公诉。2015年1月20日，烟台市芝罘区法院以假冒注册商标罪，判处被告人华仕酒业公司罚金100万元，分别判处徐某等8人有期徒刑4年6个月至有期徒刑6个月、缓刑1年不等，各并处罚金90万元至6000元不等。该判决为生效判决。

三、案件评析

该案系检察机关通过与行政执法机关、公安机关建立的行政执法和刑事司法衔接信息共享机制发现立案监督线索，继而监督行政执法机关依法移送涉嫌犯罪案件线索、最终追诉了一起严重侵犯注册商标犯罪的成功范例。本案中检察机关通过会同有关行政执法机关和公安机关签订规范性文件，建立了案件咨询及信息通报制度，畅通了知情渠道，使得检察机关能够及时发现监督线索，促进了行政执法机关严格规范执法，有效防止了以罚代刑。

案例6　吴某等6人假冒注册商标案

一、基本案情

2009年，被告人吴某、吕某在福建省厦门市共同出资成立艺兴达金属加工厂，在未经注册商标所有人许可的情况下，生产标有“Taylormade”“XXIO”“Ping”“Callaway”“Titleist”“Cleveland”“Odyssey”等注册商标的高尔夫球头等产品，并雇请了被告人吴某负责开车进货、送货、发货和收支货款。后三人将假冒产品销售至上海、北京、烟台、苏州、青岛等地。2011年年初，加工厂停产后，被告人吴某分给吕某15万元的利润分成，吴某、吴某则继续负责销售库存的假冒产品，并约定所得利润由吴某、吕某平分。经查，2009年8月至2012年7月，吴某等人销售侵权产品共计得货款119万余元。此外，吴某等人还销售侵权产品给被告人石某、朱某等人。公安机关在吴某的暂住处查获尚未销售的标有上述7种注册商标的高尔夫球头、杆身、模具，经鉴定，球头、杆身均系假冒他人注册商标，共计价值1197万余元。

2009年4月，被告人石某租用了厦门市某地作为制假窝点，在未经注册商标所有人许可的情况下，向被告人吴某、李某购买假冒球头、球杆等原材料，生产标有“Taylormade”“XXIO”“Ping”“Callaway”“Titleist”“Cleveland”等注册商标的高尔夫球杆等产品，销售至东莞、烟台、青岛等地。经查，2011年1月至2012年7月，石某销售侵权产品共计得货款73万余元。公安机关在石某的暂住处查获尚未销售的标有上述6种注册商标的高尔夫球头、杆身，经鉴定均系假冒他人注册商标，共计价值383万余元。

2010年12月，被告人李某在未经注册商标所有人许可的情况下，生产、加工标有“Taylormade”“Ping”“Callaway”“XXIO”“Mizuno”等注册商标的高尔夫球杆等产品，销售给上海、北京、东莞等地客户和被告人吴某、石某等人。经查，2010年12月至2012年6月，李某销售侵权产品共计得货款45万余元。公安机关在李某的暂住处和仓库内查获尚未销售的标有上述5种注册商标的高尔夫杆身，经鉴定均系假冒他人注册商标，共计价值156万余元。

2009年，被告人朱某在未经注册商标所有人许可的情况下，向被告人吴某、李某购买假冒球头、球杆等原材料，生产标有“Taylormade”“Ping”“Callaway”“Titleist”“Mizuno”等注册商标的高尔夫球杆等产品，销售至东莞、广州、上海等地。经查，2009年6月至2012年7月，朱某销售侵权产品共计得货款7万余元。公安机关在被告人朱某的暂住处查获尚未销售的标有上述5种注册商标的高尔夫球头、杆身，经鉴定均系假冒他人注册商标，共计价值53万余元。

二、诉讼经过

2012年8月17日，公安机关以吴某等6人涉嫌销售假冒注册商标的商品罪提请批准逮捕，福建省厦门市思明区检察院依法作出批准逮捕决定。2013年3月15日，厦门市思明区检察院以吴某等6人涉嫌假冒注册商标罪提起公诉。2014年4月4

日，厦门市思明区法院以假冒注册商标罪，分别判处6名被告人有期徒刑3年9个月至有期徒刑2年、缓刑3年不等，各并处罚金100万元至10万元不等。该判决为生效判决。

三、案件评析

该案涉案金额高达1700余万元，涉及区域广、涉案人员众多、案情错综复杂、取证难度高，并已经形成购、产、销“一条龙”的犯罪链条，打击难度大。案件办理过程中，检察机关通过全面审查事实和证据，逐个查实各涉案人员在该案中的地位、作用和涉案金额；对于被告人提出的销售数量、作案时间的辩解有针对性地提出补充侦查意见，引导公安机关全面收集、固定证据，为案件的顺利起诉打下了扎实的证据基础。同时，该案各被告人为了犯罪而共同聚居在厦门市的一个村庄内，已形成了一定规模，严重扰乱当地经济秩序和社会风气，检察机关遂提出从严惩处的量刑建议，得到法院采纳，取得了较好的社会效果。

案例7　马某、孙某假冒注册商标案

一、基本案情

2012年3月6日，被告人马某在未经韩国三星电子株式会社授权下，通过伪造授权证书和“SAMSUNG”防伪商标等手段，在广州与他人签订《委托代理合同》，销售假冒“SAMSUNG”注册商标的车载导航仪共计20万元。2013年4月26日，马某、孙某在珠海成立艾尼威尔公司，继续通过上述伪造手段，向全国多个省份的不特定客户销售假冒“SAMSUNG”注册商标的车载导航仪，非法经营数额达150余万元。

二、诉讼经过

2013年8月14日，公安机关以马某、孙某涉嫌假冒注册商标罪立案侦查。2014年3月7日，广东省珠海市香洲区检察院对本案提起公诉。2014年6月9日，珠海市香洲区法院以假冒注册商标罪判处马某有期徒刑3年6个月，并处罚金50万元；判处孙某有期徒刑3年，并处罚金35万元。二审维持原判。

三、案件评析

被告人马某、孙某侵犯韩国三星公司注册商标一案，被多家知名网络媒体广泛报道，社会关注度高。本案侵权时间长、范围广，收集固定证据难度大。为保证办案质量，检察机关适时介入侦查，参与对案件的定性分析，引导公安机关有针对性地调查取证。审查起诉阶段，检察机关及时督促公安机关依法移送管辖、并案侦查，确保迅速查清案件事实，防止漏罪漏诉。在审判阶段，珠海市检察机关知识产权检察室充分发挥办理知识产权案件的专业化机制优势，引用《商标注册用商品和服务国际分类》（即《尼斯协定》）精准打击犯罪，两审法院均完全采纳了检察机关的意见，充分体现了我国检察机关依法平等保护国内外知识产权权利人的执法理念和办案水平。

案例8　陈某销售假冒注册商标的商品案

一、基本案情

2012年3月，被告人陈某华伙同陈某春、李某（均另案处理），先后从广东、北京、浙江多处购买白板服饰，在嘉兴市濮院镇加工，制成假冒“恒源祥”“哥弟”“柒牌”“劲霸”“七匹狼”“梦特娇”等名牌服饰，随后在湖南省郴州市富民市场某门面及淘宝网上销售给客户。2013年2月底，陈某春、李某退出合伙后，陈某华独自经营。至2013年3月案发，陈某华等人共销售上述假冒名牌服饰共计202万余元，非法获利23万余元。

2013年3月25日，公安机关在陈某华租住的房间内，查获假冒“恒源祥”服饰1842件，标价共计285万余元；假冒“哥弟”服饰1610件，标价共计212万余元；假冒“劲霸”服饰190件，标价共计36万余元；假冒“柒牌”服饰646件，标价共计63万余元；假冒“梦特娇”服饰409件，标价共计69万余元；假冒“老人头”服饰50件，标价共计6万余元；假冒“波司登”服饰26件，标价共计10万余元。上述假冒服饰共计6653件，标价共计904万余元。

二、诉讼经过

2013年3月26日，公安机关对陈某华以涉嫌销售假冒注册商标的商品罪刑事拘留。2013年4月25日，湖南省郴州市苏仙区检察院依法批准逮捕，2013年11月12日提起公诉。2013年12月23日，郴州市苏仙区法院以销售假冒注册商标的商品罪判处陈某华有期徒刑3年6个月，并处罚金25万元。该判决为生效判决。

三、案件评析

近年来，利用网络售假犯罪多发，呈现出犯罪成本低、危害范围广、涉案金额大、交易记录易篡改、证据易灭失等特点。案发后，办案检察机关高度重视，抽调精干力量成立了以分管侦监工作的检察长为组长的专案工作领导小组，专题研究、制定提前介入引导侦查取证工作方案，并严密分工，稳步推进。面对该案涉及注册品牌多、涉案金额大、销售平台多、取证难度大等情况，检察人员到办案一线和侦查人员共同研讨侦查取证方向，列出详细的取证清单和补充侦查提纲；注重严把证据关，确保证据合法、真实，指导公安机关向品牌服饰代理商逐一取证，到工商行政商标管理部门调取相关品牌的注册情况、品牌服饰销售代理情况，收集固定售假记录及资金流通情况等方面的证据。同时注重延伸检察服务职能，根据在办案中发现的知识产权保护方面存在的漏洞和薄弱环节，及时向工商行政主管部门提出堵漏建制的检察建议，并积极推进定期联席会议制度和案件通报制度，切实将与行政执法机关的信息通报、案件研讨、线索备案等工作联系常态化。

案例9 陈某柱等19人非法制造、销售非法制造的注册商标标识案

一、基本案情

浙江温州立可达公司是经浙江中烟工业公司、湖南中烟工业公司、云南中烟物资公司等卷烟生产公司授权生产“利群”“白沙”“云烟”等注册商标烟盒的生产厂家，按合同规定及公司制度，立可达公司在烟盒生产过程中产生的部分不合格烟盒必须进行裁剪等销毁处理，严禁次品烟盒流出公司被第三方再次利用。

2012年年初，被告人陈某栋、易某到立可达公司收购废品，发现购来的废料中含有完整的“利群”“白沙”“云烟”等多种注册商标标识烟盒，且与正品包装在外观上基本没区别，肉眼无法分辨。2012年4月，被告人易某、杨某、孙某丰三人合伙，从废料中挑拣出完整的香烟包装盒出售给广州的江某(另案处理)。被告人陈某栋将挑拣出的完整香烟包装盒出售给福建的吴某、沈某。截至2012年5～6月，被告人陈某栋销售“利群”“白沙”“云烟”等多种注册商标标识烟盒达二三吨，折算成烟盒件数至少有20万件以上，非法获利10万元以上。后来被告人陈某栋和杨某、孙某丰、易某发生矛盾，双方商定，陈某栋退出烟盒的销售，但每月要收取杨某、孙某、易某三人共6000元。但之后被告人陈某栋又指使其弟弟陈某柱去立可达公司运废料，再挑拣出烟盒继续出售给吴某、沈某。被告人杨某、易某、孙某知道后，又与陈某柱发生矛盾，后双方达成协议：由陈某柱和易某、孙

某、杨某双方平分烟盒废料，烟盒废料均由陈某飞、陈某龙、杨某天开车从立可达公司运出，再将烟盒废料分一半给杨某、易某、孙某丰，双方每月各支付给陈某栋3000元，被告人陈某栋不能到立可达公司运烟盒废料。这样的合作一直到2012年12月底。从2013年开始，改为被告人杨某、陈某柱二人合作，被告人杨某每月支付给被告人易某、孙某丰各4000元，被告人杨某、陈某柱每月仍旧给陈某栋6000元。在被告人易某、杨某、孙某丰的三人合伙中，出于挑选烟盒需要人手且需要互相监督的考虑，被告人孙某丰的父亲孙某斌、被告人易某的哥哥易某飞、杨某的哥哥杨某明在明知收购来的烟盒废料系出售给他人制造假烟的情况下，仍帮忙挑选、打包香烟盒。

经查实，从开始销售到被抓获，被告人易某、杨某、孙某丰三人销售“利群”“白沙”“云烟”等多种注册商标标识烟盒1477箱，折算为卷烟烟盒件数为500多万件。被告人陈某柱至少销售给吴某和沈某二人各类卷烟烟盒1000余箱，折算成烟盒件数达600万件以上，从陈某柱租住的地下室内缴获等待出售的各类卷烟烟盒18 956余公斤，折算为卷烟烟盒件数为2 891 261件。

在被告人杨某、易某、孙某丰伙同陈某柱出售香烟烟盒的过程中，担任立可达公司负责切割不合格香烟烟盒的切纸组长马某及负责装卸、搬运队长项某被杨某、易某、孙某丰、陈某龙等人以请客送礼以及每月给予好处费的方式收买，在明知香烟烟盒被出售给他人制造假烟的情况下，仍违反公司规定，在切割香烟烟盒时故意少切割或不切割，并在装袋的过程中故意将少切割或是未切割的香烟烟盒放在编织袋的下面，让立可达公司的其他工作人员难以发现。被告人项某在有香烟烟盒的情况下，打电话通知易某、陈某龙等到公司来运送烟盒。在他们二人的帮助下，被告人杨某、易某、孙某丰和陈某柱销售香烟烟盒的数量大为增加。

被告人吴某、沈某将购买的次品烟盒出售给被告人沈某海、高某全、沈某顺、“水仔”、林某波（以上二人另案处理）等人，非法获利46万元以上。被告人许某强以明显高于市场价格的运费，多次为被告人沈某海、高某全运送次品烟盒。至2013年1月31日被公安机关查处，被告人沈某海、高某全买卖或代收烟盒包装620箱，合计重量28 000余公斤，折算成卷烟标识数量达350万件以上，非法获利2万元以上。被告人沈某顺买卖烟盒包装216箱，合计重量9 000余公斤，折算成卷烟标识数量达100万件以上。

二、诉讼经过

2013年3月8日，浙江省永康市检察院以涉嫌销售非法制造的注册商标标识罪批准逮捕陈某柱、杨某等17人，不批准逮捕孙某斌、杨某明，并于2013年11月18日以被告人陈某柱等19人涉嫌非法制造、销售非法制造的注册商标标识罪提起公诉。2013年12月5日，永康市法院以非法制造、销售非法制造的注册商标标识罪，分别判处19名被告人有期徒刑5年至1年不等，各并处罚金46万元至5万元不等。二审维持原判。

三、案例评析

该案是全国首例烟草行业正规厂家生产的商标标识外流案件，该烟盒与正品烟盒外观上基本无区别，一旦被用于制造假冒卷烟，社会危害性更加严重。检察机关在办案过程中充分发挥职能，在实体认定方面严把案件定性关。对于被告人提出所销售的烟盒不是非法制造而是从工厂买来的次品故不构成犯罪的辩护意见，检察机关正确适用法律，认为立可达公司在生产过程中产生的部分不合格烟盒应当裁剪作废而未裁剪作废的，对于商标所有权人来讲，这些不合格烟盒就属于违反委托合同约定任意超量印制的商标标识，属于“擅自制造”的他人注册商标标识。同样，本应切割次品烟盒而少切、不切，导致次品烟盒“起死回生”，流入第三方被非法利用的，该少切、不切的行为应当认定为非法制造行为。

从程序法适用方面，由于该案涉及范围广、人员多，涉案烟盒数量巨大、销售地跨越多个省份，犯罪地众多，犯罪环节错综复杂，检察机关从有利于打击侵犯知识产权犯罪的角度出发，积极协调，及时请示上级检察院指定管辖，依法提起公诉，有效指控了犯罪。最终法院对检察机关指控罪名及事实全部予以认定，对 19 名被告人均作出有罪判决。该案的成功办理为处理类似案件提供了范本，为社会管理、企业发展提供了有力的司法保障和良好的法治环境。

案例 10　李某芬等 7 人非法制造、销售非法制造的注册商标标识案

一、基本案情

2005 年以来，被告人李某芬雇用被告人李某婵、黎某方、李某全、庞某明、陈某玲、冯某章，在未取得印制商标单位资格、未获得注册商标权利人授权的情况下，以牟利为目的，通过其在广东省广州市某区的祥盛五金厂制作假冒品牌的吊粒和洗涤标，又从广东省广州市、肇庆市和福建省石狮市、晋江市等多家印刷、印染、织带、五金工厂订购多个非法制造的品牌领标、吊牌、尺码标、织带、LOGO 标、内外包装等，非法制造注册商标标识，而后在其位于广州市荔湾区的盛兴服装辅料店，向全国 9 个省 20 多个城市批发各种非法制造的“鄂尔多斯”“劲霸”等国内外知名品牌的商标标识，销售数量 5812 万余件，销售金额 868 万余元。

二、诉讼经过

李某芬等 7 人非法制造、销售非法制造的注册商标标识一案，由内蒙古鄂尔多斯市检察院在审查逮捕犯罪嫌疑人潘某涉嫌销售假冒注册商标的商品案时发现线索并移送，鄂尔多斯市公安局于 2013 年 3 月 4 日立案侦查。2013 年 4 月 9 日，鄂尔多斯市检察院依法作出批准逮捕决定。2014 年 1 月 21 日，该案被提起公诉。2014 年 7 月 11 日，鄂尔多斯市中法院以非法制造、销售非法制造的注册商标标识罪，分别判处 7 名被告人有期徒刑 6 年至有期徒刑 1 年、缓刑 2 年不等，各并处罚金 350 万元至 20 万元不等。二审维持原判。

三、案件评析

深挖上下游犯罪案件线索是打击侵犯知识产权犯罪的重要途径。检察机关在办理审查逮捕案件中发现了这起犯罪案件线索，移送公安机关并引导侦查，成功侦破了一起犯罪嫌疑人分工精细、上下游产业链长的侵犯知识产权犯罪大案。从检察机关发现并移送的这条犯罪线索出发，通过深挖，查出犯罪人上下线涉及全国 8 个省、自治区、直辖市，引起公安部高度重视，公安部向涉案省份部署了内蒙古鄂尔多斯李某芬等人非法制造、销售非法制造的注册商标标识案集群战役并开展统一收网行动，各地破案 8 起，打掉制售假冒商标团伙 5 个，捣毁窝点 15 个，抓获犯罪嫌疑人 38 名，缴获了大批假冒注册商标，取得了良好的法律效果和社会效果。

（最高人民检察院侦查监督厅供稿）

国家知识产权局专利复审和无效宣告案例

在国家知识产权局开放日活动中，国家知识产权局专利复审委员会经精心组织、认真评选，发布了2014年度专利复审无效十大案件，其中包括发明、实用新型、外观设计专利权无效宣告请求案以及发明专利申请复审请求案。这些案件或新闻关注度高，或对相关行业产业有重大影响，或涉及重大疑难法律问题和重要审查标准。

专利复审委员会此次评选产生的十大案件，覆盖了机械、电学、通信、医药、化学、材料和外观设计等技术领域。这些案件是专利复审委员会按照客观、公正、准确、及时的要求，依法审查的结果，充分体现了专利复审委员会敬畏法律、注重责任、把握实质、执行一致的审查理念。

案例1 “具有位置可变的平衡重的移动式提升起重机”发明专利权无效宣告请求案

案件编号：4W102283

专利权人：马尼托瓦克起重机有限公司

无效宣告请求人：三一重工股份有限公司

专利号：ZL200810092407.6

发明名称：具有位置可变的平衡重的移动式提升起重机

审查决定号：22307

审查结论：全部无效

合议组成员：于萍（组长），谢杨（主审员），郭晓立（参审员）

【基本案情】

专利号为ZL200810092407.6的“具有位置可变的平衡重的移动式提升起重机”发明专利于2011年在中国获得授权，并享有两项美国优先权。三一重工股份有限公司针对本专利向专利复审委员会提起无效宣告请求。专利复审委员会经审理后作出第22307号无效决定，认定涉案专利权利要求1～23均不具备创造性，宣告其专利权全部无效。

【审查决定】

一、案由

本无效宣告请求涉及国家知识产权局于2011年3月9日授权公告的、名称为“具有位置可变的平衡重的移动式提升起重机”的200810092407.6号发明专利（下称本专利），其申请日为2008年4月9日，最早优先权日为2007年4月9日，专利权人为“马尼托瓦克起重机有限公司”。本专利授权公告的权利要求书如下：

“1. 一种操作移动式提升起重机的方法，所述起重机包括：

具有可移动的地面接合部件的车体，其中可移动的地面接合部件定义为设置用于在起重机沿地面移动时保持与地面啮合的部件；

转动地连接到车体上从而可相对地面接合部件摆动的转台；

枢转地安装在转台前部的悬臂，其中提升绳索从该悬臂延伸出来；

以其第一端安装在转台上的桅杆；

至少一个线性致动装置；以及

可移动平衡重单元；所述方法包括：

a）在负载下执行起重机的拾取、移动和放置操作，其中在执行起重机的拾取、移动和放置操作的过程中，通过伸缩所述线性致动装置把所述可移动平衡重单元移向和移离所述转台的前部，以帮助平衡所述负载；但是，其中在贯穿起重机的拾取、移动和放置操作的整个过程中，可移动平衡重单元从不由地面支撑，而是由所述可移动的地面接合部件间接地支撑在车体上。

2. 如权利要求1所述的方法，其中，所述起重机还包括至少一个枢转地以其第一端连接到转台上的枢转臂，其中所述线性致动装置以其第一端连接到转台上，且以其第二端连接所述枢转臂，其中当所述线性致动装置缩回和伸出时，所述线性致动装置使所述枢转臂枢转。

3. 如权利要求1所述的方法，其中，所述线性致动装置包括一个齿条和小齿轮组件。

4. 如权利要求1所述的方法，其中，所述起重机还包括枢转架和后臂，枢转架连接在转台和线性致动装置之间，后臂连接在枢转架和可移动平衡重单元之间。其中，当所述线性致动装置缩回和伸出时，线性致动装置使所述后臂移动所述可移动平衡重单元。

5. 如权利要求3所述的方法，其中所述齿条和小齿轮组件包括四个小齿齿轮，每一个都由独立的液压马达操作。

6. 一种移动式提升起重机，包括：

a)具有可移动的地面接合部件的车体，其中可移动的地面接合部件定义为设置用于在起重机沿地面移动时保持与地面啮合的部件；

b)转动地连接到车体上从而可相对地面接合部件摆动的转台；

c)枢转地安装在转台前部的悬臂，其中提升绳索从该悬臂延伸出来；

d)以其第一端安装在转台上的桅杆；

e)连接在桅杆和转台的后部之间的后臂架；

f)可移动平衡重单元；

g)至少一个线性致动装置；以及

h)至少一个枢转臂，所述枢转臂枢转地以其第一端连接到转台上、以其第二端连接线性致动装置，所述枢转臂和线性致动装置连接在转台和可移动平衡重单元之间，从而，在执行起重机的拾取、移动和放置操作的过程中，线性致动装置的伸缩使可移动平衡重单元相对转台的位置发生变化，以帮助平衡所述负载，由此在贯穿起重机的拾取、移动和放置操作的整个过程中，可移动平衡重单元从不由地面支撑，而是由所述可移动的地面接合部件间接地支撑在车体上。

7. 如权利要求6所述的移动式提升起重机，其中，所述线性致动装置枢转地连接在转台上。

8. 如权利要求7所述的移动式提升起重机，其中，至少一个枢转臂包括枢转架和至少一个后臂，所述枢转架连接在转台和线性致动装置之间，所述后臂连接在枢转架和可移动平衡重单元之间。

9. 如权利要求6所述的移动式提升起重机，其中，所述线性致动装置包括一个齿条和小齿轮组件。

10. 如权利要求9所述的移动式提升起重机，其中，所述齿条和小齿轮组件包括分别由第一、第二液压马达驱动的至少第一、第二小齿齿轮。

11. 如权利要求10所述的移动式提升起重机，其中，所述齿条包括彼此相对的第一、第二侧面，彼此相对的第三、第四侧面，第一小齿齿轮与齿条的第一侧上的齿啮合，第二小齿齿轮与齿条的第二侧上的齿啮合，其中第一液压马达安装成邻近齿条的第三侧，第二液压马达安装成邻近齿条的第四侧。

12. 如权利要求11所述的移动式提升起重机，其中，齿条和小齿轮组件还包括第三、第四小齿齿轮，分别由第三、第四液压马达驱动；其中第一、第四液压马达安装成邻近齿条的第三侧，第二、第三液压马达安装成邻近齿条的第四侧。

13. 如权利要求9所述的移动式提升起重机，其中，所述齿条和小齿轮组件包括一个楔形板结构，带有焊接到齿条的扇形齿结构。

14. 如权利要求10所述的移动式提升起重机，其中齿条和小齿轮组件还包括系列行星齿轮组，位于每个液压马达和由该液压马达驱动的小齿齿轮之间。

15. 如权利要求10所述的移动式提升起重机，其中每个小齿齿轮和液压马达结合体还包括一个弹簧设置液压释放制动器。

16. 如权利要求10所述的移动式提升起重机，其中液压马达由闭环液压系统供给动力。

17. 一种移动式提升起重机，包括：

a)具有可移动的地面接合部件的车体，其中可移动的地面接合部件定义为设置用于在起重机沿地面移动时保持与地面啮合的部件；

b)转台，转动地绕着车体的旋转轴线连接从而可相对地面接合部件摆动；

c)枢转地安装在转台前部的悬臂，其中提升绳索从该悬臂延伸出来；

d)以其第一端安装在转台上的桅杆；

e)可移动平衡重单元；以及

f)平衡重移动结构，包括连接在转台和可移动平衡重单元之间的线性致动装置，以使可移动平衡重单元可移动并保持在向前位置以及向后位置，从而在负载下执行拾取、移动和放置操作，其中在执行起重机的拾取、移动和放置操作的过程中，通过伸缩所述线性致动装置把所述可移动平衡重单元移向和移离所述转台的前部，以帮助平衡所述负载；但是，其中在贯穿起重机的拾取、移动和放置操作的整个过程中，可移动平衡重单元从不由地面支撑，而是由所述可移动的地面接合部件间接地支撑在车体上；

g)其中线性致动装置包括具有壳体和齿条的齿条小齿轮组件，该齿条具有矩形剖面，该齿条带有彼此相对的第一、第二侧面，彼此相对的第三、第四侧面；具有在第一侧、第二侧上的齿，与齿条第一侧的齿啮合的至少第一、第三小齿齿轮，与齿条第二侧的齿啮合的至少第二、第四小齿齿轮。其中每个小齿齿轮由独立的液压马达驱动，其中驱动第一小齿齿轮的马达安装在壳体上，邻近齿条的与驱动第三小齿齿轮的马达相对侧；驱动第二小齿齿轮的马达安装在壳体上，邻近齿条的与驱动第四小齿齿轮的马达相对侧。

18. 如权利要求17所述的移动式提升起重机，其中，驱动第一、第四小齿齿轮的液压马达安装在壳体上邻近齿条的第三侧，其中驱动第二、第三小齿齿轮的两个液压马达安装在壳体上邻近齿条的第四侧。

19. 如权利要求17所述的移动式提升起重机，其中，所述齿条和小齿轮组件还包括系列行星齿轮组，位于每个液压马达和由该液压马达驱动的小齿齿轮之间。

20. 如权利要求17所述的移动式提升起重机，其中，每个小齿齿轮和液压马达结合体还包括一个弹簧设置液压释放多盘式制动器。

21. 一种移动式提升起重机，包括：

a)具有可移动的地面接合部件的车体，其中可移动的地面接合部件定义为设置用于在起重机沿地面移动时保持与地面啮合的部件；

b)转台，旋转地连接到车体上从而可相对地面接合部件摆动；

c)枢转地安装在转台前部的悬臂，其包括从该悬臂延伸出来用于处理负载的负载提升绳索；

d)以其第一端安装在转台上的桅杆；

e)可移动平衡重单元；以及

f)平衡重移动结构，包括连接在转台和可移动平衡重单元之间的线性致动装置，以使可移动平衡重单元可移动并保持在前方位置和后方位置，从而在负载下执行拾取、移动和放置操作，其中在执行起重机的拾取、移动和放置操作的过程中，通过伸缩所述线性致动装置把所述可移动平衡重单元移向和移离所述转台的前部，以帮助平衡所述负载；但是，其中在贯穿起重机的拾取、移动和放置操作的整个过程中，可移动平衡重单元从不由地面支撑，而是由所述可移动的地面接合部件间接地支撑在车体上；以及

g)平衡重支撑结构，其连接到可移动平衡重单元，包括至少两个在负载突然释放时向可移动平衡重单元提供支撑的平衡重支撑结构地面接合部件，该平衡重支撑结构包括伸缩式结构，伸缩式结构连接到平衡重支撑结构地面接合部件及位于在平衡重支撑结构地面接合部件之间，使得平衡重支撑结构地面接合部件之间的侧向距离可在平衡重支撑结构地面接合部件的至少第一与第二位置之间被调整；以及其中当所述可移动平衡重单元位于其向前位置时，平衡重支撑结构地面接合部件会在平衡重支撑结构地面接合部件的第一位置干涉起重机的摆动操作，但不会在平衡重支撑结构地面接合部件的第二位置干涉起重机的摆动操作。

22. 如权利要求 21 所述的移动式提升起重机，其中所述可移动平衡重单元被构造为可以去除所述平衡重支撑结构，起重机可以在具有所述平衡重支撑结构和没有该所述平衡重支撑结构下起作用。

23. 如权利要求 21 所述的移动式提升起重机，其中所述可移动平衡重单元包括平衡重托盘，其上支撑有单个平衡重，所述伸缩式结构包括两个安装在平衡重托盘的槽路内的伸缩式梁。”

针对本专利，三一重工股份有限公司(下称请求人)于 2013 年 6 月 24 日向专利复审委员会提出无效宣告请求，其理由为：本专利权利要求 1、6、17、21 不符合《专利法实施细则》第 21 条第 2 款的规定，权利要求 1～23 不符合《专利法》第 26 条第 3 款的规定，权利要求 1～23 不符合《专利法》第 26 条第 4 款的规定，权利要求 8、13 不符合《专利法实施细则》第 20 条第 1 款的规定，权利要求 1～23 不符合《专利法》第 22 条第 3 款的规定，请求宣告本专利全部无效，同时提交了如下证据：

证据 1′：公告日为 2003 年 5 月 27 日、公告号为 US6568547B1 的美国专利说明书的复印件(共 14 页)；

证据 2′：公开日为 1990 年 5 月 17 日、公开号为 DE3838975A1 的德国专利公开说明书的复印件(共 8 页)；

证据 3′：公告日为 1990 年 7 月 11 日、公告号为 CN2059156U 的中国实用新型专利申请说明书的复印件(共 10 页)。

请求人认为：

(1)本专利独立权利要求 1、6、17、21 缺少必要技术特征，不符合《专利法实施细则》第 21 条第 2 款的规定。

(2)本专利权利要求 1～23 均得不到说明书的支持，不符合《专利法》第 26 条第 4 款的规定。说明书公开不充分，不符合《专利法》第 26 条第 3 款的规定，所对应的权利要求为权利要求 1～23。

(3)权利要求 8、13 的保护范围不清楚，不符合《专利法实施细则》第 20 条第 1 款的规定。

(4)独立权利要求 1、6、17、21 相对于证据 1′和公知常识的结合、证据 2′和公知常识的结合或证据 1′、证据 2′和公知常识的结合均不具备创造性，其各自的从属权利要求 2～5、7～16、18～20、22～23 的附加技术特征均为本领域的公知常识，在权利要求 1、6、17、21 不具备创造性的基础上，其从属权利要求 2～5、7～16、18～20、22～23 也不具备创造性。

经形式审查合格，专利复审委员会于 2013 年 7 月 2 日受理了上述无效宣告请求，并将上述无效宣告请求书及其所附证据副本转送给专利权人，要求专利权人在指定期限内答复，同时成立合议组对本案进行审查。

请求人于 2013 年 7 月 22 日向专利复审委员会提交了证据 1′的中文译文(共 14 页)和证据 2′的中文译文(共 8 页)，并于 2013 年 7 月 23 日向专利复审委员会提交

了意见陈述书，同时提交了如下证据：

证据1（同证据2′）：公开日为1990年5月17日，公开号为DE3838975A1的德国专利申请公开说明书复印件及其中文译文（共16页）；

证据2（同证据1′）：公告日为2003年5月27日，公告号为US6568547B1的美国专利说明书复印件及其中文译文（共28页）；

证据3：公开日为2001年2月28日，公开号为GB2353515A的英国专利申请公开说明书复印件及其中文译文（共28页）；

证据4：公开日为1922年12月28日，公开号为GB190594A的英国专利申请公开说明书复印件及其中文译文（共14页）；

证据5：公开日为1948年7月12日，公开号为GB604852A的英国专利申请公开说明书复印件及其中文译文（共12页）；

证据6：公告日为1976年5月11日，公告号为US3955684A的美国专利说明书复印件及其中文译文（共24页）；

证据7.1：公告日为1990年9月4日，公告号为US4953722A的美国专利说明书复印件及其中文译文（共32页）；

证据7.2：公告日为1988年3月8日，公告号为US4729486A的美国专利说明书复印件及其中文译文（共16页）；

证据7.3：公开日为1918年3月7日，公开号为GB113730A的英国专利申请公开说明书复印件及其中文译文（共10页）；

证据8.1：公告日为1975年12月9日、公告号为US3924753A的美国专利说明书复印件及其中文译文（共12页）；

证据8.2：公告日为1915年5月18日、公告号为US1139915A的美国专利说明书复印件及其中文译文（共4页）；

证据8.3：公告日为1932年9月13日、公告号为US1877373A的美国专利说明书复印件及其中文译文（共10页）；

证据8.4：公开日为1968年10月24日，公开号为DE1281128A的德国专利说明书复印件及其中文译文（共18页）；

证据9：公告日为1991年4月9日，公告号为US5005714A的美国专利说明书复印件及其中文译文（共36页）；

证据10：授权公告日为1999年12月22日，授权公告号为CN2355001Y的中国实用新型专利说明书复印件（共8页）；

证据11：授权公告日为1997年3月26日、授权公告号为CN2250345Y的中国实用新型专利说明书复印件（共7页）；

证据12：公开日为1988年3月3日、公开号为JP昭63－32893U的日本公开实用新型公报复印件及其中文译文（共6页）；

证据13：公开日为1982年6月12日、公开号为JP昭57－96190U的日本公开实用新型公报复印件及其中文译文（共9页）；

证据14：期刊《机械设计与研究》2003年8月第19卷第4期第379～381页登载的标题为《应用连杆机构实现起重机平衡重自适应调节》一文的复印件（共3页）；

证据15：公告日为1980年2月5日、公告号为US4186585A的美国专利说明书复印件及其中文译文（共10页）；

证据16：公告日为1991年2月26日、公告号为US4995518A的美国专利说明书复印件及其中文译文（共14页）；

证据17：公告日为2003年1月21日、公告号为US6508372B1的美国专利说明书复印件及其中文译文（共21页）。

请求人声明放弃其在2013年6月24日提出的无效理由和证据，并主张新的无效理由和证据使用方式为：

（1）本专利独立权利要求1、6、17、21未限定实现“可移动平衡重从不由地面支撑，而是由可移动地面接合部件间接地支撑在车体上”的具体技术手段，因此，本专利权利要求1、6、17、21缺少解决本专利发明目的所不可缺少的必要技术特征，不符合《专利法实施细则》第21条第2款的规定。

(2)本专利说明书未对独立权利要求1、6、17、21限定的可移动平衡重、可移动地面接合部件和车体三者之间关系的实现进行描述,因此本专利权利要求1、6、17、21及其从属权利要求2～5、7～16、18～20、22～23均得不到说明书的支持,不符合《专利法》第26条第4款的规定;说明书未描述权利要求13中限定的楔形板结构,以及扇形齿结构及其与其他部件之间的关系,因此,本专利权利要求13也得不到说明书的支持,不符合《专利法》第26条第4款的规定。说明书未对上述内容作出清楚、完整的说明,不符合《专利法》第26条第3款的规定。

(3)本领域技术人员从说明书公开的内容无法概括得出权利要求1～23中的特征"在贯穿起重机的拾取、移动和放置操作的整个过程中,可移动平衡重从不由地面支撑,而是由可移动地面接合部件间接地支撑在车体上",因此,权利要求1～23得不到说明书的支持,不符合《专利法》第26条第4款的规定。权利要求15中含有特征"弹簧设置液压释放制动器"的技术方案以及权利要求16中含有特征"液压马达由闭环液压系统供给动力"的技术方案均得不到说明书的支持,不符合《专利法》第26条第4款的规定;权利要求2、6中含有至少一个线性致动装置和至少一个臂的技术方案得不到说明书所描述的一个线性致动装置和两个臂的支持,因此,权利要求2、6以及引用权利要求6的从属权利要求7、9～16也得不到说明书的支持,不符合《专利法》第26条第4款的规定。

(4)在权利要求6限定了"至少一个枢转臂,所述枢转臂枢转地以其第一端连接到转台上、以其第二端连接线性致动装置,所述枢转臂和线性致动装置连接在转台和可移动平衡重单元之间"的基础上,权利要求8进一步限定"至少一个枢转臂包括枢转架和至少一个后臂,所述枢转架连接在转台和线性致动装置之间,所述后臂连接在枢转架和可移动平衡重单元之间",导致权利要求8中臂、枢转架、后臂、线性致动装置之间的连接关系及上述各部分与转台或平衡重单元之间的连接关系无法确定,因此权利要求8的保护范围不清楚;权利要求13在权利要求9的基础上进一步限定了"所述齿条和小齿轮组件包括一个楔形板结构,带有焊接到齿条的扇形齿结构",权利要求13对楔形板结构、扇形齿结构、齿条之间的关系限定不清楚,导致权利要求13的保护范围不清楚;权利要求1～23中术语"线性致动装置"的含义不清,导致权利要求1～23的保护范围不清楚;权利要求3、9～20中含有不确定用语"小齿轮组件",导致权利要求3、9～20的保护范围不清楚。综上,权利要求1～23均不符合《专利法实施细则》第20条第1款的规定。

(5)本专利权利要求1相对于证据1～6、证据7.1～7.3、证据8.1～8.4、证据9中任意一个与公知常识的结合,或证据1、证据3与公知常识的结合,或证据1、证据2与公知常识的结合,或证据4、证据2与公知常识的结合,或证据5、证据3与公知常识的结合,或证据5、证据2与公知常识的结合,或证据6、证据2与公知常识的结合,或证据6、证据3与公知常识的结合不具备创造性。

(6)从属权利要求2的附加技术特征被证据1、证据10、证据11、证据12或证据13公开,并且属于公知常识;从属权利要求3的附加技术特征被证据4、证据8.3、证据8.4公开,并且属于公知常识;从属权利要求4的附加技术特征被证据10、证据13或证据14公开,并且属于公知常识;从属权利要求5的附加技术特征属于公知常识,或被证据15结合公知常识公开,因此,在其引用的权利要求不具备创造性的基础上,从属权利要求2～5也不具备《专利法》第22条第3款规定的创造性。

(7)本专利权利要求6相对于证据1、

证据2或证据3与公知常识的结合，或证据1、证据3与公知常识的结合，或证据1、证据2与公知常识的结合，或证据11～13中任意一个、证据1与公知常识的结合，或证据11～13中任意一个、证据2与公知常识的结合，或证据11～13中任意一个、证据3与公知常识的结合，或证据11～13中任意一个、证据2、证据4与公知常识的结合，或证据11～13中任意一个、证据2、证据5与公知常识的结合，或证据11～13中任意一个、证据2、证据9与公知常识的结合不具备创造性。

(8)从属权利要求7的附加技术特征属于公知常识；从属权利要求8的附加技术特征被证据10、证据13或证据14公开，并且属于公知常识；从属权利要求9～15的附加技术特征属于公知常识，或被证据15结合公知常识公开；从属权利要求16的附加技术特征属于公知常识，因此，在其引用的权利要求不具备创造性的基础上，从属权利要求7～16也不具备《专利法》第22条第3款规定的创造性。

(9)本专利权利要求17相对于证据1、证据2或证据3与公知常识的结合，或证据1、证据3、证据15与公知常识的结合，或证据2、证据15与公知常识的结合，或证据3、证据15与公知常识的结合，或证据2、证据4与公知常识的结合，或证据2、证据4、证据15与公知常识的结合，或证据2、证据5与公知常识的结合，或证据2、证据5、证据15与公知常识的结合，或证据2、证据9与公知常识的结合，或证据2、证据9、证据15与公知常识的结合，或上述组合进一步与证据15的结合不具备创造性。

(10)从属权利要求18～20的附加技术特征属于公知常识，或被证据15结合公知常识公开，因此，在其引用的权利要求17不具备创造性的基础上，从属权利要求18～20也不具备《专利法》第22条第3款规定的创造性。

(11)本专利权利要求21相对于证据1、证据2或证据3与公知常识的结合，或证据2、证据4与公知常识的结合，或证据2、证据5与公知常识的结合，证据2、证据9与公知常识的结合，或上述组合进一步与证据17、证据16的结合不具备创造性。

(12)从属权利要求22、23的附加技术特征属于公知常识，因此，在其引用的权利要求21不具备创造性的基础上，从属权利要求22、23也不具备《专利法》第22条第3款规定的创造性。

专利复审委员会本案合议组于2012年7月25日将请求人于2013年7月22日提交的意见陈述书及其所附证据副本转送给专利权人，要求其在指定期限内答复，并向双方当事人发出口头审理通知书，定于2013年9月10日举行口头审理。合议组于2013年7月29日将请求人于2013年7月23日提交的意见陈述书及其所附证据副本转送给专利权人，要求其在指定期限内答复。

口头审理如期举行，双方当事人均出席了本次口头审理。在本次口头审理过程中：

(1)针对专利复审委员会于2013年7月29日发出的转送文件通知书，专利权人当庭提交了意见陈述书，专利权人认为请求人提出的无效理由均不能成立，同时提交了反证1～9用于说明本专利的技术方案以及证明本专利获得了商业上的成功：

反证1：专利权人声称采用VPC技术的本专利产品与同级别现有起重机的参数对比的复印件及其部分中文译文（共4页）；

反证2：印有“LIFTACCESS| August 2008”字样、专利权人声称2008年出版的期刊文献第54～55页复印件及其部分中文译文（共3页）；

反证3：印有“CRANE & RIGGING HOT LINE”字样、专利权人声称专业网站上对本专利产品在韩国Chunjo Construction Co. 公司的商业应用的报道的复印件

及其部分中文译文(共 2 页);

反证 4:印有"http://enr.construction.com/products/equipment/2009/0930—ManitowocSupercrane.asp 8/14/2013"字样、专利权人声称专业网站上对本专利产品和 VPC 技术的介绍的复印件及其部分中文译文(共 3 页);

反证 5:印有"CP & E Contractors Plant & Equipment 2010 Vol 1 Issue 6 Page 12—Industry News"字样、专利权人声称 2010 年出版的期刊文献中对配备有马尼托瓦克制造的可变位平衡重(VOC)的起重机技术的介绍的复印件及其部分中文译文(共 2 页);

反证 6:印有"http://www.vertikal.net/en/stories.php? id=5552"字样、专利权人声称专业网站上对 VPC 技术的介绍的复印件及其部分中文译文(共 3 页);

反证 7:印有"ENR.com"字样、专利权人声称专业网站上对本专利产品是 2012 年世界第八大超级起重机的报道的复印件及其部分中文译文(共 3 页);

反证 8:印有"http://www.cranestodaymagazine.com/news/after-three-years-31000-gets-to-work-in-korea/8/14/2013"字样、专利权人声称专业网站上对本专利产品在韩国 Chunjo Construction Co. 公司的商业应用的报道的复印件及其部分中文译文(共 2 页);

反证 9:公开日为 2013 年 3 月 28 日、公开号为 US2013/0079974A1 的美国专利申请公开说明书的复印件及其部分中文译文(共 17 页)。

合议组当庭将专利权人的意见陈述书和反证 1～9 的副本转送给请求人,并要求请求人于庭后 5 个工作日内进行答复。

(2)专利权人对证据 1～13、15～17 的真实性无异议,认为请求人未提供证据 14 的原件,因此对证据 14 的真实性不认可;专利权人对证据 2、证据 4、证据 7.1 和证据 8.3 的中文译文的准确性有异议,对其余证据中文译文的准确性无异议,对于上述译文有异议之处,请求人与专利权人同意将证据 2 第 2 栏倒数第 2～3 行翻译为"此时配重能被吊起,且尽管是小的悬挂载荷,起重机也能够旋转";将证据 2 第 4 栏第 1～2 行翻译为"若是移动式起重机,则可通过将起重机行驶到其承重结构 19 位于附加平衡重上方来实现";将证据 2 第 6 栏第 29～32 行翻译为"当荷载 L 放在地面后,总配重才能放到地面上,且附加配重 21 随后才能从承重结构上卸下";将证据 4 第 1 页左栏第 11～12 行翻译为"便携式动臂变幅起重机";将证据 7.1 第 5 栏第 14～20 行翻译为"在通常情况下,具有千斤顶或起落架 100 形式的腿装置将梁 84 的后端支撑在地面上,要从起重臂 38 提升重物时,连接梁 84 后端和桅杆 42 顶端的装置 104 使起落架 100 从施工现场提起";将证据 8.3 第 2 页左栏第 44 行翻译为"将要使用起重机时"。

请求人认为:专利权人未提供反证 1～9 的原件,因此不认可反证 1～9 的真实性,同时不认可反证 1～9 的关联性。

(3)请求人明确其无效宣告请求的理由以及证据使用方式除其在 2013 年 7 月 23 日提交的意见陈述书中的理由和证据使用方式外,还主张:本专利权利要求 1 相对于证据 2 或证据 3 均不具备新颖性;本专利权利要求 1 相对于证据 2 或证据 3 不具备创造性,其中本专利权利要求 1 与证据 2 或证据 3 的区别在于特征为"在负载下执行起重机的拾取、移动和放置操作,其中在执行起重机的拾取、移动和放置操作的过程中,通过伸缩所述线性致动装置把所述可移动平衡重单元移向和移离所述转台的前部,以帮助平衡所述负载",该特征是本领域技术人员容易想到的,因此,本专利权利要求 1 不具备创造性。

口头审理过程中,双方均充分发表了意见。

专利权人于 2013 年 9 月 13 日向专利

复审委员会提交了如下反证：

反证10：专利权人声称有曾参与平衡重位置可变移动式起重机研发的技术人员作出的声明及其中文译文(共3页)；

专利权人认为：反证10能够证明证据2公开不充分，本领域技术人员根据证据2无法得出平衡重在起重机的拾取、移动和放置操作中可移动。

针对口头审理过程中专利权人提交的意见陈述书和反证副本，请求人于2013年9月16日向专利复审委员会提交了意见陈述书，请求人不认可反证1～9的真实性和与本专利的关联性，并坚持认为其提出的无效理由能够成立。鉴于其提交的意见陈述书与其在口头审理过程中陈述的意见基本相同，因此合议组决定不再将其转送给专利权人。

专利权人于2013年9月17日向专利复审委员会再次提交了意见陈述书，坚持认为无效理由不能成立，并补充提交了由声明人本人签名的反证10的复印件(共2页)。

专利权人于2013年10月15日再次向专利复审委员会提交了如下反证：

反证11：由反证10的声明人签署的一份声明及其中文译文(共3页)；

反证12：反证11的公证认证文件(共2页)。

至此，合议组认为本案事实已经清楚，可以依法作出审查决定。

二、决定的理由

1. 法律适用

鉴于本专利的申请日在2009年10月1日之前，根据《施行修改后的专利法的过渡办法》《施行修改后的专利法实施细则的过渡办法》的规定，本案的审理适用2001年7月1日起施行的《专利法》和《专利法实施细则》。

2. 关于审查基础

专利权人在本案审理过程中未对本专利的权利要求书作出修改，故本决定仍以本专利授权公告的权利要求书作为审查基础。

3. 关于证据1～17

请求人提交的证据1～13、15～17均为专利文献的复印件，证据14为期刊文献的复印件，专利权人对证据1～13、15～17的真实性无异议，对证据14的真实性不认可。经核实，合议组对证据1～13、15～17的真实性予以认可，由于请求人未提交证据14的原件或其他能够证明其真实性的相关材料，因此合议组对证据14的真实性不予认可。

证据1～13、15～17均属于公开出版物，其公开日均早于本专利的申请日，因此其公开的技术内容可以作为现有技术来评价本专利的创造性。

专利权人对证据2、证据4、证据7.1、证据8.3中文译文的准确性有异议，对其余证据中文译文的准确性无异议，对于上述证据中文译文有异议之处，请求人与专利权人同意将证据2第2栏倒数第2～3行翻译为“此时配重能被吊起，且尽管是小的悬挂载荷，起重机也能够旋转”；将证据2第4栏第1～2行翻译为“若是移动式起重机，则可通过将起重机行驶到其承重结构19位于附加平衡重上方来实现”；将证据2第6栏第29～32行翻译为“当荷载L放在地面后，总配重才能放到地面上，且附加配重21随后才能从承重结构上卸下”；将证据4第1页左栏第11～12行翻译为“便携式动臂变幅起重机”；将证据7.1第5栏第14～20行翻译为“在通常情况下，具有千斤顶或起落架100形式的腿装置将梁84的后端支撑在地面上，要从起重臂38提升重物时，连接梁84后端和桅杆42顶端的装置104使起落架100从施工现场提起”；将证据8.3第2页左栏第44行翻译为“将要使用起重机时”。合议组对此予以确认。

4. 关于创造性

《专利法》第22条第3款规定：创造

性，是指同申请日以前已有的技术相比，该发明有突出的实质性特点和显著的进步，该实用新型有实质性特点和进步。

如果现有技术D给出了在某装置工作过程中对某部件A进行调整的方式，并结合某一特定工作状态具体说明了该部件A进行所述调整的目的，而专利所要求保护的技术方案相对于该现有技术仅仅是进一步明确了另外几种需要对该部件A进行同样调整的工作状态，而该另外几种工作状态对于本领域普通技术人员来说，根据该现有技术D明确教导的对部件A进行调整的方式及目的可以显而易见地得出，则该专利不具备创造性。

1） 关于权利要求1

本专利权利要求1要求保护一种操作移动式提升起重机的方法。关于权利要求1中的特征“可移动平衡重单元从不由地面支撑，而是由所述可移动的地面接合部件间接地支撑在车体上”，专利权人认为其含义为：将可移动平衡重单元支撑在车体上，通过可移动地面接合部件间接地支撑在地面。

请求人认为：本专利权利要求1限定的技术方案相对于证据3公开的技术内容的区别在于特征“在负载下执行起重机的拾取、移动和放置操作，其中在执行起重机的拾取、移动和放置操作的过程中，通过伸缩所述线性致动装置把所述可移动平衡重单元移向和移离所述转台的前部，以帮助平衡所述负载”，该特征是本领域技术人员在证据3公开内容的基础上容易想到的，因此权利要求1不具备创造性。

专利权人认为：除请求人认为的上述区别技术特征外，证据3还未公开权利要求1中的特征“至少一个线性致动装置”和“在贯穿起重机的拾取、移动和放置操作的整个过程中，可移动平衡重单元从不由地面支撑，而是由所述可移动的地面接合部件间接地支撑在车体上”，根据证据3的说明书不能得出配重6在起重机的拾取、移动和放置操作过程中从不由地面支撑的教导，上述区别技术特征也均不是本领域的公知常识，因此，权利要求1具备创造性。

经查，证据3公开了一种履带式起重机，其主要是针对已有起重机在某些情况下，无法让操作员对周围作业情况进行有效观察，使对起重机的操作不方便甚至存在安全隐患的问题，提出的一种改变起重机吊钩位置的方法和装置。根据证据3说明书及权利要求书的相关描述可知，该方法通过对吊钩7的移动驱动部件进行控制以使吊钩按给定的路径运动，例如通过控制提升机构和变幅机构使吊钩（载荷）在水平方向行进，来解决其所要解决的技术问题；证据3说明书还描述到：可将载荷挂在吊钩上，在吊钩移动期间，可对起重机工作载荷极限进行有效计算；证据3权利要求8进一步限定，所述起重机配重根据吊钩即时位置和/或载荷状态和/或起重机总载荷来确定；说明书及附图描述了确定配重的移动方式，即通过滑动单元9或人字臂3的变幅对配重6进行调整，使配重移离或移近转台（参见证据3的说明书及权利要求书中文译文，说明书附图1～2）。从证据3的附图可以看出，所述方法中的履带式起重机，包括具有履带的车体，履带在起重机沿地面移动时保持与地面啮合；转台也可以转动的方式连接到车体上从而可相对履带摆动；转台前部安装有一可枢转的主臂1，吊钩7通过提升绳索从主臂1的延伸处垂下；一个人字臂3以其第一端安装在转台上。

经对比，证据3的“履带”对应于本专利的“可移动的地面接合部件”，“主臂1”对应于本专利的“悬臂”，“人字臂3”对应于本专利的“桅杆”，“配重部分6”对应于本专利的“可移动平衡重单元”；由于证据3中配重部分6可以通过滑动单元9来进行调整，因此在这种情况下证据3中必然具有线性致动装置。

通过比较可知，本专利权利要求1与

证据3公开的上述内容的区别在于，(1)本专利具体限定了“在执行起重机的拾取、移动和放置操作的过程中，线性致动装置的伸缩使可移动平衡重单元相对转台的位置发生变化，以帮助平衡所述负载”，而证据3中则是给出了“起重机的配重根据吊钩7即时位置和/或载荷状态和/或起重机总载荷确定”的明确教导，并具体描述了在起重机起吊重物从一个位置移动到另一个位置的过程中，根据吊钩的即时位置确定(即移动)配重，以此来平衡“即时总载荷”(负载力矩)的方案；(2)本专利明确限定“在贯穿起重机的拾取、移动和放置操作的整个过程中，可移动平衡重单元从不由地面支撑，而是由可移动的地面接合部件间接地支撑在车体上”，证据3中没有相应的文字描述，但在附图中给出了相应的结构关系，并且说明书及权利要求书描述了与本专利相同的工作方式，即通过将配重移离或移近转台来平衡起重机工作过程中总载荷的变化。

关于上述第(1)点区别，合议组认为：首先需要明确的是，起重机的载荷是由载荷重量乘以力臂构成，载荷重量(大小)的变化及力臂的变化均影响总载荷(负载力矩)的变化，这对于本领域技术人员来说是公知常识。其次，证据3的权利要求8明确公开了如下内容：“起重机的配重根据吊钩7即时位置和/或载荷状态和/或起重机总载荷确定”，根据证据3说明书具体描述可知，“吊钩即时位置”是指在起重机起吊重物从一个位置移动到另一个位置的过程中吊钩的即时位置，此时配重的移动(确定)是为了平衡吊钩位置改变(即力臂改变)导致的“即时总载荷”(负载力矩)的改变。所以，虽然证据3中没有明确记载“在执行起重机的拾取、移动和放置操作的过程中，将配重移向或移离所述转台的前部，以帮助平衡所述负载”，但是，当起重机在拾取、放置操作的过程中，负载必然从无到有逐渐增加，或从有到无逐渐减小，总载荷(负载力矩)必然发生变化，这对于本领域技术人员来说是公知常识，且是起重机工作过程中最常见的引起总载荷变化的情况，所以根据证据3给出的“起重机的配重根据吊钩7即时位置和/或载荷状态和/或起重机总载荷确定”的教导，本领域技术人员可以直接毫无疑义地获得启示并得到“在提起及放置重物的过程中，移动配重相对于机身的距离以平衡起重机总载荷(载荷力矩)”的技术方案。另外，当起重机相对于地面移动或旋转时，由于启动或停止过程中吊钩上载荷在惯性的作用下，会使吊钩位置发生改变，从而引起负载力矩改变，这对于本领域技术人员来说是公知常识，所以根据证据3给出的“起重机的配重根据吊钩7即时位置和/或载荷状态和/或起重机总载荷确定”的教导，本领域技术人员可以毫无疑义地得出，在起重机相对于地面移动的过程中，根据吊钩7即时位置(或起重机总载荷)确定(移动)配重的技术方案。

关于第(2)点区别，合议组认为：在证据3公开的方法中，通过控制起重机的提升机构、变幅机构和回转机构，使吊钩按照预设路径移动，配重部分6根据吊钩7即时位置和/或载荷状态和/或起重机总载荷确定，其方式为通过滑动单元9使配重部分6移向和移离转台前部，因此，证据3给出了“在负载力矩发生变化时，移动平衡重相对于转台的距离以平衡负载力矩”的技术教导。根据证据3所述方法的工作原理，以及附图所示结构可知，当起重机起吊、放置重物时，以及起重机相对地面移动旋转使吊钩位置发生改变时，对于负载力矩发生的变化，仅需通过配重部分6的移动就可以帮助负载平衡，配重部分6不需要由地面支撑，而是由车体上的履带间接地支撑在地面，对于本领域技术人员来说，这是可以根据证据3公开的内容而直接毫无疑义确定的。

因而，在证据3的启示下，本领域技术

人员结合其所掌握的公知常识不需要付出创造性劳动即可得到本专利权利要求 1 限定的技术方案，即本专利权利要求 1 限定的技术方案不具有突出的实质性特点和显著的进步，不符合《专利法》第 22 条第 3 款有关创造性的规定。专利权人关于本专利权利要求 1 具备创造性的上述主张不能成立。

2)关于从属权利要求 2

从属权利要求 2 在权利要求 1 的基础上进一步限定了“所述起重机还包括至少一个枢转地以其第一端连接到转台上的枢转臂，其中所述线性致动装置以其第一端连接到转台上，且以其第二端连接所述枢转臂，其中当所述线性致动装置缩回和伸出时，所述线性致动装置使所述枢转臂枢转”。

请求人认为：从属权利要求 2 的附加技术特征被证据 12 公开，因此，在权利要求 1 不具备创造性的基础上，从属权利要求 2 也不具备创造性。

专利权人认为：证据 12 中连杆 7 不能等同于枢转臂，配重的移动距离受连杆 8 长度的限制很短，无法实现本专利的技术效果，而且证据 12 的平衡重不吊在桅杆上，而是直接通过杆结构支撑，与本专利的线性致动装置、枢转臂和后臂的结构有所不同。

合议组认为：经查，证据 12 公开了一种起重机，起重机具有使该配重前后移动的重量驱动装置，从证据 12 的附图 1～3 可以看出，起重机包括枢转地以其第一端连接到上部旋转部件 2 的支柱 6 上的连杆 7，驱动缸 9 以其第一端连接到上部旋转部件 2 上，且以其第二端连接连杆 7，当驱动缸 9 缩回和伸出时，驱动缸 9 使连杆 7 枢转，从而使配重移离或移近上部旋转部件 2（转台）。证据 12 中“连杆 7”对应于本专利的“枢转臂”，“驱动缸 9”对应于本专利的“线性致动装置”，从证据 12 的图 2、3 可以看出，支柱 6 固定在上部旋转部件 2 上，与上部旋转部件 2 的相对位置没有变化，可见支柱 6 与上部旋转部件 2 的组合对应于本专利的“转台”，即证据 12 中“一端连接到上部旋转部件 2 的支柱 6 上的连杆 7”对应于本专利的“一个枢转地以其第一端连接到转台上的枢转臂”，可见，证据 12 公开了从属权利要求 2 的附加技术特征。虽然本专利说明书的实施例中记载平衡重通过绳索吊在桅杆上，而证据 12 的配重直接通过杆结构支撑，然而本专利与证据 12 的不同并未限定在权利要求 2 中，而且在将证据 12 的杆结构应用于证据 3 的起重机时，由桅杆顶端的绳悬吊的配重部分 6 在证据 12 的杆结构作用下同样能实现配重的移动。因此，在本专利权利要求 1 不具备创造性的基础上，从属权利要求 2 限定的技术方案也不具备创造性。

3)关于从属权利要求 3

从属权利要求 3 在权利要求 1 的基础上进一步限定“所述线性致动装置包括一个齿条和小齿轮组件”。

请求人认为：从属权利要求 3 的附加技术特征为本领域公知常识，因此，在本专利权利要求 1 不具备创造性的基础上，从属权利要求 3 也不具备创造性。

专利权人认为：将齿条小齿轮组件用作线性致动装置用于在拾取、移动和放置操作中改变平衡重的位置并不是常规技术手段。

合议组认为：齿轮、齿条传动是本领域实现物体水平移动时常用的驱动结构，在证据 3 已经公开了配重需要在水平方向进行移动的基础上，采用齿轮、齿条的驱动结构来实现配重的水平移动对本领域技术人员而言是一种常规选择，这种选择不需要付出创造性劳动，也未取得预料不到的技术效果。因此，在本专利权利要求 1 不具备创造性的基础上，从属权利要求 3 也不具备创造性。

4)关于从属权利要求 4

从属权利要求 4 在权利要求 1 的基础

上进一步限定了枢转架、后臂及其与其他构件间的连接关系。

请求人认为：从属权利要求4的附加技术特征被证据13公开。因此，在权利要求1不具备创造性的基础上，从属权利要求4也不具备创造性。

专利权人认为：证据13所要解决的技术问题与本专利不同，而且证据13中除液压油缸2f外，还必须通过液压油缸2g装卸平衡重，而本专利中平衡重由连接在桅杆第二端上的张紧部件悬垂而下，线性致动装置和至少一个枢转臂等结构组成的平衡重移动结构用于移动平衡重。

合议组认为：证据13公开了一种起重机等中的配重自力式装卸装置，并具体公开了“在起重机等主体后部，将左右一对前腿的下端部和左右一对支撑连杆的下端部在前后方向上留出间隔并分别用销子联结，将后腿的下端部用销子联结到支撑连杆的上端部，将前腿以及后腿的上端、与使主体后部支撑的前腿升降气缸的端部能够摇摆地联结在通用的轴上，在前腿的上部和后腿的下部之间设置后腿升降气缸，在支撑连杆的中间部和后腿上部分别设置销孔”（参见证据13权利要求书的中文译文、附图8～9）。证据13中前腿2a连接在起重机主体1和前腿升降缸2f之间，对应于本专利的“枢转架”，后腿2d连接在前腿2a和配重3之间，对应于本专利的“后臂”，当证据13中前腿升降缸2f缩回和伸出时，其使后腿2a移动配重3。虽然前腿升降缸2f的缩回和伸出用于使配重3装卸，然而在装卸的过程中配重3同样是移向和移离起重机的主体1（参见证据13附图8、9中的z和x、w的位置点），本领域技术人员在面对证据3中起重机的配重6需要移向和移离转台前部的问题时，有动机将证据13中驱动配重装卸的连杆结构应用于证据3中，以得到权利要求4所限定的技术方案。虽然本专利说明书的实施例中记载平衡重由连接在桅杆第二端上的张紧部件悬垂而下，而证据13中还必须通过液压油缸2g装卸平衡重，然而本专利与证据13的不同并未限定在权利要求4中，在将证据13的配重自卸式结构应用于证据3的起重机时，由桅杆顶端的绳悬吊的配重部分6在证据13的配重自卸式结构作用下同样能实现配重的移动。因此，在权利要求1不具备创造性的基础上，从属权利要求4也不具备创造性。

5）关于从属权利要求5

从属权利要求5在权利要求3的基础上进一步限定“所述齿条和小齿轮组件包括四个小齿齿轮，每一个都由独立的液压马达操作”。

请求人认为：从属权利要求5的附加技术特征属于本领域的公知常识，因此，在本专利权利要求3不具备创造性的基础上，从属权利要求5也不具备创造性。

专利权人认为：现有技术中通常通过传动装置用一个动力源来驱动所有的齿轮，本专利由单独的液压马达驱动每一个齿轮并非本领域的公知常识。

合议组认为：在齿轮和齿条的配合使用中，根据所需驱动力的大小选择适当数量的小齿轮是本领域的常规选择，多个小齿轮由单独的液压马达操作或是由统一的液压马达驱动，也是本领域齿轮传动中的常规技术手段，采用由单独的液压马达操作只是本领域技术人员根据工作情况的需要作出的常规选择，这种选择不需要付出创造性劳动，也未取得预料不到的技术效果。因此，在本专利从属权利要求3不具备创造性的基础上，从属权利要求5也不具备创造性。

6）关于权利要求6

本专利权利要求6要求保护一种移动式提升起重机。

请求人认为：本专利权利要求6限定的技术方案相对于证据3公开的技术内容的区别在于：特征i）“至少一个枢转臂，所述枢转臂枢转地以其第一端连接到转台上、以其第二端连接线性致动装置，所述枢转臂和线性致动装置连接在转台和可移动平衡重单元之间”；特征ii)“在执行起重机的拾取、移动和放置操作的过程中，线性致动装置的伸缩使可移动平衡重单元相对转台的位置发生变化，以帮助平衡所述负载”，其中，特征 i)已被证据 12 公开，特征 ii)是本领域技术人员在证据 3 公开内容的基础上容易想到的，因此权利要求 6 不具备创造性。

专利权人认为：除请求人认为的上述区别技术特征外，证据 3 还未公开权利要求 6 的特征 iii)“至少一个线性致动装置”和特征 iv)“在贯穿起重机的拾取、移动和放置操作的整个过程中，可移动平衡重单元从不由地面支撑，而是由所述可移动的地面接合部件间接地支撑在车体上”，其中，根据证据 3 的说明书不能得出配重 6 在起重机的拾取、移动和放置操作过程中从不由地面支撑的教导，特征 i)未被证据 12 公开，特征 ii)～iv)也不是本领域的公知常识，因此，权利要求 6 具备创造性。

经查，证据 3 公开内容如上所述，其中证据 3 中的“履带”对应于本专利的“可移动的地面接合部件”，“主臂 1”对应于本专利的“悬臂”，“人字臂 3”对应于本专利的“桅杆”，“配重部分 6”对应于本专利的“可移动平衡重单元”；由于证据 3 中配重部分 6 可以通过滑动单元 9 来进行调整，因此在这种情况下证据 3 中必然具有线性致动装置，人字臂 3 与转台后部之间的连接机构对应于本专利的“后臂架”。

通过比较可知，本专利权利要求 6 与证据 3 公开的上述内容的区别在于：(1)本专利具体限定了“在执行起重机的拾取、移动和放置操作的过程中，线性致动装置的伸缩使可移动平衡重单元相对转台的位置发生变化，以帮助平衡所述负载”，而证据 3 中则是给出了“起重机的配重根据吊钩 7 即时位置和/或载荷状态和/或起重机总载荷确定”的明确教导，并具体描述了在起重机起吊重物从一个位置移动到另一个位置的过程中，根据吊钩的即时位置确定(即移动)配重，以此来平衡“即时总载荷”(负载力矩)的方案；(2)本专利明确限定“在贯穿起重机的拾取、移动和放置操作的整个过程中，可移动平衡重单元从不由地面支撑”，证据 3 中没有相应的文字描述，但在附图中给出了相应的结构关系，并且说明书及权利要求书描述了与本专利相同的工作方式，即通过将配重移离或移近转台来平衡起重机工作过程中总载荷的变化；(3)本专利具体限定了驱动平衡重单元移动的驱动结构，即“至少一个枢转臂，所述枢转臂枢转地以其第一端连接到转台上、以其第二端连接线性致动装置，所述枢转臂和线性致动装置连接在转台和可移动平衡重单元之间”，而证据 3 只是提到配重部分 6 可以通过滑动单元 9 来进行调整，没有给出具体结构构成。

关于上述区别(1)，如上对权利要求 1 的评述，合议组认为：根据证据 3 给出的“起重机的配重根据吊钩 7 即时位置和/或载荷状态和/或起重机总载荷确定”的教导，本领域技术人员可以直接毫无疑义地获得启示并得到“在提起及放置重物的过程中，移动配重相对于转台的距离以平衡起重机总载荷(载荷力矩)”的技术方案，以及在起重机相对于地面移动的过程中，根据吊钩 7 即时位置(或起重机总载荷)确定(移动)配重的技术方案。

关于上述区别(2)，如上对权利要求 1 的评述，合议组认为：根据证据 3 所述方法的工作原理，以及附图所示结构可知，当起重机起吊、放置重物时，以及起重机相对地面移动旋转使吊钩位置发生改变时，对于负载力矩发生的变化，仅需通过配重部分 6 的移动就可以帮助负载平衡，配重部分 6 不需要由地面支撑，而是由车体上的履带间接地支撑在地面上，对于本领域技术人员来说，这是可以根据证据 3 公开的内容而直接毫无疑义确定的。

关于上述区别(3),合议组认为:证据12公开了一种起重机,起重机具有使该配重前后移动的重量驱动装置,从证据12的附图1～3可以看出,起重机包括枢转地以其第一端连接到支柱6上的连杆7,连杆7以其第二端连接驱动缸9,连杆7和驱动缸9连接在支柱6和配重4之间。证据12中"连杆7"对应于本专利的"枢转臂","驱动缸9"对应于本专利的"线性致动装置","配重4"对应于本专利的"可移动平衡重单元"。从证据12的图2、3可以看出,支柱6固定在上部旋转部件2上,与上部旋转部件2的相对位置没有变化,可见支柱6与上部旋转部件2的组合对应于本专利的"转台",即证据12中"一端连接到上部旋转部件2的支柱6上的连杆7"对应于本专利的"一个枢转地以其第一端连接到转台上的枢转臂",可见,证据12公开了上述区别技术特征,并且证据12的重量驱动装置同样用于使配重前后移动,在证据3给出了配重需要在滑动装置的驱动下相对转台的位置发生变化的启示下,本领域技术人员有动机将证据12的连杆结构应用于证据3中,以得到权利要求6限定的技术方案。

因此,本专利独立权利要求6的技术方案相对于证据3结合证据12及公知常识不具有突出的实质性特点和显著的进步,不具备《专利法》第22条第3款规定的创造性。

7)关于从属权利要求7

从属权利要求7在权利要求6的基础上进一步限定"所述线性致动装置枢转地连接在转台上"。

请求人认为:从属权利要求7的附加技术特征属于公知常识,因此,在权利要求6不具备创造性的基础上,从属权利要求7也不具备创造性。

专利权人的意见同权利要求2。

合议组认为:对于本领域技术人员来说在将证据12公开的配重前后移动的驱动装置用于证据3,实现证据3中对配重部分6进行驱动的滑动单元9的具体形式,此时将"驱动缸"(对应于本专利的线性致动装置)与转台以铰接的方式连接,对于本领域技术人员来说只是常规技术手段,在本专利权利要求6不具备创造性的基础上,从属权利要求7也不具备创造性。

8)关于从属权利要求8

从属权利要求8在权利要求7的基础上进一步限定了枢转架、后臂及其与其他构件间的连接关系。

请求人认为:从属权利要求8的附加技术特征被证据13公开,在权利要求7不具备创造性的基础上,从属权利要求8也不具备创造性。

专利权人的意见同权利要求4。

合议组认为:从属权利要求8的附加技术特征与从属权利要求4的附加技术特征内容大部分相同,参见对权利要求4的创造性评述,本领域技术人员在面对证据3中起重机的配重6需要移向和移离转台前部的问题时,有动机将证据13中驱动配重装卸的连杆结构应用于证据3中,以得到权利要求8所限定的技术方案。因此,在其引用的权利要求7不具备创造性的基础上,从属权利要求8也不具备创造性。

9)关于从属权利要求9～16

从属权利要求9在权利要求6的基础上进一步限定"所述线性致动装置包括一个齿条和小齿轮组件";从属权利要求10在权利要求9的基础上进一步限定"所述齿条和小齿轮组件包括分别由第一、第二液压马达驱动的至少第一、第二小齿齿轮";从属权利要求11～13在各自引用的权利要求的基础上进一步限定了齿条和小齿轮组件的具体结构;从属权利要求14在权利要求10的基础上进一步限定"齿条和小齿轮组件还包括系列行星齿轮组,位于每个液压马达和由该液压马达驱动的小齿齿轮之间";从属权利要求15在权利要求10的基础上进一步限定"每个小齿齿轮和液压马达结合体还包括一个弹簧设置液压释放制动器”;从属权利要求 16 在权利要求 10 的基础上进一步限定“液压马达由闭环液压系统供给动力”。

请求人认为:从属权利要求 9～16 的附加技术特征属于本领域的公知常识,在其引用的权利要求不具备创造性的基础上,从属权利要求 9～16 也不具备创造性。

专利权人的意见同权利要求 3、5。

合议组认为:

从属权利要求 9 的附加技术特征与权利要求 3 的附加技术特征的内容相同,从属权利要求 10 的附加技术特征与权利要求 5 的附加技术特征相比仅仅是限定的小齿齿轮数量有所不同,参见对权利要求 3 和 5 的创造性评述,从属权利要求 9 和 10 的附加技术特征均是一种常规选择。在其引用的权利要求不具备创造性的基础上,从属权利要求 9、10 也不具备《专利法》第 22 条第 3 款规定的创造性。

关于从属权利要求 11、13。从属权利要求 11、13 限定的小齿条组件分为齿条和齿条支撑部分,两个部分分体制造并组装即可得到小齿条组件,在大型机械领域齿条通常采用上述分体的方式制造得到,而移动式提升起重机同样也属于大型机械领域,本领域技术人员容易想到在移动式提升起重机上也使用分体式齿条,至于两个部分的具体结构,这是本领域技术人员不需要付出创造性劳动就可以得到的,也未取得预料不到的技术效果。因此,在权利要求 9 或 10 不具备创造性的基础上,从属权利要求 11、13 也不具备创造性。

从属权利要求 12 的附加技术特征与权利要求 5 的附加技术特征相比,二者对于小齿轮的数量和驱动方式的限定相同。参见对权利要求 5 的创造性评述,对小齿轮数量和驱动方式的选择是一种常规选择,而从属权利要求 12 中进一步限定的驱动马达相对于齿条的位置的设置,这是本领域技术人员可根据驱动位置的需要和空间位置的限制进行选择的,这些选择同样不需要付出创造性劳动,也未取得预料不到的技术效果。因此,在权利要求 11 不具备创造性的基础上,从属权利要求 12 也不具备《专利法》第 22 条第 3 款规定的创造性。

关于从属权利要求 14～16:行星齿轮组是本领域机械传动过程中传输动力常用的组件,在液压马达和小齿齿轮间设置行星齿轮组是一种常规设计手段,在移动式提升起重机领域采用这种常规设计手段对本领域技术人员而言不需要付出创造性劳动;同样,液压系统中采用弹簧设置液压释放制动器和液压马达由闭环液压系统供给动力也是本领域的常用技术手段,上述常用技术手段的应用对本领域技术人员而言不需要付出创造性劳动,也未取得预料不到的技术效果。因此,在权利要求 10 不具备创造性的基础上,从属权利要求 14～16 也不具备《专利法》第 22 条第 3 款规定的创造性。

10)关于权利要求 17

本专利权利要求 17 要求保护一种移动式提升起重机。

请求人认为:本专利权利要求 17 限定的技术方案相对于证据 3 公开的技术内容的区别在于特征 g),该特征是本领域的公知常识,因此权利要求 17 限定的技术方案相对于证据 3 和公知常识的结合不具备创造性。

专利权人认为:证据 3 除未公开权利要求 17 的特征 g)之外,还未公开如下技术特征“至少一个线性致动装置”,“在负载下执行起重机的拾取、移动和放置操作,其中在执行起重机的拾取、移动和放置操作的过程中,通过伸缩所述线性致动装置把所述可移动平衡重单元移向和移离所述转台的前部,以帮助平衡所述负载”和“在贯穿起重机的拾取、移动和放置操作的整个过程中,可移动平衡重单元从不由地面支撑,而是由所述可移动的地面接合部件间接地支撑在车体上”，根据证据3的说明书不能得出配重6在起重机的拾取、移动和放置操作过程中从不由地面支撑的教导，上述区别技术特征均不是本领域的公知常识，因此，权利要求17具备创造性。

证据3公开的内容如上所述。其中，证据3的“履带”对应于本专利的“可移动的地面接合部件”，“主臂1”对应于本专利的“悬臂”，“人字臂3”对应于本专利的“桅杆”，“配重部分6”对应于本专利的“可移动平衡重单元”；由于证据3中配重部分6可以通过滑动单元9来进行调整，因此在这种情况下证据3中必然具有线性致动装置，并且由于配重部分在线性致动装置的作用下可移向和移离转台的前部，因此该线性致动装置必然连接在转台和配重部分6之间，并使配重部分6可移动和保持在向前位置以及向后位置；证据3的转台必然绕着车体的旋转轴线旋转。

通过比较可知，本专利权利要求17限定的技术方案与证据3公开的上述内容的区别在于：(1)本专利具体限定了“使可移动平衡重保持在向前位置和向后位置，从而在负载下执行拾取、移动和放置操作，在执行起重机的拾取、移动和放置操作的过程中，通过伸缩线性致动装置把可移动平衡重单元移向和移离转台的前部，以帮助平衡所述负载”，而证据3中则是给出了“起重机的配重根据吊钩7即时位置和/或载荷状态和/或起重机总载荷确定”的明确教导，并具体描述了在起重机起吊重物从一个位置移动到另一个位置的过程中，根据吊钩的即时位置确定(移动)配重，以此来平衡“即时总载荷”(负载力矩)的方案；(2)本专利明确限定“在贯穿起重机的拾取、移动和放置操作的整个过程中，可移动平衡重单元从不由地面支撑，而是由可移动的地面接合部件间接地支撑在车体上”，证据3中没有相应的文字描述，但在附图中给出了相应的结构关系，并且说明书及权利要求书描述了与本专利相同的工作方式，即通过将配重移离或移近转台来平衡起重机工作过程中总载荷的变化；(3)本专利具体限定了齿轮小齿条结构的线性致动装置(即权利要求17的g)部分特征)，而证据3只是提到配重部分6可以通过滑动单元9来进行调整，没有给出致动装置的具体结构。

关于上述区别(1)，如上述对权利要求1的评述，合议组认为：根据证据3给出的“起重机的配重根据吊钩7即时位置和/或载荷状态和/或起重机总载荷确定”的教导，本领域技术人员可以直接毫无疑义地获得启示并得到“在提起及放置重物的过程中，移动配重相对于转台的距离以平衡起重机总载荷(载荷力矩)”的技术方案，以及在起重机相对于地面移动的过程中，根据吊钩7即时位置(或起重机总载荷)确定(移动)配重的技术方案。

关于上述区别(2)，如上述对权利要求1的评述，合议组认为：根据证据3所述方法的工作原理，以及附图所示结构可知，当起重机起吊、放置重物时，以及起重机相对地面移动旋转使吊钩位置发生改变时，对于负载力矩发生的变化，仅需通过配重部分6的移动就可以帮助负载平衡，配重部分6不需要由地面支撑，而是由车体上的履带间接地支撑在地面上，对于本领域技术人员来说，这是可以根据证据3公开的内容而直接毫无疑义确定的。

关于上述区别(3)，合议组认为：齿轮、齿条传动是本领域实现物体水平移动时常用的驱动结构，在证据3已经公开了配重需要在水平方向进行移动的基础上，采用齿轮、齿条的驱动结构来实现配重的水平移动对本领域技术人员而言是一种常规选择；本领域技术人员可根据所需驱动力的大小选择适当数量的小齿轮，根据工作情况选择多个小齿轮由单独的液压马达操作或是由统一的液压马达驱动对本领域技术人员来说并不需要付出创造性劳动；在大型机械领域齿条通常采用分体的方式制造得到，移动式提升起重机同样也属于大型机械领域，因此本领域技术人员容易想到在移动式提升起重机上也使用分体式齿条，至于齿轮、齿条两个部分的具体结构，这是本领域技术人员不需要付出创造性劳动就可以得到的。驱动马达的设置位置，这是本领域技术人员可根据驱动位置的需要和空间位置的限制进行选择的，这些选择同样不需要付出创造性劳动，也未取得预料不到的技术效果。

因此，本专利权利要求17限定的技术方案相对于证据3和公知常识的结合不具备突出的实质性特点和显著的进步，不符合《专利法》第22条第3款有关创造性的规定。

11)关于从属权利要求18～20

从属权利要求18在权利要求17的基础上进一步限定“驱动第一、第四小齿齿轮的液压马达安装在壳体上邻近齿条的第三侧，其中驱动第二、第三小齿齿轮的两个液压马达安装在壳体上邻近齿条的第四侧”；从属权利要求19在权利要求17的基础上进一步限定“所述齿条和小齿轮组件还包括系列行星齿轮组，位于每个液压马达和由该液压马达驱动的小齿齿轮之间”；从属权利要求20在权利要求17的基础上进一步限定“每个小齿齿轮和液压马达结合体还包括一个弹簧设置液压释放多盘式制动器”。

请求人认为：从属权利要求18～20的附加技术特征属于本领域的公知常识，因此，在权利要求17不具备创造性的基础上，从属权利要求18～20也不具备创造性。

专利权人的意见同权利要求3、5、9～16。

合议组认为：

从属权利要求18的附加技术特征与从属权利要求12中对马达位置的限定基本相同，参见对权利要求12的创造性评述，从属权利要求18的附加技术特征是本领域技术人员可根据驱动位置的需要和空间位置的限定选择的。

从属权利要求19的附加技术特征与从属权利要求14的附加技术特征基本相同，参见对权利要求14的创造性评述，从属权利要求19的附加技术特征属于本领域的常规选择。

对于权利要求20，液压系统中采用弹簧设置液压释放多盘式制动器是本领域的常用技术手段，该常用技术手段的应用对本领域技术人员而言不需要付出创造性劳动，也未取得预料不到的技术效果。

综上，在权利要求17不具备创造性的基础上，从属权利要求18～20也不具备《专利法》第22条第3款规定的创造性。

12)关于权利要求21

权利要求21要求保护一种移动式提升起重机。

请求人认为：本专利权利要求21限定的技术方案相对于证据3公开的技术内容的区别在于特征g)，该特征属于本领域的常规技术手段，同时也被证据16公开，因此，权利要求21不具备创造性。

专利权人认为：证据3除未公开权利要求21的特征g)之外，还未公开如下技术特征“连接在转台和可移动平衡重单元之间的线性致动装置”“在负载下执行起重机的拾取、移动和放置操作，其中在执行起重机的拾取、移动和放置操作的过程中，通过伸缩所述线性致动装置把所述可移动平衡重单元移向和移离所述转台的前部，以帮助平衡所述负载”和“在贯穿起重机的拾取、移动和放置操作的整个过程中，可移动平衡重单元从不由地面支撑，而是由所述可移动的地面接合部件间接地支撑在车体上”，根据证据3的说明书不能得出配重6在起重机的拾取、移动和放置操作过程中从不由地面支撑的教导。特征g)未被证据16公开，也不属于本领域的公知常识，因此权利要求21具备创造性。

合议组认为：

证据3公开的内容如上所述。其中，

证据3的“履带”对应于本专利的“可移动的地面接合部件”，“主臂1”对应于本专利的“悬臂”，“人字臂3”对应于本专利的“桅杆”，“配重部分6”对应于本专利的“可移动平衡重单元”；由于证据3中配重部分6可以通过滑动单元9来进行调整，因此在这种情况下证据3中必然具有线性致动装置，并且由于配重部分在线性致动装置的作用下可移向和移离转台的前部，因此该线性致动装置必然连接在转台和配重部分6之间使配重部分6可移动并保持在向前位置以及向后位置。

通过比较可知，本专利权利要求21与证据3公开的上述内容的区别在于：(1)本专利具体限定了“使可移动平衡重保持在向前位置和向后位置，从而在负载下执行拾取、移动和放置操作，在执行起重机的拾取、移动和放置操作的过程中，通过伸缩所述线性致动装置把可移动平衡重单元移向和移离转台的前部，以帮助平衡所述负载”，而证据3中则是给出了“起重机的配重根据吊钩7即时位置和/或载荷状态和/或起重机总载荷确定”的明确教导，并具体描述了在起重机起吊重物从一个位置移动到另一个位置的过程中，根据吊钩的即时位置确定(移动)配重，以此来平衡“即时总载荷”(负载力矩)的方案；(2)本专利明确限定“在贯穿起重机的拾取、移动和放置操作的整个过程中，可移动平衡重单元从不由地面支撑，而是由可移动的地面接合部件间接地支撑在车体上”，证据3中没有相应的文字描述，但在附图中给出了相应的结构关系，并且说明书及权利要求书描述了与本专利相同的工作方式，即通过将配重移离或移近转台来平衡起重机工作过程中总载荷的变化；(3)本专利中具体限定了用于在负载突然释放时向可移动平衡重单元提供支撑的平衡重支撑结构(即权利要求21中的g)部分特征)。

关于上述第(1)点区别，如上述对权利要求1的评述，合议组认为：根据证据3给出的“起重机的配重根据吊钩7即时位置和/或载荷状态和/或起重机总载荷确定”的教导，本领域技术人员可以直接毫无疑义地获得启示并得到“在提起及放置重物的过程中，移动配重相对于机身的距离以平衡起重机总载荷(载荷力矩)”的技术方案，以及在起重机相对于地面移动的过程中，根据吊钩7即时位置(或起重机总载荷)确定(移动)配重的技术方案。

关于第(2)点区别，如上述对权利要求1的评述，合议组认为：根据证据3所述方法的工作原理，以及附图所示结构可知，当起重机起吊、放置重物时，以及起重机相对地面移动旋转使吊钩位置发生改变时，对于负载力矩发生的变化，仅需通过配重部分6的移动就可以帮助负载平衡，配重部分6不需要由地面支撑，而是由车体上的履带间接地支撑在地面，对于本领域技术人员来说，这是可以根据证据3公开的内容而直接毫无疑义确定的。

关于第(3)点区别，经查，证据16公开了一种可拆卸的悬挂式配重，配重10还有一可伸出地安装至其底部的支脚30；该配重支脚30通过一个可伸长的装置(如液压缸32)与配重10连接，液压缸21可响应配重控制装置33或驾驶室12中的控制装置33a的操作，来伸出或收回支脚30；因而，该配重支脚30可以被伸出至地面来支撑配重，或被收回至不同的悬挂距离34以使配重10由配重臂24支撑(参见证据16中文译文第3、4栏以及附图1)。证据16中的支脚30连接到配重10上，其作用在于从起重机上卸下部分有效质量时，可减小起重机11的倾斜力矩36，因此，证据16给出了根据载荷的变化情况向配重10提供支撑，从而在负载减小时减小起重机的倾斜力矩的技术启示，虽然证据16中未公开支脚30具有两个可伸缩式结构，然而对于本领域技术人员来说，在将证据16的配重脚应用于证据3的起重机中，并面对起重机在实际工作中配重脚会干涉起重机摆动操作的技术问题时，本领域技术人员根据常识容易想到使配重脚在保持其功能的同时可进行移动以避开起重机的车身，而伸缩结构是实现一构件移向和移离物体时常用的机械传动结构。

因此，本专利权利要求 21 限定的技术方案相对于证据 3、证据 16 和公知常识的结合不具备突出的实质性特点和显著的进步，不具备《专利法》第 22 条第 3 款规定的创造性。

13）关于从属权利要求 22～23

从属权利要求 22 在权利要求 21 的基础上进一步限定“所述可移动平衡重单元被构造为可以去除所述平衡重支撑结构，起重机可以在具有所述平衡重支撑结构和没有该所述平衡重支撑结构下起作用”；从属权利要求 23 在权利要求 21 的基础上进一步限定“所述可移动平衡重单元包括平衡重托盘，其上支撑有单个平衡重，所述伸缩式结构包括两个安装在平衡重托盘的槽路内的伸缩式梁”。

请求人认为：从属权利要求 22～23 的附加技术特征属于本领域的公知常识，因此，在权利要求 21 不具备创造性的基础上，从属权利要求 22～23 也不具备创造性。

专利权人认为：从属权利要求 22、23 的附加技术特征并非本领域的公知常识。

合议组认为：将一个构件设计为可卸载的结构从而使其仅在有可能的时候才使用，这是生活中常见的结构设计，将其应用于起重机的平衡重支撑机构上对本领域技术人员而言不需要付出创造性劳动，也不会使权利要求 22 因此而具备创造性；从属权利要求 23 所限定的托盘式支撑配重结构系一种常规设计，这种设计对本领域技术人员而言同样不需要付出创造性劳动，也未取得预料不到的技术效果。在权利要求 21 不具备创造性的基础上，从属权利要求 22～23 也不具备《专利法》第 22 条第 3 款规定的创造性。

14）关于反证 1～12

专利权人先后提交了反证 1～9 和反证 10、反证 11～12。

请求人对反证 1～9 的真实性、与本专利的关联性均有异议。

合议组认为：专利权人提交反证 1～8 用于证明本专利产品的 VPC 技术取得了显著的技术效果，然而没有证据表明反证 1～8 中的产品仅采用了本专利权利要求 1～23 的技术方案，也不清楚反证 1～8 在将“本专利产品”与其他产品对比时具体的试验条件、试验对象的具体结构、试验人员的操作方法等，其对比数据和效果的可靠性难以确认，因此反证 1～8 均不能证明本专利权利要求 1～23 的技术方案相对于证据 1～17 特别是本无效宣告请求审查决定中所采用的证据具有预料不到的技术效果；反证 9 系一美国专利申请公开说明书，反证 10～12 仅仅用于证明证据 2 公开不充分，反证 9～12 均不能证明本专利权利要求 1～23 具有创造性。综上，反证 1～12 均无法证明本专利权利要求 1～23 具备创造性。

综上所述，本专利权利要求 1～23 均不具有突出的实质性特点和显著的进步，不具备《专利法》第 22 条第 3 款规定的创造性。

鉴于本专利权利要求 1～23 不具备创造性的理由成立，故合议组对请求人提出的其他无效理由和证据不再予以评述。

三、决定

宣告第 200810092407.6 号发明专利权全部无效。

当事人对本决定不服的，可以根据《专利法》第 46 条第 2 款的规定，自收到本决定之日起三个月内向北京市第一中级人民法院起诉。根据该款的规定，一方当事人起诉后，另一方当事人作为第三人参加诉讼。

【案例评析】

本案的双方当事人分别是美国及中国起重机行业的龙头企业。本案通过对本领域公知常识的分析认为，本领域技术人员在对比文件公开内容的基础上，结合其所掌握的公知常识，通过合乎逻辑的分析推理即可获得本专利所要求保护的技术方案。本案对于本领域技术人员的知识和能力的运用及技术启示的判断具有一定的指导作用。

案例2 “用抗 ErbB2 抗体治疗”发明专利权无效宣告请求案

案件编号：4W102812

专利权人：基因技术股份有限公司

无效宣告请求人：国内个人

专利号：ZL200610008639. X

发明创造名称：用抗 ErbB2 抗体治疗

审查决定号：23948

审查结论：全部无效

合议组成员：尹昕（组长），魏聪（主审员），韩世炜（参审员）

【基本案情】

涉案专利涉及抗 ErbB2 抗体（即“赫赛汀”）的药物制品及其制备方法，专利号为 ZL200610008639. X。国内某个人于 2014 年 2 月针对该专利向专利复审委员会提出了无效宣告请求。专利复审委员会经审理后，以涉案专利权利要求书不具备创造性为由作出第 23948 号无效决定，宣告涉案专利权全部无效。

【审查决定】

一、案由

本专利的专利号为 200610008639. X，优先权日为 1997 年 12 月 12 日，申请日为 1998 年 12 月 10 日，授权公告日为 2011 年 6 月 15 日。本专利授权公告时的权利要求书如下：

“1. 一种制品，它包含（1）一个容器，（2）容器内包含与 ErbB2 胞外结构域序列中的表位 4D5 结合的抗 ErbB2 抗体的组合物，（3）容器上的标签或容器附带的标签，该标签表明了所述组合物可用来治疗以 ErbB2 受体过度表达为特征的乳腺癌，以及（4）包装插页，该包装插页上有避免使用蒽环类抗生素类化疗剂与所述组合物组合使用的说明。

2. 根据权利要求 1 所述的制品，其中所述标签表明所述组合物可用来治疗转移性乳腺癌。

3. 根据权利要求 1 所述的制品，其中所述抗体是人化 4D5 抗 ErbB2 抗体。

4. 权利要求 1 或 2 的制品，其中所述抗体结合 SEQ ID NO. 9 中的任何一个或多个残基。

5. 权利要求 1 或 2 的制品，其中所述抗体是人源化的 4D5 抗 ErbB2 抗体，所述的 4D5 抗 ErbB2 抗体可获自保藏号 ATCC CRL10463。

6. 权利要求 1 或 2 的制品，其中所述抗体是抗体片段。

7. 权利要求 1 或 2 的制品，其中所述抗体是抗体偶联物。

8. 权利要求 1 或 2 的制品，其中所述抗体是完整抗体。

9. 与 ErbB2 胞外结构域序列中的表位 4D5 结合的抗 ErbB2 抗体与塔克索德的组合在制备治疗人患者中以 ErbB2 过度表达为特征的乳腺癌的药物中的用途。

10. 权利要求 9 的用途，其中所述药物包含所述抗 ErbB2 抗体与塔克索德组合制成的单一制剂。

11. 权利要求 9 的用途，其中所述药物包含（1）所述抗体，和（2）所述塔克索德制成的分开的制剂。

12. 权利要求 11 的用途，其中所述分开的制剂是以任何顺序连续施用的制剂。

13. 权利要求 9 的用途，其中所述抗体包含在制品的一种容器内，该制品还包含包装插页，该包装插页上有避免蒽环类抗生素化疗剂与所述抗体组合使用的说明。

14. 根据权利要求 9 的用途，其中所述癌症是转移性乳腺癌。

15. 根据权利要求 9 或 13 的用途，其中所述抗体结合 SEQ ID NO.9 中的任何一个或多个残基。

16. 根据权利要求 9 或 13 的用途，其中所述抗体是人源化的 4D5 抗 ErbB2 抗体，所述的 4D5 抗 ErbB2 抗体可获自保藏号 ATCC CRL10463。

17. 根据权利要求 9 或 13 的用途，其中所述抗体是抗体片段。

18. 根据权利要求 9 或 13 的用途，其中所述抗体是抗体偶联物。

19. 根据权利要求 9 或 13 的用途，其中所述抗体是完整抗体。

20. 根据权利要求 9 或 13 的用途，其中所述药物与选自下组的别的化疗剂一起施用：5－氟尿嘧啶（5－FU）、阿糖胞苷（Ara－C）、环磷酰胺、硫替哌、白清安、氨甲碟呤、长春碱、博来霉素、表鬼臼毒素吡喃葡糖苷、异环磷酰胺、丝裂霉素 C、盐酸米托蒽醌、长春花新碱、维诺瑞宾、卡铂、表鬼臼毒素噻吩糖苷、道诺霉素、洋红霉素、氨基碟呤、更生霉素、丝裂霉素、埃斯波霉素、苯丙氨酸氮芥和其他相关的氮芥子类、调节或抑制对肿瘤的激素作用的激素制剂、磺酸烷酯、氮丙啶、氮杂环丙烷或甲蜜胺、氮芥、亚硝基脲、抗生素、叶酸类似物、嘌呤类似物、嘧啶类似物、雄激素、抗肾上腺药、叶酸补充剂、醋葡醛内酯、磷酰胺醛糖苷；氨基乙酰丙酸、安吖啶、贝斯布西、比生群、艾德噻、地磷酰胺、地美可辛、地吖醌、福尼星、依利醋铵、依托格鲁、硝酸镓、羟基脲、香菇多糖、氯尼达明、米托胍腙、米托蒽醌、莫哌达醇、硝基胺、喷司它丁、苯纳米特、比柔比星、鬼臼酸、2－乙基酰肼、甲苯肼、Krestin、雷佐生、西唑喃、锗螺胺、细交链孢菌酮酸、三亚胺醌、2，2′，2′－三氯三乙胺、氨基甲酸乙酯、长春地辛、达卡巴嗪、甘露醇氮芥、二溴甘露醇、二溴卫矛醇、哌泊溴烷、加西托星、苯丁酸氮芥、加西它宾、6－硫代鸟嘌呤、巯基嘌呤、铂、新霉酰胺、诺维通、噻洛达、依邦洛内、CPT－11、拓扑异构酶抑制剂 RFS2000、二氟甲基鸟氨酸（DMFO）、视黄酸或卡普它宾，以及上述任一种的药学上可接受的盐、酸或功能等价衍生物。

21. 根据权利要求 9 或 13 的用途，其中所述塔克索德是帕利他塞或多西他塞，或其药学上可接受的盐、酸或功能等价衍生物。

22. 根据权利要求 9 或 13 的用途，其中所述药物中所述抗体与塔克索德组合的量，低于所述抗体和塔克索德分别给药时所述抗体与所述化疗剂的量之总和。”

请求人于 2014 年 2 月 27 日向专利复审委员会提出了无效宣告请求，其理由是：权利要求 1～8 不符合《专利法》第 22 条第 2 款的规定，权利要求 1～22 不符合《专利法》第 22 条第 3 款的规定，权利要求 1～8、20 不符合《专利法》第 26 条第 4 款的规定，说明书不符合《专利法》第 26 条第 3 款的规定，请求宣告本专利权利要求 1～22 无效，同时提交了如下证据：

证据 1：Jose Baselga 等，《HER2 Overexpression and Paclitaxel Sensitivity in Breast Cancer：Therapeutic Implications》，《Oncology》，第 11 卷，增补第 2 期，第 5、43～48 页及其部分译文，1997 年 3 月，复印件共 10 页；

证据 2：吴国森等，《阿霉素联合治疗恶性肿瘤 150 例对心脏毒性的临床观察》，《福建医药杂志》，第 16 卷，第 3 期，第 13～14 页，1994 年，复印件共 2 页；

证据 3：王宁生，《阿霉素对不同年龄组心脏毒性的心电图改变比较》，《实用老年医学》，第 11 卷，第 2 期，第 86～87 页，1997 年 2 月 28 日，复印件共 2 页。

请求人认为：(1)构成权利要求1的技术特征在于：①与ErbB2胞外结构域序列中的表位4D5结合的抗ErbB2抗体的组合物；②所述组合物可用来治疗以ErbB2受体过度表达为特征的乳腺癌；③避免使用蒽环类抗生素类化疗剂与所述组合物组合使用。证据1公开了乳腺癌治疗的方案，其中指出已完成了人源化抗体rhuMoAb HER2治疗过度表达ErbB2的乳腺癌患者的II期临床实验，显示该抗体在治疗所述乳腺癌中有临床活性；同时也提出了将该抗体与化疗剂紫杉醇(即帕利他塞)或顺铂结合使用治疗HER2过度表达的乳腺癌的技术方案，该所用的化疗剂不是蒽环类化疗剂。可见，证据1公开了权利要求1的全部技术特征，权利要求1不具备新颖性。

(2)权利要求2的附加技术特征已被证据1公开，因此在权利要求1不具备新颖性的基础上，权利要求2也不具备新颖性。权利要求3～8进一步对抗体进行限定，根据说明书记载，其所制备的抗体即为证据1中所述的rhuMoAb HER2抗体，且说明书也没有提供除rhuMoAb HER2抗体之外的其他抗体或片段的治疗方案和效果，因此在权利要求1不具备新颖性的基础上，权利要求3～8也不具备新颖性。

(3)权利要求1实质上请求保护所述抗体与化疗剂组合给药治疗以ErbB2受体过度表达为特征的乳腺癌的方案，证据1公开了所述抗体与紫杉醇或顺铂组合使用治疗所述乳腺癌的技术方案和取得的治疗效果，即公开了权利要求1除包装容器和容器标签及包装插页外的所有技术特征，而所述包装容器、标签和插页为药品包装的一般性常识，因此本领域技术人员在证据1的基础上很容易得出权利要求1的技术方案，权利要求1不具备创造性。同理，权利要求2～8也不具备创造性。

(4)证据2公开了以阿霉素为主的联合化疗方案治疗恶性肿瘤的技术方案，其中阿霉素属于蒽环类抗生素类化疗剂，指出阿霉素对心脏的毒性作用值得高度重视。由本专利说明书可知，在联合化疗中避免组合使用蒽环类抗生素的原因是其出现“用蒽环类抗生素时所观察到的心肌功能紊乱综合征，由于其增加了心肌副作用”，而该副作用在证据2中已被公开和提示。因此，本领域技术人员在证据1的基础上结合证据2很容易想到在使用该抗体治疗以ErbB2受体过度表达为特征的乳腺癌时，与其联合使用的化疗剂中，蒽环类抗生素因具有心脏毒性应被避免使用，因此权利要求1不具备创造性。类似地，本领域技术人员在证据1的基础上结合证据3也很容易想到在选择与所述抗体联合给药的化疗剂时应避免使用具有心脏毒性的蒽环类抗生素化疗剂。因此权利要求1不具备创造性。同理，权利要求2～8也不具备创造性。

(5)权利要求9要求保护与ErbB2胞外结构域序列中的表位4D5结合的抗ErbB2抗体与塔克索德的组合在制备治疗人患者中以ErbB2过度表达为特征的乳腺癌的药物中的用途。证据1公开了rhuMoAb HER2抗体(即与ErbB2胞外结构域序列中的表位4D5结合的抗ErbB2抗体)与帕利他塞(属于塔克索德的一种)联合对异种移植人类乳腺癌肿瘤的裸鼠治疗取得显著效果，且提出了将该抗体与帕利他塞组合用于治疗Her2过度表达的乳腺肿瘤患者。本领域技术人员在证据1的基础上，很容易得出所述抗体与塔克索德组合治疗以ErbB2过度表达为特征的乳腺癌的技术方案，因此权利要求9不具备创造性。权利要求10～12进一步限定权利要求9所述药物的制剂形式和施用顺序，这些限定特征为本领域公知常识，在权利要求9不具备创造性的基础上，权利要求10～12也不具备创造性。权利要求13在权利要求9的基础上限定所述抗体包含在制品的一个容器内，该制品还包含包装插页，该包装插页上有避免蒽环类抗生素化疗剂与所述抗体组合使用的说明。由于证据 1 公开了该抗体与帕利他塞组合治疗所述乳腺癌的用途，帕利他塞不属于蒽环类抗生素化疗剂，而容器、插页为包装常识，不构成技术特征，因此权利要求 13 的技术特征已被公开，在权利要求 9 不具备创造性的基础上，权利要求 13 也不具备创造性。另外，证据 2 或 3 公开了癌症患者中使用蒽环类抗生素阿霉素的心脏毒性，本领域技术人员不需要花费创造性劳动就可将证据 1 与 2 或证据 1 与 3 结合获得权利要求 13 的技术方案，权利要求 13 不具备创造性。

(6)权利要求 14 进一步限定所述癌症为转移性乳腺癌，该特征已被证据 1 公开，因此在权利要求 9 不具备创造性的基础上，权利要求 14 也不具备创造性。权利要求 15～19 引用权利要求 9 或 14，进一步对抗体进行限定。根据说明书记载，本专利制备的抗体即为证据 1 所述的 rhuMoAb HER2 抗体，且说明书也没有提供除 rhuMoAb HER2 抗体之外的其他抗体或片段的治疗方案和效果，因此在权利要求 9 或 14 不具备创造性的基础上，权利要求 15～19 也不具备创造性。权利要求 20 引用权利要求 9 或 14，进一步限定与所述药物一起施用的化疗剂，本专利没有提供其他化疗剂与塔克索德和所述抗体的组合一起施用治疗乳腺癌的方案和效果，因此在权利要求 9 或 14 不具备创造性的基础上，权利要求 20 也不具备创造性。权利要求 21 在权利要求 9 或 14 的基础上进一步限定塔克索德为帕利他塞或多西他塞，或其药学上可接受的盐、酸或功能等价衍生物，这些均为紫衫烷类药物或类似物，与帕利他塞有类似的作用效果，也已被证据 1 公开，因此在权利要求 9 或 14 不具备创造性的基础上，权利要求 21 也不具备创造性。权利要求 22 在权利要求 9 或 14 的基础上，进一步限定所述抗体与塔克索德组合的量低于抗体和塔克索德分别给药时所述抗体与化疗剂的量之总和。在联合给药时，由于药物相互作用，联合给药的量低于单独用药的量之和，这是本领域的常识，且本专利也未给出限定所述组合的量与分别给药的量之间有何意料不到的效果，因此在权利要求 9 或 14 不具备创造性的基础上，权利要求 22 也不具备创造性。

(7)权利要求 1～8 要求保护抗 ErbB2 抗体与化疗剂的组合使用治疗所述乳腺癌的技术方案，其中在化疗剂中仅排除了蒽环类抗生素，但说明书中仅提供了帕利他塞和环磷酰胺与阿霉素或表柔比星与所述抗体组合使用的技术方案，本领域技术人员根据说明书中的描述难以确定除帕利他塞外的所有非蒽环类抗生素衍生物的化疗剂与抗 ErbB2 抗体组合都具有治疗所述乳腺癌的作用，即该权利要求的技术方案包含了推测的内容，而其效果又难以确定。因此，这些权利要求得不到说明书的支持。另外，本领域技术人员根据说明书中的描述难以确定权利要求 20 中所述的化疗剂与塔克索德和抗 ErbB2 抗体组合治疗所述乳腺癌的技术方案，因此权利要求 20 也得不到说明书的支持。

(8)本专利说明书未提供除帕利他塞外的所有非蒽环类抗生素衍生物的化疗剂与抗 ErbB2 抗体组合都能治疗所述乳腺癌的技术方案和效果支持，因此上述权利要求没有以说明书为依据，得不到说明书的支持，相应的说明书公开不充分。

经形式审查合格，专利复审委员会于 2014 年 3 月 7 日受理了上述无效宣告请求，并将无效宣告请求书及证据副本转送给专利权人，要求专利权人在指定期限内答复，同时成立合议组对本案进行审查。

专利权人针对上述无效宣告请求于 2014 年 4 月 21 日提交了意见陈述书以及如下反证：

反证 1：证据 1 的部分中文译文，复印件共 1 页；

反证 2：标题为“Herceptin（Trastuzumab）”的英文材料及部分中文译文，复印件共 30 页；

反证 3：标题为“ANNEX I：SUMMARY OF PRODUCT CHARACTERISTICS”的英文材料及部分中文译文，复印件共 32 页；

反证 4：标题为“Patient information：General principles of treatment for metastatic breast cancer”的英文网络打印件及部分中文译文，复印件共 2 页；

反证 5：标题为“Patient information：Chemotherapy and Herceptin（trastuzumab）for metastatic breast cancer”的英文网络打印件及部分中文译文，复印件共 12 页；

反证 6：Brican Leyland—Jones，《Trastuzumab：hopes and realities》，《THE LANCET ONCOLOGY》，第 3 卷，第 137～144 页及其部分中文译文，2002 年 3 月，复印件共 10 页。

专利权人认为：（1）权利要求 1～8 相对于证据 1 具备新颖性。这是因为：①在使用权利要求 1～8 中要求保护的制品中避免使用蒽环类抗生素类化疗剂的说明构成技术特征，必须作为对权利要求的限定加以考虑。证据 1 并未教导或暗示该技术特征（参见证据 1 第 47 页左栏以及反证 1、证据 1 第 47 页图 2 和中文译文第 3 页最后一段），而权利要求 1～8 均包含该限定，因此证据 1 无法破坏权利要求 1～8 的新颖性。②证据 1 并未公开任何制品，更不用说具有权利要求 1 中所述特征的制品。③证据 1 所讨论的 II 期研究的设计中并未试图排除蒽环类抗生素类化学治疗药的使用，因此其并未提供任何使得本领域技术人员能够实现权利要求 1～8 涵盖的制品的公开。

（2）修改后的权利要求 9 限定了避免蒽环类抗生素类化疗剂与抗 ErbB2 抗体组合使用的特征，这种避免某种类型组合的说明应视为构成“新用途”的技术特征，应在解释制药用途权利要求中加以考虑。权利要求 1、9 及所有从属权利要求相对于证据 1 均具备创造性。这是因为：①证据 1 从总体上而言，并未打破用蒽环抗生素治疗乳腺癌的常规，相反其承认蒽环抗生素的使用是对于乳腺癌治疗广泛使用的疗法，并公开了 III 期临床试验的规程，其中两种治疗方案均包括蒽环抗生素类型的化学治疗剂。基于此，权利要求 1 相对于证据 1 是非显而易见的。②证据 1 并未提供此类试验的临床功效的任何证据，且无法预测其临床效果，因此实质上并未提供使用 rhuMoAb 和帕利他塞的组合物治疗以 ErbB2 的过表达为特征的乳腺癌的技术方案。③本专利说明书的数据证实了预料不到的技术效果，进一步支持本专利权利要求 1 的创造性。④本领域技术人员在阅读证据 1 之后，不会排除使用蒽环类抗生素。相反，证据 1 给出了与避免使用蒽环类抗生素类化学治疗药相悖的教导。⑤证据 2 和证据 3 指出阿霉素具有心脏毒性，但并没有排除蒽环类抗生素的使用，因此即使将证据 1 与证据 2 或证据 3 组合，本领域技术人员仍无法得出本专利权利要求 1 的技术方案。⑥现有技术中并未公开蒽环类抗生素与抗 ErbB2 抗体的组合会对于心肌功能障碍具有加重的作用，也并未公开进一步避免使用蒽环类抗生素是有利的。在本申请提供了实际的临床数据之前，肿瘤学工作者根据现有技术不会认为避免抗 ErbB2 抗体与蒽环类抗生素的组合会有任何好处。基于此，权利要求 1 相对于证据 1 与证据 2 或证据 3 的组合也具备创造性。⑦临床试验数据显示，抗 ErbB2 抗体治疗与紫杉烷化学治疗的组合与仅进行化学治疗相比，显著地增加了临床有效性，这是无法预测的。⑧如上所述，本专利的一个重要效果是发现在蒽环类抗生素衍生物不存在的情况下毒性减少，这是证据 1～3 都没有教导的。反证 2 和 3 反映了本专利作出的贡献，反证 4～6 提供了进一步的信息。同理，修改后的权利要求 2～21 相对于证据 1，或证据 1 与证据 2 或 3 的组合也具备创造性。

(3)本领域技术人员基于本领域的常识和本说明书的公开，能够预测权利要求 1～8 和 19 中涵盖的所有技术方案均可实现本发明，因此权利要求 1～8 和 19 能够得到说明书的支持，符合《专利法》第 26 条第 4 款的规定。

(4)本说明书详细阐明了要求保护的技术方案及其技术效果，证明了蒽环类抗生素增加心脏副作用，并得出组合治疗有利的结论。本领域技术人员在阅读了本发明说明书之后可使用抗 ErbB2 抗体与除了蒽环类抗生素类之外的化学治疗药在人类患者中治疗以 ErbB2 的过度表达为特征的乳腺癌，并取得期待的效果。因此本专利说明书公开充分，符合《专利法》第 26 条第 3 款的规定。

同时，专利权人修改了权利要求书(共 2 页、21 项)，其中将授权的权利要求 13 的附加技术特征并入授权的权利要求 9，删除了权利要求 13，并相应调整了其他授权的权利要求的编号和引用关系。修改后的权利要求 9 为：

"9. 与 ErbB2 胞外结构域序列中的表位 4D5 结合的抗 ErbB2 抗体与塔克索德的组合在制备治疗人患者中以 ErbB2 过度表达为特征的乳腺癌的药物中的用途，其中所述抗体包含在制品的一种容器内，该制品还包含包装插页，该包装插页上有避免蒽环类抗生素化疗剂与所述抗体组合使用的说明。"

专利复审委员会于 2014 年 4 月 30 日将专利权人的上述意见陈述书及反证副本转送给了无效请求人。

无效请求人于 2014 年 5 月 20 日提交了意见陈述书，表示修改后的权利要求仍然不符合专利法的相关规定，坚持在无效宣告请求书中所提出的事实、证据和理由。

专利复审委员会本案合议组于 2014 年 7 月 16 日向双方当事人发出了口头审理通知书，定于 2014 年 8 月 25 日举行口头审理。

口头审理如期举行，双方当事人均委托代理人参加了口头审理，双方当事人对对方出庭人员的身份和资格均无异议，对合议组成员无回避请求。合议组将无效请求人于 2014 年 5 月 20 日提交的意见陈述书转交给专利权人，对无效宣告请求的理由、事实和证据进行了充分调查，并明确告知双方当事人，对口头审理之后提交的意见陈述和证据合议组将不再考虑，双方当事人充分陈述了意见。口审中确认的事实如下：

(1)合议组当庭告知双方当事人，本案的申请日是 1998 年 12 月 10 日，适用 1992 年 9 月 4 日第一次修正的《专利法》第 22 条第 2、3 款以及《专利法》第 26 条第 3、4 款的规定。

(2)请求人认可专利权人在无效宣告请求阶段对于权利要求书的修改时机、修改方式和内容。合议组确认本无效宣告请求案针对的权利要求书为专利权人于 2014 年 4 月 21 日提交的权利要求第 1～21 项。

(3)请求人明确其请求宣告本专利无效的理由为：①权利要求 1～8 相对于证据 1 不符合《专利法》第 22 条第 2 款的规定；②权利要求 1～21 相对于证据 1 与公知常识的结合，证据 1、2 与公知常识的结合以及证据 1、3 与公知常识的结合均不符合《专利法》第 22 条第 3 款的规定；③权利要求 1～8、19 不符合《专利法》第 26 条第 4 款的规定；④本专利说明书不符合《专利法》第 26 条第 3 款的规定。

(4)请求人当庭出示了证据 1～3 的盖有图书馆文献复制证明章的复印件，专利权人对证据 1～3 的真实性、合法性无异议，但认为请求人在提出无效请求时未提交证据 2～3 的目录页的复印件，由此无法确定以上两份证据的出版信息，也就不清楚其公开性和公开时间；同时，专利权人还强调证据1～3的内容与本专利相去甚远，因此不认可其关联性。

（5）双方当事人一致认可，在请求人提交的证据1的中文译文的基础上，将其中第3页第4段第一句替换为专利权人提交的反证1的第一段译文，并在最后补充专利权人提交的反证1的第二段译文，由此获得的译文作为证据1的中文译文。

（6）专利权人明确反证2～5都是互联网下载的文件的打印件及其部分中文译文，其中针对反证2～4，专利权人提交了从互联网下载相应文件的过程的公证材料，并声称反证2～3的公证材料与专利权人于2014年4月21日提交的反证2～3完全一致，由于公证时国内互联网对于谷歌的访问不畅，导致反证4的公证材料与专利权人于2014年4月21日提交的反证4在内容上一致，而在格式上有差异，亦导致未能针对反证5进行相关公证。同时，专利权人提交了当庭出示了反证6的盖有图书馆文献复制证明章的复印件。专利权人明确反证2～6都是本专利申请日后的文献，用于证明本专利技术方案对于后续的研究和治疗意义重大。请求人不认可反证2～5的真实性，认可反证6的真实性，并强调反证2～6都不属于本专利的现有技术，同时以上反证都是证明抗ErbB2抗体、塔克索德的联用效果的文献，与本专利的技术方案缺乏关联性。

2014年9月15日，专利权人提交了口审代理词，重申了口头审理过程中强调的意见。

至此，合议组认为本案事实已经清楚，可以作出审查决定。

二、决定的理由

1. 法律适用

本专利的申请日是1998年12月10日，适用1992年9月4日第一次修正的《专利法》第22条第2、3款以及《专利法》第26条第3、4款的规定。

2. 审查文本

如上所述，由于专利权人在2014年4月21日提交了权利要求书的修改替换页，经审查，上述修改符合1993年版《审查指南》第四部分第三章第3.5节的有关规定，且请求人对上述修改表示认可，因此本决定是在专利权人于2014年4月21日提交的经过修改的权利要求书以及本专利授权公告文本的说明书及说明书附图的基础上作出的。

3. 无效宣告请求的理由和范围

基于无效宣告请求书以及口头审理中双方当事人的确认，合议组确认本案审查的无效理由和范围为：①权利要求1～8相对于证据1不符合《专利法》第22条第2款的规定；②权利要求1～21相对于证据1与公知常识的结合，证据1、2与公知常识的结合以及证据1、3与公知常识的结合均不符合《专利法》第22条第3款的规定；③权利要求1～8、19不符合《专利法》第26条第4款的规定；④本申请说明书不符合《专利法》第26条第3款的规定。

4. 证据的认定

证据1～3是在本专利申请日之前公开出版的期刊文献，专利权人对证据1～3的真实性、合法性均无异议，合议组对此予以认可。双方当事人一致认可，在请求人提交的证据1的中文译文的基础上，将其中第3页第4段第一句替换为专利权人提交的反证1的第一段译文，并在最后补充专利权人提交的反证1的第二段译文，由此获得的译文作为证据1的中文译文，合议组对此予以确认。

专利权人认为请求人在提出无效请求时未提交证据2～3的目录页的复印件，由此无法确定以上两份证据的出版信息，也就不清楚其公开性和公开时间。对此，合议组认为，请求人在提出无效请求时提交的证据2～3的复印件的页眉部分均公开了期刊名称、出版年份及卷号期号的出版信息，经核对以上信息均与相应的目录页所公开的出版信息一致，且公开时间均早于本专利的优先权日。可见，以上两份证据的出版信息已公开于请求人提出无效请求时提交的证据 2～3 的复印件中，足以证实其公开性，且可以作为本专利的现有技术用于评价新颖性、创造性。

专利权人还强调证据 1～3 的内容与本专利相去甚远，不认可其关联性。对此，合议组认为，本专利涉及抗 ErbB2 抗体与塔克索德的治疗乳腺癌的药用组合物及其相应制药用途，其中明确避免使用蒽环类抗生素类化疗剂，证据 1 公开了抗 ErbB2 抗体与一种塔克索德联合治疗乳腺癌肿瘤的技术方案，证据 2～3 均公开了蒽环类抗生素类化疗剂对于恶性肿瘤患者的副作用，可见以上证据与本专利的技术方案均涉及抗 ErbB2 抗体组合物，即证据 1～3 符合关联性的要求。

反证 2～4 是互联网下载的文件的打印件及其部分中文译文，专利权人提交了从互联网下载相应文件的过程的公证材料，并声称由于公证时国内互联网对于谷歌的访问不畅，导致反证 4 的格式略有不同；请求人不认可以上证据真实性。对此，合议组经过核对，发现反证 2～3 的公证材料与相应反证在内容和形式上一致，反证 4 的公证材料与相应反证在内容上一致、在格式上有差异，由此认为以上反证的下载过程得到了相关公证机构的公证，且个别格式上的差异存在客观原因，没有合理理由质疑其真实性。因此，合议组认可反证 2～4 的真实性。

反证 5 是互联网下载的文件的打印件及其部分中文译文，请求人对其真实性持有异议，专利权人既没有提交该反证的原件，也没有提交证实其真实性的任何其他有效文件，据此合议组对反证 5 的真实性不予认可。

反证 6 是在本专利申请日之后公开出版的期刊文献，请求人对该反证的真实性、合法性及译文准确性均无异议，合议组对此予以认可。

请求人强调反证 2～4、6 的公开时间在本专利的优先权日之后，不属于本专利的现有技术；对此，如前所述，专利权人明确将以上反证作为本专利申请日后的文献提交，用于证明本专利技术方案对于后续的研究和治疗意义重大，合议组在此予以确认。

另外，请求人还强调反证 2～4、6 都是证明抗 ErbB2 抗体与塔克索德的联用效果的文献，与本专利的技术方案缺乏关联性。对此，合议组认为，本专利涉及抗 ErbB2 抗体与塔克索德的治疗乳腺癌的药用组合物及其相应制药用途，其中明确避免使用蒽环类抗生素类化疗剂，反证 2～3 均公开了抗 ErbB2 抗体与塔克索德等化疗剂联合治疗肿瘤的效果信息，反证 4、6 分别介绍了乳腺癌的治疗原理和抗 ErbB2 抗体治疗乳腺癌的进展，可见以上反证与本专利的技术方案均涉及抗 ErbB2 抗体组合物，即反证 2～4、6 符合关联性的要求。

5. 关于《专利法》第 22 条第 3 款

《专利法》第 22 条第 3 款规定，创造性，是指同申请日以前已有的技术相比，该发明有突出的实质性特点和显著的进步，该实用新型有实质性特点和进步。

根据该款规定，在判断一项权利要求是否具备创造性时，一般先将该权利要求的技术方案与现有技术中最接近的技术方案进行对比以确定二者存在的区别特征，然后根据该区别特征所能达到的技术效果确定发明实际解决的技术问题，再判断现有技术中是否存在将该区别特征应用到该最接近的现有技术以解决其存在的技术问题的启示；如果本领域技术人员根据现有技术的教导或启示能够容易地引入上述区别特征改进现有技术，从而获得所保护的技术方案，而且没有产生预料不到的技术效果，则应当认为该权利要求的技术方案是显而易见的，不符合《专利法》第 22 条第

3 款关于创造性的规定。

请求人主张本专利权利要求 1～21 相对于证据 1 与公知常识的结合而言不具有《专利法》第 22 条第 3 款规定的创造性，其中证据 1 是最接近的对比文件。

权利要求 1 要求保护一种制品，它包含(1)一个容器，(2)容器内包含与 ErbB2 胞外结构域序列中的表位 4D5 结合的抗 ErbB2 抗体的组合物，(3)容器上的标签或容器附带的标签，该标签表明了所述组合物可用来治疗以 ErbB2 受体过度表达为特征的乳腺癌，以及(4)包装插页，该包装插页上有避免使用蒽环类抗生素类化疗剂与所述组合物组合使用的说明。根据本申请说明书的记载，“表位 4D5”是指 ErbB2 胞外结构域中与抗体 4D5 结合的区域(参见说明书第 4 页第 22 行)，“包装插页”是指按照惯例包括在治疗产品市售包装内的说明书，它含有的信息是关于适应症、用途、剂量、给药方式、禁忌症和/或关于使用这些治疗产品的警告(参见说明书第 11 页第 30～31 行)。根据本领域技术人员的理解，包装插页上的所述用药禁忌的限定实际上涵盖了该药盒制品不含有且不联合使用蒽环类抗生素类化疗剂的所有情形。

证据 1 公开了 rhuMoAb HER2 抗体与帕利他塞(即塔克索德的一种)的药物组合物，用于联合治疗异种移植人类乳腺癌肿瘤的裸鼠，其产生了显著的抗肿瘤效果，对肿瘤的生长抑制达到 93%(参见其译文第 2 页第 28～40 行)，同时公开了 rhuMoAb HER2 抗体与顺铂的药物组合物，用于联合治疗顺铂耐药性乳腺癌患者，其 II 期临床试验结果显示反应率达到 25%(参见其译文第 2 页第 41 行～第 3 页第 8 行)，其中：(1) rhuMoAb HER2 抗体含有鼠单克隆抗体 4D5 的抗原结合部分和人免疫球蛋白可变区框架(参见其译文第 1 页最后一行至第 2 页第 1 行)；(2)异种移植人类乳腺癌肿瘤的裸鼠及乳腺癌患者均存在 ErbB2 受体过度表达的状况(参见其译文第 1 页第 32～33 行，第 2 页第 4～5 行、第 21～22 行、第 32～33 行)；(3)帕利他塞以及顺铂均不属于蒽环类抗生素类化疗剂。可见，证据 1 实质上公开了采用包含与表位 4D5 结合的抗 ErbB2 抗体的组合物，而不使用蒽环类抗生素类化疗剂，从而治疗以 ErbB2 受体过度表达为特征的乳腺癌的技术方案。

将本专利权利要求 1 与证据 1 公开的上述技术方案相比，两者的药物组合物均包含与表位 4D5 结合的抗 ErbB2 抗体，均不含有且不联合使用蒽环类抗生素类化疗剂，其适应症均为以 ErbB2 受体过度表达为特征的乳腺癌；两者的区别技术特征仅在于，本专利权利要求 1 的技术方案中将以上药物组合物制成了药盒制品，即将以上药物组合物放在一个容器中，将以上适应症类型写在标签上，并将以上用药禁忌写在包装插页上。由此可知，本申请实际解决的技术问题是制备一种使用方便的药盒制品。

然而，在医药技术领域中，通常将药品进行包装，制成药盒，而药盒制品通常包括包装容器、标签和包装插页，其中包装容器用于盛放具有治疗功效的药物组合物；标签用于记载适应症类型等信息；包装插页则用于记载药物的使用方法特征，例如药物的给药剂量、时间间隔等信息。以上均属于医药技术领域的常规技术手段。可见，本领域技术人员为了制备一种使用方便的药盒制品，很容易想到将证据 1 所述药物组合物放在一个容器中，将所述适应症类型等信息写在标签上，由此制成相应的药盒制品。

综上所述，本申请权利要求 1 所要求保护的技术方案与证据 1 相比，区别特征是本领域的常规技术手段，现有技术中存在将上述区别特征应用到该证据中公开的技术方案以解决其存在的技术问题的启示，因此该权利要求的技术方案是显而易见的，不具备突出的实质性特点和显著的进步，不符合《专利法》第22条第3款关于创造性的规定。

专利权人在意见陈述书中主张，(1)证据1并未打破用蒽环抗生素治疗乳腺癌的常规，相反其Ⅲ期临床试验的治疗方案均包括蒽环抗生素类型的化学治疗剂，同时其未提供rhuMoAb HER2抗体与帕利他塞或顺铂联合治疗的试验证据，由此无法得出相应的临床效果，因此本领域技术人员在证据1的教导下不会排除使用蒽环类抗生素。(2)本专利说明书关于试验结果的记载证实了本专利的技术方案产生了预料不到的技术效果。(3)反证2～4、6反映了本专利作出的贡献以及进一步研究开发的成果，证实本专利具备创造性。口头审理中，专利权人进一步强调，①证据1记载的Ⅲ期临床试验方案表明其治疗方案中可使用蒽环类抗生素类化疗剂(参见反证1的第一段译文)，同时其明确记载rhuMoAb HER2抗体与帕利他塞联合治疗的效果“尚在评估中”(参见反证1的第二段译文)，可见该证据并未教导排除使用蒽环类抗生素；②本专利说明书记载了抗ErbB2抗体与蒽环类抗生素联合使用的副作用非常大，由此证明本专利排除使用蒽环类抗生素带来了预料不到的技术效果。

对此，合议组认为：(1)根据证据1的记载，为了研究抗ErbB2抗体与帕利他塞联合治疗乳腺癌的效果，证据1比较了对异种移植人类乳腺癌肿瘤的裸鼠分别单独或联合使用上述两种疗法所获得的肿瘤生长抑制比例；同时，为了研究抗ErbB2抗体与顺铂联合治疗乳腺癌的效果，测定了Ⅱ期临床试验中对顺铂耐药性患者联合使用上述两种疗法的反应率和毒性。可见，上述两个技术方案中均未使用蒽环类抗生素类化疗剂治疗乳腺癌。证据1的Ⅲ期临床试验方案并不影响其记载的动物实验及Ⅱ期临床试验方案本身的公开，更何况其并未记载相应的实验结果及结论。

(2)证据1明确记载，对异种移植人类乳腺癌肿瘤的裸鼠联合使用抗ErbB2抗体和帕利他塞的抑制比例(93%)显著高于单独使用的抑制比例(均为35%)，抗ErbB2抗体和帕利他塞的联合治疗可导致异种移植物消失；同时，在Ⅱ期临床试验中对顺铂耐药性患者联合使用抗ErbB2抗体与顺铂的反应率反应率达到25%，而毒性并不大于单独使用顺铂的毒性。可见，针对上述两个技术方案，证据1均记载了具体的试验数据和结果。尽管证据1在文末(即反证1的第二段译文)提到该抗体与帕利他塞联合治疗的效果“尚在评估中”，但是根据本领域技术人员的理解，上述“尚在评估中”的效果是指综合考虑了疗效、安全性、稳定性等因素的整体效果，而正如证据1摘要部分所述，依据上述试验证据足以证明抗ErbB2抗体和帕利他塞或顺铂联合使用可以产生显著的抗肿瘤作用的结论(参见其译文第1页第17～19行、第31～33行)。

可见，证据1实质上公开了采用包含与表位4D5结合的抗ErbB2抗体的组合物，而不使用蒽环类抗生素类化疗剂，从而治疗以ErbB2受体过度表达为特征的乳腺癌的技术方案，可见本专利权利要求1所限定的用药禁忌并不构成该权利要求与证据1的区别技术特征，因此该用药禁忌所产生的技术效果就应当理解为证据1的技术方案客观上存在的效果，不足以导致本专利具备创造性。

(3)反证2～4、6涉及本专利优先权日之后相关抗体药物的说明书及相关研究成果，记载了抗ErbB2抗体与帕利他塞联合治疗、抗ErbB2抗体与蒽环类抗生素联合治疗的效果等信息，以上反证均不能否定现有技术中存在将上述区别特征应用到证据1以解决其存在的技术问题的启示，因此都不足以证明本专利的技术方案具备创造性。

综上，专利权人的理由均不具有说服力，合议组不予支持。

从属权利要求2～3引用了权利要求

1,分别限定所述标签表明所述组合物可用来治疗转移性乳腺癌,所述抗体是人化4D5抗ErbB2抗体,但是证据1已经公开了以上附加技术特征(分别参见其译文第1页第32～33行、第2页第4～5行、第21～22行;第1页最后一行至第2页第1行)。基于权利要求1相同的理由,权利要求2～3也不具备《专利法》第22条第3款规定的创造性。

从属权利要求4～5均引用了权利要求1或2,分别限定所述抗体结合SEQ ID NO.9中的任何一个或多个残基,所述抗体是人源化的可获自保藏号为ATCC CRL10463的杂交瘤的4D5抗ErbB2抗体。根据本专利说明书的记载,SEQ ID NO.9即表示ErbB2胞外结构域的4D5表位序列(参见本专利说明书第4页第12行),保藏号ATCC CRL10463的抗体即为4D5抗ErbB2抗体。在证据1明确公开了所述rhuMoAb HER2抗体含有鼠单克隆抗体4D5的抗原结合部分和人免疫球蛋白可变区框架(参见其译文第1页最后一行至第2页第1行)的前提下,本领域技术人员很容易想到相应的抗体能够与4D5表位序列结合,并能够通过保藏相应的杂交瘤而获得该抗体。同时,根据说明书的记载,该特定杂交瘤分泌的抗体也未产生任何预料不到的技术效果。可见,权利要求4～5的技术方案也是显而易见的,不具备突出的实质性特点和显著的进步,不符合《专利法》第22条第3款关于创造性的规定。

从属权利要求6～8均引用了权利要求1或2,进一步限定所述的抗体是抗体片段、抗体偶联物或完整抗体。正如本领域技术人员所熟知,抗体药物的通常形式即为以上三种类型,采用其中的任一类型均属于本领域的常规技术手段,现有技术中亦存在选择具体类型抗体用作抗体药物的启示,因此该权利要求的技术方案是显而易见的,不具备突出的实质性特点和显著的进步,不符合《专利法》第22条第3款关于创造性的规定。

权利要求9要求保护与ErbB2胞外结构域序列中的表位4D5结合的抗ErbB2抗体与塔克索德的组合在制备治疗人患者中以ErbB2过度表达为特征的乳腺癌的药物中的用途,其中所述抗体包含在制品的一种容器内,该制品还包含包装插页,该包装插页上有避免蒽环类抗生素化疗剂与所述抗体组合使用的说明。

如前所述,证据1公开了rhuMoAb HER2抗体与帕利他塞(即塔克索德的一种)的药物组合物,用于联合治疗异种移植人类乳腺癌肿瘤的裸鼠,其产生了显著的抗肿瘤效果(参见其译文第2页第28～40行),其中(1)rhuMoAb HER2抗体含有鼠单克隆抗体4D5的抗原结合部分和人免疫球蛋白可变区框架(参见其译文第1页最后一行至第2页第1行);(2)异种移植人类乳腺癌肿瘤的裸鼠存在ErbB2受体过度表达的状况(参见其译文第1页第32～33行,第2页第4～5行、第21～22行、第32～33行);(3)帕利他塞不属于蒽环类抗生素类化疗剂。可见,证据1实质上公开了采用与表位4D5结合的抗ErbB2抗体和塔克索德的组合物,而不使用蒽环类抗生素类化疗剂,从而治疗以ErbB2受体过度表达为特征的异种移植人类乳腺癌肿瘤的裸鼠的技术方案。

将本专利权利要求9与证据1公开的上述技术方案相比,两者的药物组合物均为与表位4D5结合的抗ErbB2抗体和塔克索德,均不含有且不联合使用蒽环类抗生素类化疗剂,其适应症均为以ErbB2受体过度表达为特征的乳腺癌;两者的区别技术特征仅在于:(1)本专利权利要求1的技术方案中将以上药物组合物制成了药盒制品,即将以上药物组合物放在一个容器中,并将以上用药禁忌写在包装插页上;(2)将证据1所述治疗异种移植人类乳腺癌肿瘤的裸鼠的药物组合物,用于治疗人患者。由此可知,本申请实际解决的技术问题是制备一种使用方便的用于治疗人患者的药盒制品。

就区别技术特征(1)而言，如权利要求1的创造性评述，该区别特征是本领域的常规技术手段，现有技术中存在将其应用到该证据以解决其存在的技术问题的启示；就区别技术特征(2)而言，证据1明确公开了进行所述动物试验是为了研究人类转移性乳腺癌的治疗方案，因此本领域技术人员完全有动机将证据1所述治疗异种移植人类乳腺癌肿瘤的裸鼠的药物组合物用于治疗人患者，同时本专利说明书也没有记载所述治疗对象的改变会带来任何预料不到的技术效果。因此，在证据1的基础上结合本领域的常规手段得到权利要求9所要求保护的技术方案，对本领域的技术人员来说是显而易见的。权利要求9不具备《专利法》第22条第3款规定的创造性。

从属权利要求10～11引用了权利要求9，分别限定所述药物的制剂形式为单一制剂或分开的制剂。正如本领域技术人员所熟知，药物的一般制剂形式即为以上两种类型，采用其中任一类型的制剂均属于本领域的常规技术手段，现有技术中亦存在选择具体类型用作抗体药物的启示，因此该权利要求的技术方案是显而易见的，不具备突出的实质性特点和显著的进步，不符合《专利法》第22条第3款关于创造性的规定。

从属权利要求12引用了权利要求11，进一步限定了制剂的施用方式。根据本领域的常规知识，以任何顺序连续施用的给药方式正是联合使用治疗同种疾病的一种以上药物的最常规给药方式；同时，本专利说明书中也并未记载该给药方式产生了任何预料不到的技术效果。因此，在证据1的基础上结合本领域的常规手段得到权利要求12所要求保护的技术方案，对本领域的技术人员来说是显而易见的。权利要求12不具备《专利法》第22条第3款规定的创造性。

从属权利要求13引用了权利要求9，进一步限定所述癌症为转移性乳腺癌，但是证据1已经公开了以上附加技术特征(分别参见其译文第1页第32～33行，第2页第4～5行、第21～22行)。基于与对权利要求9的评述相同的理由，权利要求13也不具备《专利法》第22条第3款规定的创造性。

从属权利要求14～15均引用了权利要求9或13，分别限定所述抗体结合SEQ ID NO.9中的任何一个或多个残基，所述抗体是人源化的可获自保藏号为ATCC CRL10463的杂交瘤的4D5抗ErbB2抗体。基于与对权利要求4～5的评述相同的理由，权利要求14～15也不具备《专利法》第22条第3款规定的创造性。

从属权利要求16～18均引用了权利要求9或13，进一步限定所述的抗体是抗体片段、抗体偶联物或完整抗体。基于权利要求6～8相同的理由，权利要求16～18也不具备《专利法》第22条第3款规定的创造性。

从属权利要求19～20均引用了权利要求9或13，分别限定与所述药物一起施用的化疗剂类型，所述塔克索德的具体种类。由于本领域通常将各种抗肿瘤疗法联合使用，本领域技术人员容易想到将所述药物与其他常见的化疗剂一起施用；同时证据1公开的药物组合物中的帕利他塞即为塔克索德的一种，本领域常用的塔克索德还包括多西他塞、帕利他塞或多西他塞的相应衍生物等，本领域技术人员容易想到选择这些具体种类的塔克索德用于制备治疗乳腺癌的药物组合物。同时，本专利说明书中也并未记载采用除帕利他塞以外的塔克索德或其衍生物产生了任何预料不到的技术效果。因此上述权利要求的技术方案是显而易见的，不具备突出的实质性特点和显著的进步，不符合《专利法》第22条第3款关于创造性的规定。

从属权利要求21均引用了权利要求9或13，进一步限定所述药物的剂量。如前所述，证据1明确记载，对异种移植人类乳腺癌肿瘤的裸鼠联合使用抗ErbB2抗体和帕利他塞的抑制比例（93%）显著高于单独使用的抑制比例（均为35%），由此本领域技术人员容易预期联合使用上述药物时可以施用低于单独使用的药物的量。同时，本专利说明书中也并未记载联合或单独使用上述药物在药量和疗效上的试验数据，无法证明该方案产生了任何预料不到的技术效果。因此该权利要求的技术方案是显而易见的，不具备突出的实质性特点和显著的进步，不符合《专利法》第22条第3款关于创造性的规定。

综上所述，本专利修改后的权利要求1～21不符合《专利法》第22条第3款的规定。

鉴于本专利权利要求1～21由于相对于证据1和本领域公知常识不具备《专利法》第22条第3款规定的创造性，应予全部无效，本无效宣告请求审查决定不再对请求人提出的其他无效理由和证据予以评述。

基于以上事实和理由，本案合议组作出如下审查决定。

三、决定

宣告第200610008639.X号发明专利权全部无效。

当事人对本决定不服的，可以根据《专利法》第46条第2款的规定，自收到本决定之日起三个月内向北京市第一中级人民法院起诉。根据该款的规定，一方当事人起诉后，另一方当事人作为第三人参加诉讼。

【案件评析】

涉案专利所要求保护的“赫赛汀”是第一个分子靶向的抗癌药，对于乳腺癌的治愈率达到95%，全球年销售额超过70亿美元，其专利权人系国际生物医药行业巨头，在中国围绕该抗癌药申请的专利有近40项，涉案专利为其中的核心专利之一。本案明确了医药生物领域中给药特征所限定的产品及相应制药用途权利要求创造性的审查思路和方法，对于此类权利要求审查标准的合理把握和标准执行一致具有一定的指导作用。

案例3 “具有分化和抗增殖活性的苯甲酰胺类组蛋白去乙酰化酶抑制剂及其药用制剂”发明专利权无效宣告请求案

案件编号：4W102593

专利权人：深圳微芯生物科技有限责任公司

无效宣告请求人：亨特博士实验室有限公司

专利号：ZL03139760.3

发明创造名称：具有分化和抗增殖活性的苯甲酰胺类组蛋白去乙酰化酶抑制剂及其药用制剂

审查决定号：24591

审查结论：部分无效

合议组成员：李越（组长），王晓东（主审员），侯曜、尹俊亭、刘亚（参审员）

【基本案情】

案件涉及中国自主创新药物西达本胺的化合物核心专利，专利号为ZL03139760.3。该药物在T细胞淋巴瘤的治疗方面有较好疗效，已于2014年12月获中国国家食品药品监督管理总局批准上市，目前已完成美国食品药品监督管理局的Ⅰ期临床试验研究。针对本专利，无效请求人认为其不符合《专利法》第22条第3款等规定，应予宣告无效。专利复审委员会组成五人合议组进行审理，在专利权人提交权利要求书修改文本的基础上，作出第24591号无效决定，维持涉案专利权有效。

【审查决定】

一、案由

本案涉及专利号为 03139760.3，名称为“具有分化和抗增殖活性的苯甲酰胺类组蛋白去乙酰化酶抑制剂及其药用制剂”的发明专利权（下称本专利），其申请日为 2003 年 7 月 4 日，授权公告日为 2006 年 11 月 15 日，专利权人为深圳微芯生物科技有限责任公司。本专利授权公告时的权利要求书如下：

“1. 一种具有分化和抗增殖活性的苯甲酰胺类组蛋白去乙酰化酶抑制剂，其特征在于，该化合物的结构通式如下所示：

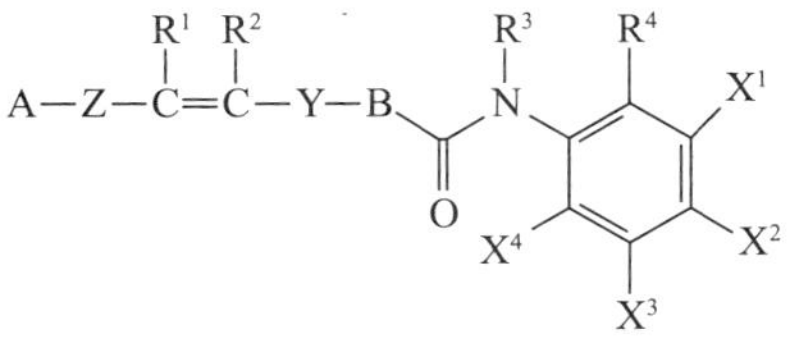

（Ⅰ）

其中，A 为苯环或吡啶环，环上无取代基或含有 1 至 4 个取代基，取代基为卤素、1 至 4 个碳原子的烷基或三氟甲基；

B 为苯环；Z 为共价键；Y 为—CO—NH—CH_2—；R^1、R^2 分别为氢或 1 至 4 个碳原子的烷基；R^3 为氢；R^4 为氨基；X^1、X^2、X^3、X^4 其中之一为卤素或 1 至 4 个碳原子的烷基，其余为氢。

2. 权利要求 1 所述的化合物的制备方法，该方法包括如下步骤：

(a)将通式（Ⅱ）化合物与通式（Ⅲ）化合物进行缩合反应得到通式（Ⅳ）化合物：

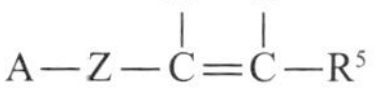

（Ⅱ）

R^6—B—COOH

（Ⅲ）

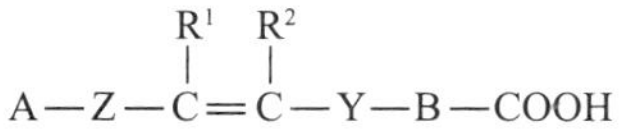

（Ⅳ）

其中 A、B、Z、Y、R^1、R^2 与权利要求 1 所述定义相同，R^5 为—COOH，R^6 为—NH_2—CH_2—；

(b)将通式（Ⅳ）化合物与通式（Ⅴ）化合物进行缩合反应得到通式（Ⅰ）化合物：

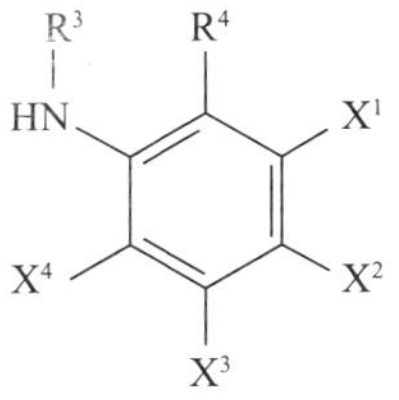

（Ⅴ）

其中，R^3、R^4、X^1、X^2、X^3、X^4 与权利要求 1 所述定义相同。

3. 根据权利要求 3 的制备方法，其特征在于，两步反应均以二环己基碳酰亚胺或 N，N—碳酰二咪唑为催化剂，反应温度为 0～80℃，反应时间为 4～72 小时。

4. 一种用于治疗与细胞分化和增殖相关的或由于核受体活性下降所引起的疾病的药用制剂，它包括具有权利要求 1 所述的结构式(1)的化合物以及药用载体辅料或稀释剂。

5. 权利要求 1 所述的化合物在制备用于治疗与细胞分化和增殖相关的牛皮癣、血癌或实体瘤的药物中的应用。

6. 权利要求 1 所述的化合物在制备用于治疗由于核受体活性下降所引起的内分泌疾病、免疫疾病、炎症、遗传疾病或神经退化性疾病的药物中的应用。”

亨特博士实验室有限公司（下称请求人）于 2013 年 11 月 13 日向专利复审委员会提出了无效宣告请求，其理由是本专利权利要求 1～6 不符合《专利法》第 33 条、第 26 条第 4 款、第 22 条第 3 款以及《专利法实施细则》第 20 条第 1 款的规定，说明书不符合《专利法》第 33 条的规定，请求宣告本专利权利要求 1～6 全部无效，同时提交了如下证据：

证据 1：US6174905B1，公开日 2001 年 1 月 16 日，复印件及其中文译文共 74 页；

证据 2：US6313153B1，公开日 2001 年

11 月 6 日，复印件及其中文译文共 20 页；

证据 3：贾军等，转化生长因子 TGF－β_1 与肿瘤，陕西肿瘤医学，2001 年 3 月，第 9 卷第 1 期，第 60～61 页，复印件共 2 页；

证据 4：Tsuneji suzuki 等，Synthesis and Histone Deacetylase Inhibitory Activity of New Benzamide Derivatives，J. Med. Chem.，1999，42，3001～3003，复印件及其中文译文共 10 页；

证据 5：尹子卉等，新型抗肿瘤组蛋白去乙酰化酶抑制剂西达本胺的合成，中国新药杂志，2004 年，第 13 卷第 6 期，第 536～538 页，复印件共 3 页。

请求人认为：(1)①权利要求 1～6 中涉及 Y 为—CO—NH—CH_2—的情况，该内容在原申请文件中没有记载。②说明书实施例 2 化合物的名称及结构式中氟的位置由 5 位修改为 4 位，该内容在原申请文件中没有记载，并且证据 5 证明通过本专利实施例 2 的方法获得的是 5 位氟取代的化合物，即上述修改内容不属于改正明显的错误，因此不符合《专利法》第 33 条的规定。另外，说明书实施例 5～7 中涉及氟由 5 位修改为 4 位，也导致其不符合《专利法》第 33 条的规定。

(2)权利要求 1～6 中的基团 A 和 B 分别可以为吡啶环和苯环，这些取代基与和相邻的基团之间连接位置并不确定，存在多种可能，权利要求 1 保护的是哪种情况，还是都包括在内，不清楚，因此，权利要求 1～6 不符合《专利法实施细则》第 20 条第 1 款的规定。

(3)①证据 4 公开的是与本专利结构类似的化合物，其中教导取代基的位置以及取代基的立体构型都会对化合物的活性产生影响，并且 3′位被甲基取代时化合物没有抑制作用。但是本专利权利要求 1 在限定基团 X^1、X^2、X^3、X^4 时没有限定取代基的位置，其可能位于 3′位，并且如果上述 X^1、X^2、X^3、X^4 为卤素中的碘原子时，由于空间位阻的影响，其也可能不具有相应的抑制活性。因此，本专利权利要求 1～6 得不到说明书的支持。②权利要求 1～6 中涉及 Y 为—CO—NH—CH_2—的情况，但是该基团在化合物中可以为—CO—NH—CH_2—，也可以为—CH_2—NH—CO，而说明书中仅公开了 Y 为—CO—NH—CH_2—的情况，因此，权利要求 1～6 得不到说明书的支持。③基于之前对修改超范围的论述可知，实施例 5～7 中的化合物 CS02100055 的活性数据无效，只有化合物 CS02100019 的数据有效，然而该化合物又不在权利要求 1 的通式范围内，导致权利要求 1～6 得不到说明书的支持。④权利要求 4 和 6 涉及“核受体活性下降引起的疾病”，由于在本专利申请日之前，核受体活性下降与相关疾病机理的关系并不是特别清楚，虽然本专利实施例 7 证明了所述化合物能激活核激素受体，但并不代表其能够治疗所述疾病，因此，权利要求 4 和 6 得不到说明书的支持。

(4)①权利要求 1 相对于证据 1、2 和公知常识或者证据 1、2、3 和公知常识不具备创造性。证据 1 公开了苯甲酰苯胺衍生物具有诱导分化效应，可以用于治疗恶性肿瘤、自身免疫疾病等。其中公开的 110 号化合物与本专利权利要求 1 区别仅在于环 A 和环 B 之间的连接基团不同，本专利是—CH ═CH—CO—NH—CH_2—，而证据 1 中公开的是—C—O—CO—NH—CH_2—。证据 1 中公开了环 A、环 B 以及作为氢键受体的氧或硫原子是化合物性质的决定因素，并且在表 1 中第 61～190 号化合物中公开了环 A 和环 B 之间可以以多种取代基形式相连，由此教导，本领域技术人员可以对环 A 和环 B 之间的连接基团进行改造。证据 2 公开了一系列吡啶丙烯酰胺衍生物，其中的化合物 65 公开在类似的吡啶环和苯环之间采用—CH ═CH—CO—NH—CH_2—线性连接基团连接，因此，权利要求 1 相对于证据 1、2 和公知常识不具备创造性。另外，证据 3 公开了抑制 TGF－β1 的表达可以完全抑制肿瘤生长或削弱其生长、转移能力，而证据 2 公开化合物 65 具有抑制 TGF－β，由此，本领域技术人员可以预期化合物 65 具有治疗肿瘤的作用，继而，权利要求 1 相对于证据 1、2、3 和公知常识不具备创造性。②基于类似的理由权利要求 2～6 也不具备创造性。

经形式审查合格，专利复审委员会于 2013 年 12 月 10 日受理了上述无效宣告请求并将无效宣告请求书及证据副本转给了专利权人，同时成立合议组对本案进行审查。

专利权人针对上述无效宣告请求于 2014 年 1 月 26 日提交了意见陈述书以及如下反证：

反证 1：专利权人委托中山大学测试中心出具的编号 040603A 的分析检验报告，签发日期 2004 年 7 月 8 日，复印件共 2 页；

反证 2：唐培堃主编，精细有机合成化学及工艺学，天津大学出版社，1993 年 11 月第一版，1996 年 8 月第 4 次印刷，封面、扉页、出版信息页以及正文第 258 页，复印件共 4 页；

反证 3：荣国斌等编著，大学有机化学基础，华东理工大学出版社，2000 年 8 月第一版，2000 年 8 月第一次印刷，封面、扉页、出版信息页以及正文第 15 页、第 191 页、第 453 页，复印件共 6 页；

反证 4：邢其毅等编著，基础有机化学，高等教育出版社，第二版，封面以及正文第 232、644 页，复印件共 3 页；

反证 5：S. W. J Lamberts，Glucocorticoid receptors and Cushing's disease，Molecular and Cellular Endocrinology，第 197 期，第 69～72 页，2002 年，复印件及其部分中文译文共 5 页。

另外，专利权人还提交了 12 份用以证明其公司的背景的证据，包括：HUYA 获西达本胺抗肿瘤化合药物授权 20070306（复印件 2 页），深圳微芯生物抗癌标靶新药技转授权台湾华上生医（复印件 2 页），2010 年作为 12 家新兴战略产业代表企业向胡锦涛总书记等领导人汇报的新闻 20100909（复印件 1 页），国家 863 分子设计专项课题合同书 2006AA020603（复印件 2 页），国家科技重大专项项目任务合同书 2009ZX09401－003（复印件 2 页），芝加哥政府致函及其译文（复印件 2 页），美国商业周刊报道 2005 及其部分译文（复印件 5 页），美国时代周刊 2006 及其部分译文（复印件 5 页），美国福布斯杂志 2012（复印件 6 页），自然杂志（复印件 3 页），美国财富杂志（复印件 7 页），国家科技部科技进步一等奖证书（复印件 1 页）。

专利权人在上述意见陈述书中认为：

（1）①本专利原申请文件中记载了 Y 所包含的范围，授权文本中 Y 定义为—CO—NH—CH_2—其含义小于原申请文件中记载的范围，属于线性结构，同时，本专利实施例 2 和 4 制备的化合物中 Y 基团均为—CO—NH—CH_2—，因此，该修改不超范围。②由反证 2 和 3 可知，氨基氮原子上电子云密度越高，碱性越强，空间位阻越小，胺被酰化的反应活性越活泼。卤素取代基使邻、对位碳原子比间位碳原子具有更多的电子云密度，故得到的产物以邻、对位为主。故将原来处于间位的产物修改为对位取代产物属于改正明显错误，同时，中山大学测试中心进行的二维核磁共振谱图也确证氟的位置处于 4 位，另外，请求人提交的证据 5 是在申请人发现此错误之前发表的，不能证明实际制备得到的就是 5 位氟取代化合物，因此本专利符合《专利法》第 33 条的规定。

（2）化合物中未限定连接关系的基团，代表任意可能的方式连接，因此本专利的保护范围是清楚的。

（3）本专利化合物的空间结构核电子云密度分布与请求人提交的证据 4 具有明显的差异，因此证据 4 化合物的构效关系与本专利并无明显关联。请求人提交的不支持理由不成立。

(4)①反证3、4证明了—C═C—和—C—O—结构明显不同,其中前者与相连的吡啶环处于同一平面,后者可以自由旋转,因此本专利化合物的空间结构核电子云密度分布与证据1化合物110差异明显,本领域技术人员无法根据证据1化合物110预见本专利化合物必然具有活性。证据2公开了化合物治疗肾炎或作为TGF抑制剂的应用,证据3记载的是TGF与肿瘤生长和转移之间的关系,本领域技术人员并不能显而易见地将上述证据1～3结合,也没有动机进行化合物结构的定向改造,因此,本专利具备创造性。②本专利保护的是自主研发的抗肿瘤新药西达本胺,具有重要的产业应用价值。

专利复审委员会本案合议组于2014年2月11日将上述意见陈述书及其附件转送给请求人,并要求其一个月内答复。请求人期满未提交答复意见。

2014年7月3日专利复审委员会本案合议组向双方当事人发出了口头审理通知书,定于2014年8月19日举行口头审理。

2014年7月25日,请求人补充提交了意见陈述书,以及如下证据(编号续前):

证据6:CN103833626A,公开日2014年6月4日,复印件共6页;

证据7:WO2014082354A1,公开日2014年6月5日,复印件共6页;

证据8:欧洲04709299号专利申请的审查意见,其中部分段落标有中文译文,复印件共4页;

证据9:US20040224991A1,公开日2004年11月11日,复印件及其中文译文共10页。

请求人认为:上述证据进一步证明在苯甲酰胺类衍生物的制备过程中(本专利实施例2),制备得到的是4—F和5—F的混合物,而不是仅有4—F化合物,因此不能直接将原始公开的5—F化合物修改为4—F化合物。

2014年8月19日,口头审理如期举行,双方当事人均出席了本次口头审理。在口头审理过程中,合议组记录了如下事项:

(1)专利权人当庭提交申请文件的修改文本,将授权公告的权利要求书修改为以下3项权利要求:

"1. 一种具有分化和抗增殖活性的苯甲酰胺类组蛋白去乙酰化酶抑制剂,其特征在于,该化合物的结构式如下所示:

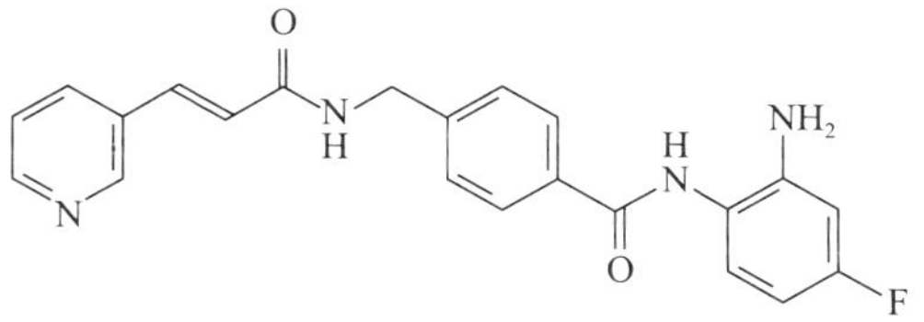

2. 一种用于治疗与细胞分化和增殖相关的疾病的药用制剂,它包括具有权利要求1所示的化合物以及药用载体辅料或稀释剂。

3. 权利要求1所示的化合物在制备用于治疗与细胞分化和增殖相关的牛皮癣、血癌或实体瘤的药物中的应用。"

合议组当庭将上述修改文本转送给请求人。

(2)关于修改文本,请求人认为:因权利要求1～3的修改不属于并列技术方案的删除,故其超出了规定的期限,不能被接受。

专利权人认为权利要求1是对取代基定义的进一步限定,属于对马库什并列技术方案的删除,权利要求2删除了原权利要求4中"或由于核受体活性下降"的部分,也属于并列技术方案的删除,故应当允许。

(3)请求人当庭提交公知常识性证据(编号续前,下称证据10):《有机化学》,人民教育出版社,1978年9月第1版,1979年5月第1次印刷,封面、扉页、前言、目录、第1～15、29～33、84～85、202、297～298、335～336、359～364页,复印件共43页,用于证明基于化合物的键长、键角等数据的计算，证据 2 中化合物 65 的结构符合证据 1 中环 A 和环 B 之间的距离要求。请求人当庭放弃证据 3 及其相关无效宣告理由。

专利权人当庭提交 CS02100055 合成工艺研究/临床 I 期工作完善实验记录册，记录时间为 2002 年 11 月 8 日至 2007 年 10 月，复印件共 32 页。合议组当庭将其转送给请求人。

专利权人主张其在本案中提交的反证 1～5 作为证据使用，放弃将其余的 12 份用于证明公司背景的证据在本案中作为证据使用，仅供合议组参考。

(4)专利权人认可证据 1、2、4、5 以及当庭提交的证据 10 的真实性、公开性以及译文准确性，但认为证据 6～9 的举证时间超出了规定期限，不应接受。对此，请求人认为，证据 6～8 的生成时间是在提出无效宣告请求之后，证据 9 用于反驳专利权人的观点，这些证据均应当予以接受。

请求人对反证 1～5 的真实性以及译文准确性均无异议，对反证 2～5 的公开性无异议，但认为反证 1 不属于公开文件，不认可其公开性。

对于专利权人当庭提交的实验记录册，合议组当庭告知：该实验记录册不是公知常识性证据，也不是用于完善已提交证据形式的相关证明文件，且专利权人提交的时间超出了举证期限，在本案中不作为证据使用。

(5)请求人明确放弃无效宣告请求书中提到的与证据 3 有关的证据 1、2、3 与公知常识结合的创造性评述方式，仅保留证据 1、2 与公知常识结合的创造性评述方式。

(6)关于证据 2 中提到的 TFG 抑制剂与本专利的组蛋白去乙酰化酶抑制剂之间的关系，专利权人认为 TGF 受体在细胞膜上，组蛋白去乙酰化酶是 DNA 核酸链中的结构，二者作用机理完全不同，因此本领域技术人员无法将二者结合在一起。合议组就此问题询问请求人，请求人表示对上述机理不清楚，并认为从证据 2 中看不出二者有什么关系，但现有技术中也没有说明 TGF 抑制剂与组蛋白去乙酰化酶之间就没有关系。

至此，合议组认为本案事实已经清楚，可以作出审查决定。

二、决定的理由

1. 审查基础

专利权人于口头审理当庭提交了修改后的权利要求书，共 3 项，其中将授权公告文本权利要求 1 的马库什通式化合物修改为实施例 2 记载的具体化合物，并在此基础上将授权公告文本的权利要求 4 中的“或由于核受体活性下降所引起的”删除，作为修改后的权利要求 2，将授权公告文本的权利要求 3 作为新的权利要求 3，删除其他权利要求。

对于上述修改，专利权人认为均属于并列技术方案的删除，应当允许；而请求人认为因上述修改方式不属于并列技术方案的删除，故其修改方式和修改时机不符合审查指南的规定，不应当允许。

对此，合议组查明：本案中，专利权人将权利要求 1 的马库什通式化合物修改成具体化合物，该化合物是其说明书实施例 2 具体制备的唯一化合物。并且，对于本专利授权文本权利要求所概括的通式化合物，申请人在说明书中仅给出了其中两个具体化合物的制备过程以及结构确认数据，即实施例 2 和 4；而在这其中，仅测试了实施例 2 化合物的活性效果，包括对组蛋白去乙酰化酶的体外抑制以及对肿瘤细胞的生长抑制作用，未给出任何与实施例 4 化合物相关的活性测试情况描述。

在此基础上，合议组认为：上述实施例 2 具体化合物的制备、确认以及用途和使用效果在说明书中已经清楚、完整地予以公开，并且是本专利唯一既给出了制备方法又确认了活性效果的具体化合物，所属领域技术人员通过阅读本专利说明书，根据该说明书所记载的内容应当可以获知，上述实施例2化合物是本专利的发明核心所在。

《专利审查指南》对无效宣告程序中权利要求的修改方式进行了限制，其规定修改权利要求书的具体方式一般仅限于权利要求的删除、合并和技术方案的删除。可以看出，《专利审查指南》一方面强调绝大多数情况下以上述三种修改方式为原则，另一方面也并未完全排除存在其他修改方式的可能性。而针对本案的修改，合议组认为：尽管专利权人对权利要求1所作的上述修改不属于并列技术方案的删除，但是，修改后的具体化合物不仅在专利说明书中有明确记载，而且其属于本专利的发明核心所在。如果允许专利权人进行上述修改，则能够更加充分地体现专利制度鼓励发明创造的立法本意，并且有助于专利确权程序在评判专利的技术贡献时聚焦发明实质；同时，鉴于修改后的具体化合物在专利说明书中已被作为专利核心内容公开并在其保护范围之内，允许上述修改也不会带来公示性方面的问题；因此，上述修改并不违背《专利审查指南》对修改方式进行限制的初衷，应可以作为例外情形而被接受。同样，基于类似的理由，专利权人对授权公告文本的原权利要求4所作的修改也应当被允许。由于《专利审查指南》并没有对上述修改方式的修改时机作出限制，因此，专利权人在口头审理当庭提交的上述修改应当被允许。

综上，本无效宣告请求案的审查基础为：专利权人2014年8月19日口头审理当庭提交的权利要求1～3以及授权公告的其他文件。

2. 关于证据

请求人于2013年11月13日向专利复审委员会提出无效宣告请求时共提交了5份证据，根据无效宣告请求书记载的内容以及口头审理时当事人的陈述可知，证据1和2用于评价本专利的创造性，证据3在口头审理时予以放弃，证据4用于评价本专利的支持问题，证据5用于评价本专利修改超范围。而后，请求人于2014年7月25日补充提交了证据6～9，用于说明本专利修改超范围。

首先，对于已被请求人明确放弃的证据3，合议组不再评述。对于证据1、2、4、5以及当庭提交的证据10，专利权人认可这些证据的真实性、公开性以及译文准确性，合议组经核查后也予以认可。对于补充提交的证据6～9，请求人主张其用来证明本专利的修改超范围问题，但是其提交日期超出了无效宣告请求日以后一个月的规定期限，同时也不属于专利审查指南中规定的可以接受的超期举证的情形，因此，上述补交证据不能在本案中用于证明其所主张的本专利修改超范围的问题。

本案专利权人提交了反证1～5以及用于证明公司背景的12份证明文件，并于当庭提交了实验记录册。其中，上述12份公司背景证明文件专利权人在口头审理中确认不作为证据使用，仅供合议组参考，在此，合议组不再评述。对于反证1～5，请求人除对反证1的公开性有异议外，对反证2～5的真实性、公开性以及译文准确性均无异议，在此基础上，合议组经核查后对反证2～5的真实性、公开性以及译文准确性均予以认可。

3. 关于《专利法》第33条

《专利法》第33条规定，申请人可以对其专利申请文件进行修改，但是，对发明和实用新型专利申请文件的修改不得超出原说明书和权利要求书记载的范围。

如果本领域技术人员可以确认申请人对申请文件的修改属于针对明显错误作出的更正，则该修改没有超出原说明书和权利要求书记载的范围，符合《专利法》第33条的规定。

本案中，请求人认为：(1)授权公告文本的权利要求1～6中涉及Y为—CO—

NH—CH_2—的情况，该内容在原申请文件中没有记载。(2)说明书实施例 2 化合物的名称及结构式中氟的位置由 5 位修改为 4 位，该内容在原申请文件中没有记载，并且证据 5 证明通过本专利实施例 2 的方法获得的是 5 位氟取代的化合物，即上述修改内容不属于改正明显的错误，同理，说明书实施例 5～7 中涉及氟由 5 位修改为 4 位，也导致其不符合《专利法》第 33 条的规定。专利权人认为：反证 2～3 可以证明上述修改属于改正明显错误。

对此，合议组认为：(1)鉴于专利权人将权利要求 1～3 修改为仅涉及具体化合物的技术方案，其中已不涉及"Y 为—CO—NH—CH_2—"的定义，因此，相关修改超范围理由不再成立。(2)本专利实施例 2 中制备本发明化合物的方法是将 4－[N－(3－吡啶丙烯酰基)氨基甲基]苯甲酸与 4－氟－1,2－苯二胺反应获得，虽然所述苯二胺上同时存在两个氨基，但由于卤素 F 的存在，使两个氨基的反应活性明显不同。为证明上述内容，专利权人在本案中提交了反证 2 和 3，反证 2 是精细有机合成化学及工艺学，反证 3 是大学有机化学基础，二者均是有机化学领域的基础教科书，在本领域中有广泛的受众群体，其所记载的内容属于本领域中经过实践反复验证的经典理论和知识。由反证 2 和 3 可知，氨基氮原子上电子云密度越高，碱性越强，空间位阻越小，胺被酰化的反应活性越活泼。卤素取代基使邻、对位碳原子比间位碳原子具有更多的电子云密度，故得到的产物以邻、对位为主(参见反证 2 第 258 页第 11.2.2 节以及反证 3 第 191 页倒数第 4 段、第 453 页第 3 段)。也就是说，本领域技术人员根据其所掌握的基础理论知识，能够容易地意识到，在此类反应中卤素的存在增大了其邻、对位上基团的反应活性，本案中由于原料 4－氟－1,2－苯二胺中氟的邻位上是未取代的，对于仅存的对位氨基和间位氨基来说，显然对位氨基的反应活性更强，由此生成的 4－氟取代的产物应当占绝大多数，故申请人将原来处于间位取代的产物修改为对位取代产物即将氟由 5 位修改为 4 位属于更正明显错误。对于请求人提交的证据 5，其是在申请人发现此错误之前发表的，不能证明实际制备得到的就是 5 位氟取代化合物。因此本专利符合《专利法》第 33 条的规定。

4. 关于《专利法实施细则》第 20 条第 1 款

《专利法实施细则》第 20 条第 1 款规定，权利要求书应当说明发明或者实用新型的技术特征，清楚、简要地表述请求保护的范围。

如果本领域技术人员能够明确权利要求保护范围所包括的内容，则该权利要求是清楚的。

本案中，请求人认为不清楚权利要求 1～6 中的基团 A 和 B 中吡啶环和苯环的连接位置导致上述权利要求保护范围不清楚。由于专利权人已经将权利要求 1～3 修改成仅涉及具体化合物的技术方案，因此不存在基团 A 和 B 的形式，因此，无效宣告理由不能成立。

5. 关于《专利法》第 26 条第 4 款

《专利法》第 26 条第 4 款规定，权利要求书应当以说明书为依据，说明要求专利保护的范围。

如果权利要求的技术方案是本领域技术人员根据说明书中充分公开的内容能够得到或概括得出的，则其能够得到说明书的支持。

本案中，请求人认为：(1)证据 4 公开的是与本专利结构类似的化合物，其中教导取代基的位置以及取代基的立体构型都会对化合物的活性产生影响，本专利权利要求 1 在限定基团 X^1、X^2、X^3、X^4 时没有限定取代基的位置，并且如果其中卤素为碘原子时，由于空间位阻的影响，其也可能不具有相应的抑制活性。(2)权利要求 1～6 中涉及 Y 为—CO—NH—CH_2—的情况，有顺序和反向两种连接方式。(3)说明书公开的活性数据不能支持权利要求1～6的通式范围。(4)权利要求4和6涉及“核受体活性下降引起的疾病”得不到说明书的支持。

对此，合议组认为：(1)修改后的权利要求1～3仅涉及具体化合物的技术方案，该化合物的结构和具体制备方法在说明书实施例2中公开，其活性效果在实施例5和7中公开，因此上述(1)～(3)指出的无效宣告理由所针对的事实已经不存在。因此，修改后的权利要求1～3能够得到说明书的支持。(2)修改后的权利要求1～3中不涉及“核受体活性下降引起的疾病”，因此，能够得到说明书的支持。综上，本专利权利要求1～3的技术方案是本领域技术人员根据说明书中充分公开的内容能够得到或概括得出的，因此，权利要求1～3符合《专利法》第26条第4款的规定。

6. 关于《专利法》第22条第3款

《专利法》第22条第3款规定，创造性，是指同申请日以前已有的技术相比，该发明有突出的实质性特点和显著的进步，该实用新型有实质性特点和进步。

如果现有技术中没有给出将权利要求的技术方案与最接近的现有技术之间的区别技术特征应用于该最接近的现有技术以解决其技术问题的启示，则该权利要求的技术方案对于本领域技术人员来说是非显而易见的，具备创造性。

本案中，请求人在无效宣告请求书中主张权利要求1相对于证据1、2和公知常识或者证据1、2、3和公知常识不具备创造性。在口头审理时，请求人放弃证据3以及与之相关的本专利相对于证据1、2、3和公知常识的结合不具备创造性的无效宣告理由，故在创造性无效宣告理由中，仅涉及证据1、2结合公知常识一种评价方式。

对此，合议组查明，本专利权利要求1保护一种具有分化和抗增殖活性的苯甲酰胺类组蛋白去乙酰化酶抑制剂，其特征在于，该化合物的结构式如下所示：

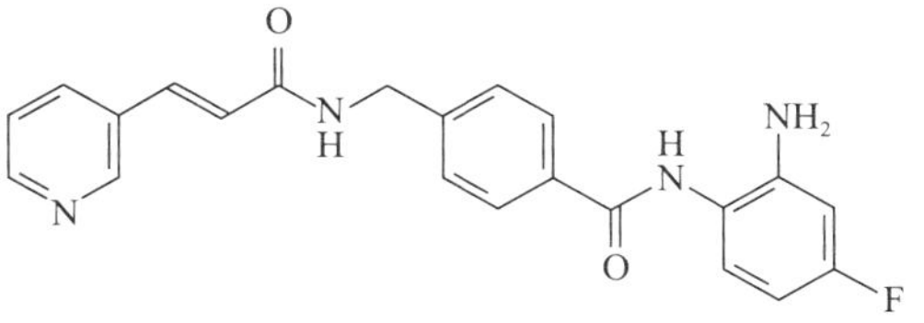

证据1公开了一种细胞分化诱导剂，其中具体公开了如下结构的化合物：

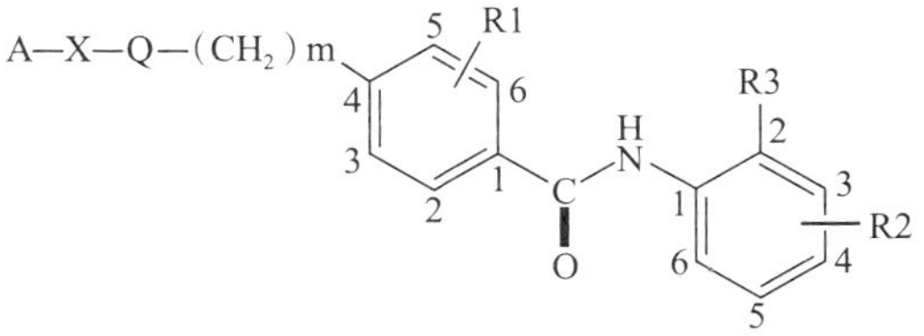

其中，A为 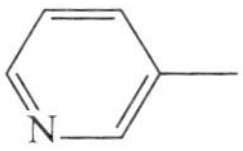，X为$-CH_2-$，

Q为 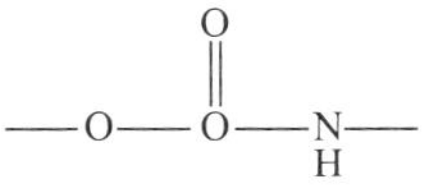，n为1，R1为H，R2为5－F，R3为NH_2(参见证据1中文译文表1中的化合物110)。

证据1提到其所关注的化合物具有诱导分化效果，因此可以用作恶性肿瘤、自身免疫疾病、皮肤病和寄生虫病的治疗剂或改善剂。它们用作抗癌药物特别是对血癌和实体瘤尤其高效(参见证据1的摘要部分)。

将本专利权利要求1与证据1的化合物进行对比可知，二者的区别在于化合物的结构不同：第一，本专利左端的吡啶基与中间的苯环之间的连接基团是$—CH=CH—CO—NH—CH_2—$，而证据1中公开的则是$—C—O—CO—NH—CH_2—$，即碳碳双键连接基与碳氧单键连接基之间的区别；第二，本专利最右端苯环上的氟取代基位置处于长链取代基的对位，而证据1化合物110的氟取代基处于长链取代基的间位。

根据本专利说明书的记载，本发明的化合物通过抑制组蛋白去乙酰化酶而具有分化和抗增殖活性。本专利说明书实施例5和7具体公开了本专利的化合物对组蛋白去乙酰化酶的体外抑制活性，以及其对

18种具体的肿瘤细胞生长的抑制作用。例如,人骨肉瘤细胞、人前列腺癌细胞、人肝癌细胞、人乳腺癌细胞、人胰腺癌细胞、人宫颈癌细胞、人胃癌细胞、人肺癌细胞、人卵巢癌细胞、人淋巴瘤细胞、人髓系白血病细胞等。而证据1中仅笼统地提到其所关注的化合物具有细胞分化诱导作用,可以作为抗癌药物或其他药物使用。不论从证据1本身的记载,还是从请求人提交的其他证据看,均没有进一步涉及任何用以证明上述各化合物结构具备抗癌活性且针对某具体肿瘤细胞的具有抑制活性的证据。基于上述内容,本专利实际解决的技术问题是提供一种能够对组蛋白去乙酰化酶具有抑制作用,并且对于多种具体肿瘤细胞生长具有抑制作用的药用化合物。

在此基础上,合议组认为:

首先,对于碳碳双键连接基与碳氧单键连接基团来说,二者结构存在差异,本专利的吡啶环与苯环之间的连接基包括四个碳原子,其中的碳碳双键能够与其所连接的吡啶环形成单双键交替出现的π—π共轭结构,电子云可以在相对广阔的空间内移动,产生离域现象,并且吡啶环与碳碳双键以及接着连接的羰基处于同一平面上;而证据1中吡啶环与苯环之间的连接基仅包括三个碳原子,其中的碳氧单键连接基不能与吡啶环形成共轭结构,并且吡啶环相对于碳氧单键可以自由旋转。由于化合物的活性效果与其结构(包括基团的性质,电子云分布,化合物空间结构)等密切相关,而即便是考虑本领域公知常识,本领域技术人员在对已知化合物进行结构替换时,也主要考虑电子云分布类似,空间结构接近的常用取代基,因此,本领域技术人员在需要提供一种组蛋白去乙酰化酶抑制剂的药用化合物时,不会根据本领域公知常识直接将碳氧单键替换成电子云分布与空间结构明显不同的碳碳双键。

其次,证据1中公开了数百种具体化合物结构,但仅泛泛地提到所述化合物可以抗癌;同时,其公开的所有化合物均涉及的是包括碳氧、碳氮单键在内的单键连接方式,甚至在通式取代基的定义方面,也仍然仅将单键连接方式概括在其范围内。因而,从证据1的角度来看,烯类碳碳双键不饱和基团并不是吡啶或苯环之间的连接基的常见形式;进而,本领域技术人员在证据1的上述信息的基础上不会想到要对连接基团作较大程度的修改,更不会想到采用碳碳双键的连接方式代替原有结构。

再次,证据2中虽然公开了通过碳碳双键连接吡啶环与苯环的技术方案,例如化合物65,但是合议组注意到其所公开的化合物都是双环结构,即仅包括吡啶环和苯环,这与本专利涉及的吡啶环、苯环、苯环的三环结构本身存在结构差异。更重要的是,这些化合物是用于治疗肾炎的药物以及TGF—β抑制剂(TGF:转化生长因子抑制剂,用于治疗肝硬化、纤维化、肾炎、慢性肾功能不全、糖尿病肾病和视网膜病变,参见证据2译文第3页最后一行至第4页第1行),未提到任何组蛋白去乙酰化酶抑制剂,也未提到任何本专利所涉及的肿瘤细胞抑制活性;并且,请求人并未提供进一步证据证明或者阐述理论来说明上述两个机理之间的关系,特别是,在专利权人基于“TGF受体在细胞膜上,组蛋白去乙酰化酶是DNA核酸链中的结构”提出,二者因作用机理不同而不会给出技术启示的情况下,请求人对此仍未作出解释,仅答复其自身也不确定TFG抑制剂与组蛋白去乙酰化酶之间存在何种关系。因此,基于现有证据合议组认为,本领域技术人员没有动机将证据2中的内容与证据1结合,即证据2没有给出将碳氧单键替换成碳碳双键以作为组蛋白去乙酰化酶抑制剂以及肿瘤抑制剂的技术启示。

综上所述,本领域技术人员在证据1、2以及公知常识的基础上获得本专利权利要求1的技术方案并不是显而易见的,因此,权利要求1具有《专利法》第22条第3款规定的创造性。在此基础上，引用权利要求1的权利要求2和3也具备《专利法》第22条第3款规定的创造性。

请求人在无效宣告请求书中以及口头审理过程中还主张，基于化合物的键长、键角等数据的计算（参见证据10），证据2中化合物65的结构符合证据1中环A和环B之间的距离要求，因此，有启示进行相互替换。

对此，合议组认为：对于化合物结构片段之间的相互替换是否存在技术启示的判断，应当着眼于结构片段的替换前后对于化合物的技术效果所产生的影响上。如上所述，本案中，证据2的化合物主要用于治疗肾病（TGF－β也与肾病相关），本领域技术人员从证据2中获得的是具有碳碳双键连接基的化合物可能会具有肾病治疗效果的启示，而不会想到其能够作为组蛋白去乙酰化酶抑制剂的作用。因此，对于面对本专利所述技术问题的本领域技术人员来说，这样的替换是缺乏动机的。至于键长、键角的计算，其一般仅作为化合物设计的辅助手段，由于影响化合物活性的因素除了键长、键角以外还包括电子云分布等多方面因素，因此，其对是否能够进行相应的替换并不起决定作用。

综上所述，请求人提出的所有无效宣告理由均不成立。

基于以上事实和理由，合议组作出如下审查决定。

三、决定

在专利权人2014年8月19日口头审理当庭提交的权利要求1～3的基础上维持第03139760.3号发明专利权有效。

当事人对本决定不服的，可以根据《专利法》第46条第2款的规定，自收到本决定之日起三个月内向北京知识产权法院起诉。根据该款的规定，一方当事人起诉后，另一方当事人作为第三人参加诉讼。

【案件评析】

本案从一个侧面反映了中国制药行业开始由“中国制造”向“中国创造”转变，在制药行业具有深远影响。本案涉及无效阶段权利要求书的修改，审查中对相关审查规范进行了有益探索，对未来类似案件的审理及相关审查规范的完善有积极的借鉴和参考意义。

案例4 “寻呼方法及装置”发明专利权无效宣告请求案

案件编号：4W102151、4W102644、4W102191

专利权人：GPNE公司

无效宣告请求人：苹果电脑贸易（上海）有限公司、诺基亚（中国）投资有限公司

专利号：ZL95190550.3

发明名称：寻呼方法及装置

审查决定号：23050

审查结论：部分无效

合议组成员：田华（组长），李佳（主审员），杨静（参审员）

【基本案情】

专利号为ZL95190550.3的“寻呼方法及装置”发明专利申请于2001年获得授权。专利授权后，专利权人在中国、美国均针对苹果公司、诺基亚公司等通信企业巨头提起侵权诉讼。针对上述诉讼请求，苹果公司、诺基亚公司先后多次向专利复审委员会提起无效宣告请求。专利复审委员会经合并审理后作出第23050号无效决定，宣告涉案专利权部分无效。

【审查决定】

一、案由

本专利的专利号为95190550.3，发明名称为“寻呼方法及装置”，优先权日为1994年6月24日，申请日为1995年6月15日，进入中国国家阶段日期为1996年2

月 13 日，公开日为 1996 年 8 月 21 日，授权公告日为 2001 年 4 月 11 日，专利权人为数码运通有限公司，后变更为 GPNE 公司。

本专利授权公告时的权利要求书内容如下：

“1. 一种运行一个包括一个中央控制站和一个寻呼单元的寻呼系统的方法，其特征是所述方法包括下列步骤：

在一个第一频率上，从中央控制站向寻呼单元发送一个时钟对准信号；

在一个第二频率上，从中央控制站向寻呼机单元发送一个寻呼机命令和字母数字数据；

根据寻呼机命令，在一个第三频率上，从寻呼单元向中央控制站发送寻呼机状态数据和字母数字数据；

在一个第四频率上，从寻呼单元向中央控制站发送一个寻呼机传输请求信号，这个寻呼机传输请求信号在一个分配给该寻呼单元的预定时隙内发送，由于这时隙是以时钟对准信号为基准分配的，因此第四频率可为多个其他寻呼单元所利用；

其中，第一频率、第二频率、第三频率和第四频率是互不相同的。

2. 一种运行一个寻呼系统的方法其中寻呼单元可与一个控制站进行无线电通信，其特征是所述方法包括下列步骤：

从控制站发送一个时钟对准信号；

用时钟对准信号校准寻呼单元的一个时钟；从控制站发送一个包括控制站标识信息的控制站标识消息；

确定在寻呼单元所接收的控制站标识信息是否已经改变，在确定已经改变的情况下，执行下列步骤：

在寻呼单元产生一个控制站切换请求信号，这个步骤包括产生一个包括多个按时钟对准信号时分的时隙的信息帧，以及从这组时隙中选取一个时隙作为一个至少暂与该寻呼单元对应的时隙，

在控制站接收控制站切换请求信号，并相应地从控制站发送一个授权寻呼机再进行通信的授权消息，

根据接收到的授权消息，发送一个包括该寻呼单元的寻呼机标识信息的寻呼单元标识消息，

从控制站向寻呼单元装入一组在寻呼单元和控制站之间再进行通信的本地频率。

3. 权利要求 2 所提出的方法，其中所述控制站在一个第一公共频率一个第二公共频率、一个第三公共频率和一个第四公共频率上发送和/或接收消息，第二控制站的时钟对准信号在第一公共频率上发送，控制站标识消息在第二公共频率上发送，控制站切换请求信号在第四公共频率上发送，而授权消息在第三公共频率上发送。

4. 权利要求 2 所提出的方法，其中所述传输授权消息包括一个信息帧，这个信息帧包括一组与在控制站切换请求信号中相同的按时钟对准信号时分的时隙，信息存储在一个与在控制站切换请求信号中相同的时隙内。

5. 权利要求 2 所提出的方法，其中所述控制站在接收到寻呼单元识别消息后确定包括在寻呼单元标识消息内的寻呼机标识信息是否有效。

6. 权利要求 2 所提出的方法，其中一个第一本地频率用来从中央控制站向寻呼单元发送一个本地时钟对准信号，一个第二本地频率用来从中央控制站向寻呼单元发送一个寻呼机命令和字母数字数据，一个第三本地频率用来从寻呼单元向中央控制发送字母数字数据，而一个第四本地频率用来从寻呼单元向中央控制站发送一个传输请求信号。

7. 权利要求 6 所提出的方法，其中所述传输请求信号在一个分配给该寻呼单元的预定时隙内发送，由于这时隙是以本地时钟信号为基准分配的，因此第四本地频率可为多个其他寻呼单元所利用。

8. 权利要求 2 所提出的方法，其中所

述第一本地频率、第二本地频率、第三本地频率和第四本地频率是互不相同的。

9. 一种能够获得与一个控制站进行无线电通信的双向寻呼机单元，其特征是所述寻呼单元包括：

一个第一接收机，用来接收控制站发送的一个时钟调制第一频率；

一个时钟单元和一个时钟对准电路，时钟对准电路用时钟调制第一频率校准时钟单元；

一个第二接收机，用来接收一个第二频率，这个第二频率至少是间歇调制的，以便包括用来识别控制站的控制站标识信息；

一个处理器，用来确定该处理器所接收的控制站标识信号是否已经改变，在已经改变的情况下，产生一个包括一个信息帧的控制站切换请求信号，以及从这个信息帧包括的一组以时钟调制第一频率为基准时分的时隙中选取一个时隙作为一个至少暂时与所述寻呼机对应的时隙；

一个发射机，用来向中央控制站发送控制站切换请求信号。

10. 权利要求 9 所提出的寻呼单元，其特征是其中所述处理器还对一个传输授权消息的接收进行检测，根据检测到的这个传输授权消息，使发送一个寻呼单元标识消息。

11. 权利要求 10 所提出的寻呼单元，其特征在于所述处理器还包括一个装置，从而使所述传输授权消息是作为具有一个包括一组与在控制站切换请求信号中相同的时分时隙的信息帧、信息存储在一个与在控制站切换请求信号中相同的时隙内而得到检测的。

12. 权利要求 10 所提出的寻呼单元，其特征是所述寻呼单元还包括一个用来发送寻呼单元标识消息的发射机。

13. 权利要求 9 所提出的寻呼单元，其特征是其中所述寻呼单元还包括一个装置，用于从控制站接收一组装入的本地频率，用来在寻呼单元和控制站之间进行通信。

14. 一种与双向寻呼单元通信的控制站，其特征是所述控制站包括：

一个时钟单元，用来产生至少一个第一时钟信号；

一个第一接收机，用来接收寻呼单元发送的控制站切换请求信号，该信号包括一个信息帧，这个信息帧包括一组与第一时钟信号相应的多个时分时隙，多个时隙中的一个时隙被寻呼单元选为至少暂与寻呼单元对应的承载信息的时隙；

一个处理器，用来准备一个包括一个信息帧的寻呼单元发送授权信号，这个信息帧一组与控制站切换请求信号相同的时分时隙，以及存储在一个与在控制站切换请求信号中相同的选定的时隙内的信息；

一个发射机，用来发送该寻呼单元发送授权信号。

15. 权利要求 14 所提出的控制站，其中所述控制站的处理器产生一个装入一组在寻呼单元和控制站之间以后进行通信所使用的本地频率的本地频率装入消息，而所述发射机发送这个本地频率装入消息。

16. 权利要求 15 所提出的控制站，其中所述时钟单元产生一个第二时钟信号，用作本地时钟信号，本地时钟信号在一个第一本地频率上发送。

17. 权利要求 14 所提出的控制站，其中所述处理器还包括一个装置，用于使一个第一本地频率用来从中央控制站向寻呼单元发送一个本地时钟对准信号，一个第二本地频率用来从中央控制站向寻呼单元发送一个寻呼机命令和字母数字数据，一个第三本地频率用来从寻呼单元向中央控制站发送字母数字数据，以及一个第四本地频率用来从寻呼单元向中央控制站发送一个传输请求信号，这个传输请求信号在一个分配给寻呼单元的预定时隙内发送，这时隙与本地时钟对准信号有关并被分配，因此第四本地频率可为多个其他寻呼单元所利用。

18. 权利要求 17 所提出的控制站，其中所述控制站的处理器产生一个用来装入一组在寻呼单元和控制站之间以后通信所使用的本地频率的本地频率装入消息，所述发射机发送这个本地频率装入消息。

19. 权利要求 14 所提出的控制站，其中所述控制站根据寻呼单元的发送授权信号接收一个包括寻呼单元标识信息的寻呼单元标识消息，其中所述处理器还包括用于确定这寻呼单元标识信息是否有效的装置。

20. 一种与寻呼单元通信的控制站，其特征是所述控制站包括：

一个第一接收机，用来接收一个来自寻呼单元的包括一个信息帧的控制站切换请求信号，这个信息帧包括的一组以切换时钟信号的基准时分的时隙中的一个时隙被寻呼单元选为至少暂时与寻呼单元对应的承载信息的时隙；

一个第一发射机，用来向与所述控制站相应的一个小区发送一组本地频率；

一个第二发射机，用来向与所述控制站相应的一个切换区发送一组切换信号频率；

一个时钟单元，用来产生一个本地时钟信号和一个切换时钟信号；

一个处理器，用来产生消息信息和切换信息；以及

其中，本地频率组中的一个第一频率经过调制载有本地时钟信号，本地频率组中的一个第二频率经过调制载有消息信息，切换信号频率组中的第一频率经过调制载有切换时钟信号，而切换信号频率组中的第二频率经过调制载有切换信息。

21. 权利要求 20 所提出的控制站，其特征是其中所述第一发射机以比第二发射机高的功率进行工作。

22. 权利要求 20 所提出的控制站，其特征是其中所述小区具有比切换区大的地理范围。

23. 权利要求 20 所提出的控制站，其特征是：

其中所述处理器准备一个包括一个信息帧的寻呼单元发送授权信号，这个信息帧包括一组与控制站切换请求信号相同的时分时隙，以及存储在一个与在控制站切换请求信号中相同的选定时隙内的信息；以及

其中所述第一发射机发送这个寻呼单元发送授权信号。

24. 权利要求 23 所提出的控制站，其特征是其中所述控制站处理器产生一个装入一组在寻呼单元和控制站之间以后通信所使用的本地频率的本地频率装入消息，而所述第一发射机发送这个本地频率装入消息。

25. 权利要求 23 所提出的控制站，其特征是所述处理器还包括一个装置，用于使所述本地频率组中的第二频率用来从中央控制站向寻呼单元发送一个寻呼单元命令和字母数字数据；其中本地频率组中的一个第三频率用来从寻呼单元向中央控制站发送字母数字数据；以及本地频率组中的一个第四频率用来从寻呼单元向中央控制站发送一个传输请求信号；其中传输请求信号在一个分配给寻呼单元的预定时隙内发送，这时隙是以本地时钟信号为基准分配的，因此本地频率组中的第四频率可为多个其他寻呼单元所利用。

26. 权利要求 25 所提出的控制站，其特征是其中所述控制站根据寻呼单元发送授权信号接收一个包括寻呼单元标识信息的寻呼单元标识消息，所述处理器还包括用于确定这寻呼单元标识信息是否有效的装置。

27. 一种运行一个双向寻呼系统的方法，该方法包括步骤：

从中央站往一个寻呼单元发送一个请求使能信号；

当寻呼机有一个寻呼消息要发送且收到了该请求使能信号，则从该寻呼机往中

央站发送一个请求信号；

响应来自寻呼机的请求信号，从中央站往寻呼机发送一个授权信号；

接收到的授权信号后，将寻呼消息从寻呼机发送到中央站，其中

上述信号可以通过由频率和时隙信道组成的通信信道传送。

28. 如权利要求 27 的方法，其中请求使能信号是在一个预定频率上的时隙信号，时隙信号的一个时隙与该寻呼机相关。

29. 如权利要求 27 的方法，其中每一个请求信号、授权信号和寻呼消息都在频率和时隙信道上发送，频率和时隙信道的数目不必固定。

30. 如权利要求 29 的方法，其中每一个请求信号、授权信号和寻呼消息都在频率和时隙信道上发送，频率和时隙信道的数目不必固定。”

苹果电脑贸易（上海）有限公司（下称第一请求人）于 2013 年 4 月 22 日向专利复审委员会提出了无效宣告请求（4W102151），请求宣告本专利权利要求全部无效，同时提交了如下证据：

附件 1：本专利公开文本复印件，共 44 页。

附件 2：本专利授权公告文本复印件，共 45 页。

第一请求人的无效宣告请求具体理由如下。

（1）说明书不符合《专利法》第 26 条第 3 款的规定；

（2）权利要求 2～30 不符合《专利法》第 26 条第 4 款的规定；

（3）权利要求 1～30 不清楚，不符合《专利法实施细则》第 20 条第 1 款的规定；

（4）权利要求 2、9、14、20 和 27 不符合《专利法实施细则》第 21 条第 2 款的规定；

（5）权利要求 27～30 不符合《专利法》第 33 条的规定。

经形式审查合格，专利复审委员会于 2013 年 4 月 22 日受理了上述无效宣告请求并将无效宣告请求书及证据副本转给了专利权人，同时成立合议组对本案进行审查。

诺基亚（中国）投资有限公司（下称第二请求人）于 2013 年 5 月 10 日向专利复审委员会提出了无效宣告请求（4W102191），请求以本专利权利要求 1、2～8、9～13、27～30 不符合《专利法》第 22 条第 3 款的规定为由宣告上述专利权无效，同时提交了如下证据：

附件 1′：本专利授权公告文本复印件，共 45 页；

附件 2′（下称对比文件 1）：全球移动通信系统标准 GSM 04.08 v.3.13.0，欧洲数字蜂窝通信系统（第 2 章）：无线接口信令第三层规范（European digital cellular telecommunication system（Phase 2）；Mobile radio interface layer3 General aspects）中首页、第 110、145、151、152～154、162～164、179、180、210 页复印件，共 13 页；公开日期为 1992 年 2 月；

附件 3′（下称对比文件 2）：全球移动通信系统标准 GSM 05.02 v.3.6.1，欧洲数字蜂窝通信系统（第 2 章）：无线通道的复用和多址方式（European digital cellular telecommunication system（Phase 2）；MultiP1exing and multiple access on the radio path）复印件，共 41 页；公开日期为 1992 年 2 月。

第二请求人的具体无效宣告请求理由为：权利要求 1 相对于对比文件 1 和对比文件 2、公知常识的结合不具备创造性；权利要求 2 相对于对比文件 1 和对比文件 2、公知常识的结合不具备创造性，其从属权利要求 3～8 的附加技术特征是本领域公知常识，因此也不具备创造性；权利要求 9 相对于对比文件 1 和对比文件 2、公知常识的结合不具备创造性，其从属权利要求 10～13 的附加技术特征是本领域公知常识，因此也不具备创造性；权利要求 27 相对于对比文件 1 和公知常识的结合不具备

创造性，其从属权利要求 28～30 的附加技术特征是本领域公知常识，因此也不具备创造性。

经形式审查合格，专利复审委员会于 2013 年 5 月 10 日受理了上述无效宣告请求并将无效宣告请求书及证据副本转给了专利权人。

第一请求人于 2013 年 5 月 22 日提交意见陈述书，陈述并补充无效宣告请求理由如下：

(1)权利要求 1、2、4、7、9、11 相关的说明书部分不符合《专利法》第 26 条第 3 款的规定；

(2)权利要求 1～30 不符合《专利法》第 26 条第 4 款的规定；

(3)权利要求 1～30 不清楚，不符合《专利法》实施细则第 20 条第 1 款的规定；

(4)权利要求 1、2、9、14、20 和 27 不符合《专利法实施细则》第 21 条第 2 款的规定；

(5)权利要求 27～30 不符合《专利法》第 33 条的规定。

专利权人针对第一请求人的无效宣告请求书，于 2013 年 6 月 5 日提交了意见陈述书，认为第一请求人的无效宣告请求理由不成立。

第二请求人于 2013 年 6 月 13 日提交意见陈述书以及附件，所提交附件如下：

附件 4′：本专利 PCT 国际申请公开文本复印件，共 62 页；

附件 5′：本专利公开文本复印件，共 44 页；

附件 6′(下称对比文件 3)：专利号为 US5297144A 的美国发明专利公开文本复印件，共 13 页，公开日期为 1994 年 3 月22 日。

附件 7′：附件 6′的中文译文。

第二请求人补充无效宣告请求理由如下：

(1)权利要求 27～30 不符合《专利法》第 33 条的规定。

(2)权利要求 1～30 相关技术方案不符合《专利法》第 26 条第 3 款的规定。

(3)权利要求 29、30 不符合《专利法实施细则》第 20 条第 1 款的规定。

(4)权利要求 1～30 不符合《专利法实施细则》第 21 条第 2 款的规定。

(5)权利要求 1～30 不符合《专利法》第 26 条第 4 款的规定。

(6)权利要求 27 相对于对比文件 3 不具备新颖性，其从属权利要求 28～30 也不具备新颖性，权利要求 27～30 不符合《专利法》第 22 条第 2 款的规定。

(7)权利要求 1 相对于对比文件 3 和公知常识的结合不具备创造性；权利要求 27 相对于对比文件 3 和公知常识的结合不具备创造性，权利要求 28 的附加技术特征部分被对比文件 3 公开、部分属于公知常识，权利要求 29、30 的附加技术特征被对比文件 3 公开，权利要求 28～30 也不具备创造性。因此，权利要求 1、27～30 不符合《专利法》第 22 条第 3 款的规定。

专利权人于 2013 年 6 月 17 日针对第二请求人的无效宣告请求书提交意见陈述书，认为：(1)对比文件 1、对比文件 2 为外文证据，但没有提供中文译文；对比文件 1 和对比文件 2 的真实性及其专利法意义上的公开时间不能确定。(2)对比文件与本专利相比较，其技术方案本身、发明目的和有益技术效果完全不同。

合议组于 2013 年 6 月 19 日将第一请求人于 2013 年 5 月 22 日提交的意见陈述书及其附件转送给专利权人；同日，将专利权人于 2013 年 6 月 5 日针对 4W102151 案提交的意见陈述书及其附件转送给第一请求人。

合议组于 2013 年 6 月 21 日将第二请求人于 2013 年 6 月 13 日提交的意见陈述书及其附件转送给专利权人。

合议组于 2013 年 6 月 21 日向专利权人、第一请求人和第二请求人发出口头审理通知书，定于 2013 年 8 月 21 日举行口头审理。

合议组于2013年6月24日将专利权人于2013年6月17日针对4W102191案提交的意见陈述书及其附件转送给第二请求人。

2013年8月2日，第一请求人针对合议组于2013年6月19日转送的专利权人意见陈述书及其附件，提交了意见陈述书，陈述意见：权利要求2～13、27～30不符合《专利法》第26条第4款的规定；权利要求2～30不符合《专利法实施细则》第20条第1款的规定；权利要求2～26不符合《专利法实施细则》第21条第2款的规定；权利要求27～30不符合《专利法》第33条的规定。

2013年8月4日，专利权人针对合议组于2013年6月19日转送的第一请求人的意见陈述书及其附件，提交了意见陈述书，坚持认为第一请求人的无效宣告请求理由不成立。

2013年8月4日，专利权人针对合议组于2013年6月21日转送的第二请求人的意见陈述书及其附件，提交了意见陈述书，坚持认为第二请求人的无效宣告请求理由不成立。

合议组于2013年8月6日向专利权人、第一请求人和第二请求人发出口头审理通知书，通知取消原定于2013年8月21日举行的口头审理，改于2013年9月17日举行口头审理。

2013年8月13日，合议组将第一请求人于2013年8月2日提交的意见陈述书及其附件转送给专利权人，要求专利权人在指定期限内答复。

2013年8月21日，合议组将专利权人于2013年8月4日针对4W102191案提交的意见陈述书及其附件转送给第二请求人。

2013年9月3日，合议组将专利权人于2013年8月4日针对4W102151案提交的意见陈述书及其附件转送给第一请求人。

2013年9月13日，第一请求人提交意见陈述书。

口头审理如期举行，专利权人、第一请求人和第二请求人参加了口头审理。专利权人、第一请求人和第二请求人对合议组成员无异议，对合议组成员没有回避请求，对对方出庭人员身份无异议。

口头审理当庭，第一请求人提交2013年9月13日提交的意见陈述书副本，合议组当庭将上述意见陈述书转给专利权人。

口头审理当庭，专利权人分别针对第一、第二请求人提交意见陈述书以及作为现有技术证据的附件1A、附件2A，合议组当庭将上述意见陈述书及其附件分别转送给第一和第二请求人。

附件1A：书籍《The GSM system for mobile communications》的封面、封面内页、版权页、第372～378页复印件，共11页，该书作者Michel MOULY、Marie－Bernadette PAUTET，出版时间1992年12月31日。

附件2A：附件1A的中文译文。

专利权人于口头审理当庭提交附件1A书籍原件。第一、第二请求人对附件1A真实性及其与原件一致性予以认可。合议组指定第一、第二请求人于口审结束后七个工作日内提交对附件1A中文译文准确性的意见陈述，如不同意附件1A中文译文，应随意见陈述提交中文译文，逾期未提交视为对中文译文准确性无异议。

口头审理当庭，第一请求人明确其无效宣告请求理由为：

（1）说明书不符合《专利法》第26条第3款的规定；

（2）权利要求1～30不符合《专利法》第26条第4款的规定；

（3）权利要求1～30不清楚，不符合《专利法实施细则》第20条第1款的规定；

（4）权利要求1、2、9、14、20和27不符合《专利法实施细则》第21条第2款的规定；

(5)权利要求 27～30 不符合《专利法》第 33 条的规定。

口头审理当庭，第二请求人放弃关于权利要求 27～30 不符合《专利法》第 22 条第 2 款的无效宣告请求理由，并放弃使用对比文件 1、对比文件 2 评价本专利权利要求不符合《专利法》第 22 条第 3 款规定的无效宣告请求理由。第二请求人明确其无效宣告请求理由为：

(1)权利要求 27～30 不符合《专利法》第 33 条的规定。

(2)权利要求 1～30 相关技术方案不符合《专利法》第 26 条第 3 款的规定。

(3)权利要求 29、30 不符合《专利法实施细则》第 20 条第 1 款的规定。

(4)权利要求 1～26 不符合《专利法实施细则》第 21 条第 2 款的规定。

(5)权利要求 1～30 不符合《专利法》第 26 条第 4 款的规定。

(6)权利要求 1、27～30 不符合《专利法》第 22 条第 3 款的规定，具体评价方式为：权利要求 1 相对于对比文件 3 和公知常识的结合；权利要求 27 相对于对比文件 3 和公知常识的结合，权利要求 28 的附加技术特征部分被对比文件 3 公开、部分属于公知常识，权利要求 29、30 的附加技术特征被对比文件 3 公开。

专利权人对对比文件 3 的真实性和公开日期无异议，对对比文件 3 的中文译文准确性无异议。专利权人陈述意见，认为：权利要求 27 涉及切换过程，本专利说明书第 19 页明确了本地频率装入命令码和时隙分配命令码就是权利要求 27 中的请求使能信号。

2013 年 9 月 27 日，第一请求人提交意见陈述书，其中明确对附件 1A 部分中文译文(即附件 2A)的准确性无异议。

第二请求人逾期未提交关于附件 1A 中文译文准确性的意见陈述。

2013 年 12 月 6 日，苹果电脑贸易(上海)有限公司向专利复审委员会提出了无效宣告请求(案号为 4W102644，为与 4W102151 案区别，下文中将涉及 4W102644 案的苹果电脑贸易(上海)有限公司称为第三请求人)，请求宣告本专利权利要求 1、2、9 和 27～30 无效，同时提交了如下证据：

证据 1：专利号为 US5239677A 的美国发明专利公开文本复印件，共 11 页，公开日期为 1993 年 8 月 24 日。

证据 2：专利号为 US5068916A 的美国发明专利公开文本复印件，共 12 页，公开日期为 1991 年 11 月 26 日。

证据 3：专利号为 US4466001A 的美国发明专利公开文本复印件，共 8 页，公开日期为 1984 年 8 月 14 日。

证据 4：专利号为 US4823123A 的美国发明专利公开文本复印件，共 22 页，公开日期为 1989 年 4 月 18 日。

证据 5：本专利授权公告文本。

证据 6：专利号为 US3801956A 的美国发明专利公开文本复印件，共 8 页，公开日期为 1974 年 4 月 2 日。

证据 7：专利号为 US3855576A 的美国发明专利公开文本复印件，共 21 页，公开日期为 1974 年 12 月 17 日。

第三请求人认为：本专利说明书中涉及权利要求 2、9 的技术方案的部分公开不充分，不符合《专利法》第 26 条第 3 款的规定；权利要求 1、27～30 不符合《专利法》第 22 条第 3 款的规定。

2014 年 1 月 6 日，第三请求人提交补充意见陈述书，补充无效宣告请求理由，提交证据 1～4 的中文译文，在意见陈述书中给出证据 6、7 的部分译文；并表示以本次意见陈述书内容为无效宣告请求理由和事实的基础。第三请求人认为：本专利说明书中涉及权利要求 2、9 的技术方案的部分公开不充分，不符合《专利法》第 26 条第 3 款的规定；权利要求 1、27～30 不符合《专利法》第 22 条第 3 款的规定。

经形式审查合格，专利复审委员会于 2014 年 2 月 7 日受理了上述无效宣告请求并将无效宣告请求书及证据副本、补充意见陈述书及证据副本转给了专利权人，同时将该案转交本合议组，对本案进行审查。

合议组于2014年2月20日向第三请求人和专利权人发出口头审理通知书，定于2014年4月10日举行口头审理。

2014年3月21日，专利权人提交意见陈述书，并提交（2013）深证字第17254号公证书原件，该公证书公证内容为：该公证书中影印本与所出示原件相符；该公证书影印本内容如下：专利权人授权委托书及相关公证认证、授权委托书的中文译文。

2014年4月2日，合议组将专利权人提交的上述意见陈述书及其附件的副本转给第三请求人。

口头审理如期举行，双方当事人出席口头审理，对对方出庭人员无异议，对合议组成员无回避请求。

第三请求人于口头审理当庭提交意见陈述书以及附件，第三请求人明确，所附附件仅供合议组参考；专利权人于口头审理当庭提交意见陈述书；合议组于口头审理当庭将上述意见陈述书及其附件分别转交给专利权人、第三请求人。合议组于口头审理当庭明确：第三请求人于口审当庭提交的附件不作为证据使用，如果专利权人对上述附件的中文译文有异议，应在口审结束起7日内提交书面意见，该书面意见也仅供合议组参考。

口头审理当庭，第三请求人明确：以2014年1月6日提交的补充意见陈述书中无效宣告请求理由为准，涉及创造性的具体评价方式以口审当庭明确的为准；证据6、7的部分中文译文以2014年1月6日提交的补充意见陈述书中的译文为准；仅使用证据1～4作为评价创造性的证据。专利权人对证据1～4、6、7的真实性、公开日期及其中文译文准确性无异议。

口头审理当庭，第三请求人明确无效宣告请求理由为：(1)本专利说明书中涉及权利要求2、9的技术方案的部分公开不充分，不符合《专利法》第26条第3款的规定；(2)证据6、7并非用以评价创造性的现有技术证据；(3)权利要求1、27～30不符合《专利法》第22条第3款的规定，其证据的结合方式以口审当庭明确的为准，具体评价方式：①以证据1为最接近的现有技术：权利要求1相对于证据1和本领域惯用手段的结合，证据1、2和本领域惯用手段的结合，证据1、3的结合，证据1、4的结合不具备创造性；权利要求27相对于证据1和本领域惯用手段的结合；权利要求28相对于证据1和本领域惯用手段的结合，证据1、3和本领域惯用手段的结合，证据1、证据4和本领域惯用手段的结合不具备创造性；权利要求29～30相对于证据1和本领域惯用手段的结合，证据1、3和本领域惯用手段的结合不具备创造性；②以证据3为最接近的现有技术：权利要求27相对于证据3和本领域惯用手段的结合不具备创造性；权利要求28～30相对于证据3、证据1和本领域惯用手段的结合不具备创造性。

口头审理当庭双方充分陈述了意见。口头审理结束后，双方当事人并未提交任何书面意见。

至此，合议组认为本案事实已经清楚，可以作出审查决定。

二、决定的理由

(一)审查文本

专利权人未对授权公告文本作出修改，本决定所依据文本为本专利授权公告文本。

第一、第二请求人明确：使用本专利公开文本作为本专利PCT国际公布文本的中文译文，专利权人对此无异议。因此本无效宣告请求审查决定下文所指“原说明书和权利要求书”中的出处均为本专利公开文本的相关出处。

(二)审理范围

第三请求人于口审当庭明确涉及创造

性的证据结合方式以口审当庭明确的为准。其中涉及证据3为最接近的现有技术来评价创造性的无效宣告请求理由中包括：权利要求28相对于证据3、1以及公知常识的结合不具备创造性。鉴于在第三请求人提交的无效宣告请求书以及2014年1月6日提交的无效宣告请求意见陈述书中所涉及的无效宣告请求理由中，均未包括涉及权利要求28相对于证据3、1以及公知常识的结合不具备创造性的无效宣告请求理由，合议组对该理由不予审理。综上，本无效宣告请求审理的范围为：

1. 权利要求27～30是否符合《专利法》第33条的规定。

2. 权利要求1～30相关技术方案是否符合《专利法》第26条第3款的规定。

3. 权利要求1～30是否符合《专利法实施细则》第20条第1款的规定。

4. 权利要求1～30是否符合《专利法》第26条第4款的规定。

5. 权利要求1～27是否符合《专利法实施细则》21条第2款的规定。

6. 权利要求1、27～30是否符合《专利法》第22条第3款的规定，具体评价方式为：

(1)对比文件3作为最接近的现有技术：权利要求1相对于对比文件3和公知常识的结合；权利要求27相对于对比文件3和公知常识的结合；权利要求28的附加技术特征部分被对比文件3公开、部分属于公知常识，权利要求29、30的附加技术特征被对比文件3公开。

(2)以证据1为最接近的现有技术：权利要求1相对于证据1和本领域惯用手段的结合，证据1、2和本领域惯用手段的结合，证据1、3的结合，证据1、4的结合不具备创造性；权利要求27相对于证据1和本领域惯用手段的结合；权利要求28相对于证据1和本领域惯用手段的结合，证据1、3和本领域惯用手段的结合，证据1、证据4和本领域惯用手段的结合不具备创造性；权利要求29～30相对于证据1和本领域惯用手段的结合，证据1、3和本领域惯用手段的结合不具备创造性。

(3)以证据3为最接近的现有技术：权利要求27相对于证据3和本领域惯用手段的结合不具备创造性；权利要求29、30相对于证据3、证据1和本领域惯用手段的结合不具备创造性。

(三)证据认定

对比文件3以及证据1～4是美国专利公开文本复印件，属于专利法意义上的公开出版物。专利权人对对比文件3以及证据1～4的真实性无异议，对其中文译文准确性、公开日期均无异议。经核实，合议组对其真实性予以确认，且对比文件3以及证据1～4的公开日期早于本专利的优先权日，可以作为现有技术用于评价本专利的创造性，本无效宣告请求审查决定下文所指对比文件或证据中出处均为上述对比文件或证据中文译文的相关出处。

(四)具体理由的阐述

1. 关于权利要求30

《专利法实施细则》第20条第1款规定："权利要求书应当说明发明或者实用新型的技术特征，清楚、简要地表述请求保护的范围。"

第一、第二请求人认为：从属于权利要求29的权利要求30重复限定了权利要求特征，使得权利要求不简要。

合议组认为：权利要求29引用独立权利要求27进一步限定、权利要求30引用权利要求29进一步限定，权利要求29、30的附加技术特征均为"其中每一个请求信号、授权信号和寻呼消息都在频率和时隙信道上发送，频率和时隙信道的数目不必固定"，因此，权利要求29和30的保护范围相同，权利要求30不简要，不符合《专利法实施细则》第20条第1款的规定。

鉴于已经得出权利要求30不符合《专

利法实施细则》第20条第1款的结论，不再对涉及权利要求30的其他无效宣告请求理由进行评述。

2. 关于超范围

《专利法》第33条规定："申请人可以对其专利申请文件进行修改，但是，对发明和实用新型专利申请文件的修改不得超出原说明书和权利要求书记载的范围。"

权利要求27包括"从中央站往一个寻呼单元发送一个请求使能信号"，"当寻呼机有一个寻呼消息要发送且收到了该请求使能信号，则从该寻呼机往中央站发送一个请求信号"以及"上述信号可以通过由频率和时隙信道组成的通信信道传送"。

(1)第一、第二请求人认为，权利要求27～30所描述方法是新增方法，未被记载在原说明书和权利要求书中；"请求使能信号"没有记载在原始说明书和权利要求书中，也不能从其中直接地、毫无疑义地确定；权利要求27中限定请求使能信号、请求信号、授权信号和寻呼信号"可以通过由频率和时隙信道组成的通信信道传送"没有记载在原说明书和权利要求书中，时钟对准信号(f1)、从控制站发往寻呼机的消息(f2)，以及从寻呼机发往控制站的寻呼消息(f3)仅通过频率信道进行发送，不是采用"由频率和时隙信道组成的通信信道"而传送的；并且，原说明书和权利要求书中没有关于"寻呼消息"的任何描述，仅公开了既包括寻呼机命令和字母数字的帧格式。

(2)第二请求人还认为：权利要求27还包括了信道的数目可以固定，也可以发生动态的变化两种情况，然而原说明书和权利要求书仅记载固定地使用4个本地频率，并没有记载频率和时隙信道的数目可以发生动态的变化的技术方案。权利要求29中包括"每一个请求信号、授权信号和寻呼消息都在频率和时隙信道上发送，频率和时隙信道的数目不必固定"，同理，权利要求29的上述特征也超出原说明书和权利要求书的范围。

综上，权利要求27超范围，引用权利要求27的从属权利要求28、29也存在同样缺陷。

原说明书和权利要求书记载：第一频率(f1)载有中央控制站20发给寻呼机22的本地时钟对准信号，第二频率(f2)载有从中央控制站20到寻呼机22的寻呼命令和字母数字数据，第三频率(f3)载有从寻呼机22到中央控制站20的寻呼机状态数据和字母数字数据，第四频率(f4)载有从寻呼机22到中央控制站20的寻呼机请求信号(原说明书第6页第4～23行，原说明书附图13)；公共或切换频率C1～C4分别具有本地频率f1～f4相类似的功能(原说明书第15页第9～12行)。寻呼机22一直接收f1上的本地时钟对准信号(原说明书第10页第7～10行)。寻呼机发送请求信号(步骤214)，等待中央控制站发来的发送命令/授权(步骤216)，接收到发送命令/授权后寻呼机发送消息(步骤220)(参见原说明书第10页第14～24行，说明书附图6)。

并且，原说明书和权利要求书(参见原说明书第17页第9行至第21页倒数第4行，原说明书附图5、9、10)关于切换的实施例二记载：寻呼机P1原本在CELL1工作，从控制站S1接收公共频率C1～C4以及本地频率f1～f4，当P1进入新的公共频率接收区CFRR2时就要进行切换操作；此时，P1将接收到控制站S2在C1上发送的时钟信号，P1自动使用该时钟信号校准时钟单元；P1在C2得到S2的系统ID(步骤506)，P1确定在C2上得到的是新的系统ID(步骤508)，P1在C4随机分配的时隙上发出希望与S2通信的请求(步骤510)；P1监视C2，等待S2根据P1的上述请求的时隙发送的消息(步骤512)，也即，等待S2发送的包括时隙识别命令码和存储在P1随机产生时隙内的信息的消息；P1确定接收消息的时隙与上述随机发送时隙匹配(步骤514)，则P1在C3上向S2发送含有P1

标识的通信分组(步骤 516);S2 证实 P1 标识有效后在 C2 向 P1 发送带有本地频率装入码的命令告知 P1 本地频率 f5~f8,并且,发送带有时隙分配命令码的消息告知 P1 在 f8 上分配给它的时隙(步骤 518)。

原说明书和权利要求书(参见原说明书第 6 页第 4~19 行、第 10 页第 11~13 行、第 15 页第 9~10 行、第 18 页第 8~12 行、第 22 页第 16~23 行,原说明书附图 1、13)记载:中央控制站和寻呼机的通信在 f1、f2、f3、f4 上进行,其中 f1、f2 载有中央控制站到寻呼机的信号或命令、数据,f3、f4 载有从寻呼机到中央控制站的数据、请求信号,并给出优选实施例是四个频率均不相同;在第四本地频率或第四公共频率上以时钟对准信号为基准将时隙分配给寻呼单元,每个进入中央控制站服务范围的寻呼机在请求数据传输前都预先分配了一个不同的时隙,每个寻呼机 P1~Pn 分别分配到频率 f4 上的 n 个时隙中的一个相应的时隙;公共或切换频率 C1~C4 分别具有与相应的本地频率 f1~f4 相类似的功能;C4 上的时隙不是与寻呼机固定对应,但其是寻呼机发现进入 S2 控制区的 CFRR 后随机占用的,亦与该寻呼机相对应。

合议组认为:

当寻呼机有寻呼消息要发送,需要向控制站发送请求信号,能够发送请求的前提是控制站 S2 已向寻呼机发送装入本地频率 f1~f4,并在 f4 上分配一个时隙给寻呼机;同样,在发生切换的情形下,控制站 S2 在频率 C2 上向寻呼机 P1 发送一个带有本地频率装入命令码的消息告诉 P1 控制站 S2 所使用的本地频率的值(如 f5~f8),以及,在 C2 上向 P1 发送一个带有时隙分配命令码的消息告诉 P1 在 f8 上分配给它的时隙,P1 有寻呼消息要发送时,要在接收到 C2 发来的上述两个消息后才能向控制站 S2 发送请求信号,也即,C2 上发来的带有本地频率装入命令码的消息和带有时隙分配命令码的消息所起的作用就是请求使能,寻呼机收到该消息之后,能够使用一组本地频率向控制站发送请求,继而发送寻呼消息。可见,上述特征可以从原说明书和权利要求书的记载直接、毫无疑义地确定,没有超出原说明书和权利要求书的范围。

权利要求 27 中涉及的信号或消息,有请求使能信号、请求信号、授权信号和寻呼消息,如上文中所述,f1 载有中央控制站 20 发给寻呼机 22 的本地时钟对准信号,f2 载有从中央控制站 20 到寻呼机 22 的寻呼命令和字母数字数据,f3 载有从寻呼机 22 到中央控制站 20 的寻呼机状态数据和字母数字数据,f4 载有从寻呼机 22 到中央控制站 20 的寻呼机请求信号,C1~C4 分别具有 f1~f4 相类似的功能,并且,请求信号是以 f4 在分配给请求寻呼机的一个时隙内发送(参见原说明书第 6 页第 12~18 行、第 10 页第 5~10 行、第 22 页第 16~23 行,说明书附图 13),也即,f4 由多个时隙组成。由此可知,中央控制站与寻呼机之间的信道由 f1~f4/f5~f8、C1~C4 的频率与时隙信道构成,从而在中央控制站与寻呼机之间传输信号和消息,上述特征可以由原说明书和权利要求书记载的内容直接、毫无疑义地确定,没有超出原说明书和权利要求书的范围。原说明书和权利要求书中(参见说明书第 7 页第 4~23 行、第 10 页第 14~24 行,说明书附图 6、12)记载:中央站或寻呼机将发送的消息分配成一个或多个与图 12 格式类似的分组,按照接收消息的类型鉴别接收的是否是寻呼机消息;寻呼机发送请求信号(步骤 214),等待中央控制站发来的发送命令/授权(步骤 216),寻呼机微处理器准备一个格式非常接近图 12 所示的一个或多个分组构成的消息(步骤 218),接收到发送命令/授权后寻呼机在 f3 上广播这个通信消息(步骤 220),可见,涉及寻呼消息的特征可以由原说明书和权利要求书记载的内容直接、毫无疑义地确定,没有超出原说明书和权利要求书的范围。

根据上述原说明书和权利要求书记载的内容，使用频率和时隙组成的信道在不同时间、不同方向上传输不同的信息从而完成双向寻呼通信，并且，给出优选实施例是四个本地/切换频率均不相同，本领域技术人员可知，所使用的频率数目并不必须固定；关于时隙数目，本领域技术人员可知，在时隙数容量允许范围内，可根据具体的入网寻呼机数目来分配时隙，时隙数目不必须固定。上述特征可以从原说明书和权利要求书的记载直接、毫无疑义地确定，没有超出原说明书和权利要求书的范围。

综上，权利要求 27 符合《专利法》第 33 条的规定，对其进一步限定的权利要求 28、29 符合《专利法》第 33 条的规定，第一、第二请求人关于权利要求 27～29 不符合《专利法》第 33 条的无效宣告请求理由不成立。

3. 关于公开不充分

《专利法》第 26 条第 3 款规定："说明书应当对发明或者实用新型作出清楚、完整的说明，以所属技术领域的技术人员能够实现为准。"

(1)第一请求人的观点。

第一请求人认为：说明书没有描述关于将时隙分配给寻呼机的任何规则或准则，本领域技术人员无法识别分配给特定寻呼机的时隙并且由此实现双向寻呼；说明书也没有描述如何随机在频率 C4 上做出请求，特别是当多个寻呼单元对于 CELL2 选择了相同的时隙，竞争切换到新的控制台时，本领域技术人员根据说明书所公开的方案无法实现双向寻呼；说明书并未给出如何在多个控制站之间进行频率复用来避免干扰的技术方案，从而无法实现寻呼。

合议组认为：本专利的说明书涉及在第四本地频率或第四公共频率上将时隙分配给寻呼单元，有如下记载(参见说明书第 6 页第 16～17 行、第 10 页第 11～13 行、第 15 页第 9～10 行、第 18 页第 8～12 行、第 22 页第 16～23 行，说明书附图 1、13)：频率 f4 上的预定时隙以时钟对准信号(由频率 f1 携带)为基准分配，每个进入本中央控制站服务范围的寻呼机在请求数据传输前都预先分配了一个不同的时隙，寻呼机与时隙的对应关系保存在寻呼机目录文件 56，存储在中央控制站的存储器 54 中。在频率 f4 上，第一个时隙分配给寻呼机 P1，第二个时隙分配给寻呼机 P2，直至第 n 个时隙分配给寻呼机 Pn。时隙数(因而也就是寻呼机数)可以多达一万个以上，按照时分技术，每个寻呼机 ZZ1～ZZn(例如图 13 中的寻呼机 P1～Pn)分别分配到频率 f4 上的 n 个时隙中的一个相应的时隙。公共或切换频率 C1～C4 分别具有与相应的本地频率 f1～f4 相类似的功能。在步骤 510，在频率 C4 上发出一个希望与 CELL2 的中央控制站(如 S2)进行通信的请求。在这种情况下，由于寻呼机 P1 还没有分配到 CELL2 的时隙，因此在频率 C4 上的这个请求是随机发出的。然而，寻呼机 P1 跟踪它向新中央控制站(如站 S2)发请求的时隙。S2 在步骤 620 核实了寻呼机 422 的标识后，CPU50 在步骤 630 检查 S2 的寻呼机目录文件，将一个可用时隙分给寻呼机，使这个可用时隙与寻呼机 422 的 ID 对应，说明书附图 13 中，标记为 1～7……n 的共 n 个时隙，根据上述文字，P1～P6 各分配到其中一个时隙，直到 Pn。对本领域技术人员来说，如何分配和对应时隙是本专利申请日之前已经掌握的技术，本专利说明书中也记载了寻呼机与 f4、f8 上时隙是一一对应的。尽管 C4 上的时隙并不是与寻呼机固定对应，是寻呼机发现进入 S2 控制区的 CFRR 后随机占用的，但对本领域技术人员来说，占用时隙发生冲突时可以采用延时重发等技术来保障寻呼机获得一个随机时隙发出请求，也是本专利申请日之前已经掌握的技术。此外，对本领域技术人员来说，如何进行频率分配、复用、抗扰是本领域技术人员在本专利申请日之前已经掌握的技术，本领域技术人员可以实现在多个控制站之间进行频率复用来避免干扰的技术方案。因此，本专利说明书相关内容清楚、完整，本领域技术人员能够实现包括在第四频率 f4 或 C4 上为多个寻呼机分配时隙，以及，随机占用时隙发送请求通信信号的技术方案，本申请说明书相关部分清楚、完整。

（2）第二请求人的观点。

第一，第二请求人认为：①本专利说明书仅给出 CELL1 的频率 f1～f4 以及 CELL2 的频率 f5～f8 均采用大功率，以及公共频率 C1～C4 采用小功率，并未给出 f1～f8 与 C1～C4 之间相互的功率约束关系、每个控制站 C1～C4 功率匹配或相对约束关系以及如何根据具体地理环境规划匹配 Cl～C4 功率问题；②本专利说明书并未给出当寻呼机 P1 同时接收到控制站 S1 在频率 f1 上发送的时钟同步信号和控制站 S2 在 C1 上发送的时钟同步信号时，如何自动地采用 S2 发出的时钟信号校准时钟单元。而且，寻呼机 P1 在刚进入 CFRR2 时并未完成越区切换，其可以同时接收到控制站 S1 在频率 f2 上发送的寻呼机命令以及控制站 S2 在公共频率 C2 上发送的寻呼机命令，而在同时接受两个控制站的不同方面的操作命令时（原小区的寻呼操作，以及新小区的切换操作），就会出现操作命令冲突，从而导致在越区切换时原小区的寻呼操作以及新小区的切换操作都无法正常执行，该专利说明书在此处并未给出如何处理同时接收到的来自不同控制站的寻呼机命令；③本专利说明书没有给出在拥有庞大寻呼机数量的系统中如何解决大量寻呼机在需要向同一控制站请求切换时，在同一随机的时隙上发出切换请求信号时，如何解决请求切换冲突的技术方案，冲突问题无法解决，则寻呼机将无法进行越区切换。合议组认为：说明书（参见其第 14 页第 7～21 行、第 15 页第 20 行至第 16 页第 2 行、第 16 页第 12～18 行、第 17 页第 15 行至第 18 页第 10 行、第 22 页第 3～23 行，说明书附图 7～10）记载：中央控制站和寻呼机均有两套发射机/接收机以及天线，分别工作在本地频率和公共频率上，工作在本地频率的是高功率发射机/接收机和天线，工作在公共频率的是低功率发射机/接收机和天线；寻呼机 P1 进入 CFRR2 时，接收到控制站 S2 在公共频率 C1 发出的时钟信号，随后，寻呼机检查在 C2 上接收到的系统 ID 来判断是否越区，如果是，则启动切换。对本领域技术人员来说，公共频率是所有中央控制站共用的频率，也即，寻呼机和中央控制站始终保持公共频率 C1 上的通信，在寻呼机移动过程中保持接收 C1 上的时钟对准信号，从而可以根据所在地区的中央控制站的时钟对准信号来校准自己的时钟单元，继续后面的操作；而在同时接收两个信号时如何判断采用哪一个信号，可以采用信号强度、质量等标准来进行选择，这是本领域技术人员在本专利申请日之前已经掌握的技术。

进一步，说明书（参见其第 22 页第 3～23 行，说明书附图 9）也记载了：公共频率的广播功率低于本地频率，只有在中央控制站周围的有限邻域 CFRR 内接收公共频率，CFRR 不交叠，并给出实施例：小区半径大约 20 英里，CFRR 半径大约 10 英里，同时，本地频率发射功率可以在大约 3～1000 瓦，公共频率发射功率最好小于 2 瓦。尽管本专利说明书并未详细记载有关各控制站本地频率以及公共频率的功率约束关系、功率匹配规划，但如何进行频带分配、抗扰、功率匹配规划是本领域技术人员在本专利申请日之前已经掌握的技术；本领域技术人员也熟知，CFRR 虽然不交叠，但为了保证移动通信的连续，小区之间存在交叠，在交叠区域，移动终端能同时接收两个小区的信号，而当在先小区的信号减弱或是质量变差而另一相邻小区的信号足够强或质量足够好，即发生越区切换。因此通过合理规划小区和 CFRR 大小以及功率匹配规划，本领域技术人员可以根据本申请说明书的内容实现在当寻呼机在移动过程中，既可以收到S1的f1上发送的本地时钟对准信号，也能收到S2的公共频率C1上发送的本地时钟对准信号时，知晓如何处理同时接收到的来自不同控制站的寻呼机命令。

并且，说明书（参见其说明书第18页第2行至第22页第2行，说明书附图9—11）的记载，中央控制站S2在C2发出系统ID（步骤610），寻呼机P1接收到该系统ID并判断自己要进行切换（步骤508）后在C4的随机时隙发出通信请求（步骤510）；P1监视由S2在C2发出的包括先前随机产生的相同时隙内的信息的消息的通信分组，这个通信分组还包括时隙识别码和S2的本地频率（步骤512、616）；此后，P1在C3向S2发送包含P1标识或ID的通信分组（步骤618），S2检查寻呼机登记文件55核实此寻呼机ID是否有效（步骤620），若有效则检查寻呼机目录文件56给P1分配与其ID相对应的可用时隙（步骤622），之后，S2在C2上将本地频率以及时隙分配发送给P1。如上所述，对本领域技术人员来说，P1在C3上发给S2的通信分组中包含有其标识，即使多个寻呼机同时发送，信息发生碰撞，S2在其后的核实和分配中也能够区分不同的寻呼机；而如果由于信息碰撞发生信息丢失等问题，延时重发等技术也是本领域技术人员在本专利申请日之前已经掌握的技术。因此，本领域技术人员可以根据本申请说明书的内容实现多个寻呼机同时在C3发送信息的技术方案。

第二，第二请求人认为：权利要求1、27～29涉及多个控制站如何复用频率f1～f4（或f5～f8）。本专利说明书并未给出如何在多个控制站之间进行频率复用来避免干扰的技术方案，从而无法实现寻呼。

合议组认为：对本领域技术人员来说，如何进行频率分配、复用、抗扰是本领域技术人员在本专利申请日之前已经掌握的技术，本领域技术人员可以实现在多个控制站之间进行频率复用来避免干扰的技术方案。

第三，第二请求人认为，权利要求27～29涉及“请求使能信号”，本专利说明书中没有给出：在发送请求信号之前需要接收中央站发送的请求使能信号来启动功能，功能启动后执行后续交互过程的相关内容；由请求使能信号引导的双向寻呼方案中通信信道是由频率和时隙信道组成的，请求信号、授权信号或者寻呼消息均可以通过这种通信信道传送；“在频率和时隙信道上发送”以及“频率和时隙信道的数目不必固定”。

合议组认为：如上文第2点所述，说明书记载了：寻呼机P1有寻呼消息要发送时，要在接收到C2发来的上述两个消息后才能向中央控制站S2发送请求信号，也即，寻呼机收到的在C2上发来的带有本地频率装入命令码的消息和带有时隙分配命令码的消息所起的作用就是请求使能，寻呼机收到上述消息之后，能够使用一组本地频率向控制站发送请求，继而后续交互、发送寻呼消息；中央控制站与寻呼机之间的信道由f1～f4/f5～f8、C1～C4的频率与时隙信道构成，从而在中央控制站与寻呼机之间传输信号和消息；并且，根据说明书的记载（参见说明书第6页第4～18行，说明书附图13），中央控制站和寻呼机的通信在f1、f2、f3、f4上进行，其中f1、f2载有中央控制站到寻呼机的信号或命令、数据，f3、f4载有从寻呼机到中央控制站的数据、请求信号，本专利给出优选实施例是四个频率均不相同，而对于本领域技术人员来说，如何进行频率分配、抗扰、功率匹配规划是本领域技术人员在本专利申请日之前已经掌握的技术；进一步，第四频率f4上的预定时隙以时钟对准信号为基准分配，寻呼机在分配的预定时隙上发射寻呼机请求信号，f4可以由多个寻呼机P1～Pn利用，时隙数可多达一万个以上。本领域技术人员可知，在时隙数容量允许范围内，可根据具体的入网寻呼机数目来分配时隙，其数目不必固定。可见，本领域技术人员可以根据说明书的记载实现上述技术方案。

(3)第三请求人的观点。

第三请求人认为：权利要求 2 和 9 所要求保护的方案涉及越区切换。从本专利说明书可知，各小区本地频率(f1～f4 或 f5～f8)的覆盖范围大且小区间的本地频率覆盖范围相互重叠，各小区的公共频率(C1～C4)的覆盖范围小且小区间的公共频率覆盖范围不重叠。这样，当寻呼机在某些移动路线下的切换操作无法实现。

合议组认为：首先，本专利说明书附图 9 是由于移动造成在小区间切换的示意图，其中对各个小区本地频率及公共频率覆盖范围、寻呼机移动路线均是示意作用，并非精确测量图，也非严格按照实际设置比例绘制的图，仅表达小区本地频率覆盖范围存在相互重叠的区域，并且公共频率覆盖范围小于本地频率覆盖范围；并且，本专利说明书(参见其第 14 页第 7～21 行)文字记载：公共频率以较低功率广播，只能在中心控制站周围较小领域或公共频率接收区 CFRR 内接收，本地频率以相当大的功率广播，足以使整个小区内都能接收，CELL1 和 CELL2 在重叠区相互重叠；进一步，本专利说明书(参见其第 22 页第 3～23 行)也记载了：公共频率的广播功率低于本地频率，只有在中央控制站周围的有限邻域 CFRR 内接收公共频率，CFRR 不交叠，并给出实施例：小区半径大约 20 英里，CFRR 半径大约 10 英里，同时，本地频率发射功率可以在大约 3～1000 瓦，公共频率发射功率最好小于 2 瓦；如何进行频带分配、抗扰、功率匹配规划是本领域技术人员在本专利申请日之前已经掌握的技术；本领域技术人员也熟知，CFRR 虽然不交叠，但为了保证移动通信的连续，小区之间存在交叠，在交叠区域，移动终端能同时接收两个小区的信号，而当在先小区的信号减弱或是质量变差而另一相邻小区的信号足够强或质量足够好，即发生越区切换。可见，本领域技术人员可以根据说明书的记载实现上述技术方案。

综上，本专利说明书相关部分清楚、完整，本专利说明书公开充分，符合《专利法》第 26 条第 3 款的规定，第一、第二、第三请求人关于本专利说明书公开不充分的无效宣告请求理由均不成立。

4. 关于不清楚

《专利法实施细则》第 20 条第 1 款规定："权利要求书应当说明发明或者实用新型的技术特征，清楚、简要地表述请求保护的范围。"

(1)权利要求 1。

权利要求 1 中，按照各个步骤记载的顺序：①在一个第一频率上，从中央控制站向寻呼单元发送一个时钟对准信号；②在一个第二频率上，从中央控制站向寻呼机单元发送一个寻呼机命令和字母数字数据；③根据寻呼机命令，在一个第三频率上，从寻呼单元向中央控制站发送寻呼机状态数据和字母数字数据；④在一个第四频率上，从寻呼单元向中央控制站发送一个寻呼机传输请求信号。

第一请求人认为，权利要求 1 中：A. 各步骤执行顺序和逻辑关系不清楚；B. 无法确定步骤①在第一频率上发送时钟对准信号是一次性还是持续不断；C. 不清楚步骤②中寻呼机命令和字母数字数据是分别还是组合发送；D. 步骤③中寻呼机状态数据和字母数字数据是分别还是组合发送；E. 不清楚步骤③中"根据寻呼机命令"是指步骤②中在第二频率上从中央控制站向寻呼机单元发送的"寻呼机命令"还是其他寻呼机命令；F. 步骤①③④中寻呼单元是否均指同一寻呼机，是否即上文中寻呼机单元；G. 难以确定在小区中如何分配和使用第一频率、第二频率、第三频率和第四频率，不清楚是否还存在其他可用的频率;H. 没有清楚描述如何预先确定该时隙分配以及如何使得寻呼机知晓该分配的预定时隙,说明书在这方面也没有做出清楚的说明;I. 不清楚如何以时钟信号为基准进行时隙分配;J. 权利要求1没有清楚地描述如何预定时隙、如何分配该时隙,说明书也没有清楚说明。

合议组认为:

A. 权利要求1所要求保护的方法按照寻呼系统通信所使用的不同频率与其上发送不同信息的对应关系来划分步骤,本领域技术人员能够清楚其各步骤之间存在的逻辑关系。

B. 对本领域技术人员来说,本地时钟对准信号是其他步骤按照正确时序执行的保障,并且,说明书记载(参见其第10页第7~24行,说明书附图6):寻呼机22一直接收第一频率f1上的本地时钟对准信号,寻呼机发送请求信号(步骤214),等待中央控制站发来的发送命令/授权,接收到发送命令/授权后寻呼机发送消息,本领域技术人员清楚步骤①与其他步骤的执行顺序和逻辑关系。

C. 对本领域技术人员来说,步骤③含义为第三频率f3载有的从寻呼机到中央控制站的信息包括寻呼机状态数据和字母数字数据,且与说明书(参见其第6页第4~23行、第7页第15~19行、第10页第16行至第11页第4行,说明书附图4、12)记载一致。

D、E. 对本领域技术人员来说,步骤③的含义为,得到中央站允许后,寻呼机在第三频率上向中央站发送信息,第三频率f3载有的从寻呼机到中央控制站的信息包括寻呼机状态数据和字母数字数据,且与说明书(参见其第6页第4~23行、第7页第15~19行、第10页第16行至第11页第4行,说明书附图4、12)记载一致;

F. 本领域技术人员能够清楚,步骤①③④中的寻呼机/寻呼单元是同一设备,其既作为信息发送方,也作为接收方,从而与中央站进行双向通信。

G. 本领域技术人员能够清楚,权利要求1涉及使用四个频率进行通信,不同频率上传输不同信息,具体的频率分配是本领域的现有技术,且上述内容与说明书相关部分(参见其第6页第4~23行、第15页第9~12行,说明书附图13)记载一致。

H、I. 对本领域技术人员来说,预定时隙以寻呼系统的时钟对准信号为基准分配,也即,预定时隙是以系统时钟为基准定义特定时长的时间间隔,是已知的时分复用技术,已分配时隙与寻呼机之间是一一对应关系,本领域技术人员清楚其含义,上述相关内容亦与说明书记载(参见其第6页第12~17行、第8页第23行至第9页第1行、第10页第11~13行,说明书附图3、13)一致。

J. 对本领域技术人员来说"时隙"是所属领域的术语,其是具有特定时长的时间片段,权利要求1和说明书中亦明确"预定时隙"是以寻呼系统的"时钟对准信号"为基准分配,也即,以系统时钟为基准定义特定时长的时间间隔。

综上,权利要求1各步骤逻辑关系、所使用术语和特征含义清楚,其要求保护的范围清楚。

(2)权利要求2~8。

关于权利要求2,第一请求人认为:

A. 不清楚如何按时钟对准信号对时隙进行时分,是以时钟校准信号指示每个时隙的开始,还是以时钟校准信号指示每个上行帧的开始,或以其他任何方式实现。

B. 不清楚如何选择一个时隙以便至少暂与寻呼单元关联,并且以何种方式来这样做,说明书在这方面也没有做出清楚的描述,并且,权利要求2仅限定了从这组时隙中选取一个时隙作为与寻呼单元对应的时隙,但是并没有限定被选取的时隙是用来发送某个消息或者用来接收某个消息。

C. 没有清楚描述如何选择一个时隙

以便至少暂与寻呼单元关联并且以及何种方式来这样做，说明书在这方面也没有做出清楚的描述；权利要求 2 未能清楚的限定术语“暂时”的技术含义，说明书在这方面也没有做出清楚的描述；权利要求 2 没有限定用于传送各种信号的频率，因此，本领域技术人员无法确定任意的或是相同的频率是否都可以用于双向寻呼系统。

合议组认为：对本领域技术人员来说，时隙是以系统时钟为基准定义特定时长的时间间隔，产生一个包括多个按时钟对准信号时分的时隙的信息帧，也即，信息帧由多个以时钟信号为基准的时隙组成，时隙起始和结束点以时钟信号对准，时隙长度以时钟信号作为基准；对本领域技术人员来说，在时分信道上某一时隙与某一终端相关联，也即，某一终端占用某一时隙传输数据；权利要求 2 要求保护涉及寻呼切换方法的技术方案，寻呼机从中央站 S1 切换到 S2 的过程中，寻呼机从工作在 S1 本地频率，通过公共频率的过渡，切换到工作在 S2 的本地频率，因此，寻呼机在切换过程中暂时工作在公共频率上，当获得了 S2 本地频率之后就结束使用公共频率；此外，权利要求 2 要求保护的是方法，其由多个按照顺序执行步骤组成，本领域技术人员能够明了该方法所执行的步骤及其顺序，从而确定其保护范围，权利要求 2 清楚。同理，权利要求 3～8 清楚。

(3)权利要求 9～26。

关于权利要求 9，第一请求人认为：

A. 未限定校准后的时钟单元有何用途。

B. 不清楚何为“间歇调制”，也不清楚以何种信号进行调制，更不清楚“至少是间歇调制的”是何种技术含义，是否除了间断地进行调制以外还可以包括进行连续调制，而且说明书中没有相关描述。

C. 不清楚“信息帧”与“控制站切换请求信号”之间的关系，且与说明书的记载是矛盾的。

D. 权利要求 9 没有清楚描述如何选择一个时隙以便至少暂与寻呼单元关联并且以及何种方式来这样做；权利要求 9 未能清楚的限定术语“暂时”的技术含义；仅限定了选取根据时钟调制的第一频率来时分的时隙，没有限定被选取的时隙是用来发送某个消息或者用来接收某个消息；权利要求 9 并没有限定用于传送各种信号的频率。

合议组认为：

A. 对本领域技术人员来说，时钟信号是维持系统时序的基础、时钟单元产生部件运行所需要的时钟信号，校准的时钟信号产生准确时钟信号来使得部件和系统能够正确运转，其用途清楚。

B. 对本领域技术人员来说，间歇调制意即并非始终进行调制，“第二频率至少是间歇调制的”含义为在需要时进行调制，也可以是始终进行调制，其含义清楚。

C. 对本领域技术人员来说，根据权利要求 9“包括一个信息帧的控制站切换请求信号”，控制站切换请求信号中包括一个信息帧，两者关系清楚；根据说明书中(参见其第 6 页第 12～18 行、第 8 页第 18～20 行、第 14 页第 4 行至第 22 页第 15 行，说明书附图 2～4、8～10、13)记载，寻呼机 P1 监视控制站 S2 在 C2 上发出的通信分组从中得到控制站 S2 的系统 ID，如果确定得到的是新的系统 ID，则 P1 在 C4 随机分配的时隙上发出希望与 S2 通信的请求；C4 和 f4 具有类似功能；发送寻呼机以频率 f4 发射一个请求信号给中央站，中央站监视频率 f4 就可以发现从任何寻呼机发来的请求信号；f4 上的信号包括一个信息帧，其由多个时隙组成，每个时隙对应分配给一个寻呼机使用，中央站参照本地时钟确定在 f4 上哪个时隙检测到有请求信号，从上述过程本领域技术人员可知，中央站收到寻呼机发来的频率为 f4 的信号，依据时钟寻找该频率信号所包括的信息帧中的相关时隙来确定发出该请求信号的寻呼机，可见，上述特征与说明书记载也是一致的。

D. 观点与上文关于权利要求2～8类似，此处不再赘述。

综上，权利要求9保护范围清楚，同理，直接或间接引用权利要求9的权利要求10～13清楚；权利要求14～26也清楚。

(4)权利要求27～29。

关于权利要求27，第一请求人认为：

A. 不清楚何为"请求使能信号"，并且说明书中也没有解释或者限定。

B. 不清楚"寻呼消息"是指寻呼机命令、字母数字数据，还是指包括寻呼机命令和字母数字数据其二者的帧，在说明书中也没有描述，仅公开如图12所示的既包括寻呼机命令和字母数字的帧格式，权利要求29也存在相同的缺陷。

C. 词语"可以"不清楚。

D. 无法理解如何形成并分配或配置频率和时隙信道，使得可以实现双向寻呼系统，权利要求28、29也存在相同的缺陷。

合议组认为：

A. 对本领域技术人员来说，当寻呼机有寻呼消息要发送，需要向控制站发送请求信号，能够发送请求的前提是控制站允许寻呼机发送请求，"请求使能信号"即控制站发送给寻呼机，作为允许寻呼机发送请求信号的信号，说明书中(参见第17页第9行至第21页第21行，说明书附图5、9、10)有相关描述：P1有寻呼消息要发送时，要在接收到C2发来的带有本地频率装入命令码的消息和带有时隙分配命令码的消息之后，才能够使用一组本地频率向控制站发送请求，继而发送寻呼消息，本领域技术人员清楚"请求使能信号"的含义和作用。

B. 对本领域技术人员来说，寻呼消息，即要寻呼机请求发往中央站的通信消息，说明书中(参见其第7页第4～23行、第10页第14～24行，说明书附图6、12)有相关描述，中央站或寻呼机将发送的消息分配成一个或多个与图12格式类似的分组，按照接收消息的类型鉴别接收的是否寻呼机消息；寻呼机发送请求信号，等待中央控制站发来的发送命令/授权，寻呼机微处理器准备一个格式非常接近图12所示的一个或多个分组构成的消息，接收到发送命令/授权后寻呼机在f3上广播这个通信消息，本领域技术人员清楚"寻呼消息"的含义。

C. 对本领域技术人员来说，"'可以'通过由频率和时隙信道组成的通信信道传送"，意即通过由频率和时隙信道组成的通信信道传送信号。

D. 本领域技术人员已掌握时分、频分复用技术，也即，如何分配、配置频率和时隙信道，并且，如上文所述，说明书也记载通过频率与时隙信道在中央控制站与寻呼机之间传输信号和消息的内容。

综上，权利要求27的保护范围清楚，同理，权利要求28、29也清楚。

(5)权利要求1、2、9、14和20。

第一请求人认为：独立权利要求1、2、9、14和20使用了相同的术语"时隙"。然而，权利要求1中记载的时隙可能不同于如权利要求2、14和20中所记载的时隙，本领域技术人员无法理解权利要求1中记载的时隙和权利要求2、9、14和20中所记载的时隙是表示相同的技术含义还是表示不同的技术含义。

合议组认为：作为同一发明创造，其中的术语应做相同理解；对本领域技术人员来说"时隙"是所属领域的术语，其是具有特定时长的时间片段。上述权利要求清楚。

综上，本专利权利要求清楚，符合《专利法实施细则》第20条第1款的规定，第一请求人关于本专利权利要求1～29不清楚的无效宣告请求理由均不成立。

5. 关于没有得到说明书支持

《专利法》第26条第4款规定："权利要求书应当以说明书为依据，说明要求专利保护的范围。"

(1)权利要求 1。

权利要求 1 中,按照各个步骤记载的顺序:①在一个第一频率上,从中央控制站向寻呼单元发送一个时钟对准信号;②在一个第二频率上,从中央控制站向寻呼机单元发送一个寻呼机命令和字母数字数据;③根据寻呼机命令,在一个第三频率上,从寻呼单元向中央控制站发送寻呼机状态数据和字母数字数据;④在一个第四频率上,从寻呼单元向中央控制站发送一个寻呼机传输请求信号。

第一请求人认为:根据说明书,循环 106 的电话消息的处理分支仅包括权利要求 1 的步骤②,其并不执行步骤③④;而寻呼机消息处理分支的步骤执行顺序为④③②,而不是权利要求 1 中的②③④,权利要求 1 中步骤的顺序与说明书不一致;第二请求人认为:权利要求 1 的步骤顺序、每个步骤的执行主体及传输的内容与说明书中唯一公开的步骤顺序、执行主体和传输的内容不同,说明书仅公开了按照第一频率(f1)"时钟对准信号"—第二频率(f4)"寻呼机传输请求信号"—第三频率(f3)"授权信号"—第四频率(f4)"字母数字数据"顺序的特定实施方式,没有公开其他顺序的实施方式。

合议组认为:权利要求 1 所要求保护的方法按照寻呼系统通信所使用的不同频率与其上发送不同信息的对应关系来划分步骤。根据本专利说明书中记载,本地频率中,第一频率(f1)载有中央控制站 20 发给寻呼机 22 的本地时钟对准信号,第二频率(f2)载有从中央控制站 20 到寻呼机 22 的寻呼命令和字母数字数据,第三频率(f3)载有从寻呼机 22 到中央控制站 20 的寻呼机状态数据和字母数字数据,第四频率(f4)载有从寻呼机 22 到中央控制站 20 的寻呼机请求信号(参见说明书第 6 页第 4～23 行,说明书附图 13),公共或切换频率 C1～C4 分别具有本地频率 f1～f4 相类似的功能(参见说明书第 15 页第 9～12 行);寻呼机 22 一直接收 f1 上的本地时钟对准信号,寻呼机发送请求信号(步骤 214),等待中央控制站发来的发送命令/授权(步骤 216),接收到发送命令/授权后寻呼机发送消息(步骤 220)(参见说明书第 10 页第7～24 行,说明书附图 6)。可见,权利要求 1 的记载与说明书相关部分记载内容一致。

第一请求人认为:权利要求 1 中步骤①"在一个第一频率上,从中央控制站向寻呼单元发送一个时钟对准信号"在步骤②③④之前执行,与说明书图 4"寻呼机 22 一直在接收在频率 f1 上的本地时钟对准信号"相矛盾。

合议组认为:在 f1 上始终发送本地时钟对准信号,对本领域技术人员来说,本地时钟对准信号是其他步骤按照正确时序执行的保障,因此,将步骤①放在步骤②③④之前与说明书上述内容一致。

第一请求人认为:权利要求 1 步骤②"在一个第二频率上,从中央控制站向寻呼机单元发送一个寻呼机命令和字母数字数据",说明书没有记载寻呼机命令是什么的命令,权利要求 1 的上述技术特征没有记载在说明书中;第二请求人认为:说明书没有公开在第二频率上同时发送寻呼机命令和字母数字数据的实施方式。

合议组认为:对本领域技术人员来说,步骤②的含义是,在 f2 上发送寻呼机命令、字母数字数据两种信息,根据权利要求 1 中的描述,并无"同时"发送上述两种信息的表述。进一步,根据说明书,第二频率(f2)载有从中央控制站 20 到寻呼机 22 的寻呼命令和字母数字数据(参见说明书第 6 页第 4～23 行);中央控制站准备并在 f2 上向被叫寻呼机发送通信信息,该消息除了其他内容外还包括被叫寻呼机 ID 和从电话机接收到的要传输给寻呼机的字符数据,微处理器对通信分组的操作码字段查询确定其是否包括命令,转入执行命令处理规程或将字母数字字段部分存入 RAM,

命令处理程序根据操作码内容执行不同子规程(参见说明书第 8 页第 12 行至第 13 页第行 18 行,说明书附图 5、12),也即,寻呼机命令是通信信息中的操作码字段,而操作码是本领域技术人员惯用的技术手段。可见,上述步骤②可以根据说明书充分公开的内容概括得到。

第一、第二请求人认为:权利要求 1 的技术特征步骤③"根据寻呼机命令,在一个第三频率上,从寻呼单元向中央控制站发送寻呼机状态数据和字母数字数据",说明书中没有记载在第三频率上从寻呼单元向中央控制站与字母数字数据一起发送寻呼机状态数据。

合议组认为:进一步,根据说明书,f3 载有从寻呼机到中央控制站的寻呼机状态数据和字母数字数据(参见说明书第 6 页第 4～23 行);中央控制站授权请求寻呼机发送通信消息,发送的消息分配成一个或多个分组,最后一个分组带有消息终止符,这些分组也可以格式化成指示相继从发射机发射的有关分组的分组数,寻呼机发送的消息包括接收方 ID、操作码和字母数字字段等,寻呼机在 f3 上广播这个通信消息(参见说明书第 7 页第 15～19 行、第 10 页第 16 行至第 11 页第 4 行,说明书附图 4、12)。可见,上述步骤③与说明书内容一致。

第一请求人认为:权利要求 1 在步骤④"这个寻呼机传输请求信号在一个分配给该寻呼单元的预定时隙内发送,由于这时隙是以时钟对准信号为基准分配的,因此第四频率可为多个其他寻呼单元所利用",本领域技术人员不清楚如何以时钟对准信号为基准分配第四频率上的预定时隙,特征"这时隙是以时钟对准信号为基准分配的"概括过大保护范围。第二请求人认为:权利要求 1 包括"寻呼机传输请求信号在一个分配给该寻呼单元的预定时隙内发送",但说明书没有公开如何将哪一个时隙预定分配给哪一个寻呼单元的算法;说明书附图 13 中多个寻呼机时隙分配重合,说明书没有给出在共用时隙的情况下如何避免各寻呼机的请求信号的冲突。

合议组认为:根据说明书(参见说明书第 6 页第 12～17 行、第 8 页第 23 行至第 9 页第 1 行、第 10 页第 11～13 行,说明书附图 3、13),按时分技术,每个寻呼机分别分配到频率 f4 上的 N 个时隙中的一个相应的时隙,频率 f4 上的预定时隙以时钟对准信号为基准分配,因此 f4 可由多个其他的寻呼机利用,例如,第一个时隙分配给第一个寻呼机 P1,第二个时隙分配给第二个寻呼机 P2,直至第 n 个时隙分配给寻呼机 Pn;控制站 CPU 参照本地时钟确定在频率 f4 上的哪个时隙检测到请求信号,根据所确定的时隙对寻呼机目录文件进行查询,确定发出请求信号的这个具体寻呼机的标识号码;对本领域技术人员来说,说明书已充分公开了 f4 上已分配时隙与寻呼机之间是一一对应关系,预定时隙以寻呼系统的时钟对准信号为基准分配,也即,预定时隙是以系统时钟为基准定义特定时长的时间间隔,而占用时隙发生冲突时可以采用延时重发等技术来保障寻呼机获得一个随机时隙发出请求,也是已知的时分复用技术,本领域技术人员可以根据说明书充分公开的内容概括得出步骤④。

第一请求人认为:权利要求 1 限定了在第一频率、第二频率、第三频率和第四频率上应该发送的信号,并且限定上述频率互不相同,权利要求包括了在第一频率、第二频率、第三频率和第四频率上还发送除规定以外的其他信号的技术方案,而且还包括在一个中央控制站和一个寻呼单元之间还使用其他的本地频率的技术方案,概括了较宽的保护范围。

合议组认为:根据本专利说明书中记载,本地频率中,第一频率(f1)载有中央控制站 20 发给寻呼机 22 的本地时钟对准信号,第二频率(f2)载有从中央控制站 20 到寻呼机 22 的寻呼命令和字母数字数据,第三频率(f3)载有从寻呼机 22 到中央控制站 20 的寻呼机状态数据和字母数字数据,第四频率(f4)载有从寻呼机 22 到中央控制站 20 的寻呼机请求信号;优选地,f1~f4 最好选择成 f1≠f2≠f3≠f4(参见说明书第 6 页第 4~23 行,说明书附图 13),公共或切换频率 C1~C4 分别具有本地频率 f1~f4 相类似的功能(参见说明书第 15 页第 9~12 行)。可见,权利要求 1 与说明书相关部分记载一致。

综上,权利要求 1 能够得到说明书的支持。

(2)权利要求 2~8。

第一、第二请求人认为:本专利说明书第二实施例中每个控制台或寻呼单元提供四个公共频率 C1~C4、四个本地频率 f1~f4,权利要求 2 没有记载关于上述频率的分配和配置的技术特征,从而概括了较大保护范围。

说明书(参见其第 14 页第 4 行至第 22 页第 15 行,说明书附图 9、10)记载:寻呼机 P1 原本在 CELL1 工作,从控制站 S1 接收公共频率 C1~C4 以及本地频率 f1~f4,当 P1 进入新的公共频率接收区 CFRR2 时就要进行切换操作;此时,P1 将接收到控制站 S2 在 C1 上发送的时钟信号,P1 自动使用该时钟信号校准时钟单元;P1 在 C2 得到 S2 的系统 ID(步骤 506),P1 确定在 C2 上得到的是新的系统 ID(步骤 508),P1 在 C4 随机分配的时隙上发出希望与 S2 通信的请求(步骤 510);P1 监视 C2,等待 S2 根据 P1 的上述请求的时隙发送的消息(步骤 512),也即,等待 S2 发送的包括时隙识别命令码和存储在 P1 随机产生时隙内的信息的消息;P1 确定接收消息的时隙与上述随机发送时隙匹配(步骤 514),则 P1 在 C3 上向 S2 发送含有 P1 标识的通信分组(步骤 516);S2 证实 P1 标识有效后在 C2 向 P1 发送带有本地频率装入码的命令告知 P1 本地频率 f5~f8,并且,发送带有时隙分配命令码的消息告知 P1 在 f8 上分配给它的时隙(步骤 518)。并且,说明书中(参见其第 2 页第 2~13 行、第 6 页第 4~23 行、第 15 页第 9~12 行、第 22 页第 16~23 行,说明书附图 13)也记载:双向寻呼系统利用四个本地频率实现寻呼机和一个中央控制站的传输,使用四个本地频率和四个公共频率完成切换,公共或切换频率 C1~C4 分别具有本地频率 f1~f4 相类似的功能,优选地,四个本地频率 f1~f4 选择成 f1≠f2≠f3≠f4。

合议组认为:权利要求 2 要求保护的是寻呼单元在切换到新的控制站建立通信的方法,由按一定时序执行的各个步骤组成该方法,根据说明书记载的上述内容可知,权利要求 2 中各步骤与说明书中各步骤的执行内容和执行顺序一致;并且,如上文第 3 点关于公开充分的评述可知,说明书充分公开了使用频率和时隙组成的信道在不同时间、不同方向上传输不同的信息从而完成双向寻呼通信,对所使用的本地频率的具体配置给出 f1≠f2≠f3≠f4 的优选实施例,本领域技术人员可以从说明书充分公开的内容概括得出权利要求 2 的技术方案。

第一请求人认为:权利要求 2 中包括“在寻呼单元产生一个控制站切换请求信号,这个步骤包括产生一个包括多个按时钟对准信号时分的时隙的信息帧,以及从这组时隙中选取一个时隙作为一个至少暂与该寻呼单元对应的时隙”,本专利说明书没有公开上述技术特征;“产生一个包括多个按时钟对准信号时分的时隙的信息帧”概括了较宽的保护范围。

合议组认为:如上文所述,说明书中记载:P1 将接收到控制站 S2 在 C1 上发送的时钟信号,P1 自动使用该时钟信号校准时钟单元,在步骤 510,P1 在 C4 随机分配的时隙上发出希望与 S2 通信的请求;C4 与 f4 具有类似的时隙结构,C4 上产生包括多个时隙的信息帧,C4 上时隙与 C1 上的时钟信号对准,在 C4 上占用的时隙是随机选取的；对本领域技术人员来说，时隙是以系统时钟为基准定义特定时长的时间间隔，因此“产生一个包括多个按时钟对准信号时分的时隙的信息帧”也即信息帧由多个以时钟信号为基准的时隙组成，图 13 中标号为 1～7……n 的是 n 个时隙，每个时隙对应一个寻呼机，时隙起始点与时钟信号对准。可见，步骤 510 即上述步骤，权利要求 2 的上述特征与说明书记载一致，本领域技术人员也能够从充分公开的内容概括出上述步骤。

第一请求人认为：权利要求 2 限定了特征“从控制站向寻呼单元装入一组在寻呼单元和控制站之间再进行通信的本地频率”。在说明书第 21 页第 7～10 行中仅记载了，在频率 C2 上利用带本地频率装入命令码，中央控制站 420 将它的本地频率（f5～f8）的值发送给进入的寻呼机 422。上述特征概括了较大的保护范围。

合议组认为：说明书中（参见其第 21 页第 7～14 行）步骤 632、634 执行内容如上；并且，如上文第 3 点关于公开充分的评述可知，说明书充分公开了使用频率和时隙组成的信道在不同时间、不同方向上传输不同的信息从而完成双向寻呼通信，对所使用的本地频率的具体配置给出四个频率互不相等的优选实施例，本领域技术人员可以从说明书充分公开的内容概括得出权利要求 2 的上述特征。

第一请求人认为：说明书中，进入的寻呼机仅在其通过验证后才被通知新的本地频率，权利要求 2 并没有记载关于验证判定的任何技术特征。

说明书中（参见其第 19 页倒数第 5 行至第 21 页第 21 行，说明书附图 11）记载了中央控制站 S2 执行的切换允许的各个步骤，启动后执行循环清理它的寻呼机目录文件和检查是否有新的寻呼机已进入它所管辖的小区（步骤 602），在连接中央控制站 420x 的串行链路上进行通知确定中央控制站（如 S2）是否已经接到另一个中央控制站（如 S3），告知原在 S2 管辖下的寻呼机已在 S3 的管辖下（步骤 604），如果有这样的通知，则从控制站 S2 的寻呼机目录文件中删除这个移出的寻呼机的 ID（步骤 606 和 608）；中央控制站检查它的寻呼机登记文件确定这个寻呼机 ID 是否为一个有效 ID（步骤 620），如果不是则产生和发送一个错误消息（步骤 622）后，再发送一个命令寻呼机 P1 关机的命令（步骤 624），如果核实了寻呼机标识（步骤 620），检查寻呼机目录文件，将一个可用时隙分配给进入的寻呼机，将该时隙与进入的寻呼机 ID 相对应（步骤 630），利用在频率 C2 上的一个本地频率装入命令码，中央控制站 420 将它的本地频率（如 f5～f8）的值发送给进入的寻呼机 422（步骤 632）；完成步骤 634 后，进入的寻呼机就完全加入新小区，而脱离了它的原控制站管辖，当前控制站 I/O 接口在串行线上发出命令，通知进入的寻呼机现在已在它的管辖下（步骤 636），原控制站可以从它们的寻呼机目录文件中删除这个寻呼机。

合议组认为：对本领域技术人员来说，控制站之间进行通信刷新寻呼机信息，可以用来定位寻呼机，或核实寻呼机缴费等状态，与寻呼机切换和通信操作并无关联，控制站对寻呼机的验证是根据系统设定进行，例如，通过验证其是否缴费决定是否允许该寻呼机进行后续通信，验证判断与寻呼机跨区漫游的技术方案并无关联；权利要求 2 所要求保护的方法由执行切换的步骤组成，也即，在验证成功的前提下执行分支的各个步骤，因此，结合上文对于说明书充分公开内容（说明书附图 9、10 及其说明书相关文字部分）的记述，本领域技术人员可以根据说明书充分公开的内容概括得出权利要求 2 的技术方案。

综上，权利要求 2 能够得到说明书的支持，基于相同的理由，直接或间接引用权利要求 2 的权利要求 3～8 也能够得到说明书支持。

(3)权利要求9～26。

第一，关于权利要求9。

第一请求人认为：权利要求9没有记载关于八个频率的分配和配置的任何技术特征，从而概括了比说明书所公开的内容更大范围的技术方案；说明书没有记载权利要求9的特征“产生一个包括一个信息帧的控制站切换请求信号，以及从这个信息帧包括的一组以时钟调制第一频率为基准时分的时隙中选取一个时隙作为一个至少暂与该寻呼机对应的时隙”；权利要求9并没有关于验证判定的任何技术特征，概括了过大保护范围；“一组以时钟调制第一频率为基准时分的时隙”概括了较宽的保护范围。

第二请求人还认为：本专利说明书没有给出双向寻呼单元包括时钟对准电路；未限定如何实现越区/切换、未限定实现“越区切换”所需要频率匹配等技术手段等技术内容。

合议组认为：根据说明书(参见其第16页第12行至第19页第20行，说明书附图2、8～10)：寻呼机包括时钟单元，产生本地时钟信号和公共时钟信号，这些时钟信号的启动和频率设置由时钟单元的适当的相应输入信号进行，寻呼机自动用控制站发送的时钟信号校准时钟单元，而时钟对准电路的结构设置是公知技术，对本领域技术人员来说，可以根据说明书充分公开的内容概括得出时钟对准电路；权利要求9中的各组成部件分别实现各项功能，根据说明书(参见其第14页第4行至第22页第15行，说明书附图2、8～10)：寻呼机接收天线60和接收机62以及公共频率接收天线560和接收机562分别接收本地频率f1、f2和公共频率C1、C2上接收从控制站发送来的信息，寻呼机天线76和寻呼发射机72以及公共频率发射天线576和发射机572分别在本地频率f3、f4和公共频率C3、C4上向控制站发送信息，微处理器80执行寻呼机的各项操作；寻呼机P1进入新的公共频率接收区时就要进行切换操作，P1将接收到控制站S2在C1上发送的时钟信号，自动使用该时钟信号校准时钟单元；P1在C2得到S2的系统ID；P1确定得到的是新系统ID，在C4随机分配的时隙上发出希望与S2通信的请求；根据说明书(参见其第6页第12～18行、第10页第5～13行、第15页第9～19行)，按时分技术，每个寻呼机分别分配到频率f4上的N个时隙中的一个相应的时隙，频率f4上的预定时隙以时钟对准信号为基准分配，C1～C4与f1～f4/f5～f8功能类似；并且，如上文第3点关于公开充分的评述可知，说明书充分公开了使用频率和时隙组成的信道在不同时间、不同方向上传输不同的信息从而完成双向寻呼通信越区切换，对所使用的本地频率给出四个频率互不相等的优选实施例，频率和功率匹配技术是公知技术，因此，本领域技术人员可以从说明书充分公开的内容概括得出权利要求9的技术方案。此外，与权利要求2相关内容理由相同(参见上文5.2部分)，权利要求9能够得到说明书的支持。

第二，关于权利要求14。

第二请求人认为：本专利说明书中缺少f1～f4与C1～C4的功率相互匹配约束关系、各控制站的C1～C4的功率相互匹配或约束的规划关系，说明书仅给出中央控制站的发射机和接收机均为配对使用，并且分别是在不同的频率规划(f1～f4或f5～f8，C1～C4)下进行通信，因此没有记载如权利要求14的控制站仅需要一个第一接收机和一个发射机就能够管理越区切换，更没有记载如权利要求14的控制站如何工作来管理越区切换的具体内容，也没有限定实现“越区切换”所需要频率匹配等技术手段等技术内容。

合议组认为：权利要求14要求保护一种与双向寻呼单元通信的控制站，其包括时钟单元、第一接收机、处理器、发射机，各部件分别实现各项功能。根据说明书(参见其第14页第4行至第22页第15行，说明书附图1、7～11)，中央控制站S2的时钟单元产生调制频率f1的本地时钟信号和调制频率C1的公共时钟信号，公共频率发射机432和公共频率发射天线422用来发射公共频率C1、C2，公共频率接收机434和公共频率接收天线444用来接收公共频率C3、C4，CPU50执行控制站各项操作；S2在C2发出系统ID，寻呼机P1接收到该系统ID并判断自己要进行切换后在C4的随机时隙发出通信请求；P1监视由S2在C2发出的包括先前随机产生的相同时隙内的信息的消息的通信分组，此后，P1在C3向S2发送包含P1标识或ID的通信分组，S2检查寻呼机登记文件核实此寻呼机ID有效、检查寻呼机目录文件给P1分配与其ID相对应的可用时隙后，在C2上将本地频率以及时隙分配发送给P1；根据说明书(参见其第6页第12～18行、第10页第5～13行、第15页第9～19行)，按时分技术，每个寻呼机分别分配到频率f4上的N个时隙中的一个相应的时隙，频率f4上的预定时隙以时钟对准信号为基准分配，C1～C4与f1～f4/f5～f8功能类似；并且，如上文第3点关于公开充分的评述可知，说明书充分公开了使用频率和时隙组成的信道在不同时间、不同方向上传输不同的信息从而完成双向寻呼通信越区切换，对所使用的本地频率给出四个频率互不相等的优选实施例，频率和功率匹配技术是公知技术，因此，本领域技术人员可以从说明书充分公开的内容概括得出权利要求14的技术方案。此外，与权利要求2或9相关内容理由相同(参见上文关于权利要求2～8，权利要求9部分)，权利要求14能够得到说明书的支持。

第三，关于权利要求10～13、15～26。

第二请求人认为：寻呼单元必须配置有两套独立的发射机和接收机以供越区切换以及两套频率规划使用，在越区过程中双向寻呼单元与控制站之间的相应操作所对应的频率规划(f1～f4、C1～C4)必须是不同的；缺少f1～f4与C1～C4的功率相互匹配约束关系、各控制站的C1～C4的功率相互匹配或约束的规划关系对应；控制站不仅包括与本地频率对应的发射机、接收机、发射天线和接收天线，还要包括与公共频率对应的发射机、接收机、发射天线和接收天线，而且，说明书仅给出中央控制站的发射机和接收机均为配对使用，并且分别是在不同的频率规划下进行通信。因此权利要求20及其从属权利要求21～26得不到说明书支持。

基于上述类似的理由，权利要求20能够得到说明书支持，从属权利要求10～13、15～19、21～26能够得到说明书支持，合议组观点已在上文权利要求9、14的相关评述中阐明，不再赘述。

(4)权利要求27。

第一请求人认为：①权利要求27包括“从中央站往一个寻呼单元发送一个请求使能信号”，本专利说明书没有请求使能信号。②权利要求27限定了请求使能信号、请求信号、授权信号、寻呼消息“可以通过由频率和时隙信道组成的通信信道传送”。但是，根据说明书的记载时钟对准信号(f1)、从控制站发往寻呼机的消息(f2)，以及从寻呼机发往控制站的寻呼消息(f3)均是仅仅通过频率信道进行发送的，而并没有记载采用任何时隙信道。因此，权利要求27的技术方案与说明书记载的实施方式不符，得不到说明书的支持。③“由频率和时隙信道组成的通信信道”涵盖了所有通过频分和时分方式形成的通信信道，概括了较宽的保护范围，本领域不清楚除了利用说明书公开的在第一、第二、第三、第四频率上进行频分而在第四频率上进行时分的技术方案以外，利用其他的时频信道是否能够实现本发明所要实现的技术效果、解决本发明所要解决的技术问题，权利要求27要求保护范围过大。④权利要求27中“寻呼消息”没有在说明书中描述，仅公开了如图 12 所示的既包括寻呼机命令和字母数字的帧格式，“寻呼消息”概括了较大的保护范围。⑤权利要求 27 中并没有限定双向寻呼通信中使用的频率来区分消息类型，而根据说明书的各个实施方式，必须使用频率信道来区分上下行的各种消息类型，才能实现双向通信，权利要求 27 概括了过大的保护范围。综上，本领域技术人员无法从说明书合理地概括出权利要求 27 中所记载的方案。

合议组认为：

根据说明书（参见其第 6 页第 4～23 行、第 10 页第 7～21 行、第 15 页第 9～19 行，说明书附图 6、13）第一频率（f1）载有中央控制站 20 发给寻呼机 22 的本地时钟对准信号，第二频率（f2）载有从中央控制站 20 到寻呼机 22 的寻呼命令和字母数字数据，第三频率（f3）载有从寻呼机 22 到中央控制站 20 的寻呼机状态数据和字母数字数据，第四频率（f4）载有从寻呼机 22 到中央控制站 20 的寻呼机请求信号；公共或切换频率 C1～C4 分别具有本地频率 f1～f4 相类似的功能；寻呼机 22 一直接收 f1 上的本地时钟对准信号；寻呼机发送请求信号（步骤 214），等待中央控制站发来的发送命令/授权（步骤 216），接收到发送命令/授权后寻呼机发送消息（步骤 220）。

并且，根据说明书（参见其第 17 页第 9 行至第 21 页第 21 行，说明书附图 5、9、10），寻呼机 P1 原本在 CELL1 工作，从控制站 S1 接收公共频率 C1～C4 以及本地频率 f1～f4，当 P1 进入新的公共频率接收区 CFRR2 时就要进行切换操作；此时，P1 将接收到控制站 S2 在 C1 上发送的时钟信号，P1 自动使用该时钟信号校准时钟单元；P1 在 C2 得到 S2 的系统 ID（步骤 506），P1 确定在 C2 上得到的是新的系统 ID（步骤 508），P1 在 C4 随机分配的时隙上发出希望与 S2 通信的请求（步骤 510）；P1 监视 C2，等待 S2 根据 P1 的上述请求的时隙发送的消息（步骤 512），也即，等待 S2 发送的包括时隙识别命令码和存储在 P1 随机产生时隙内的信息的消息；P1 确定接收消息的时隙与上述随机发送时隙匹配（步骤 514），则 P1 在 C3 上向 S2 发送含有 P1 标识的通信分组（步骤 516）；S2 证实 P1 标识有效后在 C2 向 P1 发送带有本地频率装入码的命令告知 P1 本地频率 f5～f8，并且，发送带有时隙分配命令码的消息告知 P1 在 f8 上分配给它的时隙（步骤 518）。

还有，根据说明书（参见其第 6 页第 4～19 行、第 10 页第 11～13 行、第 15 页第 9～10 行、第 18 页第 8～12 行、第 22 页第 16～23 行，说明书附图 1、13）记载：中央控制站和寻呼机的通信在 f1、f2、f3、f4 上进行，其中 f1、f2 载有中央控制站到寻呼机的信号或命令、数据，f3、f4 载有从寻呼机到中央控制站的数据、请求信号，并给出优选实施例是四个频率均不相同；在第四本地频率或第四公共频率上以时钟对准信号为基准将时隙分配给寻呼单元，每个进入中央控制站服务范围的寻呼机在请求数据传输前都预先分配了一个不同的时隙，每个寻呼机 P1～Pn 分别分配到频率 f4 上的 n 个时隙中的一个相应的时隙；公共或切换频率 C1～C4 分别具有与相应的本地频率 f1～f4 相类似的功能；C4 上的时隙不是与寻呼机固定对应，但其是寻呼机发现进入 S2 控制区的 CFRR 后随机占用的，亦与该寻呼机相对应。寻呼机请求信号是以 f4 在分配给请求寻呼机的一个时隙内发送。

可见，当寻呼机有寻呼消息要发送，需要向控制站发送请求信号，能够发送请求的前提是控制站 S2 已向寻呼机发送装入本地频率 f1～f4，并在 f4 上分配一个时隙给寻呼机；同样，在发生切换的情形下，控制站 S2 在频率 C2 上向寻呼机 P1 发送一个带有本地频率装入命令码的消息告诉 P1 控制站 S2 所使用的本地频率的值（如 f5～f8），以及，在 C2 上向 P1 发送一个带有时隙分配命令码的消息告诉 P1 在 f8 上分配给它的时隙，P1 有寻呼消息要发送时，要在接收到 C2 发来的上述两个消息后才能向控制站 S2 发送请求信号，也即，C2 上发来的带有本地频率装入命令码的消息和带有时隙分配命令码的消息所起的作用就是请求使能，寻呼机收到该消息之后，能够使用一组本地频率向控制站发送请求，继而发送寻呼消息。可见，“请求使能信号”及其后续操作的相关内容可以从说明书充分公开的内容中概括得出。

根据说明书(参见说明书第 7 页第 4～23 行、第 10 页第 14～24 行，说明书附图 6、12)，中央站或寻呼机将发送的消息分配成一个或多个与图 12 格式类似的分组，按照接收消息的类型鉴别接收的是否寻呼机消息；寻呼机发送请求信号(步骤 214)，等待中央控制站发来的发送命令/授权(步骤 216)，寻呼机微处理器准备一个格式非常接近图 12 所示的一个或多个分组构成的消息(步骤 218)，接收到发送命令/授权后寻呼机在 f3 上广播这个通信消息(步骤 220)，可见，涉及寻呼消息的特征可以由说明书充分公开的内容概括得出。

权利要求 27 中涉及的信号或消息，有请求使能信号、请求信号、授权信号和寻呼消息，f1 载有中央控制站 20 发给寻呼机 22 的本地时钟对准信号，f2 载有从中央控制站 20 到寻呼机 22 的寻呼命令和字母数字数据，f3 载有从寻呼机 22 到中央控制站 20 的寻呼机状态数据和字母数字数据，f4 载有从寻呼机 22 到中央控制站 20 的寻呼机请求信号，C1～C4 分别具有 f1～f4 相类似的功能，并且，请求信号是以 f4 在分配给请求寻呼机的一个时隙内发送，也即，f4 由多个时隙组成。由此可知，中央控制站与寻呼机之间的信道由 f1～f4/f5～f8、C1～C4 的频率与时隙信道构成，从而在中央控制站与寻呼机之间传输信号和消息，请求使能信号、请求信号、授权信号、寻呼消息“可以通过由频率和时隙信道组成的通信信道传送”可以由说明书充分公开的内容概括得出。

如上文所述，说明书充分公开了中央控制站与寻呼机之间的信道由 f1～f4/f5～f8、C1～C4 的频率与时隙信道构成，从而在中央控制站与寻呼机之间传输信号和消息；并且中央控制站和寻呼机的通信在四个本地频率上，切换通过四个公共频率 C1～C4 进行，上行频率分别载有中央控制站到寻呼机的信号或命令、数据，下行频率分别载有从寻呼机到中央控制站的数据、请求信号，说明书充分公开了使用频率和时隙组成的信道在不同时间、不同方向上传输不同的信息从而完成双向寻呼通信，并且，给出优选实施例是四个频率均不相同，而对于本领域技术人员来说，如何具体分配频率分配是本领域技术人员在本专利申请日之前已经掌握的技术，权利要求 27 的上述特征可以从说明书充分公开的内容概括得出。

第二请求人认为：①说明书中没有给出“从中央站往一个寻呼单元发送一个请求使能信号”相关的技术内容，更没有给出由“请求使能信号”所引导的双向寻呼方案。②本专利说明书仅记载了发送时钟信号，并未记载寻呼机在发送请求信号的功能可以被关闭或开启，也没有记载在发送请求信号之前需要接收中央站发送的请求使能信号来启动该功能，也没有记载在功能启动后，执行后续交互过程的相关内容。③本专利说明书仅描述了在单一的频率 f4 上使用多个时隙，且也未记载上述信号可以通过这种通信信道传送的内容。④权利要求 27 还包括信道的数目可以固定，也可以发生动态的变化两种情况，本专利说明书没有记载频率和时隙信道的数目可以发生动态的变化的技术方案。

关于①②③，合议组观点已在上文针对第一请求人理由的部分阐明；关于④，根据上述说明书充分公开的内容，本领域技术人员可知，使用频率和时隙组成的信道在不同时间、不同方向上传输不同的信息从而完成双向寻呼通信，并且，给出优选实施例是四个本地/切换频率均不相同，所使用的频率数目并不必须固定；关于时隙数目，在时隙数容量允许范围内，可根据具体的入网寻呼机数目来分配时隙，其数目不必须固定。权利要求 27 的上述特征可以从说明书充分公开的内容概括得出。

综上可见，权利要求 27 得到说明书支持。

（5）关于权利要求 28、29。

第一、二请求人认为：权利要求 29 限定“每一个请求信号、授权信号和寻呼消息都在频率和时隙信道上发送，频率和时隙信道的数目不必固定”，说明书中仅采用四个频率信道，并且仅在第四频率信道上采用与寻呼单元一一对应的时隙信道，没有记载频率和时隙信道的数目可以发生动态的变化的技术方案。

合议组认为：关于频率分配和数目，合议组观点在上文关于权利要求 27 中已阐明；关于时隙数目，根据说明书（参见说明书第 6 页第 16～17 行、第 10 页第 11～13 行、第 15 页第 9～10 行、第 18 页第 8～12 行、第 22 页第 16～23 行，说明书附图 1、13），在第四本地频率或第四公共频率上以时钟对准信号为基准将时隙分配给寻呼单元，每个进入中央控制站服务范围的寻呼机在请求数据传输前都预先分配了一个不同的时隙，每个寻呼机 P1～Pn 分别分配到频率 f4 上的 n 个时隙中的一个相应的时隙；公共或切换频率 C1～C4 分别具有与相应的本地频率 f1～f4 相类似的功能；C4 上的时隙不是与寻呼机固定对应，但其是寻呼机发现进入 S2 控制区的 CFRR 后随机占用的，亦与该寻呼机相对应。可见，权利要求 29 的上述特征可以由说明书充分公开的内容概括得出。并且，基于与权利要求 27 得到说明书支持相同的理由，直接或间接引用权利要求 27 的权利要求 28、29 也能够得到说明书支持。

综上，本专利权利要求 1～29 能够得到说明书支持，符合《专利法》第 26 条第 4 款的规定，第一、第二请求人关于本专利权利要求 1～29 得不到说明书支持的无效宣告请求理由均不成立。

6. 关于缺少必要技术特征

《专利法实施细则》第 21 条第 2 款规定：“独立权利要求应当从整体上反映发明或者实用新型的技术方案，记载解决技术问题的必要技术特征”。

（1）关于权利要求 1。

第一请求人认为，权利要求 1 缺少：在中央控制站和寻呼机之间仅使用四个本地频率，并且每个频率与所发送信号的类型是一对一固定的；如何在上行信道第四频率 f4 中对多个寻呼机进行寻址；以时钟对准信号直接确定第四频率 f4 上的上行帧起始位置也是必要技术特征。否则，不能够实现具有最小化频率资源占用的双向通信的发明目的。

第二请求人认为，权利要求 1 缺少：多个控制站之间进行频率复用来避免干扰的技术特征，以及，确定哪一时隙预定分配给哪一寻呼单元的必要技术特征，因此无法实现寻呼。

合议组认为：根据说明书（参见其第 1 页第 14 行至第 2 页第 1 行），本专利所要解决的技术问题是，如何提供一种简单的寻呼机返回确认传输方案，减少对频带的占用，简化越局切换。首先，权利要求 1 也已记载了使用四个互不相同的本地频率、每一频率上传输相关上/下行信息，从而完成寻呼机和中央控制站双向通信的技术特征；关于第四频率，权利要求 1 记载“在一个第四频率上，从寻呼单元向中央控制站发送一个寻呼机传输请求信号，这个寻呼机传输请求信号在一个分配给该寻呼单元的预定时隙内发送”，以及“时隙是以时钟对准信号为基准分配”，对本领域技术人员来说，时隙与寻呼机是一一对应的，以时隙对多个寻呼机进行寻址，并且，时隙是具有特定时长的时间片段，以时钟对准信号作为时隙时长、起始位置的基准，而如何分配和对应时隙是本专利申请日之前已经掌握的技术。因此，权利要求1不缺少解决技术问题的必要技术特征。

(2)关于权利要求2。

第一请求人认为：

A. 权利要求2缺少限定关于采用公共频率和本地频率以及如何对公共频率和本地频率进行分配和配置以传输相应的控制消息的任何技术特征，导致本领域的技术人员根本不知道如何在小区间进行寻呼机的切换并且使得占用的频率资源最小化。至少权利要求3、6、7和8的附加技术特征应该加入权利要求2中。

B. 控制站以足够小的发射功率在公共频率C2上广播系统ID以使得寻呼单元仅在控制站周围的有限邻域内能够进行接收是必要技术特征，至少与权利要求21或22的附加技术特征相对应的技术特征应该加入到权利要求2中。

C. 说明书中寻呼单元在公共频率C4的一个随机时隙上发出请求接入请求(步骤510)并且跟踪该时隙，继而根据公共频率C2上从控制站接收到(步骤512)包括时隙识别命令码来确定(步骤514)该在C2上接收的命令码的时隙与步骤510发送请求接入的时隙是否匹配，从而判断控制站是否允许该寻呼单元接入。这些特征是实现双向寻呼系统中的切换过程的必要技术特征，至少权利要求4的附加技术特征应该加入到权利要求2中。

D. 关于判断寻呼单元是否有效的技术特征是实现小区间切换的必要技术特征，权利要求5的附加技术特征应该加入权利要求2中。

E. 在第二公共频率上从控制站向寻呼单元发送通知切换后小区控制站的四个本地频率的步骤是必要技术特征，至少权利要求15或者权利要求17和18二者的附加技术特征相对应的技术特征应加到权利要求2中。

第二请求人认为，权利要求2及其从属权利要求3～8缺少：

a. 控制站包括f1～f4、f5～f8、C1～C4对应的发射机、发射天线或接收机、接收天线的技术特征；

b. 切换过程中，新控制站向原控制站发送通知、原控制站从寻呼机目录文件中删除移出寻呼机、未完成切换之前寻呼机仍然与原控制站f1～f4交互的技术特征；

c. 本地频率与公共频率规划功率范围不同，f1～f4与f5～f8、C1～C4频率规划与功率规划的技术特征；

d. 如何解决请求信号操作冲突的技术特征。

合议组认为：

权利要求2要求保护的是寻呼单元在切换到新的控制站建立通信的方法，由按一定时序执行的各个步骤组成该方法，具体地，在不同时间、不同方向上传输不同的信息从而完成双向寻呼通信，并且，对本领域技术人员来说，对频率资源的分配和配置，以及，对不同频率上发送功率的分配和配置、具体采用的抗干扰、信号冲突机制，都是可以根据实际需要进行的具体设置，是其所掌握的现有技术，上述A、B、a、c、d点所述技术特征并非权利要求2的必要技术特征。

权利要求2中，控制站“接收控制站切换请求信号，并相应地从控制站发送一个授权寻呼机再进行通信的授权消息”，寻呼单元“根据接收到的授权消息，发送一个包括该寻呼单元的寻呼机标识信息的寻呼单元标识消息”，继而控制站“向寻呼单元装入一组在寻呼单元和控制站之间再进行通信的本地频率”，上述特征也完整描述了控制站和寻呼单元的双向通信以及所传输的信息，上述C点所述技术特征并非权利要求2的必要技术特征。

对本领域技术人员来说，控制站之间进行通信刷新寻呼机信息，可以用来定位寻呼机，或核实寻呼机缴费等状态，与寻呼机切换和通信操作并无关联，控制站对寻呼机的验证是根据系统设定进行，例如，通过验证其是否缴费决定是否允许该寻呼机进行后续通信，验证判断与寻呼机跨区漫游的技术方案并无关联，而权利要求 2 所要求保护的方法由执行切换的步骤组成，也即，在验证成功的前提下的执行分支的各个步骤，上述 D、b 点所述技术特征并非权利要求 2 的必要技术特征。

权利要求 2 已包括上述 E 点所述特征“从控制站向寻呼单元装入一组在寻呼单元和控制站之间再进行通信的本地频率”。

综上，权利要求 2 不缺少必要技术特征。

(3)权利要求 9。

第一请求人认为：

A. 在小区之间切换时使用 4 个公共须率，并且一个中央控制站的小区内部使用 4 个本地须率，以及如何通过该 8 个频率在切换过程中进行通信是必要技术特征，至少权利要求 13 的附加技术特征，以及权利要求 3、6、7 和 8 的附加技术特征相对应的技术特征应该加入权利要求 9 中。

B. 控制站以足够小的发射功率在公共频率 C2 上广播系统 ID 以使得寻呼单元仅在控制站周围的有限邻域内能够进行接收是必要技术特征，至少权利要求 21 或 22 的附加技术特征相对应的技术特征应该加入到权利要求 9 中。

C. 说明书中寻呼单元在公共频率 C4 的一个随机时隙上发出请求接入请求(步骤 510)并且跟踪该时隙，继而根据公共频率 C2 上从控制站接收到(步骤 512)包括时隙识别命令码来确定(步骤 514)该在 C2 上接收的命令码的时隙与步骤 510 发送请求接入的时隙是否匹配，从而判断控制站是否允许该寻呼单元接入。这些特征是实现双向寻呼系统中的切换过程的必要技术特征，因此，至少权利要求 10、11、12 的附加技术特征应该加入权利要求 9 中。

D. 关于判断寻呼单元是否有效的技术特征是实现小区间切换的必要技术特征，至少权利要求 5 的附加技术特征相对应的技术特征应该加入权利要求 9 中。

E. 寻呼单元在第二公共频率上接收控制站发送的命令通知切换后小区控制站的四个本地频率的步骤是必要技术特征，至少与权利要求 15 或与权利要求 17 和 18 二者的附加技术特征相对应的技术特征应该加入权利要求 9 中。

类似于关于权利要求 1、2 和 9 的理由，权利要求 14、20 和 27 也缺少解决其技术问题的必要技术特征。

第二请求人认为，权利要求 9 及其从属权利要求 9～13 缺少：

a. 寻呼单元包括 f1～f4、f5～f8、C1～C4 对应的独立的发射机、发射天线或接收机、接收天线的技术特征；

b. 本地频率与公共频率规划功率范围不同，发射机、接收机功率范围不同以及匹配、相对约束关系，f1～f4 与 f5～f8、C1～C4 频率规划与功率规划的技术特征；

c. 如何解决请求信号操作冲突的技术特征。

基于类似的理由，权利要求 14、20 也缺少必要技术特征，其从属权利要求 15～19、21～26 也缺少必要技术特征。

基于上述无效理由所针对的事实部分与之前请求人提到的类似，合议组对此的观点已在上文相关部分进行阐明，在此不再重复。

综上，本专利独立权利要求 1、2、9、14、20、27 不缺少必要技术特征，从属权利要求 3～8、10～13、15～19、21～26 亦不缺少必要技术特征，符合《专利法实施细则》第 21 条第 2 款的规定，第一、第二请求人关于本专利权利要求 1～29 缺少必要技术特征的无效宣告请求理由均不成立。

7. 关于创造性

《专利法》第 22 条第 3 款规定：“创造性，是指同申请日以前已有的技术相比，该发明有突出的实质性特点和显著的进步，该实用新型有实质性特点和进步。”

（1）以对比文件3作为最接近的现有技术。

第一，权利要求1相对于对比文件3和公知常识的结合。

权利要求1要求保护一种运行一个包括一个中央控制站和一个寻呼单元的寻呼系统的方法。

对比文件3公开了一种基于预定轮询协议的无线数据通信网络，具体公开如下内容（参见其说明书第1～3、5、7、8部分，图1～3）：数据通信网络通过红外光信号信道由多个远端站点向中央站进行通信，每个周期都是由预订请求时段和轮询数据传输时段组成，在预订请求时段执行隐式轮询；在轮询数据传输时段执行显式轮询，显式轮询只针对那些请求了接入信道的远端站点。在第一阶段，中央站向所有处于激活状态的远端站点提供一个同步信号，以确定“预订请求时段”的起始时刻，并分配固定的时隙，以使得任意一个处于激活状态的远端站点需要发送数据消息时可以在所述时隙请求接入，并为这些远端站点的待发送数据消息预留部分信道（容量），当远端站点有数据要在信道上传输的时候，它就在被分配的时隙发送一个预订请求帧；在第二个阶段，即“轮询数据传输时段”，中央站仅轮询处于激活状态的、有数据消息需要发送且已经请求接入信道的远端站点，被轮询的远端站点将在他们之前预订的数据时隙上发送数据消息。如果需要的话，中央站还可以在每次成功接收远端站点发送的数据消息后，向所述远端站点返回一个确认信号。中央站还可以根据不同的需求的优先级，控制由外向内发送的数据消息（远端站点发送给中央站）和由内向外发送的数据消息（中央站发送给远端站点）的顺序。假设预订请求时段内的时隙TS1，TS2，TS3，……TS6被依次分配给相应的远端站点1～6，如果所有远端站点都没有优先的消息需要发送，那么每个远端站点将在适当的时隙发送它的预订请求帧RR，而且中央站将按照数字顺序轮询每个远端站点，即，轮询列表将显示为P1，P2……P6。然而，如果远端站点3有一个优先级别为一级的消息需要发送，远端站点6有一个优先级别为二级消息需要发送，那么这两个站将在它们的预订请求帧内通过使用控制字段内的优先级标记来指示这种情况。于是，中央站将重排轮询列表如下：P3，P6，P1，P2，P4，P5，远端站点将按照优先级顺序被轮询。可见，对比文件3中采用时分复用技术发送请求信号和传输数据，并采用中央站轮询的方式来进行网络通信。

权利要求1所要求保护的技术方案与对比文件3相比，存在如下区别：

①权利要求1的中央控制站在第一频率上向寻呼单元发送的是时钟对准信号，对比文件3的中央站向远端站点提供的是同步信号，该同步信号确定预定请求时段起始时刻并向处于激活的远端站点分配固定时隙；②权利要求1的中央控制站在第二频率向寻呼机单元发送寻呼机命令和字母数字数据，根据寻呼机命令，寻呼单元在第三频率上向中央控制站发送寻呼机状态数据和字母数字数据，而对比文件3的中央站则轮询处于激活状态的、有数据消息需要发送且已经请求接入信道的远端站点，远端站点在预定的时隙上发送数据消息；③权利要求1的寻呼单元在第四频率上向中央控制站发送一个寻呼机传输请求信号，寻呼机传输请求信号在一个以时钟对准信号为基准分配给该寻呼单元的预定时隙内发送，对比文件3远端站点有数据要传输时，在根据同步信号确定的预分配时隙上发送预定请求帧；④权利要求1还包括，上述四个频率互不相同；⑤权利要求1是双向寻呼系统，对比文件3中是红外数据传输网络。

根据上述区别特征确定权利要求1相对于对比文件3实际要解决的技术问题是：如何结合使用频分复用和时分复用技

术来对应发送不同的信号，从而完成双向寻呼通信。

对比文件 3 未给出有关于结合使用频分复用和时分复用技术来对应发送不同信号以及信息的技术启示。也未有证据表明上述区别特征属于公知常识。

对本领域技术人员来说，权利要求 1 所要求保护的技术方案并非显而易见，并且，获得了可以以有限频率资源完成双向寻呼通信的有益效果，权利要求 1 具备突出的实质性特点和显著的进步，具备创造性。

第二，权利要求 27 相对于对比文件 3 和公知常识的结合。

权利要求 27 要求保护一种运行一个双向寻呼系统的方法。

对比文件 3 公开内容如上文所述，其公开了一种基于预定轮询协议的无线数据通信网络，通过红外光信号信道由多个远端站点向中央站进行通信采用时分复用技术发送请求信号和传输数据，并采用中央站轮询的方式来进行网络通信。

权利要求 27 所要求保护的技术方案与对比文件 3 相比存在区别，权利要求 27 还包括：从中央站往一个寻呼单元发送一个请求使能信号；当寻呼机有一个寻呼消息要发送且收到了该请求使能信号，则从该寻呼机往中央站发送一个请求信号；响应来自寻呼机的请求信号，从中央站往寻呼机发送一个授权信号；接收到的授权信号后，将寻呼消息从寻呼机发送到中央站，其中上述信号可以通过由频率和时隙信道组成的通信信道传送。

根据上述区别特征确定权利要求 1 相对于对比文件 3 实际要解决的技术问题是：如何结合使用频分复用和时分复用技术来发送不同的信号，从而完成双向寻呼通信。

对比文件 3 中并未给出中央站和远端站点通过实时信号交互来建立通信，并结合使用频分复用和时分复用技术来发送不同的信号的技术启示。也未有证据表明上述区别特征属于公知常识。

对本领域技术人员来说，权利要求 27 所要求保护的技术方案并非显而易见，并且，获得了完成双向寻呼通信的有益效果，权利要求 27 具备突出的实质性特点和显著的进步，具备创造性。

在权利要求 27 具备创造性的前提下，其从属权利要求 28、29 也具备创造性。

(2)以证据 1 为最接近的现有技术。

第一，以证据 1 为最接近的现有技术：权利要求 1 相对于证据 1 和本领域惯用手段的结合，证据 1、2 和本领域惯用手段的结合，证据 1、3 的结合，证据 1、4 的结合不具备创造性。

权利要求 1 要求保护一种运行一个包括一个中央控制站和一个寻呼单元的寻呼系统的方法。

A. 证据 1 公开一种用于在分配频率上发起通信的方法和装置，具体公开如下内容(参见其说明书第 3 页第 9 行至第 7 页第 25 行，说明书附图 3、5、6)：呼叫发起频率上，频率 301 的典型部分被划分成($F1_1$～$F1_N$)的 25kHz 子频率，第一频率 301 被预留用于出站业务(例如基站到便携收发机)的多个子频率($F1_1$～$F1_N$)；区段 302 包含第二频率 302，该第二频率包含单一的 25kHz 子频率，进一步被划分为间隔开 2.0kHz 的多个子信道(子频率)，被预留用于入站业务(例如从便携收发机到基站)，多个子信道中的一个作为呼叫发起子信道 304，呼叫发起子信道划分成多个时隙(T0～TK)，时隙通常包含 5～10 毫秒比特时间；第一频率 301 和第二频率 302 基本不相交。便携收发机通过在呼叫发起子频率 304 的时隙(T0～TK)中的一个内发送呼叫发起信号来发起与基站的通信，将该时隙号标识为其地址以便获取子频率分配；便携收发机系统的基站通过包括在检测装置中的监控装置来监控呼叫发起子频率 304(第二频率)，以确定多个便携收发机中之一在何时发送了呼叫发起信号；信道分配器测量多个子频率，以便选择或分配多个剩余的子频率（$F1_1$～$F1_N$）中可用的一个子频率来分配给便携收发机，通过使用从中接收到呼叫发起的时隙号作为临时地址来将这个子频率分配发送至请求方便携收发机；控制器和定时发生器确定要向便携收发机发送的控制和同步信息，以使便携收发机能够接入分配的子频率，通信发射机将所述控制和同步信息发送至多个便携收发机；发送了呼叫发起信号的便携收发机将会通过解码时隙号来访问该信息，以这种方式，基站通过使用时隙号作为便携收发机的地址而向发送了呼叫发起信号的便携收发机进行通信。一旦便携收发机标识出时隙号，其就会同步到分配的子频率（$F1_1$～$F1_N$）并在基站与便携收发机间建立起通信。

权利要求 1 所要求保护的技术方案与证据 1 相比存在区别：①权利要求 1 中从中央控制站向寻呼单元在第一频率上发送的是时钟对准信号；证据 1 中基站向便携收发机发送的是控制和同步信息。②权利要求 1 中从中央控制站向寻呼机单元在第二频率上发送的是寻呼机命令和字母数字数据；证据 1 中基站如果检测到有效的呼叫发起，选择或分配多个剩余的子频率（$F1_1$～$F1_N$）中可用的一个子频率来分配给便携收发机，通过使用从中接收到呼叫发起的时隙号作为临时地址来将这个子频率分配发送至请求方便携收发机。③权利要求 1 中根据寻呼机命令，从寻呼单元向中央控制站在第三频率上发送的是寻呼机状态数据和字母数字数据；证据 1 中便携收发机检测到的时隙信息时接入分配的子频率开始与基站的通信。④权利要求 1 中在第四频率上从寻呼单元向中央控制站在预定时隙中发送寻呼机传输请求信号，该时隙是以时钟对准信号为基准分配的；证据 1 中便携收发机在呼叫发起子频率 304 的时隙中的一个内向基站发送呼叫发起信号，该时隙的大小是预先确定的。⑤权利要求 1 中第一频率、第二频率、第三频率和第四频率是互不相同的；证据 3 中发起子频率 304 与（$F1_1$～$F1_N$）中可分配给便携收发机的子频率基本不相交。

由上述区别特征确定权利要求 1 相对于证据 1 实际要解决的技术问题是：如何使用不同的频率并结合时分复用来对应发送不同的信号，从而完成双向寻呼通信。

上述区别特征中，对本领域技术人员来说，采用时钟对准信号进行系统同步和控制是惯用手段，在采用时钟对准信号完成同步等时，基于该时钟为基准来分配时隙等与时钟相关的参数，也是惯用手段。

但是，证据 1 仅公开了使用两个频带完成通信：呼叫发起子频率 304 以及第一频率 301（$F1_1$～$F1_N$），呼叫发起子频率中多个时隙中的一个时隙与请求方便携收发机相对应，请求方便携收发机在该时隙上发出请求，第一频率 301（$F1_1$～$F1_N$）中的一个子频率完成便携收发机和基站的通信，时隙号作为请求方便携收发机临时地址，从而减少错误率。证据 1 并未公开在不同频率上对应进行不同方向命令以及数据传输的内容，也未给出相关启示。

B. 证据 2 公开一种多个基站之间的无线介质协调，具体公开如下内容（参见其说明书第 1 页第 3～4 行、第 4 页第 22 行至第 5 页第 9 行、第 7 页第 16～26 行、第 8 页第 4～7 行、第 11 页第 5 行至第 14 页第 20 行，说明书附图 1、4、5）：涉及数据通信系统，并且特别涉及用于协调与一个或多个移动工作站或移动单元通信的多个固定基站的操作，实施例是通过两个离散的光信道和时分多址（TDMA）技术来实现移动单元与基站之间的通信；基站之间准确时钟同步；提供相对低带宽的漫射发送命令信道 CC 和相对高带宽的数据信道 DC，上行链路命令信道 CC_U 具有与下行命令信道 CC_D 偏移开足以防止上行链路与下行链路命令消息之间冲突的量的载波频率或波长，上行链路数据信道 DC_U 具有与下行数据信道 DC_D 偏移开足以防止上行链路与下行链路数据消息之间冲突的量的载波频率或波长；每个方向上的发送采用时隙 TDMA 方法，向给定的移动单元分配一个或多个特定时隙以在所述特定时隙内发送或接收信息，每个移动单元都被分配通常对应于网络地址的标识符或地址，移动单元的地址可以是硬连线的，或者是以其他方式预先分配的，优选地，当在网络与移动单元之间建立通信时动态地分配地址；步骤 A，基站定期在它们之间发送或循环数据结构表格；步骤 B，当给定的一个基站接收到循环表格时，该基站确定其是否具有任何排队的通信业务，亦即，是否有要向移动单元发送的任何未决下行链路数据，对循环表格的字段进行相应修改，其中，如果基站具有未决通信业务且基站要求一个或多个附加时隙但没有时隙可用，则基站通过在请求字段中设置指示其要求时隙的旗标来修改表格，基站继而将经修改的表格转发至另一基站；步骤 C，如果基站之一接收到具有请求旗标的表格且如果接收基站目前被分配有不止一个时隙并且也具有排队的通信业务则接收基站通过从其关联字段中删除一个分配的时隙号而释放一个其所被分配的时隙，如果接收基站不具有未决通信业务则删除其所被分配的所有时隙从而释放出一个或多个时隙供要求时隙的基站来使用，继而将经修改的表格转发至另一基站。

尽管证据 2 公开了采用占用不同频带的上、下行命令以及数据链路分别传输不同方向的命令和数据的内容，但仅涉及基站之间进行通信和数据交换，并没有涉及基站与移动站/移动单元如何使用不同的链路进行通信的内容，也没有给出相关的技术启示。

C. 证据 3 公开一种用于多个终端单元的轮询系统，具体公开如下内容（参见其说明书第 1 页第 3～4 行、第 1 页第 28 行至第 2 页第 5 行、第 3 页第 14～16 行、第 6 页第 6 行，说明书附图 4，说明书摘要）：涉及基站与多个远程终端单元之间的半双工双向通信领域，通过让基站传输由每个终端用作同步信号的参考信号而提供高信道效率。每个具有要向基站发送的数据的单元在时隙队列中的分配时隙期间以诸如静默载波传输突发等非常短暂的信号来作出响应。在随后的轮询循环中，仅对那些如此作出响应的单元进行轮询。在传输时隙期间，基站可向那些已在前一轮询循环期间发送了消息的终端单元发送确认。当进行针对数据或确认的轮询或者发送确认时，基站还可监听相应的响应。终端单元的地址码得到进一步编码以在两个方向上携带其他所需信息。该系统还包括基站准双工操作能力，其中基站可在其操作的一些部分中同时进行接收和传输。虽然基站可能能够同时传输和接收，但终端单元却不能，而通常是用一键通开关来切换。

证据 3 公开的是进行半双工通信，由基站对终端进行轮询通信的内容，没有公开基站和终端之间进行双工操作的内容，也没有公开采用在不同频率上对应进行不同方向命令以及数据传输的内容，也未给出相关启示。

D. 证据 4 公开一种具有频率控制装置的确认返回寻呼机，具体公开如下内容（参见其说明书第 2 页第 1～21 行、说明书第 5 页第 22 行至第 8 页第 22 行、第 9 页第 8 行至第 11 页第 22 行，说明书附图 2～4）：一组被寻址的返回确认寻呼机能够在多个相应预定子带频率上同时传输确认返回信号，返回确认寻呼机能够以非常高的准确性在上述子带频率中的任何一个上可选择地传输确认返回信号。确认返回寻呼机处理来自中央寻呼站的以寻呼信道频率 F_{RX} 传输的寻呼信号生成针对返回确认信号的载波信号。中央站将寻呼地址分组为多个组 M，M 是特定组中寻呼地址的数目。也就是说，随着消息调入中央站中，寻呼消息和对应的地址信息被保持或存储在RAM中直到M个消息被提供给中央站为止。一旦中央站接收到了M个寻呼消息，微计算机在时间间隔T1（前序）之后的时间间隔T2期间将M个寻呼机地址作为一组按顺序传输，M个寻呼机中的第一寻呼机AB—1的地址被指定为地址1，在组中被首先传输，第二寻呼机AB—2的地址被指定为地址2并且紧随地址1之后传输，类推至AB—M。T2后的时间间隔T3期间传输参考载波F_{RX}，此后，中央站在T4中顺序传输与地址组的寻呼地址相对应的M个寻呼消息并在末尾发送EOM结束信号。T4后，中央站接收器开启，以便在T5内从M个寻呼机接收返回确认信号，每一个返回确认信号都在公共频率信道内的不同的相应频率子带上，接收器230因而能够对每个子带频率上的消息信号进行区分和解码。在传输地址块中的寻呼地址的次序与传输消息块中的寻呼消息的次序之间存在预定关系，以便允许确认返回寻呼机AB—1、AB—2、……AB—M将消息匹配到相应寻呼地址。对于寻呼机来说，其接收前序时被从节电模式唤醒接收向其传输的信息并解码，之后接收和解码地址，将地址中相关的地址解码出来，此后接收参考载波F_{RX}，确定消息中对应其的特定消息并对其显示，等待用户响应后，在对应信道（子频率）上向中央站回传确认返回信号，此后寻呼机再次进入节电模式。回传确认返回信号也可以自动完成。

可见，证据4中仅公开了按照时序顺序动作传输各消息的中央站和寻呼机，其中的寻呼机是被动方，收到前序信号才能开启接收信号并在固定的时间周期返回预定的确认信号，并不能主动发出传输请求，因此并未公开基站和终端之间进行双工操作的内容，也没有公开采用在不同频率上对应进行不同方向命令以及数据传输的内容，也未给出相关启示。

E. 亦无证据表明上述区别特征属于公知常识。

综上，权利要求1所要求保护的技术方案，相对于证据1和本领域惯用手段的结合，证据1、2和本领域惯用手段的结合，证据1、3的结合，证据1、4的结合并非显而易见，且具有利用有限频带完成双向寻呼的有益效果，具备突出的实质性特点和显著的进步，因此，权利要求1具备创造性。

第二，权利要求27相对于证据1和本领域惯用手段。

证据1公开内容如上文所述，公开了一种用于在分配频率上发起通信的方法和装置，请求方便携收发机在呼叫发起子频率中多个时隙中的一个时隙上发出请求，基站监控呼叫发起子频率确定多个便携收发机中之一在何时发送了呼叫发起信号、是否有效的呼叫发起信号，在第一频率301（$F1_1$～$F1_N$）中选择一个子频率，使用接收到呼叫发起的时隙号作为临时地址来将这个子频率分配发送至请求方便携收发机，使其在该子频率上完成与基站的通信，时隙号作为请求方便携收发机临时地址，从而减少错误率。可见，证据1公开了权利要求27中寻呼机向中央站发送请求信号，中央站向寻呼机发送授权信号的内容。

权利要求27所要求保护的技术方案与证据1相比存在区别，权利要求27还包括：从中央站往一个寻呼单元发送一个请求使能信号，当寻呼机有一个寻呼消息要发送且收到了该请求使能信号，则从该寻呼机往中央站发送一个请求信号。根据说明书，在频率C2上发来的带有本地频率装入命令码的消息和带有时隙分配命令码的消息起到了请求使能信号的作用。

证据1仅公开了请求—分配子频率—通信的内容，未涉及有关于中央站向寻呼机发送请求使能信号、收到请求使能信号才能从寻呼机向中央站发送请求信号的内容，也未给出相关启示。

亦无证据表明上述区别特征是公知常识。

因此，权利要求 27 所要求保护的技术方案相对于证据 1 与公知常识的结合并非显而易见，且具有利用有限频带完成双向寻呼切换的有益效果，具备突出的实质性特点和显著的进步，因此，权利要求 27 具备创造性。

第三，权利要求 28 相对于证据 1 和本领域惯用手段的结合，证据 1、3 和本领域惯用手段的结合，证据 1、证据 4 和本领域惯用手段的结合；权利要求 29 相对于证据 1 和本领域惯用手段的结合，证据 1、3 和本领域惯用手段的结合。

权利要求 28、29 是权利要求 27 的从属权利要求，对其进一步限定。证据 3、证据 4 公开内容如上文中所述。也没有公开权利要求 27 与证据 1 的上述区别特征，也没有给出相关启示，亦无证据表明上述区别特征是公知常识。在其引用的权利要求 27 具备创造性的前提下，权利要求 28、29 也具备创造性。

(3)以证据 3 为最接近的现有技术。

第一，权利要求 27 相对于证据 3 和本领域惯用手段的结合。

证据 3 公开内容如上文所述，公开了一种用于多个终端单元的轮询系统，基站与多个远程终端单元之间进行半双工双向通信，每个具有要向基站发送的数据的单元在时隙队列中的分配时隙期间以诸如静默载波传输突发等非常短暂的信号来作出响应，在随后的轮询循环中，仅对那些如此作出响应的单元进行轮询，在传输时隙期间，基站可向那些已在前一轮询循环期间发送了消息的终端单元发送确认，当进行针对数据或确认的轮询或者发送确认时，基站还可监听相应的响应。

权利要求 27 所要求保护的技术方案与证据 3 相比存在区别，权利要求 27 还包括：从中央站往一个寻呼单元发送一个请求使能信号；当寻呼机有一个寻呼消息要发送且收到了该请求使能信号，则从该寻呼机往中央站发送一个请求信号；响应来自寻呼机的请求信号，从中央站往寻呼机发送一个授权信号；接收到的授权信号后，将寻呼消息从寻呼机发送到中央站。

可见证据 3 并未给出中央站与寻呼单元通过实时交互进行双工通信相关的启示，亦无证据表明上述区别特征是公知常识。

因此，权利要求 27 所要求保护的技术方案相对于证据 3 与公知常识的结合并非显而易见，且具有利用有限频带完成双向寻呼切换的有益效果，具备突出的实质性特点和显著的进步，因此，权利要求 27 具备创造性。相应的，从属权利要求 28、29 相对于证据 3 与公知常识的结合并非显而易见，具备创造性。

第二，权利要求 29 相对于证据 3、证据 1 和本领域惯用手段的结合。

权利要求 29 是权利要求 27 的从属权利要求，对其进一步限定。证据 1 公开内容如上文所述，证据 1 没有公开区别特征“从中央站往一个寻呼单元发送一个请求使能信号，当寻呼机有一个寻呼消息要发送且收到了该请求使能信号，则从该寻呼机往中央站发送一个请求信号”，也没有给出相关启示，亦无证据表明上述区别特征是公知常识。在其引用的权利要求 27 具备创造性的前提下，权利要求 29 也具备创造性。

综上，权利要求 1、27～29 具备创造性，符合《专利法》第 22 条第 3 款的规定，第二、第三请求人关于本专利权利要求 1、27～29 不具备创造性的无效宣告请求理由均不成立。

基于上述理由和事实，合议组作出如下决定。

三、决定

宣告第 95190550.3 号发明专利权部分无效，在授权公告文本的权利要求 1～29

的基础上继续维持该专利有效。

当事人对本决定不服的，可以根据《专利法》第46条第2款的规定，自收到本决定之日起三个月内向北京市第一中级人民法院起诉。根据该款的规定，一方当事人起诉后，另一方当事人作为第三人参加诉讼。

【案件评析】

涉案专利主要涉及双向寻呼方法及系统，属于通信领域的基础专利，多家国际通信企业巨头多次对其提起无效宣告请求，且所涉及的侵权诉讼标的额高达数亿元，在通信领域具有重大影响。在本案审理过程中，专利复审委员会依据相关规定，根据说明书记载的技术内容，对权利要求书中的关键技术术语“请求使能信号”的含义进行解释，合理界定了权利要求的保护范围。本案对于相关领域类似案件的审查具有一定的指导作用。

案例5 “粉末状澄清剂及将其混入半透明聚烯烃树脂中的方法”发明专利权无效宣告请求案

案件编号：4W102157、4W102130、4W102307、4W102646

专利权人：美利肯公司

无效宣告请求人：广州呈和科技有限公司、淄博润源化工有限公司、国内个人

专利号：ZL93105006.5

发明名称：粉末状澄清剂及将其混入半透明聚烯烃树脂中的方法

审查决定号：23770

审查结论：维持有效

合议组成员：李亚林（组长），孙丽芳（主审员），孙卓奇（参审员）

【基本案情】

专利号为ZL93105006.5、名称为“粉末状澄清剂及将其混入半透明聚烯烃树脂中的方法”的专利在中国授权后，先后经历了8次无效宣告请求。专利复审委员会经审理后作出第23770号无效决定，维持涉案专利权有效。

【审查决定】

一、案由

本无效宣告请求涉及国家知识产权局于1999年7月14日授权公告的第93105006.5号发明专利，其名称为粉末状澄清剂及将其混入半透明聚烯烃树脂中的方法，优先权日为1992年5月1日，申请日为1993年4月30日，专利权人为美利肯公司（由米利肯研究公司变更而来）。

本专利授权公告时的权利要求书如下：

“1. 一种将澄清剂混入半透明聚烯烃树脂中的方法，该方法包括以下步骤：

将100重量份的所述的聚烯烃树脂与0.01～100重量份的选自下式化合物的澄清剂混合：

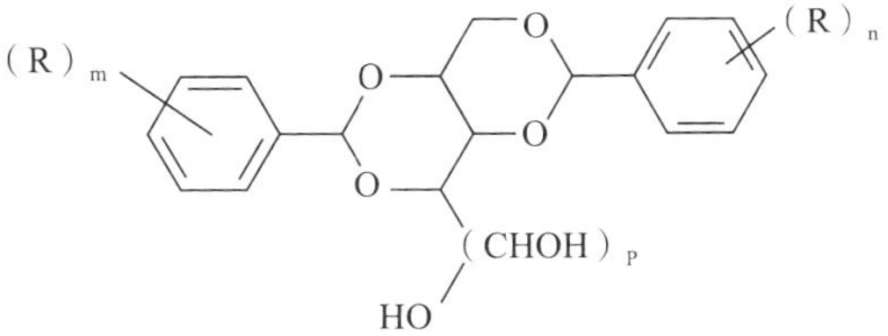

其中：P为0或1，m和n分别为0～3，R存在时，每一R分别选自C_{1-8}烷基、C_{1-4}烷氧基、羟基、卤素、C_{1-6}烷硫基、C_{1-6}烷基次硫酸基以及一能与不饱和母环上相邻碳原子形成碳环的4元或5元烷基，其中所述的澄清剂为d_{97}等于或小于30μm，平均粒径等于或小于15μm的粉末；

加热所述的混合物到至少170℃至低于所述的澄清剂的熔点的温度；并且

在所述树脂处于熔融状态时混合所述的混合物，直到所述的澄清剂溶于所述树脂中。

2. 根据权利要求1的方法，其中p为1，m和n分别为1，2，或3。

3. 根据权利要求 1 的方法，其中所述的混合物包括，以每 100 重量份的聚烯烃树脂计，0.1～3 重量份的澄清剂。

4. 根据权利要求 1 的方法，其中所述的澄清剂的 d_{97} 等于或小于 20μm，平均粒径等于或小于 10μm。

5. 根据权利要求 4 的方法，其中所述的澄清剂的 d_{97} 等于或小于 10μm，平均粒径等于或小于 6μm。

6. 根据权利要求 1 的方法，其中 p 为 1，R 分别选自 C_{1-4} 烷基、氯、溴以及一能与不饱和母环上相邻碳原子形成碳环的 4 元烷基。

7. 根据权利要求 1 的方法，其中所述的混合物被加热到至少 180℃。

8. 根据权利要求 1 的方法，其中所述的澄清剂的熔点为 250℃或更高。

9. 根据权利要求 1 的方法，其中所述的澄清剂为双（3，4－二甲基亚苄基）山梨醇。

10. 根据权利要求 1 的方法，其中所述的澄清剂为双（5′，6′，7′，8′－四氢－2－亚萘基）山梨醇。

11. 根据权利要求 1 的方法，其中所述的聚烯烃树脂选自聚丙烯树脂和乙烯/丙烯共聚物树脂。

12. 根据权利要求 1 的方法，其中所述的混合物被加热到 180～230℃。

13. 一种包括下式化合物的粉末状澄清剂：

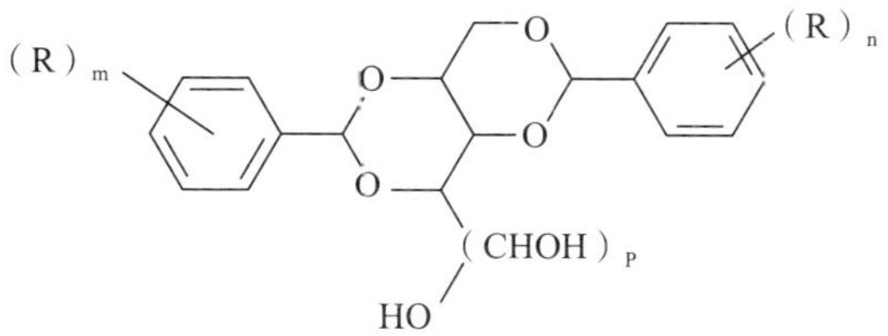

其中：p 为 0 或 1，m 和 n 分别为 0～3，R 存在时，每一 R 分别选自 C_{1-8} 烷基、C_{1-4} 烷氧基、羟基、卤素、C_{1-6} 烷硫基、C_{1-6} 烷基次硫酸基和一能与不饱和母环上相邻碳原子形成碳环的 4 元或 5 元烷基；其中所述的粉末状澄清剂的 d_{97} 等于或小于 30μm，平均粒径等于或小于 15μm。

14. 根据权利要求 13 的粉末状澄清剂，其中所述的澄清剂的 d_{97} 等于或小于 20μm，平均粒径等于或小于 10μm。

15. 根据权利要求 14 的粉末状澄清剂，其中所述的澄清剂的 d_{97} 等于或小于 10μm，平均粒径等于或小于 6μm。

16. 根据权利要求 13 的粉末状澄清剂，其中所述的澄清剂的熔点等于或大于 250℃。

17. 根据权利要求 13 的粉末状澄清剂，其中 p＝1。

18. 根据权利要求 13 的粉末状澄清剂，其中 R 选自 C_{1-4} 烷基、氯、溴和一能与不饱和母环上相邻碳原子形成碳环的 4 元烷基。

19. 根据权利要求 13 的粉末状澄清剂，其中所述的澄清剂为双（3，4－二甲基亚苄基）山梨醇。

20. 根据权利要求 13 的粉末状澄清剂，其中所述的澄清剂为双（5′，6′，7′，8′－四氢－2－亚萘基）山梨醇。”

2003 年 8 月 8 日国家知识产权局专利局作出撤销专利权请求的审查决定书，部分撤销专利权的专利文本，维持有效的文本相对于授权公告文本的区别在于，在授权公告文本的独立权利要求 1 和 13 基础上，进一步限定“并且 m 和 n 不同时为 0”，其他权利要求内容不变。修改后的独立权利要求 1 和 13 内容如下：

“1. 一种将澄清剂混入半透明聚烯烃树脂中的方法，该方法包括以下步骤：

将 100 重量份的所述的聚烯烃树脂与 0.01～100 重量份的选自下式化合物的澄清剂混合：

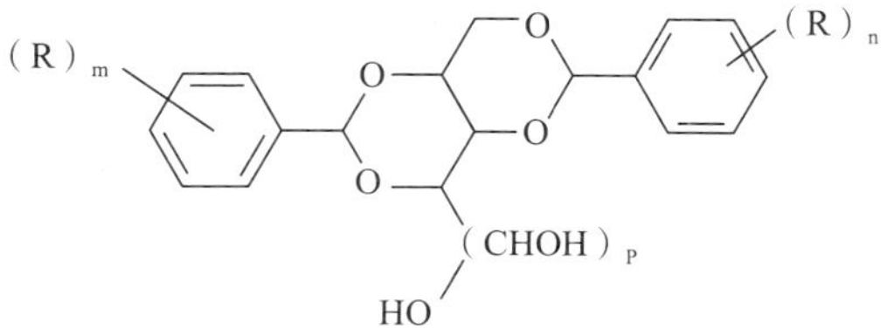

其中：P 为 0 或 1，m 和 n 分别为 0～

3，并且 m 和 n 不同时为 0，R 存在时，每一 R 分别选自 C_{1-8}烷基、C_{1-4}烷氧基、羟基、卤素、C_{1-6}烷硫基、C_{1-6}烷基次硫酸基以及一能与不饱和母环上相邻碳原子形成碳环的 4 元或 5 元烷基，其中所述的澄清剂为 d_{97}等于或小于 30μm，平均粒径等于或小于 15μm 的粉末；

加热所述的混合物到至少 170℃至低于所述的澄清剂的熔点的温度；并且

在所述树脂处于熔融状态时混合所述的混合物，直到所述的澄清剂溶于所述树脂中。

13. 一种包括下式化合物的粉末状澄清剂：

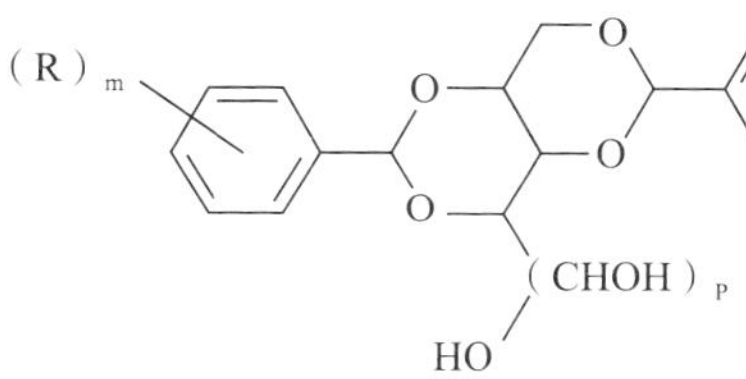

其中：p 为 0 或 1，m 和 n 分别为 0～3，并且 m 和 n 不同时为 0，R 存在时，每一 R 分别选自 C_{1-8}烷基、C_{1-4}烷氧基、羟基、卤素、C_{1-6}烷硫基、C_{1-6}烷基次硫酸基和一能与不饱和母环上相邻碳原子形成碳环的 4 元或 5 元烷基；其中所述的粉末状澄清剂的 d_{97}等于或小于 30μm，平均粒径等于或小于 15μm。"

请求人广州呈和科技有限公司（下称请求人 1）于 2013 年 4 月 26 日向专利复审委员会提出了无效宣告请求（委内编号 4W102157），其理由是权利要求 13～20 技术方案不清楚，不符合《专利法》第 26 条第 4 款的规定；权利要求 13～20 不具备《专利法》第 22 条第 3 款规定的创造性，请求宣告本专利权利要求 13～20 无效，同时提交了如下证据及附件：

证据 1：美国专利文献 US4371645，公开日 1983 年 2 月 1 日，复印件 6 页；以及部分中文译文，共 1 页；

证据 2：美国专利文献 US5049605，公开日 1991 年 9 月 17 日，复印件 7 页；以及部分中文译文，共 1 页；

证据 3：《塑料添加剂手册》，[德]R. 盖希特等编，陈振兴等译，中国石化出版社，1992 年 3 月出版，封面、信息页、第 608 和 614 页，复印件 4 页；

附件 1：美利肯公司向广州中院起诉广州呈和科技有限公司的起诉状复印件 2 页；

附件 2：广东省广州市中级人民法院传票复印件 1 页。

请求人 1 认为：(1) 权利要求 13～20 相对于证据 1 和 3 的结合或证据 2 和 3 的结合不具备创造性，不符合《专利法》第 22 条第 3 款的规定。

①针对权利要求 13。

证据 1（参见第 1 栏 47 行至第 2 栏第 3 行及对应的中文译文）公开了一种澄清剂。当权利要求 13 中 m=2、n=2、p=1、R 取甲基时，与证据 1 中化学结构式 R 取 H 时完全相同。二者的区别在于，权利要求 13 进一步限定了所述粉末澄清剂的 d_{97}等于或小于 30μm，平均粒径等于或小于 15μm。权利要求 13 实际解决的技术问题是获得小粒径的粉末状澄清剂。

证据 3 的第 608 页④明确记载了"成核剂应尽可能细小（1～10 微米）并均匀地分散在聚合物熔体中"；证据 3 第 614 页最后一段也明确记载了"有机成核剂最好在球磨机中粉碎至 5 微米以下"。本领域技术人员在证据 3 的教导下将粉末尺寸细化至 1～10 微米或 5 微米以下时，其对应的 d_{97}也自然等于或小于 30μm，平均粒径等于或小于 15μm。因此，权利要求 13 相对于证据 1 和 3 的结合不具备创造性。

证据 2（参见权利要求 1）公开了一种成核剂—双（3，4—二甲基亚苄基）山梨醇。当权利要求 13 中 m=2、n=2、p=1、R 取甲基时，与证据 2 实施 1 公开的化学结构式完全相同。二者的区别在于，权利要求 13 进一步限定了所述粉末澄清剂的 d_{97}等于或小于 30μm，平均粒径等于或小于 15μm。结合证据 3 第 602 页④以及第 614 页最后一段的记载，本领域技术人员有动机细化粉末至 1～10μm，或 5μm 以下时，其对应的 d_{97} 也自然等于或小于 30μm，平均粒径等于或小于 15μm。因此，权利要求 13 相对于证据 2 和 3 的结合不具备创造性。

②针对权利要求 14～15。

权利要求 14～15 分别对 d_{97} 和平均粒径进一步限定，基于评述权利要求 13 相同的理由，权利要求 14～15 也不具备创造性。

③针对权利要求 16。

权利要求 16 对澄清剂的熔点进一步限定，当澄清剂化学结构式选定后，其熔点为自身属性。证据 1 或 2 均公开了与权利要求 13 结构相同的澄清剂，因此，在权利要求 13 相对于证据 1 和 3 的结合或证据 2 和 3 的结合不具备创造性的基础上，权利要求 16 也不具备创造性。

④针对权利要求 17～20。

权利要求 17～20 对权利要求 13 的结构进行不同的限定。而上述限定均已被证据 1 说明书第 1 栏 47 行至第 2 栏第 3 行所公开，或者在证据 2 中公开。因此，在权利要求 13 相对于证据 1 和 3 结合或证据 2 和 3 结合不具备创造性的基础上，权利要求 17～20 也不具备创造性。

(2)权利要求 13～20 不符合《专利法》第 26 条第 4 款的规定。

关于 d_{97} 的检测方法，本专利仅在说明书第 10 页最后一段至第 11 页第一段简单描述了采用激光散射技术测定。但事实上，d_{97} 的检测结果与检测方法密切相关，影响因素包括：①是否采用超声振动；②超声振动时采用的功率和时间；③采用何种表面活性剂。就权利要求 13 的产品是否采用超声振动，其检测结果相差约 50%甚至更大。权利要求 13 中限定的 d_{97} 必然是和特定的检测方法、检测参数相联系的，由于权利要求 13 没有进行具体地限定，因而导致技术方案不清楚，不符合《专利法》第 26 条第 4 款的规定。

2013 年 5 月 24 日，请求人 1 进一步补充无效理由，并提交了证据 1 和 2 的补充译文，各一页。

请求人 1 进一步认为：(3)本专利说明书不符合《专利法》第 26 条第 3 款的规定。

本专利说明书对权利要求 13～20 要求保护的组合物没有记载组分的可选择范围以及各组分的含量范围，实施例 2 和 4 尽管使用了商品的二亚苄基山梨醇，但是并没有列出该化合物的含量及该化合物外的其他组分和含量。由此导致要求保护的技术方案没有在说明书中整体说明，不符合《专利法》第 26 条第 3 款的规定。

(4)权利要求 13～20 没有以说明书为依据，不符合《专利法》第 26 条第 4 款的规定。

①权利要求 13～20 要求保护的澄清剂没有限定其中化合物的含量范围、其他组分及含量范围，也没有指出组分及含量范围的选择是常规的，或证明澄清剂中化合物可在任意含量范围下实现其功能，解决其技术问题。

②当权利要求 13～20 要求保护的澄清剂化合物中化合物的含量是 100%，则权利要求 13～20 等同于保护化合物，也得不到说明书的支持。

③说明书未给出相应的实施例证明 p、m、n 和 R 不同组合情形下的化学物质都能够制备得到，尤其是，当 n=3、m=0、R 基团取 C8 烷基时，因为芳香环上长链取代基(C8 烷基)产生的巨大空间位阻，按照现有工艺，不可能获得这样的化合物，例如，当 n=3、m=3、p=1 和 R 为 C8 的化合物也无法得到。据此，权利要求 13～17 的技术方案未得到说明书的实质支持。

(5)权利要求 13～20 相对于证据 1 或证据 2 不具备新颖性，不符合《专利法》第 22 条第 2 款的规定。

①无论权利要求 13 要求保护的澄清

剂中化合物的含量为何种范围，对应其从属权利要求19～20而言，其要求保护的技术方案实质都是化合物。证据2的实施例1和权利要求3均公开了本专利权利要求19～20所述的化合物，因此，权利要求19～20不具备新颖性。

②如果权利要求13～20中化合物的含量是100%，则权利要求13～20等同直接保护化合物。因为权利要求13已经有了对化合物确认的结构式，则 d_{97} 和平均粒径是对化合物物理状态的描述，对化合物的保护范围没有任何限定作用。证据1的实施例1公开了权利要求13中p为1、m为1、n为1和R为卤素的化合物；证据2的实施例1公开了权利要求13中p为1、m为1、n为1和R为C1－8烷基的化合物；证据2说明书第7栏表1公开了权利要求13中p为1，m为0、1和2，n为0、1和2，R为C1－8烷基以及一能与不饱和母环上相邻碳原子形成碳环4元或5元烷基结构的化合物。此时，权利要求13、17～18相对于证据1或2不具备新颖性。

③权利要求14～15分别对权利要求13中 d_{97} 和平均分子量进一步限定，权利要求16对权利要求1的粉末状澄清剂的熔点进一步限定。当权利要求13要求保护化合物时，这些从属权利要求的特征对保护范围没有影响，在权利要求13不具备新颖性的基础上，权利要求14～16同样不具备新颖性。

(6)权利要求13～18相对于证据1和3的结合不具备创造性，不符合《专利法》第22条第3款的规定。

在权利要求13中，当澄清剂包含当n＝1、m＝1、p＝1和R为氯的化合物时，该澄清剂已经在证据1的实施例1中公开。二者的区别在于，权利要求13进一步限定了所述粉末澄清剂的 d_{97} 等于或小于30μm，平均粒径等于或小于15μm。如上(1)所述，本领域技术人员在证据3的教导下将粉末尺寸细化至1～10微米或5微米以下时，其对应的 d_{97} 也自然等于或小于30μm，平均粒径等于或小于15μm。因此，权利要求13相对于证据1和3的结合不具备创造性。

经形式审查合格，专利复审委员会于2013年4月26日受理了上述无效宣告请求并将无效宣告请求书及证据副本转给了专利权人，同时成立合议组对本案进行审查。

针对上述无效请求，专利权人于2013年6月13日提交了意见陈述书和如下反证1～20，并于2013年8月6日针对请求人1补充的无效理由再次提交了意见陈述书和如下反证21～30：

反证1：本专利授权公告文本，复印件27页；

反证2：国家知识产权局于2003年8月8日发出的撤销专利权请求的审查决定书，复印件13页；

反证3：2004年7月28日出版的《发明专利公报》封面、目录页以及第590页，复印件3页；

反证4：美国专利文献US4954291，公开日1990年9月4日，复印件7页，以及部分中文译文2页；

反证5："Physical gelation: a path towards "ideal" dispersion of additives in polymer", A Thierry等，《Polymer Communications》(《聚合物通讯》)，1990年8月第31期，第299～301页，复印件3页，以及部分中文译文1页；

反证6：证据1的说明书摘要、权利要求书以及说明书的中文译文10页；

反证7：《塑料添加剂手册》，[德]R. 盖希特等编，陈振兴等译，中国石化出版社，1992年3月出版，封面、信息页、序、目录、第606～617页，复印件16页；

反证8－a：(2013)粤广广州第109962号公证书，公证内容为相关网站上搜索32647－67－9的并进一步浏览的结果，复印件14页，以及公证书相关部分的中文译文1页；

反证8－b：(2013)粤广广州第109963号公证书，公证内容为在google网站上搜索Millad3950并进一步浏览的结果，复印件13页，以及公证书相关部分的中文译文8页；

反证8－c：(2013)粤广广州第109964号公证书，公证内容为相关网站上搜索Dibenzylidene sorbitol显示结果，复印件7页，以及公证书相关部分的中文译文2页；

反证9：《Kolloid－Zeitschrift & Zeitschrift für Polymere》(《胶体与聚合物科学》)，1970年第240卷，封面、第762～765页，复印件5页，及其中文译文5页；

反证10：本专利同族欧洲专利EP0569198B，公开日1993年12月16日，复印件18页；

反证11：2004年6月11日，欧专利对EP0569198B的异议审查决定，复印件19页，及其部分中文译文5页；

反证12：日本专利JP昭63－120788，公开日1988年5月25日，复印件4页，及其中文译文4页；

反证13："用于聚丙烯的新一代透明剂"，孙书静编译，《杭州化工》2002第32卷第2期第32页，复印件1页；

反证14："聚丙烯透明剂进展"，陈红等，《现代塑料加工应用》2004年第16卷第4期，复印件4页；

反证15：证据2 US5049605A的说明书摘要、权利要求书以及说明书的中文译文16页；

反证16：(2013)粤广广州第109956号公证书，公证内容为相关网站上搜索D4464－85(1991)粒径分布测试标准并进一步浏览的结果，复印件8页，以及公证书相关部分的中文译文2页；

反证17："Dispersing Powders in Liquids"，《Handbook of Poweder Technology》(《粉末技术手册》)，Ralph D. Nelson, Jr. 编，1998年Elsevier Science Publishers B. V. 发行，复印件23页，及其中文译文3页；

反证18："Concepts on the preparation of particulate for measurement by light scattering particle size analyzers"("用于激光散射粒径分析仪测量的颗粒制备原理")，Philip E. Plantz，1991年第225～245页，复印件21页，及其部分中文译文3页；

反证19：《Particle Size Measurement》(《颗粒尺寸测量》第4版)，Terence Allen著，1990年出版，封面、信息页和第285～286、289、291～292页，复印件7页，及其中文译文2页；

反证20：《进入MICROTRAC"信息运行"数据的指南》，Dr. Philip E. Plantz著，1992年4月3日，复印件57页，及其中文译文58页；

反证21：《现代汉语规范词典》，李行健编，外语教学与研究出版社、语文出版社出版，2010年9月印刷，封面、信息页、目录和第40页，复印件4页；

反证22：日本特许公报JP平4－036333A，公开日1992年2月6日，复印件24页，及其部分中文译文2页；

反证23："DBS类凝胶因子的合成及其有机凝胶的表征"，邓鹏飞等，应用化学，2008年5月第25卷第5期，第524～528页，复印件5页；

反证24：中国发明专利CN100406545C，公告日2008年7月30日，复印件47页；

反证25：中国发明专利CN102133183B，公告日2012年2月29日，复印件7页；

反证26：中国发明专利CN100519509C，公告日2009年7月29日，复印件24页；

反证27：中国发明专利CN100432147C，公告日2008年11月12日，复印件30页；

反证28：中国发明专利CN101864018B，公告日2011年11月9日，复印件40页；

反证29：中国发明专利CN101506307B，公告日2012年2月1日，复印件37页；

反证30：Dr. Philip E. Plantz对反证20真实性的证词以及证人撰写发表的关于粒径测量方法的五篇文章的复印件，共123页，及其中文译文6页。

专利权人认为，(1)无效宣告请求人无效请求针对的文本不正确，应当不予受理，本专利在撤销程序中已经在原独立权利要求1和13中分别加入了“并且m和n不同时为0”的限定，反证2～3用于证明上述事实。

(2)权利要求13～20具备创造性。

①针对证据1和证据3的结合。

本专利的二亚苄基山梨醇缩醛型澄清剂(DBS型澄清剂)能与聚烯烃在低于自身熔点的温度配合，生产的制品没有白点或气泡，所用配合温度不超过可能引起变色和变味的配合温度(反证1说明书第4页第19～22行、第13页第2段)。DBS型澄清剂是溶解型的成核剂(参见反证4第一栏倒数第55～63行，反证5第300页右栏第1～3行、第301页左栏第2～10行)。

证据1的发明目的是提供能够改进聚烯烃透明度的澄清剂，并且不破坏最终产品的机械和化学性质，其中对山梨醇二缩醛的形态没有提及，与聚烯烃的配合过程也是传统的熔融配合方式，未考虑配合过程中会引起聚烯烃产品白点、气泡、变色变味等问题。

证据3没有给出对证据1中DBS型澄清剂降低颗粒尺寸的技术启示，其中提及有机成核剂除双亚苄基山梨醇外都是传统的非溶解型的形式；而提及双亚苄基山梨醇(DBS)作为成核剂时引用的参考文献是专利权人产品Millad3905，该产品的粒径大于5μm，如本专利表2记载Millad3905的平均粒径是84μm。另外，该产品的说明书没有提及颗粒尺寸(参见反证8－b)。因此，证据3概括的成核剂粒径范围所依据的参考文献根本不涉及DBS型成核剂的粒径。

反证4第一栏最后一段以及反证5第301页左栏第2～10行均说明DBS的成核剂是溶解型，而溶解型成核剂在聚合物中利用优异的分散性可形成均质溶液，并在冷却时以凝胶形式分离出来形成合股纤丝的开放网状结构(见反证5第301页左栏第2～10行)。现有的技术中，本领域技术人员通常认为DBS型成核剂的成核作用与加入熔融树脂中的成核剂的颗粒尺寸无关，因而没有动机去降低溶解型成核剂的尺寸至超细的程度。

关于证据3中提及的“有机成核剂最好在球磨机中粉碎至5μm以下”，其引用的参考文献为反证9。而反证9在提及5μm时针对的是特定的非溶解性成核剂，它与溶解型成核剂有本质不同。

另外，证据3对有机成核剂与聚烯烃树脂的配合方法完全没有涉及，所提及的粒径值也没有具体指出是何种粒径，更没有关于d_{97}的任何教导。因此，本领域技术人员没有动机将证据1和3结合起来得到本专利的技术方案。

反证11(参考第11页第3段)是本专利的同族专利EP－B－0569198(反证10)在欧专局的异议审查决定，供合议组参考，其中认为证据3没有公开本专利所述的优选粒径，更没有提及d_{97}。

如何将DBS型化合物掺入聚丙烯树脂中，现有技术做了多方努力。反证12采用了冷冻干燥法，反证4通过提供特定比例的山梨醇缩醛的混合物来降低成核剂的熔点。但这些方法仍没有发现解决其加工问题的理想方案。因而，本专利解决了本领域长期未解决的技术难题。此外，现有技术普遍认为澄清剂需要在其熔点之上与聚烯烃配合，以实现澄清剂完全的溶解和混合，克服白点和气泡问题，本专利发现上述缺陷的造成是成核剂溶剂过程中捕集空气造成，通过粉碎到超细粒径可避免澄清剂捕集气体的趋势，同时可在较低的温度与聚烯烃树脂配合，一并解决变色和变味的问题。因而，本专利克服了技术偏见。

最后，参见反证 13～14 公开的技术信息，本专利获得了商业上的成功。

②针对证据 2 和证据 3 的结合。

证据 2 解决的技术问题是提供克服现有技术的成核剂化合物的味道和气味转移缺陷的双二烷基亚苄基山梨醇缩醛成核剂组合物；其致力研究的是取代的 DBS 型澄清剂中苯环上取代基的位置对澄清剂性能的影响。证据 2 对澄清剂的平均粒径和粒径分布没有任何提及，其将澄清剂与聚烯烃树脂配合的过程也是传统的熔融配合形式。参见对文中针对证据 1 与证据 3 结合的陈述，请求人对本专利要解决的技术问题理解有误，证据 3 没有涉及有机成核剂与聚烯烃树脂的配合方法，所提及的粒径值也没有具体指出是何种粒径，更没有关于 d_{97} 的任何教导。因此，本领域技术人员没有动机将证据 2 和 3 结合起来得到本专利的技术方案。

(3)权利要求 13～20 的技术方案是清楚的。

请求人未提交证据证明采用超声振动和不采用超声振动最终获得的 d_{97} 的检测结果相差约 50%或更大。

本专利采用了成熟可以信赖的激光散射的方法测定粒径的分布，在结合本领域的公知常识并遵守基本原则的情况下，完全可得到可靠结果。本专利说明书(第 10 页倒数第 1 段至第 11 页第 2 段)明确记载了测定方法，且结果经显微镜图像分析可以得到证实(实施例 2，说明书第 9 页第 1 段，附图 8～10)。

众多现有技术证据证实，激光散射技术是一种得到证实的、成熟的粒径测定方法，例如国际技术标准 ASTM 4464(反证 16)。是否进行超声振动及采用何种表面活性剂均是激光散射测量领域的普通技术人员可以根据公知常识进行确定的，反证 17 讨论了如何将粉末分散于液体中获得良好分散的稳定的分散体，并提出了用显微镜观察对分散体的质量进行评价的辅助方法(参见反证 17 的第 151 页第 1 段第 1～5 行、第 161 页第 1 段第 1～2 行，第 164 页第 2 段、第 153 页第 1～6 行、第 157 页倒数第 2 段)。此外，反证 18 也对激光散射粒径分析中的样品分散体的制备给出了普遍性的技术指导(参见第 237 页第 5 段)。反证 19 也介绍了粒径测量中样品分散体的制备原则(第 285 页第 15～18 行)。反证 20 是激光散射仪制造商 Leeds& Northrup Instrument 公司的 Microtrac 分析仪的操作手册增刊，其中对激光散射法粒径分析中各个步骤都给出了清楚的指导，并提供了大量的可供选择的表面活性剂和分散剂的信息。另外，反证 11 是欧专局对本专利同族专利 EP 0569198B 的异议程序审查决定，其中也同样认定本专利对于超细澄清剂粉末的测量方法记载是清楚、充分的。

专利权人于 2013 年 8 月 6 日进一步补充意见如下：

(4)本专利说明书符合《专利法》第 26 条第 3 款的规定。

请求人对本专利权利要求 13 所要求保护主题的解读是错误的，权利要求 13 要求保护的粉末状澄清剂是由一种通式化合物作为原料制备的，具有特定粒径特征的化学产品。本专利不仅提供了化学产品的确认(第 5 页第 18 行至第 6 页第 15 行，第 10 页第 6～7 行)，而且提供了具体的制备方法(说明书第 9 页第 1～8 行、第 10 页第 10～14 行)，最后，还指明了化学产品的明确用途(说明书第 12 页第 13～14 行)。因此，本专利说明书对本发明作出了清楚、完整的说明，符合《专利法》第 26 条第 3 款的规定。

权利要求 13 中出现的“包括”并非组合物权利要求中的“开放式”概念，仅指通式化合物为原料制备的、具有特定粒径特征的化学产品。参见反证 21 对“包括”的诠释。

(5)权利要求 13～20 可以得到说明书

的实质支持，并且是清楚的。

本发明的粉末状澄清剂是将商购的澄清剂原料，例如 Millad3905 经粉碎而获得的 d_{97} 不大于 30μm 和平均粒径不大于 15μm 的产品，技术方案不涉及组合物的组分及含量。

本专利已经给出了二亚苄基山梨醇、二(对甲基亚苄基)山梨醇等实施例，在此基础上，对 p、m、n 和 R 的限定范围是合理的。本领域技术人员用常规的实验或分析方法足以将说明书记载的内容扩展到权利要求所述的保护范围。

请求人仅是主观臆断"由于存在空间位阻，例如 m=3、n=3、p=1、R 为 C8 的化合物根据现有技术无法得到"，并未给出任何证据。反证 22 的实施例 17～24 使用的山梨糖醇类化合物 A 是苯环上具有三个取代基，且两个是很大的 C8 叔丁基，一个是羟基的苯甲醛与山梨糖醇的缩合产物。可见，虽然苯环上的取代基可能有较大的空间位阻，但这样的化合物是可以获得的。反证 23 同样制备了苯环上有三个取代基的 1.3:2.4 二(2,4,6—三甲基亚苄基)山梨醇。可见，空间位阻的存在并不能说明相应的化合物无法获得，权利要求 13～17 能够得到说明书的支持。

关于权利要求 13～20 中 d_{97} 的清楚问题，补充提交反证 30，其为反证 20 的作者关于反证 20 真实性的证词。

反证 24～29 均是在中国获得授权的专利文献，其中涉及由激光散射测定的粒径都没有具体限定测定的条件。

(6)权利要求 13～20 具有新颖性。

如上所述，权利要求 13～20 要求保护的粉末状澄清剂是由一种通式化合物作为原料制备的，具有特定粒径特征的化学产品，并不是化合物。证据 1 或证据 2 并未公开澄清剂的粒径特征，因此，不能破坏这些权利要求的新颖性。

请求人陈祖欣(下称请求人 2)于 2013 年 4 月 3 日向专利复审委员会提出了无效宣告请求(委内编号 4W102130)，其理由是权利要求 13～20 技术方案不清楚，不符合《专利法》第 26 条第 4 款的规定；权利要求 13～20 不具备《专利法》第 22 条第 3 款规定的创造性，请求宣告本专利权利要求 13～20 无效，同时提交了如下证据：

证据(i)(同证据 2)：美国专利文献 US5049605，公开日 1991 年 9 月 17 日，复印件 7 页；以及部分中文译文，共 1 页；

证据(ii)(同证据 3)：《塑料添加剂手册》，[德]R. 盖希特 等编，陈振兴 等译，中国石化出版社，1992 年 3 月出版，封面、信息页、第 608 和 614 页，复印件 4 页。

请求人 2 认为，(1)证据(i)的权利要求 1 公开了一种成核剂——双(3,4—二甲基亚苄基)山梨醇。当权利要求 13 中 m=2、n=2、p=1、R 取甲基时，与证据(i)的权利要求 1 公开的化学结构式完全相同。二者的区别在于，权利要求 13 进一步限定了所述粉末澄清剂的 d_{97} 等于或小于 30μm，平均粒径等于或小于 15μm。权利要求 13 实际解决的技术问题是获得小粒径的粉末状澄清剂。

结合证据(ii)第 602 页④以及第 614 页最后一段的记载，本领域技术人员有动机细化粉末至 1～10 微米或 5 微米以下时，其对应的 d_{97} 也自然等于或小于 30μm，平均粒径等于或小于 15μm。因此，权利要求 13 相对于证据(i)和证据(ii)的结合不具备创造性。

权利要求 14～15 分别对 d_{97} 和平均粒径进一步限定，基于评述权利要求 13 相同的理由，权利要求 14～15 也不具备创造性。

权利要求 16 对澄清剂的熔点进一步限定，然而，澄清剂化学结构式选定后，其熔点为自身属性。证据(i)公开了与权利要求 13 结构相同的澄清剂，因此，在权利要求 13 相对于证据(i)和证据(ii)的结合不具备创造性的基础上，权利要求 16 也不具备创造性。

权利要求17～20对权利要求13的结构进行不同的限定。但上述限定均已经在证据(ii)中所公开。因此,在权利要求13相对于证据(i)和证据(ii)的结合不具备创造性的基础上,权利要求17～20也不具备创造性。

(2)权利要求13～20不符合《专利法》第26条第4款的规定。

关于d_{97}的检测方法,本专利仅在说明书第10页最后一段至第11页第一段简单描述了采用激光散射技术测定,样品分散在水中,辅以调湿剂,不断搅拌下使激光束穿过样品池。将散射光收集在感光二极管系统中转换成频率曲线即粒径分布曲线。但事实上,d_{97}的检测结果与检测方法密切相关,影响因素包括:①是否采用超声振动;②超声振动时采用的功率和时间;③采用何种表面活性剂。就权利要求13的产品是否采用超声振动,其检测结果相差约50%甚至更大。因而,权利要求13中限定的d_{97}必然是和特定的检测方法、检测参数相联系的,不进行具体地限定导致技术方案不清楚,不符合《专利法》第26条第4款的规定。

针对上述无效请求,专利权人于2013年8月16日提交了意见陈述书和如下反证:

反证1:本专利授权公告文本,复印件27页;

反证2:国家知识产权局于2003年8月8日发出的撤销专利权请求的审查决定书,复印件13页;

反证3:2004年7月28日出版的发明专利公报封面、目录页以及第590页,复印件3页;

反证4:美国专利文献US4954291,公开日1990年9月4日,复印件7页,以及部分中文译文2页;

反证5:“Physical gelation: a path towards “ideal” dispersion of additives in polymer”,A Thierry等,《Plymer Communications》(《聚合物通讯》),1990年8月第31期,第299～301页,复印件3页,及部分中文译文1页;

反证6:证据1的说明书摘要、权利要求书以及说明书的中文译文10页;

反证7:《塑料添加剂手册》,[德]R. 盖希特 等编,陈振兴 等译,中国石化出版社,1992年3月出版,封面、信息页、序、目录、第608～617页,复印件16页;

反证8－a:(2013)粤广广州第109962号公证书,公证内容为相关网站上搜索32647－67－9的并进一步浏览的结果,复印件14页,以及公证书相关部分的中文译文1页;

反证8－b:(2013)粤广广州第109963号公证书,公证内容为在google网站上搜索Millad3950并进一步浏览的结果,复印件13页,以及公证书相关部分的中文译文8页;

反证8－c:(2013)粤广广州第109964号公证书,公证内容为相关网站上搜索Dibenzylidene sorbitol显示结果,复印件7页,以及公证书相关部分的中文译文2页;

反证9:《Kolloid－Zeitschrift & Zeitschrift für Polymere》(《胶体与聚合物科学》),1970年第240卷,封面、第762～765页,复印件5页,及其中文译文5页;该证据为反证7引用文件;

反证10:本专利同族欧洲专利EP0569198B,公开日1993年12月16日,复印件18页;

反证11:2004年6月11日,欧专利对EP0569198B的异议审查决定,复印件19页,及其部分中文译文5页;

反证12:日本专利JP昭63－120788,公开日1988年5月25日,复印件4页,及其中文译文4页;

反证13:“用于聚丙烯的新一代透明剂”,孙书静 编译,《杭州化工》2002第32卷第2期第32页,复印件1页;

反证 14:"聚丙烯透明剂进展",陈红等,《现代塑料加工应用》2004 年第 16 卷第 4 期,复印件 4 页;

反证 16－a:"Standard Test Method for Particle Size Distribution of Catalytic Material by Laser Light", Designation: D4464－85(1991 年修订)复印件 2 页,以及中文译文 2 页;

反证 17:"Dispersing Powders in Liquids",《Handbook of Poweder Technology》(《粉末技术手册》),Ralph D. Nelson, Jr. 编,1998 年 Elsevier Science Publishers B. V. 发行,封面、信息页、序、第 151～170 页,复印件 23 页,及其中文译文 3 页;

反证 18:"Concepts on the preparation of particulate for measurement by light scattering particle size analyzers"("用于激光散射粒径分析仪测量的颗粒制备原理"),Philip E. Plantz 著,1991 年,第 225～245 页,复印件 21 页,及其部分中文译文 3 页;

反证 19:《Particle Size Measurement》(《颗粒尺寸测量》第 4 版),Terence Allen 著,1990 年出版,封面、信息页和第 285～286、289、291～292 页,复印件 7 页,及其中文译文 2 页;

反证 20:《进入 MICROTRAC"信息运行"数据的指南》,Dr. Philip E. Plantz 著,1992 年 4 月 3 日,复印件 57 页,及其中文译文 58 页;

反证 24:中国发明专利 CN100406545C,公告日 2008 年 7 月 30 日,复印件 47 页;

反证 25:中国发明专利 CN102133183B,公告日 2012 年 2 月 29 日,复印件 7 页;

反证 26:中国发明专利 CN100519509C,公告日 2009 年 7 月 29 日,复印件 24 页;

反证 27:中国发明专利 CN100432147C,公告日 2008 年 11 月 12 日,复印件 30 页;

反证 28:中国发明专利 CN101864018B,公告日 2011 年 11 月 9 日,复印件 40 页;

反证 29:中国发明专利 CN101506307B,公告日 2012 年 2 月 1 日,复印件 37 页;

反证 30:Dr. Philip E. Plantz 对反证 20 真实性的证词以及证人撰写发表的关于粒径测量方法的五篇文章的复印件,共 123 页,及其中文译文 6 页。

专利权人认为,(1)无效宣告请求人无效请求针对的文本不正确,应当不予受理,本专利在撤销程序中已经在原独立权利要求 1 和 13 中分别加入了"并且 m 和 n 不同时为 0"的限定,反证 2～3 用于证明上述事实。

(2)权利要求 13～20 相对于证据(i)和(ii)的结合具备创造性的理由同请求案 1 中针对证据 2 和证据 3 结合具备创造性的陈述。

(3)权利要求 13～20 的技术方案是清楚的,具体理由同请求案 1 中相同的陈述。

请求人淄博润源化工有限公司(下称请求人 3)于 2013 年 7 月 3 日向专利复审委员会提出了无效宣告请求(委内编号 4W102307),其理由是:本专利说明书公开不充分,不符合《专利法》第 26 条第 3 款的规定;权利要求 1～20 技术方案得不到说明书的支持,不符合《专利法》第 26 条第 4 款的规定;权利要求 1、13 缺少必要技术特征,不符合《专利法实施细则》第 21 条第 2 款的规定;权利要求 1、3～5、7～8、12～17 不具备《专利法》第 22 条第 2 款规定的新颖性;权利要求 1～20 不具备《专利法》第 22 条第 3 款规定的创造性,请求宣告本专利权利要求 1～20 无效,同时提交了如下证据:

证据 I(同证据 3):《塑料添加剂手册》,[德]R. 盖希特 等编,陈振兴 等译,中国石化出版社,1992 年 3 月出版,封面、信息页、目录、第 606～617 页,复印件 16 页;

证据 II(同证据 2):美国专利文献 US5049605,公开日 1991 年 9 月 17 日,复印件 7 页;及其中文译文 13 页;

证据 III:美国专利文献 US4314039,公开日 1982 年 2 月 2 日,复印件 4 页;及其中文译文 9 页。

请求人 3 认为，(1)说明书公开不充分，不符《合专利法》第 26 条第 3 款的规定。

①本专利说明书第 7 页 14～15 行有明确描述了“颗粒径测量不是一门精确的科学”，但本专利说明书仅简要说明其要保护的粒径值是由激光散射测出的，并未公开其专利中粒径的具体测量条件。而激光散射测量粒径要受仪器的生产厂家、型号、实验样品的取样、分散方式、超声波的功率、光学模型的选择等许多因素影响。如此，导致本领域技术人员无法重现本专利所述的技术方案。

②本专利说明书第 9～10 页描述“本专利山梨醇和木糖醇二缩醛可以以‘纤维状晶体初级粒子’表征，其长度 5～10μm，直径 0.3～0.7um”，接着说“初级粒子”的存在正是防止树脂起泡的原因，最后却断言“d_{97}等于或小于 30μm，平均粒径等于或小于 15μm 的粉末状澄清剂适用于实施本发明”。本领域技术人员不清楚“纤维状晶体初级粒子”与本专利权利要求中所述的“粉末状澄清剂的 d_{97} 等于或小于 30μm，平均粒径等于或小于 15μm”有什么关系，如何能从纤维状晶体初级粒子能防止起泡推知“d_{97}等于或小于 30μm，平均粒径等于或小于 15μm”的粉末状澄清剂适用于实施本发明。

(2)权利要求 13～17 以及权利要求 1、3～5、7～8、11～12 不具备《专利法》第 22 条第 2 款规定的新颖性。

①针对权利要求 13～17。

证据Ⅰ的第 614 页公开了“双亚苄基山梨醇最近用作成核剂，特别适用于聚丙烯”，第 608 页提示“成核剂应尽可能细小(1～10μm)并均匀地分散在聚合物溶体中”。第 614 页进一步指出，有机成核剂最好在球磨机中粉碎至 5μm 以下。既然成核剂的颗粒粒径值已全部为 5μm 以下，其平均粒径必然小于 5μm。

针对权利要求 13 中“d_{97} 等于或小于 30μm”，根据本专利说明书第 7 页第 2 段的说明，“为了方便起见，第 97 个百分之一处的直径或 d_{97} 作为最大粒径的度量值”。本领域技术人员从证据Ⅰ公开的内容可以直接地、毫无疑义地确定出“d_{97}等于或小于 30μm”的技术内容。因此，权利要求 13 相对于证据Ⅰ不具备新颖性。

同理，引用权利要求 13 的权利要求 14、15、17 进一步限定粒径值和 p 值，也不具备新颖性。

权利要求 16 的附加技术特征为澄清剂的熔点。证据Ⅰ表 17～1 列出了部分聚合物的特征结晶参数，特别是聚乙烯、聚酰胺 66、聚碳酸酯的晶体熔点均高于 250℃，证据Ⅰ第 608 页指出：成核剂(澄清剂)的熔点应高于聚合物的熔点。可见，澄清剂的熔点必定大于 250℃。因此，权利要求 16 也不具备新颖性。

②针对权利要求 1。

如上所述，证据Ⅰ公开了权利要求 1 通式化合物内的具体化合物。证据Ⅰ第 608 页提及：成核剂的实际使用浓度应低于 0.5%，此浓度对于本领域技术人员来说，可直接确定为重量百分数。证据Ⅰ第 606 页指出，聚合物的结晶温度必须低于熔点，但不应太接近玻璃化转变温度。第 607 页表 17～1 列出了部分聚合物的特征结晶参数，特别是等规聚丙烯的晶体熔点为 183℃。第 608 页指出，成核剂的熔点应高于聚合物的熔点。因此，从证据Ⅰ可直接地确定“加热澄清剂和聚丙烯混合物的温度应该低于 183℃”。加之，证据Ⅰ在 608 页提示，成核剂应尽可能细小(1～10μm)并均匀地分散在聚合物熔体中。因此，证据Ⅰ公开了权利要求 1 的全部技术特征。权利要求 1 不具备新颖性。

同理，从属于权利要求 1 的权利要求 3～5、7～8、11～12 的附加技术特征同样被证据Ⅰ公开了，也不具备新颖性。

(3)权利要求 1～20 不具备《专利法》

第 22 条第 3 款规定的创造性。

①针对权利要求 13～20。

证据 I 公开了双亚苄基山梨醇可作聚丙烯成核剂。与权利要求 13 的区别在于，权利要求 13 限定了 d_{97} 等于或小于 30μm。测定 d_{97} 是本领域的惯用手段，这种测定行为不能给权利要求 13 带来创造性。且证据 I 公开了成核剂的粒径值为 5μm 以下，必定与“d_{97} 等于或小于 30μm”范围重合。因此，权利要求 13 相对于证据 I 和公知常识的结合不具备创造性。

证据 II 公开了二(3，4—二烷基苯亚甲基)山梨醇缩醛和包含它的组合物。与权利要求 13 的区别在于，权利要求 13 限定了 d_{97} 等于或小于 30μm。结合上述证据 I 公开的内容，以及测定 d_{97} 是本领域的惯用手段。本领域技术人员获得权利要求 13 的技术方案是显而易见的，因此，权利要求 13 相对于证据 II、证据 I 和公知常识的结合不具备创造性。

权利要求 14～15 的附加技术特征已被证据 I 公开，权利要求 16 的附加技术特征如上对权利要求 13 新颖性的评述，已被证据 I 和 II 公开，权利要求 17～20 的附加技术特征已被证据 II 公开。因此，在引用的权利要求 13 不具备创造性的基础上，权利要求 14～20 也不具备创造性。

②针对权利要求 1～12。

权利要求 1 中澄清剂结构和粒径的评述，参见上述针对权利要求 13 的评述；关于熔融温度的评述参见权利要求 1 新颖性的评述，因此，权利要求 1 相对于证据 I 和公知常识的结合不具备创造性。

权利要求 1 与证据 II 的区别在于：证据 II 未公开：(i)粉末状澄清剂的 d_{97} 等于或小于 30μm，平均粒径等于或小于 15μm；(ii)在所述树脂处与熔融状态时混合所述的混合物，直到所述的澄清剂溶于所述树脂中。对于(i)的评述，参见权利要求 13 的创造性评述，对于(ii)所要解决的技术问题是如何使澄清剂与树脂混合均匀。该特征已在证据 I 中给出了技术教导。因此，权利要求 1 相对于证据 II、证据 I 和公知常识的结合不具备创造性。

证据 III 第 1 页第 23～24 行公开了：通过向 100 重量份聚丙烯中添加 0.005 至 8 重量份，优选 0.1～0.3 重量份每个烷基具有 2～18 个碳原子的 1.3，2.4—二(烷基苯亚甲基)山梨醇实现本发明的上述目的；第 3 页第 3 段公开了：本发明的组合物可以通过已知方法将山梨醇、任选抗氧化剂和其他添加剂均匀分散在聚丙烯中制备；第 4 页第 3 段公开了：在最高温度 200℃的挤出机中将混合物造粒，所述将颗粒随后通过保持在最高温度为 210℃的注射成型机进行成型以形成厚度为 2mm 的片。由此，权利要求 1 相对于证据 II、I、III 和公知常识的结合不具备创造性。

权利要求 2、6 的附加技术特征已在证据 II 的表 1 中公开，权利要求 3 的附加技术特征已在证据 I 或 III 中公开，权利要求 4～5 附加技术特征已在证据 I 中公开，因此，这些权利要求相比针对权利要求 1 任一证据组合不具备创造性。

权利要求 7 的附加技术特征为多有混合物被加热到至少 180℃。证据 II 公开了：将添加剂和树脂在机械混合器中进行干混，在 470 ℉(即 243℃)下通过单螺栓挤出机挤出，并造粒。证据 II 给出了将添加剂和树脂和混合物加热到至少 180℃的启示。在引用的权利要求 1 不具备创造性的前提下，权利要求 7 也不具备创造性。

权利要求 8 限定了澄清剂的熔点。依据证据 I 表 17—1 公开的聚合物熔点以及第 608 页的内容，可以确定澄清剂的熔点必定大于 250℃。证据 II 表 1 实施例 1 所述澄清剂的熔点为 225～260℃。在引用的权利要求 1 不具备创造性的前提下，权利要求 8 也不具备创造性。

证据 II 表 1 实施例 1 和实施例 8 公开了权利要求 9～10 所述的化合物。证据 II 第 5 页第 3 段提及了权利要求 11 所述的聚合物。证据 III 给出了将添加剂和树脂的混合物加热到 180～230℃的启示，进一步地，混合物被加热到一具体的温度范围更有利于添加剂和树脂的混合是本领域技术人员通过有限次实验就可以确定的。因此，这些权利要求相比针对权利要求 1 任一证据组合不具备创造性。

（4）权利要求 1～20 得不到说明书的支持，不符合《专利法》第 26 条第 4 款的规定。

即使“纤维状晶体初级粒子”与本专利权利要求中“粉末状澄清剂的 d_{97} 等于或小于 30μm，平均粒径等于或小于 15μm”有关系，但根据本领域常识，以“纤维状晶体”长度和直径折算成颗粒的等效直径理应不超过 0.3～10μm 的范围。本专利权利要求 1 和 13 中要求“d_{97} 等于或小于 30μm，平均粒径等于或小于 15μm”的范围，得不到说明书的支持。

本专利实施例仅给出了“粉末状澄清剂的 d_{97} 为 4～20μm，平均粒径为 2～9μm”的具体实施方法，而权利要求中经此范围扩大到“粉末状澄清剂的 d_{97} 等于或小于 30μm，平均粒径等于或小于 15μm”，是本领域技术人员不能合理预期的。

（5）权利要求 1 和 13 不符合《专利实施细则》第 21 条第 2 款的规定。

根据说明书第 9～10 页中的描述可见，“初级粒子”的存在是防止树脂气泡的原因，是解决现有技术中出现白点或气泡的必要技术特征。本专利第 14 页记载，“初级粒子尺寸，或者仅是几个初级粒子的附聚物”是本专利为解决现有技术中出现白点或气泡的必要技术特征。而本专利的独立权利要求 1 和 13 中缺少上述特征。因此，独立权利要求 1 和 13 不符合《专利法实施细则》第 21 条第 2 款的规定。

针对上述无效请求，专利权人于 2013 年 9 月 22 日提交了意见陈述书和以下反证：

反证 1：本专利授权公告文本，复印件 27 页；

反证 2：国家知识产权局于 2003 年 8 月 8 日发出的撤销专利权请求的审查决定书，复印件 13 页；

反证 3：2004 年 7 月 28 日出版的发明专利公报封面、目录页以及第 590 页，复印件 3 页；

反证 4：美国专利文献 US4954291，公开日 1990 年 9 月 4 日，复印件 7 页，以及部分中文译文 2 页；

反证 5：“Physical gelation: a path towards “ideal” dispersion of additives in polymer”，A Thierry 等，《Polymer Communications》（《聚合物通讯》），1990 年 8 月第 31 期，第 299～301 页，复印件 3 页，以及部分中文译文 1 页；

反证 7：《塑料添加剂手册》，［德］R. 盖希特 等编，陈振兴 等译，中国石化出版社，1992 年 3 月出版，封面、信息页、序、目录、第 606～617 页，复印件 16 页；

反证 8－a：（2013）粤广广州第 109962 号公证书，公证内容为相关网站上搜索 32647－67－9 的并进一步浏览的结果，复印件 14 页，以及公证书相关部分的中文译文 1 页；

反证 8－b：（2013）粤广广州第 109963 号公证书，公证内容为在 google 网站上搜索 Millad3950 并进一步浏览的结果，复印件 12 页，以及公证书相关部分的中文译文 8 页；

反证 8－c：（2013）粤广广州第 109964 号公证书，公证内容为相关网站上搜索 Dibenzylidene sorbitol 显示结果，复印件 7 页，以及公证书相关部分的中文译文 2 页；

反证 9：《Kolloid － Zeitschrift & Zeitschrift für Polymere》（《胶体与聚合物科学》），1970 年第 240 卷，封面、第 762～765 页，复印件 5 页，及其中文译文 5 页；

反证 10：本专利同族欧洲专利 EP0569198B1，公开日 1993 年 12 月 16 日，复印件 18 页；

反证 10－a：EP0569198B1 程序中，Dr. Philip E. Plantz 的证词 40 页及部分中文译文 1 页；

反证 10－b：EP0569198B1 程序中，Miechael J. Mannion 的证词 5 页及部分中文译文 2 页；

反证 10－c：EP0569198B1 程序中，Dr. Manfred Schmidt 的证词 32 页及部分中文译文 1 页；

反证 11：2004 年 6 月 11 日，欧专利对 EP0569198B 的异议审查决定，复印件 19 页，及其部分中文译文 5 页；

反证 15：证据 2 US5049605A 的说明书摘要、权利要求书以及说明书的中文译文 17 页；

反证 16：(2013)粤广广州第 109956 号公证书，公证内容为相关网站上搜索 D4464－85(1991)粒径分布测试标准并进一步浏览的结果，复印件 8 页，以及公证书相关部分的中文译文 2 页；

反证 17："Dispersing Powders in Liquids"，《Handbook of Poweder Technology》(《粉末技术手册》)，Ralph D. Nelson，Jr. 编，1998 年 Elsevier Science Publishers B. V. 发行，复印件 23 页，及其中文译文 3 页；

反证 18："Concepts on the preparation of particulate for measurement by light scattering particle size analyzers"("用于激光散射粒径分析仪测量的颗粒制备原理")，Philip E. Plantz 著，1991 年第 225～245 页，复印件 21 页，及其部分中文译文 3 页；

反证 19：《Particle Size Measurement》(《颗粒尺寸测量》第 4 版)，Terence Allen 著，1990 年出版，封面、信息页和第 285～286、289、291～292、487 页，复印件 8 页，及其中文译文 2 页；

反证 20：《进入 MICROTRAC"信息运行"数据的指南》，Dr. Philip E. Plantz 著，1992 年 4 月 3 日，复印件 58 页，及其中文译文 57 页；

反证 24：中国发明专利 CN100406545C，公告日 2008 年 7 月 30 日，复印件 47 页；

反证 25：中国发明专利 CN102133183B，公告日 2012 年 2 月 29 日，复印件 7 页；

反证 26：中国发明专利 CN100519509C，公告日 2009 年 7 月 29 日，复印件 24 页；

反证 27：中国发明专利 CN100432147C，公告日 2008 年 11 月 12 日，复印件 30 页；

反证 28：中国发明专利 CN101864018B，公告日 2011 年 11 月 9 日，复印件 40 页；

反证 29：中国发明专利 CN101506307B，公告日 2012 年 2 月 1 日，复印件 37 页；

反证 30：Dr. Philip E. Plantz 对反证 20 真实性的证词以及证人撰写发表的关于粒径测量方法的五篇文章复印件，共 123 页，及其中文译文 6 页；

反证 31："Analysis of Particle Size Distribution of Micronized Lactose by Laser Diffractometry"，Holger Weyner 等人，Pharm. Ind. 1996 年第 58 卷第 4 期，第 354～357 页，复印件 4 页，及其部分中文译文 1 页；

反证 32：Coulter LS Series Product Manual，1994 年 5 月，复印件 20 页，部分中文译文 1 页；

反证 33："Particle Size Characterization"，Ajit Jillavenkatesa 等人，《Materials Science and Engineering Laboratory》2001 年 1 月发行，封面、扉页、信息页、第 99～100 页，复印件 5 页，部分中文译文 1 页。

专利权人认为，(1)无效宣告请求人无效请求针对的文本不正确，应当不予受理，本专利在撤销程序中已经在原独立权利要求 1 和 13 中分别加入了"并且 m 和 n 不同时为 0"的限定，反证 2～3 用于证明上述事实。

(2)本专利符合《专利法》第 26 条第 3 款的规定。

①请求人列举种种影响测定结果的极端情况来质疑测量方法本身的可靠性，未提供任何证据证明，未尽到初步举证责任。而如何克服种种影响测定结果的极端情

况，在反证 18～20、31～36 中均有论述。本领域技术人员知晓如何操作以避免。

关于粒径分布的测量方法，本专利说明书中给出了将激光散射技术与显微镜分析相结合的方法（说明书第 10 页倒数第 1 段至第 11 页第 2 段）。本专利中平均粒径和 d_{97} 不仅是经过激光散射测定，并且由显微镜图形分析得以证实（附图 8～10）。

众多现有技术证据证实，在本专利的申请日前，激光散射技术是一种得到证实的、成熟的粒径测定方法。例如反证 16～20 对激光散射技术的描述，反证 30 是反证 20 的作者关于其真实性的证词。

本专利说明书中对测量方法的描述符合授予专利权的规定，反证 24～29 是中国已授权专利，其中涉及由激光散射法测定的粒径时，都没有具体限定测定条件。

欧专局对本专利同族专利的异议程序审查决定（反证 11）也同样认定，本专利对于超细澄清剂粉末的测量方法记载是清楚、充分的。

②"纤维状晶体初级粒子"与"粉末状澄清剂的 d_{97} 等于或小于 30μm，平均粒径等于或小于 15μm"的关系如本专利说明书第 14 页最后一段的描述，"超细澄清剂的特征在于其颗粒已经被减少到他们的初级粒径尺寸，或仅是几个初级粒子的附聚物"，两种不同的限定是从不同角度描述粉末状澄清剂的粒径。未粉碎的、常规的 DBS 材料中有大量的初级粒子构成的附聚物。"d_{97} 等于或小于 30μm，平均粒径等于或小于 15μm"这一尺寸限度是包含了初级粒子和几个初级粒子构成的小附聚物在内的。粒径范围的上限有效限定了小附聚物中所包含的初级粒子的数目。该结果与显微镜图像分析结果完全一致。

（3）权利要求 13～17 以及权利要求 1、3～5、7～8、11～12 具备新颖性。

①针对权利要求 13～17。

证据 I 中"双亚苄基山梨醇最近用作成核剂，特别适用于聚丙烯"在原文中引用的参考文献 15 是专利权人产品 Millad3905，该产品的粒径大于 5μm，如本专利表 2 记载 Millad3905 的平均粒径是 84μm。另外，该产品的说明书没有提及颗粒尺寸（反证 8－b）。因此，证据 I 概括的成核剂及粒径范围并未公开本专利权利要求 13 所保护的澄清剂。

证据 I 中提及的"有机成核剂最好在球磨机中粉碎至 5μm 以下"在原文中引用的参考文献为反证 9。而反证 9 在提及 5μm 时针对的是特定的非溶解型成核剂对一叔丁基苯甲酸，它与本专利所涉及的溶解型成核剂有本质不同，证据 I 中关于对一叔丁基苯甲酸这一不溶解的有机成核剂的颗粒尺寸的信息，不影响权利要求 13 的新颖性。

证据 I 第 608 页对一种物质可以引起成核作用归纳了 4 个原因。显然，这些内容中的成核剂是不溶于聚合物的，这与本专利涉及的溶解型 DBS 有本质区别。另外，证据 I 并未公开"d_{97} 等于或小于 30μm，平均粒径等于或小于 15μm"的特征，不能影响权利要求 16 的新颖性。

综上，权利要求 13 具备新颖性。在此基础上，权利要求 14～17 也具备新颖性。

②针对权利要求 1、3～5、7～8、11～12。

证据 I 并未公开"d_{97} 等于或小于 30μm，平均粒径等于或小于 15μm"的特征，且证据 I 所述的"加热澄清剂和聚丙烯混合的温度应该低于 183℃"不同于权利要求 1 所述的"加热所述的混合物到至少 170℃ 至低于所述的澄清剂的熔点的温度"，另外，证据 I 中所述的成核剂应尽可能细小（1～10μm）涉及的是不溶解于聚合物中的成核剂，与本专利不同。因此，权利要求 1 相对于证据 I 具备新颖性。

在此基础上，权利要求 3～5、7～8、11～12 也具有新颖性。

（4）权利要求 1～20 具备创造性。

①针对权利要求 13～20。

本专利的二亚苄基山梨醇缩醛型澄清

剂(DBS型澄清剂)能与聚烯烃在低于自身熔点的温度配合,生产的制品没有白点或气泡,所用配合温度不超过可能引起变色和变味的配合温度(反证1说明书第4页第19~22行、第13页第2段)。且DBS型澄清剂是溶解型的成核剂(参见反证4第一栏倒数第55~63行,反证5第300页右栏第1~3行、第301页左栏第2~10行)。

证据I中提及的有机成核剂除双亚苄基山梨醇外都是传统的非溶解型的形式;而提及双亚苄基山梨醇(DBS)作为成核剂时引用的参考文献是专利权人产品Millad3905,该产品的粒径大于5μm,如本专利表2记载Millad3905的平均粒径是84微米。另外,该产品的说明书没有提及颗粒尺寸(反证8-b)。因此,证据I概括的成核剂粒径范围所依据的参考文献根本不涉及DBS型成核剂的粒径。

反证4第一栏最后一段以及反证5第301页左栏第2~10行均说明DBS的成核剂是溶解型,而溶解型成核剂在聚合物中利用优异的分散性可形成均质熔液,并在冷却时以凝胶形式分离出来形成合股纤丝的开放网状结构(见反证5第301页左栏第2~10行)。

关于证据I中提及的“有机成核剂最好在球磨机中粉碎至5μm以下”,其引用的参考文献为反证9。而反证9在提及5μm时针对的是特定的非溶解性成核剂,它与溶解型成核剂有本质不同。

另外,证据I对有机成核剂与聚烯烃树脂的配合方法完全没有涉及,所提及的粒径值也没有具体指出是何种粒径,更没有关于d_{97}的任何教导。因此,权利要求13相对于证据I和公知常识的结合具备创造性。

证据II解决的技术问题是提供克服现有技术的成核剂化合物的味道和气味转移缺陷的双二烷基亚苄基山梨醇缩醛成核剂组合物;其致力研究的是取代的DBS型澄清剂中苯环上取代基的位置对澄清剂性能的影响。证据II对澄清剂的平均粒径和粒径分布没有任何提及,其将澄清剂与聚烯烃树脂配合的过程也是传统的熔融配合形式。证据I没有给出降低证据II中DBS型澄清剂的颗粒尺寸的技术启示。证据I和II均没有公开本专利权利要求13中所限定的粒径特征。因此,证据II和证据I及公知常识的结合不能破坏权利要求13的创造性。

在权利要求13具备创造性的基础上,权利要求14~20相对于证据I、II和公知常识的组合具有创造性。

②针对权利要求1~12。

证据I并未公开“d_{97}等于或小于30μm,平均粒径等于或小于15μm”的特征,且证据I所述的“加热澄清剂和聚丙烯混合的温度应该低于183℃”不同于权利要求1所述的“加热所述的混合物到至少170℃至低于所述的澄清剂的熔点的温度”,另外,证据I中所述的成核剂应尽可能细小(1~10μm)涉及的是不溶解于聚合物中的成核剂,与本专利不同。请求人将几个不相关的技术特征组合在一起,不能证明权利要求1不具备创造性。因此,权利要求1相对于证据I和公知常识的结合具备创造性。

由于证据I、II和III均没有公开本专利所用的澄清剂“d_{97}等于或小于30μm,平均粒径等于或小于15μm”的特征,且本专利明确限定了“所述的澄清剂溶于所述树脂中”,因此,证据I、II和公知常识的结合,证据I、II、III和公知常识的结合均不能破坏权利要求1的创造性。

在此基础上,权利要求2~12也具备创造性。

(5)权利要求1~20可以得到说明书的支持。

本专利发现DBS初级粒子及包含几个初级粒子的小附聚物没有捕集气体的趋势,能够很好地解决本发明的技术问题。“d_{97}等于或小于30μm,平均粒径等于或小于 15μm”这一尺寸限度是包含了初级粒子和几个初级粒子构成的小附聚物在内的。本发明要求保护的粒径范围的上限有效限定了小附聚物中所包含的初级粒子的数目。该结果与显微镜图像分析结果完全一致。因此，权利要求 1～20 能够得到说明书的支持。

(6)权利要求 1、13 包括了解决技术问题的必要技术特征。

本专利说明书第 14 页最后一段所述，“超细澄清剂的特征在于其颗粒已经被减小到它们的初级粒子尺寸，或仅是几个初级粒子尺寸的附聚物”是发明人的发现，作为这一特征的具体量化，权利要求 1 和 13 中已经限定了“d_{97} 等于或小于 30μm，平均粒径等于或小于 15μm”。前述发现和所述粒径特征是一致的。因此，权利要求 1 和 13 不缺少必要技术特征。

请求人淄博润源化工有限公司(下称请求人 4) 于 2013 年 12 月 6 日向专利复审委员会提出了无效宣告请求(委内编号 4W102646)，其理由是：本专利说明书公开不充分，不符合《专利法》第 26 条第 3 款的规定。具体地，请求人 4 认为，(1)说明书未公开粒径的具体测定条件，粒径的测量受仪器、样品、分散方式等多种因素影响。(2)初级粒径与 d97 的关系不明，却进行了直接推定。

请求人 4 于 2014 年 1 月 3 日继续补充无效理由，并提交了如下证据：

证据①(同证据 2，证据 II)：美国专利文献 US5049605，公开日 1991 年 9 月 17 日，复印件 7 页；及其中文译文 13 页；

证据②(同证据 3 和证据 I)：《塑料添加剂手册》，[德]R. 盖希特 等编，陈振兴等译，中国石化出版社，1992 年 3 月出版，封面、信息页、目录、第 606～617 页，复印件 8 页；

证据③：德国专利文献 DE3704207A1，公开日 1988 年 8 月 25 日，复印件 6 页；及其中文译文 9 页；

证据④：日本特许公报 JP 昭 63－120788A，公开日 1988 年 5 月 25 日，复印件 4 页；及其中文译文 6 页；

证据⑤(同证据 III)：美国专利文献 US4314039，公开日 1982 年 2 月 2 日，复印件 4 页；及其中文译文 9 页。

请求人 4 进一步认为，权利要求 1～20 不具备《专利法》第 22 条第 3 款规定的创造性。

(1)针对权利要求 13～20。

证据①公开了二(3，4—二烷基苯亚甲基)山梨醇缩醛和包含它的组合物。其与权利要求 13 的区别在于，权利要求 13 限定了 d_{97} 等于或小于 30μm。

本领域公知，澄清剂必须熔化和再结晶以便在聚烯烃树脂中形成非常致密的网络，该网络提供成核位点，由此减小了随冷却而在树脂内形成的球晶的尺寸，该成核位点越小，所制得的树脂透明度必定越高。因而，采用胶小粒径的澄清剂以获得性能更好的树脂品是本领域的公知常识。权利要求 13 中限定的粒径范围是本领域技术人员在现有技术基础上通过合乎逻辑的分析、推理即可获得的，因此，权利要求 13 相对于证据①和公知常识的结合不具备创造性。

证据②作为工具书公开了对成核剂粒径的要求，而对于 d_{97} 的测定，仅需几分钟就可以完成，设定某一 dn 值最为最大粒径度量值是本领域的常用技术手段。故，权利要求 13 相对于证据①、证据②和公知常识的结合不具有创造性。

证据③也公开了作为成核剂使用的二亚苄基山梨醇和超细滑石，优选粒径小于或等于 10μm。则其 d_{97} 值必然等于或小于 30μm，平均粒径必然等于或小于 15μm。因此，权利要求 13 相对于证据①、证据③和公知常识的结合不具有创造性，相对于证据①、证据②、证据③和公知常识的结合也不具有创造性。

证据④公开了一种凝胶化剂的制备方法，其中的凝胶化剂的化学结构有"1.3，2.4—二(甲基亚苄基)山梨醇"，并指出，该冻干物特征在于粒径与现有结构的产品相比也较小，且能任意控制粒径。因此，采用较小粒径的成核剂是本领域的常规选择。权利要求13相对于证据①、证据④和公知常识的结合不具有创造性。

如上对证据①、证据②、证据③和证据④公开内容的描述，权利要求13相对于证据①、证据②、证据④和公知常识的结合，以及相对于证据①、证据③、证据④和公知常识的结合也不具有创造性；权利要求13相对于证据④和公知常识的结合不具备创造性，相对于证据④、证据②和公知常识的结合不具备创造性；相对于证据④、证据③和公知常识的结合不具有创造性，相对于证据④、证据②、证据③和公知常识的结合不具备创造性；相对于证据①、证据②、证据③、证据④和公知常识的组合不具有创造性。

权利要求14的附加技术特征已被证据②、证据③公开；权利要求15的附加特征已被证据②所公开。在权利要求13不具备创造性的情况下，权利要求14～15也不具备创造性。

证据①表1的实施例1公开的化合物熔点范围与权利要求16限定的熔点范围重叠。在权利要求13不具备创造性的情况下，权利要求16也不具备创造性。

权利要求17～20的附加技术特征已被证据①表1公开，在权利要求13不具备创造性的情况下，权利要求17～20也不具备创造性。

(2)针对权利要求1～12。

证据①公开了成核剂用于改善聚合物材料的光学性质，第5页第2段：在制备聚丙烯木料中含有高达20wt％二一缩醛的浓缩物，并随后将其与树脂混合；第8页倒数第1段：将添加剂和树脂在机械混合器中进行干混，在470 ℉(243℃)下通过单螺杆挤出机挤出，并造粒。

权利要求1与证据①的区别在于：①权利要求1限定了d_{97}等于或小于30μm，平均粒径等于或小于15μm；②权利要求1限定在所述树脂处于熔融状态时混合所述的混合物，指导所述的澄清剂溶于所述树脂中。对于区别①的评述，参见对权利要求13的评述。对于区别②要解决的技术问题是如何使澄清剂与树脂混合均匀。

证据⑤第3页第2段公开了"本发明的组合物可以通过已知方法将山梨醇、任选抗氧化剂和其他添加剂均匀分散在聚丙烯中制备，例如通过使用Henschel混合器。组合物颗粒，这是一个特别方便的使用形式，其可通过将聚丙烯粉末与这些添加剂混合，并将混合物例如经挤出机熔融挤出进行造粒"。由此可见，在证据①的基础上结合证据⑤和本领域公知常识得出权利要求1所要求保护的技术方案是显而易见的，权利要求1不具备创造性。

证据②公开了成核剂应尽可能系小并均匀地分散在聚合物溶体中。因此，权利要求1的技术方案相对于证据①、证据②和公知常识的结合也不具备创造性。

证据⑤第1页第23～24行还公开了"通过向100重量份聚丙烯中添加0.005至8重量份，优选0.1～0.3重量份每个烷基具有2～18个碳原子的1.3，2.4—二(烷基苯压甲基)山梨醇实现本发明的上述目标"。第4页第3段公开了"在最高温度200℃的挤出机中将混合物造粒，所述将颗粒随后通过保持在最高温度为210℃的注射成型机进行成型以形成厚度为2mm的片"。由此可见，在证据①的基础上结合证据②、证据⑤和本领域的公知常识得出权利要求1的技术方案是显而易见的，权利要求1不具备创造性。

证据③第1页倒数第2段公开了二亚苄基山梨醇和超细滑石的成核剂基于成型材料计为0.001～0.5重量％；第2页第2

段进一步指出，向聚合物中添加的该物料的量为 0.001～0.5 重量%，优选 0.001～0.15 重量。因此，权利要求 1 相对于证据①、证据③、证据⑤和公知常识的组合不具有创造性。

如上对证据公开的描述，权利要求 1 相对于证据①、证据②、证据③和公知常识的组合不具有创造性；权利要求 1 相对于证据①、证据②、证据③、证据⑤和公知常识的组合不具有创造性。

证据④公开了：通过本发明方法得到的冻干物可以是凝胶化剂的形式，可以起到成核剂等功能，适用于树脂改质。参考例 1：在 100 重量份分子量为 60000 的均聚丙烯粉末中干式混合……0.25 重量份实施例 4 得到的 Me－DBS 的冻干粉，然后使用造粒机，在 200℃下溶溶，冷却，……与现有产品相比，能在低温下溶解、分散。权利要求 1 与证据④的区别在于，权利要求 1 限定粉末状澄清剂 d_{97} 等于或小于 30μm，平均粒径等于或小于 15μm。

在证据④的基础上结合公知常识得出权利要求 1 所要求保护的技术方案是显而易见的，权利要求 1 不具备创造性。

另外，权利要求 1 相对于证据④、证据①和公知常识的组合也不具备创造性；权利要求 1 相对于证据④、证据②和公知常识的组合也不具备创造性；权利要求 1 相对于证据④、证据③和公知常识的组合也不具备创造性；权利要求 1 相对于证据④、证据①、证据②和公知常识的组合也不具备创造性；权利要求 1 相对于证据④、证据①、证据③和公知常识的组合也不具备创造性；权利要求 1 相对于证据④、证据②、证据③和公知常识的组合也不具备创造性；权利要求 1 相对于证据④、证据①、证据②、证据③和公知常识的组合也不具备创造性；权利要求 1 相对于证据④、证据①、证据②、证据③、证据⑤和公知常识的组合也不具备创造性。

权利要求 2 的附加技术特征已在证据①表 1 中公开；权利要求 3 附加技术特征已在证据②、证据③、证据④、证据⑤中给出教导或启示；权利要求 4～5 的特征已在证据②或证据③中公开；权利要求 6 的特征已在证据①表 1 中公开；权利要求 7 的特征已在证据①、证据④、证据⑤中给出教导或启示；权利要求 8～10 的特征已在证据①表 1 中公开；权利要求 11 的特征已在证据①第 5 页第 3 段提及；权利要求 12 的技术特征已在证据④、证据⑤中给出启示。因此，在权利要求 1 不具备创造性的基础上，权利要求 2～12 也不具备创造性。

针对上述无效理由，专利权人于 2014 年 2 月 28 日提交了意见陈述书和如下反证：

反证 1：本专利授权公告文本，复印件 27 页；

反证 11：2004 年 6 月 11 日，欧专利对 EP0569198B 的异议审查决定，复印件 19 页，及其中文译文 5 页；

反证 16：(2013)粤广广州第 109956 号公证书，公证内容为相关网站上搜索 D4464－85(1991)粒径分布测试标准并进一步浏览的结果，复印件 8 页，以及公证书相关部分的中文译文 2 页；

反证 17："Dispersing Powders in Liquids"，《Handbook of Poweder Technology》(《粉末技术手册》)，Ralph D. Nelson, Jr. 编，1998 年 Elsevier Science Publishers B. V. 发行，复印件 23 页，及其中文译文 3 页；

反证 18："Concepts on the preparation of particulate for measurement by light scattering particle size analyzers"("用于激光散射粒径分析仪测量的颗粒制备原理")，Philip E. Plantz，1991 年第 225～245 页，复印件 21 页，及其部分中文译文 3 页；

反证 19：《Particle Size Measurement》(《颗粒尺寸测量》，第 4 版)，Terence Allen

著，1990年出版，封面、信息页和第285～286、289、291～292、487页，复印件8页，及其中文译文2页；

反证20：《进入MICROTRAC“信息运行”数据的指南》，Dr. Philip E. Plantz著，1992年4月3日，复印件58页，及其中文译文57页；

反证24：中国发明专利CN100406545C，公告日2008年7月30日，复印件47页；

反证25：中国发明专利CN102133183B，公告日2012年2月29日，复印件7页；

反证26：中国发明专利CN100519509C，公告日2009年7月29日，复印件24页；

反证27：中国发明专利CN100432147C，公告日2008年11月12日，复印件30页；

反证28：中国发明专利CN101864018B，公告日2011年11月9日，复印件40页；

反证29：中国发明专利CN101506307B，公告日2012年2月1日，复印件37页；

反证30：Dr. Philip E. Plantz对反证20真实性的证词以及证人撰写发表的关于粒径测量方法的五篇文章复印件，共123页，及其中文译文6页。

针对请求人4补充的无效理由和证据，专利权人于2014年4月1日进行了意见陈述并提交了如下反证：

反证4：美国专利文献US4954291，公开日1990年9月4日，复印件7页，以及部分中文译文2页；

反证5：“Physical gelation: a path towards ‘ideal’ dispersion of additives in polymer”，A. Thierry等，《Polymer Communications》(《聚合物通讯》)，1990年8月第31期，第299～301页，复印件3页，以及部分中文译文1页；

反证7(同证据3)：《塑料添加剂手册》，[德]R. 盖希特 等编，陈振兴 等译，中国石化出版社，1992年3月出版，封面、信息页、序、目录、第606～617页，复印件16页；

反证8－a：(2013)粤广广州第109962号公证书，公证内容为相关网站上搜索32647－67－9的并进一步浏览的结果，复印件14页，以及公证书相关部分的中文译文1页；

反证8－b：(2013)粤广广州第109963号公证书，公证内容为在google网站上搜索Millad3950并进一步浏览的结果，复印件13页，以及公证书相关部分的中文译文8页；

反证8－c：(2013)粤广广州第109964号公证书，公证内容为相关网站上搜索Dibenzylidene sorbitol显示结果，复印件7页，以及公证书相关部分的中文译文2页；

反证9：《Kolloid － Zeitschrift & Zeitschrift für Polymere》(《胶体与聚合物科学》)，1970年第240卷，封面、第762～765页，复印件5页，及其中文译文5页；该证据为反证7引用文件；

反证10：本专利同族欧洲专利EP0569198B，公开日1993年12月16日，复印件18页；

反证11：2004年6月11日，欧专利对EP0569198B的异议审查决定，复印件19页，及其部分中文译文5页；

反证15：证据2 US5049605A的说明书摘要、权利要求书以及说明书的中文译文17页。

专利权人认为，(1)关于充分公开，根据本专利中所提供的信息(说明书第10页倒数第1段至第11页第2段、第9页第1段实施例2和附图8～10)，只要在测量时遵照本领域技术人员熟知的基本原则，利用说明书中所述的激光散射技术与显微镜分析相结合，完全可以重复测定平均粒径和d97值。

反证16～20可以证实，在本专利的申请日前，激光散射技术是一种得到证实的、成熟的粒径测定方法。反证30是反证20的作者关于反证20真实性的证词。

本专利说明书对测量方法的描述复合授予专利权的规定，反证24～29均是在中国得到授权的专利文献，其中涉及由激光散射法测定的粒径时，都没有限定具体地测定条件。

欧专局对本专利同族专利的异议程序审查决定（反证 11）也同样认定，本专利对于超细澄清剂粉末的测量方法记载是清楚、充分的。

（2）权利要求 1～20 具备创造性。

①针对权利要求 13～20。

证据①研究的是取代的 DBS 型澄清剂中苯环上取代基的位置对澄清剂性能的影响，特别是对与食品接触的应用中对澄清剂的味道和气味转移性的影响，其发现在亚苄基环上的 3—位和 4—位取代有低级烷基基团时，所得到的取代的 DBS 型澄清剂具有显著改进的味道和气味转移性（反证 15，说明书第 3 页倒数第 1 段至第 4 页第 1 段），证据①没有公开本专利权利要求 13 中的平均粒径和粒径分布技术特征；证据①对于将澄清剂与聚烯烃树脂的配合，只是惯常地采用了常规的熔融配合过程，配合温度高达 243℃，没有对降低澄清剂与聚烯烃树脂的配合温度的问题作出教导。

本专利之前，本领域对 DBS 澄清剂的认识是，DBS 是溶解型的成核剂，应用过程经过了首先熔融并溶解的过程，其成核位点的大小与成核剂熔解前的颗粒尺寸没有必然的联系（参见反证 4、反证 5）。本领域技术人员根本无法预料到通过进一步降低澄清剂的粒径和粒径分布到本专利所限定的范围内，能够克服高熔点的 DBS 型澄清剂的加工困难问题。

综上，权利要求 13 相对于证据①与公知常识的结合具有突出的实质性特点和显著的进步，具有创造性。

关于证据②，散见于证据②不同段落和页面的描述，并不能认为其中所述的“1～10μm”的粒径，或者“5μm 以下”的粒径与其中提及的 DBS 澄清剂有必然的联系。证据②中提及的有机成核剂除双亚苄基山梨醇外都是传统的非溶解型的形式；而提及双亚苄基山梨醇（DBS）作为成核剂时引用的参考文献是专利权人产品 Millad3905，该产品的粒径大于 5μm，如本专利表 2 记载 Millad3905 的平均粒径是 84μm。另外，该产品的说明书没有提及颗粒尺寸（反证 8）。因此，证据②概括的成核剂粒径范围所依据的参考文献根本不涉及 DBS 型成核剂的粒径，亦没有公开本专利权利要求 13 中限定的具体的 d97 范围。

在本专利的欧洲同族专利 EP－B－0569198（反证 10）的异议审查决定（反证 11）中，欧专局对证据 E1（塑料添加剂手册，本案中证据②）也进行了评述，认为虽然证据 E1 公开了有机成核剂优选被粉碎到 5μm 以下，但是并没有明确公开如本专利中的 DBS 型成核剂具有的优选粒径；此外，证据 E1 根本没有提及 d_{97}，因此证据 E1 不能破坏本专利超细澄清剂粉末产品的创造性（反证 11，第 11 页第 3 段）。

因此，结合上文对证据①、证据②和公知常识的分析，权利要求 13 相对于证据①、证据②与公知常识的结合具有突出的实质性特点和显著的进步，具有创造性。

证据③涉及制备同时具有改进的韧性和改进的硬度的聚丙烯模料，其中公开了：“作为成核剂，使用苯甲酸钠、褐煤酸钠、褐煤酸钙、对－叔丁基苯甲酸铝、喹丫啶酮、萘酰亚胺、二亚苄基山梨醇和超细滑石，优选苯甲酸钠、喹丫啶酮和超细滑石，尤其是苯甲酸钠。该成核剂的粒径小于或等于 20μm，优选小于或等于 10μm”。

尽管证据③中提到了二亚苄基山梨醇（DBS），但是并不能确定其说明书中提及的“成核剂的粒径小于 20μm，优选小于 10μm”是针对 DBS 的，因为在其泛泛提及了包括 DBS 在内的一些成核剂后，又提及了优选的成核剂是苯甲酸钠、喹丫啶酮和超细滑石，和尤其优选的成核剂是苯甲酸钠，之后说该成核剂的粒径小于或等于 20μm，优选小于或等于 10μm。欧专局对此也采用相同的看法（反证 11 第 12 页倒数第 1 段至第 13 页第 1 段）。

另外，虽然证据③中出现了 DBS 成核剂，但是，在证据③所述的成核剂中，除了二亚苄基山梨醇外，其他的成核剂都是传统的非溶解型的形式。而 DBS 成核剂是“溶解”型的，传统上使用的 DBS 成核剂并不需要颗粒尺寸与上述的非溶解型的成核剂的尺寸相当。证据③是无意中将 DBS 与传统的非溶解型成核剂以及它们的颗粒尺寸特性混编在一起的。证据③对成核剂的粒径分布 d_{97} 完全没有任何教导和暗示。

因此，权利要求 13 相对于证据①、②、③和公知常识的任意组合具有创造性。

证据④（JP63－120788）公开了一种凝胶化剂（DBS 型澄清剂）的制备方法，通过在溶剂中溶解凝胶化剂后，冷却形成凝胶状物质，然后将该凝胶状物冻干，回收凝胶化剂。证据④中认为，通过冷冻干燥方法可以降低 DBS 型澄清剂的熔点，然后可实现在较低温度下将 DBS 型澄清剂混入聚烯烃树脂中。本专利是通过将高熔点的 DBS 型澄清剂的粒径及其粒径分布降低至一定程度，从而增加其在熔融聚烯烃树脂中的溶解度和溶解速度，由此实现在较低温度下将 DBS 型澄清剂均匀地混入聚烯烃树脂中。可见，证据④的发明构思与本专利的发明构思相去甚远。

证据④仅提到“该冻干物特征在于粒径与现有具有相同结构的产品相比也较小，且能任意控制粒径”，但是对于冷冻干燥后的澄清剂粉末的所谓的“较小”的粒径没有任何具体公开，也没有公开如何“任意控制”粒径，更不用说公开粒径分布的 d_{97} 值。

结合上文对证据①～④和公知常识的分析，本专利权利要求 13 相对于证据①～④以及公知常识的任意组合具有突出的实质性特点和显著的进步，具有创造性。

基于同样的理由，证据①～④以及公知常识的任意组合均无法破坏本专利从属权利要求 14～20 的创造性。

②针对权利要求 1～12。

如上对证据①～④的分析，本专利中使用具有特定平均粒径和粒径分布的粉末状澄清剂使得权利要求 1 相对于证据①、证据②、证据③、证据④和公知常识的任意组合均具有创造性。

证据⑤涉及一种包含 1.3，2.3—二（烷基苯亚甲基）山梨醇的聚丙烯组合物，其用于获得具有改进透明度且基本上没有添加剂渗出的模塑制品。证据⑤完全没有公开其使用的 DBS 型澄清剂的粒径特征，其致力研究的是 DBS 型澄清剂上取代基的不同位置对聚烯烃的透明性和渗出现象的影响。因此，本专利权利要求 1 的方法相对于证据⑤及其与证据①～④的任意组合也均具有创造性。

基于同样的理由，证据①～⑤以及公知常识的任意组合均无法破坏本专利从属权利要求 14～20 的创造性。

专利复审委员会本案合议组于 2014 年 3 月 6 日向五方当事人（请求人 1～4 以及专利权人）发出了口头审理通知书，定于 2014 年 4 月 16 日举行口头审理。并在口审通知书中说明：（1）4W102157、4W102130、4W102307 以及 4W102646 将合案审理；（2）本次口头审理针对的文本为中国专利局于 2003 年 8 月 8 日发出的撤销专利权请求的审查决定书所确定的有效文本，该文本专利权人已经作为反证 2 提交，有效的权利要求范围即反证 2 中正文第 5～7 页所示的权利要求书内容；（3）鉴于反证 2 已经转文给各个请求人，双方当事人均持有该文本，合议组不再另行转文。

口头审理如期举行，五方当事人均出席了本次口头审理。合议组对本案的无效理由和事实逐一进行了调查，并记录了如下事项：

（1）五方当事人对口头审理针对的文本清楚，并且无异议；

（2）经合议组释明，五方当事人清楚并同意本专利的审理适用 1992 版的专利法及其实施细则的规定；

(3)请求人1和请求人2当庭放弃权利要求13～20技术方案不清楚的无效理由；请求人1当庭放弃权利要求13～20不具备新颖性的无效理由；请求人3当庭放弃权利要求1和13缺少必要技术特征的无效理由以及权利要求1、3～5、7～8、11～17不具备新颖性的无效理由；

(4)五方当事人对对方的证据真实性和公开性均无异议，对译文准确性也无异议；

(5)专利权人当庭放弃反证8－a、反证8－c、反证10～11，反证10－a、10－b、10－c，反证24～30的使用；

(6)请求人1同意使用反证6作为证据US4371645的中文译文使用，请求人1和请求人2同意使用反证15作为证据US5049605的中文译文使用。

至此，合议组认为本案事实已经清楚，可以作出审查决定。

二、决定的理由

1. 关于审查文本

本无效宣告审查决定针对的审查文本为2003年8月8日撤销专利权请求的审查决定书所确认的有效专利文本。

2. 关于法律适用

本专利申请日为1993年4月30日，其中关于权利要求不具备创造性的无效理由，法律条款适月于1992版的《专利法》第22条第3款的规定；关于说明书公开不充分或得不到说明书支持的无效理由法律条款分别适用于1992版《专利法》第26条第3款或《专利法》第26条第4款的规定。

3. 关于确认的无效理由

请求人1的无效理由：本专利说明书公开不充分，不符合《专利法》第26条第3款的规定；权利要求13～20不具备创造性，不符合《专利法》第22条第3款的规定；权利要求13～20得不到说明书的支持，不符合《专利法》第26条第4款的规定。关于创造性的证据结合方式为：权利要求13～20分别相对于证据1与证据3的结合或证据2与证据3的结合不具备创造性，证据1和2分别作为最接近的对比文件。

请求人2的无效理由：权利要求13～20相对于证据(i)与证据(ii)的结合不具备创造性，不符合《专利法》第22条第3款的规定，证据(i)为最接近的对比文件。

请求人3的无效理由：本专利说明书公开不充分，不符合《专利法》第26条第3款的规定；权利要求1～20得不到说明书的支持，不符合《专利法》第26条第4款的规定；权利要求1～20不具备创造性，不符合《专利法》第22条第3款的规定，分别以证据I或证据II为最接近的对比文件。关于创造性的证据结合方式：权利要求1：证据I结合公知常识；证据II、证据I结合公知常识；证据II、证据I、证据III结合公知常识；权利要求2～12：权利要求1的任一证据组合结合公知常识；权利要求13：证据I结合公知常识；证据II、证据I结合公知常识；权利要求14～20：权利要求13的任一证据组合结合公知常识。

请求人4的无效理由：本专利说明书公开不充分，不符合《专利法》第26条第3款的规定；权利要求1～20不具备创造性，不符合《专利法》第22条第3款的规定，证据①或证据④为最接近的对比文件。关于创造性的证据结合方式如下：

权利要求1：证据①＋证据⑤＋公知常识

证据①＋证据②＋公知常识

证据①＋证据②＋证据⑤＋公知常识

证据①＋证据③＋证据⑤＋公知常识

证据①＋证据②＋证据③＋公知常识

证据①＋证据②＋证据③＋证据⑤＋公知常识

证据④＋公知常识

证据④＋证据①＋公知常识

证据④＋证据②＋公知常识

证据④＋证据③＋公知常识

证据④＋证据①＋证据②＋公知常识

证据④+证据①+证据③+公知常识

证据④+证据②+证据③+公知常识

证据④+证据①+证据②+证据③+公知常识

证据④+证据①+证据②+证据③+证据⑤+公知常识;

权利要求2～12:权利要求1的任一证据组合+公知常识;

权利要求13:证据①+公知常识

证据①+证据②+公知常识

证据①+证据③+公知常识

证据①+证据②+证据③+公知常识

证据①+证据④+公知常识

证据①+证据④+证据②+公知常识

证据①+证据④+证据③+公知常识

证据④+公知常识

证据④+证据②+公知常识

证据④+证据③+公知常识

证据④+证据②+证据③+公知常识

证据①+证据④+证据②+证据③+公知常识;

权利要求14～20:权利要求13的任一证据组合+公知常识。

4. 关于证据认定及译文准确性

五方当事人提交的证据和反证中,证据2、证据(i)、证据II、证据①为相同证据,证据III与证据⑤为相同证据,证据3、证据(ii)、证据I、反证7来源相同,证据④与反证12为相同证据。

请求人1、2当庭出示了证据3图书原件,提交了加盖有国家知识产权局专利检索咨询中心红章的美国专利证据1以及证据2[证据(i)与证据2相同]的复印件;请求人3、请求人4当庭出示了证据II和证据②的图书原件,以及加盖有北京国知中意翻译有限公司业务专用章的证据①、证据③和证据⑤的译文。专利权人当庭核实上述证据。

专利权人当庭出示了反证3、反证33的原件,以及盖有国家知识产权局专利检索咨询中心红章的反证4、10、12、22、24～29的复印件,盖有中国科学院文献情报中心信息服务部公章的反证5的复印件,盖有国家图书馆科技查新中心红章的反证7、13、14、17～19、21、23复印件,盖有中国科学院文献情报中心信息服务部红章的反证9、19、31的复印件,反证8、11、16(含反证16—a的内容)、10—a、10—b、10—c、32的公证书原件,反证20、30经过中华人民共和国驻美国大使馆领事部等秘书兼领事公证的公证书原件。请求人1～4当庭核实上述反证。

鉴于五方当事人对对方证据的真实性和公开性无异议,对证据中文译文的准确性也无异议,且专利权人当庭放弃反证8—a、8—c、反证10～11,反证10—a、10—b、10—c、反证24～30的使用,在此基础上,合议组依法认可证据1～3的真实性及其相关中文译文的准确性,认可证据(i)～(ii)的真实性及其相关中文译文的准确性,认可证据I～III的真实性及其相关中文译文的准确性,认可证据①～⑤的真实性及其相关中文译文的准确性,认可反证1～7、反证8—b、反证9、反证12、反证15、反证22～23的真实性及其相关中文译文的准确性。

5. 关于《专利法》第26条第3款

《专利法》第26条第3款规定,说明书应当对发明或者实用新型作出清楚、完整的说明,以所属领域的技术人员能够实现为准;必要时,应当有附图。

如果所属技术领域的技术人员依据说明书公开的内容并结合其所掌握的现有技术知识就能够实现发明的技术方案,解决其技术问题,并产生预期的技术效果,则应当认为说明书对发明已作出清楚、完整的说明,符合《专利法》第26条第3款的规定。

本案中,澄清剂的含义与成核剂相同,复合温度的含义与配合温度相同。

就本案而言,请求人1认为,本专利说明书对权利要求13～20要求保护的组合物没有记载组分的可选择范围以及各组分的含量范围,尤其是没有列举澄清剂以外的组分及含量，导致要求保护的技术方案没有在说明书中整体说明，不符合《专利法》第 26 条第 3 款的规定。

请求人 3 和请求人 4 认为，本专利说明书第 7 页第 14～15 行明确描述了“颗粒径测量不是一门精确的科学”，但本专利说明书仅简要说明其要保护的粒径值是由激光散射测出的，并未公开其专利中粒径的具体测量条件，导致本领域技术人员无法重现本专利所述的技术方案。

另外，请求人 3 还认为，本专利说明书第 9～10 页描述“本专利山梨醇和木糖醇二缩醛可以是‘纤维状晶体初级粒子’表征，其长度 5～10μm，直径 0.3～0.7μm”，接着说“初级粒子”的存在正是防止树脂起泡的原因，最后却断言“d_{97} 等于或小于 30μm，平均粒径等于或小于 15μm 的粉末状澄清剂适用于实施本发明”。本领域技术人员不清楚“纤维状晶体初级粒子”与本专利权利要求中“粉末状澄清剂的 d_{97} 等于或小于 30μm，平均粒径等于或小于 15μm”有什么关系？如何从纤维状晶体初级粒子能防止起泡推知“d_{97} 等于或小于 30μm，平均粒径等于或小于 15μm 的粉末状澄清剂适用于实施本发明”？前述理由也导致说明书公开不充分。

对此，合议组认为，(1)首先，权利要求 13 要求保护的粉末状澄清剂是由一种通式化合物作为原料制备的粉末状化学产品，其具有特定的粒径特征。权利要求 13 中的通式化合物为现有技术或依据现有技术可以制备的化合物，而将这些化合物制备成粉末状的方法记载于本专利说明书的第 9 页第 1～8 行以及第 10 页第 10～14 行，对粉末状产品的确认记载于本专利说明书的第 4 页第 23 行至第 5 页第 17 行，第 17 页表 2 以及附图 1～10)。另外，说明书第 12 页第 13～14 行还指明了该化学产品的明确用途。其次，“纤维状晶体初级粒子”与“粉末状澄清剂的 d_{97} 等于或小于 30μm，平均粒径等于或小于 15μm”的关系如本专利说明书第 14 页最后一段的描述，两种不同的限定是从不同角度描述粉末状澄清剂的粒径。并且，说明书第 17 页的表 2 的实验数据已经证实将澄清剂超细化后使用，与聚烯烃树脂结合的最低复合温度明显降低。

(2) 经过粉碎后的粉末状产品的粒径大小是客观的，是产品经过反复测定后的统计结果。激光散射方法测定粒径大小是已知并成熟的技术手段。对于实验人员和/或操作人员来说，其测定条件的选择既有仪器的操作手册可以遵循，也有已知的操作经验可以参考。所谓的超声打碎微粒的说法是不准确的，也没有证据说明采用超声振动与否，对实验结果有任何影响。故，请求人 3 和请求人 4 提出的关于本专利说明书未描述激光散射测量条件导致公开不充分的主张不能得到支持。

(3) 尽管专利权人已经放弃了反证 10－a、10－b 的使用，但是请求人 3 和请求人 4 坚称反证 10－a、10－b 进一步证明专利权人自己的专家都无法重复美利肯公司(专利权人)产品的平均粒径，故本专利说明书未描述激光散射测量粒径的条件以导致说明书公开不充分。对此，合议组认为，尽管反证 10－a、10－b 证人证言声称测定的样品是美利肯公司 3905 产品的平均粒径，然而，3905 产品的说明书(反证 8－b)并未限定平均粒径大小，也即，不同批次的 3905 产品所测定的平均粒径完全有可能不同，并不能由此推定本专利所述的经超细化处理后的澄清剂粒径测定方式存在无法重现的缺陷。

综上，本专利说明书对权利要求 13～20 要求保护的产品作出了清楚、完整的说明，符合《专利法》第 26 条第 3 款的规定。

6. 关于《专利法》第 26 条第 4 款

《专利法》第 26 条第 4 款规定，权利要求书应当以说明书为依据，说明要求专利保护的范围。

如果权利要求的技术方案是所属领域

技术人员能够从说明书充分公开的内容中得到或概括得出的技术方案，则应当认为权利要求能够得到说明书的支持。

就本案而言，请求人1认为，(1)权利要求13要求保护的澄清剂没有限定其中化合物的含量范围、其他组分及含量范围，也没有指出组分及含量范围的选择是常规的。由此导致，权利要求13～20得不到说明书的支持。(2)当权利要求13～20要求保护的澄清剂化合物中化合物的含量是100%，则权利要求13～20等同于保护化合物，也得不到说明书的支持。(3)说明书未给出相应的实施例证明p、m、n和R不同组合情形下的化学物质都能够制备得到。据此，权利要求13～17的技术方案也未得到说明书的实质支持。

请求人3认为，(1)即使“纤维状晶体初级粒子”与本专利权利要求中“粉末状澄清剂的d_{97}等于或小于30μm，平均粒径等于或小于15μm”有关系，但根据本领域常识，以“纤维状晶体”长度和直径折算成颗粒的等效直径理应不超过0.3～10μm的范围。本专利权利要求1和13中要求“d_{97}等于或小于30μm，平均粒径等于或小于15μm”的范围，得不到说明书的支持。(2)本专利实施例仅给出了“粉末状澄清剂的d_{97}为4～20μm，平均粒径为2～9μm”的具体实施方法，而权利要求中经此范围扩大到“粉末状澄清剂的d_{97}等于或小于30μm，平均粒径等于或小于15μm”，是本领域技术人员不能合理预期的。

对此，合议组认为，(1)本发明涉及用作透明的聚烯烃树脂澄清剂的山梨醇与木糖醇之缩醛，该澄清剂的粒径已被减少至其初级粒径——超细粉末(参见说明书第1页第1段)。据说明书记载，有多种有代表性的山梨醇和木糖醇之缩醛，如二亚苄基山梨醇、二(烷基亚苄基)山梨醇等，已被用作澄清剂。权利要求13～20要求保护的粉末状澄清剂是将现有的澄清剂原料，例如商购Millad3905，或者通过已有方法可以获得的山梨醇与木糖醇之缩醛超细化处理后而获得的d_{97}不大于30μm和平均粒径不大于15μm的产品。如上所述，本专利说明书不仅记载了将这些化合物制备成粉末状的方法(参见说明书的第9页第1～8行以及第10页第10～14行)，并且记载了对粉末状产品粒径的测定方法以及对制品的影响(参见说明书的第4页第23行至第5页第17行，第17页表2以及附图1～10)。也就是说，本领域技术人员能够从说明书充分公开的内容中可以得知仅需将权利要求13所述通式化合物超细化为特定粒径的颗粒，即可解决这些未超细化的澄清剂能与聚烯烃树脂配合时制品中产生的白点或气泡，并降低可能会引起变色和变味的配合温度。因而，组合物中是否还存在其他组分及其含量如何，是否为100%的化合物均并不会造成本领域技术人员无法预期的状况。因此，权利要求13～20可以得到说明书的支持。

(2)本专利已经给出了二亚苄基山梨醇、二(对甲基亚苄基)山梨醇等多个实施例，在此基础上，权利要求13～17对p、m、n和R的限定范围是合理的。至于，是否会因为存在空间位阻导致部分通式化合物无法得到，请求人1并未提交证据说明；相反，专利权人提交的反证22证实m和n等于3，R为两个C8叔丁基、一个羟基的情况下仍可获得苯甲醛与山梨糖醇的缩合产物；反证23同样证实m和n等于3，R为三个甲基的情况下制备得到1.3∶2.4二(2,4,6—三甲基亚苄基)山梨醇。即，本领域技术人员用常规的实验或分析方法足以将说明书记载的内容扩展到权利要求所述的保护范围。故，请求人1的上述主张不能得到合议组的支持。

(3)本专利是基于发现DBS初级粒子及包含几个初级粒子的小附聚物没有捕集气体的趋势，可以减少或避免制造产品中出现白点或气泡而作出的发明。纤维状晶体长度和直径如何折算成颗粒直径与本专利的发明核心无关，独立权利要求中所限定的“d_{97}等于或小于 30μm，平均粒径等于或小于 15μm”这一特征已经包含了初级粒子和几个初级粒子构成的小附聚物在内的发明本质。也就是说，本发明要求保护的粒径范围的上限有效限定了小附聚物中所包含的初级粒子的数目。请求人 3 并未提交实验数据证明中“粉末状澄清剂的 d_{97} 为 20～30μm，平均粒径为 9～15μm”时不能实现本发明的目的。因此，权利要求 1～20 能够得到说明书的支持。

7. 关于《专利法》第 22 条第 3 款

《专利法》第 22 条第 3 款规定，创造性，是指同申请日以前已有的技术相比，该发明有突出的实质性特点和显著的进步，该实用新型有实质性特点和进步。

专利说明书中描述的发明要解决的技术问题和声称的技术效果可以作为确定发明实际解决技术问题的重要参考。在上述声称的技术效果根据专利申请文件公开的内容能够得到确认的情况下，其可以作为确定发明实际解决技术问题的依据。

就本案而言，关于权利要求 13～20 是否创造性的争议焦点包括：(1)本专利实际解决的技术问题是什么？(2)如何看待现有技术——《塑料添加剂手册》的实际公开内容？请求人均主张，本案实际解决的技术问题是获得小粒径的粉末状澄清剂；专利权人主张，本案实际解决的技术问题是克服澄清剂与聚烯烃树脂配合过程中引起的制品中的白点或气泡问题并降低配合温度，克服聚烯烃树脂的变色和变味问题。另外，针对《塑料添加剂手册》实际公开的技术信息，请求人方与专利权人持不同意见。

7.1 针对权利要求 13

权利要求 13 要求保护包括山梨糖醇或木糖醇与取代苯甲醛缩合物的粉末状澄清剂(具体参见案由部分)。

本案中，请求人 1、请求人 2、请求人 3、请求人 4 主张评价权利要求 13～20 创造性的最接近的现有技术包括：US4371645(证据 1)、US5049605(即证据 2、证据(i)、证据 II、证据①)、《塑料添加剂手册》(证据 3、证据 I、证据②)以及 JP 昭 63－120788A(证据④)。

7.1.1 以 US4371645 或 US5049605 作为最接近的现有技术评价权利要求 13 的创造性

US4371645 公开了一种具有改进透明性的聚烯烃塑料组合物(参见说明书第 1 栏第 47 行至第 2 栏第 3 行)，其包含聚合物和至少一种山梨醇的二一缩醛，所述聚合物选自脂肪族聚烯烃和含有至少一种脂肪族烯烃一种或多种烯属不饱和脂肪族共聚单体的共聚物；所述山梨醇的二一缩醛具有下述结构：

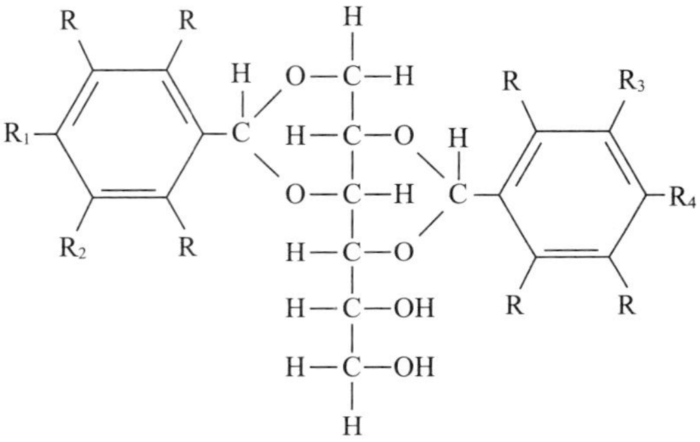

其中 R、R_1、R_2、R_3 和 R_4 选自氢、低级烷基、羟基、甲氧基、单一和二一烷氨基、氨基、硝基和卤素，条件是 R_1、R_2、R_3 和 R_4 中至少一个是氯或溴。

US5049605 公开了一种如下通式的双(3,4－二烷基亚苄基)三梨醇缩醛及包含该化合物的组合物(参见权利要求 1、4)：

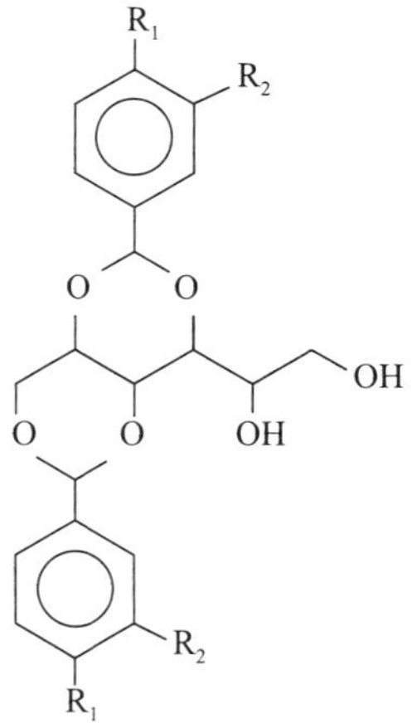

其中，R_1 和 R_2 独立地选自含有 1～4 个碳原子的低级烷基，二者共同形成含有至多 5 个碳原子的碳环。

可见，权利要求 13 与 US4371645 或 US5049605 的区别特征在于，这些现有技术未公开权利要求 13 所述的“粉末状澄清剂的 d_{97} 等于或小于 30μm，平均粒径等于或小于 15μm”的技术特征。

请求人 1、请求人 2、请求人 3、请求人 4 一致认为，本专利实际解决的技术问题是获得小颗粒的粉末状澄清剂，采用超细颗粒是本领域的常用技术手段。

合议组考察了本专利说明书的记载，说明书第 4 页第 19～22 行记载了“本发明提供了一种生产山梨醇和木糖醇的缩醛澄清剂的技术，这些澄清剂能与聚烯烃树脂配合，生产的制品没有‘白点’或‘气泡’，所用温度不超过可能会引起变色和变味的配合温度”；也即，本专利声称要解决的技术问题是克服澄清剂与聚烯烃树脂配合过程中引起的制品中的白点或气泡问题并降低配合温度，克服聚烯烃树脂的变色和变味问题。

针对上述声称的问题，本专利说明书第 8 页第 2 段记载：“据信，这些烧结的微粒捕集了其在熔化前软化时释放出的气体或水蒸气。当这种现象发生在制造生产过程时，即形成白点或气泡”；也即，说明书给出了在制品中形成白点或气泡的可能机理。继续考察说明书，其实施例 1 验证了将商购的未经超细化处理的澄清剂 Millad^R 3905（d_{97} 为 250μm、平均粒径 84μm）分散在矿物油中，在 228℃ 下熔化前，观察到微细纤维或“初级粒子”的附聚物经加热后呈烧结状或熔融状；实施例 2 对商购的澄清剂 Millad^R 3905 进行了高度粉碎并分级，通过激光散射测定了 d_{97} 和平均粒径（d_{97} 小于 8μm、平均粒径小于 4μm）；实施例 3 验证了经实施例 2 超细化的澄清剂分散在矿物油中加热，170℃ 溶解过程中观察，没有气泡形成；实施例 4 是将澄清剂与聚丙烯 RCP 原料树脂混合后形成成品的实验，实验过程包括：首先将澄清剂、其他添加剂与聚丙烯的混合，然后在挤出机上挤压出球粒，接着在注塑机中模压，肉眼观察是否有气泡。该实施例 4 细述了使用商购澄清剂时，通常采用高于澄清剂熔化温度 3～7℃ 的温度操作以消除气泡（参见说明书第 14 页第 3 段，第 15 页第 1 段），但对于 d_{97} 为 4～20μm、平均粒径 2～9μm 的超细粒径的澄清剂，在单螺杆挤出机中可以在最低实施配合温度 200℃ 下加工。说明书第 17 页表 2 对比了未细化处理前的二亚苄基山梨醇等澄清剂的最低复合温度与经超细化后的复合温度变化，结果可以看出，复合温度随着平均粒径的降低而降低，从前者需高于 230℃ 下复合降低至后者在 200℃ 时即可复合使用。

由此可见，尽管实施例 4 对于超细澄清剂的使用是否减少了制品中气泡的形成，没有给出明确的实验结论，然而，根据实施例 3 中描述的经超细化后的澄清剂在矿物油中加热不产生气泡的结果，以及表 2 中澄清剂经超细化后允许在较低的温度下（200℃）配合的实验结果，本领域技术人员可以预期，经超细化的澄清剂的确可以因加热时捕集气体的减少或消失而避免在制品中形成白点或气泡；并且，配合温度的降低进一步减少了热量的输入、避免树脂变色或变味问题。也即，本专利说明书声称要解决的技术问题及产生的技术效果中可以得到说明书公开内容的确认。本专利权利要求 13 相对于现有技术实际解决的技术问题是降低聚烯烃与山梨醇缩醛（或木糖醇缩醛）型澄清剂（DBS 型澄清剂）的配合温度，从而减少或避免聚烯烃树脂产品的白点或气泡问题以及变色和变味问题。

请求人 1、请求人 2 在口审时主张，本专利说明书第 13 页第 8～12 行提及，“与经过剧烈粉碎的商购产品不同，本发明的澄清剂在 170℃ 这样低的温度下溶解在聚烯烃树脂中”，然而在本专利表 2 中显示，所采用的本发明的澄清剂其配合温度均在200℃。本专利说明书中关于配合温度的描述前后不一致，不能作为能够确认的定性或定量实验数据。

对此，合议组认为，本专利中，"'配合'是指将澄清剂均匀分散在树脂中的过程，所述树脂是熔融态的。……配合是在一挤压机中进行的，如单螺杆挤出机、双螺杆挤出机，或 Farrel 连续混合物。……一般地，直链低密度聚乙烯挤压温度为 130～170℃，聚丙烯挤压温度为 210～240℃"（参见本专利说明书第 12 页第 4 段至第 13 页第 1 段）。可见，采用不同的烯烃树脂与澄清剂混合，配合温度将会存在差异。而本专利说明书第 13 页第 8～12 行描述的配合温度针对的是上位的聚烯烃树脂，而第 17 页表 2 描述的配合温度针对的是下位的聚丙烯树脂，二者不存在矛盾之处。

由此，判断权利要求 13 是否具备创造性的焦点就在于，现有技术是否存在通过超细化 DBS 型澄清剂颗粒来降低聚烯烃树脂与澄清剂之间的配合温度的技术启示。

首先，考察最接近的现有技术本身公开内容。

US4371645 主要涉及具有改进透明性特性的聚烯烃塑料组合物，其权利要求书及说明书中未涉及对澄清剂粒径的限定；其中，实施例 1～10 制备了二－对氯亚苄基山梨醇等澄清剂或其混合物，物性为白色固体；实施例 11 将前述实施例制备的澄清剂应用到聚丙烯中，在 465 ℉下挤出造粒，在 480 ℉模塑成薄片。即，其中澄清剂与聚丙烯的配合温度为(465 ℉－32 ℉)×5/9≈240.5℃，未低于聚烯烃的常规挤压温度。

US5049605 主要涉及具有改进透明性和期望味道的聚烯烃塑料组合物，其权利要求书及说明书中同样未涉及对澄清剂粒径的限定；其中，实施例 1－9 制备了二－二烷基苯亚甲基山梨醇缩醛等澄清剂，将澄清剂应用到聚丙烯共聚物中的实施例 10 在 470 ℉下通过单螺杆挤出并造粒，在 420～430 ℉下注塑制备梯级饰板。即，其中澄清剂与聚丙烯共聚物的配合温度为(470 ℉－32 ℉)×5/9≈243.3℃，亦未低于聚烯烃的常规挤压温度。

可见，两篇最接近的现有技术本身均没有给出通过超细化 DBS 型澄清剂颗粒来降低聚烯烃树脂与澄清剂之间的配合温度的技术启示。

其次，考察创造性评述中用于技术教导的现有技术公开内容。

请求人 1 主张，US4371645（证据 1）可与《塑料添加剂手册》（证据 3）结合评价权利要求 13 的创造性；

请求人 2、请求人 3、请求人 4 均主张，US5049605 可与《塑料添加剂手册》结合评价权利要求 13 的创造性；

请求人 3 还主张，US5049605 可与《塑料添加剂手册》、US4314039（证据 III）一起评价权利要求 13 的创造性；

请求人 4 还主张，US5049605 与公知常识结合评价权利要求 13 的创造性；或

US5049605 与证据③结合评价权利要求 13 的创造性；或

US5049605 与证据④结合评价权利要求 13 的创造性；或

US5049605 与证据③、证据④一起评价权利要求 13 的创造性；或

US5049605 与《塑料添加剂手册》、证据③一起评价权利要求 13 的创造性；或

US5049605 与《塑料添加剂手册》、证据④一起评价权利要求 13 的创造性；或

US5049605 与《塑料添加剂手册》、证据③、证据④一起评价权利要求 13 的创造性。

7.1.1.1 关于使用 US5049605（证据 2、证据①）与公知常识结合；或 US5049605 与证据③结合；或 US5049605 与证据④结合；US5049605 与证据③、证据④结合评价权利要求 13 创造性的问题

(1)请求人4主张,采用较小粒径的澄清剂以获得更好的树脂品是本领域的公知常识,本领域技术人员在现有技术(证据①)的基础上通过合理分析、推理即可获得权利要求13的技术方案。

对此,合议组认为,证据①公开内容如上文所述,其涉及具有改进透明性和期望味道的聚烯烃塑料组合物,证据①的权利要求书及说明书中并未涉及对澄清剂粒径的限定;由于本专利及证据①均涉及DBS型澄清剂,该类澄清剂为溶解型澄清剂,它们不同于需要尽可能"细微形式"分散在聚烯烃树脂中的现有技术公知的苯甲酸钠等非溶解型成核剂;本领域技术人员并不能意识到何种粒径范围的DBS型成核剂可以降低聚烯烃树脂与澄清剂之间的配合温度,从而减少或避免聚烯烃树脂产品的白点或气泡问题以及变色和变味问题。因此,US5049605(证据①)与公知常识结合不足以破坏权利要求13的创造性。

(2)DE3704207(证据③)公开了一种聚烯烃成型材料,其中中文译文第2页第2段指出,可以在聚烯烃材料中使用成核剂苯甲酸钠、褐煤酸钠、褐煤酸钙、对叔丁基苯甲酸铝、喹吖啶酮、萘酰亚胺、二亚苄基山梨醇和超细滑石,优选苯甲酸钠、喹吖啶酮和超细滑石。该成核剂的粒径小于或等于20μm,优选小于或等于10μm。另外,中文译文第4页表1列举了证据③中丙烯聚合物与成核剂的配方,其中使用了成核剂喹吖啶酮、苯甲酸钠、对叔丁基苯甲酸铝、褐煤酸钙和超细滑石,并未使用二亚苄基山梨醇类成核剂。

也就是说,证据③中公开的粒径与二亚苄基山梨醇没有必然关系,其十多个实施例也没有使用DBS型化合物作为成核剂,也没有提供任何获得具有所属粒径的成核剂的方法。换个角度,证据③中列举出现的成核剂如叔丁基苯甲酸等为非溶解型成核剂,使用时仅用于提供细小的晶核;而二亚苄基山梨醇成核剂是溶解型成核剂,溶解型成核剂在聚合物中利用优异的分散性可形成均质溶液,并在冷却时以凝胶形式分离出来形成合股纤丝的开放网状结构,每股纤丝起随后用于聚合物结晶的成核位点作用(参见反证4和5);因而,在没有特别教导的情况下,本领域技术人员并不会在使用过程中将对非溶解型成核剂的粒径要求直接套用在溶解型成核剂上。因此,证据③并未公开通过超细化DBS型澄清剂颗粒来降低聚烯烃树脂与澄清剂之间的配合温度的技术启示。US5049605与证据③结合的结合不足以破坏权利要求13的创造性。

(3)JP昭63-120788(证据④)公开了凝胶化剂的制备方法,其中的凝胶化剂为Me-DBS。其中文译文第5页最后一段参考例1记载了通过亨氏混合器,在100重量份分子量为60000的均聚丙烯粉末中干式混合0.1重量份二十酸钙、0.06重量份3,5—二叔丁基羟基甲苯、0.25重量份实施例4得到的Me-DBS的冻干物,然后使用造粒机在200℃下熔融,冷却,之后通过切割机制成小丸。中文译文第6页最后1段记载了凝胶化剂的冻干物由于保持了来自采用溶剂的凝胶状物的环状结构,因此,与现有产品相比,能在低温下溶解分散。即,证据④中聚丙烯与Me-DBS配合温度的降低是由于冻干处理后的胶状物结构所致,证据④并未给出通过超细化DBS型澄清剂颗粒来降低聚烯烃树脂与澄清剂之间的配合温度的教导。

因此,US5049605与证据④结合不足以破坏权利要求13的创造性。

进一步地,由于证据③和证据④均未给出通过超细化DBS型澄清剂颗粒来降低聚烯烃树脂与澄清剂之间的配合温度的教导,因而,US5049605与证据③、证据④的结合也不足以破坏权利要求13的创造性。

7.1.1.2 关于使用US4371645(证据1)与《塑料添加剂手册》结合;或US5049605与

《塑料添加剂手册》结合；或 US5049605 与《塑料添加剂手册》、US4314039（证据 III）结合评述权利要求 13 创造性的问题

《塑料添加剂手册》公开的内容如下：第 608 页第二节记载，"对于有机成核剂来说，一种物质能引起成核作用可以归纳出以下几个原因：①成核剂可被聚合物润湿或吸收；②成核剂在聚合物中不溶解；③成核剂的熔点应高于聚合物的熔点；④成核剂应尽可能细小（1～10μm）并均匀地分散在聚合物溶体中。成核剂可粗略地分为以下几类：①无机添加剂，如滑石、氧化硅、高岭土；②有机化合物，如一元或多元羧酸和某些颜料；③聚合物，如乙烯—丙烯酸酯共聚物"。第 614 页最后一段记载了对于聚丙烯的成核剂："有机成核剂最好在球磨机中粉碎至 5μm 以下，用量低于 0.5%，一般和聚丙烯分料干混，以溶液形式加入，然后干燥[18]"。另外，第 614 页倒数第 6～9 行记载了"特别活泼的成核剂是芳族或脂环羧酸的碱金属或铝盐，例如苯甲酸铝、苯甲酸钠或钾、β—萘甲酸钠、苯甲酸锂和叔丁基苯甲酸铝。双亚苄基山梨醇最近用作成核剂，特别适用于聚丙烯[15]"。其中，引证的文件[15]为 Product. Data Sheet MILL-AD 3905. Milliken Chemicals, Spartanburg. SC/USA.；引证文件[18]为 U. Johnsem, "Kolloid — Zeitschrift & Zeitschrift für Polymer" 240（1970 年第 762～765 页）。

请求人 1、请求人 2、请求人 3、请求人 4 一致认为，由《塑料添加剂手册》的上述公开内容可见，现有技术已经给出了将双亚苄基山梨醇类有机成核剂粉碎成超细颗粒使用的技术启示。

专利权人认为，①《塑料添加剂手册》中针对有机成核剂，尤其是双亚苄基山梨醇类成核剂，所引用的文献[15]（参见反证 8—b）中根本没有粒径的描述；②引证文件[18]（参见反证 9）中使用的粉碎至 5μm 以下的成核剂实际上是对叔丁基苯甲酸。叔丁基苯甲酸为非溶解型成核剂，而双亚苄基山梨醇类成核剂是溶解型成核剂，而溶解型成核剂在聚合物中利用优异的分散性可形成均质溶液，并在冷却时以凝胶形式分离出来形成合股纤丝的开放网状结构（参见反证 4 和 5）。本领域技术人员通常认为，这类成核剂的成核作用与加入到熔融树脂中的成核剂的颗粒尺寸无关，没有动机去降低其尺寸至超细的程度。

对此，合议组认为，首先，US4371645 和 US5049605 作为最近接的现有技术，均未关注成核剂在应用时的粒径大小。就专利权人提交的反证 4 和 5 来看，DBS 型成核剂在帮助聚丙烯等聚烯烃结晶时，其机理不同于苯甲酸钠等非溶解型的有机成核剂，因而实际使用时是否可以借助非溶解型的有机成核剂的物性要求，需进一步通过实验进行验证。

其次，就《塑料添加剂手册》这份证据或反证来看，第 608 页内容没有标注引用文件，其技术信息来源不可考证，就其列举的有机化合物来看，仅出现了一元或多元羧酸、乙烯—丙烯酸酯共聚物等，并未明确记载如本专利所述的 DBS 型成核剂，由于 DBS 型成核剂属于溶解型成核剂，其成核机理与其他非溶解型有机成核剂如苯甲酸钠等不同，在指示、引用关系不明确的情况下，不能断定《塑料添加剂手册》给出了 DBS 型成核剂也需以 1～10μm 形式均匀地分散在聚合物溶体中的技术启示；第 614 页最后一段虽然记载了有机成核剂与聚丙烯粉料干混前最好在球磨机中粉碎至 5μm 以下，然而其中引用的现有技术文献[18]（反证 9，公开时间 1970 年）明确说明，此处的有机成核剂为叔丁基苯甲酸。叔丁基苯甲酸作为成核剂与 DBS 型成核剂的不同如前论述，本领域技术人员依据反证 9 公开的信息并不能意识到可将 DBS 型成核剂粒径超细化，以期达到减少或避免聚烯烃树脂产品的白点或气泡问题以及变色和变味问题；第 614 页倒数第 6～9 行虽然指

出双亚苄基山梨醇用作成核剂，特别适用于聚丙烯，然而如专利权人所述，其引证的文献[15]——MILLAD 3905 的产品说明书(反证 8－b)中并未公开过该商品成核剂的粒径信息。综上，尽管《塑料添加剂手册》为技术领域的综述手册，表面上记载了有机成核剂在应用时应尽可能将粒径细小化的技术信息，但从化学、化工领域的严谨性和实验性来考虑，追踪一条重要技术信息的初始来源，乃至确认信息的真伪是本领域技术人员应具备的常识。《塑料添加剂手册》实际公开的内容并未教导对 DBS 型成核剂在应用时进行超细化粉碎至 1～10μm 或 5μm 以下。

再者，《塑料添加剂手册》第 608、614 页仅列举了对成核剂的一般要求及类别，指出成核剂的使用可促进结晶时间，尤其对聚丙烯制品可使透明度得到改善，并未指出不同成核剂、不同表观状态在使用时可能影响的其他效果，如配合温度，产品缺陷等。换句话说，该证据并未给出通过超细化 DBS 型澄清剂颗粒来降低聚烯烃树脂与澄清剂之间的配合温度，从而减少或避免聚烯烃树脂产品的白点或气泡问题以及变色和变味问题的技术启示。

因此，US4371645 与《塑料添加剂手册》的结合或者 US5049605 与《塑料添加剂手册》的结合均无法破坏权利要求 13 的创造性。

US4314039(证据 III、证据⑤)公开了一种包含 1.3,2.4—二(烷基苯亚甲基)山梨醇的聚丙烯组合物，具体地：通过向 100 重量份聚丙烯中添加 0.005～8 重量份，优选 0.1～0.3 重量份每个烷基具有 2～18 个碳原子的 1.3,2.4—二(烷基苯亚甲基)山梨醇实现生产具有优异透明模塑制品的聚丙烯组合物(参见中文译文第 1 页第 19～24 行)。其组合物可以通过已知方法将山梨醇、任选抗氧化剂和其他添加剂均匀分散在聚丙烯中制备。……在最高温度 200℃的挤出机中将混合物造粒，所述将颗粒随后通过保持在最高温度为 210℃的注射成型机进行成型以形成厚度为 2mm 的片(参见中文译文第 3 页第 3 段、第 4 页第 3 段)。

可见，US4314039 亦未教导通过超细化 DBS 型澄清剂颗粒来降低聚烯烃树脂与澄清剂之间的配合温度。因此，US5049605、《塑料添加剂手册》以及 US4314039 的结合仍不能破坏权利要求 13 的创造性。

7.1.1.3 关于 US5049605 与《塑料添加剂手册》、证据③结合；US5049605 与《塑料添加剂手册》、证据④结合；或 US5049605 与《塑料添加剂手册》、证据③、证据④结合评价权利要求 13 的创造性的问题

US5049605、证据③、证据④以及《塑料添加剂手册》的公开内容如上 7.1.1、7.1.1.1 和 7.1.1.2 所述。

证据③公开的十多个实施例中并没有真正使用 DBS 型化合物作为成核剂，也没有提供任何获得小粒径成核剂的方法，鉴于二亚苄基山梨醇与其他无机成核剂的成核原理不同，故证据③中公开的粒径范围与二亚苄基山梨醇没有必然关系，证据③并未公开通过超细化 DBS 型澄清剂颗粒来降低聚烯烃树脂与澄清剂之间的配合温度的技术启示。

证据④中聚丙烯与 Me－DBS 配合温度的降低时由于胶状物结构的改变引起的，并未给出通过超细化 DBS 型澄清剂颗粒来降低聚烯烃树脂与澄清剂之间的配合温度的教导。至于请求人 4 主张的，证据④中文译文第 4 页第 11～12 行所述的“本发明冻干物特征在于粒径与现有相同结构的产品相比也较小，且能任意控制粒径”，合议组认为，上述内容仅说明冻干处理后的 DBS 成核剂更容易加工为小粒径，并不能由此说明，证据④给出了通过超细化 DBS 型澄清剂颗粒来降低聚烯烃树脂与澄清剂之间的配合温度的技术启示。

因此，US5049605 与《塑料添加剂手册》、证据③的结合；或 US5049605 与《塑料

添加剂手册》、证据④的结合；或 US5049605 与《塑料添加剂手册》、证据③、证据④的结合均不足以破坏权利要求 13 的创造性。

7.1.1.4 关于证据①、证据④、证据⑤是否给出了聚烯烃树脂与超细化粒径的 DBS 型澄清剂可以在较低温度下配合的技术启示

请求人 4 主张，证据①中文译文第 8 页和证据④中文译文第 5 页最后一段参考例 1 第 3 行、第 6 页最后一段以及证据⑤中文译文第 4 页实施例 1 第 4 行均公开了在 DBS 型澄清剂可以在 200℃的较低温度下配合，这与本专利表 2 中记载的温度是一模一样的。因此，DBS 型澄清剂可以在较低温下与聚烯烃配合是现有技术已经知晓的。

如上 7.1.1.1 描述，US5049605（证据①）具体公开了二(3,4—二烷基苯亚甲基)山梨醇缩醛和包含它的组合物。其实施例 1～9 为前述化合物的制备方法，中文译文第 8 页实施例 10 验证了实施例 1～9 的产品加入聚丙烯无规共聚物中作为透明化试剂的作用。其中添加剂和树脂在 470 ℉下通过挤出机造粒，在 420～430 ℉下注射成型制备样品。即，证据①中使用的配合温度（470 ℉－32 ℉）×5/9≈243.3℃。也就是说，证据①作为最接近的现有技术，本身并未记载烯烃树脂与超细化粒径的 DBS 型澄清剂可以较低温度如 200℃配合的技术启示。

JP 昭 63－120788（证据④）公开了凝胶化剂的制备方法，其中的凝胶化剂为 Me—DBS。其中文译文第 5 页最后一段参考例 1 记载了通过亨氏混合器，在 100 重量份分子量为 60000 的均聚丙烯粉末中干式混合 0.1 重量份二十酸钙、0.06 重量份 3,5—二叔丁基羟基甲苯、0.25 重量份实施例 4 得到的 Me—DBS 的冻干物，然后使用造粒机在 200℃下熔融，冷却，之后通过切割机制成小丸。中文译文第 6 页最后一段记载了凝胶化剂的冻干物由于保持了来自采用溶剂的凝胶状物的环状结构，因此，与现有产品相比，能在低温下溶解分散。即，证据④中聚丙烯与 Me－DBS 配合温度的降低胶状物结构的改变，并未给出通过超细化 DBS 型澄清剂颗粒来降低聚烯烃树脂与澄清剂之间的配合温度的教导。

US4314039（证据⑤）中文译文第 4 页实施例 1 记载了在 Henschel 混合器中混合丙烯均聚物与实施例 1～3 中获得的山梨醇衍生物[1.3,2.4—二(乙基苯亚甲基)山梨醇，1.3,2.4—二(丙基苯亚甲基)山梨醇，1.3,2.4—二(丁基苯亚甲基)山梨醇]，通过保持在最高温度 200℃的挤出机中将混合物造粒。所述将颗粒随后通过保持在最高温度为 210℃的注射成型机进行成型以形成厚度为 2mm 的片。即，证据⑤虽然记载了可以在 200℃的挤出机中将混合物造粒，然而，一方面，证据⑤并非创造性评述中的最接近的现有技术，另一方面，证据⑤并未说明与丙烯均聚物混合前的山梨醇衍生物的粒径，因此，无法确认证据⑤已经给出了通过超细化 DBS 型澄清剂颗粒这一技术手段来降低聚烯烃树脂与澄清剂之间的配合温度的教导。

7.1.2 以《塑料添加剂手册》（证据 I）作为最接近的现有技术结合公知常识评价权利要求 13 的创造性

《塑料添加剂手册》的公开内容如上 7.1.1.2 所述，其与权利要求 13 的区别在于：①权利要求 13 中的通式化合物为不是双亚苄基山梨醇或不是双亚苄基木糖醇的化合物，证据 I 中的成核剂为双亚苄基山梨醇；②证据 I 没有公开权利要求 13 所述的“粉末状澄清剂的 d_{97} 等于或小于 30μm，平均粒径等于或小于 15μm”的技术特征。

如上所述，就《塑料添加剂手册》这份证据来看，尽管其为技术领域的综述手册，记载了有机成核剂在应用时应尽可能将粒径细小化的技术信息，然而，从专利权人提交的反证 8－b 和反证 9 来看，《塑料添加剂手册》并没有真正记载 DBS 型成核剂应

在1～10μm或5μm以下使用，该综述手册包括了编者推测的内容。由于本专利涉及DBS型澄清剂，该类澄清剂为溶解型澄清剂，它们不同于公知的需要尽可能“细微形式”分散在聚烯烃树脂中的苯甲酸钠等非溶解型成核剂；因此，本领域技术人员并不能意识到何种粒径范围的DBS型成核剂可以降低聚烯烃树脂与澄清剂之间的配合温度，从而减少或避免聚烯烃树脂产品的白点或气泡问题以及变色和变味问题。因此，《塑料添加剂手册》(证据I)结合公知常识不能破坏权利要求13的创造性。

7.1.3 以JP昭63－120788A(证据④)作为最接近的现有技术评价权利要求13的创造性

请求人4主张，证据④与公知常识结合，或证据④与证据②、公知常识结合，或证据④与证据③、公知常识结合，或证据④与证据②、证据③、公知常识结合评述权利要求13的创造性。

(1)证据④的公开内容如上7.1.1.1以及7.1.1.3所述，证据④与权利要求13的区别特征在于：权利要求13限定所述粉末状澄清剂d_{97}等于或者小于30μm，平均粒径等于或小于15μm，证据④指出冻干物粒径与现有具有相同结构的产品相比较小，且能任意控制粒径。

如上所述，依据说明书对澄清剂超细化前后的配合效果的比较可知，本专利权利要求13相对于现有技术实际解决的技术问题是降低聚烯烃与山梨醇缩醛(或木糖醇缩醛)型澄清剂的配合温度，从而减少或避免聚烯烃树脂产品的白点或气泡问题以及变色和变味问题。

尽管证据④指出，其中的冻干物特征在于粒径与现有相同结构的产品相比也较小，且能任意控制粒径。但合议组认为，上述内容仅说明冻干处理后的DBS成核剂更容易加工为小粒径，并不能由此说明，证据④给出了通过超细化DBS型澄清剂颗粒至“d_{97}等于或者小于30μm，平均粒径等于或小于15μm”来降低聚烯烃树脂与澄清剂之间的配合温度，从而减少或避免聚烯烃树脂产品的白点或气泡问题以及变色和变味问题的技术启示。因此，证据④与公知常识结合不足以破坏权利要求13的创造性。

(2)证据②即《塑料添加剂手册》，其公开内容如7.1.1.2所述；证据③公开内容如7.1.1.1所述。

如上评述，证据②、证据③均未给出通过超细化DBS型澄清剂颗粒来降低聚烯烃树脂与澄清剂之间的配合温度的教导。故，证据④与证据②、公知常识的结合，或证据④与证据③、公知常识的结合，或证据④与证据②、证据③、公知常识的结合均不足以破坏权利要求13的创造性。

7.2 针对权利要求14～20

由于请求人1、请求人2、请求人3、请求人4在无效宣告请求书中针对从属权利要求14～20的创造性评述相比较针对独立权利要求13的评述并未增加新的证据结合方式，故在权利要求13相对于上述14种证据结合方式具备创造性的基础上，权利要求14～20相对于上述14种证据结合方式也具备创造性。

7.3 针对权利要求1

权利要求1要求保护一种将澄清剂混入半透明聚烯烃树脂中的方法(具体参见案由部分)，主要包括，将100重量份的所述聚烯烃树脂与0.01～100重量份的选自通式化合物的澄清剂混合，其中所述的澄清剂为d_{97}等于或小于30μm，平均粒径等于或小于15μm的粉末；加热所述的混合物到至少170℃至低于所述的澄清剂的熔点的温度；并且在所述树脂处于熔融状态时混合所述的混合物，直到所述的澄清剂溶于所述树脂中。

本案中，请求人3、请求人4主张评价权利要求1创造性的最接近的现有技术包括：《塑料添加剂手册》(证据I)、US5049605(证据II、证据①)以及JP昭63－120788A(证据④)。

7.3.1 以《塑料添加剂手册》作为最接近的现有技术评价权利要求1的创造性

《塑料添加剂手册》(证据I)的公开内容如上7.1.1.2所述。

请求人3指出,证据I的第614页公开双亚苄基山梨醇最近用作成核剂,特别使用与聚丙烯;第608页提及成核剂的实际使用浓度应低于0.5%;第606页指出,聚合物的晶体温度必须低于熔点,但不应太接近玻璃化转变温度;第607页表17-1列出的等规聚丙烯的晶体熔点为183℃;第608页指出,成核剂的熔点应高于聚合物的熔点。因此,从证据I可以直接地确定“加热澄清剂和聚丙烯混合物的温度应低于183℃”。上述内容结合证据I第608页提示的成核剂应尽可能细小(1~10微米)并均匀地分散在聚合物熔体中,权利要求1相对于证据I结合公知常识不具备创造性。

对此,合议组认为,证据I的第606、607、608、614页分别涉及“聚合物的结晶过程”,“聚合物的特征结晶参数列举”,“成核剂的要求及其类别”和“聚丙烯的成核剂”。上述内容并不构成一个完整的技术方案,属于请求人主观拼凑的方案,不能作为创造性“三步法”评述过程中确定的“最接近的现有技术”。证据I中与权利要求1最接近的技术记载为第614页记载的“双亚苄基山梨醇最近用作成核剂,特别适用于聚丙烯”。

权利要求1与证据I的区别技术特征在于:①权利要求1中的通式化合物为不是双亚苄基山梨醇或不是双亚苄基木糖醇的化合物,证据I中的成核剂为双亚苄基山梨醇;②证据I没有公开权利要求1所述的“粉末状澄清剂的d_{97}等于或小于30μm,平均粒径等于或小于15μm”的技术特征;③证据I没有公开权利要求1所述的聚烯烃树脂与澄清剂的混合比例;④证据I没有公开权利要求1所述的聚烯烃与澄清剂混合物的加热熔融温度至少170℃至低于所述澄清剂的熔点温度。

如上7.1.1的论述,超细化澄清剂的粒径实际解决的技术问题是降低聚烯烃与山梨醇缩醛(或木糖醇缩醛)型澄清剂的配合温度,从而减少或避免聚烯烃树脂产品的白点或气泡问题以及变色和变味的问题。

证据I虽然记载了成核剂应尽可能细小,但是,如上7.1.1.2所述,证据I并没有真正记载DBS型成核剂应在1~10μm或5μm以下使用,该综述手册包括了作者推测的内容。因此,证据I没有给出“粉末状澄清剂的d_{97}等于或小于30μm,平均粒径等于或小于15μm”的技术启示。

另外,证据I虽然记载了聚合物的晶体温度必须低于熔点,成核剂的熔点应高于聚合物的熔点,以及等规聚丙烯的晶体熔点为183℃。然而,本领域技术人员并不能由上述记载内容直接确定权利要求1中所述的“加热聚烯烃树脂与澄清剂的混合物到至少170℃至低于所述的澄清剂的熔点的温度”。原因是,一方面,本领域通常认定的直链低密度聚乙烯挤压温度为130~170℃,聚丙烯挤压温度为210~240℃(参见本专利说明书第13页第2~4行),本领域技术人员依据常识并不能直接确定聚烯烃树脂与澄清剂复配温度应选择至少170℃至低于所述的澄清剂的熔点的温度;另一方面,证据I并不涉及有机成核剂与聚烯烃树脂的具体配合方法,本领域技术人员也并不能意识到,超细化DBS型澄清剂后可以在更低的配合温度下应用。

因此,证据I结合公知常识不足以破坏权利要求1的创造性。

7.3.2 以US5049605(证据II、证据①)作为最接近的现有技术评价权利要求1的创造性

(1)US5049605的公开内容如上7.1.1和7.1.1.4所述。权利要求1与证据II实施例10公开的技术方案的区别技术特征在于:①证据II没有公开权利要求1所述

的“粉末状澄清剂的 d_{97} 等于或小于 30μm，平均粒径等于或小于 15μm”的技术特征；②证据 II 中聚丙烯与澄清剂的配合温度为约 243.3℃，而权利要求 1 中聚烯烃与澄清剂混合物的加热熔融温度至少 170℃至低于所述澄清剂的熔点温度。

如上 7.1.1 的论述，超细化澄清剂的粒径实际解决的技术问题是降低聚烯烃与山梨醇缩醛（或木糖醇缩醛）型澄清剂的配合温度，从而减少或避免聚烯烃树脂产品的白点或气泡问题以及变色和变味的问题。

《塑料添加剂手册》（证据 I、证据②）的公开内容如上 7.1.1.2 所述。

如上 7.3.1 的评述，证据 I 及公知常识并没有给出超细化 DBS 型澄清剂后可以在更低的配合温度下应用的技术启示。因此，US5049605（证据 II）与《塑料添加剂手册》（证据 I、证据②）、公知常识的结合不足以破坏权利要求 1 的创造性。

（2）US4314039（证据 III、证据⑤）公开内容如上 7.1.1.2 所述，其同样没有给出超细化 DBS 型澄清剂后可以在更低的配合温度下应用的技术启示。因此，US5049605（证据 II）与 US4314039（证据 III、证据⑤）、公知常识的结合，或 US5049605（证据 II、证据①）与《塑料添加剂手册》（证据 I、证据②）、US4314039（证据 III、证据⑤）、公知常识的结合均不足以破坏权利要求 1 的创造性。

（3）证据③的公开内容如上 7.1.1.1 所述，证据③公开的十多个实施例中并没有真正使用 DBS 型化合物作为成核剂，也没有提供任何获得小粒径成核剂的方法，鉴于二亚苄基山梨醇与其他无机成核剂的成核原理不同，故证据③中公开的粒径范围与二亚苄基山梨醇没有必然关系，证据③并未公开通过超细化 DBS 型澄清剂颗粒来降低聚烯烃树脂与澄清剂之间的配合温度的技术启示。

《塑料添加剂手册》（证据②）的公开内容如上 7.1.1.2 所述，证据②并不涉及有机成核剂与聚烯烃树脂的具体配合方法，也未公开通过超细化 DBS 型澄清剂颗粒来降低聚烯烃树脂与澄清剂之间的配合温度的技术启示。

因此，证据①与证据③、证据⑤、公知常识的结合；证据①与证据②、证据③、公知常识的结合；以及证据①与证据②、证据③、证据⑤、公知常识的结合均不足以破坏权利要求 1 的创造性。

7.3.3 以 JP 昭 63－120788A（证据④）作为最接近的现有技术评价权利要求 1 的创造性

JP 昭 63－120788A（证据④）的公开内容如上 7.1.1.1 以及 7.1.1.3 所述，证据④与权利要求 1 的区别特征在于：①权利要求 1 限定所述粉末状澄清剂 d_{97} 等于或者小于 30μm，平均粒径等于或小于 15μm，证据④指出冻干物粒径与现有具有相同结构的产品相比较小，且能任意控制粒径。②权利要求 1 中澄清剂以超细颗粒状态混入聚烯烃树脂中，证据④中是胶凝化剂形式的冻干物。③权利要求 1 中聚烯烃与澄清剂混合物的加热熔融温度至少 170℃至低于所述澄清剂的熔点温度；证据④中聚丙烯粉末与冻干处理后的 Me－DBS 在 200℃熔融，冷却后通过切割剂制成小丸。

由于证据④中的凝胶化剂在微观结构上并不同于本专利中所述的 d_{97} 等于或者小于 30μm、平均粒径等于或小于 15μm 的粉末状澄清剂，因此，权利要求 1 相对于证据④实际解决的技术问题提供一种可降低配合温度的澄清剂与聚烯烃树脂的配合方法，由该配合方式生产的聚烯烃树脂产品可减少或避免产品中的白点或气泡问题以及变色和变味的问题。

由于现有技术并未记载通过超细化 DBS 型澄清剂颗粒的技术手段来解决上述技术问题，同时，如上所述，证据①、证据②、证据③、证据⑤均未公开通过超细化

DBS 型澄清剂颗粒来降低聚烯烃树脂与澄清剂之间的配合温度的技术启示。因此，证据④结合公知常识；证据④与证据①、公知常识的结合；证据④与证据②、公知常识的结合；证捱④与证据③、公知常识的结合；证据④与证据①、证据②、公知常识的结合；证据④与证据①、证据③、公知常识的结合；证据④与证据②、证据③、公知常识的结合；证据④与证据①、证据②、证据③、公知常识的结合；证据④与证据①、证据②、证据③、证据⑤、公知常识的结合均不能破坏权利要求 1 的创造性。

7.4 针对权利要求 2～12

由于请求人 3、请求人 4 在无效宣告请求书中针对从属权利要求 2～12 的创造性评述相比较针对独立权利要求 1 的评述并未增加新的证据结合方式，故在权利要求 1 相对于上述 16 种证据结合方式具备创造性的基础上，权利要求 2～12 相对于上述 16 种证据的结合方式也具备创造性。

综上所述，权利要求 1～20 相对于请求人 1、请求人 2、请求人 3、请求人 4 提交的现有技术具备《专利法》第 22 条第 3 款规定的创造性。

三、决定

在 2003 年 8 月 8 日撤销专利权请求的审查决定书所确认的有效专利文本基础上，维持 93105006.5 号发明专利权有效。

当事人对本决定不服的，可以根据《专利法》第 46 条第 2 款的规定，自收到本决定之日起三个月内向北京市第一中级人民法院起诉。根据该款的规定，一方当事人起诉后，另一方当事人作为第三人参加诉讼。

【案件评析】

涉案专利自 1999 年授权之日起，就受到行业内的高度关注。在涉案专利的无效宣告程序中，上述三个无效宣告请求人和专利权人提交了相同的公知常识性证据，但对于证据公开内容的解读以及在证据的使用方式上存在分歧。合议组在认真考量该证据中对于重要技术信息的描述后认为，查证引证原文的信息是必要的，从而作出维持专利权有效的审查决定。本案对于准确认定公知常识性证据所公开的内容具有一定的指导作用和借鉴意义。

案例 6 “预应力高强混凝土方桩及其制造方法和成型模具”发明专利权无效宣告请求案

案件编号：4W101736

专利权人：上海中技桩业股份有限公司

无效宣告请求人：国内个人

专利号：ZL200710068545.6

发明名称：预应力高强混凝土方桩及其制造方法和成型模具

审查决定号：21471

审查结论：维持有效

合议组成员：朱文广（组长），陈玉阳（主审员），王森（参审员）

【基本案情】

专利号为 ZL200710068545.6 的“预应力高强混凝土方桩及其制造方法和成型模具”发明专利授权后，9 家企业及个人先后共 14 次向专利复审委员会提起无效宣告请求，专利复审委员会先后作出包含本案在内的 7 个无效决定，本案涉及第 21471 号无效决定，维持涉案专利权有效。

【审查决定】

一、案由

本无效宣告请求涉及国家知识产权局于 2008 年 11 月 26 日授权公告、专利号为 200710068545.6、申请日为 2007 年 5 月 11 日、名称为“预应力高强混凝土方桩及其制造方法和成型模具”的发明专利权（下称本专利），专利权人为上海中技桩业股份有限

公司(变更前为上海中技桩业发展有限公司)。本专利授权公告的权利要求书如下:

"1. 一种预应力高强混凝土方桩,包括,钢筋笼,混凝土;其特征在于,方桩的两端设有与钢筋笼连接的金属端板(1),两方形端板四边设焊接坡口(2),中央是圆孔,圆孔与四边间对称地设有穿线孔(5)和张力孔(4);钢筋笼的箍筋呈螺旋状连续地焊接在主筋(7)上;混凝土方桩和端板的外形呈方形,其四边转角呈应力消除圆弧形(3),其圆弧角为一对圆弧角 90°、圆弧半径 25～30mm,另一对圆弧角 90°、圆弧半径 5～10mm;桩心是与端板中央圆孔直径相同的圆筒形的中孔。

2. 根据权利要求 1 所述的预应力高强混凝土方桩,其特征在于,所述的两端板之间的钢筋笼以钢绞线或钢棒为骨架主筋(7),当两端板(1)之间的钢筋笼以钢绞线为骨架主筋(7)时,端板(1)中央圆孔与四边间对称地设置的穿线孔(5)和张力孔(4)是两相对边上的孔对称,每个张力孔(4)两侧等距离地各设置一个穿线孔(5);两端板(1)之间的钢筋笼以钢棒为骨架主筋时,端板中央圆孔与四边间、对称地设置的穿线孔(5)和张力孔(4)是两相对的边上的孔对称,每个张力孔各自与穿线孔相连;主筋与方桩轮廓线平行;钢绞线与端板连接处带有螺纹,钢棒与端板连接处带有墩头。

3. 根据权利要求 1 或 2 所述的预应力高强混凝土方桩,其特征在于,所述的端板(1)中央的圆孔与四边间对称地设置的张力孔(4)和穿线孔(5)总体上呈方形布局或呈圆形布局,穿线孔(5)是个沉头孔。

4. 根据权利要求 1 所述的预应力高强混凝土方桩,其特征在于,所述的端板(1)与混凝土桩身连接部设有套箍(6)。

5. 一种预应力高强混凝土方桩的制造方法,它包括以下步骤:

1)加工方桩两端的端板:按端板设计要求浇铸毛坯、铣平;或金属板割制、冲孔、尔后铣出坡口和应力消除圆弧,按图样车、刨加工成品;

2)制作钢筋笼:以钢绞线或钢棒为主筋,定长落料;将钢绞线端部车出丝口,钢棒端部镦粗;用滚焊机将呈螺旋状箍筋焊接于主筋上;

3)钢筋笼与端板连接:将钢绞线或钢棒制成的钢筋笼装入模具与端板连接起来;端板外安装套箍;端板连接模具两端的张拉锚板,张拉锚板再与支撑板连接;

4)对钢筋笼实施预应力定值张拉;

5)向模具中浇注混凝土;

6)合拢模具后对模具中的方桩混凝土实施离心旋转成型;

7)养护:在密闭的高压容器中一次性高压蒸养成型;

8)成品脱模:直接在模具中吊起。

6. 一种预应力高强混凝土方桩的制造方法,它包括以下步骤:

1)加工方桩两端的端板:按端板设计要求浇铸毛坯、铣平;或金属板割制、冲孔、尔后铣出坡口和应力消除圆弧,按图样车、刨加工成品;

2)制作钢筋笼:以钢绞线或钢棒为主筋,定长落料;将钢绞线端部车出丝口,钢棒端部镦粗;用滚焊机将呈螺旋状箍筋焊接于主筋上;

3)钢筋笼与端板连接:将钢绞线或钢棒制成的钢筋笼装入模具与端板连接起来;端板外安装套箍;端板连接模具两端的张拉锚板,张拉锚板再与支撑板连接;

4)对钢筋笼实施预应力定值张拉;

5)合拢预应力高强混凝土方桩震动成型模具,而后向该模具中浇注混凝土;

6)对震模中的方桩混凝土实施震动成型;

7)养护:在密闭的高压容器中一次性高压蒸养成型;

8)成品脱模:直接在模具中吊起。

7. 根据权利要求 5 或 6 所述的预应力高强混凝土方桩的制造方法,其特征在于,所述的钢筋笼实施预应力定值张拉时,对钢绞线主筋以每一组两根实施定值张拉；对钢棒主筋以整桩整体实施定值张拉。

8. 根据权利要求5或6所述的预应力高强混凝土方桩的制造方法，其特征在于，所述的一次性高压蒸养成型是将模具带桩放入密闭、高压的高压釜内，在高温170～185℃，压力1MPA下，4小时内即产成品。

9. 一种制作预应力高强混凝土方桩的离心成型模具，包括，合拢后成管状的上、下模（11、11′），加固模具的加劲板（13），用以合模的锁扣（18），使模具在离心机上转动的跑轮（14），模具两端的支撑板（15），在上、下模合拢处、上模或下模密封槽中设密封圈（17）；其特征在于，上、下模内腔横截面呈“V”字形，上、下模扣合后内腔截面呈正方形，其四边转角呈应力消除圆弧形（19），其中一对圆弧角为90°、圆弧半径25～30mm，另一对圆弧角为90°、圆弧半径5～10mm；所述的跑轮上设齿牙状高频线（16）。

10. 根据权利要求9所述的制作预应力高强混凝土方桩的离心成型模具，其特征在于，所述的模具中设数个保护跑轮、保障生产安全、直径大于跑轮的假轮（12）。

11. 一种制作预应力高强混凝土方桩的震动成型模具，其特征在于，它包括，内腔截面呈方形、整体呈长方体的模体（23），内腔正方形截面的四边转角呈应力消除圆弧形，其中一对圆弧角（71）为90°、圆弧半径25～30mm，另一对圆弧角（72）为90°、圆弧半径5～10mm，安装在模体底部和两侧边上的震动器（24），模体两头、其直径与方桩中央孔一致、其中一头关闭的通气口（21），连接两通气口、内径与空心混凝土方桩的中央孔相同的充气胶管（25），两模体顶部的进料、排气口（26），模体上设置的加强筋（22）。

12. 根据权利要求11所述的制作预应力高强混凝土方桩的震动成型模具，其特征在于，所述的模体包括，底板（32），与底板垂直设置、从底板两侧边处可开合的侧板（31）。”

针对本专利，何卓南（下称请求人）于2012年7月26日向专利复审委员会提出了无效宣告请求，其理由是：本专利权利要求1～4不具备创造性，不符合《专利法》第22条第3款的规定。同时，请求人提交了如下附件：

附件1：授权公告日为2004年12月1日，公开号为CN2659959Y的中国实用新型专利说明书，共6页；

附件2：《机械设计》（第六版），高等教育出版社，1996年5月第1次印刷，封面页、首页、版权页、目录页、第124～125页，共6页复印件；

附件3：《混凝土方桩截面圆角对碳纤维加固效果的影响》，《山西建筑》，2006年第17期，第32卷，2006年9月1日出版，封面页、目录页、第53页，共5页复印件；

附件4：授权公告日为2007年3月7日，授权公告号为CN2876180Y的中国实用新型专利说明书，共5页。

经形式审查合格，专利复审委员会于2013年3月4日受理了上述无效宣告请求，并将请求人提交的无效宣告请求书及其附件清单中所列附件的副本转交给了专利权人，同时成立合议组对该案进行审查。

合议组于2013年5月13日向双方发出无效宣告请求口头审理通知书，定于2013年6月20日进行口头审理。

口头审理如期举行，请求人和专利权人出席了本次口头审理。在口头审理过程中，（1）请求人当庭出示了附件2、3的原件，专利权人当庭核对。专利权人对附件1～4的真实性和公开性没有异议。（2）请求人明确其无效宣告请求的范围、理由和使用的证据为：权利要求1～4不符合《专利法》第22条第3款规定，具体评述如下：权利要求1相对于附件1和公知常识的结合，或者附件1和附件2、3的结合不具备创造性，其中附件1为最接近的现有技术；权利要求2的附加技术特征被附件1或4

公开；权利要求3的附加技术特征或者被附件1或4公开，或者是本领域的公知常识；权利要求4的附加技术特征被附件4公开，因此，在其引用的权利要求不具备创造性的情况下，权利要求2～4也不具备创造性。(3)双方当事人就上述无效理由和证据均充分发表了意见。

至此，合议组认为本案事实已经清楚，可以作出审查决定。

二、决定的理由

(一)关于文本

本无效宣告请求审查决定的审查基础为本专利授权公告的权利要求书。

(二)关于证据

附件1、4为中国专利文献，附件2、3为公开出版物，请求人当庭出示了附件2、3的原件，专利权人经核对确认附件2、3的复印件与原件一致，专利权人对附件1～4的真实性和公开性没有异议。合议组经审查，对附件1～4的真实性和公开性予以确认；并且，附件1～4的公开日期均在本专利的申请日之前，因此，附件1～4可作为本专利的现有技术。

(三)关于《专利法》第22条第3款

《专利法》第22条第3款规定，创造性，是指同申请日以前已有的技术相比，该发明有突出的实质性特点和显著的进步，该实用新型有实质性特点和进步。

一项发明专利权利要求要求保护的技术方案与最接近的现有技术存在区别特征，但现有证据均没有公开该区别特征，也没有给出获得该区别特征的启示，且该权利要求要求保护的技术方案能够产生有益的技术效果，则请求人关于该项权利要求不具备创造性的无效理由不能成立。

1. 关于权利要求1

权利要求1要求保护一种预应力高强混凝土方桩。

请求人认为，权利要求1相对于附件1和附件2、3的结合，或者相对于附件1和公知常识的结合不具备创造性，其中附件1为最接近的现有技术。

附件1公开了一种预应力离心砼方桩，两头有方形端头板1，两端头板用钢筋笼2联结，两端头板间、包裹住钢筋笼2的砼为离心法成型的砼。两端头板间、包裹住钢筋笼2的砼形成桩身3。方形端头板1、桩段横越截面的中央内孔4是等径同心圆，外边是相同或相似的正方形。方形端头板1为厚12～20mm，外方内有圆孔的钢板，沿周边等距分布若干相互联通的大、小孔，大孔为联结张拉设备的螺栓孔，小孔为承托骨架墩头的受力孔。钢筋笼所用主筋可以是预应力钢筋或普通钢筋。成型模具的两个等边直角三角形内腔构成一个正方形内腔，两个等边直角三角形所形成的正方形四角为倒角(参见附件1说明书第2页，图1、2)。

本专利权利要求1与附件1相比，至少存在如下区别特征："圆弧角为一对圆弧角90°、圆弧半径25～30mm，另一对圆弧角90°、圆弧半径5～10mm"(下称区别特征1)。

请求人认为区别特征1或者被附件3公开，或者是本领域的公知常识。其关于区别特征1被附件3公开的具体理由如下：附件3公开了将方桩四边设计成90°的圆弧角(参见附件3第53页)，并且附件3还公开了"试验研究，试验概况本次试验设计4组试件，1组为对比柱，其他3组试件圆角分别是R10(公开了圆弧角90°、圆弧半径5～10mm)，R30(公开了圆弧角90°、圆弧半径25～30mm)，R50"，所以本领域技术人员在附件3公开的内容的帮助下，不需要创造性的劳动就可以将附件1中的方桩四角进行"倒圆"，其圆弧角为一对圆弧角90°、圆弧半径25～30mm，另一对为圆弧角90°、圆弧半径5～10mm，以达到减少四角损坏和提高成桩率的效果。

合议组经审查后认为，附件 3 为发表在《山西建筑》上的期刊文献，题名为“混凝土方柱截面圆角对碳纤维加固效果的影响”，其中左栏第 1 段公开了：“试验研究表明，钢筋混凝土矩形柱用碳纤维布横向包裹加固后，最终破坏形态一般为碳纤维布在构件转角处被撕裂。其原因是棱柱体在拐角处存在应力集中现象。为了增强加固效果，实际工程中，应将构件的截面的直角‘倒圆’”，左栏第 2 段公开了：“试验研究，试验概况本次试验设计 4 组试件，1 组为对比柱，其他 3 组试件圆角分别是 R10、R30、R50”。可见，附件 3 是为了克服钢筋混凝土矩形柱在拐角处存在应力集中的问题，就方形截面柱圆角大小对加固效果的影响而进行的试验研究，试验采用截面圆角大小不相同的多组试件（即 R10、R30、R50），试验结果表明，圆角在 R20～R50 合适。由附件 3 公开的上述内容可知，附件 3 中并没有公开混凝土矩形柱的四边转角采用两对不同的圆弧半径，也没有给出选取两对不同的圆弧半径以适应混凝土矩形柱的应力消除的技术启示。此外，根据本专利说明书的记载内容，不同曲率半径的应力消除圆弧的存在使得权利要求 1 所述的方桩在建筑施工中桩身四角极少出现损坏现象，提高了成桩率和成桩利用率，并且其具体的结构尺寸的限定能在消除应力的同时保证桩的横截面积，从而保证单桩的承载力。而且，请求人所称“区别特征 1 是本领域的公知常识”也没有事实依据。因此，请求人认为“区别特征 1 或者被附件 3 公开，或者是本领域的公知常识”不能成立。

关于附件 2，请求人仅将附件 2 用于评述“方形端板四边设焊接坡口”，附件 2 并不涉及区别特征 1。此外，即使考虑附件 2，其既没有公开区别特征 1，也没有给出将区别特征 1 应用于附件 1 公开的技术方案的技术启示。

由上述可知，请求人关于“权利要求 1 相对于附件 1 和公知常识的结合，或者附件 1 和附件 2、3 的结合不具备创造性”的理由不能成立。

2. 关于权利要求 2～4

请求人认为权利要求 2～4 不具备创造性的理由是以权利要求 1 不具备创造性为前提的，由于权利要求 2～4 是权利要求 1 的从属权利要求，且请求人关于“权利要求 1 相对于附件 1 和公知常识的结合，或者相对于附件 1 和 2、3 的结合不具备创造性”的理由不能成立，因此其关于“权利要求 2～4 不具备创造性”的理由也不能成立。并且，附件 4 仅涉及从属权利要求2～4 的创造性，合议组对附件 4 不再予以评述。

根据上述事实和理由，合议组依法作出如下决定。

三、决定

维持第 200710068545.6 号发明专利权有效。

当事人对本决定不服的，可以根据《专利法》第 46 条第 2 款的规定，自收到本决定之日起三个月内向北京市第一中级人民法院起诉。根据该款的规定，一方当事人起诉后，另一方当事人作为第三人参加诉讼。

【案件评析】

涉案专利授权后受到业内广泛关注，成为助推中小企业快速成长的核心技术，在建筑领域具有突出的市场价值，本案的审理也受到了建筑行业的普遍关注。专利复审委员会在案件审理过程中以发明构思为切入点，从技术方案实际解决的技术问题、采用的技术手段以及取得的技术效果三个方面分析了现有技术与涉案专利的不同，对于该技术领域创造性的审查实践具有一定的指导作用和借鉴意义。

案例7 “一种透明导电膜及其制作方法”发明专利权无效宣告请求案

案件编号：4W103015

专利权人：苏州苏大维格光电科技股份有限公司、苏州大学

无效宣告请求人：国内个人

专利号：ZL201010533228.9

发明名称：一种透明导电膜及其制作方法

审查决定号：24621

审查结论：维持有效

合议组成员：杨倩（组长），熊洁（主审员），魏辛欣（参审员）

【基本案情】

申请号为ZL201010533228.9的“一种透明导电膜及其制作方法”的发明专利于2013年获得授权，专利权人苏州苏大维格光电科技股份有限公司为中国在微纳米领域拥有自主创新技术的代表性企业之一。针对本专利，请求人于2014年5月16日向专利复审委员会提出无效宣告请求。经审查，专利复审委员会作出第24621号无效决定，维持涉案专利权有效。

【审查决定】

一、案由

本无效宣告请求涉及国家知识产权局于2013年7月3日授权公告的、名称为“一种透明导电膜及其制作方法”的发明专利权（下称本专利），其申请号为201010533228.9，申请日为2010年11月5日，专利权人为苏州苏大维格光电科技股份有限公司、苏州大学。

本专利授权公告的权利要求书如下：

“1. 一种透明导电膜，包括透明基底和导电金属，其特征在于：所述透明基底包括导电区和透光区，该导电区为网线状凹槽，该凹槽压制于所述透明基底的表面，该透光区为该网线状凹槽围成的网格；所述导电金属填设于该导电区的网线状凹槽内，其中该凹槽的面积与该网格的面积之比小于5%，所述透光区的网格为正多边形，其边长尺度小于200μm，所述透明基底为柔性透明材料，其透光率大于90%，所述导电区的凹槽深宽比大于1∶1，所述凹槽通过纳米压印工艺形成，该纳米压印工艺为卷对卷辊筒压印，使用凸模在一透明基底上压印出网格图案，其中该网格的边线即为凹槽，所述凸模的制备工艺包括：

采用扫描光刻或平铺光刻，在光刻胶表面刻蚀出网格图案，该网格的边线为凹槽，且该凹槽的深宽比大于1∶1；

通过真空溅射或者化学镀的方法，对具有凹槽图形的光刻胶进行金属化，使整个光刻胶表面，包括凹槽部分，形成电极层；

带有导电层的光刻胶干板置入电铸槽中，进行金属离子的电沉积，在导电层上逐步沉积形成一定厚度金属薄板；

将金属薄板从光刻胶干板上分离，并去除光刻胶，在金属板上形成凸型的网格图形结构。

2. 一种透明导电膜的制作方法，其特征在于，包括如下步骤：

压印工艺：所述压印工艺为纳米压印技术，所述压印工艺为卷对卷辊筒压印，使用凸模在一透明基底上压印出网格图案，其中该网格的边线为凹槽，且该凹槽的面积与该网格的面积之比小于5%，所述透光区的网格为正多边形，其边长尺度小于200μm；

金属化工艺：所述金属化工艺为湿法涂布工艺、电铸工艺或溅射工艺中的一种，对该透明基底进行金属化，使凹槽内充满导电金属，其中当该金属化工艺为湿法涂布工艺时，包括步骤：采用连续式涂布方法，在透明基底表面涂布掺有疏水溶剂的纳米银浆；根据自流平效应使银浆沉积于凹槽中，并在透明基底上涂布一层疏水层，以加快纳米银浆往凹槽中聚集；加热烘烤，

使银浆凝结，在凹槽中形成金属线栅；

抛光工艺：去除透明基底表面多余的导电金属，只保留凹槽中的导电金属，从而形成透明导电膜；

其中，所述凸模的制备工艺包括：

采用扫描光刻或平铺光刻，在光刻胶表面刻蚀出网格图案，该网格的边线为凹槽，且该凹槽的深宽比大于1：1；

通过真空溅射或者化学镀的方法，对具有凹槽图形的光刻胶进行金属化，使整个光刻胶表面，包括凹槽部分，形成电极层；

带有导电层的光刻胶干板置入电铸槽中，进行金属离子的电沉积，在导电层上逐步沉积形成一定厚度金属薄板；

将金属薄板从光刻胶干板上分离，并去除光刻胶，在金属板上形成凸型的网格图形结构。”

针对本专利，张翼明（下称请求人）于2014年5月16日向专利复审委员会提出无效宣告请求，主要理由为：(1)本专利说明书公开不充分，不符合《专利法》第26条第3款的规定；(2)本专利权利要求1、2不符合《专利法》第26条第4款的规定；(3)本专利权利要求1、2不符合《专利法实施细则》第20条第2款的规定。

请求人于2014年6月16日补充提交了无效宣告程序意见陈述书，并提交了以下附件：

附件1(即本专利)：申请号为201010533228.9的发明专利说明书，授权公告日为2013年7月3日；

附件2(下称对比文件1)：公开号为JP特开2003－198185A的日本专利及其中文译文，公开日为2003年7月11日，共26页；

附件3(下称对比文件2)：国际公布号为WO2009/154812A2的PCT国际专利申请公开说明书，国际公布日为2009年12月23日，共77页；

附件4(下称对比文件2的中文译文)：申请公布号为CN102016767A的中国发明专利申请，申请公布日为2011年4月13日，其为WO2009/154812的国际专利进入中国国家阶段的公布文本，作为对比文件2的中文译文，共48页；

附件5(下称对比文件3)：公开号为CN1693182A的中国发明专利申请公开说明书，公开日为2005年11月9日，共12页；

附件6(下称对比文件4)：授权公告号为CN1174402C的中国发明专利说明书，授权公告日为2004年11月3日，共19页；

附件7(下称对比文件5)：公开号为JP特开2007－294355A的日本专利及其中文译文，公开日为2007年11月8日，共26页；

附件8(下称对比文件6)：国际公布号为WO2009/108801A2的PCT国际专利申请公开说明书及其中文译文，国际公布日为2009年9月3日，共55页。

请求人在该意见陈述书中指出：

1. 权利要求1～2的技术方案在本专利说明书中公开不充分，不符合《专利法》第26条第3款的规定。

2. 本专利权利要求1～2的保护范围不清楚，得不到说明书的支持，不符合《专利法》第26条第4款的规定。

3. 本专利权利要求1～2不符合《专利法实施细则》第20条第2款的规定。

4. 本专利权利要求1～2不符合《专利法》第22条第3款的规定，具体理由如下：

(1)以对比文件1作为最接近的现有技术。

权利要求1相对于对比文件1和对比文件3的结合，或相对于对比文件1和对比文件4的结合，或相对于对比文件1和对比文件3与惯用技术手段/公知常识的结合，或相对于对比文件1和对比文件4与惯用技术手段/公知常识的结合，或相对于对比文件1和对比文件2与对比文件3的结合，或相对于对比文件1和对比文件2与对比文件4的结合，相对于对比文件1、对比文件2和对比文件4与惯用技术手段/公知常识的结合，或相对于对比文件1、对比文件2和对比文件3与惯用技术手段/公知常识的结合，不具备创造性。

权利要求2相对于对比文件1和对比文件3与惯用手段/公知常识的结合，或相对于对比文件1和对比文件4与惯用手段/公知常识的结合，或相对于对比文件1、对比文件3和对比文件5与惯用手段/公知常识的结合，或相对于对比文件1、对比文件4和对比文件5与惯用手段/公知常识的结合，不具备创造性。

(2)以对比文件2作为最接近的现有技术。

权利要求1相对于对比文件2和对比文件3的结合，或相对于对比文件2和对比文件3与惯用手段/公知常识的结合，或相对于对比文件2、对比文件1和对比文件3的结合，或相对于对比文件2、对比文件1和对比文件4的结合，或相对于对比文件2和对比文件4与惯用手段/公知常识的结合，不具备创造性。

权利要求2相对于对比文件2、对比文件3和对比文件5的结合，或相对于对比文件2和对比文件3与惯用技术手段/公知常识的结合，或相对于对比文件2、对比文件3和对比文件5与惯用技术手段/公知常识的结合，或相对于对比文件2、对比文件1和对比文件3或对比文件4与对比文件5的结合，或相对于对比文件2、对比文件1和对比文件3或对比文件4与惯用技术手段/公知常识的结合，或相对于对比文件2、对比文件1、对比文件3或对比文件4和对比文件5与惯用技术手段/公知常识的结合，不具备创造性，不符合《专利法》第22条第3款的规定。

(3)以对比文件6作为最接近的现有技术。

权利要求1相对于对比文件6和对比文件1的结合，或相对于对比文件6和对比文件1与惯用手段或公知常识的结合，或相对于对比文件6、对比文件1和对比文件3的结合，或相对于对比文件6和对比文件3与惯用手段/公知常识的结合，或相对于对比文件6和对比文件4与惯用手段/公知常识的结合，或相对于对比文件6、对比文件1和对比文件4的结合，或相对于对比文件6、对比文件1和对比文件4与惯用手段/公知常识的结合，或相对于对比文件6、对比文件1和对比文件3与惯用手段/公知常识的结合，不具备创造性。

权利要求2相对于对比文件6、对比文件1、对比文件5、对比文件3和公知常识的结合，或相对于对比文件6、对比文件1、对比文件5、对比文件4和公知常识的结合，或相对于对比文件6、对比文件1、对比文件3和公知常识的结合，或相对于对比文件6、对比文件1、对比文件4和公知常识的结合，不具备创造性。

经形式审查合格，专利复审委员会依法受理了上述无效宣告请求，依法成立合议组，并于2014年6月27日向请求人和专利权人发出无效宣告请求受理通知书，同时将专利权无效宣告请求书及其附件清单中所列附件的副本、请求人于2014年6月16日补充提交的意见陈述书及其附件清单中所列附件的副本转送给专利权人，并要求专利权人在指定的期限内陈述意见。

专利权人于2014年8月9日提交了意见陈述书，未对权利要求书进行修改。专利权人在意见陈述书中认为：本专利说明书公开充分符合《专利法》第26条第3款的规定，权利要求1、2符合《专利法》第26条第4款的规定，权利要求1～2符合《专利法实施细则》第20条第2款的规定，权利要求1～2具备《专利法》第22条第23款规定的创造性，请求人的无效理由不成立。

本案合议组于2014年8月15日向双方发出无效宣告请求口头审理通知书，定于2014年9月24日对本案进行口头审理。

合议组于2014年9月10日发出转送文件通知书，将专利权人于2014年8月9日提交的意见陈述书转送给请求人。

口头审理如期举行，双方当事人均委托代理人出席了口头审理，其对对方出庭人员的身份和资格没有异议，对合议组成员的变更无异议，对合议组成员及书记员没有回避请求。

在口头审理过程中：

1. 专利权人对比文件1～6的真实性、合法性、公开日期无异议，对对比文件1、2、5、6的中文译文的准确性无异议。

2. 专利权人当庭提交公知常识性证据如下：

(1)《材料手册》，G. S. 布拉德 ，H. R. 克劳瑟，科学出版社出版，1989年2月第一版第一次印刷；

(2)《复合材料手册》，益小苏、杜善义、张立同主编，化学工业出版社出版，2009年7月第1版1次印刷；

(3)《高分子材料手册》(上)，杨鸣波、唐志玉主编，化学工业出版社出版，2009年7月第1版第1次印刷。

专利权人当庭提交了上述公知常识性证据的复印件，并当庭出示了上述公知常识性证据的原件。

3. 合议组将专利权人当庭提交公知常识性证据的复印件当庭转送给请求人，请求人当庭确认签收，并将公知常识性证据的原件转给请求人，要求请求人当庭核实该些证据的真实性和公开日期。

4. 请求人当庭表示对专利权人当庭提交的公知常识性证据(1)～(3)及其真实性、公开日期没有异议。

5. 请求人放弃权利要求1相对于对比文件2和对比文件3结合不具备创造性的无效理由，当庭明确其无效理由具体为：

(1)本专利说明书公开不充分，不符合《专利法》第26条第3款的规定。

(2)权利要求1～2不符合《专利法》第26条第4款的规定。

(3)权利要求1～2不符合《专利法实施细则》第20条第2款的规定。

(4)权利要求1～2不符合《专利法》第22条第3款的规定，具体理由为：

第一，以对比文件1为最接近的现有技术。

①权利要求1相对于对比文件1和对比文件3的结合，相对于对比文件1和对比文件4的结合，相对于对比文件1、3和公知常识的结合，相对于对比文件1、4和公知常识的结合，相对于对比文件1、2、3的结合，相对于对比文件1、2、4的结合，相对于对比文件1、2、3和公知常识的结合，相对于对比文件1、2、4和公知常识的结合不具备创造性。

②权利要求2相对于对比文件1、3和公知常识的结合，相对于对比文件1、4和公知常识的结合，相对于对比文件1、3、5和公知常识的结合，相对于对比文件1、4、5和公知常识的结合不具备创造性。

第二，以对比文件2为最接近的现有技术。

①权利要求1相对于对比文件2、3和公知常识的结合，相对于对比文件2、1、3的结合，相对于对比文件2、1、4的结合，相对于对比文件2、4和公知常识的结合不具备创造性。

②权利要求2相对于对比文件2、3和公知常识的结合，相对于对比文件2、4和公知常识的结合，现对于对比文件2、3、5和公知常识的结合，相对于对比文件2、4、5和公知常识的结合，相对于对比文件2、1、3、5和公知常识的结合，相对于对比文件2、1、4、5和公知常识的结合不具备创造性。

第三，以对比文件6为最接近的现有技术。

①权利要求1相对于对比文件6、1、3的结合，相对于对比文件6、1、4的结合，相对于对比文件6、3和公知常识的结合，相

对于对比文件6、4和公知常识的结合，相对于对比文件6、1、3和公知常识的结合，相对于对比文件6、1、4和公知常识的结合不具备创造性。

②权利要求2相对于对比文件6、1、5、3和公知常识的结合，相对于对比文件6、1、5、4和公知常识的结合，相对于对比文件6、1、3和公知常识的结合，相对于对比文件6、1、4和公知常识的结合不具备创造性。

6. 在此基础上，合议组对请求人提出的无效理由和事实进行了调查，并充分听取了当事人的意见。

7. 合议组当庭告知双方当事人口头审理结束之后，不再接受双方当事人提交的任何书面意见和证据。

至此，合议组认为本案事实已经清楚，可以作出审查决定。

二、决定的理由

（一）审查基础

专利权人未对权利要求书进行任何修改，本决定的审查基础是本专利授权公告的文本。

（二）证据认定

请求人提交的对比文件1、5为日本专利文献，对比文件2、6为PCT国际申请，对比文件3、4为中国专利文献。专利权人表示对对比文件1～6的真实性、合法性、公开日期无异议，对对比文件1、2、5、6的中文译文的准确性无异议。经核实合议组亦未发现能够影响上述对比文件的真实性的瑕疵，因而对对比文件1～6的真实性予以认可，对对比文件1、2、5、6的中文译文的准确性予以认可。同时，由于对比文件1～6的公开日均早于本专利的申请日，因此可作为评价本专利创造性的现有技术。

专利权人当庭提交了公知常识性证据，经合议组核实，上述证据的提交时机符合专利审查指南的相关规定，合议组也未发现能够影响上述证据的真实性的瑕疵，因此认可其真实性。其公开日期均早于本专利的申请日，并且，《材料手册》《复合材料手册》《高分子材料手册》均属于教科书或者工具书，因此可以作为公知常识性证据使用。

（三）具体审查意见

1.《专利法》第26条第3款

《专利法》第26条第3款规定，说明书应当对发明或者实用新型作出清楚、完整的说明，以所属技术领域的技术人员能够实现为准。

即使说明书中对本领域公知常识性的技术特征没有进行具体描述，但是如果本领域技术人员可以根据说明书的记载，并依据本领域的普通技术知识能够实现本专利说明书中记载的技术方案，解决技术问题，并且能够产生预期的技术效果，那么本专利的说明书是公开充分的。

请求人认为：（1）本专利说明书第3页未公开任何有关该“透明基底”和“柔性材料”的具体名称、成分等具体特征，导致本领域技术人员不清楚从现有材料中选择何种材质作为制作该透明基底的“柔性材料”，更不能确定透光率大于90%的材料中是否包括某种具备柔性的“柔性材料”，从而使得本专利中柔性材料的透明基底无法实现。（2）说明书对其中“透明基体”具体材质没有任何说明，因此，本领域技术人员有理由怀疑对于该透明基底而言，“加热或紫外线固化”并不能对透明基底产生影响，即有可能无法将凸模表面的图案完整的转基底表面，导致无法实现在透明基体上压印出凹槽的网格图案。（3）说明书全文并未对“电铸工艺”或“真空溅射工艺”进行任何具体的解释说明，也没有公开与其工艺相关的具体的工艺条件、参数等，导致本领域技术人员无法实施该“电铸工艺”和/或“真空溅射工艺”。（4）说明书并未公开机械抛光、化学电解或化学腐蚀中任一工序的具体实施流程，也没有公开与其相关的工艺条件、参数等，导致本领域技术人员不清楚如何实现机械抛光、化学电解或化学腐蚀，进而导致该“抛光工艺”无法实现。

对此，合议组认为：(1)专利权人在口头审理当庭提交的3篇公知常识性证据中，《材料手册》记载了以下内容（参见第452页第3～5行）：“卡塔林公司(Catalin Corp)的劳爱林(loalin)是一种比重为1.05～1.07的聚苯乙烯。它晶莹透亮，且有淡青色。洁净时，可透过90%的光。”《高分子材料手册》记载了以下内容（参见第1章概述右栏第27～30行、第33行）：“多数塑料都可以作为透明或半透明制品，其中聚苯乙烯、聚丙烯酸酯类塑料和聚碳酸酯像玻璃一样透明。某些塑料柔韧而富于弹性。”《复合材料手册》记载了以下内容（参见436页左栏第38～39行）：“聚苯乙烯具有良好的透明性，其透明度可以达到88%～92%。”由上述公知常识性证据公开的内容可知：透明基底和柔性材料都是本领域常见的材料，透光率大于90%的柔性材料例如聚苯乙烯也是本领域常用的材料。

(2)通过加热或紫外线能够固化的透明基底材料是本领域常用的材料，属于本领域公知公用的材料，本领域普通技术人员在选择透明基底材料时，可以根据实际需要选择“通过加热或紫外线能够固化的透明基底材料”。因此，即使说明书中未对“透明基体”具体材质进行任何说明，本领域普通技术人员也能够从本领域常用的透明基底材料中选择合适的材料，从而不会造成说明书公开不充分。

(3)同理，对于请求人的上述第(3)、(4)点理由，“电铸工艺”“真空溅射工艺”“机械抛光”“化学电解”“化学腐蚀”都是本领域公知公用的常规工艺，属于本领域的公知常识，即使说明书中未对上述工艺进行具体说明，也不会导致说明书公开不充分。

综上所述，本专利的说明书已经充分公开了实现发明目的的技术手段，使得本领域技术人员能够实现本专利的技术方案，解决技术问题，并且能够产生预期的技术效果。因此本专利说明书符合《专利法》第26条第3款的规定，请求人基于此主张的权利要求1～2应予无效的理由不成立。

2.《专利法》第26条第4款

《专利法》第26条第4款规定，权利要求书应当以说明书为依据，说明要求专利保护的范围。

如果权利要求的技术方案从整体上看是清楚的，则该权利要求是清楚的。对于权利要求是否得到说明书支持的判断，不应仅仅局限于具体实施例，还应当利用本领域技术人员的普通技术知识进行判断，如果所属技术领域的技术人员能够从说明书充分公开的内容中概括得出权利要求的技术方案，所属技术领域的技术人员可以合理预测说明书给出的装置的具体结构的所有等同替代方式或明显变型方式都能实现相同的功能，并且其效果是可以预先确定和评价的，则应当认为该权利要求得到了说明书的支持。

(1)关于权利要求1～2是否清楚。

第一，关于权利要求1。

请求人认为：①权利要求1的主题是“一种透明导电膜”，属于产品权利要求；而权利要求1中还包括“所述凸模的制备工艺还包括：采用扫描光刻或平铺光刻，在光刻胶表面刻蚀出网格图案，该网格的边线为凹槽，且该凹槽的深宽比大于1∶1……将金属薄板从光刻胶于板上分离，并去除光刻胶，在金属板上形成凸型的网格图像结构”这样的方法特征；并且结合说明书公开的内容可确定，其中“凸模”这一特征也不属于无法用结构特征进行描述的情况，因此，权利要求1中的主题与其技术内容不适应，导致权利要求1不清楚，不符合《专利法》第26条第4款的规定。

②权利要求1记载了“该导电区为网

线状凹槽”，同时还记载了“该网格的边线即为凹槽”；其中，本领域技术人员不清楚“网线状凹槽”中网线状是什么形状，不清楚该“网线状凹槽”与作为边线的“凹槽”之间是何关系，以及为何凹槽呈“网线状”的同时还为“边线”。因此，权利要求 1 中关于凹槽的内容前后矛盾，导致本领域技术人员不能清楚确定权利要求的保护范围。

③本领域技术人员无法确定权利要求 1 中的“导电层”与前面的“导电区”或“电极层”是否有关，以及有何关联，从而无法确定该权利要求的保护范围。综上，权利要求 1 的保护范围不清楚，不符合《专利法》第 26 条第 4 款的规定。

对于请求人的上述理由，合议组认为：①对于权利要求 1 要求保护的透明导电膜而言，凸模是用来在透明基底上压制其网格图案的。因此凸模的结构会直接影响透明导电膜的结构。凸模的制作方法会影响到凸模本身的形状、精度等，相应地也就影响到其在透明基底上压制出的凹槽的深度、精度、网线状凹槽的形状等。因此，凸模的制备方法显然会影响透明导电膜的具体结构；并且对于透明导电膜的结构受到的这种影响，除了使用凸模制备方法特征进行限定外，无法用透明导电膜本身的结构或者其他参数予以清楚表征。虽然权利要求 1 为产品权利要求，但是当产品权利要求中的一个或多个技术特征无法用结构特征并且也不能用参数特征予以清楚地表征时，允许借助于方法特征表征。因此，权利要求 1 中凸模的制备工艺虽然是方法特征，但是该特征并未使权利要求 1 的类型和保护范围不清楚。

②根据权利要求 1 的记载，结合说明书中的相应描述，“网线状凹槽”就是指在透明基底上形成的凹槽连接成网格状，“网格的边线”就是凹槽本身，因此，权利要求 1 中关于凹槽的内容并没有前后矛盾，没有造成权利要求 1 的保护范围不清楚。

③透明基底包括导电区和透光区，导电区为相互连通的网状凹槽，因此，导电区并不是导电层或电极层。在凸模的制备工艺中，“导电层”和“电极层”实际上是同一层，只是在不同工艺步骤中名称不一样。因此，权利要求 1 中的“导电区”“导电层”“电极层”是清楚的，本领域技术人员能够理解其具体含义，其并未造成权利要求 1 的保护范围不清楚。

综上所述，权利要求 1 的保护范围是清楚的，符合《专利法》第 26 条第 4 款的规定。

第二，关于权利要求 2。

请求人认为：本领域技术人员无法确定权利要求 2 中的“导电层”与前面的“导电区”或“电极层”是否有关，以及有何关联，从而无法确定该权利要求的保护范围。因此，权利要求 2 的保护范围不清楚，不符合《专利法》第 26 条第 4 款的规定。

对于请求人的上述理由，基于与权利要求 1 相同的理由（具体参见上文评述），权利要求 2 中的“导电区”“导电层”“电极层”是清楚的，并未造成权利要求 2 的保护范围不清楚。

（2）关于权利要求 1～2 是否得到说明书的支持。

第一，关于权利要求 1。

请求人认为：①权利要求 1 记载了“所述透光区的网格为正多边形”。但是，本专利说明书全文及附图都仅公开了正六边形网格这一种透光区形状，而本领域技术人员难以预见当导电区采用其他形式的正多边形，如三角形、正五边形时能否解决本专利的技术问题。因此，“正多边形”这一上位概念涵盖了过宽的范围，导致其得不到说明书的支持。

②权利要求 1 还记载了“所述凹槽通过纳米压印工艺形成”，而说明书实施例中公开的是：第 39 段中“网格边长 35μm”；第 41 段中的“200μm”；第 40 段中的“宽度为 3μm”；第 57 段的“凹槽线宽为 2μm”。即关于导电区和透光区的所有参数都是微米

级的，并未公开任何有关“形成纳米级的网格图案”的内容，因此，该技术特征未以说明书为依据，导致权利要求1得不到说明书的支持。

③权利要求1中记载了技术特征“其中该凹槽的面积与该网格的面积之比小于5%，所述透光区的网格为正多边形，其边长尺度小于200μm”；而基于该技术特征，说明书中仅给出了唯一一种其认为可能实现的方案（参见说明书第36～39段公开的内容），即根据说明书中的公式(1)计算正多边形的边长、正多边形的边数、透光率及导电区宽度之间的关系。但是，说明书并没有提供其他任何可以替代的技术内容，因此权利要求1概括了过大的保护范围，导致其得不到说明书的支持。

综上，权利要求1得不到说明书的支持，不符合《专利法》第26条第4款的规定。

对于请求人的上述理由，合议组认为：

①对于“正多边形”，说明书中除了列举了正六边形，还列举了“正四边形”（参见说明书第[0048]段），本专利说明书中的计算公式只是以正六边形为例进行的举例，并不表明仅适用于正六边形。根据说明书的描述，所属技术领域的人员可以合理预测正六边形、正四边形的其他等同替代方式都具有相同的性能，因此，权利要求1中的“所述透光区的网格为正多边形”的概括是恰当的，能够得到说明书的支持，请求人的上述理由①不成立。

②说明书第[0006]段记载了以下内容：该透明导电膜利用纳米压印的方法，在表面形成规则的亚微米图形，将导电金属填设在这些亚微米图形中形成导电金属线。说明书第[0043]段还记载了以下内容，包括：在制作上述透明导电膜时，选择以纳米压印的方法形成该透明导电膜表面的网状凹槽。纳米压印是一种加工工艺，指精度、分辨率、表面光滑度都要达到纳米级精度，而并不是说纳米压印压出的凹槽线宽必须是1μm以下的。因此，权利要求1中的“所述凹槽通过纳米压印工艺形成”在原文中已有记载，与说明书的描述一致，能够得到说明书的支持。

③本专利说明书中的第[0036]～[0039]段记载了以下内容：“特别的，当透光区112的网格为正多边形时，导电区111和透光区112的面积之比可由下列公式计算：$P=1-a^2/(a+L\times \tan180/n)^2$。其中a为正多边形的边长，L为导电区111的宽度，n为正边形的边数。以正六边形网格为例，当网格变长为35μm，透光率为90%时，金属导电线的线宽为3μm左右。”本领域技术人员根据面积比P小于5%，边长尺度小于200μm，一旦确定正多边形的边数n，就能通过说明书中的上述公式把线宽算出来。因此，说明书中的上述公式相当于公开了很多组不同的透光率、正多边形边长、导电区宽度、正多边形变数的值。且说明书中记载了以下内容（参见第[0036]段第4行）：通常，导电区111与透光区112的面积比为5%。第[0041]段记载了“网格的尺寸设计在200μm以下”。因此，根据说明书中的上述描述，权利要求1中的“其中该凹槽的面积与该网格的面积之比小于5%，所述透光区的网格为正多边形，其边长尺度小于200μm”能够得到说明书的支持。

综上，权利要求1能够得到说明书的支持，符合《专利法》第26条第4款的规定。

第二，关于权利要求2。

请求人认为：与权利要求1相类似，权利要求2也记载了“所述透光区的网格为正多边形”，权利要求2中的“压印工艺”也包括“纳米压印技术”相关特征，基于与权利要求1相同的理由，权利要求2也同样得不到说明书的支持。

对于请求人的上述理由，合议组认为：基于与权利要求1相同的理由（具体参见上文的评述），权利要求2能够得到说明书的支持，符合《专利法》第 26 条第 4 款的规定。

综上所述，权利要求 1～2 的保护范围是清楚的，且能够得到说明书的支持，符合《专利法》第 26 条第 4 款的规定。

3.《专利法实施细则》第 20 条第 2 款

《专利法实施细则》第 20 条第 2 款规定，独立权利要求应当从整体上反映发明或者实用新型的技术方案，记载解决技术问题的必要技术特征。

判断一个技术特征是否为必要技术特征，应当从所要解决的技术问题出发并考虑说明书的整体描述，不应简单地将实施例中的技术内容直接认定为权利要求的必要技术特征。

请求人认为：(1)权利要求 1 不符合《专利法实施细则》第 20 条第 2 款的规定。本专利主要需要解决的技术问题是，如何通过控制网格的尺寸来提高透明导电膜导电性和透光性。本专利权利要求 1 中对金属线(即导电区)的形状、参数的限定内容包括“凹槽的面积与该网格的面积之比小于 5％”，“透光区为正多边形”，“其边长小于 200μm”；但是其中并未对金属线宽度(即透光区的网格边线宽度或凹槽宽度)进行限定。而在正多边形的数量不确定、正多边形的边数也不确定的情况下，仅根据上述记载的三个参数无法确定相应的金属线宽度。因此，权利要求 1 缺少“透光区的网格边线宽度”或“正多边形的边数及个数”这一必要技术特征，因此权利要求 1 缺乏解决技术问题的必要技术特征，不符合《专利法实施细则》第 20 条第 2 款的规定。

(2)权利要求 2 同样缺少“透光区的网格边线宽度”或“正多边形的边数及个数”这一必要技术特征，导致其同样缺乏解决技术问题的必要技术特征，不符合《专利法实施细则》第 20 条第 2 款的规定。

对于请求人的上述无效理由，合议组认为：本专利主要解决的技术问题是，如何提高透明导电膜导电性和透光性。为了解决这一技术问题，权利要求 1 中已经记载了“凹槽的面积与该网格的面积之比小于 5％”，“透光区为正多边形”，“其边长小于 200μm”，“所述透明基底的透光率大于 90％”，“所述导电区的凹槽深宽比大于 1：1”等技术特征。权利要求 1 目前记载的技术方案足以能够解决提高透明导电膜的透光性和导电性的技术问题。并且根据本专利说明书第[0037]段记载的公式：$P=1-a^2/(a+L\times \tan180/n)^2$，一旦确定多边形的边数 n，就可以计算出透光区网格边线的宽度；至于正多边形的边数，本领域技术人员可以根据实际需要选择，并不是权利要求 1 的必要技术特征。因此，权利要求 1 不缺少必要技术特征，符合《专利法实施细则》第 20 条第 2 款的规定；同理，权利要求 2 也符合《专利法实施细则》第 20 条第 2 款的规定。

4.《专利法》第 22 条第 3 款

《专利法》第 22 条第 3 款规定，创造性，是指同现有技术相比，该发明具有突出的实质性特点和显著的进步。

权利要求要求保护的技术方案与最接近的现有技术公开的技术方案之间存在区别技术特征，如果现有技术没有给出将所述区别技术特征应用于该最接近的现有技术以解决其存在的技术问题从而得出所述权利要求技术方案的任何技术启示，且权利要求基于该区别技术特征具有有益的技术效果，则该权利要求的技术方案对本领域技术人员来说是非显而易见的。

(1)以对比文件 1 为最接近的现有技术。

第一，权利要求 1 的创造性。

对比文件 1 公开了一种电磁波屏蔽片的制造方法，具体公开了如下内容，包括(参见对比文件 1 译文第 4 页第 23～24 段，第 6 页第 40～44 段，图 1～2)：电磁波屏蔽片依次通过工序 A、工序 B、工序 C、工序 E 而制造；工序 A 是在设置于基材上的树脂层上赋形凹部 3 的工序，该工序中在树脂层(相当于透明基底)上形成由特定的电磁波屏蔽图案组成的凹部 3。在基材上的树脂层上赋形凹部的方法(相当于压印工艺)包括:作为第一赋形机构,于基材上涂布的固化前树脂表面上,压接具有特定图案的凹凸的赋形部件 7′,之后维持该压接状态将树脂固化,之后从该赋形部件 7′脱离,由此在树脂层 2 上赋形凹部 3。作为赋形部件,较佳的是使用图 3 所示的圆筒 7(相当于权利要求 2 中的凸模)。工序 A 中可使用金属制的圆筒,且圆筒上形成特定的连续凸状图案,以在树脂层上形成对应的电磁波屏蔽图案。在圆筒表面形成的微细的图案,将镀铜的圆筒表面设置的光阻层激光曝光后,通过蚀刻而形成。凸部宽度为 15 μm,凸部建个为 330μm,凸部的高度为 15μm 而形成。

请求人认为:权利要求 1 与对比文件 1 的区别特征仅在于权利要求 1 中所述凸模的制备工艺。该区别特征被对比文件 3,或被对比文件 4,或被对比文件 3 和公知常识,或被对比文件 4 和公知常识,或被对比文件 2 和对比文件 3,或被对比文件 2 和对比文件 4,或被对比文件 2、3 和公知常识,或被对比文件 2、4 和公知常识公开,且具有与对比文件 1 结合的技术启示,因此,权利要求 1 不具备创造性。

对此,合议组认为:对比文件 1 的凹槽内是先填充无电镀用催化剂,再填充电镀导电层,而权利要求 1 中是导电金属填设于导电区的网线状凹槽内;对比文件 1 中虽然使用了赋形部件对树脂层上形成赋形凹部,但并没有采用如权利要求 1 所述的纳米压印工艺;对比文件 1 中列举了图案的参数,即宽度是 15μm,间隔是 330μm,但宽度和间隔是相联系的两个数值,不能单独使用,因此根据上述参数,无法计算得出权利要求 1 中"凹槽的面积与网格面积之比小于 5%","边长尺度小于 200μm"的技术特征,因此对比文件 1 没有公开该技术特征;对比文件 1 中仅给出了凹部的线宽为 5～100μm,深度为 5～50μm,但是并没有具体公开导电区凹槽的深宽比具体为多少;对比文件 1 中也没有公开凸模的制备工艺;权利要求 1 中纳米压印是卷对卷压印方式,而对比文件 1 是反转辊式涂布,一个是从卷直接到卷进行压印,另一个需要借助辊完成压印(参见对比文件 1 的说明书第 0078 段),二者并不相同。

综上所述,权利要求 1 与对比文件 1 的区别技术特征为:

①导电金属填设于该导电区的网线状凹槽内。②凹槽的面积与网格面积之比小于 5%,边长尺度小于 200μm。③导电区的凹槽深宽比大于 1∶1。④所述凹槽通过纳米压印工艺形成,纳米压印工艺为卷对卷辊筒压印。⑤所述凸模的制备工艺包括:采用扫描光刻或平铺光刻,在光刻胶表面刻蚀出网格图案,该网格的边线为凹槽,且该凹槽的深宽比大于 1∶1;通过真空溅射或者化学镀的方法,对具有凹槽图形的光刻腔进行金属化,使整个光刻胶表面,包括凹槽部分,形成电极层;带有导电层的光刻胶干板置入电铸槽中,进行金属离子的电沉积,在导电层上逐步沉积形成一定厚度金属薄板;将金属薄板从光刻胶干板上分类,并去除光刻胶,在金属板上形成凸型的网格图形结构。

根据上述区别技术特征,确定权利要求 1 相对于对比文件 1 所实际解决的技术问题是:①在凹槽内填充导电金属,形成导电区;②限定凹槽的面积与网格的面积比,用于设计高密度的导电网线,提高透光率;③使得填充入凹槽的导电金属不易脱出,提高导电金属的横截面;④高速高精度地生产透明导电膜;⑤制备用于纳米压印的凸模。

对比文件 2 公开了一种触屏传感器,并具体公开了以下内容(参见说明书第 6 页第 57～58 段,第 11 页第 87～93 段,第 9 页第 75～76 段,第 6 页第 62 段,第 10 页第 81 段,图 1),包括:触屏传感器 100 包括具有触摸感测区域105的触屏面板110。触摸感测区域105电连接到触摸传感器驱动装置120。对可见光透明的导电区域101位于触屏面板的触摸感测区域内。对可见光透明的导电区域101包括可见光透明基底130和设置在可见光透明基底130之上或之内的导电微图案140(设置在可见光透明基底130之内的导电微图案,相当于所述导电金属设置在导电区的网线状凹槽内)。可见光透明基底130包括主表面132,并且是电绝缘的。可见光透明基底130可由任何可用的电绝缘材料(例如为玻璃或聚合物)形成。导电微图案140沉积在主表面132上。由于传感器将与显示器连接以形成触屏显示器或触摸面板显示器,基底130对可见光透明,并且基本上平坦。基底和传感器可以基本上为平坦和柔性的。优选的导电微图案包括具有二维网格(如方形网格、矩形(非方形)网格或正六边形网络)的区域,其中导线限定了网格内封闭的开放区域,该区域未沉积与网格导线电接触的导体。用于实现传感器的透明度以及通过传感器的显示器的可见度的合适的导电微图案具有某些属性。首先,在透过其中观察显示器的导电微图案区域中,被导体遮挡的传感器面积比率应小于50%,或小于25%,或小于20%,或小于10%,或小于5%,或小于4%,或小于3%,或小于2%,或小于1%,或在0.25%~0.75%的范围内,或小于0.5%(相当于凹槽的面积与网格的面积之比小于5%)。在一些实施例中,为了在即使薄层电阻不均匀分布的情况下,也可以产生在整个可见显示区上具有均匀透光率的对可见光透明的显示传感器,传感器包括添加到导电微图案上的绝缘的导体沉积物,该沉积物起到在整个图案上保持透光率的均匀度的作用。例如,对于包括第一区域和第二区域的金属导电微图案,其中第一区域具有由线宽为3μm、间距为200μm的正方形网格组成的网格(相当于正方形的边长为197μm,公开了权利要求1中的“边长尺度小于200μm”),第二区域具有由线宽为3μm、间距为300μm的正方形网格组成的网格(2%的区域被金属遮挡,即开放区域为98%)。根据本发明的导电图可通过任何合适的图案化方法生成,如微复制(在基底内形成微凹槽,然后填充导电材料或种子材料,以用于后续的金属电镀)。制备金属化聚合物薄膜基底(如实例6~40)。提供聚对苯二甲酸乙二醇酯(PET)的聚合物薄膜基底。测得雾度和透光率分别为大约0.67%和92.9%(相当于透明基底的透光率大于90%)。填充后的微复制凹槽会形成相对于掩模金属薄膜具有高纵横比横截面的导体。图6示出了具有深度大于宽度的微复制电极的高纵横比触摸表面的剖视图。在一个实施例中,深宽比大于1∶1的微复制结构会产生更好的性能。使用本文所述及引述的方法,通过在PET透明基底上形成宽10μm(图5中的X维度)、深20μm(图5中的Z维度)、间距4mm的矩形微复制凹槽来制备导线(相当于所诉导电区的深宽比大于1∶1)。凹槽的平行阵列宽100mm。凹槽在PET网方向印刷,因此其长度即为PET网长度。

由此可见,对比文件2公开了上述区别技术特征:①导电金属填设于该导电区的网线状凹槽内;②凹槽的面积与网格面积之比小于5%,边长尺度小于200μm;③导电区的凹槽深宽比大于1∶1。且上述技术特征在对比文件2中所起的作用与其在本专利中相同,即对比文件2给出了将上述区别特征①、②、③结合到对比文件1中的技术启示。但是对比文件2仍然没有公开上述区别技术特征④、⑤。

对比文件3公开了一种深亚微米三维滚压模具及其制作方法,并公开了以下内容(参见说明书第6页倒数第3行至第10页第3行),包括:以某金属(镍)滚压模具的制作为例,具体实施过程如下:①电子光刻胶的涂铺。用市售的均胶机将适当的正型电子光刻胶涂铺在平板基材表面，待其自然流平后再经室温或加热固化。②深压微米三维曝光空间区域成形。采用电子束直写光刻系统，通过在其上加装电子束流剂量控制电路和实时扫描控制软件，电子束斑点扫描到不同平面位置时设定不同的电子束流剂量，获得不同的曝光深度。电子光刻胶的最小曝光线宽为 50nm，曝光深度可达到 50μm。③电子光刻胶显影。用市售的适当显影液对该电子光刻胶进行清洗，洗除掉被曝光的空间区域材料。未曝光电子光刻胶部分保留下来，并显现出深亚微米的三维微腔体结构。④溅射类金刚石过渡层。用市售的溅射机将碳原子沉积到电子光刻胶显影后的表面，形成厚度为纳米级的类金刚石过渡层薄膜，并作为下一步电铸所需的初始导电表面（相当于通过真空溅射的方法，对具有凹槽图形的光刻胶进行金属化，使整个光刻胶表面，包括凹槽部分，形成电极层）。⑤精密电铸金属镍。将已生成的类金刚石过渡层及金属镍靶（高纯度镍材料）分别作为电铸的阴阳两极，用市售的精密电铸机和适当的电解液将金属镍离子沉积和填充到深亚微米三维结构的电子光刻胶腔体中，形成金属镍模具。⑥从金属镍模具上脱去电子光刻胶。由于电子光刻胶与镍之间存在类金刚石过渡层，其自润滑性起到了金属镍模具背部界面与电子光刻胶的脱模剂作用，手工便可完成剥离，相当于权利要求 2 中的将金属薄板从光刻胶干板上分离，并去除光刻胶）。⑦滚压金属镍模具制作。由于模具的宏观厚度小于 0.5mm，其具有高度的弯卷柔性。利用市售的热固性胶，将具有深亚微米三维结构的金属镍模具（至此为镍箔状）粘贴在高导热型金属滚筒上，最终形成滚筒状并含深亚微米三维结构的金属镍模具。⑧采用本发明制作的深亚微米三维结构滚压模具，利用滚筒内部的电阻式加热器将滚筒和其上的金属镍模具稳定持续加热，以连续滚压方式，将镍模具表面的深亚微米三维结构热印到平面状的热塑性或热固性材料（如有机玻璃）上，实现这类材料上的深亚微米三维结构的生产性加工。

合议组认为：对比文件 3 中的电子束蚀刻并不能相当于扫描光刻或平铺光刻，二者的工作原理不同，且对比文件 3 中并未公开“蚀刻出网格图案”，“凹槽的深宽比大于 1∶1”，“在金属板上形成凸型的网格图形结构”等技术特征，从而导致对比文件 3 与权利要求 1 中的凸模制备工艺并不相同，而权利要求 1 中的凸模制备工艺是一个整体的技术特征，因此，对比文件 3 并没有公开上述区别技术特征⑤，也没有公开上述区别技术特征①～④。

对比文件 4 公开了一种制作压模的电极材料和薄膜，并公开了以下内容（参见说明书第 5 页第 28 行至第 6 页第 3 行，图 1A～1C），包括：首先，对玻璃衬底 1 进行抛光和清洗，并利用甩涂或其他方法，在玻璃衬底 1 上形成电子束抗蚀膜 2。对电子束抗蚀膜 2 进行预烘焙，用电子束对电子束抗蚀膜 2 进行曝光，从而形成潜像。对电子束抗蚀膜 2 进行显影，从而形成沟槽 2b，并对电子束抗蚀膜 2 进行后烘焙。接着，用溅射、汽相淀积，或无电镀方法，在电子束抗蚀膜 2 和玻璃衬底的表面 1 上制作镍合金薄膜 3。然后，用镍合金薄膜 3 作为电极，在镍合金薄膜 3 的表面上进行镍电铸，从而形成镍层 4。从玻璃衬底分离镍层，并对镍层 4 的上表面进行抛光，从而得到母压模 4A。

合议组认为：对比文件 4 为平面压印，用于压制光盘，与本专利属于不同的技术领域，其所能达到的精度与本专利的精度要求差别较大。对比文件 4 的工艺步骤与权利要求 1 中的凸模制备工艺并不相同，而权利要求 1 中的凸模制备工艺是一个整体的技术特征，因此，对比文件 4 并没有公开上述区别技术特征⑤，也没有公开上述区别技术特征①～④。

综上所述，对比文件 2～4 均没有公开

权利要求1与对比文件1的区别技术特征④~⑤或者给出相应的技术启示,且请求人也没有提出任何证据表明上述区别技术特征④~⑤是本领域的公知常识,并且,在制备透明导电膜时,使用的这些工艺步骤及其细节参数等都相互联系,应整体考量,对于每个步骤或参数的调整都可能会对最终的产品造成巨大的影响;而将这些纷繁复杂的工艺、参数经过优化调整制得的权利要求1的产品需要本领域技术人员付出创造性劳动,因此上述区别技术特征④~⑤并不是本领域的公知常识。正是由于上述区别技术特征④~⑤的存在,使得权利要求1具有以下有益的技术效果:该透明导电膜利用纳米压印的方法,在表面形成规则的亚微米图形,能够实现高速、大面积的生产。

因此,权利要求1相对于对比文件1、2、3、4和公知常识具备突出的实质性特点和显著的进步,具备《专利法》第22条第3款规定的创造性。请求人主张的权利要求1相对于对比文件1和对比文件3的结合,相对于对比文件1和对比文件4的结合,相对于对比文件1和对比文件3与公知常识的结合,相对于对比文件1和对比文件4与公知常识的结合,相对于对比文件1、对比文件2、对比文件3的结合,相对于对比文件1、对比文件2、对比文件4的结合,相对于对比文件1、对比文件2、对比文件3和公知常识的结合,相对于对比文件1、对比文件2、对比文件3和公知常识的结合不具备创造性的理由不成立。

第二,权利要求2的创造性。

对比文件1公开了一种电磁波屏蔽片的制造方法,具体公开了如下内容,包括(参见对比文件1译文第4页第23~24段,第6页第40~44段,图1~2):电磁波屏蔽片依次通过工序A、工序B、工序C、工序E而制造;工序A是在设置于基材上的树脂层上赋形凹部3的工序,该工序中在树脂层(相当于透明基底)上形成由特定的电磁波屏蔽图案组成的凹部3。在基材上的树脂层上赋形凹部的方法(相当于压印工艺)包括:作为第一赋形机构,于基材上涂布的固化前树脂表面上,压接具有特定图案的凹凸的赋形部件7′,之后维持该压接状态将树脂固化,之后从该赋形部件7′脱离,由此在树脂层2上赋形凹部3。作为赋形部件,较佳的是使用图3所示的圆筒7(相当于凸模)。工序A中可使用金属制的圆筒,且圆筒上形成特定的连续凸状图案,以在树脂层上形成对应的电磁波屏蔽图案。

请求人认为:权利要求2与对比文件1相比的区别特征为该金属化工艺为湿法涂布工艺时的具体步骤以及所述凸模的制备工艺。而该区别技术特征被对比文件3和公知常识公开,或被对比文件4和公知常识的公开,或被对比文件3、对比文件5和公知常识公开,或被对比文件4、对比文件5和公知常识公开,且具有与对比文件1结合的技术启示,因此,权利要求2不具备创造性。

对此,合议组认为:对比文件1的凹槽内是先填充无电镀用催化剂,再填充电镀导电层,而权利要求2中是使凹槽内充满导电金属;对比文件1虽然使用了赋形部件对树脂层上形成赋形凹部,但并没有采用如权利要求2所述的纳米压印工艺;对比文件1列举了图案的参数,即宽度是15微米,间隔是330微米,但宽度和间隔是相联系的两个数值,不能单独使用,因此根据上述参数,无法计算得出权利要求2中“凹槽的面积与网格面积之比小于5%”“边长尺度小于200μm”的技术特征,因此对比文件1没有公开该技术特征;对比文件1中仅给出了凹部的线宽为5~100μm,深度为5~50μm,但是并没有具体公开导电区凹槽的深宽比具体为多少;对比文件1中也没有公开凸模的制备工艺;权利要求2中纳米压印是卷对卷辊筒压印方式,而对比文件1是反转辊式涂布,这是两种完全不同的压印方式，一个是从卷直接到卷进行压印，另一个需要借助辊完成压印，（参见对比文件1的说明书第[0078]段），二者并不相同。

综上所述，权利要求2与对比文件1存在的区别技术特征为：

①所述压印工艺为纳米压印技术，所述压印工艺为卷对卷辊筒压印，凹槽的面积与网格的面积之比小于5%，所述透光区网格的边长尺度小于200μm。

②所述金属化工艺为湿法涂布工艺、电铸工艺或溅射工艺的一种，对该透明基底进行金属化，使凹槽内充满导电金属，其中当该金属化工艺为湿法涂布工艺时，包括步骤：采用连续式涂布方法，在透明基底表面涂布掺有疏水溶剂的纳米银浆；根据自流平效应使银浆沉积于凹槽中，并在透明基底上涂布一层疏水层，以加快纳米银浆往凹槽中聚集；加热烘烤，使银浆凝结，在凹槽中形成金属线栅。

③抛光工艺：去除透明基体表面多余的导电金属，只保留凹槽中的导电金属，从而形成透明导电膜；而对比文件1中是工序C，拭擦催化剂涂料11″的工序，其不能相当于权利要求2中的抛光工艺。

④所述凸模的制备工艺包括：采用扫描光刻或平铺光刻，在光刻胶表面刻蚀出网格图案，该网格的边线为凹槽，且该凹槽的深宽比大于1∶1；通过真空溅射或者化学镀的方法，对具有凹槽图形的光刻胶进行金属化，使整个光刻胶表面，包括凹槽部分，形成电极层；带有导电层的光刻胶干板置入电铸槽中，进行金属离子的电沉积，在导电层上逐步沉积形成一定厚度金属薄板；将金属薄板从光刻胶干板上分类，并去除光刻胶，在金属板上形成凸型的网格图形结构。

对比文件3公开了一种深亚微米三维滚压模具及其制作方法，具体公开的内容参见前文所述。

合议组认为：对比文件3中的电子束蚀刻并不能相当于扫描光刻或平铺光刻，二者的工作原理不同，且对比文件3中并未公开“蚀刻出网格图案”，“凹槽的深宽比大于1∶1”，“在金属板上形成凸型的网格图形结构”等技术特征，从而导致对比文件3与权利要求2中的凸模制备工艺并不相同，而权利要求2中的凸模制备工艺是一个整体的技术特征，因此，对比文件3并没有公开上述区别技术特征④，也没有公开上述区别技术特征①～③。

对比文件4公开了一种制作压模的电极材料和薄膜，并公开了以下内容（参见说明书第5页第28行至第6页第3行，图1A～1C），包括：首先，对玻璃衬底1进行抛光和清洗，并利用甩涂或其他方法，在玻璃衬底1上形成电子束抗蚀膜2。对电子束抗蚀膜2进行预烘焙，用电子束对电子束抗蚀膜2进行曝光，从而形成潜像。对电子束抗蚀膜2进行显影，从而形成沟槽2b，并对电子束抗蚀膜2进行后烘焙。接着，用溅射、汽相淀积或无电镀方法，在电子束抗蚀膜2和玻璃衬底的表面1上制作镍合金薄膜3。然后，用镍合金薄膜3作为电极，在镍合金薄膜3的表面上进行镍电铸，从而形成镍层4。从玻璃衬底分离镍层，并对镍层4的上表面进行抛光，从而得到母压模4A。

合议组认为：对比文件4为平面压印，用于压制光盘，其达不到本专利的精度，与本专利属于不同的技术领域。对比文件4的工艺步骤与权利要求2中的凸模制备工艺并不相同，而权利要求2中的凸模制备工艺是一个整体的技术特征，因此，对比文件4并没有公开上述区别技术特征④，也没有公开上述区别技术特征①～③。

对比文件5公开了一种制造低阻抗、高透过率的透明导电膜的方法，并公开了以下内容（参见对比文件5的权利要求1），包括：一种透明导电膜的制造方法，其特征在于：在基材上形成透明导电膜的方法，包括：步骤1，在基材表面上形成亲水性区域被疏水性区域隔开的网格图案;步骤 2,在形成上述网格图案的基材上,涂布 W/O 型乳胶组成的在有机溶剂相态中含有导电粒子的涂布液,使其干燥,使导电粒子附着在所述疏水性区域上;步骤 3,将所述疏水性区域上附着的导电粒子烧结。

合议组认为:权利要求 2 中的金属化工艺,是在透明基底表面涂布掺有疏水溶剂的纳米银浆,根据自流平效应使银浆沉积于凹槽内,而对比文件 5 是使导电粒子附着在疏水性区域上,二者的方法并不相同。因此,对比文件 5 并没有公开上述区别技术特征②,也没有公开上述区别技术特征①、③~④。

综上所述,对比文件 3~5 均没有公开权利要求 2 与对比文件 1 的区别技术特征①~④或给出相应的技术启示,且请求人也没有提出任何证据表明上述区别技术特征①~④是本领域的公知常识,并且,在制备透明导电膜时,使用的这些工艺步骤及其细节参数等都相互联系,应整体考量,对于每个步骤或参数的调整都可能会对最终的产品造成巨大的影响;而将这些纷繁复杂的工艺、参数经过优化调整以制得的合乎要求的透明导电膜需要本领域技术人员付出创造性劳动。因此上述区别技术特征①~④并不是本领域的公知常识。正是由于上述区别技术特征①~④的存在,使得权利要求 2 具有以下有益的技术效果:该透明导电膜利用纳米压印的方法,在表面形成规则的亚微米图形,将导电金属填设在这些亚微米图形中形成导电金属线,从而达到严格控制金属线的配置位置和尺寸,使得该透明导电膜导电性和透光性在显著提高的同时,还能按照运用场合的不同进行可控的设计。另外,由于金属导线被镶嵌在薄膜内部,其稳定性和抗氧化的能力也得以改善。

因此,权利要求 2 相对于对比文件 1、3、4、5 和公知常识具备突出的实质性特点和显著的进步,具备《专利法》第 22 条第 3 款规定的创造性。请求人主张的权利要求 2 相对于对比文件 1、3 和公知常识的结合,相对于对比文件 1、4 和公知常识的结合,相对于对比文件 1、3、5 和公知常识的结合,相对于对比文件 1、4、5 和公知常识的结合不具备创造性的理由不成立。

(2)以对比文件 2 为最接近的现有技术。

第一,关于权利要求 1。

权利要求 1 请求保护一种透明导电膜。对比文件 2 公开了一种触屏传感器,并具体公开了以下内容(参见说明书第 6 页第 57~58 段,第 11 页第 87~93 段,第 9 页第 75~76 段,第 6 页第 62 段,第 10 页第 81 段,图 1),包括:触屏传感器 100 包括具有触摸感测区域 105 的触屏面板 110。触摸感测区域 105 电连接到触摸传感器驱动装置 120。对可见光透明的导电区域 101 位于触屏面板的触摸感测区域内。对可见光透明的导电区域 101 包括可见光透明基底 130 和设置在可见光透明基底 130 之上或之内的导电微图案 140(设置在可见光透明基底 130 之内的导电微图案,相当于所述导电金属设置在导电区的网线状凹槽内)。可见光透明基底 130 包括主表面 132,并且是电绝缘的。可见光透明基底 130 可由任何可用的电绝缘材料(例如为玻璃或聚合物)形成。导电微图案 140 沉积在主表面 132 上。由于传感器将与显示器连接以形成触屏显示器或触摸面板显示器,基底 130 对可见光透明,并且基本上平坦。基底和传感器可以基本上为平坦和柔性的。优选的导电微图案包括具有二维网格[如方形网格、矩形(非方形)网格或正六边形网络]的区域,其中导线限定了网格内封闭的开放区域,该区域未沉积与网格导线电接触的导体。用于实现传感器的透明度以及通过传感器的显示器的可见度的合适的导电微图案具有某些属性。首先,在透过其中观察显示器的导电微图案区域中,被导体遮挡的传感器面积比率应小于

50%，或小于25%，或小于20%，或小于10%，或小于5%，或小于4%，或小于3%，或小于2%，或小于1%，或在0.25%～0.75%的范围内，或小于0.5%（相当于凹槽的面积与网格的面积之比小于5%）。在一些实施例中，为了在即使薄层电阻不均匀分布的情况下（如衍生自导电材料的不均匀网格），也可以产生在整个可见显示区上具有均匀透光率的对可见光透明的显示传感器，传感器包括添加到导电微图案上的绝缘的导体沉积物，该沉积物起到在整个图案上保持透光率的均匀度的作用。例如，对于包括第一区域和第二区域的金属导电微图案，其中第一区域具有由线宽为3μm、间距为200μm的正方形网格组成的网格（3%的区域被金属遮挡，即开放区域为97%）（相当于正方形的边长为197μm，公开了权利要求1中的“边长尺度小于200μm”），第二区域具有由线宽为3μm、间距为300μm的正方形网格组成的网格（2%的区域被金属遮挡，即开放区域为98%）。根据本发明的导电图可通过任何合适的图案化方法生成，如微复制（在基底内形成微凹槽，然后填充导电材料或种子材料，以用于后续的金属电镀）。制备金属化聚合物薄膜基底（如实例6～40）。提供聚对苯二甲酸乙二醇酯（PET）的聚合物薄膜基底。测得雾度和透光率分别为大约0.67%和92.9%（相当于透明基底的透光率大于90%）。填充后的微复制凹槽会形成相对于掩模金属薄膜具有高纵横比横截面的导体。图6示出了具有深度大于宽度的微复制电极的高纵横比触摸表面的剖视图。在一个实施例中，深宽比大于1∶1的微复制结构会产生更好的性能。使用本文所述及引述的方法，通过在PET透明基底上形成宽10μm（图5中的X维度）、深20μm（图5中的Z维度）、间距4mm的矩形微复制凹槽来制备导线（相当于导电区的深宽比大于1∶1）。凹槽的平行阵列宽100mm。凹槽在PET网方向印刷，因此其长度即为PET网长度。

请求人认为：权利要求1与对比文件2的区别技术特征在于：①该纳米压印为卷对卷辊筒压印，使用凸模在一透明基底上压印出网格图案，该网格的边线即为凹槽。②所述凸模的具体制备工艺。上述区别技术特征被对比文件3和公知常识，或被对比文件1、3，或被对比文件1、4，或被对比文件4和公知常识公开了，且存在与对比文件2结合的技术启示，因此，权利要求1不具备创造性。

对此，合议组认定的权利要求1与对比文件2的区别技术特征与请求人认定的一致，即①所述凹槽通过纳米压印工艺形成，纳米压印工艺为卷对卷辊筒压印。②所述凸模的制备工艺包括：采用扫描光刻或平铺光刻，在光刻胶表面刻蚀出网格图案，该网格的边线为凹槽，且该凹槽的深宽比大于1∶1；通过真空溅射或者化学镀的方法，对具有凹槽图形的光刻腔进行金属化，使整个光刻胶表面，包括凹槽部分，形成电极层；带有导电层的光刻胶干板置入电铸槽中，进行金属离子的电沉积，在导电层上逐步沉积形成一定厚度金属薄板；将金属薄板从光刻胶干板上分类，并去除光刻胶，在金属板上形成凸型的网格图形结构。

根据上述区别技术特征，确定权利要求1相对于对比文件1所实际解决的技术问题是：①高速高精度地生产透明导电膜；②如何形成凸模以制备高精度的透明导电膜。

对比文件1公开了一种电磁波屏蔽片的制造方法，具体公开了如下内容，包括（参见对比文件1译文第4页第23～24段，第6页第40～44段，图1～2）：电磁波屏蔽片依次通过工序A、工序B、工序C、工序E而制造；工序A是在设置于基材上的树脂层上赋形凹部3的工序，该工序中在树脂层（相当于透明基底）上形成由特定的电磁波屏蔽图案组成的凹部3。在基材上的树脂层上赋形凹部的方法(相当于压印工艺)包括:作为第一赋形机构,于基材上涂布的固化前树脂表面上,压接具有特定图案的凹凸的赋形部件 7′,之后维持该压接状态将树脂固化,之后从该赋形部件 7′脱离,由此在树脂层 2 上赋形凹部 3。作为赋形部件,较佳的是使用图 3 所示的圆筒 7(相当于凸模)。工序 A 中可使用金属制的圆筒,且圆筒上形成特定的连续凸状图案,以在树脂层上形成对应的电磁波屏蔽图案。由此可见,对比文件 1 并没有公开权利要求 1 与对比文件 2 的上述区别技术特征①~②。

对比文件 3 公开了一种深亚微米三维滚压模具及其制作方法,并公开了以下内容(参见说明书第 6 页倒数第 3 行至第 10 页第 3 行),包括:以某金属(镍)滚压模具的制作为例,具体实施过程如下:①电子光刻胶的涂铺。用市售的均胶机将适当的正型电子光刻胶涂铺在平板基材表面,待其自然流平后再经室温或加热固化。②深压微米三维曝光空间区域成形。采用电子束直写光刻系统,通过在其上加装电子束流剂量控制电路和实时扫描控制软件,电子束斑点扫描到不同平面位置时设定不同的电子束流剂量,获得不同的曝光深度。电子光刻胶的最小曝光线宽为 50nm,曝光深度可达到 50μm。③电子光刻胶显影。用市售的适当显影液对该电子光刻胶进行清洗,洗除掉被曝光的空间区域材料。未曝光电子光刻胶部分保留下来,并显现出深亚微米的三维微腔体结构。④溅射类金刚石过渡层。用市售的溅射机将碳原子沉积到电子光刻胶显影后的表面,形成厚度为纳米级的类金刚石过渡层薄膜,并作为下一步电铸所需的初始导电表面(相当于通过真空溅射的方法,对具有凹槽图形的光刻胶进行金属化,使整个光刻胶表面,包括凹槽部分,形成电极层)。⑤精密电铸金属镍。将已生成的类金刚石过渡层及金属镍靶(高纯度镍材料)分别作为电铸的阴阳两极,用市售的精密电铸机和适当的电解液将金属镍离子沉积和填充到深亚微米三维结构的电子光刻胶腔体中,形成金属镍模具。⑥从金属镍模具上脱去电子光刻胶。由于电子光刻胶与镍之间存在类金刚石过渡层,其自润滑性起到了金属镍模具背部界面与电子光刻胶的脱模剂作用,手工便可完成剥离相当于权利要求 2 中的将金属薄板从光刻胶干板上分离,并去除光刻胶。⑦滚压金属镍模具制作。由于模具的宏观厚度小于 0.5mm,其具有高度的弯卷柔性。利用市售的热固性胶,将具有深亚微米三维结构的金属镍模具(至此为镍箔状)粘贴在高导热型金属滚筒上,最终形成滚筒状并含深亚微米三维结构的金属镍模具。⑧采用本发明制作的深亚微米三维结构滚压模具,利用滚筒内部的电阻式加热器将滚筒和其上的金属镍模具稳定持续加热,以连续滚压方式,将镍模具表面的深亚微米三维结构热印到平面状的热塑性或热固性材料(如有机玻璃)上,实现这类材料上的深亚微米三维结构的生产性加工。

合议组认为:对比文件 3 中的电子束蚀刻并不能相当于扫描光刻或平铺光刻,二者的工作原理不同,且对比文件 3 中并未公开“蚀刻出网格图案”,“凹槽的深宽比大于 1∶1”,“在金属板上形成凸型的网格图形结构”等技术特征,从而导致对比文件 3 与权利要求 1 中的凸模制备工艺并不相同,而权利要求 1 中的凸模制备工艺是一个整体的技术特征,因此,对比文件 3 并没有公开上述区别技术特征①~②。

对比文件 4 公开了一种制作压模的电极材料和薄膜,并公开了以下内容(参见说明书第 5 页第 28 行至第 6 页第 3 行,图 1A~1C),包括:首先,对玻璃衬底 1 进行抛光和清洗,并利用甩涂或其他方法,在玻璃衬底 1 上形成电子束抗蚀膜 2。对电子束抗蚀膜 2 进行预烘焙,用电子束对电子束抗蚀膜 2 进行曝光,从而形成潜像。对电子束抗蚀膜 2 进行显影,从而形成沟槽

2b,并对电子束抗蚀膜 2 进行后烘焙。接着,用溅射、汽相淀积或无电镀方法,在电子束抗蚀膜 2 和玻璃衬底的表面 1 上制作镍合金薄膜 3。然后,用镍合金薄膜 3 作为电极,在镍合金薄膜 3 的表面上进行镍电铸,从而形成镍层 4。从玻璃衬底分离镍层,并对镍层 4 的上表面进行抛光,从而得到母压模 4A。

合议组认为:对比文件 4 为平面压印,用于压制光盘,其达不到本专利的精度,与本专利属于不同的技术领域。对比文件 4 的工艺步骤与权利要求 1 中的凸模制备工艺并不相同,而权利要求 1 中的凸模制备工艺是一个整体的技术特征,因此,对比文件 4 并没有公开上述区别技术特征⑤,也没有公开上述区别技术特征①～②。

综上所述,对比文件 1、3～4 均没有公开权利要求 1 与对比文件 1 的区别技术特征①～②或给出相应的技术启示,且请求人也没有提出任何证据表明上述区别技术特征①～②是本领域的公知常识,合议组也认为上述区别技术特征①～②并不是本领域的公知常识。正是由于上述区别技术特征①～②的存在,使得权利要求 1 具有以下有益的技术效果:该透明导电膜利用纳米压印的方法,在表面形成规则的亚微米图形,能够实现高速、大面积的生产。

因此,权利要求 1 相对于对比文件 2、1、3、4 和公知常识具备突出的实质性特点和显著的进步,具备《专利法》第 22 条第 3 款规定的创造性。请求人主张的权利要求 1 相对于对比文件 2 和对比文件 3 与公知常识的结合,相对于对比文件 2、对比文件 1 和对比文件 3 的结合,相对于对比文件 2、对比文件 1 和对比文件 4 的结合,相对于对比文件 2、对比文件 4 和公知常识的结合不具备创造性的理由不成立。

第二,关于权利要求 2。

权利要求 2 请求保护一种透明导电膜的制作方法。对比文件 2 公开了一种触屏传感器,并具体公开了以下内容(参见说明书第 6 页第 57～58 段,第 11 页第 87～93 段,第 9 页第 75～76 段,第 6 页第 62 段,第 10 页第 81 段,图 1),包括:触屏传感器 100 包括具有触摸感测区域 105 的触屏面板 110。触摸感测区域 105 电连接到触摸传感器驱动装置 120。对可见光透明的导电区域 101 位于触屏面板的触摸感测区域内。对可见光透明的导电区域 101 包括可见光透明基底 130 和设置在可见光透明基底 130 之上或之内的导电微图案 140(设置在可见光透明基底 130 之内的导电微图案,相当于所述导电金属设置在导电区的网线状凹槽内)。可见光透明基底 130 包括主表面 132,并且是电绝缘的。可见光透明基底 130 可由任何可用的电绝缘材料(例如为玻璃或聚合物)形成。导电微图案 140 沉积在主表面 132 上。由于传感器将与显示器连接以形成触屏显示器或触摸面板显示器,基底 130 对可见光透明,并且基本上平坦。基底和传感器可以基本上为平坦和柔性的。优选的导电微图案包括具有二维网格[如方形网格、矩形(非方形)网格或正六边形网络]的区域,其中导线限定了网格内封闭的开放区域,该区域未沉积与网格导线电接触的导体。用于实现传感器的透明度以及通过传感器的显示器的可见度的合适的导电微图案具有某些属性。首先,在透过其中观察显示器的导电微图案区域中,被导体遮挡的传感器面积比率应小于 50%,或小于 25%,或小于 20%,或小于 10%,或小于 5%,或小于 4%,或小于 3%,或小于 2%,或小于 1%,或在 0.25%～0.75%的范围内,或小于 0.5%(相当于凹槽的面积与网格的面积之比小于 5%)。在一些实施例中,为了在即使薄层电阻不均匀分布的情况下(如衍生自导电材料的不均匀网格),也可以产生在整个可见显示区上具有均匀透光率的对可见光透明的显示传感器,传感器包括添加到导电微图案上的绝缘的导体沉积物,该沉积物起到在整个图案上保持透光率的均匀度的作用。例如，对于包括第一区域和第二区域的金属导电微图案，其中第一区域具有由线宽为3μm、间距为200μm的正方形网格组成的网格（3%的区域被金属遮挡，即开放区域为97%）（相当于正方形的边长为197μm，公开了权利要求1中的“边长尺度小于200μm”），第二区域具有由线宽为3μm、间距为300μm的正方形网格组成的网格（2%的区域被金属遮挡，即开放区域为98%）。根据本发明的导电图可通过任何合适的图案化方法生成，如微复制（在基底内形成微凹槽，然后填充导电材料或种子材料，以用于后续的金属电镀）。制备金属化聚合物薄膜基底（如实例6～40）。提供聚对苯二甲酸乙二醇酯（PET）的聚合物薄膜基底。测得雾度和透光率分别为大约0.67%和92.9%（相当于透明基底的透光率大于90%）。填充后的微复制凹槽会形成相对于掩模金属薄膜具有高纵横比横截面的导体。图6示出了具有深度大于宽度的微复制电极的高纵横比触摸表面的剖视图。在一个实施例中，深宽比大于1∶1的微复制结构会产生更好的性能。使用本文所述及引述的方法，通过在PET透明基底上形成宽10μm（图5中的X维度）、深20μm（图5中的Z维度）、间距4mm的矩形微复制凹槽来制备导线（相当于所诉导电区的深宽比大于1∶1）。凹槽的平行阵列宽100mm。凹槽在PET网方向印刷，因此其长度即为PET网长度。

请求人认为：权利要求2与对比文件2相比存在如下区别特征：①所述压印工艺为卷对卷辊筒压印，使用凸模在一透明基底上压印出网格图案，其中该网格的边线为凹槽。②其中当该金属化工艺为湿法涂布工艺时，包括的具体步骤。③所述凸模的具体制备工艺。而该区别技术特征①～③被对比文件3和公知常识，被对比文件4和公知常识，被对比文件3、5和公知常识，被对比文件4、5和公知常识，被对比文件1、3、5和公知常识，被对比文件1、4、5和公知常识公开。

对此，合议组认为：权利要求2与对比文件2存在的区别技术特征实际上为：

①所述压印工艺为纳米压印技术，所述压印工艺为卷对卷辊筒压印。

②所述金属化工艺为湿法涂布工艺、电铸工艺或溅射工艺的一种，对该透明基底进行金属化，使凹槽内充满导电金属，其中当该金属化工艺为湿法涂布工艺时，包括步骤：采用连续式涂布方法，在透明基底表面涂布掺有疏水溶剂的纳米银浆；根据自流平效应使银浆沉积于凹槽中，并在透明基底上涂布一层疏水层，以加快纳米银浆往凹槽中聚集；加热烘烤，使银浆凝结，在凹槽中形成金属线栅。

③抛光工艺：去除透明基体表面多余的导电金属，只保留凹槽中的导电金属，从而形成透明导电膜；而对比文件1中是工序C，拭擦催化剂涂料11″的工序，其不能相当于权利要求2中的抛光工艺。

④所述凸模的制备工艺包括：采用扫描光刻或平铺光刻，在光刻胶表面刻蚀出网格图案，该网格的边线为凹槽，且该凹槽的深宽比大于1∶1；通过真空溅射或者化学镀的方法，对具有凹槽图形的光刻胶进行金属化，使整个光刻胶表面，包括凹槽部分，形成电极层；带有导电层的光刻胶干板置入电铸槽中，进行金属离子的电沉积，在导电层上逐步沉积形成一定厚度金属薄板；将金属薄板从光刻胶干板上分类，并去除光刻胶，在金属板上形成凸型的网格图形结构。

对比文件1公开了一种电磁波屏蔽片的制造方法，具体公开了如下内容，包括（参见对比文件1译文第4页第23～24段，第6页第40～44段，图1～2）：电磁波屏蔽片依次通过工序A、工序B、工序C、工序E而制造；工序A是在设置于基材上的树脂层上赋形凹部3的工序，该工序中在树脂层（相当于透明基底）上形成由特定的电磁波屏蔽图案组成的凹部3。在基材上的树脂层上赋形凹部的方法(相当于压印工艺)包括:作为第一赋形机构,于基材上涂布的固化前树脂表面上,压接具有特定图案的凹凸的赋形部件 7′,之后维持该压接状态将树脂固化,之后从该赋形部件 7′脱离,由此在树脂层 2 上赋形凹部 3。作为赋形部件,较佳的是使用图 3 所示的圆筒 7(相当于凸模)。工序 A 中可使用金属制的圆筒,且圆筒上形成特定的连续凸状图案,以在树脂层上形成对应的电磁波屏蔽图案。由此可见,对比文件 1 并没有公开权利要求 2 与对比文件 2 的上述区别技术特征①~④或给出相应的技术启示。

对比文件 3 公开了一种深亚微米三维滚压模具及其制作方法,并公开了以下内容(参见说明书第 6 页倒数第 3 行至第 10 页第 3 行),包括:以某金属(镍)滚压模具的制作为例,具体实施过程如下:①电子光刻胶的涂铺。用市售的均胶机将适当的正型电子光刻胶涂铺在平板基材表面,待其自然流平后再经室温或加热固化。②深压微米三维曝光空间区域成形。采用电子束直写光刻系统,通过在其上加装电子束流剂量控制电路和实时扫描控制软件,电子束斑点扫描到不同平面位置时设定不同的电子束流剂量,获得不同的曝光深度。电子光刻胶的最小曝光线宽为 50nm,曝光深度可达到 50μm。③电子光刻胶显影。用市售的适当显影液对该电子光刻胶进行清洗,洗除掉被曝光的空间区域材料。未曝光电子光刻胶部分保留下来,并显现出深亚微米的三维微腔体结构。④溅射类金刚石过渡层。用市售的溅射机将碳原子沉积到电子光刻胶显影后的表面,形成厚度为纳米级的类金刚石过渡层薄膜,并作为下一步电铸所需的初始导电表面(相当于通过真空溅射的方法,对具有凹槽图形的光刻胶进行金属化,使整个光刻胶表面,包括凹槽部分,形成电极层)。⑤精密电铸金属镍。将已生成的类金刚石过渡层及金属镍靶(高纯度镍材料)分别作为电铸的阴阳两极,用市售的精密电铸机和适当的电解液将金属镍离子沉积和填充到深亚微米三维结构的电子光刻胶腔体中,形成金属镍模具。⑥从金属镍模具上脱去电子光刻胶。由于电子光刻胶与镍之间存在类金刚石过渡层,其自润滑性起到了金属镍模具背部界面与电子光刻胶的脱模剂作用,手工便可完成剥离相当于权利要求 2 中的将金属薄板从光刻胶干板上分离,并去除光刻胶。⑦滚压金属镍模具制作。由于模具的宏观厚度小于 0.5mm,其具有高度的弯卷柔性。利用市售的热固性胶,将具有深亚微米三维结构的金属镍模具(至此为镍箔状)粘贴在高导热型金属滚筒上,最终形成滚筒状并含深亚微米三维结构的金属镍模具。⑧采用本发明制作的深亚微米三维结构滚压模具,利用滚筒内部的电阻式加热器将滚筒和其上的金属镍模具稳定持续加热,以连续滚压方式,将镍模具表面的深亚微米三维结构热印到平面状的热塑性或热固性材料(如有机玻璃)上,实现这类材料上的深亚微米三维结构的生产性加工。

合议组认为:对比文件 3 中的电子束蚀刻并不能相当于扫描光刻或平铺光刻,二者的工作原理不同,且对比文件 3 中并未公开"蚀刻出网格图案","凹槽的深宽比大于 1∶1","在金属板上形成凸型的网格图形结构"等技术特征,从而导致对比文件 3 与权利要求 2 中的凸模制备工艺并不相同,而权利要求 1 中的凸模制备工艺是一个整体的技术特征,因此,对比文件 3 并没有公开上述区别技术特征①~④或给出相应的技术启示。

对比文件 4 公开了一种制作压模的电极材料和薄膜,并公开了以下内容(参见说明书第 5 页第 28 行至第 6 页第 3 行,图 1A~1C),包括:首先,对玻璃衬底 1 进行抛光和清洗,并利用甩涂或其他方法,在玻璃衬底 1 上形成电子束抗蚀膜 2。对电子束抗蚀膜 2 进行预烘焙,用电子束对电子束抗蚀膜 2 进行曝光,从而形成潜像。对电子束抗蚀膜2进行显影，从而形成沟槽2b，并对电子束抗蚀膜2进行后烘焙。接着，用溅射、汽相淀积或无电镀方法，在电子束抗蚀膜2和玻璃衬底的表面1上制作镍合金薄膜3。然后，用镍合金薄膜3作为电极，在镍合金薄膜3的表面上进行镍电铸，从而形成镍层4。从玻璃衬底分离镍层，并对镍层4的上表面进行抛光，从而得到母压模4A。合议组认为：对比文件4为平面压印，用于压制光盘，其达不到本专利的精度，与本专利属于不同的技术领域。对比文件4的工艺步骤与权利要求2中的凸模制备工艺并不相同，而权利要求2中的凸模制备工艺是一个整体的技术特征，因此，对比文件4并没有公开上述区别技术特征⑤或给出相应的技术启示，也没有公开上述区别技术特征①～④。

对比文件5公开了一种制造低阻抗、高透过率的透明导电膜的方法，并公开了以下内容(参见对比文件5的权利要求1)，包括：一种透明导电膜的制造方法，其特征在于：在基材上形成透明导电膜的方法，包括：步骤1，在基材表面上形成亲水性区域被疏水性区域隔开的网格图案；步骤2，在形成上述网格图案的基材上，涂布W/O型乳胶组成的在有机溶剂相态中含有导电粒子的涂布液，使其干燥，使导电粒子附着在所述疏水性区域上；步骤3，将所述疏水性区域上附着的导电粒子烧结。合议组认为：权利要求2中的金属化工艺，是在透明基底表面涂布掺有疏水溶剂的纳米银浆，根据自流平效应使银浆沉积于凹槽内，而对比文件5是使导电粒子附着在疏水性区域上，二者的方法并不相同。因此，对比文件5并没有公开上述区别技术特征①～④或给出相应的技术启示。

综上所述，对比文件1、3、4、5均没有公开权利要求2与对比文件2的区别技术特征①～④或给出相应的技术启示，且请求人也没有提出任何证据表明上述区别技术特征①～④是本领域的公知常识，合议组也认为上述区别技术特征①～④并不是本领域的公知常识。正是由于上述区别技术特征①～④的存在，使得权利要求2具有以下有益的技术效果：该透明导电膜利用纳米压印的方法，在表面形成规则的亚微米图形，将导电金属填设在这些亚微米图形中形成导电金属线，从而达到严格控制金属线的配置位置和尺寸，使得该透明导电膜导电性和透光性在显著提高的同时，还能按照运用场合的不同进行可控的设计。另外，由于金属导线被镶嵌在薄膜内部，其稳定性和抗氧化的能力也得以改善。

因此，权利要求2相对于对比文件2、1、3、4、5和公知常识具备突出的实质性特点和显著的进步，具备《专利法》第22条第3款规定的创造性。请求人主张的权利要求2相对于对比文件2、3和公知常识的结合，相对于对比文件2、4和公知常识的结合，相对于对比文件2、3、5和公知常识的结合，相对于对比文件2、4、5和公知常识的结合，相对于对比文件2、1、3、5和公知常识的结合，相对于对比文件2、1、4、5和公知常识的结合不具备创造性的理由不成立。

(3)以对比文件6为最接近的现有技术。

第一，关于权利要求1。

权利要求1请求保护一种透明导电膜。对比文件6公开了一种薄膜电光器件的复合基板，并公开了以下内容(参见第6页第50～52段，第7页第56段，第11页第71段，图1～5，图19)，包括：透明且电绝缘基板110具有凹槽120的图案，凹槽1中填充有低电阻材料130。凹槽220具有矩形横截面形状。然而，通常地，凹槽220的横截面形状可以是任意形状，并且优选地，是较长维度垂直于基板100顶表面的细长形状(相当于导电区的凹槽深宽比大于1∶1)。导电栅格310具有矩形图案，也可采用其他图案。例如，直线、三角形、六边形以及正弦图案。导电栅格的等效表面电阻还取决于其横截面面积，从而可以在不直接影响由于遮光造成的光损耗（没有栅格导致的其他光吸收）的情形下改变表面电阻，例如，嵌入在 20μm 乘以 50μm 的凹槽中，并且布局为 1cm 间距的方形图案的矩形铜线栅格。图 19 出示了一种柔性透明聚合物基板 1910 的横截面，其可用作起始材料。基板的厚度范围可以是 20μm 到 1mm 之间。可以通过光蚀刻或微冲压在基板 1910 的顶部形成凹槽 1920 的图案。

请求人认为：权利要求 1 与对比文件 6 的区别技术特征在于：①对比文件 6 对特征 1～2 中的“其边长尺度小于 200μm”没有确切文字记载；②对比文件 6 中没有的凹槽是通过“卷对卷辊筒压印”的纳米压印工艺制成的；③对比文件 6 没有公开凸模的制备过程。而上述区别技术特征被对比文件 1 和对比文件 3，或被对比文件 1 和对比文件 4，或被对比文件 3 和公知常识，或被对比文件 4 和公知常识，或被对比文件 1、3 和公知常识，或被对比文件 1、4 和公知常识公开。

对此，合议组认为：对比文件 6 中并没有采用纳米压印工艺，而权利要求 1 中所述凹槽是通过纳米压印工艺形成；对比文件 6 中没有公开权利要求 1 中的“凹槽的面积与网格面积之比小于 5%，边长尺度小于 200μm”的技术特征；对比文件 6 中并没有公开凸模的制备工艺；对比文件 6 中没有公开纳米压印是卷对卷压印方式。

综上所述，权利要求 1 与对比文件 6 的区别技术特征为：

①凹槽的面积与网格面积之比小于 5%，边长尺度小于 200μm。②所述凹槽通过纳米压印工艺形成，纳米压印工艺为卷对卷辊筒压印。③所述透明基底的透光率为 90%。④所述凸模的制备工艺包括：采用扫描光刻或平铺光刻，在光刻胶表面刻蚀出网格图案，该网格的边线为凹槽，且该凹槽的深宽比大于 1：1；通过真空溅射或者化学镀的方法，对具有凹槽图形的光刻胶进行金属化，使整个光刻胶表面，包括凹槽部分，形成电极层；带有导电层的光刻胶干板置入电铸槽中，进行金属离子的电沉积，在导电层上逐步沉积形成一定厚度金属薄板；将金属薄板从光刻胶干板上分类，并去除光刻胶，在金属板上形成凸型的网格图形结构。

根据上述区别技术特征，确定权利要求 1 相对于对比文件 6 所实际解决的技术问题是：①限定凹槽的面积与网格的面积比，用于设计高密度的导电网线，提高透光率；②高速高精度地生产透明导电膜；③获得较高的透光率；④形成具体的凸模制备工艺。

对比文件 1 公开了一种电磁波屏蔽片的制造方法，具体公开了如下内容，包括（参见对比文件 1 译文第 4 页第 23～24 段，第 6 页第 40～44 段，图 1～2）：电磁波屏蔽片依次通过工序 A、工序 B、工序 C、工序 E 而制造；工序 A 是在设置于基材上的树脂层上赋形凹部 3 的工序，该工序中在树脂层（相当于透明基底）上形成由特定的电磁波屏蔽图案组成的凹部 3。在基材上的树脂层上赋形凹部的方法（相当于压印工艺）包括：作为第一赋形机构，于基材上涂布的固化前树脂表面上，压接具有特定图案的凹凸的赋形部件 7′，之后维持该压接状态将树脂固化，之后从该赋形部件 7′脱离，由此在树脂层 2 上赋形凹部 3。作为赋形部件，较佳的是使用图 3 所示的圆筒 7（相当于凸模）。工序 A 中可使用金属制的圆筒，且圆筒上形成特定的连续凸状图案，以在树脂层上形成对应的电磁波屏蔽图案。由此可见，对比文件 1 并没有公开权利要求 1 与对比文件 6 的上述区别技术特征①～④或给出相应的技术启示。

对比文件 3 公开了一种深亚微米三维滚压模具及其制作方法，并公开了以下内容（参见说明书第 6 页倒数第 3 行至第 10

页第3行),包括:以某金属(镍)滚压模具的制作为例,具体实施过程如下:①电子光刻胶的涂铺。用市售的均胶机将适当的正型电子光刻胶涂铺在平板基材表面,待其自然流平后再经室温或加热固化。②深压微米三维曝光空间区域成形。采用电子束直写光刻系统,通过在其上加装电子束流剂量控制电路和实时扫描控制软件,电子束斑点扫描到不同平面位置时设定不同的电子束流剂量,获得不同的曝光深度。电子光刻胶的最小曝光线宽为50nm,曝光深度可达到50μm。③电子光刻胶显影。用市售的适当显影液对该电子光刻胶进行清洗,洗除掉被曝光的空间区域材料。未曝光电子光刻胶部分保留下来,并显现出深亚微米的三维微腔体结构。④溅射类金刚石过渡层。用市售的溅射机将碳原子沉积到电子光刻胶显影后的表面,形成厚度为纳米级的类金刚石过渡层薄膜,并作为下一步电铸所需的初始导电表面(相当于通过真空溅射的方法,对具有凹槽图形的光刻胶进行金属化,使整个光刻胶表面,包括凹槽部分,形成电极层)。⑤精密电铸金属镍。将已生成的类金刚石过渡层及金属镍靶(高纯度镍材料)分别作为电铸的阴阳两极,用市售的精密电铸机和适当的电解液将金属镍离子沉积和填充到深亚微米三维结构的电子光刻胶腔体中,形成金属镍模具。⑥从金属镍模具上脱去电子光刻胶。由于电子光刻胶与镍之间存在类金刚石过渡层,其自润滑性起到了金属镍模具背部界面与电子光刻胶的脱模剂作用,手工便可完成剥离相当于权利要求2中的将金属薄板从光刻胶干板上分离,并去除光刻胶。⑦滚压金属镍模具制作。由于模具的宏观厚度小于0.5mm,其具有高度的弯卷柔性。利用市售的热固性胶,将具有深亚微米三维结构的金属镍模具(至此为镍箔状)粘贴在高导热型金属滚筒上,最终形成滚筒状并含深亚微米三维结构的金属镍模具。⑧采用本发明制作的深亚微米三维结构滚压模具,利用滚筒内部的电阻式加热器将滚筒和其上的金属镍模具稳定持续加热,以连续滚压方式,将镍模具表面的深亚微米三维结构热印到平面状的热塑性或热固性材料(如有机玻璃)上,实现这类材料上的深亚微米三维结构的生产性加工。

合议组认为:对比文件3中的电子束蚀刻并不能相当于扫描光刻或平铺光刻,二者的工作原理不同,且对比文件3中并未公开"蚀刻出网格图案","凹槽的深宽比大于1∶1","在金属板上形成凸型的网格图形结构"等技术特征,从而导致对比文件3与权利要求1中的凸模制备工艺并不相同,而权利要求1中的凸模制备工艺是一个整体的技术特征,因此,对比文件3并没有公开上述区别技术特征①~④或给出相应的技术启示。

对比文件4公开了一种制作压模的电极材料和薄膜,并公开了以下内容(参见说明书第5页第28行至第6页第3行,图1A~1C),包括:首先,对玻璃衬底1进行抛光和清洗,并利用甩涂或其他方法,在玻璃衬底1上形成电子束抗蚀膜2。对电子束抗蚀膜2进行预烘焙,用电子束对电子束抗蚀膜2进行曝光,从而形成潜像。对电子束抗蚀膜2进行显影,从而形成沟槽2b,并对电子束抗蚀膜2进行后烘焙。接着,用溅射、汽相淀积或无电镀方法,在电子束抗蚀膜2和玻璃衬底的表面1上制作镍合金薄膜3。然后,用镍合金薄膜3作为电极,在镍合金薄膜3的表面上进行镍电铸,从而形成镍层4。从玻璃衬底分离镍层,并对镍层4的上表面进行抛光,从而得到母压模4A。

合议组认为:对比文件4为平面压印,用于压制光盘,其达不到本专利的精度,与本专利属于不同的技术领域。虽然请求人认为对比文件4已经完全公开了凸模的制备工艺,但是凸模的制备工艺为一个完整的工艺过程,共包括4个步骤,而对比文件4的工艺步骤并不能与权利要求1中的凸模的制备工艺完全对应起来，即对比文件 4 并未公开上述区别技术特征④，且也没有公开上述区别技术特征①～③或给出相应的技术启示。

综上所述，对比文件 1、3、4 均没有公开权利要求 1 与对比文件 1 的区别技术特征①～④或给出相应的技术启示，且请求人也没有提出任何证据表明上述区别技术特征①～④是本领域的公知常识，合议组也认为上述区别技术特征①～④并不是本领域的公知常识。正是由于上述区别技术特征①～④的存在，使得权利要求 1 具有以下有益的技术效果：该透明导电膜利用纳米压印的方法，在表面形成规则的亚微米图形，将导电金属填设在这些亚微米图形中形成导电金属线，从而达到严格控制金属线的配置位置和尺寸，使得该透明导电膜导电性和透光性在显著提高的同时，还能按照运用场合的不同进行可控的设计。另外，由于金属导线被镶嵌在薄膜内部，其稳定性和抗氧化的能力也得以改善。

因此，权利要求 1 相对于对比文件 6、1、3、4 和公知常识具备突出的实质性特点和显著的进步，具备《专利法》第 22 条第 3 款规定的创造性。请求人主张的权利要求 1 相对于对比文件 6、1、3 的结合，相对于对比文件 6、1、4 的结合，相对于对比文件 6、3 和公知常识的结合，相对于对比文件 6、4 和公知常识的结合，相对于对比文件 6、1、3 和公知常识的结合，相对于对比文件 6、1、4 和公知常识的结合不具备创造性的理由不成立。

第二，关于权利要求 2。

权利要求 2 请求保护一种透明导电膜的制作方法。对比文件 6 公开了一种薄膜电光器件的复合基板，并公开了以下内容（参见第 6 页第 50～52 段，第 7 页第 56 段，第 11 页第 71 段，图 1～5，图 19），包括：透明且电绝缘基板 110 具有凹槽 120 的图案，凹槽 1 中填充有低电阻材料 130。凹槽 220 具有矩形横截面形状。然而，通常地，凹槽 220 的横截面形状可以是任意形状，并且优选地，是较长维度垂直于基板 100 顶表面的细长形状（相当于导电区的凹槽深宽比大于 1∶1）。导电栅格 310 具有矩形图案，也可采用其他图案。例如，直线、三角形、六边形以及正弦图案。导电栅格的等效表面电阻还取决于其横截面面积，从而可以在不直接影响由于遮光造成的光损耗（没有栅格导致的其他光吸收）的情形下改变表面电阻，例如，嵌入在 20μm 乘以 50μm 的凹槽中，并且布局为 1cm 间距的方形图案的矩形铜线栅格。图 19 示出了一种柔性透明聚合物基板 1910 的横截面，其可用作起始材料。基板的厚度范围可以是 20μm 到 1mm 之间。可以通过光蚀刻或微冲压在基板 1910 的顶部形成凹槽 1920 的图案。

请求人认为：权利要求 2 与对比文件 6 相比存在如下区别特征：

①边长尺度小于 200μm，压印工艺为卷对卷辊筒压印。②其中当该金属化工艺为湿法涂布工艺时的具体步骤。③所述凸模的具体制备工艺。而该区别技术特征①～③被对比文件 1、5、3 和公知常识，或被对比文件 1、5、4 和公知常识，或被对比文件 1、3 和公知常识，或被对比文件 1、4 和公知常识公开。

对此，合议组认为：权利要求 2 与对比文件 6 存在的区别技术特征实际上为：

①所述压印工艺为纳米压印技术，所述压印工艺为卷对卷辊筒压印，凹槽的面积与网格的面积之比小于 5%，所述透光区网格的边长尺度小于 200μm。

②所述金属化工艺为湿法涂布工艺、电铸工艺或溅射工艺的一种，对该透明基底进行金属化，使凹槽内充满导电金属，其中当该金属化工艺为湿法涂布工艺时，包括步骤：采用连续式涂布方法，在透明基底表面涂布掺有疏水溶剂的纳米银浆；根据自流平效应使银浆沉积于凹槽中，并在透明基底上涂布一层疏水层，以加快纳米银

浆往凹槽中聚集；加热烘烤，使银浆凝结，在凹槽中形成金属线栅。

③抛光工艺：去除透明基体表面多余的导电金属，只保留凹槽中的导电金属，从而形成透明导电膜。

④所述凸模的制备工艺包括：采用扫描光刻或平铺光刻，在光刻胶表面刻蚀出网格图案，该网格的边线为凹槽，且该凹槽的深宽比大于1∶1；通过真空溅射或者化学镀的方法，对具有凹槽图形的光刻胶进行金属化，使整个光刻胶表面，包括凹槽部分，形成电极层；带有导电层的光刻胶干板置入电铸槽中，进行金属离子的电沉积，在导电层上逐步沉积形成一定厚度金属薄板；将金属薄板从光刻胶干板上分类，并去除光刻胶，在金属板上形成凸型的网格图形结构。

对比文件1公开了一种电磁波屏蔽片的制造方法，具体公开了如下内容，包括（参见对比文件1译文第4页第23～24段，第6页第40～44段，图1～2）：电磁波屏蔽片依次通过工序A、工序B、工序C、工序E而制造；工序A是在设置于基材上的树脂层上赋形凹部3的工序，该工序中在树脂层（相当于透明基底）上形成由特定的电磁波屏蔽图案组成的凹部3。在基材上的树脂层上赋形凹部的方法（相当于压印工艺）包括：作为第一赋形机构，于基材上涂布的固化前树脂表面上，压接具有特定图案的凹凸的赋形部件7′，之后维持该压接状态将树脂固化，之后从该赋形部件7′脱离，由此在树脂层2上赋形凹部3。作为赋形部件，较佳的是使用图3所示的圆筒7（相当于凸模）。工序A中可使用金属制的圆筒，且圆筒上形成特定的连续凸状图案，以在树脂层上形成对应的电磁波屏蔽图案。由此可见，对比文件1并没有公开权利要求2与对比文件6的上述区别技术特征①～④或给出相应技术启示。

对比文件3公开了一种深亚微米三维滚压模具及其制作方法，并公开了以下内容（参见说明书第6页倒数第3行至第10页第3行），包括：以某金属（镍）滚压模具的制作为例，具体实施过程如下：①电子光刻胶的涂铺。用市售的均胶机将适当的正型电子光刻胶涂铺在平板基材表面，待其自然流平后再经室温或加热固化。②深压微米三维曝光空间区域成形。采用电子束直写光刻系统，通过在其上加装电子束流剂量控制电路和实时扫描控制软件，电子束斑点扫描到不同平面位置时设定不同的电子束流剂量，获得不同的曝光深度。电子光刻胶的最小曝光线宽为50μm，曝光深度可达到50μm。③电子光刻胶显影。用市售的适当显影液对该电子光刻胶进行清洗，洗除掉被曝光的空间区域材料。未曝光电子光刻胶部分保留下来，并显现出深亚微米的三维微腔体结构。④溅射类金刚石过渡层。用市售的溅射机将碳原子沉积到电子光刻胶显影后的表面，形成厚度为纳米级的类金刚石过渡层薄膜，并作为下一步电铸所需的初始导电表面（相当于通过真空溅射的方法，对具有凹槽图形的光刻胶进行金属化，使整个光刻胶表面，包括凹槽部分，形成电极层）。⑤精密电铸金属镍。将已生成的类金刚石过渡层及金属镍靶（高纯度镍材料）分别作为电铸的阴阳两极，用市售的精密电铸机和适当的电解液将金属镍离子沉积和填充到深亚微米三维结构的电子光刻胶腔体中，形成金属镍模具。⑥从金属镍模具上脱去电子光刻胶。由于电子光刻胶与镍之间存在类金刚石过渡层，其自润滑性起到了金属镍模具背部界面与电子光刻胶的脱模剂作用，手工便可完成剥离相当于权利要求2中的将金属薄板从光刻胶干板上分离，并去除光刻胶。⑦滚压金属镍模具制作。由于模具的宏观厚度小于0.5mm，其具有高度的弯卷柔性。利用市售的热固性胶，将具有深亚微米三维结构的金属镍模具（至此为镍箔状）粘贴在高导热型金属滚筒上，最终形成滚筒状并含深亚微米三维结构的金属镍模具。⑧采用本发明制作的深亚微米三维结构滚压模具,利用滚筒内部的电阻式加热器将滚筒和其上的金属镍模具稳定持续加热,以连续滚压方式,将镍模具表面的深亚微米三维结构热印到平面状的热塑性或热固性材料(如有机玻璃)上,实现这类材料上的深亚微米三维结构的生产性加工。

合议组认为:对比文件3中的电子束蚀刻并不能相当于扫描光刻或平铺光刻,二者的工作原理不同,且对比文件3中并未公开“蚀刻出网格图案”,“凹槽的深宽比大于1∶1”,“在金属板上形成凸型的网格图形结构”等技术特征,从而导致对比文件3与权利要求2中的凸模制备工艺并不相同,而权利要求2中的凸模制备工艺是一个整体的技术特征,因此,对比文件3并没有公开上述区别技术特征①～④或给出相应技术启示。

对比文件4公开了一种制作压模的电极材料和薄膜,并公开了以下内容(参见说明书第5页第28行至第6页第3行,图1A～1C),包括:首先,对玻璃衬底1进行抛光和清洗,并利用甩涂或其他方法,在玻璃衬底1上形成电子束抗蚀膜2。对电子束抗蚀膜2进行预烘焙,用电子束对电子束抗蚀膜2进行曝光,从而形成潜像。对电子束抗蚀膜2进行显影,从而形成沟槽2b,并对电子束抗蚀膜2进行后烘焙。接着,用溅射、汽相淀积或无电镀方法,在电子束抗蚀膜2和玻璃衬底的表面1上制作镍合金薄膜3。然后,用镍合金薄膜3作为电极,在镍合金薄膜3的表面上进行镍电铸,从而形成镍层4。从玻璃衬底分离镍层,并对镍层4的上表面进行抛光,从而得到母压模4A。由此可见,对比文件4仍然没有公开权利要求2与对比文件6的上述区别技术特征①～④或给出相应技术启示。

对比文件5公开了一种制造低阻抗、高透过率的透明导电膜的方法,并公开了以下内容(参见对比文件5的权利要求1),包括:一种透明导电膜的制造方法,其特征在于:在基材上形成透明导电膜的方法,包括:步骤1,在基材表面上形成亲水性区域被疏水性区域隔开的网格图案;步骤2,在形成有所述网格图案的基材上,涂布W/O型乳胶组成的在有机溶剂相态中含有导电粒子的涂布液,使其干燥,使导电粒子附着在所述疏水性区域上;步骤3,将所述疏水性区域上附着的导电粒子烧结。合议组认为:权利要求2中的金属化工艺中,是在透明基底表面涂布掺有疏水溶剂的纳米银浆,根据自流平效应使银浆沉积于凹槽内,而对比文件5是使导电粒子附着在疏水性区域上,二者的方法并不相同。因此,对比文件5并没有公开上述区别技术特征②,也没有公开上述区别技术特征①、③～④或给出相应技术启示。

综上所述,权利要求1、3、4、5均没有公开权利要求2与对比文件6的区别技术特征①～④或给出相应技术启示,且请求人也没有提出任何证据表明上述区别技术特征①～④是本领域的公知常识,合议组也认为上述区别技术特征①～④并不是本领域的公知常识。正是由于上述区别技术特征①～④的存在,使得权利要求2具有以下有益的技术效果:该透明导电膜利用纳米压印的方法,在表面形成规则的亚微米图形,将导电金属填设在这些亚微米图形中形成导电金属线,从而达到严格控制金属线的配置位置和尺寸,使得该透明导电膜导电性和透光性在显著提高的同时,还能按照运用场合的不同进行可控的设计。另外,由于金属导线被镶嵌在薄膜内部,其稳定性和抗氧化的能力也得以改善。

因此,权利要求2相对于对比文件6、1、3、4、5和公知常识具备突出的实质性特点和显著的进步,具备《专利法》第22条第3款规定的创造性。请求人主张的权利要求2相对于对比文件6、1、5、3和公知常识的结合,相对于对比文件6、1、5、4和公知常识的结合,相对于对比文件6、1、3和公知常识的结合，相对于对比文件6、1、4和公知常识的结合不具备创造性的理由不成立。

综上所述，请求人提出无效理由全部不成立。

根据上述事实和理由，本案合议组依法做出以下决定。

三、决定

维持第201010533228.9号发明专利权有效。

当事人对本决定不服的，可以根据《专利法》第46条第2款的规定，自收到本决定之日起三个月内向北京知识产权法院起诉。根据该款的规定，一方当事人起诉后，另一方当事人作为第三人参加诉讼。

【案件评析】

涉案专利涉及采用微纳米图形化和纳米压印技术成功实现量产大尺寸透明导电膜的核心技术，提供了一种非ITO透明导电薄膜的新型制造方法，为专利权人在微纳米制造领域的核心专利之一，是低成本制造大尺寸透明导电膜领域的一项重要技术突破。专利复审委员会清晰把握发明实质，客观认定案件事实，准确适用法律法规，作出维持专利权有效的审查决定。本案的审理对于中国微纳米制造领域产业的未来发展具有重要影响。

案例8 “电容式触控板的触控图型结构”实用新型专利权无效宣告请求案

案件编号：5W104383、5W104387、5W104674

专利权人：宸鸿光电科技股份有限公司

无效宣告请求人：深圳欧菲光科技股份有限公司、诺基亚通信有限公司、东莞万士达液晶显示器有限公司

专利号：ZL200720142844.5

发明名称：电容式触控板的触控图型结构

审查决定号：21304

审查结论：全部无效

合议组成员：贾彦飞（组长），杜宇（主审员），何博（参审员）

【基本案情】

涉案专利的专利号为ZL200720142844.5、名称为“电容式触控板的触控图型结构”，专利权人于2013年1月针对上述无效宣告请求人提出专利侵权诉讼，要求其中两被告分别赔偿6060万元和2690万元。专利复审委员会经合案审理后作出第21304号无效决定，宣告涉案专利权全部无效。

【审查决定】

一、案由

本专利的专利号为200720142844.5，申请日为2007年4月27日，授权公告日为2008年6月25日、名称为“电容式触控板的触控图型结构”的实用新型专利（下称本专利），专利权人为宸鸿光电科技股份有限公司。本专利授权公告时的权利要求书如下：

“1. 一种电容式触控板的触控图型结构，形成在一基板的基板表面上，其特征在于，该触控图型结构包括有：

多个第一轴向导电群组，每一个第一轴向导电群组由多个第一轴向导电单元所组成，各个第一轴向导电单元是以第一轴向等距间隔设置在该基板的基板表面，且在相邻的第一轴向导电群组之间与相邻的第一轴向导电单元之间的区域各定义出一第二轴向导电单元配置区；

多个第一轴向导线，一一地连接于该第一轴向导电群组的各个相邻的第一轴向导电单元之间，以将同一个第一轴向导电群组中的各个第一轴向导电单元予以连接；

多个绝缘覆层，一一地覆设于该各个

第一轴向导线的表面;

多个第二轴向导电群组,每一个第二轴向导电群组由多个第二轴向导电单元所组成,各个第二轴向导电单元是以第二轴向等距间隔设置在该基板的基板表面,且各个第二轴向导电单元是一一地配置在该第二轴向导电单元配置区;

多个第二轴向导线,一一地连接于该第二轴向导电群组的各个相邻的第二轴向导电单元之间,以将同一个第二轴向导电群组中的各个第二轴向导电单元予以连接,且该各个第二轴向导线横越过对应的第一轴向导线上的绝缘覆层的表面。

2. 如权利要求1项所述的电容式触控板的触控图型结构,其特征在于:该各个第一轴向导电单元及第二轴向导电单元是以透明的导电材料所制成。

3. 如权利要求1项所述的电容式触控板的触控图型结构,其特征在于:该各个第一轴向导线及第二轴向导线是以透明的导电材料所制成。

4. 如权利要求1项所述的电容式触控板的触控图型结构,其特征在于:该绝缘覆层由透明的绝缘材料所制成。

5. 如权利要求1项所述的电容式触控板的触控图型结构,其特征在于:该各个第一轴向导电单元及第二轴向导电单元呈六边形的几何轮廓形状。

6. 一种电容式触控板的触控图型结构,形成在一基板的基板表面上,该触控图型结构由至少两个相邻的第一轴向导电单元及至少两个相邻的第二轴向导电单元组成,其中该相邻的第一轴向导电单元之间以一第一轴向导线予以连接,其特征在于:该第一轴向导线的表面覆设有一绝缘覆层,而一第二轴向导线横越过该绝缘覆层的表面而连接于该相邻的第二轴向导电单元之间。

7. 如权利要求6项所述的电容式触控板的触控图型结构,其特征在于:该第一轴向导电单元及第二轴向导电单元是以透明的导电材料所制成。

8. 如权利要求6项所述的电容式触控板的触控图型结构,其特征在于:该第一轴向导线及第二轴向导线是以透明的导电材料所制成。

9. 如权利要求6项所述的电容式触控板的触控图型结构,其特征在于:该绝缘覆层由透明的绝缘材料所制成。

10. 如权利要求6项所述的电容式触控板的触控图型结构,其特征在于:该第一轴向导电单元及第二轴向导电单元呈六边形的几何轮廓形状。”

在本次无效宣告请求之前,已生效的第15115号无效宣告请求审查决定中已经宣告专利权部分无效,仍然维持有效的权利要求如下:

“1. 一种电容式触控板的触控图型结构,形成在一基板的基板表面上,其特征在于,该触控图型结构包括有:

多个第一轴向导电群组,每一个第一轴向导电群组由多个第一轴向导电单元所组成,各个第一轴向导电单元是以第一轴向等距间隔设置在该基板的基板表面,且在相邻的第一轴向导电群组之间与相邻的第一轴向导电单元之间的区域各定义出一第二轴向导电单元配置区;

多个第一轴向导线,一一地连接于该第一轴向导电群组的各个相邻的第一轴向导电单元之间,以将同一个第一轴向导电群组中的各个第一轴向导电单元予以连接;

多个绝缘覆层,一一地覆设于该各个第一轴向导线的表面;

多个第二轴向导电群组,每一个第二轴向导电群组由多个第二轴向导电单元所组成,各个第二轴向导电单元是以第二轴向等距间隔设置在该基板的基板表面,且各个第二轴向导电单元是一一地配置在该第二轴向导电单元配置区;

多个第二轴向导线,一一地连接于该第二轴向导电群组的各个相邻的第二轴向导电单元之间，以将同一个第二轴向导电群组中的各个第二轴向导电单元予以连接，且该各个第二轴向导线横越过对应的第一轴向导线上的绝缘覆层的表面；

其中该各个第一轴向导电单元及第二轴向导电单元是以透明的导电材料所制成。

2. 如权利要求1项所述的电容式触控板的触控图型结构，其特征在于：该各个第一轴向导线及第二轴向导线是以透明的导电材料所制成。

3. 如权利要求1项所述的电容式触控板的触控图型结构，其特征在于：该绝缘覆层由透明的绝缘材料所制成。

4. 如权利要求1项所述的电容式触控板的触控图型结构，其特征在于：该各个第一轴向导电单元及第二轴向导电单元呈六边形的几何轮廓形状。

5. 一种电容式触控板的触控图型结构，形成在一基板的基板表面上，该触控图型结构由至少两个相邻的第一轴向导电单元及至少两个相邻的第二轴向导电单元组成，其中该相邻的第一轴向导电单元之间以一第一轴向导线予以连接，其特征在于：该第一轴向导线的表面覆设有一绝缘覆层，而一第二轴向导线横越过该绝缘覆层的表面而连接于该相邻的第二轴向导电单元之间，其中该第一轴向导电单元及第二轴向导电单元是以透明的导电材料所制成，并且该绝缘覆层由透明的绝缘材料所制成。

6. 如权利要求5项所述的电容式触控板的触控图型结构，其特征在于：该第一轴向导线及第二轴向导线是以透明的导电材料所制成。

7. 如权利要求5项所述的电容式触控板的触控图型结构，其特征在于：该第一轴向导电单元及第二轴向导电单元呈六边形的几何轮廓形状。”

(一)第一次无效宣告请求(5W104383)

2013年1月25日，深圳欧菲光科技股份有限公司(下称第一请求人)，向专利复审委员会提出了无效宣告请求(下称第一次无效宣告请求)，其理由是：权利要求1～3、5、6相对于附件1A－1和附件1A－2的结合不具备创造性；权利要求4、7相对于附件1A－1、附件1A－2和公知常识的结合不具备创造性。同时提交了如下证据：

附件1A－1：专利号为US7030860B1的美国专利说明书，授权公告日为2006年4月18日，复印件共16页；

附件1A－2：公开号为US5844506A的美国专利说明书，公开日为1998年12月1日，复印件共15页；

附件1A－3：决定号为15115号无效宣告请求审查决定书，复印件共11页；

附件1A－4：决定号为18536号无效宣告请求审查决定书，复印件共15页。

经形式审查合格，专利复审委员会于2013年1月25日受理了上述无效宣告请求并将无效宣告请求书及证据副本转送给了专利权人，同时成立合议组对本案进行审查。

2013年2月25日，第一请求人补充提交了无效理由以及如下附件：

附件1A－5：附件1A－1的中文译文，复印件共22页；

附件1A－6：附件1A－2的中文译文，复印件共19页；

附件1A－7：公开号为JP特开昭60－75927A的日本公开特許公报及中文译文，公开日为1985年4月30日，复印件共23页；

附件1A－8：公开号为US2005/0030048A1的美国专利说明书及中文译文，公开日为：2005年2月10日，复印件共54页；

附件1A－9：专利号为US6970160B2的美国专利说明书及中文译文，授权公告日为2005年11月29日，复印件共33页。

第一请求人补充的无效理由为：权利要求1～7不符合《专利法实施细则》第20

条第1款的规定；权利要求1、5不符合《专利法实施细则》第21条第2款的规定；权利要求1～7不符合《专利法》第26条第4款的规定；权利要求1～7相对于附件1A—7不具备新颖性；权利要求1～4、6～7相对于附件1A—7和附件1A—1、附件1A—2和/或公知常识的结合不具备创造性；权利要求5相对于附件1A—7和附件1A—1或公知常识的结合不具备创造性；权利要求1～6相对于附件1A—8和附件1A—1、附件1A—7和/或公知常识的结合不具备创造性；权利要求7相对于附件1A—7和附件1A—1、附件1A—2、附件1A—7和/或公知常识的结合不具备创造性；权利要求1～7相对于附件1A—9和附件1A—7或附件1A—2的结合不具备创造性。

2013年5月29日，合议组向双方当事人发出无效宣告请求口头审理通知书，拟定于2013年7月16日进行口头审理，并将第一请求人于2013年2月25日提交的补充无效理由意见以及附件转交给专利权人。

2013年6月28日，专利权人向专利复审委员会提交了意见陈述书以及如下附件：

附件1B—1：附件1A—1的中文译文，复印件共16页；

附件1B—2：附件1A—2的中文译文，复印件共10页；

附件1B—3：附件1A—7的中文译文，复印件共9页；

附件1B—4：附件1A—8的中文译文，复印件共18页。

专利权人认为：(1)第一请求人提交的附件1A—1、附件1A—2、附件1A—7、附件1A—8的中文译文有误，并提交了新的中文译文。(2)无论词语的技术含义还是权利要求的保护范围，本专利权利要求都是清楚无疑义的；再结合本申请说明书记载的具体实施方式和说明书附图1，本领域技术人员对技术方案以及其中词语含义不会有任何歧义和理解困难；本专利权利要求2～7的方案也是清楚无疑义的；因此本专利全部权利要求都符合《专利法实施细则》第20条第1款的规定。(3)本专利的改进点在于触控图型结构本身的构造，而不是基板所选用的材质，基板为透明材料制成并非为解决本专利所要解决的技术问题所不可缺少的技术特征；本专利要求保护的主题是“电容式触控板的触控图型结构”，虽然该图型结构形成在基板上，但基板本身并非图型结构的组成部分，所以，基板是否为透明不需要在权利要求当中限定；对于设置在显示器之类的显示装置前的“触控图型结构”而言，能够对显示装置可视性造成实质性影响的是“导电单元”，因为触控图型结构的绝大部分面积均为导电单元所占据，而与之相比，“绝缘材料”和“导线”只是分布在各导电单元之间极细的细线，所以“绝缘材料”和“导线”为透明材料制成只是优选的方案，但并非实现技术方案目的所必需。(4)附件1A—7中至少没有公开权利要求1中的“各个第一轴向导电单元是以第一轴向等距间隔设置”，“在相邻的第一轴向导电群组之间与相邻的第一轴向导电单元之间的区域各定义出一第二轴向导电单元配置区”，“多个第一轴向导线”，“多个第二轴向导线”，“各个第二轴向导电单元是以第二轴向等距间隔设置在该基板的基板表面，且各个第二轴向导电单元是一一地配置在该第二轴向导电单元配置区”等特征，权利要求1相对于附件1A—7具备新颖性，同理权利要求2～7也具备新颖性；附件1A—1、附件1A—2、附件1A—7、附件1A—8和附件1A—9，与本专利的技术方案无论从技术原理上还是内容上甚至技术领域上均存在实质性区别，本专利的触控图型结构是利用互电容原理来实现触控检测的，由此具有实现互电容感测的具体图型结构，而上述所有对比文件均揭示的是自电容式触控检测结构，甚至根本不属于与显示器结合使用的触控板领域，均不能解决本专利所解决的技术问题，也不能实现本专利所实现的技术效果，因此即使将上述对比文件进行拼凑也无法破坏本专利的创造性，权利要求1～7具备创造性。

2013年7月10日，合议组将专利权人于2013年6月28日提交的意见陈述书以及附件转送给第一请求人。

2013年7月11日，专利权人再次向专利复审委员会提交了意见陈述书，专利权人认为：(1)本专利与附件1A－7技术领域和感测原理都相去甚远，其实际用途和技术效果也完全不同；附件1A－7中的宽度W1不能相当于本专利中导电单元，宽度W2不能相当于连接两个导电单元的导线，附件1A－7也没有明确公开各W1等间距地间隔设置，更没有公开配置区的技术特征，因此附件1A－7没有公开本专利的与导电群组相关的技术特征，权利要求1～7相对于附件1A－7具备新颖性。(2)附件1A－1、附件1A－2也没有公开本专利的与导电群组相关的技术特征，也没有证据表明上述技术特征属于本领域公知常识，因此权利要求1～7相对于附件1A－7结合附件1A－1、附件1A－2和/或公知常识具备创造性；附件1A－8也没有公开本专利的与导电群组相关的技术特征，权利要求1～7相对于附件1A－8结合附件1A－1、附件1A－7和/或公知常识具备创造性；附件1A－9也没有公开本专利的与导电群组相关的技术特征，权利要求1～7相对于附件1A－9结合附件1A－2或附件1A－7具备创造性。

口头审理如期举行。双方当事人对对方出庭人员的身份没有异议，对合议组成员变更没有异议，对合议组成员没有回避请求。合议组当庭将专利权人于2013年7月11日提交的意见陈述书以及附件转交给第一请求人。双方当事人对中文译文达成一致：附件1A－1、附件1A－2、附件1A－8的中文译文以专利权人提交的中文译文为准，附件1A－7、附件1A－9的中文译文以第一请求人提交的中文译文为准。第一请求人明确无效理由为：权利要求1～7不符合《专利法实施细则》第20条第1款的规定；权利要求1、5不符合《专利法实施细则》第21条第2款的规定；权利要求1～7不符合《专利法》第26条第4款的规定；权利要求1～7相对于附件1A－7不具备新颖性；权利要求1～7相对于附件1A－1和附件1A－2的结合不具备创造性；权利要求1～7相对于附件1A－7和附件1A－1、附件1A－7和附件1A－2、附件1A－7和公知常识的结合不具备创造性；权利要求1～7相对于附件1A－8和附件1A－1、附件1A－8和附件1A－1以及公知常识、附件1A－8和附件1A－7、附件1A－8和附件1A－7以及公知常识不具备的结合创造性；权利要求1～7相对于附件1A－9和附件1A－2、附件1A－9和附件1A－7、附件1A－9和附件1A－7以及公知常识的结合不具备创造性。专利权人当庭明确表示对于请求人提出的无效理由均无异议，均予以认可。双当事人均表示坚持各自所提交的书面意见。合议组告知鉴于双方当事人当庭已经充分陈述各自意见，口头审理之后合议组不再接受双方当事人的任何意见和证据。

(二)第二次无效宣告请求(5W104387)

2013年1月28日，诺基亚通信有限公司(下称第二请求人)，向专利复审委员会提出了无效宣告请求(下称第二次无效宣告请求)，其理由是：本专利说明书不符合《专利法》第26条第3款的规定；权利要求1～7不符合《专利法》第26条第4款的规定；权利要求1～7符合《专利法实施细则》第20条第1款的规定；权利要求1～7相对于附件2A－3不具备新颖性；权利要求1～7相对于附件2A－1和公知常识的结合不具备创造性；权利要求1～7相对于附件 2A—1 和附件 2A—2 的结合不具备创造性；权利要求 1～7 相对于附件 2A—1 和附件 2A—4 的结合不具备创造性；权利要求 1～7 相对于附件 2A—3 和附件 2A—1、附件 2A—3 和公知常识、附件 2A—3 和附件 2A—2 以及公知常识的结合不具备创造性；权利要求 1～7 相对于附件 2A—2 和附件 2A—4、附件 2A—2 和附件 2A—5 的结合不具备创造性。同时提交了如下证据：

附件 2A—1：公开号为 US6137427A 的美国专利说明书以及中文译文，公开日为 2000 年 10 月 24 日，复印件共 26 页；

附件 2A—2：公开号为 CN1754141A 的中国发明专利申请公开说明书，公开日为 2006 年 3 月 29 日，复印件共 21 页；

附件 2A—3：公开号为 JP 特开昭 60—75927A 的日本公开特许公报及中文译文，公开日为 1985 年 4 月 30 日，复印件共 11 页；

附件 2A—4：公开号为 GB2168816A 的英国专利说明书，公开日为 1986 年 6 月 25 日，复印件共 5 页；

附件 2A—5：专利号为 US6188391B1 的美国专利说明书，授权公告日为 2001 年 2 月 13 日，复印件共 12 页；

附件 2A—6：第 15115 号无效宣告请求审查决定书，复印件共 11 页；

附件 2A—7：国家知识产权局专利检索咨询中心出具的检索报告，复印件共 7 页。

经形式审查合格，专利复审委员会于 2013 年 1 月 28 日受理了上述无效宣告请求并将无效宣告请求书及证据副本转交给了专利权人，同时成立合议组对本案进行审查。

2013 年 2 月 27 日，第二请求人补充提交了无效理由以及如下附件：

附件 2A—8：专利号为 US7030860B1 的美国专利说明书及中文译文，授权公告日为 2006 年 4 月 18 日，复印件共 18 页；

附件 2A—9：附件 2A—3 的中文译文，复印件共 13 页；

附件 2A—10：附件 2A—4 的中文译文，复印件共 1 页；

附件 2A—11：附件 2A—5 的中文译文，复印件共 1 页。

第二请求人补充的无效理由以及意见为：权利要求 1～7 相对于附件 2A—3 不具备新颖性；权利要求 1～7 相对于附件 2A—1 和附件 2A—8 的结合不具备创造性；权利要求 1～7 相对于附件 2A—3 和附件 2A—8 的结合不具备创造性；权利要求 1～7 相对于附件 2A—8 和附件 2A—4 的结合不具备创造性。

2013 年 3 月 12 日，专利权人向专利复审委员会提交了意见陈述书以及如下附件：

附件 2B—1：附件 2A—1 的中文译文，复印件共 8 页。

专利权人认为：第二请求人提交的附件均没有公开本专利独立权利要求 1、5 的全部技术特征，且所解决的技术问题、所实现的技术效果均与本专利不相同，因此无法破坏本专利独立权利要求 1、5 的新颖性和创造性；在权利要求 1、5 具备新颖性和创造性的情况下，从属权利要求 2～4、6～7 也具备新颖性和创造性。

2013 年 5 月 29 日合议组向双方当事人发出无效宣告请求口头审理通知书，拟定于 2013 年 7 月 16 日进行口头审理，并将第二请求人于 2013 年 2 月 27 日提交的补充无效理由意见以及附件转送给专利权人。

2013 年 6 月 28 日，专利权人向专利复审委员会提交了意见陈述书以及如下附件：

附件 2B—2：附件 2A—3 的中文译文，复印件共 9 页；

附件 2B—3：附件 2A—4 的中文译文，复印件共 1 页；

附件 2B—4：附件 2A—5 的中文译文，

复印件共3页；

附件2B—5：附件2A—8的中文译文，复印件共16页；

附件2B—6：公开号为US5543590A的美国专利说明书，公开日为1996年8月6日，复印件共34页；

附件2B—7：附件2B—6的中文译文，复印件共56页。

专利权人认为：(1)第二请求人提交的附件2A—3、附件2A—4、附件2A—5、附件2A—8的中文译文有误，并提交新的中文译文。(2)本专利权利要求都是清楚无疑义的；再结合本申请说明书记载的具体实施方式和说明书附图1，本领域技术人员对技术方案以及其中词语含义不会有任何歧义和理解困难。类似的，本专利权利要求2～7的方案也是清楚无疑义的；因此本专利全部权利要求都符合《专利法实施细则》第20条第1款的规定；相应的本专利说明书也符合《专利法》第26条第3款的规定。(3)附件2A—3中至少没有公开权利要求1中的"各个第一轴向导电单元是以第一轴向等距间隔设置"，"在相邻的第一轴向导电群组之间与相邻的第一轴向导电单元之间的区域各定义出一第二轴向导电单元配置区"，"多个第一轴向导线"，"多个第二轴向导线"，"各个第二轴向导电单元是以第二轴向等距间隔设置在该基板的基板表面，且各个第二轴向导电单元是一一地配置在该第二轴向导电单元配置区"等特征，权利要求1相对于附件2A—3具备新颖性，同理权利要求2～7也具备新颖性；附件2A—1、附件2A—2、附件2A—3、附件2A—4、附件2A—5和附件2A—8，与本专利的技术方案无论从技术原理上还是内容上甚至技术领域上均存在实质性区别，本专利的触控图型结构是利用互电容原理来实现触控检测的，由此具有实现互电容感测的具体图型结构，而上述所有对比文件均揭示的是自电容式触控检测结构，甚至根本不属于与显示器结合使用的触控板领域，均不能解决本专利所解决的技术问题，也不能实现本专利所实现的技术效果，因此即使将上述对比文件进行拼凑也无法破坏本专利的创造性，权利要求1～7具备创造性。

2013年7月10日，合议组将专利权人于2013年6月28日提交的意见陈述书以及附件转送给第二请求人。

2013年7月11日，专利权人再次向专利复审委员会提交了意见陈述书，专利权人认为：(1)附件2A—3虽然公开了一种电容式触控图型结构，但其原理、目的、结构、用途及效果均与本专利不相同，两者技术领域和感测原理都相去甚远，其实际用途和技术效果也完全不同。附件2A—3中的宽度W1不能相当于本专利中导电单元，宽度W2不能相当于连接两个导电单元的导线，附件2A—3也没有明确公开各W1等间距的间隔设置，更没有公开配置区的技术特征，因此附件2A—3没有公开本专利的与导电群组相关的技术特征，权利要求1～7相对于附件2A—3具备新颖性。(2)附件2A—1、附件2A—2、附件2A—4和附件2A—8也没有公开本专利的与导电群组相关的技术特征，也没有证据表明上述技术特征属于本领域公知常识，因此权利要求1～7相对于第二请求人提交的附件的各种结合方式具备创造性。

口头审理如期举行。双方当事人对对方出庭人员的身份没有异议，对合议组成员变更没有异议，对合议组成员没有回避请求。合议组当庭将专利权人于2013年7月11日提交的意见陈述书以及附件转交给第二请求人。双方当事人对中文译文达成一致：附件2A—3、附件2A—4、附件2A—5、附件2A—8的中文译文以专利权人提交的中文译文为准，附件2A—1的中文译文以第二请求人提交的中文译文为准。第二请求人明确无效理由为：本专利说明书不符合专利法第26条第3款的规定；权利要求1～7不符合《专利法》第26条第4款的规定；权利要求1～7不符合《专利法实施细则》第20条第1款的规定；权利要求1～7相对于附件2A－3不具备新颖性；权利要求1～7相对于附件2A－3和公知常识、附件2A－3和附件2A－1、附件2A－3和附件2A－2、附件2A－3和附件2A－8的结合不具备创造性；权利要求1～7相对于附件2A－1和公知常识、附件2A－1和附件2A－2、附件2A－1和附件2A－4、附件2A－1和附件2A－8的结合不具备创造性；权利要求1～7相对于附件2A－2和附件2A－4、附件2A－2和附件2A－5的结合不具备创造性；权利要求1～7相对于附件2A－8和附件2A－4的结合不具备创造性。专利权人当庭明确表示对于请求人提出的无效理由均无异议，均予以认可。双方当事人均表示坚持各自所提交的书面意见。合议组告知鉴于双方当事人当庭已经充分陈述各自意见，口头审理之后合议组不再接受双方当事人的任何意见和证据。

（三）第三次无效宣告请求（5W104674）

2013年4月19日，东莞万士达液晶显示器有限公司（下称第三请求人），向专利复审委员会提出了无效宣告请求（下称第三次无效宣告请求），其理由是：权利要求1～7不符合《专利法实施细则》第20条第1款的规定；权利要求1～7相对于附件3A－1不具备新颖性；权利要求1、2、4相对于附件3A－6不具备新颖性；权利要求1～7相对于附件3A－1不具备创造性；权利要求1～4相对于附件3A－1和附件3A－2的结合不具备创造性；权利要求1～4相对于附件3A－1和附件3A－3的结合不具备创造性；权利要求1～4相对于附件3A－1和附件3A－4的结合不具备创造性；权利要求1～4相对于附件3A－1和附件3A－6的结合不具备创造性；权利要求5～7相对于附件3A－1与附件3A－2、附件3A－3、附件3A－4或附件3A－6的任意之一结合不具备创造性；权利要求1、2、4相对于附件3A－6不具备创造性；权利要求3、5～7相对于附件3A－6和附件3A－2的结合不具备创造性。同时提交了如下证据：

附件3A－1：公开号为JP特开昭60－75927A的日本公开特许公报及中文译文，公开日为1985年4月30日，复印件共27页；

附件3A－2：公开号为US4733222A的美国专利说明书以及中文译文，公开日为1988年3月22日，复印件共35页；

附件3A－3：公开号为US5880411A的美国专利说明书以及中文译文，公开日为1999年3月9日，复印件共64页；

附件3A－4：专利号为US6188391B1的美国专利说明书及中文译文，授权公告日为2001年2月13日，复印件共14页；

附件3A－5：公开号为US5543590A的美国专利说明书及中文译文，公开日为1996年8月6日，复印件共35页；

附件3A－6：公开号为US6137427A的美国专利说明书以及中文译文，公开日为2000年10月24日，复印件共41页；

附件3A－7：专利号为US6414671B1的美国专利说明书以及中文译文，授权公告日为2002年7月2日，复印件共59页；

附件3A－8：公开号为US5374787A的美国专利说明书以及中文译文，公开日为1994年12月20日，复印件共26页；

附件3A－9：专利号为US7030860B1的美国专利说明书以及中文译文，授权公告日为2006年4月18日，复印件共15页；

附件3A－10：专利号为US6498590B1的美国专利说明书以及中文译文，授权公告日为2002年12月24日，复印件共10页；

附件3A－11：决定号为15115号无效宣告请求审查决定书，复印件共11页；

附件3A—12：决定号为18536号无效宣告请求审查决定书，复印件共12页；

附件3A—13：民事起诉状，复印件共7页；

附件3A—14：关于TPK告NOKIA/深圳欧菲光侵权，要求禁售中国的新闻的网页复印件，复印件共2页；

附件3A—15：《电容式触控技术入门及实例解析》，化学工业出版社出版，洪锦维编著，封面页、版权页、第11、22、23、32、56页的复印件，2012年7月第1版第1次印刷，复印件共7页；

附件3A—16：科技文章《离子镀铟制造透明导电电极》，(国防科学技术大学)金昭廷、谢淑云、彭传才，复印件共4页。

经形式审查合格，专利复审委员会于2013年4月19日受理了上述无效宣告请求并将无效宣告请求书及证据副本转送给了专利权人，同时成立合议组对本案进行审查。

2013年5月17日，第三请求人补充提交了无效理由以及如下附件：

附件3A—17：附件3A—2的中文译文，复印件共2页；

附件3A—18：附件3A—5的中文译文，复印件共1页；

附件3A—19：附件3A—6的中文译文，复印件共24页；

附件3A—20：附件3A—7的中文译文，复印件共1页；

附件3A—21：附件3A—8的中文译文，复印件共1页；

附件3A—22：附件3A—9的中文译文，复印件共1页。

第三请求人补充意见为：第三请求人坚持在提出无效宣告请求时提出的全部请求理由及证据，本次提交的附件仅仅是对已经提交的部分证据的中文译文进行补充和修正。

2013年6月4日，专利权人向专利复审委员会提交了意见陈述书以及如下附件：

附件3B—1：附件3A—1的中文译文，复印件共9页；

附件3B—2：附件3A—2的中文译文，复印件共2页；

附件3B—3：附件3A—3的中文译文，复印件共1页；

附件3B—4：附件3A—4的中文译文，复印件共2页；

附件3B—5：附件3A—5的中文译文，复印件共1页；

附件3B—6：附件3A—6的中文译文，复印件共15页；

附件3B—7：附件3A—7的中文译文，复印件共1页；

附件3B—8：附件3A—3的中文译文，复印件共1页；

附件3B—9：附件3A—9的中文译文，复印件共1页；

附件3B—10：附件3A—10的中文译文，复印件共1页。

专利权人认为：(1)第三请求人提交的附件3A—1、附件3A—2、附件3A—3、附件3A—4、附件3A—5、附件3A—6、附件3A—7、附件3A—8、附件3A—9、附件3A—10的中文译文有误，并提交新的中文译文。(2)本专利权利要求不清楚、不符合《专利法实施细则》第20条第1款的理由不应得到支持。(3)请求人所列举的所有证据与本专利存在本质区别，均没有公开本专利独立权利要求1、5的全部技术特征，且所解决的技术问题、所实现的技术效果均与本专利不相同，因此无法破坏本专利独立权利要求1、5的新颖性和创造性；在权利要求1、5具备新颖性和创造性的情况下，从属权利要求2～4、6～7也具备新颖性和创造性。

2013年6月26日合议组向双方当事人发出无效宣告请求口头审理通知书，拟定于2013年8月13日进行口头审理，并将第三请求人于2013年5月17日提交的补充无效理由意见以及附件转送给专利权人；将专利权人于 2013 年 6 月 4 日提交的意见陈述书以及附件转送给第三请求人。

2013 年 7 月 29 日，专利权人再次向专利复审委员会提交了意见陈述书，专利权人认为：(1)附件 3A－1 与本专利技术领域和感测原理都相去甚远，其实际用途和技术效果也完全不同；附件 3A－1 中的宽度 W1 不能相当于本专利中导电单元，宽度 W2 不能相当于连接两个导电单元的导线，附件 3A－1 也没有明确公开各 W1 等间距的间隔设置，更没有公开配置区的技术特征，因此附件 3A－1 没有公开本专利的与导电群组相关的技术特征，权利要求 1～7 相对于附件 3A－1 具备新颖性、创造性。(2)附件 3A－2、附件 3A－3、附件 3A－4、附件 3A－5、附件 3A－6 也没有公开本专利的与导电群组相关的技术特征，也没有证据表明上述技术特征属于本领域公知常识，因此权利要求 1～7 相对于第三请求人提交的附件的各种结合方式具备创造性。

2013 年 8 月 5 日，第三请求人提交针对专利权人于 2013 年 6 月 4 日提交的意见陈述书以及附件的意见陈述书以及如下附件：

附件 3A－23：基于专利权人提交的附件 3A－1、附件 3A－2、附件 3A－3、附件 3A－4、附件 3A－5、附件 3A－6、附件 3A－7、附件 3A－8、附件 3A－9、附件 3A－10 的中文译文的修改对照稿，复印件共 34 页；

附件 3A－24：《英汉双解微软计算机词典(第 5 版)》，清华大学出版社，封面、版权页、第 1037 页的复印件，2003 年 7 月第 1 版，2003 年 7 月第 1 次印刷，复印件共 3 页。

2013 年 8 月 7 日，合议组发出转送文件通知书，将专利权人于 2013 年 7 月 29 日提交的意见陈述书转送给第三请求人。

口头审理如期举行。双方当事人对对方出庭人员的身份没有异议，对合议组成员变更没有异议，对合议组成员没有回避请求。合议组当庭将第三请求人于 2013 年 8 月 5 日提交的意见陈述书以及附件转交给专利权人。专利权人认为附件 3A－14 与本案无关联性，附件 3A－15 的公开日晚于本专利的申请日，附件 3A－16 的出版信息无法考证，第三请求人放弃附件 3A－16 作为证据使用，并表示附件 3A－14、3A－16 仅供合议组参考。双方当事人对中文译文达成一致：将第三请求人提交的附件 3A－1 的中文译文中“泄露”改为“串扰”的基础上，附件 3A－1 的中文译文以第三请求人提交中文为准；附件 3A－2、附件 3A－4、附件 3A－5、附件 3A－6 在第三请求人于 2013 年 8 月 5 日提交的中文译文补正的基础上，以专利权人提交的中文译文为准；附件 3A－3、3A－7、附件 3A－8、附件 3A－9、附件 3A－10 的中文译文以专利权人提交的中文译文为准。第三请求人明确无效理由为：权利要求 1～7 符合《专利法实施细则》第 20 条第 1 款的规定；权利要求 1～7 相对于附件 3A－1 不具备新颖性；权利要求 1、2、4 相对于附件 3A－6 不具备新颖性；权利要求 1～7 相对于附件 3A－1 不具备创造性；权利要求 1～4 相对于附件 3A－1 和附件 3A－2 的结合不具备创造性；权利要求 1～4 相对于附件 3A－1 和附件 3A－3 的结合不具备创造性；权利要求 1～4 相对于附件 3A－1 和附件 3A－4 的结合不具备创造性；权利要求 1～4 相对于附件 3A－1 和附件 3A－6 的结合不具备创造性；权利要求 5～7 相对于附件 3A－1 与附件 3A－2、附件 3A－3、附件 3A－4 或附件 3A－6 的任意之一的结合不具备创造性；权利要求 1、2、4 相对于附件 3A－6 不具备创造性；权利要求 3、5～7 相对于附件 3A－6 和附件 3A－2 的结合不具备创造性。专利权人当庭明确表示对于请求人提出的无效理由均无异议，均予以认可。双当事人均表示坚持各自所提交的书面意见。合议组告知鉴于双方当事人当庭已经充分陈述各自意见，口头审理之后合议组不再接受双方当事人的任何意见和证据。

至此，合议组认为本案事实已经清楚，可以作出审查决定。

二、决定的理由

1. 关于审查文本

本决定所依据的权利要求书以第15115号无效宣告请求审查决定书维持有效的权利要求第1～7项为准。

2. 关于证据

附件1A－7为日本专利文献，专利权人对附件1A－7的真实性和公开日期无异议，合议组也未发现影响其真实性的瑕疵，因此对其真实性和公开日期予以认可，由于其公开日早于本专利申请日，因此附件1A－7可作为现有技术评述本专利的创造性。

3. 关于《专利法》第22条第2款

《专利法》第22条第2款规定："新颖性，是指在申请日以前没有同样的发明或者实用新型在国内外出版物上公开发表过、在国内公开使用过或者以其他方式为公众所知，也没有同样的发明或者实用新型由他人向国务院专利行政部门提出过申请并且记载在申请日以后公布的专利申请文件中。"

(1)权利要求5保护一种电容式触控板的触控图型结构，附件1A－7公开了一种适于设置于显示器装置的画面前面，赋予显示器装置输入功能的坐标输入装置，所述坐标输入装置能使得其本身紧凑化并且能够得到高分辨率，具体公开了以下技术特征(参见其说明书译文第1～5页、附图2、3、5、6、7A)：所述坐标输入装置检测出根据在指示该传感器面板的所指位置时产生的静电容量变化而产生该输出电平变化指示的坐标位置，所述坐标输入装置具有传感器面板，在所述传感器面板10的玻璃等制的透明基板100上，相互平行的配置有m根X方向透明导电线路(以下称为X电极)101a～101m，进一步相互平行的配置有与X电极群101a～101m交叉的n根Y方向透明导电线路(以下称为Y电极)102a～102n。X电极群101a～101m和Y电极群102a～102n是相互绝缘设置的。该传感器面板10被安装于显示器20的画面前面，也可去掉前述的透明基板100，在显示器的画面(例如阴极射线管管面)上直接设置X电极群和Y电极群，将传感器面板10和显示器一体化。所述X电极和Y电极在所述透明基板100上通过溅射1000埃数量级的透明导电膜(例如SnO_2、In_2O_3)等方法形成，在所述X电极和Y电极的交叉位置，在所述X电极和Y电极之间，通过1000埃数量级的溅射等方法，形成由SiO_2等构成的透明绝缘膜103。相关电极结构为所述X电极和Y电极的交叉部分的电极面积如W2一般小，如果减小电极宽度的话，手指等与电极接触的正确率会变小，所以交叉部分以外的电极宽度W1一般取较大的数值。

附件1A－7涉及一种设置于显示器装置的画面前面，赋予显示器装置输入功能的坐标输入装置，即涉及与显示设备整合使用的电容式触控板，其技术领域与权利要求5相同，两者所要解决的技术问题均是解决触控板厚度较厚的问题。

附件1A－7公开了一种电容式触控板，其在透明基板上形成了触控图型结构，其相当于公开了权利要求5中的一种电容式触控板的触控图型结构；附件1A－7公开的所述坐标输入装置具有玻璃等制的透明基板，所述透明基板相当于权利要求5的基板，因此相当于公开了该触控图型结构形成于基板表面。

附件1A－7在所述透明基板表面上设置有X方向和Y方向的两个轴向的透明导电线路，即X方向和Y方向的两个轴向的透明导电线路设置在同一层上，附件1A—7没有明确记载在所述X、Y方向的透明导电线路上设置有导电单元、导线，但附件1A—7公开了X、Y方向的透明导电线路的宽度不同，宽度为电极宽度W1的透明导电线路电极宽度宽、宽度为电极宽度W2的透明导电线路的电极宽度窄。虽然权利要求5中分别限定了导电单元以及导线，多个导电单元由导线连接，但由于多个导电单元由导线连接在一起，其从整体上来看实质上是一条导电线路，从而权利要求5的导电单元与导线构成的结构与附件1A—7的透明导电线路实质上相同，都是用于传输电信号的导电线路，附件1A—7的透明导电线路上宽度为电极宽度W1的透明导电线路部分的作用与权利要求5的第一轴向导电单元、第二轴向导电单元的作用相同，都是为了提高电容屏的接触正确率，因此附件1A—7的X、Y方向的透明导电线路上的宽度为电极宽度W1的透明导电线路部分相当于权利要求5的第一轴向导电单元、第二轴向导电单元；附件1A—7的X、Y方向的透明导电线路上的宽度为电极宽度W2的透明导电线路部分的作用与权利要求5的第一轴向导线、第二轴向导线作用相同，都是起连接导电作用，因此附件1A—7宽度为电极宽度W2的透明导电线路部分相当于权利要求5的第一轴向导线、第二轴向导线。

附件1A—7中的宽度为电极宽度W1的透明导电线路部分的结构为至少由X方向透明导电线上的两个相邻的宽度为电极宽度W1的透明导电线路部分与相邻的Y方向透明导电线上的两个相邻的宽度为电极宽度W1的透明导电线路部分构成。附件1A—7中的宽度为电极宽度W1的透明导电线路部分的配置方式与权利要求5的导电单元的配置方式相同，因此附件1A—7中也公开了至少两个相邻的第一轴向导电单元及至少两个相邻的第二轴向导电单元。并且X方向电极宽度W1的透明导电线路部分是通过电极宽度为W2的透明导电线路部分连接起来的，其相当于公开了权利要求5中的相邻的第一轴向导电单元之间以一第一轴向导线予以连接。

附件1A—7的X和Y方向的透明导电线路是相互绝缘设置的，在所述X和Y方向的宽度为电极宽度W2的透明导电线路部分的交叉位置上，在两者之间设置有由SiO_2等构成的透明绝缘膜，即透明绝缘膜设置在一方向上的电极宽度W2的透明导电线路部分的表面上，与该电极宽度W2的透明导电线路部分交叉的另一方向的宽度为电极宽度W2的透明导电线路部分横越透明绝缘膜的表面，因此附件1A—7的透明绝缘膜的设置位置与权利要求5的绝缘覆层的设置位置相同，附件1A—7的透明绝缘膜相当于权利要求5的绝缘覆层，因此附件1A—7也公开了权利要求5中的该第一轴向导线的表面覆设有一绝缘覆层，而一第二轴向导线横越过该绝缘覆层的表面而连接于该相邻的第二轴向导电单元之间。

附件1A—7中公开了所述X电极和Y电极在所述透明基板100上通过溅射1000埃数量级的透明导电膜（例如SnO_2、In_2O_3）等方法形成，在所述X电极和Y电极的交叉位置，在所述X电极和Y电极之间，通过1000埃数量级的溅射等方法，形成由SiO_2等构成的透明绝缘膜103，因此附件1A—7也公开了权利要求5中的该第一轴向导电单元及第二轴向导电单元式以透明的导电材料所制成，该绝缘覆层由透明的绝缘材料所制成。

由上可知，附件1A—7公开了权利要求5的全部技术特征，两者的技术领域相同，采用实质上相同的技术方案解决相同的技术问题，均是解决触控板厚度较厚的技术问题，并取得了相同的技术效果。因此权利要求5相对于附件1A—7不符合《专利法》第22条第2款关于新颖性的规定。

(2)权利要求 6 的附加技术特征已被附件 1A—7 公开(参见其说明书译文第 2、4 页):在基板上相互绝缘的配置有多个 X 方向透明导电线路和多个 Y 方向透明导电线路,并且也公开了所述多个 X 方向透明导电线路和多个 Y 方向透明导电线路是由例如 SnO_2、In_2O_3 的透明导电膜形成。因此附件 1A—7 已经公开了权利要求 6 的所有附加技术特征,在其引用的权利要求不具备新颖性的情况下,权利要求 6 也不符合《专利法》第 22 条第 2 款关于新颖性的规定。

(3)权利要求 7 的附加技术特征已被附件 1A—7 公开(参见其说明书附图 7A):宽度为电极宽度 W1 的透明导电线路部分呈六边形的几何轮廓形状。在其引用的权利要求不具备新颖性的情况下,权利要求 7 也不符合《专利法》第 22 条第 2 款关于新颖性的规定。

4. 关于《专利法》第 22 条第 3 款

《专利法》第 22 条第 3 款规定:"创造性,是指同申请日以前已有的技术相比,该发明有突出的实质性特点和显著的进步,该实用新型有实质性特点和进步。"

(1)权利要求 1 保护一种电容式触控板的触控图型结构,附件 1A—7 公开了一种适于设置于显示器装置的画面前面,赋予显示器装置输入功能的坐标输入装置,所述坐标输入装置能使得其本身紧凑化并且能够得到高分辨率,具体公开了以下技术特征(参见其说明书译文第 1~5 页、附图 2、3、5、6、7A):所述坐标输入装置检测出根据在指示该传感器面板的所指位置时产生的静电容量变化而产生该输出电平变化指示的坐标位置,所述坐标输入装置具有传感器面板,在所述传感器面板 10 的玻璃等制的透明基板 100 上,相互平行的配置有 m 根 X 方向透明导电线路(以下称为 X 电极)101a~101m,进一步相互平行的配置有与 X 电极群 101a~101m 交叉的 n 根 Y 方向透明导电线路(以下称为 Y 电极)102a~102n。X 电极群 101a~101m 和 Y 电极群 102a~102n 是相互绝缘设置的。该传感器面板 10 被安装于显示器 20 的画面前面,也可去掉前述的透明基板 100,在显示器的画面(例如阴极射线管管面)上直接设置 X 电极群和 Y 电极群,将传感器面板 10 和显示器一体化。所述 X 电极和 Y 电极在所述透明基板 100 上通过溅射 1000 埃数量级的透明导电膜(例如 SnO_2、In_2O_3)等方法形成,在所述 X 电极和 Y 电极的交叉位置,在所述 X 电极和 Y 电极之间,通过 1000 埃数量级的溅射等方法,形成由 SiO_2 等构成的透明绝缘膜 103。相关电极结构为所述 X 电极和 Y 电极的交叉部分的电极面积如 W2 一般小,如果减小电极宽度的话,手指等与电极接触的正确率会变小,所以交叉部分以外的电极宽度 W1 一般取较大的数值。

附件 1A—7 涉及一种设置于显示器装置的画面前面,赋予显示器装置输入功能的坐标输入装置,即涉及与显示设备整合使用的电容式触控板,其技术领域与权利要求 1 相同,两者所要解决的技术问题均是解决触控板厚度较厚的问题。

附件 1A—7 公开了一种电容式触控板,其在透明基板上形成了触控图型结构,其相当于公开了权利要求 1 中的一种电容式触控板的触控图型结构;附件 1A—7 公开的所述坐标输入装置具有玻璃等制的透明基板,所述透明基板相当于权利要求 1 的基板,因此相当于公开了该触控图型结构形成于基板表面。

附件 1A—7 在所述透明基板表面上设置有 X 方向和 Y 方向的两个轴向的透明导电线路,即 X 方向和 Y 方向的两个轴向的透明导电线路设置在同一层上,附件 1A—7 没有明确记载在所述 X、Y 方向的透明导电线路上设置有导电单元、导线,但附件 1A—7 公开了 X、Y 方向的透明导电线路的宽度不同,宽度为电极宽度 W1 的透明导电线路电极宽度宽、宽度为电极宽度 W2 的透明导电线路的电极宽度窄。虽然权利要求 1 中分别限定了导电群组、导电单元以及导线，每一个导电群组由多个导电单元组成，多个导电单元由导线连接，但由于导电群组的多个导电单元由导线连接在一起，其从整体上来看实质上是一条导电线路，即每一个由导线连接的由多个导电单元组成的导电群组是一条导电线路，从而权利要求 1 的导电群组与导线构成的结构与附件 1A－7 的透明导电线路实质上相同，都是用于传输电信号的导电线路，因此附件 1A－7 的 X、Y 方向的透明导电线路相当于权利要求 1 的用导线连接的第一轴向导电群组、第二轴向导电群组。并且附件 1A－7 的透明导电线路上宽度为电极宽度 W1 的透明导电线路部分的作用与权利要求 1 的第一轴向导电单元、第二轴向导电单元的作用相同，都是为了提高电容屏的接触正确率，因此附件 1A－7 的 X、Y 方向的透明导电线路上的宽度为电极宽度 W1 的透明导电线路部分相当于权利要求 1 的第一轴向导电单元、第二轴向导电单元；附件 1A－7 的 X、Y 方向的透明导电线路上的宽度为电极宽度 W2 的透明导电线路部分的作用与权利要求 1 的第一轴向导线、第二轴向导线作用相同，都是起连接导电作用，因此附件 1A－7 宽度为电极宽度 W2 的透明导电线路部分相当于权利要求 1 的第一轴向导线、第二轴向导线。

附件 1A－7 中的宽度为电极宽度 W1 的透明导电线路部分的配置方式为：在相邻的同轴向透明导电线之间与其上的相邻的宽度为电极宽度 W1 的透明导电线路部分之间共同限定出来的空间内一一设置另一轴向透明导电线上的宽度为电极宽度 W1 的透明导电线路部分。附件 1A－7 中的宽度为电极宽度 W1 的透明导电线路部分的配置方式与权利要求 1 的导电单元的配置方式相同，因此附件 1A－7 所述共同限定出来的空间相当于权利要求 1 的第二轴向导电单元配置区。

并且附件 1A－7 中公开的 X 方向和 Y 方向电极宽度 W1 的透明导电线路部分是通过电极宽度为 W2 的透明导电线路部分连接起来的，其相当于公开了权利要求 1 中的多个第一轴向导线，一一地连接于该第一轴向导电群组的各个相邻的第一轴向导电单元之间，以将同一个第一轴向导电群组中的各个第一轴向导电单元予以连接以及多个第二轴向导线，一一地连接于该第二轴向导电群组的各个相邻的第二轴向导电单元之间，以将同一个第二轴向导电群组中的各个第二轴向导电单元予以连接。

附件 1A－7 的 X 和 Y 方向的透明导电线路是相互绝缘设置的，在所述 X 和 Y 方向的宽度为电极宽度 W2 的透明导电线路部分的交叉位置上，在两者之间设置有由 SiO_2 等构成的透明绝缘膜，即透明绝缘膜设置在一方向上的电极宽度 W2 的透明导电线路部分的表面上，与该电极宽度 W2 的透明导电线路部分交叉的另一方向的宽度为电极宽度 W2 的透明导电线路部分横越透明绝缘膜的表面，因此附件 1A－7 的透明绝缘膜的设置位置与权利要求 1 的绝缘覆层的设置位置相同，附件 1A－7 的透明绝缘膜相当于权利要求 1 的绝缘覆层，因此附件 1A－7 也公开了权利要求 1 中的多个绝缘覆层，一一地覆设于该各个第一轴向导线的表面，以及该各个第二轴向导线横越过该绝缘覆层的表面。

附件 1A－7 中公开了所述 X 电极和 Y 电极在所述透明基板 100 上通过溅射 1000 埃数量级的透明导电膜（例如 SnO_2、In_2O_3）等方法形成，在所述 X 电极和 Y 电极的交叉位置，在所述 X 电极和 Y 电极之间，通过 1000 埃数量级的溅射等方法，形成由 SiO_2 等构成的透明绝缘膜 103，因此附件 1A－7 也公开了权利要求 1 中的该第一轴向导电单元及第二轴向导电单元式以透明的导电材料所制成。

由上可知，权利要求1与附件1A－7的区别技术特征为：权利要求1的各个第一轴向导电单元是以第一轴向等距间隔设置在该基板的基板表面，各个第二轴向导电单元是以第二轴向等距间隔设置在该基板的基板表面；而附件1A－7没有具体公开X和Y方向的透明导电线路上的宽度为电极宽度W1的透明导电线路部分之间的间隔是否是等间距的。

基于上述区别技术特征可以确定，权利要求1保护的技术方案实际解决的技术问题是：均匀设置导电单元以便于触摸屏的触摸信号的检测、简化检测触摸信号的算法，以及简化制造工艺。

对于上述区别技术特征，该区别技术特征是本领域公知常识。在本领域，相对于不规则的排列顺序来说，均匀、有规则地设置导电单元以及电极有利于提高触摸信号检测的准确率，便于简化检测触摸信号的算法，同时也简化了制造工艺。均匀、有规则地设置导电单元以及电极对于本领域技术人员来说是本领域惯常采用的技术手段，并且附件1A－7公开的X和Y方向的透明导电线路上的宽度为电极宽度W1的透明导电线路部分是以阵列的方式设置的，其也给出了相应的技术启示，即便附件1A－7没有具体公开宽度为电极宽度W1的透明导电线路部分是否以等间距排列，本领域技术人员在附件1A－7的基础上，结合本领域的公知常识得到权利要求1保护的技术方案也是显而易见的，不需要花费创造性的劳动，因此权利要求1相对于附件1A－7和本领域公知常识的结合不具有实质性特点和进步，不符合《专利法》第22条第3款关于创造性的规定。

(2)权利要求2的附加技术特征已被附件1A－7公开(参见其说明书译文第2、4页)：在基板上相互绝缘的配置有多个X方向透明导电线路和多个Y方向透明导电线路，并且也公开了所述多个X方向透明导电线路和多个Y方向透明导电线路是由例如SnO_2、In_2O_3的透明导电膜形成。因此附件1A－7已经公开了权利要求2的所有附加技术特征。在其引用的权利要求不具备创造性的情况下，权利要求2也不具有实质性特点和进步，不符合《专利法》第22条第3款关于创造性的规定。

(3)权利要求3的附加技术特征已被附件1A－7公开(参见其说明书译文第4页)：在所述X电极和Y电极的交叉位置，在所述X电极和Y电极之间，通过1000埃数量级的溅射等方法，形成由SiO_2等构成的透明绝缘膜103。在其引用的权利要求不具备创造性的情况下，权利要求3也不具有实质性特点和进步，不符合《专利法》第22条第3款关于创造性的规定。

(4)权利要求4的附加技术特征已被附件1A－7公开(参见其说明书附图7A)：宽度为电极宽度W1的透明导电线路部分呈六边形的几何轮廓形状。在其引用的权利要求不具备创造性的情况下，权利要求4也不具有实质性特点和显著的进步，不符合《专利法》第22条第3款关于创造性的规定。

综上所述，权利要求1～4相对于附件1A－7和公知常识的结合不具备创造性，不符合《专利法》第22条第3款关于创造性的规定；权利要求5～7相对于附件1A－7不具备新颖性，不符合《专利法》第22条第2款关于新颖性的规定。

鉴于权利要求1～4不符合《专利法》第22条第3款、权利要求5～7不符合《专利法》第22条第2款的无效宣告理由成立，因此对于第一、二、三请求人提出的其他无效理由，合议组不再进行评述。

三、决定

宣告200720142844.5号实用新型专利权全部无效。

当事人对本决定不服的，可以根据《专

利法》第46条第2款的规定，自收到本决定之日起三个月内向北京市第一中级人民法院起诉。根据该款的规定，一方当事人起诉后，另一方当事人作为第三人参加诉讼。

【案件评析】

本案的专利权人和请求人均是全球主要的透射式电容式触控屏生产商，本案被视为对移动互联终端产业链上游厂商具有深远意义的标志性案件。专利复审委员会在案件审理过程中，对权利要求的保护范围进行了合理界定。对于已在现有技术中普遍存在，但不具有特定名称的部件，认定其名称的变换不能影响本领域技术人员对其功能、作用的认识。本案对类似案件的审理具有一定的指导作用。

案件9 "汽车(SUV)"外观设计专利权无效宣告请求案

案件编号：6W104223

专利权人：江苏金湖欧陆汽车有限公司

无效宣告请求人：大众汽车公司

专利号：ZL201330096428.7

发明名称：汽车(SUV)

审查决定号：24267

审查结论：全部无效

合议组成员：徐清平(组长)，杨加黎(主审员)，袁婷(参审员)

【基本案情】

请求人于2012年在巴西圣保罗车展中推出"Taigun"概念车，同年获得世界知识产权组织(WIPO)的注册外观设计。2013年，专利权人在中国提出名称为"汽车(SUV)"的ZL201330096428.7号外观设计专利申请，并获得授权。2014年，请求人启动无效程序，认为涉案专利相对于请求人在WIPO注册的外观设计不符合《专利法》第23条第2款的规定。专利复审委员会经审理后作出第24267号无效决定，宣告涉案专利权全部无效。

【审查决定】

一、案由

本无效宣告请求涉及国家知识产权局于2013年7月31日授权公告的201330096428.7号外观设计专利，使用该外观设计的产品名称为"汽车(SUV)"，其申请日为2013年4月2日，专利权人为江苏金湖欧陆汽车有限公司。

针对上述外观设计专利(下称涉案专利)，大众汽车公司(下称请求人)于2014年1月26日向专利复审委员会提出了无效宣告请求，其理由是涉案专利不符合《专利法》第23条第2款的规定，请求宣告涉案专利无效，同时提交了如下证据：

附件1：WIPO外观设计注册DM/079407的打印件及相关中文译文(下称证据1)；

附件2：现有设计中的SUV汽车图片的打印件。

请求人认为，附件2的现有设计图片表明SUV类汽车产品的外观设计千变万化，车身整体形状上存在诸多迥异设计风格，而涉案专利的外观设计与现有设计的区别也在于产品的整体形状。由于车身整体形状的多样性，对于一般消费者而言，SUV汽车的整体外形、特别是车身侧面轮廓造型因其能体现车的设计风格而最具视觉影响力。涉案专利与证据1整体形状完全相同、侧面轮廓构型完全相同、车头和车尾的整体设计风格相似，二者的区别仅在于局部差异，如进气格栅的网状设计、保险杠下方的护板等，这些差异并未改变产品的整体设计风格和形象，对整体视觉效果不足以产生显著的影响，因此，涉案专利相对于证据1不具有明显区别，不符合《专利法》第23条第2款的规定。

经形式审查合格，专利复审委员会于2014年3月19日受理了上述无效宣告请求并将无效宣告请求书及证据副本转送给了专利权人，随后成立合议组对本案进行审理。

合议组于2014年4月10日向双方当事人发出无效宣告请求口头审理通知书，告知双方当事人本案定于2014年5月21日举行口头审理。

专利权人针对上述无效宣告请求于2014年4月29日提交了意见陈述书，同时提交了如下附件：

附件1′：第200530122272.0号中国外观设计专利的授权公告文本的打印件，其专利权人为丰田自动株式会社，授权公告日为2006年8月2日；

附件2′：第200630130958.9号中国外观设计专利的授权公告文本的打印件，其专利权人为日产自动车株式会社，授权公告日为2007年4月25日；

附件3′：第200730002881.1号中国外观设计专利的授权公告文本的打印件，其专利权人为富士重工业株式会社，授权公告日为2008年1月23日；

附件4′：第200730006167.X号中国外观设计专利的授权公告文本的打印件，其专利权人为大众汽车公司，授权公告日为2008年1月9日；

附件5′：第200730006337.4号中国外观设计专利的授权公告文本的打印件，其专利权人为大众汽车公司，授权公告日为2008年3月26日；

附件6′：第200830332813.6号中国外观设计专利的授权公告文本的打印件，其专利权人为力帆实业（集团）股份有限公司，授权公告日为2010年1月27日；

附件7′：第200930195195.X号中国外观设计专利的授权公告文本的打印件，其专利权人为大众汽车公司，授权公告日为2010年9月22日；

附件8′：第200930263591.1号中国外观设计专利的授权公告文本的打印件，其专利权人为起亚自动车株式会社，授权公告日为2010年11月10日；

附件9′：第200930266129.7号中国外观设计专利的授权公告文本的打印件，其专利权人为大众汽车公司，授权公告日为2010年7月21日；

附件10′：第200930383744.6号中国外观设计专利的授权公告文本的打印件，其专利权人为大众汽车公司，授权公告日为2010年7月21日；

附件11′：第201030637417.1号中国外观设计专利的授权公告文本的打印件，其专利权人为通用汽车环球科技运作公司，授权公告日为2011年7月6日；

附件12′：第201030702261.0号中国外观设计专利的授权公告文本的打印件，其专利权人为长城汽车股份有限公司，授权公告日为2011年7月27日；

附件13′：第201130034045.8号中国外观设计专利的授权公告文本的打印件，其专利权人为大众汽车公司，授权公告日为2011年7月27日；

附件14′：第201130487926.5号中国外观设计专利的授权公告文本的打印件，其专利权人为广州汽车集团股份有限公司，授权公告日为2012年9月26日；

附件15′：第201230048088.6号中国外观设计专利的授权公告文本的打印件，其专利权人为奥迪股份公司，授权公告日为2012年8月8日；

附件16′：第200830211694.9号中国外观设计专利的授权公告文本的打印件，其专利权人为大众汽车公司，授权公告日为2009年9月23日；

附件17′：(2010)行提字第3号行政判决书的复印件。

专利权人认为：(1)涉案专利与证据1相比，在汽车正面、后面、侧面、顶面均有众多明显不同的设计，具体体现在二者的进气格栅、前照灯组、后灯组、侧面车窗、后侧门把手、轮毂的设计不同，前、后保险杠护板，排气孔，顶部天窗的有无，尾灯数量的差异等方面。这些不同的设计导致两款车在整体上产生了明显不同的视觉效果，足以使二者区分开。(2)请求人提交的附件2的图片均无日期，不能证明其中显示的汽车是涉案专利申请日之前公开的。(3)附件1′～16′涵盖了包括力帆实业、长城汽车、广汽集团、丰田、日产、富士重工业株式会社、起亚、通用、奥迪，以及请求人在内的诸多汽车制造业优秀代表的产品外观设计，以之作为现有设计的证据，表明SUV的整体形状是公知的，属于惯常设计；附件3′、4′、6′、11′、13′、15′表明证据1的汽车侧面并非其独有设计，其对整体视觉效果的影响应让位于其余局部设计。附件17′表明车辆产品的外观设计比对标准。证据1的贡献主要在于汽车的前脸、后脸、顶棚等主要部位，而涉案专利恰在这些部位采用了完全不同的设计，并且所述设计从检索到的现有设计来看属于自行独创的，对产品的整体视觉效果具有显著影响。

2014年5月12日，合议组发出转送文件通知书，将专利权人提交的上述意见陈述书和附件的副本转送给请求人。

口头审理如期举行，双方当事人均委托代理人出席了本次口头审理。在口头审理过程中，(1)请求人明确其无效宣告请求的理由、范围和证据使用方式为：涉案专利相对于证据1不符合《专利法》第23条第2款的规定。专利权人对于证据1的真实性和译文准确性均无异议。(2)请求人明确其附件2仅用于说明现有设计状况，不用作对比的证据使用。专利权人认为所述附件2中的现有设计图片均无日期，不能证明其中显示的汽车设计是涉案专利申请日之前公开的现有设计。针对此，请求人当庭提交3份专利公报供参考，分别为：(编号续前)附件2－1，第201230121806.8号中国外观设计专利的授权公告文本的打印件，其专利权人为现代自动车株式会社，授权公告日为2012年9月12日；附件2－2，第200830000258.7号中国外观设计专利的授权公告文本的打印件，其专利权人为起亚自动车株式会社、现代摩比斯株式会社，授权公告日为2009年4月15日；附件2－3，第200930206713.3号中国外观设计专利的授权公告文本的打印件，其专利权人为丰田自动车株式会社，授权公告日为2010年6月9日。请求人主张所述3份专利公报与附件2中的部分图片相对应，作为参考资料，可说明附件2的图片在先公开。此外，请求人还提交了两份参考资料，一份是关于汽车格栅的国外外观设计专利文献，用于说明涉案专利的格栅设计并非其独有设计，但并未提交所述专利文献的中文译文；另一份是涉案专利的检索报告以及其中涉及的对比设计，用于支持其无效宣告请求的主张。(3)专利权人明确附件1′至附件17′均作为参考资料，其中，附件1′至附件16′用于说明现有设计状况，附件17′的判决结论对本案有参考意义。请求人对于专利权人提交的附件1′至附件17′的真实性均无异议。(4)双方关于涉案专利与对比设计的对比意见与书面意见一致。

2014年5月27日，专利权人提交庭后书面意见。

2014年6月27日，请求人提交庭后书面意见，并提交了3份附件：

附件3(编号续前)：欧共体外观注册000774849－001的打印件，即口审当庭提交的上述国外外观设计专利文献，以其说明涉案专利的格栅设计并非其独有设计。

附件4：附件2的现有设计图片的网页链接、网页和专利公报的打印件，其中包括如下专利文献：

附件4－1：第200830000256.8号中国外观设计专利的授权公告文本的打印件，其专利权人为现代自动车株式会社，授权公告日为2009年4月15日。

附件5：涉案专利和大众Taigun车的相关媒体文章的网络打印件。

双方当事人的上述庭后意见与之前的书面陈述和口头审理陈述意见一致。

至此，合议组认为本案事实已经清楚，可以作出审查决定。

二、决定的理由

（一）法律依据

《专利法》第23条第2款规定，授予专利权的外观设计与现有设计或者现有设计特征的组合相比，应当具有明显区别。

（二）证据认定

1. 关于对比设计

证据1是WIPO注册外观设计文献及其中文译文，请求人主张以其中所示外观设计作为涉案专利的对比设计，专利权人对其真实性及中文译文的准确性均无异议，合议组经审查对所述文献的真实性予以确认，其文字部分的内容以中文译文为准。该文献的公开日为2012年11月16日，早于涉案专利的申请日，其上所示的产品外观设计构成涉案专利的现有设计。

2. 关于现有设计状况

请求人和专利权人在本案中提供了多份用于证明现有设计状况的专利文献和网页图片，其中：

请求人提交附件2共计20张关于车身侧面设计的图片以说明车身侧面轮廓的现有设计状况，并在后续审理过程中提交了附件2—1至附件2—3（专利文献）、附件4（专利文献、网页链接和网页）证明附件2的图片构成现有设计。专利权人则认为没有证据证明所述图片的公开日期早于涉案专利的申请日，不认可其构成涉案专利的现有设计。合议组认为：请求人提交上述附件的主要目的在于证明现有设计中并未出现过其他如证据1一样的车身侧面设计，也即证明证据1的侧面设计是其个性特征。经核实，附件2—1至附件2—3、附件4—1均是公开日早于涉案专利申请日的中国专利文献。仅以证明设计特征“未”出现为目的，所述专利文献已能够表达请求人的主张。鉴于本案中对于明显区别的判断应以现有设计状况为基础，合议组在考量现有设计状况时将所述4份专利文献作为参考。至于附件2中的其他图片，因其证明目的与所述4份专利文献相同，是否采纳所述图片对本案结论影响不大，鉴于其公开时间尚待确认，合议组不再审查其是否构成涉案专利的现有设计，不作为考量本案现有设计状况的参考资料。

请求人还欲以附件3说明进气格栅的现有设计状况，然而所述附件是一份欧共体注册外观设计，请求人提供该附件时并未提交其中文译文，因此，合议组不再审查其是否构成涉案专利的现有设计，不作为考量本案现有设计状况的参考资料。

专利权人提交了附件1′至附件16′共16份中国专利文献，用于说明现有设计状况，请求人对所述附件的真实性无异议。经审查，所述附件的公开日均早于涉案专利的申请日，其上公开的产品设计构成涉案专利的现有设计，基于此，合议组在考量现有设计状况时将所述16份专利文献作为参考。

3. 关于双方提交的其他附件

请求人以专利检索报告的结论，专利权人以附件17′的判决书结论分别支持各自的主张，然而所述结论对本案无法律效力，合议组对于所述附件不予考虑。

请求人还以附件5中网络媒体的文章支持其主张，而所述网络媒体的观点与本案的审理无关，对于该附件合议组也不予考虑。

（三）关于《专利法》第23条第2款

1. 外观设计对比

涉案专利与证据1（下称对比设计）均涉及汽车类产品的外观设计，二者用途相同，属于种类相同的产品。

涉案专利由主视图、后视图、左视图、右视图、俯视图和立体图表示。简要说明中记载，仰视图无设计要点，故省略；未要求保护

色彩。对比设计由图 4.1 至图 4.10 表示。二者可以分解成以下部分分别进行对比:

(1)整体形状。

涉案专利

对比设计

相同点:三维立体造型基本相同,车身外饰件的布局、相互位置关系基本相同。

(2)车身前部设计。

涉案专利

对比设计

主要相同点:引擎盖、前车窗的形状基本相同,均具有两条突出的肋条设计;后视镜的设计基本相同。

主要不同点:①前保险杠不同:涉案专利的前保险杠平直,而对比设计的前保险杠中间带圆弧角凸起;②进气格栅不同:涉案专利的格栅外轮廓呈倒梯形且带放射状网格,对比设计的格栅为横条栅状;③前照灯组不同:涉案专利的前照灯组中靠近格栅的下角为锐角,对比设计为圆弧角。此外,二者的内饰座椅和保险杠护板的尺寸不同,牌照安装位的设计略有不同,并且对比设计在引擎盖的肋条内侧有两个散热孔,而对比设计没有。

(3)车身侧面设计。

涉案专利

对比设计

主要相同点:①前、后翼子板均为带棱角的外抛式设计:前翼子板沿水平方向内延至引擎盖,沿垂直方向内延至前车门,后翼子板沿水平方向内延至后车门和C柱,沿垂直方向内延至后车门;②侧窗的外轮廓相同,均在尾部有上挑式设计,其中的三块区域比例相同;③轮毂均为梅花式五辐轮毂。

主要不同点:①靠近C柱的侧窗区域的设计不同,涉案专利中该区域为侧窗,而对比设计中为后车门把手,相应地,涉案专利的后车门把手设置在该区域下方的腰线位置;②腰线不同,涉案专利的腰线自前至后为一条平直线,对比设计的腰线沿着车窗下沿线在尾部上挑;③梅花式五辐轮毂的间隔部分的设计不同,涉案专利为实心设计,而对比设计为镂空的Y型设计。

(4)车身后部设计。

涉案专利

对比设计

主要相同点:尾门轮廓线条、后车窗形状、后保险杠基本相同。

主要不同点:①车灯数量不同,涉案专利较之对比设计分别于后保险杠两侧增设置了两盏倒车指示灯以及于后车窗上部增设置了一盏高位刹车灯;②后灯组形状不同,涉案专利的后灯组略长于对比设计的后灯组;③涉案专利后保险杠无护板,且观察不到排气筒,而对比设计有护板,且在护板空隙设有两排气筒;④涉案专利的牌照安装处呈梯形而对比设计呈带切角的梯形。

(5)车身顶部设计。

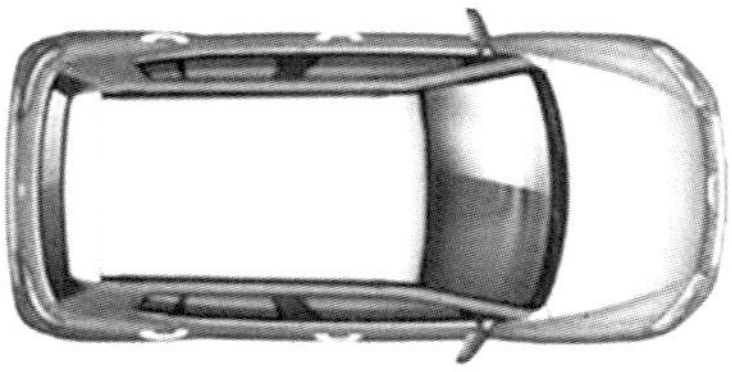

涉案专利

对比设计

主要不同点:涉案专利有两条竖向的行李架,对比设计比涉案专利多两条横向的行李架。

2. 特征分析判断

保护发明创造、鼓励创新是专利法最根本的目的之一,我国允许外观设计受到专利法的保护,即认为外观设计属于发明创造。《专利法》第23条第2款的规定要求外观设计专利应能明显区别于现有设计或者现有设计特征的组合,其本质即要求可授权的设计方案达到专利法所要求的创新高度。这里要求的创新高度不应是在现有设计基础上的简单变化、拼合、转用,而应当是创新的体现、创造的成果,其可能表现为产品基础元素的改变而带来的新的设计风格,也可能表现为因产品局部设计特征的改变而具有的显著差别的视觉效果。以《专利法》第23条第2款为依据的审查,实质就是对创新高度的审查。一方面,其要求判断人员尽可能接近《专利审查指南》拟制的一般消费者的知识水平和认知能力;另一方面,是要求对设计方案的理解应尽可能客观、准确,能够从中找出设计人员的劳动部分,并判断这种劳动是发明创造还是可专利性之外的劳动,以确定该外观设计是否可予以专利保护。由此,"明显区别"的判定应以查明事实为前提,了解每个设计特征在现有设计中的状况,确定外观设计中设计人员付出劳动的部分和沿用现有设计的部分,再基于"整体观察、综合判断"的原则,在产品整体中考虑每个设计特征,确定沿用现有设计的部分和付出劳动的创新部分对整体视觉效果的影响,从而减少主观干扰因素、科学地得出判断结论。

本案中,双方当事人提供了20份中国专利文献(即附件2—1至附件2—3、附件4—1、附件1′～16′)以说明现有设计状况。所述专利文献涵盖了力帆实业、长城汽车、广汽集团、丰田、日产、富士重工业株式会社、起亚、通用、奥迪、现代以及请求人所在的大众公司等多家汽车企业的多款车型的外观设计,能够作为说明现有设计状况的资料,基于此,在结合该类产品一般消费者常识性了解的基础上,参考所述专利文献,可对本案中所列设计特征的现有设计状况进行分析,以便于确定每个设计特征在整体视觉效果中的影响大小。

(1)关于相同点。

涉案专利与对比设计的相同点主要集中在三维立体构型、车身外饰件的基本布局和相互位置关系、与翼子板相关的设计特征、侧窗轮廓等几个方面。

①三维立体造型。

参考现有设计状况可以发现,以附件4′、13′为代表的大众公司所拥有的几款专利中已公开了基本相同的三维立体造型,结合该类产品一般消费者的认知,在车身外部装饰件存在大量设计变化的情况下，一般消费者对该类车比较常见的三维立体造型的视觉关注有限。

②车身外饰件的基本布局和相互位置关系。

车身外饰件的基本布局和相互位置关系直接影响整车设计风格，涉案专利和对比设计均采用了五门掀背式设计、大尺寸前照灯组紧邻格栅和前保险杠的布局、棱角分明的尾门与直线条后照灯组的配合等，二者基本相同的布局方式和相互位置关系令其具有同样的硬朗型设计风格。在现有设计中并无完全相同的布局关系的情况下，该相同点对车身整体视觉效果的影响明显。

③与翼子板相关的设计特征。

涉案专利和对比设计均采用了外拱式翼子板，所述外拱式的设计延伸至发动机盖、前后车门以及C柱，令车身呈现出类似肌肉感的视觉效果。这种视觉效果的获得是对翼子板、发动机盖、前后车门的外拱式线条整体设计的结果，专利权人欲以附件3′、4′、6′、11′、13′、15′表明该设计并非对比设计独有的设计，然而所述附件中均未显示与之相同或基本相同的外拱式设计。根据双方提供的现有设计材料并结合该类产品一般消费者认知，所述外拱式设计属于该类汽车的个性设计特征，在整体视觉效果的判断中应重点考虑。

④侧窗轮廓。

涉案专利和对比设计均采用了尾部上挑的侧窗设计，侧窗上沿线通过对A、B、C柱的设计来体现，侧窗下沿线通过对车门的设计体现，该设计与车身其他部分的直线条设计呼应，共同营造了硬朗的整车风格。专利权人同样以附件3′、4′、6′、11′、13′、15′表明该设计并非对比设计独有的设计，然而所述附件中均未显示与之相同或基本相同的上挑式侧窗设计。根据双方提供的现有设计材料并结合该类产品一般消费者认知，所述上挑式侧窗设计属于该类汽车的个性设计特征，在整体视觉效果的判断中应重点考虑。

(2)关于不同点。

相对于对比设计，涉案专利的设计变化(也即不同点)主要可以分成两类：

一类是独立设计特征简单替换为惯常设计。包括：针对对比设计的内饰座椅、保险杠护板、牌照安装位、引擎盖散热孔、腰线、后车门把手、轮毂间隔部分、车灯数量、后灯组的形状、顶部行李架的设计，涉案专利是以惯常设计特征对其进行替换。鉴于以惯常设计特征代替原有设计特征的设计手法在创新高度的判断中通常是弱化考虑的部分，而涉案专利对对比设计所作的上述替换仅针对单独的设计特征，这些设计特征的变化在视觉效果上并未产生呼应关系，不影响整车设计风格。因此，这种替换并非涉案专利的创新部分，其所带来的设计变化仍为惯常设计，对整体视觉效果不具有显著影响。

另一类是汽车前脸的设计变化。包括前保险杠、进气格栅和前照灯组的设计变化。相较于对比设计，涉案专利以平直的保险杠设计替换原有的带圆弧角凸起的前保险杠设计，以锐角替代前照灯组中靠近格栅和保险杠的圆弧角，以呈倒梯形且带放射状网格的进气格栅替代原有的大众家族式格栅设计。根据现有设计状况可知，前保险杆和前照灯组的设计变化属于惯常设计特征的替换，而涉案专利的进气格栅是其个性设计特征，所述特征的组合影响了汽车前脸的视觉效果。虽然可授予专利权的外观设计并不局限于原创型设计，也包括改进型设计，但要求改进型设计达到一定的创新高度，以构成新的发明创造。从比对情况来看，对比设计主要以直线条勾勒细节，呈现的是极具硬朗感的汽车设计，涉案专利沿用了对比设计的诸多设计细节，包括对比设计的三维立体造型、外饰件布局，也包括对比设计的外拱式翼子板、侧窗轮廓等个性特征，从而形成了与对比设计类似的整车设计风格。尽管涉案专利的进气格栅是其个性设计特征，但一般消费者对于涉案专利的视觉关注点不会仅仅局限于其进气格栅的设计，而会同时关注到涉案专利所沿用的对比设计的外饰件布局、外拱式翼子板设计、侧窗设计等诸多个性特征，在涉案专利沿用了对比设计的诸多设计细节尤其是对比设计的个性特征的情况下，综合考虑二者的相同点和不同点，涉案专利对于汽车前脸所作的设计变化虽存在创新，但相对于整车设计而言所占比例较小，相较于二者相同点尤其是涉案专利沿用的对比设计的个性特征而言，其在整体视觉效果中的权重较轻。在“整体观察、综合判断”的基本原则之下，二者的不同点对整体视觉效果不具有显著影响，不能令涉案专利明显区别于对比设计。因此，涉案专利相对于对比设计不符合《专利法》第 23 条第 2 款的规定。

三、决定

宣告 201330096428.7 号外观设计专利权全部无效。

当事人对本决定不服的，可以根据《专利法》第 46 条第 2 款的规定，自收到本决定之日起三个月内向北京市第一中级人民法院起诉。根据该款的规定，一方当事人起诉后，另一方当事人作为第三人参加诉讼。

后视图

左视图

右视图

主视图

立体图

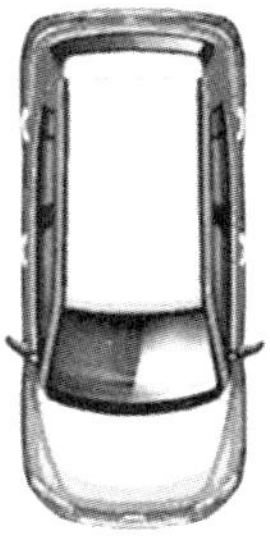

俯视图

涉案专利附图

对比设计附图

现有设计状况节选：

后视图

立体图

右视图

主视图

左视图

立体图

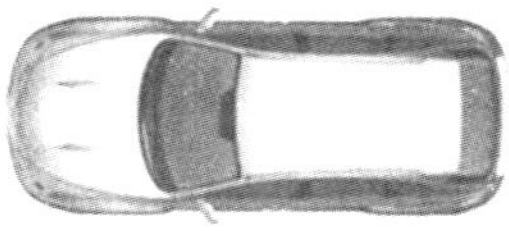

俯视图

附件 3′附图

后视图

右视图

右视图

主视图

左视图

附件 4′附图

后视图

立体图

右视图

主视图

附件 6′附图

右视图

主视图

左视图

立体图

俯视图

后视图

附件 11′附图

设计1　主视图

设计1　仰视图

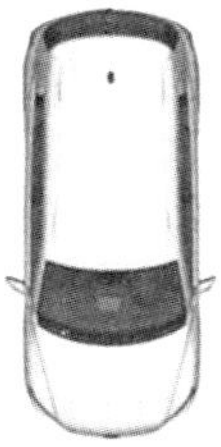
设计1　俯视图

设计1　右视图

设计1　后视图

设计1　左视图

设计1　立体图1

设计1　立体图2

设计1　左视图3

设计1　立体图4

设计2　主视图

设计2　仰视图

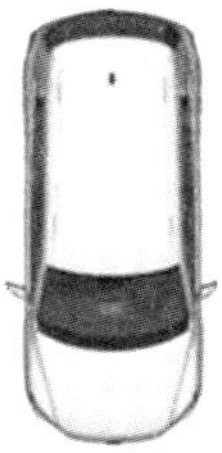
设计2　俯视图

设计2　右视图

设计2　后视图

设计2　左视图

设计2　立体图1

设计2　立体图2

设计2　立体图3

设计2　立体图4

附件 13′附图

右视图

主视图

左视图

立体图

后视图

附件 15′附图

【案件评析】

本案以功能和美学设计并重的汽车类产品为例，强调外观设计专利保护的是满足一定创新高度的发明创造，明确了不同设计特征对于整体视觉效果应有不同影响权重。在外观设计无效案件审理过程中，应以现有设计状况为依据，客观区分产品中的创新性特征和非创新性特征，遵循“整体观察、综合判断”的原则，在考虑创新性设计特征较大权重的同时不应忽略其他设计特征，并基于产品的全部设计特征，综合分析、科学得出结论。本案深入诠释了“明显区别”判断的客观审查标准，对于同类案件的审理具有一定的指导作用。

案例 10 “使胺催化剂在界面聚碳酸酯生产工艺中再循环的方法”发明专利申请复审请求案

案件编号：1F148450

复审请求人：思迪隆欧洲有限公司

专利申请号：200980146668.4

发明名称：使胺催化剂在界面聚碳酸酯生产工艺中再循环的方法

审查结论：视为撤回

合议组成员：孙卓奇（组长），朱凌（主审员），张倩（参审员）

【基本案情】

涉案专利的申请号为 200980146668.4，涉及“使胺催化剂在界面聚碳酸酯生产工艺中再循环的方法”。2012 年 12 月，经实质审查后，以不符合《专利法》第 22 条第 3 款有关创造性的规定为由驳回了涉案专利申请。申请人不服，向专利复审委员会提出了复审请求。复审阶段，专利复审委员会对区别特征和发明实际解决的技术问题进行了重新分析确定，并依职权引入了公知常识性证据对本案的创造性进行了充分说理。复审请求人在指定期限内放弃答复，涉案专利申请被视为撤回。

【审查决定】

针对申请号为 200980146668.4，发明名称为“使胺催化剂在界面聚碳酸酯生产工艺中再循环的方法”的发明专利申请（下称本申请），国家知识产权局以本申请权利要求不符合《专利法》第 22 条第 3 款的规定为由，于 2012 年 12 月 5 日驳回了本申请。申请人思迪隆欧洲有限公司（下称请求人）于 2013 年 3 月 15 日提出了复审请求，并未修改申请文件，专利复审委员会成立合议组对本案进行审理，现依据驳回决定针对的文本提出如下审查意见：

一、关于《专利法》第 22 条第 3 款

《专利法》第 22 条第 3 款规定，创造性，是指同申请日以前已有的技术相比，该发明有突出的实质性特点和显著的进步，该实用新型有实质性特点和进步。

在判断创造性时，首先要将权利要求的技术方案和最接近的现有技术进行对比，找出二者的区别特征，确定所述技术方案实际要解决的技术问题，进而考察现有技术中是否存在将该区别特征引入所述最接近的现有技术中以解决上述技术问题的启示；如果现有技术中存在这样的启示，则该权利要求不具备创造性。

就本申请而言，权利要求1请求保护使用胺偶联催化剂由二元酚、碳酸酯前体和一元酚链终止剂生产聚碳酸酯树脂的界面方法，所述方法包括以下步骤：

(a)使用两相反应混合物使所述碳酸酯前体与所述二元酚反应以形成碳酸酯低聚物；所述反应混合物包含碱性水相和不混溶的有机相，其中所述碳酸酯前体溶解在有机相中且所述二元酚的盐和所述一元酚链终止剂的盐溶解于所述水相中；

(b)随后在偶联催化剂的存在下使所述碳酸酯低聚物聚合以形成聚碳酸酯树脂；

(c)分离所述水相和所述有机相；其中所述有机相包含所述偶联催化剂和所述聚碳酸酯树脂；

(d)用酸性洗涤水溶液处理所分离出的有机相以通过形成可溶于所述酸性洗涤水溶液中的所述偶联催化剂的盐来除去胺偶联剂；

(e)回收所述聚碳酸酯树脂；

其中改进包括：

(i)用碱性物质处理包含所述偶联催化剂的盐的所述酸性洗涤水溶液以将溶液pH调整到至少12，产生包含所述偶联催化剂的碱性洗涤水溶液，和(ii)使包含所述偶联催化剂的所述碱性洗涤水溶液再循环回到聚合步骤(b)。

对比文件1(JP特开平6-329782A，公开日为1994年11月29日)公开了一种通过界面聚合制备热塑性聚碳酸酯的方法，其中原料为$COCl_2$、二酚、链终止剂和任选的支化剂。光气化反应时，在碱金属盐溶液中溶解有二酚，溶液pH为8～14，在水不溶溶剂中溶解有聚碳酸酯和其低聚物，同时存在有聚合催化剂，最后可以通过酸，将催化剂从聚碳酸酯粗溶液中提取出来再次使用而不需要分离或提纯。具体的，在分离催化剂阶段之前，通过加入高浓度酸，将萃取阶段得到的聚碳酸酯洗涤水直接作为催化剂溶液再次加入到聚合反应阶段重复使用(参见对比文件1说明书第[0001]、[0005]、[0007]段)。此外，对比文件1还公开了合适的链终止剂包括常见的单酚(参见对比文件1说明书第[0013]段)，上述聚合催化剂包括三烷基胺类(参见对比文件1说明书第[0021]段)。

对比可知，对比文件1和本申请涉及相同的技术领域，均为通过界面反应制备聚碳酸酯的方法，且对比文件1与本申请使用的原料相同，对比文件1也包括光气化预聚合、在催化剂存在下的缩聚两个步骤，并用酸性洗涤水处理有机相并循环到聚合步骤，此外，根据二元酚、单酚链终止剂的性质，其在对比文件1中，显然是溶解于碱溶液中，而光气、催化剂溶解于有机溶剂中。可见，对比文件1公开了本申请权利要求1中的步骤(a)～(e)。因此，权利要求1与对比文件1的区别仅在于：权利要求1进一步限定了(i)用碱性物质处理包含所述偶联催化剂的盐的所述酸性洗涤水溶液以将溶液pH调整到至少12，产生包含所述偶联催化剂的碱性洗涤水溶液，和(ii)使包含所述偶联催化剂的所述碱性洗涤水溶液再循环回到聚合步骤(b)。

合议组查明，本申请旨在提供使胺催化剂在界面聚碳酸酯生产工艺中再循环的改进方法，其提供(1)使对环境的潜在损失和季铵盐的形成减至最低的可再利用的胺催化剂的更简单、更有效且成本有效的回收系统，和(2)具有改善的稳定性和较低色度和/或浊度的聚碳酸酯树脂（参见本申请说明书第 2 页第 2 段）。然而，本申请说明书实施例 A、B 和 1～4 记载了使用 pH 值分别为中性、0.3 以及 8.3 的催化剂溶液获得的聚碳酸酯，结果表明，实施例 3、4 中使用 pH 值 8.3 的催化剂溶液获得的聚碳酸酯在分子量方面并未明显优于其他实施例的产品。此外，实施例中也未记载关于“改善的稳定性和较低色度和/或浊度”的相关实验结果，本领域技术人员无法确定本申请的聚碳酸酯树脂在稳定性和色度方面相对于对比文件 1 具有任何优异之处。进一步地，本领域技术人员公知，酯化缩合聚合通常应当保持在碱性条件下以使得反应能持续进行。因此，基于上述区别特征，本申请权利要求 1 相对于对比文件 1 实际解决的技术问题是：促进缩聚反应持续进行。

对此，本领域已经公知缩聚阶段保持一定碱性是必要的，因为简聚体的酚基室温酰化反应速度极低，必须形成酚盐负离子与氯代甲酸酯作用时，始能具有实际意义的速度。因此，只有当碱性介质在反应过程中始终足以抑制酚盐的酸解时，才能使缩聚反应持续进行（参见《聚碳酸酯》，燃料化学工业出版社，1973 年 3 月第 1 版，第 23～24 页）。由此可见，现有技术已经给出了将缩聚反应保持碱性以促进缩聚反应持续进行的启示，在对比文件 1 已经公开了通过加入高浓度酸，将萃取阶段得到的聚碳酸酯洗涤水直接作为催化剂溶液再次加入聚合反应阶段重复使用的基础上，本领域技术人员有动机进一步用碱性物质处理上述酸性洗涤水以调整其 pH 值至碱性，从而使得进入聚合阶段循环使用的溶液为碱性，以达到促进反应进行的目的。至于调整的 pH 值的数值范围，也是根据实际需要通过常规技术手段容易确定的。

可见，在对比文件 1 的基础上结合本领域常规技术手段得到上述权利要求 1 对于本领域技术人员来说是显而易见的，权利要求 1 的技术方案不具有突出的实质性特点和显著的进步，不具备《专利法》第 22 条第 3 款规定的创造性。

从属权利要求 2～3 进一步限定了胺偶联剂的种类。对比文件 1 已经公开了催化剂为三烷基胺（即叔胺），并具体公开了为三乙胺等（参见对比文件 1 说明书第[0021]段）。可见对比文件 1 公开了从属权利要求 2～3 的附加技术特征，在其引用的权利要求不具备创造性的基础上，权利要求 2～3 也不具备《专利法》第 22 条第 3 款规定的创造性。

从属权利要求 4 进一步限定了二元酚、碳酸酯前体、一元酚链终止剂以及胺偶联催化剂种类。对比文件 1 也已经公开了二元酚为双酚 A；所述碳酸酯前体为光气；所述一元酚链终止剂为苯酚、对叔丁基苯酚、异辛基苯酚等；且所述胺偶联催化剂为三乙胺（参见对比文件 1 说明书第[0001]、[0010]、[0013]、[0021]段）。可见对比文件 1 公开了从属权利要求 4 的附加技术特征，在其引用的权利要求不具备创造性的基础上，权利要求 4 也不具备《专利法》第 22 条第 3 款规定的创造性。

从属权利要求 5 进一步限定了使用支化剂。对比文件 1 也已经公开了使用支化剂（参见对比文件 1 说明书第[0014]段）。可见对比文件 1 公开了从属权利要求 5 的附加技术特征，在其引用的权利要求不具备创造性的基础上，权利要求 5 也不具备《专利法》第 22 条第 3 款规定的创造性。

从属权利要求 6 进一步限定了碱性物质的种类。然而，苛性碱溶液属于本领域常见的碱性物质，对其的选用属于本领域常规技术手段，因此，在引用的权利要求不具备创造性的基础上，权利要求 6 也不具备《专利法》第 22 条第 3 款规定的创造性。

权利要求 7 请求保护由权利要求 1 或 4 的方法生产的聚碳酸酯树脂，权利要求 8 请求保护由权利要求 5 的方法生产的支化聚碳酸酯树脂。如前所述，权利要求 1～6 的方法相对于对比文件 1 和公知常识的结合不具备创造性，由其制备的产品也不具备突出的实质性特点和显著的进步，因此也不具备《专利法》第22条第3款规定的创造性。

二、关于《专利法》第22条第2款

《专利法》第22条第2款规定：新颖性，是指发明或实用新型不属于现有技术；也没有任何单位或者个人就同样的发明或者实用新型在申请日以前由他人向国务院专利行政部门提出过申请，并且记载在申请日以后公布的专利申请文件或者公告的专利文件中。

对于用制备方法特征的化学产品权利要求，如果申请文件没有公开可与对比文件公开的产品进行比较的参数以证明该产品的不同之处，而仅仅是制备方法不同，也没有表明由于制备方法上的区别为产品带来任何功能、性质上的改变，则推定该方法表征的产品权利要求不具备新颖性。

就本申请而言，权利要求7请求保护由权利要求1或4的方法生产的聚碳酸酯树脂，权利要求8请求保护由权利要求5的方法生产的支化聚碳酸酯树脂。

如上所述，对比文件1公开了一种通过界面聚合制备热塑性聚碳酸酯的方法及其制备的产品。权利要求7和8与对比文件1的区别在于制备聚碳酸酯的方法的不同，具体而言，权利要求7和8进一步限定了(i)用碱性物质处理包含所述偶联催化剂的盐的所述酸性洗涤水溶液以将溶液pH调整到至少12，产生包含所述偶联催化剂的碱性洗涤水溶液，和(ii)使包含所述偶联催化剂的所述碱性洗涤水溶液再循环回到聚合步骤(b)。

然而，本申请说明书并未公开可与对比文件1公开的聚碳酸酯进行比较的参数以证明本申请的聚碳酸酯树脂的不同之处，而仅仅是制备方法不同，并且如上所述，根据本申请说明书记载的内容也无法确定由于制备方法的上述区别为本申请的聚碳酸酯树脂带来任何功能、性质上的改变。因此，可推定权利要求7和8请求保护的产品与对比文件1产品实质相同，即权利要求7和8不具备《专利法》第22条第2款规定的新颖性。

三、对请求人意见的回应

请求人认为：(1)对比文件1明确教导了将循环的酸性废水用作直接缩聚反应的催化剂，这与本发明的要求的pH为至少12的碱性洗涤水溶液是完全相反的。对比文件1明确给出了与本发明相反的教导。基于对比文件1公开内容的教导，本领域技术人员根本没有动机将所述酸性废水改变为pH为至少12的碱性洗涤水溶液和再循环所述碱性洗涤水溶液回到聚合步骤中。(2)本申请说明书第2页第2段所公开的，通过本发明的改进方法生产的聚碳酸酯树脂具有改善的稳定性和较低的色度和/或浊度的聚碳酸酯树脂。也就是说，本发明的改进方法赋予了所得产品改善的性能，从而表明所得产品的结构和/或组成与包括对比文件1的现有技术的产品相比发生了变化。

对此合议组认为：首先，如上所述，本申请权利要求1步骤(d)中也是用酸性洗涤水处理有机相，与对比文件1无异，相对于对比文件1，权利要求1进一步用碱性物质处理了步骤(d)获得的酸性洗涤液。而上述区别特征的引入，是根据本领域技术人员公知常识和常规技术手段容易引入的，因此不具备创造性。其次，对于请求保护产品的权利要求7和8，通过上述分析可知，本申请没有公开可与对比文件1公开的聚碳酸酯进行比较的参数以证明本申请的聚碳酸酯树脂的不同之处，因此推定其不具备新颖性。至于本申请说明书第2页第2段所公开的内容，其仅是结论性意见，而无实验数据，不足以证明上述主张。综上，合议组对请求人的主张不予支持。

请求人应在收到本通知之日起一个月

内作出答复。如果请求人不能在上述期限内提出符合专利法及其实施细则规定的充分理由，或者所提交的修改文件仍不符合专利法及其实施细则的相关规定，合议组将作出维持驳回决定的复审决定。逾期不答复，该复审请求将被视为撤回。

【案件评析】

聚碳酸酯性能优越、应用广泛。本案是对聚碳酸酯主流制备方法的改进——在洗涤步骤之后，用碱性溶液处理酸性洗涤液，并调整其 pH 值以获得碱性洗涤水溶液，并将其再循环到聚合步骤中。本案是在复审过程中依职权引入公知常识性证据的典型案例，该案件的审理对中国聚碳酸酯工业的发展具有重要影响。

（国家知识产权局专利复审委员会供稿）

国家工商行政管理总局商标局及商标评审委员会案例

商标监管典型案例

案例1　广东省中山市工商局查处侵犯“大嘴猴（图形）”注册商标专用权案

2014 年 9 月，中山市工商局对中山市沙溪镇致诚制衣厂检查，现场发现涉嫌假冒“大嘴猴（图形）”商标服装 900 套、上衣 120 件、裤子 160 条、半成品 1160 件，总价达 1 416 440 元。中山市工商局已将该案件移送中山市公安机关。

案例2　江苏省常熟市工商局查处侵犯“CHANEL”等注册商标专用权案

2014 年 3 月 10 日，根据路易威登马利蒂（法国）公司投诉，常熟市工商局对位于常熟市东门大街服装店进行现场检查。现场查获假冒“CHANEL”包 8 个，耳钉 15 只，戒指 4 只，胸针 2 只，项链 6 条，包装盒 60 只；“TIFFANY”包装盒 19 只；“PRADA”包装盒 22 只；“Cartier”手表 1 只，包装盒 15 只；“A. LANGE&SOHNE”手表 1 只；“LV”包 3 个；“MARCJACOBS”眼镜 1 副，童鞋 1 双；“CELINE”包 1 个。经核查当事人孙某的销售记录、银行交易记录，证实非法经营额达 26 万元。江苏省常熟市工商局依法将此案件移送公安机关。

案例3　安徽省合肥市瑶海区市场监督管理局查处侵犯“SAMSUNG”注册商标专用权案

2014 年 12 月 24 日，安徽省合肥市瑶海区市场监督管理局查处了一起销售假冒三星手机案件，现场共查获违法手机 669 部，违法经营额已达 260 127 元。当事人涉嫌销售假冒“SAMSUNG”手机，由于涉案金额巨大，安徽省合肥市瑶海区市场监督管理局于 2015 年 1 月 7 日将该案依法移交瑶海区公安分局。

案例4　四川省内江市工商局查处侵犯“阿迪达斯”注册商标专用权案

2014 年 11 月，根据消费者投诉，四川省内江市工商局联合公安机关对淘宝网网名为“余生”的网店涉嫌销售假冒“阿迪达斯”服装案件展开调查。经核实，该网店随货发出的小票上显示的专柜信息、地址等均为假冒，执法人员提取了消费者从该网店购买的服装，经阿迪达斯体育（中国）有限公司鉴定为假冒产品。经查证,涉案金额达30余万元。内江市工商局已将该案移送公安机关处理。

案例5　上海市浦东新区市场监督管理局查处侵犯第G783985号注册商标专用权案

2014年6月3日,上海市浦东新区市场监督管理局根据意大利费列罗公司投诉,对上海金丝猴食品公司未经其许可,擅自生产仿冒其“金色褶皱锡纸球状包装+顶部白色小标贴+咖啡色底托”造型巧克力的行为予以立案调查。经查,上海金丝猴食品公司自2013年11月起生产巧斐罗榛果威化巧克力,该款巧克力的造型为金色褶皱锡纸球状包装+顶部白底心形小标贴+咖啡色底托,与意大利费列罗公司所注册的第G783985号立体注册商标外形相近似,容易使相关公众产生混淆和误认。至案发,当事人共销售上述侵权巧克力22 667箱,尚有库存23箱,非法经营额共计人民币4 304 166.34元,当事人上述行为构成了商标侵权。根据《商标法》的相关规定,浦东新区市场监督管理局对当事人做出责令立即停止侵权行为,没收侵权商品并罚款人民币1 936 874.85元的处罚。

案例6　广东省汕头市工商局查处侵犯“Red Bull红牛”等注册商标专用权案

2014年10月11日,广东省汕头市金平区工商局接汕头市公安局经侦支队打假大队移交的线索,对位于汕头市金平区的腾跃公司进行立案调查。经查,当事人未经“红牛”“启力”“椰树”商标注册人许可,擅自向他人定制标注有“Red Bull 红牛”“启力”“椰树”注册商标图样、字样的字模,并准备将标注“红牛”“启力”的字模出售给他人用于生产商标标识,将标注“椰树”的模具及设备作为出资入股工厂,使之用于生产易拉罐产品。现场发现的涉案物品及设备价值36.6万元。汕头市金平区工商局责令当事人立即停止侵权行为,没收标注“Red Bull 红牛”“椰树”字样、椰树图案的饮料易拉罐拉环配件、模具及用于冲压刻注注册商标标识拉环舌片的模架、远峰冲床,罚款人民币200 000元。

案例7　安徽省利辛县工商局查处侵犯“周六福”注册商标专用权案

2015年1月20日,根据香港周六福珠宝公司投诉,安徽省利辛县工商局对利辛县胡集镇大润发超市进行检查,发现翁某经营的黄金珠宝专柜销售的“老牌周六福”黄金首饰涉嫌侵犯“周六福”商标专用权。经查证,当事人从深圳水贝村“东方国际珠宝交易中心”市场共购进黄金首饰166.43克,将定作含有“老牌周六福”商标的包装、标签,标注在该批黄金首饰上,共计货值42 938.94元。安徽省利辛县工商局做出责令立即停止侵权,没收侵权商品并罚款60 000元的行政处罚。

案例8　广西壮族自治区玉林市工商局查处侵犯“TCL”注册商标专用权案

2014年6月20日,广西壮族自治区玉林市工商局执法人员根据TCL公司的举报,对玉林市玉州区益达星建材经营部进行检查,现场查获涉嫌侵犯“TCL”注册商标专用权的开关、插座四个系列82个品种,共6690只,违法经营额46 350.15元。经查证,益达星建材经营部销售的开关、插座上标注有“TCLlogorad”商标,并突出使用“TCL”三个大写字母,玉林市工商局认为与“TCL”注册商标构成近似,责令当事人立即停止侵权行为，没收侵权商品并罚款50 000元。

案例9 重庆市工商局长寿区分局查处侵犯“榄菊”注册商标专用权案

2014年4月29日，根据中山榄菊公司投诉，重庆市工商局长寿区分局对重庆金合蚊香公司展开调查。经查证，当事人已对外销售“橄榄菊”蚊香1741件，库存蚊香314件，非法经营额为193 250元。当事人未经中山榄菊公司许可，擅自在同一种商品上使用与“榄菊”注册商标近似的“橄榄菊”商标，上述行为属于侵犯“榄菊”注册商标专用权的行为。重庆市工商局长寿区分局责令当事人立即停止侵权行为，没收侵权商品并罚款70 000元。

案例10 福建省德化县工商局查处侵犯“STARBUCKS”和“”注册商标专用权案

2014年5月23日，根据举报，福建省德化县工商局执法人员对福建省德化县瓷韵公司的经营场所进行检查，发现当事人涉嫌在互联网上销售侵犯“STARBUCKS”注册商标专用权的商品。经查证，福建省瓷韵公司从广东潮州采购标注有“STARBUCKS”以及图案的星巴克酒桶杯800个、采购标注有“STARBUCKS COFFEE”以及图案的杯垫400个通过互联网进行销售，非法经营额14 000元。当事人的行为构成了销售侵犯他人注册商标专用权商品的行为。德化县工商局责令当事人停止侵权行为，没收侵权商品并罚款15 000元。

案例11 浙江省杭州市上城区工商局查处违法使用“中国驰名商标”字样案

2014年8月29日，根据举报，浙江省杭州市上城区工商局对杭州嘉洲公司在互联网上使用“中国驰名商标”宣传展开调查。经查证，当事人杭州嘉洲公司系金利来（远东）公司授权的网络销售独家运营商，自2012年6月开始在天猫网上从事金利来男女内衣、内裤、家居服饰及袜子的经营，网店相关销售、宣传内容均由当事人自行制作。当事人在天猫网销售的“三条装金利来男士内裤平角裤莫代尔U凸四角内裤中腰男冰丝感产品”的宣传页面上使用“中国驰名商标”作为宣传内容，其行为违反了《商标法》第14条第5款“生产、经营者不得将‘驰名商标’字样用于商品、商品包装或者容器上，或者用于广告宣传、展览以及其他商业活动中”的规定。至2014年7月31日，举报人通过上海东方公证处进行证据固定，相关页面内容已经当事人确认。杭州市上城区工商局决定对杭州嘉洲公司罚款10万元。

案例12 广东省揭阳市工商局查处违法使用“中国驰名商标”字样案

根据举报，广东省揭阳市工商局对揭阳市东兴锋达经营部在户外广告牌中宣传“樱雪电器”为“中国驰名商标”一案进行调查。经查证，当事人是樱雪公司樱雪牌厨卫产品在广东省揭阳市地区的线下总代理。在2013年5～6月间，当事人委托揭阳市东润广告公司在揭阳市全市范围内制作、发布“樱雪电器”户外广告51处。揭阳市东润广告公司按当事人提供的广告样稿，进行广告画面的制作、安装发布。广告内容基本是“樱雪电器、中国驰名商标、吸油烟机、燃气灶、消毒柜、热水器、壁挂炉”等图文。自2014年5月1日起，上述广告仍继续在发布。当事人的上述行为违反了《商标法》第14条第5款“生产、经营者不得将‘驰名商标’字样用于商品、商品包装或者容器上,或者用于广告宣传、展览以及其他商业活动中”的规定。依据《商标法》第53条的规定,揭阳市工商局于2014年10月14日责令当事人改正,并处以罚款10万元。

(国家工商行政管理总局商标局供稿)

商标异议典型案例

案例1 天津市工商局查处安徽某公司侵犯“成峰”注册商标专用权案

一、基本案情

安徽某水利开发公司在某住宅小区项目工程施工过程中与天津市某商贸有限公司签订了购买排污泵的《采购合同》。签订合同时,天津市某商贸有限公司出示了上海成峰公司委托其签订合同、开具发票、收款及提供技术服务的《授权委托书》。合同签订后,天津市某商贸有限公司向安徽某水利开发公司提供了16台“成峰”牌排污泵,随货附有《检验报告》和《出厂合格证》等相关材料,并开具了发票。安徽某水利开发公司购进并销售的排污泵经商标权利人上海成峰公司鉴定,均为侵犯注册商标专用权的商品,商标权利人出具了《鉴定证明》。经天津市工商局立案调查,安徽某水利开发公司的行为涉嫌违反《商标法》(2001年修正)第52条第(2)项的规定,属于销售侵犯注册商标专用权的商品。由于安徽某水利开发公司销售的侵犯“成峰”注册商标专用权的排污泵是其承建的整个工程的一部分,并无单独的结算金额,其侵权商品实际售价无法查清,天津市工商局按照最高人民法院、最高人民检察院《关于办理侵犯知识产权刑事案件具体应用法律若干问题的解释》的有关规定,以被侵权商品“成峰”排污泵的市场价格每台2550元计算非法经营额,共计40 800元。2014年1月10日,天津市工商局举行听证,听取了相关当事人的陈述、申辩意见。2014年2月17日,天津市工商局作出行政处罚决定书,责令其停止侵权行为,并处罚款6万元。当事人于3月21日向国家工商总局提出了行政复议。

二、案例评析

(一)案件定性

国家工商总局认为:依据《商标法》(2001年修正)第52条第(2)项规定,销售侵犯注册商标专用权商品的,属侵犯注册商标专用权。该法第53条规定,工商行政管理部门处理时,认定侵权行为成立的,责令立即停止侵权行为,没收、销毁侵权商品和专门用于制造侵权商品、伪造注册商标标识的工具,并可处以罚款。依据《商标法实施条例》第52条的规定,对侵犯注册商标专用权的行为,罚款数额为非法经营额3倍以下;非法经营额无法计算的,罚款数额为10万元以下。天津市工商局作出的行政处罚决定书,认定事实清楚,证据确凿,适用依据正确,程序合法,并无不当。根据《行政复议法》第28条第1款第(1)项的规定,国家工商总局决定予以维持。

(二)争议焦点

1. 当事人在承包工程中购买使用排污泵的行为是否属于销售行为

当事人认为,其购买的排污泵仅自用于工程,未再销售,不存在非法经营行为,不存在侵权所得利益,亦无致损第三方,因此其购买使用排污泵的行为不属于《商标法》(2001年修正)第52条第2款所规定的侵犯注册商标专用行为,不应承担行政处罚责任。

建筑工程施工过程中,承包人购买使用侵害商标权商品的法律关系非常复杂,在法律法规尚未对商标法意义上的“销售”行为作出明确界定之前,判断上述行为是否构成商标侵权，应结合销售行为的民事法律特征及商标侵权原理综合进行分析，既不能不合理地扩大“销售侵权”行为的范畴，也不能放任该领域侵害商标权行为的发生。笔者认为，在判定相关行为是否构成销售侵害商标权时，以下因素应予以综合考虑：一是行为人与工程的发包人存在事实上买卖侵权商品的关系。行为人采取包工包料的承包方式建设工程，将其购买的侵权商品用于工程施工并成为工程成果的一部分，行为人取得的工程款中包含有侵权商品的对价，即侵权商品所有权随工程成果的交付一并有偿转让，上述情况应属于购买行为。二是侵权商品在行为人和发包人之间流通过程中，其商标的识别功能没有被阻碍。商标的基本功能是在商品和商标权人之间建立起对应关系，予以区别其他商品，这也是商标功能的核心价值。如果商品的商标信息保持清晰可辨，则商标的识别功能始终存在。三是行为人的行为足以造成消费者对侵权商品的来源产生混淆。工程的发包人或使用人都是侵权商品的下游消费者，承包人在施工中使用侵权商品，会导致他们误认为侵权商品来源于商标权人，从而造成商标法意义上的损害后果。

该案中，当事人采取包工包料的形式承建建筑工程，其在施工中购进并使用了侵犯“成峰”注册商标专用权的排污泵，其使用行为具有经营性质。当事人向发包方交付了工程，收取了相应的工程款项，工程款中包含了侵权商品的对价，即侵权商品所有权随工程成果的交付一并有偿转让，商品的所有权发生转移，本质是就是一种买卖法律关系，其行为属于销售行为；同时，侵权产品在当事人购入、安装、交付发包人的整个流转过程中并没有发生任何本质性的变化，侵权标识一直存在，其识别功能没有被破坏，足以造成消费者对侵权商品的来源产生混淆，给商标权利人带来损害。综上所述，当事人的行为构成了《商标法》（2001年修正）第52条第1款第（2）项规定的“销售侵犯注册商标专用权的商品”的违法行为。

2. *商标侵权免责抗辩*

当事人认为：其不知道所购买的排污泵为侵权商品，不应承担商标侵权责任。当事人与天津市某商贸有限公司签订了购买排污泵的《采购合同》。签订合同时，天津市某商贸有限公司出示了上海成峰公司委托其签订合同、开具发票、收款及提供技术服务的《授权委托书》。合同签订后，天津某商贸有限公司向当事人提供了16台排污泵，随货附有《检验报告》和《出厂合格证》等相关材料，并开具了发票。当事人以支票形式向天津某商贸有限公司支付了合同价款。2012年12月建设单位、监理单位组织并通过验收，形成《建筑给排水、采暖、通风、空调工程主要材料进场验收单》。因此，当事人确信天津市某商贸有限公司具有销售代理资格，所采购的“成峰”排污泵是合格产品，系上海成峰公司生产，而非侵权产品。

根据2001年《商标法》第56条第3款的规定，销售不知道是侵犯注册商标专用权的商品，能证明该商品是自己合法取得的并说明提供者的不承担赔偿责任。2013年修正的《商标法》第60条规定保留了上述侵权抗辩，同时规定上述情况也可作为免于承担行政处罚的抗辩理由。新《商标法实施条例》第79条规定：“下列情形属于商标法第60条规定的能证明该商品是自己合法取得的情形：（1）有供货单位合法签章的供货清单和货款收据且经查证属实或者供货单位认可的；（2）有供销双方签订的进货合同且经查证已真实履行的；（3）有合法进货发票且发票记载事项与涉案商品对应的；（4）其他能够证明合法取得涉案商品的情形。”笔者认为，在认定经营者的行为是否适用免责条款，应综合考虑以下因素：（1）关于不知道的判断。一是曾经收到商标权利人发出的警告函、律师函，销售商有义务去查实相关产品是否存在权利瑕疵，如果仍继续销售侵权产品，则可以认定销售商知道。二是曾有就类似纠纷与权利人有过民事诉讼并被法院认定构成商标侵权，或曾因为销售同样的产品受到相关行政执法部门的查处，事后销售商继续销售侵权产品的，应认定销售商知道。三是销售商的资质。对于规模大、经济实力雄厚、具备法人资格的销售商，其更有优势、能力和资源来判断所购销的商品是否可能侵犯他人的注册商标专用权，应课以严格的注意义务。四是涉案商标的知名度。商标知名度越高的商品，在市场上的影响力越大，特别是驰名商标，相关销售者知晓该商标及相关商品价格的可能性也越大，通常施以普通的注意力就可以察觉所销售的商品是否涉嫌侵犯他人商标专用权。五是商品的进货价格和进货渠道。销售者对于价格显著低于市场价格的商品应给予更高的审查义务。商品的价格虽然可能存在较大差异，但购入商品的价格与正品的市场价格存在重大差异，如远远低于同类商品的通常价格时，一般可认定销售者未尽到合理注意义务。六是商品的特殊性质。如果商品属于特种行业，销售者应遵守相关法律法规。如违反相关规定未尽到作为销售者所应尽到的合理审查义务，可认定其主观上存在过错，依法应承担赔偿责任。七是在执法机关对相关当事人作出“责令停止销售”的决定后，其不执行上述决定，继续进行销售的，其主观状态已由“不知道”转变为“明知”，可以认定其构成“销售侵犯注册商标专用权的商品的”行为。(2)关于合法取得并说明提供者。相关当事人为证明所售产品具有合法来源通常会提供增值税专用发票、进货发票、购货合同、销售清单、收货清单、付款凭证、供货单位证明等证据。在对上述证据进行审查时，应考虑以下因素：一是涉嫌侵权商品提供者的真实性。说明提供者是指销售者能够说明该商品的出售方的姓名、名称、住所或者提供其他线索并且能够被查实。二是审查涉嫌侵权商品与供货者商品的一致性。相关当事人提供的证据能够证明其曾从供货者处购入过商品，原则上应由其提供证据加以证明，如提供的发票上记载的商品商标和型号应与涉嫌侵权的产品商标和型号一致，方可视为合法取得。

该案中，当事人购进并使用的“成峰”排污泵经过注册商标权利人上海成峰公司的鉴定，并出具《鉴定证明》，涉案的排污泵为侵犯注册商标专用权商品。当事人提到随货附有《检验报告》和《出厂合格证》并开具了发票。但在调查中发现，当事人《检验报告》中所标注的排污泵型号为50JYWQ15－12－1.5，《出厂合格证》中所标注的排污泵型号却为65JYWQ40－12－4，二者存在明显差异。同时，天津市工商局通过对天津某商贸有限公司的调查发现，其公司经营业务并不涉及排污泵销售，主营业务为通讯器材经销。天津市某商贸有限公司出具书面证明，证实其从未与当事人发生任何业务往来，并不经营水电设备，当事人提供的采购合同中使用的合同专用章并非其公司加盖。通过调查证实，当事人提供的采购排污泵付款发票并非真实发票。天津市某商贸有限公司开具的号码为00 447 718的增值税发票中记载的销售商品为手机20部，购货单位为中国电信公司天津分公司。当事人购进的排污泵发票为虚假发票，记载事项无法与涉案商品相对应；当事人说明的商品提供者出具书面证明否认供货给当事人，即当事人提供的证明未获得供货人的认可。综上所述，当事人提供的相关材料无法证明其购进的涉案商品具有合法来源，商标侵权免责抗辩不成立。

随着我国城市化进程的深化和房地产行业的快速发展，此类型案件呈现出多发之势。承包工程中的商标侵权行为不仅损害了商标权利人的利益，也对建筑工程所有者、消费者的权益造成侵害，同时也扰乱了建筑市场的正常秩序。承包商作为建筑工程中重要的环节，其对于产品质量的把关尤为重要，和其他环节比较，其处于更有利的地位，应对承包工程的安全负责。执法机关应依法加大打击力度，规范相关产品生产商和施工承包商的竞争行为，加强对相关建材生产加工企业的日常监管，遏制侵权假冒产品的流通，不断净化市场。

（国家工商行政管理总局商标局　符竹）

案例 2　“安弗客”商标异议案

一、基本案情

异议人北京安弗客公司对郭某 2010 年 11 月 22 日申请经国家工商总局商标局初步审定在第 37 类服务上的第 8866196 号“安弗客”商标提出异议，商标局予以受理。

异议人的异议理由：被异议商标违反了《商标法》第 30 条、第 32 条之规定，与异议人引证商标构成使用在类似商品或服务上的近似商标，且侵犯了异议人的在先权利，应不予核准注册。

商标局裁定：经审理，商标局认为被异议商标“安弗客”指定使用服务为第 37 类“车辆保养和修理、车辆抛光”等。异议人引证在先注册第 4334319 号、第 4334321 号、第 4334320 号“安弗客”商标核定使用商品为第 1 类、第 3 类、第 12 类“抛光和底漆浆料、上光蜡、抛光蜡、车辆内装饰品”等。双方商标指定使用商品服务在商品功能用途及服务内容等方面有一定区别，不属于同一种或者类似商品服务。

异议人是一家构建高端汽车服务的会所，早在被异议商标申请日之前，异议人就将“安弗客”商标使用于各种与汽车维修和美容相关的服务上。且通过长期宣传和销售，异议人已获得“2005 年十大汽车护理品牌”等诸多荣誉，其“安弗客”商标于“车辆保养和修理、车辆抛光”等服务上已在我国相关公众中具有一定知名度。上述事实有异议人提供的其 2010 年财务报表复印件、部分广告合同复印件、杂志广告复印件、获奖情况等材料为证。早于被异议商标申请日前，异议人及其关联企业在山东地区已发展数家加盟店，在山东省汽车美容行业有一定的知名度，被异议人亦来自山东地区，理应知晓异议人“安弗客”商标。上述事实有异议人提供的其各地加盟协议书复印件等材料为证。被异议商标“安弗客”与异议人“安弗客”商标相同，被异议人在“车辆保养和修理、车辆抛光”等服务上申请注册被异议商标已构成以不正当手段抢先注册异议人“安弗客”商标的行为。异议人称被异议人在其余服务上恶意抢注其引证商标并侵犯其在先商号权以及被异议商标的核准注册会造成不良的社会影响，缺乏事实依据，商标局不予支持。

依据《商标法》第 31 条、第 33 条及《商标法实施条例》第 23 条规定，商标局裁定：异议人所提异议理由成立，第 8866196 号“安弗客”商标在“车辆保养和修理；车辆清洗；车辆抛光；车辆上光；喷涂服务；防锈”服务项目上的注册申请不予核准，在其余服务项目上的注册申请予以核准。

安弗客	安弗客
被异议商标	引证商标

二、案例评析

以下结合该案具体案情，对《商标法》中有关“以不正当手段抢先注册”的判定标准进行具体阐述。

根据现行《商标法》第 32 条规定，“以不正当手段抢先注册”是指将他人在国内已经使用并有一定影响的商标以不正当手段抢先注册，损害他人在先权利的行为。那么，被认定为以不正当手段抢先注册要从以下几方面进行考虑。

（1）引证商标已经使用并有一定影响。

“已经使用”作为保护未注册商标的基本前提。判定标准本质上是在商业经营活动中真实的使用。可以从商品或服务的广告投放、商品的销售收入、利润以及地域的辐射面等方面进行考察。该案中,异议人提交的其2010年财务报表复印件、部分广告合同复印件、杂志广告复印件材料可证明“已经使用”这一前提。证据材料亦载明使用的时间早于被异议商标申请日2010年11月22日。其次,再对使用的证据进行合法性、真实性、关联性进行审查,并对其证明力进行分析判断。“有一定影响”可以从相关公众的知晓程度,使用的持续时间和地理范围进行考察。另外,根据案件的实际情况,个案再进行具体衡量。在该案中,“安弗客”品牌诞生于2000年,是国内首个全国性大型高端汽车服务综合资源平台。异议人是一家高端汽车服务的会所,早在被异议商标申请日之前,异议人就将“安弗客”商标使用于各种与汽车维修和美容相关的服务上。通过长期的宣传和销售,异议人已获得“2005年十大汽车护理品牌”等诸多荣誉,异议人提交的其获奖情况、各地加盟协议书复印件等材料可以证明其“安弗客”商标于“车辆保养和修理、车辆抛光”等服务上已在我国相关公众中具有一定知名度。

(2)以不正当手段抢先注册。

《最高人民法院关于审理商标授权确权行政案件若干问题的意见》也认为:如果申请人明知或者应知他人已经使用并有一定影响的商标而予以抢注,即可认定其采用了不正当手段。可以根据案件基本事实,对其主观心理状态进行综合考察。结合该案,在被异议商标申请日前,异议人及其关联企业在山东地区已发展数家加盟店,在山东省汽车美容行业有一定的知名度,并且被异议人亦来自山东地区,同一地区,地理位置便利,因此构成以不正当手段抢先注册。

(3)双方商标构成相同。

就被异议商标而言,虽然经过艺术化处理,但在视觉效果上仍然与引证商标文字构成相同。

(4)双方商标使用服务相同或者类似。

对在先使用并有一定影响商标的保护范围,原则上应按照相同近似商标的审理标准,在相同或者类似的商品或服务范围内予以保护。被异议商标指定使用在第37类“车辆保养和修理、车辆抛光”等服务上,与异议人引证商标使用服务类似。

综上所述,认定商标是否构成“不正当手段抢先注册”,要同时具备上述几个要件,同时还需要充足的证据材料来证明。本案中,从异议人提交的证据材料可以看出,被异议人整体上在几个方面都满足,因此,可以认定被异议人第8866196号“安弗客”商标在“车辆保养和修理、车辆清洗、车辆抛光、车辆上光、喷涂服务、防锈”服务项目上的注册申请构成不正当手段抢先注册。

(国家工商行政管理总局商标局
吴丹琪　高亚童)

案例3　“维多利WEIDUOLI及图”商标异议案

一、基本案情

内蒙古万方屹友公司代理内蒙古维多利公司(以下称为异议人)对北京铭天公司代理中山市樱花帝王公司(以下称为被异议人),经国家工商总局商标局初步审定并刊登在第1310期《商标公告》第9346916号“维多利WEIDUOLI及图”商标提出异议,商标局依据《商标法》第30条规定予以受理。被异议人已在规定期限内作出答辩。

异议人的异议理由:异议人的第3318410号“维多利WEIDUOLI及图”商标经过异议人长期使用和广泛宣传已享有较高的知名度和美誉度,应当被认定为第35类服务上的驰名商标。被异议人申请注册被异议商标已构成对异议人驰名商标的恶意复制、抄袭和对其著作权和商号权的侵害。

被异议人的答辩理由为：被异议商标与异议人引证商标不构成类似商品上的近似商标，不会造成消费者的混淆和误认。被异议商标是被异议人自己思考设计出的，具有商标应有的显著性和独创性，没有侵犯异议人的在先权利。

根据当事人陈述的理由和事实，商标局认为：

异议人是一家自然人投资或控股的有限责任公司，旗下拥有15家子公司，其3318410号“维多利 WEIDUOLI 及图”商标于2004年5月在第35类“推销（替他人）”服务上获准注册。异议人从2002年开始使用“维多利 WEIDUOLI 及图”商标且持续使用，使用该商标的商品销量和销售额较大，销售范围覆盖全国。内蒙古自治区工商联合会2011年10月出具证明，2008～2010年，内蒙古维多利公司在内蒙古民营企业100强排名第20。异议人通过各种电视、网络、户外广告及报刊等媒体对其商标及产品进行了多方位的大力宣传。上述事实有异议人提供的其2008～2010年部分销售合同及增值税专用发票复印件、税收缴款书复印件、其部分广告宣传合同复印件等材料为证。异议人的“维多利 WEIDUOLI 及图”商标经宣传和使用，已为中国相关公众广为知晓并享有较高声誉。依据我国《商标法》第14条及《驰名商标认定和保护规定》，商标局认定异议人注册并使用在“推销（替他人）”服务上的“维多利 WEIDUOLI 及图”商标为驰名商标。

被异议商标“维多利 WEIDUOLI 及图”指定使用于第30类“可可饮料、茶饮料”等商品。被异议商标与异议人引证商标文字构成、呼叫、外观相近，鉴于异议人商标具有较强的独创性，并通过长期宣传使用已为公众广泛知晓，被异议人申请注册被异议商标已构成对异议人驰名商标的摹仿。被异议商标如予核准注册使用在其指定商品上容易误导公众，致使异议人的利益可能受到损害。

依据《商标法》第13条第2款、第33条规定，商标局裁定：异议人所提异议理由成立，第9346916号“维多利 WEIDUOLI 及图”商标不予核准注册。

二、案例评析

该案的焦点问题是，被异议商标的注册是否构成《商标法》第13条第2款所指的复制、摹仿其已在中国注册的驰名商标，误导公众，致使该驰名商标注册人的利益受到损害的情形。

（一）关于“保护其驰名商标的”法律规定

以维护商标持有人的合法权益为目的，《商标法》第13条明确指出，为相关公众所熟知的商标，持有人认为其权利受到侵害时，可以依照该法规定请求驰名商标保护。

（二）明确判断案情应使用的具体法律规定条件

中国驰名商标是指经过有权机关依照法律程序认定为“驰名商标”的商标，其含义可以概括为在中国为相关公众广为知晓并享有较高声誉的商标。是否认定侵犯其驰名商标的前提是当事人提出驰名商标保护的书面请求并遵循诚实信用原则，提交其商标进行驰名认定的证据材料，根据《商标法》第14条的规定达到商标驰名的因素。对驰名商标的保护不仅仅局限于相同或者类似商品或服务，就不相同或者不相类似的商品或服务申请注册或者使用时都将不予注册并禁止使用，因此驰名商标被赋予比较广泛的排他性权利。而且“驰名商标”持有企业的公司名以及网址域名都会受到不同于普通商标的格外保护。

（三）案件中被异议商标可能认定侵犯其驰名商标的判定理由

异议人是一家自然人投资或控股的有

限责任公司，旗下拥有15家子公司，公司遍布全国各地，其第3318410号商标于2004年5月在第35类服务上已在商标局申请注册。异议人从2002年开始广泛使用“维多利 WEIDUOLI 及图”商标且持续使用，该公司的合作经销商使用该商标的商品销售额较大，销售范围覆盖全国各省市。根据内蒙古自治区工商联合会2011年10月出具的证明，2008～2010年，内蒙古维多利公司在内蒙古民营企业100强排名第20。异议人通过各种电视、网络、户外广告及报刊等媒体对其商标及产品进行了多方位的大力宣传。上述阐述事实有异议人提供的其2008～2010年部分销售合同及增值税专用发票复印件、税收缴款书复印件、其部分广告宣传合同复印件等材料为证。异议人的商标在全国范围内经长期广泛宣传与使用，已为中国相关公众广为知晓并享有较高声誉且已经达到驰名商标应有的知名度。

被异议商标指定使用于第30类“可可饮料、茶饮料”等商品上。与异议人引证商标在文字构成、呼叫、外观相近，鉴于异议人商标具有较强的独创性，并通过长期宣传使用已为公众广泛知晓，被异议人申请注册被异议商标已构成对异议人驰名商标的摹仿。被异议商标如予核准注册并使用在其指定商品上容易误导相关公众，致使异议人的利益受到损害。

（国家工商行政管理总局商标局
赵煜坤　叶丽娜）

案例4　《商标法》第32条对在先“著作权”的保护范围

——第10584340号“图形”商标异议案件评析

《商标法》第9条规定，申请注册的商标，应当有显著特征，便于识别，并不得与他人在先取得的合法权利相冲突。《商标法》第32条规定，申请注册商标不得影响他人现有的在先权利，也不得以不正当手段抢先注册他人已经使用并有一定影响的商标。本条是关于保护在先权利和禁止恶意抢注规定。本条款的立法目的主要有两点：一是避免权利冲突，保护在先合法权利人的合法权利。二是避免混淆，保护相关公众的利益。

该条款中的“在先权利”包含著作权。在异议案件中，异议人常以在先著作权作为异议理由来对抗申请注册的商标。在先著作权的认定是适用该法条解决著作权与商标权发生冲突问题的关键。本文在说明著作权保护内容和范围的基础上，结合第10584340号“图形”商标异议案件，阐述在异议程序中著作权的保护范围。

一、基本案情

（一）异议人主张

异议人的主要理由：（1）“黑白猪（MoNoKuRo Boo）”漫画作品是异议人独享并享有著作权的作品，该作品作为商标由异议人在包括中国在内的众多国家和地区长期、广泛和大量使用和宣传，获得了很高的知名度和声誉；（2）被异议人抄袭异议人独创并享有著作权的“黑白猪（MoNoKuRo Boo）”漫画作品进行商标注册，违背了诚实信用原则；（3）被异议人抄袭异议人独创并享有著作权的“黑白猪（MoNoKuRo Boo）”漫画作品进行商标注册，侵犯并损害了异议人的在先权利，被异议商标的注册申请依法应当予以驳回。

涉案商标

（二）被异议人主张

被异议人的主要理由：（1）被异议商标完全符合《商标法》的立法目的和宗旨，应被核准注册；(2)异议人恶意异议目的明显；(3)被异议商标“图形”为申请人独创构思设计，是具有显著性和可区别性的，可以作为商标；(4)被异议人申请被异议商标是对自有品牌的保护，该商标在经营过程中已取得较高的知名度。

(三)商标局审理与裁定

被异议商标的基本情况：被异议商标“图形”由被异议人于2013年4月24日在第15类“钢琴；乐器；吉他；电子乐器；鼓(乐器)；小提琴；乐器弦；乐器盒；拨弦片；校音器(定音器)”商品上申请注册。

根据当事人陈述的理由及事实，经审查，商标局认为：被异议商标“图形”指定使用在第15类“钢琴；乐器；吉他；电子乐器；鼓(乐器)；小提琴；乐器弦；乐器盒；拨弦片；校音器(定音器)”等商品上。异议人引证的“MoNoKuRo Boo及图”漫画作品为一黑一白卡通猪图形构成，形象鲜明，创意独特。被异议商标图形也为一黑一白卡通猪图形构成，与异议人引证漫画作品图形的表现手法和整体风格基本相同。异议人提供的证据证明，异议人引证的“MoNoKuRo Boo及图”漫画作品在被异议商标申请注册日前已在美国进行了著作权登记，并在第16类、第18类、第25类等多个类别上进行注册和使用。因此，被异议商标的申请注册已构成对异议人在先著作权的损害。

依据《商标法》第32条、第35条规定，商标局裁定：异议人所提异议理由成立，第10584340号“图形”商标不予注册。依据《商标法》第35条规定，被异议人如对该决定不服，可在收到该决定之日起15日内，向商标评审委员会申请复审。

二、案例评析

实践中损害在先著作权的类型主要有：将他人的美术、建筑、摄影等作品申请注册为图形商标或者三维标志商标；将他人的书法作品申请为文字商标；2013年《商标法》增加了声音商标，以后还可能有将他人的音乐作品等申请注册为声音商标的情形出现。

被异议商标的注册申请是否损害他人在先著作权的考虑因素。

(一)异议人请求保护的对象是否构成作品

著作权也称版权，是指作者及其他权利人对文学、艺术和科学作品享有的人身权和财产权的总称。“作品”是指受到《著作权法》保护的客体。请求保护的对象构成作品是主张著作权对抗商标权的权利基础。《著作权法实施条例》第2条规定：著作权法所称作品，是指文学、艺术和科学领域内具有独创性并能以某种有形形式复制的智力成果。第4条第8款规定：美术作品是指绘画、书法、雕塑等以线条、色彩或者其他方式构成的有审美意义的平面或者立体的造型艺术作品。最高人民法院在具体案件中明确：著作权法保护的是具有独创性的作品，必须同时符合“独立创作”和“具有最低限度创造性”两个方面的条件才能成为著作权法意义上的作品。

与商标权利相比，著作权的保护范围不限于使用商品或服务的范围。因此，经审查当事人的作品系在先著作权并可以使用《商标法》第31条保护时，无论被异议商标申请注册在何种商品或服务上，均应当不予核准注册或者予以撤销。

著作权自作品创作完成之日起产生，在我国实行自愿登记原则。我国于1992年加入了《伯尔尼公约》和《世界版权公约》，因此，在缔约国内首次发表的一切文学艺术作品也在我国受到保护。

在该案中，异议人引证的“MoNoKuRo Boo及图”漫画作品为动物形象的卡通化作品，造型可爱，特点鲜明，具有较高的独创性和创作性，因此可以作为法律意义上的作品进行著作权保护。

(二)异议人是否享有在先著作权

在先享有著作权是指,在被异议商标申请注册日前,他人已经通过创作完成作品或者继承、转让等方式取得著作权。在先享有著作权的事实可以下列证据材料加以证明:著作权登记证书,在先公开发表该作品的证据材料,在先创作完成该作品的证据材料,在先通过继承、转让等方式取得著作权的证据材料等。对生效裁判文书中确认的当事人在先享有著作权的事实,在没有充分相反证据的情况下,可以予以认可。《最高人民法院关于审理著作权民事纠纷案件适用法律若干问题的解释》第7条规定,当事人提供的涉及著作权的底稿、原件、合法出版物、著作权登记证书、认证机构出具的证明、取得权力的合同等,可以作为证据。在作品或者制品上署名的自然人、法人或者其他组织视为著作权、与著作权有关权益的权利人,但有相反证明的除外。

值得注意的是,对于作品的权属证明,商标注册证仅表示商标权的归属,不属于著作权法意义上表明作者身份的署名行为,其权属情况需要其他相关证据材料共同证明。

在该案中,异议人提供了其在美国的著作权登记并对其进行了证明。另外,该异议人还在被异议商标申请日前对该作品作为商标在多个类别上申请注册和使用。

(三)被异议商标是否损害了该在先著作权

在异议人请求保护的对象构成著作权法中的作品且权属明确的情况下,一般采用"实质性相似+接触"的标准来判定被异议商标是否损害了该在先著作权。实质性相似的程度一般采用整体判断原则。

(国家工商行政管理总局商标局　宋玲玲)

国家工商行政管理总局反垄断与反不正当竞争执法局案例

案例1　肖某销售侵犯注册商标专用权洗衣机案

一、基本案情

当事人肖某于2013年10月1日在四川省达州市通川区工商局办理了《个体工商户营业执照》对外从事家电产品销售经营活动。经检查发现,当事人于2013年11月1日租用了达州市某食品厂一仓库作为库房使用,租金为每年61 800元。2013年11月29日,当事人肖某从宁波奇帅公司购进标注为由上海西门子公司生产的"SIMBMC"牌(标注为注册商标)全自动洗衣机110台,该产品外包装上印制有"上海西门子公司"字样。上述产品货值金额(按照其进货价格计算)为102 980元。截至被四川省达州市工商执法人员查获之日,当事人购进的110台"SIMBMC"牌全自动洗衣机还未销售出去,没有获利。后经调查发现:上海西门子公司系在塞舌尔共和国注册的一家境外公司(未在中国境内申办营业执照等手续),其委托宁波奇帅公司生产标注为"SIMBMC"牌(商标注册号为第9845563号)的全自动洗衣机,而第9845563号注册商标的实际注册字样为"SiMBMC",且持有人为宁波保税区群鹏公司,执法人员在调查过程中未发现宁波保税区群鹏公司和上海西门子公司存在任何关系。并且西门子中国公司于2013年12月9日向达州市工商局提供了相关证据,说明上海西门子公司和其公司没有任何关系,其公司所持有注册商标"SIEMENS"和"西门子",这两个商标经广东省广州市中院民事判决书认定为驰名商标。当事人对调查结果无异议。

二、法律适用

当事人所销售的“SIMBMC”牌全自动洗衣机与驰名商标“SIEMENS”“西门子”洗衣机相似度极高，并且“SIMBMC”牌全自动洗衣机在醒目位置突出使用的“西门子”字样，是一种典型的“傍名牌”行为，当事人的行为符合《反不正当竞争法》第5条第(2)项和第(3)项之规定以及《关于开展打击“傍名牌”不正当竞争行为专项执法行动的通知》执法要求中的规定，“(二)正确把握‘傍名牌’行为的性质。‘傍名牌’行为的目的是要借助他人的知名字号或商标的市场信誉，通过搭便车，制造市场误认、混淆，争取市场交易机会，严重违反了诚实信用的市场交易准则，属于典型的不正当竞争行为。一是对突出、放大使用企业名称中的字号，构成假冒他人注册商标，侵犯他人注册商标专用权的，可以依照《反不正当竞争法》第5条第(1)项或者《商标法》第52条的规定认定处理……三是对企业名称(包括在中国境内进行商业使用的外国或地区企业名称)中使用他人具有一定的市场知名度、为相关公众所知悉的企业名称中的字号，引人误认为是他人的商品的，可以依照《反不正当竞争法》第5条第(3)项的规定认定处理”，对当事人的行为应依据《商标法》及《商标法实施条例》相关规定进行处理。

依据《商标法》第53条和《商标法实施条例》第52条之规定，对当事人作出没收侵权的“SIMBMC”牌全自动洗衣机110台、罚款7万元的行政处罚。

三、案例分析

该案成功查处了将他人商标注册为企业字号，在市场经营活动中利用突出、放大使用企业字号，造成和他人知名商品相混淆误导消费者的不正当竞争行为。此类案件目前正呈现逐渐增加的趋势，本案具有较强的示范和借鉴意义。该案查处有几个关键点：一是在国外注册的企业名称是否在中国具有当然的使用权利。任何经营者可以自主选择确定自己的企业名称，但在实际使用过程中具有确保不违背法律规定和不侵害其他经营者合法权益的义务。当注册的企业名称造成不正当竞争，损害或可能损害消费者和其他经营者权益时，这种使用就构成了违法行为。当事人注册“SIEMENS”为其企业名称，又在洗衣机产品上突出使用，和在先注册且具有广泛知名度的西门子中国公司及其“SIEMENS”和“西门子”商标造成混淆和近似，构成了不正当竞争。二是关于当事人使用“SIMBMC”和注册商标“SiMBMC”构成近似的问题。字母文字的大小写从直观上可能表现有所不同，但是文字除了直观感觉还有发音、字义等作用，因而大写或小写不能成为判断商标是否构成相同或近似的主要标准，因此“SIMBMC”构成对注册商标“SiMBMC”的仿冒。三是综合判断当事人的主观意图，有助于对案情的准确判断和把握。当事人一方面利用企业名称向西门子中国公司靠拢，另一方面又使用与他人注册商标相同的商标，而且在实施这两种行为时，都采用了一些规避法律的手段，因此只用综合判断，才有可能确定当事人的恶意和企图。四是本案处理还有可商榷之处。案情介绍中用很大篇幅介绍了《反不正当竞争法》及其相关规定，但是处罚却直接适用《商标法》，应该以违反《反不正当竞争法》定性，按照《反不正当竞争法》规定，适用《商标法》追究责任。

案例2　佛山市南海某公司仿冒包装装潢案

一、基本案情

佛山市南海某公司(以下简称当事人)自2013年4月2日起至2013年6月19日

止，以每张0.05元的价格购进“椰树下大”瓶贴15 650张；以每个1元的价格购进外包装纸箱1040个后，利用上述包装、装潢进行清凉饮料的生产。

当事人生产的“椰树下大”清凉饮料与椰树公司生产的“椰树吓火”清凉茶饮料的包装、装潢进行比对，有以下相似之处：

(1)两者包装均为塑料包装瓶，大小和形状相差无几。(2)两者瓶贴均覆盖瓶肚部分，覆盖部位相同；瓶贴大小相差无几，瓶贴的颜色均以红色为主要底色，上面均印有黄色、黑色的图案。(3)“椰树”与“椰树”字形相像，“下大”中的“大”印制得与“火”极为相像，消费者以一般识别力容易误认为“下火”，且“下大”字体颜色与“吓火”的字体颜色均为黄色，“下火”与“吓火”读音相同，字形字义相似。(4)瓶贴中部均有黄色底色黑色字体“配方”图案，大小和形状相差无几。(5)“下大”与“吓火”字体的左下方分别是“清凉·饮料”和“清凉茶饮料”，大小和形状相差无几。

将“椰树下大”清凉饮料与“椰树吓火”清凉茶饮料的包装、装潢进行比对，两者有以下区别。(1)瓶贴的商标不同。前者为黑色底色黄色字体的“椰树”商标图案，后者为绿色底色黄色字体的“椰树”注册商标标识并在上方标有“正宗椰树牌”的字样。(2)瓶贴中部均有黄色底色黑色字体“配方”图案内的字体图案内容不同。前者内容为“纯科学配制”，后者为“用草本萃取”。(3)标注的厂名不同。前者标注的生产者是佛山市南海某公司，后者标注的厂名是绍兴椰树公司。

经过比对发现，“椰树下大”清凉饮料与椰树公司生产的“椰树吓火”清凉茶饮料的包装、装潢虽然存在差别，但均是细节上的差别，并且差别都比较细微，两者在主要部分和整体印象上高度近似，并且两者均为凉茶饮料，一般购买者施以普通注意力会发生误认。至查获之日止，当事人共生产“椰树下大”清凉饮料1037箱，每箱规格为15瓶，每瓶500mL，并以每箱15元(1元/瓶)的价格销售了1000箱，获利3000元。尚库存成品37箱，空瓶95个、瓶贴95个、纸箱3个。

另查明，当事人自2013年5月3日起至2013年7月28日止，以每个0.5元的价格购进500mL塑料瓶23 010个，以每张0.05元的价格购进“浩溢果粒橙”橙粒水果饮料瓶贴23 210张，以每个1元的价格购进外包装纸箱1544个后，利用上述包装、装潢进行饮料生产。

“美汁源果粒橙”(橙汁饮料)是可口可乐公司从2004年开始生产销售的橙汁饮料，在橙汁饮料市场内有一定的占有率，该产品的包装、装潢具有显著特征，随着产品的销售得到了消费者的认同。“美汁源”于2005年被核准为注册商标，而“果粒橙”不是GB 10789—1996《中华人民共和国国家标准软饮料的分类》中果汁饮料的通用名称，也不是果粒果汁饮料的通用名称，同时，国家工商总局颁布的《类似商品和服务区分表》中，也未将“果粒橙”作为果汁及果汁饮料的通用名称，事实上，可口可乐公司的美汁源果粒橙产品的瓶贴装潢上标有“橙汁饮料”这一商品通用名称，所以“果粒橙”是作为该产品的特有名称使用的。当事人生产、销售的“浩溢果粒橙”橙粒水果饮料与可口可乐公司生产销售的“美汁源果粒橙”(橙汁饮料)中特有的“果粒橙”名称相同，整个商品名称相似，造成与“美汁源果粒橙”(橙汁饮料)相混淆，使购买者误以为是该知名商品。至查获之日止，当事人共生产“浩溢果粒橙”橙粒水果饮料1534箱，每箱规格为15瓶，每瓶500mL，并以每箱15元的价格销售了1334箱，获利4002元。尚库存“浩溢果粒橙”字样的橙粒水果饮料200箱(每箱规格为15瓶，每瓶500mL)，瓶贴200张，纸箱10个。

二、法律适用

当事人的上述行为违反了《反不正当

竞争法》第5条所指的使用与知名商品近似的包装、装潢,造成和他人的知名商品相混淆,使购买者误以为是该知名商品的不正当竞争行为。依据《反不正当竞争法》第21条第2款的规定,佛山市工商局责令当事人停止违法行为,并作如下处罚:没收违法所得7002元;罚款14 200元。

三、案例分析

本案是一起典型的仿冒知名商品特有的名称包装装潢案,案件查办中对于知名商品认定、特有性认定、构成相同和近似的认定等的掌握都十分准确和到位,值得学习和推广。一是知名特有名称认定分析全面判断准确。特有名称一直是仿冒案件查处中的一个难点,很多时候很难把握特有名称、通用名称和商标之间的区别。实际上,注册商标适用《商标法》的规定,主要在相同或近似商品上判断和考虑其区别性和显著性;特有名称在名称构成上略宽松于注册商标不得含有产品成分、形状等的要求,更多强调名称的新颖性,也就是可以通过对代表产品成分、性质、形状等词语的使用,组合成新字词组合,通过使用使消费者对新字词组合形成与商品对应关系的认知。本案中,办案机关将"果粒橙"三字作为特有名称的认定,十分准确地区别了商标、通用名称与特有名称。二是关于包装装潢是否构成混淆的认定也坚决果断。很多执法单位在判断包装装潢是否构成混淆时,往往强调细微不同,忽略对产品外观的全部考量;使用隔离观察或者使用对比方法,往往出现因难以断定而查而不处的情况。本案中,办案单位采用整体判断与细节对比相结合,承认不同整体判断,根据产品的快消属性,准确运用一般消费者的普通注意力,定性准确。三是合并调查分别处理,执法快捷高效。案例中,当事人实施了两个违法行为,侵犯了不同权利人的权利,但是案件性质和类型相同,办案单位采用合并调查分别处理,既节省了执法力量也提高了办案水平,同时还避免了当事人的无谓纠缠和拖延,提高了执法效能。

案例3 假冒海志电池商标侵权案

一、基本案情

2014年7月8日,青海省海东市工商局乐都区分局接到海志电池惠州公司的举报,称南京国电南自电网公司涉嫌销售假冒HYZE型号海志蓄电池。

接到举报后,海东市工商局乐都区分局立即展开调查。经查:2013年3月25日,青海康泰公司与南京国电南自电网公司签订工程技术协议,要求采购美国海志蓄电池。2014年6月23日,康泰公司收到当事人发来的蓄电池产品。2014年6月27日,在康泰公司向海志电池惠州公司咨询产品相关性能时,得知海志电池惠州公司并没有销售过该批次蓄电池。于是康泰公司向海志电池惠州公司提供了相关蓄电池的图片,后经海志电池惠州公司鉴定,确认图片上标注的字母为"HYZE",并非海志电池惠州公司生产销售的美国HAZE电池。

二、法律适用

经过调查取证,海东市工商局乐都区分局确认,当事人向康泰公司销售的型号为HYZE的104只蓄电池属假冒产品,侵犯了海志电池惠州公司的注册商标专用权,涉案金额达21.48万元。

因此案案值超过5万元,达到了《刑法》规定的追诉标准,海东市工商局乐都区分局根据《行政执法机关移送涉嫌犯罪案件的规定》,于2014年8月6日,将此案件移交乐都区公安机关调查处理。

三、案件分析

本案案情相对简单,但是也不乏亮点。一是案源发现虽然比较偶然,但是工商机关的处理非常及时和果断。2014 年 7 月 8 日接受投诉，迅速行动，8 月 6 日依法作出移送处理，可以说反应迅速，处置果断。二是案件中，同样体现了字母在商标区别中可能因当事人的不正当使用，造成侵犯他人注册商标的后果。HYZE 和 HAZE 本身有所不同，作为工业用蓄电池产品，采购和使用人员相对比较专业，应该可以区别；但是本案中，将字母 Y 进行艺术处理，造成与 A 相近似，因而侵犯注册商标专用权。三是执法机关严格执行“两法衔接”制度，及时移送相关部门处理。

但是对本案的处理也有一些问题应引起进一步思考。一是案件中，没有调查海志电池惠州公司与海志商标所有人的关系，海志商标权利人不清晰；二是移送后的案件追踪没有交代，类似案件存在退回行政执法机关进行行政处罚的可能，办案部门应追踪案件线索的下一步处理。

案例 4　乐珐公司生产侵权减速机案

一、基本案情

2014 年 4 月 14 日，重庆市璧山县工商局接到举报，称乐珐公司在重庆市璧山县河西工业园区生产销售假冒 ZF 减速机。当日，执法人员对乐珐公司进行检查，现场发现有以下物品：(1) ZF 减速机 17 个，标签上标注有“P－7300，ZF”字样；(2) ZF 减速机 3 个，标签上标注有“P－5300，ZF”字样；(3) 未贴标签的 ZF 减速机共 10 个，减速机体上标注有“ZF”字样；(4) 标注有“ZF”字样的配件共 1 个；(5) 标注“ZF”字样的标签共 22 个，其中标注“ZF”字样空白标签的共 4 个、标注“P－5300，ZF”字样的标签共 17 个、标注“P－4300，ZF”字样的标签共 1 个。当事人现场无法提供“ZF”标识产品的相关手续。当事人的行为涉嫌违反《商标法》第 52 条第 (1) 项之规定。经批准于 2014 年 4 月 14 日立案调查。

经查：“ZF”商标系 ZF 弗雷德里沙芬公司于 2005 年 8 月 14 日经商标局核准注册的商标，注册证编号为第 3735275 号，注册有效期自 2005 年 8 月 14 日至 2015 年 8 月 13 日。

2013 年 7 月 8 日，ZF 弗雷德里沙芬公司授权采埃孚公司作为 ZF 的代表，就侵犯 ZF 拥有的在中华人民共和国境内的任何知识产权，包括但不限于对商标、版权、专利、域名、商号/厂名等的侵权行为以及任何针对其的不正当竞争行为，采取必要的合法措施，授权有效期从签署之日起至 2015 年 7 月 31 日止，或至 ZF 通知终止时终止，并授权采埃孚公司代为鉴定相关产品并出具鉴定文书。

现查明：当事人重庆乐珐公司于 2012 年 2 月 21 日成立，从事机电加工销售活动。2014 年 3 月 17 日，一个自称是湖北奥马公司的李某(现已无法联系)到当事人经营场所联系业务，要求定做标注“ZF”标志的减速机。双方于 2014 年 3 月 17 日签订了工矿产品购销合同，由重庆市乐珐公司为李某定做标注“ZF”标志的减速机共 100 个。同时双方口头约定：由李某提供标注“ZF”标志的标签，由当事人负责生产加工仿冒德国进口的“ZF”减速机，第一批先加工 30 个标注“ZF”标志的减速机并于 2014 年 4 月 16 日现款提货。在生产加工过程中，当事人将其公司原生产的标注“LF”标志的减速机在“L”的上边用 AB 胶粘上一块小铸铁，然后在表面进行喷漆，把“LF”标志改成了“ZF”标志。再贴上由李某提供的标注有“ZF，ZF Passau GmbH，Made in Germany，ZF－List of Lubricants”字样的标签，经过配套修改，仿冒成了由德国进口的“ZF”减速机，加工完成后，当事人以 13 000元/台的价格将该批减速机销售给李某，现货现款交易。由于当事人的侵权行为于 2014 年 4 月 14 日被工商执法人员依法查获，该批仿冒德国进口的“ZF”减速机未能如期销售出去。

2014 年 4 月 14 日，重庆市璧山县工商局委托采埃孚公司对上述标注“ZF”标志的减速机进行鉴定。当日，采埃孚公司向工商局出具了鉴定报告，鉴定结果为：“经我公司鉴定，该批产品不是我公司生产或者销售的，也不是我公司授权其他任何单位生产或者销售的，是属于侵犯 ZF 弗雷德里沙芬公司注册商标专用权的商品。”当事人制售侵犯“ZF”商标专用权产品的非法经营额为 390 900 元。

重庆市璧山县工商局依法于 2014 年 4 月 21 日送达告知书，依法告知了当事人拟作出行政处罚的事实、理由、依据、处罚内容以及当事人依法享有陈述、申辩或举行听证的权利。当事人在规定期限内未向重庆市璧山县工商局提出陈述、申辩意见，也未申请举行听证。

二、法律适用

当事人的行为违反了《商标法》第 52 条第(1)项的规定，“未经商标注册人的许可，在同一种商品或者类似商品上使用与其注册商标相同或者近似的商标的”，构成了“所指的侵犯注册商标专用权行为”的违法行为。

从本案的具体事实、性质、情节、社会危害程度、主观过错以及自由裁量规则来看，鉴于案发后当事人能够积极配合本案调查，认识自己的错误，且主动请求将仿冒德国进口“ZF”减速机上的“ZF”标志进行分离。本着教育与处罚相结合的原则，重庆市璧山县工商局决定在法定处罚幅度内适当处罚。

依据《商标法》第 53 条和《商标法实施条例》第 52 条之规定，重庆市璧山县工商局责令当事人乐珐公司立即停止侵权行为，并对其作出罚款 60 万元的行政处罚。

三、案例分析

当前，仿冒侵权行为出现了行为拆分的现象，即像本案中定制人定制侵权产品，当事人依照定制生产产品。在生产过程中如果违法行为被查处，那么定制人逃之夭夭。这种现象说明，违法者规避法律的手段相当狡猾，也增加了有效打击违法行为、查处所有相关违法者的困难和难度。本案中，定制人和生产者是侵权行为的共同行为人，虽然定制人难以追踪，但是生产者的犯意是十分明确的，执法机关对其查处是及时和恰当的。对生产者主观故意的判断主要体现在以下两个方面：一是减速机是一个比较专业化的产业，“ZF”是著名的德国减速机品牌，当事人作为资深的厂家不可能不知道“ZF”，而其按照定制人的要求在产品上打上“ZF”标识，含有任由违法后果发生的主观故意；二是明明是本厂出产的产品，却打上“made in Germany”的标示，伪造产地的违法意图也是确定的。同时，执法机关对生产者的查处有利于震慑违法行为，警示以身试法者。实践中，当事人以完成合同非主动违法、不知情不违法等借口进行抗辩，意图逃避法律制裁的现象十分常见，只有对这种不尽必要审查义务，甚至放任、纵容违法行为的行为进行严厉打击，才能有力制止违法。

案例 5　美玛上海公司销售冒牌润滑油案

一、基本案情

当事人美玛上海公司系 2008 年 10 月 14 日注册成立的外资公司，同时在闵行区虹梅南路租赁了一个仓库用于我国台湾地区品牌 MCM 润滑油的储存、灌装以及运输等业务。

当事人自成立之日起专业从事进口我国台湾地区的 MCM 润滑油经销业务。MCM 品牌润滑油是我国台湾地区美琪玛公司生产的润滑油系列产品，主要用于金属切削、机械润滑，因其性能好，并具有绿色环保特性，且获得 OHSAS 18001、ISO

14001、ISO 9001 等认证资质，在我国台湾地区以及在中国大陆从事机电的台资企业中享有较高知名度，特别是在我国台湾地区的润滑油品牌中属于知名品牌。在大陆的台资机电企业内，MCM 润滑油占有了一定的市场。MCM 品牌的润滑油，其外包装装潢具有显著特征，其铁桶规格为 208L 每桶，上 1/3 为白色，下 2/3 为绿色，白色部分有图形标志，绿色部分标有“High Precision Specialty Lubricants”字样，中文意思是高精密特种润滑油。

自 2011 年 1 月起，当事人开始从国内的路路达公司采购其生产的润滑油，并将购自该家公司的润滑油灌装到上述具有 MCM 显著特征的铁桶内，以从我国台湾地区进口的 MCM 润滑油的名义销售给下家企业。下家企业在购买上述润滑油时，都误以为所买到的润滑油是产自我国台湾地区的 MCM 润滑油。当事人所用来灌装的具有 MCM 品牌润滑油特有包装装潢的铁桶是其委托某包装昆山公司生产的。

经查证，当事人自 2008 年成立以来，只从事进口我国台湾地区的 MCM 润滑油的经销业务。2011 年 1 月起，当事人为了减少运输、报关等成本，牟取更高额的利润，开始从国内采购价格更低的润滑油产品，并将其灌装到 MCM 品牌润滑油所特有的包装桶内，按照从台湾地区进口的 MCM 品牌润滑油的价格销售到下家企业。其主观故意明显，并在销售给下家企业时宣称所销售的润滑油产品均为购自台湾地区的 MCM 润滑油，导致下家企业误以为所采购的润滑油是台湾地区的 MCM 品牌润滑油。

自 2011 年 1 月至 2013 年 1 月，当事人将购自路路达公司的润滑油按照台湾地区进口的 MCM 润滑油销售给 7 家企业，销售润滑油共计 745 桶，重 124.17 吨，销售金额为人民币 1 983 229.30 元（含税）。自 2011 年 1 月到 2013 年 1 月，当事人向路路达公司采购润滑油共计 131.62 吨，购货金额为人民币1 198 782.00元（含税）；当事人委托某包装昆山公司生产 MCM 品牌润滑油所特有的包装桶共 830 只，购货金额为人民币 118 300.00 元（含税），其中使用了 745 只铁桶。

二、法律适用

当事人在经营润滑油的过程中，未经我国台湾地区美琪玛公司授权，擅自将购自路路达公司的润滑油灌装到 MCM 润滑油所特有的包装桶内，销售给下家企业，该行为违反了《反不正当竞争法》第 5 条第（2）项的规定，“经营者不得采用下列不正当手段从事市场交易，损害竞争对手……（二）擅自使用知名商品特有的名称、包装、装潢，或者使用与知名商品近似的名称、包装、装潢，造成和他人的知名商品相混淆，使购买者误认为是该知名商品”，构成了擅自使用知名商品特有的包装，造成和他人的知名商品相混淆，使购买者误认为是该知名商品的行为。依据《反不正当竞争法》第 21 条第 2 款的规定，责令当事人停止违法行为，并对当事人作出如下行政处罚：（1）没收违法所得人民币 426 303.84 元；（2）罚款人民币 85 万元整。

三、案例分析

当事人擅自定制权利人特有装潢图案的包装物，以其他产品冒充权利人的产品，直接销售给下游商家，可以说是侵犯注册商标、擅自使用他人知名产品特有的包装装潢等诸多违法行为竞合，违法情节相当严重。在知识产权受到广泛重视和保护的今天，一般情况下明目张胆地仿冒他人商标包装装潢的案件已经比较少见。本案中，当事人利用代理权利人产品的机会，偷梁换柱，攫取高额利润，既违背了合作伙伴之间诚实信用的原则，又损害了下游经营者的利益，其行为情节严重，性质恶劣，于情于理于法都应该从严处罚。本案中，执法机关适用《反不正当竞争法》，罚没总计为非法所得的3倍，应该说还是恰当的。但是本案涉及的侵犯商标行为却没有追责，不得不说是一个漏洞。

案例6　冒用有限责任公司名义及侵犯他人商业秘密案

一、基本案情

2014年3月7日，宣城冠中公司向安徽省宣城市工商局投诉，当事人涉嫌无照经营、冒用有限责任公司名义及侵犯商业秘密。执法机关依法定程序对当事人进行了现场检查。

执法人员发现当事人未办理营业执照，且在已生产的一台WDZT－G5型半自动废铁废纸卧式液压打包机半成品相关部件及材料上标识“华中液压公司”字样。现场检查发现标识“上海冠中公司”“宣城冠中公司”的技术图纸、客户信息等相关资料，当场予以扣押，对其已生产的一台WDZT－G5型半自动废铁废纸卧式液压打包机半成品予以现场查封，并进行了记录和拍照。

2014年4月4日，根据当事人申请，在宣武市工商局执法人员监督下，当事人将2014年3月7日依法查封的一台WDZT－G5型半自动废铁废纸卧式液压打包机半成品拆解销毁。

经查，2008～2011年，当事人的企业负责人在上海冠中公司从事技术工作，后由员工升任车间主任；2011年随上海冠中公司搬迁到宣城市宣州经济开发区，公司注册名为“宣城冠中公司”，当事人企业负责人担任宣城冠中公司车间主任，2012年开始担任生产厂长一职直至2014年年初离开宣城冠中公司，在担任宣城冠中公司生产厂长期间，具体负责公司技术图纸的设计、修改和保管，以及产品的发货、售后服务等工作。

根据该负责人陈述及相关证据材料，宣城冠中公司技术图纸为产品技术核心部分，由该负责人负责使用、保管。2014年年初在其离开宣城冠中公司时，利用职务便利，将宣城冠中有限公司部分技术图纸（含部分标识“上海冠中公司”字样的技术图纸）带走，并用于其与张某合作经营的废纸废铁卧式液压打包机生产活动中。

宣城冠中公司的客户信息为其长期经营和市场开发累积得来。该负责人在担任生产厂长期间，通过公司发货及售后服务环节掌握了客户信息，并将相关客户信息详细记录在一笔记本上。2014年年初在其离开宣城冠中公司时，利用职务上的便利条件，将该记录有宣城冠中公司客户信息的笔记本带走，并用于其与张某合作经营的废纸废铁卧式液压打包机生产活动中。

该负责人在担任宣城冠中公司生产厂长期间，在2013年因工作需要，使用号码为136××××××××的电话与公司客户联系。该电话为宣城冠中公司对外宣传的公司联系电话，非当事人个人所有。2014年年初当事人在离开宣城冠中公司时，未将该电话交回宣城冠中公司，而是继续使用，并用该电话与原宣城冠中公司客户联系，为其与张某合作经营废纸废铁卧式液压打包机的生产销售活动服务。

2014年年初该负责人在离开宣城冠中公司后，与张某合作生产废纸废铁卧式液压打包机。执法人员在2014年3月7日现场检查时，当事人尚未办理营业执照，但在已完成的产品控制台、产品标牌上均已使用“华中液压公司”字样，在相关零部件采购合同中也已使用“宣城华中液压科技控股有限公司”名称，并在法定代表人一栏中签有该负责人姓名。

2014年2月20日当事人用号码为136××××××××的电话与原宣城冠中公司长期稳定客户黎某联系，通过当事人个人在宣城皖南农村商业银行开办的银行卡收取黎某定金50 000元整，后因宣城市工商局调查处理无法及时交货，将

50 000元定金仍由上述银行卡转账退回黎某，当事人无违法所得。

二、法律适用

根据《反不正当竞争法》第10条第(3)项的规定："违反约定或者违反权利人有关保守商业秘密的要求，披露、使用或者允许他人使用其所掌握的商业秘密，视为侵犯商业秘密"。"本条所称的商业秘密，是指不为公众所知悉、能为权利人带来经济利益、具有实用性并经权利人采取保密措施的技术信息和经营信息"，以及《国家工商行政管理总局关于禁止侵犯商业秘密行为的若干规定》第2条第1款的规定："本规定所称商业秘密，是指不为公众所知悉、能为权利人带来经济利益、具有实用性并经权利人采取保密措施的技术信息和经营信息"。

当事人从宣城冠中公司带走的部分技术图纸、客户信息均属不为公众所知悉的内容。其中，技术图纸为宣城冠中公司产品技术核心部分，客户信息多为宣城冠中公司的长年稳定客户。显然上述技术图纸与客户信息能为宣城冠中公司带来经济利益，具有实用性，能提升企业竞争力，并且宣城冠中公司多次口头对员工要求对该公司技术图纸、客户信息予以保密，不得外传，即采取了其他合理的保密措施。因此，宣城冠中公司所有的技术图纸、客户信息均属该公司商业秘密。同时，根据《国家工商行政管理总局关于禁止侵犯商业秘密行为的若干规定》第5条第3款"权利人能证明被申请人所使用的信息与自己的产业秘密具有一致性或者相同性，同时能证明被申请人有获取其商业秘密的条件，而被申请人不能提供或者拒不提供其所使用的信息是合法获得或者使用的证据的，工商行政管理机关可以根据有关证据，认定被申请人有侵权行为"之规定，当事人未经宣城冠中公司许可，私自将该公司部分技术图纸、客户信息带出，并在其与张某合作经营的活动中使用、允许他人使用上述技术图纸、客户信息的行为已构成侵犯商业秘密违法行为。

鉴于案发后当事人能积极配合调查，并已妥善处理相关纠纷，主动改正违法行为以及消除危害后果，且其无照经营违法行为的情节明显轻微。对当事人侵犯商业秘密违法行为予以从轻处罚如下。

根据《反不正当竞争法》第25条之规定，参照《安徽省工商行政管理机关行政处罚罚款裁量参照执行标准》第75条之规定，对当事人上述侵犯商业秘密违法行为，宣城市工商局决定，责令其改正，处以10 000元罚款。

三、案例分析

本案是一个违反多部法律法规规定的综合案件，现仅就商业秘密部分进行点评。

关于案件中图纸、客户信息的认定准确，为案件的办理打下基础。一直以来，商业秘密"不为公众知悉"的特性一直成为判断技术和经营信息是否构成商业秘密的关键点。有的办案人员过分强调技术信息的不可知性，甚至提出商业秘密要有像专利权那样的新颖性。实际上，商业秘密是一种次于专利新颖性要求的权益，它有可能是完全独创的"为天下先"技术，也有可能是在已有公知技术的基础上，进行独特的组合和利用，达到了一般技术常规使用难以达到的程度和水平，从而为权利人带来更大的经济利益的技术。后一种情况，更加体现了商业秘密作为一种独立的知识产权的价值和目的——保护任何经过智力投入所产生智力成果。本案中，当事人将权利人的图纸未加改变未加加工直接用于自己的经营活动，直接将他人经过论证实验等所取得的可实际应用的图纸用于生产，对权利人的损害是显而易见的，权利人的图纸所载有的技术信息是权利人的技术成果，当事人的行为构成了侵权。关于客户信息的认定，也有观点认为信息社会，获得客户名单甚至客户信息轻而易举，因此在客户信息是否可以构成商业秘密问题上犹豫不决。本案中，当事人利用其工作中获得的客户信息并利用其原有的工作电话号码，继续与前雇主的客户进行交易，用无可辩驳的事实证明了其行为的恶意。本案中对商业秘密的判断，符合《反不正当竞争法》对商业秘密的秘密性要求，“不为公众所知悉”包含两重含义：不能从公开渠道直接获得或者虽然公开渠道获得零散的无规律的信息，但是缺乏对这些信息进行分析、排列、推理、论证等从而形成可实用的有效的信息的过程。

案例 7　金友公司侵犯商业秘密案

一、基本案情

2013 年 8 月 1 日，权利人江苏精亚集团、江苏精亚环境公司书面举报侵权人金友公司侵犯其技术信息类商业秘密。

经调查，侵权人法定代表人王某，曾任职于权利人处，并先后担任权利人集团下属空调除尘设备厂副总经理、总经理及集团副总裁等要职，其于 2008 年 3 月离职，入股加入侵权人处并担任法定代表人。另查，侵权人电气二程师多某、王某某也曾任职于权利人处，于 2011 年离职后进入侵权人处工作。

上述三人在离职时利用职务之便，从工作用电脑内复制带走了权利人相关的技术图纸及机组自动运行控制程序，用于侵权人生产同类除尘设备，至 2014 年 1 月 15 日被查，侵权人共计销售除尘设备 84 台，销售金额 667 万元，给权利人造成损失 194 万元。

鉴于侵权人对权利人造成的损失金额较大，执法机关于 2014 年 7 月将该案移送江阴市公安局处理。后权利人与侵权人及侵权人法定代表人王某等，签订谅解备忘录，由侵权人赔偿权利人相关损失，权利人对侵权人行为给予谅解并不追究刑事责任。经江阴市公安局审查认为，侵权人及侵权人法定代表人王某等侵犯商业秘密的行为可以认定为《刑事诉讼法》第 15 条第(1)项规定的“情节显著轻微、危害不大，不认定为犯罪”，江阴市公安局于同月将该案退回工商执法机关处理。

二、法律适用

(一)保密措施的形式

本案中，权利人在员工手册、会议通知等文件中有关于保密的规定或要求但并未对具体保密的技术信息进行明确。权利人对有关技术信息的保护是否充分，是否符合《反不正当竞争法》中对保密措施的要求是办案中争议的问题之一。根据最高人民法院《关于审理不正当竞争民事案件应用法律若干问题的解释》，签订保密协议，只是保密措施的一种，并非惟一；同时，保密本身即为企业员工应尽的义务，保密费用的支付与否，并不影响对采取保密措施的判定。特别是本案中涉案人员由于离职较早，当时的社会条件及人们对商业秘密认知及保护的能力都较为粗浅简单，虽然权利人未与涉案人员签订保密协议，也未支付保密费用，但是企业通过员工手册、会议通知等，对企业技术进行保护性要求，是出于对信息秘密性的考虑。因此，符合确保对信息秘密采取其他合理措施的要求，属于对信息采取了保密措施。

(二)技术信息非公知性的认定

对技术信息“不为公众所知悉”要素的认定，最高人民法院《关于审理不正当竞争民事案件应用法律若干问题的解释》给出了认定标准，执法机关可以根据认定标准进行认定；但从本案来看，技术信息较为复杂，专业性强，单纯由执法部门认定风险性较大。

本案中，虽然权利人主张自动运行控制程序及机组除尘的小吸嘴运动传动比技术，均为其自主研发，且行业内除了侵权人外，未有其他企业采用此种技术生产产品，从这点可看出，权利人主张的技术信息，不为行业内外所知晓，具有非公知性的特征；但考虑到该技术专业性太强，程序涉及命令较多，且程序由于产品蜂窝的不同，相应参数也发生变化，认定该技术信息是否具有非公知性，已完全超出执法人员的能力范围。因此，本案中，执法人员最终委托具有资质的鉴定部门，对非公知性进行了认定，确定该技术信息不为公众所知悉。

在进行鉴定中，鉴定机构也存在技术水平、职业道德等方面的差异，有时候甚至发生不同鉴定机构的鉴定结论截然相反的情况，因此，我们在进行鉴定时，对鉴定机构的选择、鉴定结论、与当事人（包括投诉人和被投诉人）的接触，都要保持客观的态度，不给予鉴定机构暗示，减少权利人与鉴定机构的接触，确保执法过程中证据的真实性及公证性。

（三）损失数额的计算

本案中，对权利人造成的损失数额的计算，一度引起执法人员的争议。一种意见认为，由于权利人与侵权人在产品销售中，价格差异过大，为确保准确，可由评估机构对行业平均利润加以评估，从而进行计算；另一种观点认为，侵权人侵犯的是权利人的利益，权利人的损失，应按权利人的利润率进行计算。工商机关走访了司法部门，进行了意见的征求，后来，工商机关参考了当地法院的一份对商业秘密案的判决书，对损失数额，根据权利人的利润率进行计算。

（四）处罚主体

本案中，对于处罚主体，一种意见认为，对侵权人处理的同时，还应对其进行处罚；另一种意见认为，仅对侵权人进行处理即可。

从本案看，侵权人法定代表人王某，工程师多某、王某某分别实施了违背员工保密义务，获取并披露了权利人的商业秘密，侵权人为实际使用及获得利益的一方，他们共同实施并完成了侵犯商业秘密的行为。因此，在对侵权人进行处理的同时，对上述三人同时处理也是正确的，但考虑到权利人的谅解，以及上述三人是为了侵权人的经营活动，实际收益主要是侵权人。因此，应由侵权人承担主要责任，最终工商机关对上述三人不予处罚。

2014 年 8 月，江阴市工商局对侵权人处以人民币 8 万元的罚款。

三、案例分析

商业秘密案件的查办，调查周期长，专业性强，取证相对复杂。因此，案件的成功办理，既需要精心准备，周密部署，也需要注意取证的科学。本案查办中，执法机关注重做了以下方面工作。

（一）部门联动

本案涉及的权利人为当地一大型企业，具有一定的影响力，而被举报的侵权人，为当地某镇的骨干企业，企业销售良好。为保证案件顺利查办，工商机关先后多次与公、检、法等部门召开联席会议，就案件有关问题，如保密措施、造成损失数额等进行讨论，就有关检查联合行动进行磋商，从而形成了部门间合力，确保案件行动迅速，取证高效。

（二）案前预案

本案在调查取证前，就案件查办过程中的一系列事项，进行了设想，并形成了指导整个办案工作的预案。具体有：(1)设立专案组。根据案情需要，从执法人员中进行抽调，成立了专案组，成员包括计算机硕士、注册会计师等专业人才及系统办案能手等，从人员上保证了案件的查办。(2)案前人员培训。一方面，为了防止案情泄露，工商机关对执法人员进行了保密教育；另一方面，由权利人对执法人员进行技术培训，让执法人员对机组设备有一定认知，确保取证时能抓住重点。(3)实施现场检查。实施现场检查前，工商机关根据涉案人员职业习惯，确定了检查时间，并根据涉案人员人数、从事工作等，成立了五个小组，分别针对法定代表人，工程师多某、王某某，财务，车间仓库等进行了分组，并通过公安部门，调取了涉案人员照片，避免涉案人员由于执法人员不熟悉而故意离开的情况。(4)对整个案件查办，确立了由外而内的调查方向。即先进行外围取证，最后实施现场检查。

(三)公正、科学取证

虽然本案的权利人在当地具有一定的影响力，在调查过程中，执法机关并未因其所处地位而围绕其开展工作，依然坚持公正立场展开工作。将取证工作分为三步：一是对权利人主张的技术点非公知性的确认，这是权利人技术信息构成商业秘密的要素之一；二是确认侵权人产品所使用的技术与权利人一致，这是确认侵权人涉嫌行为成立的一个关键；三是实施检查及询问，确认侵权人使用权利人技术信息的过程。针对上述步骤展开取证，由于权利人技术信息的复杂度，为确保取证的科学性，执法机关委托上海某司法鉴定所，先后进行三次鉴定，并得出鉴定结论三点，即权利人主张的技术点具备非公知性；侵权人所售产品中，具有与权利人实质一致的技术点；现场检查中，从侵权人处查获的有关图纸及程序，经比对与权利人所主张的技术点实质一致。通过上述严谨的取证过程，锁定了证据链，保证了案件查办的成功。

案例 8　裕强公司侵犯商业秘密案

一、基本案情

2014 年 5 月 7 日，瑞安市华威公司向瑞安市工商局举报称其公司原职工丰某辞职后成立裕强公司，使用窃取的华威公司图纸生产与其一样的复膜机设备，要求工商部门予以查处。

2014 年 5 月 9 日，瑞安市工商局经检大队执法人员根据举报线索，依法对裕强公司进行检查。经现场检查，执法人员发现裕强公司正在从事生产同权利人华威公司同样的复膜机设备，并在裕强公司现场发现：(1)型号为“YZFM—1040”全自动预涂复膜机的主要部件图纸 6 张(包括 2 张墙板图纸、1 张输送轴图纸、1 张热压辊图纸、1 张滑块图纸、1 张橡胶辊筒图纸)；(2)型号为“ZFM—1100”全自动水性复膜机的主要部件图纸 4 张(包括 3 张墙板图纸、1 张左调节座图纸)；(3)标注“华威公司”的零件明细表 41 张；(4)标注“华威公司”的原版图纸 57 张；(5)被涂改无公司名称的图纸 189 张；(6)标注“裕强印刷机械”的图纸 957 张。执法人员另外在裕强公司生产部电脑中发现 242 张标注“华威公司”字样的照片图纸。经权利人华威公司现场辨认，以上图纸均属于其公司内部设计图纸资料。执法人员对上述书面图纸和照片图纸分别进行现场提取，并责令裕强公司暂停销售 ZFM—1100 型号全自动水性复膜机和 YZFM—1040 型号全自动预涂复膜机的半成品机械设备各 2 台，并对现场检查过程进行拍摄取证，整个现场检查过程由丰某陪同。当事人涉嫌侵犯商业秘密，遂于当日立案调查。

经查明：权利人华威公司的墙板(图号分别为：ZFM1100－1－1、ZFM1100－1－2、YZFM104－1－1B)和热压辊(图号为YZFM104－2－9)等图纸的技术信息属于商业秘密。首先，权利人华威公司所生产的两款设备 ZFM—1100 型号全自动水性复膜机和 YZFM—1040 型号全自动预涂复膜机，是该公司作为科技项目自主独立进行立项研发，其图纸的设计制作均是该公司独立自主完成的。(1)ZFM—1100 型号全自动水性复膜机的核心部件为墙板，图号为ZFM1100－1－1和ZFM1100－1－2的墙板图纸标有大量的计算数据，其孔位的X向、Y向、直径以及公差等数据，是通过对设备速比和辊类直径大小的反复计算、综合分析后而设计的。(2)YZFM—1040型号全自动预涂复膜机的核心部件为墙板和热压辊，图号为YZFM104－1－1－B墙板图纸，标有大量的计算数据，其孔位的X向、Y向、直径以及公差等数据，是通过对设备速比和辊类直径大小的反复计算、综合分析后而设计的；图号为YZFM104－2－9的热压辊图纸，其管子和轴头的制作工艺、辊筒的外径和公差等数据是通过反复计算、综合分析而设计的。同时丰某供述其无法从公开渠道获取上述权利人华威公司所独有的技术信息，且上述墙板和热压辊的生产加工都是在华威公司内部所生产加工的，是华威公司未经公开的独有技术，属不为公众所知悉的。故上述墙板和热压辊图纸的技术信息具有秘密性。其次，上述技术信息系华威公司于2012年立项耗费一年多时间并投入公司大量资金、人力进行技术研发而开发的技术成果，且公司已批量投入市场进行生产销售，并持续给公司带来经济利益，ZFM1100型号全自动水性复膜机和YZFM1040型号全自动预涂复膜机已是华威公司的主要生产销售的印刷机械设备，是华威公司稳定生产、开拓市场、增强企业竞争力的重要依据，上述技术信息具有价值性和实用性。最后，华威公司对上述技术信息采取了严格的保密措施。(1)华威公司与丰某签订的劳动合同第11条中明确规定，“乙方在甲方服务期内，不得泄露甲方的商业秘密和技术秘密(技术、工艺所有资料、机械、电气结构图、工作原理图、装配图、草图及复印件等)”。(2)华威公司的《员工手册》第一章“员工守则”第9条守机密：不向客户或外部人员传递本公司内部信息。一切内部文件、资料、图样、报表、总结等应做到先保存后走人，保证室内桌上无泄密。(3)华威公司的《技术资料(图纸)使用和保管条例》资料显示，华威公司制定的《技术资料(图纸)使用和保管条例》等资料对技术图纸采取了严格的保密制度和内部规定。由此可见，权利人华威公司对其技术信息采取了尽可能的保密措施。因此，上述技术信息具有保密性。综上，权利人华威公司的墙板(图号分别为ZFM1100－1－1、ZFM1100－1－2、YZFM104－1－1－B)和热压辊(图号为YZFM104－2－9)等图纸的技术信息构成商业秘密。

作为当事人法定代表人的丰某于2004年2月至2014年3月17日在华威公司工作，担任复膜机安装的班组长，并从事复膜机的安装调试工作。因丰某安装调试设备的工作需要，能够接触到华威公司的复膜机图纸等技术信息。2013年年底，丰某、潘某、金某等人合谋，由丰某去华威公司拿复膜机图纸的技术资料，并欲成立公司生产与华威公司相同的复膜机设备。丰某因此利用工作便利，通过复印、手机拍摄等盗窃的不正当手段从华威公司获取了包括墙板(图号分别为ZFM1100－1－1、ZFM1100－1－2、YZFM104－1－1－B)和热压辊(图号为YZFM104－2－9)图纸等商业秘密在内的ZFM—1100型号全自动水性复膜机和YZFM—1040型号全自动预涂复膜机的图纸等技术资料，并于2014年3月17日从华威公司辞职，而后伙同潘某、金某等人在2014年4月3日共同成立了裕强公司，并使用了该窃取的商业秘密从事生产同华威公司相同的复膜机设备。

裕强公司明知丰某是通过不正当手段窃取权利人华威公司的商业秘密，仍使用该商业秘密从事生产与华威公司相同的复膜机设备。至2014年5月9日案发时止，裕强公司共生产了ZFM—1100型号全自动水性复膜机和YZFM—1040型号全自动预涂复膜机的半成品机械设备各2台，尚未向他人销售上述设备。

二、法律适用

执法机关认为：丰某以盗窃等不正当手段获取权利人华威公司的商业秘密并允许他人使用商业秘密的行为，违反了《反不正当竞争法》第10条第（1）项、第（2）项规定，“经营者不得采用下列手段侵犯商业秘密：（一）以盗窃、利诱、胁迫或者其他不正当手段获取权利人的商业秘密；（二）披露、使用或者允许他人使用以前项手段获取的权利人的商业秘密”，属于侵犯商业秘密行为。而当事人明知丰某是以盗窃等不正当手段获取权利人华威公司的商业秘密，仍使用该商业秘密从事生产同华威公司相同的复膜机设备的行为，属于《反不正当竞争法》第10条第（3）项中“第三人明知或者应知前款所列违法行为，获取、使用或者披露他人的商业秘密，视为侵犯商业秘密”的侵犯商业秘密行为。

依据《反不正当竞争法》第25条规定，责令当事人停止违法行为，并对当事人处以罚款15 000元。

三、案例分析

本案的成功查处首要在于“兵贵神速”。2014年5月7日投诉，5月9日执法机关做好各项准备直奔现场，及时查获了带有权利人标识的图纸及纸片资料，为商业秘密案件的深入调查找到了突破口。一般商业秘密案件，因案件的特殊性，当事人很多行为也是暗中进行的，执法机关在案件受理、审批或查办过程中稍有不顺，就有可能走漏风声，使当事人隐匿、转移或销毁证据，使得案件调查无从下手。因此商业秘密案件中，无论投诉人还是执法机关的行动都要保持严密和及时。其次，执法机关的取证过程全面客观。在现场检查中，始终要求涉嫌侵犯商业秘密的关键人——权利人的前员工在场，并边取证边记笔录，在执法人员面前，有关专业人员以及当事人现场进行了对质，更加有利于执法判断和及时完善证据链条，保证了检查工作的顺利和圆满。但与此同时，本案也有值得商榷之处。本案是单一当事人还是共谋当事人没有说清楚。权利人的前员工既非法获取了权利人的商业秘密，同时又伙同他人成立了新公司，利用该商业秘密进行生产经营，并担任新公司的法定代表人，该新公司的其他股东也知晓该员工的行为。在这种情况下，新公司构成“明知或应知”违法获得的商业秘密，仍然使用的违法；该员工的行为构成违反约定或违反他人保守商业秘密的要求，披露、允许他人使用商业秘密的行为。

（国家工商行政管理总局
反垄断与反不正当竞争执法局供稿）

国家版权局2014年度打击侵权盗版十大案件

案例1　上海“射手网”侵犯著作权案

2014年9月，根据权利人的投诉，上海市文化市场行政执法总队对“射手网”涉嫌侵犯著作权案进行调查。经查，“射手网”由上海射手信息公司经营。“射手网”自2013年5月起，未经权利人许可，复制他人电影作品于硬盘存储产品，并通过网站销售，供用户购买和使用。此外，该公司未经权利人许可，自2013年开始在“射手网”登载《驯龙高手》等影视作品的字幕。经认证，上述电影作品中79部、影视作品字幕文件中4部未经著作权人授权。

2014年12月15日，上海市文化市场行政执法总队对当事人作出行政处罚：罚款人民币10万元。

案例2 江苏“爱漫画”网侵犯著作权案

2014年11月，江苏省扬州市文化广电新闻出版局对“爱漫画”网侵犯著作权案进行调查。经查，当事人叶某某未经权利人许可，擅自通过网络传播大量侵权盗版动漫作品，并通过广告获取利益，且部分漫画作品中含有低俗、淫秽和恐怖暴力内容。

2014年12月4日，江苏省扬州市文化广电新闻出版局对当事人作出行政处罚：删除未经授权的漫画作品，罚款人民币10万元。

案例3 安徽合肥安海公司销售盗版软件案

2013年12月，安徽省蚌埠市固镇县文化市场综合执法队根据群众举报线索，对合肥安海公司在“固镇县教育局教学电脑采购项目”中涉嫌安装侵权软件案进行调查。经查，当事人向固镇县76所中小学销售672台计算机，所复制的计算机软件为侵犯他人著作权的软件。

2014年3月28日，安徽省蚌埠市固镇县文化市场综合执法队对当事人作出行政处罚：责令停止侵权行为，为本案中所销售计算机重新安装合法软件，罚款人民币10万元。

案例4 湖南某消防安全培训职业学校发行盗版教材教辅案

2014年6月，湖南省娄底市文化市场综合执法局根据举报线索，对某消防安全培训职业学校复制、发行侵权盗版培训资料案进行调查。经查，该校自2012年9月至2014年6月，先后从长沙等地购进盗版《消防安全培训教材》2000册、盗版《中华人民共和国消防法释义》3000册，用于培训消防安全员。所有培训教材都已发行完毕，涉案学校发行侵权盗版出版物的非法经营额为17万余元。

2014年9月1日，湖南省娄底市文化市场综合执法局对当事人作出行政处罚：没收盗版出版物，罚款人民币18万元。

案例5 安徽“DY161电影网”侵犯著作权案

2013年，根据权利人投诉，安徽省公安部门会同版权部门成立专案组，对“DY161电影网”涉嫌侵犯著作权案立案调查。经查，陈某同时拥有包括“DY161电影网”在内的3个视频网站，共发布涉嫌侵权影视作品上万部，通过网站牟取利益超过100万元。2014年5月26日，专案组将陈某抓获，在其住处查获大量盗版光盘以及作案用的电脑2台，并同步在江苏省镇江市查扣作案用服务器1台。

2014年11月10日，安徽省合肥市高新区法院以侵犯著作权罪判处陈某有期徒刑7个月，并处罚金15万元。

案例6 江苏“放放电影网”侵犯著作权案

2014年3月，江苏省徐州市公安部门会同版权部门对“放放电影网”涉嫌侵犯著作权案立案调查。经查，谢某未经著作权人许可，在其经营的“放放电影网”上传播其从其他网站采集的影视作品1万余部，并通过发布广告牟利。截至2014年3月案发，获得广告收入共计581万余元。2014年3月6日，徐州市公安部门将谢某抓获归案。

2014年12月17日，江苏省徐州市中

院以侵犯著作权罪判处谢某有期徒刑3年6个月，并处罚金人民币300万元。

案例7　湖北“10·12”诚信网络侵犯网络游戏著作权案

2011年，湖北省荆门市公安部门会同版权部门对群众举报的“10·12”诚信网络侵犯著作权案进行调查。经查，2011年以来，罗某某等7人未经著作权人许可，开设“诚信网络一条龙”网站，售卖“传奇”游戏私服版本、架设私服、为客户代理发布该游戏私服广告，非法接收资金共计202.3万元；李某某开办“至上科技”论坛，利用非法获得的“传奇”私服版本通过广告推广获利，非法接收资金175.4万元；何某某等3人利用QQ在网上联系发布“传奇”私服广告客户获利，非法接收资金共计1749.5万元。

2014年12月24日，湖北省荆门市东宝区法院以侵犯著作权罪分别判处罗某某等11人有期徒刑4年6个月至有期徒刑缓刑，并处罚金合计人民币1240余万元。

案例8　黑龙江刘某等侵犯网络游戏著作权案

2014年1月，根据权利人投诉，黑龙江省哈尔滨市公安部门会同版权部门对刘某等涉嫌侵犯“逐鹿中原”网络游戏著作权案展开调查。经查，刘某(北京某网络科技公司技术总监)、李某和桑某(佳木斯某机房法人)通过VPN代理服务等方式运营侵权网络游戏，先后在境内外多地租用服务器，通过不断变更第三方支付平台进行资金流转，玩家数量达数十万人，规模接近该正版游戏，涉案金额近300万元。2014年7月和8月，专案组先后抓获犯罪嫌疑人刘某、李某和桑某。

2014年12月12日，黑龙江省哈尔滨市香坊区法院以侵犯著作权罪分别判处刘某、李某、桑某有期徒刑3年6个月、有期徒刑1年及有期徒刑缓刑，并处罚金人民币40万元、10万元和6万元。

案例9　山东“6·25”销售盗版报刊案

2013年以来，山东省青岛市版权执法部门多次接到不同权利人投诉，称在街边的书报摊发现有多种未经权利人授权的报纸或期刊在售。公安部门会同版权执法部门先后查处了三处批发销售侵权报纸、期刊的窝点，抓获两名犯罪嫌疑人，当场缴获报刊28种5500份。经查，2010年至2013年6月，丛某某等人未经著作权人许可，分别从山西等7个省市的多家报刊发行商购入非法报刊5380万份，并向山东及东三省发行，累计涉案金额5700万元。

2014年11月12日，山东省青岛市市北区法院以侵犯著作权罪分别判处丛某某等2人有期徒刑5年2个月和有期徒刑缓刑，并处罚金人民币1万元和5000元。

案例10　云南“3·28”销售盗版《新华字典》案

2013年，云南省临沧市公安部门会同版权部门根据群众举报线索，对临沧希望图书城销售盗版《新华字典》案进行调查。经查，周某某未经权利人许可，在自己的地下印刷厂非法印制《新华字典》后，以明显低于市场价的价格销售给王某某，王某某又将该批《新华字典》销售给临沧希望图书城，由该图书城配发至指定学校，涉案侵权盗版《新华字典》共计26 915本。

2014年7月7日，云南省临沧市临翔区法院以侵犯著作权罪判处周某某有期徒刑4年，并处罚金5万元，原犯侵犯著作权罪，判处有期徒刑3年缓刑5年，并处罚金5万元，撤销缓刑，合并决定执行有期徒刑5年，并处罚金10万元；以销售侵权复制品罪判处王某某有期徒刑2年，并处罚金5万元。

（国家版权局版权管理司供稿）

出版物市场监管2014年度典型案件

案例1　北京新浪公司传播淫秽色情信息案

2014年4月12～19日，根据群众举报线索，北京市公安局联合文化市场行政执法总队依法对北京新浪公司开办的“新浪网”网站“读书”“视频”频道进行检查，当场拘捕相关涉案人员17人。经查，“新浪网”网站读书频道上提供《全村女人的梦中情人：极品小村医》等20部淫秽色情小说，《比基尼美女表演》等4部色情视频。2014年4月29日，北京市文化市场行政执法总队依法责令该单位立即改正违法行为，并罚款5 085 812.8元；国家新闻出版广电总局依法吊销其《互联网出版许可证》和《信息网络传播视听节目许可证》。2014年5～7月，海淀区检察院以传播淫秽物品牟利罪先后批准逮捕了吕某、孙某等9人。

案例2　江苏徐州“8·19”系列网络敲诈勒索案

2013年8月19日，徐州市公安机关成功侦破一起假冒记者敲诈勒索系列案件，打掉以仲某、樊某、鞠某等人为首的4个犯罪团伙，抓获犯罪嫌疑人16名，查处“今日焦点网”等11个涉案网站。经查，以仲某、樊某、鞠某等人为首的4个犯罪团伙利用自建或租用的网站，假冒记者身份，实施敲诈勒索120次，涉及7个省27个市县，涉案金额300余万元。2014年8月19日，徐州市经济技术开发区法院以敲诈勒索罪，判处仲某有期徒刑14年，并处罚金50万元；判处窦某有期徒刑13年，并处罚金30万元；判处姚某有期徒刑6年，并处罚金15万元；判处阮某有期徒刑2年6个月，并处罚金3万元。

案例3　北京“7·01”特大盗版侵权案

2014年9月2日，根据相关线索，北京市公安局与北京市文化市场行政执法总队联合行动，成功查获一制售盗版教材教辅的特大犯罪团伙。公安机关先后在北京、江西两地抓获涉案人员87人，其中刑拘32人，现场查扣涉嫌非法出版物120余万册、码洋5 000余万元，以及大量印刷设备、账册等。经查，自2009年以来，该团伙大量盗印、批销十几家出版单位的图书，销往全国26个省区市。案件涉及10家印刷厂、1家装订厂、5个非法图书库房。北京市文化市场行政执法总队已对涉案印刷数量巨大的4家印刷厂作出行政处罚，共计罚款2 176 623.91元。

案例4　湖北武汉“8·13”制售盗版光盘案

2013年8月13日，根据群众举报，武汉市文化执法、公安等部门联合行动，一举捣毁了位于黄陂区某小区的制售盗版光盘窝点，当场抓获犯罪嫌疑人刘某，现场查获大型光盘刻录机 103 台、发货记录本 10 余册，收缴非法复制的盗版光盘 26 个品种共 10 余万张。经查，自 2011 年以来，刘某及其家族成员长期从事制售盗版光盘活动，涉案金额达 200 余万元。2014 年 1 月 6 日，武汉市江岸区法院判处被告人刘某有期徒刑 4 年 6 个月，并处罚金 3 万元。

案例 5　新疆和田“3·13”跨省区制贩非法宗教出版物案

2014 年 3 月 13 日，新疆维吾尔自治区有关部门在和田市伊力其乡捣毁一个非法宗教出版物储藏窝点，收缴非法宗教出版物 4.7 万册。经查，犯罪嫌疑人托合提尼亚孜·某某某和买买提阿不杜拉·某某某等人从网上下载境外宗教类电子书籍，在广东省印刷后运往新疆维吾尔自治区销售。自 2013 年 12 月起，该团伙先后从广州市、深圳市向新疆市运送 4 批非法宗教出版物，共计 6 万余册，分别销往和田、喀什、阿克苏、巴州等地，涉案金额 120 万余元。2014 年 11 月 24 日，和田市墨玉县法院以非法经营罪判处托合提尼亚孜·某某某有期徒刑 6 年，并处罚金人民币 2 万元；判处买买提阿不杜拉·某某某有期徒刑 5 年，并处罚金人民币 1 万元。

（全国“扫黄打非”工作小组办公室供稿）

海关 2014 年保护知识产权典型案例

案例 1　深圳海关连续查获出口假冒香烟案

一、基本案情

2014 年 7 月 21 日，昆明伟秀公司向深圳海关隶属大鹏海关申报向伊朗出口一批卫生瓷洁具和烟灰缸。海关查验人员通过检查设备对装载该批货物的集装箱进行扫描，发现在集装箱中后部大量形状规则的砖状物，而砖状物周围堆满了卷筒状物体疑进行遮盖。从扫描图像上看，实际出口的货物与申报的货物明显不符。于是，海关查验人员立即进行开箱检查，发现卷筒状物体是一批 PP 无纺布，而掩藏在布匹中的砖状物，则是一条条标有“Marlboro”商标的香烟，共 45 300 条(约 906 万支)。海关根据经验，断定该批货物可能是假冒产品，立即联系“Marlboro”商标权利人美国飞利浦莫里斯公司，经鉴定该批香烟全部是假冒产品。

近年来，针对经由深圳口岸出口假冒香烟数量较大的情况，深圳海关通过数据比对和情报分析，总结出假烟出口的四个重要风险点：(1)重点渠道，一般贸易方式下经海运和陆运是假烟出口的主渠道；(2)重点商品，因不涉及关税和许可证管理而较容易获得低风险快速通关，卫生洁具、锅具、工艺品等经常被用于伪报出口假烟的商品名称；(3)重点企业，短期内申报量突增的外地企业出口假烟的情况较多；(4)重点航线，经由东南亚、中东、欧洲、香港等地的航线运输出口假烟可能性较大。经过海关有针对性地开展精确打击和集中整治，深圳口岸出口假烟的情况一度得以缓解。但本次案件查获数量巨大的假烟，深圳海关意识到假烟出口的势头可能会再现，于是立即向关区内各口岸发布风险预警提示，要求现场加大使用检查设备对出口集装箱进行机检查验。

现场布控很快取得成效。2014 年 7 月 31 日和 8 月 1 日深圳海关隶属蛇口海关分别查获了江西省永丰县鑫源贸易公司以

“锅具”名义申报向新加坡出口的假冒“Marlboro”香烟906万支和黑龙江省密山市吉昌贸易公司以“滑板车”名义申报向沙特阿拉伯出口的假冒“Marlboro”香烟946万支。至此，深圳海关在短短12天内共查获出口假烟2758万支。2015年1月，深圳海关将罚没假烟进行了公开销毁。

二、案件评析

此案是海关利用风险分析技术有效提升知识产权执法效能的典型案例。假冒香烟大量出口一直影响我国国际形象，同时也是困扰我国执法的一个焦点问题。违法分子采取伪报货物名称、夹藏和伪装等手法，逃避海关知识产权执法。针对复杂的口岸监管环境，深圳海关不仅在实践中探索和积累了运用风险分析技术查缉假烟出口的成功经验，而且又在新的执法实践中成功地予以运用，在短时间内连续查获大量假烟，有效遏制了假烟出口势头，净化了口岸秩序。此案对我国海关运用风险分析技术提高进出口侵权货物的查获率具有重要的借鉴意义。光明日报、人民网、南方都市报等媒体先后对此案进行宣传报道近10次，产生了良好的社会效果。

案例2　杭州海关会同公安机关查处出口假药案

一、基本案情

2014年7月4日，杭州海关收到举报，称一个装有假冒“Shalina”商标药品的集装箱将于近期从义乌出口，请求海关予以查扣。杭州海关立即向义乌海关下达了布控指令。

同日，义乌海关接到义乌市巧联公司对同一编号集装箱的出口申报，随即对该集装箱进行重点查验，发现其中装有6种规格型号标有“Shalina”等多个商标标识的药膏和药剂234箱，共计13.3万支，货值约66.4万元。经阿米那公司确认，该批药品为假冒产品。

假冒药品威胁消费者健康和安全，是海关总署要求予以重点查缉的侵权产品。由于此案涉案货物数量多、案值大、社会危害性强，义乌海关启动重大知识产权案件快速反应机制，按照外商采购、仓管收货、货代订舱、集卡装货、报关出口的小商品外贸流程层层追溯，逐一排查，取得重大突破。通过对涉案人员进行询问和查阅单证资料，调查结果最后指向一名肯尼亚籍采购商和本地商贸城市场经营户傅某。

根据案情，义乌海关判断此次查获的药品应当仅是销售假药违法犯罪活动的冰山一角，在市场经营户的背后可能存在一张制售假药的网络。义乌海关迅速与当地公安和市场监管等部门进行会商，决定在义乌市知识产权综合治理机制框架下开展联合执法，扩大战果。义乌海关将涉嫌犯罪案件移送义乌市公安局，并组成联合专案组。公安机关最终查明上海某日化公司将其生产的假冒药品通过义乌市场多家商户进行销售的犯罪事实并抓获多名犯罪嫌疑人。

目前此案处于司法机关审理阶段，其中销售该批假药的傅某和朱某已被判刑，上海某日化公司生产假药的案件正在检察机关审查起诉阶段。

二、案件评析

此案是中国海关积极推进“两法衔接”的典型案例。假冒药品、食品、汽摩配件严重威胁消费者的健康和安全，一直是海关总署要求从严打击的重点侵权产品。此案查获的假冒药品数额巨大，一旦流入国际消费市场，将会对境外消费者，特别是发展中国家人民的健康和安全造成严重威胁，严重损害我国的国际声誉。义乌海关查获此案，不仅成功阻止了一批假冒药品的出口，而且会同公安机关成功捣毁一个长期制售假药的网络，从源头上消除了违法犯罪，实现了知识产权海关行政执法与公安机关刑事执法的有效衔接。在查办此案过程中，义乌海关充分发挥了海关作为国家进出境监督管理机关的职责，积极主动会同公安机关进行刑事侦查，为全案成功侦破奠定了坚实基础。

案例 3 南京海关通过国际合作打击跨国销售假药案

一、基本案情

2014 年 1 月 1 日，南京海关隶属苏州海关驻邮局办事处在通过 X 光机检查一批出口至美国的邮政快件时，发现其中一个包裹显示含有大量颗粒状物体。在开拆邮包后发现内有 8750 粒标有“Pfizer”字样的蓝色菱形颗粒药品。该批药品的包装十分简陋，被散装在包装袋内，没有正规药品常用的塑封包装和药盒，海关查验人员断定该批药品可能属于假冒药品。

海关在调查中又发现，该批药品是寄往美国印第安纳州一个叫 ANDRY 的收件人的，同时邮寄面单上还附有收件人的邮编、地址和联系电话。但寄件人的信息很少，只是在姓名栏填写“GUO”，地址栏填写“No 88 dy ky Rd”和一个虚假手机号。在个人邮包中包含如此大量假药，明显不是用于收件人个人使用。海关人员根据执法经验，意识到此批假药可能是境外犯罪分子通过电商平台订购后用于在美国境内销售。由于国内寄件人信息过少，海关难以查清此批假药的生产厂家和出口商。南京海关根据此前曾与美国海关开展打击输美假冒产品联合执法行动的经验，向海关总署建议针对此批假药组织一次中美海关联合执法行动。

海关总署立即联系美国国土安全部移民及海关执法局，提议由美方对此批假药的美方收件人进行监控并采取后续执法行动，美方积极响应。2014 年 1 月 3 日，苏州海关将涉案假药恢复成原包装，混在正常的包裹里，将这批假药运往原定目的地美国纽约肯尼迪国际机场。同时有关该批假药的航班号和邮包编号等信息也由中国海关发送给了纽约海关。2014 年 1 月 5 日当该假药邮包在纽约机场落地，美国海关立即告知中国海关。2014 年 1 月 7 日，美国海关再次告知中国海关，其已将收件人抓获，并成功捣毁了一个在美国长期销售假药的犯罪团伙。

二、案件评析

该案是中国海关通过开展国际合作维护国际贸易供应链安全的典型案例。侵权贸易是一个全球性问题，涉及生产、出口、进口、零售和消费等多个环节。有效遏制侵权贸易需要各国执法机关的共同努力和密切合作。长期以来，中国海关不仅在出口环节对假冒违法活动持续保持高压态势，而且还积极主动开展与有关国际组织和境外执法机关在情报信息交换和组织联合执法行动方面的合作。南京海关此次成功地与美国海关开展的打击假药跨境运输的联合行动，再次证明要在世界范围内有效遏制侵权贸易，各国必须加强合作。

案例 4 江门海关组织专项行动查处出口假冒灯具案

一、基本案情

2014 年 4 月 4 日，江门海关驻高沙办事处在查验中发现珠海市华富源有限公司出口的落地灯 378 个、台灯 802 个带有“UL”标识，涉嫌侵犯“UL”商标专用权。经联系权利人确认，上述货物全部为侵权商品。

“UL”是美国 UL 安全实验所在我国注册的一个证明商标，用于证明出口产品经检测达到可以进入美国消费市场的安全认证标准。我国一些企业擅自将"UL"商标用于其未经检测的出口产品，既侵犯了美国UL安全实验所的商标专用权，又给境外消费者造成安全隐患。

江门海关查获此案后，立即着手对侵权产品来源进行追踪。通过风险分析，认为在该关毗邻的"中国灯饰之都"中山古镇，当地及周边地区灯饰生产企业众多，灯具出口量较大，可能存在较大的侵权风险，决定组织开展对出口侵权灯具的专项整治行动。江门海关一方面指定专人对现场报关单进行实时监控，另一方面及时为各监管现场提供风险预警。专项整治行动很快取得战果，自2014年4～8月，江门海关驻外海办事处、驻高沙办事处和新会海关连续查获了6批出口假冒"UL""ENERGY""SHARP"商标的灯具，共计14万件，案值达105万元。

海关的专项整治行动有力地遏制了侵权违法活动的势头，对规范中山当地灯具生产和出口秩序产生了积极影响，目前江门关区出口灯具的知识产权状况明显好转。江门海关在行动期间还有针对性地开展了对企业的法律宣传，教育引导企业守法经营。同时提醒企业要对外商订单涉及的知识产权状况予以合理注意，以避免因无意识侵权造成不可挽回的经济损失。

二、案件评析

此案是海关贯彻"查办一个案件、规范一个行业"执法理念的典型案例。江门海关根据查获的案件线索，积极主动地组织开展专项执法行动，扩大战果，有效制止了大量假冒产品进入国际市场，维护了"中国制造"的国际声誉。同时该关还采取各种措施，一手抓执法，一手抓促进，既严厉打击侵权违法，又积极引导和鼓励当地灯具行业自觉守法经营，实现了规范出口秩序和促进经贸健康发展的双重目的。

案例5 广州海关运用大数据查获出口假冒蚊香案

一、基本案情

"榄菊"牌蚊香是广东省中山市榄菊公司的出口名牌产品，在非洲一些国家享有盛名，当地大部分消费者购买蚊香只认"榄菊"。但是近年来由于受来自我国的假冒产品的冲击，榄菊公司产品的市场占有率受到严重挤压，一度曾出现假冒品占90%，而正品仅占10%的局面。此外，许多假冒蚊香由于用药超标，易使消费者中毒，据反映非洲已有假冒"榄菊"蚊香致人死亡的案例发生。我国多个口岸海关都把查缉出口假冒"榄菊"蚊香作为执法重点。

2014年3月初，榄菊公司向广州海关反映有假冒其商标的蚊香经广州关区南沙口岸向非洲出口的情况，请求海关予以查缉。广州海关立即采取行动，调阅有关报关数据进行综合分析，逐一排查。但是海关发现尽管每天经南沙口岸向非洲出口的报关数据多达700余条，但2014年前2个月几乎没有申报出口蚊香的记录，后续风险布控一时陷入盲区。

办案人员决定变换思路，扩大数据分析范围，运用大数据技术分析蚊香消费市场与新增航线、侵权高风险企业、可能瞒报的商品名称之间的关系。最后将重点锁定在"马桶"等高风险申报商品，并向现场下达布控指令。不久，2014年3月17日重庆准动商贸公司向南沙海关申报向塞内加尔出口一批无品牌马桶。海关在查验过程中发现该批货物中夹藏有9000盒"榄菊"牌蚊香，经权利人确认全部为假冒产品。

广州海关在调查过程中了解到，假冒"榄菊"蚊香的产地集中在福建地区，南沙口岸只是货物的出口地，案件当事人只是代理出口。由此海关意识到不法企业在此批假冒蚊香被截获后，肯定会调整策略，通过变换代理出口企业、改变货物目的地和用于掩护假货出口的商品等手法逃避海关监管，继续出口假冒产品。所以海关再次对出口报关数据进行综合分析，在风险布控参数中增加了抛光砖等容易被作为夹藏道具产品和出口上述高风险产品的企业。果然，在不到半个月的时间里，南沙海关又先后查获3批、近19万盒假冒的“榄菊”蚊香。这些假冒产品的目的国横跨亚洲和非洲，代理出口的经营单位涉及不同省份，而伪报的商品名称均为“抛光砖”。

对查获的假冒“榄菊”蚊香，广州海关同时将案件线索向公安机关进行了通报。

二、案件评析

此案是海关利用大数据开展风险分析查获假冒货物的典型案例。广州海关通过对出口报关数据开展综合风险分析，准确设定风险要素并根据侵权货物出口动向及时调整布控对象，连续捕中多批假冒出口蚊香。此外，广州海关采取保护“榄菊”商标的执法措施也是中国海关加强对自主品牌保护、维护“中国制造”的国际声誉的一个缩影。中国日报网等媒体对此案予以报道。

案例6 上海海关通过执法帮助国内企业海外维权案

一、基本案情

2014年5月初，苏州科陌泰克公司向上海海关隶属洋山海关申报出口到厄瓜多尔300台点钞机。海关查验时发现该批点钞机上标有苏州日宝公司“RIBAO TECHNOLOGY”商标，且出口企业并非该商标的所有人。苏州日宝公司本身能自行出口，为何委托其他公司出口？海关随即中止了该批货物的通关程序并将有关情况通知了苏州日宝公司。上海海关一方面安排苏州日宝公司查看货物和收集证据，另一方面着手对该批点钞机的知识产权状况进行调查。

经查，苏州日宝公司是国内一家研发生产票据、纸币及硬币的清点、清分设备的专业公司，其产品80%以上出口至国外，其“RIBAO TECHNOLOGY”品牌的现金处理器在国际市场享有很高的声誉，处于行业领先地位。为开拓美国市场，2007年苏州日宝公司与美国当地销售商合作成立了美国日宝公司，专门负责在美国销售带有“RIBAO TECHNOLOGY”品牌的产品，该产品在美国及周边国家的影响逐渐扩大。

但是近年来苏州日宝公司却发现自己产品在美国的营业额并没有随产品影响的扩大而增长。后经调查发现，美国日宝公司在苏州日宝公司不知情的情况下，擅自在美国抢注了“RIBAO TECHNOLOGY”商标，并在国际市场销售并非由苏州日宝公司生产的商品。美国日宝公司的做法，不仅使苏州日宝公司遭受了直接的经济损失，而且还严重影响了苏州日宝公司的品牌声誉，阻碍了其国际化战略的实施。苏州日宝公司随即停止了与美国日宝公司的合作，并曾尝试回购其“RIBAO TECHNOLOGY”商标或直接收购美国日宝，但没有成功。当苏州日宝公司发现美国日宝公司擅自销售的产品大多来自中国时，便将其“RIBAO TECHNOLOGY”商标向海关总署进行了备案，希望借助海关打假来维护其合法权益。洋山海关中止通关的300台点钞机正是美国日宝公司在未获苏州日宝公司许可的情况下向苏州科陌泰克公司订购的产品。

该批点钞机在未经商标权人许可的情况下使用了“RIBAO TECHNOLOGY”商标，依照我国《商标法》和《知识产权海关保护条例》，应当属于侵犯苏州日宝公司商标权的货物。上海海关将调查结果、相关法律规定和侵权法律后果向出口企业进行了通报和宣传解释。由于其订购货物的出口渠道已被海关封堵，美国日宝公司被迫主动联系苏州日宝公司，表示愿意通过协商解决商标纠纷。经过双方协商，苏州日宝公司同意不向海关申请扣留涉案的300台点钞机，而美国日宝公司则同意放弃“RIBAO TECHNOLOGY”商标在美国的专用权。至此困扰苏州日宝公司多年的境外商标权纠纷得以顺利解决，其实施国际化战略道路上的一大障碍被扫清。

二、案件评析

此案是海关通过执法帮助企业海外维权的典型案例。苏州日宝公司的商标被境外合作者在国外抢注，为拿回自己的商标权，该公司进行了多年的努力，始终不能成功。上海海关通过在出口环节的知识产权执法，帮助苏州日宝公司拿回了在国外被抢注的商标，为其实施国际化战略，拓展产品的国际市场扫除了障碍，堪称是海关助力国内企业海外维权和“走出去”开拓国际市场的典范。近年来随着中国产品出口的迅猛增长和中国品牌海外知名度的逐渐提升，中国企业的商标在境外被他人抢注的情况也有上升趋势。中国企业的海外维权需要国家和政府部门的大力支持，为国内企业海外维权保驾护航。

此案对我们正确处理“定牌加工”案件也提供了重要启示。国内企业由于受资金、能力和意识的局限，往往不能事先将其商标进行海外注册，造成大量商标被他人抢注。特别是境外企业在抢注我国商标后再委托我国其他企业代为生产和出口相同品牌的产品，直接挤占我国合法产品的国际市场份额和破坏中国品牌的国际声誉，对我国的出口名牌战略造成严重阻碍。上海海关的执法实践证明，处理“定牌加工”侵权纠纷，必须考虑我国商标在海外的合法权益。

案例7　厦门海关采用证据开示化解侵权纠纷案

一、基本案情

2014年5月28日，厦门海关所属东渡海关在对厦门海莱公司以进料对口方式申报出口的LED灯进行查验时，发现其中16 000个LED灯的包装上标有上海姿莹化妆品销售公司在海关总署备案的“Conserv Energy”商标。因海莱公司不能提供上海姿莹化妆品销售公司授权其使用该商标的文件，东渡海关以涉嫌侵权依法扣留了该批LED灯。

此案是厦门海关首次查获加工贸易货物涉嫌侵权的案件。相较于一般贸易，加工贸易的国内生产方主要应国外委托方进行生产，其中包括指定货物的品牌。考虑此类案件大多涉及商标在境外的合法注册和使用问题，厦门海关在案件办理过程中，要求海莱公司提供国外订货商使用“Conserv Energy”商标的情况。海莱公司提供了其订货商美国慧特电子公司在美国注册商标的资料。

根据海莱公司提供的情况，厦门海关查清了案件事实：惠特公司就“Conserv Energy”于1995年在美国进行了商标注册。自2001年惠特公司开始委托海莱公司生产使用“Conserv Energy”品牌的照明产品并出口至美国。而姿莹化妆品销售公司于2010年8月在我国进行了“Conserv Energy”的商标注册。考虑涉案商标在中国和美国分属不同的注册人，海莱公司生产的产品只用于向美国出口，因姿莹化妆品销售公司在美国并不享有合法使用该商标的权利，海莱公司出口“Conserv Energy”商标的产品并不会对其造成任何损害，厦门海关认为现有证据不足以证明海莱公司的行为构成侵权。为妥善处理，厦门海关于2014年6月25日组织召开有双方当事人参加的知识产权案件调查证据开示会。

在证据开示会上，姿莹化妆品销售公司和海莱公司当面进行了举证、质证并阐述了各自的观点。海关调查人员介绍了我国法律的相关规定和司法机关对定牌加工案件的裁判情况。此次证据开示活动使姿莹化妆品销售公司和海莱公司对相关法律及政策有了充分的了解。会后不久，姿莹化妆品销售公司致函厦门海关，要求撤回其扣留海莱公司出口货物的申请，厦门海关遂解除了对此批货物的扣留，此案纠纷得以圆满解决。

二、案件评析

此案是海关成功运用证据开示化解当事人侵权纠纷的典型案例。近年来随着我国企业知识产权意识的不断提高，运用知识产权手段从事外贸竞争的情况迅速增加。目前海关处理的进出口知识产权案件中，较多属于存在侵权争议的案件。如何在处理此类案件过程中做到既有效保护知识产权又防止对合法进出口活动造成消极影响，是海关知识产权执法的一个难点。海关总署参照相关司法实践，于 2013 年制定了《知识产权海关保护案件证据开示操作规程（试行）》，要求各地海关对涉及侵权争议的复杂案件，通过组织证据开示全面收集证据并充分听取双方当事人的意见，增加海关办案的透明度，提高执法的客观性和公正性。此案中，厦门海关基于维护双方当事人的合法权益，通过召开知识产权证据开示会，公开海关的执法过程，同时对有关政策和司法裁判情况进行说明，使当事双方能够更加理性地处理纠纷，使案件得到妥善处理，实现了化解矛盾，减少纷争的目的，取得了良好的社会效果。

案例 8　天津海关通过执法规范服装出口秩序案

一、基本案情

阿拉伯袍是我国大宗传统出口商品。其中中纺国际服装有限公司的“AL OTHAIMAN”品牌，在阿拉伯地区有很高的知名度和市场占有率，也成为国内一些不法企业假冒的对象。近年来，受假冒产品的影响，中纺国际服装有限公司产品的国外市场份额不断萎缩，品牌声誉也受到很大影响。因假冒产品经常自天津口岸出口，“AL OTHAIMAN”商标成为天津海关保护的重点。

2014 年 1 月，上海林骏公司向天津新港海关申报出口到阿联酋一批化纤制男式阿拉伯袍。海关关员在审核报关单时，注意到企业没有申报品牌，按常规出口成衣大都有品牌，此批货物未申报品牌有些异常。同时考虑服装类商品是天津口岸的侵权高发商品以及阿联酋属于出口假冒商品的主要目的地，海关人员对该票货物下达了查验指令。经查验，发现该批阿拉伯袍共有 2.6 万件，全部带有“AL OTHAIMAN”商标，经中纺国际服装有限公司确认全部为假冒产品。根据此批货物反映出的风险点，天津海关决定继续对出口至中东地区的阿拉伯袍类商品实施布控。在随后的 1 个月内又连续查获由嘉善林骏公司出口至摩洛哥和由阜城县恒利公司出口至阿联酋的两批，共计 3.7 万件假冒的“AL OTHAIMAN”阿拉伯袍。

天津海关在对上述三起案件进行调查时发现，三批货物的国外收货人都是中纺国际服装有限公司在当地的代理商。中纺国际服装有限公司为顾及其国外代理商的利益，先后与三家出口假冒产品的企业达成和解协议，将其吸收为合法产品的供货商，同时中纺国际服装有限公司向天津海关提出撤回扣留货物申请的要求。对此天津海关认为，海关通过执法能够制止侵权货物的出口并且使侵权企业“改邪归正”，其本身已经实现了海关保护知识产权的目的，于是按照中纺国际服装有限公司的要求将已扣留的货物放行出口。

二、案件评析

此案是海关通过执法帮助侵权纠纷双方当事人实现“双赢”的典型案例。目前在我国对外贸易中发生的商标侵权行为，在很大程度上源于普遍缺乏尊重知识产权意识的社会环境。对侵权行为既要严厉依法打击，又要区分情况加强教育和引导。在此案中，尽管天津海关前期为查缉假冒中纺国际服装有限公司商标的产品投入了大量的执法资源而最终未能成案，但仍取得了良好的社会效果。首先，化解了当事人之间的侵权纠纷，通过海关执法，中纺国际服装有限公司的商标权得到了有效保护并降低了维权成本，侵权企业受到教育并成为合法供货商，实现了商标权人和出口企业双方利益的最大化；其次，海关通过执法实现了"制止侵权"和"防止侵权"的双重目的。

案例9　昆明海关依据商标地域性原理查处进口侵权棉拖鞋案

一、基本案情

2014年9月4日，昆明海关驻邮局办事处在对进境邮包的监管过程中发现了7个从澳大利亚进口的包裹，内装标有"FD UGG AUSTRALIA"商标的棉拖鞋200双。该邮包的境内收件人是昆明膜力公司。该批棉拖鞋经"UGG"商标在我国的注册人德克斯户外用品公司确认，为侵权产品。昆明海关根据德克斯户外用品公司的申请对该批棉拖鞋予以扣留。

对海关扣留其棉拖鞋，膜力公司提出异议，认为其未侵犯德克斯户外用品公司的商标权，理由如下。(1)涉案棉拖鞋是该公司在澳大利亚购买的合法产品，"UGG"在澳大利亚属于通用商品名称。权利人德克斯户外用品公司虽然曾经在澳大利亚注册"UGG"商标，但已经被澳大利亚撤销，因此当事人购买并进口涉案货物之行为不构成侵权。(2)进口的棉拖鞋是膜力公司准备作为中秋节福利发放给员工的礼品，属于自用，不构成侵权，海关应按照自用、合理数量原则予以放行。(3)该公司没有使用UGG商标，也没有销售带有UGG商标的产品，不构成《商标法》第57条第1款、第2款规定的侵权行为。

海关经调查认为该批拖鞋应当属于侵权商品，理由如下。(1)该批拖鞋上使用的"FD UGG AUSTRALIA"商标与德克斯户外用品公司注册的"UGG"商标在视觉上基本无差别，应认定为使用相同商标。(2)德克斯户外用品公司在中国合法注册了"UGG"商标，即享有该商标的专用权，根据商标的地域性原则，任何商标在澳大利亚的法律状态不能自然延伸到中国境内，该批拖鞋未经德克斯户外用品公司许可进入中国境内，应当属于侵犯德克斯公司商标专用权的产品。(3)此案货物的数量和价值较大且不属于个人自用的邮递物品，不符合《知识产权海关保护条例》规定可以豁免的条件，应当依法按进口侵权货物处理。(4)尽管膜力公司为企业自用而进口标有"UGG"商标的棉拖鞋不构成《商标法》规定的商标侵权行为，但不能因此否定其违反海关监管规定的性质。据此，昆明海关决定按侵权货物将涉案的200双棉拖鞋予以没收。

二、案件评析

此案是海关按照知识产权地域性原则依法认定侵权货物的典型案例。虽然美国德克斯户外用品公司在中国享有"UGG"商标的专用权，但因"UGG"在澳大利亚被当作鞋靴类商品的通用名称使用，且德克斯户外用品公司曾在澳大利亚注册的相同商标已被当地法院撤销，在这种情况下对膜力公司进口的在当地属于合法的产品还能否被认定为侵权，需要海关办案人员具有较丰富的知识产权法律知识和较强的分析判断能力。昆明海关对此案的妥善处理，体现了办案人员对商标地域性原理的准确理解。昆明海关依据《商标法》和《知识产权海关保护条例》，合理区分民事侵权行为和违反海关法行为，对今后海关处理相同案件以及社会公众了解相关法律法规都具有积极意义。此外，昆明海关在案件调查期间先后组织了证据开示和处罚听证，充分听取了商标权人和进口企业的意见，保证了案件处理的公正和公开。

案例 10　拱北海关依据商标混淆原则处理进口侵权食品案

一、基本案情

2014 年 10 月 16 日，澳门朗天洋行向拱北海关举报：珠海华征公司即将分三批经九洲口岸进口涉嫌侵犯其“利佰高 RBC”商标专用权的食品，请求海关采取保护措施。拱北海关立即通知九洲海关对上述货物实施布控查验。在查验中发现该三批货物分别是 687 箱梳打饼干、2748 箱三文治夹心饼干和 2483 箱巧克力棒。上述货物的外包装正面上使用的均是“Rebisco”商标，只是在侧面外包装加贴了一张有关商品信息的中文标签，上面分别标明了“乐味口利佰高梳打饼干”“乐味口利佰高奶油三文治夹心饼干”和“乐味口利佰高脆宝巧克力棒”等品名。由于中文标签上均带有“利佰高”文字，澳门朗天洋行认为侵犯了其“利佰高 RBC”商标的专用权。2014 年 10 月 24 日拱北海关对上述三批食品实施了扣留。

华征公司对海关扣留其货物提出了异议，认为其进口货物不构成商标侵权，理由如下。(1)其货物使用的“Rebisco”商标为菲律宾共和公司所有，已经在中国进行了注册，其中文商标“乐味口利佰高”也正在申请注册中。(2)进口货物上虽然使用了“乐味口利佰高”，但与澳门朗天洋行的“利佰高 RBC”有较大差异，不可能引起公众对相关商品的混淆和误认。(3)华征公司进口货物使用的中英文商标均得到菲律宾共和公司的授权，无侵权的主观故意和过错。(4)澳门朗天洋行也曾是菲律宾共和公司在中国境内的饼干经销商，其代理销售的商品上也使用了“利佰高”的中文标签，与其注册的“利佰高 RBC”明显不同，而且澳门朗天洋行注册的商标从未被用于其商品的生产和销售。

拱北海关经调查，认为此案争议集中在“进口货物使用的中文标识是否具有识别商品来源的作用”这一点。尽管进口货物上使用的“Rebisco”商标表示该产品为菲律宾原装进口，对消费者具有识别来源的作用，但是中国内地大多数消费者在选择进口产品时，一般更关注产品上的中文标签。这种消费心理往往使进口商品上的中文标签在识别商品来源方面的作用更加重要。由于澳门朗天公司在中国大陆注册了“利佰高 RBC”商标并长期在其销售的进口商品上使用“利佰高”中文标识，使“利佰高”具有比较牢固的来源识别功能。因此，华征公司未经澳门朗天公司同意擅自在其进口的商品上使用了包含“利佰高”文字的中文标签，会造成消费者误认为该进口的商品属于朗天洋行进口并销售的商品，从而造成对商品来源的混淆。

海关将其调查和分析结果向双方当事人进行了说明解释。2014 年 10 月 28 日，澳门朗天洋行致函拱北海关，称该公司已与华征公司达成和解协议，将许可华征公司使用其注册的“利佰高 RBC”商标，请求撤回此前提出的扣留华征公司三批进口食品的申请。九洲海关立即解除了对此批货物的扣留，此案纠纷得以圆满解决。

二、案件评析

此案是海关妥善处理进口商品知识产权纠纷的典型案例。近年来因在进口商品上加贴中文标签发生的商标侵权纠纷时有发生。由于这类案件也事关我国境内消费者的合法权益，各地海关对此逐渐予以关注。但是如何正确界定侵犯商标权和合理使用外文商标的中文译名是一个比较复杂的工作。此案中，拱北海关通过其对商标法的正确理解作出有关进口商品使用中文标签的解释，促成争议双方最终达成和解协议，进而规范了进口商品中文标签的使用，产生了良好的社会效果，同时也对海关今后处理类似案件具有借鉴意义。此案对从事进口商品的贸易商和广大消费者也是一个有益的提示。按照我国《产品质量法》和《食品安全法》的相关规定，进口商品必须加贴中文标签。如何在进口活动中合法使用中文标签和通过中文标签正确识别进口商品的来源，从而更好地维护自身的合法权益需要引起各方重视。

案例11　青岛海关查获出口侵犯专利权风扇案

一、基本案情

戴森技术公司是一家专门从事高端家电产品生产研发的国际知名公司，在全球首创了“无叶风扇”产品，并于2012年经国家知识产权局授权获得了“风扇组件”的发明专利。

2013年7月14日，青岛海关接到戴森技术公司举报，称其发现威海海欣公司即将在威海出口侵犯专利权的无叶风扇，请求海关采取保护措施。青岛海关立即向威海海关下达指令。

威海海关按照专利权人提供的集装箱编号进行布控。考虑主动布控无法即时生效，为防止货物在布控生效前出口，海关人员决定启动监管区域全程监控模式，确定重点监控码头，最终锁定目标集装箱准确位置。但在审核报关单时，没有发现申报商品中包含无叶风扇，于是对该集装箱进行开箱检查。海关开箱后检查了码放在该集装箱外侧的货物，发现装载的都是日用品，并没有发现无叶风扇。办案人员决定继续进行掏箱作业，对箱内侧货物进行查验，在箱体中部发现了夹藏在其他货品中的504台无叶风扇。经过与专利权人比对，确定了该批无叶风扇正是戴森技术公司举报的侵权产品。

为追究侵权人的法律责任，戴森技术公司决定向济南市中级人民法院提起民事诉讼并请求法院对威海海关扣留的504台无叶风扇予以查封。2013年8月1日，济南市中级人民法院派员到威海海关对该批无叶风扇实施了司法扣押。

2013年12月9日，济南市中级人民法院作出判决，责令海欣公司停止销售侵害戴森专利权的无叶风扇产品、销毁侵权产品并向戴森技术公司赔偿各类经济损失25万元。

二、案件评析

此案是海关履行口岸监管有效保护专利权的典型案例。由于受当前全球经济下滑和市场需求减少的影响，我国企业在通过扩大出口规模实现市场扩张方面遇到了很大的困难，越来越多的企业转向通过技术研发和培育知识产权来获得竞争优势。这对改善我国出口产品结构、实现出口产品从“量”向“质”的转变、提升我国企业在国际市场的核心竞争力具有重要意义。青岛海关为保护自主创新和促进有自主知识产权的产品出口，积极履行国家赋予海关的知识产权边境保护职责，有效地开展了保护专利权的执法。在办理此案过程中，海关不仅及时制止了侵权货物的出口，而且还积极配合法院对侵权产品实施扣押和销毁，实现了海关边境执法与民事司法的衔接，为专利权人维权提供了全方位的法律保障。此案对进出口企业具有警示作用和教育意义，同时也对今后海关强化保护专利权的执法具有借鉴作用。

（海关总署政策法规司供稿）

公安机关知识产权保护案例

案例 1　福建汪某等人制售假冒伪劣妇幼用品案

2014 年 3 月 21 日，在公安部统一指挥下，福建、四川、浙江、湖南等地公安机关开展集中收网行动，成功破获一起跨地域特大制售假冒伪劣妇幼用品案，捣毁生产、销售、仓储假冒伪劣商品窝点 12 处，现场查封流水生产线 8 条，缴获假冒各种名牌卫生巾成品、半成品 1200 余万片，印有假冒商标标识的各类包材 1300 万个，无纺布、绒毛浆等制假材料 12 吨，以及封口机、打码机等制假设备 32 台，涉案价值 3600 余万元。

经查，犯罪嫌疑人汪某等人在四川省成都市设立 4 处地下窝点，纠集多名亲属形成家族式团伙，大肆加工生产假冒伪劣卫生巾，并向福建、湖南等地批发团伙销售。汪某团伙加工所用的卫生巾片条主要从浙江金华一家不法生产商王某处购入，王某先后购置 4 条专业流水线长期组织生产，除成都的汪某团伙外，还向福建省泉州市的杨某团伙供货。案发时，杨某团伙为攫取更高利润，新近购置的 4 条流水线正在调试，已经准备自行生产假冒卫生巾片条。从审查情况看，上述团伙、窝点相互交织联络，长期从事假冒伪劣妇幼用品的生产、销售活动，形成一个庞大的犯罪网络，大量假冒伪劣妇幼用品经层层批转，多流向城乡结合部、农村等地区的日杂批发市场、小超市、小卖部等。

案例 2　上海 Lee William 等人跨国制售假冒品牌商品案

2014 年 3 月 26 日，公安部指导上海市公安机关，会同英国执法部门开展同步收网行动，成功破获一起特大跨国制售假冒品牌商品案，抓获 5 名犯罪嫌疑人（其中英国籍犯罪嫌疑人 4 名），查获装载假冒“雷朋”“香奈儿”品牌眼镜、服装的集装箱 2 个，各类包材 1.5 万件，案值 4000 余万元。

经查，2009 年以来，英国籍犯罪嫌疑人 Lee William 伙同广东徐某等人从广东、浙江等地多次采购假冒“雷朋”“香奈儿”等品牌眼镜、服装等商品，以及假冒商标标识等，采取伪报品名、货标分离的方式，使用国际跨境物流公司寄递至英国，由英国境内犯罪嫌疑人拼装后对外销售。

案例 3　天津李某等人制售假冒名牌散热器案

2014 年 4 月 21 日，在公安部统一指挥下，天津、山东、内蒙古、宁夏四地公安机关经连续数月的深入侦查，成功打掉一跨地域制售假冒名牌散热器犯罪网络，抓获李某等 8 名犯罪嫌疑人，查获假冒各种名牌的散热器 18 万余柱、假冒商标标识 7.2 万余个，捣毁两个地下生产窝点，查封制假生产线 1 条及焊接机、试压水床等制假设备 10 余台（套），涉案价值 1100 余万元。

经查，2013 年年初以来，李某伙同他人租赁天津市大北镇工业区一厂房设立窝点、购置设备，大肆加工生产假冒市场热销的各种名牌散热器，向本地及内蒙古、宁夏等地销售，并逐步出现供不应求的局面。为提高供货能力，2013 年 8 月，李某通过互联网与山东一家暖通设备不法生产商曾某结识并建立“合作关系”，委托曾某为其生产假冒名牌散热器。从假冒散热器的流向看，主要由不法五金水暖商户从李某处购入后，面向家庭装修的零散客户以假充真进行欺诈销售。从现场查获实物及历史账册看，该案涉案价值达1100余万元。

案例4 江苏花某等人制售假冒品牌化妆品案

2014年5月27日，公安部指挥江苏、天津、上海、浙江、安徽、广东等六省、市公安机关，成功打掉一跨地域制售假冒名牌化妆品犯罪网络，抓获6名犯罪嫌疑人，查获假冒“欧莱雅”“倩碧”“迪奥”“香奈儿”等国际品牌化妆品62.9万余件（支），包装瓶（盒）等包材15万件，涉案价值3000余万元。

经查，2013年以来，犯罪嫌疑人陈某纠集亲戚、同乡，在广州设立两处制假窝点，在没有任何生产资质的情况下，低价购进劣质香精、矿物油、色素等原料，大肆生产假冒“欧莱雅”“倩碧”“迪奥”“香奈儿”等国际品牌化妆品。该团伙在阿里巴巴网站发布商品信息，通过江苏花某、安徽韩某、上海赵某等人开设的淘宝网店、美容店等销往全国各地。

案例5 广西黄某等人制售假冒世界杯球服案

2014年6月12～13日，公安部部署指挥广西、广东、福建三地公安机关集中收网，成功破获一起特大制售假冒世界杯参赛队球衣、侵犯世界杯知识产权案，抓获犯罪嫌疑人10名，捣毁地下生产窝点2处、仓储窝点5处，扣缴缝纫机等制假设备230余台，查获假冒球衣等各类运动服装15万余套，涉案价值3000余万元，彻底铲除了一个生产、批发假冒世界杯参赛队球衣的特大犯罪网络。

2014年5月，有群众向公安机关举报，广西壮族自治区贵港市一带有人专门生产假冒世界杯参赛队球衣，广西壮族自治区公安厅立即组织工作专班开展侦查，发现位于广西壮族自治区桂平市的一处服装加工作坊存在重大造假嫌疑。经查，该作坊由黄某、刘某等人于2013年年底共同出资设立，2014年4月瞄准世界杯“商机”，开始制版加工生产假冒世界杯参赛队球衣。公安部接报后高度重视，将该案作为2014年维护世界杯知识产权的重点案件予以挂牌督办，组织广西壮族自治区公安机关循线追踪、深度打击，发现位于广东等地的批发窝点和福建等地的另一处加工生产窝点。2014年6月15～18日，三地公安机关同步开展收网行动，一举破获全案。经查，这些假冒世界杯球衣在广西、福建等地加工进入广州后，先是囤积在高某等人在广州市白云区、天河区租赁的两处仓库，然后利用当地服装批发市场向外批发转售，最终流入各地的服装市场门店或网上商铺等终端零售环节，有的甚至出口至非洲和中亚等国家和地区，不仅直接损害消费者合法权益，而且严重影响我国国际声誉。

案例6 安徽李某等人制售假酒案

2014年7月14～18日，公安部组织安徽、山西、吉林、上海、江苏、浙江、福建、江西、湖北等九省市公安机关密切协作，同步出击，成功收网李某等人制售假酒案，共抓获犯罪嫌疑人18名，捣毁制假售假窝点9处，缴获假冒“洋河”“口子”“宣酒”等品牌白酒1.2万余瓶，假酒包材74万余件，涉案总价值3700余万元。

经查，2013年以来，犯罪嫌疑人李某伙同叶某等人在安徽省滁州市、江苏省南京市等地设立假酒制售窝点，从浙江购进假酒包材，加工成假冒“洋河”“口子”“宣酒”等品牌白酒。为扩大销路，李某等人在互联网上注册多家网店，发布假酒销售信息，采取订单式生产、小批量物流快递、大批量送货上门的方式对外销售。

案例 7 江西“8·27”制售假冒伪劣日化用品、饮料案

2014 年 9 月 24 日，江西、广东、山东、河南、广西、贵州、湖南、辽宁等地开展统一破案行动，共抓获犯罪嫌疑人 12 名，缴获假冒“立白”“雕牌”“汰渍”等品牌洗衣粉 10 万余包，假冒劲酒、娃哈哈营养快线等 2200 余件，以及包装袋、瓶等假冒包材 12 万件(套)，涉案价值 1000 余万元。

经查，自 2013 年 8 月以来，犯罪嫌疑人陈某、陶某等人在江西省赣州市租用厂房，购买制假设备设立制假窝点，从广东购进洗衣粉散粉及假冒“立白”“雕牌”“汰渍”等品牌包装材料，加工成品后对外销售。同时，陶某等人还从犯罪嫌疑人罗某等人处购进假冒“红牛”“娃哈哈营养快线”等饮料对外销售。

案例 8 重庆孙某等人制售假冒品牌电缆案

2014 年 9 月 26 日，重庆、河南、四川三省市公安机关联合破获一起特大制售假冒品牌电缆案，捣毁犯罪窝点 5 处，抓获 12 名犯罪嫌疑人，查获假冒“鸽牌”电缆成品 30 余吨，半成品及原料铜丝 3 吨，包装材料 6 万余件，各类制假设备 16 台。

经查，2011 年以来，犯罪嫌疑人孙某在河南设立制假窝点，在当地收购铜丝、硅橡胶、聚氯乙烯等制假原料，在浙江印制假冒商标标识、包装材料等，负责组织生产假冒“鸽牌”电缆。孙某之子、之侄子负责在重庆、四川两地设立仓储、批发窝点，以厂家促销、正品打折等名义对外低价销售假冒电缆。为欺骗消费者，该团伙雇佣技术人员在互联网上搭建假冒的“重庆鸽牌公司官网”，并在每件电缆产品包装上均印制了“防伪二维码”。消费者通过手机扫描二维码将直接链接至该假冒官网，即可获取“厂家鉴定结果”。据该团伙账目显示，截至案发前累计生产各类线缆价值 6000 余万元。

案例 9 浙江林某等人制售假冒电气开关案

2014 年 10 月 20 日，公安部经侦局指挥浙江、湖北、陕西、贵州等省公安机关联合行动，成功破获林某等人制售假冒电气开关案，抓获林某等犯罪嫌疑人 14 名，打掉制假窝点 7 处，销储窝点 10 个，缴获假冒“飞雕”“西蒙”“公牛”等知名品牌电气开关成品 7.8 万只，半成品 30 多万个，查扣制假机器、模具 13 件，涉案金额 2000 余万元。

经查，自 2011 年以来，林某等人在浙江省温州市设立制假工厂，生产、加工假冒“飞雕”“西蒙”等品牌各类电气开关，并在互联网上设立假冒官方网站进行虚假网络宣传，冒充厂家代理商对外销售。累计销售假冒品牌电气开关 1000 万余盒，销售网络涉及陕西、四川、河南、湖南省等 15 省。

案例 10 河南王某等人制售假冒伪劣电池案

2014 年 10 月 20 日至 11 月 4 日，公安部经侦局指挥河南、山西、四川、青海等地公安机关开展集中破案行动，成功摧毁一个跨地域制售假冒伪劣电池犯罪网络，抓获王某等 17 名犯罪嫌疑人，捣毁制假售假窝点 13 处，查获假冒“南孚”等品牌电池成品、半成品 170 余万粒，假冒包装纸盒、纸箱、合格证等 132 万个(张)，以及制假设备、原材料一大批,涉案价值5000余万元。

经查,2013年以来,王某等人在河南省新乡市的农村设立窝点,雇用多名技术工人,从广东、浙江、江苏等地购入裸电池、绝缘圈等原料及包装材料后,大肆加工生产假冒"南孚"等品牌电池,并通过到大中城市小商品批发市场散发小广告或者在网上发布信息的方式招揽客户,向全国多个省份销售。制假窝点生产假冒伪劣电池成本每粒为0.3~0.35元,向外则以0.9元左右的价格批发,最终流向市场的零售价在每粒2元左右,略低于正品价格,普通消费者从产品价格、电池外观等方面难以辨别真伪。

(公安部经济犯罪侦查局供稿)

知识产权系统专利行政执法典型案例

案例1 黑龙江省哈尔滨市知识产权局处理森林灭火拍专利侵权纠纷

一、案件要点

本案被控侵权产品,是严格按照政府采购招标文件要求制作的,构成专利侵权事实,其侵权过程耐人寻味,值得探讨和分析。

二、基本案情

2012年10月10日,经国家知识产权局公告授权,请求人丰林森防公司获得"森林灭火拍,ZL201220103464.1"的实用新型专利权。请求人诉称:被请求人天兴森防公司未经专利权人许可,以生产经营为目的,制造、销售森林灭火拍,涉嫌侵犯请求人的"森林灭火拍,ZL201220103464.1"实用新型专利权。请求人依法向黑龙江省哈尔滨市知识产权局提出专利侵权处理请求,要求责令被请求人停止侵权行为,赔偿损失,公开书面道歉。

三、处理过程

哈尔滨市知识产权局于2014年9月19日受理、立案后,依照《专利行政执法办法》第11条组成合议组,并于2014年9月24日将《立案通知书》《答辩通知书》送达天兴森防公司,同时进行现场检查,向该公司负责人了解情况、制取笔录、拍照取证,并要求其在收到请求书副本之日起15日内向哈尔滨市知识产权局提交答辩书及相关证据材料。

被请求人于2014年10月13日向哈尔滨市知识产权局递交了答辩书及相关证据材料。

经哈尔滨市知识产权局审理,查明以下事实:

请求人丰林森防公司是"森林灭火拍,ZL201220103464.1"的实用新型专利权人。该专利于2012年10月10日,经国家知识产权局公告授权,受法律保护。

"森林灭火拍,ZL201220103464.1"实用新型专利权利要求1为:一种森林灭火拍,包括长杆(1),其特征在于:在长杆(1)的外壁上套接有滑套(2),滑套(2)内壁固装有定位块(3),通过长杆(1)外壁上设置的滑道(4)与空腔的长杆(1)内安装的钢丝束滑套(5)外壁相连接,钢丝束滑套(5)前端部位固装有多根钢丝(6),每根钢丝(6)穿过长杆(1)前端部位设置的钢丝束盒罩(7)上开有的钢丝绳通孔(8)。

哈尔滨市知识产权局在调查过程中对双方当事人进行了调解。在调查审理过程中,被请求人提交的答辩书中提出:"我公司于2014年3月5日,参加黑龙江省林业厅防火物资采购SC〔2014〕0004第九包'森林灭火拍、组合工具'的投标，并成为该标段的中标供应商，其中中标产品'森林灭火拍'为我公司按照招标文件技术要求委托河北一家企业设计生产而成，其产品严格按照招标要求制作，不存在专利侵权之说。"

同时，被请求人还提供了2014年2月10日黑龙江省政府采购中心的政府采购招标文件。请求人同时表示，请求人也参加了SC〔2014〕0004第九包"森林灭火拍、组合工具"的投标，没有中标。

经哈尔滨市知识产权局审查，被请求人涉案被控产品技术特征如下：有长杆(1)，有长杆外壁上套接滑套(2)，有内壁固装定位块(3)，有通过长杆外壁上设置的滑道(4)，有与空腔的长杆内安装的钢丝束滑套(5)外壁相连接，有钢丝束滑套前端部位固装有多根钢丝(6)，有钢丝穿过长杆前端部位设置的钢丝束盒罩(7)，有钢丝束盒罩上开的钢丝绳通孔(8)。

经专利权利要求与被控产品技术特征相比对，专利权利要求技术特征为：(1)＋(2)＋(3)＋(4)＋(5)＋(6)＋(7)＋(8)，被控产品技术方案的技术特征为：(1)＋(2)＋(3)＋(4)＋(5)＋(6)＋(7)＋(8)，根据侵权判定技术特征完全相同的原则，被控侵权产品技术方案落入了专利权利要求的保护范围，构成相同侵权。

以上事实，有请求人提供的实用新型专利证书、被控侵权产品森林灭火拍实物及照片等证据为证。

哈尔滨市知识产权局认为：

(1)请求人的"森林灭火拍，ZL201220103464.1"实用新型专利权合法有效，受法律保护，任何单位或者个人未经专利权人许可，都不得实施其专利，即不得为生产经营目的制造、使用、许诺销售、销售、进口其专利产品，或者使用其专利方法以及使用、许诺销售、销售、进口依照该专利方法直接获得的产品。

(2)本案被控侵权产品，即被请求人委托他人设计、生产、销售的森林灭火拍，其技术方案与请求人的实用新型专利"森林灭火拍，ZL201220103464.1"权利要求完全相同，已落入请求人的实用新型专利权保护范围。

同时，被控产品上标有"专利产品"字样，根据《专利法实施细则》第84条第5款的规定，被控产品属于假冒专利行为。

综上所述，根据《专利法》第11条第2款、第42条、第59条第2款、第60条、第63条，《专利行政执法办法》第12条、第17条之规定，哈尔滨市知识产权局作出处理决定如下：

(1)侵权事实成立。

(2)被请求人天兴森防公司自本决定生效之日起立即停止侵犯请求人丰林森防公司的"森林灭火拍，ZL201220103464.1"实用新型专利权。

(3)责令被请求人停止违法行为，消除(或遮盖)产品上假冒专利的专利标识，并给予警告处罚。

(4)驳回请求人的其他请求。

四、案件评析

本案侵权事实成立，案件事实清楚，材料证据齐全。但是，本案的侵权过程耐人寻味，值得探讨和分析。

本案被控产品侵权，是由于政府采购招标文件对"森林灭火拍"的结构有明确的结构要求。其结构要求为："1. 在长杆外壁上套接有滑套，内壁固装有定位块，通过长杆外壁上设置的滑道与空腔的长杆内安装的钢丝束滑套外壁相连接。2. 前端部位固装有26根钢丝，每根钢丝穿过长杆，前端部位设置的钢丝束盒罩，上开有的钢丝绳通孔，方便保管运输。"

由此可见，政府招标文件与请求人丰林森防公司的"森林灭火拍，ZL201220103464.1"实用新型专利权利要求表述方法和关键词基本一致，招标文书的结构要求有抄袭专利产品的专利要求的可能。因此，致使政府采购部门在另案中成为第二被告，给政府部门在经济上和信誉上带来了一定损失。

（黑龙江省哈尔滨市知识产权局　王阁民）

案例2　上海市知识产权局处理卓碧泉公司侵犯外观设计专利权案

一、案件要点

本案争议焦点有两个：一是被控侵权产品是否与外观设计专利相同或者相近似；二是被请求人实施的侵权行为的界定。

二、基本案情

请求人宝乐公司于2013年10月24日就被请求人卓碧泉公司侵犯其专利名称为"包装瓶（1）"（专利号：ZL201030156334.0）的外观设计专利权一案，向上海市知识产权局提出行政处理请求，请求事项为责令被请求人立即停止专利侵权行为，销毁已制造的侵权产品、制造侵权产品的专用设备或模具，并对侵犯专利侵权的赔偿数额进行调解。上海市知识产权局立案受理后，依法组成合议组，向被请求人送达答辩通知书、请求书及其附件，被请求人于2013年11月13日提交了答辩书。上海市知识产权局于2013年12月19日召开了口头审理会，请求人的委托代理人，被请求人的委托代理人参加了口头审理，本案已审理完毕。

三、处理过程

经审理，上海市知识产权局作出了"责令被请求人立即停止对专利名称为'包装瓶（1）'（专利号为ZL201030156334.0）外观设计专利权的侵害，不支持其他请求事项"的行政处理决定。该处理决定送达双方当事人后，被请求人未提起行政诉讼，该处理决定已生效。

四、案件评析

本案是一起涉外案件，请求人为日本企业。在本案审理中，有两个争议焦点，一是被控侵权产品矿泉精粹极致滋润水（清润型）、矿泉精粹系列极致滋润肌底液、矿泉精粹极致滋润乳等产品包装瓶是否与本案专利构成相同或者相近似。经审理查明，被控侵权产品与本案专利属同类产品。被控侵权产品与本案专利的外观设计专利证书所公告的图片以主视图为参照系相比较，两者相同或近似的部分是：两者都是由瓶盖和瓶体组成，整体视觉效果呈近似八棱柱形，瓶体由瓶身和旋钮部组成，瓶体和瓶盖构成的近似八棱柱体侧面为八个平滑曲面，分别为四个近长椭圆形的柳叶面和四个狭长的腰鼓形面，柳叶面和腰鼓形面间隔规律分布，八个面呈流线型；旋钮部由上部和下部组成，上部为带喷嘴的近圆柱体，喷嘴位于圆柱体侧面靠上表面处，下部整体为上小下大的近圆柱体，侧面有四个狭长波峰形面和四个倒梯形面，波峰形面和倒梯形面间隔规律分布，八个面成流线型。从后视图、右视图、仰视图、俯视图观察，未发现涉案产品与本专利的外观设计有明显差异。经整体观察、综合判断，外观设计专利的所有设计特征都在涉案产品中体现，两者整体视觉效果不存在实质差异，应当认定两者相同。因此，被控侵权产品落入了涉案外观设计专利权的保护范围。

焦点二是如何认定被请求人的侵权行为。本案中，被请求人辩称涉案产品是其采购，但并未提供相关证据证明其合法来源，而被控侵权产品的外包装盒上标明了被请求人的名称、地址，涉案产品即包装瓶上也标明了其商标标识。上海市知识产权局认为，涉案产品及其外包装盒上标明的内容均指向被请求人卓碧泉公司，而被请求人未能提供证据证明涉案产品的制造商另有他人，据此应当认定被请求人是被控侵权产品的制造商。

被请求人还辩称请求人购买涉案产品的店铺并非其经营店铺，但并未提供相关证据证明请求人购买到的涉案产品不是被请求人制造并投放市场的。被请求人也承认曾销售过涉案产品，但辩称销售情况不好，淘宝网上交易记录中的销售数量不实。请求人称被请求人在官网、淘宝网及拍拍网上展示并许诺销售涉案产品，被请求人对此无异议。根据上述内容，被请求人销售、许诺销售涉案产品的事实也应予以认定。因此，最终上海市知识产权局认定被请求人的侵权行为包括制造、销售和许诺销售。

（上海市知识产权局）

案例 3　江苏省知识产权局处理"在牵伸机构上采用导向器的吸辊的纺纱方法和精纺机"发明专利侵权纠纷

一、案件要点

对于以数值范围参数特征限定的权利要求，需要判断被控侵权产品或方法中的相应参数是否落入该权利要求所记载的数值范围之内。但在执法实践中，对被控侵权产品或方法的参数往往难于从现有证据中直接确定，此时需要借助其他手段来进行合理的分析和推算。

对于试用样品提供是否构成销售行为，应根据《合同法》等相关法律的规定，结合具体的案情加以综合考虑和判断。当试用协议的真实目的仅在于销售产品时，应当认定这种试用样品的提供构成销售行为。

二、基本案情

本案请求人里特机械公司于 1995 年 7 月 24 日向国家知识产权局申请了名称为"在牵伸机构上采用导向器的吸辊的纺纱方法和精纺机"的发明专利，2000 年 1 月 12 日获得授权，专利号：ZL95108623.5。该专利涉及一种在牵伸机构上采用导向器的吸辊的纺纱方法（权利要求 1）以及精纺机（权利要求 3），其中主要通过吸辊的径向吸风区吸入空气来使纤维带被压成紧密的纤维条。请求人发现被请求人同和机械公司未经其许可，在展会上展出侵犯其专利权的产品，还向新疆某纺织公司供应了被控侵权产品。因此，向江苏省知识产权局提出处理请求，请求责令被请求人立即停止制造、销售、许诺销售侵权产品的行为；要求被请求人保证不再使用涉案专利方法。

在涉案方法与涉案专利权利要求 1 的比对中，请求人认为，纤维带从牵伸机构经过预定路段，被输送到阻捻口，进入纺纱设备；在吸辊的外圆周上设置有比纤维带宽一些的径向吸风区，通过从外向内吸入吸辊的空气，产生凝聚作用，使经过牵伸而没有加上捻度的纤维带凝聚成一条宽度不大于 1.5mm 的紧密纤维条。涉案纺纱方法完全落入了涉案专利权利要求 1 的保护范围，构成侵权。相类似的，涉案的精纺机完全落入了涉案专利权利要求 3 的保护范围，构成侵权。同时请求人提交了经公证的被请求人的产品宣传册，结合纺织行业的公知常识证据《棉纺手册》确定由涉案方法凝聚出的纤维条宽度小于 1.5mm。

被请求人认为上述比对中，存在三个区别特征：(1)涉案方法在吸辊外圆周上设置的径向吸风区比纤维带宽很多，并不是权利要求 1 中所述的宽一些；(2)涉案方法对纤维带凝聚后，其凝聚后的纤维条宽度大于 1.5mm，并不是权利要求 1 中所述的纤维条宽度不大于 1.5mm；(3)涉案方法对纤维条产生凝聚效果是通过相对吸辊的径向风以及沿吸辊圆周方向相对的两个切向风和相对吸辊的轴向风共同作用，使纤维条产生凝聚，并不是涉案专利所述产生相当大的轴向风量使纤维条产生凝聚效果。因此，涉案方法与涉案专利的权利要求 1 不相同；相应的，被控侵权的精纺机与涉案专利的权利要求3也不相同，均不构成侵权。此外，被请求人还提出，其向新疆某纺织公司提供的是产品试用样机，不构成销售或许诺销售的行为。

三、处理过程

江苏省知识产权局立案受理后，依法组成合议组，经审理查明：专利号为ZL95108623.5的发明专利由请求人于2000年1月12日获得授权，目前，该专利权处于有效状态；被请求人涉嫌制造、销售和许诺销售涉案产品，使用涉案方法的事实存在。通过比对涉案产品与涉案专利，合议组认为：涉案产品为紧密纺织机，涉案方法为：把粗纱引入多级牵伸机构，输送到吸辊圆周上，经过吸辊与阻捻反压辊形成的阻捻口进入纺纱设备，吸辊沿圆周方向上设置有轴向宽度比纤维带宽的小圆孔区，吸辊径向方向上安装的导向罩与吸辊上对应的小圆孔区域为径向吸风区，产生凝聚作用，使经过牵伸而没有加上捻度的纤维带凝聚成一条宽度不大于1.5mm的紧密纤维条。对于被请求人主张的三个区别特征，合议组认为：(1)涉案专利权利要求所述的“宽一些”为不定量限定表达方式，根据涉案专利说明书的描述、请求人提供的经公证的展会照片和被请求人提供的吸辊和导向罩实物看出，涉案产品中吸辊圆周上的“径向吸风区”宽度与吸辊圆周上带孔区域的轴向宽度一致，并且比纤维带宽一些，与涉案专利权利要求1中的相应技术特征相同。(2)根据请求人提供的经公证的被请求人的产品宣传册中有关机械原理的描述可知，纤维带沿吸辊圆周方向通过，要使纤维带在吸风区形成集聚效果，进入吸辊的空气必须相对于吸辊产生轴向风量，否则纤维带不会产生凝聚效果。(3)依据请求人提供的经公证的被请求人的产品宣传册中记载的适纺线密度参数，结合公知常识证据《棉纺手册》中的计算公式可知，按照被控侵权产品所凝聚出的纤维条符合涉案专利所述的宽度不大于1.5mm的技术特征。综上，涉案产品使用了涉案专利的纺纱方法，构成了对涉案专利权的侵犯。相类似的，涉案产品的技术特征与涉案专利权利要求3的技术特征相同，构成对涉案专利权的侵犯。(4)依据《企业所得税法实施条例》第25条的规定，被请求人提供给新疆某纺织公司试用样机的行为构成销售行为。最终，江苏省知识产权局作出[苏知法处字(2013)33号]专利侵权纠纷处理决定书，认定侵权行为成立，责令：(1)被请求人立即停止制造、销售侵犯请求人专利权产品的行为；(2)被请求人立即停止对上述侵权产品的许诺销售行为，销毁尚未散发的涉及侵权产品宣传的宣传册。

本案由江苏省知识产权局于2014年3月29日作出[苏知法处字(2013)33号]处理决定，2014年7月17日江苏省南京市中院作出行政判决维持了上述处理决定。目前该案已上诉至江苏省高院。

四、案件评析

(1)关于数值范围参数限定的技术特征比对。

当权利要求书中记载了含有数值范围参数限定的技术特征时，需要判断被控侵权产品或方法中的相应参数是否落入该权利要求书所记载的数值范围之内。但在执法实践中，对被控侵权产品或方法的参数往往难于从现有证据中直接确定，此时需要借助其他手段来进行合理的分析和推算。本案中，对于权利要求中记载的纤维条宽度是否大于1.5mm存在争议。合议组根据请求人提供的经公证的涉案产品展会宣传册中记载的所述产品适纺线密度参数(其适纺线密度为16～120(Ne))，结合公知常识证据《棉纺手册》中记载的针对该类型产品的加捻棉纱直径常用计算公式($d=0.038/Ne$，d为棉纱直径，Ne为适纺线密度。经计算，其纱线的直径d应为0.09～0.24mm)，需要注意的是该公式是针对加捻成纱直径的计算，d 为加捻成纱线的直径，并非凝聚后的纤维条宽度，对此，再结合公知常识证据《棉纺手册》中的介绍，“紧密纺纱的基本原理是在传统环锭细纱机牵伸装置前面再设置一个集聚机构……用空气负压和机械传输相结合的方法，来控制在主牵伸完成之后、加捻作用之前过程中的纤维运动，使从前罗拉输出的须条得到集聚伸直，结构紧密，宽度与成纱直径相近的过程……”。通过合理的逻辑分析和常规计算得出涉案方法所凝聚出的纤维条宽度不大于 1.5mm，符合涉案专利所述的相应技术特征。在被请求人没有证据表明上述分析和推算存在瑕疵或无法成立，且亦无法提供证据直接表明涉案方法所凝聚的纤维条宽确实大于 1.5mm 的情况下，合议组的结论是能够成立的。

(2)关于试用样品提供是否构成销售行为。

《企业所得税法实施条例》第 25 条规定，企业发生非货币性资产交换，以及将货物、财产、劳务用于捐赠、偿债、赞助、集资、广告、样品、职工福利或者利润分配等用途的，应当视同销售货物、转让财产或者提供劳务，但国务院财政、税务主管部门另有规定的除外。即视同销售是指在会计上不作为销售核算，而在税收上作为销售，确认收入计缴税金的商品或劳务的转移行为。换言之试用样品的提供在国家税收上属于视同销售的行为。

另外，在合同法意义上，试用协议或试用买卖是一种特殊的销售形式，常见于新产品的推销销售领域，是附随意条件的预约，也是附买受人承认形成权的单方预约。这种预约是已经发生效力的合同，受我国《合同法》的确认和约束。本案中，被请求人提供给新疆某纺织公司试用样机时，签订了试用协议，根据其中的规定，试用方在该试用协议中几乎不承担任何风险，被请求人之所以提供如此优厚的试用条件，在于双方真实的合同目的是为买卖而非简单地试用，并且在被请求人向试用方交付了涉案产品的样机后，该样机处于实际使用运行状态，即该产品已进入商品流通领域，若非试用期间产生专利纠纷，试用方将不会对是否购买该样机作出表示，即可视为购买。因此上述样机提供已经构成销售行为。

（江苏省知识产权局　陈苏宁
国家知识产权局专利复审委员会　冯　怡）

案例 4　安徽省宣城市知识产权局处理包装纸（BR38MC）外观设计专利侵权纠纷

一、案件要点

1. 证据的完整性直接决定了是否侵权。

2. 外观设计专利侵权判定的标准。

二、基本案情

请求人金红叶公司称：2014 年以来，请求人发现宣城、池州、黄山等地市场销售的“莉之园”原生木浆 LZY518 面纸的外包装与请求人所有的名称为“包装纸(BR38MC)”，专利号为 ZL200830149683.2 的外观设计专利几乎相同，其行为已构成对该外观设计专利的侵权。由于被请求人宏程纸业公司的侵权行为，扰乱了请求人的产品销售市场，给请求人带来巨大经济损失，故请求人依法请求安徽省宣城市知识产权局对被请求人进行查处，以维护专利权人的合法权益。要求被请求人：(1)立即停止制造、许诺销售、销售“莉之园”原生木浆 LZY518 面纸，并承诺不再以经营为目的制造、许诺销售、销售与涉案外观设计专利相同或相近似包装的产品；(2)收回并销毁所有侵权产品及销毁制造侵权产品的模具并消除影响；(3)赔偿请求人经济损失 20 万元人民币。

请求人金红叶公司为支持其请求主

张，向宣城市知识产权局提交了以下证据材料：(1)ZL200830149683.2号外观设计专利证书，拟证明请求人作为权利人的主体资格以及涉案专利的保护范围；(2)涉案专利缴纳年费的票据，拟证明涉案专利“有权”状态；(3)“莉之园”原生木浆面巾纸产品外包装，拟证明被请求人的侵权行为。

被请求人宏程纸业公司没有在法定时间内提交答辩状；也没有提交任何证据。

质证程序中，被请求人对请求人提交的证据(1)、(2)、(3)的合法性和真实性均无异议，予以认可。当庭答辩称：涉案产品的外包装与涉案外观设计专利几乎相同不属实，未构成侵权。理由为：(1)普通消费者在购买纸类产品时，首先查看的是品名，而非外观；(2)涉案产品的外包装采用了通用的上、中、下排列，为最简单结构排列。

三、处理过程

合议组评议认为：对证据(1)、(2)、(3)，因被请求人已予以认可，以上证据也无其他不当，故均予采纳。认定为确定本案事实的依据。

从涉案外观设计专利视图观察，其使用状态为标准卧式长方体，“一组线条粗细不均的圆圈”自然分布在上表面及前后2个侧面，这3个面的图案及内容基本相同：左上角为“清风”商标图案；右下角为“100%精选原生木浆”文字图案；正中位置为“原木纯品”，正方形框包围内两行排列、黑体白字、底纹采用深褐色渐变。

从被控侵权产品实物看，其使用状态为标准卧式长方体，“一组线条粗细不均的圆圈”自然分布在上表面及前后2个侧面，这3个面的图案及内容相同：左上角为“莉の園”商标图案；右下角为“LZY518”文字；正中位置为“原生木浆”，正方形框包围内两行排列、黑体白字、底纹采用深褐色渐变。

宣城市知识产权局认为：(1)根据外观设计产品的用途，认定产品种类是否相同或者相近。涉案专利与涉案产品的外包装同属于面巾纸的包装，属于同一类产品。(2)基于一般消费者的知识水平和认知能力，以外观设计的整体视觉效果进行综合判断，判断外观设计是否相同或者近似。涉案外观设计专利的主要设计元素由：“一组线条粗细不均的圆圈”“原木纯品”图案及“清风”商标和其他文字、图案构成；涉案产品外包装的主要设计元素由：“一组线条粗细不均的圆圈”“原生木浆”图案及“莉の園”商标和其他文字、图案构成。两者的设计元素及空间布局基本相同；二者差别主要体现在：文字内容不同、“圆圈”的位置不完全相同，均属于细微差别。故认为：涉案产品的外包装与涉案专利的整体视觉效果无实质性差异，容易导致一般消费者的误认、混同，认定为相近似，构成侵权。

对于请求人金红叶公司提出的要求赔偿经济损失20万元人民币的请求处理事项，不属于宣城市知识产权局职能范畴，宣城市知识产权局不予处理，请求人可以另行通过司法途径解决。

根据《专利法》第11条第2款、第59条第2款、第60条，宣城市知识产权局作出如下处理决定：被请求人宏程纸业公司立即停止侵权行为，停止制造、销售侵权产品“莉之园”原生木浆LZY518面纸，且不得销售尚未售出的该侵权产品或者以任何其他形式将其投放市场，销毁该侵权产品的外包装及生产该外包装的专用模具。

如不服本决定，可在本《处理决定书》送达之日起15日内，依照《行政诉讼法》向合肥市中院起诉。

四、案件评析

本案可归纳出两点：

一是代理律师综合业务素质有待提高。代理律师不能很好区分“证据”和“事实”的关系，请求人代理律师仅仅提供了一个印有被请求人相关信息的产品，被请求人对此产品却做了很明确的默认。从这一点可以看出，双方代理律师对证据的认知度不高，一个印有被请求人相关信息的产品并不能直接证明此产品就是被请求人生产的，因为请求人代理律师并不能证明此产品的合法来源。也就是它不是一个完整的证据链。

二是一般的民事律师可能缺乏知识产权方面的知识。单从被请求人生产的产品与请求人所有的“包装纸（BR38MC）”外观设计专利比对上，其实很容易就能判别。可是，被请求人代理律师却将焦点用在被控侵权产品与涉案专利如何不相同的争论中。

（安徽省宣城市知识产权局　裴志新）

案例5　山东省知识产权局处理“螺旋体铸造模型及其造型方法”发明专利侵权纠纷

一、案件要点

使用专利方法获得的产品不属于新产品，专利权人能够证明被请求人制造了同样产品，经合理努力仍无法证明被请求人确实使用了该专利方法，但根据案件具体情况，结合已知事实和日常生活经验，能够认定该同样产品经由专利方法制造的可能性很大，可以根据民事诉讼证据司法解释的有关规定，不再要求专利权人提供进一步的证据，而由被请求人提供其制造方法不同于专利方法的证据。

二、基本案情

本案请求人尹某于2005年5月13日向国家知识产权局提出了名称为“螺旋体铸造模型及其造型方法”的发明专利申请，2007年2月14日获得国家知识产权局授权，专利号为ZL200510043477.9。

请求人尹某在被请求人干式真空泵公司处发现了其使用的螺旋杆转子铸造毛坯件，其上带有“范线”，而“范线”是普通铸造工艺沿中心线分型造型在合范处留下的痕迹。请求人由此判定被请求人生产的螺旋杆转子的铸造技术使用了其发明专利“螺旋体铸造模型及其造型方法”，向山东省知识产权局提出侵权处理请求。

被请求人辩称：(1)涉案专利所涉及的沿中心线分型造型方法在1993年6月的杂志中已提到，是传统工艺。(2)螺旋杆转子是被请求人干式真空泵的构成部件，其毛坯件皆为购入件，非被请求人生产制造，有委托铸造技术协议为证。(3)被请求人的螺旋杆转子采用消失模铸造，模型为泡沫材质的螺杆转子，其上的“范线”是铸造前用胶水在模具的中线上粘贴上的，这条“范线”是一个基准，在加工过程中用于参照。综上，其螺旋杆转子不构成对涉案专利的侵权。

三、处理过程

山东省知识产权局受理后依法进行了口头审理。

争议的主要问题是：

(1)被请求人并不生产螺旋杆转子，而是通过协议委托他人生产，是否承担专利侵权的责任。

(2)请求人虽然发现了可能由专利方法制造的螺旋杆转子，但没有取证到被请求人螺旋杆转子生产的完整的工艺流程。这种情况下是否可以将举证责任适当转移给被请求人。

(3)带有“范线”的螺旋杆转子毛坯件由消失模技术生产的可能性问题。

对于第一个问题，山东省知识产权局认为，被请求人提供模型及相关技术要求委托乙方制造螺旋杆转子，用于组装干式真空泵，并以制造人的身份向社会销售，双方是一种加工承揽关系。被请求人应对其产品承担相应的法律责任，其委托加工的行为应当认定为《专利法》第11条规定的“制造”行为。

对于第二个问题，山东省知识产权局认为，本案请求人发现了可能是由其专利方法直接获得的产品，但要求进入生产现场进行调查，取得被请求人实施其专利方法的证据几乎是不可能的。专利权人已尽合理努力穷尽其举证能力，仍难以证实被告确实使用了其专利方法。考虑到被请求人螺杆转子毛坯件上带有“范线”，而涉案专利技术是对普通铸造工艺沿中心线分型造型铸造螺旋体方法的改进，改进后使用该方法铸造螺旋体由困难变为简单，适于工业生产。结合已知事实以及日常生产经验，能够认定被请求人使用专利方法生产螺旋杆转子的可能性较大。所以，山东省知识产权局不再苛求专利权人提供进一步的证据，而将举证责任适当转移给被请求人。

对于第三个问题，山东省知识产权局认为，铸造时有意让制造出的螺杆转子毛坯件产生“范线”，又在后续的机加工中打磨掉，这无疑增加了钢材消耗量和后序加工量，费工、费料和费时，导致螺旋杆转子的制造成本大幅上升，显然不利于工业化生产。这与被请求人提供的答辩材料中提到的“消失模铸造的产品精度高、表面光洁、减少清理、节省机加”的特点相背离。并且粘贴上的“范线”没有再现性，即其粘贴的“范线”线条每一条都不一样，相对于加工基准应当非常精确的要求相去甚远。而被请求人在审理期间也未提供其“加工基准说”的合理依据和证明。所以，被请求人提供的其使用的螺旋杆转子毛坯件是通过消失模技术铸造的说法，山东省知识产权局不予采信。

参照《最高人民法院关于民事诉讼证据的若干规定》第2条、第75条的规定，山东省知识产权局认为被请求人提供的证据不足以证明其事实主张，应承担不利后果。

山东省知识产权局于2013年8月29日作出行政处理决定，认定被请求人为生产经营目的使用了涉案发明专利，侵犯了请求人的专利权。

被请求人不服山东省知识产权局的处理决定，向济南市中院提起行政诉讼，济南市中院于2015年1月26日判决维持山东省知识产权局的处理决定。

四、案件评析

本案是合理运用证据规则，以事实推定的方式认定侵犯产品制造方法专利权的典型案例。由于侵权证据的难以获得性，非新产品制造方法专利一直是知识产权保护的难点，本案中，山东省知识产权局根据案件具体情况，在权利人已尽合理努力并穷尽其举证能力，结合已知事实以及日常生产经验，能够认定同样产品经由专利方法制造的可能性较大的前提下，不再苛求专利权人提供进一步的证据，而将举证责任适当转移给被请求人。同时在被请求人提供的证据不足以证明其事实主张的情况下，认定其使用了专利方法。这种方式合理减轻了方法专利权人的举证负担，对于便利非新产品方法专利权人依法维权具有重要意义。

（山东省知识产权局　赵　艳）

案例6　河南省洛阳市知识产权局处理“一种一次可生产六根硅芯或其他晶体材料的高频线圈”实用新型专利侵权纠纷

一、案件要点

被控侵权产品包含与涉案专利权利要求记载的全部技术特征相同或者等同的技术特征的，应当认定其落入专利权保护范围，构成专利侵权。

二、基本案情

请求人洛阳某机械工程公司、刘某某就被请求人洛阳某高科技公司、西安某科技公司侵犯其名称为“一种一次可生产六根硅芯或其他晶体材料的高频线圈”，专利号为 ZL200720089215.0 实用新型专利一案，于 2010 年 12 月 2 日向河南省洛阳市知识产权局提出处理请求，请求人称 2009 年起，西安某科技公司以技术改造为名，为洛阳某高科技公司的生产设备制造、使用侵犯 ZL200720089215.0 专利的产品，给请求人造成了极大的损失。为此，请求人请求洛阳市知识产权局责令两被请求人停止侵权行为，根据侵权事实对侵权损失进行赔偿。

三、处理过程

本案涉及等同原则在专利侵权判定中的运用。

河南省洛阳市知识产权局受理后，依法组成合议组，对本案进行审理。审理过程中西安某科技公司对专利号为 ZL200720089215.0 的专利向专利复审委员会提出无效宣告请求，洛阳市知识产权局依法中止处理程序。待无效宣告处理决定作出后，恢复了处理程序。洛阳市知识产权局派出执法人员对被请求人洛阳某高科技公司进行了现场调查取证，现场拍振了设备和线圈的照片，并调取了使用过的高频线圈。请求人和被请求人的代理人参加了在洛阳市知识产权局主持下的口头审理。

审理中，请求人和被请求人对请求人提供的证据进行了质证。请求人同时明确以无效宣告决定后的权利要求 1 和权利要求 6 作为与被控侵权物技术比对的基础。经审理查明：专利号为 ZL200720089215.0，名称为“一种一次可生产六根硅芯或其他晶体材料的高频线圈”实用新型专利，于 2011 年 8 月 2 日，由专利复审委员会作出第 17071 号无效宣告决定，维持专利权有效。目前，该专利法律状态有效。口头审理中，请求人明确以无效宣告后的独立权利要求 1 和从属权利要求 6 作为请求判定侵权的基础，洛阳市知识产权局予以确认。听取了请求人和被请求人的意见后，经合议组认定被请求人生产、销售和使用的高频线圈与本案专利的权利要求 1 和权利要求 6 所述全部技术特征对应，除“直开口”和本案专利所述“斜开口”技术特征不完全相同外，其余所述技术特征与本案专利技术特征相同，但“直开口”和本案专利所述“斜开口”为等同特征，被控高频线圈包含了本案专利的全部技术特征和等同的技术特征，已经构成侵权。

根据《专利法》《河南省专利保护条例》以及《专利行政执法办法》有关规定，合议组作出如下处理决定：(1)被请求人洛阳某高科技公司停止使用西安某科技公司生产的侵权高频线圈。(2)被请求人西安某科技公司立即停止生产、销售侵犯专利号为 ZL200720089215.0 的实用新型专利权的高频线圈。

西安某科技公司不服洛阳市知识产权局的处理决定，先后向洛阳市中院和河南省高院提起行政诉讼。洛阳市中院和河南省高院驳回了西安某科技公司的上诉，维持了洛阳市知识产权局的处理决定。

四、案件评析

本案是一起典型的利用技术方案不同进行抗辩，行政执法部门依法采用全面覆盖原则和等同原则处理的侵权案件。但案件处理过程曲折，历时 3 年，经历了宣告专利无效、行政处理、行政诉讼一审二审，最后还引起双方当事人的民事诉讼，最终维持了行政处理决定。

(一)该案处理程序合法

洛阳市知识产权局在处理该案过程中，从案件的受理、请求书副本送达、答辩告知、现场取证、口头审理、因无效宣告中止审理到最终处理等环节执行程序合法。

(二)该案事实清楚

(1)对涉案专利的权利保护范围论述得准确、明晰。

请求人明确以无效宣告决定后的权利

要求1和权利要求6作为与被控侵权物技术比对的基础，洛阳市知识产权局予以确认。确定了涉案专利的保护范围和保护范围的构成要件，其中有结构特征和相对位置关系特征。

(2)现场取证，证据固定扎实。

进行了现场调查取证，现场拍摄了设备和线圈的照片，并调取了使用过的高频线圈实物，固定了有关证据。为案件的顺利处理提供了扎实的基础。

(3)运用侵权判定原则适当。

经过审理和实物对比，被控侵权物除“直开口”和涉案专利所述“斜开口”技术特征不完全相同外，其余所述技术特征与涉案专利技术特征均相同。运用等同原则，“直开口”和“斜开口”属于等同特征。至此，被控侵权产品包含了本案专利的权利要求1和权利要求6所述的全部技术特征和等同特征，落入了涉案专利的保护范围。

(三)案件处理恰当

根据有关法律、法规，洛阳市知识产权局作出了处理决定，支持了请求人的合法主张，对请求人没有法律依据的主张不予支持。

(河南省洛阳市知识产权局　李团胜)

案例7　湖北省武汉市知识产权局处理某食品公司与某农贸公司专利侵权纠纷

一、案件要点

1.“包装袋(某热干面A)”(专利号:ZL201030630652.6)专利有效性的认定。

2. 双方当事人对证据进行辩论质证。

3. 行政机关依法对是否侵权进行认定并下达处理决定。

二、基本案情

请求人某食品公司是“包装袋(某热干面A)”，专利号:ZL201030630652.6外观设计专利的权利人，该专利目前合法有效。请求人发现被请求人某农贸公司未经请求人许可，为生产经营目的销售与该外观设计专利相近似的产品，涉嫌侵犯了请求人的专利权。请求人就其“包装袋(某热干面A)”(专利号:ZL201030630652.6)与被请求人的专利侵权纠纷，向湖北省武汉市知识产权局提出处理请求，请求责令被请求人立即停止侵权行为，赔偿损失。

三、处理过程

武汉市知识产权局受理后，依照《专利行政执法办法》第11条组成合议组，并于2014年3月10日进行了口头审理，请求人的代理人和被请求人的代理人到庭参加了口头审理。本案现已审结。

请求人称其是名称为“包装袋(某热干面A)”(专利号:ZL201030630652.6)的专利权人，被请求人未经请求人许可，以生产经营为目的，在其制造的产品上采用了与涉案外观设计专利相近似的外观设计，该外观设计特征落入了请求人专利权的保护范围。根据《专利法》及相关法规，被请求人涉嫌制造侵权产品，侵犯了专利权人的专利权，为维护请求人的合法权益，请求武汉市知识产权局责令被请求人立即停止侵权行为，赔偿经济损失1万元，支付请求人维权合理支出2万元。

请求人为支持其请求，向武汉市知识产权局提交了如下证据:(1)ZL201030630652.6号专利证书、缴纳ZL201030630652.6号专利年费收据、ZL201030630652.6号专利《外观设计专利说明书》，用以证明请求人专利权的有效性、稳定性及涉案专利的保护范围;(2)请求人某食品公司的《工商营业执照副本》《组织机构代码证》，用以证明请求人的主体资格;(3)请求人在中商徐东公司购买的“老汉味牌”大武汉热干面(7包)实物、中商徐东公司开具的购买该热干面(7包)实物的发票，用以证明被请求人实施了被控侵权的行为。

被请求人辩称:2013 年 11 月 1 日与某商贸公司签订了合作协议,为某商贸公司生产"老汉味牌"大武汉热干面。在生产之初对市场上的同类产品进行了分析,未发现产品的外包装有外观设计专利的标识。在这样的情况下才开始生产。被请求人生产的"老汉味牌"大武汉热干面外包装侵犯请求人外观设计专利 ZL201030630652.6,是无主观故意的行为。

根据双方当事人的诉辩主张、庭审质证确认的证据和调查情况,武汉市知识产权局查明以下事实:

(1)2010 年 11 月 18 日,请求人某食品公司向国家知识产权局申请了名为"包装袋(某热干面 A)"的外观设计专利,授权公告日为 2011 年 6 月 22 日,专利号为 ZL201030630652.6,该专利合法有效。

(2)ZL201030630652.6 号专利的主分类号为 LOG(9)CI.09—05。

(3)ZL201030630652.6 号外观设计专利主视图为长方形对角构图。在其中心位置设计有"热干面"三个横排大字和一盘热干面,"热干面"三个大字上方靠右边设计有横排"某"字样;在上方位置设计有横排"8 包入超量装"字样,在"8 包入超量装"字样下方靠左边设计有小号横排"某"字样。涉案专利的后视图为长方形对角构图,在其中部设计有两个并排布置的长方形区域,每个长方形区域内用横排的多排文字,上述每个长方形区域的上方均设计有小号横排"某"字样。

(4)在中商徐东公司销售的"老汉味牌"大武汉热干面实物系被请求人某农贸公司制造。

(5)被控侵权物的主视图为长方形构图,其中心位置设计有"热干面"三个横排大字和一盘热干面,"热干面"三个大字上方靠右边设计有横排"大武汉"字样。在被控侵权物正面上方位置有横排"7 包入非油炸"字样,在"7 包入非油炸"字样下方靠左边设计有小号竖排"老汉味"字样,在"7 包入非油炸"字样下方靠右边设计有横排"实惠装"字样。被控侵权物的后视图为长方形对角构图,在中部设计有两个并排布置的长方形区域,每个长方形区域内有多排横排的文字,上述每个长方形区域的上方均设计有竖排"老汉味"字样。

武汉市知识产权局认为:

(1)2010 年 11 月 18 日,请求人某食品公司向国家知识产权局申请了名为"包装袋(某热干面 A)"的外观设计专利,授权公告日为 2011 年 6 月 22 日,专利号为 ZL201030630652.6,该专利合法有效;请求人在中商徐东公司购买的"老汉味牌"大武汉热干面(7 包)实物上标明的制造商为被请求人某农贸公司。

(2)本案专利 ZL201030630652.6 在《国际外观设计分类表》中的主分类号为 LOG(9)CI.09—05,该外观设计产品名称为"包装袋(某热干面 A)",外观设计产品用途为用于包装方便面。被控侵权物是"老汉味牌"大武汉热干面的外包装袋,与涉案专利在《国际外观设计分类表》中的分类号所对应的产品一致,且与涉案专利产品用途一致。

(3)外观设计专利权的保护范围以表示在图片或照片中的该产品的外观设计为准。判断外观设计是否相同或相似,应当以外观设计专利产品的一般消费者的知识水平和认知能力为标准。武汉市知识产权局认为,将被控侵权产品与外观设计专利给出的视图相比对,二者相近似,易使普通消费者产生混淆,被控侵权产品已落入专利号为 ZL201030630652.6 的外观设计专利的保护范围;被请求人实施了《专利法》第 11 条第 2 款所指的制造行为;任何单位或者个人未经专利权人许可,都不得实施其专利,被请求人某农贸公司制造被控侵权产品的行为,已构成侵权。

(4)关于请求人提出的赔偿经济损失 1 万元并支付请求人维权合理支出 2 万元的请求,武汉市知识产权局不予支持。

综上所述，依照《专利法》第11条第2款、第59条第2款、第60条，《专利行政执法办法》第13条、第17条，武汉市知识产权局作出处理决定如下：

（1）被请求人某农贸公司立即停止制造侵犯请求人某食品公司专利号为ZL201030630652.6外观设计专利权的外包装的行为。

（2）驳回请求人其他请求事项。

四、案件评析

《专利法》第11条第2款规定，外观设计专利权被授予后，任何单位或者个人未经专利权人许可，都不得实施其专利，即不得为生产经营目的制造、许诺销售、销售、进口其外观设计专利产品。本案中被请求人制造的产品的外观设计与外观设计专利视图相比对，构成相近似，易使普通消费者产生混淆，被控侵权产品已落入专利号为ZL201030630652.6的外观设计专利的保护范围。根据法律规定，应承担相应的法律责任。

（湖北省武汉市知识产权局）

案例8　湖南省长沙市知识产权局处理“九味肝泰”宣传册假冒专利案

一、案件要点

在确定“使公众混淆，将未被授予专利权的技术或者设计误认为是专利技术”时，一般不涉及技术方案的比对，但如果经过简单技术比对，明显可以看出实际产品与标识标注的专利技术区别较小（例如，实际产品是对相关专利产品的少许改动或改进），则应依法认定为假冒专利行为。

二、基本案情

专利执法人员对一起举报假冒专利的行为调查发现，某市一家药店中销售的“九味肝泰”胶囊产品宣传册上印有“ZL93117585.2‘肝泰宝胶囊及其生产工艺’专利证书”字样；该宣传册上还印有K药业公司字样。

经调查，发明专利“肝泰宝胶囊及其生产工艺”，专利号为ZL93117585.2，申请日为1993年9月24日，原专利权人为肖某，2009年11月变更为K制药集团公司；2010年11月变更为K药业管理集团公司；该专利于2012年9月24因未缴年费专利权终止。K药业管理集团公司与K药业公司、K制药公司均为关联企业。由K制药公司制造，并由K药业公司经销“九味肝泰”胶囊产品。该产品宣传册2011年初开始印制并随产品投放二级分销商，公司称其于专利权终止前停止了该“九味肝泰”胶囊产品宣传册的印制，但在二、三级分销商处还存有“九味肝泰”胶囊产品的宣传册。

专利ZL93117585.2权利要求1记载的技术方案为：一种肝泰宝胶囊，其原料特征为（重量比）：郁金7.80%、田三七3.91%、姜黄3.91%……13味中药配比制成。而“九味肝泰胶囊”产品说明书的成分为“三七、郁金、姜黄”等9味中药。

三、处理过程

根据《专利法实施细则》第84条第1款第（5）项之规定，K药业公司与K制药公司在产品宣传页中宣传与产品实际配方不一致的专利技术，且在专利权终止后继续使用上述宣传资料，使公众混淆认为该产品采用了专利技术的行为，已构成假冒专利行为。根据《专利法》第63条及《专利行政执法办法》第43条第5项之规定，责令当事人立即停止使用标有“ZL93117585.2‘肝泰宝胶囊及其生产工艺’专利证书”字样的宣传资料。

四、案件分析

在本案处理过程中，对当事人行为是否可以定性为假冒专利行为，有一些争议。

根据本案调查事实，可将当事人的行

为归纳为以下两方面：一方面是在专利权有效期内标注了一批印有专利证书的宣传册，在专利权终止之后，没有及时收回，放任其继续使用、发放；另一方面是该宣传册所涉产品的技术方案并非完整的专利技术方案，经技术比对缺少部分技术特征。如何就当事人的上述行为进行定性分析是笔者要讨论的内容。

（1）专利权人在专利权终止之后，有无权利在产品宣传册中使用专利证书、标注专利标识。

第一种观点认为，在产品宣传册上印制专利权已终止的专利证书是当事人的表达自由，具有合理性，不属于假冒专利的行为。理由如下：

《专利法》第 17 条规定，发明人有署名权，专利权人有标明专利标识的权利。可见专利权具有一定的人格权属性，专利权人希望公众将其视为特定技术的所有人，从而确立其特殊身份或享有社会赞誉。实践中，专利权人可能在专利权终止后继续发放产品宣传册，对权利已终止的产品继续进行宣传。在专利权终止后对产品进行专利标识标注应该区分不同情况，对于仅仅标注类似“产品曾经获得专利权，专利号×××”的情形，应认为宣传者意在宣传其技术的先进性，而非意图使公众误以为其处于专利排他保护状态下。此时的宣传内容应该属于表达自由的范畴。

第二种观点认为，在《专利法实施细则》第 84 条规定的假冒专利行为的各种情形中，第（1）、（2）项的表述为“专利权终止后”，相对于第（3）、（5）项表述“未被授予专利权”而言，“未被授予专利权”是专利权根本不存在，“专利权终止”则是曾经被授予专利权，由于专利权期满终止或者专利权人没有按照规定缴纳年费的终止。因此，从条文表述来看，《专利法实施细则》第 84 条第（1）项中明确将“未被授予专利权”和“专利权被宣告无效后或者终止后”作为不同情形并列说明；而《专利法实施细则》第 84 条第（5）项明确舍弃后一种情形，即未列举“专利权终止后”的情形，所以实践中不应再将“未被授予专利权”扩大解释为包含“专利权终止后”的情形。这一观点持有者认为，执法人员对于假冒专利行为的认定应严格依据《专利法实施细则》第 84 条规定的五种情形进行认定，不应该扩大解释。

第三种观点认为，在产品宣传册上印制权利已终止的专利证书会产生“使公众混淆，将未被授予专利权的技术误认为是专利技术”的结果，所以应当认定为假冒专利行为，即符合《专利法实施细则》第 84 条第 1 款第（5）项的规定。

从《专利法实施细则》第 84 条第 1 款第（1）、（3）、（5）项来看，第（1）项侧重于从标注专利标识行为角度进行界定，第（3）、（5）项从虚假宣传引起误认为专利技术或设计角度进行界定，而在“产品或者其包装上”以及“产品说明书等材料中”进行的不合法专利标识标注行为与虚假宣传误认为是专利技术的行为并无性质上的不同，因此，将第（3）项和第（5）项中“未被授予专利权”扩大解释为包含“专利权被宣告无效后或者终止后”的情形更加合理。

以上几种认识分歧反映的实质是市场个体的表达自由与规范市场公共秩序之间的价值冲突。湖南省知识产权局支持观点三。对于一项曾经获得过专利权的技术而言，专利权人有权向公众表明曾经拥有一项专利，但这种表达应该约束在法律法规的框架之内，应以不引起公众误解为前提。

（2）对《专利法实施细则》第 84 条规定的“未被授予专利权的技术或者称为专利技术”的假冒专利行为是否需要将当事人实际实施技术方案与专利权的技术方案进行比对。

本案中，产品宣传册中宣传的产品实际配方与该册中宣传产品所用专利技术中的配方不一致。根据 2006 年国家食品药品监督管理局发布的《药品说明书和标签管理规定》第 11 条的规定，药品说明书应当列出全部活性成份或者组方中的全部中药药味。可以推定，药品说明书记载的成分应当为产品的全部中药成分。由此足以证明被查处的“九味肝泰胶囊”产品的技术方案中并未使用该产品宣传册中宣传的专利技术方案。但是，在假冒专利案件的查处中，执法机关是否应当就被查处产品与专利的技术方案一一进行技术比对，而比对后认定为存在假冒专利的条件又如何把握？

一种观点认为，在查处假冒专利案件中，不用将实际实施的技术方案与标注的专利技术进行技术比对。从实践来看，如进行技术比对，专利执法部门将在确认被控产品的技术方案的调查取证和技术比对上耗费大量的时间精力，这相对于假冒专利案件办理的周期而言会很紧张；同时进行类似专利侵权纠纷案件中的技术一一比对也会增加该类案件的处理难度。所以持该种观点的人认为在假冒案件中执法人员不必调查当事人所实际实施的具体技术方案，也不必进行技术比对分析。

另一种观点认为，对于某些明显可以判断专利标识的专利技术方案与产品实际技术方案不一致的行为，应当认为构成假冒专利。专利标识虽可以在专利产品、产品说明书等材料上进行，但是专利标识标注权行使的前提是不得损害专利管理秩序，即专利权人无权在非专利产品、产品说明书或者宣传资料上标注专利标识。专利权人虽拥有专利权，但由于其实际使用的技术方案并非属于专利权的保护范围，此时如在宣传册或产品说明书中宣传其产品系专利产品的宣传内容则欺骗了社会公众，使社会公众误认其亦属于专利产品；这种行为损害了专利管理秩序，构成了假冒专利行为，应当予以制止。在专利执法查处过程中，只要执法人员明显能够判断出专利标识的专利技术方案与产品实际技术方案不一致，对于该类行为也应当认定为构成假冒专利的行为予以处罚。

这种观点也被国家知识产权局在个案批复中予以认同。如在《关于对有关认定假冒专利行为认定的复函》（对济南市知识产权局）中称，如果实际产品与标识标注的专利产品区别较小（例如，实际产品是对相关专利产品的少许改动或改进），也应依法认定为假冒专利行为，但综合考虑该行为的情节、性质、结果、影响等因素，可在一定程度上从轻处罚。这种假冒专利的行为表现，也是对《专利法实施细则》第 84 条第 1、2、3 款中涉及的“未被授予专利权”情形的解释。

笔者支持第二种观点。在本案查处过程中，通过简单比对，可以明显看出药品说明书中记载的技术方案与专利权利要求记载的技术方案相比，缺少技术特征，这一行为也属于假冒专利行为。

（湖南省长沙市知识产权局　谭　啸）

案例 9　广东省知识产权局处理“榨油机”专利侵权纠纷

一、案件要点

本案经历了立案、现场勘验、口头审理、中止与否审查和处理等完整的专利行政执法程序，并接受了行政诉讼一审和二审的司法审查，是一宗典型的专利行政执法案例。

二、基本案情

请求人佛山太电公司就其与被请求人中山北羚公司关于名称为“一种带加热装置的榨油料理机”，专利号为 ZL201120478488.0 的实用新型专利权纠纷，向广东省知识产权局请求处理。广东省知识产权局于 2013 年 6 月 28 日受理立案。

请求人称其拥有名称为：“一种带加热装置的榨油料理机”，专利号为 ZL201120478488.0 的实用新型专利权，该专利于 2012 年 8 月

22日被授权并公告，至今仍有效。被请求人未经请求人的许可，擅自制造、销售和许诺销售侵犯本案专利的产品，给请求人造成了经济损失。请求人提出如下请求事项：一是对侵权产品取样，查阅、复制相关生产和销售合同；二是要求被请求人立即停止制造、销售和许诺销售侵犯本案专利的产品，并从市场上回收全部侵权产品；三是要求被请求人销毁库存侵权产品以及专用模具；四是要求被请求人销毁侵权产品的宣传资料及包装材料，并在相关网站上撤下印有侵权产品的图片；五是请求广东省知识产权局对侵权损害赔偿及维权合理费用的补偿问题进行调解。

三、处理过程

2013年7月8日，广东省知识产权局执法人员到被请求人中山北羚公司现场勘验检查时，发现被控产品欧科榨油机26个，康佳榨油机48个，北之羚榨油机16个，榨油机的半成品480个，均进行了取样。

2013年7月30日，广东省知识产权局对本案进行了口头审理，双方当事人均进行了充分的意见陈述。请求人方面，请求事项和理由均没有变更，但主张以权利要求4进行侵权比对。被请求人则认为，针对权利要求4，被控产品“传感器的位置不一样”，“温控器和金属罩没有接触”。

2013年9月25日，被请求人以对本案专利权向国家知识产权局专利复审委员会提出专利权无效宣告的请求并于2013年7月22日获受理为由，申请中止处理。经对被请求人所提出的中止请求和所附的证据进行审查，认为被请求人提出的中止理由明显不能成立，随即作出不予中止处理的决定。

广东省知识产权局将被控产品“榨油机”与ZL201120478488.0号实用新型专利的权利要求4的技术方案相比较，认为其具有后者的全部必要技术特征，落入了ZL201120478488.0号实用新型专利的保护范围。

2013年12月17日，依据《专利法》第11条第1款、第59条第1款、第60条，《广东省专利条例》第37条第1款和《行政强制法》第27条的规定，广东省知识产权局作出处理决定如下：被请求人立即停止侵权行为，即停止制造、许诺销售与ZL201120478488.0号实用新型专利相同的榨油机产品。

请求人对上述处理决定不服，向广州市中院提起行政诉讼，该院作出维持处理决定的判决。请求人不服一审判决，上诉至广东省高院，该院于2014年12月16日作出维持原判的终审判决。

四、案件评析

本案有四个问题值得关注：

一是关于选择哪项权利要求作侵权比对的问题。

本案中，请求人明确主张保护权利要求4。《最高人民法院关于审理侵犯专利权纠纷案件应用法律若干问题的解释》第1条第2款规定：“权利人主张以从属权利要求确定专利权保护范围的，人民法院应当以该从属权利要求记载的附加技术特征及其引用的权利要求记载的技术特征，确定专利权的保护范围。”对于该解释，行政机关在行政处理决定书中不能直接引用。但行政处理决定要接受司法审判的检验，行政机关应参照执行该解释的规定，因此本案中应该以权利要求4，而非权利要求1来作侵权比对。

二是被请求人提出专利无效宣告请求是否需要中止案件处理的问题。

《专利法实施细则》第82条规定：“在处理专利侵权纠纷过程中，被请求人提出无效宣告请求并被专利复审委员会受理的，可以请求管理专利工作的部门中止处理。管理专利工作的部门认为被请求人提出的中止理由明显不能成立的，可以不中止处理。”《广东省专利保护条例》第12条第2款规定:“专利管理机关立案之后,被请求人请求中国专利局撤销专利权或者请求专利复审委员会宣告专利权无效的,应当书面通知专利管理机关,并可以申请中止处理。专利管理机关对是否中止处理,应作出审查决定,并通知当事人。”本案中,被请求人向国家知识产权局专利复审委员会提出无效宣告请求,并请求广东省知识产权局中止处理。广东省知识产权局认真审查被请求人的无效宣告资料,认为中止理由明显不能成立,因此没有中止本案的处理,国家知识产权局复审委员会2014年2月20日作出的维持专利权有效的审查决定,也印证了这一点。

三是关于许诺销售行为认定的问题。

本案中,请求人提供的公证书中显示被请求人在其官网上公开了“羚动BL－ZQ25E冰银”榨油机的图片,这一款榨油机广东省知识产权局在现场勘验时发现了数台。广东省知识产权局认为,虽然网页上显示的产品图片没有显示内部结构特征,但其品牌、外形和型号均与现场勘验提取的被控产品完全相同,且被请求人也未提供其在网站上许诺销售的产品与被控产品不同的事实或者证据,因此,广东省知识产权局认定被请求人有在网络上许诺销售被控侵权产品的事实。

四是关键技术特征的认定问题。

涉案专利权利要求1为:一种带加热装置的榨油料理机,其特征是:包括榨膛、榨杆、电热式加热装置以及用于支承固定加热装置的支承部件,所述的榨杆位于榨膛内,所述的加热装置固定于所述的支承部件,加热装置其传热部件与榨膛其外表面接触。权利要求4为:根据权利要求1所述的带加热装置的榨油料理机,其特征是:所述加热装置由金属罩、电发热元件、导热块、温控器构成,电发热元件位于导热块内,导热块为前述的传热部件,导热块与电发热元件接触,金属罩盖于导热块其开口;温控器与金属罩接触。被请求人在网络上有许诺销售被控产品的事实。在行政处理以及行政诉讼过程中,双方的争议点集中在“温控器”这一关键技术特征的认定上。被请求人认为,其采用的是“热敏电阻”而非“温控器”,请求人和广东省知识产权局以及广州市中院都认为,“热敏电阻”是“温控器”的一种,广东省知识产权局在行政诉讼中还提交了《敏感材料与传感器》和《汽车电工电子基础》等两份公开出版物作为佐证,而广东省高院则认为“热敏电阻”和“电脑芯片”共同组成“温控器”。当然,在认定侵权与否上,请求人、广东省知识产权局、广州市中院和广东省高院的意见完全一致。

（广东省知识产权局　李　鹏）

案例10　四川省成都市知识产权局处理某药房假冒专利案

一、案件要点

案件调查和证据收集要多方面、多渠道。多个证据比单一证据证明力更强。

二、基本案情

2014年11月28日,四川省成都市知识产权局组织联合专利执法,在锦江区某大药房查获由辅安堂公司生产的“草本抑菌乳膏”,外包装标注“专利号:201030137501.7”的专利标识。成都市知识产权局从国家专利数据库没有检索到该专利。根据《专利法实施细则》第84条第1款第(2)项规定,成都市知识产权局对该药房涉嫌假冒专利进行立案调查。

在对涉案当事人的两次调查中,当事人提供了营业执照、进货清单、涉案商品生产企业营业执照副本、专利证书等证据材料的复印件。当事人提供的专利证书复印件字迹模糊,专利号、专利权人等字迹不能准确辨认。

成都市知识产权局以涉案商品生产企

业为专利权人进入国家专利数据库进行检索，没有检索到该企业拥有专利。又通过涉案商品包装上的电话号码与生产企业营业执照上的负责人进行了联系，向该负责人说明情况并要求其提供涉案商品专利号和专利权人，该负责人未能提供。

成都市知识产权局向四川省知识产权局请示协助办理该案，在四川省知识产权局专利代办处通过专利申请内部系统查悉，涉案商品于 2010 年 4 月 13 日向国家知识产权局提出了专利申请，但申请后没有被授权。四川省知识产权局出具了情况说明和系统检索的页面截图等相关证据材料。

三、处理过程

根据《专利法》第 63 条，《专利法实施细则》第 84 条第 1 款第(2)项、第 3 款以及《专利行政执法办法》第 43 条第(2)项的规定，成都市知识产权局认定锦江区某大药房构成假冒专利行为，向其下达了《责令整改通知书》，责令其药房进行改正，停止销售外包装上标注有“专利号：201030137501.7”的“草本抑菌乳膏”商品。涉案商品生产企业涉嫌假冒专利移送当地知识产权局处理。

四、案件评析

成都市知识产权局在本案调查中，一是向涉案当事人进行调查；二是进入国家专利数据库进行检索调查；三是向涉案商品生产企业调查；四是通过专利申请机构进入专利申请内部系统进行调查，四个渠道的调查结果，特别是通过专利申请机构进入专利申请内部系统的调查，表明涉案商品外包装所标注的专利号不是被授权专利的专利号，最终综合认定涉案药房假冒专利行为成立。在办理行政案件中，不能仅凭单一证据，特别是单一证据不能充分证明时，一定要从其他多渠道收集相关证据，根据收集的多项证据进行综合判断。

（四川省成都市知识产权局　庞德纯）

国家知识产权局学术委员会2014年度学术研究成果

一、2014年度一般课题名单

(一)实审专业委员会

1. 标准必要专利的审查业务研究

2. 针对兼职复审员的业务指导体系和质量保障体系的完善

3. 生物技术领域高通量药物筛选专利申请中五局审查标准之研究

4. 农业领域发明专利申请的实验数据对创造性评价的影响研究

5. CPC分类在光学分析领域的检索应用研究

6. EPOQUE新系统下的检索策略研究及其对S系统的借鉴作用

7. 个性化检索能力提升定制培训研究

8. 基于审查单元的技术分析与检索策略的分析和优化

9. 生物序列发明单一性审查的研究

10. 激光加工关键技术分析及审查策略的研究

11. 石墨烯专利技术信息分析与研究

(二)初步审查和流程优化专业委员会

1. 专利登记簿记载事项的法律规范及电子化实施的研究

2. 收费系统改造方案及其开发需求研究

3. 初审流程业务职能规划研究

4. 经纸质文件转化的电子文件法律地位研究

5. 中国专利事务网上服务的现状、问题及对策研究

(三)实用新型专业委员会

1.《专利法》第26条第3款在实用新型初步审查中的适用

2. 新颖性在实用新型审查中的适用研究

3. 实用新型引入“明显不具备创造性审查”的可行性论证

4. 实用新型专利权评价报告制度的实施情况评估与完善

(四)外观设计专业委员会

1. 部分外观设计保护研究

2. 外观设计分领域实质审查标准研究

3. 外观设计专利制度的完善

4. 海牙国际注册申请审查实务研究

5. 与外观设计相关的专利法修改实施情况评估与完善研究

(五)文献专业委员会

1. 我局联合专利分类实施策略研究及建议

2. WIPO法律状态标准跟踪与法律状态研究

3. 金砖国家在中国专利申请状况分析研究

4. CPC分类体系分析及研究

(六)复审专业委员会

1. 生物技术领域权利要求保护范围的审查

2. 优先权成立的判定标准和举证责任分配

3. 部分外观设计确权、侵权判定标准研究

(七)信息化专业委员会

1. 新一代地方专利信息服务工具研究

2. 我局业务系统移动化 web app 技术架构分析与示范研究

3. 基于雷达图的检索能力提升

(八)审查相关政策专业委员会

1. 新审查格局下我局内部会计控制制度的研究

2. 节能技术动向研究

3. 专利审查流程优化及评价的实务研究——以法院相关判决为视角

4. 独任审查模式下青年职业能力提升研究

5. 中美、中日专利法律概念及其实务比较研究

二、2014 年度优秀课题概要

1. 课题名称:专利登记簿记载事项的法律规范及电子化实施的研究

课题负责人:孙传利

专利登记簿副本是记载专利即时法律状态的法律文书,是最权威的法律状态证明,是国家知识产权局向社会公众公开法律状态信息的重要途径。快速、准确地向公众提供专利登记簿副本是审查服务的重要内容,是国家知识产权局的基本职责,是知识产权强国建设的必然要求。

本课题研究旨在提出有效提升专利登记簿管理的解决方案。研究报告共分八章。第一章全面梳理专利登记簿及其副本的发展历史和现状。从法律法规、管理模式方面回顾专利登记簿的发展脉络,重点对近年专利登记簿副本的社会应用和社会需求发展情况进行了分析。进一步深化了对专利登记簿副本作用和重要性的认识。

第二章对国内相关行业的产权专利登记簿以及其他国家专利登记簿进行了对比研究。调研国内商标、版权等无形资产和房地产等有形资产的登记管理使用情况,针对美、日、欧、韩、印等国家或地区的专利登记簿相关制度的法律规定、登记事项和出具方式等进行了比较深入的研究,找到了差距,也获得了一些启发。

第三章专利登记簿管理的复杂性及当前存在的主要问题。在分析专利登记簿管理的复杂性的基础上,以大量专利登记簿统计数据分析为支撑,指出制约专利登记簿管理的主要问题包括以下三个方面。一是未形成标准化的专利登记簿法律规范和数据规则。二是部分专利登记簿基础数据存在问题,仍需要人工进行数据核查,导致工作效率不能满足社会需求。三是社会普遍反映专利登记簿信息获取或查询手段落后,不适应当前各方发展的需要。

第四章至第七章在前述分析研究的基础上,课题组通过实际调研、问卷调查等方式,认真分析社会需求,提出全面完善专利登记簿系统建设和业务规则的解决方案。方案主要包括四个方面。一是课题组提出了完善专利登记簿法律规范,包括明确专利登记簿中法律状态的表述,规范登记事项内容。二是提出了专利登记簿数据规则。三是提出了对影响专利登记簿数据记载准确性的电子审批系统改造建议。四是提出了专利登记簿电子化建议及用户需求。

最后第八章课题组认为应当在系统建设中贯彻服务理念,同时建立专利登记簿管理体系以全面提升专利登记簿服务和管理能力。专利登记簿管理体系包括以下五个方面。一是专利登记簿的法律规范,二是数据运行规则,三是系统建设及功能完善,四是提升查询服务手段,五是建立有效的反馈和纠错机制以解决存在的数据错误问题。以上五个方面构成了专利登记簿管理体系,通过这五个方面的不断建设和优化,逐步实现专利登记簿内容标准化、数据规范化、浏览一致化、出具电子化、反馈流程化、纠错程序化的目标,专利登记簿服务能力将得到全面提升。本课题的研究成果是重点在专利登记簿的法律规范、数据规则、系统建设、查询服务手段四个方面提出

了可行性方案。

2. 课题名称：收费系统改造方案及其开发需求研究

课题负责人：申江华

近年来，随着国家知识产权战略的实施，知识产权制度在我国提升到前所未有的高度，知识产权保护深入各行各业，我国专利申请和授权量快速增长，从而专利收费业务也随之大幅度增长。面对挑战，特别是在网络化、信息化、智能化发展进程中，专利电子申请已达到总申请量89%左右，收费工作如何顺应时代的发展趋势，满足广大申请人、专利权人及审查业务日益增长的需求，需要深入研究和探讨。

收费系统作为收费工作的实现载体，一直随着时代和收费业务的发展在不断改革、创新。现有收费系统在信息化、智能化进程中面临诸多变化和挑战。为适应专利收费业务的发展形势，从根本上解决现有收费系统的问题，统筹考虑专利收费业务未来中长期发展规划，课题组以满足国家知识产权局今后至少十年的专利收费业务需求设计为目标，研究解决现有收费系统各主要问题。课题组遵循“快捷、智能、互动”这一原则，从系统架构和业务模式根源上统筹考虑专利收费业务各层次需求，搭建费用管理统一平台，充分利用平台的优势，以收费核心业务为重心，研究新增新兴的缴费模式和服务手段，同时提升整个系统的综合业务处理和管理能力，对各个业务流程的改造细化至具体系统改造需求，使课题成果即时可以得到应用。有效满足社会公众需求及专利审查需求，力求新收费系统达到“系统架构主流、公共服务优质、业务模式高效、内部管理健全”，实现审查业务和账务处理高效、准确、可靠。

3. 课题名称：实用新型引入“明显不具备创造性审查”的可行性论证

课题负责人：丁蕾

中国实用新型专利制度对提升社会公众知识产权意识、促进我国经济发展起到了重要的作用。但实用新型授权质量较低也是一直以来被关注的问题，一批质量不高专利的存在，扰乱了正常的专利秩序。上述问题的存在很大程度上是由于实用新型初审阶段并不对技术方案的创造性进行检索判断所致，要从根源上杜绝此类专利申请授权，有必要考虑对实用新型审查制度进一步完善或创新，这正是本课题立题意义所在。

考虑我国目前实用新型的申请数量以及初步审查资源的配置，本课题组提出了：在兼顾“合法”“效率”两大原则的基础上，在现有实用新型审查制度的框架下，进行“明显不具备创造性审查”。内容主要包括：第一，引入“明显不具备创造性审查”的概念；第二，阐述何为明显不具备创造性；第三，提出了包括启动环节、检索环节、判断环节在内的“明显不具备创造性审查”三步骤法；第四，论证了“明显不具备创造性审查”的引入在提高实用新型授权质量的同时还可一定程度上节约审查资源；第五，通过对实用新型实际入审案件进行“明显不具备创造性”模拟审查，对引入创造性审查后可能对审查成本、申请量、审查周期以及复审的影响作用进行研究。有效论证了现阶段引入“明显不具备创造性审查”对上述各指标影响均在可承受范围之内。

4. 课题名称：外观设计专利制度的完善

课题负责人：卞永军

关于相近似外观设计合案申请、色彩保护、本国优先权、授权标准及审查制度等一些热点问题在局学术委员会的课题中有过研究，但没有涉及具体问题的解决方案，比如2005年局学术委员会一般课题《色彩对外观设计的影响》，2007年局学术委员会一般课题《外观设计关联申请审查实务研究》，2007年局学术委员会一般课题《外观设计创造性判断标准研究》，2011年局学术委员会一般课题《外观设计优先权制度研究》，本课题在前期研究的基础上，在

《专利法》即将第四次修改的背景下，进一步研究提出修改解决方案，对解决方案的成因、必要性和可行性进行深入研究，研究方法采用对比研究方法和调查研究法，对国外的相关制度进行收集整理，并制订了调查问卷，利用调研和会议的机会，征求对四个问题观点的反馈。课题组按照研究领域，分成了四个研究小组，分别对审查制度、本国优先权引入、外观设计合案申请制度和色彩保护的相关规定进行研究。课题报告分为两个主要部分，第一部分是总论部分，分别对四个问题提出具体的修改意见，第二部分是分论部分，分别针对相应的修改部分进行详细论述。对于审查制度中涉及明显创造性审查的由于涉及案例较多，列入附件部分。附件部分还包括色彩部分的案例和本课题的调查意问卷。

5. 课题名称：针对兼职复审员的业务指导体系和质量保障体系的完善

课题负责人：冯晓明

兼职复审员制度在满足全局审查工作的发展需要，缩短复审案件的审查周期，促进前后审级之间的交流及全局审查标准一致性执行工作中发挥着积极的、重要的作用。为了顺应全局审查工作的发展需要，基于专利复审委员会及各实审部门开展兼职复审工作积累的经验，进一步完善针对兼职复审员的业务指导、质量保障等各个环节以形成具有可操作性的业务指导体系和质量保障体系成为必要。

本课题在对专利复审委员会的审查质量保障体系和各实审部门现有的兼职复审审查质量保障体系进行比较的基础上，结合各部门兼职复审工作的实际情况，对现有兼职复审审查质量保障体系进行完善，为今后的兼职复审工作提出一种权责明确、切实有效的部处两级质量保障体系。同时在对各个实审部门针对兼职复审员的业务指导体系及专利复审委员会的业务指导体系进行对比和分析的基础上，给出了针对兼职复审员的业务指导体系的主要框架，包括针对兼职复审员的业务培训机制、长效指导机制等，并对针对兼职复审员的业务指导体系中的不足之处提出初步改进方案。

最后，为了有助于各承担兼职复审工作的实质审查部门在短期内快速有效地提升兼职复审审查质量，提出了几点切实合理的工作办法。

6. 课题名称：CPC 分类在光学分析领域的检索应用研究

课题负责人：高懿颖

专利分类对于专利信息的管理、检索和利用极为重要，精细合理、与时俱进的专利分类体系是专利检索和审查的有力保障。从国际发展趋势来看，CPC 分类体系具有专利分类准、细分条目多、更新速度快等优势，有望成为国际上最为通用的专利分类体系。但是，由于每个技术领域都有其技术特殊性，如何将普适的 CPC 分类体系应用于特定的技术领域，是目前亟待解决的主要问题。

本课题旨在研究 CPC 分类体系在光学分析领域中的应用。在理解 CPC 分类体系特点的基础上，对光学分析领域的 CPC 分类表和分类定义进行了研究，分析归纳了本领域中 CPC 的分类规则，对扩增后的近 800 个 CPC 分类条目和分类定义进行了技术脉络的梳理和归类，重点研究了 CPC 对本领域中重点、难点、热点技术分支的分类解析，并探索了这些技术分支中 CPC 的检索策略，还将 CPC 与现有的其他分类体系进行了分析对比。此外，本课题还形成了适用光学分析领域的 CPC 检索 Booklet，有望成为本领域审查员的有力工具。通过本课题的研究，可为 CPC 分类体系在具体技术领域中的应用打下坚实基础，为国家知识产权局使用和推广 CPC 提供重要参考。

7. 课题名称：EPOQUE 新系统下的检索策略研究及其对 S 系统的借鉴作用

课题负责人：祁建伟

欧洲专利局检索系统（以下简称 EPO-

QUE系统)是国家知识产权局从欧洲专利局引进的一个功能很强的检索系统,也是国家知识产权局自主检索系统——S系统上线之前一直被国家知识产权局审查员广泛使用的检索系统。2013年欧洲专利专局对EPOQUE系统进行了比较大的改进和更新,对原有的数据库、检索命令、功能模块等进行了调整和变化,更好地提高了检索效率。为使国家知识产权局审查员对EPOQUE系统的变化尽快了解和熟悉,并能达到利用其新增的功能有效地提高检索效率的目的,本课题首先对数据库、命令、功能模块进行了系统的介绍。其次,本课题给出了EPOQUE系统下的检索策略,主要包括基于CPC分类号的检索策略、基于X—Full的全文检索策略、基于Combi的追踪检索策略、涉及数值范围和化学结构的检索策略,以及基于检索命令的检索策略。再次,本课题对EPOQUE系统与S系统,围绕其数据库、功能等方面的特点进行了研究和比较,从而可以使国家知识产权局审查员在实际检索时根据两者的特点作出合理的选择。此外,本课题还根据EPOQUE系统功能的变化,对PREPARATION做了适应性的调整和扩展,内容涉及转库、查找引用和被引用文献、统计、查找申请人和发明人的专利、专利分析等。最后,本课题根据对EPOQUE系统的研究成果,对S系统的后续改进提出了具体的可行性建议,具有重要的应用价值和意义,期望本课题的研究成果能够对S系统的建设起到积极的促进作用。

8. 课题名称:我局联合专利分类实施策略研究及建议

课题负责人:曾志华

2013年6月,国家知识产权局与欧洲专利局正式签署了《实施中华人民共和国国家知识产权局与欧洲专利局战略伙伴关系协议第19条“分类问题”的谅解备忘录》(MOU),加强和扩展两局在分类领域的合作,同意引入美欧联合专利分类体系(CPC),与国际专利分类(IPC)一起作为国家知识产权局内部分类体系使用。CPC的引入和实施,被认为是国家知识产权局专利审查业务发展上的战略性选择,对国家知识产权局现行IPC分类体系下的专利分类、审查、培训、管理、利用以及文献国际合作等业务带来了一系列机遇与挑战。

本课题基于国家知识产权局CPC引入实施工作的现状,探讨CPC实施过程中在分类培训、分类实践、业务管理及系统开发等方面存在的问题,通过课题研究以及参考他局在CPC实施方面的经验,提出具体的实施策略和工作建议。在CPC分类培训方面,课题组建议:(1)整合资源,建立培训师资核心队伍;(2)立足需求,开发培训课件资料;(3)分级培训,自上而下覆盖全局;(4)搭建平台,促进分类理解趋同;(5)跟踪评估,保证培训质量水平。在CPC分类实践方面,课题组建议:(1)明确主辅,促进统一;(2)以点带面,自主扩展;(3)内外结合,提升质量;(4)合理规划,按需修订。在CPC分类有关的审查业务管理方面,课题组建议:(1)建立并完善CPC分类相关审查业务流程;(2)开展CPC分类号复核质量控制;(3)激励审查员了解并使用CPC,增进审查员对CPC分类号的了解,促进审查员对CPC分类号的使用。在CPC系统开发方面,课题组建议:应采取阶段式、递进式的策略,近期实现CPC基本功能的应用场景,满足基本的审查业务需求;中期继续完善CPC分类体系相关数据库建设;远期实现CPC分类应用的更高要求,创建一套CPC分类应用标准化体系流程,最终构建完整的CPC应用体系标准。

此外,本课题还就CPC分类实施的其他问题进行探讨。(1)CPC分类数据向公众开放问题。课题组认为,国家知识产权局应尽早对专利检索与服务系统功能进行改进,以满足社会公众对国家知识产权局CPC分类信息的期待和需求,同时应在专利信息传播利用工作中增加CPC分类体系认知和检索方面的培训和服务。(2)中国发明专利过档文献及实用新型文献的CPC分类问题。课题组认为，应分析发明专利过档文献及实用新型文献在专利审查过程中的引用情况，统计出使用频率较高的领域和年代范围，对于使用频率较高的领域和年代涉及的文献，考虑由专门的分类员对其进行CPC分类，其他文献则可考虑充分发挥审查员的力量，由审查员补充CPC分类号。(3)国家知识产权局参与CPC修订工作有关问题。课题组认为，应积极通过双边、五局合作平台等各个渠道，反映国家知识产权局对CPC的理解和认知，并在取得一定成效的情况下，通过高层会谈等方式，提升国家知识产权局在CPC分类修订工作中的影响力和话语权。

9. 课题名称：部分外观设计确权、侵权判定标准研究

课题负责人：王霄蕙

部分外观设计是现代外观设计保护体系的重要组成部分，考虑设计创新的实践因素，部分外观设计保护制度通常被认为更贴近设计的本质。在国际上，美国早在1980年即确立了部分外观的保护，日本和韩国则分别于1999年和2001年明确了部分外观的保护，在世界知识产权组织于2008年提供的一份问卷调查中显示，参与调查的42个国家和地区中，有31个国家保护部分外观。

随着行业发展和设计水平的提高，国际和国内大环境的影响，以及对于外观设计专利保护的愈加本质的了解，我国在专利法中引入部分外观设计的保护已是必然结果。已有的研究资料中虽不乏对部分外观设计的研究成果，但内容多集中在我国引入部分外观制度的可能性和必要性方面，尚无对部分外观制度引入后相应法律法规的变化、具体执行标准制定方面的研究。值专利法第四次修改之际，本课题将聚焦于我国部分外观保护制度的具体构建，以部分外观设计的确权标准研究为重点，兼以对授权标准和侵权标准进行研究，从而得到我国相关标准的具体修改建议。

基于此，本课题采用实证分析、对比研究的方法，对美、欧、日、韩、台等代表性国家和地区部分外观设计制度中的授权、确权和侵权标准进行了研究；通过相关法条的横向比较分析，结合对案例的深入理解，确定我国部分外观保护制度的可借鉴内容；最后结合我国现行专利保护体系的特点，从以下几个方面提出了我国部分外观制度中确权标准的具体修改建议：(1)关于部分外观设计保护客体的建议。包括：立法层面修改建议，部分外观设计的实际保护对象，部分外观设计应予排除的客体。(2)关于部分外观设计保护范围的建议包括：立法层面修改建议，确立保护范围的实际考虑因素。(3)关于具体对比判断原则的建议。包括：判断主题，相同/实质相同、明显区别的判断，同样的发明创造的判断，对比原则和标准。

课题成果的丰富内容填补了以往的研究空白，从而为部分外观的立法和具体操作标准的确立提供了研究资料。

10. 课题名称：新一代地方专利信息服务工具研究

课题负责人：张东亮

为了更好地实施国家知识产权战略，加强对地方开展专利信息服务工作的支持，国家知识产权局为全国47个副省级以上城市配备了全领域数据库系统及相应软硬件，截至2014年，该系统已运行逾6年，为地方开展专利信息服务工作提供了有力支撑。但随着我国专利申请量的激增，专利文献的数据量快速增长，存储频繁扩容，数据及时更新得不到保障。另外，支撑数据的范围及原平台的系统功能也已经不满足当前专利信息服务的需要。为了更有效地使用户接受地方专利信息服务，更充分地利用专利信息公共服务三级架构体系的资源，课题组开展了新一代地方专利信息服务工具的研究工作，在分析了全领域数据库系统、Patentics、SooPAT以及Total Patent等4个专利信息服务工具，并对全国专利信息公共服务体系和现阶段地方专利信息服务工作进行了调研的基础上，从具体业务需求、数据需求、以及系统需求出发，对新一代地方专利信息服务工具的架构进行了研究，设计出涵盖检索服务、自建库服务、常见问题及在线交流平台、管理服务、系统监控、系统管理在内的六大功能模块，并对此工具的管理制度、运维保障制度、具体实施方式进行了更进一步的研究，从而使更有力的地方专利信息服务工作得到保障。

11. 课题名称：专利审查流程优化及评价的实务研究——以法院相关判决为视角

课题负责人：韩晓刚

本课题通过梳理历年来行政应诉的全过程，总揽国家知识产权局行政应诉工作的概貌。通过对法院关于专利审查流程方面的行政判决进行研究，对现行相关法律、法规进行解读，总结当前国家知识产权局专利审查流程优化方面的经验，分析国家知识产权局涉诉案件中国家知识产权局观点与法院判决存在差异的原因，进而获得法院判决对专利审查流程优化的启示，提出对于相关法律风险点进行完善的建议，降低国家知识产权局在专利行政审批中的法律风险。

根据案件中显现出的较为典型的法律风险点，确定了著录项目变更手续、受理和送达、电子申请、优先权权利转让几项研究重点。结合国家知识产权局实际情况，本课题对上述法律风险点进行分析，根据合法行政、合理行政、正当程序、信赖保护等法律原则，从法律规范和优化程序方面提出：在专利法规中明确专利权利转移中明确法律责任的分配、电子申请及相关证据的法律效力；对于优先权的转让规则与专利申请权转让规则相适应；完善著录项目变更的权利当事人的告知程序；在表格回执等内容中增加风险提示；探索提供短信、电子邮件等信息提醒方式；规范局内文件流转程序和时限。

12. 课题名称：独任审查模式下青年职业能力提升研究

课题负责人：张小凤

本课题立足于“坚持和完善独任审查模式，使其更好地促进青年职业能力的提升”这一总体原则，通过深入分析专利实质审查过程中的独任审查模式对青年职业能力的影响，综合考量国家知识产权局青年特点、审查岗位职业技能匹配度等因素，选取5个维度——审查业务能力、思维与创新能力、沟通协作能力、解决问题能力、服务意识与品格素质作为参考指标，建立能力素质模型。在每个维度下再建立多个能力素质指标。随后，结合专项问卷、专家访谈等方式深入了解国家知识产权局人员对相关问题的认识，并与合议审查模式进行了对比，分析现有独任审查模式对职业能力素质模型的各维度、各指标的影响。最后，课题组综合研究成果，提出在坚持独任审查模式的前提下，从制度措施、主题活动、技术手段三大层面、八个方面来提升青年职业能力，并有针对性地提出了“独任审查与合议审查结合”的工作模式、处长谈心长效制度、审查员风采展示活动、合议效率提升模型、知识产权志愿服务平台、政策宣讲交流午餐会、“智慧分享”平台等七个具体的、可实施的工作示例模式或活动示例模型。

（国家知识产权局学术委员会供稿）

国家知识产权局2014年软科学研究成果

1. 课题名称:知识产权基本法框架体系研究

课题负责人:烟台大学　房绍坤

国家知识产权战略纲要提出要“研究制定知识产权基础性法律的必要性和可行性”。研究制定知识产权基本法,是实施国家知识产权战略、完善中国特色知识产权法律制度的内在要求。本课题借鉴国外知识产权法体系化、法典化的经验,遵循知识产权法的内在规律,研究提出了基本符合我国实际的知识产权基本法立法模式和框架体系,并对相关问题进行了深入研究,形成知识产权基本法草案(专家建议稿)。

知识产权基本法的框架结构包括总则、知识产权管理体制、知识产权促进措施、知识产权的效力、知识产权的保护、涉外知识产权以及附则。总则,包括有关知识产权基本法的目的和宗旨、知识产权的定义、与其他法律的关系、知识产权单行法的结构和基本原则(包括鼓励创新原则、利益平衡原则、制止不正当竞争原则、禁止权利滥用原则)等。知识产权管理体制,包括有关国家知识产权战略委员会、知识产权行政管理机构、知识产权行政执法机构等规定。知识产权促进措施,包括有关知识产权促进的基本目标和原则、知识产权促进的基本措施、知识产权促进的配套措施等。知识产权的效力,包括有关知识产权的排他性、知识产权共有、在先权利优先原则、知识产权权利用尽、知识产权重叠保护及区分以及知识产权无效等。知识产权的保护,包括有关知识产权侵权责任、承担及免除赔偿责任的特殊情形、赔偿责任的计算方式、不当得利返还请求权、特殊知识产权诉讼、知识产权案件诉讼时效、知识产权案件管辖等。涉外知识产权,包括有关地域性原则、国民待遇、知识产权国际条约的效力以及自由贸易区知识产权执法等。

2. 课题名称:高校知识产权管理标准导入与标准化建设研究

课题负责人:陕西省知识产权局　卢鹏起

本课题总结了目前高校知识产权管理工作存在的问题,研究加强高校知识产权管理的建议,形成《高校知识产权管理标准》(建议稿),为国家知识产权局推进相关工作提供了有价值的参考和借鉴。

课题组认为,高校知识产权管理不力,导致科技成果转化率低、无形财产大量流失等。同时,由于激励机制的不到位,挫伤了高校师生对智力发明和创作的积极性。高校知识产权管理存在的共性问题主要表现为体制上规范的管理机构和明晰的管理体制的欠缺、意识上的淡漠和管理经验的匮乏、政策上相关激励机制的欠妥和缺失、技术转化市场意识的欠缺以及与市场对接的不到位、资金和专业人才的匮乏等。

课题组建议,在硬环境建设上,应建高校知识产权管理标准体系,包括选择科学合理的高校知识产权管理模式、建立行之有效的高校知识产权管理机构、确立张弛有度的以权属制度和分配制度为核心的高校知识产权管理制度、确保高校知识产权管理人才培养和储备持续发展的机制等。在软环境建设上,宜采用自上而下的方式进行推行,成功的关键在于增强牵引力和推动力。

3. 课题名称:外国知识产权在华收益情况研究

课题负责人:国务院发展研究中心　吕薇

本课题选取家电、汽车、运动鞋、餐饮、

电影等行业，对外国在华知识产权收益情况进行研究评估。研究表明，近年来外资企业在华知识产权数量快速增长，知识产权相关交易日趋活跃，外国在华知识产权收益大幅上升。

数据显示，随着近年来我国知识产权保护环境的改善，外资企业在华知识产权数量快速增加。2013 年，外国在华发明专利申请 12 万件，是 2009 年的 1.4 倍；外国在华商标注册申请量（包括直接在华申请和马德里国际商标注册领土延伸申请）20.3 万件，是 2009 年的 1.6 倍。同时，与知识产权相关的知识产权密集型服务贸易数量快速增长。例如，2013 年我国专有权使用和特许权费进口 210 亿美元，是 2009 年的 1.9 倍，年均增长 17%。

外国在华知识产权收益包括直接收益和间接收益。直接收益是指技术和知识输出、知识产权许可使用等获得的收益，包括外国企业对华技术和知识服务输出的收益、专有技术直接收费、品牌特许经营费等。（1）与知识产权直接相关的服务贸易收益。2010～2013 年，我国专有权使用和特许权费、电影和音像制品、咨询服务等 3 项进口额达 1459 亿美元。其中，2013 年的 3 项进口额 454 亿美元，为 2009 年的 1.8 倍，年均增长 16%。（2）专有技术直接收费。2012 年汽车行业技术转让费收益为 1720 亿元。（3）品牌特许经营费。2009～2012 年，肯德基商标在华收益逐年增加，2012 年约为 25.5 亿元，是 2009 年的 1.67 倍。2012 年外国连锁餐饮商标在华收益约为 38 亿～51 亿元。（4）电影版权收入。1994～2013 年，进口影片通过分账和买断版权形式获得收益超过 69.7 亿元。

间接收益主要是指利用品牌、技术等知识产权优势，通过建立外资企业、委托加工、贸易等形式获得的收益。2012 年，汽车行业外国企业通过合资获得的在华知识产权收益约为 3440 亿元（含技术转让费），通过对华出口获得收益约为 1205 亿元，总收益约为 4646 亿元。2012 年，液晶电视行业外国品牌收益为 133 亿～151 亿元，外国运动鞋商标在华收益为 78 亿～88 亿元/财年度，软件行业在华软件企业在基础软件销售中获得利润为 350 亿～490 亿元。

课题组认为，虽然外国企业在华知识产权获得巨额收益有其合理性，但也存在诸如捆绑许可、捆绑销售、差别对待等不合理收费问题。课题组建议，一方面，要完善政府采购政策，支持自主品牌发展。比如，可以通过规定政府采购的价格上限，将产品价格限制在高于自主品牌、低于外资品牌之间，以实现事实上支持自主品牌产品的目的。另一方面，要利用《反垄断法》等法律法规，规制外国企业不合理收费行为。尽快制定出台相关细则，明确滥用知识产权的行为，维护国内消费者和生产企业的合法利益。

4. 课题名称：泰州市装备制造业企业转型升级知识产权战略研究

课题负责人：泰州市科技局　祝光

本课题分析了泰州装备制造业的现状，研究提出泰州市装备制造业企业转型升级知识产权创造战略。课题组认为，泰州市装备制造业的支柱产业优势地位显著，但技术创新能力相对落后；虽然转型升级总指数水平在不断提高，但企业核心竞争力水平偏低。主要制约因素包括企业自主创新动力和创新内生机制缺失、知识产权服务体系不能满足转型升级知识产权战略的服务要求等。

课题研究提出泰州市知识产权创造战略。即选择自主品牌创新的转型升级模式，实施“一把手工程”管理战略；“市场未动专利先行”“精心谋划专利布局重点突出质量核心”“资源优化着眼未来”的运用战略，对外贸易知识产权整体保护战略；“内部培养与外部引进”相结合的复合型知识产权人才战略。

课题组建议，加大对装备制造业的研发资金投入，大力推进科技金融；鼓励企业与高校、科研院所合作，建立产学研联盟；加强企业知识产权意识，建立知识产权文化；建立健全装备制造业知识产权管理和保护制度；开展国际技术交流与合作，推进品牌建设；政府政策扶持，发展知识产权等。

5. 课题名称：协同创新战略中知识产权共享及利益分配机制研究

课题负责人：江苏省知识产权局　朱宇　南京工业大学　赵顺龙

本课题系统梳理了协同创新的理论基础和研究现状，探讨了协同创新的运行机制，以及国外知识产权参与创新收益分配的相关实践。课题组运用文献梳理和专家评议等多种方法构建了协同创新的绩效评估指标体系，分析了各协同主体的激励机制和风险因素，以协同创新绩效为利益标准，通过 Shapley 值法计算出各协同创新主体的利益分配机制，构建知识产权风险评价指标体系，并将知识产权风险引入 Shapley 值法的利益分配模型，对模型进行了修正，最后提出了协同创新战略下促进知识产权共享与利益分配的政策体系。

课题组建议，进一步完善知识产权制度和产业化的市场机制，充分发挥知识产权共享在协同创新收益的分配中的基础性作用。(1)完善协同创新政策法规，保障知识产权共享权益秩序。政府应充分发挥在政产学研协同创新中统筹规划、配置资源和提供公共服务的调控作用，加强和支持协同创新中的知识产权保护，完善知识产权制度和政策法规体系。(2)加强协同创新组织管理，搭建知识产权共享服务平台。建立高效、协调的可持续发展的科技管理监督制度。以开放共享为核心，加强创新体制综合改革试点，加大对协同创新资源共享公共服务平台的建设。(3)完善协同创新运行机制，降低知识产权共享风险成本。鼓励高校院所采取技术转让、联合开发、共建创业基地、开放实验室、联合培养人才等方式，与企业建立政产学研的战略联盟。(4)创造协同创新宏观环境，提高知识产权共享创新能力。推动全社会协同创新文化建设，大力营造有利于协同创新资源共享的良好氛围。进一步营造激励创新、鼓励创业的社会氛围。

6. 课题名称：我国陶瓷外观设计专利保护现状调研及对策研究

课题负责人：景德镇陶瓷学院　鄢春根　江西省知识产权局　熊绍员

本课题采取文献研究法、调查研究法、专利分析法、专家咨询法和会议研讨法、综合分析与归纳论证法等多种方法开展研究。课题全面分析我国陶瓷外观设计专利保护现状、总结存在的主要问题，研究提出加强我国陶瓷外观设计专利保护的措施与建议。本课题相关数据与对策建议部分已被江西省知识产权局、景德镇市瓷局、景德镇市知识产权局等采纳。

课题组的建议有以下几点。(1)多渠道开展陶瓷外观设计专利保护宣传与培训工作，提高陶瓷行业整体专利意识，培育知识产权文化，改善知识产权保护的整体环境。(2)完善陶瓷外观设计专利相关法律法规体系，缩短外观设计专利申请审批和侵权案件审理的时间，加大专利侵权惩罚力度。(3)建议各产瓷区所在省市知识产权局设立陶瓷外观设计专利专项资金，用于资助与奖励有创新的外观设计，以提高我国陶瓷产品外观设计创新能力。(4)加强陶瓷产品设计师的培养、支持与管理。(5)加强专利行政执法机构设置、人员队伍、装备条件建设，提高行政执法能力和水平。(6)构建陶瓷知识产权保护战略联盟，建立陶瓷行业专利保护沟通协调机制，以实现区域内和全国范围内的有效保护。(7)积极推动陶瓷产区建立区域和企业知识产权维权中心，促使我国陶瓷行业了解并充分利用维权的各种渠道，积极应对知识产权纠纷，提升知识产权维权能力。(8)在江西省景德镇市等具备条件的产瓷区建立 1～2 个陶瓷知识产权司法鉴定中心,提供面向行业的知识产权司法鉴定服务。(9)建立全国陶瓷外观设计专利快速维权机制,打造集专利申请、维权援助、调解执法、司法诉讼于一体的一站式综合服务平台等。

7. 课题名称:专利制度促进我国战略性新兴产业发展研究

课题负责人:厦门大学 乔永忠

研究显示,我国战略性新兴产业专利整体布局呈现以下特征。(1)授权发明专利数量增加趋势明显。(2)不同产业授权发明专利数量及增长率差异较大。(3)战略性新兴产业国内发明专利授权的增幅低于国外在华发明专利授权的增幅,也低于同期国内发明专利授权的整体增幅,即战略新兴产业专利方面的优势尚未显现。(4)不同类型战略性新兴产业国内外创新主体在我国授权发明专利数量比值变化存在较大差异。(5)日本和美国的创新主体在我国战略性新兴产业发明专利布局优势相当明显。(6)我国国内创新主体在战略性新兴产业中获得的发明专利授权量东西部差异明显。本课题还针对节能环保、新能源汽车、新一代信息技术等产业的专利布局、许可模式等进行了分析。

课题组有以下几点建议。(1)完善专利相关制度及政策,促进战略性新兴产业可持续发展。区分不同产业或技术领域专利政策,促进战略性新兴产业有序发展;完善加快审查制度,发挥战略性新兴产业优势;完善专利费用资助制度,解决企业资金困难。(2)提升专利创造水平,强化战略性新兴产业专利科学布局。获取核心技术的高质量专利,夯实专利布局基础;根据不同产业领域特征进行科学的专利布局;强化企业技术优势,提高专利布局的针对性。(3)提高专利运用能力,提高战略性新兴产业竞争能力。强化产业和企业专利战略;创新专利融资方式和转移转化方式;鼓励企业建立专利联盟;完善专利风险预警与评估制度。(4)强化专利保护和管理,提升战略性新兴产业专利合作基础和水平。强化专利保护和执法优化战略性新兴产业发展环境和合作基础;完善产学研用协同创新机制,提高战略性新兴产业合作效率;提高专利管理效率,提升战略性新兴产业合作水平。

8. 课题名称:产业提升目标下的广东专业镇知识产权战略研究

课题负责人:华南农业大学 杜国明

广东专业镇仅占全省镇级总数的14%,但镇级经济总量却占全省GDP总量的一半左右。本研究从专业镇产业创新的角度入手,引入政府、司法、高校、研究机构、中介、企业等知识产权主体,建立了由“全方位的知识产权战略主体”“全方面的知识产权战略工具”“全过程的知识产权战略控制”“多层次知识产权战略目标”等构成的专业镇产业知识产权战略系统模型,给出了专业镇产业知识产权战略选择建议。

课题组有以下几个观点。(1)传统制造业是广东专业镇优势产业,但产业技术含量低、产业侵权门槛低,没有形成综合运用知识产权工具和差异化控制知识产权过程的能力,产业竞争态势严峻。需要以企业为主导力量,通过加强自创和引进技术专利,努力提升知识产权能力,才能达到优化产业结构和提升竞争力的目的。(2)广东专业镇高技术产业处于快速成长阶段,知识产权创造是支持产业快速发展的基础,是目前产业发展阶段的重点任务。虽然专利数量处于全国前列,但需要实现产业知识产权从量变到质变的突破,以量的积累为基础,积极加强专利创造,实现知识产权资源转化为核心智力资源,进而形成产业动态竞争优势。(3)现代农业对知识产权运用提出了新要求,要求传统农业必须重视相关专利的创造积累和对商业秘密等的保护。广东专业镇农业生产产业知识产权积累非常有限,要在短期实现快速积累、提升技术层次不太现实,更多需要引进已有的先进技术。这就要求产业和企业具备对知识产权的综合管理能力,为知识产权的引进、利用、保护提供有效平台。

9. 课题名称:网络交易中侵犯知识产权的行为及防治研究

课题负责人:中南财经政法大学 胡开忠

当前,网络交易已成为一种新兴的重要交易方式。同时,网络交易中的知识产权侵权行为层出不穷,严重损害了知识产权人和消费者的利益,急需通过立法来加以规制。本课题研究了网络交易中知识产权侵权行为的现状、特点、类型,分析了侵权行为存在的原因,并结合我国国情提出了具体的防治措施,有利于规范网络交易行为,保护知识产权人的利益,促进网络交易的健康发展,促进我国知识产权立法及其他法律的完善,为相关司法实践提供智力支持。

课题组有以下几点建议。(1)完善立法。加快制定《电子商务法》以便对网络交易行为进行规制;整合《侵权责任法》及知识产权法律中有关间接侵权的规定,明确规定网络服务提供商承担责任的条件;在知识产权法律中完善民事赔偿制度和行政处罚制度,加大对受害人的救济和对侵权人的惩罚力度;健全《刑法》中关于知识产权犯罪的条文规定,严厉惩罚网络交易中的知识产权犯罪行为;完善知识产权案件的刑事诉讼程序,完善《消费者权益保护法》中的规定。(2)加强保护。完善知识产权的行政保护,加大执法力度,提高知识产权行政保护水平;建立专门的知识产权行政执法机构,加强行政机构自身能力建设;加大网络知识产权行政执法力度;提高执法人员的素质;规范网络商品交易秩序,积极开展打击网络交易知识产权侵权行为的专项行动;积极开展国际合作,健全知识产权海外维权机制,鼓励和支持企业海外维权。(3)大力培育知识产权文化。营造良好社会氛围,加强针对广大网民的知识产权保护宣传教育。

10. 课题名称:服务地区经济发展的知识产权人才培养模式的探索与实践

课题负责人:华中科技大学文华学院 罗艳娥 武汉市知识产权局 董宏伟

目前,我国专利工程师、专利代理人等知识产权专业人才严重不足。本课题对专利工程师行业整体状况、人才需求状况、培训需求状况等进行分析,总结专利工程师教育培养现状、华中科技大学文华学院“专利工程师”培养基地经验,研究提出服务地区经济发展的知识产权人才培养模式的建议。本课题出版专著《服务区域经济发展的知识产权人才培养探索与实践》(黑龙江人民出版社),发表《知识产权本科专业培养模式探析》等论文4篇。

课题组有以下几点建议。(1)建立统一的从业资格标准,明确人才能力考评制度,设计了“1+X”从业人员职业基准与资格考试制度。(2)建立教育培训与职业养成相一致的学历教育制度模式,提出本科教育“3+1+1”培养模式和设立知识产权工程硕士的建议。(3)以市场需求为导向、政府引导的人才培养非学历教育,提倡学习深圳模式(政府采购培训)和江苏模式(依托高校共建教学研究中心),鼓励民间资本进入知识产权培训市场,支持并引导行业联盟等。

11. 课题名称:新疆特色农产品精深加工专利战略研究

课题负责人:新疆农业科学院 房世杰

本课题以新疆维吾尔自治区具有代表性的5大类别的22个种特色农产品为研究对象,数据检索选择具有代表性的,尤其是集中在农产品加工层面的相关专利为研究目标。结果表明,截至2013年年底,共有相关专利124 243件,其中,国内专利43 042件(新疆953件),国外专利80 248件。

课题组经研究发现以下几个方面。(1)从以专利分类号来看,相关技术研究主要集中在农业和化学领域。(2)国外相关专利申请大部分以企业为主,研究范围广、技术程度高,成果转化速度快。个别国外企业专利布局及可能形成的垄断值得关注。(3)国内相关专利申请总量上升,科研院所较多,企业较少。(4)新疆相关专利以科研院所和个人为主,转化效率不高。新疆在阿魏菇、库尔勒香梨、一枝蒿等特色农产品领域的专利数量和技术领先全国,有发展潜力,但其他领域总体滞后于生产需求。

课题组有以下几点建议。(1)强化企业农产品加工专利保护意识,发挥龙头企业的带头作用。(2)以对口援疆政策为契机,多渠道加大科技投入和支持力度。(3)利用"一带一路"战略优势,提前布局专利战略,抢占中亚农产品市场。(4)建立新疆特色农产品(深)加工联盟,提高研发资源的利用率。

12. 课题名称:知识产权民事纠纷中的司法与行政"诉调对接"机制研究

课题负责人:浙江省知识产权局 严明潮 中国计量学院 张妮

本课题在理论研究基础上,对目前地方探索的知识产权民事纠纷"诉调对接"机制的主要模式、运行现状和实际效果进行实证性研究,对"浙江模式"的经验进行了总结,结合地方实践中的问题,提出了规范建议。

课题组认为,"诉调对接"应理解为法院司法诉讼程序在任何时候和各种调解方式的双向对接。其制度的核心在于:通过调解方式化解双方矛盾,快速解决纠纷。其正当性的基础在于:双方当事人对于以调解方式作为纠纷解决方式的选择一致性以及对于调解协议内容认可的一致性。知识产权调解对接制度通过诉讼和非诉讼渠道的相互衔接,整合司法力量、行政力量、社会力量,为知识产权纠纷解决提供更全面的救济途径,并能充分发挥行政调解职能,以最低层级、最实阶段、最少成本、最佳效果化解社会纠纷,为经验建设创造更加和谐稳定的社会环境。

浙江模式的主要经验有以下几点。(1)主要依靠行政力量,使调解更有效率。(2)实现了行政调解和诉讼的双向对接,行政保护和司法保护形成合力。(3)创新规则,机制更具吸引力。课题组建议通过出台具体实施细则、拓展诉调对接案件的领域、建立统一的知识产权行政执法大队、加强知识产权维权援助中心建设、建立健全诉调对接工作机构建设、完善监督检查机制等具体措施来进一步推进知识产权纠纷诉调对接工作。

13. 课题名称:2013年中国软件盗版率调查

课题负责人:中国农业大学 王卫华

2013年度软件盗版率调查是连续第9年开展的专项研究。调查显示,2013年,盗版软件的折算价值(经济损失)比2012年略有下降,整体盗版率各大项指标有明显下降。相对于软件产业的价值盗版率由2012年的10%降至8%,相对于软件产品的价值盗版率由2012年的25%降至22%。应付费软件单机安装数量由2012年的2.69套升至2.82套;盗版软件单机安装数量与2012年的0.96套基本持平。按当年安装的应付费计算机软件套数计算,盗版率由2012年的36%降至34%;按全部安装套数计算,盗版率由2012年的12%降至11%。从分类盗版率情况看,呈全面、稳步下降态势。

软件盗版率下降的主要原因有:正版化工作成果得到有效巩固;国产低价和免费软件应用日趋普及;手机网民的快速增加减少了个人用户对于计算机软件的依赖;软件销售渠道的多样化给消费者带来了便利。

课题组有以下几点建议。(1)把软件正版化工作提高到国家信息安全高度,在巩固软件正版化成果上,扎实推进企业软件正版化工作。(2)针对手机网民的快速增长,应及时制定防止手机软件盗版的预案。重视农村地区的正版软件推广和服务。(3)扶持民族软件企业,促进良性竞争。

14. 课题名称:专利提升企业竞争力路径研究

课题负责人:知识产权发展研究中心 陈燕

国家实力根本上取决于企业的核心竞争力。提高企业核心竞争力的途径包括从内部培育和从外部引进。从外部引进可以提高效率和节约时间,专利分析可以成为企业技术研发和市场竞争情报获取的重要手段。本课题研究了专利分析在企业经营决策、技术创新、市场竞争等多个维度可以起到的积极作用,并给出了具体的方法。

在经营决策阶段,提出了专利分析在企业战略决策、技术产品规划、交易和并购决策和市场竞争决策中的支撑作用。在技术创新方面,专利分析可以引导企业在项目实施、技术研发、专利布局、技术引进和合作以及在产品上市过程中进行保障。在市场竞争过程中,专利分析可以提升侵权防范和风险管控能力,还可以提高市场竞争力,在企业发展到有一定实力时,适时高端运用专利,进一步提高企业实力,形成良性循环。

课题组研究提出了通过专利分析提升企业竞争力的路径和步骤,采用评估企业的发展阶段、产业链位置、竞争对手情况以及转型成本和机遇,建立综合的实力模型,评估分析企业的综合实力,并结合实际应用案例的方式,展示了专利分析在各个方面和阶段的具体作用过程,可供企业更加容易理解和进行参考操作。

15. 课题名称:专利制度促进中国低碳经济发展研究

课题负责人:国家知识产权局专利局专利审查协作北京中心 诸敏刚

本课题结合德温特数据库低碳技术检索分析结果和对低碳技术的定义,选取了太阳能、生物能源以及碳捕捉和储存 3 个低碳技术领域,对其进行了多角度行业分析,从总体上了解我国低碳技术的发展现状。通过走访、问卷调查和座谈的方式,直接了解低碳相关企业的现状与需求,有针对性地提出我国专利制度或政策进一步推动低碳经济发展的建议。

就专利制度层面,本课题从专利审批、专利运用以及专利保护 3 个方面具体分析了促进中国低碳经济发展的举措。涉及专利审批制度的部分,包括绿色专利的费用减免、通过完善绿色分类建立绿色专利的识别机制、完善优先审查制度,适时增加绿色性的审查条款。涉及专利运用制度,包括完善专利权的评估、质押与融资机制,充分利用现有的技术交易平台实现低碳技术专利的市场化,建立低碳技术发展的专利预警机制,对于那些关系国计民生的重要低碳产业,可以适时启动强制许可程序,以实现专利技术的快速转移,完善我国整体的强制许可执法体系,建立低碳产业的产业联盟机制,按照技术领域构建低碳技术的专利池,推动中国低碳产业的整体发展进程。涉及专利保护制度,包括适时针对低碳技术分支的发展要求,设立低碳专利的弹性保护期限。

课题组建议,从国家层面,应该致力于制定具有战略意义的低碳技术路线图,对我国低碳技术发展构建立体网状图,为做好各低碳领域的专利总体布局提供保障。同时,国家需要出台更有支持力度的鼓励自主创新的政策和针对发展低碳技术的财税金融政策,奖励或补贴绿色专利技术的实施,必要时,可以采用类似于政府采购的行为推动绿色专利产品的广泛使用,让更多的企业自发地步入技术创新的殿堂,为专利技术的产业化铺平道路,让更多的低碳技术得以有效应用。

16. 课题名称:科研机构知识产权管理标准研究

课题负责人:中国科学院科技政策与管理科学研究所 刘海波

科研机构的知识产权管理要与知识产

权的“创造、运用和保护”形成有机整体，互相支撑、共同发展。科研机构运用是薄弱环节，亟待加强。从运用管理或管理运用的角度看，科研机构知识产权管理面临诸多问题，涉及宏观层面、措施、操作和资源，从而造成了科研机构知识产权难以有效地管理。

科研机构知识产权管理，旨在规范科研机构知识产权管理的方法和程序，而且通过建立标准规范科研机构各项知识产权活动，并使影响知识产权活动的全部因素都处于受控状态，从而不断提高知识产权管理水平，实现科研机构资源配置最优化、智力资本价值最佳化和经济效益的最大化。知识产权管理体系是提升创新能力的重要载体。

为了规范科研机构知识产权管理标准化路径，本课题撰写《科研机构知识产权管理规范（建议稿）》，从科研机构的知识产权管理的内涵出发，依据知识产权战略，建立、修订和完善符合科研机构特点的知识产权制度，健全机构的知识产权组织机构和人才建设，规范围绕科研项目的知识产权分析科研活动，做好科研成果的知识产权保护与增值，控制科研项目的知识产权节点管理。

17. 课题名称：中国申请人在海外获得专利保护的成本和策略研究

课题负责人：中国专利代理（香港）有限公司　邰　红

近年来，我国企业加快了在全球的专利布局。更好地保护拥有自主知识产权企业利益，助力企业开拓海外市场，刻不容缓。本课题研究主要关注中国申请人在海外申请专利可能发生的费用以及各国提供的优惠政策，并在此基础上提出可供申请人参考的节约费用的方法。

就费用而言，包括海外申请自提出至获权所涉及的全部费用，主要涉及各主要国家关于专利申请的官费标准，以及申请过程中的代理费。此外，本课题还将就日益发展的专利审查高速公路（PPH）对专利海外申请费用的影响加以研究。就优惠政策而言，主要收集各国对专利申请官费的减免措施，特别关注这些减免措施对本国和外国申请人有无差别，以进一步探究其是否可为中国申请人所利用。

在研究方法上，首先，广泛收集、翻译有关资料和基础数据，包括各主要国家申请专利的官费及代理费构成、各主要国家专利局的费用减免、优惠政策情况等，向国外专利代理机构调查该国的专利申请费用。其次，在已有的数据、资料的基础上，进行分类、整理、深入分析、研究整个费用体系的各部分构成，各种可能惠及中国申请人的优惠政策，针对国内申请人在对外申请中的问题和建议进行广泛调研。最后，针对中国的经济发展情况以及中国申请人的情况，结合各主要国家对本国申请人以及外国申请人的费用减免政策等，提出中国各申请主体的向外申请策略的建议。

研究发现，虽然各国申请专利的花费各有不同，但也具有一些共性。为了尽可能使中国申请人在海外获得专利保护的成本降低，可以从以下3个方面着重考虑。(1)采用合理的专利申请策略，包括选择合理的专利类型，撰写恰当的、符合规定的申请文本，尽早放弃没有授权前景的案件。(2)合理选择事务所代理申请相关事宜，包括合理选择国内及国外代理事务所并合理分工。(3)合理组织申请工作，包括合理安排申请翻译工作，科学组织答复审查意见，善于利用各类程序，指示信息尽量明确、详细，做好时限管理等。

18. 课题名称：国有企业知识产权资产管理问题研究

课题负责人：中国专利技术开发公司　彭茂祥

本课题主要以企业的知识产权资产管理为视角，以我国国有企业知识产权资产管理为研究重点。课题分析了国有企业的知识产权资产管理和运营情况，总结国有企业知识产权资产管理工作中存在的问题和障碍，就国有企业知识产权资产管理中的制度、财务、自身、运营、价值评估5个方面的问题进行了全面的分析，并研究提出了针对国有企业知识产权资产管理工作的改善建议，以及我国政府对于推动国有企业知识产权资产管理工作的具体措施。

课题组建议，政府应大力推动国有企业知识产权资产管理工作。(1)加强国有企业知识产权资产管理的理论研究工作，为相关工作提供支撑。(2)加快国有企业知识产权资产管理政策的制定工作。(3)探索和开展国有企业知识产权资产管理试点工作，培育一批知识产权管理富有成效的企业。(4)加强国有企业知识产权资产管理的宣传和培训工作，尤其是面向国有企业内部管理人员和相关工作人员的宣传和培训。(5)加快企业知识产权资产管理配套工作的开展和配套制度的完善。(6)创新和完善相关财务会计规范，逐步将国有企业知识产权资产管理纳入国有企业考核标准，逐步将企业知识产权资产管理纳入企业知识产权管理规范。

19. 课题名称：激励自主创新的知识产权政策及体系研究报告

课题负责人：中科院科技政策与管理科学研究所　宋河发

知识产权政策是激励和保障自主创新的重要手段。但我国目前的知识产权政策比较分散，没有形成完整的政策体系，还存在许多与自主创新不相适应的地方。本课题从国内外知识产权政策和我国知识产权相关政策现状出发，研究了知识产权政策体系的合理性，分析了知识产权政策体系的原理、内涵、分类，研究了知识产权政策体系构建的必要性，提出了构建我国面向自主创新的知识产权政策体系的对策措施。

构建符合知识产权规律的以知识产权创造运用为主体的知识产权政策体系，需要改革现有的财政政策、税收优惠政策、政府采购政策、投融资政策和各类考核验收政策。我国要改变过去的线性知识产权创造政策制定模式，构建以需求为主要导向的知识产权创造政策。我国要建立以转化实施和产业化为目的的知识产权运用政策。要强化知识产权保护政策尤其是知识产权司法保护政策，完善行政执法保护政策，发挥市场机制的作用，减少对知识产权活动的不必要和不正当的干预。还要适应政府职能调整和体制机制改革的需要，要建立以引导为主的知识产权管理政策，关键是要完善对企事业单位知识产权管理的指导性政策。

20. 课题名称：北京市文化创意产业专利保护现状及其对策研究

课题负责人：北方工业大学　王素娟

本课题分析北京市文化创意产业专利申请、取得状况、专利运用等现状，总结我国专利立法保护、司法保护的特点以及存在的主要问题，研究提出完善北京市文化创意产业专利保护的具体建议。

课题组认为，近年来北京市文化创意产业专利保护取得积极进展，但也存在一些问题，如北京市文化创意产业专利竞争力不足、北京市文化创意产业专利运用、市场化急需加强等。

课题组从立法、行政和司法保护等方面提出完善首都文化创意产业专利保护的建议。(1)立法方面。明确政府在文化创意产业专利保护中的角色定位与职能，发挥政府对文化创意产业专利发展的引导和管理作用，建立“政府引导、市场主导”的管理模式和体系。尽快制定“促进首都知识产权产业发展”的政策法律，积极推进文化创意产业专利与相关产业的融合发展。(2)行政与司法保护方面。适应新发展形势，采取具体措施加强对文化创意专利保护力度。加强行政执法队伍建设，逐步建立全方位专利保护体系。完善司法保护体系，及时应对文化创意产业引发的新问题。

(3)完善专利申请体制。激发北京文化创意产业国有企业尤其是设计服务业企业专利申请量，实现专利数量和质量的同步提升，加强文化创意产业专利人才培养和专利保护机制的建立，建立文化创意产业专利保护机构。

（国家知识产权局办公室供稿）

农业部2014年植物新品种保护学术成果

公益性农业行业科研专项“DUS测试品种、信息DNA测试技术研究”通过验收。一是研制了荞麦等80个农业植物种（属）的DUS测试指南和普通小麦等14种作物的DNA指纹图谱鉴定技术标准，颁布了94项农业行业标准。二是基本建成农业植物已知品种数据库，组织采集了20种农业植物9529份已知品种的DUS测试性状数据、图像资料及16种农业植物5462份已知品种的DNA指纹图谱。

（农业部科技教育司供稿）

杂　志

《知识产权》

联系地址：北京市海淀区蓟门桥西土城路 6 号
邮政编码：100088
联系电话：010－58515818
联系信箱：zscqip@163.com

《知识产权》2014 年第 1～12 期(总第 155～166 期)中文目录索引

专题评述

纪念中国专利法颁布 30 周年

反不正当竞争专题

高层论坛

百家争鸣

工作实践

国际知识产权

学术信息

学术活动

书评

《科技与法律》

联系地址:北京市海淀区颐和园路 5 号北京大学理科 5 号楼 414 室
邮政编码:100871
联系电话:010－62759361
联系信箱:kjyfl_bj@126.com

一言之

案例研究

《中国发明与专利》

联系地址:北京市海淀区马甸桥马甸南村1号
邮政编码:100088
联系电话:010—82000860—8162/8181
联系信箱:fmyzl@vip.sina.com

2014年第1期

2014 年第 3 期

2014 年第 4 期

2014 年第 5 期

2014 年第 8 期

2014 年第 10 期

2014 年第 11 期

2014 年第 12 期

《中华商标》

联系地址：北京市西城区莲花池东路甲5号院白云时代大厦1号楼B座1408室
邮政编码：100038
联系信箱：china.trademark@263.net.cn

4·26专题

5—4　2014年世界知识产权日主题“电影——全球挚爱”
5—6　国家工商总局举行新商标法实施新闻发布会
5—12　2013年全国地方人民法院共审结各类知识产权案件11万余件
5—16　最高人民法院发布知识产权典型案例

商标节专题

11—6　刘俊臣强调：大力推进新《商标法》实施高效服务品牌经济发展
11—9　2014中国国际商标·品牌节在苏州隆重举行
11—12　细数2014中国国际商标·品牌节五大亮点
11—14　突出商标力量，彰显品牌价值——2014中华品牌博览会纪实
11—17　2014中国商标年会巡礼
11—22　2014中国国际商标·品牌节颁奖典礼在苏州举行

报道

1—4　刘俊臣出席全国工商系统新《商标法》培训班开班式并讲话
1—5　《全国知识产权教育培训指导纲要》修订印发
1—6　七部门发布关于深入实施知识产权战略等若干意见
1—6　中华商标协会赴台宣讲商标法修正案
2—4　2013年我国马德里商标国际注册申请量再创新高
2—4　截至2013年年底我国初步审定公告和注册地理标志商标2190件
2—5　公安机关打击侵犯知识产权和制售伪劣商品犯罪十大典型案件公布
2—8　《商标法实施条例(修订草案)(送审稿)》向社会各界征求意见
3—4　国家工商总局就《商标评审规则(征求意见稿)》公开征求意见
3—6　2014年新《商标法》和《商标法实施条例》研修班在上海开班
4—4　刘俊臣：增强创新意识加大打击侵权假冒力度
4—7　2013年WIPO申请量再创纪录
4—11　域名空间的扩展将改变商标保护战略
5—5　国务院办公厅公布2014年打假工作要点
5—10　2013年我国商标工作取得新成绩
5—18　中华商标协会在广、深两地举办新《商标法》及其实施条例培训班
5—20　弗朗西斯·高锐连任世界知识产权组织总干事
6—4　国家工商总局与俄罗斯知识产权局签署商标法律保护与执法合作谅解备忘录
6—5　刘俊臣强调创新工作思路推进商标战略实施重心转变
6—6　中华商标协会召开与京津冀商标协会会员座谈会
6—10　中华商标协会召开品牌建设调研专家会

新商标法专题

环球纵横

商标实务

评案说法

法官说案

视点观察

打假维权

一家之言

理论探讨

法制前沿

法规

《中国版权》

'宅门东大街 28 号雍和大厦 E 座 303

司法审判研究

行政执法

各抒己见